中共滦南年鉴

2012年卷

中 共 滦 南 年 鉴 编 纂 委 员 会　编

中 央 文 献 出 版 社

图书在版编目（CIP）数据

中共滦南年鉴．2012年卷／《中共滦南年鉴》编纂委员会编．
-- 北京：中央文献出版社，2013.1
ISBN 978-7-5073-3729-7
Ⅰ．①中…
Ⅱ．①中…
Ⅲ．①中国共产党-工作-滦南县-2012-年鉴
Ⅳ．①D235.224-54
中国版本图书馆CIP数据核字(2013)第000485号

中共滦南年鉴．2012年卷

编　　者/《中共滦南年鉴》编纂委员会
责任编辑/韩　冰
封面设计/智　鹤

出版发行/中央文献出版社
地　　址/北京西四北大街前毛家湾1号
邮　　码/ 100017
网　　址/ www.zywxpress.com
经　　销/新华书店
排　　版/北京金华夏文化发展有限公司
印　　刷/北京利丰雅高印刷有限公司

开本：889×1194毫米　16开　　印张：40　　字数：1090千字
2013年1月第1版　　2013年1月第1次印刷
印数：1-500册

ISBN 978-7-5073-3729-7　　　定价：260.00元

新时期滦南精神：

少说多干　奋勇争先

务实创新　开放超越

领导关怀 鼓励鞭策

2011 年 12 月 8 日，河北省副省长沈小平来滦南考察

2011 年 5 月 24 日，全国人大常委会委员、原成都军区司令员王建民来滦南考察

2011年8月13日，原省人大常委会副主任、党组副书记赵世居来滦南考察

2011年6月27日，河北省老促会会长、原省人大常委会副主任白润璋来滦南考察

ZHONGGONG LUANNAN
NIANJIAN 2012

领导关怀　鼓励鞭策

2011年4月18日，中纪委研究室副主任孙飞来滦南调研

2011年5月9日，中纪委信访室副主任张少龙来滦南调研

2011年10月22日至24日，中国作协书记处书记、中国作协副主席高洪波来滦南考察

2011 年 12 月 15 日，唐山市委书记王雪峰、市长陈国鹰率队来滦南观摩项目建设

2011 年 4 月 2 日至 3 日，中国书法家协会副主席、河北省文联名誉主席、河北省书法家协会主席旭宇来滦南考察

2011 年 3 月 23 日，中华文化促进会副会长、原中央电视台常务副台长于广华来滦南考察

ZHONGGONG LUANNAN
NIANJIAN 2012

领导关怀 鼓励鞭策

2011年8月2日，省财政厅厅长齐守印到滦南调研

2011年3月9日，省委农工部副部长赵金平到滦南调研

2011年6月1日，唐山市委常委、常务副市长陈学军到滦南调研

2011 年 6 月 3 日，唐山市委常委、宣传部长郭彦洪到滦南调研

2011 年 4 月 1 日，唐山市委常委、副市长兼农工委书记王久宗率队到滦南观摩

2011 年 2 月 21 日，唐山市委常委、副市长兼农工委书记王久宗到滦南调研

ZHONGGONG LUANNAN
NIANJIAN 2012

少说多干　奋勇争先

2011 年 3 月 17 日，滦南县八和居社区项目开工仪式

2011 年 7 月 22 日，滦南县与省、市供销合作社签署战略合作框架协议

2011 年 11 月 4 日，滦南县银企对接会在蓝海大酒店举行

2011 年 6 月 21 日，县委书记张国栋做客新华网，接受“全国基层党建理论创新与实践”栏目采访

2011 年 7 月 13 日，县委书记张国栋做客中央电视台大型励志商务访谈《奋斗》栏目

2011 年 1 月 17 日，中红普林集团十周年庆典

2011 年 6 月 25 日，滦南县举行纪念建党 90 周年“党旗传递·重温誓词”活动启动仪式

少说多干　奋勇争先

2011年3月23日，县领导带头参加全民义务植树活动

2011年4月1日，县领导督导既有建筑外观改造

2011年4月13日，县领导到安各庄镇考察市场建设

2011年5月11日，县领导到绳各庄调研

2011年8月20日，县领导到嘴东工业区调研

2011 年 8 月 23 日，县领导专题调研拆迁工作

2011 年 4 月 13 日，县领导到青坨营镇调研高效农业

2011 年 9 月 9 日，县领导到企业调研

2011 年 9 月 20 日，县领导到胡各庄镇、宋道口镇调研

2011 年 10 月 14 日，县领导调研城建和交通工作

务实创新　开放超越

2011 年 1 月 30 日，县领导慰问低保户

2011 年 10 月 1 日，滦南县新农保及城居保养老保险首发仪式

群众欢迎“一卡通”

志愿活动

北河公园

北河夕照

瑞雪兆丰年

嘴东工业区

滦南县——

全国文化先进县
全国计划生育优质服务先进县
全国粮食生产先进县
全国奶业十强县
全国商品瘦肉型猪生产基地
全国特殊教育先进县
中国钢锹之乡
中国民间文化艺术之乡
河北省省级卫生县城
河北省省级园林县城
河北省水产工厂化养殖基地

编辑说明

一、《中共滦南年鉴》是由中共滦南县委编纂的一部全面记述滦南县各级党组织、政府和群团组织工作的大型综合性资料年刊。

二、《中共滦南年鉴》以马列主义、毛泽东思想、邓小平理论、“三个代表”重要思想和科学发展观为指导，按年度系统记述全县政治、经济、文化、社会等各方面取得的新成就、新经验、新变化。目的是宣传党的政策，展示建设成就，为各级领导科学决策提供参考资料，为国内外各界人士了解滦南提供最权威资料和最新信息，为日后撰写中共滦南地方史书积累资料。

三、《中共滦南年鉴》2012年卷，以记述2011年情况为限，但有些跨年度的事件，为了表述全面、清楚，便于读者理解，故溯及到上一年度或延续到2012年初。

四、《中共滦南年鉴》采用分类编纂法。全书分为特载、施政纲要、重要活动、滦南概况、党务工作、群团工作、政务工作、政法工作、人民武装工作、学校医院工作、金融保险工作、企业工作、镇（街道、管委会）概况、实事工程、领导批示、媒体回声、大事记、大事详记、附录共19个类目。类目以下，以单位或部门为主设置篇目。

五、《中共滦南年鉴》2012年卷在征编过程中，得到了各级领导的高度重视和各部门、各单位的大力支持。各单位都委派专人撰写文稿并经单位主要领导审定，滦南县统计局为本年鉴提供了统计资料，在此一并表示衷心的感谢。

六、由于年鉴编撰工作涉及面广、工作量大、时限性强，故难免出现差错疏漏，恳请广大读者批评指正。

编　者

2012年12月

《中共滦南年鉴》编纂委员会

名誉主任 张国栋（县委书记）
许晓娟（县委副书记、县长）

主　　任 蔡春奎（县委副书记）

副 主 任 于　军（县委常委、宣传部长）
谢雪生（县委常委、组织部长）
刘兆宾（县委常委、办公室主任）

委　　员

李克军（县委办公室常务副主任）
张建伟（人大办公室主任）
方君和（政府办公室主任）
胡彦丰（政协办公室主任）
项志平（纪委副书记、监察局局长）
贾庆龙（组织部常务副部长）
李志刚（宣传部常务副部长）
郭立红（统战部常务副部长）
杨义峰（农工委常务副书记）
闫继民（政法委常务副书记）
宋继岚（县直机关党委常务副书记）
陈瑞山（老干部局局长）
温庭坤（信访局局长）
王玉林（党校常务副校长）
田建国（党史研究室主任）
韩进勇（机关事务管理局局长、旅游办主任）
左久林（总工会常务副主席）
杨洪伟（团县委书记）
王　娟（妇联主席）
郑振民（科协主席）
尹兆忠（文联主席）
李建新（残联理事长）
张春瑞（工商联会长）
朱宝安（发改局局长）
王会永（工信局局长）
汪学国（住建局局长）
冯顺富（科技局局长）
张荣辉（教育局局长）
卢常青（文广新局局长）
高树新（广播电视台台长）
韩爱军（档案局局长）
王献刚（人力资源和社会保障局局长）
刘振力（编办主任）
董志江（财政局局长）
霍文旺（民政局局长）
王希会（卫生局局长）
蔡　玺（安监局局长）
杜建文（食品药品监督管理局局长）
毛俊安（人口和计划生育局局长）
才铁军（质量技术监督局局长）
李全在（商务局局长）
赵文武（环保局局长）
孙万柱（交通运输局局长）
王海林（规划局局长）
张永明（国土资源局局长）
杨会存（农牧局局长）
裴文聪（畜牧兽医局局长）
张宇海（水产服务中心主任）
吴贵学（水务局局长）
王会刚（林业局局长）
杜春平（气象局局长）
吴贵中（人防办主任）

张卫民（统计局局长）
吴晓勇（审计局局长）
田庆欢（工商局局长）
王俊江（国税局局长）
安瑞岐（地税局局长）
刘通江（物价局局长）
刘会川（行政服务中心主任）
杨明魁（市场建设服务局局长）
孟德军（劳动就业服务局局长）
李树全（社会保险事业局局长）
刘天胤（地震局局长）
徐兆福（移民办主任）
史振龙（农开办主任）
曹景国（供销合作社主任）
杨海东（烟草专卖局局长）
崔东升（粮食局局长）
靳文义（房地产开发公司经理）
王胜林（邮政局局长）
彭　勇（城管局局长）
马文图（爱卫办主任）
马明旭（法院院长）
魏宝成（检察院检察长）
于建强（公安局局长）
李洪发（司法局局长）
赵恩茂（武装部副部长）
冯俊新（一中校长）
吴瑞军（二中校长）
任柏石（三中校长）
刘振宇（职教中心常务副校长）
张清生（教师进修学校校长）
高廷进（县医院院长）
李成东（县中医院院长）
杨　军（人民银行滦南支行行长）
商志海（农业发展银行滦南支行行长）
张印生（工商银行滦南支行行长）
高平元（中国银行滦南支行行长）
王金明（建设银行滦南支行行长）
刘明春（农业银行滦南支行行长）
秦红军（信用联社理事长）
许玉青（人保财险滦南支公司经理）
夏景坤（中国人寿滦南支公司经理）
曹俊友（石油公司经理）
殷启国（电力公司经理）
杨永志（联运公司经理）
杜俊波（中国移动滦南分公司经理）
杨项生（中国联通滦南县分公司经理）
孙建立（倴城镇党委书记）
吴立东（长凝镇党委书记）
张健全（程庄镇党委书记）
杨建荣（宋道口镇党委书记）
张文海（扒齿港镇党委书记）
王海岳（青坨营镇党委书记）
王玉春（安各庄镇党委书记）
洪学智（司各庄镇党委书记）
张拥军（柏各庄镇党委书记）
姜伯民（南堡镇党委书记）
赵川波（胡各庄镇党委书记）
戚玉福（方各庄镇党委书记）
王建东（马城镇党委书记）
汤瑞峰（东黄坨镇党委书记）
鲁小义（坨里镇党委书记）
张永胜（姚王庄镇党委书记）
张宝宏（倴城街道党委书记）
王文成（城西工业区管委会常务副主任）
侯志勇（嘴东工业区管委会常务副主任）
张小磊（北河新区管理处主任）

《中共滦南年鉴》编辑部

主　　审　刘兆宾

主　　编　田建国

副 主 编　吕春华　毕晓明

特约编辑（排名不分先后）

李海军	高庆尊	夏景余	张艳芝	李丽娜	刘艳华	刘景旺	李伟光	张惠程
张建厂	段淑艳	李秀萍	张　颖	刘振海	赵　颖	王淑芬	刘　芳	杜礼东
郑向伟	王林祥	张丽娜	刘桂梅	张静德	王金菊	李福新	曹春辉	胡金娟
张　杰	薛东玲	鲁建明	庞萌青	李海新	邸丹丹	吴任宗	王会永	王国琳
杨　旺	杨久海	曹江文	史东春	霍树全	张　越	高殿玲	杜兴萍	贺素芳
吴广富	曹雅辉	朱　丹	王明刚	张　伟	王凤新	曾庆安	张晓芸	张凤祥
张立江	张艳辉	赵连增	王新亮	王秀梅	张小伟	郭海华	刘红娟	鲁建辉
刘俊玲	贾新艳	张宝忠	蔚　艳	张新胜	李天忠	张红梅	孙海亮	赵树浩
贾伟山	赵玉清	刘　立	张　静	吴金娜	杨广胜	赵青松	李双田	温绍国
温　静	刘昌海	刘爱敏	李秀娟	刘　晶	刘　凯	刘作仲	张耀辉	张秀梅
郑晓海	王　颖	杨立业	张素琼	温素春	李建梅	裴淑花	裴秀生	石润国
周建远	杜兴业	范金艳	赵春晖	刘翠艳	张凤富	王佳荣	贾贵灵	陶冬梅
姚金环	王振友	张　艳	任永山	孟德忠	刘继勤	解　解	冯连满	张晓丽
杜晓静	郑丽颖	刘绍成	刘　杰	刘金锁	杨建超	王　彬	周宝斌	

图片提供　李树全　宣传部

※ 未署名资料均由单位办公室提供

目　录

滦南概况

党务工作

群团工作

政务工作

政法工作

人民武装工作

学校医院工作

金融保险工作

企业工作

镇（街道、管委会）概况

实事工程

领导批示

媒体回声

大事记

大事详记

附 录

特　载

肩负新使命　开启新征程 为滦南实现科学发展赶超跨越而努力奋斗

——在中国共产党滦南县第十一次代表大会上的报告

（2011年9月1日）

张国栋

各位代表、同志们：

中国共产党滦南县第十一次代表大会，是在我们全面实施“十二五”规划、滦南经济社会发展开创出崭新局面的新形势下，召开的一次具有历史意义的大会。这次大会的主要任务是，以邓小平理论和“三个代表”重要思想为指导，全面贯彻落实科学发展观，认真回顾总结十次党代会以来的工作，科学谋划部署今后五年经济社会发展的目标任务，选举产生中共滦南县第十一届委员会和纪律检查委员会，动员全县各级党员干部和广大人民群众，少说多干、奋勇争先，肩负新使命、开启新征程，为滦南实现科学发展、赶超跨越而努力奋斗！下面，我代表十届县委向大会作报告。

一、过去5年特别是2010年以来工作的简要回顾和基本经验

过去五年特别是2010年以来，县委始终坚持以邓小平理论和“三个代表”重要思想为指导，全面贯彻落实科学发展观，团结带领全县人民，抢抓机遇、应对挑战，戮力同心、攻坚克难，迅速扭转了经济社会发展的被动局面，圆满完成了十次党代会确定的目标任务，开创了前所未有的崭新发展局面，为滦南科学发展、赶超跨越奠定了坚实基础、积累了宝贵经验。2010年，完成地区生产总值257.9亿元，同比增长11.5%，比2005年增长90.2%；完成固定资产投资80.1亿元，同比增长50.9%，比2005年增长167%；实现全部财政收入10.5亿元，同比增长0.5%，比2005年增长61.5%。今年上半年，完成地区生产总值136亿元，完成固定资产投资58.4亿元，实现全部财政收入8.01亿元，同比分别增长13%、106.8%和40%。财政收入增速跃居全市第二位。一年多来，省市领导对滦南工作做出32次肯定性批示。

过去5年特别是2010年以来的工作实践告诉我们，只有始终坚持解放思想，才能为滦南科学发展、赶超跨越提供不竭的活力之源。五年来，县委始终坚持解放思想、实事求是、与时俱进的思想路线，始终保持了开拓创新的勇气和魄力。特别是2010年以来，我们敏锐地抓住河北沿海经济隆起带建设、唐山湾开发建设等重大历史机遇，充分发挥滦南独特的区位、资源、文化优势，强力推进思想的大解放、观念的大更新，科学发展意识、开放合作意识、创先争优意识明显增强，打开了滦南科学发展、赶超跨越的“总闸门”。在此基础上，县委确立了打造“激情滦南、实力滦南、文化滦南、生态滦南、和谐滦南”总体目标，提出了“融

入曹妃甸、服务曹妃甸、打造大基地、建设新滦南”主体战略，明确了城镇面貌三年大变样、重点项目建设、统筹城乡发展“三大攻坚”和城西工业区、嘴东经济开发区、大铁矿、北河新区“四大开发”工作重点。实践证明，这一决策符合科学发展观要求、符合滦南实际、符合人民群众期盼，极大地鼓舞了士气、凝聚了力量，迅速成为全县上下的共同追求和行动纲领。

过去5年特别是2010年以来的工作实践告诉我们，只有紧紧抓住发展第一要务，才能为滦南科学发展、赶超跨越提供坚实的物质基础。过去五年，滦南经受了诸多不利因素的严峻考验，经历了曲折艰难的发展历程。2010年以来，我们更加坚定地狠抓发展第一要务，以项目建设为核心，以招商引资为动力，举全县之力推进“三大攻坚”、“四大开发”，滦南发展取得了一系列历史性突破。**发展后劲明显增强。**扎实推进项目建设“千百十”工程，分七批集中开工209个重点项目，计划总投资545亿元。其中一产项目25个，计划总投资15亿元；二产项目67个，计划总投资220亿元；三产项目117个，计划总投资310亿元。谋划储备重点项目1154个，计划总投资4256亿元。列入省重点项目达到12个。城西工业区被批准为省级工业聚集区，中大街西延建成通车，另外3条园区道路正在加紧施工，去年以来已有10个项目建成投产，20个项目正加快推进；嘴东经济开发区被批准为省级经济开发区，已完成吹沙造地16500亩，5条园区道路紧张施工，棚户区改造快速推进，唐山港五号、六号港池启动实施，“工业区、生活区、港区”建设框架初步形成；大铁矿开发正式启动，投资26亿元的大贾庄铁矿已开工建设，投资120亿元的马城铁矿基本完成地质勘察，年内即可开工；北河新区大规模开发建设，北河大桥建成通车，成为滦南的标志性建筑之一，一大批基础设施项目、商住项目、文化旅游项目开工建设。**发展方式加快转变。**坚持在转变发展方式中扩大经济总量，扎实推进“一产出特色、二产上规模、三产求突破、城建提品位”。奶牛、肉鸡、瘦肉型猪、果菜、水产五大龙型经济的优势更加突出；企创热处理装备制造、中红普林彩印包装、中红普林医疗级丁腈手套等项目建成投产，钒钛新能源电池、唐曹实业船舶修造、中通陶瓷、汇丰钢铁、二十二冶装备制造、阿波罗太阳能设备制造、泽澳纺纱等67个工业项目正在加紧建设，毕氏光伏产业园、东风海上风电、生物质新能源、甲醇汽油、电动汽车等项目正在积极筹备，战略性新兴产业迅速起步；北河水城文化旅游观光产业带建设扎实推进，北河水城成功入选“唐山八景”，顺利拆除北河沿岸建筑，北河公园一期正式开园，真正实现了还河于民，一座“碧水环绕、绿树掩映、古韵新风、曲美人和”的生态水城正由规划变成现实。**发展环境进一步优化。**牢固树立“视投资者为上帝、视引荐者为功臣、视发展环境为生命”的理念，营造“亲商、安商、富商”的良好环境。成功组织了一系列招商活动，中冶、河北矿业、中船重工等知名企业纷纷落户滦南。

过去5年特别是2010年以来的工作实践告诉我们，只有持续推进城市建设，才能为滦南科学发展、赶超跨越提供强劲的战略支撑。城市化水平较低是滦南的短板，影响着滦南形象，制约着滦南发展。2010年以来，我们以打造“滨海水城、经济强城、文化名城、宜居靓城”为目标，坚持“规、拆、建、改、管”并重原则，持续开展了声势浩大的城市改造建设攻坚。**城市规划全面提升。**强化规划在城市建设中的法律地位，高标准编制完成《县城2010～2020年总体规划》，形成了主城区、北河新区、城西工业区“三区互动”的城市总体框架，绘就了“30平方公里、30万人口”中等城市发展蓝图。**城市扩容全面加速。**坚持旧城征收搬迁不停步，一年多来组织开展四次征收搬迁攻坚行动，圆满完成5244户、104.3万平方米的征收搬迁和拆违任务，腾出建设用地4592.85亩，全部做到了“零上访、零事故、零冲突、零钉子户”，拓展了城市发展新空间；一年多来开工71个城建项目，特别是总面积43万平方米的回迁房建设快速推进，城市人口加速聚集；南大街拓宽、中大街拓宽、建设路南延、建设路中段改造、中大街西延、崇法大街等投入使用，新南环路、新西环路、新北环路、建设北路、兆才北街正在实施，城市道路框架初步构成。**城市经济日益繁荣。**坚持把城市化作为拉动经济发展特别是三产服务业发展的强劲动力，中红建材城、唐百和平购物广场、中红时代购物广场、庞大汽贸等项目正加紧施工；滦南房地产市场健康发展，房价保持了平稳的水平，购销比较活跃。2010年滦南房地产业入库税收8683万元，同比增收7270万元；今年上半年房地产业入库税收10764万元，同比增收8619万元。**城市形象明显改观。**坚持以省级园林城、全省文明县城创建为抓手，完成临街建筑立面改造，完成所有机关单位和临街建筑夜景亮化改造，新增城区绿化面积42.5万平方米。依法取缔2800多辆非法营运三轮车，开通城市公交，规范交通秩序，城市管理水平显著提升。

过去5年特别是2010年以来的工作实践告诉我们，只有坚持以人为本、执政为民，才能使滦南科学发展、赶超跨越得到人民群众的广泛支持。县委牢固树立以人为本、执政为民理念，把改善民生作为第一追求，正确处理发展与惠民的关系，努力做到决策上符合群众利益、工作中维护群众利益、政绩上体现群众利益，赢得了人民群众的广泛拥护和支持。**群众愿望得到充分尊重。**坚持问政于民、问需于民、问计于民，广泛开展“问计于民、造福百姓”民情民意大调查、群众满意度大调查、人民群众幸福感大调查，认真倾听群众呼声，准确把握了人民群众的强烈愿望和合理诉求。**群众生活得到明显提高。**高标准编制新民居建设规划，创造性制定《滦南县新民居建设实施细则》及相关配套办法，闯出了一条具有滦南特色的新民居建设路子。计划投资8.39亿元、总建筑面积35.8万平方米的省级新民居建设示范工程——“八和居”正全面建设。滦南被评为2010年度全省社会主义新农村建设先进县。积极增加就业岗位，大力拓展增收渠道，2010年城镇居民人均可支配收入、农民人均纯收入分别达到18514元、7105元，同比分别增长12%、10.3%。扎实推进农村垃圾集中清运处理，严格治理环境污染，城乡环境明显改观。**群众利益得到有力维护。**坚持把改善民生落实到具体项目上，一年多来开工建设总投资285亿元的84个民生项目，圆满完成2010年度18件实事工程，今年的20件实事工程正扎实推进。城乡道路建设、保障性住房建设、医疗卫生设施建设、既有建筑节能改造、城乡环境治理等民生工程顺利推进；不断扩大养老、医保、低保覆盖面，着力提高城乡低保标准和农村医疗保险报销比例，积极开展扶危济困活动，大力发展慈善事业，社会保障能力进一步提高。**群众力量得到广泛凝聚。**广泛宣传“三大攻坚、四大开发”丰硕成果，激发了人民群众的自豪感和认同感；以纪念建国60周年、纪念抗战胜利65周年、纪念建党90周年为契机，以全省文明县城创建为载体，广泛开展精神文明创建活动和群众文化活动，凝聚了人心，团结了群众；以阳光拆迁、和谐拆迁为题材的现代评剧《三进门》轰动首都、唱响全省，充分展示了滦南干部群众的精神风貌。

过去5年特别是2010年以来的工作实践告诉我们，只有不断推进社会管理创新，才能为滦南科学发展、赶超跨越提供和谐稳定的社会环境。随着改革开放的不断深化，一些新的社会矛盾不断涌现，滦南信访稳定形势一度异常严峻。2010年以来，我们坚持把和谐滦南建设作为重要任务，认真履行维稳第一责任，不断创新社会管理方式，创造了和谐稳定的良好社会环境。**信访形势明显好转。**进一步完善县级领导大接访、民情信息员、群众评议信访、群众信访代理等工作制度，信访渠道更加畅通；深入开展矛盾纠纷排查化解和信访积案化解，依法严厉打击各种违法上访行为，信访秩序不断规范；创造性制定重大事项信访稳定风险评估机制，在大规模推进城市搬迁改造和项目建设的情况下，今年1～7月份全县信访总量同比下降24.8%，信访工作跨入省市先进行列。**源头治理不断强化。**建立县行政服务中心、群众信访联合受理服务中心，镇（街道）群众工作站，农村（社区、企业）群众工作室，形成了群众工作三级网络。健全党务、政务、村务公开机制，深化权力公开透明运行，积极推进房屋征收、城乡低保、土地征用、产权交易、工程招投标等重大事项公开，保障了群众的知情权、参与权和监督权。工程建设领域招投标、镇党委权力监控、村务管理“一卡通”等特色经验被省市推广。**群众安全感显著提升。**坚持依法从严管理社会，创造性编制《滦南县依法行政手册》，建立网络舆情管理处置机制，建成覆盖城区的视频监控和电子警察系统、农村平安互助网络和城乡警务网络，深入开展严打整治行动，扎实做好生产安全和食品药品安全管理，狠抓社会治安综合治理，平安滦南建设扎实推进。2010年一举摘掉群众安全感测评被省政法委警示的落后帽子。

过去5年特别是2010年以来的工作实践告诉我们，只有大力弘扬少说多干、奋勇争先的优良作风，才能使滦南科学发展、赶超跨越无坚不摧、无往不胜。2010年以来，县委紧紧抓住影响发展大局的主要症结，全面加强和改进党的建设，强力推进干部作风转变，拒绝理由、完成任务深入人心，少说多干、奋勇争先蔚然成风。这是滦南最为深刻的变化，是最可宝贵的精神财富。**创先争优的意识不断强化。**积极开展“树正气、讲贡献、促攻坚”、“党徽在攻坚一线闪光”、“六比六看”等主题活动，全县各级各单位和广大党员干部对照先进找差距、瞄准先进找位置，忘我奉献、攻坚克难，涌现出了一大批少说多干、奋勇争先的先进典型。**县委的凝聚力不断增强。**县委充分发挥统领全局、协调各方的领导核心作用，坚持用共同的事业凝聚力量、用民主集中制维护团结、用承诺践诺活动率先垂范，影响和带动全县各级领导班子和广大党员干部，切实做到了思想上一日无为、寝食难安，工作中雷厉风行、事争一流。**基层组织建设不断深化。**认真落实基层组织建设责任制，放大李营典型效应，深入开展“争星升级创五好”等主题活动，积极探索与经济快速发展相适应的基层组织设置模式，创新流动党员管理模式，有效提升了基层组织建设水平。滦南基层组织建设先进经验在《新华网》宣传推广。**一线攻坚的能力不断提升。**全面践行“一线工作法”，让广大党员干部到攻坚一线砥砺品格、增长才干、创造业绩；牢固树立“德才兼备、四化标准、注重实绩、五湖四海、群众公认、一线选人”的良好用人导向，增强了干部选拔任用的公信度，打造了一支雷厉风行、令行禁止、能打硬仗的干部队伍。2010年省委组织部干部选拔任用群众满意率测评由五档晋升到一档。**科学考评机制不断完善。**科学修订《滦南县促进科学发展科级领导班子和领导干部综合考评办法》，创造性制定《科学发展目标名录》，建立完善责权明确、奖罚分明的科学考评机制和严格问责机制，增强了广大党员干部履职尽责意识和科学发展意识。**党风廉政建设不断加强。**制定《关于确保攻坚任务完成的纪律要求及责任追究办法》等13项制度，党风廉政建设制度体系更加健全。按照标本兼治、综合治理、惩防并举、注重预防的方针，严格落实党风廉政建设责任制，认真组织廉政教育，大力弘扬廉政文化，切实落实诺廉述廉考廉制度，加强工程招标、征地拆迁、产权交易等领域的专项治理，严禁借干部调整请客送礼、大吃大喝，深入开展“治庸治懒”、整治“铺张浪费”专项行动，严厉查处违法违纪案件，筑牢了反腐倡廉的坚强防线。

过去五年特别是2010年以来，我们开创了科学发展、赶超跨越的崭新局面，积累了在异常复杂环境下加快发展的宝贵经验。这一切，是上级党委正确领导、亲切关怀的结果，是全县上下万众一心、攻坚克难的结果，是历届县委承前启后、开拓创新的结果。在此，我代表十届县委，向奋战在各条战线特别是攻坚一线的全县广大党员和干部群众，向所有关心支持滦南发展的各界人士，表示衷心的感谢并致以崇高的敬意！

二、今后5年的目标任务和工作举措

今后五年，是我国实施“十二五”规划，全面建设小康社会、实现第三步战略目标的重要时期；是河北沿海经济隆起带开发建设、唐山湾开发建设的关键时期；也是滦南继往开来、大有作为，实现科学发展、赶超跨越的攻坚时期。

必须看到，滦南迎来了充满机遇的新阶段。中央不断加大宏观调控力度，相继做出转变经济发展方式、推进城乡统筹发展、大力发展水利事业、保障和改善民生等战略决策；环首都经济圈、环渤海经济圈正成为继珠三角、长三角之后新的发展极，河北沿海发展即将纳入国家发展战略；随着河北沿海经济隆起带开发建设、唐山湾开发建设，滦南作为全省沿海11县9区之一将被赋予部分省级审批权，实行单独考核，在优惠政策上予以重点倾斜；曹妃甸作为唐山“两极三带”的重要一极，迎来了跨越发展的新时期。这为滦南发展提供了更为有利的政策机遇，搭建了更为广阔的发展平台。

必须看到，滦南站在了跨越发展的新起点。持续推进“三大攻坚、四大开发”，为跨越发展打下了坚实基础。城西、嘴东两个开发区分别被批准为省级工业聚集区、省级经济开发区，享有土地配置、财税支持、项目审批等优惠政策；大铁矿开发顺利实施，即将发挥出巨大的战略支撑作用；项目建设“千百十”工程快速推进，积蓄了强大发展后劲；大规模推进城市征收搬迁，拓展了城市发展空间；北河水城入选“唐山八景”，确立了“三产求突破”的新优势；一线攻坚培育了干部队伍少说多干、奋勇争先的良好作风。滦南的区位优势、资源优势、文化优势、产业优势、后发优势初步显现，这是滦南科学发展、赶超跨越的坚实基础和有利条件。

必须看到，滦南面临着严峻考验的新形势。当前，土地保障日益趋紧，环境约束不断加强，资金流动性逐步收紧，围绕资源、市场、技术、人才的区域竞争日益激烈，经济发展的外部环境更加复杂；在迅速改变滦南面貌、取得喜人成就的同时，精神懈怠的危险、能力不足的危险、脱离群众的危险、消极腐败的危险，更加尖锐地摆在我们面前；随着一年多来的大发展、快发展，一些前所未有的新问题、新矛盾日益显现：一些党员干部思想解放的程度、攻坚克难的能力与赶超跨越的新任务还不适应；综合经济实力、项目建设的规模质量与科学发展观的要求还不适应；统筹管理水平与城市建设的快速崛起还不适应；社会管理的创新与多样化的群众诉求还不适应。这些新问题都必须在今后的工作中全力加以解决。

新阶段、新起点、新形势，困难与希望同在，挑战与机遇并存。我们坚信，只要我们更加增强时不我待的紧迫意识、舍我其谁的责任意识，更加坚定地贯彻落实科学发展观，更加珍惜业已形成的良好局面，更加注重增强工作的预见性和主动性，坚定信心、攻坚克难，就一定会在新一轮竞争中抢占先机、赢得主动，就一定会在科学发展、赶超跨越的征程中披荆斩棘、勇往直前。

今后五年，我们要**坚持以邓小平理论和“三个代表”重要思想为指导，全面贯彻落实科学发展观，紧紧围绕“激情滦南、实力滦南、文化滦南、生态滦南、和谐滦南”总体目标，强力实施“融入曹妃甸、服务曹妃甸、打造大基地、建设新滦南”主体战略，持续开展重点项目建设、城镇建设三年上水平、统筹城乡发展“三大攻坚”和城西工业区、嘴东经济开发区、大铁矿、北河新区“四大开发”，少说多干、奋勇争先，为滦南“十二五”末主要经济指标翻两番，实现科学发展、赶超跨越而努力奋斗。**

今后五年，我们的主要奋斗目标是：

——打造激情滦南。全县上下的思想和行动高度统一于科学发展、赶超跨越的伟大事业，少说多干、奋勇争先成为滦南干部群众的优良作风，滦南真正成为干事的热土、创业的乐园、投资的宝地。

——打造实力滦南。主要经济指标确保三年翻一番，力争五年翻两番。到“十二五”末，地区生产总值确保完成800亿元，力争完成1000亿元；财政收入确保完成42亿元，力争完成50亿元；实际利用外资达到5000万美元，出口创汇达到7.2亿美元；一、二、三产比例达到10:53:37，农业产业化率达到75%。北河水城初步建成，旧城改造全面完成，建成环渤海地区有实力、有魅力的现代化中等城市。

——打造文化滦南。北河水城文化旅游观光产业带基本形成，传统文化得到挖掘、保护和弘扬，初步实现文化事业、文化产业大发展、大繁荣，形成与经济实力、文化优势相称的文化软实力，使文化成为滦南的响亮名片。

——打造生态滦南。经济发展方式明显转变，万元生产总值综合能耗下降19%以上，化学需氧量、氨氮排放量、二氧化硫排放量、氮氧化合物排放量分别削减10.5%、14%、18.3%、19%以上；森林覆盖率达到29%；达到国家级卫生城、园林城的标准。

——打造和谐滦南。城镇居民人均可支配收入年均增长12%以上，农民人均纯收入年均增长11%以上，社会事业全面进步，精神文明建设、政治文明建设、民主法制建设全面加强，形成社会和谐稳定、人民安居乐业的喜人局面。

各位代表、同志们，我们的指导思想和奋斗目标，是在全面分析宏观形势、科学判断县情县力、准确把握发展方位的基础上提出的，与“十二五”规划紧密衔接。实现“十二五”科学发展、赶超跨越，工作艰巨、任务繁重。今后五年，我们要突出抓好八项工作。

（一）着力推进重点项目建设，迅速提升综合经济实力。经济建设是科学发展、赶超跨越的物质基础。今后五年，我们必须紧紧扭住经济建设这个中心，以在转变发展方式中扩大经济总量为主线，牢固树立抓项目就是抓第一要务的思想，以“四大开发”为平台，实行“一个项目、一位领导、一名助理、一套人马、一抓到底”，不断推进项目建设实现大突破。

围绕“一产出特色”谋划实施项目。坚持现代农业基本方向，按照“12356”工作思路，全力推进一产出特色：以打造环渤海、环京津有机食品供应基地为目标，着力建设城西、嘴东两个食品工业园，扎实推进姚王庄、县城、青坨营三大农产品专业市场建设，进一步壮大奶牛、肉鸡、瘦肉型猪、果菜、水产五大龙型经济，努力实现农业生产的有机化、产业化、市场化、品牌化、特色化、外向化。积极推进蒙牛、中红普林、雨润等重点龙头企业调整品种结构、延伸产业链条，积极引进新的大型农业龙头企业，不断提高农业产业化水平；全力推进“一镇一品”，努力建成一批规模化、专业化的现代农业示范园，真正叫响一批农产品品牌；大力发展农业生态旅游，建成颐神庄园、汪庄生态园、国营林场生态园、滦河古道生态观光养生园、胡家坡原生态旅游农庄等生态农业项目。五年内，力争打造出全省乃至全国驰名的农产品品牌，建成全国知名的食品加工强县、农业旅游大县和生态农业示范县。

围绕“二产上规模”谋划实施项目。坚持新型工业化基本方向，按照“12479”工作思路，全力推进二产上规模：以在转变发展方式中扩大二产总量为主线，重点抓好城西工业区、嘴东经济开发区建设，谋划实施40个以上省级重点项目，着力打造装备制造、船舶修造、造纸包装、食品加工、纺织服装、园艺工具等七大产业链，大力发展新能源、新材料等战略性新兴产业，培育9个以上纳税超亿元的骨干企业，走出一条资源节约、环境友好的新型工业化之路。城西工业区要不断加快优势产业聚集，迅速壮大园区规模，使之真正成为推进工业化、城市化的承载平台，五年累计完成固定资产投资200亿元以上，建成投产企业80个以上，年纳税10亿元以上。嘴东经济开发区要加大炯恒钒钛新能源、船舶制造、毕氏光伏产业园等战略性新兴产业项目筹备建设力度，五年累计完成固定资产投资300亿元以上，建成投产企业60个以上，年纳税15亿元以上。大铁矿要着眼建设循环经济示范区，统筹推进铁矿开发和相关配套产业发展，大贾庄铁矿力争两年内投产见效，马城铁矿确保年内如期开工，五年累计完成固定资产投资120亿元以上，达产后年纳税15亿元以上。

围绕“三产求突破”谋划实施项目。充分发挥滦南独特的区位、交通、文化和资源优势，加快发展现代服务业，努力实现旅游业、现代物流业、现代商贸业、文化产业、宾馆餐饮业“五大突破”。加快中红建材城、唐百和平购物广场、中红时代购物广场等商业项目建设进度，全面繁荣城区商业；以北河水城入选“唐山八景”为契机，积极谋划建设新的旅游景点，培育文化旅游、生态旅游、红色旅游、工业旅游、滨海旅游；着眼人口老龄化问题，大力发展“银发产业”，推进养老事业快速发展。五年内，力争把滦南打造成区域性商贸物流中心、文化旅游胜地、休闲养老之都。

围绕“城建提品位”谋划实施项目。着眼打造现代化中等城市，统筹推进旧城区改造和北河新区开发，继续谋划实施一批基础设施建设项目、商住开发项目、三产服务业项目，迅速提高城市品位，不断增强承载能力。五年内，全面完成城区危旧房改造，建成十大标志性建筑、打造十条特色街区、完善十大基础设施建设，真正实现城市的提质、扩容、升级。北河新区要积极推进市政基础设施、环城水系、高档住宅、文化旅游等项目建设。五年内，把北河新区建设成为“碧水环绕、绿树掩映、古韵新风、曲美人和”的生态水城。

（二）着力推进城镇建设上水平、出品位，全面加快城市化进程。城市建设是科学发展、赶超跨越的重要平台。今后五年，我们必须认真贯彻省委、省政府城镇建设的决策部署，坚持“规拆建改管”并重原则，强力实施八大工程，按照国家园林城、卫生城标准全面提升城市品位，全面加快“滨海水城、经济强城、文化名城、宜居靓城”建设进程。五年内，完成省委、省政府提出的城镇建设三年上水平和三年出品位的建设目标，实现6年任务5年完成。**实施规划提升工程。**进一步完善城市建设总体规划，努力推进城市控制性详规全覆盖，健全各种专业规划，全面完成各镇详细规划。**实施旧城危改工程。**持续推进城中村、居民区危旧房征收搬迁，全面完成改造任务，进一步拓展城市发展空间。**实施提质扩容工程。**加强城市基础设施建设，五年内全面完成城区规划主干道路、配套管网建设任务，进一步扩大集中供气、供热、供水能力。有序推进县城周边村“一步进城”，鼓励农户单户进城，迅速完善进城农民各项保障政策，坚持产业兴城、园区富民，确保农民进得来、留得住、有保障、能致富。五年内，城区人口力争达到20万，建成区面积力争达到20平方千米。**实施安置保障工程。**高质量抓好回迁房建设，保障搬迁群众及时回迁；加快推进高档住宅开发，五年内建成十个以上园林式高档住宅小区；积极完成每年的保障性住房建设任务，不断改善中低收入群众的居住条件；严格落实国家相关政策，加强对房地产市场的调控，努力使房价稳定在合理水平。**实施内涵提升工程。**依托深厚的文化底蕴，加快推进评剧大世界、滦河民俗文化园、文化创意产业园、文化广场、金代风情街、元代风情街、夷齐岛等文化项目的筹划建设，全力打造北河水城文化旅游观光产业带。**实施生态绿化工程。**持续开展绿化攻坚行动，实施景观道路沿线、环城水系、绿地公园、县城出入口等重要节点的绿化提升工程，建设北河生态园林、新城生态林、县城东西两侧生态防护林和城南绿色生态长廊，扎实推进城区绿化，努力达到国家级园林城的标准。**实施精品街区工程。**持续推进城区亮化美化改造、既有建筑立面改造和现有商业区改造，打造“一街一品”、“一区一景”城市格局。融入现代、自然、文化元素，突出抓好建设路、兆才大街等主要街区改造，塑造城市特色风貌。**实施精细管理工程。**按照“无处不精心、无处不精细、无处不精美、无处不精致”的要求，全面提升城市管理水平。推行城市网格化管理，打造数字化平台，实现城市精细化管理；整合城管、公安、工商等管理资源，放大城市管理的综合效益，达到城市管理网络全覆盖；增强城市管理的预见性、前瞻性，超前预见城市快速发展带来的新情况、新问题，创新管理手段，提升管理效能。

（三）着力推进统筹城乡发展，加快城乡一体化进程。统筹城乡发展是科学发展、赶超跨越的内在要求。今后五年，我们必须把统筹城乡发展作为统筹推进新型工业化、农业现代化和城乡一体化的枢纽工程来抓，以走在全省前列的气魄和胆识，强力推进城乡统筹发展。**加快推进小城镇建设。**充分发挥区位优势和资源禀赋，努力建成一批带动能力较强的经济特色镇、环境精品镇。各镇都要建成一条以上商贸景观示范街、开发两个以上精品商住项目。**强力推进新民居建设。**圆满完成“八和居”建设，使之成为配套齐全、功能完善、环境优美的全省新民居建设示范工程；进一步完善各项鼓励政策和保障措施，引导农民向城镇集中；

实行基础设施建设向中心村倾斜政策，增强中心村的聚集力。**积极推进农村“两个联建”。**按照县域镇村空间布局规划和新民居建设规划，按照城中村建立融合式党组织、整体进城进镇村建立社区式党组织、中心村和联建村建立区域式党组织的模式，积极稳妥推进农村“两个联建”，为统筹城乡发展提供有力的组织保障。积极推进集体经济、社会管理、宅基地审批、基础设施建设的实质性联建，真正实现联心、联事、联发展。**稳步推进农村管理制度的不断完善。**全面推进农村集体土地所有权、集体建设用地使用权、农村林权、农村土地承包经营权、农村房屋所有权等确权颁证工作；积极促进土地承包经营权有序流转，推进多种形式的适度规模经营；认真实施村务公开，不断规范完善村务管理“一卡通”工作机制，保障广大农民的知情权、参与权和监督权，从源头上防止腐败问题的发生。

（四）着力扩大对外开放，不断增强县域经济发展活力。对外开放是科学发展、赶超跨越的根本动力。今后五年，我们必须牢固树立“开放兴县”理念，全方位、多领域、深层次推进对外开放，积极引进一切先进生产要素为我所用。**全面打开解放思想这一对外开放的“总闸门”。**以思想解放推进对外开放，在对外开放中进一步解放思想。要从知足常乐的守成心态中解放出来，跳出滦南、走出自我，立足创大业、勇于干大事；要从怕担风险的思想包袱中解放出来，只要有利于滦南发展，就要大胆闯、大胆试、大胆干；要从狭隘封闭的保守思维中解放出来，强化共赢意识，充分利用国际、国内两个市场、两种资源，善于有中做大、无中生有，不断开拓滦南发展的新空间。**充分利用“四大开发”这一对外开放的“大平台”。**充分发挥城西、嘴东两个工业区分别被批准为省级工业聚集区、省级经济开发区的政策优势，发挥嘴东土地资源优势，发挥丰富的铁矿资源优势，发挥北河新区的水城特色优势，加大推介宣传力度，广泛开展招商活动，加快“四大开发”进程。特别要把招商引资作为考核县招商局和城西、嘴东两个招商局的硬指标，注重实效、严格考核、明确奖惩。**时刻维护发展环境这一对外开放的“生命线”。**牢固树立“视发展环境为生命”的理念，严格落实行政审批服务承诺、首问负责、跟踪问效、责任追究等制度，严肃查处破坏发展环境的行为，真正叫响“零障碍、低成本、高效率”服务品牌，打造亲商、安商、富商的良好环境。

（五）着力改善民生，不断满足人民群众的新期待。保障和改善民生是科学发展、赶超跨越的最终目的。今后五年，我们必须始终坚持以人为本、执政为民的理念，更加注重社会进步，随着经济快速发展，同步提高人民群众的收入水平和生活质量。**持续增加群众收入。**积极调整农业产业结构，大力发展特色农业，努力拓宽农产品销售渠道，不断增加农民收入；多渠道开发就业岗位，着力提高城镇居民的工资性收入；认真落实行业性工资集体协商制度，有效提高企业职工工资收入；逐步提高机关事业单位收入水平，力争五年内达到唐山市一类工资标准。**不断提升社会保障水平。**不断扩大城镇居民和职工基本医疗、新型农村合作医疗覆盖面，逐步提高报销比例，大力推行新型农村社会养老保险，落实好城镇和农村低保政策，完善失地、失海农民社会保障制度，努力做到应保尽保；建立完善适度普惠的社会救助和社会福利体系，积极发展慈善事业，加大对弱势群众的救助帮扶力度。**深入推进教育均衡发展。**坚持教育优先发展战略，加大教育基础设施投入，深化农村中小学布局调整，努力实现义务阶段教育均等化；完成新一中建设和职中扩建，实现优质教育资源城乡共享；与统筹城乡发展紧密衔接，搞好新民居教育基础设施配套建设；实施教育品牌战略，推进县一中、英才学校争创全省乃至全国名校；积极发展职业教育和成人教育，努力实现职业教育与产业人才需求的有机结合。**持续深化医疗卫生体制改革。**加快推进基本医疗保险制度改革，逐步提高保障水平。以新县医院投入使用为带动，进一步加强镇医院和村卫生室标准化建设，完善覆盖城乡的高水平医疗服务机构，促进基本卫生服务均等化。建立基本药物优先选择和合理使用制度，基层卫生服务机构全部配备使用基本药物，并实行零差率销售。持续开展“健康滦南、幸福人民”行动，不断强化重大疾病防治工作。改革公立医院管理运行监管机制，深化人事制度改革。发挥好财政资金引导作用，广泛吸引社会资金，持续增加基层医疗设施投入。**积极做好人口计生工作。**创新服务体制，扩展服务领域，稳定低生育水平，巩固全省计生先进县地位；严厉打击非医学需要的胎儿性别鉴定和选择性别的人工终止妊娠“两非”行为，全面实施免费孕前优生健康检查为主的出生缺陷干预，提高人口素质；严格落实计生扶持奖励政策，营造良好的工作氛围。**持续推进为民办实事工程。**坚持每年为群众办20件实事好事，切实解决关系群众切身利益的现实问题，提高人民群众幸福指数。

（六）着力推进文化建设，促进文化事业、文化产业大发展、大繁荣。文化建设是科学发展、赶超跨越的重要内涵。今后五年，我们必须以高度的文化自觉和文化自信，充分挖掘历史文化资源，全面加快文化名城、文化滦南建设进程，努力实现文化事业、文化产业的大发展、大繁荣。**不断完善文化设施建设。**建成评剧大世界、滦河民俗文化园、体育馆、图书馆、美术馆、文化广场、惠民广场、悦民广场、健民广场、尚民广场等项目，持续谋划建设一批新的文化基础设施项目，努力实现文化设施全覆盖。**大力推进文化精品创作。**总结《三进门》创作演出的成功经验，围绕评剧、皮影、乐亭大鼓等艺术形式创作传世的精品力作，积极参加中国评剧艺术节、河北省戏剧节等重大文艺赛事及电视专题栏目，进一步提升滦南文化美誉度。**着力培养文化专门人才。**持续开展“三枝花”艺术进校园活动，抓好特色文化普及；扶持一批“三枝花”专业演出团体，不断壮大专业演出队伍；努力培育“三枝花”演出及书法、美术、文学创作等方面有知名度、有影响力的名家和骨干，引领优势文化走出滦南、享誉全国、走向世界。**积极促进文化产业发展。**把发展文化产业作为调结构、转方式的重要内容，以北河水城文化旅游观光产业带建设为龙头，谋划建设文化创意产业园，建成蓝色港湾、书画家村等一批文化产业项目，创办嘴东开海节、北方泼水节等特色民俗艺术节，培育传媒、演艺、会展等各种文化产业新业态，不断提高文化产业的贡献率。**努力繁荣群众文化生活。**着眼抓普及、促提高、出精品、树品牌，持续组织开展群众合唱节、秧歌展演、评剧票友大赛、书画摄影展等文体活动，不断丰富和繁荣群众文化生活；鼓励支持发展民间文艺团体，开展民间文化传承保护工程；积极推进校园文化、企业文化、社区文化、农村文化、机关文化发展，在全社会营造浓厚的文化氛围。**全面加强精神文明建设。**以全省文明县城创建为载体，大力弘扬爱国主义、集体主义、社会主义精神，引导人们牢固树立社会主义核心价值观。全面贯彻《公民道德建设实施纲要》，倡导爱国守法、明礼诚信、团结友善、勤俭自强、敬业奉献的基本道德规范，营造良好的社会人际关系。深入推进社会公德、职业道德、家庭美德、个人品德建设，在全社会形成健康文明的生活方式。大力倡导“少说多干、奋勇争先、务实创新、开放超越”的新时期滦南精神，凝聚科学发展、赶超跨越的强大精神动力。力争明年建成全省文明县城，“十二五”末达到全国文明县城的标准。

（七）着力推进生态文明建设，构建资源节约型、环境友好型社会。生态文明建设是科学发展、赶超跨越的重要内容。今后五年，我们必须以达到国家级园林城的标准为目标，强化生态保护，发展生态经济，努力建设生态文明，不断推进经济社会可持续发展。**增强生态环保意识。**深入开展节能减排宣传教育，积极倡导文明、节约、绿色、低碳的生产生活方式，努力形成节能减排的社会共识。不断推进垃圾分类处理和污水循环利用，加强农村沼气池建设，落实农村垃圾集中处理长效机制，全面改善城乡环境。**严格项目准入标准。**认真贯彻国家产业政策，大力发展低污染、低耗能的战略性新型产业，全面发展现代服务业，从源头上杜绝高污染、高耗能项目落户滦南。**大力推进节能减排。**认真落实省“双三十”节能减排要求，积极改造提升传统产业，强力推动工业产品单位能耗、废弃物排放持续下降。以万浦热电、荣程钢铁、东方焦化、耀东水泥等企业为重点，积极推进行业节能减排对标，必须高标准达到节能减排的目标要求。**持续推进生态修复。**大力实施生态绿化工程，建成环县城生态带、环村庄生态带、沿滦河生态带、沿海防护林带，打造良好的生态环境。认真贯彻2011年中央一号文件精神，超前谋划水利项目，搞好北河、青龙河、滦柏干渠、孟新干渠、双龙河等水系治理，建成县城双环水系，实现水资源利用、水生态保护和环境治理的有机统一。

（八）着力创新社会管理，努力确保社会和谐稳定。和谐稳定是科学发展、赶超跨越的重要保障。今后五年，我们必须始终牢记维护稳定这一政治责任，不断加强和创新社会管理，最大限度地增加和谐因素，最大限度地激发社会活力。**努力构建齐抓共管的社会管理新格局。**积极应对大发展、快发展给社会管理带来的新要求、新挑战，着力构建“党委领导、政府负责、社会协同、公众参与”的社会管理新格局。**牢固树立和谐稳定源于依法从严管理的执法理念。**坚持依法从严管理社会，认真落实《依法行政手册》，进一步完善社会治安综合防控体系，加大对流动人口、特殊群体、复杂场所的监管力度，依法规范信访秩序，严厉打击各种违法犯罪行为、各种破坏发展环境的行为，始终对刑事犯罪保持严打的高压态势，努力维护良好的社会秩序；强化安全生产监督管理，严惩食品药品领域违法犯罪，确保不发生危害人民群众生命财产安全的重大事件；强化网络舆情监管，把握社会舆论主动权，防止网络炒作引发事端。**建立健全社会管理长效机制。**严格落实信访稳定“一岗双责”责任制和责任追究制，不断健全领导接访、民情信息员、信访代理、群众评议信访等工作机制，切实落实重大事项信访稳定风险评估制度，规范县行政服务中心、群众信访联合受理服务中心、群众工作站（室）运行管理，不断推进社会管理规范化、制度化。

三、不断提高党的建设科学化水平，为滦南科学发展、赶超跨越提供坚强的政治保障

实现未来五年的奋斗目标，关键在各级党组织，关键在广大党员干部。我们必须认真学习胡锦涛总书记“七一”重要讲话精神，以创先争优活动为载体，努力提高党的建设科学化水平，为滦南科学发展、赶超跨越提供坚强的政治保障。

强化思想政治建设，激发干事创业的火热激情。推进科学发展、赶超跨越，必须坚持用科学发展观指导实践，切实增强贯彻科学发展观的自觉性和坚定性，真正把思想和意志统一到县委决策部署上来；必须把学习作为一种精神追求，认真组织中心组理论学习，大规模开展干部培训，努力掌握推进科学发展的有效方法，真正做到学以立德、学以增智、学以创业；必须牢固树立“咬定青山不放松、不达目的不罢休”的坚定信念，始终保持“敢为天下先”的创新精神，不断强化时不我待的紧迫意识、舍我其谁的责任意识，肩负历史责任，永葆火热激情。

强化干部队伍建设，树立选人用人的正确导向。继续坚持“德才兼备、四化标准、注重实绩、五湖四海、群众公认、一线选人”的良好用人导向，坚持凭实绩使用干部，让能干事者有机会、干成事者有舞台。全力推行“一线工作法”，让广大党员干部到攻坚一线、到关键岗位砥砺品格、锤炼作风、增长才干；不断推进干部人事制度创新，积极推行公开选拔、竞争上岗；加强优秀年轻干部、后备干部、妇女干部、党外干部的选拔培养力度，让更多的优秀干部脱颖而出；加强各级领导班子建设，选好配强党政一把手，大力提升统班子、带队伍、促发展、保稳定的整体能力。

强化基层组织建设，夯实加快发展的组织基础。深入推进基层组织建设创新，认真探索在项目建设一线建立党组织的创新模式，积极启动“一步进城”、“中心镇集聚”、“中心村联建”的农村党组织联建工作，努力实现基层组织建设全覆盖。全面落实基层组织建设责任制，继续深化“三级联创”，深入开展争创先进基层组织、争做优秀共产党员活动，进一

步发挥李营村效应，大力抓好后进村转变，充分发挥基层组织战斗堡垒作用。认真依法组织好农村两委换届选举，选准配强农村干部班子。紧紧围绕滦南科学发展、赶超跨越大局，不断推进作风转变，提高机关党建水平。扎实做好党员教育、管理、发展工作，积极探索流动党员管理，充分发挥党员的先锋模范作用。

强化民主政治建设，最大程度地凝聚发展合力。发挥好县委总揽全局、协调各方的领导核心作用，支持人大、政府、政协履行职责，加强对工会、共青团、妇联等人民团体的领导，认真做好新形势下的武装工作、统战工作和老干部工作。充分保障基层党员的主体地位和民主权利，拓宽党员意见表达渠道，深入推进党务公开，营造党内民主讨论、民主监督的良好环境；继续坚持民情民意大调查、群众满意度大调查等工作机制，问政于民、问需于民、问计于民，最大程度地凝聚人民群众的力量和智慧；认真贯彻民主集中制原则，完善常委会、全委会议事规则和决策程序，提高决策的科学化、民主化水平。决策前要畅所欲言、各抒己见、集思广益，决策后要步调一致、雷厉风行、坚决落实。

强化党的作风建设，锤炼无坚不摧的执行力。进一步深化创先争优活动，扎实开展“党徽在攻坚一线闪光”等主题实践活动，继续倡导“白加黑、五加二”的奉献精神，激发广大党员干部的积极性和创造性；大力选树先进典型，在全县营造学先进、赶先进、做先进的浓厚氛围；坚持一切从实际出发，不喊空洞口号，不做表面文章，不搞形象工程，努力创造出群众满意的工作业绩；不断强化赶超意识，敢于瞄准全市、全省甚至全国先进地区，明确赶超目标，加快赶超步伐；继续大力弘扬少说多干、奋勇争先的优良作风，接受任务不讲条件，完成任务拒绝理由；继续实行县级领导分包项目、分包镇村、分包企业工作机制，深入一线、深入基层、深入群众，始终保持与人民群众的血肉联系。

强化考评督导机制建设，不断增强履职尽责意识。制定体现科学发展、赶超跨越要求的考核目标，进一步健全完善目标承诺、跟踪督导、专项述职、考核评议、激励约束等工作机制，不断完善责权明确、奖罚分明的科学考评办法，充分发挥考核的导向作用。坚持党员干部承担目标任务点评问责机制，实施一月一通报、一季一点评、半年初评、全年总评，跟踪问效，真督实查，奖罚分明，激发各级党员干部科学发展的责任意识、赶超跨越的紧迫意识。

强化党风廉政建设，永葆清正廉洁的政治本色。始终坚持标本兼治、综合治理、惩防并举、注重预防的方针，建立完善教育、制度、监督并重的惩治和预防腐败体系，不断完善村务管理“一卡通”，构建具有滦南特色的党风廉政建设新格局。加强《廉政准则》的学习，弘扬廉政文化，落实述职述廉、廉政谈话、报告重大事项、离任责任审计制度，强化权力公开透明运行和权力监控，严肃查处违纪违法案件，筑牢反腐倡廉坚强防线，维护风清气正的良好政治局面。各级党组织和广大党员干部都要认真履行好党风廉政建设责任制，在政治上清醒坚定、在重大问题上旗帜鲜明、在关键时刻经得起考验、在利益面前经得起诱惑，讲党性、重品行、作表率，做到立身不忘做人之本、为政不移公仆之心、用权不谋一己之私，永葆廉政勤政的良好形象。

各位代表、同志们，未来五年，滦南的前景无限光明，我们的使命无比神圣。让我们以邓小平理论和“三个代表”重要思想为指导，全面贯彻落实科学发展观，团结带领全县人民，不为任何困难所惧、不被任何干扰所惑，大力弘扬少说多干、奋勇争先的优良作风，肩负新使命、开启新征程，为滦南实现科学发展、赶超跨越而努力奋斗！

政府工作报告

——在滦南县第十四届人民代表大会第六次会议上

（2011年1月22日）

蔡洪魁

各位代表：

现在，我代表县人民政府，向大会作政府工作报告，请予审议，并请各位政协委员和列席会议的同志提出意见。

一、2010年工作回顾

刚刚过去的一年，是滦南发展极不平凡的一年。面对严峻挑战和繁重的发展任务，全县人民在县委的坚强领导下，认真贯彻落实中央和省、市一系列重大决策部署，科学确立了建设“激情滦南、实力滦南、文化滦南、生态滦南、和谐滦南”的总体目标和“三年再造一个新滦南”的阶段性目标，大力实施“融入曹妃甸、服务曹妃甸、打造大基地、建设新滦南”的主体战略，强力推进重点项目建设、城镇面貌三年大变样、统筹城乡发展“三大攻坚”和城西工业聚集区、嘴东工业区、大铁矿、北河新区“四大开发”，同心协力、攻坚克难，较好地完成了县十四届人大五次会议确定的目标任务，开创了滦南大发展、快发展的新局面。全年完成地区生产总值257.9亿元，比上年增长11.5%；完成全社会固定资产投资80.1亿元，比上年增长50.7%；完成全部财政收入10.5亿元，比上年增长0.53%，其中地税收入增长28%；农民人均纯收入7109元、城镇居民人均可支配收入18514元，分别比上年增长10.4%和12%。

——重点项目建设攻坚成果丰硕。成功组织市、县两级“银企对接”，精心举办台商、唐山民企、北京媒体进滦南活动，扎实有效开展北京、江苏、浙江、广州等地定向招商，与河北矿业、华西集团、北京二商等大型企业集团达成战略合作协议。重大装备制造、大钢铁、大热电、大造纸等支柱性项目，节能环保、新能源、新材料等战略性新兴产业项目积极推进。全年谋划实施重点项目610个，计划总投资1893亿元，3个项目投资100亿元以上，31个项目投资10亿元以上。总投资280亿元的80个项目分四批集中开工，24个重点项目完工，96个项目正在建设。

——城镇面貌三年大变样攻坚卓有成效。以打造“滨海水城、经济强城、文化名城、宜居靓城”为目标，坚持“规、拆、建、改、管”并重，组织实施了三年大变样百日攻坚和百日会战。县城规划体系不断完善，绘就了“30平方公里、30万人口”的中等城市发展蓝图。拆违拆迁总面积68.7万平方米，腾出土地3502亩；加强对拆迁区域回迁房建设的督导，总建筑面积35万平方米的回迁房工程全部完成年度建设任务。新建续建城建项目59个，总投资104亿元，城区绿化、北环铁路立交桥、污水处理厂等18个项目竣工投入使用；程泰路桥服务中心、中红建材城、庞大汽贸、时代购物广场等41个项目按计划快速推进。持续开展城乡环境综合整治，规范治理了广告牌匾、建筑围挡、非法小广告及“五乱”行为；成功取缔城区非法营运三轮车，开通了城市公交；实施6条重点路段和主要城市节点既有建筑外观改造，完成既有建筑节能改造5万平方米；大力推进农村垃圾集中清运处理，城乡面貌焕然一新。

——统筹城乡发展攻坚实现突破。全面落实惠农政策，按照“三带、六化、一基地”的思路，积极推进奶牛、生猪、肉鸡规模化养殖、设施蔬菜种植、水产工厂化立体养殖，五大龙型产业进一步壮大；农业生产喜获丰收，粮食播种面积和总产均创历史最好水平；钢锹、纺纱等特色产业带动能力不断增强，劳务经济健康发展，农民工资性收入持续增长，农村经济繁荣活跃。科学确定“一步进城”、“中心镇聚集”、“中心村联建”三种新民居建设模式，在全省率先达到“四规合一”，实现了规划一步到位和全覆盖；创造性地制定《新民居建设实施细则》等一系列政策，探索出一条具有滦南特色的新民居建设路子；30个省级示范村的新民居建设全面开工，8个“一步进城”村搬迁签约工作基本完成。

——**“四大开发”全面展开。城西工业聚集区开发迅速推进**。完成总规、详规和产业发展规划编制，规划面积由3.3平方千米扩展到14.18平方千米，道路、管网等基础设施建设陆续启动。入区企业35家，在建项目13个，计划开工项目9个，谋划成熟项目37个，总投资294亿元，被纳入河北省第一批省级工业聚集区审批范畴。**嘴东工业区开发掀起高潮**。双龙河大桥与曹妃甸北环路连接线、工业区南环路一期、滦河大道等主干道路正在施工，完成7766亩吹沙造地工程。谋划实施重点项目60个，总投资700亿元。方舟实业修造船一期等3个项目竣工投产，总投资50亿元、涉及1022户的棚户区改造完成签约及一期拆迁任务。**大铁矿开发进展顺利**。与河北矿业集团正式签订铁矿开发协议，大贾庄铁矿开工建设，马城铁矿前期工作进展顺利。**北河新区开发全面启动**。北河大桥完成拱顶浇筑，新北环路、建设北路、崇法大街、星级宾馆、京东实业研发中心、北河水系治理、北河公园改造均已开工建设。滦南科学发展、赶超跨越的支撑框架已见雏形。

——**社会事业统筹发展**。认真组织实施“校舍安全工程”，新建教育教学设施1.4万平方米；稳步推进中小学布局调整，城乡教育资源进一步优化。积极开展“健康滦南、幸福人民”行动，公共卫生服务体系不断完善。广泛开展多种形式的全民健身运动，群众性文体活动更加丰富多彩。中国评剧博物馆、成兆才纪念馆正式对外开放，现代评剧《三进门》荣获第七届中国评剧艺术节优秀演出奖，赴省会演出获得好评。高度重视人口与计划生育工作，符合政策生育率达到97.28%。妇女儿童、老龄、残疾人、民政、科技、档案、防震减灾、气象、人防、地方志、民兵预备役和国防动员等各项事业都取得了新成绩。

——**人民群众幸福指数持续提升**。坚持把改善民生落实到具体项目上，谋划实施总投资344亿元的134个民生项目，其中长大线改造、南大街拓宽、中大街拓宽、廉租房建设等如期竣工；新县医院、滦海公路二期、建设路南延等完成年度任务。扎实做好就业援助工作，城镇新增就业5830人，“零就业家庭”保持动态归零。努力扩大社保、医保、低保覆盖面，提高城乡低保标准和农村医疗保险报销比例，全面落实优抚政策，广泛开展扶危济困活动，积极发展慈善事业，社会保障能力持续提高。不断加大节能减排工作力度，严格治理环境污染，生态环境进一步改善。狠抓安全生产和食品药品安全专项整治，维护了人民群众生命财产安全。畅通信访渠道，下大力解决了一批群众反映强烈的突出问题。强化社会矛盾纠纷调处和社会治安综合治理，建成覆盖城区的视频监控和电子警察系统、农村平安互助网络和城乡警务网络，群众安全感显著提升，稳定和谐的社会局面得到巩固。

——**行政效能和服务水平明显提高**。广泛深入开展创先争优活动，大力弘扬“少说多干、奋勇争先”的工作作风，形成了知难而进、拼搏进取、雷厉风行的良好氛围。印发《滦南县依法行政手册》，严格执行行政执法责任制和违法责任追究制，多种形式开展民主评议行风、政风活动，推进行政权力公开透明运行，依法行政水平进一步提高。制定《鼓励招商引资、加快项目建设的若干规定》，全面推行项目助理、项目代办制度，行政服务环境明显优化。不断增强民本意识，克服财力困难，优先推进15件为民办实事工程。主动邀请县人大代表、政协委员参加县政府常务会议，自觉接受县人大及其常委会的法律监督，重视发挥人民政协政治协商、民主监督、参政议政作用，承办人大代表意见、建议和政协委员提案136件，有力地促进了政府工作水平的提高。

各位代表，过去一年的工作成绩来之不易。这是县委正确决策、强力推动的结果；是县人大依法监督、大力支持，县政协民主监督、参政议政的结果；是全县上下团结协作、狠抓落实的结果；是县内外各界人士关心帮助的结果。在此，我代表县人民政府，向全县工人、农民、知识分子，向驻滦南部队官兵、政法干警，向各位人大代表、政协委员，向在我县投资创业的企业家、建设者，向所有关心、支持滦南发展的朋友，表示崇高的敬意和衷心的感谢！

在肯定成绩的同时，我们也清醒地看到，我县经济社会发展中还存在着一些不容忽视的问题和不足：一是经济总量仍然偏小，财政收入增长不快，收支平衡面临很大压力；二是全员抓项目、全民抓开放的氛围还不够浓厚，有些干部思想解放不够，大局意识不强，发展环境有待进一步优化；三是部分重点项目建设进度不够理想，真正落地的支柱性项目还很少；四是城乡建设欠账较多，与群众要求还有不小差距，城镇建设改造和新农村建设任务艰巨；五是社会管理和服务水平有待提高。对此，我们一定高度重视，认真解决。

二、2011年目标任务和主要措施

2011年是实施“十二五”规划的开局之年。做好今年的工作，对于实现“十二五”发展目标意义重大。根据县委十届六次全委（扩大）会议精神，2011年全县经济社会发展的总体工作思路是：**以邓小平理论和“三个代表”重要思想为指导，深入贯彻落实科学发展观，坚持实施“融入曹妃甸、服务曹妃甸、打造大基地、建设新滦南”主体战略，强力推进重点项目建设、城镇建设三年上水平、统筹城乡发展“三大攻坚”和城西工业聚集区、嘴东工业区、大铁矿、北河新区“四大开发”，以创先争优活动为动力，锲而不舍，持续攻坚，狠抓落实，确保滦南“十二五”科学发展、赶超跨越开好局、起好步。**

主要预期目标是：地区生产总值增长15%；全社会固定资产投资增长50%；全部财政收入增长19%；农民人均纯收入增长11%；城镇居民人均可支配收入增长12%。

按照这一思路和目标任务，我们将全力抓好六个方面的工作：

（一）强力推进“四大开发”，打造沿海经济隆起带战略高地

“四大开发”是滦南科学发展、赶超跨越的希望所在和战略支撑，必须举全县之力统筹推进，2011年要大见成效。

强力推进城西工业聚集区开发。以基础设施建设为先导，以项目引进聚集为主攻方向，以现有企业改造升级为抓手，全面拉开城西工业聚集区开发建设框架，全年计划完成总投资50亿元，成为省级工业聚集区。加快道路工程建设，中大街西延、创新路、锦绣路、文明街、滦海路等工程力争5月1日前竣工通车。统筹推进电力高压走廊迁建和通信、给排水等基础设施建设，为企业入驻创造条件。营造良好环境，支持汇丰冷轧薄板、京东医药物流、林海科技电力装备制造、瑞程船用型钢、阿波罗太阳能装备制造等续建项目建设；切实抓好中船船用型钢、泽澳纺纱、坤达纺纱等新开工项目，力争2011年建成投产；3月底前完善顶热太阳能设备制造、地源热泵空调等计划开工项目的前期手续，加快重大装备制造、大造纸、大热电等战略支撑项目的谋划筹备进度。引导支持现有企业扩产、提质、增效，提高对工业区经济总量的贡献率。

强力推进嘴东工业区开发。着眼纳入省级工业聚集区，进一步提升规划、完善设施、聚集产业，全年争取完成总投资50亿元。完成园区总体规划、产业布局规划、区域控制性规划和海域利用规划评审，编制环曹妃甸新区产业带规划，为大规模开发建设提供科学依据。抓紧完善园区基础设施，5月1日前，双龙河大桥与曹妃甸工业区北环路连接线、南环路一期、滦河大道争取建成通车；7月底前，完成吹填面积6600亩的二期吹沙造地工程；尽快启动秦岭大街、湘江大道、11万伏变电站、5万吨水厂、4万吨污水处理厂和垃圾填埋场等工程建设；启动曹妃甸五号港池建设，10月底前开工建设西港池防波堤；年内打通双龙河与双龙河古道、二盐场排水渠的连接通道，构建双龙河水系景观带。支持方舟实业修造船二期、二十二冶装备制造等项目建设，年内完成造地工程；加快毕氏工业园、东丰风电、华能风电、钒钛新能源等筹建进度，确保年内开

工。精心组织嘴东棚户区改造，一期9.6万平方米回迁房和5万平方米商住开发年内完成主体工程；高标准实施万科休闲度假中心及房地产综合开发项目，年内开工建设起步区工程，打造曹妃甸生产生活服务基地。

强力推进大铁矿开发。根据矿区开发规划和进度，协调好土地征用、手续办理、施工保障等各项服务工作，建设好矿区道路、配套电力和办公设施，为铁矿开发创造良好的外部条件。加强大贾庄铁矿基础设施建设，推动马城铁矿年内进场施工，完成李夏庄铁矿“探转采”手续，全面加快铁矿开发进程。立足打造链条完备的钢铁产业基地，着手编制钢铁产业循环示范区规划，建设具有战略支撑意义的主导产业。2011年，铁矿开发计划完成总投资20亿元。

强力推进北河新区开发。科学安排建设项目，努力做到竣工使用一批、开工建设一批、谋划储备一批，全年完成总投资20亿元。5月1日前，北河大桥、崇法大街、建设北路、新北环路力争竣工通车，北河公园一期正式开园，北河水系具备通航条件。8月底前，京东实业研发中心、星级宾馆完成主体。上半年，蓝色港湾、北河公园二期、北河水系治理三期、水厂路景观桥建设等项目进场施工。9月底前，金代风情街、惠民广场开工，新区污水处理厂、垃圾发电项目启动建设。围绕县城扩容，谋划大铁矿生活区、华西新村、高档低密度住宅小区、书画家村等商住项目；围绕文化名城建设，谋划评剧大世界、夷齐岛、北河文化公园等文化旅游项目；围绕生态城市建设，谋划郊野公园、湿地公园等生态项目，促进北河新区迅速聚集资金和项目，展现新城开发的良好前景。

（二）实施“千百十”工程，再掀项目建设新高潮

持续开展重点项目建设攻坚行动，确保2011年谋划1000个重点项目、开工100个重点项目、10个项目纳入省重点。

着力破解项目建设瓶颈制约。积极争取、尽快落实新民居置换用地指标，深入挖掘存量土地，盘活闲置土地，努力为项目建设提供土地支持。采取BT、BOT等多元化方式筹集建设资金，完善引资激励政策，鼓励社会资金投入项目建设；充分发挥金融机构融资主渠道作用，积极推进银企对接、银企合作，2011年各项贷款总额增长30%以上。

凝聚项目建设强大合力。切实转变政府职能，优化发展环境，提高项目谋划能力、争取能力、服务能力，努力营造“以项目规模论英雄、以项目质量论成败”的工作氛围。经济管理部门不遗余力为企业“送服务”，审批服务单位积极主动为项目“开绿灯”，社会管理部门倾力打造和谐、稳定、安全的社会环境，在全县形成“人人关心滦南发展、人人支持项目建设”的强大推动力。

强化项目建设督导落实机制。继续实行重点项目分包责任制和项目助理制度，对重大装备制造、钢铁整合、铁矿开发、热电扩建、造纸扩能、五号港池建设、钒钛新能源、华能风电、毕氏工业园、二十二冶装备制造等十大支柱项目，落实“一个项目，一套人马，一抓到底”的协调机制，紧盯不放，不留遗憾。

（三）不断优化三次产业结构，加快转变经济发展方式

按照“一产出特色、二产上规模、三产求突破”的工作要求，促进三次产业融合发展，实现经济转型升级。

推动“一产出特色”。全面落实“12356”发展思路，努力扩大特色农业生产规模，提高农业比较效益。加强龙头企业建设，不断深化与北京二商、南京雨润、厦门国贸等的合作，谋划蒙牛二期扩建、雨润肉制品深加工、海洋食品加工、金丰肉鸡屠宰等项目，扶持做强姚王庄、县城、青坨营高速出口三大农产品专业市场，促进农产品销售和转化增值。抓好“一镇一品”建设，叫响柏各庄大米、姚王庄蔬菜、扒齿港奶牛、安各庄和程庄西红柿、方各庄甜瓜、东黄坨甘薯、青坨营西瓜、宋道口韭菜等特色农业品牌，培育具有较强竞争力的地域主导产业。引导农民树立现代农业意识，推行测土施肥和施用有机肥，建成一批集养殖、种植、能源利用为一体的生态农业示范场、示范区。建成25万亩国家级无公害农产品基地。规划建设5个千头牛场、20个千头猪场、20个万只鸡场，每个镇培育2个规模化、规范化的现代农业示范园。鼓励发展采摘、观光、垂钓等农业旅游业，颐神庄园年内完成主体工程，汪庄生态园、国营林场生态园、滦河古道生态观光养生园、胡家坡原生态旅游农庄6月底前开工。平稳推进农村产权制度改革。积极探索“公司＋基地＋农户”、“股份＋合作”等模式，扶持农民专业合作经济组织发展，加快土地经营权流转，增强农业组织化程度。扎实做好农村资产确权登记颁证工作，搭建产权流转交易平台，基本完成农村各项产权制度改革任务。及时兑现奖补资金，全面落实农业奖励政策，加强农业技术服务，多方争取土地整理、节水灌溉等农业项目，调动农民发展特色农业的积极性。

加快“二产上规模”。认真贯彻“12479”工作思路，加快工业调整升级，迅速壮大工业规模，在转变发展方式中扩大二产总量。整合提升传统产业，以华西集团钢铁产业转移为契机，以大铁矿开发为依托，推进钢铁企业深度整合重组和产业升级；以打造10个较大型企业集团为目标，鼓励引导钢锹产业兼并重组；组织好胡各庄纺纱工业园区建设，确保9月底前竣工投产。积极包装、推介“根”、“燕南”等工业品牌，争创中国驰名商标，增强传统产业竞争力。大力发展战略性新兴产业，支持方舟实业修造船、顶热太阳能、中红普林彩印包装等企业扩大规模，扶持海上风电、尚新融大电子、东方海运船舶制造等项目尽快开工，促进工业结构优化升级。强化行政推动，制定落实“飞地”政策，项目涉及的发展指标由相关镇和所在园区分享，充分调动各镇谋划项目的积极性；积极开展“对标行动”，支持现有企业扩大产能、优化结构、提升技术、争创名牌，提高企业自主创新能力，实现“二次创业”；以钢铁、钢锹、造纸、水泥等行业为重点，加快淘汰落后产能，加强技术设备改造，确保完成节能减排任务。

实现“三产求突破”。挖掘资源优势发展旅游业，谋划建设北河公园风景区、古城文化广场、冀东抗战胜利纪念园、北美风情水城、曹妃大殿、元代风情街、京东第一集等旅游项目，着力培育文化旅游、生态旅游、红色旅游、工业旅游、滨海旅游，努力实现旅游业大突破。依托区位交通优势发展商贸流通业，5月底前，中红建材城完工投入使用；年底前，中红时代购物广场完成主体；支持唐百集团3.5万平方米的和平购物广场项目建设；借助疏港道路，谋划建设钢铁物流项目和农副产品交易市场，打造区域性商品集散中心。扩大文化优势发展文化产业，谋划建设评剧大世界，组织好“曲艺天天演”、环北河长跑等活动，筹备开海节、龙舟赛等活动，大力培育传媒演艺、广告会展、动漫创意等文化业态，深入开发传统文化、红色文化、民俗文化、地域文化，发展壮大文化产业。结合特色农业优势发展宾馆餐饮业，加快北河新区星级宾馆、林海科技酒店建设，做好高端商务酒店、海鲜美食城、北河会馆前期准备，谋划引进更多的宾馆餐饮、休闲娱乐项目，提升旅游、商务接待水平。

（四）开展四项重点活动，努力扩大对外开放

深入实施全民开放、全面开放战略，多渠道招商引资，活跃发展全局。

开展解放思想大讨论活动。采用多种形式，引导全县干部和各级各类企业经营者，不断更新观念，牢固树立“大开放、大发展”的理念，增强开放的主动性和自觉性，以思想解放促进外向型经济发展。

开展宣传推介滦南活动。积极搭建宣传平台，多角度宣传滦南的区位、资源、文化、产业优势，宣传滦南良好的发展环境，宣传“三大攻坚、四大开发”的工作成果，宣传滦南“十二五”发展目标、主体战略、重大举措和重点项目，千方百计吸引战略投资者。

开展优化发展环境活动。完善落实招商引资优惠政策，严格执行行政审批服务承诺、首问负责、跟踪问效、责任追究等制度，严肃查处破坏发展环境的行为，叫响“零障碍、低门槛、高效率、强支撑、少检查、重激励”的服务品牌，营造“亲商、安商、富商”的良好环境，打造政策洼地、服务高地、创业福地。

开展招商引资活动。面向日韩、长三角、珠三角、京津地区，跟踪世界500强、中国500强企业的最新动向，积极开展小团组招商、网上招商、上门招商、以商招商系列活动，谋划“国际园艺工具博览会”等展会活动，进一步创新招商引资体制机制，提高招商引资实效。城西工业聚集区、嘴东工业区分别组建招商局，严格绩效考核，加大招商力度。发挥骨干企业、拳头产品的带动作用，以扩大出口带动经济发展，不断开创外经外贸工作新局面。

（五）打好八项攻坚会战，提升城镇建设水平

从2011年开始，我省进入城镇建设“三年上水平”的新阶段。对这项工作，我们的重视程度只能强化不能削弱，工作标准只能提高不能降低，推进力度只能加大不能减小。要紧紧抓住统筹城乡发展的政策机遇，借势而为，强力攻坚，努力走在沿海城市带建设的前列，为创建国家级标准的园林城、卫生城、文明城打下坚实基础。

打好功能提升会战。加快中大街立交桥、建设南路等续建工程，启动建设中路、文化路南段改造和新南环路建设工程，进一步改善群众出行条件。实施水源井建设、供热首站改造、供水、供热、供气管网扩建等工程，增强市政设施保障能力。加强污水排放管理，切实提高污水处理率。年内，新建小区全部实现集中供水、集中供热、集中供气和污水、垃圾集中处理。

打好拆迁改造会战。谋划实施建设中路东侧、一中西侧、千禧小区北侧、交警大队南侧、建设南路两侧、大洋渔网厂、原物资局钢管厂等区域拆迁改造，计划拆迁建筑面积25.8万平方米，腾出土地1100亩，进一步拓展城市发展空间。上半年，全面完成6条主要街道两侧既有建筑外观改造，实施5万平方米既有建筑节能改造，对新建工程进行特色塑造，构建独特的城市景观和建筑风格。年内建成1条高标准景观示范街、2个标志性建筑。

打好回迁房建设会战。推动谷家营、县医院周边、一中东侧、东北街二期、西北街二期、原党校周边等已开工住宅小区加快建设，迅速启动其他拆迁区域回迁房建设，确保拆迁群众及早迁入新居。

打好环境整治会战。深入开展城乡环境综合整治，积极推进农村新能源利用和垃圾集中清运。强化北河水质治理，大力实施“绿化、美化、亮化、净化”工程，改善城市生态环境和城市形象。加大城市管理力度，提升城市管理品质，切实做到“无处不精细、无处不精美、无处不精彩”。

打好小城镇开发会战。按照“1个副中心城市、3个中心镇、5个特色镇、6个一般镇”的规划框架，进一步完善各镇建设规划。加快现有工程建设，总面积9.8万平方米的柏各庄平改楼工程6月底完成回迁房建设，年底前全部工程交付使用；总面积4.4万平方米的长凝拆迁改造项目6月底竣工；总面积4万平方米的坨里商贸带项目10月底前完成一期工程，上半年启动二期工程。胡各庄、扒齿港年内各启动1个商住开发项目，其他镇要打造1条商贸景观示范街。

打好新民居建设会战。以“八和居”小区为重点，加快现有新民居建设进程；积极做好2011年已申报新民居建设示范村的搬迁户签约和新民居开发点的启动、建设工作，以对历史、对人民高度负责的态度，积极稳妥地推进新民居建设。

打好人口向城镇聚集会战。研究制定进城农民养老保险、户籍管理、土地流转、就学就业等配套政策，健全新民居建设政策保障体系。坚持产业兴城、园区富民，大力发展现代服务业、劳动密集型产业，确保农民进得来、留得住、有保障、能致富。

打好省级园林县城创建会战。实施高速连接线两侧、建设路、南大街、中大街、祥和路、崇法大街等道路绿化工程，确保6月底前完工；扎实推进社区绿化、庭院绿化、节点绿化，实现拆墙透绿、见缝插绿，确保完成省级园林城创建。以滦海公路沿线、嘴东工业区绿化为重点，加快沿海生态带建设。开展绿色家园创建活动，完成50个重点村的绿化任务。

（六）实施六项“幸福工程”，着力改善民生

坚持以人为本、执政为民理念，围绕解决群众最关心、最直接、最现实的利益问题，重点办好20件实事，全面推进“幸福工程”，加快民生改善步伐，不断提高人民群众幸福指数。

实施教育优先工程。积极推进中小学校舍安全工程和标准化校舍建设，年内完成15所学校校舍3.27万平方米的建设任务；鼓励支持民办教育，8月底前完成英才学校高中部教学楼工程；全力做好新一中、新职中前期筹备工作。优化基础教育，高度重视学前教育，实施职业教育倍增计划，实现各类教育均衡发展。

实施全民健康工程。继续开展“健康滦南、幸福人民”行动，加强基层卫生院和社区卫生服务站标准化、规范化建设，新县医院争取年底前投入使用，全面提升公共卫生服务水平。加强传染病和重特大疫情防控，做好食品药品安全监管工作，确保群众饮食、用药、就医安全。以创建省级人口与计划生育综合改革示范县为目标，努力提升优生优育和生殖健康服务水平，人口自然增长率控制在3.46‰以内。

实施就业援助工程。结合农民“一步进城”，建立城乡统一的就业管理、就业援助、就业培训制度，支持自主创业，多渠道增加就业岗位。2011年，城镇新增就业6600人，农村劳动力转移就业1.6万人，城镇登记失业率控制在3.5%以内，“零就业家庭”保持动态归零。

实施社会保障工程。巩固完善新型农村合作医疗、城镇居民基本医疗保险制度，努力提高医疗费报销比例。大力推行新型农村社会养老保险。再次提高城乡低保标准，城镇和农村低保标准分别提高到每人每月363元和每人每年1900元。建立完善适度、普惠的社会救助和社会福利体系，加大对弱势群体的救助帮扶力度，大力支持老区重点帮扶村建设。动员社会力量，积极发展慈善事业。

实施平安创建工程。加强安全生产监管，严格落实安全生产责任。探索对特殊人群、新社会组织和虚拟社会实施有效管理，推进社会管理创新。推行信访稳定工作综合调控机制，畅通信访渠道，努力解决群众反映强烈的突出问题。强化社会治安综合治理，依法严厉打击违法犯罪行为，大力实施“天网覆盖”等八项平安创建工程，提升人民群众安全感。

实施精神文明建设工程。以建党90周年系列活动为契机，广泛开展群众性精神文明创建活动，加强社会公德、职业道德、家庭美德和个人品德建设，打击“黄、毒、赌”等社会丑恶行为，弘扬社会正气，促进社会和谐。

三、关于十二五规划纲要（草案）的说明

“十二五”时期，是滦南科学发展、赶超跨越的攻坚期，也是滦南大有作为的黄金期。县委十届六次全会通过的《关于制定国民经济和社会发展第十二个五年规划的建议》，提出了“十二五”时期，我县国民经济和社会发展的总体思路、奋斗目标和主要任务。根据《建议》精神，县政府制定了《国民经济和社会发展第十二个五年规划纲要（草案）》，已提请大会审议。下面，就相关问题作几点说明。

（一）《纲要（草案）》的编制过程

县委、县政府对“十二五”规划编制工作高度重视，多次召开县委常委会、县政府常务会议，专题研究部署。主要负责同志亲自听取汇报，参与研究讨论，并就《纲要（草案）》的框架结构、指导思想、主要任务等重大问题，提出重要指导意见。县委十届六次全会后，县政府根据县委关于制定“十二五”规划的《建议》精神，充分吸纳“我为十二五规划献一计”、“问计于民、造福百姓”系列调查和“调研月”等活动成果，进一步完善了《纲要（草案）》，并相继召开各类会议、采取多种形式，广泛征求了县四大班子领导同志和各镇、各部门的意见，认真听取了人大代表、政协委员和社会各界的意见和建议。可以说，《纲要（草案）》的形成过程，是认真总结过去、全面规划未来的过程，是发扬民主、科学决策的过程，也是统一思想、形成共识的过程。

（二）“十一五”时期经济社会发展主要情况

“十一五”期间，经过全县上下的不懈努力，我县经济社会保持了平稳较快发展，人民群众幸福指数有了较大提高。“十一五”期间，地区生产总值年均增长11.6%；全部财政收入年均增长10%；全社会固定资产投资年均增长21.6%；城镇化率达到41.7%，比“十五”末提高17.7个百分点；城镇居民人均可支配收入和农民人均纯收入年均分别增长17.1%和10.9%。“十一五”规划各项目标任务圆满完成。

（三）“十二五”时期经济社会发展总体思路和奋斗目标

《纲要（草案）》全面分析了今后五年我们面临的宏观环境和发展优势：“十二五”时期，我国经济社会发展将保持长期向好趋势；河北省加快推进沿海地区“11县8区”开发建设，我县位列其中，将享有一系列优惠政策；唐山湾“四点一带”迅速崛起；滦南具有优越的区位优势、雄厚的农业基础、丰富的铁矿资源、特色鲜明的

地域文化、宏伟的城市蓝图、良好的生态环境、广阔的发展空间，困难与希望同在，机遇与挑战并存。

基于对以上形势的判断，在全面贯彻县委关于制定“十二五”规划《建议》精神的基础上，《纲要（草案）》提出了“十二五”时期我县经济社会发展的总体要求：**“十二五”期间，我们必须坚持以邓小平理论和“三个代表”重要思想为指导，深入贯彻落实科学发展观，以在转变发展方式中扩大经济总量为主线，以“融入曹妃甸、服务曹妃甸、打造大基地、建设新滦南”为主体战略，以“三大攻坚、四大开发”为平台，着力奋发向上、大有作为，打造激情滦南；着力狠抓项目、扩大开放，打造实力滦南；着力弘扬传统、发挥优势，打造文化滦南；着力治理生态、改善环境，打造生态滦南；着力改善民生、维护稳定，打造和谐滦南。到“十二五”末，主要经济指标力争比2010年翻两番，实现科学发展、赶超跨越。**

《纲要（草案）》提出了“十二五”时期经济社会发展的奋斗目标，包括经济总量变化、经济结构调整、扩大双向开放、生态环境建设、推进城镇化、社会事业发展、人民生活改善等方面，定性与定量相结合，以定量为主，既具有战略性、前瞻性、指导性，又具有很强的可操作性。这些目标有三个突出特点：一是体现了转型升级、科学发展的要求；二是体现了事争一流、跨越发展的要求；三是体现了惠及民生、和谐发展的要求。《纲要（草案）》提出“十二五”时期，全县“地区生产总值年均增长25.5%，2013年达到400亿元，2015年确保完成800亿元，力争达到1000亿元；全部财政收入年均增长32%，2013年达到21亿元，2015年确保完成42亿元，力争达到50亿元”，主要经济指标“确保三年翻一番、力争五年翻两番”。确定这样的目标，既是省、市对滦南的要求和期望，也充分考虑了我县的发展实际和现实基础。按照省、市“十二五”规划纲要，到2015年，河北沿海“11县8区”和唐山湾“四点一带”地区经济总量实现倍增，“确保翻一番以上，争取翻两番”。我县作为省、市沿海发展战略的重要组成部分，“三大攻坚、四大开发”已经取得显著成效，将为下步发展带来强大后劲。同时，全县上下蕴含着强烈的发展激情，人民群众迫切要求加快发展、争先进位。这样的目标，顺应人民群众想发展、盼发展的期待，切合我县实际，既鼓舞士气、振奋人心，又积极稳妥、切实可行。

（四）“十二五”时期的战略重点和主要任务

《纲要（草案）》对“十二五”时期的主要工作任务作了全面安排，概括起来就是打造“激情滦南、实力滦南、文化滦南、生态滦南、和谐滦南”。**激情滦南**对应政治建设和党的建设，按照市委“奋发向上、大有作为”的要求，大力弘扬“少说多干、奋勇争先”的作风，解决精神状态问题；**实力滦南**对应经济建设，围绕“科学发展、赶超跨越”，在转变发展方式中扩大经济总量，确保三年翻一番，力争五年翻两番，迅速壮大滦南经济实力，为各项事业提供坚实的物质保障；**文化滦南**对应文化建设，重点实施“六个一”工程，挖掘文化资源，繁荣文化事业，叫响文化品牌，打造文化名城，扩大滦南的知名度和美誉度；**生态滦南**对应生态建设，按照资源节约、环境友好的要求，强力推进节能减排，发展循环经济，打造“天蓝水清、环境优美”的生态城市，提高滦南的吸引力和竞争力；**和谐滦南**对应社会建设，通过发展社会事业，持续改善民生，不断提高人民群众的幸福指数，创造良好的社会条件，全面构建和谐社会。具体来讲包括七个方面的工作任务：

1. 按照“12356”的工作思路，推动一产出特色。“1”就是打造环渤海、环京津有机食品供应基地；“2”就是建设嘴东水产品和城西农副产品两个食品工业园；“3”就是培育壮大姚王庄蔬菜、县城农贸市场、青坨营农副产品交易中心三大农产品专业市场；“5”就是进一步发展壮大奶牛、肉鸡、瘦肉型猪、果菜、水产五大龙型经济；“6”就是实现农业生产的有机化、产业化、市场化、品牌化、特色化、外向化。到“十二五”末，实现一产“降比例、增总量、优结构、出特色”，第一产业在国民经济中的比重由“十一五”末的20.9%下降到10%的同时，产业化率提高到75%。

2. 实施“12479”工程，推动二产上规模。“1”就是贯穿在转变发展方式中扩大二产总量这一主线；“2”就是重点抓好城西工业聚集区和嘴东工业区开发建设；“4”就是抓好40个以上省级重点项目；“7”就是打造精品钢材、装备制造、船舶修造、汽车部件、食品加工、造纸包装、纺织服装七大产业链；“9”就是至少培育九个纳税亿元以上骨干工业企业。到“十二五”末，第二产业在国民经济中的比重由“十一五”末的45.8%上升到53%。

3. 勇于开拓创新，推动三产求突破。充分发挥滦南独特的区位、交通、文化和资源优势，在着力抓好传统商贸业、交通运输业和金融保险业的同时，加快发展高端三产服务业，努力实现旅游业、现代物流业、现代商贸业、文化产业、宾馆餐饮业“五大突破”，全面提升第三产业的规模和质量。到“十二五”末，第三产业在国民经济中的比重由“十一五”末的33.3%上升到37%。

4. 高标准规划建设，推动城建提品位。坚持“规、拆、建、改、管”并重，围绕“繁荣”、“舒适”两大目标，持续开展城市建设上水平攻坚行动，加快建设“滨海水城、经济强城、文化名城、宜居靓城”。以“规”为先导，牢固树立“规划即法”理念，高标准实现规划全覆盖，努力做到50年不落后、100年不后悔。以“拆”为突破，进一步加快旧城区改造步伐，五年内全面完成城中村改造任务。以“建”为主体，高质量抓好回迁房建设，高标准推进新城区开发、建设标志性建筑，狠抓道路、公园、水系治理等基础设施建设，大力推进高端服务业设施建设。以“改”为补充，两年内全面完成临街建筑立面改造和既有建筑节能改造。以“管”为关键，建立“绿化、美化、亮化、净化”长效机制，提升城市管理水平。到“十二五”末，完成十大片区拆迁改造、建成十大标志性建筑、完善十大基础设施建设，力争达到国家级园林城、卫生城、文明城标准。

5. 组织实施好“六个一”工程，做大做强文化产业。一是完善一批文化设施。谋划建设中国评剧大世界、滦河民俗文化园、体育馆、图书馆、美术馆、文化广场等文化项目，加强镇村文化设施建设，扩大先进文化的覆盖面。二是创作一批文化精品。发挥成兆才评剧团等专业团体和滦河文化研究会、文心诗社等群众团体带动作用，实施文化精品战略，抓好评剧、皮影、乐亭大鼓精品创作，繁荣地域文化研究，努力推出一批精品力作。三是发展一批文化产业。谋划建设文化创意产业园，积极培育传媒、演艺、会展等文化业态，创办滦南民俗文化艺术节、嘴东开海节等特色文化节，大力发展文化旅游业。四是开展一批群众性文化活动。继续组织好群众合唱节、秧歌展演、评剧票友大赛、书画摄影展、消夏彩色周末等文体活动，丰富群众文化生活。五是保护利用一批文化遗产。做好元代古城、唐开元二十八年马城县治所、潘家戴庄惨案遗址、曹妃殿、延庆寺等文物古迹的挖掘、抢救、保护和利用工作。六是培养一批文化人才。积极推进以“三枝花”进校园、进社区为重点的文化交流、培训活动，培养一批有影响力的代表人物。

6. 坚持资源节约和环境友好，全力推进生态建设争先进。加大节能减排力度，坚决淘汰落后产能，严格环保准入门槛，严肃查处环保不达标、污染严重的企业，大幅降低环境污染。组织开展绿化滦南大地活动，建设环县城生态带、环村庄生态带、滦河生态带。搞好北河、青龙河、滦柏干渠、双龙河等水系治理，着力改善城乡生态环境。大力发展循环经济和绿色低碳、节能环保的战略性新兴产业，努力构建资源节约、环境友好的现代产业结构。扎实推进农村环境整治，实现农村畜禽养殖集约化、园区化，种养一体化。

7. 不遗余力改善民生，维护社会和谐稳定。牢固树立发展成果全民共享理念，把改善民生贯穿经济社会发展全过程。千方百计增加城乡居民收入，大力发展现代高效农业和劳动密集型产业，努力创造更多的就业岗位；发挥劳务品牌效应，扩大劳务输出规模；抓好职业教育培训，将不能升入高中和大学的学生、农村富余劳动力、城镇待业人员全部纳入职业教育范围。不断完善社会保障体系，进一步健全完善医疗、失业、养老保障体系，提高城乡低保标准，加快推进新型农村养老保险全覆盖；积极开展助残、济贫、救困行动，确保困难群众基本生活。统筹推进社会事业发展，大力发展科技、教育、文化、卫生、体育等社会事业，提升公共资源社会共享水平；谋划建设旅游度假、康复医疗、休闲养老、艺术培训等项目，把滦南打造成品位高、环境好的旅游度假之地、求学养老之地、艺术创作之地。创新社会管理方式，强化矛盾纠纷排查调处，畅通信访渠道，规范信访秩序；加强社会治安综合治理、安全生产管理和食品药品安全监管，全力维护社会稳定和人民生命财产安全。

四、加强和改进政府工作

全面完成今年和“十二五”时期的任务，对政府工作提出了新的更高的要求。我们将以创先争优活动为统揽，努力提高行政效能，狠抓工作落实，开创政府工作的新局面。

大力弘扬少说多干、奋勇争先的工作作风，努力打造创新务实型政府。切实增强不进则退、慢进也是退的危机感，一日无为、寝食难安的紧迫感，为官一任、造福一方的责任感，以时不我待的精神抢抓机遇，以知难而进的决心迎接挑战，以奋发向上的干劲拼搏进取，在勇于创新、破解难题中推动滦南大发展、快发展；继续实行政府工作目标分解责任制和重大事项领导分包责任制，对重点项目、民生工程，倒排工期，挂图作战，一抓到底、不打折扣；全面推行“一线工作法”，真正做到力量向一线倾斜，干部在一线锻炼，成效在一线检验，党徽在一线闪光，以科学的理念、务实的作风、攻坚的力量、超常的举措，创造实实在在的业绩。

时刻牢记以人为本、为民服务的宗旨意识，努力打造高效服务型政府。坚持把群众的需求作为第一信号，尽心尽力为群众做好事、办实事、解难事，真正做到情为民所系，权为民所用，利为民所谋；更加重视社会管理和公共服务，更加注重维护社会公平和正义，更加关注民本民生，更加自觉主动地为基层、企业和群众搞好服务，努力实现好、维护好、发展好人民群众的根本利益；继续推进行政审批制度改革，不断提高工作效率和服务水平，严格落实干部问责制度、限时办结制度、服务承诺制度，努力打造“方便、快捷、优质、高效”的发展环境。

不断强化民主执政、依法行政的工作理念，努力打造民主法制型政府。坚决贯彻落实县委各项决策部署，自觉接受人大法律监督、政协民主监督和社会监督，认真办理人大代表建议和政协委员提案，大力推进政府信息公开，确保行政权力依法、公开、透明运行；健全社情民意反映制度和重大事项咨询、公示、听证和质询制度，广泛听取社会各界的意见和建议，切实做到科学决策、民主决策；严格按照法定权限和程序管理经济社会事务，不断规范执法行为，深入开展民主评议行风、政风活动，真正做到阳光收费、阳光执法、阳光行政。

大力弘扬艰苦奋斗、勤政廉政的良好传统，努力打造清正廉洁型政府。认真落实党风廉政建设责任制，按照“标本兼治、综合治理、惩防并举、注重预防”的方针，加强政府系统惩治和预防腐败体系建设，完善和规范建设工程招投标、经营性土地使用权出让、政府采购和产权交易等制度，深入推进行政权力监控机制建设，筑牢反腐倡廉的坚强防线；继续发扬艰苦奋斗、勤俭节约的优良传统，健全增收节支保障机制，严肃财经纪律，坚决反对铺张浪费行为；不断加强政府系统干部队伍建设，时刻自重、自省、自警、自励，切实做到一心一意为民，一丝不苟干事，一尘不染从政，努力建设团结务实、廉洁高效、有所作为、人民满意的政府。

各位代表，“十二五”发展目标和2011年工作任务已经明确，滦南站在新的起跑线上，前景无限光明。让我们在中共滦南县委的正确领导下，抢抓机遇，大胆创新，开拓进取，合力攻坚，全面完成今年工作任务，为推动滦南“十二五”科学发展、赶超跨越而努力奋斗！

滦南县人民代表大会常务委员会工作报告

——在滦南县第十四届人民代表大会第六次会议上

（2011年1月23日）

杜　珍

各位代表：

我受县十四届人大常委会委托，向大会报告工作，请予审议。

2010年的主要工作

2010年，县人大常委会在中共滦南县委的领导下，以邓小平理论和“三个代表”重要思想为指导，深入贯彻落实科学发展观，坚持党的领导、人民当家作主和依法治国的有机统一，认真依法履职，先后听取和审议专题报告9项，开展执法检查、视察、调研等12次，有力地促进了“一府两院”工作的开展，为我县经济社会科学发展做出了新的贡献。

一、加强对县委决策贯彻落实情况的监督，凝聚发展的合力

为进一步推动滦南各项工作的开展，明确工作思路，强化工作措施，在2010年5月21日召开的全县领导干部大会上，县委提出了建设“激情滦南，实力滦南，文化滦南，生态滦南，和谐滦南”的总目标，并确立了以“三大攻坚、四大开发”为主战场的工作突破口。围绕县委的中心工作，县人大常委会开展了文化滦南和工业聚集区调研，组织了城镇面貌“三年大变样”视察。

为推动文化滦南建设，县人大常委会创新工作思路，超前谋划，组织精干的调研班子，围绕挖掘滦南文化资源、传承传统文化、培育现代文化、发展文化产业等重点，开展调查研究。调研组采取召开座谈会、个别走访等形式，认真梳理县域文化资源，实地查看文物古迹，并赴霸州、冀州等文化名城创建的先进地区和周边县市进行考察学习，最后起草了关于如何建设文化滦南的调研报告，并经主任会议研究通过。报告提出了“加强文化产业规划；传承和张扬滦南地域文化性格，培育和发展现代文化；打造创意文化产业聚集区和品牌文化集中展示区；在创新与交流中壮大‘三枝花’产业；培育壮大旅游文化产业”等意见和建议。对调研报告国栋书记作出重要批示，内容是：“县人大常委会的这份调研报告写的非常好，对建设文化名城、打造文化滦南有很强的指导性和可操作性，对发展文化产业、旅游产业意义重大。请党政班子成员传阅……。”这次调研对于推动文化滦南建设起到了积极的指导作用。

为落实省政府关于建设工业聚集区的要求，打造项目建设平台，推进项目向园区集中，县委将城西工业区开发建设列为四大开发之一，并做为建设省级工业聚集区的主攻方向。为监督对县委决策的贯彻落实情况，常委会围绕园区机构设置、基础设施建设、产业布局、招商引资等问题开展调查研究。形成调研报告送县委后，县委主要领导作出重要批示，责成有关部门尽快落实，抓紧进入实施阶段，早日建成城西省级工业聚集区。

2010年是城镇面貌“三年大变样”的决战年、攻坚年，为按时限要求完成工作任务，县委实施了“三年大变样”百日攻坚和百日会战。为配合县委的工作，常委会对“三年大变样”工作进行视察。视察组对县政府拆违拆迁、城市环境综合整治、重点城建项目取得的成果，给予了充分肯定。建议县政府在下步工作中要进一步加强政策宣传，扎实推进；要注重在城市建设中展现滦南文化特色，进一步提升城市管理水平，确保城镇面貌大变样，并为城镇面貌上水平、出特色奠定基础。

二、加强对经济工作的监督，推动经济较快发展

对计划、预算执行情况的监督，一直是常委会监督工作的重要内容。常委会会议听取和审议了县政府2009年财政预算执行和其他财政收支情况的审计工作报告，批准了县政府2009年度财政决算，并对2010年上半年的计划、预算执行情况进行了审议。常委会建议，县政府及其职能部门要强化预算和资金管理，全力推进项目建设，在转变经济发展方式中扩大经济总量；要充分认识我县经济形势的严峻性，强力推进“三大攻坚、四大开发”，大力培植后续税源。

项目建设是经济发展的引擎。2010年，为实现项目建设的突破，县政府开展了项目建设攻坚行动，项目总量实现了突破、投资总额大幅提高、规模不断扩大、结构更趋合理。为形成抓项目、促发展的合力，常委会对我县重点工业项目建设情况进行了视察。通过听取报告，实地察看，视察组高度评价政府及其职能部门的工作，同时提出了针对性、操作性强的意见、建议。

建设“生态滦南”，环境保护首当其冲。常委会通过专题调研、听取关于环境保护法贯彻执行情况的报告，建议县政府要积极开展北河污染治理，为打造“滨海水城”提供资源支撑；全面落实农村环境整治工程，强化对城区重点污染企业的监管，继续加大环境综合整治力度。

此外，县人大常委会还开展了土地管理法贯彻执行情况专题调研；视察了畜牧养殖业；配合市人大对全县“10100”节能减排履行承诺情况和农业产业化发展情况开展了视察、调研。

三、加强对民生问题的监督，维护群众切身利益

低保工作是解决贫困家庭生活问题的重要政策保障，人大代表和社会各界广泛关注。为促进低保政策公开、公正、全面落实，达到应保尽保，常委会组成三个专题调研小组，通过集中听取汇报、分别深入镇村召开座谈会、查看相关档案资料、随机抽取低保对象入户了解的方式，对我县的低保工作情况进行了调研，并形成了调研报告。报告建议县政府及其职能部门加强对低保户的严格把关，开展民主评议，提高低保工作透明度，进一步完善动态管理机制并努力做好低保工作的延伸等意见建议。县政府及其职能部门高度重视，认真落实有关建议，低保工作质量得到了进一步提升。

新农合制度是构建农村医疗卫生保障体系的重要举措。常委会在审议新农合运行情况的报告时，提出了“在现有基础上通过新农合网络信息平台，探索由粗放管理到精细化管理的模式，进一步完善落实双向转诊制度”等建议，引起了政府的高度重视。

劳动合同法是维护职工权益，规范用工秩序的一部基本法。根据市人大统一部署，常委会围绕签订劳动合同、缴纳社会保险等情况，对劳动合同法贯彻执行情况开展执法检查。在政府自查的基础上，执法检查组深入滦南蒙牛乳业、永新纸业进行重点检查，有力地推动了劳动合同法在我县的深入贯彻落实。

一年中，县人大常委会还听取和审议了县政府关于文化体育工作、传染病防治法贯彻落实情况的报告；接待了全国人大调研组来滦南开展新农村建设调研；配合省人大开展了社会保障体系建设、行业工资集体协商调研；与市人大联动，进行了食品安全法贯彻落实情况和民办教育“一法一条例”贯彻执行情况的调研，使一些群众关注的热点问题得到了回应和解决。

四、加强对公正司法的监督，维护社会公平正义

常委会每年都选择人民群众普遍关注的突出问题作为重点，加强对县法院和县检察院的监督。2010年，常委会听取和审议了县法院关于民事审判工作的报告，县检察院关于侦查监督工作的报告。常委会组成人员对“两院”紧紧围绕“三大攻坚、四大开发”等县委中心工作，加大工作力度，服务县域经济发展和社会稳定予以积极评价。同时希望县法院不断提高法官素质，坚持民事案件实体与程序并重和民事案件注重调节的原则，促进社会和谐。建议县检察院不断加强队伍建设，探索制度创新，提高侦查监督工作水平，妥善解决工作中遇到的实际问题。

为推动司法监督步入规范化、制度化轨道，常委会根据组织法、监督法等有关法律、法规，结合我县实际，制定出台了《关于加强司法监督工作的决定》，从“监督职责、监督的内容和范围、方式和程序、奖励与惩戒”四个方面，为我县开展司法监督工作制定了依据和规范。

五、尊重代表主体地位，富有特色地推进代表工作

人大代表是人民代表大会的主体，做好代表工作是人大及其常委会工作的基础。一年来，常委会以充分发挥代表作用为目的，组织了形式多样的代表活动。

1. 搭建代表履职平台。为体现代表的参与权，常委会召开会议，开展执法检查、视察、调研，都邀请部分代表参加；为保障代表的知情权，常委会采取重点与集中相结合的方式，先后于7月、12月组织了两次大规模的走访代表活动，向代表通报县人大常委会和“一府两院”的工作，积极征求代表的意见和建议。为配合县委、县政府制订好“十二五”规划，组织县人大代表集中开展了献计献策活动，共收集意见建议112条。常委会还积极配合市人大，组织驻我县的市代表参加业务培训，开展了专题调研和会前视察活动。

2. 激发代表的履职热情。一是狠抓代表建议的办理。代表建议交办会召开后，县委、县政府主要领导高度重视代表建议的承办工作，分别做出重要批示，强化了办理责任，提高了办理质量。五次代表大会期间征集到的48件代表建议，21件当年得到了解决。常委会还听取和审议了县政府关于代表建议、批评和意见办理情况的报告，对县政府及各承办单位的工作予以肯定，并建议县政府要进一步加大办理工作的落实力度，扎实做好后续工作。二是评选优秀人大代表。通过层层推荐、主任会议审定，评选出优秀县人大代表33名，并予以通报表彰。三是加强对代表的培训。举办镇人大主席培训班，培训班上，常委会领导谈了贯彻监督法的工作体会，邀请市委党校教授讲解民主政治公理。通过培训，丰富了人大工作者的业务知识、拓宽了视野，推动了我县基层人大工作的开展。

3. 加强对基层人大工作的指导。先后两次召开人大主席座谈会，了解各镇人大主席团的工作动态，征集对县人大常委会工作的意见。在总结历年指导各镇评议基层所站工作经验的基础上，拓展了评议范围、改进了评议方法，指导各镇再次开展了评议基层所站活动，既充分发挥了人大代表的监督主体作用，又有效促进了基层所站依法行政、公正司法，提高了为群众服务的自觉性和履职水平，赢得了各级党委的肯定和广大群众的好评。

4. 依法做好人事任免工作。坚持党管干部与人大依法任免干部相统一的原则，对“一府两院”提请常委会任免的干部，认真执行《县人大常委会任免地方国家机关工作人员办法》，全面进行任前了解，认真组织常委会投票表决。一年中，任免国家机关工作人员66人（次）。依法认真做好县代表的辞补工作，全年共辞补代表28名，确保了代表队伍的稳定。

5. 继续开展年终工作测评。为进一步增强垂直管理部门及其干部职工的法律观念和公仆意识，提高为人民服务的自觉性和履职水平，综合各方意见，常委会对国税局、地税局、工商局、技术监督局、工商银行滦南支行、中国银行滦南支行、农业银行滦南支行、建设银行滦南支行、县信用联社等9个单位进行了年终工作测评，有力地推动了垂直管理部门工作的开展。

六、坚持正确政治方向，扎扎实实地加强自身建设

常委会以“创先争优”活动为载体，以配合中心为主线，认真完成县委部署的工作任务，努力提高常委会组成人员和常委会机关干部队伍的素质，各项工作取得了比较明显的成效。

1. 强力推进分包工作，创造“创先争优”的工作业绩

按照县委的统一安排，常委会各位领导分包“城镇面貌三年大变样、项目建设、统筹城乡发展”的具体工作，主任会议要求每位同志除县里开会外，日常都要到一线办公，与工作队员一道推进工作，分包工作任务不能落后于其他同志。在这期间，常委会各位领导发扬“白加黑、五加二”的工作精神，深入拆迁和项目建设一线，现场办公，对工作队员提要求、压担子，为工作队想办法、出主意，亲自协调关系，强势推进分包工作。对于项目谋划，各位领导充分发挥自己的政治优势，利用自己的人脉资源，积极谋划项目，广泛开展招商引资，取得了明显成效。

2. 开展助力攻坚，营造“创先争优”的工作氛围

4月23日，县城镇面貌“三年大变样”百

日攻坚行动动员大会召开后，县人大常委会在第一时间向广大代表发出公开信，要求全县各级人大代表以各种形式配合县委的工作。广大代表积极响应，涉拆户人大代表带头签订平改协议；工作队员人大代表全身心投入工作一线，耐心细致地做好涉拆户的工作；企业家代表纷纷慷慨解囊，为困难涉拆户解决生活中的实际问题，慰问一线工作队员。城镇面貌“三年大变样”百日会战动员大会召开后，县人大常委会又及时组织代表召开助力攻坚座谈会，人大代表纷纷表示广泛宣传党的政策、带头做好拆迁户的工作。助力活动进一步营造了良好的工作氛围，鼓舞了工作士气。

3. 提高自身素质，打造“创先争优”的干部队伍

努力建设学习型机关。先后组织机关同志学习了上级领导来唐视察、来滦南调研时的讲话精神，及市委八届七次、县委十届六次全会精神，并写出了心得体会。常委会会议还集中学习了关于项目工作的专业知识。通过学习，提高了常委会组成人员和机关同志的政策理论水平，增强了政治敏感性及履职责任感。

坚持在一线锻炼干部。按照县委关于开展“三大攻坚”行动的部署，积极推荐5名后备干部进入攻坚工作队，在攻坚一线考验干部，锻炼干部，开拓了机关干部的视野，增强了解决问题的能力，有3名攻坚队员受到了县委通报表彰，有2名同志受到重用。

认真做好信访和宣传信息工作。常委会领导坚持亲自接待来访群众，批阅申诉、控告材料，办公室定期对群众反映的问题进行梳理、分析，并对相关单位提出监督意见。全年共接待和办理群众来信来访80余件次，均做到了件件有落实，事事有答复。依据《河北省人大信息工作评选办法》，下发了《关于进一步做好宣传信息工作的通知》，将工作任务分解到科室，并纳入年度目标考核，激励全员办信息的积极性。信息工作继续被省、市人大常委会评为优胜，并参加了全省人大理论研讨会。

各位代表，2010年以来，县十四届人大常委会在中共滦南县委的正确领导下，在各方面的积极配合下，在各位代表和全县人民的监督支持下，各项工作取得了比较明显的成效。我们也清醒地看到，在发挥代表作用、增强监督实效等方面，与人民的期望、代表的要求还有差距。我们将自觉接受人民监督，虚心听取代表意见，不断改进工作，更好地发挥人大及其常委会作为国家权力机关、密切联系人民群众的代表机关的作用。

2011年的主要工作

2011年是实施“十二五”规划的第一年。在新的一年里，县人大常委会要在中共滦南县委的正确领导下，坚持以邓小平理论和“三个代表”重要思想为指导，深入贯彻落实科学发展观，紧紧围绕县委十届六次全会确定的主体战略和三大攻坚、四大开发，继续大力弘扬少说多干、奋勇争先的工作作风，重点加强对转变经济发展方式、社会和谐稳定的监督，充分发挥代表作用，努力做好代表工作，更加有效地履行地方国家权力机关的职能，在推动滦南科学发展、赶超跨越中发挥更大的作用。

一、深入学习贯彻县委十届六次全会精神

今年是“十二五”规划的开局之年，县委十届六次全会确定了我县未来五年发展的总体思路和工作重点，对做好今年工作作出了全面部署，强调要全力抓好“四大开发、项目建设、转变经济发展方式、扩大对外开放、城镇面貌上水平、改善民生”等六项重点工作。常委会要紧紧围绕县委十届六次全会精神，进一步明确工作的方向和任务，完善工作思路，调整工作重点，细化工作任务。使监督工作既要着眼长远，又要侧重当前；既要关注经济发展，又要体现民生；提出的建议既要有前瞻性，又要有现实意义；既要充分发挥常委会组成人员的作用，又要带领全体人大代表依法履职。通过扎实有效的工作，凝聚科学发展、和谐发展的强大合力，推动县委全会精神全面贯彻落实，为实现“十二五”规划的宏伟目标奠定坚实的基础。

二、加强监督工作推动科学发展

发展不仅是党委、政府的第一要务，也是人大及其常委会开展监督工作的最终目标。县人大常委会要认真落实河北省实施监督法办法的有关规定，综合运用各种监督手段，努力增强监督实效，全力促进“一府两院”的工作，共同开创滦南科学发展的崭新局面。今年要重点做好以下三个方面的工作：

1. 以推进转变经济发展方式、扩大经济总量为重点，加强对经济工作的监督。通过听取审议县政府关于2011年上半年计划执行情况和财政预算执行情况的报告、听取审议2010年县财政决算和审计工作报告、审查批准2010年财政决算等，监督政府贯彻落实县委十届六次全会精神，推进“三大攻坚、四大开发”，实施“融入曹妃甸、服务曹妃甸、打造大基地、建设新滦南”主体战略等工作的落实情况，促进经济社会实现跨越发展，实现一产出特色、二产上规模、三产求突破。听取县政府统筹城乡发展情况的报告，重点检查新民居建设、农村保障体系建设情况。围绕基础设施建设、招商引资等重点，开展城西工业聚集区建设情况调研，推进城西工业聚集区大发展，打造有影响力的省级工业聚集区。

2. 以促进社会和谐稳定为重点，加强对群众关注的热点问题的监督。常委会将以推动解决人民群众最关心、最现实的利益问题为重点，督促有关方面正确处理发展经济和改善民生的关系，坚持以人为本，大力发展社会事业，促进社会公平正义，推进经济社会和谐发展。通过听取和审议县政府关于食品药品监督管理工作情况的报告，督促政府进一步加大工作力度，保障公众饮食用药安全、推动食品药品监管事业发展。以推动民办教育健康快速发展为目的，听取和审议县政府关于民办教育促进法、河北省民办教育条例贯彻执行情况的报告。年内还将开展安全生产视察，听取和审议县政府关于计划生育工作情况的报告、县检察院关于监所检察情况的报告、县法院关于执行工作情况的报告，推动相关工作的开展

3. 以增强监督实效为核心，进一步完善监督工作方式方法。监督权是宪法和法律赋予人大的重要职权，近年来，我们在加强和改进人大监督工作方面做了一些工作，取得了比较积极的成效，今年是河北省实施监督法办法颁布实行的第一年，县人大常委会要结合贯彻河北省实施监督法办法，不断提高常委会监督工作透明度，进一步规范审议意见形成、交办、督办工作程序，完善和丰富监督手段。

三、发挥代表作用增强代表工作实效

常委会将以更加务实的举措，突出代表主体地位，活跃和深化代表工作。一是制定实施常委会组成人员分工联系代表制度，并结合普访与重点走访，建立与人大代表联系的常态机制。二是采取组织代表献计献策、专题调研、会前视察、指导各镇人大主席团开展评议基层所站等方式，为代表提供履职平台。三是按照《滦南县人大常委会关于代表建议、批评和意见提出及办理的办法》的规定，强化办理责任，落实奖惩，努力提高代表建议的办理质量和解决率。四是定期召开人大主席座谈会，通报工作，交流经验，指导全县代表工作整体上水平。五是举办人大主席业务培训班，聘请有关方面的专家学者授课，不断丰富知识积累，提高履职能力。六是依法维护代表各项权益，努力提高代表服务保障工作水平，充分发挥代表参与管理国家事务的作用。

四、切实加强常委会和常委会机关自身建设

在今年的工作中，我们要进一步牢固树立党的观念、政治观念、大局观念和群众观念，认真学习贯彻县委全会精神，把机关党员干部、各镇人大主席团的思想统一到县委的重大决策部署上来。要加强学习型机关建设，定期组织常委会和机关学习业务知识和相关法律法规；迅速学习中央、省市县重要会议精神和上级领导来滦南时的讲话精神，不断统一思想，提高认识，明确责任。要做好理论研究、信息宣传和监督事项的公开工作。要依法做好群众来信来访工作，努力把矛盾化解在基层。注重学习借鉴外地人大工作先进经验，提高服务大局的能力和水平。

各位代表，当前我县正处于前所未有的发展机遇期，全县干部群众干事创业的激情空前高涨。未来五年，是我县实现科学发展、赶超跨越的攻坚期，也是滦南大有作为的黄金期。让我们在中共滦南县委的领导下，深入贯彻邓小平理论和“三个代表”重要思想，牢固树立和全面落实科学发展观，少说多干，奋勇争先，为打造“激情滦南，实力滦南，文化滦南，生态滦南，和谐滦南”而努力奋斗！

中国人民政治协商会议
滦南县第八届委员会常务委员会工作报告

——在政协滦南县第八届委员会第五次会议上

（2011 年 1 月 22 日）

李玉鹏

各位委员，各位同志：

我受政协滦南县第八届委员会常务委员会委托，向大会报告八届四次会议以来的工作，并就今年工作提出意见，请予审议。

一、2010 年工作回顾

2010 年，是我县经济社会发展进程中极不平凡的一年。一年来，县政协在中共滦南县委的正确领导下，团结和带领广大政协委员和各族各界人士，以邓小平理论和“三个代表”重要思想为指导，全面贯彻落实科学发展观，认真履行政治协商、民主监督、参政议政三大职能，围绕中心建言献策，凝聚民心维护团结，开拓创新锐意进取，各项工作取得了新进展，为打造“激情滦南、实力滦南、文化滦南、生态滦南、和谐滦南”做出了新贡献。

（一）把促进“三大攻坚”、“四大开发”作为履职第一要务，建言出力更加积极主动

围绕中心、服务大局是政协履职的基本原则。5 月初，按照县委新的工作部署，政协主席会议、常委会议统一思想，深入研究，及时调整工作思路和工作重点，努力与县委、县政府中心工作合拍共振，唱响“三大攻坚、四大开发”主旋律。

深入调研，建言于决策之前。围绕城镇面貌三年大变样和县城建设提质增速，组织了旧城拆迁改造调研，借鉴周边县区的经验做法，结合我县实际，经八届十一次常委会议协商讨论，形成了《关于我县旧城拆迁改造的调查与建议》，提出的强力推动北河新区开发、促进旧城拆迁改造；科学制定拆迁规划、实行政府主导拆迁；完善拆迁补偿政策、大力营造拆迁氛围等建议，被县委、县政府采纳。围绕“三产求突破”，组织了发展旅游业专题调研，多次召开座谈会，分析研究了我县发展旅游业的必要性、可行性，就发展思路、工作重点和主要措施提出建议，经八届十三次常委会议协商讨论，形成了《关于发展我县旅游业的调查与建议》。县委书记张国栋就此做出批示：县政协的调查与建议很好，对我县实现旅游业的突破有很好的指导作用，请有关部门按建议抓紧研究，进一步完善我县发展旅游业的具体措施。县委副书记韦远东也做出批示，对县政协开展的旅游业调研给予了肯定。组织部分委员立足本职搞调研，为县委、县政府制定“十二五”规划建议和纲要出谋划策。

开展视察，建言于工作推进之中。与县人大联合组织了城镇面貌三年大变样专项视察，实地察看了谷家营平改二期、污水处理厂、新县医院、城西工业聚集区、北河新区开发等重点城建项目，委员们充分肯定了县城建设取得的可喜成绩，针对存在的问题提出了意见建议，视察活动达到了统一思想、再鼓干劲、查找不足、推动工作的目的。组织委员开展了城乡环境综合整治情况专项视察，就县城主要路口交通秩序、主要街道两侧门市牌匾、施工场地建筑围挡的治理情况和部分村庄垃圾收集清运情况进行了重点察看，提出的加强宣传、建立长效管理机制、加大行政惩罚力度等建议，受到有关部门的重视，制定措施加以落实。

积极发动，广泛参与，全面助力“攻坚”、“会战”。配合县委、县政府组织开展的城镇面貌三年大变样、重点项目建设、统筹城乡发展“百日攻坚”和“百日会战”，县政协先后两次向委员发出通知，号召广大委员进一步提高对县委、县政府决策部署的认识，立足本职岗位，倾心助力“攻坚”、“会战”，同时对拆迁一线工作队和担负拆迁任务的委员进行了慰问。各位主席按照分包的拆迁片区和重点项目，加强督导协调，分析研究解决问题，较好完成了各自任务。各联络组长积极组织本组委员，以不同形式参与城乡环境综合整治，为改善居住环境出资出力。被抽调到拆迁攻坚工作队中的27名委员，肩负县委、县政府重托，全身心投入拆迁一线，夜以继日，废寝忘食，带着感情做群众思想工作，为和谐拆迁、平安拆迁贡献了力量，有24人被县委、县政府授予优秀拆迁工作队员荣誉称号，有9人受到提拔重用。刘华军、蒋加同、杨国全、周玲玲等有涉拆任务的委员，坚持以大局为重，不计个人得失，不仅带头签约，还积极做亲朋好友的思想工作。张春瑞、马有和、王永良等委员，以慰问等方式助力拆迁。民营经济界委员积极参与全县重点项目建设，吴瑞岐委员的滦海公路和程泰路桥服务中心项目，孟凡帝委员的方舟修造船二期和嘴东棚户区改造项目，张玉民委员的汇丰钢铁冷轧薄板扩建项目，杜振山委员的蓝海大酒店项目，王永良委员的泽澳纺纱项目，杜凤勇委员的永发鸿田农机制造项目，有的已建成投产，有的正在建设或计划开工，不仅扩大了企业规模，实现了“二次创业”，而且推进了嘴东工业区和城西工业聚集区的建设步伐。

（二）把推进作风转变、优化发展环境作为履职重要内容，民主监督更加贴近中心

民主监督是人民政协的重要职能，是促进政府职能部门转变作风、优化发展环境的重要环节。一年来，我们组织广大委员和干部群众代表，以多种形式对职能部门作风转变和工作开展情况进行了有效监督。

寓监督于民主评议之中。组织全体委员和基层干部群众代表，对工商银行、建设银行、中国银行、农业银行、农业发展银行、农村信用联社等六个金融单位进行了民主评议，采取座谈讨论、问卷调查等形式，了解各单位为县域经济发展和为民服务情况，针对存贷比偏低等问题，提出增强大局意识、增加信贷投放、提供高效服务等建议。县委书记张国栋在批示中，充分肯定了县政协开展的民主评议活动围绕大局、卓有成效，要求各金融单位在服务滦南发展中有更大作为。各金融单位认真落实县委要求和政协建议，有关工作都有了改进和提高。选派责任心强、敢讲真话的委员参加县公安局、工商局、建设局、规划局、技术监督局、工商银行、物价局等单位组织的行风评议座谈会、恳谈会和听证会，在改善发展软环境、转变机关作风、提高行政效能等方面发挥了积极作用。

寓监督于提案落实之中。八届四次会议期间，共收到委员提案103件，经会后审查立案97件。县政府高度重视委员提案，及时召开提案交办会。承办过程中，县长蔡洪魁在《政务督查专报》上作出批示：政协委员提案内容丰富，涉及面广，对提高政府工作水平、办好实事工程有很强的针对性，各承办单位要高度重视，主要领导亲自抓，既重答复，更要重落实，对存在问题的单位督查室要进行重点督查。各承办单位认真落实县长批示，组织专门人员办理委员提案，截至9月底，97件提案全部办结。在提案办理过程中，县政协提案委与县委办、政府办密切配合，采取重点提案领导督办、热点提案联合督办、难点提案跟踪督办等措施，促进了承办单位对委员提案的较好落实。

寓监督于专项视察之中。组织委员并邀请部分驻我县的市政协委员，对我县消防安全工作和公安局看守所、拘留所、派出所工作进行了专项视察，与县人大联合组织了农村畜牧养殖业发展专项视察，视察中既肯定工作成绩，又查找存在问题，直言不讳的提出改进建议。县政府和有关部门积极制定措施落实委员建议，并及时反馈整改情况，促进了相关工作的进一步开展。

（三）把关注民生作为履职出发点，为民服务更加扎实有效

坚持把关注民生、服务群众贯穿于履职全过程，竭力为群众做好事、办实事、解难事。

送科技卫生下乡为民服务。组织农业界委员和农口技术人员，到青坨营镇开展农业科技服务活动，在集市上接受群众咨询，发放相关技术资料，并深入西水清村和陈虎头村田间地头，现场解决农民在西瓜、小麦种植和奶牛养殖中的疑难问题，达到了传授实用技术、推广科技知识的目的。组织卫生界委员和县内医疗机构医务人员，到扒齿港镇虫儿林村为群众义诊送药，宣传卫生保健知识，免费发放健康知识手册和价值4千多元的药品。两次下乡服务活动，受到了当地群众的欢迎和好评。

为困难群众排忧解难奉献爱心。继续组织“情系学生、助学圆梦”活动，在县一中举行了第三次助学仪式，为张金梅等25名贫困大学生发放助学金13.4万元。三次助学活动共累计资助贫困大学生66名，资助款达56.3万元。县委书记张国栋对县政协捐资助学活动给予了高度评价，希望全社会积极参与，使更多寒门学子都能跨入大学校门。组织了“情系玉树、捐资救灾”活动，其中孟凡帝、张玉民委员各捐款10万元，宋志才委员捐款5万元，刘华军委员捐款2万元。何绍宏、杜振山、张伯川、葛昌广等委员主动出资用于公益事业和慈善事业，其他委员也以不同形式奉献爱心，累计捐款捐物价值33万元。在县精神文明委员会举办的滦南县第三届道德模范评选活动中，刘华军委员、国平委员被授予“助人为乐模范”荣誉称号。

挖掘文化遗产弘扬滦南文明。编辑出版了第十一辑文史资料《冀东老手艺》，旨在参与我县文化建设，保护传承民间非物质文化遗产，为研究区域经济、文化提供参考；旨在展示先民的聪明智慧，激发后人自主创新精神和建设美好家乡的热情。该书共13部分27万字，170多幅插图，涉及域内一百余项民间老手艺和其他传统技艺。谋划了第十二辑文史资料《滦南与冀东抗日大暴动》（暂定名），就框架结构、主要内容进行了研究讨论。积极为省市政协提供文史资料，文史工作被省政协授予一等奖。

（四）把增进团结、推进民主作为履职永恒主题，统一战线不断巩固壮大

团结和民主是人民政协始终坚持的两大主题。一年来，我们充分发挥自身优势特点，把团结各界、凝聚人心的工作放在重要位置，坚持多交流、多沟通、多联谊，为促进全社会和谐稳定做出了积极努力。

多渠道联系委员加强团结。坚持主席约访委员制度，力所能及的协调解决委员生产生活中的实际问题。坚持主席分包联组制度和走访委员制度，在参与各组活动的同时，通报情况、指导工作、征求意见，以此沟通感情，增进共识。把办好《政协工作通讯》作为经常性联系委员的纽带，及时向委员通报县委、县政府重大决策部署和县政协重要活动，刊登委员事迹，使委员更加知情明政。

多形式联系群众促进稳定。发挥政协包容各界、联系广泛的优势，及时了解广大群众的思想动态，积极协助党委政府做好增进了解、消除误解、加深理解的工作。如在滦海公路征地和沿海渔民失海失滩问题上，王永良、刘华军等委员耐心细致的做周围群众的思想工作，促进了矛盾的有效化解。与县委统战部结合，举办了社会各界代表人士迎春联谊会和中秋茶话会，组织开展了走访民族宗教界委员活动，促进了社会各界的团结和谐。

（五）把加强自身建设作为履职基础工作，服务水平和委员素质进一步提升

加强政协组织、政协队伍和政协机关建设，是做好政协工作的基础和前提。一年来，我们适应新形势、新任务的要求，坚持高起点、高标准加强自身建设，为履行政协职能奠定了坚实基础。

抓学习提升委员素质。向委员印发了党的十七届五中全会精神和县委十届六次全委会议精神等学习资料，引导委员进一步了解党的路线方针政策，了解滦南发展形势，了解县委、县政府重大决策部署，使广大委员政治上、思想上同县委保持高度一致，提高了干事创业的主动性和积极性。

抓制度规范工作程序。为进一步促进政协工作的制度化、规范化、程序化，制定并实施了政协工作预案制度，确保了各项工作有序进行。完善了“视察—建议—反馈—追踪”的视察工作机制，规范了提案督办机制，确保了视察和提案承办收到实效。实施信息反馈奖励制度，30多篇工作信息被《乡音》、《燕赵政协新闻网》、《唐山政协》刊发，宣传工作被省政协评为一等奖。

抓勤政浓厚工作氛围。在政协机关扎实开展了创先争优活动。领导班子积极向上，团结务实，勤政廉政，重点工作民主协商集体决策，知无不言，言无不尽。全体党员干部加强政治理论和业务知识学习，提高思想认识，创新工作方法，形成了想干事、能干事、干成事的良好风气，机关工作更加扎实有效。

各位委员、各位同志，一年来县政协工作取得了一定的成绩。成绩的取得，是县委高度重视和正确领导的结果，是县人大、县政府和有关部门以及社会各界大力支持的结果，更是广大委员担当责任、无私奉献的结果。在此，我代表八届县政协常委会，向所有关心支持政协工作的各级领导和社会各界人士，向为政协事业辛勤工作、默默奉献的全体委员，表示衷心的感谢和诚挚的敬意！

全面客观的分析政协工作，我们认为，在提高议政建言的质量、督办委员提案的落实、加强联络组活动的开展、调动基层委员履职的积极性等方面还存在一定不足。县政协常委会将认真总结经验教训，在今后工作中加以改进和提高；也真诚希望各位领导、各位委员提出意见建议，促进政协工作再上新台阶。

二、2011 年工作意见

2011 年，是“十二五”规划的开局之年，也是站在新的历史起点上，推动滦南科学发展、赶超跨越进程中至关重要的一年。经县政协八届十四次常委会议协商讨论，确定今年工作的指导思想是：在中共滦南县委的正确领导下，坚持以邓小平理论、“三个代表”重要思想和科学发展观为指导，深入贯彻落实党的十七届五中全会和县委十届六次全委（扩大）会议精神，凝聚全体委员的力量，团结社会各界人士，更好地发挥优势，更好地履行职能，少说多干，奋勇争先，力争开局之年有更大作为，为推动滦南科学发展、赶超跨越做出新贡献。重点做好以下工作：

（一）深入学习宣传发动，进一步夯实滦南科学发展、赶超跨越的思想基础

学习是人类进步的动力和阶梯，思想是行动的先导。只有不断学习，才能确保用马克思主义中国化的最新理论成果武装头脑，才能保持坚定正确的政治方向，才能与县委在思想上、行动上保持高度一致。

深入学习，学以致用。党的十七届五中全会和省市县委全会相继召开，全面做出了“十二五”期间经济社会发展的战略部署。特别是县委十届六次全委（扩大）会议，描绘了滦南未来五年发展的宏伟蓝图，部署了今年各项工作，鼓舞人心，催人奋进。要以多种形式，认真学习贯彻中央和省市县委全会精神，特别要引导广大委员和机关党员干部，把思想认识统一到县委全会精神上来，把学习成果转化为指导实践和推动工作的动力。

宣传发动，激发热情。要采取多种形式，通过广大委员辐射到周围群众，广泛宣传县委全会精神，增强全县上下推动滦南科学发展、赶超跨越的使命感和紧迫感，尽快把县委意志转化为广大委员和各界群众的自觉行动，使广大委员和各界群众保持高昂的斗志，鼓起科学发展、赶超跨越的勇气，激发创造、创新、创业的激情。办好《政协工作通讯》，使之对内成为委员知情明政的平台，对外成为展示滦南发展成就、展示政协组织和委员形象的窗口。

（二）努力提高履职水平，积极为滦南科学发展、赶超跨越建诤言献良策

服务和促进发展始终是政协组织和广大政协委员履职的第一要务。要紧紧围绕县委、县政府中心工作履行政协三大职能。

深入开展协商议政。本次政协会议期间，将组织全体委员对县政府工作报告和“十二五”规划纲要（草案）进行广泛深入的协商讨论，特别要组织好五个专题座谈，围绕县委、县政府“一产出特色、二产上规模、三产求突破、城建提品位”的工作思路和“三大攻坚、四大开发”，提出有价值的意见建议。要充分发挥政协常委会议高层次、高水平协商的作用，对提交讨论的课题深入进行科学论证，力争使常委会议形成的建议更具有前瞻性、针对性、可行性，当好县委政府的参谋助手，促进决策更加科学、更加民主。

精心组织调研视察。选题站位要“高”。选择事关全局、意义重大的题目作为调研视察的内容，围绕中心议大事，围绕热点察实情，围绕难点建良策。要把委员的智力优势挖掘出来，集众人之智慧，献务实之良策。工作作风要“实”。做到察实情，献实策，求实效。要深入基层和群众之中，掌握第一手资料，深入分析存在的问题，提出解决问题的有效措施。加强对重要意见建议采纳落实情况的跟踪反馈，促进参政议政成果的转化落实。重点组织开展农村土地流转、“一镇一品”品牌创建、园区教育三项调研，城镇建设三年上水平、重点项目及工业园区建设、城乡道路建设、新民居建设、基层法庭和司法所建设五项视察。

认真实施民主监督。组织全体委员和干部群众代表，对县政府职能部门依法行政、办事作风、为民服务等方面进行民主评议，促其工作再上新水平。把提案作为参政议政、民主监督的有效载体，不断提高提案质量，完善提案督办方式方法，促进委员提案得到较好落实。支持选聘为行风监督员的委员，积极参与有关部门组织的行风评议活动，切实发挥政协委员的直接监督作用。

（三）凝心聚力促进和谐，不断扩大滦南科学发展、赶超跨越的群众基础

充分发挥人民政协在推进和谐社会建设中的重要作用，认真做好凝心聚力、维护稳定的工作。

切实关注民生。引导委员关注教育、医疗、就业、社保、交通等关系群众切身利益的突出问题，认真做好所联系界别群众的思想工作，协助党委政府多做理顺情绪、化解矛盾、增进团结的工作。在委员中开展“岗位建功、履职为民”活动，使广大群众共享发展成果。发挥委员优势专长，在“三下乡”活动、“献爱心、送温暖”活动和新农村建设等公益活动中做表率。重点组织开展农业科技知识下乡、义诊送药下乡和第四次助学活动。

着力维护团结。充分发挥政协上通下达、联系面广、渠道畅通的优势，引导委员做好社情民意的收集和反馈工作，使群众的愿望和要求得到理性表达。紧密联系各族各界群众，做好民族宗教工作，加强与新社会阶层、非党人士的联络沟通，密切感情，广交朋友，不断巩固和扩大爱国统一战线，进一步营造安定团结、民主和谐的社会氛围。在台胞侨胞及其眷属、民族宗教界人士中，广泛宣传滦南发展成就和良好的投资环境，并通过他们扩大滦南的知名度，吸引更多投资者来滦南投资置业。届时举办社会各界中秋联谊会、新春茶话会。

扎实做好文史工作。积极配合县委、县政府提出的“打造文化滦南”的奋斗目标，编写第十二辑文史资料——《滦南与冀东抗日大暴动》，按照思想性、史料性、可读性相结合的原则，全面反映滦南在冀东抗日大暴动中的特殊地位和首倡作用，深入挖掘滦南人民在冀东抗日大暴动中浴血奋战的壮丽史实，努力将其编写成为又一部爱国主义教材，并为打造红色旅游提供素材。该书计划年底前出版。

（四）开拓创新锐意进取，为加快滦南科学发展、赶超跨越狠抓自身建设

切实加强自身建设，打造讲奉献、高素质、能干事的政协组织和政协队伍是政协履职的重要保证。

继续加强制度建设。进一步完善工作预案制度、委员学习制度、主席包联组制度、提案办理制度、建议落实反馈制度，探索加强委员队伍管理的方式方法，努力推进政协履职的制度化、规范化、程序化建设。在机关党员干部中，深入开展创先争优活动，不断丰富服务内容，改进服务方法，提高服务水平。

充分调动委员的积极性。在委员中开展“我为滦南添光彩”活动。发挥委员联系广泛的优势，在争资金、争项目的“双争”活动中争上游，在项目建设中当先锋，为建设美好新滦南贡献力量。开展半年重点走访和年底全面走访委员活动。

组织30周年纪念活动。今年是滦南政协成立30周年。要采取座谈等形式举办纪念活动，共话滦南发展成就和政协履职成果，充分展示政协形象，使广大委员更加踊跃地投身政协事业，投身滦南跨越发展的大潮。

各位委员、各位同志，社会在进步，时代在召唤。让我们在中共滦南县委的领导下，与全县人民一道，牢固树立“少说多干、奋勇争先”的工作作风，开拓进取，合力攻坚，为推动滦南科学发展、赶超跨越作出新的更大的贡献！

政府工作报告

——在滦南县第十五届人民代表大会第一次会议上

（2012 年 2 月 8 日）

许晓娟

各位代表：

现在，我代表县人民政府，向大会作工作报告，请予审议，并请各位政协委员和列席会议的同志提出意见。

一、2007 年以来政府工作回顾

县十四届人大一次会议以来的五年，是滦南发展居危思进、求变图强的五年。五年来，我们在县委的坚强领导下，主动应对国际金融危机影响和日益激烈的区域竞争，积极抢抓河北沿海开放开发、统筹城乡发展、城镇面貌大变样、上水平等重大机遇，紧紧围绕“五个滦南”建设，以“三大攻坚、四大开发”为主战场，千方百计促增长，尽心尽力惠民生，全力以赴保稳定，圆满完成“十一五”规划，实现了“十二五”良好开局，先后被命名为全国奶业生产强县、粮食生产先进县、科技进步先进县、计划生育优质服务先进县，中国钢锹之乡、民间文化艺术之乡，河北省推进社会主义新农村建设先进县、省级卫生县城和省级园林县城。

——**县域经济平稳较快发展。**五年来，面对复杂的宏观经济形势和各种严峻挑战，全县上下戮力同心、攻坚克难，综合经济实力迈上了新台阶，特别是在“十二五”开局之年，经济增长实现了新突破。2011 年，全县完成地区生产总值 276.6 亿元，比 2007 年增长 48.5%；实现全部财政收入 12.54 亿元，比 2007 年增长 11.7%；完成全社会固定资产投资 113.2 亿元，是 2007 年的 2.8 倍。

园区建设迈出坚实步伐。坚持完善设施与聚集产业同步推进，嘴东经济开发区被省政府批准为省级经济开发区，全长 12.7 千米的 4 条主干道路工程进展顺利，其中南环路、滦河大道建成通车，完成吹沙造地 1.6 万亩；方舟修造船一期等 5 个项目建成投产，二十二冶装备制造等 14 个项目正在建设；棚户区改造加速实施，“工业区、生活区、港区”发展框架初步形成。城西工业区被省政府批准为省级工业聚集区，规划面积扩大到 14.18 平方千米，全长 7.5 千米的 4 条道路竣工通车，建成投产企业 48 个，20 个项目正在实施，累计完成固定资产投资 66.3 亿元，安排就业人员 1.5 万人。

项目攻坚实现重大突破。五年来，永新纸业 30 万吨牛皮箱板纸、耀东水泥熟料、企创热处理装备等 76 个重点工业项目建成投产。特别是 2010 年以来，分七批次集中开工汇丰冷轧薄板、中通高档卫生陶瓷、泽澳绿色纺纱等重点项目 209 个，总投资达到 564 亿元。在 2011 年唐山市大项目观摩中，我县综合排名由第 13 位跃升到第 4 位，项目建设呈现出跨越式发展的良好态势，积蓄起强大的发展后劲。

农业经济提质升级。扎实推进“一产出特色”，奶牛规模化养殖率达到 100%，存栏量居全省第一位，在全省率先建成奶牛信息网络监控平台；肉鸡、生猪养殖规模均居全市第一位；肉、蛋、奶年产量分别达到 11.9 万吨、3.4 万吨和 50.6 万吨，分别比 2007 年增长 79.5%、13.3% 和 40.2%；设施蔬菜种植迅猛发展，总面积达到 15.8 万亩；水产工厂化立体养殖模式进一步推广，养殖面积发展到 22.1 万平方米。努力提升农业产业化水平，蒙牛真果粒奶饮料、

利民生猪屠宰加工、海都水产品加工等龙头项目相继投产，农业产业化率达到70%。不断增强农业综合生产能力，累计投资8.2亿元，完成农田水利、标准良田建设等重点农业基础设施项目36个，粮食生产连年增收，2011年总产量达到44.86万吨，创历史最好水平。全面加强和改进为农服务，建成农技推广区域综合服务站、农产品质量检测中心、农村土地经营权流转交易中心三大涉农服务平台。深入开展造林绿化攻坚行动，林网绿带大幅增加，森林覆盖率达到25.6%。

工业经济优化提升。不断加快“二产上规模”，与河北矿业、北京二商、中铁集团等大型企业集团达成战略合作协议，签约了一批重点产业支撑项目。大铁矿开发正式启动，大贾庄矿区提前进入掘井阶段，马城矿区施工准备工作已经就绪。钢铁、造纸、食品加工、塑胶制品等传统产业技改步伐加快，纺纱、钢锹等特色产业实现集约发展，以海上风电、钒钛新能源综合利用、修造船为代表的新兴产业迅速起步。大力实施“质量兴企、名牌兴县”战略，“根”牌、“燕南”牌2个钢锹品牌获批“中国驰名商标”。节能减排力度加大，实施节能工程35项、减排工程47项，2011年单位生产总值综合能耗、化学需氧量、二氧化硫排放量预计分别比2007年削减18.95%、17.5%和64.05%。

第三产业快速发展。把“三产求突破”作为调优经济结构的重点，实施总投资100亿元，包括6大类、29个子项目的北河水城文化观光产业带项目，北河水城成功入选“唐山八景”。滦南综合交易市场改建、姚王庄果菜市场扩建、县城果菜批发市场建设、银泰商厦改扩建、三贸市场升级改造、中红建材城一期等工程陆续完工；唐百集团和平购物广场、中红时代购物广场正在建设，城乡市场繁荣活跃。

——城乡建设开创崭新局面。坚持“规、拆、建、改、管”并重，城乡建设实现统筹协调发展。

规划体系不断完善。高标准编制了2008～2020年县城总体规划，形成了主城区、北河新区、城西工业区“三区互动”的城市发展框架，为“中等城市、生态滦南”建设奠定了坚实基础。完成县域镇村空间布局规划、产业布局规划、土地利用总体规划，与县城总体规划实现“四规合一”。完成了工业园区发展规划、小城镇建设规划和新民居建设规划，基本实现城乡规划全覆盖。

城市改造成效显著。五年累计拆违拆迁总面积168万平方米，腾出土地6244亩。特别是2010年以来，连续组织5次大规模征收搬迁会战，做到了依法拆迁、和谐拆迁，实现了百分之百签约、百分之百拆除和“零上访、零事故、零冲突、零钉子户”；17个涉拆区域回迁房全部开工，其中天承锦绣等10个片区回迁房主体封顶。对兆才大街、和谐路、建设路等6条城区路段既有建筑进行外观改造，同步提升了亮化水平。实施了35.4万平方米二层住宅楼集中供暖改造，完成14.2万平方米既有建筑节能改造、67.6万平方米热计量改造，城市容貌和人居环境明显改善。

城市扩容提质步伐加快。北河新区开发全面提速，北河大桥、北河公园一期、水系治理一二期、新区路网等基础设施陆续竣工，企业研发中心、星级宾馆、惠民广场等重点项目进展顺利。商住开发迅速推进，祥润花园、金诚华苑一期、绿景家园、翰林雅苑一期已竣工入住。实施了兆才大街和中大街铁路立交桥、污水处理厂等工程，不断扩大集中供热、集中供水、集中供气覆盖范围，努力提高城市绿化水平，建设了蓝海大酒店、程泰路桥服务中心等标志建筑，市政功能更加完备，县城面貌焕然一新。

城市管理全面加强。持续开展环境综合整治，规范了广告牌匾、建筑围挡，加大非法小广告治理力度，推行“机动车入位、自行车上架”，成功取缔城区非法营运三轮车，开通了城市公交，实施环卫体制市场化改革，城区实现全天候保洁，城市运营管理更加高效有序。

城乡路网进一步完善。启动建设了滦海公路，成为我县首个一级公路。新修建崇法大街、建设路、南环路等城市道路和老区路等镇村公路，翻修改造长大线、古柳线、西曾线等干线公路，累计完成投资21.8亿元，新建、改建道路总里程578千米，初步构建了现代化城乡道路交通体系。

镇村建设力度加大。编制完成各镇控制性详细规划（2010～2020年），柏各庄、长凝、坨里、马城、嘴东等商住开发和商贸带建设取得突破性进展。宋道口镇沙沟子村等21个省级新民居建设示范村完成新建、改造任务，总面积35.8万平方米的“八和居”被列入省级新民居建设示范工程。完成314个行政村饮水安全工程，解决了26.8万农民的饮水安全问题。大力开展农村环境卫生综合整治，扎实推进农村垃圾集中清运处理，积极推广户用沼气和农村改厕，城乡环境质量明显提升。

——**社会事业持续进步。**积极推进城乡公益设施、公共事业均衡发展，努力让群众共享改革发展成果。

教育得到优先发展。全面免除了义务教育阶段学生杂费、教科书费和高中阶段公助生学费。组织实施“陈旧校舍改造”和“校舍安全工程”，累计投资1.2亿元，新建、改造教育教学设施11.9万平方米。职业教育规模不断扩大，县职教中心被纳入国家中等职业教育改革发展示范学校建设计划。巩固提高了普及九年义务教育成果，基本普及了高中阶段和学前三年教育，民办教育、成人教育、特殊教育实现了统筹发展。

文化事业日趋繁荣。成兆才大戏院、评剧博物馆、数字影院相继投入使用，县图书馆晋升为国家二级图书馆，建成16个镇级综合文化站和65个农村书屋，完成数字电视整体转换和“村村通”工程。“三枝花”进校园、评剧票友大赛等各类文艺活动蓬勃开展，评剧、皮影赴欧洲演出广受赞誉。文艺精品创作引起强烈反响，以阳光拆迁、和谐拆迁为题材的现代评剧《三进门》轰动首都、唱响全省；成兆才评剧团参与创作的现代评剧《宋庆龄与新中国》在全国政协礼堂演出，受到贾庆林等党和国家领导人亲切接见。我县连续15年保持了“全国文化先进县”荣誉称号。

卫生服务能力显著增强。不断加大卫生事业投入力度，完成17所镇卫生院改造，社区卫生服务站和村卫生室建设得到加强，新县医院完成主体及二次结构施工。持续开展“健康滦南、幸福人民”行动，积极推进医药卫生体制综合改革，公共卫生保障水平进一步提高。

其他事业取得新成绩。人口和计划生育优质服务工作跻身全国先进行列，低生育水平得到巩固。民政、科技、物价、档案、妇女儿童、老龄、防震减灾、气象、人防、地方志、民兵预备役和国防动员等各项事业得到了全面发展。

——**群众幸福指数持续提升。**始终不渝地把改善民生作为重要任务，深入推进社会管理创新、社会矛盾化解，和谐稳定的社会局面进一步巩固。

城乡居民收入较快增长。坚持每年制定农业发展奖补政策，累计发放奖励、补贴资金6.2亿元。扎实推进就业援助，多渠道增加就业岗位，累计新增城镇就业2.5万人。大力发展劳务经济，“冀东侪城新人”被评为河北省十佳劳务品牌，累计有组织输出农村劳动力4.5万人，农民工资性收入不断增加。城镇居民人均可支配收入和农民人均纯收入分别达到20770元和7891元，分别是2007年的1.73倍和1.48倍。

社会保障体系基本健全。新型农村合作医疗、城镇居民基本医疗保险、新型农村社会养老保险和城镇居民社会养老保险等制度全面落实，覆盖城乡的社会保障体系日益完善。连续提高城乡低保标准，城镇和农村低保由2007年的每人每月170元和每人每年1000元，提高到2011年的每人每月363元和每人每年1900元。积极做好优抚安置工作，广泛开展残疾人救助、“一助一”扶贫济困活动，大力发展慈善事业，累计发放救灾救助款1.5亿元。扎实推进保障性安居工程，1.4万平方米廉租房、6400平方米公租房、3000平方米经济适用房已完工入住，1000户农村危房改造圆满完成。

群众安全感明显增强。深入开展安全生产、食品药品安全专项整治，维护了人民群众生命财产安全。加强社会治安综合治理，实施“天网覆盖”等平安创建工程，建成覆盖城区的视频监控和电子警察系统。圆满完成“五五”普法，顺利启动“六五”普法。制定重大事项稳定风险评估机制，加强矛盾纠纷排查和信访积案化解，实施重点工作满意度测评，群众合法权益得到有效维护。

——**政府自身建设全面加强。**自觉接受人大依法监督，重视发挥人民政协政治协商、民主监督、参政议政作用，主动邀请人大代表、政协委员参加政府常务会议，认真办理人大代表建议和政协委员提案，建议和提案办结率、代表和委员满意率均达到100%。大力弘扬“少说多干、奋勇争先”的工作作风，多种形式开展民主评议行风、政风活动，认真实行政府信息公开制度，深入推进行政权力公开透明运行。严格政务督查制度，政府执行力得到明显提高。牢固树立“视投资者为上帝、视引荐者为功臣、视发展环境为生命”的理念，全面落实领导分包、项目助理、手续代办和“零成本”注册等制度，营造了“亲商、安商、富商”的良好环境。

各位代表，回顾滦南发展取得的成绩，是唐山市委、市政府和县委正确领导的结果；是县人大依法监督、大力支持，县政协民主监督、参政议政的结果；是全县上下团结协作、狠抓落实的结果；是县内外各界人士关心、帮助的结果。在此，我代表县人民政府，向全县工人、农民、知识分子，向驻滦南部队官兵和政法干警，向各位人大代表、政协委员，向在我县投资创业的企业家、建设者，向所有关心、支持滦南发展的各界朋友，表示崇高的敬意和衷心的感谢！

成就催人奋进，经验弥足珍贵。滦南改革发展的成功实践告诉我们，只有始终坚持解放思想，才能为“科学发展、赶超跨越”提供不竭的活力之源；只有紧紧抓住发展第一要务，才能为“科学发展、赶超跨越”提供坚实的物质基础；只有持续推进城镇建设，才能为“科学发展、赶超跨越”提供强劲的战略支撑；只有坚持以民为本，才能使“科学发展、赶超跨越”得到人民群众的广泛支持和拥护；只有不断推进社会管理创新，才能为“科学发展、赶超跨越”提供和谐稳定的社会环境；只有大力弘扬“少说多干、奋勇争先”的工作作风，才能使“科学发展、赶超跨越”无坚不摧、无往不胜。只要我们倍加珍视业已形成的良好发展基础，倍加珍视当前来之不易的良好工作局面，倍加珍视千载难逢的大好发展机遇，团结一心、攻坚克难，就必将迎来滦南更加美好的发展前景！

肯定成绩的同时，我们必须看到，在前进的道路上，还存在着一些不容忽视的问题和不足：一是思想解放还有很大差距，创造性开展工作的能力有待提高，各种瓶颈制约尚未有效解决；二是经济总量仍然偏小，缺乏支撑经济增长的立县性产业项目；三是经济结构尚需优化，节能减排任务艰巨，面临着加快发展、加速转型的双重压力；四是财政形势依然严峻，收支平衡压力较大，财政收入占地区生产总值的比重偏低；五是对外开放的成效还不明显，利用外资规模偏小；六是加强社会建设、创新社会管理面临许多新课题，保障和改善民生还有大量工作要做。这些，都需要新一届政府高度重视，不断解放思想，加倍努力，认真加以解决。

二、今后五年政府工作的指导思想和预期目标

未来五年，是我国实施“十二五”规划，全面建设小康社会、实现第三步战略目标的重要时期；是河北沿海发展战略深入实施和曹妃甸加快开发建设的关键时期；也是滦南继往开来、大有作为，实现“科学发展、赶超跨越”的攻坚时期。

按照中央和省、市有关部署，根据县第十一次党代会精神和“十二五”发展规划，今后五年政府工作的指导思想是：**坚持以邓小平理论和“三个代表”重要思想为指导，全面贯彻落实科学发展观，紧紧围绕打造“激情滦南、实力滦南、文化滦南、生态滦南、和谐滦南”总体目标，强力实施“融入曹妃甸、服务曹妃甸、打造大基地、建设新滦南”主体战略，持之以恒开展重点项目建设、城镇建设上水平、统筹城乡发展“三大攻坚”和嘴东经济开发区、城西工业区、大铁矿、北河新区“四大开发”，少说多干、奋勇争先，推动滦南经济社会更好更快更大发展，实现科学发展，赶超跨越。**

主要预期目标是：

——打造激情滦南。抢抓社会主义文化强国建设全面提速，河北沿海发展规划上升为国家发展战略、曹妃甸新区即将成为国家级经济开发区，城乡建设用地增减挂钩试点政策重新启动，大铁矿开发全面推进，滦南被确定为河北省中等城市建设试点等五大战略机遇，不断

激发全民开放、全民创业的热情，把全县上下的思想和行动高度统一于加快“科学发展、赶超跨越”的事业当中，凝聚起“少说多干、奋勇争先”的强大合力，使滦南真正成为“干事的热土、创业的乐园、投资的宝地”。

——**打造实力滦南**。在转变发展方式中扩大经济总量，“十二五”时期主要经济指标“确保三年翻一番、力争五年翻两番”，地区生产总值年均增长25.5%，2013年达到400亿元，2015年确保完成800亿元，力争达到1000亿元；全部财政收入年均增长32%，2013年达到21亿元，2015年确保完成42亿元，力争达到50亿元。坚持现代农业发展方向，打造全省乃至全国驰名的农产品品牌，建成全国知名的食品加工强县、农业旅游大县和生态农业示范县。坚持“资源节约、环境友好”的新型工业化道路，谋划实施40个以上省级重点项目，培育9个以上纳税超亿元的骨干企业，壮大提升精品钢材、装备制造、船舶修造、造纸包装、食品加工、纺织服装、园艺工具等七大产业链，加快发展新能源、新材料、高端装备制造等战略性新兴产业。立足打造“三大增长极”，嘴东经济开发区累计完成固定资产投资300亿元以上，建成投产企业60个以上，年纳税15亿元以上；城西工业区累计完成固定资产投资200亿元以上，建成投产企业80个以上，年纳税10亿元以上；大铁矿开发累计完成固定资产投资120亿元以上，达产后年纳税15亿元以上。加快“中等城市”建设步伐，旧城改造全面完成，北河水城初具规模，到“十二五”末，城区人口力争达到20万人，建成区面积力争达到20平方千米，建成环渤海地区有实力、有魅力的现代化滨水生态园林城市。

——**打造文化滦南**。深入贯彻十七届六中全会精神，大力兴办文化事业，繁荣文化产业。创办一系列特色民俗艺术节，培育传媒、演艺、会展等文化产业新业态，北河水城文化观光产业带基本形成。努力实现文化设施全覆盖，持续开展“三枝花”艺术进校园活动，扶持培育一批有知名度、有影响力的文化艺术人才和专业演出团体，传统文化得到挖掘、保护和弘扬，形成与经济实力、文化优势相称的文化软实力，使文化成为滦南的响亮名片。

——**打造生态滦南**。牢固树立生态环境也是生产力的理念，认真贯彻国家环保政策和产业政策，努力构建资源节约型、环境友好型社会。积极改造提升传统产业，促进工业企业单位产品能耗、废弃物排放持续下降，确保完成节能减排各项目标任务。大力实施生态绿化工程，建成环县城生态带、环村庄生态带、沿滦河生态带、沿海防护林带。不断推进垃圾分类处理、污水循环利用、农村垃圾集中处理和沼气池建设，全县生态环境明显改善，达到国家级卫生城、园林城的标准。

——**打造和谐滦南**。坚持发展成果由人民共享，努力扩大公共服务覆盖范围，不断提高全民养老、医疗保障水平。千方百计增加城乡居民收入，城镇居民人均可支配收入、农民人均纯收入年均分别增长12%和11%以上，城镇登记失业率控制在3.6%以内。促进社会事业持续进步，全面加强精神文明、政治文明和民主法制建设，力争2012年建成省级文明县城，“十二五”末达到国家级文明县城的标准，进一步发展社会和谐稳定、人民安居乐业的良好局面。

各位代表，实现主要经济指标“三年翻一番、五年翻两番”，完成“科学发展、赶超跨越”，既是全县人民的热切期待，更是我们的不懈追求。只要我们万众一心、凝神聚力、脚踏实地、奋发图强，就一定能够创造出无愧于历史、无愧于时代、无愧于人民的辉煌业绩！

三、2012年政府工作的目标任务和主要措施

2012年是实施“十二五”规划承上启下的重要一年，我们将按照县委十一届三次全委（扩大）会议部署，始终保持“奋发向上、大有作为”的精神状态，大力弘扬“少说多干、奋勇争先”的工作作风，坚持“稳中求进、以进促稳、迎难而上、奋力赶超”的工作基调，牢牢把握项目建设这个工作抓手，切实维护好、发展好、实现好人民群众的根本利益，促进经济发展，维护社会和谐稳定，推动滦南经济社会更好更快更大发展。

主要预期目标是：全县地区生产总值确保完成304亿元、增长12%，力争完成350亿元、增长29%；财政收入确保完成14亿元、增长11.6%，力争完成15亿元、增长19.6%；全社会固定资产投资确保完成138亿元、增长22%，力争完成150亿元、增长32.5%；城镇居民人均可支配收入增长12%，农民人均纯收入增长13%，分别达到23262元和8917元；社会消费品零售总额确保达到120亿元、增长21.1%，力争达到150亿元、增长51.4%；全面完成省“双三十”节能减排年度目标任务。

为完成好以上发展目标，我们将全力做好六方面工作：

（一）大力开展“项目建设落实年”活动，在转变发展方式中扩大经济总量。牢固树立“抓项目就是抓发展，抓项目就是抓未来发展”的理念，谋近图远，以“四大开发”为平台，狠抓项目落实，重点实施“1321”工程，增强可持续发展能力。

立足“一产出特色”，大力实施农业龙头项目，壮大富民产业。继续落实“12356”工作思路，围绕壮大奶牛、肉鸡、瘦肉型猪、果菜、水产五大龙型产业，引导、支持无公害农产品、绿色食品、有机农产品和农产品地理标志等“三品一标”生产基地建设，加快现代农业发展步伐。大力提升规模化养殖、种植水平，积极推广“养殖—沼气—种植—加工”种养模式，力争10个养殖场纳入省1000个标准化规模养殖示范场、5个蔬菜种植园纳入省500个蔬菜标准园建设。支持南京雨润、中红普林食品深加工等农业龙头项目建设，延伸食品加工产业链，形成独具特色的食品加工产业集群。突出抓好姚王庄10万吨精品无公害蔬菜交易大厅和长凝、宋道口、安各庄果菜批发市场、青坨营农副产品交易中心建设，进一步畅通农产品流通渠道。实施“一园一品一企”工程，每个镇建成一个现代农业示范园区，打造一个有影响力的农业品牌，谋划一个农产品深加工企业。扶持农业龙头企业发展，全年新增省级龙头企业1家、市级龙头企业5家，县级龙头企业达到60家，新发展农民专业合作社10家。探索实行农村资金专业合作社试点，试点镇力争达到30%。实施沿海防护林、绿色家园创建等生态绿化工程，全县森林覆盖率提高到26.7%。

立足“二产上规模”，培育立县项目，构筑强县产业。继续落实“12479”工作思路，着力谋划和实施一批规模大、科技含量高、符合国家产业政策、具有支撑和引领作用的优质项目，提升工业经济综合实力。加快大铁矿开发、钒钛新能源综合利用、船舶装备制造、中冶澳矿等项目建设进度，培育立县支柱企业。围绕新能源、新材料和高端装备制造业，积极推进船舶制造、海洋工程、海上风电等项目，迅速启动甲醇汽油、生物质新能源、毕氏精细化工等项目，培育壮大战略性新兴产业。充分利用钢铁资源和产业优势，在嘴东经济开发区、城西工业区谋划建设装备制造产业园；支持华西北钢、中红普林集团、永新纸业、万浦热电、蒙牛乳业、雨润食品等重点企业二次创业、做大做强，不断改造提升传统产业。鼓励钢锹、纺纱、塑胶手套等产业整合，打造特色产业集群。引导现有企业深入开展“对标行动”，加强技术改造，调整产品结构，提高市场竞争力，年内开工50个以上技改项目。深入实施品牌战略，年内力争获批1个中国驰名商标、2个河北省著名商标。

立足“三产求突破”，大力实施现代服务业项目，优化产业结构。把第三产业作为“在转变发展方式中扩大经济总量”的重要支撑。以北河水城文化观光产业带为龙头，深入挖掘、整理、包装、推介滦南的旅游资源，举办系列具有滦南地域风情和广泛影响力的文化节庆活动，启动实施嘴东风情旅游开发、海鲜美食城等项目，推动旅游业实现新突破。加快推进医药物流配送、水产冷链物流和汽车、煤炭、矿粉等物流项目，规划建设农机具、工程机械、农资、钢材等区域性交易中心，促进生产性服务业发展。强力推进时代购物广场、和平购物广场、金水街等项目建设，加快商贸、餐饮等传统产业转型升级，兴建大型城市综合体等新型商业业态，进一步提升生活性服务业水平。继续组织银企对接活动，鼓励引导金融机构扩大放贷规模，提高存贷比，做大做实以城市建设投资公司为主的投融资平台，规范发展小额信贷、村镇银行等新型金融服务业态，进一步增强金融服务业对县域经济发展的支撑能力。

立足打造“三大增长极”，加强园区建设，构筑项目发展平台。全面加快嘴东经济开发区、城西工业区、大铁矿开发区建设，引导生产要素优先向园区配套和聚集，实现基础设施建设和产业聚集的新突破。嘴东经济开发区，着力打造科学发展、赶超跨越的样板区，开工建设 20 个亿元以上工业项目，固定资产投资力争达到 50 亿元；城西工业区，着力打造新型工业化、新型城市化的引领区，开工建设 30 个亿元以上工业项目，固定资产投资力争达到 50 亿元；大铁矿开发区，着力打造钢铁产业循环经济示范区，加快大贾庄铁矿建设进度，确保马城矿区 3 月底开工建设，谋划建设生产服务、钢铁深加工、装备制造等项目，力争完成固定资产投资 20 亿元。

（二）以城镇建设“上水平、提品位”为目标，加速新型城镇化进程。紧紧围绕“滨海水城、经济强城、文化名城、宜居靓城”建设，持续推进城镇建设上水平，年内实施城建项目 116 个，总投资 187 亿元。

实施规划引领工程。立足建设中等城市，充分体现生态文化特色，紧扣“完善功能、提升品位、生态宜居”三大主题，完成城市控制性详细规划全覆盖。加大重点镇控制性详细规划编制工作力度，提高城镇出入口、主要街道规划设计水平，指导小城镇建设健康发展。牢固树立“规划即法”理念，严格按规划组织各项建设，依法严肃查处各类违法建设行为，维护城市建设管理秩序。

实施旧城改造工程。按照“打通道路、发展商业、搞好安置、控制总量”的原则，完成建设南路、祥和路北段、兆才北街与兆才大街交叉口三个区域的征收搬迁，科学稳妥地推进搬迁改造。加快天承锦绣、中红一品、上河城、曼城、凯旋嘉苑等工程进度，确保涉拆群众尽快回迁。加强建筑质量、施工安全、农民工工资发放监管，促进房地产市场健康发展。完成中大街、友谊路南段、南大街东段等 6 条主干道路两侧和部分老旧小区沿街建筑的外观改造，进一步提升城区主干道路和重要节点整体形象。高质量实施中大街铁路立交桥续建、和谐路翻修、嘴东大街改造、罗城街西延、创新路南延等路桥工程，继续组织热力、自来水和天然气扩供，完善雨污水收集管网，实施垃圾填埋场改扩建，不断提高公共基础设施承载能力。实施建设路、崇法大街等道路的绿化提升工程，建设综合公园和文体公园，为 2013 年建成国家级标准的园林城打好基础。

实施北河新区开发工程。认真落实北河新区控制性详细规划，抓好企业研发中心、尚民广场、健民广场、悦民广场、三娥苑等公共设施项目；组织实施福海大桥、建设路北延、崇法大街西延、北河水系治理三期等基础设施工程；启动那颜湖、天鹅湖等水系景观项目；加快推进天鹅庄园一期、九号公寓、金代风情街等商住开发项目。年内确保开工建设项目 20 个以上，力争完成固定资产投资 30 亿元。

实施精细管理工程。加强城管数字化平台建设，推行城市网格化管理，不断提高城市精细化管理水平。以“治脏、治乱、治堵”为目标，继续开展市容市貌、环境卫生、交通秩序专项整治，加大机动车、非机动车管理力度，有效治理商品外溢、乱摆摊点、违规设置广告牌匾等行为。逐步取缔“住改商”，主干道两侧今年 10 月 1 日前全部清理到位。认真落实清扫保洁考核和环卫监理巡查制度，推动环卫管理向新城区、新建道路延伸。广泛实施“绿、美、亮、净”工程，不断提升城市形象。

实施小城镇提质工程。鼓励各镇发挥自身优势、依托产业基础，打造特色小城镇：马城镇打造唐代风情小镇，长凝镇打造纺纱产业特色镇，宋道口镇打造高标准的“中国钢锹之乡”，柏各庄镇打造唐山南部沿海商贸重镇，胡各庄镇打造商贸流通特色镇，扒齿港镇打造评剧文化名镇，南堡镇打造“弄潮渤海第一镇”。年内，每个镇建成一条商贸景观示范街，开发一个精品商住项目。

（三）以改善农民群众生产生活条件为出发点，扎实推进新农村建设。坚持统筹城乡发展，制定落实强农惠农政策，让农民群众得到更多实惠。

加强农村基础设施建设。加快以水利为重点的农田基本建设，实施好海堤加固、河道清理、节水灌溉、水系治理、中低产田改造等重点工程，努力提高农业综合生产能力。用足用好“一事一议”奖补资金和各类专项资金，支持农村道路、绿化等公用设施建设。按照“镇政府所在地—示范村—全面推进”三个层次，加强农村环卫设施建设，持续开展农村环境综合整治，进一步改善农民生活环境。

扎实推进新民居建设。抢抓城乡建设用地增减挂钩试点启动的机遇，优先选择工作基础扎实、距县城规划区较近、群众愿望强烈的村，做好2012年新民居建设试点申报工作。加快“八和居”小区建设进程，努力打造“配套齐全、功能完善、环境优美”的省级新民居建设示范工程、样板工程。

稳步推进农村综合改革。发挥典型示范作用，促进土地经营权有序流转，发展多种形式的适度规模经营。加快推进以林权、小型水利设施为重点的农村产权制度改革，增强农村发展活力。全面做好农村集体土地所有权、房屋所有权、集体建设用地使用权等资产的确权颁证工作，完成农村房屋、集体土地确权登记发证试点任务。认真实施村务公开，完善村务管理监督“一卡通”制度，保障农民群众的知情权、参与权和监督权。

（四）全面扩大双向开放，增强县域经济发展活力和动力。实施更加积极主动的开放带动战略，加快构建全方位、多层次、宽领域的对外开放新格局。

不断创新招商理念。强化环境招商意识，加强社会诚信体系建设，严格落实破坏发展环境行为举报、行政服务中心窗口单位效能评比等制度，由项目业主按季度对行政服务部门进行满意度测评，以硬措施优化软环境，打造“零障碍、低成本、高效率”的服务品牌。强化企业招商意识，充分发挥企业的主体作用，鼓励现有企业引进战略合作伙伴，延伸产业链条，实现“以商招商”和“二次创业”。强化“招大商、大招商”意识，大力推进全民招商，加强与世界500强、全国500强等行业龙头的联系与合作，力争签约、落地一批立县大项目、好项目。

主动创新招商方式。更加积极主动地开展定向招商、展会招商、专业招商、小团组招商、上门招商，加强常态化招商，做实产业链招商，增强招商引资工作的针对性和专业性。实施招商引资“三个一工程”，年内走访100家国内外知名大企业、大集团公司，邀请100家企业到滦南考察，落实10家以上企业投资置业。充分发挥嘴东省级经济开发区、城西省级工业聚集区的基础设施、政策优势和聚集效应，依托丰富的铁矿资源，借助北河水城的特色优势，努力构建面向世界、面向全国、面向所有投资者，涵盖经济、文化、社会各领域的招商引资平台。

积极创新招商机制。充实完善招商引资优惠政策，聘请专业招商人员、招商顾问，多渠道壮大专兼职招商队伍。建立健全招商引资考核、奖惩激励机制，整合、加强县招商局和嘴东、城西两个招商局的力量，提高招商引资的效率和质量。全年计划利用外资力争达到3000万美元以上，引进县外资金增长30%以上。

提高出口创汇能力。鼓励支持中红普林、鸿蕴塑料、盛财钢铁、燕南钢锹等骨干创汇企业加入国际电子商务平台，主动参加广交会、国际博览会等会展活动，拓展国际市场，着力打造钢锹、钢材、塑胶手套等特色产品出口基地，培育出口产品名优品牌，扩大出口规模，进出口总额达到3.5亿美元以上。

（五）倾情关注民生，大力推进社会事业发展。始终坚持“以人为本、执政为民”的理念，把改善民生落实到每一个项目上、落实到每一件实事上，切实解决群众最关心、最直接、最现实的利益问题。

在社会保障方面。实行城镇职工医疗保险市级统筹，提高统筹基金支付限额，扩大门诊特殊疾病病种范围，增设城镇职工生育保险险种，逐步做大医疗保障平台，惠及更多城镇职工。提高新农合报销比例，建立参合农民大病统筹补助基金，对自付2万元以上的参合农民给予补助，最高补助限额20万元。扎实推进新型农村和城镇居民社会养老保险制度的落实，努力做到应保尽保。加强城乡低保管理，城镇和农村低保标准分别提高到每人每月410元和每人每年2200元。建立完善适度普惠的社会救助和社会福利体系，积极发展慈善事业，实施助残救残工程，加大对弱势群体的救助帮扶力度。

在就业援助方面。进一步加强就业公共服务体系建设，多渠道开发就业岗位，鼓励支持自主创业，全年城镇新增就业6300人，城镇登记失业率控制在3.5%以内，“零就业家庭”保持动态归零，实现农村劳动力转移就业1.5万人。认真落实行业性工资集体协商制度，构建和谐稳定的劳务关系，切实维护劳动者合法权益。

在保障性住房建设方面。认真抓好“八和居”、鼎盛新世界等区域的廉租房、经济适用房、公租房等续建工程，确保按时间节点高质量完成建设任务；新开工建设120套经济适用房、250套公租房和350户农村危房改造工程。

在教育发展方面。继续实施中小学校舍安全工程，完成涉及程庄镇初级中学等8所学校、2.2万平方米的教育基础设施工程；积极推动新一中建设和职教中心扩建工程；抓好河北省农村学前教育推进工程试点工作，完成南堡、扒齿港、程庄、宋道口4所标准化幼儿园建设，不断改善办学条件。

在提高全民健康水平方面。以深化医药卫生体制综合改革为契机，实施村卫生室达标建设工程，建设标准化村卫生室100个；推进新县医院尽快完工投入使用；启动实施新精神病院建设；加强社区医疗服务，改善人民群众就医条件。深入开展“健康滦南、幸福人民”行动，为45岁以上农村居民和城镇无业居民免费体检。全面推行基本药物优先选择和合理使用制度，实行药品零差率销售，降低群众医疗费用。不断加强优生管理、利益引导和优质服务，稳定低生育水平，提高出生人口素质，全县人口自然增长率控制在4.32‰以内。

在城乡基础设施建设方面。全面完成滦海公路建设任务；加强危旧桥涵和农村道路改造，投资4100万元，改造农村桥梁13座、公路31.4千米。实施城乡市场改造升级工程，整治提升县城综合交易市场；规范长凝、马城等4个镇农村交易市场；改造升级仁和小区、爱民路2个便民市场。实施“幸福工程”，建设居家养老服务中心3个、服务站148个。实施民政事业服务中心、交通事故处理快速理赔中心等建设工程，进一步提升公共服务水平。

在节能环保和生态建设方面。严格落实节能减排责任，组织开展节能减排对标行动，强力推进现有企业节能技改，淘汰落后产能；加强污水处理厂、耀东水泥和永新纸业余热发电等设施的运行管理，谋划建设新的循环经济项目，不断提高能源、资源利用效率；普遍推行建筑节能和计量供热；支持循环经济示范园区、示范企业、示范项目建设，年内建成循环经济示范企业5个以上。严格项目准入，坚决取缔非法“五小”企业和高耗能、高污染项目，防止低水平重复建设。积极推进牤牛河流域环境综合治理，持续开展农村垃圾集中清运等农村环境综合整治活动，让群众切实感受到生活环境的新变化。严格污染物排放管理和环境影响评价，健全重大环境事件和污染事件责任追究制度，打造蓝天碧水的生态环境。

（六）围绕和谐滦南建设，加强和创新社会管理。全面加强精神文明建设，大力推进文化惠民工程，切实保障公共安全，全力维护社会和谐稳定。

加强社会主义核心价值体系建设。坚持以社会主义荣辱观引领社会风尚。以创建省级文明县城为载体，深入贯彻《公民道德建设实施纲要》，进一步深入开展群众性精神文明创建活动，加强社会公德、职业道德、家庭美德、个人品德建设，提升公民文明素质。

推动文化大发展、大繁荣。积极扶持精品创作，围绕继承传统文化、弘扬时代文化，努力推出在省市乃至全国有影响的精品力作。推进评剧大世界、美术馆等新的文化基础设施项目建设，全力支持农村文体活动广场、文化大院、图书馆和农民体育健身工程建设。加快公益性文化事业单位经营体制改革，不断完善城乡文化服务体系。做好以“三枝花”为代表的非物质文化遗产的传承与保护工作，支持成兆才评剧团改革发展，鼓励乐亭大鼓、皮影等民间演出团体不断发展壮大。广泛开展合唱节、秧歌展演、评剧票友大赛、书画摄影展等文体活动，谋划北河北方泼水节、龙舟比赛，嘴东开海节等文化节庆活动，推进校园文化、企业文化、社区文化、农村文化、机关文化建设，努力实现由文化资源大县向文化强县的历史跨越。

切实维护群众合法权益。深入开展“六五”普法，认真实施弱势群体法律援助工程，引导群众依法表达诉求、维护合法权益、履行法定义务。强化社会矛盾纠纷排查调解工作机制，全面做好信访工作，解决好关系群众切身利益的突出问题。

依法加强土地管理。认真落实国家强化土地管理的各项政策规定，加强城乡建设用地动态巡查，坚决杜绝、严厉查处各种违法占地行为，不断提高土地利用强度，切实把有限的土地资源保护好、利用好，为经济发展提供可靠支撑。

着力加强公共安全。进一步完善社会治安综合防控体系，依法严厉打击各种违法犯罪行为，增强人民群众的安全感。严格落实安全生产责任制，深入开展安全隐患排查治理，强化安全监管执法，突出抓好建筑施工、道路交通、工矿商贸、城镇燃气、特种设备、消防和校园安全等重点领域专项整治，保持安全生产形势持续稳定。加强食品药品安全监管，确保人民群众饮食用药安全。健全公共突发事件预警和应急处置机制，提高社会抗风险能力，保障人民群众生命财产安全。

四、加强和改进政府工作

“科学发展、赶超跨越”的宏伟目标，对政府工作提出了新的更高要求。必须以转变政府职能为核心，以提高行政效能为关键，以增强政府执行力和公信力为根本，大力加强政府自身建设，努力建设人民满意的政府。

坚持科学发展，倾力打造创新务实政府。以“科学发展、赶超跨越”为已任，始终保持“奋发向上、大有作为”的精神状态，深入开展“解放思想大讨论”活动，进一步强化沿海开放意识、争先进位意识、攻坚克难意识，以思想的大解放、观念的大更新，开辟发展新境界、开创发展新局面。进一步强化政府工作目标推进机制、管理机制和考核激励机制，大力弘扬“少说多干、奋勇争先”的工作作风，对县委的决策和部署，对人民的各项承诺，雷厉风行、一抓到底，确保各项任务落到实处，取得实效。

坚持以人为本，倾力打造高效服务政府。强化宗旨观念，时刻把群众的安危冷暖挂在心上，认真开展“走千村、访万家”活动，倾听民声、了解民意、集中民智、改善民生，真正把以人为本、执政为民落到实处。扎实开展“优化发展环境年”活动，加快转变政府职能，规范和减少行政审批事项，创新行政审批服务方式，努力提高行政效能，更加自觉主动地为基层、企业和群众搞好服务，努力实现好、维护好、发展好人民群众的根本利益。

坚持依法行政，倾力打造民主法制政府。自觉接受人大的依法监督、政协的民主监督，认真办理人大代表建议和政协委员提案，主动接受社会监督，大力推行政府信息公开，确保行政权力依法、公开、透明运行。健全落实社情民意反映制度和重大事项集体决策、研究咨询和社会公示、听证、质询制度，切实做到科学决策、民主决策、依法决策。严格按照法定权限和程序行使权力、履行职责，深入推进行政执法责任制，落实执法过错责任追究、执法行为评议考核等制度，努力提高依法行政水平。

坚持从严治政，倾力打造清正廉洁政府。牢记“两个务必”，大力倡导艰苦奋斗、勤俭节约之风，从严控制行政经费和一般性支出，坚决查处铺张浪费行为，把有限的资金和资源，更多地用在改善民生上。认真落实党风廉政建设责任制，扎实推进惩治和预防腐败体系建设。严格执行建设工程招投标、经营性土地使用权出让、政府采购和产权交易等制度，实行阳光操作、阳光运行、阳光监督。

各位代表，展望未来，全县人民对滦南无限美好的发展前景，寄予了更高的期待，我们的使命无比神圣。让我们在县委的正确领导下，少说多干，奋勇争先，迎难而上，奋力赶超，努力推进全县经济社会更好更快更大发展，朝着“科学发展、赶超跨越”的宏伟目标加速前进，以优异的成绩迎接党的十八大胜利召开！

滦南县人民代表大会常务委员会工作报告

——在滦南县第十五届人民代表大会第一次会议上

（2012年2月9日）

杜　珍

各位代表：

我受县十四届人大常委会委托，向大会报告工作，请予审议。

县十四届人大常委会主要工作回顾

十四届人大一次会议以来，县人大常委会在中共滦南县委的正确领导下，坚持以邓小平理论和“三个代表”重要思想为指导，深入贯彻落实科学发展观，以依法监督为总揽，以推动经济社会发展为主题，以落实县党代会和历次县委全会精神为主线，创新监督方法、增强监督实效，不断推进各项工作深入开展，为滦南科学发展、赶超跨越做出了积极贡献。

一、始终围绕中心工作开展监督，促进了县委决策的贯彻落实

五年来，常委会始终把围绕县委中心工作开展监督，作为监督工作的重中之重，有力地推动了经济和社会发展。特别是2010年以来，常委会进一步强化中心意识，重点围绕县委十届六次全会确定的重点工作，综合运用各种方法，持续开展工作监督，取得了明显成效。

为助推“三大攻坚”行动，常委会连续两年组织部分省、市、县人大代表对项目建设进行视察。建议政府“要利用上级提供的优惠政策加速发展；要重点推进二产项目，在转变经济发展方式中积极扩大经济总量”。听取和审议统筹城乡发展的报告，提出了一系列有针对性的意见、建议，引起了政府高度重视。对“城镇面貌三年大变样”进行视察，并就“城镇建设三年上水平”组织专题调研，提出了“在城市建设中展现滦南文化特色，进一步提升城市管理水平”等建议，县委主要领导对建议作出肯定性批示。此外，常委会还以召开座谈会、发倡议书和公开信等方式，动员广大代表开展助推活动，营造了良好的攻坚氛围。

为加快“四大开发”进程，常委会围绕城西工业区和嘴东经济开发区开发建设开展调研，就园区机构设置、产业布局、招商引资等问题提出意见和建议。县委主要领导对两个调研报告分别作出批示，责成有关部门尽快落实。这两项调研，对城西工业区被批准为省级工业聚集区、嘴东经济开发区被批准为省级经济开发区，并进入大规模开发建设阶段，起到了积极的推动作用。常委会还听取和审议了“四大开发”进展情况的报告，建议政府“要合力攻坚，狠抓项目落地；要多渠道、多形式开展招商引资；鼓励企业二次创业，推进现有企业不断做大做强”，进一步推动了工作的开展。

为给文化滦南建设献计出力，常委会组织精干的调研班子，围绕“挖掘滦南文化资源、传承传统文化、培育现代文化、发展文化产业”开展调查研究。调研组认真梳理县域文化资源，实地查看文物古迹，并赴霸州、冀州考察学习，形成了关于如何建设文化滦南的调研报告。报告提出的“加强文化产业规划；传承和张扬滦南地域文化性格，培育和发展现代文化；打造创意文化产业聚集区和品牌文化集中展示区；在创新与交流中壮大‘三枝花’产业；培育壮

大旅游文化产业”等意见和建议，得到了县委主要领导的高度评价。这次调研对于推动文化滦南建设起到了积极作用。

二、始终围绕发展第一要务开展监督，推动经济又好又快发展

五年来，面对县域经济竞相发展的现状，常委会认真分析我县的区位优势和资源优势，立足自身职能，围绕计划预算、项目建设、城市建设、“三农”工作等进行监督，推动经济工作开创新局面。

计划、预算的科学制定和严格执行，是经济又好又快发展的内在要求。常委会坚持定期听取和审议上年度财政预算执行审计报告，批准上年财政决算；定期听取和审议计划、预算半年执行情况报告；还重点听取和审议了“十一五”规划纲要实施情况中期评估报告。审议中，常委会组成人员结合我县实际情况，与政府职能部门交流意见，提出积极应对宏观经济形势发展变化的建议，要求政府制定整改措施，并听取整改情况报告，确保了计划、预算编制工作的科学性、前瞻性和可操作性。

项目建设是经济发展的引擎。常委会始终把对项目建设的监督列为重点，年初听取和审议项目建设情况的报告，对项目的谋划、落地、开工、利税等，提出意见和建议；年底组织部分市、县人大代表，对项目建设进展情况进行视察。为推进项目向园区集中，常委会重点组织了工业区建设视察。视察组对城西工业区入驻企业逐一查看，听取工作汇报，开展视察评议。视察结束后，县政府责成相关职能部门，对工业区内各企业的占地、生产、利税情况进行调查，并出台了一系列政策规定。

城市建设是经济发展的重要平台。常委会组成调研组，赴苏南地区学习城市建设和管理的经验，写出调研报告送县委领导参阅，并分别听取和审议关于城市建设和城市管理工作的报告，提出了“探索城市建设投融资体制改革、加强城管队伍建设、新城区开发”等意见和建议，并被县委采纳。常委会还审查通过了《滦南县城总体规划（2008～2020）》，建议县政府牢固树立“规划即法”的理念，严格执行规划的各项成果。依据县政府的提请，常委会还多次做出决议，同意将用于市政建设贷款偿还列入财政预算，支持政府融资。

农业是经济社会发展的基础。常委会先后开展了农业产业化调研；视察了农田水利基础设施建设、畜牧养殖业和农资连锁经营；听取和审议了新农村建设情况的报告；重点围绕“如何规范土地流转行为，怎样加强农产品质量监管、推行无公害生产”等问题，对农村土地承包法和农产品质量安全法进行执法检查。常委会相关工作部门还围绕调整产业结构，重点对姚王庄镇蔬菜种植业进行了调研，提出了“蔬菜种植业要调大规模、调优品种、调活市场、调强产业”等建议，得到了县委领导的肯定。

三、始终围绕民生工程开展监督，推动社会事业健康发展

五年来，常委会始终把发展为了人民、发展成果人民共享作为监督工作的出发点和落脚点，每年都选择与群众利益息息相关、代表普遍关注的热点问题开展监督，体现了以人为本的监督理念。

为加快社会保障体系建设，常委会先后对城镇低保、新农合、卫生院建设、职工基本养老保险、中心敬老院建设进行专题监督。在对城镇低保工作的调研中，调研组深入镇村召开座谈会、随机抽取低保对象入户了解情况，建议“不断提高低保工作透明度，进一步完善动态管理机制，努力做好低保工作的延伸”。在听取和审议新农合运行情况的报告时，提出了“通过新农合网络信息平台，进一步完善落实双向转诊制度”等建议。常委会还组成调研组，到全国农村卫生工作先进县学习考察，借鉴外地先进经验，对我县卫生院建设和管理提出了切实可行的意见和建议。

为推进教育事业全面发展，常委会先后对幼儿教育、义务教育、职业教育、民办教育开展监督。在职业教育法贯彻执行情况调研中，提出了“不断深化教改，提高职普在校生和‘双师型’教师比例；落实就业准入制，促进职业教育健康发展”等建议。在听取和审议义务教育法贯彻执行情况的报告时，建议“增加经费投入、合理配置教育资源、加大学校周边环境治理、强化控辍保学”。县政府全部予以采纳并逐步落实。

为加强食品药品安全监管，常委会听取和审议了食品安全法贯彻执行情况的报告，并以食品生产加工、食品流通、餐饮服务业为重点，对食品安全监管工作进行了专题调研，县委主要领导对调研报告作出批示，责成有关部门认真落实人大提出的意见建议。常委会组成执法检查组，对我县实施药品管理法的情况进行执法检查，县政府根据常委会的监督意见，组织职能部门对我县医药市场、尤其是农村医药市场进行了“拉网式”检查。

五年来，常委会还听取和审议了文化体育工作以及广播电视管理条例、传染病防治法、河北省人口与计划生育条例贯彻执行情况的报告。先后组织60余名人大代表，对政府实事工程、道路建设进行了视察，对环境保护法、土地管理法、安全生产法贯彻执行情况进行了执法检查。协助全国人大开展了新农村建设调研；配合省市人大，开展了行业工资集体协商、检察官队伍建设调研，对民办教育法、环境保护法贯彻执行情况进行了执法检查，有效推动了政府工作开展。

四、始终围绕公正司法与依法行政开展监督，促进了社会和谐稳定

五年来，常委会每年都选择人民群众普遍关注的热点问题进行重点监督，使群众关注的问题得到了解决或回应，有力地促进了社会和谐稳定。

根据代表建议，常委会开展了司法医学鉴定工作专题调研，对重复鉴定等问题提出了解决建议，使我县的司法医学鉴定工作得到了规范。依法确认了8名县检察院人民监督员，启动了人民监督员工作，进一步促进了公正执法。采取听汇报、与法院各庭庭长进行座谈、召开人民陪审员恳谈会等形式，了解人民陪审员履职情况，并就推进人民陪审员全面履职提出了建议。

治安管理处罚法颁布实施后，常委会组成调研组，采取听汇报、召开座谈会、走访基层派出所等形式，全面了解治安管理处罚法的贯彻执行情况，并提出了建议，县政府职能部门对存在问题进行了整改落实。

常委会还组织了旁听评议庭审活动。通过调阅案卷、旁听庭审、召开座谈会等方式，全面了解案情，并依据市人大出台的庭审评议标准，对审判人员和律师进行评议打分，有力地推动了县法院庭审工作的规范化建设。

为推进依法行政，加强社会管理，常委会通过组织对政府组成部门和部分垂直管理单位的专项工作测评，重点听取依法行政、改进工作作风、提高工作效率等情况的报告，并对满意度进行投票表决，推动相关单位改进了工作，优化了政务环境，提高了社会科学化管理水平，提升了广大群众对政府部门的满意度。

五年来，常委会还先后听取和审议了县法院关于刑事审判、行政审判、民事审判、“两错”责任追究和执行工作的报告；县检察院关于预防职务犯罪、民事行政检察、监所检察、侦查监督、“两错”责任追究的报告。审议通过了《滦南县预防职务犯罪工作办法（试行）》，制定出台了《关于加强司法监督工作的决定》。

五、始终围绕充分发挥代表作用，持续深化人事代表工作

五年来，常委会高度重视人事代表工作，全力为代表行权履职提供服务，人事代表工作不断开创新局面，取得新业绩。

1. 为代表履职奠定基础。一是保障代表的知情权。制订实施了《关于向人大代表通报重要工作和重大事项的试行办法》。采取重点走访与普访相结合的形式，向代表通报“一府两院”和县人大常委会的主要工作。常委会召开会议，开展执法检查、视察、调研，都邀请部分代表参加。二是举办人大代表培训班。连续四年邀请专家学者和上级人大机关领导给代表授课，先后培训代表720余人（次），丰富了代表的专业知识，提高了代表的履职能力。三是对因人事变动出现的代表名额空缺，及时组织补选，充实稳定代表队伍。四是保护与教育并重，既依法保护代表合法权益，又支持司法机关对触犯法律的代表采取强制措施。届内，先后对3名代表进行了诫勉谈话，有2名代表被依法终止代表资格。

2. 激发代表履职热情。审议通过了《关于代表建议、批评和意见提出及办理的办法》，届内将259件代表建议转政府办理；通过层层推荐、主任会议审定的办法，连续四年评选出优秀县人大代表103人（次）；对代表的先进事迹进行采编，在《滦南人大工作通讯》和县电视台“代表风采”栏目连续刊发（播放），并辑印成册。

3. 为代表履职搭建平台。从2008年开始，常委会每年都下发文件，指导各镇人大主席团对基层所站开展评议。在评议中，坚持指导不代替、以主席团组织为主、充分发挥基层代表作用的原则，不断总结经验，改进评议方式方法，增强基层所站依法行政、公正司法的意识，提高为民服务的水平。此外，还通过组织专题调研、献计献策、推荐监督员、分工联系代表等多种活动，为代表提供履职途径。

4. 加强对镇级人大工作的指导。一是把2008年确定为“人大主席团规范化建设年”，召开座谈会，听取关于主席团软、硬件建设情况的汇报；组成调研组，到迁西、丰南、滦县学习规范化建设的经验；召开现场会，印发了《关于规范镇人大主席团工作的指导意见》；召开调度会，督导工作进度，交流经验做法。年底，对规范化建设进行了验收评比。二是把2009年确定为“人大主席团规范化建设提高年”，加强对工作程序的指导。经过两年的努力，绝大多数人大主席团规范化建设达标，全县人大主席团规范化建设实现了跨越式发展。

5. 依法做好人事任免工作。坚持党管干部与人大依法任免干部相统一的原则，认真执行《滦南县人大常委会任免地方国家机关工作人员办法》的规定，对“一府两院”提请常委会的人事任免议案，全面进行任前了解，实行投票表决。五年来，共任免国家机关工作人员176人（次）。

六、始终坚持正确政治方向，不断加强自身建设

五年来，常委会坚持以邓小平理论和“三个代表”重要思想为指导，全面贯彻落实科学发展观，不断加强自身建设，全面提高整体素质，促进和保障了依法履职。

1. 从制度建设入手，推进规范化建设。换届之初，常委会就审议通过了《滦南县人大常委会会议议事规则》《滦南县人大常委会主任会议议事规则》《滦南县人大常委会组成人员守则》，随后又制定了《关于进一步规范常委会会议提高会议质量的规定》等。常委会认真执行这些制度规定，使议事程序更加规范，跟踪督办更加深入，监督效果更加明显。

2. 从教育活动和实践锻炼入手，加强能力作风建设。按照县委的安排部署，常委会先后开展了深入学习实践科学发展观、“干部作风建设年”、“创先争优”等教育活动；按照在一线锻炼干部的要求，积极推荐后备干部进入攻坚工作队，在攻坚一线考验干部，锻炼干部。通过学习教育和实践锻炼，进一步转变了机关工作作风，提高了机关干部解决问题的能力。

3. 从创新监督方式方法入手，努力提高监督实效。在全面理解监督法立法精神的基础上，常委会创造性地推行了书面审议、对常委会上专题报告进行票决、发审议意见书进行跟踪督办、对政府组成部门和垂直管理单位进行专项工作测评等监督方法，取得了明显的成效。

4. 积极配合县委重点工作，合力攻坚。2010年以来，按照县委统一安排，常委会各位领导分包镇村、项目建设、信访案件和城市拆迁，坚持践行“一线工作法”，发扬“白加黑、五加二”的工作精神，深入镇村、项目建设工地和拆迁区域，现场办公，强力推进，按时完成了各项工作任务。各位领导还积极谋划项目，广泛开展招商引资，为项目建设贡献了力量。广大代表积极参与中心工作，以不同形式助推攻坚行动，在经济建设、城镇建设和文化建设上都有突出表现。

5. 宣传信息和理论研究工作成效明显。常委会认真分析和研究工作中出现的新情况、新问题，及时采编工作动态、总结工作经验。信息工作连年被省、市评为优胜；关于贯彻执行监督法的经验文章，入选全省人大理论研讨会，并作典型发言；对预算外资金使用情况进行监督、常委会上专题报告实行票决等经验文章在《人民代表报》等媒体发表，外地人大多次派考察组来我县考察学习。

6. 依法做好信访工作。常委会领导坚持亲自接待来访群众，批阅申诉、控告材料，对信访人依法依规进行耐心的解释、教育，或批转有关单位办理，使部分信访案件得到了解决。办公室定期对来信来访进行梳理、分析，并对相关单位提出监督意见。五年来，共接待群众来信来访420余件（次），部分来访者息诉罢访，其余均按规定进行了转办、督办，有效维护了社会稳定。

主要工作经验和体会

各位代表，回顾2007年以来的工作实践，对如何坚持和完善人民代表大会制度，增强人大监督实效，树立人大监督权威，常委会有了更加深刻的认识和体会。

一是必须始终坚持和依靠党的领导。自觉接受和依靠党的领导，既是人大工作必须坚持的根本政治原则，也是坚持和完善人民代表大会制度、做好新形势下人大工作的根本保证。五年来，常委会之所以能够较好地发挥地方国家权力机关的作用，各项工作取得长足进步，都得益于党委的正确领导和大力支持；得益于常委会自觉接受党的领导，主动围绕党委的中心工作开展监督，坚持了人大工作的正确方向。

二是必须始终坚持以人为本。人民代表大会是代表人民行使国家权力的机关，由人民选举产生，对人民负责，受人民监督。人大工作从根本上说，就是要努力实现好、维护好、发展好人民群众的利益。实践证明，只有牢固树立以人为本的监督理念，把最广大人民群众的根本利益作为工作的出发点和落脚点，始终保持同人民群众的血肉联系，倾听民声，反映民意，聚集民智，自觉地把工作置于人民群众的监督之下，人大工作才有坚实的基础，才能保持蓬勃生机和旺盛活力。

三是必须在敢于监督、善于监督上下功夫。创新监督方法，增强监督实效，是人大监督工作的永恒主题，也是人大及其常委会工作水平不断提升的标志。监督法及河北省实施监督法办法对监督手段和监督方法进行了明确规定，地方权力机关必须敢于运用法定监督手段，善于把工作监督与法律监督相结合、专题监督与综合监督相结合、初次监督与跟踪监督相结合、对事的监督与对人的监督相结合，才能全面贯彻落实监督法，不断增强监督实效。

四是必须坚持少说多干、奋勇争先的工作作风，认真抓好监督意见的落实。人大常委会的监督内容，涉及经济建设、政治建设、文化建设、社会建设、生态建设的方方面面，有时监督对象专业性较强。这就要求人大常委会在监督工作中，要开展大量深入、细致地调查研究，既要全面客观地评价工作，又要上升为理性思考，提出有理有据、操作性强的建议，通过跟踪督办，推动工作的开展。

各位代表，在中共滦南县委的正确领导和各方面的积极配合下，在各位代表和全县人民的监督支持下，常委会工作取得了新的成绩和进展，但我们也清醒地看到，在发挥代表作用、增强监督实效等方面，与人民的期望、代表的要求还有差距。对这些问题和不足，新一届常委会在工作中要切实加以解决。

对县十五届人大常委会的工作建议

各位代表，未来五年，是我县全面贯彻落实科学发展观，实现科学发展、赶超跨越的关键五年。新一届人大常委会**要在中共滦南县委的领导下，以邓小平理论和“三个代表”重要思想为指导，深入贯彻落实科学发展观，紧紧围绕县第十一次党代会提出的“激情滦南、实力滦南、文化滦南、生态滦南、和谐滦南”总体目标和“融入曹妃甸、服务曹妃甸、打造大基地、建设新滦南”主体战略，全面履行宪法、法律赋予的职责，为滦南在区域竞争中抢占先机、赢得主动，实现科学发展、赶超跨越做出新的贡献。**

1. 自觉接受和依靠党的领导。认真贯彻执行党委决策，自觉接受和依靠党的领导，是做好人大工作的根本保证。滦南县第十一次党代会，描绘了滦南未来五年发展的宏伟蓝图，提出了奋斗目标和保障措施。新一届人大常委会要把深入学习贯彻县党代会和历次县委全会精神，做为自觉接受和依靠党的领导的实际行动，创新工作思路，明确工作重点，细化工作任务。使监督工作既着眼长远，又侧重当前；既关注经济发展，又体现民生；提出的建议既要有前瞻性，又要有现实意义；既要充分发挥常委会组成人员的作用，又要带领全体人大代表依法履职。通过扎实有效的工作，凝聚对标赶超的强大合力，推动县委决策部署的全面贯彻落实。

2. 进一步加强和改进监督工作。要以增强监督实效为核心，全面贯彻落实监督法，把关系改革发展稳定、影响社会和谐、人民群众反映强烈的突出问题作为监督重点，综合运用法定监督形式，加强跟踪监督，务求取得实效，着力推动“一府两院”改进工作。届内，紧紧抓住重点项目建设、城镇建设、统筹城乡发展、扩大对外开放、改善民生、文化建设、生态文明建设、社会管理等重点工作和影响群众切身利益、社会普遍关注的重大问题，采取听取和审议工作报告、执法检查、代表视察、专题调研等监督手段，并逐步实施询问和质询、规范性文件备案审查，全面开展法律监督和工作监督，推动经济社会更好更快更大发展。

3. 全面做好代表工作。把丰富代表知识、提高代表素质、树立代表形象、拓展活动内容作为工作重点，不断提升代表工作水平。做好代表培训工作，切实维护代表的各项权利，积极为代表依法履职提供服务和保障。坚持和完善常委会联系代表的各项制度，加强和规范代表闭会期间的活动，拓宽活动渠道，增强活动实效。加强议案、代表建议、批评和意见的办理工作，落实办理责任，全程督办，进一步在解决问题上下功夫。认真总结代表工作经验，完善代表工作制度，研究制定代表辞补、代表活动等方面的规范性文件，保障代表工作的规范开展。充分发挥人大代表模范带头和联系选民的作用，带领群众积极落实党的路线、方针、政策，自觉接受选民监督，维护社会和谐稳定。

4. 切实加强自身建设。要把思想政治建设放在首位，认真学习贯彻各级党代会及县委全会精神，增强依法履职的责任感和使命感；要加强制度建设，不断提升人大工作法律化、制度化、规范化和程序化水平；要建设学习型机关，加强对法律知识、人大知识和科技知识的学习，努力提高业务素质和工作水平；要善于创新，敢于运用刚性监督手段；要不断深化调查研究，为常委会决策提供参考；要注重对机关干部的培养和使用，积极推荐机关干部进入攻坚工作队，在一线培养干部、锻炼干部，加大干部交流力度，调动工作的积极性和主动性。

各位代表，本次大会将选举产生县十五届人大常委会。我们深信，在中共滦南县委的领导下，新一届人大常委会一定能够以邓小平理论和“三个代表”重要思想为指导，深入贯彻落实科学发展观，不断解放思想，勇于对标赶超，少说多干、奋勇争先，在滦南科学发展、赶超跨越的伟大实践中做出自己应有的贡献。

中国人民政治协商会议
滦南县第八届委员会常务委员会工作报告

——在政协滦南县第九届委员会第一次会议上

（2012年2月7日）

张友利

各位委员，各位同志：

我受八届县政协常委会委托，向九届一次会议报告八届一次会议以来的工作，并对九届政协工作提出建议，请予审议。

一、5年工作回顾

五年来，八届县政协常委会在中共滦南县委的正确领导下，坚持以邓小平理论、“三个代表”重要思想为指导，认真贯彻落实科学发展观，团结和带领广大政协委员，发挥优势，认真履职，各项工作取得了新进展，为促进全县经济社会又好又快发展做出了新贡献。

（一）过去5年，县政协围绕中心、服务大局，履行职能更加主动

围绕中心、服务大局是政协履职的重要原则。五年来，县政协进一步强化中心意识和大局意识，紧扣发展主题，全力支持，主动参与，做到了与县委、县政府同心同行。

政治协商重点突出。全会期间认真组织专题协商，围绕全县重点工作建言立论，进一步提升了协商实效。特别是八届五次会议期间，全体委员围绕工交财贸城建、统筹城乡发展、党建法制、文教卫生、社会保障五个专题，与县委、县政府领导面对面协商讨论，统一思想，形成共识。县委书记张国栋充分肯定了政治协商的重要性，希望政协组织和政协委员在协商中观全局，谋大事，促进县委、县政府决策更加科学民主。县政协常委会发挥重点协商的作用，精心选题，深入调研，充分协商讨论，形成了关于旧城拆迁改造、发展旅游业、工业企业节能减排、农田水利基本建设、农村土地承包经营权流转、农村劳动力转移等6篇调研报告，受到县党政领导和有关部门的高度重视，为县委、县政府科学决策提供了重要参考。县政协主席列席县委常委会议，相关副主席和委员列席县政府常务会议，及时了解全县重点工作，围绕会议议题提出建议，做到了协商于决策之前。

民主监督开诚布公。以转变工作作风、优化发展环境为目的开展民主评议，是县政协实施民主监督的有效手段。五年来，组织委员和基层干部群众代表评议了县公安局、教育局、农业服务中心、金融系统各单位，在实地察看、广泛座谈的基础上形成评议报告，全面总结工作成绩，客观分析存在问题，有针对性的提出改进建议。被评部门虚心接受监督，认真听取意见建议，精心制定整改措施，工作作风、服务质量得到进一步改进和提高。组织委员参加法庭庭审，开展政法基层庭所建设、文化市场管理、县城住宅小区消防安全等专项视察，发现问题，提出建议，促其整改。积极向有关部门反映社情民意，使相关问题得到及时有效解决。推荐责任心强的委员担任行风监督员，支持基层委员参加对基层所站的评议活动，进一步延伸了民主监督功能。

参政议政同心协力。围绕经济社会发展重点和群众关注的热点问题，组织委员开展城镇

面貌三年大变样和三年上水平、重点项目建设、交通道路建设、新农村建设、小城镇建设等20多次专项视察，既肯定成绩又查找问题提出建议。县政府领导和有关部门认真听取委员提出的意见建议，并在实际工作中积极采纳落实，促进了相关工作的开展。基层联络组也结合各自实际和特点，开展灵活多样、各具特色的视察活动，为镇域经济社会发展献计出力。提出提案是委员参政议政的重要渠道。五年来，广大委员围绕重点、热点问题提出提案共计464件，其中涉及经济建设方面的提案113件，城建交通方面的提案109件，文教卫生方面的提案76件，“三农”方面的提案71件，累计占提案总数的79.5%。在县委办、政府办和政协提案委的督导下，多数提案建议得到有效落实，产生了较好的经济效益和社会效益。

参与攻坚同舟共济。2010年以来，县委、县政府审时度势，科学决策，确定了以“三大攻坚、四大开发”为重点，打造“激情滦南、实力滦南、文化滦南、生态滦南、和谐滦南”的总体目标。为此，县政协及时调整工作思路和工作重点，努力从思想和行动上融入县委、县政府工作大局。先后三次向委员发出“助力攻坚会战”、“参加北河水城参选唐山八景”、“对标赶超走在前献计献策”倡议，要求广大委员积极响应县委、县政府号召，为改变家乡面貌尽心竭力。县政协各位主席按照县委安排分包拆迁区域、重点项目、信访稳定等工作，坚持靠前指挥，一线督导，认真分析并着力解决攻坚难题，较好完成了各项工作任务。广大委员积极投身“三大攻坚、四大开发”，以不同形式助力攻坚会战。部分联络组长被委以重任，担任征收搬迁工作队队长、副队长，他们以突出的业绩得到县委、县政府的充分肯定。参加征收搬迁工作的其他委员，带着感情耐心细致地做搬迁群众的思想工作；有涉拆任务的委员，不仅带头签约，还主动做亲朋好友的思想工作，促进了和谐拆迁、平安拆迁。农村委员踊跃参加卫生综合整治，为改善居住环境出资出力。民营经济界委员积极参与全县重点项目建设，谋划建设符合国家产业政策的好项目，不仅实现了“二次创业”，而且提升了全县项目建设质量，方舟修造船、汇丰钢铁冷轧薄板、泽澳高档绿色环保纺纱、永发鸿田农机具制造等项目，成为嘴东经济开发区和城西工业聚集区的重要支撑。

（二）过去5年，县政协关注民生、服务群众，促进和谐卓有成效

实现和维护最广大人民群众的根本利益，是政协工作的出发点和落脚点。五年来，县政协始终把为民服务作为工作重点，坚持为群众办实事、做好事、解难事，促进了社会和谐稳定。

科技下乡服务农业。组织农业界委员和农口技术人员，采取科技赶集和深入养殖场、果菜大棚等方式，到姚王庄、柏各庄、扒齿港、青坨营、东黄坨等5镇10村，为种养殖户传授果菜种植、病虫害防治、生猪奶牛养殖技术，受到群众欢迎。在提供技术服务的同时，更注重现代种养殖技术的普及和推广，共接待群众咨询3000多人次，发放技术资料30000余份，对农业增效、农民增收起到了促进作用。

医疗下乡服务农民。为方便农村群众看病就医，组织卫生界委员和县内名医专家，先后到安各庄、青坨营、扒齿港等3镇12村开展义诊送药活动，受诊群众达4000多人次，免费发放药品价值30000余元。同时，宣传卫生保健常识和一些常见病、多发病的预防知识，纠正群众中存在的不良生活习惯，引导群众养成健康向上的生活方式，助推“健康滦南、幸福人民”行动。

奉献爱心扶危济困。秉承中华民族扶危济困、乐善好施传统美德，以为民办实事、解难题为己任，组织委员开展多种形式的“献爱心、送温暖”活动。2008年，组织广大委员和机关干部开展以“扶危济困、助学圆梦”为主题的捐资助学活动，共捐款67.74万元，分四年资助了高考升入二本以上、品学兼优且家庭特别贫困的大学新生104名。对此，县委书记张国栋两次作出重要批示，充分肯定了县政协在为民办事方面所做的工作，希望全社会动员起来，通过多种形式开展“献爱心、送温暖”活动，使弱势群体切实感受到党和政府的关怀和温暖。

2008年和2010年，组织委员支援汶川、玉树地区抗震救灾，合计捐款捐物达110多万元。同时，广大委员本着量力而行、尽力而为的原则，主动出钱出物用于新农村建设、修桥铺路、捐资助教、资助贫困生、救助贫困户，累计达100多万元。委员们的爱心和义举得到了全县干部群众的一致好评。

（三）过去5年，县政协联系各界、广交朋友，凝心聚力广泛深入

团结和民主是人民政协坚持的两大主题。五年来，县政协多渠道、多形式加强与社会各界的联系沟通，为形成团结一心、和衷共济的良好政治局面作出了积极贡献。

节庆联谊增进共识。每年举办中秋联谊会和新春茶话会，县党政领导与社会各界人士欢聚一堂，分析发展形势，共谋发展大计，共话美好未来。2009年，组织了“纪念新中国暨人民政协成立60周年”书画摄影展和座谈会，通过回顾人民政协同新中国60年风雨历程，进一步增强了政协组织和广大委员履职的责任感和使命感。辑印了书画摄影优秀作品专辑——《盛世颂歌》。

座谈走访加深了解。每年年底开展全面走访委员活动，通报县政府和县政协完成的主要工作，使委员更加知情明政。每年年中开展对民营经济界和民族宗教界委员的重点走访活动，深入了解委员的所思所想，并协调有关部门解决委员在生产生活中遇到的实际问题。不定期开展主席约访委员活动，拉近了政协领导与委员的距离，加深了领导与委员的感情。

文史资料资政育人。立足发掘和传承传统文化，坚持科学性、史料性、可读性相统一的原则，编辑出版了第十一辑文史资料《冀东老手艺》和第十二辑文史资料《滦南与冀东抗日大暴动》。两部专辑内容丰富，资料翔实，文笔精练，对我县开展爱国主义教育、保护和抢救非物质文化遗产、弘扬红色文化和发展旅游业具有重要的参考价值。配合市政协做好《文史资料大全》的编辑整理工作。文史工作连年被省政协评为一等奖。

（四）过去5年，县政协与时俱进、强基固本，自身建设不断加强

提高自身素质和工作能力，是政协履职水平不断提高的基础和前提。五年来，县政协始终把自身建设摆在重要位置，引导广大委员和机关干部强化政治意识、大局意识、责任意识，为政协工作的扎实开展奠定了坚实基础。

抓学习提升队伍素质。以创建“学习型”政协为目的，开展多种形式的学习活动。整理党的十七大和十七届中央全会、省市县委全会和县十一次党代会精神，编印成学习资料，引导和帮助委员日常学习。整理县政协近十年的调研报告和优秀提案，编印建言献策成果选——《春华秋实》，促进了委员间相互学习交流。组织常委和联络组长专题学习政协知识和统战理论，提高了他们对政协事业的认识，增强了做好政协工作的责任感和使命感。

抓管理改善机关作风。深入开展“创先争优”活动和“干部作风专项整治”活动，制定和实施主席分包联组、主席分包重点提案、重点工作预案等制度，形成了以活动促制度完善、以制度求工作规范、以规范提工作效率的工作机制和机关科室各司其职、超前谋划、协调联动的工作格局。

抓典型发挥示范作用。采取全会表彰、《政协工作通讯》刊登、录制“委员风采”等形式，广泛宣传委员中的好人好事，努力营造“比学赶超”的浓厚氛围。五年来，共表彰模范政协委员166人次，刊登委员事迹12人次，电视台播出“委员风采”18人次。推荐事迹特别突出的委员参加市政协“四个十佳委员”评选活动，先后有5人获此殊荣。在典型的带动下，广大委员立足本职岗位建功立业，多数成为本行业、本领域的“领头雁”，以实际行动展示了政协委员的风采，树立了政协组织的良好形象。

各位委员、各位同志，以上工作成绩的取得，是中共滦南县委正确领导和县人大、县政府大力支持的结果，是各级各部门密切配合和社会各界广泛参与的结果，也是广大委员辛勤劳动和甘于奉献的结果。在此，我代表八届县政协常委会，对各位领导、有关部门和社会各界人士表示衷心的感谢！对扎实工作、无私奉献的广大委员表示崇高的敬意！

五年来，县政协各项工作虽然取得了一定成绩，但在提高参政议政质量、提升民主监督实效、加强委员科学管理等方面仍存在一定不足，需要在今后工作中加以改进和提高。

二、主要工作体会

五年来，八届县政协在认真履行职能、全力服务发展中积累了四点体会。

（一）坚持党的领导是做好政协工作的根本保证。中国人民政治协商会议是中国人民爱国统一战线组织，是中国共产党领导的多党合作和政治协商的重要机构，是我国政治生活中发扬社会主义民主的重要形式。人民政协“维护核心”，就是始终不渝的坚持中国共产党的领导。如果离开党的领导，政协组织就会失去存在的价值，政协工作就会失去方向。因此，我们始终坚持自觉接受党的领导，重大事项主动请示，重要情况主动报告，重要精神主动落实。

（二）坚持服务发展是提高工作实效的重要前提。发展是执政兴国的第一要务，也是人民政协履行职能的第一要务。政协组织只有把促进发展作为政治协商的根本、民主监督的标准、参政议政的目的，才能使政协工作体现时代性，把握规律性，富于创造性，取得实效性。为此，我们注重以促进经济社会又好又快发展为目的开展调查研究和专项视察，从优化发展环境和改进工作作风入手有效开展民主评议，在服务全县发展大局中找准位置，彰显特色，发挥作用。

（三）坚持开拓创新是推动政协工作的不竭动力。实践证明，只有不断创新，才能使我们的事业生生不息，充满活力。没有工作思路的创新，就没有今天的生动局面；没有工作方式和方法的创新，就没有现在的丰硕成果。改进协商议政形式、调研视察选题方法、提案督办方式、联络组工作、机关组织活动程序等，都充分体现了开拓创新的精神，这是政协工作不断前进的根本所在，也是政协事业蓬勃发展的强大动力。

（四）坚持团结协作是发挥政协优势的坚实基础。人民政协是中国共产党领导下的大团结、大联合的组织，其基本属性、主要职能、组织构成、工作原则和活动方式，都决定了政协组织、政协机关与社会各界、各有关部门之间必须加强团结，密切协作，营造民主和谐共事的良好氛围。只有这样，才能形成强大合力，增强凝聚力，为更好的履行政协职能奠定坚实基础。

三、今后工作建议

九届政协的五年，是滦南站在新起点、抢抓新机遇、开启新征程，推动经济社会更好更快更大发展，朝着科学发展、赶超跨越宏伟目标加速前进的五年。做好五年的政协工作，使命光荣，任务艰巨。为此，建议九届政协工作的指导思想是：在中共滦南县委正确领导下，以邓小平理论、“三个代表”重要思想为指导，认真贯彻落实科学发展观，紧紧围绕县十一次党代会和县委十一届三次全委（扩大）会议提出的奋斗目标和主要任务，进一步明确工作思路，发挥独特优势，塑造队伍形象，创造履职业绩，为实现滦南科学发展、赶超跨越做出新贡献。应着力做好以下四方面工作：

（一）以科学发展赶超跨越为切入点，全面提升履职水平

当前，滦南正处在科学发展、赶超跨越的新阶段。县政协组织和政协委员首要的任务就是深入贯彻落实县十一次党代会和县委十一届三次全委（扩大）会议精神，充分发挥政协组织“智囊团”、“参谋部”的作用，抓住具有全局性、前瞻性、战略性的问题，集众人之智，建务实之言。要围绕县党代会确定的重点项目建设、城镇建设、统筹城乡发展、扩大对外开放、改善民生、文化建设、生态文明建设、创新社会管理八项重点工作，深入开展调研视察，广思发展之策，多建利民之言，协助党委政府以战略的眼光谋划发展，以科学的态度推动发展，形成同心同德、共谋发展的强大合力。要研究和制定有效措施，切实做好建言献策成果的转化落实，使政协履职成果在党委政府决策中得到充分体现。以促进政府职能部门进一步转变工作作风，不断优化发展环境为目的，继续开展民主评议。高度重视委员提案征集和督办工作，力争件件有回音、事事有着落。各联络组要围绕本系统、本区域的工作重点开展特色活动，使政协组织和委员议政建言的作用得到充分发挥。

（二）以加强创新社会管理为落脚点，扎实做好为民服务

加强和创新社会管理，是新形势下做好群众工作，最大限度增加和谐因素、减少不稳定因素，维护社会和谐稳定的必然要求，对此各级组织肩负着义不容辞的责任。县政协组织和政协委员要充分认识加强和创新社会管理的重要性和紧迫性，把群众满意作为检验工作的根本标准，协助党委政府多做顺民意、解民忧、惠民生的工作。要不断丰富和创新为民服务形式和载体，围绕群众普遍关心的教育、医疗、就业、住房、交通、社保等民生问题议政建言，协助党委政府做好问政于民、问需于民、问计于民的工作，促进关系群众切身利益的问题得到及时有效解决。广大委员要密切联系各界群众，悉心听取和反映群众的意见呼声，引导群众依法、有序表达诉求。鼓励和引导民营经济界委员自觉承担社会责任，既要做促进发展、诚信经营、安全生产、关爱员工的典范，又要做反哺社会、热心公益事业的时代标兵。

（三）以增进团结凝心聚力为着眼点，巩固扩大统一战线

要实现滦南未来五年发展目标，离不开社会各界群众的大力支持和积极参与。政协组织联系广泛，政协委员具有一定社会威望和影响，理应在团结各界、凝心聚力中发挥重要作用。县政协组织和政协委员要牢牢把握团结民主两大主题，进一步明确新时期统战工作的任务，最大限度地凝聚全县人民的智慧和力量，共同建设美好家园。要采取走访、座谈、联谊等形式，与社会各界人士加强联系，沟通感情，解疑释惑，形成共识，同时广泛宣传党委政府的决策部署和重点工作成果，把各界群众紧密团结在党的周围。积极做好民族宗教工作，加强与新社会阶层的联系，切实为台商、台胞眷属搞好服务。立足“文化滦南”建设，充分挖掘深厚文化底蕴，力争文史资料编纂再出精品。

（四）以强化学习完善制度为着力点，切实加强自身建设

加强政协自身建设，不断提高履职能力和水平，是做好政协工作的重要保证。要把加强学习作为提高能力和水平的基础工作常抓不懈。组织好常委学习，提升常委会整体素质和协商议政能力，使常委会的核心作用得到最大限度的发挥。组织好委员学习，深入系统地了解政协知识，掌握履职方法，提高参政议政的能力和水平。要进一步推进政协履职的制度化、规范化、程序化建设，细化履职内容、形式、程序，完善调研、视察、提案、反映社情民意等工作制度和综合协调、信息沟通、督查落实、委员管理等工作机制。进一步加强政协机关建设，开展好“创先争优”、“作风整顿”和“对标赶超走在前”活动，努力打造一支高素质干部队伍。政协组织要大力宣传委员中的典型事迹，对委员给予热情关怀，充分体现政协“大家庭”的温暖。广大委员不仅要积极参加政协组织的有关活动，更要在本职岗位上当标兵、做表率。

各位委员，各位同志，滦南发展前景无限光明，我们肩负的任务更加艰巨。让我们在中共滦南县委的坚强领导下，团结一致，锐意进取，少说多干，奋勇争先，进一步开创政协工作新局面，为推动滦南经济社会更好更快更大发展，早日实现科学发展、赶超跨越宏伟目标做出新的更大的贡献！

施政纲要

中共滦南县委2011年工作要点

（2011年2月11日）

2011年是“十二五”规划开局之年，做好全年工作意义重大。总的要求是：全面贯彻党的十七届五中全会、省委七届六次全会、市委八届七次全会和县委十届六次全会精神，以邓小平理论和“三个代表”重要思想为指导，深入贯彻落实科学发展观，坚持实施“融入曹妃甸、服务曹妃甸、打造大基地、建设新滦南”主体战略，强力推进重点项目建设、城镇建设三年上水平、统筹城乡发展“三大攻坚”和城西工业聚集区、嘴东工业区、大铁矿、北河新区“四大开发”，以创先争优活动为动力，锲而不舍，持续攻坚，狠抓落实，确保滦南“十二五”科学发展、赶超跨越开好局、起好步。主要预期目标是：地区生产总值增长15%；全社会固定资产投资增长50%；全部财政收入增长19%；农民人均纯收入增长11%；城镇居民人均可支配收入增长12%。

一、推进“四大开发”，打造沿海经济隆起带战略高地

1. 推进城西工业聚集区开发。把城西工业聚集区作为统筹推进工业化和城镇化的重要引擎，全面加快工业区道路、电力、通信、给排水等基础设施建设，加快推进在建、拟建项目进度，积极谋划战略支撑项目，引导现有企业二次创业，不断提升工业区的综合承载能力。2011年力争完成固定资产投资50亿元。

2. 推进嘴东工业区开发。把嘴东工业区作为“融入曹妃甸、服务曹妃甸、打造大基地、建设新滦南”主体战略的桥头堡，加快完善园区各项规划，力争纳入省级工业聚集区；加快园区道路、电力、给排水、吹沙造地、垃圾处理、水系治理、港池、棚户区改造等基础设施建设，提升园区承载能力；遵循对接曹妃甸新区、借势发展的思路，大力发展船舶制造、装备制造、现代物流、精品钢材、新材料制造、风力发电、食品加工、休闲旅游等产业。2011年力争完成固定资产投资50亿元。

3. 推进大铁矿开发。把大铁矿作为事关滦南未来发展的战略性支柱产业，协调做好土地征用、手续办理、施工保障等工作，全力推进矿区道路、配套电力、办公设施等基础设施建设，督促河北矿业集团加快铁矿开发进程，编制钢铁产业循环示范区建设规划，打造链条完备的钢铁产业基地。2011年力争完成固定资产投资20亿元。

4. 推进北河新区开发。把北河新区开发作为建设滨海水城、加快县城提质扩容的平台，进一步加快道路、公园、广场、水系、学校、宾馆等基础设施建设，积极谋划实施商住、文化旅游、生态等项目。2011年力争完成固定资产投资20亿元。

二、实施“千百十”工程，全力推进项目建设

5. 开展“项目建设年”活动。持续开展项目建设攻坚行动，确保2011年“谋划1000个重点项目、开工100个重点项目、10个项目纳入省重点”。继续实行重点项目领导分包责任制和项目助理制度，加强协调调度，凝聚项目建设的强大合力。

6. 破解项目建设制约瓶颈。推进新民居建设置换建设用地指标，深入挖掘存量土地、盘活闲置土地，积极争取省市用地指标，破解土地瓶颈。推进银企对接、银企合作，破解资金瓶颈。2011年各银行贷款额至少增长30%。

三、优化三次产业结构，加快转变经济发展方式

7. 推动“一产出特色”。按照“12356”发展思路，立足实现农业生产的有机化、产业化、市场化、品牌化、特色化、外向化，加快龙头企业、专业市场、“一镇一品”建设，大力发展绿色农业、品牌农业、观光农业；加快农村产权制度改革，完善强农惠农政策，搞好农业技术服务，促进农民增收致富。

8. 加快“二产上规模”。按照“12479”工作思路，整合钢铁、钢锹等产业，提升传统产业竞争力；大力发展战略性新兴产业，促进工业结构优化升级；制定落实“飞地”政策，促进项目向园区聚集；积极开展“对标行动”，提高企业自主创新能力；加快淘汰落后产能，确保完成节能减排任务。

9. 实现“三产求突破”。深入挖掘资源、区位、交通、文化、生态等优势，大力发展旅游业、商贸流通业、现代物流业、文化产业和宾馆餐饮业，重点谋划实施北河水城文化观光产业带建设，全面提升三产服务业的规模和质量。

四、强化开放意识，提高对外开放水平

10. 大力宣传推介滦南。开展解放思想大讨论活动，强化全民开放意识。宽领域、多角度、深层次宣传滦南的区位、资源、文化、产业优势和良好的发展环境以及“三大攻坚、四大开发”工作进程，聚焦战略投资者的目光。

11. 积极创优发展环境。健全完善招商引资优惠政策，落实行政审批服务承诺、首问负责、跟踪问效、责任追究等制度，严肃查处破坏发展环境的行为，叫响“零障碍、低成本、高效率”的服务品牌，营造更加开放的投资环境。

12. 强力推进招商引资。面向日韩、长三角、珠三角、京津地区，跟踪世界500强、中国500强企业的最新动向，进一步创新招商引资体制机制，展开全方位招商活动，提高招商引资实效。在组织参加国家、省市一系列招商活动同时，积极组织小团组招商、网上招商、上门招商、以商招商等系列活动。

13. 创新招商引资体制机制。成立县招商局，并在城西工业聚集区和嘴东工业区分别成立招商局。严格绩效考核，增强招商实效。

五、实施八项攻坚行动，提升城镇建设水平

14. 提升城市功能攻坚。加快市政道路建设，改善群众出行条件。推进供水、供热、供气、污水和垃圾处理等基础设施建设，增强市政设施保障能力。

15. 拆迁改造攻坚。谋划实施好既定区域拆迁改造，拓展城市发展空间。

16. 回迁房建设攻坚。加快回迁房建设，确保拆迁群众及早迁入新居。

17. 城乡环境整治攻坚。深入开展城乡环境综合整治，加快推进农村新能源利用和垃圾集中清运。强化北河水质治理，大力推进绿化、美化、亮化、净化。加大城市管理力度，提升城市管理品质。

18. 小城镇开发攻坚。按照县域镇村空间布局规划，进一步完善各镇建设规划，加快现有工程进度，构建布局合理、层次分明、功能各异的县域城镇体系。

19. 新民居建设攻坚。以“八和居”建设为重点，抓好2010年8个一步进城村新民居建设工作和2011年新民居建设的申报、启动工作，加快改善农民生活环境和居住条件。

20. 加快人口向城镇聚集攻坚。研究制定进城农民政策保障体系，大力发展现代服务业、劳动密集型产业和现代农业，确保农民进得来、留得住、有保障、能致富。

21. 城乡绿化攻坚。以创建省级园林城为载体，重点实施道路绿化、社区绿化、庭院绿化、节点绿化和沿海生态带建设工程。

六、着力改善民生，提高人民幸福指数

22. 实施精神文明建设工程。以建党90周年为契机，强化宣传思想工作，加强未成年人思想道德教育，打击黄毒赌等社会丑恶行为，净化社会风气，提高社会文明程度。

23. 实施教育优先工程。继续实施中小学校舍安全和标准化建设工程，做好新一中、新职中的前期筹备工作。积极发展普通教育、学前教育，推进义务教育均等化。大力发展成人教育、职业教育，为经济发展提供人才支撑。

24. 实施全民健康工程。深化“健康滦南、幸福人民”行动，统筹配置医疗卫生资源，提高基层医疗卫生服务水平。强化传染病、重特大疫情防控，加强食品药品安全监管，保障人民群众饮食、用药、就医安全。积极创建省级人口与计划生育综合改革示范县，提升计生服务水平。

25. 实施就业再就业工程。结合农民“一步进城”，建立健全城乡统一的就业管理、就业援助、就业培训制度，支持自主创业，多渠道增加就业岗位。推进农村劳动力转移，提高农民工资性收入。

26. 实施社会保障工程。继续扩大新型农村合作医疗、城镇居民和职工基本医疗保险覆盖面，提高农村合作医疗报销比例。推行新型农村社会养老保险。落实好城镇和农村低保政策，做到应保尽保。建立完善社会救助和社会福利体系，支持老区村建设。积极发展慈善事业。

27. 实施平安创建工程。加强安全生产监管，严格落实安全生产责任。探索对特殊人群、新社会组织、虚拟社会等实施有效管理，推进社会管理创新。大力实施“天网覆盖”等十项警务新机制，提升人民群众安全感。严格落实信访稳定“一岗双责”责任制，全力维护信访稳定。

七、全面加强党的建设，提高各级干部推进科学发展、赶超跨越的执行力

28. 深入开展创先争优活动。以庆祝建党90周年活动为契机，普遍开展党的光荣传统、党规党纪教育活动。深化落实基层党建责任制、“一定三有”、“四权一体”和农村干部问责问廉问效“三问”等机制，扎实推进“领头雁”工程，增强基层党员干部活力。继续开展“三学三争”活动，加大后进村整治力度，努力提高治难转后水平。按照“统筹城乡党建先行”的要求，扎实推进农村党组织和村委会“两个联建”工作，加强和改进非公有制经济组织和新社会组织党建工作，探索项目建设与党组织建设同步推进模式，提高基层党组织的凝聚力和战斗力。在全县农村、机关、学校、街道社区和“两新”组织等各类党组织中继续深入开展“党徽在岗位上闪光”“六比六看”活动，充分唤醒每个党员的党员意识，焕发每个党员的工作激情。扎实开展“工作创新、业绩创优、岗位创效”主题实践活动，激发党员的积极性和创造性，在全县上下进一步掀起比、学、赶、超的新热潮。结合纪念建党90周年，隆重表彰一批对标赶超好、争先进位快的先进集体和个人，用典型的作用带动全社会创先争优，以少说多干、奋勇争先的优良作风，推动滦南科学发展、赶超跨越。

29. 做好县镇党委领导班子换届工作。坚持“四化标准、德才兼备、注重实绩、五湖四海、群众公认、一线选人”的用人导向，发扬民主，推进改革，加强交流，选好配强镇党委领导班子，进一步提高选人用人公信度。积极推进党内民主，尊重党员主体地位，进一步落实党员的知情权、参与权、选择权、监督权，充分发挥党代表大会和全委会作用，广泛凝聚党员的意志和主张，确保县镇党委换届圆满完成。严明换届纪律，强化监督检查，努力营造风清气正的换届环境，确保思想不散、秩序不乱、劲头不减，确保县镇党委换届与其他各项工作“两不误、两促进”。

30. 加强党风廉政建设和反腐败斗争。坚持“标本兼治、综合治理、惩防并举、注重预防”的方针，全面推进反腐倡廉教育、制度、监督、改革、纠风、惩治等各项工作，不断健全完善惩治和预防腐败体系。加强对上级重大决策部署贯彻落实情况及县委中心工作推进情况开展监督检查，确保政令畅通。扎实开展反腐倡廉教育，夯实党员干部拒腐防变的思想道德基础。认真落实《党员领导干部廉洁从政若干准则》，着力解决党员领导干部在廉洁自律方面存在的突出问题。积极推进反腐倡廉改革创新和制度建设，深入推进行政权力运行监控机制建设，扎实构建农村党风廉政建设新格局，全面优化发展环境，抓好基层党务公开，推进政务、厂务、村务和公共企事业单位办事公开，强化对权力运行的制约和监督。深入开展专项治理工作，着力解决人民群众反映强烈的突出问题。加大查办违纪违法案件力度，不断增强惩处的震慑力。严格落实党风廉政建设责任制，加大责任追究力度。

中共滦南县委
滦南县人民政府
关于2011年加快发展文化旅游业的实施意见

（2011年2月14日）

为贯彻落实县委十届六次全委会议精神，推动我县文化旅游业迅速崛起，特制定如下实施意见：

一、发展思路

以建设“文化滦南”、“文化名城”为目标，充分发掘历史、文化、自然资源，做好北河水城文化观光产业带、北美风情水城、嘴东滨海休闲度假区三篇文章，着力复兴倴城、马城、柏各庄“三大名镇”，把滦南打造成环京津休闲旅游带的重要节点，成为环渤海经济圈和京津冀都市圈的休闲“后花园”。实施文化精品和重点项目带动战略，促进文化事业的快速发展，把滦南建成评剧、大鼓、皮影等传统文化活动的基地和中心。

二、主要任务

2011年文化旅游业要实现投资50亿元，举办两次在全市有影响力的文化旅游节庆活动，为实现文化旅游业“一年起步运转，五年唐山居中，十年唐山创先争优”的总体目标开好局、起好步。

三、重点工作

1. 高标准制定文化旅游业发展规划。规划局、旅游办要配合和督导设计单位，结合《滦南县城总体规划》、《滦南县县域镇村空间布局规划》、《滦南县国民经济和社会发展第十二个五年规划纲要》、《滦南县北河新区控制性详细规划》，高标准制定《滦南县旅游发展专项规划》。规划要同唐山、秦皇岛、承德及周边县市的旅游规划和旅游市场结合，形成一个接轨周边市场，体现滦南特色，实现省内领先，全国一流的旅游规划，争取3月底通过终审。

2. 加速推进北河水城文化观光产业带建设。北河水城文化观光产业带是涉及城市建设、生态建设、文化建设、配套建设等几个方面的系统工程，总投资100亿元，包括评剧大世界、历史文化游、水上系列游乐、红色旅游、生态休闲观光、区域商品集散中心、星级酒店等七大类29个子项目，年内计划开工项目17个：

（1）蓝色港湾，3月中旬开工。

责任单位：住建局、规划局、北河新区管理处

（2）金代风情街，3月中旬开工。

责任单位：住建局、唐山普林房地产公司、北河新区管理处

（3）夷齐岛，6月底前开工。

责任单位：住建局、北河新区管理处

（4）北河公园二期工程，3月中旬开工。

责任单位：住建局、北河新区管理处

（5）扒齿港林业生态园，6月底前开工。

责任单位：林业局

（6）那颜湖生态湿地公园，6月底前开工。

责任单位：水务局、北河新区管理处

（7）北河星级酒店，8月底前主体完工。

责任单位：中厦房地产公司、北河新区管理处

（8）天鹅湖，6月底前开工。

责任单位：水务局、北河新区管理处

（9）冀东抗日战争胜利纪念园，年内开工。

责任单位：宣传部、文广新局、旅游办、北河新区管理处

（10）评剧大世界，8月底前开工。

责任单位：文广新局、旅游办、北河新区管理处

（11）北河水系治理工程，一期、二期工程5月1日前具备通航条件，三期工程6月底前开工建设。

责任单位：水务局、北河新区管理处

（12）北河高档会所，6月底前开工建设。

责任单位：住建局、规划局、中厦房地产公司、北河新区管理处

（13）美术馆、宣传文化中心，6月底前开工。

责任单位：宣传部、文明办、文广新局、北河新区管理处

（14）汪庄生态园，6月底前开工。

责任单位：程庄镇、旅游办、北河新区管理处

（15）胡家坡原生态旅游农庄，6月底前开工。

责任单位：程庄镇、旅游办、北河新区管理处

（16）生态园林山，3月中旬开工，2012年底前完成山体轮廓。

责任单位：程庄镇、北河新区管理处

（17）滦河古道生态观光养生园，6月底前开工。

责任单位：马城镇、长凝镇、宋道口镇

3. 加速推进嘴东滨海休闲度假区、东黄坨北美风情水城建设。嘴东滨海休闲度假区开工3个项目：

（1）曹妃大殿，建筑要体现唐代风格，内涵要体现我县沿海民俗风情和传统文化，该项目要建成标志性的文化景观和旅游场所，6月底前开工。

责任单位：南堡镇、嘴东工业区管委会

（2）嘴东休闲度假中心，9月底前开工。

责任单位：嘴东工业区管委会、南堡镇、规划局

（3）海鲜美食城，9月底前开工。

责任单位：嘴东工业区管委会、规划局

北美风情水城要抓紧土地、资金等方面的运作，3月底前进场施工，年内确保有形象进度。

责任单位：东黄坨镇。

4. 积极谋划项目，积蓄文化旅游业发展后劲。一是依托古代文化遗存，谋划实施历史文化旅游项目，主要项目有元代风情一条街、古城遗址公园、延庆塔、延庆寺、唐代马城县治所、京东第一集等，上半年完成规划设计。二是整合农业资源，谋划实施农业观光游，主要有程庄生态农庄和大规模农业观光项目、胡家坡郊野公园、洋淀木屋村等，上半年完成规划设计。三是依托现代工业，谋划实施现代工业游，建设钢锹文化广场及会展中心，推出马城大铁矿、蒙牛乳业、中红普林、雨润食品等现代工业旅游项目，年内蒙牛乳业力争进入4A级旅游企业的行列。四是发挥文化资源优势，谋划实施文化旅游，主要项目有书画家村、文化产业创意园、图书馆、博物馆、青少年宫、会展中心、多功能影视城等。

5. 开展丰富多彩文化活动，努力打造文艺精品。一是5月份在北河公园开园之际举办大型全民健身大赛，并在嘴东举办首届“海鲜节”。同时要积极谋划“七夕爱情节”、“北河龙舟赛”、“环北河自行车大赛”等活动。二是倾力打造代表滦南水平的文化旅游精品，谋划创作《印象杨三姐》大型实景剧，以此展示冀东的风土人情，彰显滦河的独特文化魅力。三是加大文化交流。以评剧《三进门》在中国评剧艺术节中获奖，进省汇报演出取得巨大成功为契机，整合包装我县文化资源，形成整体优势。组织力量创作精品力作，开展好“三枝花”进京演出活动。

6. 大力支持、鼓励兴办文化旅游产业。一是鼓励和支持中红普林彩印包装、弘艺公司动漫制作等企业增加产品，形成规模，扩大影响。二是积极引导文化旅游企业的创办，壮大文化旅游企业的群体和阵容。三是充分利用我县文化资源研发生产文化旅游产品。

7. 加强宣传推介，不断提高滦南知名度、美誉度。大力宣传我县区位、自然、文化、历史资源优势，借助媒体、网络制作推出一批宣传滦南特色的电视纪录片、风光片及宣传画册。利用评剧艺术节、渤海开海节、《印象杨三姐》等节庆活动，把滦南的风土人情及文化特色推向全国。加强同旅游客商的联系，通过参与或举办旅游交流会等多种形式引导游客进入滦南。

中共滦南县委
滦南县人民政府
关于加大问责问效力度推进十项重点工作的实施意见

（2011年2月14日）

为进一步转变干部作风，提高执行力，强化责任追究，确保县委、县政府确定的重点项目建设、城镇建设三年上水平、北河新区开发、大铁矿开发、文化旅游业发展等十项重点工作的顺利推进，依据相关法律法规和有关规定，制定本实施意见。

一、责任追究情形

1. 对县委、县政府的工作部署执行不力，消极怠工，影响政令畅通的；

2. 办事拖拉、效率低下，进展缓慢，未按规定时间节点和工作要求完成任务的；

3. 态度蛮横、推诿扯皮、失职渎职，影响招商引资、项目建设进度及给管理和服务对象造成经济损失的；

4. 不建立执行首问首办负责制、限时办结制、服务承诺制、窗口部门一次性告知等制度的；

5. 未将重点建设项目审批时限缩短三分之一以上或不在承诺期限内进行审批的；

6. 擅自增加审批事项、更改审批流程或在法定行政许可条件和标准外附加条件、变更标准的；

7. 对涉及不同部门的许可事项，相互推诿、拖延不办或在本部门许可事项完成后不及时移交其他部门的；

8. 违反有关规定，乱检查、乱收费、乱罚款、乱摊派以及“吃拿卡要报”或向行政相对人提出购买商品、接受有偿服务等不正当要求的；

9. 严重影响交通环境的公路“三乱”行为；

10. 妨碍党和国家工作人员或煽动他人妨碍党和国家工作人员依法依纪执行公务的；

11. 扰乱影响或煽动他人扰乱影响生产、交通、工作等公共秩序的；

12. 对行政相对人应当采取强制措施而未采取强制措施给社会和公民造成危害的；

13. 对职责范围内管理的事项或群众反映的问题在处置中隐瞒真相，歪曲事实，导致错误结果，激化矛盾的；

14. 违反县纪委等部门《关于确保攻坚任务完成的纪律要求及责任追究办法》、《关于统筹城乡发展确保新民居建设顺利推进的纪律要求和责任追究办法》和《关于农村两委干部问责问廉问效的暂行办法》等规定，情节较重的；

15. 其他影响十项重点工作顺利推进的行为。

二、责任追究方式

有上述情形之一，经查证属实的，作以下相应处理：

1. 第一次发生的，由纪检监察机关和单位负责人对其进行诫勉谈话，给予口头或书面告诫，并记录在案。

2. 拒不纠正错误或第二次发生的，由所在单位对其进行离岗培训3个月。培训期满后，由有关部门进行党纪法规知识考试，经考试合格重新申请上岗。同时，取消其当年评优评先资格、各项奖励及年度奖金。

3. 第三次发生的，由所在单位调离岗位。是行政执法人员的，吊销其行政执法证件；担任领导职务的，予以免职；情节特别严重的，追究党政纪责任。同时，对其单位主要负责人及主管领导进行责任追究，并取消其单位当年评优评先资格。

三、保障措施

1. 强化组织领导。各级各单位要强化对县委、县政府十项重点工作的组织领导，把落实好十项重点工作作为一项政治任务，列入本单位本部门的重要议事日程，认真查找当前工作中存在问题和不足，制定整改措施，创新服务举措，强力推进十项重点工作落实。各级领导干部要充分发挥示范导向作用，切实从自身做起，带头转变观念，带头服务发展大局，带头搞好贯彻落实。

2. 畅通监督渠道。设立投诉举报电话和邮箱，全天候受理企业和群众投诉举报（投诉举报电话：4103000< 白天 >4125799< 夜间 >，投诉举报邮箱 lnxxnb@126.com）。开通政风行风热线，网上办理群众投诉举报和业务咨询，认真倾听研判网络舆情。深入开展“为企业排忧，为发展清障”活动，不定期向党代表、人大代表、政协委员、行风效能监督员、廉政使者、项目单位负责人征询意见建议。深化民主评议作风（行风）工作，紧紧围绕十项重点工作开展专项评议，增强评议的针对性和有效性。

3. 加大督查力度。围绕推进十项重点工作，制定年度明察暗访方案和计划，采取联合检查、实地检查、专项检查、全程督办、座谈走访等多种监督手段，坚持每月有检查，每季有通报，保持监督检查的常态化。对监督检查过程中发现的问题，及时责成相关部门进行整改补救，并跟踪督办问效，强化整改落实效果。对有令不行、有禁不止，影响十项重点工作顺利推进的违纪违法行为，发现一起，查处一起，公开曝光，绝不姑息迁就。

中共滦南县委
滦南县人民政府
关于城镇建设三年上水平 2011 年度实施意见

（2011 年 2 月 19 日）

2011年是城镇建设三年上水平的开局之年，为切实做好全年城市建设管理工作，推动三年上水平开好局、起好步，根据《滦南县城镇建设三年上水平实施意见》，制定本实施意见。

一、指导思想

以建设“中等城市、生态滦南”为总目标，以建设国家级标准的园林城、卫生城、文明城为载体，坚持“规、拆、建、改、管”并重，强力推进北河水城开发与老城改造提升，不断完善城市功能、塑造城市特色、提升城市品位、激发城市活力，努力打造“滨海水城、经济强城、文化名城、宜居靓城”。

二、目标任务

实施总投资 184 亿元的 8 大类、112 项重点城市建设项目，强力推进北河新区开发建设，完成各类投资 20 亿元，建设一批功能场馆，新建 3 个大型广场，构建环城水系景观，同步加快城西工业聚集区建设步伐，实现城区扩容 10 平方千米；改造 60% 的城中村，着力推进 10 大区域拆迁，腾出土地 1427 亩；完成 6 条主干道路、4 个重要节点外观改造，打造 3 条景观大道和 2 个标志性建筑，年内完成省级园林县城创建；组织实施 4 类、55 项重大城镇基础设施建设项目，新建、改建城镇道路 23 条、114 千米，实现城区集中供水、供热、供气全覆盖；统筹推进城镇建设改造，年内新增商住面积 80 万平方米，实施既有建筑节能改造和热计量改造 17 万平方米，城镇面貌和群众居住条件明显改善。

为完成上述目标任务，全面组织开展 8 项攻坚会战：

1. 拆迁改造会战

（1）**会战内容**：实施 10 个区域拆迁，涉拆土地总面积1427亩，涉拆群众1783户，涉拆企业2家。①交警大队以南，包括两个区域，北区位于交警大队东侧、南侧，涉拆土地67.24亩，需拆迁各类建筑1.8万平方米，涉拆户143户；南区位于友谊路东侧、王庄子村委会北侧，涉拆土地96.38亩，需拆迁各类建筑2.4万平方米，涉拆户190户。②和平路两侧区域，其中西区涉拆土地面积149亩，需拆迁各类建筑3.4万平方米，涉拆户167户；东区涉拆土地面积74.69亩，需拆迁各类建筑2万平方米，涉拆户102户。③北河宾馆及其以西，涉拆土地面积66亩，需拆迁各类建筑2万平方米，涉拆户50户。④南大街西延区域，涉拆土地面积16.6亩，需拆迁各类建筑3500平方米，涉拆户23户。⑤大洋渔网厂，涉拆土地面积34.6亩，需拆迁各类建筑0.9万平方米。⑥建设南路两侧，涉拆土地总面积298.54亩，需拆迁各类建筑5.3万平方米，涉拆户332户。⑦原物资局钢管厂及其以西，涉拆土地面积215亩，需拆迁各类建筑3.4万平方米，涉拆户212户，企业1家。⑧建设中路北段东侧，涉拆土地面积349亩，需拆迁各类建筑7.9万平方米，涉拆户457户。⑨规划罗城街北侧、友谊路东侧，涉拆土地面积50.46亩，需拆迁各类建筑0.97万平方米，涉拆户60户。⑩技术监督局北侧，涉拆土地面积9.63亩，需拆迁各类建筑0.4万平方米，涉拆户47户。

（2）完成时限：2月中旬召开拆迁动员大会，4月底前完成交警大队以南、和平路两侧、建设南路东侧北段、北河宾馆及其以西、南大街西延、大洋渔网厂等区域拆迁任务，8月底前完成剩余区域土地招拍挂，10月底前完成拆迁。

（3）责任单位：各拆迁工作队、倴城镇、街道办、国土局、拆迁办、工促局、商务局

2. 既有建筑外观改造会战

（1）会战内容：①对建设路、友谊路、和平路、南大街、兆才大街、和谐路等6条街道和金辉广场、和平广场、仁和广场、北环岛周边等4个节点范围内的建筑按规划实施外观改造；②城区所有单位实施外墙粉刷清洗，规范设置广告、空调及裸露管线，完成拆墙透绿和硬化、美化、亮化；③对电影院及其周边、滦南酒家、京东医药旧址、仕达家俱厂沿街、蓝海大酒店两侧、中大街中段南侧等建筑实施原地拆建，提升城市形象；④实施兆才大街人行道改造工程。

（2）完成时限：全部外观改造工程6月底前完成，人行道改造工程9月底前完成，原地拆建工程4月底前完成拆除，6月底前开工建设，年内完成主体，2012年8月底前竣工。

（3）责任单位：外观改造工作队、规划局、行政执法局、沿街各机关企事业单位、各项目单位

3. 省级园林县城创建会战

（1）会战内容：成立省级园林县城创建指挥部，按照省级园林县城创建实施方案下达责任目标，建立协调推进机制，督导各部门全面完成创建任务，确保通过省级园林县城验收。主要实施9大类工程：①道路河渠绿化，全面完成城区主要道路绿化和北河水系沿岸、牤牛河生态河岸绿化工程；②小区绿化，创建省级园林式小区5个，市级绿化先进小区2个；③单位庭院绿化，创建省级园林式单位14个，市级花园式单位10个，市级绿化先进单位23个；④公园、游园建设，实施北河公园、西城花园、三丰静园改造和古城遗址公园新建工程，完成主要节点绿化改造；⑤广场改造提升，完成金辉广场、和平广场、仁和广场改造提升；⑥开展“一人一棵树”活动，积极组织绿地认建、认养、认管，推进新城生态林和城中村绿化，确保成活率达到95%以上；⑦建制镇绿化，以“四个一”活动为抓手，完成各镇区主要街道绿化及小型广场建设，全面提升镇村绿化档次；⑧生产绿地建设，建设面积624亩的苗木供应基地，苗木种类不少于110种；⑨拆墙透绿，全部拆除主要道路两侧机关企事业单位封闭式围墙，建设透视围栏。

同时，加强环境保护和生态治理，强化北河水质监测，地表水环境质量达到3类以上；严格控制烟尘排放，全年空气质量好于二级天数保持在320天以上；加强污水处理厂和垃圾填埋场运行管理，确保运转良好，污水处理率100%，生活垃圾无害化处理率96%以上；打造“城在林中、路在绿中、房在园中、人在景中”的大绿化格局，城区绿化覆盖率达到42.1%，绿地率达到

39.8%，人均公园绿地面积达到11.67平方米，实现300米见绿、500米见园。

（2）完成时限：4月底前完成省级初验准备、各项创建资料编制并提出创建申请，9月底前完成全部绿化工程，做好验收准备工作，各项绿化指标达到或超过省级园林县城创建标准。

（3）责任单位：住建局、交通局、行政执法局、规划局、环保局、水务局、街道办、各镇、各相关责任单位

4. 北河新区开发会战

（1）会战内容：①加快在建项目进度。京东集团企业研发中心8月底前完成主体，年内完成部分配套工程，2012年底前交付使用；北河公园改造一期工程5月1日前开园；北河水系治理一期、二期工程5月1日前具备通航条件；北河大桥5月1日前实现通车、通航；北环路、建设北路和崇法大街力争5月1日前全部竣工通车；加快星级酒店施工进度，2月底前开槽，5月底前完成基础处理，力争8月底前完成主体，2012年底前竣工投入使用。②推动一批项目开工。以惠民广场、健民广场、悦民广场为主要内容的北河公园二期改造工程3月中旬开工建设；完善金代风情街商业工程设计方案，3月中旬开工建设，年底前完成主体；认真做好蓝色港湾项目前期准备工作，3月中旬进场施工；迅速推进天鹅庄园和星级酒店东侧住宅小区建设，3月中旬开工，年内完成部分主体；生态园林山工程3月中旬开工，2012年底前完成山体轮廓；启动北河水系治理三期工程，6月底前开工建设；加快实施水厂路改造，6月底前进场施工，年内完成桥梁主体，2012年5月1日前竣工通车；兆才北街6月底前开工建设，10月底前完工；加快胡家坡原生态旅游农庄和汪庄生态园筹建进度，6月底前进场施工；夷齐岛3月底前开工建设，那颜湖、天鹅湖、规划展馆、美术馆6月底前开工建设；启动北河高档会所建设，4月底前完成拆除和规划设计，6月底前开工建设；住房公积金办公楼6月底前开工，年内完成主体；评剧大世界8月底前进场，新一中（含体育馆）、河北联合大学滦南分校项目9月底前开工；污水处理厂、垃圾发电厂、冀东抗日战争胜利纪念园、供水工程年内开工建设。③加紧项目谋划储备。谋划文化创意产业园、博物馆、青少年宫、会展中心、北河公园三期、郊野公园、京东第一集、洋淀木屋村、钢锹文化广场及会展中心等文化观光产业带项目，新区路网、生态林、骨科医院、多功能影视城、金融行政办公区、老年公寓、老干部活动中心、北河新区初级中学等基础设施及公共服务设施项目，马城铁矿生活区、华西新村、高档低密度住宅小区、书画家村等商住开发项目，年内完成3至5块规划商住用地出让。

（2）责任单位：宣传部、住建局、规划局、教育局、交通局、水务局、文广电新局、国土局、机关事务管理局、财政局、电力公司、移动公司、联通公司、电信公司、广电网络公司、旅游办、住房公积金管理部、北河新区管理处、各镇、街道办、各项目单位

5. 完善城市功能会战

（1）主要任务：①完善市政基础设施。路网工程：新南环路、和谐路、建设中路、文化路南段等新建、翻修工程3月底前开工，10月底前竣工通车，京东第一集西侧路翻修10月底前完成，中大街铁路立交桥确保10月底前完工通车。供水工程：9月底前完成张士坎改造区域供水管线敷设工程。供热工程：10月底前完成供热首站换热机组改造、管网建设和金诚华苑、翰林雅苑、绿景嘉园、中红建材城等4座热力站新建工程。供气工程：11月底前完成天然气扩供4244户。②加强公共设施建设。新县医院11月完工投入使用；英才学校高中部8月底前完工，新学年投入使用；工商局办公楼9月底前完工，中行办公楼年底前投入使用；信用联社、人行等办公楼工程年内完成主体；古城遗址公园和元代风情街8月底前开工建设，文化体育公园6月底前开工、9月底前完工。③积极打造特色产业园区。加快城西工业聚集区建设，滦海路、中大街西延、创新路、锦绣路、文明街等道路工程5月1日前完工，南大街西延工程5月底前通车，9月底前完成供水管线敷设工程，提高基础设施水平；中红建材城5月底前全面完工，鼎盛汽车产业园、颐神生态园6月底前开工建设，年内荣川汽车园完成主体，庞大汽贸二期建成投入使用，

京东实业医药物流配送项目力争年内完工，增强园区项目聚集力。④加快三产服务设施建设。5月1日前完成三贸市场改造，6月底前完成海通电子商业楼工程，奔诚种业三农服务中心10月底前完成主体，12月底前完成一级监理所新建工程，唐百集团和平购物广场、中红时代购物广场和林海科技酒店年底前竣工，提高三产服务业发展水平。

（2）**责任单位：**交通局、住建局、规划局、国土局、倴城镇、城西工业聚集区管委会、各项目单位

6. 安居工程建设会战

（1）**主要任务：**①加快各类回迁房建设。天承锦绣、正通国际、金海公寓、象生新苑、金诚华苑二期、翰林雅苑二期、学府东苑、鼎盛花园续建、富贵园小区、金惠嘉园等工程，11月底前完成回迁房主体，2012年5月底前具备入住条件；原外贸三层楼回迁房3月初开工建设，年内主体完工；张士坎平改工程3月初开工，年底前回迁房完工；加快八和居筹建工作，3月底前开工建设，年内完成多层住宅楼主体，2012年6月底前全部交工。今年新拆迁的区域，8月底前回迁房全部开工建设。②加快保障性住房建设。10月底前，廉租房完成续建，年内新增廉租住房140套、7000平方米；9月底前完成既有建筑节能改造5万平方米，10月底前完成热计量改造12万平方米。

（2）**责任单位**：住建局、回迁房建设督导组、统筹办、各项目单位

7. 环境综合整治会战

（1）**主要任务：**①巩固三轮车取缔成果，治理车辆乱停乱放，改善交通秩序；②全面清理乱堆乱放、乱拉乱挂、乱围乱种、占道经营、商品外溢，加强养犬、城区放牧管理，清理户外广告，严格广告审批和开业庆典管理，持续整治非法小广告，彻底改善城区环境；③提升夜景亮化水平，沿街企事业单位都要设置轮廓亮化，增加现代城市气息；④实施友谊路、建设路、和平路景观大道创建，建成2个标志性建筑；⑤严格落实“门前三包、门内达标”责任制，强化督导检查，定期通报各单位落实情况；⑥集中清理城乡结合部环境卫生，强化人流物流集中区域清扫保洁，保持城区干净、整洁；⑦持续开展农村垃圾集中清运，改善城乡环境。

（2）**责任单位：**行政执法局、公安局、工商局、爱卫办、清运办、街道办、倴城镇

8. 小城镇开发建设会战

（1）**主要任务：**按照“1个副中心城市、3个中心镇、5个特色镇、6个一般镇”的规划框架，进一步完善各镇建设规划，不断扩大镇区改造范围和规模，有效聚集城镇人口；柏各庄平改楼工程6月底前完成回迁房建设，年底前全部工程竣工交付使用；长凝镇丽景家园拆迁改造项目6月底前全面完工；坨里镇商贸带项目10月底前完成一期工程，上半年启动二期工程；认真组织推动嘴东棚户区改造，打造现代化沿海特色小城市；胡各庄、扒齿港等镇年内各启动一个商住开发项目，其他各镇都要打造一条商贸景观示范街，为吸纳更多人口向中心镇区集中提供良好的基础设施条件。

（2）**责任单位：**规划局、国土局、各有关镇

三、推进措施

1. 超前规划，精心设计。进一步细化老城区总体规划和控制性详细规划，不断提高城市专项规划编制水平，高标准编制城西工业聚集区各类规划，完成景观风貌、园林水系、历史文化等规划，强化日常规划巡查监管，维护规划的严肃性和城市建设的统一性。

2. 拓宽渠道，多方融资。运用BT、BOT、TOT等投融资模式，积极引进战略投资者，推进重点公共基础设施建设。积极争取国债资金和银行信贷资金，最大限度盘活城市存量资产，实现“以城养城、滚动发展”。

3. 政策引导，聚集人口。研究制定进城农民养老保险、户籍管理、土地流转、就学就业等配套政策，健全新民居建设政策保障体系，解决农民“进城”的后顾之忧。加快城西工业聚集区、北河新区开发，启动铁矿生活区建设，引导人口向县城流动。

中共滦南县委
滦南县人民政府
关于进一步加强新形势下农村精神文明建设工作的实施意见

（2011年3月19日）

为深入贯彻落实中央和省市关于进一步加强新形势下农村精神文明建设工作要求，切实做好我县农村精神文明建设工作，特制定如下实施意见。

一、指导思想

高举中国特色社会主义伟大旗帜，以邓小平理论和“三个代表”重要思想为指导，深入贯彻落实科学发展观，抓住社会主义核心价值体系建设这个根本，按照社会主义新农村建设“生产发展、生活宽裕、乡风文明、村容整洁、管理民主”的总体要求，坚持以经济建设为中心，坚持把社会主义核心价值体系贯穿到农村精神文明建设各项工作始终，坚持以人为本，充分尊重农民群众主体地位和首创精神，坚持解放思想、实事求是、与时俱进，坚持统筹城乡，从实际出发，积极开展各项精神文明创建活动，为推进我县科学发展、赶超跨越提供思想保证、精神动力和文化环境。

二、工作目标

着力培育新农民、倡导新风尚、发展新文化，着力提高农民思想道德文化素质和农村社会文明程度，推动农村精神文明建设迈上新台阶，为建设“激情滦南、实力滦南、文化滦南、生态滦南、和谐滦南”做贡献。

三、重点工作

1. 以提升农民思想道德素质为重点，大力开展公民思想道德建设。一是各镇村要结合实际，充分利用宣传阵地，广泛宣传《公民道德建设实施纲要》、《唐山市民文明公约》、《唐山市民公共行为规范》，全面提升农村群众文明素质。二是大力开展民主法制宣传教育。各地各单位要认真组织农民群众学习《信访条例》相关内容，教育引导广大农民群众依法维护和行使自己的权利，通过合法渠道和程序提出自己的合理诉求，进而维护社会稳定，推进农村普法工作，增强农村基层干部群众的法制观念。三是大力加强农村科普工作，广泛开展计划生育、优生优育、生殖健康知识，提高农民科学文化素质和生殖健康水平。四是深化“讲文明，树新风”活动。在农村广泛开展社会主义荣辱观教育活动，帮助农民树立“八荣八耻”观念，大力弘扬民族精神和时代精神，激发农民群众发扬艰苦奋斗、自力更生的传统美德；开展破除婚丧陋习专项治理活动，引导农民崇尚科学、抵制迷信、移风易俗、破除陋习，树立先进的思想观念和良好的道德风尚，养成文明、科学、健康的生活方式。五是围绕农村改革、发展、稳定大局，开展“抓住新机遇、树立新观念、弘扬新精神、建设新农村”系列主题宣传教育，不断充实农民的精神生活，陶冶农民情操，提高农民素质，激发他们热爱家乡、建设家乡的热情。

2. 以改善环境为重点，大力开展环境卫生整洁活动。一是下决心巩固2010年农村垃圾集中清运成果。这是一项深得群众欢迎的好事实事，各级各单位一定要坚定不移地持续推进，一抓到底。要按照统筹城乡发展、推进城乡一体化的要求，进一步加大农村生活垃圾设施建设力度，加强农村生活垃圾收集处理，逐步建立全县农村生活垃圾收集和集中处理运行机制，推进垃圾减量化、资源化，建立“村收集、镇运转、县处理”的城乡一体化处理体系，确保农村环境干净整洁。二是以“环境创美，经济创收”为目标，针对本地实际，因地制宜，引导农民在宅前屋后栽植花草，搞好庭院净化、绿化、美化；推广利用太阳能、沼气等新能源，综合开发种养殖生态模式。将节能日光温室、沼气池、畜禽舍、蔬菜生产等有机地结合在一起，形成一个产气、积肥同步，种养并举，能源、物流良性循环的能源生态系统；充分利用秸秆资源，化害为利，变废为宝，解决环境污染，改善生态环境，推行生态农业模式。

3. **以满足农民精神文化需求为目标，丰富广大农民的精神文化生活。**一是广泛开展各种形式的群众性文化活动。利用重要节庆日、纪念日，组织开展“唱红歌、读好书”活动，激励引导农民自觉投身社会主义新农村建设；以“我们的节日”为主题，广泛开展节日民俗、文化娱乐活动，弘扬中华民族优秀文化传统。二是积极发展农村特色文化。开发具有民族传统和地域特色的剪纸、绘画、雕刻、编织等民间工艺项目和评剧、皮影、乐亭大鼓等传统文化表演项目，努力打造“一村一品”民间特色文化。三是加强农村文化阵地建设。整合利用现有文化设施和资源，依托“村民中心”，推动每个村建立农民需要、富有特色、“一室多用”的文化活动室。四是充分发挥板报、橱窗、文化墙等思想文化阵地的作用，不断拓展农村精神文明建设的阵地与渠道。五是完善农村体育设施建设，开展适合农民特点的体育活动。

4. **以文明村镇创建活动为重点，着力推进新农村建设。**一是大力推进文明村镇创建活动。制订和完善村镇发展规划，加快农村交通、水利、邮政、通信、电力、环卫、市场等基础设施建设，加快城中村改造、新民居建设步伐，鼓励有条件的村镇建设地域文化特色鲜明、经济实用、生态环保的新民居。二是深化文明生态村创建工作，引导广大农民争当“十星级文明户”、“文明信用户”和“好儿女、好婆婆、好媳妇、好夫妻”，争做“文明村民”，发挥先进典型示范作用，激发农民创先争优意识。三是适应社会主义新农村要求，在全县文明生态村中突出抓好“四个一批”建设，即：一批十星级文明农户、一批文明示范村、一批农村文化广场、一批文明集市。**十星级文明农户评选。**落实“民主评议、动态管理”两大机制。引导农户查找不足，鼓励先进，树立文明新风。以促进“农民增收致富、农村道德建设”为目标，本着“试点先行、分类指导、有序推进、全面铺开”的原则，重点开展道德信贷试点工作，吸引广大农民积极参与“十星级”文明农户评选活动。**文明生态村建设。**以实现村容村貌整洁优美、环境良好为目标，进一步做好“三化、四改、一建”（即：村内道路硬化、街院净化、村庄绿化，改厕、改圈、改厨、改院，建沼气池）工作，促进新民居建设。运用好村通讯公益事业建设一事一议财政奖补政策，合理使用资金，做到专款专用，推动社会主义新农村建设。**农村文化广场建设。**按照村庄布局和经济条件，坚持“实际、实用、适度”的原则，尊重群众意愿和需求，因地制宜，突出文化内涵，丰富广场文化主题，打造广场的特色和亮点。充分利用文化广场，开展贴近农村、贴近农民、贴近实际的群众性文化活动，使其真正成为农村精神文明建设的重要阵地。**文明集市建设。**重点解决占道经营问题和诚信经营问题。大力加强市场秩序管理，坚决纠正集贸市场占道经营、商品上溢现象，做到市场分行划市清楚，经营摊位和商品者自觉规范经营行为，不乱设摊点，不违规占道；依托文明摊位（门店）创建，开展诚信经营、诚信交易，杜绝各类欺诈行为，努力营造管理民主、服务完善、文明祥和的村庄环境和依法经营、诚实守信、整洁有序的市场环境。四是制订完善村规民约，发挥村民议事会、道德评议会、红白理事会的作用，引导农民自我教育、自我管理，培育文明乡风。五是有效整合县直各行业、单位和农村的创建资源，深入开展城乡共创活动。组织“双百结对、共创文明”活动，县直100个单位和100个村结成帮扶对子，并根据结对村的实际，尽自己所能，把村里最迫切、最需要解决的问题放在首位。如：解决村民饮水问题、修建文化活动室、健身场所、共建“幸福路、连心桥”等等。通过结对帮建，使城市与农村的精神文明创建活动优势互补、相互促进。

5. 以镇、村志愿服务站为依托，积极开展农村志愿服务活动。一是倡导农民就近就便开展送温暖献爱心活动，帮助空巢老人、残疾人和留守妇女、留守儿童解决生活困难，注重人文关怀和心理疏导，做到亲帮亲、友帮友、邻帮邻、户帮户。二是开展科技志愿服务，发挥科技专家、科普人员和种养殖能手的作用，向农民传授实用生产技术、职业技能，帮助提高增收致富能力。三是组织文化能人、文体骨干开展文化和体育健身志愿服务，活跃群众文化生活。

四、组织领导

1. 强化领导，落实责任。各地各单位要始终坚持两手抓、两手都要硬的方针，把加强农村精神文明建设与转变农村经济发展方式、加快农民致富步伐结合起来，促进农村物质文明与精神文明建设协调发展。主要负责同志要亲自抓农村精神文明建设，把农村精神文明建设与学习型党组织建设和创先争优活动结合起来，发挥农村基层党员干部的骨干作用，更好地带领农民群众建设社会主义新农村。

2. 加大投入，务求实效。各镇（街道办）要建立农村精神文明建设多元化的投资渠道，采取多渠道投资方式，加大对农村精神文明建设的投入。重点抓好环境卫生建设，循序渐进，注重实效。县党政机关、企事业单位、社会团体以及新经济组织，要与镇村开展共建活动，帮助建设公共设施、治理村容村貌、改善文化条件、发展社会服务，特别是各级文明单位要带头支持农村精神文明创建工作，促进全县农村精神文明建设的健康发展。

3. 协调联动，形成全力。宣传、文化、广电等部门，要加大宣传，营造有利于农村精神文明建设的浓厚氛围。各级各部门要结合各自工作，积极推动农村精神文明建设。工会、共青团、妇联、文联、科协、残联等群众团体要发挥自身优势，大力支持农村精神文明建设。县文明办要担负起统一规划、组织协调、督导检查、加强指导的重要职责，推动农村精神文明建设各项任务落到实处，促进农村精神文明建设工作迈上新台阶、开创新局面。

中共滦南县委
滦南县人民政府
关于深入开展创建全省文明县城工作的实施意见

（2011年4月7日）

为进一步加快我县精神文明建设，提升城市文明水平，县委、县政府决定，组织开展创建全省文明县城活动。现提出实施意见如下：

一、指导思想

以科学发展观为指导，全面落实县委十届六次全会精神，按照“为群众造福、靠群众创建、让群众满意”的创建工作思路，以弘扬新时期“少说多干、奋勇争先、务实创新、开放超越”的滦南精神为动力，不断加大创建工作力度，提高全民素质，提升城市文明程度，为打造“激情滦南、实力滦南、文化滦南、生态滦南、和谐滦南”和建设“滨海水城、经济强城、文化名城、宜居靓城”提供强大精神动力、营造良好社会环境。

二、基本原则

坚持以人为本、广泛参与的原则。创建全省文明县城的核心是提高公民文明素质，关键是发动人民群众广泛参与。要紧密结合人民群众对物质文化生活的新要求，大力发展公益事业，完善公共基础设施，努力改善民生，不断提高人民群众的幸福指数。同时，切实加强公民思想道德建设，动员广大人民群众参与创建活动，使人民群众成为创建工作的主体，依靠人民群众的力量推动全社会文明程度的提高。

坚持立足长远、统筹发展的原则。创建全省文明县城要坚持经济建设、政治建设、文化建设、社会建设协调推进，突出文明创建的引领作用，以创建工作推动滦南经济社会科学发展、赶超跨越。在创建活动中，不仅要注重创建结果，更要注重创建过程，提高人民群众的文明素质、道德修养及创新能力，提升城市形象和城市品位。

坚持条块结合、协调联动的原则。创建全省文明县城是一项综合性、系统性的庞大工程，涉及县城内各个区域、各个行业、各个单位，全县上下要统筹兼顾、协调联动、相互支持，推动创建活动有条不紊进行。

坚持统一领导、齐抓共管的原则。创建全省文明县城要在县委、县政府的统一领导下，发挥好各方面作用，努力形成“党委统一领导、党政群齐抓共管、有关部门各负其责、全社会共同参与”的领导体制和工作机制，使创建工作的各个环节紧密衔接、相互配合、协调发展、整体推进。

三、创建目标

坚持全党动员、全民参与、全面推进，确保2011年底达到全省文明县城创建标准。

四、创建任务

参照“全国文明城市（县级城市）测评体系”和《唐山市开展“文明县城（城区）”竞赛活动的实施方案》要求，重点推进以下九项工作：

1. 着力构建廉洁高效的政务环境。按照建设马克思主义学习型党组织的要求，坚持不懈地用中国特色社会主义理论体系武装全党，加强党员干部理想信念教育、从政道德教育和综合素质培训，推进反腐倡廉教育经常化、制度化，实现政务环境建设的四个“进一步”，即健全科学民主决策制度，进一步规范政务行为；提高机关行政效能，进一步推进政务公开；严格依法执行公务，进一步落实依法行政；健全各项监督机制，进一步强化监督作用。人民群众对党政机关行政效能和反腐倡廉的满意度均在90%以上。

2. 着力构建民主公正的法治环境。积极开展法制宣传教育与法律援助工作，全民法制宣传教育普及率达到80%以上；加强法律援助与服务，畅通法律服务渠道。积极维护劳动者合法权益、维护男女平等，加强弱势群体和进城务工人员的权益保护工作。加强基层民主政治建设，尤其要加强和完善企业、社区、新社会组织的党团组织建设，做好社区居委会的民主建设与管理；依法建立完善社区、居委会选举制度，选民参选率在80%以上。

3. 着力构建规范守信的市场环境。加强政府诚信体系建设，广泛开展诚信行业、诚信单位、诚信企业、诚信一条街以及“百城万店无假货”等主题教育实践活动，培育公民的诚信观念和规则意识。建立健全打击假冒伪劣违法行为的监督、处置机制，区域内无影响恶劣的侵犯知识产权、假冒伪劣商品事件，无集中性、区域性的制造、销售假冒伪劣商品的窝点和市场，无重大走私贩私案件，无窝藏和集中销售走私物品的窝点和市场，努力打造“诚信滦南”。开展“窗口”行业规范化服务活动，“窗口”服务单位建立高效的投诉处理机制，不断提高服务标准，做到服务规范，诚信守法。人民群众对政府诚信的满意度达到90%以上，对窗口行业风气的满意度达到85%以上。

4. 着力构建健康向上的人文环境。坚持把社会主义核心价值体系建设融入国民教育和精神文明建设的全过程，大力弘扬新时期滦南精神，形成凝心聚力、加快发展的强大人文支撑。加强对公民的形势政策教育、基本国情教育和文明规范教育，组织开展多种形式的道德实践活动，倡导文明言行、普及礼仪知识，提高公民文明素质，规范公民文明行为。建立健全未成年人思想道德教育领导体制和工作机制，形成学校、社会、家庭“三位一体”的教育网络。大力发展教育事业，合理配置教育资源，实现义务教育均衡发展。加强学校管理，建立健全各项收费公示制度和安全管理制度。扎实开展科普宣传和科普教育，提高公民的科学素质。

健全医疗卫生和公共卫生服务网络，建立疫情防治和应急机制。充分挖掘并发挥自然资源和文化资源优势，以推进北河水城文化产业带建设为主导，大力发展文化旅游业，突出展示冀东文艺“三枝花”风采。支持社会慈善、社会捐赠、群众互助等社会扶助活动，建立健全公民广泛参与的社会志愿服务组织，组织开展经常性的志愿服务活动。

5. **着力构建有利于青少年健康成长的社会文化环境。**做好潘家戴庄惨案纪念馆、评剧博物馆的免费开放工作，充分发挥爱国主义教育基地对未成年人的教育作用。加强未成年人文化阵地建设，充分发挥青少年活动中心职能作用。社区要配套建设面向未成年人开放的活动场所，农村要积极推进“乡村少年宫”建设。优化校园周边环境，学校周边200米以内不得设立经营性娱乐场所。加强文化市场综合执法，按照“取缔非法、控制总量、加强监管、完善自律、创新体制”的要求，进一步完善网吧监管平台建设，落实信息安全保护技术措施，严厉查处网吧违法违规经营行为。进一步加强对营业性歌舞厅、电子游戏厅、录像厅等社会文化场所和图书、电子、音像、报刊等出版物的管理，不断完善“扫黄打非”长效管理机制。严格落实广播电视节目审查制度和广告刊播审查制度，净化荧屏声频。

6. **着力构建舒适便利的生活环境。**提高经济发展质量，到2011年底，全县人均GDP、第三产业增长率、城镇居民人均可支配收入等经济指标均达到或高于全省同类城市平均水平，单位GDP能耗低于省年度控制目标。巩固提高省级卫生县城创建成果，保持县城环境清洁有序，主要道路交通畅通，无障碍设施达到国家标准。加快危旧平房、城中村改造，推进新民居建设，不断改善居民居住环境。进一步完善公共设施与公共交通建设，强化城市绿地养护管理。加强经营性公共场所卫生管理以及饮用水安全管理，妥善处理生活垃圾，全力推进垃圾无害化、减量化、资源化工作进程。生活垃圾无害化处理率达到85%以上，居民对社区卫生服务的满意率在80%以上。

7. **着力构建安全稳定的社会环境。**完善公共安全保障体系和监督管理体系，建立各级各类突发公共事件应急预案，严格执行事件报告、通报和信息发布制度，落实领导问责制，人民群众对政府预防和处置突发公共事件能力的满意率在75%以上。全面实施食品卫生监督量化分级管理制度和药品经营许可制度，预防和及时查处危害食品药品安全的行为。加强社会治安综合治理，特别要做好公共场所、重点单位的安全防范，严厉打击各种违法犯罪行为，有效遏制邪教、封建迷信和黄赌毒等社会丑恶现象。加强安全生产“三项建设”，落实安全生产各项措施，严防各类安全生产事故发生。扎实做好矛盾纠纷排查调处工作，确保不发生群体性事件，人民群众安全感在85%以上。

8. **着力构建可持续发展的生态环境。**以城镇建设“三年上水平”为抓手，大力推进县城生态建设。强化环境管理、提高环境质量，大力推进节能减排和低碳经济，加强耕地保护和规范利用，促进土地资源可持续发展，确保生态环境建设实现新跨越。加大环境保护力度，妥善处理危险品废物、城市污水，城市污水处理率在50%以上。环境保护投资指数在2%以上；坚持预防为主、综合治理，从源头防治污染和保护生态环境，空气污染指数（全年API指数小于100的天数）要达到85%以上，城市水域功能区水质达标率达100%。

9. **着力推进扎实有效的创建活动。**加强对精神文明创建活动的组织领导，坚持党政“一把手”亲自抓精神文明建设，落实文明委成员单位责任制，动员全社会力量，广泛发动群众积极参与文明单位、文明行业、文明村镇、文明社区、文明家庭创建活动，形成城乡联动的创建局面。认真贯彻落实县文明委关于《滦南县开展五大专项行动、十项“文明示范”创建活动实施方案》（倴文明[2010]4号）要求，培育一批具有显著带动效应的示范样板。进一步深化“讲文明，树新风”活动。建立健全社会志愿服务体系，大力推进社会志愿服务。进一步拓展“我们的节日”主题活动，引导人民群众认知传统、尊重传统、继承传统、弘扬传统。大力推进未成年人思想道德建设，提高未成年人思想道德素质。要充分利用广播、电视、报刊及互联网等新型媒体推进创建活动，把全县人民的智慧和力量凝聚到创建全省文明县城上来，形成人人支持创建、个个参与创建的浓厚氛围。人民群众对创建全省文明县城的支持率达到80%以上。

五、创建重点

各级各单位在围绕上述“九项任务”全面对标创建的同时，针对人民群众关心关注的热点、难点问题，集中时间、集中精力，重点打好“八大攻坚战”：

1. 市容环境整治攻坚战。迅速展开四项集中行动：（1）在县城及周边地区开展地毯式垃圾清除、卫生清扫行动；同时，建立保洁长效机制，各公共场所、主次干道、背街小巷和居民小区，落实全天候卫生保洁。（2）完善公共设施建设管理集中行动。大力推行城市精细化管理，所有街巷确保给排水通畅、无路面损坏和坑洼积水、无违章搭建、侵街占道等问题；在公共场所显著位置设置IC卡电话和邮筒、阅报栏、座椅、窨井并得到精心保护，公共消防设施100%达标，消防通道畅通；城市主要道路、各类公共建筑以及新建住宅建有无障碍设施并保障通畅完好。（3）治理沿街容貌集中行动。对户外广告牌匾、工地围挡广告逐项逐段进行检查，依法拆除外观陈旧、布局混乱、景观不协调的广告牌匾、店招、橱窗；规范公共场所、公交站点、公共部位以及公交、出租车辆的广告内容设置，反映文明创建与道德建设内容的要占总量的20%以上。（4）提升“绿化、亮化、美化”水平集中行动。抓住春季有利时机，全面栽植补植绿地草坪、修剪修饰景观植物，建成区绿化覆盖率达35%以上；加强城市夜景亮化建设，提高亮化标准；进一步加大县城雕塑和园艺设施、花坛、绿地的规划、建设力度，使城市雕塑、花坛绿地、工艺广告和城市形象相得益彰。

牵头单位：城市管理行政执法局

责任单位：邮政局、公安局、住建局、交通运输局、城乡规划局、倴城镇、街道办

2. 交通秩序整治攻坚战。积极实施“文明交通行动计划”，以治理车辆行人违章和交通阻塞、乱停乱放为重点，开展“交通秩序整治”活动。集中采取三项措施：（1）继续对“三轮车”实施专项治理和依法清理工作，确保治理成果。（2）加强城区交通设施的规范与建设。投入必要的人力、物力、财力，合理规划设置停车场、施划停车位，完善交通标识，在城区主要路口和重点要害部位安装电子视频监控系统，路口灯控率达75%以上；进一步加强公共交通建设，增加公交、出租车，优化配置公交站点，群众对公交站点布局与交通便捷的满意度达到60%以上。（3）依法严惩交通违章。严查乱抛杂物、擅闯红灯、随意拐弯、占道强行、乱停乱放、酒后驾驶和行人跨越护栏等违章行为，处罚情况通报所在单位，必要时在媒体曝光。通过以上措施，确保主干道机动车守法率在98%以上，非机动车守法率在85%以上，行人守法率在80%以上，违章停车率小于2辆/5千米，交通路口堵塞率控制在2%以内，交通事故死亡率控制在8人/万车以下。

牵头单位：公安局

责任单位：城市管理行政执法局、交通运输局、工商局

3. 市场环境治理攻坚战。以解决市场卫生、诚信经营、市场外溢和违规设市为重点，强力开展整治行动。重点采取四项措施：（1）加强市场监管。严格卫生检验，确保食品安全；查处假冒伪劣，推进诚信经营；打击欺行霸市，维护公平交易；落实“三包”责任，提升环卫水平。（2）规范小区市场。本着疏堵结合的原则，抓紧建设完善小区菜市场，加快社区市场建设，做出分批规划期限。（3）治理市场外溢。严格控制市场范围，严禁侵街占道，严防堵塞医疗、消防救护通道。大力整治随意摆设摊点、沿街叫卖经营和以路为市等行为，取缔露天烧烤。规范城区婚庆丧葬行为，加大对婚娶、丧葬市场的管理。（4）取缔非法市场。全面清理市场开办主体，依法明确市场主体资格；坚决禁止城区临街、临道住宅私自改建或将非商业用房改为营业用房；对合法开办、依法经营的市场经营主体实行信用分类监管，对不达标的限期整改或予以关闭。

牵头单位：市场建设服务局

责任单位：商务局、城市管理行政执法局、工商局、爱卫办、公安局、住建局、城乡规划局、国土资源局、倴城镇、街道办

4. 社区综合整治攻坚战。在各社区集中开展综合治理工作。重点是：（1）抓好小区道路硬化、卫生保洁、小区绿化、公共设施完善和私搭乱建、乱栽乱种以及社区及楼道“小广告”治理工作。（2）对社区的人防、消防、物防、技防等安全措施进行完善。（3）妥善处理“村改居”方面的实际问题，加强管理与规范。（4）加大城区违规养犬治理力度，坚决杜绝无证违规养犬，确保人民群众不受犬类侵害。（5）积极推进文明生态小区建设，发动居民广泛开展文明楼栋、文明楼门、文明家庭创建活动，提升社区管理水平和文明程度。

牵头单位：街道办

责任单位：公安局、民政局、城市管理行政执法局、人防办、倴城镇

5. 社会管理创新攻坚战。各级党委、政府和县直各职能部门，要以创建全省文明县城为契机，积极探索社会管理创新，提升水平、促进和谐。（1）加强政府公务人员为民服务教育，规范政务行为，建立公开制度，坚持依法行政；加快政府诚信体系建设，引导企业强化社会责任；加强司法、执法机关为民服务教育，不断提高群众对党和政府的信任度和满意度。（2）加强合法权益的维护和保护工作，加快面向居民群众的文化公益设施建设，抓好文化资源信息共享工程增点扩面，保障人民群众的基本文化权益；加强劳动保护工作，保护好未成年人、老年人、妇女儿童、进城务工人员和残疾人等重要群体的合法权益。（3）建立健全突发公共事件应急机制，加强安全生产和社会治安综合治理，进一步提高人民群众的安全感、幸福感；加强公共安全保障，保护消费者的食品安全和用药安全。

牵头单位：政法委

责任单位：监察局、司法局、药监局、文广电新局、安监局、人社局

6. 净化未成年人成长环境攻坚战。（1）把未成年人思想道德建设作为社会关爱工程、家庭幸福工程来抓，完善学校、家庭、社会“三位一体”管理体制，净化荧屏声频和网络有害信息。（2）加强网吧整治，落实全方位监管制度，坚决查处取缔“黑网吧”；加强校园周边环境治理和校园安全工作，为未成年人成长创造良好的社会环境和文化环境。（3）进一步健全完善“乡村少年宫”、“社区未成年人活动站”建设，年内要建成未成年人心理健康维护中心1个，全部完成“乡村少年宫”建设。（4）充分发挥图书馆、博物馆、纪念馆的宣传教育作用，做到免费向未成年人开放。

牵头单位：文广电新局

责任单位：教育局、工商局、公安局、联通公司、电信公司、财政局、街道办

7.“五小”行业专项整治攻坚战。以小餐馆、小浴池（游泳馆）、小美容美发店、小网吧和小型休闲娱乐场所（酒吧、歌厅）等“五小行业”为整治重点，有计划有步骤地实施专项整治，加强规范管理，改善内外环境，提高“五小行业”规范化经营水平，保证人民群众用餐安全、消费安全。

牵头单位：卫生局

责任单位：工商局、药监局、质监局、文广电新局

8. 市民素质提升攻坚战。（1）坚持正面教育引导、新闻舆论监督、依法治理惩戒多管齐下，对市民在公共场所随地吐痰、乱扔垃圾杂物、践踏花草绿地、交通路口闯红灯、翻越护栏横过马路、损毁破坏公共设施等各种不文明行为依法、依规从重处罚。（2）大力宣传《唐山市民文明公约》和《唐山市民公共行为规范》，组织志愿者开展文明劝导活动，对不文明现象予以曝光，最大限度地提升市民的文明素质。（3）继续开展道德模范评选表彰活动，加大对道德模范事迹的宣传力度，努力营造人人学习道德模范、争当道德模范的浓厚氛围。（4）加大志愿者队伍建设，继续深化“关爱空巢老人”行动，促进和谐社会建设。（5）进一步深化网

民自律意识、法律意识教育，依法打击网络违法、网络不文明行为，引导广大干部群众、青少年学生文明健康上网。（6）深化“讲文明，树新风”活动，大力倡导科学、健康、文明、俭朴的生活方式和厚养薄葬的道德风尚。（7）进一步加强城市精神教育，使新时期“滦南精神”更加深入人心，不断增强人民群众的自豪感和责任感，提高对文明县城创建的知晓率、支持率和参与率。（8）广泛开展窗口单位文明服务、优质服务竞赛活动，对标优化，完善窗口单位软硬件建设，提高窗口文明形象和服务质量。

牵头单位：文明办

责任单位：县直机关工委、公安局、城市管理行政执法局、妇联、团县委

六、推进步骤

2011年创建全省文明县城工作分三个阶段推进：

第一阶段（2011年4月）宣传发动阶段。各创建责任单位按照创建全省文明县城《实施意见》和测评体系要求，对照创建标准，层层制定工作方案和创建措施，落实责任，确保年底各项工作全面达标。要采取多种宣传手段，加大创建全省文明县城宣传力度，进一步调动社会各界参与创建的积极性，提高广大群众对创建活动的知晓率和参与率。

第二阶段（2011年5月－9月）重点推进阶段。按照测评体系及责任分解要求，以提高公民文明素质为核心，对重点工作对标达标、自查自评、固强补弱、全面落实，做到强基础、重规范，创特色、铸品牌，不断提高创建水平。

第三阶段（2011年10月－12月）全面提高阶段。坚持高标准、严要求，巩固创建成果，全面提升创建水平。年内创建全省文明县城指挥部办公室将对全县公共文明指数进行模拟测评，检验各单位创建活动成果，力争各项指标均达到创建标准，做好迎查各项准备工作。

七、保障措施

（一）加强组织领导。召开全县创建全省文明县城动员大会，成立创建全省文明县城工作领导机构和工作机制。各级各单位也要建立与县相对应的创建领导机构，确保指挥体系上下贯通、协调联动。各级各单位要把创建全省文明县城工作摆上重要位置，主要领导亲自抓，分管领导具体抓，层层制定工作计划，落实目标任务，创建目标完成情况纳入领导班子年度实绩考核。要加大创建工作的投入力度，保证必要的创建经费，确保创建活动有效开展。

（二）建立责任机制。各级各单位要按照《实施意见》和测评体系要求，将每一项创建任务和标准都明确到责任领导、责任科室和责任人。要牢固树立全县“一盘棋”思想，坚持条块结合、属地为主、联动创建，确保创建工作深入健康开展。

（三）强化督导问责。各牵头单位和责任单位要结合实际，按照责任分工严格对标创建，及时解决创建活动中存在的实际问题。县委、县政府将制定《滦南县创建全省文明县城工作行政问责办法》，县委督查室、县政府督查室和创建全省文明县城工作指挥部办公室要深入开展工作督导，并协同组织部、纪委进行效能监察，对工作推诿扯皮、推动乏力、影响创建大局的单位和个人实施问责追究。

（四）营造浓厚氛围。各级各单位要通过集中学习创建知识、设立宣传栏等形式，抓好对广大群众的宣传发动。新闻宣传单位要广泛宣传县委、县政府创建全省文明县城的信心和决心，宣传创建全省文明县城的重要意义和任务要求，使广大人民群众知晓创建全省文明县城的目的、意义、标准、要求，明确每一位公民肩负的责任和义务，提高人民群众对创建工作的支持率和参与率。要大力宣传各级各部门的工作措施、创建动态和阶段成果、创建经验，让人民群众及时感受到创建带来的变化，增强广大人民群众参与创建的积极性和自觉性，形成全民参与的生动局面。

中共滦南县委
滦南县人民政府
关于加快水利改革发展的实施意见

（2011 年 8 月 12 日）

为切实做好我县今后一个时期的水利工作，推动全县水利事业又好又快发展，结合实际提出以下实施意见。

一、指导思想

深入贯彻科学发展观，认真落实中共中央、国务院《关于加快水利改革发展的决定》（中发〔2011〕1 号）和中央水利工作会议精神，坚持“民生优先、统筹兼顾、人水和谐、政府主导、改革创新”五项原则，注重科学治水、依法治水，突出加强薄弱环节建设，大力发展民生水利，不断深化水利改革，加快建设节水型社会，促进水利可持续发展。

二、总体目标

利用五到十年时间，拓宽水利建设融资渠道，着力做好水资源配置、水生态保护和水环境治理工作，全面解决农村居民饮水安全问题；加强水利人才队伍建设，对现有水利工程进行全面更新改造，提高水利工程运行能力，完善水利工程体系。到“十二五”末，新的用排水骨干工程建设基本完成，达到水资源配置合理、调度有序、水生态保护和水环境治理落实到位，农村饮水安全问题全面解决的工作目标。再利用五年时间，全面完善水利工程体系各项配套设施建设，水资源管理向精细化、科学化、规范化迈进，打造一支专业门类齐全、设施完备的水利专业人才队伍，不断提高水利工作科学化水平。到 2020 年末全面实现水利发展改革总体目标。

三、工作任务

（一）围绕提高城市防洪标准，着力完善城市防洪体系建设。以北河水系治理为重点，疏浚北河、牤牛河、孟新干渠，开挖那颜湖、天鹅湖、南湖等，全面实施城市防洪工程，健全完善城市防洪体系。

1. 积极做好计划总投资 3.85 亿元的北河县城段综合整治工程一期、二期工程扫尾工作，确保年内全面竣工；迅速启动三期工程；近期启动计划总投资 5200 万元的福海大桥建设项目；抓紧规划设计北河新区内部水利闸桥工程项目，完善北河新区城市防洪体系，提升城市防洪标准。

2. 适时实施计划总投资 1 亿元的那颜湖开挖治理工程，开挖治理那颜湖、金江、祥河及那颜湖北河连接段，为北河新区内部排水提供滞水空间，打通排水通道。该工程计划 2011 年实施，年内完成工程主体，2012 年 5 月 30 日前完工。

3. 适时实施计划总投资 1.02 亿元的天鹅湖清淤治理工程，增强北河蓄水能力，打通北河沥水下泄通道，确保北河沥水顺利进入第二泄洪道下泄入海，为北河新区防洪安全提供有力保障。该工程计划 2011 年实施，年内完成工程主体，2012 年 5 月 30 日前完工。

4. 谋划实施计划总投资 1.3 亿元的北河水系生态防洪治理工程，对北河下游河道及第二泄洪道实施拓宽、清淤，对河道岸坡实施生态防护，对沿河建筑物进行维修改造。该工程争取 2012 年实施，2013 年 5 月 30 日前完工。

5. 谋划实施计划总投资 1.4 亿元的孟新干渠及牤牛河西支综合治理工程，充分利用原有渠道，构建县城西北部防洪体系，计划清理整治牤牛河西支 12 千米，新开挖排水渠道 7 千米。

6. 谋划实施计划总投资1.5亿元的双龙河入海口西侧海堤加固工程，为嘴东经济开发区提供防潮安全保障；近期适时启动双龙河口及以西连接段海堤维修加固工程。

7. 谋划实施计划总投资1.5亿元的南湖开挖治理及牤牛河清淤整治工程，利用张士坎洼淀开挖建设南湖，预计占地1000亩；同时对牤牛河东八户纳水口至刘庄倒虹吸段23千米河渠进行清淤治理。该工程计划2012年实施，年内完工。

（二）围绕改善农业生产条件，着力加强农田水利建设。以改善农业生产条件为目标，大力实施农业节水灌溉、河道清淤等工程，加强农田水利基本建设，达到涝能排、旱能灌标准。

1. 实施计划总投资1800万元的2010年现代农业项目，安装地下管道3.75万亩。该项目2011年启动实施，年内完工。

2. 实施计划总投资2600万元的农业节水世行贷款项目，安装节水管道3.5万亩。该项目2011年启动实施，2012年5月底前完工。

3. 实施计划总投资1200万元的灌区配套续建工程，完成第一泄洪道泵站改造及二排干清淤疏浚工程。该工程2011年启动实施，2012年5月底前完工。

4. 谋划胡家坡湖及汪西湖的开挖治理工程，为周边农田灌溉提供备用水源。

5. 谋划实施计划总投资7亿元的抗旱节水工程。其中，节水灌溉（现代农业）工程计划总投资3亿元（分5年投入），安装地下管道60万亩，实现年节省水量1200万立方米；灌区配套工程计划总投资4亿元（分10年投入），对二排干、西城子支渠、联村泵站支渠、东黄坨支渠进行渠道扩建、衬砌，小型建筑物翻建，年节水1000万立方米。

6. 计划总投资3.2亿元对县域内1700余座各类桥、闸、涵进行维修加固，按轻、重、缓、急分步实施，通过五至十年时间，彻底改善水利桥、闸、涵运行条件。

（三）围绕改善人民生活条件，着力推进水利基础设施建设。以改善民生为着力点，重点修建东黄坨水库，治理溯河、小青龙河、滦河下游干渠、双龙河，实施农村饮水安全工程、县城集中供水新水源地项目等，提升县域水利基础设施建设水平。

1. 计划总投资1.5亿元，利用原东黄坨水库旧址形成的自然洼淀建设占地约3000亩的水库，同时对小青龙河西支实施清淤疏浚。

2. 计划总投资3000万元，对溯河下段29千米进行河道治理。工程实施后，使溯河防洪除涝标准达到十年一遇。

3. 计划总投资3000万元，对小青龙河司各庄桥至柏各庄倒虹吸25千米河道进行治理。工程实施后，使小青龙河防洪除涝标准达到十年一遇。

4. 积极争取计划总投资2.3亿元的滦河下游干渠河道治理工程项目，对滦河15千米大堤进行砌石护砌和灌浆处理，防洪能力达到五十年一遇标准，维修加固丁坝52道，对8千米滦河小埝全面加固，使其行洪能力由五年一遇标准提高到十年一遇标准。该工程计划2013年实施，2014年内完成。

5. 谋划入海河段清淤治理工程。计划总投资1.5亿元清淤治理双龙河入海口10千米河段；计划总投资2.3亿元清淤治理小青龙河入海口13千米河段；计划总投资2.1亿元清淤治理溯河入海口15千米河段。

6. 谋划海堤外扩工程。按省海堤外扩规划要求，结合嘴东经济开发区建设需要，适时实施海堤外扩工程。

7. 计划总投资735万元实施农村饮水安全工程项目，解决6个镇17个村1.07万人口的饮水安全问题。该项目2011年实施，年内完工。

8. 谋划实施计划总投资1.2亿元的县城集中供水新水源地项目，计划新打水源井20眼，铺设供水管线5000米。

（四）围绕合理配置水资源，着力推进节水型社会建设。以合理配置水资源为目标，以谋划实施嘴东经济开发区集中供水项目为重点，以推广节水技术为依托，充分运用水资源费收缴经济杠杆，依法推进用水管理和水环境治理，加快推进节水型社会建设。

1. 谋划实施嘴东经济开发区集中供水工程

等一批水资源配置项目，充分利用坑塘洼淀，增强地表径流拦蓄能力，实现河渠水系连通，提高地表水利用率，控制地下水开采。

2. 采取法律、行政、经济等多项措施，强力推进水生态保护和水环境治理工作。

3. 严格执行水资源论证审批和取水许可制度，在确定产业发展、生产力布局、城镇建设规划时充分考虑水资源、水环境承载能力，切实做到量水而行、因水制宜、以供定需。

4. 建立健全节约用水的利益调节机制，大力推广节水技术和产品。

5. 进一步明确水资源理念，加大水资源费的收缴力度，做到应收尽收。同时建立健全奖惩机制，节奖超罚，运用经济杠杆推动节水型社会建设。

四、保障措施

（一）加强领导，落实责任。成立滦南县水利改革发展工作领导小组（名单附后），领导小组下设办公室，统筹推进全县水利改革发展工作。各地各相关单位要切实提高对水利建设重要性的认识，把水利改革发展工作摆上重要位置，重点抓战略规划，抓工作部署，抓督促检查，确保责任到位，措施到位，投入到位。要科学治水、依法管水，坚持可持续发展治水思路，努力提高水利工作科学化、法制化水平。

（二）重视宣传，营造氛围。加大对县情和水情的宣传普及力度，提高全县人民的水患意识、节水意识、水环境和水资源的保护意识，逐步形成全社会节约用水、合理用水的良好风尚。

（三）拓宽渠道，多方筹资。坚持“政府主导、社会参与，多元投入、市场运作”的原则，抓住中央加快水利改革发展和设施建设的有利时机，加大赴省进部的跑办力度，积极争取上级资金支持；对县域土地出让金进行测算评估，提取其中的10%作为水利工程建设基金；整合利用水利闲置资源，通过河堤、水工建筑物周边土地转让，有偿使用等方式回收资金，作为水利工程建设投资的补充；创新融资模式，拓宽融资渠道，积极吸引县内外社会资金投资水利工程建设。通过以上措施，5～10年内争取上级建设资金20亿元，利用县级水利工程建设基金5亿元，吸纳利用其他资金9亿元。

（四）健全队伍，转变作风。采取“引进来、走出去”的方式，加强对现有专业人员的培养和再教育，鼓励和支持在职技术人员进行带职再教育或离职再教育。吸收和引进学有所长、学有所专的高素质人才，充实水利专业队伍，在3到5年内建成一支专业门类齐全、务实肯干、能力突出的水利技术队伍。加强硬件设施建设，为技术人才正常开展工作提供相对完备的环境。

（五）强化保障，严格奖惩。严格落实重点水利工程建设责任制，水务局等相关部门要对重点工程任务进行细化分解，将任务落实到人，层层签订责任状，确保每项工程顺利推进。对能够按时间节点顺利完成任务的单位和个人给予表扬，对工作不力、延误工期或造成重大损失的，严肃追究相关单位和负责人的责任。

中共滦南县委
关于加强县镇党政班子自身建设的意见

（2011年12月9日）

为认真贯彻落实省第八次党代会、市第九次党代会和县第十一次党代会精神，提高新一届县镇党政班子的创造力、凝聚力、战斗力，为推进滦南科学发展、赶超跨越提供坚强有力的政治保证，现就加强县镇党政班子自身建设提出如下意见。

一、强化思想建设，坚定推进科学发展、赶超跨越的信心和决心

1. 提高政治理论素养。把提高政治理论素养摆在突出位置，加强理论武装，深入学习邓小平理论、“三个代表”重要思想，全面贯彻落实科学发展观，自觉用马克思主义中国化最新成果武装头脑、指导实践。带头讲政治、讲党性、讲大局，每逢中央、省、市和县委、县政府召开重要会议、出台重大决策，都要迅速学习传达，坚决贯彻落实。要时刻把党的事业和人民利益放在首位，坚持做到个人服从组织、少数服从多数、下级服从上级、全党服从中央，做到心口一致、言行一致、表里一致，始终同县委和上级党委在思想上、政治上、行动上保持高度一致。

2. 丰富和拓展知识领域。把提高科学文化素养作为县镇党政班子自身建设的重要内容。加强现代经济知识、科技知识、社会管理知识和法律知识的学习，不断提升知识层次，完善知识结构，丰富知识储备。适应当前工业化、城镇化、市场化、信息化、国际化加速发展的需要，重点抓好自主创新、城乡规划、环境保护、文化发展、危机处理、民主法制、社会管理等方面知识的学习，博采众长、厚积薄发，努力成为推动经济社会科学发展的行家里手。县镇党政领导班子成员每年要结合分管工作至少亲自撰写1篇有分量、有较强指导性的调研报告。

3. 健全完善学习制度。坚持和改进中心组集中学习制度，用制度保证学习的规范化、常态化。中心组集中学习原则上每季度至少安排一次，每次学习的具体时间根据学习内容做出适当安排，全年集中学习时间不少于12天。落实个人自学制度，结合自身思想和工作实际，加强日常理论、业务学习，认真做好读书笔记，撰写心得体会，增强学习的针对性和实效性。健全专家学者学习辅导制度，定期邀请专家作专题讲座。坚持理论学习领导责任制，保证学习不流于形式，真正做到学以致用、用以促学、用有所成、见到实效。

二、坚持开拓创新，提高推进科学发展、赶超跨越的能力和水平

4. 切实更新思想观念。坚持党的思想路线，勇于变革、勇于创新，永不僵化、永不停滞，切实转变思想观念，努力做到“四要四不要”，即：要居安思危、勇攀高峰，不要满足现状、不思进取；要与时俱进、海纳百川，不要目光短浅、封闭保守；要抢抓机遇、干事创业，不要惧怕困难、畏缩不前；要雷厉风行、恪尽职守，不要敷衍懈怠、不负责任。经常开展比学先进、查找差距活动，开阔眼界、开阔思路、开阔胸襟，不断推进理念创新、思路创新、制度创新、举措创新，在扩大开放、产业集聚、创新驱动、城乡统筹、民生幸福以及冲破束缚、化解难题等方面，带头创新突破、克难求进。

5. 着力提高领导水平。要把提高领导科学发展的能力作为提高执政能力的首要任务，把握科学发展规律，掌握科学发展方法，运用市场经济手段，使各项工作更好地体现时代性、把握规律性、富于创造性。县镇两级党政班子

每年至少召开一次务虚会，科学分析和判断形势，超前预测和谋划发展，善于变被动为主动，变挑战为机遇，不断增强把握全局的能力。深入研究借鉴县内外应对突发事件的实践经验，善于从制度上建立应急机制，不断增强驾驭复杂局面的能力。积极探索建立符合科学发展观要求的体制机制，善于改革创新，不断增强解决深层次矛盾和问题的能力。认真研究新形势下群众工作的特点和规律，善于稳妥处理涉及多方面群众利益的问题，不断增强统筹协调的能力。

6. **全力推进重点工作**。围绕打造“激情滦南、实力滦南、文化滦南、生态滦南、和谐滦南”总体目标，实施“融入曹妃甸、服务曹妃甸、打造大基地、建设新滦南”主体战略和推进“三大攻坚、四大开发”工作重点，瞄准县十一次党代会确定的各项目标任务，进一步强化措施，明确责任，狠抓落实。着力推进重点项目建设，不断提升三次产业发展水平，增强综合经济实力；着力推进城镇建设上水平、出品位，全面加快“滨海水城、经济强城、文化名城、宜居靓城”建设进程；着力推进统筹城乡发展，加快城乡一体化进程；着力扩大对外开放，不断增强县域经济发展活力；着力改善民生，不断提高人民群众幸福指数；着力推进文化建设，促进文化事业、文化产业大发展、大繁荣；着力推进生态文明建设，构建资源节约型、环境友好型社会；着力创新社会管理，努力确保社会和谐稳定。面对复杂多变的环境，切实增强忧患意识，树立攻坚克难的勇气，始终以高度的政治自觉，认真落实县委的部署要求，接受任务不讲条件，完成任务拒绝理由。

三、贯彻民主集中制，努力实现党的领导方式的科学化和民主化

7. **发挥领导核心作用**。坚持总揽全局、协调各方的原则，研究解决全局性、政策性重大问题，充分发挥县委常委会的领导核心作用，定期、不定期召开常委会或常委扩大会议，分析经济社会发展形势，研究部署下一步工作。积极支持县人大常委会、县政府、县政协开展工作，协调一致地履行职责。坚持重大工程和重要工作四大班子集体研究、共同推进，形成领导和推动工作的强大合力。对县委常委会作出的决定，必须坚决执行，不评论、不议论，绝不允许在公开场合和群众中发表与县委决定相悖的言论。各镇党委也要充分发挥镇党委会在各项工作中的领导核心作用，凡属本镇重大问题决策、大额度资金使用以及事关本镇群众切身利益的重大事情，必须由镇党委会或镇党政班子联席会集体研究决定。

8. **推进科学民主决策**。进一步健全完善民主决策制度，形成有利于科学决策、民主决策、依法决策的长效机制。完善多种形式的决策咨询机制，重大决策前进行深入调查研究，专业性、技术性较强的重大事项，进行专家论证、技术咨询、决策评估。按照“集体领导、民主集中、个别酝酿、会议决定”的原则，进一步完善议事规则和决策程序，完善集体领导与个人分工负责相结合的制度。决策前要畅所欲言、各抒己见、集思广益，决策后要步调一致、雷厉风行、坚决落实。

9. **维护班子团结和谐**。坚持民主生活会制度，积极开展批评与自我批评，增强班子解决自身问题的能力。坚持和完善谈心谈话制度，县镇党政主要负责同志要带头与班子成员谈心，每年至少1次；党政主要领导之间要经常谈心沟通，其他班子成员之间也要互相谈心沟通。党政领导班子成员之间要加强沟通协调，大事讲原则，小事讲风格，倍加珍惜团结，带头维护团结，有利于团结的话多说、不利于团结的话不说，有利于团结的事多做、不利于团结的事不做，决不允许搞宗派活动、搞小圈子、搞亲亲疏疏。

四、牢记党的宗旨，切实改进工作作风

10. **倾力改善民生**。把实现好、维护好、发展好最广大人民的根本利益，作为科学发展、赶超跨越的出发点和落脚点，认真解决好群众关心关注的热点、难点问题，精心抓好改善民计民生的各项工作。县镇两级每年研究确定为群众兴办若干好事实事，年初承诺、年终兑现，并向社会公示。坚持县镇党政班子成员信访包案和接访下访制度，亲自处理群众来信来访，直接倾听群众呼声，了解利益诉求，发现和化解矛盾，维护社会和谐稳定。

11. **密切联系群众。**把群众根本利益需求作为决策的第一信号，坚持问政于民、问需于民、问计于民。把每年的12月份确定为“献计献策”月，县镇两级都要精心安排部署，广泛征询群众意见建议，切实改进和推动工作。县党政班子成员带头搞好社会调查，认真落实“五个一”制度，即每半年至少乘坐一次公交车、走访一次菜市场、走访一次学校、走访一次医院、到普通餐馆吃一次饭；交三个朋友，一名普通农民、一名普通工人、一名普通知识分子，至少每半年交流一次，真正体察群众疾苦、倾听群众呼声、了解群众期盼。镇党政班子成员认真开展以“访富裕户，问致富之道；访困难户，问群众疾苦；访党员老干部户，问治村之道”；访村“两委”干部，问发展良策为主要内容的“四访四问”活动，并使之成为常态。

12. **加强调查研究。**把大兴调查研究之风贯穿于科学决策、推动工作、提高执政水平的全过程。坚持和完善调研制度，酝酿重要思路、确定发展目标、出台重大决策，都要深入基层和群众，敞开门、面对面，广泛听取各方面意见。落实和完善联系点制度，县党政班子成员要经常深入基层、深入一线，解剖麻雀，化解矛盾，破解难题。每位县党政班子成员要联系一个镇、一个村、一个企业、一个贫困户和一个重点项目，每年深入联系点不少于6次，特别是要结合联系企业，搞好调查研究，加强对企业转方式、调结构的指导，帮助企业做大做强。同时，县镇党政班子成员要按照各自分管的工作，加强对分管单位和部门工作的调研指导，指导分管单位和部门开展好“对标赶超走在前”活动，选准对标标杆，提升对标标准，推动分管工作创先争优。各镇党政班子成员也要结合本地实际确定好各自的联系点，及时帮助解决实际问题，督促工作落实。

13. **弘扬求真务实作风。**坚持少说多干、奋勇争先，按照各自分管工作和既定的工作目标，心无旁骛干事业，掷地有声抓落实，着力解决实际问题。坚持亲历亲为、敢作敢为、奋发有为，力戒空谈、力戒浮躁、力戒懈怠，对县委决策和工作部署，要雷厉风行、主动担当、一抓到底、务求实效；对重点项目和重大活动，要细化责任、深入现场、跟踪督办；对下级报告的疑难问题，要不推不避、认真对待、及时解决。坚持讲真话、说实情、办实事、求实效，力戒形式主义、官僚主义，反对做表面文章，切实把心思和精力用到谋发展、抓发展上来。

五、保持清正廉洁，树立良好形象

14. **自觉做廉洁从政的表率。**始终敬畏人民、敬畏组织、敬畏职位，切实做到情为民所系、权为民所用、利为民所谋。自觉加强从政道德修养，努力锤炼高尚人格，以人格力量带好班子、锤炼队伍、推动工作。带头践行领导干部廉洁自律各项规定，恪守《廉政准则》8项禁令、52个不准。管好自己的嘴，不该吃的不吃；管好自己的手，不该拿的不拿；管好自己的腿，不该去的不去；管好自己的亲属和身边的工作人员，不该办的不办，真正做到清清白白从政、堂堂正正为人、扎扎实实干事。

15. **带头落实廉政建设责任制。**扎实推进惩治和预防腐败体系建设，形成用制度管权、按制度办事、靠制度管人的有效机制。县镇党政班子成员要坚持“一岗双责”，切实抓好分管部门和单位的党风廉政建设。抓好经常性教育，早提醒、早打招呼，避免发生违法违纪问题。抓住责任分解、责任考核、责任追究三个关键环节，认真落实反腐倡廉各项重点任务。对分管部门和单位的不良现象不掩盖、不袒护，对在执行党风廉政建设责任制方面严重失职渎职的干部严肃追究责任。

16. **主动接受各方监督。**进一步完善监督制度，主动接受党内监督、群众监督、民主监督和舆论监督。完善常委会向全委会报告工作制度，落实党委委员、纪委委员对常委会工作质询、询问制度，探索建立党代会、全委会对常委会工作的评议监督制度。健全党代表、人大代表、政协委员视察机制，纪检监察机关监督机制，组织部门考察机制，全面推行党务公开、政务公开和职权公开运行，认真落实领导干部报告个人有关事项、述德述职述廉等制度，始终把权力置于有效监督之下。

重要活动

我县举行重大项目集中签约仪式

1月18日上午，六个重大项目集中签约仪式在北河宾馆多功能厅隆重举行。市人大常委会副主任范绍慧、市政协副主席于冬青，县领导张国栋、蔡洪魁、杜珍、李玉鹏、于广秋、张怀良、于军出席了签约仪式。县长蔡洪魁主持签约仪式。县委书记张国栋在致辞中说："滦南县人民政府与八家知名企业，就六个重大项目举行集中签约仪式，是滦南县实施'三大攻坚、四大开发'的又一重大成果，是滦南在唐山'两极三带'开发和河北沿海经济隆起带建设中大有作为的具体行动，是值得滦南人民欢欣鼓舞的又一重大喜事。"

这次集中签约六个项目分别是：1. 滦南县政府与保利龙马资产管理有限公司合作计划投资100亿元建设长度10千米、宽度1200米、设计通航能力5万吨、拥有50个泊位的曹妃甸港区五号港池项目；2. 计划投资8亿元的中船重工物资贸易集团有限公司型材深加工项目；3. 曹妃甸太阳城房地产开发有限公司投资70亿元的新民居及旅游开发项目；4. 北京万科企业有限公司投资27亿元的嘴东休闲度假中心及房地产综合开发项目；5. 北京嘉庆投资有限公司投资40亿元的钒钛新能源开发利用项目；6. 滦南县政府与曹妃甸控股公司、二十二冶集团有限公司、唐山方舟实业有限公司合作建设的曹妃甸六号港池项目，计划投资20亿元，建设长约2800米、宽度1420米、拥有10个泊位。

张国栋分别慰问
特困职工、低保户和困难户

1月18日下午，县委书记张国栋分别慰问了特困职工尹宏超、城镇低保户高志江和农村困难户杨占英、杨正。张国栋一行还到扒齿港光荣院进行慰问。县人大常委会副主任刘继海，县政府副县长张云江，县政协副主席、总工会主席陶顺福参加慰问，相关单位负责人陪同慰问。

政协滦南县八届五次会议召开

1月22日至23日，政协滦南县第八届委员会第五次会议在成兆才大戏院召开。县政协主席李玉鹏作《政协滦南县第八届常务委员会工作报告》，县政协副主席毕仲仓作《政协滦南县第八届委员会常务委员会关于八届四次会议以来提案工作情况报告》。会议审议通过了《政协滦南县八届五次会议政治决议》、《政协滦南县八届五次会议工作报告决议》、《政协滦南县八届五次会议提案工作报告决议》。会议期间政协委员们共商滦南科学发展、赶超跨越大计，畅所欲言，积极建言献策。县委书记张国栋在闭幕会上作重要讲话。

滦南县十四届人大六次会议召开

1月22日至24日，滦南县第十四届人民代表大会第六次会议在成兆才大戏院召开。会议听取和审议了县政府县长蔡洪魁所做的滦南县人民政府工作报告；审查和批准了滦南县国民经济和社会发展第十二个五年规划纲要草案（书面）；审查和批准了滦南县2010年国民经济和社会发展计划执行情况与2011年国民经济和社会发展计划草案；审查和批准了滦南县2010年财政预算执行情况和2011年财政预算草案；听取和审议了县人大常委会主任杜珍关于滦南县人大常委会工作报告；听取和审议了县法院院长马明旭关于滦南县人民法院工作报告；听取

和审议了县检察院检察长魏宝成关于滦南县人民检察院工作报告；会议补选艾德来、左久林、冯俊新、刘士民、杨洪伟、贾庆龙、殷启国、高廷进为滦南县第十四届人民代表大会常务委员会委员。

张国栋点评基层党建

1月26日上午，我县召开创先争优活动领导点评暨党委书记履行基层党建工作职责述职会议。县委书记张国栋及与会领导对党委书记组织开展创先争优活动情况进行点评，听取党委书记履行党建工作职责述职汇报，总结工作经验，查找存在的问题，明确目标任务。县委书记张国栋主持会议并讲话。县委常委、县人大常委会主任、县政协主席出席会议。会上，30位党委书记汇报了开展创先争优活动和加强基层党建工作的经验做法、存在问题和下步打算。张国栋代表县委逐一进行了有针对性的点评，并就下步工作提出了具体要求。会上，与会各党委书记还与县委书记签订了2011年度党委书记履行基层党建工作责任书。

张国栋分别慰问贫困户、老干部和老党员

1月30日，县委书记张国栋先后深入扒齿港镇门庄村“一助一扶贫济困”帮扶对象杨计永家、柏各庄镇娄各庄村老干部刘文峰家、柏各庄镇李沟府村解放前老党员杨素珍家进行节期慰问。同时督导检查了柏各庄镇、胡各庄镇、姚王庄镇、方各庄镇农村环境卫生整治情况。县委常委、组织部长史林友及有关部门负责同志参加慰问和督导检查。

张国栋、蔡洪魁慰问节日坚守岗位干部职工

1月31日，县委书记张国栋、县长蔡洪魁等领导先后慰问了永新纸业、公安局指挥中心、交警大队、城管执法大队和环卫队、广播电视台、城西工业聚集区管委会、北河新区管理处等节日期间坚守在工作岗位的干部职工。县委书记张国栋、县长蔡洪魁对节日期间坚守在工作岗位上的干部职工表示感谢，同时要求广大干部职工继续发扬“少说多干、奋勇争先”的工作精神，尽职尽责，圆满完成各项工作任务。在公安局指挥中心和交警大队，县领导向一线民警致以节日的问候，叮嘱民警一定注意自身安全，还要求局领导多关心民警的工作和生活，为民警执勤执法解除一切后顾之忧。有关单位负责同志陪同慰问。

张振县到滦南调研

2月13日上午，唐山市委常委、市纪委书记张振县到滦南实地调研新民居建设、村级民主管理、行政审批服务工作。县领导张国栋、蔡洪魁、韦远东、杜珍、李玉鹏、张友利等陪同调研。

张振县一行观看了介绍滦南发展的专题片，听取了县委书记张国栋工作汇报。张振县认为滦南各级干部风气正、作风实，贯彻落实上级精神行动快、思路清，推进工作有方法、有魄力，反腐倡廉助推发展有创新，对滦南工作给予充分肯定和高度评价。张振县还对今后工作提出要求：要抓纪律，全力保证政令畅通；抓环境，提高效率，为科学发展提供良好环境；抓廉政建设，率先形成有地方特色的惩防体系；抓典型，促进工作开展。

我县召开2011年重点工作部署动员大会

2月17日，我县召开2011年重点工作部署动员大会。会议贯彻落实市委八届七次全会、全市经济工作会议精神和县委十届六次全会、县“两会”精神，对2011年十项重点工作和三大保障进行了部署。会上，各镇（街道）、各党群部门，县政府各职能部门分别向县委书记张国栋和县长蔡洪魁递交责任状，县人大常委会主任杜珍代表县级党员领导干部宣读了“创先争优、勤政廉政”集体承诺书。县委副书记

韦远东主持会议，县委书记张国栋、县长蔡洪魁分别讲话。县四大班子领导出席会议，各镇（街道）、县直各单位副科级以上领导干部参加了会议。

我县举办“梅花迎春”全国评剧名家名段演唱会

2月18日晚，成兆才大戏院座无虚席，观众如云。滦南县“梅花迎春”全国评剧名家名段演唱会精彩上演，11位中国戏剧梅花奖得主齐聚滦南，为评剧故乡观众奉献了一台文化大餐。滦南县文化底蕴深厚，是冀东文艺“三枝花”——评剧、皮影、乐亭大鼓的发祥地，诞生了评剧创始人成兆才、“皮影大王”张绳武、乐亭大鼓表演艺术家靳文然等文化名人，被文化部命名为中国民间艺术评剧之乡、乐亭大鼓之乡。

此次戏剧梅花奖得主齐聚滦南，是滦南建设文化强县、打造文化名城的一项主要举措。演唱会共邀请到谷文月、刘萍、李惟荃、崔连润、马惠民、宋丽、剧文林、罗慧琴、张俊玲、庄玉生、高闯等11位长期活跃在全国评剧舞台上的知名评剧表演艺术家、中国戏剧梅花奖获得者。在两个多小时的演出中，艺术家们倾情演唱的传统名段受到广大戏迷朋友的热烈欢迎，台下掌声、喝彩声接连不断。市委常委、政法委书记许德茂，县领导张国栋、韦远东、杜珍、李玉鹏、王殿新观看演出并接见演职人员。

我县召开城镇建设三年上水平暨省级园林城创建工作部署动员大会

2月20日，我县召开城镇建设三年上水平暨省级园林城创建工作部署动员大会。会议认真贯彻省市城镇建设三年上水平工作部署，命名表彰了2010年度在“三大攻坚”中涌现出来的先进单位和先进个人，对城镇建设三年上水平和省级园林城创建工作进行了动员部署。市园林局长张铁民莅临会议，县四大班子领导出席会议。县长蔡洪魁主持会议，县委书记张国栋出席会议并讲话。

王久宗来滦南调研

2月21日，唐山市委常委、副市长兼农工委书记王久宗带领市直有关部门、市政府农办负责同志到我县督导检查农业重点项目开展情况以及一抗双保工作。县委书记张国栋、县长蔡洪魁、副县长张怀良陪同督导检查。王久宗一行先后深入到青坨营陈虎头村高标准粮田建设现场、设施蔬菜（食用菌）栽培基地、错季西瓜栽植现场、扒齿港镇蓝海船务规模猪场、程庄镇周庄村设施蔬菜建设现场、宋道口镇设施韭菜有机示范现场，实地视察了农业重点工作建设情况，考察了冬小麦生长和春播情况。

王久宗指出，为加快推进现代农业发展，今年我市将大力实施包括农业重点项目建设工程、龙头企业壮大工程、品牌农业创新工程、土地流转加速工程、温室设施跨越工程、现代农业科技示范园区建设工程、高标准农田建设工程、粮食生产核心区建设工程等在内的十六项重点工程。现在正是新的一年开好局、起好步的关键时期，各级各部门一定要早谋划、早规划、早落实，为全面完成十六项农业重点工作奠定坚实的基础。

王久宗要求，各地要认真谋划、建设一批符合自身特点、规模大、档次高的农业重点项目，积极推进现代农业科技示范园区建设。同时，鼓励支持龙头企业、合作组织、农业大户集中连片流转土地，发展规模经营。尤其温室设施生产要不遗余力地大力推进，通过典型示范引导更多的农民群众发展设施蔬菜，建设高标准日光温室。另外，各地一定要密切注意墒情的变化，做到早准备、早投入、早抗旱、促春管，加强技术服务指导和政策的落实，确保我市夏季小麦获得丰收。

张国栋督导检查城区环境卫生和基础设施建设

2月22日早晨，县委书记张国栋督导检查

了县城南大街、中大街、和谐路环境综合整治和基础设施建设情况，对各条街道的卫生保洁、垃圾整治、小广告治理等工作提出具体的意见和要求。张国栋指出：目前我县城容城貌有了明显变化，总体良好，但要看到环境卫生整治工作任务仍很艰巨，存在很多死角死面。张国栋强调：城市管理工作没有止境，一旦松懈就会出现问题，一定要反复抓、不松懈，发现问题及时解决。卫生保洁要建立科学长效的管理机制，执法部门要严格整治乱倒垃圾等影响城市环境的行为。住建部门在绿化工作中结合省级园林城创建做好规划，在出特色的基础上还要重视城区绿化的管理和维护，特别是要重视路口、小区、城乡结合部等重要节点的绿化，同时要加强对城市基础设施的日常检查和维护。副县长张云江，有关单位负责同志参加督导检查。

县纪委召开十届六次全委（扩大）会议

2月28日，县纪委召开十届六次全委（扩大）会议。会议学习贯彻十七届中央纪委六次全会、省市纪委全会和全省学习贯彻《关于实行党风廉政建设责任制的规定》电视电话会议精神，紧紧围绕“三大攻坚、四大开发”等十项重点工作，对2011年纪检监察工作进行了部署，确保为滦南“十二五”科学发展、赶超跨越开好局、起好步提供坚强的政治保障。县委副书记、县长蔡洪魁主持会议，县委常委、纪委书记张友利作工作报告，县委书记张国栋出席会议并讲话。

我县举行旧城区改造征收搬迁会战启动仪式

3月1日，我县在成兆才大戏院举行旧城区改造征收搬迁会战启动仪式。会议主要是安排旧城区改造征收搬迁工作。县四大班子领导出席仪式。县直有关部门及倴城镇、倴城街道、相关城中村负责人、城镇建设三年上水平指挥部及各攻坚工作队全体队员参加启动仪式。启动仪式由县长蔡洪魁主持，县委书记张国栋出席并讲话。

王雪峰率团来滦南观摩重点项目建设

3月3日，市委书记王雪峰率市四大班子领导、各县（市）区委书记、县（市）区长，市发改委、统计局、商务局、农牧局主要负责同志到我县进行重点项目观摩活动。王雪峰一行实地查看了中红建材城、谷家营城中村改造及唐百集团和平购物广场、新县医院、泽澳高档绿色环保纺纱等在建项目，听取了我县重点项目建设整体情况和观摩点项目情况介绍。县委书记张国栋，县长蔡洪魁，县委副书记韦远东，县人大常委会主任杜珍，县委常委、常务副县长于广秋，县委常委、副县长蔡春奎，副县长于军、张云江及有关部门负责同志陪同观摩。

我县对现代评剧《三进门》演出创作组织有功人员进行表彰

3月11日，我县对现代评剧《三进门》演出创作组织有功人员进行表彰，并举行现代评剧《三进门》慰问演出。县委书记张国栋，县长蔡洪魁，县委副书记韦远东，县委常委、宣传部长、统战部长王殿新出席。

吴仁宝率团来滦南参观考察

3月13日上午，华西新市村老书记吴仁宝和新书记吴协恩率考察团来滦南参观考察。县领导张国栋、蔡洪魁、韦远东、杜珍、于广秋、于军等陪同。考察团先后参观考察了北河新区企业研发中心、鹏程钢铁南厂及我县城市建设情况，还就华西北钢有限公司的发展与县领导进行了洽谈。县委书记张国栋简要介绍了滦南的“三大攻坚、四大开发”、滦南的后发优势、传统文化底蕴等基本情况。滦南发展的巨大潜力、火热的攻坚场面、满怀激情的工作状态给考察团留下了深刻印象。

张国栋、蔡洪魁会见张茵一行

3月13日下午，县委书记张国栋、县长蔡洪魁在河北永新纸业公司会见了玖龙纸业（控股）有限公司董事长张茵一行。张国栋陪同客人视察了河北永新纸业有限公司生产车间及我县城西工业聚集区、滦海公路和重点城建项目建设情况，之后在河北永新纸业公司会议室与客人进行了会谈。双方就玖龙纸业与永新纸业合作建设年产200万吨A级牛皮箱板纸项目进行了深入洽谈交流并达成共识。该项目总投资50亿元，建设A级牛皮箱板纸生产线5条，项目完成后，将使永新纸业公司生产能力跃居全国板纸行业第三位。县领导韦远东、杜珍、于广秋、蔡春奎、于军、陶顺福及有关单位负责同志陪同视察并参加了会谈。

14日上午，唐山市政府副市长辛志纯在唐山锦江国际宾馆会见了张茵一行，张国栋陪同会见。辛志纯表示，滦南是一个能干事、干成事的地方，市、县两级政府愿意为项目提供一切优质的服务，全力以赴支持项目建设。

我县举行第一批重点项目集中开工奠基仪式

3月17日上午，滦南县2011年第一批重点项目集中开工奠基仪式在中通180万件高档卫生陶瓷项目现场举行。共集中开工重点项目32个，总投资70.2亿元。其中一产项目2个，总投资6300万元；二产项目8个，总投资15.7亿元；三产服务业项目22个，总投资53.8亿元。这些项目是：唐山悠然绿化苗圃供应基地项目、县水务局现代农业项目、永发鸿田农业耕种机械生产线项目、力生纺纱厂项目、金辉园林五金农用工具生产线项目、唐山坤达科技有限公司高端铝制品深加工项目、云阁钢结构制造及彩涂钢板生产线项目、中通180万件高档卫生陶瓷项目、瑞程动车组车轮生产项目、德隆兴坤矿山机械设备制造项目、蓝色港湾项目、鑫塔农产品物流及供应网络项目、金代风情街项目、和平购物广场项目、嘴东工业区二期A区吹沙造地项目、嘴东工业区二期B区吹沙造地项目、城西工业聚集区基础设施建设项目、县城新南环路项目、南大街西延项目、西曾线姚王庄—滦海公路改建项目、古柳线唐乐线—潘家戴庄段改造工程、长大线迁曹公路以西—丰南界改造项目、八和居建设工程项目、凯旋大道项目、天鹅庄园住宅小区项目、中夏星级酒店东侧住宅小区项目、原电影院及其周边改造工程、原大洋渔网厂改造工程、信用联社办公楼项目、鸿藴永和豆浆、尚客优宾馆项目、生态园林山项目、北河公园改造二期项目。项目全部建成后，可新增就业岗位4500余个，年可实现产值36亿元，利税2.5亿元，增加商住建筑面积146万平方米，完善、新建城区路网30千米。县委书记张国栋宣布32个重点项目开工；县长蔡洪魁在奠基仪式上致辞；县委常委、常务副县长于广秋主持开工奠基仪式。河北省沿海地区开发建设领导小组办公室领导贾冰波、陶磊，河北省委研究室胡冬原处长，县四大班子全体领导出席奠基仪式。项目攻坚指挥部各工作组组长，县直单位一把手、各镇（街道）党政主要负责同志及重点项目业主、项目助理、城西管委会及倴城镇干部代表和中通陶瓷项目单位职工代表参加奠基仪式。

我县举行中国设备管理协会大型电机修复与再制造技术中心揭牌仪式

3月19日，我县在滦南林海科技发展有限责任公司举行中国设备管理协会大型电机修复与再制造技术中心揭牌仪式。国家发展和改革委员会国民经济动员办公室副主任申少滨与县委书记张国栋，共同为中国设备管理协会大型电机修复与再制造技术中心揭牌。大型电机修复与再制造技术中心将通过采用新技术、新工艺、新材料对废旧电机进行再制造，恢复和提升其性能，使其达到或超过新电机。大型电机修复与再制造技术中心是我国成立的第一家，也是唯一一家。该中心的成立，对加快建设资源节约型、环境友好型社会，发展循环经济，提高资源利用率，推进大型电机修复与再制造产业及我国设备管理现代化事业发展具有深远意义。中心的发展代表着全国同行业的发展水平。国务院办公厅行政司巡视员兼副司长王胜利和县领导蔡洪魁、韦远东、杜珍、于广秋、于军、陶顺福出席了揭牌仪式。

《三进门》在梅兰芳大剧院演出轰动京城

3月20日下午，我县成兆才评剧团携现代评剧《三进门》走进北京梅兰芳大剧院，为首都观众奉献了一台原汁原味的评剧表演。近两个小时的演出中，剧院里座无虚席，台下观众随着剧情发展时而欢笑，时而落泪，时而掌声雷动，台上台下心与心在沟通，情与情在传递。成兆才评剧团以城镇建设三年大变样为题材，贴近生活，服务发展，关注民生，编排了现代评剧《三进门》。该剧紧紧抓住“拆迁”这一社会各界普遍关注的敏感问题，围绕城镇建设三年大变样，生动讲述了拆迁工作队员和拆迁户之间发生的一系列真情故事，客观地反映了我县在城镇面貌三年大变样工作中，实施百日攻坚和百日会战、全面完成拆违拆迁任务的历程，也表现了干部和群众之间打开家庭之门，走进心灵之门，相互贴近，相互信任，相互感动的新时期干群关系。此次汇报演出轰动京城，人民日报、中央电视台等20多家媒体对演出盛况进行了宣传报道。同日，我县在北京远通维景国际大酒店举行“北京·滦南现代评剧《三进门》汇报演出暨项目招商座谈会”，邀请国家部委及北京市有关部门领导，有关央企及北京市重点企业、文化及新闻界代表，滦南老乡等参加。一致认为《三进门》选题新颖、主题鲜明，思想性和艺术性达到了高度统一，是一台现实主义题材的艺术精品。县四大班子领导出席座谈会。县委书记张国栋出席座谈会并接受央视记者采访。

于广华来滦南考察

3月23日，中华文化促进会副会长于广华来滦南考察。县委书记张国栋在蓝海大酒店会见了于广华一行。张国栋重点介绍了滦南文化活动的开展及文化产业发展状况。于广华介绍了中华文化促进会基本情况，并就滦南发展文化旅游产业提出了意见建议，同时对现代评剧《三进门》进行了点评。张国栋在谈到如何进一步提升《三进门》时强调：一要满怀弘扬中华民族传统艺术的使命感。通过传统艺术手段，反映现在的经济社会活动。我们有义务承担起这个历史责任，评剧《三进门》是一个重要的切入点。二要精心打磨，不断提升，努力把《三进门》打造成传世经典之作。舞美、布景要做到一场一景，场景融合、高度提炼、力求简洁。三要努力打造名段。建议将《三进门》拍成评剧电视剧。县委副书记韦远东及评剧《三进门》编创人员参加了座谈会。于广华还在县领导陪同下到城西工业聚集区参观考察了我县重点项目建设情况。

旭宇来滦南访问考察

4月2日至3日，中国书法家协会副主席、河北省文联名誉主席、河北省书法家协会主席旭宇到我县访问考察，并为成兆才评剧团、北河公园和北河水城重要景点题名题字。旭宇先后考察了我县北河导流明渠、滦海公路、唐山京东实业研发中心、北河公园等重点项目建设现场。在详细了解滦南区域位置、产业发展及城市建设情况后，他就城市规划提出了宝贵意见，并希望滦南在城市建设上高标准规划、高起点建设，把滦南建设成为群众的幸福之都。在成兆才大戏院，旭宇还兴致勃勃地参观了成兆才博物馆、“冀东文艺三枝花”展厅，详细了解了评剧、乐亭大鼓、皮影的发展历史。在对评剧创始人成兆才先生表示敬意的同时，他希望滦南把传统文化传承好、发扬好。县领导张国栋、韦远东、杜珍、李玉鹏、王殿新、卢翠娟陪同考察。

我县召开创建全省文明县城动员大会

4月8日，我县召开创建全省文明县城动员大会。会议认真贯彻落实全市创建全国文明城市再动员大会精神，安排部署了滦南创建省级文明县城目标任务，要求全县上下紧急行动起来，少说多干、奋勇争先，开拓创新、攻坚克难，迅速掀起省级文明县城创建高潮。县四大班子领导出席会议。各镇（街道）、县直各单位副科级以上领导干部参加了会议。县委常委、常务副县长于广秋主持会议，县委书记张国栋作重要讲话。

张振县来滦南调研

4月8日，唐山市委常委、市纪委书记张振县来滦南就分包重点项目情况进行调研。县委书记张国栋，县人大常委会主任杜珍，县委常委、纪委书记张友利，县政协副主席赵瑞军及有关单位负责同志陪同调研。

张振县一行先后调研了马城大铁矿开发、城西工业聚集区泽澳纺纱项目、北河水系导流明渠建设情况，沿途察看了北河公园、新县医院、正通国际城等我县其他重点项目建设情况。在听取县委书记张国栋关于滦南当前经济社会发展、创先争优、党风廉政建设和县委常委、常务副县长于广秋关于滦南大铁矿开发建设等情况的汇报后，张振县发表重要讲话，对滦南的项目建设给予高度评价。他指出，滦南的项目建设进展很快，令人耳目一新，充分体现了滦南广大党员干部“少说多干、奋勇争先”的优良工作作风和十足的干劲，体现了以国栋书记为班长的四大班子成员的精诚团结和奋发向上、大有作为的精神状态，滦南必将后来居上。

张振县强调，到滦南调研后有七点体会，感受颇深：一是滦南贯彻落实市委、市政策决策部署决心大、动作快。二是滦南的项目建设目标明确、督导有力、措施得当。三是2011年的各项重点工作动作大、进展快、振奋人心。四是滦南重点工作思路超前。尤其是围绕大铁矿开发谋划的循环经济产业园和配套产业项目建设，完全符合科学发展观。五是滦南的社会管理举措有力、成效明显，营造了和谐稳定的良好社会环境。六是创先争优与当前各项重点工作结合紧密，促进了滦南的科学发展、赶超跨越。七是滦南高度重视纪检监察工作，坚持了全面抓，并且做到重点突出，取得了突出成效。

张振县还就如何加快大铁矿开发建设提出明确要求：一是要充分认识大铁矿开发建设的重要意义。二是绘出工作流程图，按形象进度挂图作战，全力解决工作中遇到的各种问题，推进铁矿开发建设进展。三是切实抓好安全生产工作，确保不出任何事故。

孙飞来滦南调研“一卡通”工作

4月18日下午，中纪委研究室副主任孙飞、省纪委研究室副主任李柱林等领导在市委常委、市纪委书记张振县陪同下来我县调研。孙飞一行考察了姚王庄镇李营村村务管理“一卡通”工作，视察了我县重点项目建设。在随后召开的座谈会上，孙飞一行观看了《通心靓卡》和《大工地、大变化》两个专题片，县委书记张国栋做工作汇报。孙飞就我县农村党风廉政建设和阳光拆迁两方面的工作发表重要讲话。就农村党风廉政建设工作，孙飞指出，新形势下，必须加强农村基层党风廉政建设。滦南的“一卡通”就是农村党风廉政建设的好形式，通过这些破解农村基层党风廉政建设的难题意义重大。孙飞对我县阳光城拆迁给予充分肯定。他指出，在现代化、工业化、城镇化过程中，城市拆迁是必须的、必不可少的。工业化、城镇化的过程需要大量的基础设施建设，需要更好地解决城乡居民的住房问题，所以城市拆迁是现代化进程中必经的一个阶段。他强调，城市拆迁必须按照以人为本、执政为民的理念来推进。必须考虑老百姓的利益，要做好艰苦细致的群众工作。滦南县城市拆迁的指导思想非常明确，县主要领导分头带队，走村串户，殚精竭虑，夜以继日的工作，这种作风非常好，非常让人感动。他希望滦南经过几年的努力，城乡面貌能够有明显的改变。县领导张国栋、蔡洪魁、韦远东、杜珍、张友利、于广秋、蔡春奎、赵瑞军及县纪委有关负责同志陪同调研或参加了座谈会。

成兆才评剧团
在全省巡演《三进门》获圆满成功

4 月 20 日至 5 月 15 日，按照省委领导批示精神，成兆才评剧团在全省 11 个设区市巡回演出现代评剧《三进门》，获得圆满成功。该剧以“三年大变样”为背景，以“门”为象征，生动讲述了机关干部王惠霞和拆迁户之间发生的一系列真情故事，客观地反映了新时期干群关系，受到各界观众的一致赞誉。省委常委、宣传部长聂辰席，副省长宋恩华分别做出重要批示，要求加大宣传力度。此次巡回演出由河北省住房和城乡建设厅统一组织安排，省住建厅机关党委调研员王英、省三年上水平办公室科员任星、韩亮一行三人，全程陪同成兆才评剧团巡回演出。省住建厅党组成员、纪检组长、监察专员冯玉库，石家庄市委常委、副市长王大虎，省城镇建设三年上水平办公室主任孙燕北等领导观看了在石家庄河北大剧院进行的首场演出。演职人员凭借贴近现实的主题、深入心灵的剧情和细腻真切的表演，感动了所有在场观众，赢得了各地领导、专家学者和社会各界的广泛赞誉。长城网、搜狐新闻、环渤海新闻网等 30 家网站，各市党报、晚报 20 余家报刊，以及 20 多家市级电台、电视台进行了深入全面的宣传报道。

唐山市推广一卡通模式
提高农村反腐倡廉建设科学化水平
现场会在我县召开

4 月 21 日上午，“唐山市推广一卡通模式提高农村反腐倡廉建设科学化水平现场会”在我县召开。会议主要是全面推广滦南县村务管理监督“一卡通”模式经验。参加会议的有全市各县（市）区纪委书记等共 87 人。会议组织与会人员现场观摩了李营村“一卡通”模式示范点，观看了反映滦南工作的专题片，听取了县委常委、纪委书记张友利就我县推行“一卡通”的经验做法介绍。省纪委信访室主任田彦华，唐山市委常委、市纪委书记张振县专程到会指导并分别作重要讲话。张振县指出，全面提高我市农村反腐倡廉建设科学化水平首先要从保证新农村建设顺利进行的政治高度深化认识，切实增强做好农村党风廉政建设的责任感和紧迫感。应以“一卡通”模式为突破口，系统构建、全面提高农村党风廉政建设科学化水平。他强调，要坚持三级联动、强化监督，注重创新，确保农村党风廉政建设取得实效。县委书记张国栋出席会议。

我县对创先争优重点工作点评问责

4 月 24 日上午，我县成兆才大戏院召开创先争优重点工作点评问责会议，主要是对第一季度工作完成情况进行分类通报，对第二季度目标任务再提示、再部署，动员全县各单位和广大党员干部迅速行动起来，采取超常措施狠抓工作落实，确保按时间节点圆满完成第二季度任务目标。县长蔡洪魁对 2011 年第一季度“三大攻坚、四大开发”进展情况、有时间节点要求的重点项目完成情况、重点项目建设情况、各镇财税收入情况和农村环境卫生整治进展情况逐项做了综合点评，县领导韦远东、张友利、于广秋、蔡春奎分别对上述各项工作完成情况做了通报，12 个单位主要负责人作了表态发言。县委书记张国栋主持会议并作重要讲话。县四大班子领导、各镇（街道）党政正职、县直单位主要负责人参加了会议。

北河大桥通车

5 月 1 日，我县举行北河大桥通车剪彩仪式。县委书记张国栋宣布北河大桥建成通车。市领导王久宗、侯志宇、范绍慧、莫连营、秦少清、于冬青，市水务局长肖玉文、市住建局长苏春生、市交通局副局长郑建国、市城管局调研员黄希志和县委书记张国栋、县长蔡洪魁等县四大班子主要领导同志为北河大桥通车剪彩。北河大桥项目总投资8822.37万元，全长540米，双向6车道，由天津市政工程设计研究院设计，江西有色工程有限公司承建。北河大桥是北河新区开发建设的先导工程，其建成通车，对加快北河新区开发建设，完善城市功能、提升城市品位，具有十分重要的意义，标志着北河新区开发进入了全面提速阶段。各镇（街道）、县直单位主要负责同志，离退休老干部代表，部分村党支部书记、村主任，城镇建设三年上水平工作队代表参加了通车仪式。

张国栋到老区村李庄子现场办公

5月6日下午，县委书记张国栋到所分包的革命老区村倴城镇李庄子进行现场办公。在听取了村支部书记有关村内基本情况的汇报和现场查看了该村村容村貌及产业发展情况后，就李庄子如何摆脱落后局面，张国栋提出七点要求。一是要解放思想。要走出去、请进来，学习先进地区好的致富经验，要通过反复宣传、外出考察等形式，增强群众主动致富的意识和敢试敢闯的精神。二是要抓准致富门路。重点抓好奶牛养殖产业和设施农业。要深入学习国土部和农业部联合下发的155号文件精神，吃透并利用好政策，进一步完善设施农业用地和扩大奶牛养殖规模。三是要抓好基础设施建设。要先制定出具体的农业项目发展规划，根据规划进行土地流转，然后实施配套的农业基础设施建设。村内道路建设要结合新民居建设统筹考虑，做到瞻前顾后。四是要多方帮扶。倴城镇、财政、水务、电力、交通、农牧等相关部门，要立足各自职能，竭尽全力进行帮扶。五是要丰富农民群众的文化生活。李庄子村有一定的文化底蕴，要把文体活动当作凝聚人心、弘扬正气的有效手段。同时要通过文艺形式大力宣传致富经验。六是要迅速提升村容村貌。要开展一次环境卫生整治攻坚行动，同时做好村内绿化、美化工作。七是进一步加强基层党组织建设。要想改变落后面貌，村两委班子至关重要，村干部要带头致富。要充分发挥党员在各方面的先锋模范作用，同时要积极发展新生力量，为党组织注入新的活力。县委常委、组织部长史林友及有关部门负责同志参加现场办公。

张少龙到滦南调研

5月9日上午，中纪委信访室副主任张少龙，省纪委常务副书记商黎光，市委常委、市纪委书记张振县等一行到滦南调研农村村务管理监督“一卡通”工作。县领导张国栋、蔡洪魁、韦远东、杜珍、李玉鹏、张友利及有关部门负责同志陪同调研考察。调研组一行先后到姚王庄镇李营村和北河大桥等地考察参观，还沿途参观了谷家营村平改建设路南延建设现场，并召开座谈会，观看了专题片《通心靓卡》。商黎光在座谈会上说，滦南的村务管理监督“一卡通”工作，做到了与党风廉政建设、制度建设、监督管理和干部约束相结合，非常符合农村实际，为维护农村社会稳定和政治安定探索出了一条很好的道路，颇有指导借鉴意义。

张国栋到绳各庄调研

5月11日，县委书记张国栋深入到扒齿港镇绳各庄村，就新民居建设工作进行专题调研。张国栋指出，绳各庄村是评剧创始人成兆才的故乡，是非常宝贵的财富、重要的资源。发展文化产业，中央、省市都非常重视和支持，因此一定要挖掘、利用好绳各庄的文化资源优势。一要高标准规划。成兆才故居、纪念馆、演出剧场是重要的文化符号，要整体考虑，与新民居建设、产业发展相结合，由县规划局做一个高标准规划。二要进一步解放思想。村干部要带头解放思想，把人均土地多的优势发挥、挖掘出来，要组织群众到李营、交六等先进村进行学习考察，充分利用好国土部、农业部联合下发的155号文件精神，搞好设施菜、果的种植，同时大力发展采摘、观光、休闲娱乐等相关产业，要敢试、敢闯。三要打响评剧之乡的品牌。评剧故里建设不仅体现在硬件设施上，还要根植于群众当中，让更多的群众喜爱评剧、会唱评剧，使评剧艺术能够传承下去。四是镇上要全力支持。要迅速提升村庄形象，道路硬化全部到位，绿化、亮化也要做起来，要建成真正意义上的知名旅游景点。县领导韦远东、杜珍、李玉鹏及有关部门负责同志参加了调研。

张国栋一行还出席了罗慧琴（新凤霞传人，中国戏剧梅花奖得主，唐山市评剧团团长）收徒仪式。

许德茂来滦南调研

5月16日，唐山市委常委、政法委书记许德茂就加强社会建设、创新社会管理、维护社会稳定等工作，到我县进行调研。许德茂首先深入到北河公园、北河大桥、北河水系治理、企业研发中心、八合居社区建设现场，实地考察我县新民居及重点项目建设情况。随后在蓝海大酒店会议室观看了根据嘴东棚户区和谐拆迁工作而创作的乐亭大鼓《碧海映丹心》、反映我县“三大攻坚四大开发”的纪录片《大工地，大变化》和实施“一卡通”工程提高农村反腐倡廉建设科学化水平的纪录片《通心靓卡》。许德茂指出，滦南一年来的发展建设是“大手笔、大气魄、大力度、大成效”，滦南的经济社会实现了又好又快发展。滦南的社会管理创新、群众工作值得肯定，在大范围、高效率的征收搬迁工作当中实现了阳光拆迁、和谐拆迁，难能可贵。

许德茂强调，加强社会管理、维护社会稳定工作，实现源头治理，首要的就是要深入实施重大决策社会稳定风险评估机制。第一，重要决策社会稳定风险评估是全国各地高度重视、积极探索的一项重要工作，我们应该引起足够重视。第二，重要决策社会稳定风险评估工作，滦南率先迈出了很重要、很好的一步，要总结成功经验做法，进一步完善推广。第三，重要决策社会稳定风险评估是一项新的工作，需要结合基层实践，进行大胆创新和探索，滦南要进一步加强相关工作研究和实践探索，抓住上级领导对此项工作给予肯定的机遇，按照雪峰书记的指导，把这项工作抓紧抓实，抓出特色，抓出经验，争做全省典型。县领导张国栋、杜珍、李玉鹏、宋福安陪同调研。

我县举行第二批重点项目集中开工奠基仪式

5月17日上午，滦南县第二批重点项目集中开工奠基仪式在鼎盛新世界开发建设项目现场举行。本次共集中开工重点项目50个，总投资81.22亿元。这次集中开工奠基的50个重点项目中，农业项目7个，总投资5.3亿元；工业项目20个，总投资44.66亿元；基础设施项目9个，总投资4.65亿元；商住开发项目14个，总投资26.61亿元。项目全部建成后可新增就业岗位17000余个，年可实现产值120亿元，利税10亿元，增加商住建筑面积100万平方米，改造建筑面积8万平方米，完善、新建城区路网9千米，不仅有效扩大全县经济总量，调整产业结构，增强发展后劲，而且极大提升城市形象，改善民生条件，提高人民群众幸福指数。县委书记张国栋宣布50个重点项目开工，县长蔡洪魁致辞。唐山市委市政府研究室领导和县四大班子全体领导出席奠基仪式。县直各单位一把手、各镇（街道）党政主要负责同志、项目攻坚指挥部各工作组组长、重点项目业主及项目助理、职工代表参加了奠基仪式。

张国栋会见深圳商务考察团一行

5月17日至19日，深圳市政协委员、深圳市军江投资管理有限公司董事长叶江山，深圳市中航沈飞科技有限公司流通事业部总经理、深圳市迈深科技有限公司执行副总裁王军，组成商务考察团到我县就投资项目有关事宜进行考察。县领导张国栋、蔡洪魁、于广秋及县政府办、发改局、国土局、商务局、规划局、城西管委会、嘴东管委会、北河新区管理处等单位主要负责同志会见考察团并陪同调研。考察团详细了解了我县十二五发展规划、人口状况、

GDP、产业基础及具体投资项目，并对城西工业聚集区、嘴东工业区、北河新区开发项目情况进行了考察。考察团一行对我县投资项目产生了强烈的意愿，对计划投资4.5亿元、占地147亩的唐山市友信华运物流有限公司农产品冷链物流项目充满信心。特别是在城西工业聚集区实地考察农产品冷链物流选址时，对城西工业聚集区区位资源优势给予了高度评价。

我县召开2011年度征收搬迁第一战役总结表彰暨第二战役启动大会

5月21日，我县召开2011年度征收搬迁第一战役总结表彰暨第二战役启动大会。会议贯彻落实国务院办公厅关于立即在全国开展征地搬迁制度落实情况专项检查的紧急通知精神，对今年第一批征收搬迁工作进行总结表彰，对第二批征收搬迁工作任务进行了安排部署。县四大班子全体领导出席会议，县直各单位、各镇主要负责同志、涉及搬迁村和居委会的干部、城镇建设三年上水平指挥部全体成员、各工作队全体队员及部分离退休老同志参加会议。县长蔡洪魁主持会议，县委书记张国栋出席会议并讲话。

王建民来滦南考察

5月24日，全国人大常委会委员、成都军区原司令员王建民一行，到滦南就城市建设、项目建设等重点工作进行视察。王建民一行视察了谷家营平改、建设路南延、北河大桥、滦海公路等我县重点工程项目建设和嘴东工业园区开发建设情况。王建民详细了解了滦南“十二五”期间发展建设的总体规划和当前我县正在进行的“三大攻坚、四大开发”等重点工作开展情况。王建民强调指出，滦南近期以来的发展变化很快，超出了想象，尤其广大党员干部“少说多干、奋勇争先”的优良作风和“白加黑、五加二”的拼搏精神让人感动，三年再造一个新滦南的阶段性目标一定能够实现，滦南必将成为唐山湾最耀眼的一颗明珠。县领导张国栋、杜珍、李玉鹏、于广秋、白云泽陪同视察。

王雪峰到滦南调研

5月25日下午，唐山市委书记王雪峰，市委常委、秘书长刘建国到滦南调研指导工作。王雪峰一行在现场视察北河大桥、北河公园等滦南重点城建项目并听取了有关县领导工作情况汇报后，对滦南城镇建设三年上水平工作给予了充分肯定。王雪峰登上北河大桥，看到北河新区的大发展、大变化，指出：滦南的城市建设一片热火朝天，动作很快，很好。建设路西侧的拆迁完成得很快，建设路东侧的拆迁也很有必要。看到北河南岸兆才大街两侧建筑已基本拆除时，王雪峰强调指出，还水于民的做法很好，我也很放心。王雪峰希望滦南把北河水城打造成文化旅游项目，多兴建一些像元代风情街、金代风情街这样的景点，把秦皇岛、北戴河的游客吸引过来；与此同时，要加强配套基础设施建设，在北河新区兴建一些星级酒店，为游客提供良好的旅游环境。县领导韦远东、于广秋、张云江陪同调研视察并介绍汇报情况。

吴海英来滦南调研

5月30日，唐山市委常委、副市长吴海英在相关部门负责人的陪同下，来滦南就科技项目建设及全市“转型发展、科技支撑”现场交流会的落实情况进行调研。吴海英一行先后参观考察了谷家营平改、建设路南延、北河大桥及北河新区等项目建设情况，在蓝海大酒店观看了反映我县“三大攻坚、四大开发”的专题片《大工地、大变化》，听取了我县以科技进步和创新促进经济转型快速开展的汇报。吴海英指出，滦南县委、县政府的各项决策英明果敢，能够紧紧围绕市委、市政府的安排部署，同时结合自身实际开展各项工作。滦南近期的变化很大，到处是一派生机勃勃的建设景象，尤其是滦南的城市建设、项目建设取得了喜人成果，向滦南人民表示祝贺。滦南培养形成的“少说多干、奋勇争先”的优良工作作风和“白加黑”、“五加二”的拼搏精神，让人很受感动，也很值得其他地方学习，相信不久的将来，滦南将建设得更加靓丽美好，一定能够实现“激情滦南、实力滦南、文化滦南、生态滦南、和谐滦南”的发展目标。吴海英同时强调，要将“转型发展，科技支撑”有关会议精神落实到当前的各项工作当中去，要围绕着“规划、平台、招商、营造氛围”四项工作，大力开展好科技创新工作。要进一步明确以科技促发展的工作思路，积极开展科技招商和对外科技合作与交流，着力引进一批高新技术企业和高新技术产品，选择一批急需重点突破的技术项目，努力促进科技招商与科技创新的良性互动。要出台相关政策，加大扶持力度，营造出崇尚科技进步、崇尚科技创新的浓厚氛围。县领导张国栋、蔡春奎、张怀良及有关部门负责同志陪同调研并参加了座谈会。

陈学军到滦南调研

6月1日，唐山市委常委、常务副市长陈学军到滦南调研项目建设工作。陈学军一行考察了谷家营平改、建设路南延、北河大桥、北河水系拓宽段、城西工业聚集区等我县重点项目建设情况，听取了情况汇报，给予高度评价。陈学军指出，看了滦南的几个重点项目、听了有关情况的汇报，让人感到很振奋，滦南县四大班子团结一致、同心同德，滦南政通人和。一年多的时间，滦南发生这么大的变化、取得这样大的成绩，确实是干事创业的结果，让人看到了干劲和战斗力。滦南重点项目建设、基础设施建设、旧城改造取得的巨大成果，体现了县委、县政府的坚强领导和不懈努力，体现了广大党员干部各负其责、各司其职的精神风貌。滦南的做法、取得的成绩，值得肯定、值得总结。就如何做好下步工作，陈学军强调，一是要把县城做强做优。要拉开城市建设框架，树立负债经营城市的理念，实施绿美亮净活工程，把学校、医院、商贸做好，进一步完善城市功能，不断增强城市的吸引力和凝聚力。二是要进一步推进项目建设。城西工业聚集区要以发展劳动密集型产业、三产服务业为主，不断增强安排就业的能力。嘴东工业园区是摆大工业的主阵地，要抓紧细化、提升嘴东工业区规划，加快基础设施建设步伐。要加快大铁矿开发建设力度，积极打造滦南的支柱产业。县领导张国栋、蔡洪魁、李玉鹏、蔡春奎、冯玉志、张云江等陪同考察并参加了座谈会。

郭彦洪来滦南调研

6月3日，唐山市委常委、宣传部长郭彦洪来滦南就民营企业二次创业进行调研。郭彦洪一行参观考察了谷家营平改、建设路南延、北河大桥、北河水系松树拓宽段等我县重点项目建设情况，听取了我县中小民营企业二次创业整体工作开展情况和唐山中红普林集团二次创业情况汇报。郭彦洪指出，看了滦南的城市建设、重点项目建设等情况，让人很是振奋。滦南班子团结、政通人和，广大党员干部干事创业的氛围很浓。一年多的时间，滦南的变化巨大，雪峰书记对滦南取得的巨大成绩也多次给予过表扬。滦南的民营企业二次创业工作，认识到位，抓得紧，形成了好的氛围，尤其是中红普林的二次创业思路清晰、规划具体，完全符合企业的实际和唐山经济结构调整要求，并且已取得了很好的成效。就如何做好下步工作，郭彦洪强调，一是进一步解放思想，认清形势，全力推进二次创业工作；二是进一步把握核心，增长后劲，提高创新能力；三是进一步提高质量，扩大影响，培育和打造出自己的品牌；四是进一步固本强基，注重人才，建设高素质的员工队伍；五是进一步完善政策，营造氛围，优化二次创业的社会环境。县领导张国栋、蔡洪魁、杜珍、李玉鹏、蔡春奎、桑树军及有关部门负责同志陪同调研并参加了座谈会。

张国栋督导大铁矿开发建设工作

6月8日，县委书记张国栋深入马城铁矿勘探项目部、大贾庄铁矿主厂区施工现场，督导检查大铁矿开发建设工作。在铁矿开发建设指挥部听取铁矿办和大贾庄铁矿项目部有关工作情况的汇报后，张国栋就如何做好下步工作提出了明确要求。一是进一步增强使命感。大铁矿开发是我县四大开发之一，事关滦南三年翻一番、五年翻两番的奋斗目标，意义重大，有关单位要进一步增强工作的主动性和自觉性，为顺利推进大铁矿开发建设搞好服务、作出贡献。二是进一步增强紧迫感。电力基础设施建设、开工前各项手续的办理、公司注册、马城铁矿补勘等各项工作，要进一步明确时间节点，确保早日完成。三是进一步增强工作的预见性。要提前谋划生活区建设，做好马城铁矿开发设计、铁选厂选址、征地区域绿化、矿业集团指挥部建设等项工作，为大铁矿顺利投产做好准备。县领导蔡洪魁、杜珍、李玉鹏、于广秋，河北矿业集团有关领导，县直有关部门负责同志一同督导并参加了汇报座谈会。

张国栋就环城水系建设进行调研

6月15日下午，县委书记张国栋深入松树拓宽段、节制闸、洋淀水库涵洞北河水系重点建设区域及上游虾米洞，就环城水系建设工作进行专题调研。调研过程中，张国栋就如何进一步加快环城水系建设进展、稳定水系建成后的水位等问题作出具体安排部署。张国栋同时查看了松树拓宽段两侧护堤野花组合出苗及养护情况。县委办公室主任刘兆宾、倴城镇党委书记张树云、水务局长李俊平参加调研。

纪念中国共产党成立90周年党史知识竞赛活动圆满结束

6月20日，由县委宣传部、县委党史研究室和《新滦南》共同举办的以“喜迎建党90周年，建设美好新滦南”为主题的“纪念中国共产党成立90周年党史知识竞赛”活动圆满结束。活动共收到答题卡3598份，评选出优秀个人奖40名，优秀组织奖12个。

张国栋做客新华网

6月21日15时，县委书记张国栋做客新华网，接受“基层党建理论创新与实践”栏目采访。访谈中，张国栋详细介绍了滦南的经济、文化、社会发展情况，用文化、资源、产业、区位四张名片向网友推介了滦南的基本情况，并就如何加强基层组织建设介绍了经验和做法。

张国栋指出：基层党建为县域经济社会发展提供了有力的支撑和保证作用。2010年以来，滦南确立了“科学发展、赶超跨越”的奋斗目标，组织开展了三年大变样、重点项目攻坚、统筹城乡发展“三大攻坚”和城西工业聚集区、嘴东工业区、大铁矿、北河新区“四大开发”。为快速推进各项工作，滦南始终坚持“科学发展、党建先行”的工作理念。一是始终坚持基层党建工作围绕中心、服务大局。二是始终坚持把落实责任作为推进基层党建工作的总抓手。三是始终坚持把改革创新作为改进基层党建工作的动力。

访谈中，张国栋介绍了滦南基层党建方面的经验做法。一是问计于民，牢固树立宗旨观念。二是建立治难转后机制。三是注重在一线培养选拔干部，树立正确的用人导向。四是深化创先争优活动，确保基层党建工作充满活力和生命力。五是加大工作改革创新力度，着力破解基层党建工作难题。六是狠抓党风廉政建设，营造风清气正的干事环境。就如何做好下步基层党建工作，张国栋指出，一是积极推进基层党建城乡一体化，二是加强基层党建工作创新，三是扎实开展创先争优活动。

访谈结束后，张国栋会见了新华网副总裁兼副总编魏紫川先生。据悉，张国栋是经河北省委组织部推荐做客新华网的唯一县委书记。

我县举办庆祝建党90周年书法美术摄影作品暨创先争优成果展

6月23日上午，我县在文体中心广场举办庆祝建党90周年书法美术摄影作品暨创先争优成果展。此次共展出创先争优展牌34块，书法、美术、摄影作品310幅。县委书记张国栋等县四大班子领导参加开展仪式。县委常委、组织部长史林友主持开展仪式，县委常委、宣传部长、统战部长王殿新宣读参展作品获奖者名单，县委副书记韦远东讲话。各镇（街道）、县直单位党政正职及职工代表，离退休老干部代表，县外书法、绘画、摄影名家及爱好者代表参加了开展仪式，并参观了作品及成果展。

我县举办纪念中国共产党成立90周年理论研讨会

6月24日，县委宣传部、县委组织部、县委党校、县委党史研究室、教育局等部门联合举办“滦南县纪念中国共产党成立90周年理论研讨会”。县委常委、宣传部长、统战部长王殿新主持会议，县委常委、组织部长史林友出席研讨会并讲话。本次活动共收到征文近百篇，作者来自各层次，文章涉及各领域，研讨活动在全县产生了积极反响。

我县举行纪念建党90周年“党旗传递·重温誓词”活动启动仪式

6月25日上午，滦南县纪念建党90周年“党旗传递·重温誓词”活动启动仪式在县委院内举行。这次活动，是县委为纪念建党90周年举行的系列活动之一，旨在引导广大党员进一步继承和发扬党的优良传统和作风，增强党性观念、强化党员意识，振奋精神，少说多干，奋勇争先，在推动滦南“十二五”科学发展、赶超跨越的伟大实践中做出更大贡献。县四大班子党员领导干部出席启动仪式，各镇（街道）、县直党委书记和县直各单位党员身份的主要领导干部参加了活动。仪式由县委副书记、县长蔡洪魁同志主持。启动仪式上，县委常委、组织部长史林友同志带领参加活动的全体党员重温了入党誓词，县委副书记韦远东同志代表县委致辞，县委书记张国栋同志向各镇、街道党委和县直党委代表授旗。县委副书记、县长蔡洪魁宣布“党旗传递·重温誓词”活动正式启动。

启动仪式结束后，县直各党委共组织600余名党员代表在县城主要街道进行了党旗传递。同时，各镇党委也迅速启动了党旗传递活动。

白润璋到滦南调研

6月27日，省老促会会长、原唐山市委书记、省人大副主任白润璋到滦南进行工作调研。白润璋一行参观考察了中红建材城、谷家营平改、建设路南延、中红普林彩印包装、北河大桥、北河水系松树拓宽段、节制闸等我县重点城市、文化产业项目建设情况；对我县老区路修建情况进行了现场调研。白润璋对滦南城市建设、经济社会发展取得的巨大成就给予充分肯定，对滦南更加美好的明天充满期待。白润璋指出，滦南以国栋、洪魁同志为核心的四大班子领导团结干事，全体党员干部少说多干、奋勇争先，充满火热的战斗激情；滦南的发展建设让人非常震撼，到处是工地，一栋栋高楼正在崛起，城市基础设施正在逐渐完善，环境卫生大为改观，党员干部精神抖擞；滦南的城市规划符合科学发展观的要求，档次高、气魄大，已经拉开中等城市的建设框架，相信经过两至三年的埋头苦干，滦南必将成为非常漂亮的城市，滦南人民的幸福指数将有一个极大的提高。县领导张国栋、蔡洪魁、韦远东、杜珍、李玉鹏、史林友，老促会会长田务仁及有关部门负责同志陪同调研。

我县召开庆祝中国共产党成立90周年大会

6月30日，我县在成兆才大戏院召开大会，庆祝中国共产党成立90周年，并对全县农村基层组织建设先进镇党委，先进基层党组织、党建示范村（社区）代表，优秀共产党员、优秀党务工作者和“一好双强”村党组织书记代表、优秀大学生村官进行表彰。受到表彰的有：农村基层组织建设先进镇党委7个，先进基层党组织118个，优秀共产党员179名，优秀党务工作者42名，“一好双强”村党组织书记60名，党建示范村（社区）28个，优秀大学生村官18名。县四大班子党员领导干部和老同志代表出席会议。各镇（街道）和县直各党委书记、主管副书记、组织委员、党建办主任，县直各单位主要负责同志和主管副职，重点企业负责党务工作的同志，受表彰的先进单位和优秀个人，城镇建设三年上水平各工作组组长、各工作队队长，相关工作领域的党员代表参加了会议。县委副书记、县长蔡洪魁主持会议，县委书记张国栋做重要讲话。

张国栋到姚王庄镇慰问农村干部

7月1日下午，县委书记张国栋到姚王庄镇李营村、胡许庄村走访慰问农村干部。张国栋书记代表县委对李营村党支部作为全国先进基层党组织受到中央表彰、胡许庄村党支部书记白福林作为优秀村党组织书记受到省委表彰，表示热烈祝贺，并与村“两委”干部和党员代表、姚王庄镇主要负责同志进行了座谈。

在李营村，张国栋书记就李营村今后的发展和学好李营经验、放大李营效应提出三点要求。一是继续调整农业产业结构，努力推进农业现代化。他说，李营村经过七次产业结构调整，农民富了，村容村貌美了，但是就像志刚同志讲的那样，要不满足、不停顿，要自我加压，要在调整产业结构上进行新的探索。要努力在建设智能温室、打造农产品品牌、发展观光农业及农产品深加工等方面寻求新的突破，永葆我们这个典型的先进性。二是在新民居建设上进一步积极探索。他强调，新民居建设已经有了规划，这个规划实施起来需要一个长期的过程，要逐步实施，要有先有后，有序推进。哪些地方先实施，就得是物质条件好的、党组织有战斗力的地方先实施。李营的条件比较好，所以要按照规划着手起步新一轮的新民居建设，不是简单的加一个红顶，也不是简单的把一层的房子变成两层，要按照新民居的要求积极探索，争取一进入李营村，村容村貌就是一个景观，让人为之眼前一亮。三是发挥好示范带动作用，继续放大李营效应。他说，李营的经验产生在姚王庄镇，所以，放大李营的效应首先要从姚王庄镇做起，开展对标赶超的活动，特别是让李营带几个周边村，首先实现党组织联建，先党组织联建，村委会可以逐步联建，先迈开第一步。全县也要向李营学习，涌现出更多的先进基层党组织，通过发挥好基层党组织的战斗堡垒作用，进一步把创先争优活动引向深入，为滦南县的科学发展、赶超跨越提供强大的精神动力，使滦南早日建成“激情滦南、实力滦南、文化滦南、生态滦南、和谐滦南”，让我们的老百姓都过上幸福美满的好日子。

在胡许庄村，张国栋书记看望了村党支部书记白福林，并送去了慰问金和慰问品。

县委常委、组织部长史林友，县委常委、宣传部长、统战部长王殿新，副县长卢翠娟，县委办、县委组织部、县委宣传部相关同志参加了走访慰问活动。

王久宗到滦南检查指导工作

7月7日上午，市委常委、副市长兼农工委书记王久宗一行到滦南检查指导工作。王久宗沿途考察了中红建材城、谷家营平改、北河公园、建设路、北河大桥等我县重点城建和景观建设工程项目，现场考察了县农产品质量安全检测中心。王久宗指出，滦南的发展建设特别快，北河景色非常优美。滦南北河文化观光产业带建设符合科学发展观的要求，并且已取得明显成效，“三年再造一个新滦南”指日可待。在听取了我县农产品质量安全检测站建设情况的汇报后，王久宗强调，滦南的食品安全综合检测工作，认识早、行动快、成效明显，为现代农业的快速发展提供了坚强保障。就如何做好下步食品安全检测工作，王久宗要求，一是继续扩大食品安全检测的覆盖面，二是变强制检测为自律式检测，三是积极推进农业的标准化生产。县领导张国栋、蔡洪魁、张怀良及有关部门负责同志陪同考察。

张国栋做客央视《奋斗》栏目

7 月 13 日 14 时，县委书记张国栋做客中央电视台大型励志商务访谈《奋斗》栏目，就传统工业型城市如何转型问题接受了深度采访，讲述了滦南这座县级城市的奋斗故事。访谈还邀请了清华大学建筑学院副教授、曹妃甸国际生态城管理委员会主任林彭，中华文化促进会副主席、原中央电视台常务副台长于广华两位观察员。录制现场，主持人阿丘不失时机的提问，嘉宾精彩的回答，观察员独到的点评，使访谈在和谐融洽的氛围中逐层深入，非常顺利。

访谈中，张国栋首先介绍了滦南的地理位置，并从文化底蕴、自然资源、产业基础和区位优势四大名片介绍了滦南独特的优势。滦南是全国文化先进县，被命名为中国评剧之乡、乐亭大鼓之乡和河北民间文化艺术之乡；滦南是大米、海米、花生米“三米之乡”；北部铁矿资源丰富，近期储量 20 亿吨；拥有千年不枯的北河 1.2 平方千米自然水体资源；滦南是“中国钢锹之乡”，全国最大医疗级 PVC 手套生产基地，是京津地区重要的农产品供应基地；滦南是河北省“11 县 9 区”沿海经济隆起带重要组成部分，紧邻北京、天津、秦皇岛等地。

围绕加快发展与城市转型，张国栋重点从“文化产业发展”、“城市建设”、“战略性新兴产业发展”等话题介绍了滦南的做法。在“文化产业发展”中，滦南提出了建设文化滦南的发展目标，把文化提升到重要的地位并作为产业来发展。重点实施文化“六个一”工程：完善一批文化设施；创作一批文化精品；发展一批文化产业；开展一批群众性文化活动；保护一批文化遗产；培养一批文化人才。深入挖掘“冀东文艺三枝花”，让传统文化焕发新的生机和活力。依托县城北河水系，大力发展北河水城文化观光产业带。在城市建设中，滦南制定了“中等城市、生态滦南”的城市定位，县城目标为“滨海水城、经济强城、文化名城、宜居靓城”。按照“规、拆、建、改、管”并重，大力推进城市化进程，进行“三大攻坚，四大开发”。通过努力，把滦南县城打造成“碧水环绕、绿树掩映、古韵新风、曲美人和”的城市。就滦南因何能做到城市拆迁“零上访、零事故、零冲突、零钉子户”，张国栋讲了六点：尊重民意；利益上向百姓倾斜；舆论先行；四大班子合力助推，工作队深入一线；严格执行政策，依法依规办事；有情操作，亲情拆迁。在“战略性新兴产业发展”中，滦南围绕新能源、新材料、高端装备制造、海洋生物工程等方面推进新兴产业。正在加快实施投资 50 亿元的东丰海上风电，投资 300 亿元的华能海上风电项目做前期准备工作，加快推进甲醇汽油、金利生物柴油等项目的筹备工作，加快中冶、方舟、东方海运等修造船项目建设。张国栋还介绍了滦南的“十二五”规划：三年再造一个新滦南；五年经济总量翻两番；城市建设定位为“中等城市、生态滦南”；城市作为评剧故里、滨海水城，风格要大气、现代、简约、明快。

王雪峰率团到滦南观摩项目建设

7 月 14 日下午，唐山市委书记王雪峰率市四大班子领导成员及各县(市)区委书记、县(市)区长；市发改委、工信局、国土局、环保局、招商局、统计局、商务局、农牧局主要负责同志 80 余人来我县，对北河水城文化旅游产业观光带、汇丰钢铁有限公司精密冷轧带钢及精细特种钢丝项目、唐山英才学校三个重点项目进行了现场观摩。张国栋、蔡洪魁等县领导及相关部门负责人陪同观摩。县长蔡洪魁向市观摩团一行汇报了我县重点项目建设情况。副县长卢翠娟、于军、张云江分别就三个项目的建设情况做了介绍。在本次全市 14 个县区项目建设观摩中我县排名第三。

我县召开 2011 年上半年经济形势分析暨第二季度重点工作问责会议

7 月 18 日，我县召开 2011 年上半年经济形势分析暨第二季度重点工作问责会议。县四大班子领导成员出席会议。各镇（街道）党政正职、县直单位一把手参加会议。会议回顾总结了上半年的重点工作开展情况，传达了省经济形势分析会议及全市大项目观摩会议精神，要求全县上下进一步弘扬少说多干、奋勇争先的优良作风，振奋精神，再鼓干劲，全面加快滦南科学发展、赶超跨越步伐。县委副书记韦远东主持会议，县委书记张国栋、县长蔡洪魁分别讲话。

张国栋检查指导城市建设管理工作

7月19日早6时30分，县委书记张国栋召集有关人员，冒雨沿南大街、和平路、兆才大街（北河公园）、北河大桥、崇法大街（惠民广场）步行检查指导城市建设管理工作。就如何解决发现的问题，张国栋要求，一是完善环卫设施。抓紧更换县城主要街道破损的果皮箱。二是科学划定各类停车位。对机动车、非机动车、自行车停车位和人行道标线进行科学规划，做到既维护交通秩序，又方便群众出行。三是设置交通信号灯和标线。抓紧设置和平路北口，建设路与兆才大街、中大街、南大街交叉口的交通信号灯。在兆才大街各主要路口划定人行横道、设置减速标志。四是加强北河公园管理。抓紧制定北河公园管理办法，加强基础设施、绿化成果管护，做到精细化管理，防止出现重建设、轻管理的问题。宣传部、县电视台要加强公用设施管理方面的正面宣传，营造“建好公园全民共享，管好公园人人有责”的良好氛围。县公安局要依法严厉打击破坏公园设施的违法行为，并予以曝光。五是全面修复、维护市政基础设施。抓紧修复步行街西口、和平路等部位的破损和塌陷人行便道，彻底清理施工遗留物料。

张国栋率队赴邻县考察

7月20日，县委书记张国栋率县四大班子领导、各镇（街道）党委书记、县直有关单位负责人，就项目建设工作赴滦县、乐亭、丰南参观考察。

在参观考察了滦县的庞大集团专用车生产线、滦州古城、研山铁矿开发项目建设情况后，张国栋要求，要积极学习滦县的先进经验，重点引进发展装备制造业。要发扬滦县“无中生有”的精神，进一步解放思想、转变观念、科学规划，利用好滦南现有的资源优势，融入各种文化元素，把文化旅游产业做大做强。

参观考察了乐亭古滦河生态公园、现代农业产业园之后，张国栋指出，要借鉴乐亭的先进做法，顺应现代产业发展趋势，依托北河天然水体资源和传统农业大县的地位，全力推进北河水城建设进程，大力发展设施农业和现代观光农业，主推三产服务业发展，提升现代农业发展水平。

在参观考察了丰南的惠丰湖、五星级酒店项目后，张国栋强调，丰南有28个城中村实现了整体搬迁改造，并在已建成1个五星级酒店的基础上，又谋划建设了两个五星级酒店。丰南的意识超前、眼光长远。我们要学习丰南敢想敢为的开创精神，进一步解放思想，为城镇建设三年上水平做出了应有贡献。

我县与省市供销合作社签署战略合作框架协议

7月22日，河北省供销合作总社、唐山市供销合作总社与滦南县人民政府签署战略合作框架协议，为进一步开展合作奠定基础。在全县大力开展“三大攻坚、四大开发”的过程中，县供销社不断谋划优势项目，积极争取引进省、市供销社的项目投资，多次邀请省、市供销社领导来我县考察，最终促成了省、市供销社与县政府的战略合作。省供销社理事会副主任、省新合作集团董事长夏永利，市供销社党组书记、主任李元新与县四大班子领导进行了会晤，就如何开展合作达成一致意见，并签署战略合作框架协议：在优势互补、互赢共赢、诚信平等的原则上，县政府与省、市供销社三方将在城市商贸综合体、住宅开发、商贸物流、农产品市场、循环经济园区建设、新民居建设、北河新区文化旅游产业项目等多个领域进行合作，涉及总投资金额7亿元。各项合作的开展，将有效推动滦南县域经济的发展，提升城镇建设水平，增强供销社实力。

粤港机械企业燕赵行考察团来滦南考察

7月22日上午，粤港机械企业燕赵行考察团一行24人来滦南考察。县委书记张国栋会见考察团一行，韦远东、杜珍、李玉鹏、于广秋、蔡春奎、于军及有关部门负责同志陪同考察。在滦南县机械制造行业恳谈会上，县委书记张国栋向考察团一行介绍了滦南当前经济社会发展的良好态势。指出，滦南进入了一个快速发展的时期，引起了国内外的高度关注，同时滦南在机械制造方面有一定的基础和优势。县委常委、副县长蔡春奎做了热情洋溢的推介发言。与会人员观看了我县宣传片《击水潮头搏未来》和粤港部分机械企业的影响简介。港澳机械企业代表陈燚、赵钢、蔡金栋等与我县相关部门负责人和机械制造企业负责人，就双方感兴趣的问题进行了面对面的交流，进一步增进了相互间的了解。

张国栋视察城区防汛工作

7月30日上午，县委书记张国栋冒雨视察了牤牛河、王土倒虹吸、北河水系导流明渠、节制闸等相关水利设施建设使用情况。就如何做好城区防汛工作，张国栋要求，一是进一步提高思想认识。要克服松懈麻痹思想和侥幸心理，增强做好城市防汛工作的紧迫感和各项准备工作。二是进一步加强组织领导。要建立健全防汛组织，进一步明确目标任务，做到人员、责任、工作全部到位。三是进一步排查各类隐患。防汛指挥部要组织有关部门对防洪排涝工程设施、泄洪水系、重要地段和薄弱环节做一次全面认真的检查，及时排除隐患，确保县城安全度汛。县领导蔡洪魁、张怀良、张云江一同视察，有关部门负责同志陪同视察。

张国栋向部分镇村和相关人员捐赠“救心草”

7月31日，县委书记张国栋以个人名义向我县部分镇村和相关人员捐赠“救心草”。县长蔡洪魁主持捐赠仪式，县领导韦远东、杜珍、李玉鹏、史林友、蔡春奎、宋福安、李景云、崔恩富、张怀良，老干部协会主席张占平、老促会会长田务仁出席捐赠仪式。县委书记张国栋介绍了“救心草”的功用及栽培方法。救心草是一种保健蔬菜，可炒、可炖、可烧汤、可凉拌，其全草可入药，具有宁心平肝、滋阴活血、降低血脂、延缓血管硬化的功效。本身耐寒耐旱，适合露地栽培，生命力极强，种植管理方便简单，且经济价值很高，非常适合在农村推广。大规模种植可形成产业，带动群众增收致富。副县长、农工委书记张怀良宣读了《自愿申领承诺书》；县委书记张国栋分包村、老区村、大学生村官代表及园林绿化部门等单位和个人接受了捐赠，签订了申领承诺书。受赠单位代表和个人表示一定要好好栽培管理，不辜负张国栋书记的期望。

北河水城正式列入唐山八景

8月3日，唐山市旅游局公布“唐山八景”评选结果，滦南县北河水城位列20个候选景点第7位，成功入选“唐山八景”。同时入选的其他7个景点分别是：唐山南湖及环城水系、清东陵、李大钊纪念馆及故居、唐山湾国际旅游岛、唐津运河、景忠山、开滦矿山公园。

按照评选规则，评选活动分推荐景观和票选两个阶段。县委、县政府对北河水城参评“唐山八景”活动高度重视，认真组织。各镇、县直单位和社区干部群众积极参与推荐及投票，共上报推荐稿件31014份（其中信函8823份，电子邮件22191份）。截至6月24日，北河水城在20个候选景观中得票数第一，其中报纸投票20934份，居报纸投票第一位，网络投票亦居首位。北河水城入选“唐山八景”有力地提高了滦南的知名度、美誉度，对于加快推进省级园林县城创建、打造北河水城文化观光产业带、提高人民群众幸福指数，具有重要而深远的历史意义。

我县举行第一批回迁安置房集中封顶仪式

8月11日，我县在天承锦绣回迁房项目现场隆重举行第一批回迁安置房集中封顶仪式。此次封顶仪式设天承锦绣主会场及金海公寓、金诚华苑二期、翰林雅苑二期、学府东苑、鼎盛花园四期、正通国际城、富贵园等七个分会场。县委书记张国栋、县长蔡洪魁等县四大班子领导出席仪式，县直单位、各镇（街道）主要负责同志及回迁房建设督导组、项目助理、各相关村干部、回迁户代表、项目单位、施工单位负责人、工人代表等参加仪式。回迁房封顶仪式由县委常委、常务副县长于广秋主持，县长蔡洪魁致词，县委书记张国栋宣布回迁安置房集中封顶。回迁房的顺利建设，充分展示了滦南城市建设的速度和效率。回迁房封顶，既是新阶段的标志，也是新起点的开始。

赵世居来滦南调研

8月13日，省十届人大常委会副主任、党组副书记赵世居到我县就城镇建设三年上水平进行工作调研。赵世居一行参观了中红建材城、城西工业聚集区、谷家营平改、建设南路、北河大桥、北河新区等开发建设情况，乘坐画舫视察了北河公园建设情况。参观结束后，县委书记张国栋在座谈会上简要汇报了我县当前整体发展情况，与会人员观看了纪录片《大工地、大变化》。赵世居给予滦南很高评价：一年多来，滦南的城市建设发生了翻天覆地的变化，让人惊叹。充分说明了滦南党政领导班子超强的执行力、落实力。希望滦南继续以奋发向上、大有作为的精神状态，精心组织、全力推进，努力把城镇建设提高到一个新水平。市领导钟清杰、董宝泉、范绍慧和县领导张国栋、蔡洪魁、韦远东、杜珍、李玉鹏、于广秋及有关部门负责人陪同调研。

王雪峰来滦南视察

8月13日，唐山市委书记王雪峰在市委常委、市委秘书长刘建国陪同下，来滦南视察城市建设和北河水城文化观光产业带建设工作。县领导张国栋、蔡洪魁、韦远东、杜珍、李玉鹏、于广秋等陪同。王雪峰对我县的工作给予充分肯定：滦南的城市建设框架已经拉开，各项基础配套设施正在不断完善，北河水城已成功入选“唐山八景”，滦南越来越像个城市样儿了。滦南的城市建设在这么短的时间内取得如此大的成绩，值得充分肯定。滦南四大班子精诚团结，协调一致，坚决贯彻省市委的决策部署，拥有超强的执行力，这是干好事情、取得成绩的基础。滦南全县上下在县委、县政府的坚强领导下，坚持“白加黑、五加二”的奋战精神，发扬“少说多干、奋勇争先”的优良作风，“三大攻坚、四大开发”取得了巨大成果。尤其是回迁房建设进展迅速，让老百姓放心了。工业区建设成效很大，这为聚集城市人口打下了好的基础。这是滦南干部队伍有责任、有能力、有作为的表现。滦南的北河水城文化观光产业带建设，规划设计科学合理，具有良好的发展前景。要利用北河水城入选“唐山八景”的机遇，利用北河天然水体资源、三枝花、元代古城等文化资源，把北河水城建设好、发展好、经营好。要树立精品意识，按照规划设计精雕细琢，将北河水城打造成滦南三产服务业和文化旅游业的龙头，建成集购物、休闲、娱乐为一体的旅游景区。要进一步树立经营城市的理念，解放思想、开拓创新，实施市场运作，推进北河水城建设走上良性循环发展的道路。希望今后干得更好！希望滦南人民生活更幸福！

我县举行“坐画舫、游北河、看变化、谈发展活动”启动仪式

8月13日，滦南县“坐画舫、游北河、看变化、

谈发展活动”启动仪式在北河公园隆重举行。县领导蔡春奎、苗贵生、卢翠娟、毕仲仓出席启动仪式。县委办、政府办、宣传部、旅游办、北河新区、文广电新局、相关单位负责人及优秀拆迁队员代表、涉拆户代表参加了启动仪式。启动仪式结束后，涉拆户代表、优秀拆迁队员代表分批次坐画舫，游览了大美北河，感受古韵新风，畅谈滦南蜕变。本次活动分各界代表共600人分批游览和各单位有序组织游览两个阶段进行。

我县召开领导干部会议

8月18日，我县召开滦南县领导干部会议。市委组织部部务委员、正县级组织员蒋长洪宣布滦南县人民政府主要领导任免决定：许晓娟担任滦南县委委员、常委、副书记，提名县长候选人。县四大班子全体领导出席会议，各镇（街道）书记、镇长，县直各单位主要负责同志参加会议。县委书记张国栋主持会议并讲话。

我县举行第三批重点项目集中开工奠基仪式

8月20日，我县在嘴东经济开发区钒钛新能源综合利用项目现场举行第三批重点项目集中开工奠基仪式。本次共开工重点项目47个，总投资113.1亿元。在开工的47个重点项目中，产业分布均衡，一产项目14个，总投资8亿元；二产项目17个，总投资62.5亿元；三产项目16个，总投资42.6亿元。项目建成后可新增就业岗位11000余个，实现年产值88.5亿元、利税9.6亿元。其中，河北炯恒实业有限公司钒钛新能源综合利用项目，计划总投资55亿元，项目建成投产后，年可实现销售收入58亿元，税收5亿元，安排就业3200人；河北凰家房地产公司嘴东海鲜美食城项目，占地1171亩，以打造渤海新地标、嘴东新品牌、宜居宜业新选择为目标，计划总投资40亿元，以海鲜餐饮和住宅配套为主，观光、美食、休闲、购物多种消费方式相结合；嘴东经济开发区11万伏变电站项目，计划总投资1.26亿元，建成后将成为嘴东经济开发区经济腾飞的电力能源枢纽。县委书记张国栋致辞并宣布重点项目集中开工。县委副书记、代县长许晓娟等县四大班子领导出席开工奠基仪式。县直各单位一把手、各镇（街道）党政主要负责同志、项目攻坚指挥部各工作组组长及重点项目业主、项目助理、职工代表参加了开工奠基仪式。

中共滦南县委十届八次全体会议召开

8月29日，县委召开十届八次全体会议。会议宣读了唐山市委关于同意我县召开第十一次党代表大会的批复；听取了关于县第十一次党代表大会筹备工作情况的汇报；审议通过了十届县委工作报告（草案）；审议通过了县纪委工作报告（草案）；审议通过了党费收缴、使用和管理情况报告（草案）；做了十一届县委委员、候补委员、纪委委员候选人预备人选建议名单的说明；审议通过了十一届党的委员会、纪律检查委员会候选人预备人选；审议通过了大会主席团成员和秘书长建议名单；审议通过了代表资格审查委员会组成人员建议名单；审议通过了县第十一次党代表大会主要议程（草案）；审议通过了召开县第十一次党代表大会的决定（草案）；圈选了出席市第九次党代表大会代表预备人选。县委书记张国栋主持会议并讲话。

张国栋、许晓娟督导省级园林县城创建工作

8月29日下午，县委书记张国栋，县委副书记、代县长许晓娟现场督导省级园林县城创建工作，重点检查了创建验收路段、公园和污水处理厂的绿化、环境整治情况。张国栋强调指出，目前全市仅我县还未通过省级园林县城验收，创建工作中还存在很多不到位的地方，各有关部门和全体工作人员，要进一步增强创建工作的紧迫感和责任感，积极行动起来，浓厚创建氛围，细化分解任务，对照标准查遗补漏。

要以雷厉风行的工作作风，及时完善、解决检查中发现的不足和有关问题，形成环境整治常态机制，确保一役成功。张国栋书记同时视察了北环路、西环路、南大街西延、新南环等城区主要在建道路施工情况，明确要求北环路、西环路9月28日前竣工通车。县领导刘兆宾、张怀良、张云江参加督导检查，有关单位负责同志陪同督导检查。

王久宗到我县指导“两个联建”试点工作

8月30日，唐山市委常委、副市长兼农工委书记王久宗到我县柏各庄镇柏六村调研指导新农村建设“两个联建”试点工作。王久宗强调，“两个联建”工作意义重大，是对农村社会管理体系创新提出的新要求，是统筹城乡发展、加快城乡一体化进程的客观需要，是适应社会主义新农村建设和新形势下农村基层组织发展，全面建设小康社会的必然趋势。在当前“转方式、调结构”的深刻变革当中，农村也要有所作为。要实现农业的现代化，农村的组织形式、生产方式、生活方式必须随之改变。推进农村“两个联建”试点工作，就是本着先易后难的原则，从改变组织形式入手，进而促进农村生产、生活方式的转变，不断适应农业、农村发展的新形势。就如何推进“两个联建”试点工作，王久宗要求，一是要合理规划。“两个联建”规划要与各镇“村镇空间布局规划”相匹配。二是要逐步实施。一定要先转变组织形式，然后再进行生产、生活方式的改变。三是要整合人才。要通过推进“两个联建”，使农村能人能够脱颖而出，在此基础上配强村级领导班子。四是要政策配套。探讨建立与“两个联建”相适应的配套政策，如农村宅基地指标统一集约利用、农村宅基地盖楼房等等。县领导张国栋、于广秋、李景云、刘兆宾及有关单位负责同志陪同调研。

中国共产党滦南县第十一次代表大会召开

9月1日至4日，中国共产党滦南县第十一次代表大会在成兆才大戏院召开。会议听取并审议通过了张国栋代表中国共产党滦南县委第十届委员会所作的《肩负新使命　开启新征程　为滦南实现科学发展赶超跨越而努力奋斗》的报告和徐文辉代表纪律检查委员会所作的《催马扬鞭　保驾护航　为实现滦南科学发展赶超跨越提供坚强政治保证》的报告。会议审议通过了党费收缴、使用和管理情况的报告。会议以邓小平理论和“三个代表”重要思想为指导，全面贯彻落实科学发展观，认真回顾总结了十次党代会以来的工作，科学谋划部署了今后五年经济社会发展的目标任务。会议提出，今后五年要紧紧围绕“激情滦南、实力滦南、文化滦南、生态滦南、和谐滦南”总体目标，强力实施“融入曹妃甸、服务曹妃甸、打造大基地、建设新滦南”主体战略，持续开展重点项目建设、城镇建设三年上水平、统筹城乡发展“三大攻坚”和城西工业区、嘴东经济开发区、大铁矿、北河新区“四大开发”，确保“十二五”主要经济指标“三年翻一番，力争五年翻两番”。会议严格按照程序，采取无记名差额选举的方法，选举产生了中共滦南县第十一届委员会（县委委员45名、县委候补委员8名）和纪律检查委员会（纪委委员17名），会议还选举产生了20名出席市第九次党代会代表。大会号召全县各级党员干部和广大人民群众，少说多干、奋勇争先，肩负新使命、开启新征程，为滦南实现科学发展、赶超跨越而努力奋斗！

中共滦南县委十一届一次全体会议召开

9月4日，中国共产党滦南县第十一届委员会召开第一次全体会议，以无记名投票方式差额选举张国栋、许晓娟（女）、于广秋、马全红、蔡春奎、徐文辉、宋福安、于军、李景云、谢雪生、刘兆宾为常务委员会委员。会议等额选举张国栋为中共滦南县第十一届委员会书记，许晓娟（女）、于广秋为副书记。会议以举手表决方式批准徐文辉当选中共滦南县纪律检查委员会书记，批准项志平、李新峰当选中共滦南县纪律检查委员会副书记。

“法佳巴哈瑞Ⅱ号”多功能运输船下水

9月7日，河北省民营造船厂造出的第一艘正规轮船在嘴东下水。唐山市人大副主任范绍慧、市政府副市长辛志纯、市政协副主席于冬青及省沿海办常务副主任李志军、市发改委、市沿海办、市交通局等部门负责同志应邀参加滦南县在嘴东经济开发区唐山方舟修造船厂举行的法佳巴哈瑞Ⅱ号五千吨多功能运输船下水剪彩仪式。县领导于广秋、杜珍、李玉鹏、张友利、蔡春奎、李景云、刘兆宾、刘高军出席剪彩仪式。县委副书记、代县长许晓娟主持剪彩仪式。副市长辛志纯、县委书记张国栋及船东代表派萃克先生分别发表了热情洋溢的致辞；市、县领导及来宾共同为运输船下水剪彩；市人大副主任范绍慧宣布法佳巴哈瑞Ⅱ号五千吨多功能运输船下水。

“法佳巴哈瑞Ⅱ号”多功能运输船，是唐山方舟实业有限公司与天津德赛海洋工程技术有限公司为印尼法佳巴哈瑞公司建造的5000吨级的多用途运输船。本船按照中华人民共和国船舶海事局《船舶与海上设施法定检验规则》（国内航行海船法定检验技术规则），以及中国船级社《钢制海船入级与建造规范》进行设计及建造，为钢制、柴油机驱动的多用途甲板运输货船，不仅可以用于装运散装类货物、集装箱及大件运输，还可以用于海上工程、石油平台补给运输等服务项目。“法佳巴哈瑞Ⅱ号”多功能运输船，是方舟修造船厂投产一年多以来建造的第一艘船舶，结束了滦南县乃至唐山市不能建造正规轮船的历史，也是我省民营造船厂造出的第一艘正规轮船。

张国栋、许晓娟慰问一线教师

9月8日上午，第二十七个教师节来临之际，县领导张国栋、许晓娟、于广秋、于军、刘兆宾、白云泽、卢翠娟、赵瑞军分别到一中、二中、三中、职教中心、一小、英才学校、柏各庄初中、宋道口初中等学校慰问教师，并在教育局与教师代表举行座谈。

每到一处，张国栋、许晓娟都关切地询问学校各项工作的开展情况，关心教师们的工作生活情况，倾听教师们的心声，并代表县委、县人大、县政府和县政协为全县教师送去节日的祝福，鼓励广大教师和教育工作者要继续发扬爱岗敬业、严谨笃学、无私奉献的优良作风，在位知责，不辱使命，开拓创新，为滦南“科学发展、赶超跨越”做出新的更大贡献。

在座谈会上，张国栋、许晓娟充分肯定了我县广大教育工作者克服困难，在教育事业上做出了斐然成绩的敬业精神，积极投身“三大攻坚、四大开发”的大局意识。同时指出，滦南正处于大发展、快发展的关键时期，教育事业发展也面临着千载难逢的机遇。刚刚闭幕的第十一次党代会，描绘了滦南今后五年“科学发展、赶超跨越”的宏伟目标。实现“三年翻一番，五年翻两番”的目标，离不开人才和智力支撑，离不开教育事业的大发展、大繁荣。张国栋要求：

1. 全县上下要高度重视教育事业发展，不断增强教育发展后劲。一要把教育摆在优先发展的位置。实施优先发展，凝心聚力、全力以赴发展教育事业。广大教师要带头坚持社会主义核心价值观，践行社会主义荣辱观，树立高尚的精神追求，甘为人梯，乐于奉献，真正做到“学高为师、德高为范”。同时要拓宽学术视野，更新知识结构，不断提升教学质量，提高教书育人本领。二要把教育作为滦南的“名片”来打造。坚持把教育事业放在滦南发展的战略层面来考虑，大力实施“名校长、名教师、名学校”工程，确保教育事业优先谋划，教育投入优先保证，教育资源优先配置，不断提升滦南教育的发展水平，使教育成为扩大滦南知名度和美誉度的又一张“名片”。三要把教育作为滦南发展的重点来推进。全社会都要关心支持教育，营造浓厚的尊师重教氛围。各部门要从全局和战略的高度，深刻认识教育的基础性、先导性、全局性作用，坚持优先发展战略，着力解决教育存在的突出矛盾和问题，以更大的决心、更多的精力和财力支持教育事业，凝聚起推进教育改革发展的强大合力。

2. 教育部门要充分发挥职能作用，推进教育事业再上新台阶。一要抓体制机制创新，积极探索初中、小学管理模式，构建充满生机活力的管理运行机制。二要不断改善办学条件。大力实施科教兴县和人才强县战略，加大教育基础设施投入，进一步改善办学条件。新建配建小学要高标准规划、高标准建设，优化实验室、图书馆等资源配置。三要不断提高教师素质。加大培育力度，全面提高教师综合素质，建设一流师资队伍。四要继续开展好“冀东文艺三枝花”进校园活动，引领和带动校园文化建设，有力推动和促进滦南文化的传承和发展。

3. 大力加强教师队伍建设，全面提高教育教学质量。一要加强教师自我修养，尤其要加强道德修养，争做教书模范、育人模范、尚德模范，无愧于人类灵魂工程师的称号。二要全面提高教师能力。树立终身学习的理念，不断学习新思想、新知识，掌握新技能、新技术，拓展知识视野，更新知识结构，提高育人本领。三要积极投身到滦南“科学发展、赶超跨越”的伟大事业中去，全力支持县委、县政府各项中心工作。努力创造一流业绩，全面提高教育教学质量。学前教育抓普及、义务教育求均等、高中教育上水平、民办教育创品牌、特殊教育出特色、职业教育扩规模。四要随着经济社会的发展，逐步提高教师的收入水平，努力为广大教师创造更加良好的工作、生活和学习环境。要在全社会努力形成党以重教为先、政以兴教为本、民以支教为荣、师以从教为乐的浓厚氛围。

我县召开新农保和城居保工作动员大会

9月10日，我县召开新兴农村和城镇居民社会养老保险工作动员大会。会议由县委副书记、代县长许晓娟主持，县委副书记于广秋宣读了《关于成立滦南县新兴农村和城镇居民社会养老保险工作领导小组的通知》，县委常委、常务副县长蔡春奎宣读了《滦南县新兴农村社会养老保险实施办法》，各镇向县政府递交了目标责任书，覆盖城乡40多万人的城乡居民社会养老保险工作全面展开。县委书记张国栋出席会议并讲话。

我县召开改进机关作风大会

9月11日，我县召开改进机关作风大会。县四大班子领导出席会议。各镇（街道）、县直各单位副科级以上领导干部参加了会议。会议总结了前8个月的各项主要工作，要求继续大力弘扬少说多干、奋勇争先的优良作风，自我揭短，加压奋进，进一步树立正气、增进团结、凝聚力量，不断巩固和发展滦南来之不易的大好局面，努力确保滦南科学发展、赶超跨越各项目标圆满完成。县委副书记、代县长许晓娟主持会议，县委书记张国栋出席会议并作重要讲话。

张国栋到北河新区检查工作

9月13日上午，县委书记张国栋现场督导检查了建设路北延、那颜桥、北环路、洋淀涵洞等北河新区道路桥梁建设情况。张国栋书记强调指出，北河新区道路桥梁等基础设施建设工程，正在按时间节点顺利推进，希望有关单位和全体工作人员在保证质量和安全的前提下，进一步加快施工进展；那颜湖桥面已完成箱梁浇筑，县委、县政府对工程进度和施工质量非常满意，要求各有关单位继续发扬“白加黑、五加二”的奋战精神，紧盯不放，确保10月底前竣工通车；各个部门要立足打造北河水城的目标，加大统筹协调力度，确保各条桥梁、闸涵的修建，能够满足环城水系全线通航的要求。县领导刘兆宾、张怀良、张云江参加督导检查，有关单位负责同志陪同督导检查。

我县通过创建省级园林县城评审验收

9月27日至28日，河北省园林县城专家验收组到滦南县，评审验收省级园林县城创建工作。专家组成员观看了我县创建省级园林县城工作技术报告幻灯片，听取了副县长张云江的工作汇报，查阅了相关资料，并在县领导张国栋、许晓娟、于广秋、杜珍、李玉鹏、蔡春奎、冯玉志、张云江、毕仲仓陪同下，深入到社区、公园、道路、广场等地，对我县园林绿化、市政容貌进行了实地查看。在9月28日上午的评审会议上，专家组成员一致认为我县的创建工作扎实，成效显著，符合河北省园林城创建标准，同意推荐为省级园林县城。

近年来，我县紧紧围绕“中等城市、生态滦南”的发展定位和“滨海水城、经济强城、文化名城、宜居靓城”总体目标，按照“滨水生态园林城市”的创建理念，以水为脉，以绿为魂，以文化为根，大力推进省级园林县城创建工作。三年累计完成绿化投资5.57亿元，城市建成区绿化覆盖面积达到588.14公顷，绿化覆盖率42.1%；绿地面积556.01公顷，绿地率39.8%；公园绿地面积110.16公顷，人均公园绿地面积达到11.67平方米。

我县举办“芳香杯”滦南县第八届合唱节暨县歌评选大赛

9月29日至30日，我县在成兆才大戏院隆重举办“芳香杯”第八届合唱节暨县歌评选大赛，为祖国放歌，向国庆献礼，为家乡抒怀。此次活动由县委宣传部、县文化广播电视新闻出版局、广播电视台及方各庄镇党委政府联合主办。来自县直各党委、各镇（街道）、老干部文艺队等27支合唱队参加了比赛。经过紧张激烈的角逐，方各庄镇、南堡镇2个合唱队获得一等奖，交通运输党委、教育系统党委、扒齿港镇党委3个合唱队获得二等奖，街道党委、倴城镇党委、马城镇党委、程庄镇党委、青坨营镇党委5个合唱队获得三等奖，老干部文艺队和县直机关党委合唱队获得特别奖。县委副书记、代县长许晓娟致辞。县委书记张国栋颁发特别奖，市文化广播电视新闻出版局局长张宗宇及县领导许晓娟、杜珍、李玉鹏、张友利、于军、刘兆宾、白云泽、卢翠娟、赵瑞军分别为一、二、三等奖获得者颁奖。

我县召开依法取缔非法“五小”企业专项工作部署会议

9月30日，我县在成兆才大戏院召开依法取缔非法“五小”企业专项工作部署会议。县四大班子全体领导出席会议。各镇（街道）书记、镇长，县直各单位主要负责同志参加会议。县委副书记、代县长许晓娟主持会议，县委书记张国栋作重要讲话。

我县举办庆祝中华人民共和国成立62周年升国旗仪式暨滦南新貌摄影展

10月1日，滦南县庆祝中华人民共和国成立62周年升国旗仪式暨滦南新貌摄影展开展仪式在县文体中心广场举行。开展仪式由县委副书记、代县长许晓娟主持，县委书记张国栋致辞。县四大班子领导出席开展仪式。各镇（街道）、县直各单位主要负责人及主管副职，老干部代表，攻坚队员、中小学生代表参加了本次活动。升旗仪式结束后，与会人员兴致勃勃地参观了反映滦南新貌的摄影展。本次摄影展共展出作品308幅，包括亲切的关怀、回迁房建设、居民小区建设、完善的城市功能、北河文化观光产业带建设、基础设施建设、既有建筑外观改造、城西工业区、嘴东经济开发区、大铁矿、北河新区、新民居建设、生态建设、平安建设、文化建设、精神文明建设、工业发展、领导批示、媒体评价、美好的未来等内容，全方位、多角度展示了2010年以来我县经济社会取得的巨大成就。

我县召开城镇建设三年上水平再动员大会

10月5日，我县召开城镇建设三年上水平再动员大会。会议贯彻落实市党代会精神，表彰了省级园林城创建和既有建筑外观改造先进单位、先进个人，安排部署了2011年第三批征收搬迁工作，推动城镇建设三年上水平再掀新高潮。县委常委、常务副县长蔡春奎主持会议，县委副书记、代县长许晓娟和县委书记张国栋分别讲话。

成兆才评剧团到全国政协礼堂演出

10月10日，为纪念辛亥革命一百周年，成兆才评剧团与北京刘秀荣评剧团在全国政协礼堂联袂演出了现代评剧《宋庆龄与新中国》。中央政治局常委、全国政协主席贾庆林，全国政协副主席、中国文联主席孙家正出席观看。国务院侨办主任李海峰和文化部、北京市委宣传部、北京市文化局等领导陪同观看。演出前，贾庆林、孙家正等国家领导人接见了孙秀艳、刘秀荣等主要演员并合影留念。

王玉梅来滦南考察

10月12日，省政协副主席王玉梅来我县考察工作。王玉梅考察了我县城市建设并给予充分肯定。县领导张国栋、许晓娟、李玉鹏、张友利、刘兆宾等陪同考察。

张国栋、许晓娟督导调度大铁矿开发建设工作

10月12日下午，县委书记张国栋，县委副书记、代县长许晓娟现场督导调度大铁矿开发建设工作。在实地查看大贾庄铁矿南回风井、滦柏干渠跨渠桥、2#副井、进风井、主井、1#副井施工现场，听取铁矿办、河北矿业公司大贾庄铁矿项目部及施工单位有关情况的汇报后，张国栋书记对铁矿办、相关单位、矿业公司的前段工作给予了充分肯定，就进一步推进大铁矿开发建设进程提出五点要求：

1. 要进一步增强加快大铁矿开发建设的紧迫感。大铁矿开发建设对滦南经济社会发展意义重大，是滦南发展的希望所在。各方要密切配合，坚定大铁矿开发建设的信心，切实赢得群众的拥护和支持。要在符合技术规范的前提下加快施工进度，特别是加快配套设施和采选厂建设，力争两年内出矿石。

2. 要加快相关手续办理。一是完成大贾庄铁矿企业注册。要按照公司法和双方协议的有关规定，以最大诚意推动双方合作，尽快完成企业注册。大贾庄铁矿项目经理部要按此原则积极与河北钢铁集团、省国资委进行沟通，全力盯办跑办。二是跑办35kv变电站电力线路跨迁曹铁路手续。矿业公司要准备齐全相关资料，尽快到太原铁路局跑办。三是要通力协作、密切配合，加快跑办国土资源部土地预审手续。四是加快220kv变电站建设进程。县电力公司要全力配合，加紧跑办唐山供电公司与华北电网公司用电手续。

3. 要为马城铁矿正式开工做好各项准备工作。在抓紧大贾庄铁矿开发建设的同时，要充分认识马城铁矿开发建设的重大意义，加快马城铁矿开发建设进展。矿业公司要尽快完善马城铁矿规划设计方案，确定井位、道路路径和征地区域等具体事宜。各相关单位要积极配合，提前安排，确保马城铁矿2012年3月底前开工建设。

4. 要着手启动大铁矿生活区和办公区建设。结合马城镇唐代风情街项目建设，在一期住宅区西北角位置建设综合楼，作为大贾庄马城铁矿项目部和铁矿办临时办公区。城乡规划局要完善、批准规划设计方案，各相关单位要加快批准手续办理。要抓紧启动实施在北河新区规划建设大铁矿生活区。

5. 要协调联动、全力服务。要抽调力量充实铁矿办。铁矿办要进一步加大日常协调调度力度，加强信息反馈沟通，主动深入工地，及时发现并解决开发建设中的有关问题。相关镇要发挥好主体作用，增强大局观念，全面协调配合大铁矿开发建设工作。相关部门要进一步增强服务意识，尤其在手续办理中要创造性地工作，为大铁矿开发建设营造良好环境。

县领导于广秋、杜珍、李玉鹏、张友利、蔡春奎、刘兆宾、刘高军一同督导，相关单位主要负责同志陪同督导。

诗刊社第27届青春诗会在滦南举行

10月22日至24日，诗刊社第27届青春诗会在滦南举行。诗刊社理事长、常务副总编李小雨主持开幕式，县委书记张国栋致开幕词，中国作协书记处书记、中国作协副主席高洪波讲话。原鲁迅文学院常务副院长、著名诗人雷抒雁等国家、省、市、县作家、诗人60多人参加会议。市人大副主任范绍慧，市政协副主席、市委统战部长张艳春，县领导许晓娟、于广秋、于军、刘兆宾、白云泽、卢翠娟、赵瑞军出席开幕式。

县委书记张国栋在开幕词中说，诗刊社第27届青春诗会来到充满激情和希望的滦南，不仅是诗坛的一大盛事，也是滦南人民的一大喜事。是滦南贯彻落实党的十七届六中全会精神的一次具体行动，必将激荡起滦南文化发展的激情与梦想，必将进一步推动文化滦南建设，实现新的赶超跨越。

中国作协书记处书记、中国作协副主席高洪波在讲话中说，滦南这块地方充满了激情，充满了历史传奇，是个富饶的地方，前景无限美好。他还对青年诗人提出三点希望：要懂得感恩，懂得珍惜；对艺术、对人民、对生命、对自己的土地都要心存敬畏；在艺术上要做到雅俗共赏。

文心诗社负责人王文心、青年诗人代表陈忠村在开幕式上发言。开幕式后，与会诗人围绕本次诗会主题“评剧故里，滨海水城，让诗歌与青春碰撞，让生命与梦想交融”展开研讨，探索中国当代诗歌的繁荣之路。雷抒雁、李小雨、张学梦等就诗歌写作的现状、类型、技巧、弊病、对青年诗人的要求、写作点评等方面做了精彩而深刻的发言。会议期间，与会人员还观看了我县冀东文艺“三枝花”表演，参观了城西工业区、天承锦绣、正通国际城、北河公园等城市建设项目，参观了成兆才纪念园、评剧博物馆、潘家戴庄纪念馆等。全国青春诗会由中国作家协会诗刊社主办，被誉为诗坛的“黄埔军校”，从上世纪八十年代起，每年举办一次，推出了舒婷等众多优秀诗人，推动了我国诗坛的发展。参加本次诗会的有14名青年诗人。本届青春诗会在滦南和上海开展诗歌作品研讨、交流等活动。25日，与会人员赶赴上海研讨。本届青春诗会由诗刊社、唐山市文学艺术联合会、中共滦南县委、滦南县人民政府主办，文心诗社协办。

我县召开学习贯彻十七届六中全会精神推进“文化滦南”建设动员大会

10月23日，我县在成兆才大戏院召开学习贯彻十七届六中全会精神、推进“文化滦南”建设动员大会。县四大班子领导出席会议。各镇（街道）党政正职，党委副书记，人大主席，是党委委员的行政副职；县直单位主要负责同志；全体攻坚队员和本次干部调整涉及人员参加了会议。会议传达学习了党的十七届六中全会精神，安排部署了“文化滦南”建设的目标任务，对第三季度重点工作完成情况进行了点评，对机关作风专项整治情况进行了总结，对第三批城市征收搬迁进行了再动员，对职务变动的同志们进行了集体谈话。县委副书记、代县长许晓娟主持会议，县委书记张国栋出席会议并作重要讲话。

郭彦洪来滦南调研

11月2日，市政协党组书记郭彦洪和市委组织部领导来滦南调研。县委书记张国栋，县委副书记、代县长许晓娟，人大主任杜珍，政协主席李玉鹏，县委常委、常务副县长蔡春奎，县委常委、副县长兼农工委书记李景云等陪同调研。

我县召开2011年银企对接会

11月4日，我县召开2011年银企对接会，人民银行唐山市中心支行、唐山银监分局、工商银行唐山分行等21家市县级金融机构负责人参加会议。县领导张国栋、许晓娟、于广秋、杜珍、李玉鹏、蔡春奎、于军、刘兆宾、刘高军和市政府财办主任兼金融办主任刘从庆出席会议。会议由县委副书记、代县长许晓娟主持，县委书记张国栋致辞。会议期间，与会人员观看了我县宣传片《大工地、大变化》，参观了我县城市建设，并乘坐画舫游览了北河优美秀丽的自然风光。新县医院等6家项目单位与县金融机构签订了4.695亿元的贷款协议。县直相关部门负责人、各镇（街道）党委书记和部分企业、项目单位负责人参加了本次活动。

于广华来滦南考察

11月7日，中华文化促进会副会长于广华来滦南考察。县委书记张国栋会见于广华一行并陪同考察。县领导于广秋、杜珍、李玉鹏、于军会见在座并陪同考察。

唐山市老区村项目建设观摩团来滦南观摩调研

11月14日，唐山市老区村项目建设观摩团来滦南观摩调研。市老促会会长钟清杰，副会长范全、陈敬新、杨振义、杜仲勋，在县领导于广秋、杜珍、李玉鹏和县老促会长田务仁、老干部协会主席张占平陪同下，到程庄镇“滦南县佳禾蔬菜种植合作社”进行了观摩调研。

我县召开“对标赶超走在前”活动动员大会

11月15日，县委、县政府在成兆才大戏院召开全县“对标赶超走在前”活动动员大会。县四大班子领导出席会议。各镇（街道）、县直各单位副科级以上领导干部参加了会议。会议认真贯彻落实党的十七届六中全会精神和省委书记张庆黎同志在唐山调研时的重要讲话精神，隆重表彰了第三批城市征收搬迁先进单位、先进个人和助推单位，隆重表彰了为成功侦破“1103”案件作出贡献的集体和个人，通报了1～10月份重点工作进展情况，公布了科级领导干部末位淘汰实施办法，宣布了县委对部分科级干部的调整决定，对在全县组织开展“对标赶超走在前”活动进行了动员部署。县委副书记于广秋主持会议，县委书记张国栋出席会议并作重要讲话。

张国栋到倴城镇调研

11月23日下午，县委书记张国栋到倴城镇进行工作调研。县领导于广秋、杜珍、李玉鹏、徐文辉、谢雪生、刘兆宾参加调研。张国栋一行首先慰问了东张士坎村贫困户蒋春革一家，为其送去了党和政府的温暖；其次到革命老区村果园村就“对标赶超走在前”活动开展、两个联建、农业产业化、劳务输出等情况进行了调研，并就推进该村加快科学发展步伐提出指导性意见。之后，张国栋一行还视察了八和居、永田鸿发农机制造项目建设生产情况。在听取倴城镇党委书记孙建立的工作汇报后，张国栋就倴城镇如何在滦南科学发展、赶超跨越伟大事业中发挥好带头作用，提出明确要求：

第一，要坚持一个围绕。

即围绕县委、县政府的中心工作，充分发挥作用。倴城镇是县政府驻地，在征收搬迁、北河新区建设、城西工业区开发等方面做了很多协调服务工作。这些工作虽不能立即为镇域经济发展带来效益，但倴城镇一定要讲政治、顾大局，坚持接受任务不讲条件、完成任务拒绝理由，为全县经济社会又好又快发展，做出新的更大的贡献。

第二，要发挥好六个带头作用。

1. 要在解放思想、更新观念上发挥好带头作用。滦南目前最大的变化就是思想的解放和广大党员干部的精神风貌，这是滦南经济社会更好、更快发展的根本动力。我们的城市建设、项目建设、社会稳定、党的建设不断取得新成绩，这些都得益于思想的解放。但我们又不得不承认，当前我们面临的最大挑战仍是思想解放程度不够的问题。主要表现在五个方面：一是“怕”。就是怕别人议论、怕得罪人、怕被诬告。导致遇事畏首畏尾、不敢担风险。二是“僵”。就是思想僵化、固步自封。开放意识比较差，思想封闭保守。三是“小”。就是小家子气，算小账；小农意识，心胸狭小，遇事专挑毛病。四是“等”。就是缺乏进取意识，缺乏主动，工作上推推动动，不推就不动。比如，农村垃圾清运问题，不单单是卫生的问题，而是要解决一个观念的问题、一个社会秩序的问题、一个让老百姓知道还有自治组织存在的问题，增强党在基层执政能力和执行力的问题。目前，镇、村对这件事情认识还不到位，存在等待观望思想。五是“偏”。就是看问题偏激、片面，不看主流，甚至是鸡蛋里面挑骨头。不会相互包容，不会相互欣赏，这看似小事，实际上影响着士气、涣散着斗志。倴城镇相对其他镇要更加开放一些，一定要走在其他各镇前面。

2. 要在项目建设上发挥好带头作用。经济建设到任何时候也不能动摇，必须始终牢牢抓住经济建设这一中心。倴城镇要在贯彻落实科学发展观、实现又好又快发展上起模范带头作用。一是要大力发展一镇一品，确保一产出特色。要大力发展城郊农业、观光农业、设施农业，要闯出一条现代化农业发展的新路子。特别是要把设施农业和乡村游、农家乐很好地结合起来。要依托“北河水城”建设配套设施，实现吃、住、购一条龙，把旅游产业真正做起来。要发展以垂钓、农家乐餐厅、果菜采摘等为主要内容的生态农庄或循环农业示范园。要搞一个从养殖到沼气、到种植、到粗加工、到农家乐的农业生产产业链，实现一二三产业融合发展。二是要积极主动，切实抓好工业项目建设。要积极谋划一批技术含量高、附加值高、低碳环保的大项目、好项目。要围绕着精品钢材、电子、信息、彩印包装、纺织服装、装备制造等方向上项目。要开展有针对性的招商活动，积极引进工程机械、建筑机械和电梯制造项目。要充分利用好城西工业区这个平台，加快二产快速发展。三要发展商贸流通，实现三产服务业大突破。三产服务业对提高城市综合竞争力起着非常重要的作用。在推进城镇化、工业化、农业现代化的同时，必须要把商贸流通业做大做强。一方面做好金代风情街、元代风情街、北河水城系列项目等县里三产服务业的协调服务工作；另一方面要积极谋划镇里的三产服务业项目，重点谋划生产类、消费类、休闲娱乐类、文化旅游类项目。

3. 要在新民居建设上发挥好带头作用。近期省新民居建设政策即将解冻，已经批准的项目还要按照原来的政策继续推进。一是要把“八和居”建设好，二是要积极谋划新的新民居建设项目，真正做到城乡统筹发展，为北河新区建设、城西工业区建设腾出空间。目前重点要把“一步进城”这件事情做好，要把有关政策落实好。同时要按照镇村布局规划，进一步改造提升保留村。

4. 要在环境整治上发挥好带头作用。倴城镇不仅要把城乡结合部的环境卫生整治好，镇内各村的环境整治也要走在全县的全面。2012年，我们仍将按照“规、拆、建、改、管”的原则大力实施城市建设，尤其在整治环境上还要再打一场攻坚战，全县整体环境卫生必须要有一个大的提升。倴城镇在这方面关乎着滦南的整体形象，必须义不容辞。

5. 要在基层党建上发挥好带头作用。一要组织好农村两委换届工作。特别是要选出一个好支部、一名好书记。二要积极推进两个联建工作。要充分认识两个联建工作的重大意义，按照镇村布局规划，先抓一个试点，然后逐步推开。三要加强农村基层干部教育管理。要在全力以赴支持农村两委干部大胆工作的同时，要教育他们顾大体、识大局，和县委保持高度一致；教育他们遵纪守法，依法依规办事；教育他们廉洁从政、干净干事。

6. 要在维护稳定上发挥好带头作用。倴城镇在维稳方面的责任比其他镇更加重大，任务也更加繁重，情况也更加复杂。要一手抓解决问题，一手抓依法打击，对中间部分群体要全力维稳，促其转化，切实发挥好“护城河”作用。

张国栋督导城乡环境卫生和交通秩序整治

11月24日下午，县委书记张国栋先后到和谐路、兆才大街、古城公园、那颜桥、靳营村、嘴东大街、南环路现场督导我县环境卫生和交通秩序整治工作。就进一步做好相关工作提出四点明确要求。一是要开展“交通秩序整顿月”活动。严厉打击非法运营三轮车载客行为，实行24小时监控、分路段落实责任，防止非法运营三轮车反弹。进一步规划机动车停车位，规范停车秩序，实现机动车入位、自行车上架，严禁乱停乱放。严厉打击违反交通秩序行为，加强对闯红灯行为的惩罚力度，严禁重型车辆违规超限。二是要开展环境整治验收活动。利用一个月时间加强环境卫生整治工作，对各单位的整治效果要进行验收和排队，并纳入年终考核。重点加强城乡结合部等容易反弹部位的环境卫生整治力度，严禁生活垃圾、建筑垃圾乱堆乱放。中心村、镇政府所在地要建立环境整治长效机制。三是要进一步规范城市养犬行为。公安部门要切实履行职责，进一步打击城区违规养犬行为，确保群众安全，维护社会稳定。四是要加强机关干部作风巡查。纪委、组织部要加大对变动干部工作作风巡查力度，防止出现思想松懈、精神麻痹、工作不积极现象，确保各项工作任务按时间节点完成，营造令行禁止的良好氛围。

县领导杜珍、李玉鹏、蔡春奎、徐文辉、于军、谢雪生、刘兆宾、张怀良、张云江参加督导检查，相关部门负责同志陪同督导检查。

我县开展以“对标赶超走在前，推进滦南科学发展、赶超跨越”为主题的献计献策活动

11月25日至12月25日，我县开展以“对标赶超走在前，推进滦南科学发展、赶超跨越”为主题的献计献策活动。中共滦南县委向全县人民发出公开信，发动全县广大干部群众，围绕深入贯彻落实省八次党代会精神和省委书记张庆黎同志在唐山调研时的重要讲话和市、县党代会精神，围绕建设“激情滦南、实力滦南、文化滦南、生态滦南、和谐滦南”的总体目标，就如何实施三大攻坚、四大开发，推进文化建设，保障改善民生和全面加强党的建设建言献策。活动办公室共收到邮件、信函312件，收到意见建议1407条。广大群众重点围绕社保、救助、城建、道路、交通、环保等方面提出了意见和建议。

之前，我县曾开展过两次民意调查活动。(1)6月15日～6月30，在全县组织开展了“入户大询访，创建文明城”民情民意大调查活动。抽调机关干部，组成入户询访工作队，深入城中村村民和社区居民家中，与群众开展面对面地交流座谈。此次大询访活动确定了30个方面的调查内容，共发放群众意见征询表、调查问卷6010份，收回有效意见征询表1421份，调查问卷4400份。共征集群众意见、建议823条，涉及15大类231个方面的问题。调查结果显示，30个方面重点工作中，群众满意度均达到90%以上，其中21项内容群众满意度达95%以上。(2)10月15日～10月19日，在全县范围开展了1～3季度重点工作群众满意度大调查活动。 确定28个方面工作开展广泛调查，向社会各界发放调查问卷10000份，收回有效问卷9877份。从汇总情况看，28个方面工作的群众满意率均达到99%以上。

我县召开传达贯彻省第八次党代会精神动员大会

11月29日，我县在成兆才大戏院召开传达贯彻省第八次党代会精神动员大会。县四大班子领导、县级离退休党员干部代表出席会议。各镇（街道）、县直各单位副科级以上领导干部，宣传系统（含镇、街道）股级中层干部，重点企业厂长（经理）参加了会议。市委宣传部副部长刘育新宣讲了党的十七届六中全会精神和省八次、市九次党代会精神。县委副书记于广秋主持会议。县委书记张国栋作重要讲话，要求全县上下迅速把思想和行动统一到省党代会精神上来，进一步解放思想、坚定信心，发扬少说多干、奋勇争先的精神，加快推进滦南科学发展、赶超跨越。

沈小平率团来滦南参观

12 月 8 日，河北省副省长沈小平在市委常委、副市长兼农工委书记王久宗陪同下，带领全省现代畜牧业发展大会与会人员来滦南县参观。县领导张国栋、许晓娟、于广秋、杜珍、李玉鹏、蔡春奎、李景云陪同。沈小平一行参观了京东种猪养殖有限公司和畜牧兽医局。在京东种猪养殖有限公司参观了企业展牌、公司全貌，并在监控室观看了种猪养殖情况，听取了企业负责人的介绍。在畜牧兽医局，沈小平一行现场观摩了现代奶业信息监控室，听取了工作人员的讲解后，沈小平当场通过现代奶业电子监控及信息服务系统与宏源奶牛场负责人进行了交流，详细了解了该企业的养殖规模、效益、疾病防疫、标准化生产及销售情况，并鼓励该企业把规模做大、把质量做优。参观结束后，沈小平一行对我县在推动畜牧业向规模化、产业化和标准化方面取得的成效显著给予了高度评价，希望我县在畜牧产业发展中不断做大规模、做优质量，推动现代畜牧业发展水平不断提高。

市政协离退休老领导来滦南视察

12 月 9 日，市政协离退休老领导来滦南视察。市政协老领导先后参观考察了中红建材城、汇丰钢铁、泽澳纺纱、谷家营平改、建设路南延、那颜桥、北河大桥等我县重点建设项目，在蓝海大酒店听取了滦南当前重点工作情况的汇报，观看了专题宣传片《大工地、大变化》。

在汇报座谈会上，市政协老领导一致表示，滦南的发展变化非常大，让人感觉很震憾、很兴奋。滦南在短期内能够取得如此巨大的建设成就，主要有四方面的原因：一是班子团结奋进。在县委、县政府的坚强领导下，县四大班子团结一致，真抓实干，凝聚起发展的合力。尤其国栋同志作为班长，有很强的统班子、带队伍的能力和处理复杂问题、科学决策的能力。滦南的征收搬迁工作能够实现“两个百分之百”和“四个零”的目标，是四大班子通力合作、精诚团结，上下齐心协力的结果。二是打造出一支优良的干部队伍。滦南最大的变化是广大党员干部精神风貌的变化。滦南通过建立科学考评体系、细化分解责任和坚持一线选人用人，激发起全县广大党员干部干事创业的激情，形成了“少说多干、奋勇争先”的优良工作作风，这是滦南科学发展、赶超跨越的根本保障。三是工作思路清晰。滦南各项规划的制定站位高、意识超前。滦南坚持“规则即法”的理念，确保了经济社会、城市建设持续、有序发展。滦南的主体战略、奋斗目标科学合理，具有很强的现实性和指导性。四是扭住了发展的关键。滦南的“三大攻坚、四大开发”等重点工作抓得很好，尤其是重点项目建设保证了发展的后劲和民生的改善。滦南通过广泛招商引资，近两年来上了很多的大项目、好项目和基础设施建设项目，并且一、二、三产项目实现了均衡发展，为经济社会跨越发展和城市建设打下了坚实基础。五是坚持了创先争优。滦南在各个行业、各个层面深入开展了创先争优活动，并坚持典型带动，选树出了标杆单位和先进典型人物。同时通过大力宣传和弘扬，营造出积极向上、对标赶超的良好氛围，保证了各项工作的成效。滦南的发展潜力巨大，滦南的明天一定会更加美好。

县领导张国栋、于广秋、杜珍、李玉鹏、张友利、刘兆宾陪同参观考察。

我县开展“真情暖万家”捐款活动

12 月 11 日，县四大班子领导机关带头在县委门前举行“真情暖万家”捐款活动。县委书记张国栋出席捐款仪式并率先捐款。县四大班子领导同志及全体机关干部参加了捐款仪式并积极捐款。

纳米比亚农林水利部部长穆托尔瓦一行来我县参观考察

12 月 12 日，纳米比亚农林水利部部长穆托尔瓦一行来我县蒙牛乳业参观考察。国家农业部国际合作司亚非合作处长唐胜尧，省畜牧兽医局副局长刘肇青，唐山市委常委、副市长兼农工委书记王久宗，县领导张国栋、许晓娟、于广秋、杜珍、李玉鹏、李景云、刘兆宾及省市县相关部门负责人陪同。穆托尔瓦一行此次是受中国农业部邀请，就农业畜牧业发展对我国进行考察，考察期共 7 天，我县是此次考察的第一站。考察期结束后，将与我国签署动物卫生、检疫的协定。穆托尔瓦一行对蒙牛乳业进行了实地参观。蒙牛乳业先进的生产技术、管理经验和企业文化给考察团留下了深刻的印象。穆托尔瓦在讲话中首先感谢我国各级各部门的热情招待，表示回国后要认真总结考察经验，把好的经验和技术带到纳米比亚，以此推动纳米比亚农业和畜牧业的发展。市委常委、副市长兼农工委书记王久宗代表市委、市政府向穆托尔瓦一行的到来表示欢迎和感谢。他说，穆托尔瓦一行来唐考察，留下了宝贵的意见和建议，将进一步推动我市畜牧业向又好又快的方向发展。王久宗特别强调，地方政府要提供良好的服务，与纳米比亚加强技术、行业和地方贸易的交流与合作，实现地方经济有效增长。

王雪峰、陈国鹰率团来滦南视察观摩在建项目

12 月 15 日下午，市委书记王雪峰、市长陈国鹰率领市党政领导班子成员、市政协主席、市政协党组书记、市人大分管副主任、市政协分管副主席、市政府秘书长，各县（市）区委书记及市发改委、工信局、国土资源局、住房和城乡建设局、环保局、商务局等单位主要负责同志来我县观摩。县领导张国栋、许晓娟、于广秋、杜珍、李玉鹏、张友利、马全红、蔡春奎、徐文辉、于军、李景云、刘兆宾、崔恩富、张怀良、卢翠娟、张云江、闫利平、毕仲仓及相关部门主要负责人陪同观摩。

王雪峰一行先后参观了城西工业泽澳高档绿色环保纱线、唐山英才学校高中部、北河水城文化旅游观光产业带项目。市领导对我县观摩项目给予了高度评价。观摩结束后，市观摩团人员就此次项目观摩情况进行测评，我县在此次十四个县（市）区重点项目观摩活动中名列第四。

我县举行那颜湖大桥建成通车暨 2011 年重点道路建设项目集中通车仪式

12 月 17 日，那颜湖大桥建成通车并举行 2011 年重点道路建设项目集中通车仪式。道路建设是经济社会发展的基础性、先导性工程，本次集中通车的 31 条道路，包括城区道路 7 条、工业区道路 6 条、省级公路改建项目 2 个、县级公路改建项目 3 个、乡村道路改建项目 13 个，总里程达到 98 千米，完成投资 10.15 亿元，是滦南县“三大攻坚、四大开发”取得的又一重大成果，对于改善全县道路的交通状况，提升人民群众出行的幸福指数具有重要意义，必将为加快滦南县“科学发展、赶超跨越”的步伐，起到重要的推进作用。县委副书记于广秋主持仪式，副县长张怀良介绍 2011 年重点道路建设项目情况，县委副书记、代县长许晓娟致辞，县委书记张国栋宣布：滦南县 2011 年重点道路建设项目集中通车。县四大班子领导，县直单位主要负责同志，各镇（街道）党政主要负责同志，老干部代表，部分基层人大代表、政协委员，项目单位负责人、施工单位负责人、工人代表等参加集中通车仪式。与会人员还统一乘车观摩了本次集中通车的重点道路。

成兆才评剧团赴省会演出大型现代评剧《宋庆龄与新中国》

12 月 25 日晚，成兆才评剧团与北京刘秀荣评剧团在省会石家庄河北会堂联袂演出了大型现代评剧《宋庆龄与新中国》。省领导张庆黎、

臧胜业、孙瑞彬、景春华、田向利、艾文礼、马兰翠、孙士彬、王玉梅等与省会各界群众一同观看演出。演出结束后，全场响起经久不息的掌声，省委书记张庆黎等省领导与全体演职人员亲切握手并合影留念，祝贺演出取得圆满成功，祝愿伟大祖国更加繁荣昌盛。

大型现代评剧《宋庆龄与新中国》是为庆祝中国共产党成立90周年和纪念辛亥革命100周年，由滦南县成兆才评剧团与北京刘秀荣评剧团联合创排的一部献礼作品，曾于10月10日至11日在全国政协礼堂参加“北京优秀原创剧目展演”，还曾参加今年7月举行的“全国优秀现代戏展演”等活动，在社会上产生强烈反响。

我县举行“道德的力量”
——滦南县第四届道德模范颁奖典礼

12月27日，我县举行“道德的力量”——滦南县第四届道德模范颁奖典礼。唐山市委宣传部副部长、市文明办主任郭彦徽，县委书记张国栋等县四大班子领导出席颁奖典礼并为道德模范颁奖。县委、县政府历来高度重视社会主义道德建设，特别是2010年以来，全县上下大力弘扬“少说多干、奋勇争先、务实创新、开放超越”的滦南精神，努力营造崇尚道德、和谐发展的社会氛围，强力推进“三大攻坚、四大开发”，为建设“激情滦南、实力滦南、文化滦南、生态滦南、和谐滦南”提供强大的道德航标和精神动力。自2008年开展道德模范评选表彰和学习宣传活动以来，涌现出各类道德模范38名，其中有3名同志当选唐山市道德模范。县文明办从10月25日开始，在全县范围内组织开展了第四届道德模范评选活动。各基层党委在认真评选的基础上，共推荐各类道德模范候选66名，经组委会初评，确定正式候选人19名。其中助人为乐道德模范候选人4名，见义勇为道德模范候选人5名，诚实守信道德模范候选人3名，敬业奉献道德模范候选人4名，孝老爱亲道德模范候选人3名。从12月10日开始，候选人简要事迹分别在滦南文明网站、《新滦南》上刊登，同时县文明办组织群众采取网络投票和纸质投票两种形式对19名候选人进行了投票评选。截至12月15日，共有36825名群众参与了投票评选活动，其中网络投票15000人，填写纸制选票的21825人。有效选票共35653张，经认真汇总统计，按得票多少评选出滦南县第四届道德模范10名，道德模范提名奖3名。他们身上所表现出的孝老爱亲、助人为乐、敬业奉献、见义勇为、诚实守信等优秀品质，充分展示了滦南人民的高尚情操和精神风貌，他们是滦南的骄傲，是滦南人民的楷模。各镇（街道）党委书记、副书记、宣传委员，县直各单位一把手、党组书记及干部职工代表，重点企业厂长（经理），社区干部、村支部书记代表，学生代表和居民群众代表1000余人参加了颁奖典礼。

我县举行北京·滦南“迎新年话发展”
座谈暨项目招商会

12月31日，滦南县在北京举行“北京·滦南‘迎新年话发展’座谈暨项目招商会”。县四大班子领导出席。总投资61.8亿元的泰国万浦集团唐山万浦热电公司2×350兆瓦热发电机组二期迁址扩建、中铁资源集团煤炭综合物流等12个项目成功签约。其中城西工业聚集区签约6个项目：唐山万浦热电有限公司2*350MW供热发电机组二期迁址扩建项目；唐山尚新融大电子产品有限公司军用感性器件及高端合金金属磁粉心、纳米晶磁芯项目；航天科工集团三院北京华航海鹰新技术开发有限责任公司毫米波安检门生产基地及机车车载多普勒测速雷达生产线项目；河北粹芳鲜食品有限公司中式熟食品深加工项目；北京世艺印刷有限公司书刊，彩色包装印刷项目；滦南铁路器材厂项目。嘴东经济开发区签约4个项目：煤炭综合物流项目；甲醇汽油、柴油项目；长链二元酸项目；污水处理厂项目。北河新区签约2个项目：评剧大世界项目；那颜湖开挖治理项目。

滦南概况

县委工作概况

2011年是滦南应对挑战、屡创佳绩、加快发展的一年。一年来，滦南县委坚定不移地贯彻落实中央、省市委一系列决策部署，团结带领全县广大干部群众，紧紧围绕“科学发展、赶超跨越”宏伟目标，着力实施“融入曹妃甸、服务曹妃甸、打造大基地、建设新滦南”主体战略，强力实施“三大攻坚、四大开发”，统筹推进经济建设、政治建设、文化建设、社会建设、生态建设和党的建设，开创了大发展、快发展的崭新局面，实现了“十二五”良好开局。全年完成地区生产总值276.6亿元，同比增长11.5%；完成全社会固定资产投资113.2亿元，同比增长57.1%；实现全部财政收入12.54亿元、一般预算收入7.89亿元，同比分别增长19.2%、27.8%；城镇居民可支配收入和农民人均纯收入分别达到20770元和7891元，同比分别增长12.2%和11%。圆满完成了省“双三十”节能减排年度目标任务。

一、始终保持大有作为的精神状态，发展目标更加明确。面对异常严峻的困难和挑战，面对异常繁重的发展任务，县委始终保持着大有作为的精神状态，在深刻领会党的十七届六中全会、省第八次党代会和市第九次党代会精神实质，全面分析宏观形势、主动抢抓重大机遇、科学判断县情县力、准确把握发展方位的基础上，确立了十二五“科学发展、赶超跨越”的宏伟目标，力争主要经济指标“三年翻一番、五年翻两番”，全面打造“激情滦南、实力滦南、文化滦南、生态滦南、和谐滦南”，绘就了滦南“十二五”发展的宏伟蓝图。实践证明，这一目标完全符合上级精神、完全符合滦南实际、完全符合人民意愿，极大地激发起了全县上下大发展、快发展的昂扬士气。

二、强力推进“千百十”工程，项目建设实现了重大突破。坚持把项目建设作为“中心的中心”、“要务中的要务”，建立完善“一个项目、一位领导、一名助理、一套人马、一抓到底”工作机制，强力推进“千百十”工程。全县累计谋划储备重点项目1516个，计划总投资4821亿元；集中开工重点项目209个，计划总投资564亿元；12个项目列入省重点。其中2011年谋划储备项目839个，计划总投资2568亿元；分三批集中开工重点项目129个，计划总投资264.5亿元；全年竣工项目66个，完成总投资50亿元；目前正在实施亿元以上重点项目76个，计划总投资468亿元。在全市大项目观摩中，综合排名由第13位跃升到第4位，项目建设呈现出跨越式发展的良好态势。

三、持续组织攻坚会战，城市建设开创了崭新局面。坚持把城市建设作为科学发展、赶超跨越的综合载体，紧紧围绕“滨海水城、经济强城、文化名城、宜居靓城”建设目标，坚持“规、拆、建、改、管”并重原则，强力推进城市建设攻坚会战，城市化水平进一步提升。全年实施重点城建项目87个，计划总投资295亿元；其中新开工城建项目45个，计划总投资144亿元。成功组织三次城市征收搬迁攻坚，圆满完成2036户、46.1万平方米征收搬迁任务，做到了“百分之百签约、百分之百拆除”，实现了“零上访、零事故、零冲突、零钉子户”，群众满意率98%以上；第一批35万平方米回迁房如期封顶，第二批32万平方米回迁房如期开工；建设路、崇法大街、兆才北街等9条城区道路和北河大桥、那颜湖大桥竣工通车，北河水系治理一期全面完工，北河公园一期正式开园，金代风情街、元代风情街、惠民广场、北河星级酒店、企业研发中心、天鹅庄园等项目正加紧实施，省级新民居建设示范工程——八和居快速推进，城市功能更加完善；完成既有建筑外观改造22.5万平方米，新增绿地150公顷，实现“机动车入位、自行车上架”，城市形象进一步改观；北河水城成功入选“唐山八景”，省级园林城创建一次通过验收。

四、加速推进产业聚集，园区建设迈出了坚实步伐。坚持“板块式布局、集约式发展”思路，把工业园区建设作为科学发展、赶超跨越的承载平台，强力推进嘴东经济开发区、城西工业区、大铁矿开发区建设，打造了滦南发展的“三大增长极”。**嘴东经济开发区**被批准为省级经济开发区，总投资6.4亿元的4条主干道顺利推进，方舟修造船一期等5个项目建成投产，二十二冶装备制造等14个项目落地开工，棚户区改造加速实施，“工业区、生活区、港区”建设框架初步形成。全年完成固定资产投资18亿元。**城西工业区**被批准为省级工业聚集区，企创热处理装备制造等13个工业项目建成投产，中大街西延等4条园区道路竣工通车，配套管网工程全部完工，泽澳绿色环保纺纱等20个项目落地开工。全年完成固定资产投资26.5亿元。**大铁矿开发**加快推进，大贾庄铁矿全面开工，矿区道路竣工通车，临时电力设施建设圆满完成，变电站、跨渠桥正加紧实施；马城铁矿已做好开工各项准备。全年完成固定资产投资8亿元。

五、敏锐抢抓千载难逢重大机遇，文化建设取得了丰硕成果。坚持把文化建设作为科学发展、赶超跨越的重要内容，敏锐地抢抓党的十七届六中全会政策机遇，强力推进文化大发展、大繁荣，文化建设取得了前所未有的丰硕成果。**精神文明建设深入推进。**扎实推进省级文明县城创建活动，城乡文明水平进一步提升，李营村被命名为全国文明村；大力弘扬社会主义核心价值观，培育了“少说多干、奋勇争先，务实创新、开放超越”的新滦南精神。**特色文化繁荣发展。**现代评剧《三进门》进京展演、全省巡演获得巨大成功；成兆才评剧团参与创作的现代评剧《宋庆龄与新中国》，作为纪念辛亥革命100周年重要活动在全国政协礼堂演出，主要演职人员受到贾庆林等党和国家领导人亲切接见；先后组织戏剧名家名段暨票友演唱会、庆祝建党90周年大型唱红歌比赛等活动，社会文化氛围更加浓厚；县图书馆晋升为国家二级图书馆，文化基础设施日益完善；北河水城文化观光产业带正全面建设，文化产业快速发展。**对外宣传成效显著。**制作《大工地、大变化》、《大搬迁》等各类专题片20多部，市以上新闻媒体刊发稿件700多篇，新华社、中央电视台、旅游卫视等主流媒体分别对滦南进行专题报道，极大地提高了滦南的知名度和美誉度。

六、牢固树立“以人为本、执政为民”理念，民生改善做到了适度超前。坚持把改善民生作为第一追求，正确处理发展与惠民的关系，不仅坚持改善民生与经济发展同步，而且克服了财力不足的实际困难，做到了改善民生适度超前。**劳动就业更加充分。**新增各类就业岗位2.5万个，向县外转移农村劳动力1.6万人，下岗失业人员再就业2820人，城镇登记失业率控制在3.5%以下，工资性收入占农民人均纯收入的比例达到70%。被省政府命名为“河北省发展劳务经济先进县”。**社会保障体系基本健全。**强力推进低保全覆盖和标准涨到位，农村低保标准由每人每年1540元提高到1900元，城镇低保标准由每人每月310元提高到363元，做到了应保尽保；提高新农合补偿比例，降低起付线，建立大病补助制度，有效减轻农民医疗负担；全面普及新型农民养老保险、城镇居民养老保险，落实失地农民养老保险制度，新农保参保率达到95.8%，超过省政府90%的目标要求，城居保参保人数达到3252人，失地农民参保人数达到2980人。开工建设3405套保障性住房，超额完成市达任务。**特色农业进一步壮大。**奶牛、生猪、肉鸡规模化养殖率分别达到

100%、90%、95%；新增设施蔬菜8900亩，居全市前列；佳禾蔬菜种植生态园等10个农业产业化项目开工建设，农业产业化率达到70%。实施水利项目21个，完成投资1.8亿元，农田水利设施日益完善，为农业增效、农民增收打下了坚实基础。**新民居建设稳步推进。**投资8.39亿元的省级新民居建设示范工程“八和居”，已有40栋住宅楼开工建设；全面完成5个村新民居改造提升任务和1000户农村危房改造。持续开展“农村垃圾集中清运”行动，农村环境进一步改善。**社会事业加快发展。**圆满完成20件实事工程，兑现了对人民群众的庄严承诺。实施重点道路项目35个，其中31个竣工通车，完成投资10.15亿元，总里程达到98千米，超过过去七年的交通建设总量；完成16所中小学危旧校舍改造，基本普及高中阶段教育、学前三年教育通过省评估验收，教育教学条件进一步改善；深化医疗卫生体制改革，推行药品零差率销售，加强基层卫生院（室）建设，医疗服务水平进一步提高。

七、始终恪守“稳定是第一责任”，社会管理保持了良好局面。正确处理改革、发展、稳定的关系，坚持依法从严管理社会，巩固了和谐稳定的良好社会环境。**信访形势持续向好。**建立重大事项信访风险评估、民情信息员、信访代理、群众信访评议、网络舆情监管等工作机制，夯实了维护稳定的基层基础工作。滦南被评定为全省30个群众工作亮点之一。在大规模推进项目建设、城市征收搬迁的情况下，全县信访总量同比下降28.5%，市以上越级访同比下降39.8%，没有发生进京赴省集体访和非正常进京访，信访工作处于全市先进行列。**社会治安综合治理得到加强。**组织开展重点领域综合治理和严打整治斗争，有力打击了违法犯罪行为；制定《深入推进社会矛盾综合调控工作的意见》，积极推进综调机构向村居、企业和“两新”组织延伸；建成覆盖城区的视频监控和电子警察系统，形成了数字化、网络化、智能化治安防控网络；建立网络舆情监管队伍，牢牢掌握了舆情主动权。**食品药品安全和生产安全得到保障。**持续开展食品药品安全整治活动，全面加强五小企业、危险化学品和烟花爆竹、道路交通、建筑施工、人员密集场所专项整治，圆满完成安全生产市达目标任务。

八、高度重视干部队伍建设，党建水平得到了全面提升。坚持把党的建设作为科学发展、赶超跨越的根本政治保障，继续大力弘扬少说多干、奋勇争先的优良作风，打造了一支攻无不克、战无不胜的党员干部队伍。**基层组织的战斗力全面提升。**圆满完成县委和镇党委、人大、政府换届工作，在上级换届纪律督导组7次检查中均得到好评。扎实推进村“两委”换届工作，大力实施后进村整治，圆满完成18个农村党组织、村委会“两个联建”试点工作，深入开展“三化两创一满意”活动，基层组织战斗堡垒作用明显增强。**领导班子的凝聚力全面提升。**县委常委会坚持用共同的事业凝聚力量，大力支持人大、政府、政协充分履行职责，不断加强对群团组织、武装工作和老干部工作的领导，充分发挥了统领全局、协调各方的领导核心作用。全县各级领导班子都能自觉融入科学发展、赶超跨越大局，部署任务有目标，落实工作有标准，完成时限有节点，真正形成了聚精会神抓发展的大好局面。**党员干部的执行力全面提升。**大力弘扬少说多干、奋勇争先的优良作风，继续倡导“白加黑、五加二”的奉献精神，深入开展“党徽在攻坚一线闪光”活动，广大党员干部接受任务不讲条件、完成任务拒绝理由的意识进一步增强。积极开展“承诺践诺活动”，成为滦南创先争优活动的一大特色，得到市委领导充分肯定。强力推动窗口单位和服务行业创先争优，进一步优化了投资环境。探索实施党员服务群众“一卡通工程”，有效密切了党群关系，省市主流媒体给予专题报道。**党风廉政建设水平全面提升。**创造性制定《党风廉政建设督察员制度》《滦南县领导干部约法八章》《科级干部末位淘汰实施办法》等17项制度，全面落实村务管理监督“一卡通”工作机制，切实加强工程招投标、征地拆迁、产权交易、公务用车等领域管理，深入实施“治庸治懒”和整治“铺张浪费”、小金库等专项行动，积极开展作风评议，严厉查处各类违法违纪案件，党风廉政建设不断加强。

一年来，在省市委的亲切关怀、坚强领导下，在全县各级党组织和广大党员干部少说多干、奋勇争先、合力攻坚下，滦南各项工作取得了较为理想的进展，开创了加快发展的良好局面。但也应该清醒地认识到，这些成绩和进步还是初步的、阶段性的，距上级党组织的要求、距人民群众的期盼、距兄弟县（市）区的发展水平还有很大差距，还存在一些不容忽视的问题和不足。一是思想解放还有很大差距，个别同志不能把解放思想落实到具体工作中，“怕、僵、小、等、偏”等思想倾向依然存在；二是攻坚能力还有明显不足，面对加快发展的紧迫要求，不善于创造性解决发展中的问题，执行能力和行政效能有待进一步提升；三是发展质量还不高，节能减排任务艰巨，各种瓶颈制约尚未有效解决，立县性大项目、好项目还不多，仍然面临经济总量偏小、经济结构不合理的双重压力；四是双向开放与赶超跨越的要求还不相适应，招商引资规模小，利用外资不够理想；五是精神懈怠的问题仍然存在，部分党员干部缺乏工作的主动性和紧迫感，有些工作没有按时间节点完成任务。

2012年是滦南“十二五”科学发展、赶超跨越极为关键的一年，既面临着异常严峻的困难和挑战，也迎来了千载难逢的重大机遇。新的一年里，滦南县委将坚定不移贯彻落实中央、省市一系列重要会议精神，按照县第十一次党代会的部署，紧紧围绕“激情滦南、实力滦南、文化滦南、生态滦南、和谐滦南”总体目标，以“在转变发展方式中扩大经济总量”为主线，大力实施“融入曹妃甸、服务曹妃甸、打造大基地、建设新滦南”主体战略，举全县之力推进“三大攻坚、四大开发”，稳中求进，以进促稳，迎难而上，奋力赶超，推动经济社会更好更快更大发展，朝着科学发展、赶超跨越宏伟目标加速前进，以优异成绩迎接党的十八大胜利召开！

滦南县
2011年国民经济和社会发展统计公报

2011年，面对复杂多变的经济形势和各种严峻挑战，全县人民在县委、县政府的坚强领导下，坚决落实县委、县政府一系列重大决策部署，紧紧围绕“激情滦南、实力滦南、文化滦南、生态滦南、和谐滦南”的总体目标，全面落实科学发展观，强力实施“三大攻坚、四大开发”，整体国民经济保持平稳较快发展，各项社会事业取得全面进步，实现了“十二五”良好开局。

一、综合

经核算，全县实现地区生产总值276.6亿元，比上年增长11.5%。其中第一产业增加值67.3亿元，增长7.6%；第二产业增加值106.8亿元，增长10.2%；第三产业增加值102.5亿元，增长16%。三次产业增加值结构为24.3:38.6:37.1。

居民消费价格总水平比上年上涨5.0%。其中，食品类上涨14.9%，居住类上涨2.9%，烟酒及用品上涨0.2%，家庭设备用品上涨3.0%，医疗保健类上涨1.1%，娱乐教育文化服务上涨3.2%，衣着类下降7.0%，交通和通讯上涨1.4%。全县商品零售价格总水平上涨4.8%，农业生产资料价格上涨10.3%。

二、农业

全县粮食播种面积100.51万亩，总产量44.86万吨，比上年增长3.7%，连续八年保持增产；棉花播种面积1.47万亩，总产量1008吨，比上年下降9.3%；油料播种面积22.15万亩，总产量5.88万吨，比上年增长1.7%；蔬菜播种面积42.35万亩，总产量191.06万吨，比上年增长10.2%。

全年造林面积2.4万亩，年末实有林地面积29.31万亩，增长4.1%，森林覆盖率达

25.6%。全年鲜果产量13.08万吨。

全年肉类总产量11.92万吨，比上年增长6.7%。其中，猪肉产量8.81万吨，增长6.5%；禽蛋产量3.42万吨，增长4.9%；牛奶产量50万吨，增长6.9%。全县肉猪出栏108万头，增长6.5%；奶牛存栏12.89万头，增长7.0%。全年水产品产量10.98万吨，下降0.9%。其中，海水产品产量8.6万吨，下降1.3%；淡水产品产量2.38万吨，增长0.4%。

全年完成农业总产值109.2亿元。其中，农业产值48.7亿元，林业产值0.4亿元，牧业产值45.1亿元，渔业产值12.4亿元，农林牧渔服务业产值2.6亿元。牧业、渔业产值占农业总产值的比重达52.7%。

农田有效灌溉面积107.3万亩；农业机械总动力126.5万千瓦，农村用电量25012万千瓦时，分别比上年增长5.4%和33.8%。

三、工业

全部工业完成增加值90.8亿元，比上年增长10.5%。其中，规模以上工业企业完成增加值56.7亿元，比上年增长14.2%；在规模以上工业中，轻工业完成增加值12.7亿元，重工业完成增加值44亿元。五大支柱产业依然对工业增长起到主导作用。黑色金属冶炼及压延加工业、造纸及纸制品业、电力、热力的生产和供应业、食品制造业、农副食品加工业合计实现增加值48.6亿元，占规模以上工业增加值的85.8%。年末规模以上企业46家，其中产值突破亿元企业17家，比上年增加1家；产销衔接较好，产销率为99.4%，比上年提高4.2个百分点；利税7.4亿元，同比增长10.2%；利润总额4.4亿元，同比增长6.5%。省级工业聚集区1个，其中规上工业完成主营业务收入96.4亿元。

在主要工业产品中，塑料制品增长12.8%；粗钢增长12.7%；钢材增长6.3%；家具增长43.8%；发电量增长7.2%。

四、固定资产投资

全年全社会固定资产投资113.2亿元，比上年增长57.1%。其中，城镇和农村非农户固定资产投资分别为82.2亿元和26.7亿元，分别增长55.6%和76%。在固定资产投资中，第一产业投资9.4亿元，占投资比重8.7%；第二产业投资39.3亿元，占投资比重36.1%，其中，工业投资38.6亿元，工业中技改投资完成24.8亿元，占工业投资的比重为64.3%；第三产业投资60.2亿元，占投资的比重为55.2%。其中房地产投资完成26.2亿元，同比增长75.2%。

全县入统亿元以上投资项目36个，比上年增加21个，完成投资39.4亿元，同比增长72.1%。其中入统亿元以上新开工项目26个，比上年增加17个，完成投资31.2亿元，同比增长119.2%。入统亿元以上房地产项目18个，比上年增加10个，完成投资23.7亿元，同比增长96.5%。

五、国内贸易和对外经济

全年实现社会消费品零售总额99.1亿元，比上年增长17.0%。按行业分，批发业零售额11.4亿元，增长19.0%；零售业零售额74.3亿元，同比增长16.5%；住宿和餐饮业零售额13.4亿元，增长18.6%。按经营地统计，城镇零售额56.7亿元，增长18.7%；乡村零售额42.4亿元，比上年增长14.9%。

全年实现进出口总额41361万美元，同比增长47.3%。其中，进口额7897万美元，同比增长24.7%；出口额33464万美元，同比增长53.8%。实际利用外资3811万美元，同比增长143.8%。

六、交通运输和邮电

全年交通运输、仓储及邮政业实现增加值53.8亿元，比上年增长25.1%。启动建设了滦海公路，新建、改建道路总里程578千米，初步构建了现代化城乡道路交通体系，村村通班车率达100%；邮电通信能力不断提高，全县年末交换机总容量达9万门，固定电话用户7.4万户。

七、财政、税收、金融

全年全部财政收入完成125410万元，比上年增长19.2%。其中，一般预算收入78909万元，同比增长27.8%。财政支出服务、保障职能进一步优化。一般预算支出202918万元，同比增长42.4%。

全年税收收入完成100767万元，比上年增长34.5%。其中，国税收入（按省考核口径）52760万元，同比上涨0.9%；地税收入完成48007万元，同比增长112.1%。

全县金融机构各项存款余额为1297671万元，比年初增加199880万元。城乡居民储蓄余额1011368万元，比年初增加158172万元。各项贷款余额为486915万元，比年初增加99223万元。

八、教育、文化和卫生事业

认真组织实施“陈旧校舍改造和校舍安全工程”，累计投资1.2亿元，新建、改造教育教学设施11.9万平方米；职业教育规模不断扩大；民办教育、学前教育、成人教育、特殊教育实现了统筹发展。全县拥有各级各类学校146所（包括幼儿园），在校生87226人，教职工6064人，其中专任教师5353人。全县普通中学28所，在校生30699人。小学106所，在校学生36030人。全县拥有职业学校1所，在校生7451人。

全县拥有艺术表演团体1个，图书馆1座，总藏书10万册。成兆才大戏院、评剧博物馆、数字影院相继投入使用，建设了16个镇级综合文化站和65个农村书院，大力弘扬传统文化，评剧、皮影赴欧洲演出广受赞誉。现代评剧《三进门》进京展演、全省巡演获得巨大成功。

全县共有各类卫生机构26所，医院床位1518张，卫生专业技术人员1545人。不断加大卫生事业投入力度，社区卫生服务站和村卫生室建设得到加强；持续开展“健康滦南、幸福人民”行动，积极推进医药卫生体制综合改革，公共卫生保障水平进一步提高。

九、人民生活

全年城镇居民人均可支配收入20770元，比上年增长12.2%；人均消费支出11032元，同比增长15.7%。每50户城镇居民家庭拥有电脑39台，空调器44台。农村居民年人均纯收入7891元，增长11.0%；人均消费性支出5377元，增长20.4%。每百户农村居民家庭拥有空调器16台，电冰箱101台，彩色电视机112台，耐用消费品拥有量均比上年增加。城乡居民居住条件进一步改善。城镇居民人均住房建筑面积34.78平方米；农村居民人均居住住房建筑面积34.0平方米。

注：

1.本公报部分数据为快报数据。

2.公报中全县地区生产总值、各产业增加值绝对量按当年价格计算，增长速度按可比价格计算。

3.规模以上工业为年销售收入2000万元以上工业企业。

滦南县领导班子组成情况

中国共产党滦南县委员会

书　　记　张国栋
副 书 记　蔡洪魁（8月免）
　　　　　许晓娟（8月任）
　　　　　韦远东（8月免）
　　　　　于广秋（8月任，之前任常委）
常务委员　商振刚（5月免）
　　　　　马全红（5月任）
　　　　　张友利（6月免）
　　　　　史林友（8月免）
　　　　　蔡春奎
　　　　　徐文辉（8月任）
　　　　　宋福安
　　　　　于　军（8月任）
　　　　　王殿新（8月免）
　　　　　李景云
　　　　　谢雪生（8月任）
　　　　　刘兆宾（8月任）

滦南县人大常委会

主　　任　杜　珍
副 主 任　冯玉志
党组副书记　崔恩富
副 主 任　刘继海
副 主 任　苗贵生
党组成员　白云泽（3月任）

滦南县人民政府

县　　长　蔡洪魁（8月免）
　　　　　许晓娟（女，8月代）
副 县 长　于广秋（常务，8月免）
　　　　　蔡春奎（8月任常务）
　　　　　李景云（8月任）
　　　　　张怀良
　　　　　卢翠娟（女）
　　　　　于　军（8月免）
　　　　　张云江
　　　　　刘高军（8月任）
　　　　　胡德宝（挂职，4月免）
　　　　　安丽萍（女，挂职，5月免）
　　　　　闫利平（女，挂职，10月任）

中国人民政治协商会议滦南县委员会

主　　席　李玉鹏
党组书记　张友利（8月任，之前为副书记）
副 主 席　陶顺福
　　　　　赵瑞军
　　　　　桑树军
　　　　　毕仲仓
党组副书记　张树云（女，8月任，兼倴城镇党委书记）

党务工作

县委办公室

2011年，县委办公室紧贴县委中心工作，坚持以“忠诚服务、提质提速”为主线，以“抓一流管理、带一流队伍、创一流业绩、树一流形象”为目标，以创先争优活动为载体，不断强化服务意识，创新工作方法，提升综合素质，有力地提升了“三服务”水平，为科学发展、赶超跨越做出了应有贡献。

一、紧贴中心，全面提升服务县委决策水平

始终把为县委决策服务作为核心任务，紧扣县委中心工作和领导关注点，精心谋划，深入研究，推动创新，很好地发挥了以文辅政作用。全年共完成各类长篇文字稿件1000多篇，文字成果转化率显著提高。

文稿起草出精品。准确把握全县发展主题和县委领导意图，强化精品意识，文稿起草质量明显提高。高质量完成《县第十一次党代会工作报告》等领导讲话文稿50多件，完成向省市的各类总结、汇报60多篇，完成《大工地、大变化》等电视脚本3篇，整理各层次会议录音讲话70余篇，很好地指导了全县工作。其中，所起草的县第十一次党代会报告，进一步完善了“激情滦南、实力滦南、文化滦南，生态滦南、和谐滦南”的总体目标，“融入曹妃甸、服务曹妃甸、打造大基地、建设新滦南”的主体战略，细化了“一产出特色、二产上规模、三产求突破、城建提品位”的发展思路，得到全体党代表的充分肯定，成为滦南“十二五”科学发展、赶超跨越的行动纲领。

调研成果进决策。按照“贴近决策需求，拓宽调研领域，提高成果转化率”的工作思路，全年组织开展重点调研活动20多次，撰写的调研报告和工作报告得到县以上领导批示16篇次，其中省委领导批示4篇次，市级领导批示8篇次。重点项目建设、创新社会管理、水利事业发展三篇调研报告均得到省委常委、纪委书记臧胜业肯定性批示，现代评剧《三进门》成功创作排演的调查报告得到省委常委、原省委宣传部长聂辰席的肯定性批示。在市以上载体刊发总结工作、宣传滦南的长篇文稿25篇，其中省委政研室《送阅件》10篇。按照“读、思、问、改、查”五步工作法，高度负责地做好公文审核制发工作，全年制发各类公文208件，核对文稿60余万字，做到了严谨、规范、无纰漏。

信息服务创品牌。坚持“无私奉献、事争一流”的河北信息精神，以“对上服务求突破，对下服务超常规、同级服务全面化”为目标，努力提升信息工作“三服务”水平。全年上报省市委各类工作信息294篇，采用108篇，信息上报在全市党委信息工作考评中位居榜首，在全省信息工作考评中处于优胜地位。各类信息载体获得市县领导批示32篇，其中《滦南贯彻省市党代会精神》的长篇信息得到市委书记王雪峰的肯定性批示。以服务县委领导决策为根本，把握需求、创新手段，专报领导参阅90期，得到领导批示25期，其中县委主要领导批示8次，参谋助手作用得以充分发挥；编发下发载体《滦南快报》233期，及时传递领导声音，有效指导交流工作。开设“网络舆情信息专报卡”新型载体，上报网络舆情信息53期，得到县委主要领导批示6期，信息工作的全面性和实用性进一步提升。

强力督查促落实。按照“围绕中心、突出重点、推动落实”的工作思路，紧紧围绕县委重大决策部署，加大督查力度，开展主动督查，推动各项决策落实。全年共开展各种较大规模的督查活动98次，撰写督查报告160期。认真坚持“每周一报告，每月一通报，每季一点评”

制度，严格按时间节点督查重点项目进度，有力推动了工作落实。将重点项目建设、征收搬迁改造、城区环境治理、园林城创建、信访稳定、机关作风建设列为督办要点，开展专项督查60多次，有28篇督查报告得到县委主要领导批示，促进了相关工作的开展。认真做好领导批办事项的督查，全年受理市、县领导批办信件350多件，其中督办件306件，人大代表建议、政协提案18件，办结率、满意率均达100%。在河北省网络问政平台受理网民留言3条，全部按期办结，得到群众肯定。

二、突出效能，全力确保县委工作高效运转

充分发挥办公室协调枢纽作用，不断强化机关效能建设，保证了县委工作高效、科学、优质运转。周密做好会务、重大活动筹备工作，全年圆满完成党代会、领导干部大会等大型会议25次，中型会议46次，小型会议80余次，七一成果展、十一升旗仪式等重大活动8次，参与完成项目观摩等活动32次，没有出现偏差，筹备能力和服务水平进一步提高。以创新精神加强和改进接待工作，完成上级领导和外地客商来滦南考察、调研接待工作120余次，做到了让客人满意、让领导放心。认真负责地做好县委热线电话服务和群众来信来访受理工作，积极主动地协助县委领导做好群众来访接待工作，维护了机关良好的办公秩序。严密做好文件办理工作，实行首办负责制，规范办文程序，做到了及时、准确、安全、高效。全年收文1280份，办理各单位上报、传阅文件798份，收转领导批示信件587封，下发县委、县委办文件298份，没有出现纰漏。加强与人大办、政府办、政协办之间的协调联系，及时就县四大班子重大决策部署进行沟通，搞好工作协调。坚持每周周一编印县领导周工作安排，分送县领导四大班子领导、四大班子办公室和相关单位，保证了领导之间的联系沟通。认真做好档案管理，实现了制度化、程序化、微机化管理。严格落实全天候值班制度，保障了信息渠道畅通。严格落实印章使用审批制度，印章管理安全无误。

三、统筹管理，积极推进部门工作实现跨越

坚持统筹推进，全面协调管理，各部门工作实现新的跨越。**认真做好防范和打击邪教工作。**以防范控制、教育转化、深挖打击和警示宣传教育、分级重点整治为重点，全面加强广播、电视、网络等重点宣传媒介管理及社会反宣品清缴工作。全年组织开展了4次大规模的摸排，清缴"法轮功"反动宣品1000多份，破获4起"法轮功"案件，抓获犯罪分子4名，对2个镇（街道办）进行了分级重点整治，不断加大反邪教宣传教育力度，实现了省委提出的"五个零指标"。2011年3月，县委处理法轮功问题领导小组办公室被评为唐山市防范处理邪教工作先进集体。**精而又精做好机要工作。**突出精品意识，强调精细化管理，以密码管理、密码通信、密码保障三项工作为重点，严格落实"第一责任人、领导督办、首办负责、密不离人、双人递送"等规章制度，全年共收发办理明传电报1993份、8528页，收发办理密传电报731份、3715页，处理横传电报及县镇传真164份、548页，全部做到优质、安全、高效，没有出现任何纰漏、差错。2011年县委机要局被评为唐山市党政系统密码工作先进单位。**慎之又慎做好保密工作。**制定《滦南县2011年保密法制宣传教育工作计划》，对各单位主管副职、专兼职保密干部和网络管理人员进行保密法律法规及保密知识业务培训，有30名新上岗的专兼职保密干部取得了涉密岗位资格证书。积极开展保密技术督促检查活动，严格落实废旧保密文件集中销毁制度，有效提高了各单位保密意识。在2011年度全市保密工作考评中，滦南县保密工作综合评价为优秀。**全心全意管好机关内网。**加强全县机关公务内网管理和办公室信息化工作，安装部署软件群发等应用系统，及时更新信息628条，镇级公务内网全部联通，公务内网应用日益完善。认真做好网络管理、维护工作，确保网络畅通，保证了公务内网安全稳定运行，提高了机关工作效能。加强网络监控，引导正确的网络舆论方向。网络技术中心被评为2011年度党委办公室系统信息化工作先进单位。

四、强化素质，努力提升领导班子合力

始终坚持把强班子、提素质作为推进工作的原动力和重要途径。**讲学习，强化班子政治素质和业务水平。**坚持集中学习与自学相结合，向书本学习与向实践学习相结合等方式，努力加强政治理论学习，不断丰富政治理论素养。结合创先争优活动，集中学习了党的十七届六中全会精神和省、市县党代会精神，系统学习了省委书记张庆黎在全省干部会议上的讲话、来唐山调研时的重要讲话精神，坚持学以致用、用以促学，班子成员的政策理论水平、领导能力、依法行政能力得到了明显提高。**讲团结，增强班子凝聚力和战斗力。**每名班子成员认真落实民主集中制原则，坚持重大事项讲民主，集体研究决定；常规问题讲协调，注重工作实效。班子成员立足本职、着眼大局，思想上合拍、感情上和谐、协调上合力，相互尊重、相互信任、相互支持，提高了工作效能。加强对各科室的管理和指导，在科室内部强化制度建设，强化团队意识，既分工负责，又相互配合，充分发挥整体功效，保证了各项工作的圆满完成。**讲作风，争做无私奉献和求真务实表率。**针对全县大事多、要事多，主要领导节奏快、要求高的实际，班子成员识大体，谋大局，抓大事，主动作为、勇于担当，养成了雷厉风行的作风和无私奉献的精神。一年来，领导班子成员始终保持紧张有序的工作节奏，充分发挥"白加黑、五加二"、"重点工作三班倒"的工作精神，拒绝理由、敢为人先，脚踏实地、高效务实地完成了领导交办的各项任务。**讲廉政，树立清正廉洁和遵规守纪的良好形象。**做为领导身边的工作人员，班子成员始终保持清醒头脑，带头严格执行《中国共产党党内监督条例》、《中国共产党纪律处分条例》和中央、省、市关于廉洁自律的各项规定，坚持以身作则、秉公办事、廉洁自律、淡泊名利、坚定操守，以实际行动抵制各种不良风气，树立了班子成员廉洁自律的良好形象。

五、严格管理，锻造高素质干部队伍

高度重视办公室干部队伍建设，努力打造一支政治强、业务精、作风硬、纪律严，让县委和群众满意的队伍。**一是始终站在维护县委权威和形象的高度严格管理。**要求办公室工作人员在任何时候、任何情况下都要把讲政治放在第一位，在思想、政治、行动上始终同县委保持高度一致，坚决维护县委权威，维护领导权威和形象，带头贯彻执行县委的各项决策部署，忠于职守，尽职尽责，说老实话，做老实人，办老实事。**二是始终端正对待群众的感情和态度。**以构建"服务型机关"为切入点，以转变作风为着力点，端正对群众的态度，增进对群众的感情，牢记"时时有人观察、事事有人比较"，每位同志都能做到时时反省自己，严格要求自己，努力提高自己，不断提高做群众工作的能力和水平。**三是始终坚持把学习放在突出位置，打造学习型机关。**坚持每周五下午的学习、例会制度雷打不动，建立了学习交流园地。注重学习方式的灵活性，采取集体学与自学相结合，定期学与平时学相结合，专题讨论与主题辅导相结合等方式，组织机关干部用党的最新理论武装头脑，从党的理论成果中汲取智慧和力量，全面提高办公室人员的政治理论素质和工作业务水平。

纪　委

2011年，全县反腐倡廉工作紧紧围绕县委十届六次全会工作部署，以服务"三大攻坚、四大开发"等重点工作为载体，不断更新观念，创新举措，全面履职，对标赶超，各项工作取得了明显成效。

一、立足全局，把握关键，服务中心有新作为

一年中，始终围绕"服务中心要有新作为"，强力推进发展环境建设，积极打造"零障碍、低成本、高效率"的环境品牌。

（一）不断深化干部作风建设。结合贯彻落实县第十一次党代会精神，围绕解决干部队伍中存在的精神懈怠、能力不足、纪律松弛、自律不严、甘于平庸、脱离群众等苗头性或倾向性问题，印发《滦南县关于开展机关作风专项整治活动的实施方案》，精心谋划，科学安排，深入开展了为期一个月的机关作风专项整治活动。各级各单位认真查找改进作风和服务发展的结合点和切入点，准确定位，科学把握，通过自查剖析、民主生活会、干群恳谈会等方式，敢于揭短，全面整改，建立健全了作风建设长效机制，实现了改进作风和推动工作“两促进、两不误”，全县上下形成了攻坚克难的强大合力。积极发挥党风廉政建设督察员作用，不断强化对干部作风建设的动态监控，全年组织明察暗访12次，对34家单位、44人进行通报批评，查纠相关问题27个，促进了机关干部作风的明显好转。

（二）多措并举优化发展环境。牢固树立“抓环境促发展”工作理念，制发《滦南县关于优化发展环境的实施意见》，多角度、全方位优化发展环境。**一是打造涉企检查收费监管模式。**实行涉企检查网上备案制度，对入企检查项目进行清理，将检查次数、检查时间、法律法规依据统一在网上公开，并推行县纪委备案制度；实行检查处罚与罚款收缴分离制度和统一收费制度，未经公布的收费、罚款项目不得执行；对存在的个性问题，坚持教育、警示、告诫，强化整改。**二是打造“一站式”审批服务模式。**以加强行政服务中心建设为抓手，全面清理审批事项，编制审批目录，优化审批流程，推进“成建制”进驻，“一站式”服务，审批服务效率显著提升。开展限时办结制、行政许可、非行政许可、行政监管事项办理等综合检查，项目服务机制日益完善。**三是打造“项目助理”服务模式。**印发《关于加强项目公开、服务项目建设的意见》，对重点项目，明确分包县级领导、项目助理，通过网站、公开栏、新闻媒体等途径进行公开，负责协助项目业主跑办相关审批手续，协调解决生产经营中存在的问题和困难，全程服务项目建设。**四是打造投诉举报受理模式。**对滦南县纠风效能网进行改版升级，设立网上群众信箱，全天候受理企业和社会各界对发展环境建设方面的咨询建议和举报投诉，实现了网上受理，网上回复、结果公示。通过打造“政策洼地、服务高地、创业福地”，发展环境进一步优化，叫响了“零障碍、低成本、高效率”的服务品牌，扎实有效推进了项目建设。

（三）积极推进经济发展方式转变。制发《滦南县关于开展加快转变经济发展方式监督检查工作实施办法》，紧紧围绕服务科学发展这一主线，坚持全面检查和重点检查相结合、行业检查和巡回检查相结合，采取填报登记、听取汇报、查阅资料、座谈走访、实地查验等方法，不断强化检查实效。通过监督检查，确保了保障性安居工程建设、通胀预期管理等惠民政策的贯彻落实；确保了城镇建设三年上水平各项任务的推进；确保了省“双三十”节能减排年度目标任务的完成。

（四）深入推行职权公开。深入贯彻落实《河北省行政权力公开透明运行规定》，结合权力监控机制建设，制定印发《滦南县全面推进党务公开工作实施方案》、《滦南县职权公开运行实施方案》，以党务公开为龙头，科学确定公开内容、探索公开形式，带动政务公开、司法公开、基层管理公开、公共服务组织办事公开，全面公开、阳光运行、监督有力、效能聚集的工作格局正逐步形成，各级各单位管理、服务水平明显提升，政务环境得到进一步优化。

二、勇于探索，锐意进取，改革创新有新举措

一年中，紧密结合反腐倡廉形势和惩防体系建设，打破通常观念，围绕“改革创新要有新举措”，积极探索反腐倡廉建设新方法、新途径，收效显著。

（一）全面推行村务管理监督“一卡通”模式。紧扣“规范村级职权，强化源头治访，维护农村稳定，促进农村发展”这一主题，积极创新农村社会管理，通过“清理村级职权、查找廉政风险、制作运行流程、公开接受监督”四个环节，把12项关系群众切身利益的重要事项编制成“一卡通”手册，印制发放“一卡通”15万余张、《通心靓卡》资料汇编2000余册，健全完善配套制度17项、工作机制5项，投资30万元建立农村“三资”监管电子化系统，有力规范了村级职权运行，从源头上大幅减少了农村信访量。“一卡通”模式推广以来，中纪委研究室副主任孙飞、信访室副主任张绍龙，省

纪委常务副书记商黎光等领导先后来滦南调研指导“一卡通”工作，并给予充分肯定；市委书记王雪峰、副书记周仲明均对“一卡通”模式作出重要批示；全市提高农村反腐倡廉建设科学化水平现场会在滦南召开，村务管理监督“一卡通”模式在全市推广。

（二）全面推行重点工作点评问责制。制发《滦南县关于强化监督检查服务科学发展的实施方案》和《滦南县关于加大问责问效力度推进十项重点工作的实施意见》，成立专门机构，紧紧围绕加快经济发展方式转变、重点项目建设、节能减排、安全生产、取缔“五小”企业等工作，开展监督检查，进行问责问效，狠抓工作落实。全年共有15个单位因工作排名靠后和未按时间节点完成工作任务受到通报批评；对25人进行了诫勉谈话，有力助推了全县经济发展。市委常委、市纪委书记张振县做出批示，并高度评价。

（三）全面推行公共资源交易信息周报制度。在整合项目单位、行政管理部门、纪检监察机关和社会监督力量，建立“四位一体”监督机制的基础上，实行每周向县委书记办公会报送公共资源交易动态信息制度，进一步加大了县委、县政府对这项工作的组织领导，实现了全方位、多角度对公共资源交易活动的监督管理，有效防止了工程建设领域不正之风的发生。

（四）全面推行作风（行风）网上评议。不断深化民主评议工作，依托“滦南县纠风效能网”开设“网上评议”专栏，率先在全省使用“河北省评议员信息管理系统”，发动群众在网上对全县17个镇（街道办）、62个县直单位、101个重点窗口和162个基层站所的干部作风和行风建设进行评价，发表意见。网上评议进一步扩大了民主评议的范围，提升了民主评议工作的透明度。

（五）全面推行党风廉政建设督察员制度。为强化纪工委监察分局职能，推动工作落实，出台《滦南县关于建立党风廉政建设督察员制度的暂行规定》，由县纪委监察局派出的9个纪工委监察分局的工作人员担任党风廉政建设督察员，为强化责任，实行双向问责，围绕落实县委、县政府决策部署、干部作风建设、“五小企业”治理，换届工作等开展专项监督检查6次，取得了良好的监督效果，确保了政令畅通，推动了工作落实。市委常委、市纪委书记张振县给予肯定性批示。

三、统筹兼顾，惩防并举，反腐倡廉工作有新提高

在紧贴中心，服务大局，积极推进反腐倡廉工作创新的同时，围绕“反腐倡廉常规工作要有新提高”，不断加强反腐倡廉建设基础性工作。

（一）狠抓廉政教育。以纪念建党90周年为契机，以落实《廉政准则》为统领，以开展“思党恩、倡廉洁、助攻坚”主题征文活动、“上廉政课、读廉政书、看廉政片、算廉政帐”活动和“一把手”讲廉政党课活动为载体，深入推进反腐倡廉宣传教育，广大党员干部廉洁从政意识明显增强。严把拟提任干部廉政准入关，组织2011年拟提拔的科级领导干部进行岗位廉政教育和党纪政纪知识考试。有效开展警示教育，对查处的部分典型案件进行公开处理，以案说法，警示广大党员干部遵纪守法、廉洁从政。大力倡导廉政文化，扎实推进廉政文化示范点建设，涌现出姚王庄镇李营村、青坨营镇青坨营村等一批市级廉政文化示范点；制作专题片《通心靓卡》，大力宣传村务管理监督工作成果；创作大鼓《一卡通》，参加全市廉政文艺汇演荣获二等奖。以“千名使者谏言倡廉洁”为载体，廉政使者活动丰富多彩；对廉政使者反馈的各类情况，认真梳理，及时答复，进一步增强了对党风政风的监督效果。

（二）狠抓廉洁自律。认真执行党员干部“四廉”制度和报告个人有关事项制度，县四大班子领导在2011年重点工作部署动员大会上，公开进行勤政廉政承诺，主动接受社会各界监督；700多名科级领导干部积极诺廉、践廉，认真报告个人重大事项。严格落实破除婚丧陋习的有关规定，有效遏制了党员干部、公职人员婚丧事宜大操大办不良风气。严格落实廉政谈话制度，制发《滦南县领导干部党风廉政建设约谈办法》，全年约谈相关人员10人次。全面贯彻落实党委换届纪律要求，严格按照换届时间节点开展检查，严肃换届纪律，实现了换届纪律知晓率、换届纪律谈心谈话覆盖率、换届纪律监督率“三个百分百”，圆满完成县、镇换届任务，受到上级监督检查组充分肯定。

（三）狠抓专项治理。一是深入开展工程建设领域突出问题专项治理。对2010年以来新增的36个建设项目进行排查，针对发现问题，及时提出整改建议15项，对2个项目单位进行了处罚。累计监督各类招投标和交易活动187宗，节约资金1.62亿元。二是深入开展公务用车专项治理。完成公务用车登统，对19个单位下达了《违规车辆处理决定通知书》，违规用车封存停用。三是深入开展“小金库”专项治理。在各单位完成“小金库”自查上报工作基础上，坚持“小金库”治理与加强银行账户监管、规范津贴补贴、规范经营性资产管理等工作相结合，对29个重点单位进行了检查验收。四是深入开展专项资金综合治理。协调相关单位对治理范围内的专项资金进行清理摸底，检查、审计专项资金项目13个，金额2.02亿元，纠正违规资金25.4万元，确保了专项资金安全和专款专用。五是深入开展纠风专项治理。整合网络投诉举报平台、12346公路“三乱”举报热线、行风热线、行风效能监督员等资源，打造“大投诉”平台，损害群众利益的突出问题得到及时有效解决。

（四）狠抓案件查办。准确把握“为经济发展排阻清障、为中心工作保驾护航”的办案导向，本着“安全、共享、主动、自查、有效”的10字办案原则，创新完善案件组织协调、线索排查、履职考核、责任追究等配套制度，查办案件科学化水平进一步提升。全年实际受理信访77件，按期结案率和优质结案率均达到98%，信访量同比下降29%，连续多年未发生市以上集体访。立案查处违纪违法案件69件，其中经济类案件21件，大要案17件。处分党员71人，挽回直接经济损失38万元，督导办理恢复党员权利案件3件。坚持“一案双报告双建议”制度，发挥了查办案件的治本功能，收到了良好的政治、经济和社会效果。

四、创先争优，忠实履职，干部队伍有新气象

在纪检监察系统深入开展“对标赶超、创先争优”活动，按照市纪委提出的把纪检监察干部带出安全、带出团结、带出规矩、带出作风的总体要求，全员认真开展素质对标，找差距、定措施，转作风、树形象，提素质、建新功，广大纪检监察干部的宗旨意识、创新意识明显增强，服务发展的能力明显提升。结合乡镇党委换届，不断优化纪检监察干部年龄、知识结构。通过多种形式的培训，进一步提高了广大纪检监察干部的政策业务水平。坚持从学习、工作、生活等方面入手，不断建立完善各项制度，纪检监察干部工作行为日益规范。

组织部

2011年，县委组织部按照“紧贴中心、服务大局，创新突破、规范提升”的思路，不断加强领导班子和干部队伍建设、基层组织建设和自身建设，持续推进创先争优活动，全县组织工作水平不断提高。7月，被评为全市基层组织建设先进县，李营村党支部被评为全国先进基层党组织。

一、优化结构，提高素质，大力加强领导班子和干部队伍建设

一是严格党委换届保质量。抓好换届考察。按照上级镇党委换届有关文件精神，对全县16个镇班子的176名副科级干部进行了考察，共填写测评票1577张，座谈489人，为换届人事安排打好基础。在全面考察考核、充分征求各方意见的基础上，把各镇党政正职提前安排到位。对新一届党委领导班子人选特别是新提拔的建议人选，采取座谈推荐和署名推荐的方式，充分征求各镇党委特别是党委书记的意见和建议，较好地实现了群众公认与党委意图的有机结合，提升了镇党委班子的整体功能。**抓好换届程序**。严格落实中央和省、市委有关精神和要求，精心制定乡镇党委换届工作方案，重点把握好党代表名额分配、党代表推选、党委工作报告起草、组织召开党代表会议等关键环节，创造性地开展了换届档案和党委报告评比工作，保证了换届工作健康有序进行，提高了换届选举工作质量。圆满完成县第十一次党代表大会各项工作，在县党代表选举工作中，精心组织，严格把关，确保了代表质量。在会议召开过程中，周密安排，规范操作，稳步推进，确保了县第十一次党代会的胜利召开，顺利完成了县委换届。**抓好换届纪律。**强化宣传，营造严肃换届纪律的浓厚氛围，印发、张贴换届工作明白纸、招贴画6000份，发放遵守换届纪律提醒函3449份、调查问卷1880份，《回执》率、签订遵守换届纪律承诺书和换届纪律知晓率均达到了100%。成立8个换届纪律监督检查指导组，制定应急处置预案，实行违反换届纪律案件查核专办工作制度，逐级搞好谈心、谈话，设立举报电话、举报邮箱，构建了全方位的换届纪律监督网络。在县、镇两级党委换届中没发生违反换届纪律的情况。在省、市委换届纪律督导组7次检查中得到上级领导的充分肯定，2011年镇党委换届风气测评分值达到99.6分。

二是坚持一线选人正导向。把攻坚一线作为锻炼干部的"主阵地"，识别干部的"试金石"，使用干部的"导向标"，探索建立了以"对接攻坚、实战磨炼、一线考评、择优选用"的"一线选人用人"模式。**让干部到一线锻炼。**采取"战役攻坚"的方法，先后把820人次的科级后备干部推向拆违和征收搬迁一线、把577人次的业务干部推向项目建设攻坚一线、把108名年轻干部推向既有建筑立面改造和园林城创建一线、把190名干部推向统筹城乡发展一线，对每项工作任务进行细化、量化，明确完成时间节点，使人人有目标、人人有责任、人人有压力。**让干部在一线提拔。**先后有179名在攻坚一线表现突出、群众公认的干部被提拔或交流到重要部门、关键岗位任职，占调整干部总数的65.8%，真正树立起了"四化标准、德才兼备、注重实绩、五湖四海、群众公认、一线选人"的用人导向。**拓宽选人视野。**为进一步激发干部干事创业的热情，把乡镇大专以上、40岁以下的事业编制干部全部纳入新进镇领导班子民主推荐范围，采取调任、公选等方式，从全县乡镇事业编制干部中选拔了8名优秀干部进入镇党政领导班子，特别是专门拿出2个镇组织委员和1个镇武装部长职位，面向40岁以下、大专以上学历、在攻坚一线工作的乡镇事业编制干部进行公开选拔，使他们和行政编制干部同样大有前途、大有希望、大有作为。镇党委换届工作结束后，又拿出城市管理行政执法局副局长、园林绿化局局长、城西工业区招商局局长和嘴东工业园区招商局局长4个职位，面向全县事业编制干部选拔，收到非常好的效果。

三是搞好干部培训提素质。坚持理论培训。本着促进优质培训资源向基层延伸的原则，抽调县委党校8名教师，开设流动课堂，分4次巡回各镇、各单位对胡锦涛"七一"讲话、县委十届六次全会、市县党代会精神等进行专题培训，提高干部的理论素养。**坚持实践培训。**探索实行"服务大局、对接攻坚、实战培训、择优选用"的"开放式培训"模式，采取课堂式教学和实战式培训相结合的方法先后对152名2010年以来的新提职干部和370名一线攻坚队员进行了培训。**坚持按需培训。**按照不同类型干部的培训需求，先后举办"菜单式"短平快业务培训班12期，培训干部1100余人次；鼓励和支持各级各类干部参加高层次学历教育，选送了17名年轻干部分别到燕山大学、南开大学等硕士研究生班参加学习。同时，为避免多头调训和重复培训的问题，审批各类业务培训班10期。构建开放式干部培训模式的做法先后被《河北发展》、《新唐山》、《河北组工信息》和《唐山劳动日报》刊载。

四是抓实监督考评强管理。完成年度考评。按照《滦南县科级领导班子和领导干部综合考评办法》，顺利完成133个科级领导班子和802名科级领导干部2010年度考评工作，并及时做好各种考核材料的归档。**围绕重点工作抓考评。**研究制定了《十项重点工作中加强组织保证的十项措施》，制定出台《关于科级领导班子和领导干部综合考评工作的补充规定》，对重点工作进行一线考评，跟踪问效。加强对全县重点项目建设的督导检查，保障了3批次129个重点项目集中开工奠基仪式顺利举行。协调相关部门完成县委、县政府重点工作季度评价工作，对重点工作按时间节点完成情况、领导批示奖惩情况、谋划项目等10项重点指标进行评分排位，为领导决策提供了参考依据。继续推行一线工作法，对抽调的攻坚队员进行一线考评，有84人被评为优秀。**进行考评创新**。采取加大考评权重、转变考评导向、注重源头预防等措施，建立了科学的信访考评机制，有效破解了信访难题，此做法先后在《唐山组工信息》、《唐山快报》、《市委领导专报》刊发，市委书记王雪峰同志圈阅，市委副书记周仲明同志作出肯定性批示。

五是“村官”创业富民显成效。为规范大学生村官管理，细化了大学生村官“七员”职责，进行履职承诺，完成履职承诺事项3216件，按期完成率达98.6%。通过开展“争做张广秀式村官，争当创先争优排头兵”、“四访四问”（访富裕户、问致富之道，访困难户、问群众疾苦，访示范户、问成功经验，访老党员老干部户、问治村之道）、开辟大学生村官网上期刊等活动，搭建了大学生村官展示工作、互相交流的平台。认真组织开展大学村官聘期考核、年度考核、期满续聘及工资定级、调级等工作，确保村官安心在村任职。积极推进大学生村官创业富民工程，出台《关于深化大学生村官“半亩地”工程进一步推进大学生村官创业富民的实施意见》，召开大学生村官创业富民推进会议，成立大学生村官“半亩地”农产品专业合作社，统一注册“半亩绿生态园”商标。目前，全县已建立创业富民示范园37个，试验示范新品种、新技术75项，占地面积达185.5亩。大学生村官“半亩地”工程做法先后被《中国组织人事报》、《河北日报》、《农民日报》、《大学生村官报》、《唐山劳动日报》等媒体8次宣传报道，河北省电视台、唐山市电台等8次做专题报道。

六是强化人才工作促发展。编制《滦南县中长期人才发展规划纲要》，制定人才发展战略。广泛开展人才工作宣传月活动，在县电视台开设“滦南人才风采”专栏，遴选7名不同先进事迹拍摄专题片进行播放，收到了较好效果。积极开展引才引智工作，为解决钢锹行业污水处理难题，邀请中国石油大学教授来滦南实地考察，解决了多年的环保难题，促进了企业健康发展；邀请河北科技师范学院教授在4个镇培训发酵床养猪新技术，培训290余人，有效推动了农村经济的发展。同时，积极开展科技下乡、河北省巨人计划申报、人才工作调研，为做好下步人才工作奠定基础。

二、落实责任，开拓创新，积极推进基层组织建设

一是积极推进基层党建工作创新。实施党建项目化管理。着眼于实现“培育党建工作新亮点、破解党建工作新难题、推进党建工作再上新水平”的“三新”目标，谋划实施基层党建工作项目化管理，指导各党委实施党建创新项目34个。**做实党员服务群众“一卡通工程”**。着眼党员做奉献，群众得实惠，积极探索加强和改进党员服务群众的方式方法，在全县农村、社区党员中创造性地实施了党员服务群众“一卡通工程”，引导广大党员亮出牌子，察民情、排民忧、解民难。据统计，全县有15000余名有行动能力的党员参与实施了该项工程，共发放“党群连心服务卡”12万张，为群众化解矛盾600多件（次），帮扶困难群众700多人次，解答群众关注的热点问题600多个，承办群众事项300多件，有效地密切了党群关系。河北省电视台和唐山劳动日报，先后以《滦南推行党员联户包片责任制帮民解困》和《一张党员新名片》为题对相关做法进行了报道。**推进“两个联建”**。积极推进农村党组织和村委会“两个联建”试点工作，强化督导检查，确保联建工作按部推进、科学实施。目前，全县16个镇确定的18个试点，全部完成了村党组织联建工作。市督导组对滦南村党组织联建工作给予了充分肯定。**打造社区“金牌党组织”**。开展以“组织配置最优化、工作运行规范化、服务管理精细化，创服务品牌、创和谐社区，让居民满意”为主要内容的“三化两创一满意”活动，着力打造社区“金牌党组织”。此项活动在《唐山组工信息》上推广。**实行非公有制企业分类管理**。制定《关于在非公有制企业党组织中实施“ABC

分类管理”的意见》，组织各相关党委科学定档，确定A类党组织25个，B类党组织42个，党组织的凝聚力和战斗力得到明显增强。

二是扎实推进“三学三争”活动。在加强日常工作指导的基础上，分2期组织了由前30个村的党支部书记、后30个村的第一书记和党支部书记、部分大学生村官共110人参加的推进“三学三争”活动培训，县内对9个“三学三争”活动典型村进行了观摩拉练，并组织学员赴山东寿光参观学习。组织优秀农村党支部书记、大学生村官代表、各镇组织委员56人，赴史明星家乡迁安石梯子沟村进行实地学习考察，还到滦县、迁西观摩学习，进一步活跃了“三学三争”局面。撰写的《映日荷花别样红——滦南县农村基层组织建设强基固本促发展纪实》在唐山劳动日报头版头条刊发。

三是加强后进村整顿转化工作。认真落实省市委有关精神要求，按照10%比例，摸排确定后进村60个，实行县领导联村、工作队帮村、镇领导包村，建立工作日志、月报告、定期督导等制度，采取下发通知、召开动员会议、调度会、现场观摩等方式抓好落实。目前，全县有11个村调整了党支部班子，解决群众关注的热点难点问题50多个，后进面貌均有明显改观。同时，加强选派到村任职第一书记管理，科学确定考核内容和考核办法，组织选派到后进村任党支部书记人员进行工作经验交流述职，促进了第一书记之间的交流学习。

四是强化基层党建责任制落实。制定出台了《关于进一步强化和规范落实基层党建责任制的意见》，健全完善目标承诺、跟踪监督分析研究、专项述职、考核评议、激励约束等工作机制，为基层党委全面落实党建责任制提供了依据。

五是强化党员管理工作。把改善党员年龄文化结构作为发展党员工作的重点，严格实行发展计划预审、发展对象预审两项制度，狠抓年初既定目标的落实。2011年全县发展新党员685名，其中35岁以下年龄的有520名，占76%，高中以上文化程度的有511名，占74.6%。研究制订了《滦南县农村、社区党员现实表现积分管理暂行办法》，对党员现实表现进行量化管理，增强党员的压力和动力，广大党员自觉履职、发挥先锋模范作用的主动性得到进一步增强。通过组织开展“党委书记讲党课”和“支部书记论坛”、“三学一树”等活动，提升了机关党员干部素质。强力推进以“党性教育+技能培育”为主要内容的党员“双育”工程，建立党员“双育”教学基地23个，实践基地73个，培养党性教育教师50名，技能教育教师51名；举办党员“双育”工程培训示范班2期，培训党员100名，举办党员“双育”培训班21期，培训党员1765人，以“铭记光荣历史、继承革命传统、增强致富本领、争做时代先锋”为主题开展了党员夏训活动，进一步提高了党员的致富、领富能力。为加强流动党员管理，探索出在域外建立流动党员党组织的多种有效形式，先后在曹妃甸、嘴东码头等地建立流动党支部，并采取多种形式加强流动党员的教育。南堡镇党委开办流动党员“手机党校”的做法在《唐山组工信息》上推广。

六是全面加强党员电教工作。拍摄、制作反映企业党建的《党旗在产业链上飘扬》、反映社区党建的《情满社区党旗红》、反映农村党建李营发展的《科学发展的一面旗帜》、推进大学生村官创业富民的《半亩地大作为》等多部专题片，通过网络、电视和组织党员集中收看等形式加强党员教育，收到了良好效果。以滦南党建网为平台，广泛宣传滦南组织工作“亮点”，展示党建工作成绩，为基层党组织和广大党员群众提供信息服务，先后上传各类稿件50多条、图片30余幅、通知公告15余条；利用网上办公平台短信群发功能，围绕党委换届等重点工作，编发短信300余条；通过积极推荐，唐山党建网播发我县党建视频新闻21条，其中《滦南县创新社会管理模式实施党员服务群众“一卡通”》被市委组织部选送至河北省党建网，成为省党建网开通视频新闻点播栏目后播发的唐山市第一条视频新闻。同时，不断加强远教站点建设，全县603个基层远教站点通过市远教中心的检查验收，为远程教育工作深入开展打下了坚实的基础。

三、创新形式，丰富载体，持续深化创先争优活动

一是扎实做好新一轮认责承诺。县四大班子领导带头，从解放思想、转变作风、深入一线、服务群众、依法行政、廉洁自律等10个方面向全县党员干部和人民群众做出庄严承诺。全县31个基层党委书记向县委递交责任状，各行政机关主要负责人向县政府递交责任状，各攻坚工作队队长向县攻坚指挥部递交责任状。33000多名有行动能力的党员向党组织和人民群众做出庄严承诺，承诺率达92%。县四大班子党员领导干部全部深入联系点检查公开承诺情况，县创先争优活动领导小组办公室对各党委所属支部承诺情况进行随机抽查，此做法得到市委副书记周仲明同志充分肯定。

二是强力推动窗口单位和服务行业创先争优。制定下发《深入推进窗口单位和服务行业“为民服务创先争优”活动实施方案》，召开推进会和现场观摩会推进工作开展，各窗口单位通过电子显示屏、便民服务指南、单位网站等多种途径公开服务事项，亮明窗口工作职责，并对服务标准、办结时限等进行公开承诺。党员佩戴党徽、摆放桌牌、发放便民联系卡，设置党员示范岗、党员先锋岗、群众监督台，自觉接受群众监督。通过上门服务、履约践诺、夺旗争星竞赛等多项活动，扎实推进窗口单位和服务行业创建争优活动，进一步优化了投资环境，提高了服务效率。

三是开展纪念建党90周年系列活动。召开七一表彰大会，命名表彰农村基层组织建设先进镇党委7个，先进基层党组织118个，党建示范村（社区）28个，“一好双强”村党组织书记60名，优秀共产党员179名，优秀党务工作者42名，优秀大学生村官18名，现场播放《永远跟党走》专题片，取得热烈反响。举行十大献礼工程竣工仪式暨创先争优成果展，组织广大干部党员参观重点项目建设现场，观看31个党委各领域创先争优活动成果图片文字展览，鼓舞广大党员干部群众奋发向上、开拓创新，进一步坚定建设美好新滦南的信心和决心。通过县电视台开办专栏、举办理论研讨会、组织文艺献礼系列活动、开展群众性教育系列活动、开展“党旗传递·重温誓词”、张贴楹联、慰问党员活动、百名党员忆党史、编纂《红色历程》一书等多项活动进一步回顾党的光辉历程，传承党的优良传统，激励广大党员干部少说多干、奋勇争先的激情。

四是开展典型选树活动。通过开展“六比六看”、“党徽在攻坚一线闪光”等活动，持续推出不同层次、不同类型先进基层党组织340个，优秀党员680名。推出了县检察院、县交通局、县电力公司、县信访局、县行政服务中心、城西工业集聚区等多个先进党组织标杆，推出了在新农村建设、城镇搬迁改造、重点项目建设、化解社会矛盾、帮扶困难群众等方面工作中做出优异成绩的李志刚、孙万柱、张树云、殷启国、王献刚等优秀党员。在先进典型的引领下，全县形成了风清气正、人心思进的良好风气。

五是周密部署“对标赶超走在前”活动。县委确立了“远学江阴、近学迁安”的整体对标方略，县委书记亲自作动员部署，各级各单位按照“全市第一、全省一流、全国先进行列”的基本标准重新调整确定对标标杆。各党委、总支、支部迅速行动，纷纷拓展对标领域、提升对标标准，在全市、全省、全国范围选责对标标杆，采取研究资料、学习考察、建立友好单位等多种形式，学习研究对标对象的先进经验、业务水平、工作标准，查找存在差距，挖掘问题根源，确定具体赶超指标，制定周密实施方案，掀起了对标赶超新高潮。

四、多措并举，严格要求，不断加强组工干部队伍自身建设

一是强化红色教育，锤炼党性。按照省委组织部开展“三项教育”活动的有关要求，围绕纪念建党90周年，在组织系统开展了红色歌曲演唱和红色经典诵读文艺汇演、赴西柏坡举行党日活动等，增强组工干部党性修养。

二是强化学习培训，提升素质。机关干部坚持集中学习与自学相结合，理论学习与实践锻炼相结合，围绕学习贯彻十七届六中全会和省、市、县党代会精神抓好理论学习，围绕党委换届和县委中心工作强化业务学习，同时，通过组织开展交流讨论、撰写心得体会、组工干部下基层、志愿服务等活动，提高组工干部的综合素质。干部调整后，安排专门时间，确定10项议题，组织各镇（街道）党委副书记、组织委员和党建办人员60余人进行专门业务培训，提高组工干部的业务水平。

三是强化服务意识，增强本领。通过开展改进机关作风专项活动，进一步提高了组工干部的大局意识、责任意识和服务全局的意识，通过开展“为组织工作争光，向省党代会献礼”、“夺旗争星”、“对标赶超走在前”等活动，引导组织干部以李林森、王彦生、杜洪英和李志刚、孙万柱、张树云、殷启国等先进典型为标杆，立足岗位创先争优，夺旗争星。同时，组织机关干部到“三大攻坚”、“四大开发”主战场开展助推活动，发扬“白加黑”、“五加二”的工作精神，引导组工干部在实践锻炼中增强服务本领。

宣传部

2011年，按照市委宣传部的工作安排和县委的部署要求，紧密结合滦南实际，突出重点，打造特色，卓有成效地组织开展了系列宣传文化活动，为推进滦南科学发展赶超跨越提供了强有力的思想保证、精神动力和舆论支持。

（一）围绕主线，理论武装工作取得新进展。理论学习注重实效性。制定学习计划，确定必读书目，加强各级干部的理论学习；编印《理论传播》20期，及时解读党的路线方针政策，发布最新理论信息，为各级中心组成员提供理论学习参考，编发的学习贯彻十七届六中全会精神专题，受到县委书记张国栋表扬批示；组织县委中心组集中学习4次，全县副科级以上干部宣讲报告会2次，邀请市委党校教授张丽娜为县委中心组作《适应经济社会发展，努力做好社会管理创新工作》的专题辅导。**理论宣传突出广泛性。**确定6个镇（局）级党委中心组学习示范点，健全完善基层理论宣讲辅导站45个，培训宣讲辅导员260名。组成宣讲团，深入全县31个县直党委和镇（街道办）党委，组织开展以胡锦涛“七一”重要讲话精神、十七届六中全会精神和省、市、县党代会精神为主要内容的大型巡回宣讲活动4次。**理论研究体现前沿性。**以纪念建党90周年为契机，围绕县委中心工作，就党的基层组织建设、城镇建设上水平、项目建设、统筹城乡发展、社会管理等方面工作开展理论研讨活动，形成有价值的论文120余篇，28篇论文在市委宣传部组织的“纪念中国共产党成立90周年”征文活动中获奖，《创新社会管理，建设和谐滦南》在《河北宣传》刊发。**舆情信息工作进一步加强。**围绕社会关注热点、难点，进一步加强舆情收集报送工作，先后有55篇舆情信息在中央和省、市宣传载体刊发

（二）把握导向，新闻和对外宣传工作取得新突破。创新机制，增强舆论引导力。在发挥好电台、电视台宣传优势的同时，创办《新滦南》宣传载体，通过时政要闻、综合新闻、社会民生、副刊等四个版面，全方位展示全县经济社会发展建设成果，营造少说多干，奋勇争先，科学发展、赶超跨越的良好舆论环境，截至目前，出版发行《新滦南》30期，共刊发各类稿件625篇，摄影图片533幅，书法、绘画、剪纸类作品267幅。**突出重点，扩大滦南社会影响力。**积极围绕县委、县政府的中心工作，瞄准主流媒体，撰写有影响、有分量的重头稿件，稿件数量、质量均创历史最好水平。先后在市以上新闻媒体刊发稿件700多篇，其中在中国青年报、法制日报、农民日报等国家级媒体刊发12篇，在河北日报、河北经济日报、河北工人报等省级媒体刊发42篇，市以上报刊头版头条、头版显著位置27篇，在人民日报刊发专版《党徽在攻坚一线闪光——来自河北省滦南县的报告》。**把握契机，提升滦南对外知名度。**利用现代评剧《三进门》赴省晋京汇报演出和全省巡演活动开展对外宣传，邀请国家、省、市各级媒体记者采访报道，近百家国家和省市级媒体进行深入采访报道，在人民日报、光明日报、中央电视台、新华网、河北日报、河北经济日报等媒体刊（播）发稿件7篇，极大地提升了滦南知名度和美誉度；适时组织主

流媒体进滦南活动，邀请新华社、人民网、新华网、中央电视台等国家级媒体走进滦南，对滦南经济社会发展情况进行全方位报道，推介滦南，宣传滦南；在旅游卫视《文明中华行》栏目，推出专题片——《滦南印象》，集中展示滦南的人文地理，风土人情，以及经济、生活、文化等领域的巨大变化和发展动态；县委书记张国栋走进新华网直播间，谈滦南县的基层组织建设情况，作客央视《奋斗》栏目，介绍滦南的发展变化历程，进一步提升了滦南对外知名度和美誉度；利用县里重点项目集中开工进行集中宣传，在重点媒体及时推出重要稿件。组织开展“唐山摄影家进滦南”活动，举办了“滦南新貌”大型摄影展览活动，展示滦南经济社会发展取得的巨大成就。编辑印刷《滨海水城——滦南》、《河北滦南招商项目册》、《滦南三大攻坚项目图册》、《让世界记住滦南》等双语对外宣传品6000多册。**关注热点，加强网上舆论引导。**在新浪微博完成宣传唐山、滦南的图文微博180条，积极参与新浪组微博宣传活动，完成新浪组微博90多条；密切关注重点论坛、社区、贴吧等网络场所，及时监控涉及唐山、滦南的负面信息，随时完成市委外宣局网络处下达的任务，净化网络舆论环境；积极开展网络宣传工作，完成主题宣传贴文245条，先后在人民网、新华网、搜狐、新浪、网易、腾讯等计分网站发稿123条。**服务大局，积极稳妥处置新闻突发事件。**针对部分媒体对滦南的舆论监督性报道，从大局出发，积极做好新闻媒体的舆论引导工作，防止外界舆论出现偏差。先后协调《中国商报》、《购物导报》、《消费时报》、《西部时报》等100多批次对滦南的监督性报道。

（三）体现特色，文化建设呈现新气象。群众文化活动丰富多彩。开展春节联欢会、秧歌进城展演、腰鼓比赛、全国评剧梅花奖得主进滦南等元旦、春节系列文化活动，为县城居民增添了节日气氛；举办“爱祖国、爱家乡”第八届合唱节暨县歌评选大赛、首届“古城春曲”乐亭大鼓名家新秀演唱会、评剧梅花奖得主名家名段演唱会、“京东实业幸福相约”滦南县推进文化建设打造文化滦南文艺晚会等系列文化活；冀东文艺“三枝花”进校园活动取得丰硕成果。全县学习“三枝花”的学生已达3.3万人，涌现出逸夫小学等数所文化传承典型学校。冀东文艺“三枝花”进校园活动，得到了国家、省、市有关部门的高度评价。中央电视台戏曲频道走进滦南录制滦南少儿学唱评剧节目，12名小学生参加了7期节目录制，周小兵同学获栏目“快乐金星”称号，并代表滦南县参加《快乐戏园》栏目举办的年度“快乐群英会”；承办了“诗刊社·河北滦南第27届青春诗会”大型主题文化活动。**文艺精品生产成绩喜人。**在市以上发表各类文学作品1018篇次，其中省级307篇次，国家级97篇次；按照省领导批示精神和省住建厅安排，成兆才评剧团编演的现代评剧《三进门》，继2010年底和2011年初赴省晋京演出获得巨大成功后，于4月20日至5月15日，在全省11个设区市进行了巡演；由北京刘秀荣评剧团出品、成兆才评剧团参加创作演出的现代评剧《宋庆龄与新中国》，参加了“全国优秀现代戏展演”和“2011年北京市舞台艺术新剧目展演”，并作为全国政协纪念辛亥革命100周年的重要活动，于10月10日晚在全国政协礼堂演出，主要演职人员受到贾庆林等党和国家领导人的亲切接见。**文化产业项目建设稳步推进。**制定《滦南县2011年文化事业和文化产业发展实施意见》，总投资100亿元的北河水城文化旅游观光产业带29个子项目已完工4个、惠民广场、古城广场2个项目主体基本完工、金代风情街、蓝色港湾等13个文化产业子项目已开工建设，评剧大世界、冀东抗日战争胜利纪念园等10个项目已完成规划设计。

（四）注重实效，精神文明建设迈上新台阶。全省文明县城创建工作全面推进。认真落实唐山市创建全国文明城市各项任务，明确责任，加强督查，持续推进创建全省文明县城八大攻坚行动；开展了“入户大询访，创文明县城”民情民意大调查活动；启动“你我同行，共创文明”、“告别不文明行为从我做起”主题活动，并举行了“告别不文明行为从我做起”签字仪式；组织开展十大不文明行为评选活动，在县电视台开办《曝光台》栏目，聚焦不文明现象，劝阻不文明行为，目前已播出40多期。**未成年人思想道德建设进一步深化。**组织开展《落实〈全国未成年人思想道德建设工作测评体系〉》调查问卷活动，提高社会各界对未成年人思想道德建设工作的参与度、支持度和满意度。举办“百部儿童剧进校园”滦南演出活动，开展“做一个有道德的人”、“童心向党”、“千警进百校，护卫天使”等系列主题教育活动，进一步深化未成年人思想道德建设。**农村文明建设有序开展。**“双百结对，共创文明”和“四个一批”创建活动稳步推进，确定2011年“十星级”文明户示范村、三化建设示范村、农村文化广场建设示范村各7个，农村文明集市示范点2个。开展“十星”级文明农户道德信贷活动，确定宋道口镇沙窝村为“十星”级文明农户道德信贷试点村。**公民道德主题实践活动广泛深入。**继续开展“学雷锋，做好人，当模范”、季评精神文明建设光荣榜和“我推荐我评议”身边好人活动。精神文明建设光荣榜宣传典型事迹30件，9件入选市学雷锋十佳事迹，汪秀敏以诚做人，信守承诺的感人事迹荣登2011年6月份“中国好人榜”。注册成立滦南县志愿者协会，依托“我们的节日”主题活动，广泛开展了“关爱农民工、关爱空巢老人”、“文明出行专项劝导”、“公共场所文明劝导”等系列志愿服务活动。

（五）贴近实际，庆祝新中国成立90周年主题宣传教育活动取得新成效。举办了庆祝建党90周年书法、美术、摄影作品展，启动庆祝中国共产党成立90周年彩色周末消夏文化活动和“百部红色经典电影千场放映”活动。组织第九次唐山市优秀人民公仆评选和推荐“我心目中的优秀共产党员”候选人活动，交通运输局局长孙万柱入选“优秀人民公仆”候选人。编辑《党史资料摘编》2000册，组织开展了“党徽在岗位闪光——我身边的共产党员”主题演讲和“喜迎建党90周年，建设美好新滦南”主题知识竞赛活动。

（六）问计于民，献计献策活动形成新声势。先后组织开展了“1～5月”重点工作、1～3季度重点工作群众满意度大调查活动和“对标赶超走在前，推进滦南科学发展、赶超跨越”献计献策活动，为县委、县政府科学执政、民主执政、依法执政提供参考依据。

统战部

2011年，统战工作在县委的正确领导下，在市委统战部的关心指导下，认真贯彻落实科学发展观和中央、省、市统战工作会议精神，深入开展创先争优活动，按照年初确定的目标任务，围绕发展县域经济这个中心，争取人心，凝聚力量，突出重点，服务大局，不断整合统战资源，调整工作思路，积极开展工作，为促进全县经济社会发展、维护社会稳定做出了应有的贡献。

一、围绕县委、县政府工作中心开展工作

1. 以纪念建党90周年为契机，加强了对统一战线成员思想政治引领工作。通过座谈会和组织统战成员学习观看系列纪念活动，引导他们深入学习统一战线和多党合作的光辉历史，继承和弘扬老一辈党外人士与中国共产党风雨同舟、肝胆相照的优良传统，先后组织5批140多名统战成员观看纪念建党90周年书画摄影展等系列活动、参观了新北河公园、滦南城市建设、项目建设，收到良好效果。

2. 积极参与全县重点工作。在选派干部直接参与征收搬迁会战同时，统战部领导班子成员全部深入到一线做好助推工作，和选派干部一起研究情况，解决问题，圆满完成搬迁任务。同时，组织6家非公有制企业筹资1.4万元开展慰问活动。

3. 发挥优势助推项目建设。一是发挥统一战线联系广泛的优势，为引进项目牵线搭桥。先后接待来滦南考察项目的台商、外商4批12人次。并达成食品加工、农产品销售项目合作意向2个。二是发挥统一战线协调关系的优势，不断优化外商投资和生产生活环境。加强对现有侨资、台资企业中台商侨商的联系和沟通，畅通他们反映意见建议的渠道，关注他们的利益诉求，帮助他们化解矛盾、协调关系。同时做好新外资项目的跟踪服务，努力营造“引商、亲商、富商、安商”的良好氛围。三是认真做好项目工作，内引外联，全年已谋划亿元项目一个、五千万以上项目3个。

二、积极引导社会各阶层人士参政议政

1. 做好政治协商工作，为各阶层人士参政议政搭建平台。一是积极筹备县政协换届工作，与县委组织部制定了县政协换届工作《意见》，为人大、政协换届推荐了一批优秀党外人士作为代表、委员人选。二是为市工商联换届推荐了副主席（副会长）、常委、执委和代表人选，并对部分人员进行了考察。

2. 继续深化党外人士工作。一是与县政协联合举办各界人士新春茶话会和中秋座谈会，与他们共商滦南发展大计。二是组织全县统一战线成员中的政协委员认真搞好调查研究，撰写政协委员议案和调查报告，积极参政议政，共收到调查报告22篇，内容涉及征收搬迁、城市建设、工农业生产、环境保护等诸多领域。三是开展全县党外代表人士的大调研活动。根据市委统战部要求，对全县党外代表人士的基本情况进行了专题调研，摸清了各类代表人士队伍建设的基本情况，为做好统一战线的各项工作打下了较好的基础。

3. 认真做好党外干部管理工作。一是实行动态管理，进一步完善党外干部队伍。采用优胜劣汰的方式，对党外干部队伍作了充实调整，更新完善了党外干部人才库。二是加强岗位锻炼，培养选拔党外干部。加强实践锻炼，及时给党外干部铺台阶，压担子，使党外干部在实践锻炼中增长才干。抽调了10多名党外后备干部参与到征收搬迁工作一线，直接面向群众讲解政策，做思想工作，通过锻炼，党外后备干部的综合素质得到了很大提高。三是注重实职安排。县委对党外干部非常重视，在干部调整中，1名正科级党外干部被市委提拔为副县级领导干部，5名副科级党外干部被提拔为正科级领导干部，5名股级干部被提拔为副科级领导干部。党外领导干部配备比例大幅度提升。

4. 党外专家服务“三农”行动逐步深入。一是积极帮扶指导，服务逐步深入。农业蔬菜专家继续深入帮扶村指导。县农业局党外专家们经常深入棚菜种植区安各庄镇、程庄镇、姚王庄镇进行技术指导，对春季蔬菜病虫害病虫害防治进行技术讲解，有的放矢地指导春季棚菜种植。二是拓展服务领域，扩大服务效果。在2010年服务“三农”的基础上增加了畜牧业服务项目，由党外专家畜牧兽医局副局长、畜牧师张金军指导县奶业协会，扶持帮助全县养殖农户，在龙头企业蒙牛乳业（滦南）有限责任公司的带领带领下，使全县养殖农户实现科学喂养、高效产出，不断提高养殖收益。全年党外知识分子共开展医疗服务、科技帮扶、法律咨询等活动5次，参与人数达300余人。

5. 联系市民主党派来滦南开展“三下乡”服务。4月14日，市民革组织20多名党员来程庄镇西胡村开展“同心同行，心系老区”志愿服务活动，为村民义诊并免费发放价值6000多元的药品。7月21日，市农工党组织30多名党员来程庄镇西胡村开展义诊、义演和慰问活动。为村民义诊300余人次，并为该村贫困户发放价值5000多元的慰问品，党员艺术家还为当地村民奉献了一场精彩的文艺演出。

三、加强民族宗教工作，巩固民族宗教界爱国统一战线

1. 继续开展“民族团结进步”系列活动。组织开展了以“民族团结进步”为主题的三下乡活动，4月22日，统战、民宗和宋道口镇在宋道口村举行了2011年的“民族团结月”系列活动启动仪式，发放宣传资料800余份。

2. 在宗教界继续开展了“争做爱国爱教模范、创建和谐活动场所”活动。统战部会同民宗部门，积极引导宗教界人士和广大信教群众做实事、干好事，爱国爱教，依法信教。努力增强他们的政治素质、文化素质、道德素质、宗教学识和法治观念，不断提升宗教“三自”管理的能力。各宗教活动场所、信教群众积极参与到争创活动中来。通过开展活动，全县信教群众思想水平进一步提高，知法守法能力进一步增强。涌现出30多名先进个人和3个先进活动场所，县佛教协会负责人李志春被评为唐山市“两争一创”活动先进个人。

四、加强经济统战工作，引导非公有制经济健康发展

1. 继续开展了非公有制企业创先争优工作。会同工商联对全县非公有制企业的党建工作情况进行了实地调研，指导、督促企业党组织开展学习实践科学发展观、“创先争优”活动，听取意见和建议，探讨新形势下发挥企业党组织战斗堡垒作用和党员先锋模范作用的途径。同时，共同摸索企业发展的新路子，帮助企业强化管理，建立健全各项管理制度，逐步走向科学化、规范化的轨道，为企业做大做强出主意、想办法，取得了较好的效果。同时注重加强思想政治工作，发挥工商联、民营企业协会的作用，借助“民营企业之家”这一平台，组织非公企业人士开展联谊活动，相互沟通，交流信息，使他们在活动中相互借鉴成功的经验，促进企业的健康发展。

2. 积极为民营企业家“走出去”搭建平台。为促使企业家开阔眼界，增长见识，借鉴经验，寻找差距。统战部和工商联在组织重点企业到新奥及其他先进企业参观学习的同时，年内组织2批次18名民营企业家到台湾参观交流。

3. 开展“民企进老区光彩示范活动”。引导非公经济人士参与社会公益事业，回报社会。26家非公有制企业帮扶100个贫困户和16个老区村，共投入帮扶资金和物资达27万元，安排就业104人，技能培训165人次。

五、加强自身建设，树立统战干部队伍的良好形象

1. 在统战系统全面开展“五个一”活动。制定了《关于深化“五个一”活动的实施意见》，基层统战干部结合当地实际，发挥自身优势，开展了各具特色的活动。

2. 认真开展创先争优活动。统战部党支部按照基层党组织“五个好”和党员“五个模范”的要求，紧紧围绕县委、县政府的中心工作，结合统战工作实际，明确了创先争优的目标任务和活动主题，从服从、服务于滦南经济社会发展大局出发，在服务大局中找准定位、谋划工作、发挥职能，在机关干部中营造了比正气、比学习、比实干、比奉献的良好氛围，机关干部精神面貌和工作热情进一步提高。

3. 开展“树型建家”活动。把积极为基层为群众排忧解难作为统战工作的重要内容，以此树立统战部门的良好形象。努力帮助联系对象解决实际问题。同时深化“树统战干部形象、建党外人士之家”学习教育活动，不断提高统战干部队伍服务科学发展水平。

农工委

2011年以来，县委农工委围绕县委、县政府工作重心，深入落实科学发展观，充分发挥职能作用，组织协调相关部门，围绕全县统筹城乡发展和农业农村各项工作任务，认真研究制定各项工作措施，狠抓工作落实，使全县农村经济和社会事业发展明显进步，全县统筹城乡发展和农业农村工作取得新的成效。

一、统筹城乡发展攻坚行动实现新突破。一是实现了“四规合一”。即完成了《滦南县县域镇村空间布局规划》、《土地利用总体规划》、《县域产业布局规划》和《新民居村庄建设规划》编制工作，实现了“四规合一”。编制了各镇的镇级总体规划和中心村、基层村、联建村的村庄建设规划，并顺利通过了专家评审。**二是及时汇编新民居建设成果。**对第一批8个一步进城村的工作成果进行了汇编整理，辑印了《滦南县农村新民居建设资料汇编——政策篇、操作篇、规划篇》等新民居推进工作成果汇编800余册，为全县推进新民居建设工作总结了经验，摸索了路子。**三是积极破解农村建房用地指标问题。**制定出台了《滦南县鼓励单户进城购房的试行意见》，采取奖补措施，鼓励支持应批未批、批而未建的农户到县城购房，并对进城的农户根据不同区域、不同情况给予3万至7万的补助，缓解农村建房矛盾，迈出了城镇聚集人口的重要一步。**四是开展了农村干部群众“逛新城”活动。**制定印发了《滦南县开展农村干部群众进城参观城市建设活动实施方案》，从7月下旬开始，利用1个多月的时间，组织各镇开展了农村干部群众进城“看变化、谈感想”活动。基层干部群众进城参观达5.6万人，印发专题简报18期，为展示县城变化，提高城市吸引力发挥了促进作用。**五是组织开展“百万农民大培训”知识竞赛活动。**为进一步增强基层干部群众学科技、用技术的氛围，提高全县百万农民大培训效果，围绕现代农业建设、统筹城乡发展、深化农村改革等培训内容，组织16个镇、县直相关部门计28支代表队举行了“滦南县百万农民大培训”知识竞赛，并在全市竞赛中取得较好名次。

二、农村新民居建设工作取得阶段性成果。一是搞好调查摸底工作，科学调整规划。从4月30日到5月底，以问卷的形式针对全县农户的居住意向和收入状况，组织开展了2次农民居住意向调查活动，并在充分论证的基础上，对全县《土地利用总体规划》、《县域镇村空间布局规划》等进行了调整，全县共规划107个村并入中心镇、83个村一步进城村、32个中心村、59个基层村、18个保留村。**二是积极推进省级新民居示范村建设。**2011年全县共获批36个省级新民居建设示范村，其中31个新建村由于受土地指标控制，年内未能开工，前期安置点的规划编制、房屋丈量、核产作价等准备工作已全面完成，共丈量房屋15518处，完成核产作价5061处。完成了方各庄镇的13个示范村（方各庄新村）、倴城镇的4个村和程庄镇的13个村（程倴新村）建设规划编制工作。5个改造提升村全部完成了改造提升任务，新建沼气池198户，完成改水1560户，硬化路面15千米，植树3000棵，栽植野花组合20亩，全面完成了工作目标，顺利通过市新民居验收组年度验收。**三是积极推进八和居社区建设。**年内八和居社区已有40栋住宅楼开工建设，累计已完成投资8300万元。其中一层墙体已完成25栋，顶板完成23栋；二层墙体已完成16栋，顶板完成13栋；三层墙体已完成11栋，顶板完成9栋；四层墙体已完成9栋，顶板完成5栋；五层墙体完成5栋，顶板完成3栋；六层墙体1栋已完成。

三、农村环境卫生整治工作取得阶段性成效。一是农村环卫组织、基础设施建设不断加强。进一步加强各镇环卫所和村环卫站、保洁员队伍建设，指导各镇建立健全了《垃圾清运处理工作制度》、《清运队伍动态管理制度》、《责任追究和奖惩制度》等制度，做到了定人、定岗、定责。全县共配有镇级垃圾清运车59辆，保洁员专用封闭式垃圾清运车367辆，村级垃圾清运车823辆，106个拉臂箱投入使用，建成镇级垃圾简易垃圾填埋场23个，村内设立垃圾存放点872个，修建垃圾池、垃圾箱7410个，市配备的16辆垃圾清运车已全部投入使用。**二是农村环境卫生整治成效更加显著。**从4月11日开始，在全县集中开展了“农村环境卫生整治突击月”活动。全县累计出动7.1万人次，出动翻斗、铲车、挖掘机、清运车等2.9万多车次，清理村内外杂草、垃圾21.3万立方米，清理河道沟渠垃圾3.8万立方米，清理交通干线两侧垃圾7200多立方米，治理农贸市场32个，拆除院外厕所200多个，栽植各种绿化苗木10万余株。**三是农村环境卫生整治督导检查力度进一步加大。**制定印发了《滦南县关于在全县开展农村环境卫生整治突击月活动》的通知，协同环保局、爱卫办等单位组成4个督导组，实行了每周一督导、每月一考核、每季一排名工作制度，采取了“卫生责任片”、“环境卫生门前三包”等举措，实行年终考核、责任追究等措施，确保了全县农村环境卫生整治工作的有效推进。

四、新农村建设工作扎实推进。一是文明生态村、“户户通”村创建工作取得实效。2011年以来，组织申报文明生态创建村59个、“户户通”建设村50个，制定印发了全县《关于做好2011年度文明生态村创建工作的通知》，扎实开展全县文明生态村创建和“户户通”创建工作。目前，全县59个开展文明生态创建的村共投入创建资金3189万元，硬化路面135.66千米，绿化植树67430棵，清运垃圾26.5万立方米，修建村民活动广场29个、建设沼气池661个；全县50个“户户通”村投入资金2300万元，硬化村内主辅街道109.13千米，圆满完成了工作任务。**二是开展了“唐山市最美乡村评选”申报工作。**组织柏各庄镇交六村申报了第二届“唐山市最美乡村”评选活动，该村是滦南县继李营村之后第二个获此荣誉的村。三**是新农村建设帮扶工作效果显著。**按照市委办、市政府办的工作要求，制定印发了《滦南县关于做好2011年度新农村建设帮扶工作的通知》和《滦南县关于开展干部下基层帮扶新农村建设推进统筹城乡发展活动实施方案》，全县确定了25个村与25个市直机关、企事业单位进行了对接帮扶，结合全县文明生态村创建、后进村转化、老区村建设等项重点工作，确定了65个村与县直机关、事业单位进行对接帮扶。目前，市级帮扶单位帮扶资金达102万元，县直各单位帮扶资金达到38万元，为全县新农村建设注入新的活力。完成了十二五期间市级帮扶“基础薄弱村”的申报工作。

五、村务公开和民主管理水平显著提高。一是加强村务公开阵地建设。针对公开阵地破损、周边环境脏、乱、差等实际，对全县公开阵地实施了标准化建设。目前，全县有村址的588个村（倴城镇谷家营村搬迁除外）已投资75万元，全部建成了高标准村务公开阵地。二**是落实村务公开长效管理措施。**从公开的时间、内容、程序以及公开阵地建设和日常管理等方面入手，指导各镇村建立健全了村务公卅规范化长效管理机制，实行了村务公开一把手责任制，各镇村务公开的内容实现了“四统一”。即统一公开内容格式、统一公开时间、统一公开程序、统一公开档案管理。**三是加强督导检查。**继续坚持村务公开一季一布置、一季一检查、一季一通报和排名制度。制定了《滦南县村务公开和民主管理工作考核办法》，进一步细化了工作目标，确定了工作重点。在检查方法上，采取镇自查与县检查相结合，明查与暗访相结合，抽查与普查相结合的方式，组织了第一、二、三季度全县村务公开观摩检查活动，对各镇村务公开情况进行了排名，对不公开或公开内容不全的村提出了限期整改意见。目前，全县村务公开率达到98%以上。

六、农民负担监督管理措施落实到位。针对重点涉农收费部门积极开展了农民负担收费自查自纠活动，组织、纪委、财政、物价等单位对减负政策的落实情况、涉农收费情况开展了专项治理整顿，全县涉农税收价格和收费公示制度得到很好落实，各镇村、学校都实行了收费公示制度，做到全部公示化，实行阳光收费，报刊征订“限额制”得到全面落实，对发现的问题及时提出了限期整改意见。协同县财政局利用2个月的时间，对全县16个镇297个村的“一事一议”筹资筹劳项目标准逐镇村进行了审核，没有发生超标准现象。组织筛选10个村申报了“一事一议”财政奖补省级示范村，完成了“一事一议”十二五规划的编制和项目库建设工作任务，储备“一事一议”筹资筹劳财政奖补项目817个。

七、农村土地承包规范化管理水平不断提高。一是着力解决农村土地信访问题。在县信访局派驻专人，陪同县领导接访，针对土地延包中出现的婚嫁妇女土地“双不得”、随意收回大中专毕业生、死亡人口、农村五保供养对象土地承包权和新生人口补地等各类问题，深入镇村调查了解情况，妥善处理解决。一年来，接待群众来访85人次、解决信访案件9件。二**是开展农村土地承包突出问题专项治理活动。**针对农村婚嫁妇女承包地“双不得”问题，利用1个多月的时间在全县开展了农村婚嫁妇女承包土地“双不得”清理工作，制定了《关于清理婚嫁妇女承包土地“双不得”问题的实施方案》，组织了拉网式排查，摸清底数，登记造册。目前，已解决农村婚嫁妇女承包地“双不得”问题822件，纠正、解决其他土地承包问题11起，有效维护了农民的合法权益，确保了农村社会稳定。**三是积极组织农村土地政策培训。**整理辑印了《农村土地承包法政策指南》1000余册，发放到各镇村，组织农村土地承包政策培训活动18次，培训镇村干部1200人，有效提高了广大镇村干部依法做好农村土地承包管理工作的政策水平。

八、农业产业化经营工作成效显著。一是加强产业化龙头企业建设。坚持经常性督导和月报表、季调度相结合的工作制度，对各项目建设情况建立农业产业化项目台账，及时掌握项目建设进展情况，协调解决存在问题。目前，全县市级以上农业产业化龙头企业达到23家，实际增加了12家，其中省级重点龙头企业达到4家，现已有2家农业龙头企业达到省级重点龙头企业标准。**二是积极做好银企对接工作。**为唐山海都水产食品有限公司、滦南县明雪奶牛专业合作社、滦南县鑫华畜禽养殖合作社三家企业申报了贷款项目，共申报贷款7600万元。**三是着力抓好农业产业化项目建设。**2011年，全县领导干部分包农业产业化项目18个，已有14个项目落地开工，累计完成投资4.5亿元，4个项目受用地指标限制未能开工。申报了海都深海网箱养殖项目、绿锦生态农业产业化项目、宋道口镇高效温室蔬菜种植基地建设项目等16个项目为市级111建设重点项目，在全市组织的两次农业产业化项目建设现场观摩活动中取得较好名次。**四是积极推进"一镇一品"和千亩示范园建设。**按照"体现特色、因势利导、区域发展"的方针，在扩张规模、提升档次、区域化发展等方面，指导各镇确定和发展"一镇一品"产业。目前，粮食、果菜产业种植面积达到5000亩以上的10个镇，肉鸡年出栏达到100万只以上的1个镇，奶牛养殖存栏达到2万头以上的1个镇，水产养殖面积达到5000亩以上的1个镇。全县已有12个镇的农业示范园建设达到1000亩以上，主要涉及设施蔬菜、设施果品、水产养殖、畜禽养殖等特色产业；2011年全县共上报一村一品专业镇1个、专业村33个。全县已完成农产品商标注册29个，其中植物油"纯滴"商标获得省级著名商标，姚王庄果菜"清河沿"商标和安各庄西红柿"番星"商标已申请省级著名商标。**五是农村专业合作经济组织建设步伐加快。**全县新建各类农民专业合作社47家，目前，全县已注册农民合作经济组织161家，其中专业协会42家、农民专业合作社119家，2.2万户入会入社，带动农户7.4万户，农民合作经济组织涵盖了全县奶业、生猪、肉鸡、水产、果菜等五大龙型产业及食用菌培植、苇草加工、观赏苗木种植、珍稀皮毛动物养殖等特色产业和纺纱、钢锹等非农产业，农民组织化程度明显提升。在胡各庄镇、宋道口镇依托众鑫饲料有限公司和鼎基包装厂两家企业，开展农村资金专业合作社试点工作，目前各项申报材料已完成，等待市级审批。

九、农村财务管理制度得到全面落实。一是村集体财富积累机制建设进一步规范。制定了《滦南县2011年度农村集体经济升级和规范村集体财富积累机制的实施意见》，明确了工作目标和工作重点，指导镇村及时建立健全了村级集体财富积累机制十项制度，制定了考核办法。目前，全县589个村的集体财富积累机制建设基本实现了规范化管理，共清理规范合同2400份，开展招投标项目197个，涉及招投标金额2789万元，增加村集体收入2556万元。**二是村级"三资"监管水平明显提升。**2011年，在现有农村"三资"管理体制的基础上，组织开展了农村集体"三资"网络监管系统建设工作，实现了全县统一联网，县纪检委、县监察局、财政局、县农经中心分别实现了网络化监管。目前，农村"三资"的实物和货币资金全部扫描纳入网络监管系统。目前，全县村集体资产总额达到6.17亿元，其中：集体资金达到1.69亿元，固定资产达到4.47亿元，委托代管集体资金5800万元，比2010年同期5000万元增加16%。同时，加强了农村财务报结制度建设，基本实现了按时报账、结账。**三是村集体"三资"三分之一专项审计工作进展顺利。**2011年是全县村集体"三资"三分之一专项审计工作的第三年，已按计划完成了195个村的专项审计任务，其中督导审计完成125个村，直接审计完成70个村，共审计金额5935万元，审计违纪违规金额135万元，其中坐收坐支88万元，违规开支37万元，变通开支10万元。同时，通过审计解决了南堡镇北堡村集体资源承包不招投标问题，增加集体收入350万元。

十、农村"两个联建"工作扎实推进。制定印发了《滦南县关于开展农村"两个联建"试点工作促进统筹城乡发展的实施方案》，成立了"两个联建"工作领导小组，成立了滦南县农村"两个联建"工作领导小组办公室，明确了工作职责，组织召开了全县的"两个联建"试点工作动员会议。全县共确定联建试点村18个，共涉及66个村，其中倴城镇的八和居和宋道口镇的葛代坨新村为市级试点。目前，全县涉及的66个村的联建试点工作扎实推进，全部进行了宣传动员，制定了农村“两个联建”实施方案，党组织联建工作已经完成。

十一、农村产权制度改革工作有序推进。制定印发了《滦南县推进农村产权制度改革工作实施方案》，协调相关部门组织召开了专题会议安排部署相关工作任务。目前，农村房屋确权登记发证和集体土地确权登记发证工作全面展开，柏各庄镇的小双坨村和安各庄镇的邢二村两个试点村的测量、绘图等前期工作已完成。农村承包土地已完成确权登记工作，全县涉及林改面积62199亩，已全部明晰产权，发放林权证9200本，林改任务全面完成。

十二、加强机关干部队伍建设，强化基层调研，切实维护农村和谐稳定。2011年，以深入贯彻落实科学发展观为重点，围绕省、市、县委的工作重心，大力开展创先争优活动，切实加强机关效能建设，广大机关党员干部立足本职岗位，恪尽职守，爱岗敬业，发扬了少说多干，创先争优的工作作风，使机关干部队伍整体素质明显提高，服务全县经济发展、维护农村社会稳定的能力和水平明显增强。**一是注重理论学习，提高业务水平。**组织全体干部系统地学习了党的十七届五中全会、六中全会、省委第八次党代会、市委第九次党代会和县委第十一次党代会精神，结合本职工作，认真研究谋划工作重点和工作措施，抓好工作落实，真正把科学发展观落实到实际工作中，把党的工作部署和要求落实到工作中，有效地增强了全体机关干部做好本职工作的积极性和主动性。**二是深入开展“深化创先争优，开创农业农村工作新局面”活动。**组织全体机关干部立足工作职能和本职岗位，围绕改革创新、组织协调、调研指导、服务基层能力等方面加强机关作风建设和干部队伍自身建设，以强化政策理论学习，创新工作方式方法，认真研究和熟练掌握各项农村政策为重点，努力提升自身素质，在履职履责中争做“五个模范”，争当“五个标兵”，进一步提高了机关干部队伍整体素质。**三是注重调查研究，强化信息反馈。**2011年以来，立足全县农业农村工作，坚持把深入基层调查研究作为一项重点工作，组织相关涉农部门开展了农业农村工作“走千村进万户”大调研活动和全县农村基础现状大调查活动，撰写统筹城乡发展、推进新民居建设、土地承包管理、农业产业化经营、合作经济组织建设、基层民主政治建设以及发展现代农业等方面的调研报告15篇，累计上报省委农工部、市委农工委、县委信息中心的信息63篇，在县、市排名中取得较好成绩。**四是扎实开展农村突出问题专项集中整治活动。**针对个别村存在的村干部违法施政、农村“三资”管理不规范、村务公开质量不高、工程项目招投标不透明、资产发包处置不合法、土地延包政策执行不到位等问题，制定印发了《滦南县关于深入开展农村突出问题专项集中整治活动的通知》，利用1个多月的时间，采取逐村排查、梳理问题、集体研究、专人负责、集中整治的方式，对农村当前存在的突出问题进行专项集中整治。目前，各镇村自查自纠阶段已经结束，都分别针对突出问题制定了整改方案，正在进行集中整治，已解决农村突出问题37件，有效促进了农村社会和谐稳定。

政法委

一、围绕中心，履职尽责，连续出台了多项服务保障重点工作的具体措施

一是为全面加强社会管理工作，服务和保障经济发展，维护社会稳定，结合全县实际，制订了《关于2011年加强社会管理，服务保障重点工作的实施意见》，并被县委、县人民政府转发。同时，政法各部门按照县政法委要求，根据各自职责，都制定了具体的保障措施。

二是为贯彻落实中央和省市政法工作会议精神，切实做好2011年社会建设、社会管理创新和政法、综治、维稳工作，结合实际，县政法委、县综治委连续制定下发了《关于2011年全县政法综治维稳工作、保障服务县重点工作任务的分解意见》和《关于2011年加强社会建设创新社会管理维护社会稳定保障服务县重点工作的实施意见》，并将两个实施意见，进行了任务分解，落实到了政法各部门和相关单位，明确了责任主体和完成时间节点。

三是为紧密配合县委、县政府关于城镇建设三年上水平暨省级园林城创建的工作部署，确保此项工作开好局、起好步，经县委政法委研究制定了《关于助推城镇建设三年上水平实施意见》和《关于支持城镇建设三年上水平暨省级园林城创建工作，在全县政法干警中实行全员承诺制的实施意见》，全县政法干警全部签署了承诺书。

四是为更好地保障服务全县十大重点工作，不断提升政法工作服务经济社会发展的水平和为经济社会发展保驾护航的能力，县政法委制定了《关于建立助力发展环境建设联席会议制度的实施办法》，县综治办制订了《关于项目周边治安状况评估的实施办法》。政法委、综治办对全县89个重点项目周边的治安状况每月进行一次评估，除5月份三个单位为一般外，其余均为良好。县政法委向30多个相关单位发出了项目建设中设法问题征求意见函，虚心听取项目建设单位对政法工作服务保障工作的意见和建议，及时解决项目建设中遇到的有关设法问题。同时，政法委出台了《关于城市改建征收搬迁助推的实施方案》，在全系统组织开展了“我与攻坚一线的队员在一起”活动，有力的保障了工作队员的人身安全和征收一线的正常工作秩序。政法委率先垂范，全体工作人员分成两组，每天晚上和星期天分别到工作队，帮助开展工作，有力的助推了征收搬迁的工作顺利进行。5月20日，政法委从公检法抽调18名业务精通的干警，分成6个工作组，进入每个征收工作队协助开展工作，并成立了维权工作队，维护了群众的利益、工作队员的人身安全和征收现场秩序。

五是市委办公厅转发的市委政法委《关于政法机关保障“十二五”服务“转方式调结构”的实施意见》下发后，县委书记张国栋立即做出了重要批示，政法委迅速召开了政法各部门领导班子会议，制订了落实意见，并以专报的形式上报市政法委，市委常委、政法委书记许德茂做出表扬性批示，并指示迅速转发全市各县区，要求学习借鉴。

六是根据全县创建省级文明县城工作的统一部署，按照创建全省文明县城测评体系及任务分解表，县委政法委作为“社会管理创新攻坚战”的牵头单位，根据工作进展，不定期召集由县监察局、司法局、药监局、文广电新局、安监局、人劳社保局六个责任单位参加的专门会议，研究创建工作。各责任单位根据社会管理创新的工作任务，结合工作职责，确定了工作重点，制定了实施方案、任务分解表，每周五对本周工作开展情况向政法委做专题汇报，政法委及时汇总上报创建指挥部。

二、完善机制，落实责任，深入开展平安滦南创建工作

一是按照《滦南县维护工作领导小组关于重大事项社会稳定风险评估工作的实施意见》和《滦南县重大决策事项信访风险评估机制》，根据全县“三大攻坚”、“四大开发”的工作需求，稳定办每月对全县维稳形势进行一次分析研判，形成书面报告报县委领导；会同县联办对全县第二批搬迁征收工作进行了社会稳定风险评估，并出台了风险评估报告和维稳预案，对两个省级重大项目社会稳定风险评估工作进行安排部署。为加强网络舆情监管，组建100人的互联网网评员队伍，进行了培训。

二是广泛深入开展了全县严打整治行动。为严厉打击多发性侵财犯罪、有效遏制暴力犯罪、确保春节和全国两会全县稳定，春节前政法委组织开展了以“打盗抢、破积案、铲团伙、追逃犯、整乱点”为主要内容的冬季严打整治行动。3月中旬，又组织开展了全县“2011年春季严打整治行动”，截至目前，共逮捕犯罪嫌疑人295人，抓获各类网上逃犯63名；查处治安案件1579起，治安处罚230人。与此同时，全力推进社会治安重点地区排查整治。对银泰商场和供销大厦周边、金辉小区、方各庄镇高庙苇帘加工聚集地、程庄镇境内铁路沿线、宋道口镇工业园区等社会治安重点地区，进行了整治，召开专题会议5次，制作、散发宣传材料5000余份，出动专门警力660人次，破获刑事案件1起，查处治安案件5起，重点地区社会治安状况也得到了明显改善。

三是为净化全国两会期间的社会环境，从3月1日开始，政法委部署开展了涉法涉诉信访案件化解攻坚行动，全面摸排了有上访隐患的重点人员，召开了专门会议，逐人逐案进行了分析研究，一案一策，一人一策，层层落实了包案领导和稳控措施，限定了化解时限。已办结省、市中心交办的案件13件。5月份，县委政法委组织信访局和公安局对全县2008年以来的非正常信访依法处理情况进行了调查，形成了调查报告，以县联办的文件下发。

四是为确保北京两会顺利进行、防止涉核人员大规模赴省聚集上访和七一期间辖区政治社会稳定，县政法委于2月25日、5月6日和6月26日先后三次召开专门会议，对进京治安检查站卡进行了安排部署，在滦县火车站、丰润火车站、唐山火车站和汽车站设立四个执勤卡点；在县汽车站、马城、县城和青坨营高速路口设立四个治安检查站，对各站卡位置、执勤规范、纪律要求、检查对象和范围提出了明确要求。治安检查站卡共截获进京上访人员三名。

三、严格管理，强化素养，全面加强政法队伍正规化建设

一是狠抓思想政治建设。坚持以党建带队建，认真落实“三日一网”党员活动制度，在“三大攻坚”、“四大开发”活动中，充分发挥政法党组织的战斗堡垒作用和党员干部的先锋模范作用；突出职业道德教育，努力使政法干警做到执法公正廉洁、作风平易近人、工作勤恳扎实；认真落实党风廉政建设责任制，严格执行廉洁从政各项规定和各项禁令，保持了政法队伍的纯洁性。

二是狠抓工作作风建设。围绕中心工作的服务保障能力和水平，着力提高领导班子的凝聚力、战斗力和执行力，大力倡导不讲条件、拒绝理由的工作作风，坚决落实上级的决策部署；强化责任落实刚性问责，狠抓不作为、乱作为，坚决纠正当官不作主、居位不履责现象。

三是狠抓典型示范作用。深入开展了“执法为民双十佳”评选活动，在全面加强职业素养建设的基础上，培养不同层次、不同类型的职业典型，通过层层树标杆，行行定楷模活动，使广大政法干警学有榜样、赶有目标，营造学先进、赶先进、当先进的浓厚氛围，进一步调动广大政法干警工作的积极性、主动性、创造性。

四是狠抓主题教育实践活动。为切实解决政法队伍在理想信念、宗旨意识、执法司法、纪律作风等方面存在的突出问题，县委政法委决定，用一年时间在全县政法系统开展“发扬传统、坚定信念、执法为民”主题教育实践活动。

通过各部门的认真组织、政法委经常性的督导检查，主题教育实践活动取得了明显成效：政法干警政治坚定性明显增强，社会主义法治理念更加牢固；群众意识明显增强，警民、干群关系更加密切；基层组织建设明显加强，政法机关党组织的政治核心作用、战斗堡垒作用和党员干警的先锋模范作用得到充分发挥；政法队伍职业化建设步伐明显加快，政法干警职业素养得到进一步提升，和谐稳定的社会环境、公平正义的法治环境和优质高效的服务环境进一步优化。

2011年，政法委有三项工作受到县委的表彰，九项工作得到了县委书记张国栋等县领导的批示性表扬，三项工作被市委政法委、市综治办肯定并在全市推广，两项工作受到市委常委、政法委书记许德茂表扬性批示。

县直机关党委

2011年，县直机关党委在县委的正确领导下，深入贯彻落实县十一次党代会精神，紧紧围绕“激情滦南、实力滦南、文化滦南、生态滦南、和谐滦南”建设，大力推进机关党的思想、组织、作风、制度建设和反腐倡廉建设，为全县经济社会发展提供了坚强的思想政治保证。

一、抓重点，切中心，护航全县大局。充分发挥基层党组织的战斗堡垒作用和共产党员的先锋模范作用，助力全县中心工作。**一是强力助推十项重点工作。**组织志愿服务队到各拆迁工作队参加志愿服务活动11场次，参加志愿服务人员137名，慰问金额达5600元；组织各单位慰问一线攻坚队员，开展“清水送甘甜，真情馈一线”、“扶贫济困，解忧安心”、“一线宣誓言，真情助攻坚”、“党支部联队，党小组联户”等活动，给一线队员送去关怀温暖；集中力量督导县城南大街相关单位门前美化、绿化，出动车次17辆次，集中行动8次，接触机关企业40多家。**二是全力参加“双城创建”。**制定服务创建省级文明城、省级园林县城工作方案，要求党员干部全身心投入到“双城创建”中去，以创建促攻坚，以攻坚促创建。集中调研3次，座谈讨论1次，对征询的意见进行梳理，完成调研报告1篇。**三是积极跑办重点项目。**全年共跑办谋划工业项目4个，其中鸡产品深加工和畜禽海产品饲料生产两个项目落户司各庄镇并已开工建设，总投资1.4亿元，占地41亩，可容纳就业人员500余人。

二、抓活动，搭载体，活化形式内容。一是扎实开展创先争优活动。围绕“塑核心、筑堡垒、树先锋”这一主题，搭建载体、开辟路径、推介典型、丰富活动。班子成员均建立联系点定期调研。“六比六看”活动推出各类“标杆”18个。提炼创先争优活动成果，择优参加全县成果展受到好评。扎实开展认责承诺，积极践诺，认真履约，各项承诺全部兑现。在行政服务中心召开了窗口单位和服务行业创先争优活动推进会，53个总支、支部书记参加会议，并邀请县创先办领导作具体指导。会上部署了到明年7月份的创先争优活动，并对窗口单位和服务行业“为民服务创先争优”提出具体要求。（1）基层支部都要开展“三亮三比三评”活动；（2）信访局、发改局、民政局、计生局等18个单位制作并摆放党员桌牌，设置党员先锋岗、党员示范岗、党员示范窗口，制作服务标准、服务承诺和党员责任区标志牌，有条件的单位使用电子显示牌；（3）窗口单位和服务行业均在12月20日前制作出反映创先争优活动成果展的画册。11月上旬对上述工作进行了一轮重点抽查，分四组搞了汇报点评，基层支部均按要求开展了活动。**二是创建科学发展示范机关。**推广国税局、地税局、计生局、环保局、林业局、教育局、电力公司等7个挂牌单位的先进经验，在全系统开展争创活动。基本要求是庭院有宣传橱窗，走廊有文化，科室有理念，活动模式化，服务品牌化。创建活动推进了学习型、创新性、服务型、节约型、效能型、和谐型、廉洁型、活力型机关建设。经检查验收达标单位达到60%。基层支部认责承诺扎实运作，行政服务中心做好“五个一”、当好“五大员”，国税局“五个零”服务等尽人皆知，已成品牌。**三是建设学习型党组织。**下发实施意见，要求固定学习制度，营造学习氛围，推出学习成果，服务滦南发展。培树了国税局、地税局、计生局、环保局4个典型，组织观摩了国税局开展活动情况。**四是组织开展系列活动。**1700多名党员参加纪念建党九十周年各类活动96场次；精心组织“爱祖国、爱人民”暨第八届合唱节得到张国栋书记肯定并获特别奖；参加“我身边的共产党员”主题演讲等活动获全县第二名。系列活动活化了党建工作形式，丰富了党建工作内容。

三、抓典型，做示范，引领全局发展。在创先争优活动中，号召县直机关学习县检察院、行政服务中心等先进典型，并在检察院召开总结表彰会，在行政服务中心召开创先争优活动推进会，推广先进单位经验。创建科学发展示范机关，推出计生局、环保局等7个单位经验，典型做法在全系统推开。建设学习型党组织，推出国税局、地税局等单位经验。同时推出张健全、汪学国、毛俊安等个人典型。用典型引路，以点带面，全局工作有了突破性进展。“对标赶超走在前”活动，年初就在全系统要求单位对标、工作对标、岗位对标。县委动员会后，对活动进行了调整，确定迁安市直机关党委为对标对象，达到全省一流为对标目标。班子全体成员到迁安观摩学习一天，完成了自查报告，制定了实施方案。

四、抓热点，解难题，实现党建创新。结合机关党委实际创造性地开展各项工作。**一是重品质、重效果，项目化管理扎实运作。**制定实施方案，推进机关党建工作目标化、具体化、责任化，提高工作标准，打造工作亮点，建设机关党建风景线。提出“对标赶超、提升形象、打造风景、争创品牌、服务大局”工作思路，确立了4个载体：（1）对标“五个好”先进党组织和“五个模范”优秀共产党员，（2）对标先进学习型党组织，（3）对标科学发展示范机关和科学发展排头兵，（4）对标助推十项重点工作和城镇建设三年上水平先进单位和个人。落实了4项保证措施：对活动内容和步骤细化量化以便于操作，经常督导检查以规范过程，分片座谈交流以相互借鉴，推介典型以鞭策后进。项目化管理以来，创先争优、学习型党组织建设、创建科学发展示范机关、“双城”建设、机关作风建设、私营个体经济组织设置、助推攻坚等多项工作亮点频出，典型频现，机关党建风景线也初见端倪。**二是探索私营个体经济区域党组织设置模式。**在充分调研考察的基础上，尝试在县城步行街流动党员较集中的区域建立党小组，发挥流动党员的先锋模范作用，引导私营个体经济从业人员接受党的领导，充分发挥私营个体经济党组织的战斗堡垒作用。工商局在步行街搞了“共产党员诚信经营示范岗”启动仪式，组织设置工作从调研论证阶段进入实质运作阶段。市场局分散党员的教育管理工作、县法院加强基层党员管理工作也在积极运作之中。**三是大力开展党员“双育”工程。**制定出整体规划，确定出43名政治素质优、业务水平高、实践经验多的党员做“双育”教师，并扎实落实工作。

五、抓机制，保长效，推进健康发展。县委改进机关作风会议以后，机关党委专门召开了班子会议，研究本系统如何落实会议精神，切实改进机关作风。召开了基层支部书记会议，对改进机关作风做了详尽的部署，形成了一整套规章制度。包括例行会议制度、领导干部联系点制度、深入基层调研制度、班子成员分专题宣讲制度、定期到基层督导检查制度、自我剖析制度等等。同时制定了县直机关党委改进机关作风实施方案，包括班子成员撰写对照检查报告、宣讲县十一次党代会精神、到基层党组织开展调研、组织“学讲话、看变化、促发展”活动、组织参加第八届合唱节、开展机关作风督导检查、制定改进机关作风长效机制等多项内容，机关作风有了明显改观。对照县委书记张国栋提出的“精神懈怠、能力不足、纪律松弛、自律不严、甘于平庸、脱离群众”六个方面的问题，深入开展自查自纠，督导检查，并制定整改意见。在国税局组织爱岗敬业演讲比赛以强化责任、搞重温入党誓词活动以坚定党性，集中培训党务干部以提高能力，学习张国栋讲话以及相关规定以整饬纪律，组织部分支部书记分片检查机关作风以加强自律，开展“三学一树”活动以创先争优，深入基层调查研究以贴近群众。三是制定改进机关作风长效机制，提出抓学习、抓活动、抓典型、抓成效以及目标定位、责任分解、奖优罚劣等具体措施。

六、抓宣传，强反馈，打造品牌党建。按照县委的统一安排，集中对本系统党支部书记、组织委员、党办主任、预备党员和入党积极分子进行了四个轮次的培训，每次集中人数近200人。胡锦涛“七一”讲话、县十一次党代会精神、十七届六中全会精神分别请县委党校教师作辅导，在领导班子利用党日活动集中学习讨论张庆黎重要讲话精神的基础上，在支部书记会上集中宣讲。党委重点工作及县里的重大活动均及时反馈。学习县委书记张国栋做客新华网访谈集体撰写的体会文章《奋进的步伐，光明的前景，神圣的使命》，原组织部长作出肯定性批示并印发全县。《巧运机关党建，助力全县发展》一文在省、市机关党建刊物刊发。创先争优活动信息在全县各大党委名列第一。

老干部局

2011年，老干部局在县委、县政府的正确领导和上级老干部工作部门的指导下，紧紧围绕建设“激情滦南、实力滦南、文化滦南、生态滦南、和谐滦南”的总体目标，以认真落实老干部的政治与生活待遇、充分发挥老干部作用为主线，坚持少说多干、奋勇争先，各项工作取得了新突破，圆满完成了全年工作任务。

一、继续巩固和完善“三个机制”，全面落实老干部生活待遇。

以完善“三个机制”为抓手，进一步落实

离休干部的各项生活待遇。一是及时为老干部调整生活补贴。根据上级通知要求，及时为413名离休干部办理了提高年终生活补贴的申报和审批工作，总金额74.3823万元。及时为19名符合条件的老干部办理了护理费审批，确保老干部安度晚年。二是做好老干部生存状况调查工作。利用一个月的时间，对全县离休干部进行了一次调查摸底，及时了解老干部的思想状况和生活情况，同时完成了27名老干部遗属生存状况的确认，确保了老干部及其遗属的各项生活补助及时发放到位。三是继续开展对困难老干部的帮扶工作。筹措资金5万元，建立了老干部帮扶基金，用于对困难老干部进行帮扶救助。四是继续开展“3+1”服务。积极组织全县老干部工作者和青年志愿者开展服务老干部活动，服务人员定期上门走访、经常电话沟通，随时了解老干部的健康状况和家庭情况，力所能及地帮助老干部解决生活中的实际困难。全年共为老干部解决各类实际问题2750多个，深受老干部好评。

二、抓好“五个坚持、一个围绕”，落实老干部的政治待遇

一是坚持思想政治工作不放松。始终把老干部的思想政治工作放在落实老干部政治待遇的首要位置，常抓不懈，使全县老干部做到思想上不落伍、政治上不褪色。4月1日，组织召开了老干部协会五届三次全体理事会议暨全县老干部工作会议。总结了上年度全县老干部工作和老干部协会工作，并对2011年的工作进行了安排部署。时任县委常委、组织部长史林友同志出席会议，并做了重要讲话，为全县的老干部工作指明了方向。在此基础上，又组织全县老干部重点学习了党的十七届六中全会精神，以及县委、县政府关于推进城镇建设三年上水平的相关文件和精神，使老干部进一步统一了思想提高了认识。

二是坚持走访慰问经常化。2011年春节前，统一购买了慰问品，印制了慰问信，组织各镇、县直各单位对全县老干部进行了走访慰问，县委、县政府主要领导还亲自看望了部分老干部。七一和国庆节前夕，老干部局和老干部协会对部分离退休干部进行了走访慰问，为他们送去节日的问候。另外，还陪同外省市老干部工作部门慰问异地安置在滦南的离休干部10次。

三是坚持情况通报制度化。农历腊月二十五，组织召开了老干部迎春茶话会，县四大班子领导亲自参加，与老同志一起畅谈全县改革发展的大好形势，倾听老同志的意见和建议。3月1日，组织召开了部分老干部参加的情况通报会，县委书记张国栋出席会议，向与会的老干部通报县委、县政府的近期工作，并向老干部征求了意见。

四是坚持为老干部订阅报刊杂志。为了让老干部更好地了解掌握党的路线、方针、政策，拨款近20万元，按规定为全县财政开支离退休干部征订了《老人世界》3176份，《人民日报》、《河北日报》、《唐山劳动日报》等党报党刊918份以及其他报刊杂志，各单位也都按规定为非财政开支的离退休干部订阅了报刊杂志，方便老干部学习。

五是坚持老干部参观考察制度。参观考察制度是老干部政治待遇的一项重点内容。2011年先后几次组织离退休干部开展了各种形式的参观考察活动。7月26日，组织部分离退休干部参观了全县部分重点建设项目。9月17日，组织部分离退休干部浏览北河公园，感受家乡变化。10月23日至29日，组织部分离退休干部赴桂林等地进行了参观考察。通过参观考察，开拓了老干部视野，激发了老干部爱国爱家乡的感情。

六是围绕庆祝建党90周年开展主题活动。2011年是中国共产党成立90周年，紧紧围绕庆祝建党90周年这一主题，开展了丰富多彩的庆祝活动，引导老干部追忆党的历史，增强荣誉感和责任感。一是召开研讨会。6月23日，组织召开了老干部庆祝建党90周年研讨会，与会老同志一起回顾了党的历程，追忆光辉岁月。二是举办喜迎建党90周年书画展。活动共征集书画作品541件，63件作品参展，广大老干部用自己的画笔抒发了对党对祖国对家乡的热爱。三是举办文艺演出。与县老干部协会联合举办了庆祝建党90周年文艺演出和庆祝建国62周年文艺演出，丰富了群众的文化生活，唱响了主旋律。

三、充分发挥五个平台作用，全面推进老干部各项活动的深入开展

一是以老年大学（学校）为依托，推进老年教育工作大发展。老年大学坚持正确的办学方向，与时俱进，开拓创新，教学工作取得了长足发展。2011年，老年大学新招收学员260多名，开办了电脑、书画、乐器等专业，丰富了老干部生活，提高了学校影响力。在此基础上，本着“量力而行、尽力而为”的原则，加强了各镇老年学校建设，努力改善活动场所和教学设施，为老干部就近参加学习活动提供方便。

二是以老干部活动中心和老干部协会为依托，引导老干部开展丰富多彩的文娱活动。以“自娱自乐向寓教于乐延伸”为原则，各项活动紧跟时代的步伐，力求特色、力求水准。努力把老干部活动中心建设成为老干部政治学习的课堂、文化娱乐的场所、联系的纽带和发挥作用的主阵地。老干部文艺队全年下乡演出30余场次，参加县委、县政府组织的统一演出3场，单独举办文艺汇演8场。以老干部文艺队为班底的老干部合唱团，参加了庆祝建国62周年合唱比赛，获得特别奖。参加市老干部文艺知识竞赛，获优秀奖。

三是发挥老年体协的引领作用，促进老年体育活动蓬勃发展。老年体协是老年人群众性体育组织，老干部局充分发挥老年体协在老年人体育健身方面的引领作用，与之密切配合，积极开展多种形式的健身活动。全年共组织老干部门球赛100多场、参加人数1200多次太极拳、太极剑和各类体育舞蹈表演、比赛表演15次，参加人数650多人次。

四是发挥好各级关工委组织的作用，关心青少年健康成长。关心下一代工作，主要围绕庆祝建党90周年和支持县委、县政府中心工作这两个方面开展。各关工委组织开展“五老”走进校园举办爱国主义和革命传统教育讲座18场次，受教育学生2.6万多人次。开展宣传“城镇建设三年上水平”的演讲、歌咏、征文、书画和事迹展等活动20多场次。5月份县关工委组织开展了“庆祝建党90周年”征文活动。活动共征集到各种体裁的征文542件（经初选后），从中评出一、二、三等奖和优秀奖50名，从中选出40篇作品参加市级征文比赛，其中2篇作品获一等奖，1篇作品获三等奖，另有10篇作品获纪念奖。

五是以老促会为依托，推进老区村建设再上新台阶。以老促会为依托，积极组织老干部投身到建设社会主义新农村的工作中，为老区村的建设献计出力。累计为31个重点老区村投入帮扶资金2036万元，为老区村修路32千米，新建蔬菜大棚199个，奶牛存栏新增730头，肉鸡存栏新增20万只，生猪存栏新增25.4万头，输出劳动力8500人，劳务输出总收入达到8900万元。31个老区村人均纯收入增加800多元，有力地推进了新农村建设步伐。

四、紧密围绕县委、县政府的中心工作，引导老干部发挥作用

一是召开座谈会、情况通报会，统一思想凝聚力量。城镇建设三年上水平工作正式开始后，先后组织召开了老干部情况通报会和座谈会，邀请县领导向老干部们通报各项重点工作进展情况，并与老干部们进行座谈，进一步统一老干部思想，凝聚力量。二是下发通知，号召全县老干部支持征收搬迁。与县纪委、县委组织部联合下发了《关于老干部在城镇建设三年上水平工作中发挥带头作用支持配合征收搬迁工作的通知》，要求全县老干部进一步统一思想，提高认识，充分发挥老干部支持搬迁、配合搬迁的积极性和能动性，全力支持征收搬迁工作。三是组织老干部维权助推工作队，助力征收搬迁。与县老干部协会、老促会联合组成了老干部维权助推工作队，深入到各征收搬迁区域，帮助涉征老干部维护合法权益，成功帮助3名老干部顺利签约搬迁。四是开展各种形式的宣传活动，为“城镇建设三年上水平”工作营造声势。全县老干部共组织宣传城镇建设三年上水平和支持征收搬迁的演出30多场次，书写张贴宣传标语4300条，办板报专栏650期，有力地推动了征收搬迁的顺利进行。

信访局

2011年，全县信访工作在县委、县政府的坚强领导下，认真贯彻落实省市工作部署，紧紧围绕“科学发展，赶超跨越”工作大局，坚持以群众工作统揽信访工作，强化源头预防，着力解决问题，不断创新工作机制，有效维护了信访秩序，推动全县信访稳定形势持续向好。

一、抓源头预防，减少矛盾纠纷生成

（一）充分发挥群众工作平台作用，将大量矛盾纠纷化解在基层。2011年，在各镇（街道办）、企事业单位群众工作站（室）实现应建尽建的基础上，充分发挥其矛盾纠纷排查、信访问题调处等方面前沿阵地作用，通过坚持“逢五必进”等制度，包村干部定期入村了解情况，发现问题及时研究解决。**（二）定期研判重点信访隐患，促进从政策层面解决问题。**以每月21日信访干事上站日为平台，结合日常群众来访情况，对各单位上报的重点隐患及重要来访及时进行梳理、集中分析研判，将一些苗头性、共性信访隐患，采用《信访摘报》等形式报有关县领导及相关责任部门，并提出有针对性的工作建议，为县委、县政府完善相关政策提供有力依据。信访局上报的农村婚嫁妇女土地“双不得”、宅基地审批、五保户供养等信访隐患，引起了有关县领导和主管部门的重视，相继出台完善了有关政策，有效解决了此类信访问题的发生。**（三）坚持信访稳定风险评估，有效减少信访隐患发生。**坚持对涉及群众切身利益的城建征收搬迁、土地征占等重大决策、重点项目实施信访稳定风险评估，制定维稳预案，实行预警在先。这一作法得到原省委副书记付志方的肯定。2011年，先后3次对城市征收搬迁行动开展信访风险评估，在如期完成1868户、40.8万平方米的征收搬迁任务的同时，实现了“零上访、零事故、零冲突、零钉子户”。

二、抓事要解决，有效推动信访案件化解

（一）集中开展信访积案化解。以“案结事了”、“息诉罢访”为目标，在全县组织开展了3次信访积案集中化解活动，有效减少了全县信访积案的“存量”。一是责任单位主要领导包案化解。纳入化解范围的信访积案全部明确责任单位主要领导包案，各位包案领导按照“五亲自”的要求，多措并举，分类施治，使多个信访老户息诉罢访。二是信访代理化解。对一些“人事分离”的信访积案，属地单位主动进行代理，争取多方支持，将多个信访案件彻底化解。三是从解决信访人生产生活出路的角度化解。一些责任单位通过安排信访人就业、困难帮扶等措施，让信访人感受到党和政府的温暖。部分移民上访人先后走出误区，不再上访。**（二）认真坚持领导干部接访。**在日常县党政领导每周四公开接访基础上，全国、省市“两会”、庆祝建党90周年等敏感期每天安排一名县级领导公开接访，有效将信访人吸附在县内。同时，为进一步提高县领导接访质量，实行接访前筛选预约重点案件、接访中涉访部门现场陪访、接待后编发《县领导接待群众来访专报》，由县委督查室、信访局联合对县领导接待群众来访处理意见落实情况进行督办，下半年编发2期《县领导接待群众来访处理意见落实情况督查专报》，有力促进了问题地解决。**（三）努力提高案件办结质量。**年内召开6次信访案件协调会议，对相关单位发生市以上越级访及中省市交办信访案件进行调度，促进案件按期办结。同时，坚持以法律、政策、经济、感情“四不欠账”为标准，把好案件审核关，既审程序上的“案结”，更查实体上的“事了”。

三、抓双向规范，有力维护信访秩序

（一）强化责任部门主体责任。坚持每月对各单位发生县以上访进行倒排通报。为进一步强化工作责任，8月份，出台了《关于进一步畅通信访渠道、维护信访秩序的实施办法》，对稳控责任主体、解决问题责任主体及依法处置责任主体等单位因工作落实不到位造成市以上越级访的相关单位和责任人给予通报批评、责令写出书面检查、诫免谈话、责令写出辞职报告，加大了责任追究力度。**（二）规范信访人信访行为。**一方面，以印发宣传材料、进行政策解释和思想疏导等方式加强对信访人思想政治工作和法制宣传教育，扭转部分信访人“闹中求决、闹中取利”的错误心态。另一方面，加大对违法信访人处置力度。

四、抓稳控劝返，敏感期维稳任务圆满完成

为进一步明确责任，制定了《关于加强市以上越级访劝返处置工作的实施意见》规范了越级访劝返处置工作流程。同时，在县以上“两会”、庆祝建党90周年、国庆节、十七届六中全会、省第八次党代会等期间，通过增加领导接待密度、督导落实各项稳控措施、加强信访值班协调劝返等有效措施，确保了全县进京赴省集体访、非正常进京访的“零发生”。

五、抓创先争优，不断提升工作水平

（一）规范目标管理。进一步完善了全县信访稳定工作考核细则，对各单位的考核工作更加科学、规范、全面。对局机关实行目标管理，将责任分解到各科室及责任人，做到人人接受任务不讲条件，落实工作掷地有声。**（二）提升工作水平。**年内编发了《县领导接待群众来访专报》33篇，《信访摘报》7篇，《信访事项专题报告》14篇，《信访简报》及《群众工作简报》7篇，较好地发挥了信访部门“第二研究室”作用。同时，积极主动向上级主管部门反馈工作亮点，其中有7篇文章被省、市采登。**（三）不断创新机制。**以创新工作机制，推动信访工作深入开展。指导基层单位不断探索解决新形势下信访工作的新路径新方法，进一步建立健全民情信息员队伍管理、群众信访评议等工作机制。这两项机制与村务管理监督“一卡通”机制、网络舆情监管机制，被省群工办评定为全省30个群众工作亮点之一。

党　校

2011年是“十二五”开局之年，党校在县委、县政府强有力的领导下，紧紧围绕县委、县政府提出的“三大攻坚”、“四大开发”，积极作为、强化措施、突出重点、创新方法，全面推进各项工作深入开展，较好地完成了2011年各项目标任务。出色完成各类班次教学管理任务，胡锦涛“七一”讲话、县第十一次党代会精神、十七届六中全会精神巡回辅导获得全县党员干部的一致好评，以建党90周年为契机，大搞理论创作，共有60余篇次论文获奖，其中有35篇论文获市级以上奖励，并两次获组织奖，创建省级园林城工作中被评为市级园林单位，获唐山市2011年度国防教育先进单位称号，项目建设走在了全县各单位前列，圆满完成任务并有一个项目落地投产。

一、党建工作进一步加强，干部作风明显转变

党校具有重视基层党组织建设的好传统，校党支部一直把加强基层党建工作作为长期的基础性工作来抓，有力地夯实了学校党的组织基础，形成了强大的组织优势。

一是创先争优活动扎实深入。校党支部按照省、市、县深入开展创先争优活动安排部署，结合学校实际，精心制定活动方案，认真落实活动目标任务，借鉴学习实践科学发展观活动的有效做法，紧紧围绕“推动科学发展、促进社会和谐、服务人民群众、加强组织建设”的总体目标，以“工作争先、服务争先、业绩争先”为目标，以培养“学习优、作风优、素质优”教师队伍为重点，突出“开展创先争优活动，创党校一流业绩”这一主题，扎实有效开展创先争优活动。通过开展各项活动，全校党员干部职工增强了开展创先争优活动的责任感和紧迫感，党员的先锋模范作用得到充分发挥。

二是机关作风专项整治活动取得实效。根据县纪委要求，为认真贯彻落实全省干部大会和全县改进机关作风大会精神，扎实推进县委第十一次党代会各项决策部署的贯彻落实，以“服务全县发展，构建和谐党校”为主题，2011年9月11日至10月12日开展了为期一个月的机关作风专项整治活动，通过全体干部职工的共同努力，圆满完成四个阶段的工作任务，达到了“政治素养进一步增强，教学能力进一步提高，管理机制进一步健全，机关作风进一步改进”的活动目标。

三是学习型机关已渐形成。建设学习型机关首先要解决的就是认识问题。党校在工作中加强教育引导，使党员干部牢固树立“四种理念”：一是学习是工作的理念。毛泽东同志曾告诫全党：学习是工作，而且是更重要的工作。要破除把学习与工作对立起来的错误观念，无论工作多忙、任务多重，都应该从政治、全局和战略的高度来看待机关的学习问题。二是终生学习的理念。知识经济时代，一个人仅凭旧知识、老经验很难完成好各项工作任务。只有及时“充电”、经常“补血”，才能真正以改革创新精神去抓工作，提高履职能力和水平。三是学习是竞争力的理念。学习是最本质的竞争力，是最活跃的创造力，是生存的条件、进步的阶梯、发展的前提。当今和未来的竞争从根本上说是人才的竞争，学习是迈向未来迎接新挑战的长远需要。四是学习是责任的理念。学习不仅关系到个人的成长，更重要的是关系到一个团队事业的成败。所以说，学习不仅仅是个人行为、个人需要，更主要的是社会行为、社会责任。因此，既要把学习作为一种需要、一种境界，更要把学习作为一种责任、一种义务。

通过党建工作的进一步强化，机关作风明显好转，党员整体形象显著提高。在县政府和民政局组织的给灾区和贫困人群捐款活动中，全校干部职工都积极捐款捐物，共捐款三千余元，衣物七十余件。

二、围绕服务县委、县政府中心工作，科学制定工作计划，出色完成了上级交办的各项任务

自开展“三大攻坚”、“四大开发”以来，全县上下以前所未有的激情和精力投入到城镇建设和新民居建设中，对此，校领导高度重视，积极投身县中心工作，按照上级指示精神制定详细的工作计划，做到工作有计划、有措施、勤总结、重落实，圆满完成县委、县政府交给的任务。

1. 在创建省级园林城市工作中成效显著。严格按照县委创建省级园林城指示精神，制定工作计划，以创建市级园林单位为目标，积极联系市园林设计处，对单位庭院进行了重新规划，逐步对单位的办公环境和生活环境进行了绿化、美化，已验收为市级园林单位，并被评为县先进单位。

2. 项目建设走在了前列。把项目建设作为工作的重中之重，多次召开校务会议，制定详细的目标和计划，认真研究落实，加强与外界联系。5月初，校领导率队赴北京、山西、石家庄等地，进行实地考察洽谈，共完成5个项目的谋划任务，其中，1.5万吨大豆深加工项目已经投产。

3. 全面完成征收搬迁任务。先后抽调7名同志参加县里征收搬迁中心工作，在三次征收搬迁工作中，积极参与助推，克服多种困难集中校骨干力量强力推进搬迁工作，出色完成了上级交给的和平路两侧和张士坎村拆迁任务。

三、教学改革进一步深化，科研调研成果显著

努力探索教学改革新路径，强化教师队伍管理，努力建设一流的教师队伍，创造一流的教学水平，出色地完成了本年度干部培训及科研调研任务。

1. 努力推进教学改革，打造精品课、名牌教师。精品课建设是新形势下加强党校教学工作，提高干部培训质量的一项重大举措，也是提高教学质量的一个重要抓手。结合唐山市委党校提出的加强精品课建设的要求，党校进行了全面部署。通过组织评选，有两名教师参加市委党校组织的精品课比赛，一名教师获二等奖，并入选市委党校名牌教师库。通过对各党校参赛教师的教学经验、存在问题的研讨，还有选题、讲课技巧、讲课方式、考评方式方法、课件制作等问题的研讨，提高了教学水平。

2. 继续实施“走出去战略”。为了推进教学改革，增强教师教改意识，实现教师专业化水平快速提升，全面了解现今课改最新成果，采取走出去学习考察的培训方式，努力更新全校教师的教学理念及内涵品质，加快教学发展步伐，2011年共选派8名同志到石家庄参加省委党校的师资培训、8名同志参加中央党校组织的十七届六中全会辅导，两名同志参加市委党校科级干部培训班学习。与其他兄弟党校广泛进行教学交流活动，由主管教学的副校长带队，先后到唐山、乐亭、唐海党校参观学习，交流听课。年底，6名同志远赴江阴市委党校，学习他们先进的管理方法，先进的办班模式，先进的教学方法。“走出去战略”不仅开阔了教师们的眼界，也让教师们学到了先进的教学方法。

3. 广泛开展科研活动并多项获奖。全校教师积极参加了以庆祝建党九十周年为主题的征文活动，共撰写论文50篇。其中14篇参加由唐山市委宣传部组织的征文活动，有11篇获奖，一等奖1篇、二等奖3篇、三等奖4篇，优秀奖3篇；22篇参加唐山市委党校系统组织的征文活动，有13篇获奖，二等奖2篇、三等奖6篇、优秀奖5篇，并获组织奖；有14篇论文参加了市社科联征文活动，有11篇获奖，一等奖1篇，三等奖4篇，优秀奖6篇，并获组织奖；参加县纪委征文活动共有7篇获奖；参加县党史办征文活动共有13篇论文获奖；参加县委宣传部征文活动共有14篇论文获奖并获组织奖。

4. 组织教师以“立足滦南、服务滦南”为主题，广泛进行调研活动。全体教师积极深入西城工业区、北河工业区、嘴东工业区、扒齿港工业园区进行实地考察，围绕县委、县政府确定的重点工作广泛开展了专题调研活动，共撰写调研报告17篇，超额完成全年目标。

5. 抽调骨干教师赴全县开展巡回宣讲。共抽调教师30余人次，深入各镇和县直各党委，对胡锦涛“七一”讲话精神、县第十一次党代会精神、十七届六中全会精神进行巡回辅导，授课93场，受训六千余人次，在党员干部中产生了良好反响。

6. 积极承办各种短期业务培训班，为培养各类人才提供教学保证。一是举办新提职干部培训班1期，培训151人；二是举办保险中介从业人员培训班3期，培训624人；三是协助安监局举办安全教育培训班9期，培训1028人；四是协助信用联社举办廉政建设警示教育和业务知识竞赛各一期；五是协助劳动就业局举办各类业务培训班8期，培训833人；六是在姚王庄、坨里、宋道口、胡各庄等四个乡镇举办了四期入党积极分子培训班，以“理想信念”为主题对年轻同志进行了党性教育。

7. 基层阵地建设实现突破。起草了《关于在各镇建立教学联系点的意见》，已为6个乡镇挂牌，为推进教学工作向基层延伸奠定了基础。

四、超前谋划意识不断加强，使工作有的放矢

为更好地做好党校工作、更好地为县域经济服务，坚持超前谋划、未雨绸缪，把问题想在前，工作做在前，事务协调在前，以早动促主动，工作的预见性和创造性不断增强。

2011年是建党90周年，回顾总结中国共产党成立90年来的光辉历程和宝贵经验，回顾总结新世纪以来党的建设工作走过的历程与取得的经验，是党校工作者义不容辞的责任。为此，在年初就对每位教师下达了党建方面的科研调研任务，并积极组织教师参加各类征文活动。胡锦涛“七一”讲话和十七届六中全会公报出台后，党校立即布置巡回辅导工作，组织骨干教师去北京学习，把课题分到具体教师，迅速投入到备课当中，保证高质量地完成了巡回辅导任务。

在助推工作中，安排教师结合助力攻坚，深入到农户进行广泛调查研究；结合县精神文明办入户大询访活动，深入到小区居民户家中，与居民进行交流探讨，以调查问卷的形式调查群众对全县工作的满意度；多次召开理论研讨会，探讨中国共产党90年来的艰苦历程、90年来的丰功伟绩、90年的成功经验以及以后的发展路子等问题，这些都有效地促进了学校的教学科研工作，使教学科研水平上了一个新台阶。

党史研究室

2011年，县委党史研究室在县委的正确领导和市委党史研究室的有力指导下，以落实中央和省、市委《关于加强和改进新形势下党史工作的意见》为主线，坚持用开放的理念指导党史研究工作，瞄准打造文化强县，服从服务于全县工作大局，少说多干、奋勇争先，逐步走出了一条“大党史”的路子，被评为全市党史系统先进单位。

一、站在历史的高度开展党史研究

积极开展地方党史研究，为打造文化强县和发展滦南的红色旅游挖掘文化底蕴、储备历史资料。

一是以对历史高度负责的态度投入精力开展高志远历史问题研究。先后到北京、天津、武汉、保定、唐山等地查阅档案资料、走访当事人和研究学者，共征集资料170多份，从学术的角度完成了调查报告。

二是加大资料征集力度，《中国共产党滦南县历史（1948～1978）》已初步形成框架。

三是为《沸腾的岁月——河北大跃进亲历记》提供稿件5篇。按照省、市委党史研究室的要求，采访整理回忆录，介绍大跃进时期滦南的相关情况。

二、积极开展系列活动纪念建党90周年

一是学党史·读书活动。2011年上半年，县委党史研究室分别与县委宣传部、组织部联合编写了《党史资料摘编》和《红色历程》两部各具特色的党史知识读本，并于七一前发放到各镇（街道）、县直各单位、各类学校和农村党支部，为全县学党史及时提供了很好的党史教材；与县委宣传部共同举办了以“喜迎建党90周年，建设美好新滦南”为主题的党史知识竞赛，收到答题卡近万份，评出优秀组织奖12个，优秀个人奖40名，各镇（街道）和县直单位参与率均达到100%。

二是学党史·研讨活动。积极参加省、市组织的理论研讨征文活动。报送纪念中国共产党成立90周年活动征文17篇，论文数量居全市第一，除大部分文章获奖外，还获市优秀组织奖；与县委宣传部、组织部、党校、教育局等部门联合举办“滦南县纪念建党90周年理论研讨”活动，收到征文近百篇，作者来自各层次，文章涉及各领域，研讨活动产生了积极反响。

三是学党史·宣讲活动。在《新滦南》开辟专栏，共刊发滦南地方党史资料12篇，扩大了宣传教育面。同时，还组织专门力量编写宣讲稿，成立宣讲团，配合农村党员夏训工作，先后深入到全县17个镇（街道）和14个县直党委进行党史知识宣讲。内容以我党成立90年来的光辉历程、取得的巨大成就和基本经验以及本县地方党史为主，直接听众5000多人，充分发挥了党史工作资政育人、服务现实的职能作用。《党史博采》征订551份，比上年增加465份，跻身全省发行先进行列。

三、努力在全县工作大局中找位置有作为

在做好业务工作，积极发挥职能作用的同时，努力在全县工作大局中找位置，有作为。

一是积极谋划项目。全体同志积极招商引资，千方百计寻找关系，拓宽渠道，年内共谋划投资5000万元以上的工业项目5个。

二是积极参与县城建设三年上水平工作。田建国同志被抽调组织建设路既有建筑外观改造，以打造滦南第一景观大道的标准搞发动、督设计、抓施工、上亮化，高质量地完成了建设路既有建筑外观改造任务，代表其他5个工作队接受河北省园林城验收专家小组的验收，得到了专家和领导的充分肯定。

三是积极参加“对标赶超走在前，推动滦南科学发展、赶超跨越”献计献策活动。全员发动，结合职能工作，共提出“分别拍摄以三八暴动和成兆才生平为题材的影视剧的建议”、“以评剧（三枝花）兴衰为主线拍摄电视专题片的建议”、“兴建滦南名人蜡像馆的建议”等建议三条，为挖掘滦南文化底蕴，发展文化产业，打造文化强县献计献策。

四是为县老促会提供了相关资料。老促会在申报老区村工作时，急需滦南县党组织初建时期的历史资料。得知情况后，我们迅速组织专门力量，整理汇总，为老区村申报工作争得了时间。

五是积极参与县政协《滦南与抗日暴动》一书的调研编写工作。不仅配合了政协工作，还达到了发挥优势，开放合作，资源共享，扩大成果的目的。

四、扎实转变机关作风创先争优

为了确保机关工作高效率、有特色，干部队伍作风正、形象好，明确提出了“一年打基础，二年争先进，三年晋位次”的口号，在创先争优工作中充分体现党史工作特点，开展了“个人形象一面旗，工作热情一团火，谋事布局一盘棋”活动。确定迁西县委党史研究室为对标单位，全体同志实地考察学习，分别制定赶超目标和工作措施；通过积极开展解放思想转观念、机关作风整顿和廉政教育等主题活动，开放合作、奋发有为的大党史工作思路更加明确，锲而不舍、精益求精的敬业精神逐步树立，不甘落后、奋勇争先的意识进一步增强，为党史研究室争光，创党史研究室品牌的观念得以确立，上下齐心、干事有为的工作氛围已经形成。这些都为圆满完成2011年工作提供了有力保证，同时也为更好地完成明年工作奠定了坚实基础。

机关事务管理局

2011年，机关事务管理局紧紧围绕全县提出的打造“激情滦南、实力滦南、文化滦南、生态滦南、和谐滦南”目标，在县委、县政府正确领导下，全局干部职工共同努力，在履行和加强机关事务管理职能方面有了新突破，保障能力和服务水平有了新提高，圆满完成了全年各项任务目标，为县委、县政府及相关机关正常的工作运转发挥了应有的作用。

一、加强干部队伍建设，提高服务保障，努力建设和谐机关后勤

1. 开展创先争优活动，促进机关作风改进。在创先争优活动中，做到“创有目标、争有方向”，在全局形成了学先进、赶先进、作贡献、当表率的良好风气，同时也促进了机关作风的良好改进，调动了干部职工的工作积极性，增强了开拓创新的热情与激情。

2. 完善制度，努力实现后勤服务工作规范化，制度化。第一，建立健全岗位目标责任制，明确目标，明确职责。实行目标管理，是搞好后勤事务管理工作的有效措施，在具体工作岗位上，能量化的要量化，不能量化的要确定具体目标。第二，建立工作制度，严格纪律约束。纪律是一切任务完成的有力保证，为确保各项工作有序运转，建立健全了一整套后勤工作制度，做到以制度管人，以制度管事。

3. 强化意识，努力提高服务保障工作质量和效益。工作中做到强化“四种意识”：一是强化“没有最好，只有更好”的服务理念。树立服务保障不能有丝毫自满自足的思想，做到精益求精。二是强化以作为换地位的意识。要求全体同志把爱岗敬业、任劳任怨、乐于奉献、勇于负责作为后勤保障人员的本分和职业道德素质，改“要我服务”为“我要服务”，通过有为和作为赢得领导、同志们的理解、支持与尊重。三是强化窗口意识。后勤部门每个人都是一个窗口，在日常工作中，要谨言慎行，自觉维护单位整体形象。四是强化到位意识，主动想事、干事，把事事想在前、想周全，实现服务保障效益最大化，切实把各项工作做深、做细、做实，做到位。

二、认真履行职责，不断提高后勤服务管理水平

政务接待工作规范节约。始终坚持接待标准，严格接待程序，按照高起点、高标准、高效率的要求，克服人手少、时间紧、任务重等困难，截至11月份出色完成各项接待任务101批次，8895人次，其中接待上级领导25批次，中外客商洽谈项目22批次，各种大型接待活动46批856人。热情、真诚的服务达到了领导满意、接待对象满意，又最大限度节约了财政资金。

公务用车管理工作常态化。不断加强对车辆维修、保养、用油的管理，坚持维修保养逐级审批制度，定点加油制度，用油坚持每日一清，每周一结，严格相关程序，堵塞了漏洞，节约了开支。面对交管部门对酒驾、超速等行为查处力度的加大，多次召集专门会议，加强对司机的安全教育。全年没有出现一起交通事故。

财务管理工作严谨有序。严格执行财务报销审批程序，严把支出原始凭证审核关。认真做好财务保障单位的年终决算和年初预算下达及日常资金拨付，当好家理好财，保证了年度经费收支平衡和机关各项工作的正常开展。

政府采购工作规范运行。始终坚持以《政府采购法》为准绳，以服务政府、规范采购为重点和“公开、公平、公正、诚实、信用”的宗旨，采取网上公开发布信息等方式，让更多的供应商有机会参与竞争，达到降低采购成本，提高采购质量，节约财政资金的目的。全年共组织政府采购活动48次，其中：公开招标21次，邀请招标2次，竞争性谈判10次，询价采购15次，完成预算金额2958.4万元，实际支出2705.7万元，节约资金252.7元，节支率8.5%。并实现了全年政府采购工作零投诉。

物业管理工作扎实有效。认真做好水、电等基础设施的检查维护工作，保证机关水、电等基础设施正常运转；坚持做好花木和草坪的修剪、整型、美化及机关大院重大节日、重要活动的环境布置工作。在创建省级卫生城与省级园林城的工作中，精心组织，合理布置，以整洁优美的环境顺利通过了验收。

办公室工作统筹协调。始终把为领导当好参谋，为同志们做好服务为出发点，认真做好办公用品采购、文件传阅、劳资、档案管理、国有资产管理和公文印制等工作。尤其是在大小食堂的管理中，添置了农药检测仪等设备，确保所用蔬菜的无公害，以良好的服务，让领导和同志们吃上放心可口的饭菜。

公共机构节能工作稳步推进。进一步完善了公共机构联络员制度和节能报表档案管理系统，建立了能源报表报送平台及报表公示奖惩制度。顺利完成了2011年能源资源消耗统计表季报、年报和创建节约型机关等各项任务，并以身作则，积极探索了一些节能新措施、新办法，为全县公共机构节能减排工作起到了表率作用。

安全保卫工作严肃认真。进一步规范了值勤纪律，积极做好机关大院群众上访的引导和管理，做好信息上报工作，维护机关办公秩序，全年共维持上访秩序和协助处理群众上访事件105起。做到严控人员、车辆出入，实施24小时实时监控，启用智能化监控系统，在大院周边增设探头，加强夜间巡视，确保两个大院安全稳定。

三、重点工程建设工作及拆迁助推工作

1. 研发中心建设稳步推进。京东集团企业研发中心作为北河新区标志性建筑，自开工建设以来，与各责任单位协调配合，统筹调度，严把质量关，强力督导工程进度，确保了工程顺利推进。2011年1月17日，研发中心主楼地下一层封顶，完成正负零，提前实现了节点目标。以此为起点按照预期目标顺利完成了主楼和副楼封顶，目前正在进行消防管道、水电线路的安装，确保年内安装完毕。

2. 拆迁及助推工作。在“三大攻坚、四大开发”行动中，坚决响应县委、县政府的决策部署，在人员紧张、日常工作繁忙的情况下，抽调一名副职和一名中层干部参与工作，并在后勤保障方面出资出力助推攻坚，并协助做好干部职工、亲朋好友和群众的思想工作，为攻坚行动作出了积极的贡献。

群团工作

总工会

2011年，县总工会在县委和上级工会的领导下，以邓小平理论、“三个代表”重要思想、科学发展观为指导，紧紧围绕全县工作大局，大力实施“出精品、创名牌”工作战略，突出特色、探索创新，务求实效，使全县工会工作实现了新突破。两年内，打造的十项创新成果得到省市总认可；全省行业性区域性工资集体协商现场经验交流会、全市企事业单位群众工作室建设现场观摩会先后在滦南召开；《工人日报》、《河北日报》、《河北电视台》等市以上新闻媒体登播文章11篇；有17项工作被上级工会评为先进；省市总及县委领导调研视察工会工作累计达12人次，并予以了高度评价。

一、在推行行业工资集体协商工作上实现了新突破，跨入了全省示范县行列。积极指导长凝纺纱、宋道口钢锹两个行业工会，进一步建立完善了职工工资共决机制和增长机制，细化了协商内容，规范了运作机制，使此工作取得了新进展。在2月份省总工会举办的工资集体协商培训班上，专门邀请滦南讲解了行业工资集体协商的具体做法和操作程序；在4月份市政府组织召开的工资集体协商“百日集中行动”推进会上，进行了典型发言，《工人日报》、河北电视台、唐山电视台相继进行了宣传报道。在11月份市人大副主任、工会主席于大中，市总工会常务副主席杨桂茹，县委书记张国栋，县委副书记于广秋对长凝纺纱行业工资集体协商的经验做法予以高度评价，并分别做出重要批示。

二、在企事业单位群众工作室建设上打造出新品牌，成为了全市创新示范样板。一是创新工作格局。提请县委先后转发了《实施意见》和《考评办法》，召开了全县经验交流会；协调县委组织部将此项工作纳入了党工共建创先争优活动序列；协同县信访局建立定期沟通例会制度，形成了“上下联动、齐抓共管”的工作格局。**二是创新网络体系。**注重拓展延伸，在企事业单位建立群众工作室，在车间（工段、站点、科室）设立了群众工作小组，在班组选聘了群众工作信息员，并实行了“一职多兼工作法”，形成了上下贯通、左右相联的群众工作组织网络体系。**三是创新督导方式。**县总工会组成专门的编研小组，研制了工作职责、流程、制度、台帐等一整套参考文本，并汇编成《企事业单位群众工作室实用手册》，及时印发到基层，为企事业单位提供了方便、快捷、规范的筹建模式；实行驻点指导，协助汇丰钢铁等8个企事业单位筹建了高标准的群众工作室，实现了“八有、五上墙、四公开”，并以现场观摩会、经验交流会的形式进行了全面推广。截至目前，全县已建立企事业单位群众工作室564家，其中企业单位509家，事业单位55家，组建率、规范率分别达到100%、88%。**四是创新活动载体。**指导京东实业等企业探索建立“网上群众工作室”，指导南堡沿海捕捞业探索建立了“海上流动群众工作室”，指导部分非公企业推行了安稳信息员“五个一”工作法，进一步畅通了舆情动态信息渠道；在企事业单位探索建立了矛盾排查、分析研判、综合调处等十项工作制度，有效地化解了不稳定、不安全因素。**五是创新保障机制。**制定下发了《企事业单位群众工作室工作考评实施办法》，建立完善了目标管理机制、考核评比机制、奖励约束机制、责任追究机制，进一步增强了此项工作约束力。其成功经验得到了上级工会的一致好评。2011年5月3日，市总工会常务副主席杨桂茹就企事业单位群众工作室建设情况做出重要指示；2011年5月30日，市总工会在滦南召开全市现场观摩会进行了全面推广；2011年6月27日，省委、省政府群众工作联合督导组来滦南督导检查时，对企事业单位群众工作室建设的经验做法予以充分肯定和高度评价。

三、在助推全县三大攻坚、四大开发上展现了新作为，发挥了应有作用。一是助力于拆违拆迁百日攻坚，组织开展了“关爱到位、温暖到家”活动。组成劳模慰问团先后两次对15个“百日会战”拆迁工作队和8个新民居建设工作队、15名困难工作队员及21个涉拆困难户进行了走访慰问，发放慰问金、慰问品7万元；与县医院联合组建了“劳模慰问团医疗服务队”，为工作队员进行了义诊咨询服务；主动参与“与一线工作队员工作在一起”活动，积极投身拆违拆迁助推工作，协助单位工作队员促签51户。**二是助力于搬迁第二战役，组织开展了“职工劳力互助服务日”活动。**由县总工会牵头组建了职工劳力互助志愿服务队，以每周日为职工劳力互助服务活动日，定期安排企业运输车辆和职工志愿服务者轮流上岗，为有困难的职工涉拆户提供搬家、拆房等项服务。活动中共出动志愿者65人次，搬运各种物资上万件。**三是助力于重点项目建设，开展了“四大竞赛”活动。**与建设局联合在重点项目建设施工单位组织开展了“建功三年上水平、创建工人先锋号”竞赛；结合对标行动组织开展了“争当科学发展时代先锋对标赛”；结合打造“生态滦南”组织开展了“百家企业节能降耗减排竞赛”；结合打造“激情滦南”组织开展了“学模争先竞赛”。已选树工人先锋号10个，示范标兵28名，实现创新成果45项。

四、在完善维权运行机制上取得新突破，工作排位明显前移。一是创建和谐企业（单位）活动取得了新进展。注重和谐创建工作的拓展延伸。新选树“和谐单位”典型8个，“和谐车间”、“和谐班组”典型17个。注重和谐创建工作的深化提高。已创建省级和谐企业15家，市级和谐企业16家。注重盘活创建活动载体。全县签订集体合同企业达685家，签订工资集体合同的企业达367家。2月份，在市总会议上做了典型发言。**二是职工劳动安全保障机制创出了新经验。**在全国率先探索推行了工会劳动保护工作联络员制度、在全省率先开展了工会劳动保护工作示范单位创建活动、在全市率先实施安全卫生知识电视培训计划。截至目前，已消除安全事故隐患115个，培树示范企业28家，培训职工21000人次。**三是完善企业民主管理运作机制上实施了新举措。**在深化厂务公开工作的同时，重点抓了企业星级职代会创建活动，在全县各企业探索建立了职工代表直选机制和激励机制，有效地调动了职工代表参政议政的积极性，目前，已评定一星级职代会企业65家、二星级职代会企业21家、三星级职代会企业13家。**四是农民工维权联动机制取得了新成效。**探索推行了农民工维权“五大联动机制”，解决了农民工异地维权“难点”问题，联合调处劳动争议案件9件，实施法律援助11人次，联合帮扶困难农民工家庭34户，为农民工办实事百余件。**五是职工服务中心建设取得了新业绩。**2011年，积极推动困难职工帮扶中心转型升级，较好地发挥了职能作用。深入开展了“节日送温暖”活动，为426名贫困职工发放财政救济款31万元；深入开展了“包保帮扶”活动，结对扶持特困职工家庭24户；深入开展了“姐妹献爱心”活动，为贫困女职工捐款2.4万元；深入开展了“金秋助学”活动，救助贫困大学生7名。深入开展了职工重大疾病医疗互助活动，筹集医疗互助金68.2万元。

五、在基层工会组织建设上取得了新进展，圆满完成市达任务。一是坚持“三个推进”，扩面增员抓组建。以全总开展的“广普查、深组建、全覆盖”集中行动为契机，以“双措并举，二次覆盖”为手段，进一步拓展建会范围，着力抓了区域性、行业性工会联合会建设。年内，新建立区域（行业）工会联合会4家，覆盖企业211家，涵盖工会会员28540名。着重抓了新建外商投资企业、私营企业建会，做到了随开工、随筹建。年内，新组建企业工会30家，全县基层工会总数达1341家，组建率达99.8%。推进了农民工入会工作。创新农民工入会方式，充分发挥“四个窗口”作用，大力发展农民工会员，实现了会员发展的有效增长。

两年来，全县新发展农民工会员5288名，全县工会会员总数达124992名（其中农民工会员98185名），入会率达99.2%。**二是围绕“两个环节”，夯基健体抓规范。**深化“六好”镇（街道）总工会创建活动。指导协助镇总工会更新工作思路、丰富工作内容、改进活动方式、创新工作格局，镇（街道）总工会基本实现了“五有、四上墙、五统一”。年内，已培树“六好”标兵典型8个。深化星级村工会创建活动。全力实施星级村样板培植工程，实行“三措并举”有力地推进了工作进程。截至2011年底，全县95%的村基本达到了“四有、四上墙、四规范”的标准，已评定二星级村工会363家，三星级村工会178家。深化企业工会规范达标活动。对照《河北省企业工会工作标准》，指导各企业工会制定了实施细则和工作规划，完善了各项工作制度和工作机制，确保了企业工会工作扎实有效地开展。年内，培树蒙牛乳业等优秀示范企业35个。

六、深入开展“创先争优”活动，机关干部精神面貌有了新起色。在新的领导班子组建之后，着力抓了以下几方面的工作：**一是强化机关作风专项整治。**按照县委统一部署，利用一个多月的时间，对机关作风进行了一次集中整顿。通过民主生活会，干部评议会等形式，查摆存在问题，剖析思想根源，全面治理整顿，使机关干部队伍精神状态有了新改观，其特色活动及档案管理得到督导组好评。**二是调整了机关人员布局。**为了充分激发调动机关干部工作积极性，本着人尽其才、合理使用的原则，对机关工作人员布局进行了重新调整，理顺了领导班子成员工作分工；对中层以下工作人员全部进行了轮岗调配，有效地增强创新竞争意识。**三是强化了机关工作管理。**健全完善了民主决策、例会调度等九项规章制度，组织开展了“创建工作品牌、争当效能部室”活动，机关各部室实现了“三个一”：即培树了一个过得硬的基层典型、打造了一个信得过的服务品牌、抓出了一个叫得响的创新亮点。目前，机关领导班子心齐劲足，机关干部斗志昂扬，呈现出“不用扬鞭自奋蹄”的精神风貌和高涨热情；深入开展争当“职工之友”活动，广交职工知心朋友，办实事、好事近百件。**四是深化“党工共建创先争优”活动。**建立完善了“党群共建创先争优”联合运作机制，与县委组织部联合成立了“党群共建创先争优”工作领导小组，制定下发了《关于深入开展“党工共建创先争优”活动实施方案》，深入实施了“六大行动”，选树“六大标兵”活动，实行了“五好党组织”创建活动与“五好职工之家”创建活动相结合，争当“五个模范”活动与争当“六个标兵”活动相结合，做到阵地共建、资源共享、工作共进，进一步增强了“党群共建创先争优”工作实效。**五是深入开展“对标赶超走在前”活动。**通过召开机关干部座谈会、研讨会的形式，进行“四查四看”，全面对照自查，分别选定了单位、个人对标赶超对象，拟定了具体赶超措施，建立完善了长效运行机制和考评奖惩机制，使“对标赶超走在前”活动步入了制度化、规范化、常态化的轨道，为创造性地推进工会各项工作，实现创新发展，跨入省级先进县行列奠定了坚实基础。

团县委

一年来，共青团滦南县委以党的十七届四中、五中、六中全会和省、市、县党代会精神为指导，深入贯彻落实科学发展观，在县委、县政府和团市委的正确领导下，围绕党政中心工作，进一步解放思想，开拓创新，团结和带领全县青少年较好地完成了各项工作。

一、深化主题，突出特色，青少年思想道德建设尽显新风尚

（一）理想信念教育主题鲜明。集中启动“团旗飘扬·青春河北——滦南县万名青少年红色巡礼活动”。开展“回忆历史、牢记使命”参观学习活动。清明节前夕，组织唐山英才学校、滦南二中师生2000多人到潘家戴庄惨案纪念馆参观追忆，接受爱国主义教育；以“弘扬五四精神、点燃青春火炬，高举团旗跟党走”为主题，举办了“燃情五月青春飞扬”滦南县纪念五四运动92周年青春诗会；组织开展了滦南县中小学生历史的选择爱国主义读书教育演讲、讲故事比赛，全县100多名中小学生受到了一次爱国主义教育；组织观看电影《建党伟业》。七一前夕，组织全县团书记、市县级优秀团员、少先队员340人在县成兆才数字影院观看了电影《建党伟业》，使团员青年们进一步感受革命先烈们的崇高信仰和不懈的追求。

（二）道德实践活动多姿多彩。组织开展“健康滦南、幸福人民”活动，3月5日，联合县计划生育局、倴城镇团委到倴城镇中心敬老院为老人们进行了义诊，累计服务老人100余人次；开展“一助一关爱老人行动”。投资5000元，为医疗志愿者配备了常规检测器具并与全县60多名空巢老人结成“一助一”对子；县一中团委定期组织青年志愿者到金辉广场进行环境管护；县水务局团支部，在世界水日来临之际，组织青年志愿者在“京东第一集”开展节水专项宣传。

（三）全团带队行动成效明显。与县委宣传部、县教育局联合，组织开展庆祝建党90周年暨六一国际儿童节文艺汇演；全县115所小学大力开展“红领巾心向党”主题实践活动；争取中国青基会支持，美国芝麻街工作室和默沙东基金会为全县35所小学捐赠“应急准备和应对措施读物包”275套，进一步提升了全县少年儿童的防灾自救能力和意识；开展优秀少先大队评选工作，通过表彰先进，选树典型，进一步加强了全县少先队建设。

二、围绕中心，主动作为，服务新滦南建设呈现新风采

团县委以“青春奉献十二五、科学发展我先行”为统揽，紧紧围绕全县重点工作，带领广大青年积极投身全县“十二五”开局工作。

（一）组织开展“团徽在一线闪光——助力城镇建设三年上水平”系列活动。一是召开共青团助力城镇建设三年上水平动员大会。进一步统一全县广大团员青年深入一线参与攻坚、助力家乡建设的思想。**二是发出《携手同行共建美好家园》倡议。**在县电视台向全县青少年发出倡议，号召全县青少年争当城镇建设三年上水平的宣传者、实践者、志愿者；发出了5000份《致全县青年朋友的一封信》，要求广大青年朋友从自身做起以实际行动支持城市建设工作。**三是组建青年攻坚突击队深入一线助力攻坚。**两次攻坚，团县委分别组织多名青年志愿者成立了攻坚突击队，常驻攻坚组，接受锻炼，贡献力量。**四是组织开展慰问城镇建设三年上水平工作队。**深入攻坚一线，慰问了攻坚工作队，为工作队送去矿泉水、方便面、水果、药品等价值15000多元的慰问品。

（二）深入推进青年创业就业工程。一是定期召开金融知识、小额贷款项目推介会。与中国人民银行滦南支行等5家金融机构建立了长期合作关系，每半年联合举办一次全县青年创业小额贷款推介会，全县300余名创业青年享受到了金融支持，辐射带动就业青年2200余人。截至目前，团县委已为创业青年协调小额贷款700余万元。**二是农村青年信用示范户试点工作成效显著。**4月份以来，团县委认真开展了团省委组织的农村青年信用示范户试点工作，征集农村青年信用档案1000多户，同时评选了青年信用户270户，建立了农村诚信人才信息储备机制。县联社6月为青年信用示范户郑少忠新发放信贷资金300万元用于扩建纺纱企业，多安排30名农村剩余劳力，增加收益80万元。此项工作受到了县委副书记的肯定性批示。**三是加强创业就业培训行动。**新建唐山盛财钢铁等见习基地5家，到岗参加见习青年260人，实现就业120人；通过建立“订单”台账、“订单式”培训，切实提高青年就业创业本领，团县委投入培训资金2万元，先后开展农村青年素质培训班5次，培训农村青年1400人次。

（三）扎实开展青年文明号创建活动。为配合省级文明城创建工作，在全县范围内深入开展了青年文明号创建活动，全县41个单位报名参与创建，涌现出了滦南巡特警、中国移动通信滦南营业厅、滦南地方税务局办税务厅、滦南县交通局地方运管站等一大批创建先进集体和个人。

三、整合资源，打造特色，团的品牌活动彰显新活力

（一）积极服务新生代农民工融入社会工

作。团县委高度关注新生代农民工群体，积极做好新时期青年群众工作。启动“共青团关爱农民工子女‘亲情传递 e+1’志愿服务行动”，各级团干部、青联委员、青年志愿者与农民工子女结对 1450 对，受助农民工子女基本做到全覆盖；借助县劳动就业局专业培训优势，对进城农民工进行技能知识培训，受训人数逐年增加；为满足农民工的精神需求，动员有条件的团组织、社团开展了“送演出”活动，全年累计慰问演出 8 场次，深受农民工欢迎。

（二）大力开展希望工程圆梦行动。2011 年，团县委争取“芙蓉学子”、“美的腾飞计划”等上级希望工程救助项目，筹集救助款 2 万元，救助了贫困大学生 5 人；携手海尔集团、中天商厦开展了救助贫困学子大型公益活动，发放救助款 2 万元，救助贫困大学生 10 人；组织开展了人大代表、政协委员、青年企业家帮扶弱势群体活动，结对帮扶农民工子女、贫困小学生 150 名，为贫困的农民工子女累计捐赠款物 7 万多元。

（三）组织开展公共场所文明劝导行动。组织动员全县 600 多名青年志愿者组成 20 只青春风尚小分队，在“唐山八景”之一的北河文化观光产业带开展了为期 1 个月的不文明行为劝导活动，集中宣传《唐山市民公共行为规范》和《唐山市民文明公约》，大力倡导公众环保理念，受到了县委、县政府领导的肯定。

四、固本强基，持续推进，基层组织建设力显新作为

（一）扎实推进团组织格局创新工作。一是团组织格局创新工作高标准完成。采取“1+2+6”模式、3 个“四”工作法，通过集中换届推动、创新工作设计等措施，到 8 月底，16 个镇 1 个街道全面完成组织格局创新工作。共选出书记、副书记 51 名，委员 102 名。换届后团干部的平均年龄为 28.5 岁，镇、街道团干部呈现出年轻化、知识化、职业多样化的特点，结构更趋于合理。二是不断强化团干部素质能力建设。通过举办座谈会、调度会、培训会、参观考察等形式加强对新任职干部的培训工作，新任职团干部素质有了显著提高。

（二）加强两新组织团建工作力度。从年初开始，通过与县委组织部联合下发《关于进一步加强非公企业和新社会组织团建工作的实施意见》、加强与非公企业较多的乡镇党委联系等措施，16 个镇采取联合建团、产业建团、协会建团等方式，新建非公有制经济组织团组织 3 家，非公企业团组织 50 家，两新组织建团工作有了新进展。

（三）树立争先进位理念，推进载体创新见效。新建《滦南青年网》，合理增设了网站版块；建立滦南县青少年 QQ 群、创办了滦南团委微博、开办了《滦南团讯》；积极实施走出去战略，与市内遵化团委、市外抚宁团委建立长期合作关系。通过载体的创新，加强了与全县团员青年的联系，进一步引领青年积极向上、奋发有为。

（四）积极做好新时期青年群众工作。积极响应团市委号召，不断加强和改进新时期的青年群众工作，畅通了青少年反映问题、维护合法权益的渠道、扎实开展优秀青年维权岗创建，在团县委机关、倴城镇、宋道口镇、姚王庄镇等 8 个镇开展了青年信访代理工作，建立了青年信访代理中心（站、室）56 个，解决青年合理诉求 21 件次；积极开展推优入党工作，各级团委采取多种方式推优入党人数达到 65 人。

一年来的工作数次被《新滦南》、《唐山劳动日报》、环渤海新闻网、唐山文明网等刊发报道。团县委被县委评为助力攻坚先进单位、被团省委授予纪念建党 90 周年“团旗飘扬·青春河北”滦南青少年红色巡礼活动优秀组织奖、被团市委授予万科杯纪念抗震 35 周年防震减灾知识竞赛优秀组织奖，同时涌现市以上优秀团组织 3 个，市以上优秀、先进个人 15 人，5 名团干部走上了副科级领导岗位。

妇　联

2011 年，滦南县妇联在县委、县政府的正确领导下，各级妇联组织紧紧围绕县委科学发展、赶超跨越的一系列重大部署，以建设党开展妇女群众工作的坚强阵地和妇女群众信赖的温暖之家为目标，凝心聚力，创先争优，实现了妇联工作新发展，为推进滦南经济社会发展做出了积极贡献。

一、城乡妇女在融入中心、服务大局中实现新作为

坚持用全局眼光，把妇联工作放到县委工作大局去谋划、去推进，进一步提升了妇联组织服务大局的深度和实效。**助力全县城市建设和各项攻坚行动。**一是以纪念三八国际劳动妇女节为契机，开展了“新女性·新滦南”环城竞走活动。启动仪式上，县妇联向全县广大妇女发出了“推进城镇建设三年上水平，积极投身县委、县政府十项重点工作”的倡议，全县女党员作出了“立足岗位·创先争优”的公开承诺。通过长达6华里的“新女性·新滦南”环城竞走，广大妇女亲身感受到城镇建设三年大变样攻坚给滦南带来的发展和变化，进一步坚定了立足岗位、创先争优、再立新功的信心和决心。二是积极投身城市征收搬迁工作。212人次的女干部参加了城市征收搬迁攻坚行动，其中包括2名妇联机关干部。她们发扬“白加黑”、“五加二”工作精神，忘我工作，圆满完成了攻坚任务。三是妇联千方百计为攻坚行动助力加油。先后两次向全县广大妇女及家庭发出倡议，号召动员她们积极响应县委、县政府的号召，为征收搬迁工作做贡献；多次深入一线慰问攻坚队员，为他们送去慰问品；妇联机关全体同志利用休息时间进村入户，和队员们一起做征收户的思想工作，推动了征收工作的顺利开展。县妇联被县委、县政府评为“城镇建设三年上水平助推先进单位”。**助力省级文明城创建工作。**一是县妇联通过电视台向全县广大妇女发出《树立文明风尚　遵守文明公约　在省级文明县城创建中展现巾帼风采》倡议书，号召全县广大妇女在文明城创建中争做文明风尚的传播者，文明行为的实践者，文明创建的推动者。二是组织巾帼志愿者积极参与文明城创建。制作了《唐山市市民文明公约》和《唐山市公共行为规范》宣传展牌，组织巾帼志愿者80余人，利用周六、周日到和平广场开展文明市民宣传教育活动，发放科学建家、低碳生活宣传册，亲自捡拾垃圾，净化美化环境，劝导不文明行为等。共发放宣传资料200余份，接受咨询服务112人次，劝导不文明行为215人次。**开展“争当新滦南卓越女性，争创科学发展一流业绩”活动。**为了发挥典型的示范带动作用，在全县形成对标赶超，创先争优的良好氛围，评选表彰了15个先进妇联组织，15名优秀妇联干部，12名三八红旗手，24名“巾帼建功之星”，4个“巾帼文明岗”和3名巾帼创先争优优秀志愿者。同时，与县电视台联合录制专题片，宣传了王小栋、张辉等5名优秀妇女典型。**组织开展了推进文化大发展大繁荣座谈活动。**组织县直机关妇女代表、各行各业妇女典型、部分镇村妇联干部围绕“妇联组织参与文化建设，促进文化大发展大繁荣”进行了座谈，对全县文化建设提出了意见和建议。同时，组织姚王庄镇李营村女能手、明星家庭、巾帼志愿者代表进行了座谈，听取了基层群众对文化发展的认识和建议。通过座谈，进一步明确了妇联参与文化建设的工作方向。

二、科学建家活动取得新实效

以提高全县妇女综合素质和文明程度为宗旨，广泛开展了“创建科学发展示范家庭　营造幸福港湾”活动，使科学发展的理念深入到普通家庭。以“阳光发展、科学生产、节能减排、健康生活、绿色消费、平等和谐”科学建家六大模式为抓手，开展科学建家宣传教育活动。发放科学建家手册500份，《低碳生活常识20条》宣传单1000份，招募科学建家志愿者67名，建立科学建家宣传队5支，大力宣传科学建家理念，引导妇女和家庭建立文明、健康、科学的生活方式，提升了家庭建设的境界和品位，以家庭的文明进步推动社会的文明发展。全县抓出1538个科学发展示范家庭和80户科学发展明星家庭，其中23户被评为唐山市科学发展明星家庭。

三、促进女性创业就业取得新成效

大力开展技能培训工作，提高广大妇女科技素质和创业本领。一是举办了巾帼创业培训班。与劳动就业服务局联合，举办了首届巾帼创业培训班，培训妇女323名。从创业构思、创业理念、操作步骤，工商税务政策法规、妇女小额担保贷款政策、创业成功的典型事例等方面，对参加学习的妇女们进行了系统培训。培训结束后，还带领参训学员到北京大红门、天意箱包城等进行了实地考查。二是举办了电脑培训班。与劳动就业局联合，举办了为期三周的电脑培训班，培训城镇待业妇女和农村妇女共60人。使妇女了解和掌握了电脑入门知识，为广大妇女学习知识、获取信息、实现自身发展创造了条件。三是帮助妇女解决创业资金困难，大力推进妇女小额贷款工作。已为42名妇女办理了总额210万元的小额贷款。

四、贫困妇女儿童救助工作扎实推进

以“春蕾计划”、“情暖贫困母亲”等活动为载体，积极搭建爱心平台，扎实做好贫困妇女儿童救助工作。年内救助春蕾女童和贫困母亲共计382人，筹集救助款19.8万元。一是组织了唐山市商业银行捐助滦南一中春蕾班助学款发放仪式，为春蕾班的40名学生提供了3.2万元的助学款。二是六一儿童节组织县四大班子领导慰问10所学校和10名贫困儿童代表。为学校和孩子们带去了节日的祝福及党和政府的关心和爱护，并送去了价值12000元的慰问金和慰问品。三是开展了“情暖老区村　光辉耀春蕾”活动。联合太阳光辉手机店为50名老区村贫困女童送去了价值2万元的学习和生活用品。四是开展老区村贫困母亲和春蕾女童救助活动。救助帮扶老区村贫困母亲36名，春蕾女童61名，共发放救助款29100元。五是组织开展了暖冬行动暨滦南县妇联“关爱弱势群体　共建和谐滦南”捐助活动。组织各妇委会干部、女职工为孤寡贫困老人、孤残儿童捐助过冬毛衣和棉服5000多件，把党和政府的温暖以及各界爱心人士的关心送到她们身边，营造了文明和谐的社会环境。六是协调唐山市《直播50分》温暖12月栏目组，救助司各庄镇2名春蕾女童，救助款和生活用品合计6000余元。

五、妇女儿童合法权益得到有效维护

以贯彻《两法》《两纲》为主线，切实维护妇女儿童合法权益。制订了工作实施方案，并将任务分解到各部室，强化方案中各项指标的落实；利用三八妇女维权周，发放《妇女权益保障法》、《婚姻法》等宣传材料1200多份；开展妇女信访代理工作，认真接待来信来访，积极耐心地做劝导安慰工作，认真负责地协调处理来访案件，年内共接待妇女上访案件46件，结案率达98%。

开展《2001～2010年妇女发展规划》和《2001～2010年儿童发展规划》监测评估。认真履行妇儿工委办职责，努力推动两个《规划》实施。开展《两个规划》终期监测评估工作，认真填报妇女儿童发展各项指标和阶段性监测评估报告。两个规划的实施进展顺利，顺利通过省、市检查验收。

六、妇联组织自身建设水平实现新提升

本着强基础、增活力、求发展的指导思想，坚持党建带妇建，妇建服务党建的原则，大力推进妇联基层组织建设。一是建立健全了基层妇女工作阵地。根据全国、省、市妇联关于建设村、社区妇女之家的要求，以组织健全、服务到位、工作规范、作用明显、妇女信赖为目标，在全县394个村、社区建立了“妇女之家”，完善了“六项制度”，建起了“四份台账”，确实把“妇女之家”建设成了宣传政策的阵地、传播知识的课堂、文体活动的乐园、服务妇女的窗口、展示妇女风采的平台。二是加强了妇联干部队伍建设。围绕妇联工作职能，提升妇女工作水平，采取集中培训，分别指导，开展活动等方式强化镇村妇联干部培训，不断提升基层妇联干部能力素质。共举办六期妇联干部培训班。注重以学习理论、提升能力、服务群众为着力点，努力建设学习型、创新型、服务型妇联组织，妇联整体工作水平不断提高。三是扩展和创新了妇女组织。按照上级妇联“哪里有妇女，哪里就有妇女组织和妇女工作”的要求，积极推动妇女组织覆盖和组织创优，在健全完善已建妇女组织的基础上，又新建妇委会3个。在农村妇代会中努力推广“妇代会+协会（合作社）+基地”的模式，选树“双带”型妇代会干部118名，有效提升了基层妇代会组织带领农村妇女发展经济的能力，增强了基层妇联组织的凝聚力和战斗力。

科　协

2011年，在县委、县政府的正确领导和上级科协的关心指导下，科协继续深入学习实践科学发展观，坚持以经济建设为中心，充分发挥学术交流主渠道，科普工作主力军的作用，动员组织广大科技工作者深入学习贯彻胡锦涛总书记“七一”重要讲话精神和唐山市委第九次代表大会精神，按照市科协工作目标要求，围绕滦南县党委政府的中心工作，认真履行职责，充分发挥职能作用，卓有成效地开展了各项工作，为推动全县科学发展、赶超跨越做出了积极贡献，5月荣获了“2011～2015年度”全国科普示范县的命名。

一、夯实政治思想基础，打造高素质科普服务队伍

严格按照上级文件要求，继续深入开展“创先争优活动”，围绕贯彻胡锦涛总书记“七一”重要讲话精神，认真学习县委、县政府关于“创先争优”活动的相关文件精神，严格按照县委、县政府提出的活动部署认真开展活动；9月，县委第十一次党代会隆重召开，科协采取集中学习和个人自学的形式，认真学习贯彻党代会精神和张国栋书记在会上的重要报告；按照县纪委要求，开展了为期一个月的机关作风专项整治活动，使机关干部整体素质得到了很大的提高，培育实干精神、塑树良好形象，实现干部作风明显好转、机关效能明显提升，增进了科普队伍的团结和机关和谐，促进了各项工作的进一步落实，使广大科技工作者的凝聚力、战斗力明显增强，科普队伍的素质和服务基层的能力明显提高。

二、围绕全县工作大局，全力助推“三大攻坚、四大开发”

紧紧围绕全县“三大攻坚、四大开发”等十项重点工作，引导机关党员干部对县委决策部署做到在思想上统一，在行动上一致，积极配合攻坚工作，成立攻坚应急小组，积极配合被抽调攻坚工作队员的工作，深入攻坚一线，及时解决他们工作生活中遇到的困难，并与所在工作队搞好衔接，协助工作队员开展工作。深入动员全县广大科技工作者积极投身全县建设，为县域发展献策出力，认真开展“我为十大重点工作做什么”大讨论活动，营造“人人服务十大重点工作，人人助力攻坚”的浓厚氛围；进一步加强科协组织建设，发扬“白加黑、五加二”工作精神，广泛开展“深入基层、服务群众”活动，根据科协职能特点，结合“十大重点工作”需求，确定服务内容，及时为群众排忧解难，加强服务的深度和广度，以科技服务促进民生发展，增强社会稳定，全力助推“十大重点工作”。

三、认真落实《纲要》实施，全面推进全民科学素质工作

2011年是实施《科学素质纲要》“十二五”规划的第一年，按照市科协要求，重点围绕未成年人、农民、城镇劳动者、领导干部和公务员、社区居民等五大重点人群，深入实施全民科学素质行动计划纲要。

年初，将全民科学素质工作列入年度科学发展考核目标，按照全民科学素质工作量化考核办法和全民科学素质年度工作计划，对各单位、各部门应承担的全民科学素质工作进行了详细分解，明确了职责和奖惩机制。一年来，利用科普惠农服务中心、科普示范基地、科普服务站的平台作用，通过组织集中讲座、网络培训、实地指导等形式，培训领导干部和公务员300多人、培训城镇劳动者500多人、培训社区居民260人、培训农民1000多人。继续与滦南电视台联合开办的“科普大篷车”栏目，每周播出两次，宣传农业科技知识和农村科普常识；继续开办“农村网络书屋”，指导农民开展阅读学习活动，解决生产生活中的技术难题；在未成年人教育方面，在第二十六届河北省青少年科技创新大赛评审活动中取得了优异的成绩，共组织上报作品80份，获得国家级、省、市级奖项共64个。其中竞赛项目获得省级三等奖1名，市级一等奖1名；科幻画项目获得省级一等奖3名、三等奖2名，获得市级一等奖10名、二等奖6名、三等奖34名；科技辅导员项目获得国家级奖励1项，省级奖励3项，市级奖励2项，优秀实践活动获得市级三等奖1名。特别是滦南县青坨营镇冯狗庄完全小学的陈付振老师，仅个人就获得了1项国家级奖励，3项省级奖励、1项市级奖励。由于在此次大赛中组织有力、成绩突出，获得了优秀组织奖。10月份，与教育部门联合组织全县中小学生参加省、市科协组织的“第二十七届青少年科技创新大赛”活动，已征集学生作品1200多件。

5月，滦南县全民科学素质领导小组主办，各相关单位积极参与配合开展了“告别不文明行为，从我做起”活动，旨在深入推进滦南县创建全省文明县城工作，全面提升全民科学文化素质，教育引导广大市民“说文明话、行文明事、做文明人”。

同月，组织科普示范社区申报活动，积极完善社区科普设施资源建设，通过仔细筛选和严格的组织申报，滦南县西城胡同成功获得“2011－2013年度河北省科普示范社区”的荣誉称号。

8月，组织开展了科学素质教育基地创建活动，推荐南堡镇文化综合服务中心和县青少年活动中心参与市级全民科学素质教育基地创建活动。

四、组织科普惠农活动，实施科普惠农兴村计划工程

围绕提高农民科学素质，促进农村经济发展，滦南县科协组织开展了多种形式的科普惠农兴村活动。进一步加强了各级农技协组织和科普示范基地建设，使各级协会组织和科普示范基地辐射带动广大农户依靠科技增加收入，对当地农业产业的发展起到了极大的推动作用。通过组织积极严格的申报，滦南县农村专业技术协会被中国科协、财政部命名为全国“科普惠农兴村计划”先进单位；扒齿港镇奶牛养殖协会获得河北省“科普惠农兴村”计划先进单位称号。“科普惠农兴村计划”工程的实施，带动了全县农技协和示范基地的建设步伐，使基地和协会组织从内部机制到外在设施都不断趋于完善，使其更好的为全县农业生产、农民生活服务。

五、强化科普示范作用，广泛开展“四创一争”创建活动

2011年按照市科协的统一安排，滦南县科协在全县范围内继续开展了“四创一争”活动，在已创建完成1个市级优秀科普惠农中心，4个市级优秀科普示范基地，4个市级优秀科普服务站，8个市级优秀科普示范村，12名市级优秀科普带头人的基础上，进一步加大了创建力度，经过精心策划，认真筛选，在全县范围内共选出县级科普示范协会2个，镇级科普服务站2个，科普示范村5个，科普带头人5名参与市级“四创一争”优秀单位的创建活动。为使参与创建单位达到市级优秀标准，县科协组织专人对各镇村的创建活动分别进行了业务指导，并帮助创建单位建立了科普工作制度及工作规划，免费为创建单位制作各项制度牌匾。对在创建活动中出现的各种问题，对照市级创建标准及时给予指正解决。其中，滦南县鑫华畜禽养殖专业合作社现有会员400余人，集畜禽养殖、饲料加工、良种供应、技术服务、产品销售于一体，从厦门大学高薪聘请高级畜牧兽医2名，由会员配合，组成了专业的畜禽医疗服务队，每7天到社员家中提供一次主动技术服务，其他时间更是随叫随到。迄今为止共为社员养殖户提供服务380多次，解决社员养殖户技术难题400多项，治疗病猪2300多头次，治愈率达到95%以上。聘请了2名畜禽养殖专家长期授课，举办培训班18次，参训人员2367人次，发放编写了《养殖技术手册》865份，大幅度提高了养殖户的饲养技术水平。合作社与社员养殖户签订了养猪《物资供应合同》，并明确承诺所供应物资价格一律比市场价格低1.5%，盈利部分向社员户返还40%，并与北京、天津、山东等地的食品加工厂签订了购销合同，解决社员的后顾之忧。

六、推进农业科技致富，积极开展“联帮扶”科技活动

为组织科技工作者更好的为经济社会发展服务、为提高全民科学素质服务，促进农业科技进步，提高农民科技致富能力，推进社会主义新农村建设，按照市科协安排，积极开展“联百乡、帮千村、扶万户”科技活动。选定了2

个镇、8个村、80户作为帮扶对象，组织25名科技工作者，成立滦南县“联帮扶”科技服务团，签订了帮扶协议，建立长期帮扶工作制度，深入生产第一线，开展技术咨询、技术培训、技术服务等形式多样的帮扶活动，自帮扶活动开展以来，各位专家围绕发展当地经济，增加帮扶对象的收入，坚持“实际、实用、实效”的原则开展工作，为帮扶户引进新品种5个，引进推广新技术6项；帮助解决帮扶户生产中的各种难题；开展各种形式的技术培训20次，发放相关技术资料、明白纸1000多份，受益群众5000多人。由于计划周密、管理到位、措施得当，取得了较大成效。

七、广泛开展科普活动，强化科普服务职能

进一步加大宣传力度，围绕科学发展的主题开展了丰富多彩的是科普宣传服务活动。年初，继续与滦南电视台合作，开办“科普大篷车”栏目，每周播出两次，宣传农业科技知识和农村科普常识；针对世界各地灾害事故频发现象，制作防灾减灾科普知识宣传资料，组织科普志愿者深入乡镇、学校、公共场所等，宣传防灾减灾科普知识，提高群众灾害防范意识；3月底，针对日本地震引起核泄露造成的安全恐慌和食用盐抢购现象，积极联合县相关部门开展核污染科普知识宣传活动，制作核知识科普宣传资料，组织工作人员和志愿者走上街头，走进超市进行发放和宣传，引导广大居民对核污染正确认识，有效制止安全恐慌和盲目抢购的发生；7月，邀请县气象局的3名气象专家，组织20人科普志愿者队伍，开展为期一周的以“气象防灾减灾”为主题的科普宣传活动。选择5个镇村进行集中宣传和科普讲座，着重针对气象异常变化和防灾减灾措施进行科学讲解。受益群众达2000余人；9月，特别聘请重庆医科大学中医康复专业硕士研究生杨涛和严金旭来滦南坐诊，针对秋季多发病和日常养生、科学保健等知识，开展了为期一周的中医义诊和养生科普知识讲座活动；2011年的全国科普日宣传活动围绕“坚持科学发展，节约保护水资源”的主题展开，正契合了建设中的滦南北河新区生态环保理念，更加突出的服务于“生态滦南”的发展建设，服务于《全民科学素质行动计划纲要》实施工作，通过集中推广、巡回宣传和游园活动的等多种形式让公众在参与活动中获取科学知识，提升科学素养，大力宣传了滦南的科学发展变化和成就。

八、壮大农村科普力量，加强科普志愿者队伍建设

继续加强科普志愿者队伍建设，加大对科普志愿者队伍的管理力度，形成志愿者活动长效机制，充分发挥他们的专长。县科普志愿者的服务覆盖了全县17个乡镇，志愿者们积极深入基层，深入农村，扎实有效的开展科学知识的推广和普及工作，在“四创一争”创建活动、“联帮扶”科技活动、“全民科学素质建设工程”和各项科普宣传服务中，都发挥了重要的作用，受到了当地群众的广泛欢迎；针对大学生科普志愿者的工作性质，坚持开展各项教育培训活动，从“上站培训制”到“每人一课”，不断提升科普志愿者的思想政治素养和业务知识水平，推动科普服务质量的不断提高，借助各镇农业技术服务中心的有效平台，发挥自身优势，积极推广新品种，新技术，开展面向农村党员干部的科技素质培训和面向农民的实用技术培训和咨询。在县科协的领导下，全县大学生科普志愿者积极参加“全国科普日”、“全国科技周”、“三下乡”和“学雷锋纪念日”等各项活动，一年来，共发放科普宣传资料3万多份，张贴科普宣传图版150多幅，解答群众疑难500多个，受到了广大农民群众的普遍欢迎。

文　联

2011年，滦南县文联在县委的正确领导下，在市文联和县委宣传部的支持下，依照年初的工作目标和临时工作任务，立足自身职能，找准工作重点，紧紧围绕助力“三大攻坚”、“四大开发”等重点工作，组织和带领文联机关同志和全县文学艺术界工作者，严谨务实，尽职尽责，把握主次，扎实工作，完成了既定目标，取得了可喜成绩。

一、办好《古城文苑》，不断提升品位。一年来，在积极支持《新滦南》副刊的同时，以《古城文苑》为载体，围绕服务县委中心工作、迎庆七一活动、“创先争优”、“对标赶超走在前”系列活动和“双城”创建等，从形式到内容，在不断提升办报质量上动脑筋、下功夫，精心组织编发《古城文苑》7期，刊发文学作品81篇。有效地发挥了宣传、引导、鼓劲、助力的积极作用。2011年10月总第115期《古城文苑》报眼编发的信息，得到了县委书记张国栋同志的重要批示。

二、抓实主题活动，服务工作大局。以主题活动为抓手，先后精心策划并组织开展了“助力十项重点工作，倾心打造文学精品”活动；6月10日组织退休的文学艺术界老领导参观县城变化和项目建设，老领导们深受鼓舞，挥洒笔墨，寄情抒怀，此项活动走在了全县“逛新城、看变化、谈发展”活动的前面；与宣传部、文广电新局联合举办了“纪念建党90周年书法、美术、摄影作品暨创先争优成果展”活动；组织文学艺术界代表近30人开展了“坐画舫、游北河、看变化、谈感想”活动；组织30余名文学艺术界代表召开学习贯彻十七届六中全会精神暨张国栋书记重要批示座谈会；在暑期回乡大学生中，组织开展了“喜看家乡新变化”活动；与宣传部、旅游办共同在全县组织开展了“大美北河，幸福家园”有奖征文活动；参与了诗刊社在滦南召开的第27届“青春诗会”研讨活动。此外，组织20余名文学艺术工作者代表，先后慰问建设路南段、和平路两侧和张士坎攻坚一线队员并适时召开座谈会，谈感想、发倡议、助发展。5月21日文联被县委、县政府评为2011年度第一战役“助推征收搬迁先进单位”。此项殊荣全县仅有32个单位。

三、加强联系交流，形成团队精神。注重引导、加强文学艺术界朋友们多联系、勤交流，并虚心征求他们对文联工作的意见和建议。先后发出征求意见函69份，收回65份，精心梳理，广纳贤言。围绕选评“唐山八景”积极组织文学艺术界朋友广泛参与、踊跃投票。使大家始终保持了一种服务大局的工作激情。同时，注重与文学新秀交朋友，积极鼓励和帮助他们锐意进取，多出作品。2011年，滦南作者出书5本；在市级以上报刊发表文学作品1519篇次。其中省级报刊577篇次，国家级报刊189篇次。获奖作品23篇。此外，朱永远和刘玉相的长篇小说《曹妃甸长歌》于7月被唐山广播电台改编成32集同名广播剧，创造了唐山广播电台建台60多年无自制广播剧零的突破；肖波、谷景峰等创作的6集评剧连续剧在央视戏曲频道首播；剧作家谷景峰应邀作客中央人民广播电台文化娱乐广播、唐山网络电视联合举办的《文化名人坊》栏目接受专题采访，与主持人吴迪，就戏剧创作、评剧艺术、编剧技巧、创作风格以及滦南评剧艺术的深厚底蕴和广阔前景进行了深入地交流与探讨，集中展示了滦南“评剧之乡”的独特风采。2011年又有2名作者被省作协吸收为会员。这些都充分展示了滦南文学艺术创作队伍的雄厚实力，也为宣传、推介滦南，提高滦南的知名度、美誉度发挥了不可替代的积极作用。

四、夯实党建基础，打造一流作风。以纪念建党90周年为契机，深入开展“创先争优”活动。结合滦南工作实际和宣传思想工作勇于创新的成功经验，撰写的《“坚持五个统一”做好宣传思想工作》理论研讨征文分别获得县有奖征文一等奖和市委宣传部组织的有奖征文二等奖。认真开展党务公开、机关作风专项整治、党员干部警示教育等活动。抓机关党建，促作风转变；抓制度建设，保工作质量。抓纪律教育，兴干事之风。高标准、按时限完成了县委、县政府、市文联和有关部门交办的各项工作和临时性任务，做到了严谨务实，讲求质量。仅用两天时间，加班加点，按时完成报送了第十届河北省精神文明建设“五个一工程”3部参评文艺图书。办公室工作不误时、不误事，实现了高效、快捷。同时，信息反馈工作在县直C组19个党群部门总积分52分，排名第7。

残　联

2011年，残联在县委、县政府的正确领导下，在上级残联的正确指导下，认真实践“三个代表”重要思想，深入贯彻落实科学发展观，求真务实、团结奋进，积极探索残疾人事业发展的新路子，圆满地完成了全年工作任务。

一、认真开展年审工作

一是为保证全县残疾人就业保障金的顺利征收，从5月底开始开展了对全县1090家企事业单位的年审和残疾人就业证的核发工作，为地税代征和财政代扣残保金提供了详实的数据，为69名残疾职工办理了就业证，共征缴残疾人就业保障金126.5万元；二是全省残保金联网审核征缴文件下发后，残联高度重视，按照省残联《关于征收保障金联网所需设备的通知》，及时向县主管领导汇报，9月初购置了工作需要的电脑和打印机，通过政府公务内网实现了残联与地税对接，并指定了专业操作人员参加了省残联的培训，熟悉了网上年审的工作流程，确保能够开展网上审核征收工作。

二、做好两节慰问工作

2011年两节期间，经调查，各镇（街道）申报了150户贫困残疾人，得到了县委、县政府的统一慰问。同时自筹资金5万元，慰问贫困残疾人120户。还以助残“爱心超市”为平台，将社会各界捐献的被褥、棉衣、单衣、生活学习用品等1.5万余件，无偿赠送给农村贫困残疾人，受助残疾人户达2000户，确保了每位残疾人都能过上一个欢乐祥和的节日。

三、扎实开展残疾人康复工作

一是为一名6岁儿童免费做了人工耳蜗手术；二是与卫生局密切配合，启动贫困白内障患者免费复明工程，共为全县白内障患者实施免费复明手术250例；三是为贫困重度肢残者免费发放轮椅、拐杖、座便器、盲杖等辅助器具180余件；四是为10名听力残疾人免费安装助听器；五是为15名重症精神病患者解除关锁，接受三个月的免费住院治疗，为70名精神病患者免费送药扶助治疗。

四、精心组织“全国助残日”活动

5月15日是第二十一次法定“全国助残日”，紧紧围绕“改善残疾人民生，保障残疾人权益”这一主题，扎实开展了第二十一次“全国助残日”活动。一是陪同县领导走访慰问特殊教育学校师生。助残日期间，主要领导陪同县委常委、副县长蔡春奎到县特殊教育学校进行了走访慰问，了解特教学校的教育教学情况，关注残障儿童少年心智开发与技能培养的每一个环节，并送去了慰问金。二是开展形式多样的宣传活动。与卫生局、司法局、计生局、妇联、团县委等残工委成员单位，在金辉广场开展了第二十一次“全国助残日”宣传活动。向广大群众宣传有关残疾人的法律、法规、劳动就业、维权、康复、出生缺陷早期干预等方面知识，接受群众咨询，并为现场群众开展义诊活动。为200余人（次）提供服务，免费发放宣传资料2000余份。

五、做好农村贫困残疾人危房改造工作

年内争取省市投入资金20万元，县财政配套资金20万元，完成40户农村贫困残疾人危房援建任务。在实施中，通过深入调查摸底，掌握了贫困残疾人危房的不同情况，采取了新建、修缮、购置三种援建方式，做到了入户调查到位，入户资金到位，入户验收到位，使残疾人危房援建工作既深入细致，又扎实有效。在危房援建过程中，得到了各镇、各有关部门的大力支持，得到了镇级残联的积极配合，使贫困残疾人危房援建工作得以顺利进行，达到了预期的效果，基本改善贫困残疾人的居住环境。也受到了广大残疾人和社会舆论的广泛称赞。

六、举办第二届残疾人运动会

2011年11月1日上午在滦南县第二中学体育场举办了滦南县第二届残疾人运动会。县领导于广秋、闫利平、白云泽、赵瑞军出席了开幕式，县直各单位300余人参加了开幕式。本届运动会以“平等、参与、自强、共进”和“健康滦南，幸福人民”为主题，旨在丰富残疾人的业余文化生活，推动全县残疾人体育事业发展，培养和锻炼一批残疾人体育人才，为上级残疾人运动会选拔和输送优秀人才，并以此推进社会各界进一步关注、关爱残疾人，同时也给残疾人充分展示自强不息精神提供舞台。本届残疾人运动会有来自全县各镇、街道办和特教学校13支代表队的138名残疾人运动员参加，在田径两个大项103个小项上展开激烈角逐。最后，街道办事处、宋道口镇、方各庄镇代表队分获团体前前三名，滦南县特殊教育学校代表队获得优秀组织奖，青坨营镇代表队获得体育道德风尚奖。

七、稳步推进残疾人培训工作

依托农村贫困残疾人养殖扶贫基地——蓝海畜牧养殖公司，开办农村贫困残疾人养殖培训班20期，培训农村贫困残疾人200名。培训期间，为残疾人学员免费提供食宿，发放学习资料，并由基地专业技术人员认真进行讲解和传授养殖技巧。培训结束后，为每名农村贫困残疾人免费提供一头种母猪或两头育肥猪回家饲养。通过开展养殖培训班，让更多的残疾人懂得了科学养殖技术与方法，为进一步发展扩大养殖业打下了基础。

八、抓好残疾学生及残疾人子女助学工作

继续对新升入高中以上贫困残疾学生和残疾人子女予以资助，以逐步提高残疾人家庭和残疾人的自身文化素质。全县2011年考上本科院校的残疾学生4名，上报市残联，争取上级资助1.2万元；对考入高中以上的残疾学生和贫困残疾人子女进行了登记，共登记学生96名，其中，考入高中在校贫困残疾学生4名，考入专科学校残疾学生2名，考入专科学校残疾人子女40名，考入本科学校残疾人子女50名，共发放助学资金7.8万元。

九、全力做好残疾人来信来访工作

认真贯彻落实全县信访工作会议精神，切实把信访工作列入当前工作的重中之重来抓，成立信访工作领导小组，安排专人具体抓，为信访工作提供了有力的组织保障。全年共接到来信15件，来访107人次，其中反映生活困难的有55人次；咨询政策法律问题的有20人次；教育方面有18人次；就业咨询的有22人次；康复医疗的有7人次；办结118件，办结率为97%。残疾人上访突出的问题，就是取缔非法营运三轮车后，残疾人要求生活的问题。从2010年7月县政府开始取缔城区非法营运三轮车后，据统计，涉及残疾人非法营运三轮车共147人，通过耐心细致的化解工作，认真执行县委、县政府《滦南县关于帮扶弱势群体的实施意见》规定，并从实际出发，对残疾人车主该帮扶的帮扶，能就业的安排就业，基本解决了残疾人的生活问题，消除了信访隐患。

十、扎实推动创先争优“四项机制”的落实

一是全面对标。紧紧围绕“素质过硬、履职尽责、监管到位、服务有为”的总目标，按照“学习先进、查找问题、取长补短、加快发展”的对标目的，“追赶标杆、缩小差距、提升水平、创优争先”的工作定位，开展了主题为“对标找差距、创优勇争先”的对标活动。对照全省残疾人工作优胜单位，查找自身在工作理念、工作思路、工作经验、监管模式、体制机制等方面的差距。通过对标分析、整改，学习赶超标杆单位，缩小差距，加快科学发展示范机关创建工作步伐。二是认责承诺。为更加完善认责承诺机制，组织全体党员结合岗位实际，进行公开承诺，自觉接受人民群众的监督，并对党员承诺内容进行了日常监督。三是亮牌示范。在党员中广泛开展“党徽在工作岗位闪光”活动，要求党员在工作中带头开展工作，主动接受监督；公开党员姓名、职务、岗位职责等内容；做出具体承诺，从而强化自我约束，主动接受监督。四是夺旗争星。为深入贯彻落实科学发展观，以“领导班子好、党员队伍好、工作机制好、工作业绩好、群众反映好”为标准，创建先进党支部；以“带头学习提高、带头争创佳绩、带头服务群众、带头遵纪守法、带头弘扬正气”为标准，争做优秀党员。通过支部创先、党员争优活动的开展，激励广大党员争优秀，努力为残疾人提供更优质的服务

十一、加强党风廉政建设和反腐败工作

认真执行领导干部“一岗双责”，并将党风廉政建设目标责任纳入全年目标管理，严格考核并实行责任追究。党政一把手是党风廉政建设的“第一责任人”，按照“谁主管、谁负责”的原则，坚持把党风廉政建设与经济建设及其他工作紧密结合，做到同部署、同落实、同检查、同考核，使党风廉政建设责任制的落实有章可

循、有法可依。一是加强监督检查，改进工作作风，认真学习贯彻干部任用“四项制度”，反对用人上的不正之风；二是重大事项民主决策，公开办事程序；三是严格财务管理，严格落实审批制度，一般性支出，实行一支笔审批，重大支出，集体审批。

十二、大力支持城镇面貌三年上水平工作

从人力、物力、财力各方面支持配合县委、县政府城镇面貌三年上水平百日攻坚行动。抽调3名机关干部到攻坚一线工作，先后完成了和平路两侧临兆才大街南临门市、建设南路东侧和县医院工房等拆迁助推工作，被县委、县政府评为助推征收搬迁先进单位。

工商联

2011年，县工商联在县委、县政府的领导和市工商联的指导下，进一步解放思想，认真履行职能，进一步创新工作思路，加大工作力度，突出工作重点，圆满完成各项工作任务。

（一）三项活动扎实推进

1.“学新奥、比创新、促转型”活动有较大进展。工商联始终把“学比促”活动紧紧抓在手上，通过组织学习交流，谋划发展，深入企业督导，取得了明显进展。唐山鸿蕴塑料制品有限公司在稳定二产生产的同时，扩大了发展空间，投资2200万元建了三产项目，并取得较好的经济效益。唐山顶热太阳能设备有限公司不停留现状，进行扩大再生产，向产、学、研综合性方向发展，项目已经立项，并被省列为重点项目。

2.“民营企业帮扶老区村光彩示范活动”又有新起色。继续深入开展了“民营企业帮扶老区村”光彩示范行动。在原有16家企业帮扶的基础上，又新增加10家企业参与了帮扶活动，共确定26家企业结对帮扶100个贫困户和16个老区村，进一步扩大了帮扶范围。自帮扶工作开展以来，共投入帮扶资金（含物资）27万元，安排就业104人，技能培训165人次。其中唐山成泰塑料制品有限公司投入12.5万元帮助被帮扶村修石渣路4千米、建篮球场一个；唐山方舟实业有限公司根据实际情况，安排专项资金4万元，帮助村民建蔬菜大棚，同时安排被帮扶户中的劳动力来企业工作。

3. 创先争优活动内容丰富。按照县委和上级统战部和工商联的要求，在全县非公有制党组织和党员中继续深入开展了“创先争优”活动，针对性强，内容丰富。按照出台的《关于在非公有制经济党组织和党员中深入开展创先争优活动的指导意见》中8项有针对性地活动任务，进行督导，有力推动了活动的开展。活动中注意培育选树典型，通过县舆论媒体和工商联自办报刊进行宣传报道。对滦南县供销大厦、唐山鸿蕴塑料制品有限公司的典型做法进行了宣传报道。

（二）围绕全县工作中心开展工作取得突破性进展

县工商联紧紧围绕全县工作大局，不断适应新形势，拓展工作思路，改进工作方法，提高工作效率，实现工作新突破。

一是在征收搬迁工作中助推有力。在城镇建设三年上水平征收搬迁工作中，调动一切积极因素，有力助推了攻坚行动，得到工作队和群众的好评。1. 开展慰问活动。组织了部分民营企业负责人，筹资1.4万元，携慰问金和慰问品到征收搬迁一线慰问了所有工作队员。2. 积极做涉拆户工作。在助推牛东庄征收搬迁工作中，主动出击，深入细致工作，充分发挥社会各界的力量，在规定时限内超额完成工作任务。在16家助推单位中第一个完成第一户的签约，第一个完成总任务，受到带队领导李玉鹏和张有利同志的多次表扬，在全县评比中被评为助推先进单位。在对王庄子村助推搬迁工作中，第一个完成助推任务，之后积极协助其他单位开展工作，受到同志们的赞誉。

二是围绕项目建设开展工作成效明显。一是会员观摩交流和学习考察活动不断深化。2011年，针对全县经济快速发展和城镇面貌的巨大变化，组织了部分民营企业负责同志和职工代表参加“逛新城”活动，进一步增强了大家的优越感和自豪感，进一步增强了大家干事业的信心和动力。为开阔视野，扩大开放，积极开展对外交流与合作，县工商联组织了部分民营企业负责人赴台进行了学习考察活动。同时，引导广大会员通过各种形式到县外、国外考察学习，不断学习先进经验，拓展发展空间，提高企业经营管理水平，促进了经济发展。二是邀请四家客商走进滦南。通过多方联系，先后邀请了国内知名的金科地产集团、荣盛房地产发展公司两个上市公司的负责人和台湾客商“台湾中华农业交流协会”负责人来滦南考察，起到了宣传滦南、推介滦南的作用，并为今后来滦南投资奠定了基础。同时还邀请香港企业家李家齐夫妇来为企业负责人和职工代表授课，传授自己企业发展成功的经验和体会，参加培训人数近百人。三是项目谋划取得较好成果。按照县委、县政府的要求，充分发挥自身优势，积极谋划运作，鼓励企业开展二次创业，全年共谋划4个项目，总投资3.5亿多元，其中1个项目列入2011年开工重点项目，已建成并投入运营。

三是继续开办《创业故事》电视栏目。继续推动《创业故事》电视栏目的制作和播放工作。本栏目通过民营企业家真实地讲述自身创业的经历和体会、成功的经验和做法，达到相互学习交流，推广先进经验，为他人创业提供借鉴和捷径，进一步推动项目建设，促进企业快速发展的目的。2011年又制作播出两期，社会反响很好。

（三）服务实效取得较大进展

一是继续做好企业信息沟通和产品对接，实现合作共赢。根据企业发展要求，在县内为多家企业积极牵线搭桥，沟通信息，为企业寻求合作伙伴，实现产品对接提供有效途径。有力降低了产品采购成本，促进了企业双方发展，实现了互惠双赢的目的。在工商联的沟通联系下，合力纸制品有限公司为唐山海都水产食品有限公司提供包装箱。引荐秘鲁客商到顶热太阳能设备有限公司考察，并达成合作意向，与顶热公司签订了购进小部分太阳能热水器的合同，待试销成功后长期合作。

二是帮助企业做好项目争取工作。在县工商联的积极努力和指导下，鑫华畜禽养殖基地和生猪交易市场建设项目申报的全国光彩事业重点项目，成功获得全国光促会的批准，在全国获批的22家企业中占据第一位。帮助河北永发鸿田农机制造有限公司的《气吸式多功能精量免耕旋播机产业化示范》项目成功申报了全国火炬计划项目。

三是努力解决企业招工难问题。结合总工会、人劳局以开展招聘周活动为平台，为县内企业招聘员工3000多人。同时主动与职业教育中心建立联系，发挥桥梁纽带作用，实现培训机构与企业的对接，为企业培养和输送技术人才达400多人，为企业使用技术人才提供保证。

四是《商会之友》和网站发挥了有效作用。充分发挥企业信息联络员的作用，使《商会之友》和网站内容不断丰富，针对性不断增强，在政策指导、信息沟通、经验交流等方面发挥了较好作用，得到了全县各界的广泛赞誉和支持。一年来，通过电台、电视台、报刊、网络和会议表扬等形式表扬表现突出的民营企业和民营企业家达18个，影响广泛，社会效果好，切实体现了典型的推动作用。

（四）参政议政工作卓有成效

一是充分发挥参政议政的主力军作用，提高了建言献策质量。县工商联高度重视和充分发挥广大会员的积极作用，鼓励会员在总结经验，探索发展的同时，结合全县经济社会发展的大局进行深入研究，通过各种渠道为各级各部门建言献策达80多条，体现了会员参与的普遍性和建议的多样性。

二是积极配合党政群各部门有关社会事务中的工作，参政议政、民主监督作用得到有力发挥。重视民营经济组织建设和文化建设，积极配合党政群各有关部门开展工作。配合组织部门、总工会、团县委在非公经济组织中建立党组织、工会组织、共青团组织，同时配合宣传部门深入企业抓好文化建设工作。县工商联及部分会员积极参加全县的行风评议和有关执法检查工作，先后参加各级各部门组织的征求意见座谈会、工作交流会、有关视察考察和听证会活动等达80多人次，充分体现了广大会员参与全县社会经济建设的高度政治责任感和使命感。

（五）机关建设和会员队伍建设又有新起色

一是会员队伍和组织建设扎实推进。在会员发展中，坚持注重数量，更注重质量。根据民营经济组织和经营者个人自愿申请，按照条件吸纳会员，注意把有一定规模和一定发展潜力的民企吸纳为会员，特别注意盯住新上大项目，作为新的发展对象。全年新发展会员30个，较2010年增长7.4%。

二是“创先争优”活动扎实有效。进一步扎实开展了“创先争优”活动。通过活动开展机关干部思想认识越来越明确，工作干劲越来越大，奉献意识越来越强，创先争优的精神空前浓厚，进一步营造了团结务实、开拓创新、蓬勃向上的工作氛围，高效率地完成县市下达的各项工作任务。

三是干部作风进一步得到锤炼。工作中，特别是在全县开展的城镇建设三年上水平征收搬迁工作中，机关干部经受了考验，得到了锻炼，提高了工作能力和水平，圆满地完成了工作任务，取得了一个又一个荣誉。先后被县委、县政府评为征收搬迁工作先进助推单位，文明城创建工作先进单位，被抽调人员也被评为优秀工作队员。

政务工作

政府办公室

2011年，在县委、县政府的正确领导下，县政府办公室紧紧围绕全县工作部署和中心工作，认真履行“参与政务、管理事务、综合服务、统筹协调”的职能，充分发挥组织协调和中心枢纽的作用，坚持少说多干、奋勇争先，圆满完成了领导交办的各项任务和全年工作。

一、紧跟形势，着眼全局，以文辅政彰显新成效

一是综合文稿务实求新。紧紧围绕县委、县政府的发展思路，以及群众关注的焦点问题谋篇布局，着力在文稿的实用性、参谋性、指导性上下功夫。一年来，共撰写领导讲话、汇报、总结、报告等综合性文章204篇，同比增加54篇，其中撰写《滦南县不断优化三次产业结构努力在全市转变经济发展方式中实现争先进位》、《求突破推进八项工作，谋发展打造五个滦南》的署名文章，得到了领导的肯定和好评；调研工作中，坚持想领导之所想，想领导之未想的原则，紧紧围绕三大攻坚、四大开发等县委、县政府中心工作，积极主动深入基层开展调查研究，为领导决策提供依据，为开展工作争取主动。

二是信息工作力争上游。紧密贴近领导工作思路，突出滦南地域特色，政务信息全面反映工作实际情况，为领导决策提供依据，为部门工作提供指导。一年来，共上报信息500多篇，其中被省、市政府采用信息72篇，得到领导的肯定，有效地促进了各项工作的交流；及时做好各部门信息反馈工作，全年精心编发《政务参阅》122期，多次得到县领导批示，为领导了解情况、科学决策发挥积极作用；全年整理编印《政务工作动态》48期，汇总县政府领导的重要活动，积极促进领导之间工作信息交流。

二、强化措施，注重实效，办文办会迈出新步伐

一是公文处理有序规范。统筹做好公文公开和文件保密工作，继续实行了相关科室初审，分管主任复核，秘书科校核，主任把关的审核制度，较好的完成了公文公开工作，同时也提高了保密能力。对各级各部门的文件，严格登记，及时传阅和跟踪，掌握文件处理状态，建立完善的备查制度，保证政务信息畅通。一年来，共收到各级党委、政府及有关部门文件2300份，下级来文248份，承办请示报告647份，印发县政府及办公室文件317份，全部做到程序严密，格式规范，发放及时，推动了政府工作高效运转。

二是会务活动筹备周密。认真搞好会务统筹协调，切实加强会前筹备、会中服务、会后总结工作，会务质量明显提高。一年来，圆满完成了迎接国家省市领导视察、重点项目观摩、外出招商考察等各项政务活动和县政府常务会、县长办公会、碰头会、县政府系统集中学习、视频会议、临时会议等400多次综合会议和专项会议的组织工作，做到周密细致、措施到位，保障了会议活动的顺利开展，取得良好效果。

三、转变观念，狠抓落实，专项工作取得新进展

一是行政督查稳步开展。进一步创新督促检查方式，加强动态管理，加大督办力度，促使各项工作落到实处。围绕中心工作，谋划制定下发了《2011年县委、县政府为群众办的20件实事》、《滦南县2011年重点项目督查目录》等，共刊发《政务督查通报》33期；围绕重要会议，共刊发《县长碰头会交办事项》8期，《内部通报》18期；围绕领导交办和批办事项进行督查，全年办理县政府主要领导交办事项30项，刊发《政务督查专报》65期，形成有关情况报告42篇，派发督办单16件；围绕上级交办事项开展工作，共完成市年度目标任务73项，共办理市综合督导局督办事项42件；2011年，共承办人大代表建议58件、政协委员提案73件，承办市政府办公厅交办的市人大代表建议1件，共涉及38个部门，经过督查、协调和承办单位的努力，全部办结，满意率100%。

二是法制工作稳步推进。围绕全县发展大局，参与重要政策制定、遗留问题和疑难案件办理，提供法律支持和依据，提高了政府依法行政水平；继续开展规范性文件的审核，进行合法性、实用性、操作性的审查，确保政府及办公室文件的规范、科学；开展全县罚没许可证的调查摸底工作，对36个持有罚没许可证的单位罚没内容、罚没依据、罚没许可证发放情况完成了初审，积极组织登记核发；做好行政复议工作，做到依法受理和办理，认真开展调查取证，切实维护当事人的合法权益，截至目前，共受理行政复议案件1件，行政诉讼案件1件。

三是进一步做好外事侨务工作。从服务于项目建设，创造良好的招商环境出发，做好与省、市外办沟通联系，确保出访审批签证工作及时办理。全年共办理领导出国手续4批24人次，共办理邀请外商入境手续10批14人次；本着“侨胞利益无小事”的观念，高度重视侨务工作，按照文件要求，为归侨退休职工办理发放生活补贴，同时，对贫困的归侨侨眷开展帮扶慰问，为其排忧解难。

四是电子政务有新突破。加强了政府网站管理维护，紧贴滦南经济社会发展形势和县政府中心工作，增设了“实事工程”、“健康滦南、幸福人民”等专题，开辟了“招商引资”等新栏目，不断提升网站可读性，围绕全县“三大攻坚、四大开发”等中心工作，扩大信息发布量，充分发挥了政策宣传平台和准确把握正确舆论导向的作用。切实做好城乡一体化管理服务中心市民公共服务热线工作，本着“来件必查、有件必果、每件必回”的原则，截至目前，接听市民公共服务热线约7500余件，立案受理各种诉求、建议和咨询共1609件，其中，县受理中心受理1226件，市中心转交办383件，通过认真梳理，并案处理，共派发通知单740件，刊发《市民公共服务热线办理情况通报》11期。

五是应急管理成效明显。组织各部门对2010年以前的各类应急预案全部重新修订完善，对尚未制定应急预案的进行编制，逐步形成完善的应急体系；积极开展应急知识宣传教育工作，组织民政、国土、气象、消防、地震办、安监等23个部门在金辉广场开展“防灾减灾日”宣传活动，发放宣传材料2000余份，提高了公众预防避险和自救互救的能力，增强了广大群众防灾减灾的意识；同时，认真履行值守应急、信息汇总、综合协调等职能，确保对各类突发事件的处置做到反应迅速，及时有效，有力保障了人民群众的生命财产安全。

四、围绕中心，尽职尽责，各项工作再获新成绩

一是全力服务项目建设和协助做好违法违规用地专项治理工作。先后组织三次重点项目集中开工奠基活动，圆满完成了三次市大项目观摩活动的组织接待工作，同时为县领导跑办争取项目搞好谋划服务。在违法违规用地专项治理工作中，办公室积极协调和督导，确保了全县整改任务顺利完成。

二是服务农业农村经济发展。发挥职能，改善生产条件，提升农业综合生产能力，谋划农业项目建设、加强农田水利建设、提高农机化水平。完成农业产业结构调整，抓好设施蔬菜种植、提升规模养殖工作、推进粮食生产核心区建设。完善服务体系，强化科技服务体系建设、加强农村合作经济组织建设、狠抓无公害检测体系建设。

三是全力推动工业经济协调发展。积极协调工信、发改、统计等部门做好工业经济的监测与分析，掌握全县工业的发展态势和各行业的市场变化情况，为领导决策提供参考和依据。组织协调各镇及相关部门，依法取缔非法“五小”企业116家，促进全县工业经济健康发展。协调安委会成员单位，加强安全生产预防监管，确保安全形势总体稳定。

四是扎实推进财税商贸工作。全力做好财税工作，协调税收部门严征细管，督导各镇税收进度。扎实推进市场建设与监管工作，推进镇级集贸市场升级改造，开展八类产品专项整治行动，确保人民群众生命财产安全。全力推进民生工程，组织开展特困群体“一站式”结算，组织实施“幸福工程”。

五是服务城建领域重点工作。积极推进城镇建设三年上水平工作，参与组织征收搬迁会战行动。服务省级园林县城创建活动，完成创建专家组评审验收和检查指导等组织、服务工作。推动城区环境秩序整治，巩固非法营运三轮车取缔成果，治理车辆乱停乱放，改善城区环境秩序。

六是统筹社会事业健康发展。协助实施“全民健康工程”，深化“健康滦南、幸福人民”行动，努力打造健康宜居环境。稳步推进医药卫生体制综合改革工作，全面实施基层基本药物制度。进一步改善学校办学条件，加快文化体育设施建设。积极开展食品药品安全专项整治行动，促进全县各项社会事业全面发展。

七是全力做好支油支重工作。围绕地质勘探、项目施工等，全力搞好协调服务，确保滦海公路建设中天然气管道改造、曹妃甸滨海大道、冀东油田高尚堡输电线路等重点工程顺利实施，维护群众切身利益和社会稳定，促进了县域经济发展。

八是做好地方志编撰工作。加强学习交流、经验总结，不断对文稿补充、修改和完善，丰富县志内容。谋划启动《滦南县大事汇编》资料征集，开展对人员业务培训，做好资料的研究、整理、编辑工作。创造性开展业务工作，圆满完成《河北年鉴》和《唐山年鉴》供稿工作，受到省、市有关部门好评。

五、内强素质，外塑形象，机关建设实现新突破

一年来，县政府办立足全县工作大局，强化学习，完善机制，锤炼作风，塑造一支爱岗敬业、团结务实、高效快捷的干部队伍，机关建设整体工作提高到了新水平。

一是加强学风建设，推进工作创新落实。认真学习理论知识、业务知识、法律法规等，增强了理论和业务水平，开阔了视野，为更好的做好服务工作打下基础。

二是加强机制建设，推进工作科学开展。认真遵守《滦南县人民政府工作规则》，自觉、主动、热情、周到地为领导、为机关、为基层搞好服务工作。

三是加强作风建设，推动工作高效开展。带头践行“一线工作法”，发扬“白加黑”、“五加二”的工作精神，以强烈的事业心、责任感推动工作高效落实。

发改局

一、攻坚克难，奋发有为，全力推进全县项目建设

（一）实施“千百十”工程，强力推进项目建设攻坚。重点项目建设是县委、县政府“十项重点工作”之一，也是调结构、转方式、扩总量、惠民生的主要载体，发改局作为重点项目建设的责任单位，按照县委、县政府确定的“谋划重点项目1000个，开工重点项目100个，10个项目列入省重点”的工作目标，深入开展重点项目建设攻坚行动，取得了可喜成绩。

一是编制重点项目攻坚实施方案，指导全县项目攻坚。年初完成了《关于加快推进重点项目建设的工作方案》和《滦南县2011年重点项目建设工作实施意见》，为全县重点项目建设攻坚明确了目标和实施步骤，推进了项目攻坚行动的顺利实施。**二是加大项目谋划督导力度，项目储备数量日益增加。**以县委、县政府提出的在转变发展方式中扩大经济总量为总体要求，着重在研究国家产业政策，瞄准国家宏观经济走势和产业发展方向，体现一产出特色，二产上规模，三产求突破、城建提品位的发展思路上下功夫来统筹全县项目谋划工作，并建立健全了谋划项目库，由专人实行动态管理，并通过及时更新，定期督导、通报的形式，推进全县项目谋划工作开展。截至12月底，全县谋划储备项目已达1428个，总投资4709亿元，完成计划的142.8%。**三是精心调研筛选项目，确保全县批量项目集中开工建设。**经深入调研督导，精心筛选了129个项目分别于3月17日、5月17日、8月20日举行了三批重点项目集中开工，项目计划总投资达264.5亿元。彰显了滦南项目建设大发展快发展的势头。同时为更直观了解集中开工项目情况，对2010年集中开工的80个项目和2011年集中开工的129个项目以项目效果图、施工网络图、管理责任图的形式编辑成册，使项目情况一目了然。**四是强化协调督导，推进项目建设进展。**为推进项目建设进展，对每个阶段攻坚项目认真调度，准确掌握项目进展情况和存在问题，按时编制项目进展情况表，及报相关领导和部门。特别是对2010年以来集中开工的209个项目，深入一线进行专项督导，协调解决发现问题，推进了项目建设进展。攻坚行动以来，集中开工的209个重点项目已累计完成投资116.9亿元，2011年完成投资88.7亿元。已有方舟实业修造船厂、中红建材城一期等57个项目完工投产，完成投资37.9亿元；有150个项目在建，完成投资79亿元，项目建设进展良好。此外，对纳入市重点建设计划的40个项目坚持按月向市上报进展情况和项目发展情况监督检查报告。**五是加强盯办跑办，积极申列省重点建设项目和争取省沿海办用地指标。**经过深入调研、选定、包装项目，积极赴省市发改委跑办、盯办，已有马城铁矿综合开发、滦海公路、中船重工船舶配套装备制造加工基地、顶热太阳能设备制造4个项目列入第一批省重点建设计划，为这些项目解决用地创造了条件。此外，紧紧抓住滦南被列入河北沿海“11县9区”的重大历史机遇，充分利用沿海县的优惠政策，申请用地指标支持。分别于4月份、6月份筛选11个和26个重点产业项目报省沿海办，经多方协调跑办，已有唐山顶热太阳能设备有限公司太阳能利用设备生产、中船重工物贸集团有限公司船舶配套装备制造加工基地等7个项目获得省沿海办第一批重点产业项目410亩用地指标支持；有大贾庄铁矿采选、京东医疗器械生产2个项目列入省沿海办重点产业项目计划，获得129亩农用地转用指标支持；有唐山顶热太阳能设备有限公司太阳能利用设备生产和唐山企创机械有限公司热处理装备制造及应用两个项目获得省重点办180亩用地指标支持，全年共有11个项目争取到用地指标719亩。有力的支持了全县重点项目建设，破解了项目建设瓶颈。

（二）创新工作思路，破解项目建设难题。一是积极运作，争取上级资金支持。积极组织上报了县精神病院新建、学前教育基础设施、海堤加固、永发鸿田农业机械制造等30多个项目申请上级资金支持，2011年共获得中央预算内资金7181万元，省配套资金507万元，省政府贷款贴息180万元，为项目建设提供了资金支持。此外，还上报了唐山友信华运物流有限公司农产品冷链物流、廉租住房项目等40多个，申请上级资金支持；上报了河北中通陶瓷年产180万件卫生陶瓷、林海科技高压电力装备再制造项目等6个项目，拟争取省对工业聚集区的贴息贷款。**二是积极推进银企对接。**建设资金不足已成为制约项目发展主要瓶颈。因此积极组织发布重点项目、精心筛选融资项目，参与组织银企对接活动，搭建银企合作平台，帮助企业解决融资贷款难问题。**三是做好政法、城建等类项目列入国家、省“十二五”专项规划，争取国家政策支持。**通过积极跑办，使滦南县公安局指挥中心大楼、胡各庄派出所等16个项目列入了国家地方基础设施建设“十二五”规划；嘴东经济开发区污水处理项目列入了国家“十二五”重点流域防治规划；老城区集中供热扩供项目、北河新区供热项目、唐山万浦热电扩建等5个项目列入省专项规划，为这些项目的实施将提供有力的资金和政策支撑。此外还上报了北河新区供热项目、汽车客运站搬迁等12个项目申报列入省“十二五”专项规划；上报了滦南县应急避难场、防空防灾指挥中心等6个项目争列国家综合防灾减灾能力“十二五”专项建设规划。

（三）精心筛选观摩项目，展示全县项目攻坚成果。通过深入调研，精心筛选，编写项目材料，共组织7个项目分三次参加了全市重点项目观摩活动，总投资148.36亿元。3月份组织中红建材城、天承锦绣住宅小区、泽澳纺纱高档绿色环保纱线、滦南县医院整体新建4个项目参加全市第一次观摩活动，获得市领导好评；7月份，组织了唐山汇丰钢铁精密度冷轧带钢及精细特种钢、北河水城文化观光产业带、唐山英才学校高中部扩建3个项目参加市第二次观摩活动，在观摩测评中，滦南取得了第三名的好成绩；12月份又组织泽澳纺纱高档绿色环保纱线、唐山英才学校高中部扩建、北河水城文化观光产业带三个项目参加年度项目建设成果观摩，取得十四个县（市）区第四名的好成绩。通过三次观摩，充分展示了全县项目建设和攻坚行动成果，强力推进了重点项目建设、进一步提高了滦南经济社会发展的竞争力和知名度。

（四）优化服务，营造项目建设良好环境。在项目手续办理中，对项目审批的规定程序和规范上要做到能减则减，能快则快，并发扬“白加黑、五加二”的拼搏精神，全天候办理，以争分夺秒，时不我待的大局意识和工作效率，做到随来随办，急事急办，特事特办。不论是审批、核准、备案项目，只要要件齐全，全部当日办结。在此基础上，坚持服务为先，对投资商在手续办理中提供“保姆式”服务，对于需报省、市发改部门的项目和需要进行专题调研考察的项目，只要项目单位提出要求，不论人手多紧，工作多忙，都坚持把项目单位的利益放在第一位，全力支持配合，打造了亲商、安商、重商的良好投资环境。

（五）协调服务，推进两大园区申报省级工业区进展。自2010年7月份省政府印发《关于加快聚集区发展的若干意见》以来，为在用地指标、财政政策、审批权限、创新能力建设等方面获得更大的优惠和支持，全力做好城西和嘴东两大工业区的申报准备工作，局主要领导多次到省市发改委积极协调跑办，推进工业聚集区申报工作。2011年5月，城西工业区获批成为河北省第一批省级工业聚集区，嘴东工业区也被批准为省级经济开发区，为加快全县经济发展和项目建设奠定了坚实基础，打造了广阔平台。

二、科学编制，认真监测，确保“十二五”开好局起好步

2011年是实施“十二五”规划的第一年，为确保“十二五”开好局、起好步，年初组织起草了2011年国民经济和社会发展建议计划，经县十四届人大六次会议审议通过后，及时向各镇和有关部门下达了年度计划指标。在计划执行过程中，深入做好经济运行监测预测工作，对全县生产总值、规模以上工业增加值、全社会固定资产投资、实际利用外资、出口创汇等主要经济指标完成情况进行跟踪监测，对经济运行中出现的苗头性、倾向性问题及时协调解决，确保了各项指标的顺利完成。7月份，起草了《关于滦南县2011年上半年国民经济和社会发展计划执行情况的报告》，在县十四届人大常委会第33会议上审议通过。二是8月份以贯彻落实中央《关于开展加快转变经济发展方式监督检查的意见》及省、市相关文件精神为契机，对“十二五”规划贯彻落实情况进行了全面监督检查，有效推进了“十二五”规划的顺利实施。

三、吃透政策，摸清底数，稳步推进医改工作

自3月份全省深化农村医药卫生体制综合改革试点工作启动以来，滦南及时成立由县委书记任组长、县长任副组长的医改领导小组，医改办设在县发改局。作为医改工作的牵头部门，组织制定了滦南深化医药卫生体制综合改革实施方案及新农合大病补助、基本药物制度、人员分流、绩效考核、补偿办法等7个相关配套文件，经过十四届县政府常务会第二十次会议研究讨论通过，下发各相关单位，指导全县农村医药卫生体制工作。经过多次深入基层卫生院督导调研药品零差率销售情况，于5月底前，在全县17所镇卫生院和1所社区医疗卫生服务中心全部取消药品加成，实行了药品零差率销售，降低了农民医疗成本；7月底前，按时间节点完成核编定岗、院长选聘、竞争上岗等综合改革任务；9月底顺利通过了市医改办综合验收。滦南的医改工作得到省医改办领导、省财政厅领导和市有关领导的高度评价。

四、统筹安排，协调联动，扎实做好节能减排工作

按照省委、省政府下发的《关于深入实施“双三十”节能减排示范工程的意见》（冀办发[2011]15号），滦南被确定为“十二五”期间“双三十”重点县。一年来，充分发挥节能减排工作领导小组办公室的职能作用，积极做好综合协调和节能项目管理工作。一是组织完成了全县 2010 年及“十一五”期间节能考核工作，被市政府评为 2010 年度节能先进县。二是认真组织测算“十二五”期间节能各项指标，顺利完成了全县“十二五”节能指标分解方案，将指标分年度分解到位。三是积极配合省、市节能监察中心对全县重点用能企业进行了节能监察、监测和调研工作。“十二五”期间，全县有 4 家重点用能企业被列为省重点监察企业，11 家重点用能企业被列为市重点监察企业，仅下半年，省、市节能监察中心就分 5 个批次对 15 家重点用能企业其他 5 家重点企业进行了专项节能监察。对于推进企业节能技术进步，帮助企业实现节能降耗起到了积极作用。四是积极协调环保、工信、住建等部门和有关企业对全年节能减排工作进行总结，完成了 2011 年度节能预考核各项资料的汇总工作，为确保完成全年节能目标任务奠定了基础。

五、积极谋划，主动作为，落实中央一号文件精神

把水利建设、现代农业和农村能源建设、畜牧标准化养殖等强农惠农项目作为工作的重点，积极主动申报，争取专项资金支持。年内审核上报申请资金项目 16 个，总投资 2.8 亿元，申请专项资金 1.18 亿元。截至目前，已争取到专项资金 5762 万元，其中，粮食田间工程项目 675 万元，沼气项目 171 万元，海堤加固工程 3500 万元，农村饮水安全工程 448 万元，沿海防护林工程 630 万元，生猪、奶牛标准化养殖建设项目 340 万元，有力地促进了全县农业和农村经济发展。

六、加强协调，确保稳定，稳妥解决改制遗留问题

体改工作重点是继续解决改制遗留问题。一是经认真调查核实，妥善处理了商业总公司系统拖欠职工养老保险问题。二是协助县社制定滦南县土产公司改制方案，监督企业改制规范运作。三是接待原经委职工医院职工来访，对其所访问题进行耐心细致的政策解释，推进了社会稳定。

七、转变作风，深入调研，为全县科学发展出谋献策

一是认真开展调研活动。认真履行发改部门的规划、参谋、协调职责，主动转变作风，围绕项目建设、经济运行等经济发展热点问题积极开展调研。先后完成了《关于加快沿海经济隆起带建设的调查与思考》、《关于服务业发展情况的调查报告》、《关于我县风电建设的说明》、《休闲观光农业典型调查报告》等多篇调研报告；在“对标赶超走在前”调研月活动中，完成了《狠抓重点项目建设、增强经济发展后劲》、《按照“三产求突破”的要求，着力推动第三产业提质增效》、《推进节能环保，着力建设资源节约型、环境友好型社会》等 7 篇调研课题。二是强化信息反馈工作。年内向县委、县政府两办信息部门反馈重点项目建设、规划编制、经济运行等方面信息 15 篇，均被县委、县政府信息两办信息载体所采用，得到了政府信息部门的充分肯定。

工信局

2011 年，工信局紧紧围绕建设“激情滦南、实力滦南、文化滦南、生态滦南、和谐滦南”总目标，按照“12479”工作思路和“二产上规模”目标，以“人人有作为、事事求完美、县直创一流、全市争先进”为工作理念，全力抓好项目建设、运行监测、技术改造、淘汰落后和“两化融合”等重点工作，为推动全县工业经济平稳较快增长发挥了职能作用，作出了新的贡献。

一、抓项目，壮大县域经济实力。一是加大领导力度。坚持一把手亲自抓、负总责，明确了主管领导和主管科室，确立了“全员抓项目、全力抓项目、全年抓项目”的工作理念，并将项目攻坚任务层层分解，下达到领导班子成员和各科室，要求每名班子成员年内谋划一个投资亿元以上的工业项目，要求每个科室年内谋划 2 个以上投资 5000 万元以上的工业项目，并将项目攻坚任务张榜公布。二是加大招商力度。由班子成员带队，分赴秦皇岛、天津、北京、内蒙、青海、黑龙江、福建、广东、江苏等地，开展招商引资工作。三是加大盯办力度。明确专人，认真做好胡各庄镇纺纱小区和东方焦化二期续建等重点项目的盯办工作。到目前，胡各庄镇纺纱小区内的道路等基础设施全部完工，办公楼及厂房正在施工，已有6家纺织企业进驻。东方焦化二期续建工程已完工并投入试生产。四是加大服务力度。协助县政府按时完成了永新纸业技改扩建项目的前期征地、评估工作。帮助泽澳纺纱等5个技改项目申报了2011年国家重点产业振兴和技术改造专项资金以及河北省2011年技术改造专项资金。帮助永发鸿田农耕机械申报了唐山市优秀技术创新奖项目。由于力度大、措施硬、服务优，项目攻坚行动取得了显著成绩，年内已谋划投资5000万元以上的项目24个，其中投资亿元以上的项目11个，总投资22.71亿元，其中开工项目一个，项目攻坚工作受到县重点项目指挥部的通报表彰。

二、抓监测，提升经济运行质量。一是深入调查研究。先后开展了规模以上企业的调查摸底，组织了水泥行业、自备发电机组情况和钢铁行业等调查活动，为县委、县政府领导决策提供了重要依据。县委书记张国栋同志对工信局撰写的《当前钢铁产业形势分析及我县钢铁产业发展建议》一文作出重要批示，给予充分肯定。二是抓好调度分析。通过报表、调度、会商等形式和手段，随时掌握全县工业的发展态势以及市场行情，按月形成经济运行分析材料，并及时上报市局和县委、县政府。三是办好《滦南工信》内刊。抽调专人负责该内刊的编辑印发，将最新产业政策和国内外工业经济前沿动态进行编发，及时呈报县主要领导参阅，为领导提供决策服务，县委书记张国栋同志对《滦南工信》第13期作出重要批示，指示县四大班子成员进行学习。

三、抓调整，优化传统产业结构。一是做好2011年淘汰落后产能计划上报工作，组织永新纸业和荣程钢铁上报了淘汰落后产能计划资料。二是指导荣程钢铁、第二水泥厂、永新纸业、京滦水泥等4家企业按照上级要求，完善和上报了淘汰落后产能中央奖励资金的相关资料，并指导企业有序开展淘汰落后产能工作。截至10月底，全年淘汰落后产能任务已提前完成。三是协调县财政局，做好2010年度中央淘汰落后奖励资金的拨付，并帮助华西钢铁、第二水泥厂、京滦水泥和永新纸业四家企业申请2011年度中央淘汰落后奖励资金1096万元。奖励资金已全部划拨县财政部门。四是指导相关企业，做好迎接财政部淘汰落后产能中央奖励资金使用情况专项核查的准备工作。五是配合市局，查处了青坨营镇小水坡村小炼铁厂和司各庄镇王店村小炼钢厂2家违规企业。配合县政府和环保、工商、电力等部门，查处司各庄镇徐庄村在建小炼铁厂、安各庄镇西大柳树村京东造粒加工厂、金江荣塑料颗粒厂等13家违规企业，并对上述企业实施了断电措施，有效地净化了钢铁企业的生产经营环境。配合县政府、相关部门和各镇全力抓好非法“五小”企业专项治理活动，协调电力部门，对全县124家非法“五小”企业实施了断电。

四、抓节能，促进循环经济发展。2011年，滦南县被省政府确定为节能减排“双三十”单位，全县的节能降耗压力进一步加大。为更好地完成省、市下达的各项任务，采取了六项措施：一是配合县政府和相关部门，对全县省级“双三十”单位进行了摸底调查，并向重点企业下达了年度节能量和节能目标。二是配合省、市，确定了15家省“双百”重点企业，并完成了对这些企业节能降耗情况的摸底调查和节能指标的审核。三是配合市检查组，完成了对永新纸业、东方焦化、万浦热电、第二水泥、荣程钢铁、鹏程钢铁等6家企业“十一五”期间节能量承诺目标的验收。四是对永新纸业等6家市“10100”企业的节能量指标进行了测算，经测算，上述企业节能量指标完成较好，到年底均完成省、市下达的节能量指标。五是为华西钢铁申报了市先进节能企业，并谋划实施蒸汽回收发电节能技改项目。六是通过引导企业进行技术改造，促进企业节能降耗。其中，万浦热电循环水余热回收利用技术改造项目于年内完工，年节约标煤18000吨。2011年市下达节能指标为：单位GDP能耗同比降低4.14%，单位工业增加值能耗同比降低8%。前三季度，全县单位GDP能耗同比降低率为6.1%，单位工业增加值能耗同比降低率为9.54%。

五、抓规范，加快“两化融合”步伐。一是制定了全县“十二五”期间“两化融合”工作规划和2011年度工作计划，并上报上级有关部门。二是建立了电子信息产业的月报、年报和重点项目统计制度，在各企业建立健全了管理机构和工作机制，启动了对企业“两化融合”工作的日常管理。三是对部分规模以上企业的“两化融合”情况进行了摸底调查，对企业的信息化程度做了初步了解，为下步开展实质工作奠定了基础。四是对钢锹产业集群“两化融合”工作进行了专题调研，形成了专题报告并上报了市局。五是协助燕南公司做好公共检验检测技术服务平台的筹建完善工作，并帮助该公司整理上报相关资料。6月下旬，该项目经省中小企业局、财政厅批准，获得河北省中小企业产业集群类专项资金20万元。六是配合市局对中红普林、永新纸业等6家重点企业实施了信息化诊断，形成诊断报告，提出了解决方案，帮助企业提升信息化水平。七是组织永新纸业、燕南公司、万浦热电、中红普林、蒙牛乳业5家企业申报市级“两化融合”示范企业和重点企业，目前上述企业已被认定为“唐山市两化融合重点企业”。同时，滦南县钢锹产业集群信息化服务平台也被列入“唐山市两化融合支撑平台”名单。

六、抓服务，为企业打造优良环境。一是帮助企业申报项目、资金和荣誉称号。帮助蒙牛乳业和东方焦化认真做好行业准入工作，帮助腾达高速设备有限公司申报了2011年度中央财政“关小”补助资金，帮助华西钢铁停产装备向市局申请减免差别电费，为京滦水泥已淘汰装备免征差别电价出具了相关证明，帮助谊丰建材、万浦热电申报了2012年度省电力需求侧管理项目。完成了4家企业对国家和河北省中小企业专项资金项目的申报，其中丰田五金申报国家级固定资产建设类项目，尚新融大申报国家级企业提高素质类项目，耀东水泥申报省级产业结构调整类项目，共拟申请财政资金519万元。其中，耀东水泥日产4000吨新型干法水泥窑处置工业废弃物项目经省中小企业局、财政厅批准，已获得河北省中小企业结构调整类专项资金70万元。帮助福起锹厂“钢马”牌商标参加省著名商标评选，推荐仁和五金省著名商标参加复审，推荐永新纸业参加“2010年度河北省百强民营企业”的评选，推荐远大玻璃等4家企业申报并获得了“河北省中小企业名牌产品”称号。推荐4名企业家参加“2010年度河北省优秀民营企业家和创业功臣”的评选，其中桑树军、徐耀东被评为“2010年度河北省创业功臣”。二是引导企业大力实施技术改造。深入研究国家产业政策，加大对企业宣传力度和培训，积极为企业技改项目申报各级专项资金，引导企业开展自主创新，使一批先进适用的新技术、新装备在企业得到运用。前三季度，全县共有21家工业企业实施技术改造，累计完成投资18.6亿元，其中有5个技改项目被列为河北省重点技术改造项目，1个技改项目获批2011年国家重点产业振兴和技术改造扶持资金300万元，2个项目分别获批河北省2011年技术改造专项扶持资金119万元和102万元。截至9月底，已为企业争取国家和省技术改造专项资金1051万元。其中技术改造专项资金获批项目数居全市各县（市）区之首，县委书记张国栋同志在工信局呈报的《滦南县工业和信息化局2011年前9个月为企业争取上级扶持资金超千万元》信息稿件上作了重要批示，给予充分肯定和表扬。三是组织企业做好省、市有关检查考核的准备工作。组织相关企业参加全省钢铁产能核查、复查和再检查工作，配合省检查组，对耀东水泥电力需求侧管理项目建设情况进行了检查。四是做好银企对接工作。组织永新、中红普林、方舟等规模和效益较好的企业参加全市传统产业资本战略转移及银企对接大会，组织付长义等3名企业家参加了乐亭新区企业家联谊会。组织中红普林、京东等8家企业参加了全市中小企业银企对接会。协助县政府筹备召开了全县中小企业银企对接会，参会企业达56家。五是深入开展企业对标行动。对2010年度全县工业领域对标行动开展情况进行了总结，对先进单位、先进个人进行了表扬。

制定了2011年度对标行动指导意见、考核方案和培训方案等，对县对标工作队员、规模以上企业负责对标工作的领导和工作人员进行了集中培训，并深入蒙牛、华西、燕南等对标重点企业，对企业对标行动进行督导检查，有力推动了对标行动不断深入。到目前，已完成14项一流经济技术指标，创造了3项新产品和2项新工艺，对标行动取得了明显成效。六是大力推进企业素质培训工程。协调省、市、县有关部门，在局机关四楼建起了一处高标准的企业素质培训中心。以该中心为平台，经市有关部门批准，注册成立了滦南县兴工职业技能培训学校。目前，该校已通过市级审核，正式申报了河北省民营企业人才培训基地项目。并按照十七届六中全会精神，对全县规模以上企业厂长、经理进行了企业文化培训，引导企业加强企业文化建设，大力发展文化产业。七是做好电力审查工作。坚持快事快办、特事特办、限时办结、服务大局的原则，先后为77家企业办理电力增容手续，增容电力71345KVA，并跑办了马城铁矿22万伏变电站的前期手续，企业满意率达100%，有力保障了新上项目和中小企业发展的需求。

2011年，《唐山劳动日报》、《新滦南》先后四次刊载工信局为企业打造优良环境、提升服务水平、提供优质服务的事迹。

七、抓信访，确保社会稳定大局。一是不断加大领导包案、干部包企、轮流接待、下访约访等方面的工作力度，坚持依法依规处理各类信访问题。二是严格落实了企业军转干部稳控第一责任人及稳控人制度，加强了对重点人群和关键时期的信访稳控工作，加大了经常性的矛盾纠纷排查工作力度，将信访隐患消除在了萌芽状态。三是真心实意为职工办实事、办好事。多方筹措资金，先后为已改制企业的内退职工、伤残职工发放生活费，补缴企业拖欠的养老保险费和失业保险金等共计1969.83万元，维护了职工利益，确保了社会稳定。共接待职工信访案件5起，涉及职工20多人次，出具信访答复报告3份，参与、代理了三盐场出席劳动争议仲裁庭审，出席了李香荣诉经委职工医院医疗事故庭审，信访问题全部化解在了系统内，全系统连续多年没有发生越级访、集体访，受到各级领导肯定。

八、促攻坚，全力配合中心工作。一是积极参与城镇建设三年上水平活动。抽调3名同志参加攻坚行动，并为他们开展工作提供各方面的便利。抽调多名同志，承担了原轧钢厂办公宿舍楼的拆除、棉织厂工房和征收搬迁会战第二战役建设路东二层楼房及商业楼助拆工作。抽调一名同志，参加了建设南路两侧工作队，全力助推第三批征收搬迁工作。为加快工作进程，局一把手始终坚持亲临一线坐镇指挥，并深入涉迁户家中，当面做好思想动员工作，为涉拆工作提供了有力保证。为局机关和所属企业统一制作、悬挂了宣传标语、宣传牌等，深入开展“促攻坚、献爱心，为搬迁特困职工送温暖”活动，并协助县工作组做好系统内涉拆干部职工的思想动员工作，圆满完成了县委、县政府交办的各项拆迁任务，并被评为2010年度征收搬迁第二战役先进单位，受到了县委、县政府的通报表彰。二是积极参加省级园林城创建、省级文明县城创建和绿色家园活动。按照县统一要求，对局机关办公楼进行了亮化，在院内外栽种了高档观赏花木，并组织相关企业做好企业绿化工作，保质保量完成了县下达的各项任务。三是认真做好后进村党组织的整顿转化，委派专人入驻东黄坨镇崔二村、崔三村，帮助两村制定了整顿转化工作方案和工作台账，并为两村完善了办公设施。多次深入老区村建设分包的东黄坨镇许三村和帮扶新农村建设、推进城乡统筹发展活动分包的姚王庄沙窝村，并为两村提供了资金、物质方面的支持。

九、抓队伍，深化干部作风建设。主要抓了七个方面：一是开展了评选优秀科室、先进个人活动，对2010年度的优秀科室和先进个人进行了表彰。二是对2011年度科学发展目标进行了量化分解和张榜公布，并在年初和一季度末举办了责任目标讲演点评活动。三是认真贯彻落实全县改进机关作风大会精神，深入开展“七讲”（讲学习、讲政治、讲大局、讲团结、讲形象、讲实绩、讲廉洁）、“六治”（治冷、治软、治懒、治散、治奢、治梗）活动，不断提高干部素质，切实转变机关作风。四是制定了 2011 年发展党员计划，举办入党积极分子和党务知识培训班各 1 期，培训积极分子 42 人，党务工作者 16 人。五是举办了系统党委党员领导干部点评创先争优暨基层党建述职工作会，制作上报了创先争优活动相册、幻灯片以及创先争优成果展照片。六是组织基层党组织、党员开展了助力全县十项重点工作公开承诺活动。每季度选树创先争优“六比六看”典型，其中永新纸业党委、联通公司党支部被县委组织部评为 2011 年第一季度和第二季度“比创新看科学发展”、“比服务看大局观念”标杆单位；电力公司殷启国被评为 2011 年第一季度“比信念看敬业奉献”标兵；邮政局张运喜、华西北钢张双喜分别被评为 2011 年第二季度“比服务看惠民实效”和“比纪律看遵章守纪”党员标兵。七是为庆祝建党九十周年，举办了工信党委纪念建党 90 周年党史知识竞赛。结合县电视台，拍摄了以殷启国、陈继仕、周彦礼等 10 名优秀共产党员的先进事迹为题材的系列专题片《为党旗增辉》，在县电视台播出后，社会反响热烈。

由于坚决贯彻执行县委、县政府决策部署，围绕大局、服务全局，团结协作，攻坚克难，较好地完成了年初预定目标，2011 年全县规模以上工业累计完成工业总产值 207 亿元，同比增长 22.6%；完成工业增加值 56.7 亿元，同比增长 14.2%；实现利税 7.4 亿元，同比增长 10.2%；利润 4.4 亿元，同比增长 6.5%。

住房和城乡规划建设局

2011 年是“十二五”规划的开局之年，是推进城镇建设三年上水平的第一年，总体思路是：以科学发展观为指导，深入学习县委十届六次全会精神，深入开展“三大攻坚、四大开发”重点工作，以打造“四城”、创建省级园林城、全省文明县城为目标，着力提高旧城改造规模，加快完善新区各项基础设施，完善和巩固城镇面貌三年大变样成果，统筹推进城市建设发展，全面提升城市综合功能。

以开展城镇建设三年上水平工作为抓手，全力推进城市基础设施建设和城市环境综合整治。一是加快市政基础设施建设步伐。相继完成了建设路中段改造、建设北路、建设路南延、崇法大街、中大街西延、南大街西延、创新路、锦绣路、文明街、南环路、兆才北街等 11 条道路建设，总里程达 23.5 千米。北环路、滦海路西环路段正在加紧建设，城区“十二纵、十横”路网格局初步显现。北河大桥、那颜湖大桥建成通车。中大街铁路立交桥工程已完成主体。完成了 1000 米和谐路雨水工程。投资 1088 万元新铺设供水管网 5000 米，输配水管线总长度达到 70 千米，实现规划区内供水管网全覆盖。投资 2130 万元新铺设供热管网 3397 米，供热管网总长度达到 109 千米。投资 761 万元新铺设供气管网 6010 米，集中供气管线总长度达到 33.45 千米。二是持续开展环境综合整治。进一步规范建筑工地展牌和围挡，对县城内所有建筑施工现场全部实行封闭围挡作业，县城主次干道可视范围内建筑工地围挡全部用宣传广告牌取代彩钢瓦围挡，及时解决建筑工程占道堆放材料问题。进一步加大市政设施维护力度，对和谐路等 10 条主次干道及金辉等 3 个广场破损路面进行挖补、修复，面积达 6000 平方米；实施了兆才大街等三条道路的人行道工程，完成了城区排水系统清淤工程。进一步加强绿化日常养护管理，制定绿化养护标准、考核办法和巡视制度并严格落实，管护面积达 131.36 公顷。三是实施绿化夜景亮化工程。对城区公园、游园、广场及重要节点绿化安装亮化设施，提高了城市品位。

强力推进北河新区建设，促进城市提质扩容，城市的吸纳和聚集效应不断放大。包括六大类、29 个小项的北河水城文化旅游产业观光带项目正稳步实施，京东企业研发中心、丽墅庄园、星级酒店、9 号公寓楼、金水街等商住公建开发项目进展较快，金代风情街、元代风情街等三产服务设施建设都有不同程度进展，新区市政基础设施同步推进；作为新区重要标志的北河公园建设进入新阶段，一期工程已经完工并向游人开放，二期的惠民广场即将投入使用，健民广场、悦民广场、尚民广场、三娥苑等健身娱乐休闲场所正在加紧实施，古城遗址公园建设基本竣工，北河水城成功入选唐山八景，北河新区开发已呈现出良好的发展态势。

以省级园林县城创建为契机，抓好园林绿化建设，努力提升城市绿化水平，城市品位大幅度提升。集中组织开展了道路、河渠、公园、单位庭院、居民小区等9大绿化攻坚行动。着力实施了中大街等11条道路、2个河渠、金辉等3个广场、凝翠园等6个游园以及重要节点的绿化及提升工程；建成生产绿地794亩，改造绿化提升单位庭院103个、住宅小区10个；申报省级园林式单位9个、省级园林式居住小区3个、省级园林式街道1条、市级花园式单位10个、市级绿化先进单位5个、市级绿化先进小区2个；全民义务植树7万株，国庆节摆放时令花卉13万盆；开展了县树县花评选活动，栾树评为县树，荷花评为县花。截至2011年底，城市建成区绿化覆盖面积达到588.14公顷，绿化覆盖率42.19%；绿地面积556.01公顷，绿地率39.89%；公园绿地面积110.16公顷，人均公园绿地面积11.67平方米。省级园林县城创建一次通过专家组评审验收并获省政府批复，为争创国家级园林县城奠定了坚实基础。

加大资金投入力度，大力改善民生，推进市政公用事业健康发展，人民幸福指数日益提高。一是积极实施既有居住建筑节能改造。全部完成了总投资2967万元、建筑面积9.99万平方米、涉及27栋住宅楼、居民769户的既有居住建筑节能改造任务，改善了居民居住条件。二是公用事业健康发展。（1）供水方面。2011年新增用水户2000户，用水户达到17000户。新建小区全部实现集中供水，供水普及率达到100%。（2）供热方面。2011年新增热用户2807户，用热总户数达到13000户；热力交换站达到44座，集中供热普及率达到85%。新建小区全部实现集中供热。投资270万元，全面完成了供热首站进行改造升级，改造后供热能力达到400万平方米；投资710万元，全面完成了涉及23.64万平方米的热计量改造任务。(3)供气方面。用气户达到4746户，集中供气覆盖率83.3%。新建小区全部实现集中供气。抓好安全供气，进一步加大了县域内天然气、液化石油气营销企业的安全监管力度。（4）污水处理方面。污水处理厂实现正常规范运营，日平均处理污水约1.2万吨，污水处理率达到100%；出水水质指数COD、BOD5. 氨氮、TP、TN等各项指标完全达到设计一级B标准，其中部分指标达到一级A排放标准，年消减COD近950吨；完成了出口流量计改造，实现了COD在线监测。三是物业管理日趋规范。物业管理覆盖了城区15个已建小区和19个在建及新开工小区。完成了建筑面积60万平方米的物业服务。严格住宅维修基金的使用审查和维修过程管理，确保专款专用。督导物业公司做好各小区公用设施的维修工作，共完成物业维修约10万平方米。

加强房地产管理，突出重点，加强督导，确保房地产市场稳步、有序、健康发展。一是规范房地产经营行为。严格商品房预售许可和合同鉴证备案，共办理预售许可17件，共114.04万平方米，商品房预售合同鉴证2096份；投资20万元，安装了房地产市场信息系统和个人住房信息系统，推行商品房和存量房网上签约、网上备案，年底前实现了市县联网，信息共享。二是落实城镇住房保障政策。严格准入和退出，实行公正公平公开分配，共有283户享受了城镇低收入家庭租房住房补贴，其中2011年审批52户；按照《滦南县经济适用住房实施细则》的要求，审批低收入家庭购买经济适用住房112户，通过公开摇号分配廉租住房95套，共有67户家庭经审核退出了廉租住房保障。三是认真做好房屋权属登记工作。共办理房屋权属登记1756件，其中初始登记162件，转移登记658件，他项权利登记587件，注销登记349件。四是积极推进商住开发和回迁房建设。涉及十个片区、2085户，总建筑面积35万平方米的第一批46栋回迁房全部完成工程主体。涉及七个片区、1703户，总建筑面积33万平方米的第二批38栋回迁房正加紧实施。五是扎实推进保障性住房建设与农村危房改造工作。2011年廉租房、公租房、经济适用房等保障性住房项目共4个，404套，3.8万平方米，超市达任务37套。省下达滦南农村危改任务1000户，截至12月中旬已全部完成，并顺利通过省级验收。

加强建筑市场监管，依法规范建筑市场秩序，努力打造正常、有序、良好的建筑市场环境。一是严格施工许可办理和工程招投标管理。一年来，共办理施工许可56项。共监督招标工程（标段）103项（其中公开招标66项，邀请招标37项），总中标价334655万元，中标价与拦标价相比，节约资金14862万元，平均下降了4.44%。二是加大建筑市场稽查力度，依法纠正违规行为。共下达《违法违规工程执法（催办）通知单》7份。对全部在建工程进行专项检查，通过稽查，及时发现问题并得到及时纠正，确保了建筑市场秩序的稳定。三是认真抓好工程造价管理工作。坚持材料价格的调查调价，按月向市进行反馈，保证了全县工程招投标和预决算的需要。加强对合同的审核备案工作，一年来共办理施工合同备案78项，咨询成果11项。四是狠抓安全生产和文明施工。贯彻“安全第一，预防为主”的方针，继续实行安全生产管理目标责任制和承诺制。进行安全生产监督备案工程62项，备案工程现场监督覆盖率达到100%。组织召开了较大的安全生产工作会议5次，中小型会议16次，日常检查、巡查施工现场近600余人次，累计查处各种事故隐患近800处，下发隐患整改通知27份，发现一处，查处一处，做到了防患于未然。五是做好工程质量监督管理工作。加大住宅工程尤其是回迁房、市政基础设施、公共建筑项目的质量监督。严格执行住宅工程质量分户验收制度，做好住宅质量投诉处理工作；加大对各方责任主体尤其是监理企业的监管力度；加强对县内建筑工程材料检测机构的监督和管理。共监督工程95余项（其中2010年结转24项，2011年新开工71项），总建筑面积401.78万平方米，竣工验收27余项，共出动监督人员4500余人次，质量巡查120余项次，下发《工程质量整改通知书》48份。六是做好建筑领域农民工工资清欠和防拖欠工作。切实维护农民工合法权益，重视和把握农民工工资防拖欠工作。一是及时掌握动态，一旦发生突发事件，做到第一时间进驻施工现场进行处置，维持正常施工秩序。二是深入工地进行法律法规和政策的宣传，让施工企业和农民工学会运用法律手段维护各自权益，从而有效、及时的解决农民工工资问题。七是抓好城建档案管理。认真落实建设工程档案专项验收及认可制度，对档案的移交进行督导和业务指导，确保档案及时进馆，提高案卷质量。一年来共审核工程档案26项，建筑工程档案专项验收25项，接收2011年工程档案25项340卷，整理归档2010年工程档案97卷，整理归档2011年工程档案340卷，资料全部合格。加强科室档案管理工作，共整理归档办公室文书档案567件，建筑管理档案109卷，质监站验收档案57项。接待档案查询117人次，214卷次。

重视加强党的建设，党组织凝聚力和向心力不断增强，以全县改进机关作风为契机，突出抓好作风建设和信访稳定工作。

一是加强党的建设。扎实推进“六比六看”、“对标赶超走在前”、“创先争优”各项活动，充分发挥党员的先锋模范作用和党组织的战斗堡垒作用。严格执行《中国共产党党员领导干部廉洁从政若干准则》，加强惩防体系和行政权力监控机制建设。二是加强班子建设。领导班子坚持每周例会制度，并实行了目标责任制，各司其职、各负其责。坚决贯彻执行《滦南县各级领导干部共同遵守的约法八章》相关规定，律己修身。加强班子成员之间的沟通交流，提高了班子的整体合力和统领全局干部职工队伍的凝聚力和向心力，营造了一心一意谋发展，心无旁骛干工作，掷地有声抓落实的良好工作氛围。三是加强行风建设。全体干部职工树立了“等不得”的紧迫感、“慢不得”的危机感、“松不得”的责任感和“停不得”的使命感；真正做到了接受任务不讲条件，完成任务拒绝理由。2011年，承担了131个重点在建、计划开工和前期准备项目的设计、招投标管理、施工许可、施工管理、技术指导、质量监督、安全生产管理、省级园林县城创建、城市基础设施建设和住宅开发建设等工作，工作任务异常艰巨而繁重。全体工作人员继续发扬“白加黑”、“五加二”、

“关键时候三班倒”的工作精神，自我加压，负重奋进，争分夺秒，只争朝夕，全力以赴推进各项工作。四是加强机关效能建设。贯彻落实《河北省影响机关效能行为责任追究办法（试行）》，加大审批制度改革，充分授权窗口办理。加强组织领导，继续实行承诺公示、首问责任、限时办结、超时默许、违诺追究等工作机制，深入推进政务公开和行政权力公开透明运行工作，提高了工作效能和服务质量。五是重视信息工作。信息反馈是与县委、县政府进行工作沟通交流的最有效、最便捷的途径，能够及时、准确、全面、真实地反映全局工作动态。一年来，共向县委、县政府上级部门报送各类信息87篇，被采纳42篇，信息数量位居全县前列，其中报送的《城区建设中路改造工程提前竣工通车》和《我县第一栋26层回迁房主体封顶》两篇信息得到县委书记张国栋同志批示，对城建局工作给予充分肯定和高度表扬。六是做好信访稳定和矛盾化解工作。结合每次征收搬迁及时制定了《滦南县住建局关于征收搬迁战役信访稳定风险评估及应对措施》。全年共受理县委、县政府两督查室督办件40件，城乡一体化管理交办事项297件，市长热线电话反馈事项30件，办结率100%。完成全部人大、政协委员建议和提案共7件，满意率100%。

此外，一年来，监理公司、评估公司、设计室面对激烈竞争的市场环境，不断加强自身素质建设、信誉建设和质量管理体系建设，积极开拓市场，承揽业务，取得了较好的经营业绩，实现了自我生存和发展。为谋划、落实住建系统2011年普法工作，推动“六五”普法工作，确定了2011年法制宣传工作目标，制定了《滦南县行政审批服务事项办理流程表》、《滦南县住建局行政审批事项公开信息表》和《滦南县行政审批事项审批表》。

科技局

2011年，科技局围绕县委、县政府的中心工作，按照省、市科技部门的安排布置，结合县域经济社会发展的特点，充分发挥科技在转变经济发展方式，调整经济结构，推动科学发展中的引导和支撑作用，为推荐创新型城市建设和滦南经济社会的发展做出了重要贡献。

全面实施国家、省、市、县重大关键共性技术攻关项目和重大科技成果转化促进项目，推进战略型新兴产业的发展和传统优势产业的提升改造；重点做好科技招商工作，促进经济发展方式的转变和经济结构的调整；鼓励开展健康、环境、资源等方面的科学研究工作，提高社会发展领域的科技水平；不断加强科技研发与创新平台建设，推动“产学研”和谐发展；大力实施知识产权战略，做好知识产权的宣传、培训和打侵工作；加快完善农村民生科技综合集成与示范工程，探索科技服务新农村建设的新模式；全面深入开展“对标赶超走在前”活动，进一步转变机关作风，及时完成科技项目的申报、鉴定、验收、成果登记以及县级科技进步奖申报、评审工作。

一、以科技项目为载体，提高全县科技创新水平

以推进战略型新兴产业的发展和传统产业提升改造为着重点，以科技项目为载体，加大对重大关键共性技术攻关项目和重大科技成果转化促进项目的实施力度和管理，带动相关单位加大研发投入，提升创新能力，推进科技进步。全年共组织申报市级以上科研项目26项，完成项目验收鉴定15项。1项成果达到国际先进水平，22项成果达到国内领先水平，3项达到国内先进水平。以点带面，不断优化科技创新环境，发挥科技项目支持作用，推进产业结构优化升级。

1. 组织实施国家科技富民强县专项行动计划项目。全面实施了“奶牛标准化规模养殖技术集成与应用”项目，促进奶牛养殖业向标准化、规模化发展。该项目已获得国家项目资金支持165万元，引进进口优良荷斯坦奶牛180头，性控冷冻精液80000粒，引进中北410饲料玉米、大力士甜高粱、冬牧70黑麦草等饲草作物新品种1600亩。开展了奶牛饲料营养调控与综合饲养技术、秸秆规模化综合处理利用技术、奶牛性控精液配种及胚胎移植技术的示范应用。建立了2个奶业科技传播站，建设了15个标准化奶牛养殖小区。组织相关技术人员，开展了各种方式的技术培训15次，培训人员500多人次，成立了滦南县奶业协会。

2. 组织实施国家农业科技成果转化项目。年初，组织河北永发鸿田农机制造有限公司申报了国家农业科技成果转化项目“气吸式精量多功能免耕旋播机中试与示范”。该项目获国家项目资金支持60万元，目前已经全面实施，初步完成了现有生产线的改造，新建了两条新的生产线，已生产气吸式精量多功能免耕旋播机2000台，示范面积达到2500公顷，提升了农机装备制造和农业生产机械化水平。

3. 组织实施科技型中小企业创新基金项目。2011年，共承担国家、省科技型中小企业创新基金项目4项，获得项目资金支持240万元，项目实施顺利，已经基本完成了产品的研发和前期示范工作，通过项目的开展，加强了企业的生产研发能力和自主创新能力，促进了企业的发展。

4. 组织实施“粪尿‘零排放’发酵床养猪配套技术开发与示范”项目。通过滦南县利民种猪繁育养殖场、河北科技师范学院的课题组成员共同努力，已基本完成项目实施内容，实现了生猪饲养零排放，提高了生猪的免疫能力，使抗生素的使用减少85%以上，每头母猪平均年产仔22个，仔猪成活率达到95%以上。发酵床养猪法可节约劳动用工50%、节省用水85%～90%、节省饲料15%～20%、出栏时间提前8～12天，总生产成本可节约11.5%以上。该技术的开发与应用，可以降低生产成本，增加经济效益、提高猪肉品质，有效解决养猪粪便及其排泄物对环境造成的污染问题，提高全县乃至全市的养猪技术水平。

5. 组织实施金属制件热成型工艺及其盐浴淬火节水节能技术研究。通过该项目的实施与示范，对钢锹等金属制件利用热成型余热直接淬火，能耗仅为传统工艺的47%；采用淋溶、浸泡、清水喷淋三级清洗系统及熔溶汇合法对淬火后金属制件进行清洗，实现了水的循环综合利用，用水量仅为传统工艺的5.5%；采用温差结晶法回收技术、淬火废渣溶泡回收技术及环流式旋风除尘装置对淬火介质进行回收，消耗仅为传统工艺的8.9%。该项目解决了钢锹生产中的污水排放和环境污染问题，整体技术达到国际先进水平。

6. 组织实施农业高新技术和农业生产关键技术集成与创新项目。为了解决滦南乃至全市农业生产的关键问题，2011年，组织实施了“冀东沙区可持续高效生态农业种植模式及配套技术研究”、“海水养殖富营养化水体的微生物修复技术研究”、“池塘吊笼式扇贝海参养殖技术研究”、“盐田晾水池养殖综合利用技术研究”、“设施果菜现代化生产种植结构和模式研究”、“油莎豆生产生物柴油技术研究”等项目，加快现代农业产业技术体系的建立。

二、积极开展科技招商活动，打造新型创新服务体系

2011年，坚持以科学发展观为指导，紧密围绕全县经济社会发展大局，结合经济、科技发展实际，以促进经济发展方式的转变和经济结构的调整为目的，以发展战略型新兴产业和改造提升传统产业为导向，主动走出去和科研院校、大中型企业进行有效的交流与合作，开展科技招商活动。先后与中国科学院、清华大学、中国农大、中国水科院、中国海洋大学、燕山大学、河北工业大学、河北农大、河北科技师范学院、航天科工集团等20多所科研院所、大专院校和相关企业进行了交流与合作，签订了宇航级MIL—STD—1553B总线耦合器项目的技术开发、大型电机再制造与修复技术开发、奶牛标准化规模养殖技术集成与应用、发酵床养猪技术示范与应用等12个技术合作协议，建立了高可靠性节能产品及物联网工程技术研究中心、大型电机再制造与修复技术中心、中小型农机具研究中心、海产品加工技术研究中心等4个合作机构。通过科技招商使全县的新型产业服务体系建设日臻完善，新型科技产业在经济发展中的比重越来越大，成为引领经济发展的重要引擎。

三、加强科研创新平台建设，不断增强企业科技创新能力

2011 年以“五个中心”建设为抓手，加强科技研发和创新平台建设。

1. **三个农业产业研发中心建设。**共建立了市级农业产业研发中心 3 个，分别是唐山市水产品良种繁育研发中心、唐山市现代农业机械研发中心、唐山市海产品加工产业研发中心，上半年，3 个研发中心共投入资金 500 多万元，加强、完善了实验设施、示范基地和培训场地建设，提高了研发能力，提升了研发水平。2011 年研发中心及其依托企业承担市级以上的科研项目 6 个，开展各种形式的技术培训 12 次，有效地促进了全县乃至全市农业产业的发展。

2. **钢锹产业研发中心建设。**该中心依托宋道口钢锹协会、通过重点企业科技资源重组，引导企业技术创新，改进生产工艺，研发更新设备，加速产业升级。2011 年，该中心引进、研发新技术 3 项，申报专利 5 项，取得科技成果 1 项。

3. **大型电机修复与再制造技术中心建设。**该中心依托林海科技发展有限责任公司，由中国设备管理协会认定，于 2011 年 3 月 19 日挂牌成立，是国内第一家，也是唯一一家大型电机修复与再制造技术中心，代表着全国同行业的发展水平，对我国大型电机修复与再制造技术产业发展具有重要意义。该中心的成立，将对加快建设资源节约型、环境友好型社会，发展循环经济，提高资源利用率，推进大型电机修复与再制造产业及我国设备管理现代化事业发展意义深远。通过两年的筹备和建设，滦南林海科技发展有限公司在 2011 年 11 月获批唐山市工程技术研究中心。

通过科技平台建设，全县科技创新能力得到增强。

四、持续推进民生科技工作，增强全民科技创新意识

以推进农村民生科技为切入点，以综合集成与示范工程为载体，以全面提高全县经济社会发展的科技水平为目标，为新农村建设提供强有力的科技支撑，鼓励开展健康、环境、资源等社会发展领域的科学研究工作。

1. **开展医疗卫生领域培训和科学研究工作。**为了进一步加强全县医疗卫生项目的管理，提升医疗卫生部门广大科技人员的科技研发水平，提高科研项目的申报立项和成果取得成功率，4 月份，组织了一次相关知识的培训，主要培训了科研项目的选题、申报书的撰写、立项审批程序、相关材料的撰写技巧、鉴定材料的组织以及项目鉴定程序等内容。全县共申报了医疗卫生项目 14 项，完成了项目鉴定 28 项。

2. **开展食品安全问题科学研究工作。**针对目前比较关注的食品安全问题，开展了基于行为安全模式的学校食堂卫生管理、农村食物中毒防治模式等研究工作，上述研究成果已经通过鉴定，均达到国内领先水平，这些研究成果的应用，为学校、农村贯彻实施食品安全法提供了适合的理论模式，也为食品行业自律、政府监管提供了客观、科学的手段与工具，为学校、农村提高食品安全管理水平、建立现代管理制度提供了一个科学的、具有可操作性的管理模式。

3. **开展生物柴油生产技术研究工作。**针对柴油的供应量严重不足的情况，组织开展了油莎豆生产生物柴油技术研究，主要研究了利用油莎豆生产生物柴油及副产品的生产技术，提出了催化转酯化一步法的生物柴油生产工艺，该工艺减少了传统工艺的中产物的洗涤过程，降低了能源消耗，使产物的质量也得以提高。

4. **民生科技创新平台和服务体系建设。**2011 年，紧紧围绕农村民生事业健康发展的重大问题，初步构建了农村民生科技创新平台。根据全县实际发展需要，建立了 10 个具有试验、示范作用的主导产业科技示范基地，以各镇农业办公室为主体，建立了 15 个农业科技传播站；壮大了农村民生科技服务队伍，初步建立了由科技特派员、专家咨询服务团和各种专业技术协会构成的农村民生科技服务体系。

5. **科技示范村建设。**以科技促进社会主义新农村建设为目标，以改善农业与农村生态和生活环境为基础，大力发展科学发展示范村建设试点。重点建设了 1 个省级新农村建设科技示范村，4 个市级新农村建设科技示范村。结合 5 个科技示范村建设的特点，进行实用技术的开发、集成与示范，形成了“猪—沼—肥—菜”四位一体循环农业等生产技术体系。2011 年，组织各种技术培训 16 场次，培训农民 2000 多人次，引进各种新品种、新技术 12 个。

五、以专利申报工作为切入点，加快创新型城市建设步伐

从增强县域核心竞争能力这一高度出发，全力做好知识产权的宣传培训工作，采取典型引路、政策支持、开展专项执法、引导企业技术创新与产品研发等措施，着重抓好专利工作。

1. 专利工作取得长足进步，在国外申请专利获历史性突破。通过对 2010 年取得专利授权的企业和个人进行摸底调查，并汇报整理材料，县科技局积极为符合条件的企业和个人申请市专利补贴，并及时发放到专利发明人手中。接待专利咨询43人次，指导专利申请18人次22项。圆满完成市达专利申请任务。上半年申请专利 28 项，做到了时间过半、任务过半。长智农工具制造有限公司的付长智发明的“一种手动工具的手柄与手动工具连接结构”在美国申请专利获得授权，使滦南在国外申请专利获历史性突破。

2. 培养企业创新意识和知识产权保护意识。通过到林海科技、永发鸿田、尚新融大、燕南制锹、长智农工具等部分企业调研，深入了解企业自主创新能力和专利申请情况，强调了专利对企业创新和发展的重要性，并督促指导企业充分重视专利申请工作。

3. 积极完成省市下达的知识产权打侵工作。县知识产权打侵办公室设在科技局，在克服了人员少、时间紧、任务重等困难的情况下，县打侵办的工作受到市打侵办通报表扬，在市政府召开的新闻发布会上做了典型发言，滦南县人民政府被市打侵办推荐为河北省打击侵犯知识产权和制售假冒伪劣商品专项行动先进集体。

六、做好科技项目管理及科技进步奖的申报、评审工作。鼓励科技创新，激发科技工作者的创造性

为了鼓励科技进步，大力推进自主创新，激发广大科技工作者的创造性，加速全县科技进步和经济社会的发展，2011 年，组织了科技进步奖的申报和评审工作，共收到各类申报项目 45 项，主要涉及农业、林业、畜牧、水利、工程、教育、环境科学等 7 大类，共评出获奖项目 19 项，其中一等奖 7 项，二等奖 12 项。

七、支持新品种、新技术的引进、示范，推动现代农业发展

为全面调动全县干部群众加快农业产业结构调整的积极性，深入推进现代农业发展，鼓励引进、示范、推广农业新品种，研发、推广新技术。县直涉农部门、各镇、农村合作经济组织及农技协开展新品种引进、示范、推广和新技术研发、推广工作，实行项目申报制，由新品种引进和新技术推广工作承担单位向县政府科技主管部门申请立项，项目经科技主管部门验收后，确认取得显著经济和社会效益的一般项目补贴 5 万元以下，重大项目补贴 10 ～ 30 万元。对于有关单位或个人自行引进的新品种及自行推广的新技术，经政府科技主管部门验收，确认取得显著经济和社会效益的，推广新技术的，按以上标准进行奖励，引进新品种的，每个品种补贴 5000 元。2011 年，共受理新品种、新技术引进、示范项目 12 项，其中新品种引进 15 个，新技术 10 个。

八、深入开展“对标赶超走在前”活动，推进机关作风建设

为进一步转变机关作风，全面提高全体同志的工作水平和业务素质，按照县委统一安排，深入开展了“对标赶超走在前”活动，确定迁安市科技局做为对标赶超对象，从班子成员到每名党员同志都确定了对标赶超的对象和目标，使这项活动开展的有声有色，机关作风和干部队伍面貌焕然一新，一是把“创先争优对标赶超”活动与学习《廉政准则》结合起来，使这项活动落到实处；二是把“创先争优对标赶超”活动与“深化作风建设，提高执行力活动”结合起来，通过整顿机关作风和制定工作监督机制，使“创先争优对标赶超”活动与日常各项工作紧密集合取得了实实在在的效果；三是把“创先争优对标赶超”活动与党员干部教育结合起来，建立健全了党组织考评和激励机制，加强党员学习管理，通过利用宣传栏等工作空间和渠道，搭建党员学习交流的有效平台；四是“创先争优对标赶超”活动与维护社会稳定建设和谐社会结合起来，局主要领导亲自深入到有关镇村，走访上访群众，较好的解决了陈庄镇小贾庄村王勇上访案件和方各庄镇三义庙村李国江上访案件，为上级主管部门和县委政府开展稳定工作保驾护航。

教育局

2011年，在县委、县政府的正确领导下，教育局领导班子团结带领全县教职工，坚持以科学发展观为统领，以办人民满意教育为宗旨，紧紧围绕“学前教育抓普及、义务教育求均等、高中教育上水平、民办教育创品牌、特殊教育出特色、职业教育扩规模”的发展思路，少说多干，奋勇争先，开创了教育事业科学发展、赶超跨越的崭新局面。年内，教育局荣获“河北省第二批义务教育均衡发展先进县”、“唐山市教育工作先进县”、“唐山市教育招生考试工作先进集体”、“唐山市高中教学工作先进单位”等荣誉称号，顺利通过省“普高”、“普三”两项评估验收。

一、敢担责，能攻坚，服务大局做出新贡献

一是全力助推城镇建设三年上水平。坚持领导一线主推、师生合力助推，组织“党徽在一线闪光”、“小手拉大手”等系列活动，系统内86户教师涉征户全部按时签约，累计促成群众签约54户，有力推动了全县征收搬迁进程，教育局先后被县委、县政府授予“支持城镇建设三年上水平工作先进单位”等荣誉称号。**二是高标准完成省级园林城创建。**按照能绿则绿、该绿尽绿的创建原则，倒排工期，挂图作战，局机关及县城各学校提前50多天全部完成绿化美化任务。累计投入278.3万元，拆墙透绿470延长米，栽植法国梧桐、栾树等名贵苗木2800多株，栽种各类灌木、苗木、花卉4.7万平方米；投资14万元，实施楼体亮化工程，安装亮化设施480延长米。教育局、县三中等顺利通过了“省级园林式单位”验收。**三是广泛参与省级文明城创建。**利用暑假和十一假期，组织开展“看变化·谈感想”主题观摩、“文明出行专项劝导”志愿服务等系列活动，师生参与人数达85000余人次，征集师生书画、摄影、征文等各类作品9865幅（篇），编辑出版《我爱我家》师生作品集，为创城工作营造了氛围，凝聚了合力。

二、抓投入，促均衡，办学条件再上新台阶

一是项目资金跑办成果显著。瞄准上级投资方向和重点，不断加大项目谋划、包装、跑办力度，争取资金支持，取得了显著成效。截至目前，已争取并到位中央、省、市各项专项资金6068万元。**二是学校标准化建设进展迅速。**15个农村校舍改造项目被列入县政府实事工程，已全部完工，完成投资3677万元，新建校舍3.27万平方米。投资8000万元建成英才学校高中部，已于9月投入使用；县一中投资686万元，实施运动场建设工程，目前正在紧张施工，明年春运会前完工；县二中投资451.9万元新建音艺楼，年底前即可完工并投入使用。年初，胡各庄中学被认定为“省级示范性高中”。**三是学校布局规划科学实施。**投资6.2亿元的新一中迁址新建项目，已完成教学楼施工设计；投资2.7亿元的职中扩建项目，已完成校园整体规划。**四是教育装备现代化进程明显加快。**投资732万元，为全县中小学校购置教学仪器设备73485套（件），装备初中理化生实验室设备4套、添置仪器橱柜1127个，数字学习机300台，装备高中通用技术实验室7个，装备多媒体教室155套，配备教师用办公电脑180台，实现了农村学校教育网络、优质课程资源和教育信息技术应用全覆盖。

三、重内涵，提品位，学校管理水平实现新提高

一是强力推进“校风建设年”活动。把2011年确定为“校风建设年”，拓宽渠道，丰富内涵，抓实细节，切实将管理的各项要求固化为学校的制度规范、内化为师生的自觉行动，全系统呈现出校风正、学风浓、师风纯的良好局面。年内，组织全县中小学全部完成校训、校徽、校歌的设计创作，为实现学校“四化”

管理注入了新活力。**二是深入开展“特色学校创建”活动。**依托“冀东文艺三枝花”进校园活动和“一校一品牌，一生双爱好”工程，深入挖掘特色创建项目，筹划特色创建举措，确定了倴城镇和县三中等36个单位为首批特色学校创建试点镇、试点校，以点带面，整体推进，学校办学品位明显提升。**三是大力实施“学前教育体制改革”。**制定《滦南县学前教育三年行动计划》，明确了学前教育发展的目标和思路。积极谋划学前教育建设项目，并被省教育厅列入农村学前教育推进工程试点项目，争取资金800万元。制定出台了《滦南县教育局关于农村幼儿园实行“公办民助”办园试点的实施意见（试行）》，在全县8个镇进行了“公办民助”办园试点改革，成功创建省农村示范园5所，学前教育入学率达到91.5%，普及程度进一步提高。

四、重师德，强素质，队伍建设再显新成效

一是加强校长队伍建设。以干部作风“百千万”工程为载体，扎实开展工作作风及廉政教育，增强工作的责任感和使命感；先后选派8名校长（园长）参加省、市级校长提高培训，组织全县252名中小学校长、副校长及机关中层干部参加暑期培训班，校长队伍整体素质大幅提高。遵循“德才兼备、以德为先”的原则，调整各级各类学校班子62个涉及76人，选拔后备干部48人，为全县教育发展提供了人才储备。**二是加强教师队伍建设。**坚持“师德为先、学高为师”理念，扎实开展“五带头五争做”党员示范工程，编辑出版《党徽在一线闪光》一书，树标杆、立典范，激励教师对标赶超、争先进位。全面启动“农村小学教师素质提高工程”和“高效课堂区域培训计划”，邀请全国知名专家学者对全县教师进行高效课堂理念指导培训，为教师专业发展搭建了良好平台。年内，全系统涌现出市、县级优秀教师115名，市级骨干教师57名，有42名教师在国家、省、市级各类业务评比中获奖，承担省、市级课题18项。

五、抓素质，重创新，教育质量实现新突破

一是坚持“德育为首、五育并重”，扎实推进素质教育。开展“立君子品、塑爱国心、树报国志”主题实践等大型德育活动，促进了中小学生思想道德素养的整体提升；以“冀东文艺三枝花进校园”活动和“一校一品牌、一生双爱好”工程为载体，扎实开展第二课堂活动，促进了学生全面健康发展。年内，“三枝花”进校园活动受到了国家教育部体卫艺司司长杨贵仁和省市领导的高度肯定，少儿学唱评剧专题节目在中央电视台戏曲频道《快乐戏园》栏目分7期播出；在全市中学（职、专）生田径运动会上取得团体总分第三名的好成绩；126名中小学生在“世界华人学生作文大赛”中获奖。**二是注重“改革创新、提质增效”，全面推行课程改革。**深入实施“开放式素质教育实验”和“高效课堂改革”，积极与《中国教师报》合作，不断深化课改深度和广度，提高教育质量。2011年高考，二本上线人数达到1642人，县一中薛源同学以687分居全市十县一中理工类第一名。年内，县一中承担教育部“中小学教师国家级培训计划”校本研修现场研讨会，县二中被确立为《中国教师报》全国“高效课堂改革”教师培训基地学校，胡各庄中学被评为“河北省课改样板校”，宋道口镇初级中学被市列入十县唯一一所课改示范校，玉田、滦县、乐亭等兄弟县（市）纷纷来学习考察课改经验，全县有10余名教师应邀到唐山师院及各县区讲学。

六、扩规模，增活力，职业成人教育取得新进展

一是坚持以就业为导向，推动职业教育上水平。围绕全县“融入曹妃甸、服务曹妃甸、打造大基地、建设新滦南”的主体战略，县职教中心确立了“扩规模、调结构、强管理、增活力”的发展思路，面对市场新形势，大力发展旅游与酒店管理、航空服务等面向第三产业的专业，先后与石家庄天使护士学校、唐山市职教中心等联合办学，推行“校企合作、订单培养、定向就业”模式，学生就业率达到98%。2011年，职校228名学生参加高考，本科二批以上院校上线29人，专科上线率首次达到

100%，实现了对口高考全市同类学校“六连冠”的目标。年内，职教招生突破1600人，居全市前列，职教中心跻身“国家中等职业教育改革发展示范学校”行列。**二是立足服务三农，成人继续教育成效显著。**大力开展农村实用技术培训，累计深入12个镇31个村开展培训20期，培训农民达1600余人次，免费发放各类农科资料3500多份，建成“农村科技广播站”4个，在省市县电视台举办《致富快车》、《专家连线》、《田园风情》节目7期；大力开展成人继续教育，举办创新能力培训、公务员MPA培训、电子、电工等培训150期，培训人数达6000多人；开展农村富余劳动力转移培训5期，培训人数达720人；举办涉农专业中专班，在全县14个镇开设教学点，招收学员1523多人，为加快农村经济发展提供了智力支持和人才保障。

七、抓行风，促和谐，发展环境呈现新气象

一是强化安全管理，保障师生安全。认真贯彻《中小学公共安全教育指导纲要》，扎实开展安全教育活动和应急疏散演练，制作下发了小学生安全教育“一卡通”，增强了学生安全防范意识和自救能力。会同公安、卫生等部门，重点对接送学生车辆、学校食堂、校园周边环境等重点部位进行隐患排查，深入学校312人次，排除整改安全隐患114项，做到了防患于未然、万无一失。**二是抓实教育信访工作，确保系统稳定。**严格落实领导干部岗位责任制、干部信访接待日制度和信访案件督办制度，采取事前指导、事中督办、事后督查的方法，积极为群众排忧解难，化解上访矛盾。一年来，共接待各类信访案件27件，按期办结率达到100%。**三是加大教育救助力度，改善和保障民生。**认真贯彻落实国家各类免费政策、助学金政策，累计救助贫困寄宿生、特困生1162人，救助金额达84.6万元。发挥教育工会的维权救助作用，积极开展“一助一”结队帮扶活动，救助特困教师186名，救助金额达11.6万元；对23名患重病、大病的教师进行救助，救助金额达7.2万元。

文广新局

一年来，文广新局在县委、县政府的正确领导下，以科学发展观为统领，以建设文化体育大县、文化体育强县为目标，紧紧围绕“文化滦南”、“文化名城”建设，努力推进文体事业大发展大繁荣，不断满足人民群众全方位、多层次的文化体育需求，强力提升县域文化软实力，为县域经济和社会发展提供了强有力的文化支撑。

一、县域特色文化享誉全国

深入挖掘传统文化底蕴，创作、打磨以冀东文艺“三枝花”为主的文艺精品，并参加国内外重大文艺赛事，加强对外文化交流，扩大了县域文化对外影响力。

评剧唱响省会、首都及河北各地。成兆才评剧团排演的现代评剧《三进门》荣获第七届中国评剧艺术节优秀演出奖之后，先后在省会石家庄、河北联合大学、首都梅兰芳大剧院及全省各市巡演，产生巨大轰动，赢得了各级领导、专家学者及社会各界的广泛赞誉，成为全县文化建设的重大成果。省委常委、宣传部长聂辰席，省政府副省长宋恩华，市委常委、宣传部长郭彦洪，市政府副市长高瑞华及县委书记张国栋先后对该剧作出重要批示。长城网、环渤海新闻网等30家网站及国家、省、市20多家新闻媒体对该剧的演出盛况进行了报道。这次巡演给全省各地观众带去一台丰盛的评剧大餐，有力地助推了全省城镇建设三年上水平工作。成兆才评剧团积极加强与国内知名院团合作，为纪念辛亥革命一百周年，10月10日晚，在全国政协礼堂，与北京刘秀荣评剧团联袂演出了现代评剧《宋庆龄与新中国》，获得圆满成功。中央政治局常委、全国政协主席贾庆林，全国政协副主席、中国文联主席孙家正，国务院侨办主任李海峰和文化部、北京市委宣传部、北京市文化局等单位领导出席观看。演出前，贾庆林、孙家正等国家领导人接见了刘秀荣、孙秀艳等主要演员合影留念并提出了殷切希望。演出的成功充分展示了评剧故乡的艺术水准，极大地提高了滦南的知名度、美誉度和对外影响力，成为县域文化发展史上可圈可点的锦绣华章。12月25日晚，成兆才评剧团与北京刘秀荣评剧团在省会人民会堂演出了该剧目，省领导张庆黎、臧胜业、孙瑞彬、景春华、田向利、艾文礼、马兰翠、孙士彬、王玉梅等观看了演出并给予了充分肯定。该剧的成功演出充分展示了评剧故乡的艺术水准，极大地提高了滦南的知名度、美誉度和对外影响力。12月31日，在北京梅兰芳大剧院演出《杨三姐告状》。国家部委、北京有关部门领导、文化新闻界代表、对滦南经济社会发展有贡献的人员、投资方、首都观众及县领导一同观看演出，有力地提高了滦南县的知名度、美誉度和文化影响力。

乐亭大鼓文艺精品对外演出不断拓展。自编自演的乐亭大鼓《一卡通》、《唱唱我们的好检察》、《盲人摸象》先后参加市纪检委、市交通局及市检察院组织的大型文艺演出活动，受到各级领导及观众的一致好评。8月份，县文化馆根据南堡渔民杨晓东海上救险的英雄事迹创作编排的乐亭大鼓《舍身救险》参加了市文明办和市文联组织的“道德模范故事汇”基层巡演活动，为传播善行义举、赞颂高尚情操、增强公民道德意识、深入开展公民道德建设起到了积极的推动作用。

同时，滦南文化在走向全国文化大舞台的道路上迈出了坚实的步伐。6月28日，成兆才评剧团评剧演员韩立姣参加“霸州杯”第六届中国戏曲红梅大赛河北省选拔赛，荣获了专业表演组红梅金奖；文化馆乐亭大鼓演员魏晓英参加河北省纪念建党90周年献礼话剧《寻找李大钊》的排演，为滦南演员扬名于全省、全国探索了新路。为中国东部10省市市县防震减灾工作研讨会演出了“三枝花”专场，创编的评剧清唱《时刻把人民群众装在心中》、皮影清唱《十要十不要》受到与会领导的高度评价。滦南皮影团驻北京木偶剧院演出了50多场，开辟了滦南传统文化对外交流的新渠道。

二、社会文化活动丰富多彩

精心组织群众文化活动，满足群众多层次文化需求。一是开展“两节”期间系列文化活动。包括滦南县迎新年戏剧名家名段暨票友演唱会、新年文艺晚会、“古城春曲”春节联欢晚会、16个镇和县城老干部秧歌队秧歌进城表演、擂鼓表演等活动。二是围绕建党90周年及“三大攻坚、四大开发”组织开展主题文艺活动。先后举办了庆祝建党90周年书法、美术、摄影作品展暨创先争优成果展，“永远跟党走”庆祝建党90周年“三枝花”文艺汇演、慰问农民工文艺演出，第十六届彩色周末消夏系列文化活动，滦南县冀东文艺“三枝花”调演活动，“北河水城·中秋之夜”文艺晚会，“爱祖国、爱家乡”第八届合唱节暨县歌评选大赛等大型活动。三是组织开展关注青少年成长活动。举办了“经典阅读伴我成长”2011年度燕赵少年读书系列活动，达到了推介经典，提升青少年思想境界的目的，县图书馆荣获本次活动优秀组织奖。四是面向基层，开展送文艺节目、送戏及送电影下乡活动。累计组织文艺专业人员到基层进行艺术辅导320多人次，组织文化、体育下乡123次，深入农村及社区进行百部红色电影和千场公益电影放映活动，共放映7000多场，超额完成放映任务。五是开展群众文化交流活动。组织票友参加中央电视台戏曲频道“过把瘾”栏目，在首季评剧戏迷群英汇擂台赛中，票友选手刘文全从全国200名选手中脱颖而出，获得了全国第三名的好成绩。县评剧票友参加历时两年的天津宝坻电视台“开心双休日”栏目票友比赛，4名选手占据前四名，7名选手进入前十名，稳居总分第一名，轰动天津宝坻区和周边县区，为评剧故乡再添荣誉。

三、非物质文化遗产保护传承长效机制初步建立

紧紧依托县域传统文化优势，坚持“保护为主、抢救第一、合理利用、传承发展”的工作方针，管理和合理利用县域非物质文化遗产。经过积极申报，民间文学——曹妃甸的传说和民间舞蹈——滦南秧歌被列入唐山市第二批市级非物质文化遗产项目名录。2011年11月，文化部组织开展了2011～2013年度“中国民间文化艺术之乡”、第三次全国文化馆评估定级命名颁牌仪式暨工作总结会议，滦南再次蝉联

"中国民间文化艺术之乡——评剧之乡"和"中国民间文化艺术之乡——乐亭大鼓之乡"，成为河北省获省级以上民间文化艺术之乡称号最多的县，县文化馆晋升为国家二级馆。同时，按照"抓基础、重普及、出精品、兴产业"的思路，不断探索非物质文化遗产传承保护新机制，组织编写"三枝花"艺术进校园学习辅导教材，专业人员、群文工作者深入逸夫小学、张士坎小学等10余所中小学校进行辅导，并组织开展"三枝花"进校园成果汇演，进行文艺交流，提升艺术水平，取得可喜成果。静态保护成果突出显现，动态传承初现端倪，非物质文化遗产传承与保护工作长效机制初步建立。

四、全民健身活动成绩显著

按照"天天有活动，月月有赛事，活动不断档，健身不停步"的工作思路，紧紧围绕全民健身和"健康滦南"两大主题，积极谋划，精心组织了一系列活动和竞赛。一是组织开展了"两节"期间全民健身系列活动。包括"迎新年"老年太极拳（剑）、健身腰鼓展演活动，"迎新春"中国象棋邀请赛。二是3月8日组织举办了"新女性、新滦南"环城竞走活动和三八妇女门球赛。三是组织举办了滦南县庆祝五一太极拳（剑）、腰鼓展演。四是6月10日利用全民健身周时间组织举办了第二届"健康滦南"干部职工钓鱼比赛。五是8月8日举办了庆祝第三个"全民健身日"系列健身项目展演活动启动仪式。县四大班子有关领导全部出席，县锣鼓协会、跆拳道协会、健身舞协会、健身腰鼓协会、太极拳（剑）协会、健身秧歌协会参加了健身项目展示。六是9月9日组织举办了滦南县"喜迎中秋佳节"健身秧歌展演活动。七是9月3日至16日举办了滦南县首届"永和医药杯"男子篮球邀请赛。八是9月10日举办了滦南县第六届"园丁杯"门球赛。九是9月21至23日，举办了滦南县第八届职工乒乓球比赛。十是10月5日举办了滦南县老人节太极拳（剑）健身腰鼓展演活动。十一是10月20日举办了滦南县"联通杯"太极拳（剑）比赛。十二是11月1日举办了滦南县第二届残疾人运动会。十三是11月9日举办了滦南县"丰收杯"门球赛。

群众性健身活动为竞技体育的开展奠定了社会基础和群众基础。4月27至29日，积极组队参加了唐山市乙级门球比赛，经过3天的激烈角逐和114场较量，最终以农民为主的温庄村代表队在49个参赛队中脱颖而出，夺得冠军，填补了滦南县在唐山市门球乙级赛中未曾夺冠的空白，彰显了滦南门球大县的风采。5月6日派出两个代表队参加了唐山市太极拳比赛，全部夺得了比赛唯一设定的42式太极拳和42式太极剑竞赛套路两个团体一等奖。在个人项目比赛中，12名运动员参加了8个项目中的7个项目的比赛，获得12金、6银、5铜的好成绩。8月10日派出6个代表队参加了2011年全国农村门球大联动暨唐山市农村门球赛启动仪式，经过60多场激烈角逐，方各庄代表队最终获得亚军，大会组委会颁发了贡献奖。10月15日派出8名选手参加了唐山市第二届传统武术观摩交流会，8名选手参加了9个项目的比赛，获得5个一等奖，6个二等奖，2个三等奖并获得大会颁发的优秀组织奖。对此，市老年体协勉励我们要保持荣誉，再接再厉，争取在全省乃至全国比赛中取得好成绩，为唐山争光。老年竞技体育成果，彰显了滦南县在太极拳（剑）、门球等项目上的优势，这也是滦南县在全民健身工作中注重抓普及、抓提高的结果。

与此同时，配合全市"奥运争光计划"的实施，注重竞技体育后备人才的选拔、培养和输送工作。按上级批复，将4个省、市级体育传统项目学校给予挂牌，并重点加强了对胡各庄镇初级中学举重优势项目基地的指导。2011年，运动员李欣被输送到河北省水上运动管理中心训练，周小妹、王彤被输送到市皮划艇训练队。在省内各种赛事中，滦南后备竞技体育人才脱颖而出，张宏倩在河北省青少年运动会中取得女子甲组100米第一名，张兴华在唐山市中学生田径师范性运动会上取得高中男子组1500米第一名、800米第二名，在唐山市中学生田径运动会上，张卓取得了男子高中组400米第一名、宿越取得初中男子组跳远第一名、三级跳远第二名、周子薇取得初中女子组标枪第二名的好成绩。

五、文体基础性工作得到加强

在文化领域，继续健全完善镇综合文化站文化设施建设，分几次先后为 16 个镇综合文化站无偿发放电脑、液晶电视、数码相机及各种乐器、音响等硬件设施，使镇综合文化站功能更加完备。同时认真落实镇文化站干部定期上站培训制度，全年组织培训 12 次，进一步提高了基层文化干部队伍的整体业务水平。

在体育领域，重点抓了四方面的工作。一是壮大社会体育指导员队伍。加大三级社会体育指导员队伍培训力度，于 3 月 6 日组织举办了健身秧歌培训班，培训来自县城周边村和街道社区的健身秧歌爱好者 78 人。并适时组织 17 名同志参加了一级社会体育指导员培训。截至年底，全县拥有社会体育指导员 417 人，其中国家级 1 人、一级 20 人、二级 111 人、三级 285 人。在此基础上，成立了社会体育指导员协会，建立了 55 人的全民健身志愿服务队伍。二是健全国民体质监测站建设。注重完善站址建设，投资 2 万余元添置了候监室设备、监测办公设备，监测站功能得到完善。三是完善体育社团及协会组织。成立了全县体育总会，同时，成立了空竹协会，使全县县级单项协会达到了 20 个。四是加强农民体育健身工程建设。争取市局支持，于 11 月 10 日前完成了 64 个行政村的农民体育健身工程，其中县级配套 32 个行政村，使农民体育健身工程总村数达到 326 个，覆盖率达到 55% 以上，实现三个镇全覆盖，老区村和少数民族村全覆盖。

六、文化体育市场日益规范

坚持“一手抓繁荣、一手抓管理”，以日常监管为主线，以专项整治为重点，实施严格执法，科学管理，积极创建平安文化市场，使全县文化体育市场更加平稳规范发展。年内，组织开展了滦南县春季安全生产大检查活动，打击侵犯知识产权和制售假冒伪劣商品专项行动，歌舞娱乐场所、网吧音像店、书店等文化经营场所集中整治行动，印刷复制企业和出版物市场（含音像市场）专项检查，打击“黄赌毒”违法犯罪专项行动，严厉查处网吧接纳未成年人、经营非法网络游戏、传播有害信息的行为，严厉查缴侵权盗版及含有色情淫秽和破坏民族团结、违反宗教政策等禁止内容的非法音像制品和图书，为高考、中考和纪念建党 90 周年、纪念辛亥革命 100 周年、西藏和平解放 60 周年、党的十七届六中全会胜利召开提供了良好的文化市场氛围。同时，严格清查广播电视节目中各类违规内容，广播电视播出秩序不断净化。

七、创先争优活动取得实效

将扎实开展创先争优活动作为加强党建工作的重要抓手，年内，开展了党风廉政建设承诺，党务公开，树标立标，机关作风专项整治，机关和窗口单位、服务行业“三亮三比三评”，对标赶超走在前等多项活动，并创造性地实施了党员素质提升项目，党组织的战斗堡垒作用和党员的先锋模范作用得到充分发挥，党的建设有力地促进了业务工作的开展。年内，组织参加全县“在岗位闪光，我身边的共产党员”主题演讲荣获二等奖；荣获唐山市“辉煌九十年”党史知识竞赛二等奖。有 24 人次的党员被树为党委创先争优标兵，有 3 名党员被县委树为标兵，有 1 名党员被选为出席省、市、县党代会代表。在建党九十周年表彰大会上，党委被县委授予“先进基层党组织”，有 6 名同志被授予优秀共产党员和优秀党务工作者称号，其中有 1 名同志被推选为出席市的优秀共产党员。

广播电视台

2011 年，滦南广播电视台在县委、县政府的正确领导下，紧紧围绕城镇建设三年上水平、“三大攻坚、四大开发”、“两城”创建等中心工作，充分发挥广播电视在新闻宣传中的职能作用，不断强化新闻报道策划力度，努力创新节目内容和节目形式，为全县各项重点工作的大发展、快发展营造强大的舆论氛围，圆满完成了全年的各项工作任务。

一、把握正确舆论导向，唱响加快滦南发展主旋律

2011 年是全县城镇建设三年上水平的开局之年，根据县委、县政府不同时期工作重心的转移，电视台快速反应，在人员少、设备紧张的情况下，克服困难，统筹安排，合理调配，全力出击，在第一时间、第一现场完成了各项重点宣传报道任务，使宣传工作进一步呈现全面推进、重点突出、氛围浓重的态势，起到了凝心聚力，引领舆论的重要作用。据统计，截至年底，两台共播出新闻稿件3500余篇；专题节目《赶超跨越看滦南》共播出300余期；拍摄制作《大工地　大变样》、《滨海水城　绿色滦南》等大型专题片20多部；着眼于丰富群众精神文化生活，编排制作播出《快乐星期天》20余期。

1. **新闻节目丰富多彩。**根据2011年宣传重点，《滦南新闻》节目重新定位改版，开设新栏目，挖掘新内容。开设了《记者观察》、《迅速崛起处　刮目看滦南》、《省级园林城创建》、《文明城创建》、《上级媒体看滦南》、《曝光台》、《文明榜》等9个专栏，利用消息、新闻特写、现场报道、评论等体裁，提高宣传报道的吸引力、感染力和影响力。结合四大开发先后策划制作了《北河新区日新月异　开发建设全速推进》、《城西工业聚集区给力我县经济发展》、《大铁矿开发成为我县经济腾飞的重要支撑》、《嘴东工业园区借势曹妃甸　蓄势待发》等一系列主题突出、效果明显的宣传报道；结合省级园林城、文明城创建拍摄制作了新闻特写《我们的县城更美了》、《看，这身边的柳绿花红》、《坐画舫看变化》、《创建文明县城　我们该怎么做》、《野花组合》，这些新闻一改固有的新闻模式，以散文的形式播出，得到观众好评；此外，针对县里的重大活动，新闻转变工作方法，派出记者提前介入，了解相关新闻背景，提前谋划，提前确定报道方案，采访角度，确保重大采访的及时到位；其中重大项目集中开工、北河大桥竣工通车等新闻报道非常成功，得到领导认可。

2. **专题节目主题鲜明。**专题节目《赶超跨越看滦南》在全方位、多层次、有针对性报道全县城镇建设三年上水平重点工作进展及成效外，开设了《会战一线》、《观美园》、《强举措、寻突破、上水平》、《党徽在一线闪光》、《倾听民生》、《政策解读》、《聚焦三农民生》、《健康滦南　幸福人民》、《涉征故事会》等多个子栏目，用新闻工作者的视角，再现了滦南的发展变迁，全方位、多视角展示了全县大开发、大建设中取得的丰硕成果及先进典型的事迹。先后推出了《回迁快速推进　百姓翘首期盼》、《友情拆迁赢民心》、《真情助困为搬迁》、《心系搬迁　情系民生》、《被感动的拆迁户》等专题节目，真实记录了滦南干群团结一心、服从大局、真心为民的感人事迹，推动了拆迁工作的顺利开展。同时在五一国际劳动节推出《劳动者之歌》专栏，将镜头聚焦10位建设新滦南进程中的先进模范人物，在七一党的生日推出纪念建党90周年优秀事迹展播，节目播出效果生动、鲜活，有力激发了全县人民学典型、干实事、促攻坚的热情。

3. **对外宣传工作再次实现新突破。**为实现外宣工作进位争先，积极采取各种得力措施来强化外宣工作，月度发稿排名连创新高。首先是注重加强了选题策划，做到策划在前、落实到位、展开有序。其次是制定奖励措施，对每名记者每月上发稿数量进行量化考核。第三是加强了与上级台的沟通和联系，通过与上级台的合作、协作扩大外宣成果。2011年以来，外宣工作在围绕全县中心工作，采访、制作了一系列反映攻坚工作进展、典型经验、建设成果的新闻、专题稿件的同时，还根据各个时期、节令的宣传要求，广泛发掘新闻线索，采制、策划了《农村文化活动扮靓滦南农民新生活》、《滦南林业技术人员为果农送科技年礼》、《小手做礼物　真情祝福妈》等稿件，因其具有较好的创意、较高的质量而得到了上级媒体领导、编辑的好评。据不完全统计，全年在省、市新闻媒体播发各类新闻稿件近330余篇，与2010年同期相比不仅发稿数量翻了一番，而且在“出精品、上大台”方面有了新突破。中央台发稿2篇、河北电视台《河北新闻联播》、《直播京津冀》等栏目发稿34篇，第三季度在全市14个县区中，在唐山电视台公共频道发稿量排名第二，得到了市台领导和县主要领导的充分肯定。11月份以来，与唐山电视台新闻综合频道新闻部共同策划、采访了滦南加强文化建设、项目建设方面系列报道，从不同视点、不同侧面反映了全县文化和项目建设取得的丰硕成果和成功经验，对更好地推介滦南、提高滦南的美誉度和影响力起到积极作用。

二、充分挖掘增收潜力，确保各项工作正常运行

1. 千方百计提高广告文艺经营创收。2011年，克服宣传任务繁重、节目时段紧张及国家对药品广告播出严格规范等困难，从创新广告手法，增强广告节目的整体策划水平入手，对广告文艺节目进行了改版和创新，不仅丰富了荧屏，满足了广大观众的收视需求，而且为宣传创收拓宽了门路，基本确保了广告文艺承包额如期完成。为搞好2012年两台广告文艺经营管理，按照县政府要求结合本台实际情况，在2010广告承包合同的基础上，台领导多次开会专门研究完善合同条款，并结合法律顾问，重新制定了实施方案，对缴费方式、节目时段等都作了重大调整，经过我们的积极努力，圆满完成了2012年度电视台广告文艺及电台广告承包工作，电视台广告文艺承包额为642万元，电台广告承包额为33万元，均创历史新高。

2. 严格财、物管理，盘活存量资产。为缓解资金紧张的问题，2011年，实行开源与节流并举，从节约一滴水、一度电、一分钟电话费做起，采取四大举措，即：节约用水、节约用电、节约油耗、节约办公费用，停用拍卖了两辆公务用车，对采编播人员误餐费用严格控制等，从点点滴滴入手厉行节约。这一系列措施既节省了开支，又培养了干部职工艰苦奋斗精神，同时使办公成本得到了有效控制。

3. 采编播设备得到了进一步改善。2011年，由于资金管理到位，计划合理，在保证干部职工工资和各项保险按时发放缴纳的情况下，还筹资60多万元购置了采编播设备。一是投资13.2万元，购置了一套箱载演播室。二是投资20万元，购置2台高标清、存储卡摄像机。三是投资19.5万元，购置3套非线性编辑设备。四是投资9.5万元，购置3千瓦调频发射机，原1千瓦发射机作为备机，实现主备机播出。随着新设备的投入使用，设备陈旧状况和节目播出质量将得到进一步改善。

4. 多措并举，实现了两台节目安全优质播出。广播电视安全播出无小事。2011年把以往的事后教育变为事前指导，重点加强了平时的检查，进一步增强了值机员做好安全播出的责任感，坚持24小时行政值班，在十一国庆安保期间及重大会议和敏感期及时启用应急预案，同时，规范了节目审查制度、设备定期检查维修等制度，确保广播电视节目安全优质播出，实现了安全播出零事故目标。

三、强化管理理念，凝聚整体工作合力

1. 强化团结协作意识。始终坚持以人为本，工作中，要求全台干部职工从大局着眼，从小我做起，心往一处想，劲往一处使，各部门之间、要密切配合，协调联动，工作职责有交叉时，要多承担责任，多协商沟通；同事之间，要做到大事讲原则，小事讲风格，努力营造了和谐发展，积极向上的浓厚氛围，有效的了促进各项工作快速推进和高效完成。

2. 强化学习意识。为提高采编人员业务素质，不断提升广播电视宣传质量，在时间紧、任务重、资金紧的情况下，采取老记者传帮带、自学与交流学习、集中培训的方法，抓时间、挤时间学习钻研业务。同时将2010年度本台记者采写的98篇优秀稿件辑印成册，供大家学习、点评，以达到相互交流、共同提高的目的。此次将优秀稿件汇编成册，是对2010年宣传成果的集中展示，从而激发新闻工作者多出精品，形成一种“比、学、赶、帮、超”的氛围，推进整体宣传水平在再上新台阶。

3. 强化创先争优意识。全台干部职工深入开展“比学习创一流素质，比团结创一流队伍，比工作创一流业绩”的创先争优活动，进一步激发了全台干部职工爱岗敬业、甘于奉献的工作热情。高强度、超负荷的采访任务量对记者们来说是一种挑战，他们迎难而上，舍小家，为大家，日夜奋战在采编一线，没有节假日，没有星期天，从台领导到新闻记者再到每一名后勤人员都坚守在各自的工作岗位，默默奉献，没有一句怨言。正是有采编播人员这种无私、忘我的工作精神，电视台才一次又一次出色完成了宣传报道工作，受到了县领导和社会各界的一致好评。

档案局

一、机关事业单位档案工作情况

1. 开展档案业务培训，提高人员素质。5月5日，举办了全县档案业务培训班，宣讲档案法律法规、档案工作目标管理认定文件、档案业务知识，安排部署全年档案工作，县内95个立档单位，101人参加培训。为正常开展全年工作打下良好基础。

2. 开展档案执法检查和年度管理检查。9月至10月，对各镇、街道办、78个县直单位贯彻执行档案法律法规情况、2010年度档案管理情况进行了全面检查。通过检查进一步规范全县档案工作，为档案工作再上新台阶打下了坚实的基础。检查结果表明，全县年度管理合格率为100%。检查结束后检查结果由两办通报全县，表彰先进典型，促使后进单位及时改进。

3. 认真开展档案目标管理认定工作。按照省市局统一安排，参加省局培训，制定了县档案目标管理认定工作计划。以宋道口镇、水务局为试点，制定了《档案目标管理认定见证材料目录》，供各认定单位参考。深入各单位进行巡回指导，及时解决档案业务问题，保证了认定工作的顺利进行。全县92个机关团体事业单位，2011年认定等级20个，其中4A级一个，2A、3A级19个，占全县单位总数的23%。

二、农业农村档案工作情况

1. 按照市档案局要求，培树档案工作示范镇5个：宋道口镇、程庄镇、南堡镇、姚王庄镇、长凝镇。对这些镇进行重点督促和指导，使之档案工作规范、统一、高效。

2. 按照市、县两办关于加强村级档案规范化管理工作的通知要求，结合本县实际，制定了《滦南县村级文件分类方法、归档范围》、《滦南县村级归档文件整理办法》、《滦南县村级档案规范化管理制度》。积极开展村级档案规范化管理培训、指导、考核、验收等工作。12月份县档案局会同县政府、组织部、农工委组成联合考核组对各镇村级档案规范化管理工作进行验收。培树倴城镇洪营、胡各庄镇沈营、姚王庄镇胡许庄、扒齿港镇涂庄、长凝镇宁庄村、程庄镇潘家戴庄村、司各庄镇白坨、安各庄镇安东、东黄坨镇梁各庄、方各庄镇庞方各庄村、南堡镇廒上农业村、宋道口镇史桥村、青坨营镇青坨营、坨里镇闵庄村、柏各庄镇柏四、马城镇马城村示范村16个。示范社区一个：倴城街道办千禧和平居委会。完成规范化建档242个村，完成市局下达30%的建档任务。

三、民生档案工作情况

着眼满足社会各界对档案信息的需求，进一步丰富民生档案资源体系和完善民生档案利用体系。2011年，已对林业局、民政局、国土局、残联、一中、二中、三中等单位进行了重点指导，使之民生档案工作和单位其他档案工作一起走上健康发展轨道。各单位共整理民生档案508208件。

四、家庭建档情况

继续贯彻落实唐档字（2009）14号文件精神，抓好家庭建档示范村（社区）工作，创新更符合实际需求的家庭建档方法，拓展家庭建档范围，使家庭建档工作更加贴近人民群众，为人民群众生产生活和构建和谐社会服务。培养家庭建档示范户204户，全县家庭户数为172460户，建档3.8万户，占全县家庭户数的22%。

五、企业档案管理工作情况

一是完成了蒙牛乳业（滦南）有限责任公司认定等级工作。二是新增建档民营企业三家。滦南林立纺纱厂、唐山金源饲料有限公司、河北银鹰实业有限公司。三是按照要求开展改制企业档案指导工作。进行了国有集体改制企业档案资源情况统计，全县共有改制企业86家，保存各类档案10855卷。

六、重点工程档案管理

认真贯彻落实上级有关重点建设项目档案管理的规定，推动重点建设档案管理制度化。与县发改局联系，摸清项目底数，把握工作重点。主要做了三项工作：一是和发改局共同研究确定15个单位为2011年工作重点。二是配合县政府中心工作作好第一期中央投资项目的建档工作。首先，依据《河北省建设项目档案管理办法》，结合全县实际制定重点项目档案验收流程；其次，和发改局召集项目单位负责人召开会议，强调项目档案的重要性，部署项目档案工作，明确项目竣工验收之前，档案必须验收。截至年底已有柏各庄镇初中宿舍楼食堂、特教学校教学楼、优质粮食产业工程标准粮食项目通过了验收。三是认真开展项目档案管理咨询、指导。

七、开放档案

根据档案法的有关规定对 1981 年形成的档案进行鉴定，对符合开放条件的 46 个全宗的 539 卷全部向社会开放，累计开放档案 15037 卷。

八、档案资源建设及编研工作

收集整理 2010 年报刊、杂志、书籍 10 种 104 册，并向社会征集了《滦河文化研究》、《党史资料摘编》等书籍。目前累计馆藏资料 6770 册。整理、编辑《滦南县利用效果选编》（2008～2010）3.1 万字。完善《滦南县档案馆指南》并形成电子文件 5 万字。

九、统计及利用工作

编写完善馆内通用的 15 种统计表，保持了各种数字的连续性，真实性，为馆内开展各项工作提供了基础数字。

全年提供利用 900 人次，2000 卷次。并从中筛选了 3 项优秀服务成果上报市局。法院、水务局、文体局、交通局、残联上报优秀服务成果 5 项。

人力资源和社会保障局

人力资源和社会保障局紧紧围绕“三大攻坚、四大开发”的主体战略，着力实施就业援助工程、不断健全社会保险体系、加快构建和谐劳动关系，深入开展创先争优活动，事关民生的重点、难点、热点问题得到有效解决，各项工作又上了一个新的台阶。实现城镇新增就业 6615 人，下岗失业人员实现再就业 2829 人，转移农村劳动力 16042 人，阳光工程培训 669 人，技能培训 2514 人，创业培训 311 人，分别完成年度目标任务的 100.23%、101.04%、100.26%、102.9%、104.75%、103.67%；“零就业家庭”始终保持动态为零，城镇登记失业率为 3.5% 以下，在市达 3.6% 指标以内；企业养老保险覆盖 45136 人，完成省达目标任务的 100.04%；城镇居民参保 17386 人，完成 2010 年市核定参保基数 17045 人的 102%。

一、就业趋势稳中向好

一是坚持用好政策，扩大就业。发挥促进就业优惠政策作用，推动就业困难人员就业。落实岗位、培训补贴等 760 万元，545 名就业困难人员到公益性岗位就业，820 人实现灵活就业。**二是开展就业服务，帮扶就业。**组织开展“春风行动”、“高校毕业生就业服务月”、“助企促就业工程”、“民营企业招聘周”和“三下乡”（送观念、送信息、送技能）等活动，提供就业岗位 1.9 万个，有 1.1 万人达成就业意向。**三是多种渠道创业就业。**对想创业就业的城乡劳动者提供“免费创业培训、政策咨询、项目推介、创业指导、小额担保贷款、跟踪扶持”一条龙服务，培训 311 人，为 120 人落实小额担保贷款 598 万元，带动就业 261 人。**四是广泛培训，促进就业。**组织开展技能培训、创业培训、阳光工程等培训 3494 人，不断扩大“冀东侨城新人”品牌效应，稳固、拓展了劳务用工基地，劳务经济规模不断扩大，四月，滦南县被省政府授予“发展劳务经济先进县”荣誉称号。

二、社会保障水平不断提升

一是社保扩面工作有新进展。加强政策宣传，强化行政监管，引导企业自觉参保、个人自愿参保，督促企业参保，全年新增企业养老保险 2898 人、新增工伤保险 3034 人、新增城镇职工基本医疗保险 2575 人，失业保险参保 26331 人，分别完成市达任务指标的 100.3%、252.8%、250% 和 100.5%。**二是城乡居民养老保险试点工作顺利推进。**全县新农保参保 351545 人，参保率达 95.8%，超过省下达参保率为 90% 的工作目标，城镇居民参保 3252 人，目前共有 80846 人享受了养老保险待遇，处于全省领先水平。**三是“两金”发放及时到位。**离退休人员发放养老金、失业人员失业保险金发放按时足额发放率均为100%。6150名企业退休退职人员养老金水平进一步提高，人均月增145元。**四是社保基金监管逐步规范。**建立完善社保经办内控监督机制，全年社保基金收入4.9亿元、支出3.8亿元，没有违规现象发生，基金运行安全平稳。

三、劳动保障监察工作扎实有效

一是强化企业劳动用工监管。规范企业用工备案行为，加强企业劳动合同签订监管，不断推进企业规范用工自觉性，为县内46家用工单位14520人办理备案手续，全县各类企业劳动合同签订率达到97%。**二是加大劳动保障监察执法力度。**开展“农民工工资支付专项检查”、“春暖行动”、“清理整顿劳动力市场秩序”等监察活动，日常巡查用人单位190户次，书面审查402家用工单位，督促补缴职工社会保险4075人次，补签劳动合同1480份。为1100名农民工讨回欠薪1123万元。**三是妥善化解劳动争议。**受理劳动争议案件101起，结案95件，其中调解32起，按期结案率100%，调解案件群众满意率100%，涉及工资、保险、经济补偿金等500余万元。**四是有力维护重点群体的稳定。**重点抓好建筑施工等领域的工资发放，对全县建筑工地逐个排查，采取24小时值守、建立应急处置制度、领导包案等措施，积极稳妥地处理投诉举报52起，会同住建、公安等部门有力解决了八合居、鼎盛二期、北河九号等群体性讨薪问题；积极落实困难企业军转干部解困政策措施，调整了119名在岗、退休企业军转干部工资标准、加发了困难补助，落实困难补助、慰问金等7.54万元，有效促进信访稳定。

四、人事人才服务水平逐步提高

一是加强公务员队伍日常管理。注重新任股级干部和新录用公务员的任职培训，对新任的95名股级干部和新录用的49名公务员进行了初任培训，对49家政府机关和事业单位11012人实施考核、奖惩，对1659人实施奖励。**二是加强事业单位管理。**稳步推进了事业单位绩效工资制度改革，加强事业单位岗位管理和公开招聘，为县社保局及各镇（街）公开选聘、招聘70名工作人员。**三是严格执行工资保险福利政策，认真做好工资审批、退休审批和工伤申报等工作。**为1734人调整最低工资，为8093名人员调整了工资，为102名特岗人员提高了办案津贴标准，准确核定批准了842人退休手续，申报工伤认定415卷，准确率均为100%。**四是不断拓宽人才服务领域。**为200名高校毕业生落实了就业见习岗位，强化“三支一扶”和“大学生村医”管理，特别是注重人才引进后的保障措施，为人才“引得进，留得住”提供政策支持和保障。

五、机关干部作风明显转变

深入开展创先争优活动，积极推进行政权力公开透明运行，落实“一岗双责”责任制，切实加强党的建设和党员干部思想政治建设。特别是11月份以来，着力开展了机关干部队伍建设专项活动，按照“明确职责、规范流程、健全制度、树立形象”十六字方针，健全完善了工作制度、学习制度、应急处置制度、责任追究制度等加强机关干部队伍建设的十项规章制度，围绕树立“四种意识”（政治意识、责任意识、大局意识和团队意识）和锤炼“五种能力”（执行能力、协调能力、学习能力、文字能力和群众工作能力）要求，大力推进人社机关提质提效，干部队伍素质有新的提升，进一步营造了风清气正的机关风貌。

编委办公室

2011年，编办紧紧围绕改革、发展、稳定的大局，结合全县实际，不断巩固乡镇机构改革，完善各项规章制度，严格控制机构编制增长，加强机构编制管理，规范事业单位登记管理，开创了全县机构编制工作的新局面。

一、跟踪各职能部门运行情况，不断巩固机构改革成果

2010年，按照中央、省、市关于地方政府机构改革的总要求，从滦南实际出发，进一步调整政府各部门职能，理顺了关系，进一步明确和强化了责任，合理设置了机构和人员编制，顺利完成了机构改革任务。2011年，编办作为机构编制的主管部门，不断深入基层调查研究，跟踪各机构的运行情况。一是看机构运行是否正常，职能发挥是否到位。二是看各机构职能是否存在交叉，怎样使其职能发挥到位，发现问题如何解决。三是看各单位人员编制配备是否合理，怎样实现工作高效率，而且还要节约人力物力，最大限度的发挥现有人力物力的作用。对发现的问题逐一进行研究解决，如将原卫生局承担的食品卫生安全监督检查职能划归食品药品监督管理局承担，职业卫生安全监督检查职能划归安监局承担。

二、实施乡镇机构改革，进一步转变职能、理顺关系

按照省、市对乡镇机构改革的要求，及早谋划制定乡镇机构改革方案，及时召开乡镇机构改革动员会，进行了周密的安排部署。对全县17个镇重新核定人员编制，按上级要求又一次核定领导职数，调整职能及内设机构。为一类镇设置了党政综合办公室、经济发展办公室、社会事务办公室、社会治安综合治理办公室、人口和计划生育办公室五个行政机构。还设置财政所、文化综合服务中心、人口和计划生育服务中心、劳动保障事务站4个事业机构。为二类镇设置了党政综合办公室、经济发展办公室、社会事务办公室3个行政机构。还设置了财政所、文化综合服务中心、人口和计划生育服务中心、劳动保障事务站四个事业机构。为理顺关系，将财政所和经管站合并，将原经管站职能并入财政所，加强了农村合作经济经营管理、农业承包合同、农村经济组织财务会计职能，落实“双代管”制度，强化农村合作经济组织的内部审计等项工作。司法所由原镇管理划归司法局条条管理。并及时批复了各镇“三定”方案。

三、逐步实施了医药卫生体制改革

为贯彻中央、国务院及省市关于深化医药卫生体制改革的精神，会同有关部门对17个乡镇卫生院落实核定人员编制和工作岗位，共为17个卫生院核定编制551个，配备在编人员446人，协调有关部门完成符合资质条件和岗位技术的医护人员的聘用工作，共为17个卫生院招聘医护专业人员93人。为农村卫生事业发展从机制体制上提供保障。

四、做好机构编制信息平台数据采集录入工作

按省市要求，利用一个月时间完成了全县党政群机关及事业单位的机构编制电子台帐的建立和行政事业在编人员的电子信息的审核录入工作，实现了与省市数据的同步更新，为进一步做好机构编制的实名制管理工作打造了一个崭新平台。

五、认真执行《滦南县机构编制管理办法》，健全各项规章制度，机构编制管理工作进一步加强

认真贯彻执行《滦南县机构编制管理办法》，严格遵守《滦南县机构编制委员会办公室工作规程》，进一步规范了机构编制管理行为。

进一步完善了《人员编制卡片》、《人员编制台帐》和《编制验证通知单》制度，对所有在编人员进一步核实，完善了县直行政机关、事业单位和乡镇人员编制实名制管理制度。

参照正式在编人员的机构编制管理办法，更换了全县机关事业单位《聘用人员管理台帐》、《聘用制人员卡片》，完善了聘用制人员资料，使机关事业单位聘用制人员管理趋向规范化。

强化了机构编制与组织、人事、财政相结合的综合约束机制。具体内容是：经编委研究同意设置的机构和核定的编制，组织、人事部门才能配备人员和核定工资，财政部门才能核拨经费，社会保障部门才能办理有关社会保障手续。所有行政机关和事业单位进人，都必须在有空编并经编办开具《编制验证通知单》，县编委主任在《编制验证通知单》上签字同意后，组织、人事、财政部门才能办理相关手续。无编制部门批复的机构，财政部门一律不纳入政府预算，不安排经费；在拨付人员经费方面，财政部门以各单位人员编制数为依据，无编制部门《编制验证通知单》和《人员编制卡片》的人员，财政部门一律不予核拨经费。

认真落实《滦南县机关事业单位公开招聘工作人员暂行办法》。《办法》共八章二十一条。对机关事业单位公开招聘工作人员的适用范围、招聘程序、招聘条件与方法、聘用人员待遇、聘用人员管理、纪律与监督等分别作出了明确规定。《办法》的实施，对规范全县机关事业单位公开招聘工作人员行为，严肃招聘工作纪律，严格聘用管理制度，保护全县聘用工作人员合法权益，起到了重要作用。

六、贯彻落实《暂行条例》，规范事业单位登记管理，逐步实现事业单位网上管理

根据《事业单位登记管理暂行条例》规定，1～3月份对全县213家事业单位进行了年度检验工作。按照《条例》要求，对事业单位年度检验需上报的各种材料逐一进行了认真地审查，并将审查合格的材料及时归档。经过3个月的紧张工作，圆满地完成了全县事业单位年度检验工作。

对事业单位设立登记、变更登记、注销登记的申请材料，按照要求进行了认真地审查，及时将审查合格的材料整理归档，进一步规范了事业单位设立登记、变更登记和注销登记管理工作。

为做好事业单位的监督管理工作，深入走访事业单位，监督检查登记事项与业务范围是否一致，规范了事业单位的行为，保障了事业单位的合法权益。

七、早动手、高起点、严要求，认真搞好机构编制统计工作

按照上级安排部署，高起点、严要求，运用灵活多样的办法，通过多种途径，准确获取有关信息，做到了机构、人员编制不丢不漏，按系统和类别科学归类，统计数字准确，较好地完成了机构编制统计工作。

八、深入调查了解，落实政策规定，进一步做好信访工作

按照县领导批示，对信访案件逐一进行了认真地调查了解和走访，查阅了有关档案和资料，依据政策规定和有关文件精神，拿出了具体的处理意见。在信访工作中，依据政策对信访人进行了认真细致地解释和疏导工作，使信访人心服口服，情绪稳定。全年共接待来访25人次，信访32件次，为全县的社会稳定贡献了力量。

财政局

2011年，在县委、县政府的正确领导下，财政局认真落实科学发展观，紧紧围绕“激情滦南、实力滦南、文化滦南、生态滦南、和谐滦南”的建设目标，坚持科学理财，狠抓增收节支，积极应对宏观形势变化，全年财政实现平稳运行。完成全部财政收入125410万元，完成预算的100.33%，增长19.2%。一般预算收入完成78909万元，完成预算的100%，同比增长27.8%。财政自身组织收入31302万元，完成任务的102.77%，同比增长11.3%。完成财政支出202918万元，占调整预算的97.7%。

（一）实施新版系统，完善管理手段，大力组织财政收入

2011年1月开始，全县有23家执收执罚单位纳入新版管理系统。面对严峻的财政形势，财政局积极应对、多措并举，大力组织财政收入。一是注重调查研究。深入执收单位开展全面细致地调研，编制科学合理的收入计划，并将全年非税收入任务下达到各执收单位。二是强化重点征管。对建设、水利、环保、国土等重点非税收入大户，实行专人负责，日督导、周调度，月总结，确保收入足额入库。三是加强票据管理。建立票据领用、审核专户档案，对票面金额进行登记，认真核验，堵塞工作漏洞。四是加强监督稽查。定期组织行政性事业收费及基金年度稽查工作，对与国家法律和政策不符的收费项目进行清理，进一步规范各行政事业单位收费行为。

（二）突出工作重点，强化保障措施，促进经济社会协调发展

在财政增收难、资金调度难、支出保障难的情况下，财政局千方百计调度资金，保证重点支出需要。一是全力支持十项重点工作支出。拨付资金6692万元，支持了北河水系治理；拨付城乡道路建设资金2510万元，用于南大街西延、建设路中段等5条道路的新建及改造；拨付新民居奖补资金55万元；落实节能减排项目资金588万元；拨付项目前期费用95万元等等，有效推动了“三大攻坚，四大开发”等十项重点工作的开展。二是全力保证社会保障各项支出。全年共发放城乡低保资金 3032 万元，保证了 22753 名低保对象的基本生活；为全县 4536 名优抚对象发放抚恤金 2986 万元；拨付再就业资金 1166 万元，培训新增农村劳动力和城镇失业人员 2714 人，安置失业人员 545 人，享受职业介绍补贴 360 人，享受社会保险补贴 1300 人；新型农村合作医疗财政补贴由每人每年 120 元提高到 200 元，拨付新型农村合作医疗补偿资金 4977 万元，累计补偿 68820 人次，并投入 470 万元建立了新型农村合作医疗大病补助基金；自 7 月 1 日开始全县实行新农保和城镇居民社会养老保险，农村养老保险参保 348080 人，筹集养老基金 7210 万元，为 81324 名享受养老待遇人员发放资金 2711 万元，城镇养老保险参保 3055 人，筹集养老基金 49 万元，为 432 名享受养老待遇人员发放资金 10 万元；为倴城镇 15 个村 2633 名被征地农民发放养老保险金 479 万元；加大保障性安居工程支持力度，新建廉租保障住房 96 套，经济适用住房 168 套，公共租赁保障住房 410 套，棚户区改造 2731 套，为 187 户住房困难家庭发放廉租住房补贴 23.8 万元，拨付城市棚户共改造资金 927 万元，拨付经济适用房补款 34.98 万元，并投入资金 40 万元对 40 个农村贫困残疾户进行危房改造。三是全力保证教育支出。全年支出农村义务教育保障经费 3537 万元，高中免学费 1000 万元，高中助学金 370 万元，职校贫困生及涉农专业免学费 280 万元，职校助学金 290 万元，贫困寄宿生生活费 64 万元。投入资金 1895 万元实施校舍安全工程，坨里镇九年一贯制学校、宋道口中心小学等 15 所学校教学楼全部开工建设；县财政投入资金 197 万元，争取上级资金 727 万元，化解全县 625 笔 924 万元农村义务教育债务任务。四是支持医药卫生体制改革。到 5 月底，基层卫生院和社区医疗服务中心药品全部实行零差率销售。结合卫生等相关部门起草并实施了《滦南县基层医疗卫生机构实行基本药物制度运行补偿暂行办法》，核定了基层医疗卫生机构的收支差额。拨付专项资金 326 万元。

（三）加大支农投入，落实惠农资金，增强农业农村发展后劲

一是保证支农支出。全年拨付支农资金 10198 万元，主要支出项目为：小麦抗旱浇水、小麦弱苗增施返青拔节肥补助资金 245 万元；拨付抗旱设备购置补助资金 200 万元；造林绿化补助资金 1392 万元；拨付小麦病虫害防治资金 103 万元；落实资金 564 万元，整理土地 6000 亩；发放支持农业建设奖励资金 2943 万元。二是开展农业保险财政补贴。先后开展了小麦、玉米、奶牛、能繁母猪等四项农业保险保费补贴，补贴总额 2101 万元。其中种植业保险补贴 839 万元，涉及农户 67 万户，投保面积 49.6 万亩；奶牛保险补贴 1262 万元，涉及 10 个镇 60 个养殖小区，投保奶牛 3.6 万头。三是做好各项涉农补贴发放。坚持资金封闭运行，严格政策把关，严格发放手续，严格发放时间，按期完成了补贴发放工作。2011 年，共发放粮食直补和综合直补资金 7136 万元，受益农户达到 14.7 万户，受益农民达 52 万人；发放良种补贴资金 1342 万元；拨付能繁母猪补贴资金 746 万元；落实农机具购置补贴资金 473 万元，补贴农机具 820 台（套）；兑付家电下乡补贴资金 1275 万元，涉及家电下乡产品 45636 台（套）；清算兑付汽车（摩托车）下乡补贴 720 万元，受益农户 901 户；发放成品油价格补贴 5586 万元。四是推进“一事一议”财政奖补试点工作。共拨付资金 1226 万元，对 2010 年 297 个一事一议项目进行了奖补。2011 年议定建设项目 295 个项目，总投资 1980 万元，并建立健全了一事一议三年项目库。五是抓好农业项目的上报。2011 年完成上报项目 16 个，申请资金总额 2693 万元，主要项目有：申请上级资金 283 万元的 2011 年应急度汛项目；落实 450 万元的中央财政农机具购置补贴资金；申报 1412 万元的农作物良种补贴；申请 200 万元财政资金的工厂化育苗中心建设项目等。

（四）严格管理，强化监督，提高财政资金使用效益

一是政府采购管理进一步加强。不断加大招投标方式的审批力度，狠抓政府采购监管，先后对教育局11处小学教学楼及附属工程、工商局智能热电系统及电梯采购等项目组织了政府采购。完成政府采购212批次，完成采购额9934万元，节约项目预算资金1378.07万元，资金节约率达13.49%。二是深入开展“小金库”专项治理工作。把垂直管理单位、执收执罚部门、自查自纠“零申报”和重点检查“零问题”的单位作为开展复查的重点，复查单位170个，抽查单位15家，并制定了财政资金使用和管理办法，确保治理工作不走过场。三是规范国有资产管理。完成了全县29家企业国有资产统计工作，对40家企业的国有资产进行了年度检查。认真抓好行政事业单位国有资产管理系统的运行，把好购置入口关，划转、报损和报废资产的处置审批关以及闲置资产出租、出借关。全面开展2011年度行政事业单位国有资产产权登记工作，不断提高国有资产管理水平。四是开展公务用车治理工作。按照上级部署，制定了具体方案，成立了专门的领导机构，抽调了工作人员进行公车治理。130家单位进行了自查，并组织开展了单位核实、编制核定、资料完善和初步清理的公车治理“回头看”工作。五是开展会计信息质量检查。对滦南二中、汇通电子有限公司等6家单位2010年会计信息质量进行实地检查，进一步强化了各单位内部财务管理，规范了会计行为。

（五）创新机制，健全体系，提高税源管理质量

一是做好既有企业发展现代服务业。按照市统一部署，对既有企业非核心业务进行主辅分离，全县确定的14家适合发展现代服务业的既有企业，一步到位，全部完成。滦南蓝海货物运输有限公司等12家企业年内缴纳地方税806.53万元（其中营业税414.85万元）。二是开展对标治税行动。按照市财税工作会议精神，通过对各镇全部财政收入、一般预算收入，钢铁、水泥、钢锹、纺纱等4大行业用电量以及纳税情况，建设局等8个重点部门非税收入完成情况的匡算分析，查找滦南与乐亭县、古冶区、丰润区同等规模县区财税收入差异，查找县内钢锹、纺纱行业的不同厂家单位产品财政贡献水平差异，查找重点部门与乐亭县对应部门非税收入差异，分析查找税源管理中存在的漏洞和薄弱环节，着力构建科学有效的控税体系。三是全力支持中小企业发展。结合工业和信息化局、商务局、科技局等部门，建立企业管理台帐，加大财政扶持和奖励资金的投入，积极帮助企业申报项目。全年共争取上级资金支持647万元，支持企业16家。其中申报国农级财政扶持项目4项，获得支持资金204万元；申报省级财政资金支持项目5项，获得支持资金341万元；为丰田五金农具制造公司等8家企业争取奖励资金102万元。四是积极做好中小企业信用担保中心工作。结合滦南实际情况，以市场为导向，积极开展担保经营活动。2011年，为唐山汇通电子有限公司贷款担保150万元。

（六）完善制度，加强学习，提高干部队伍保障力

一是抓好机关规范化建设。围绕机关管理、服务质量、干部管理等方面，完善下发了《关于加强干部队伍建设的意见》、《机关学习制度》、《机关卫生制度》等一系列规范性文件，把机关各项工作纳入了规范化管理的轨道。二是开展学习教育。制定了详细的学习计划，利用每周五下午学习日，组织机关各科室负责人讲解当前开展的重点工作的业务知识，开展授课效果大评比，大大增强了学习的实效性；充分利用省厅内网理论学习软件，在线学习业务知识，使学习型党组织建设成为促进机关持续发展的长效机制。三是深入开展机关作风专项整治活动。开展自查自纠，创新活动载体，深入开展整改，推行机关作风“五禁止”，规范了干部职工行为，机关作风进一步转变。四是加强财政所与镇经营管理合并管理。组织专人进行账务移交，接收各镇经管站人员100名，实现了农村财务收支管理的全覆盖。

民政局

2011年，用发展的眼光从宏观上谋划工作，以求真务实的态度从微观上做细工作，较好的完成了年度工作目标。

一、服从构建和谐滦南的需要，突出抓好了面向城乡困难群众的新型救助体系建设

城乡低保是城乡贫困居民最后的生活“保障线”。一方面，被县政府列入为群众所办20件实事之一的城乡低保提标工作全面完成。城镇低保标准由原来的每人每月310元提高到363元，农村低保标准由原来的每人每年1540元提高到1900元，并从年初执行；另一方面，紧紧围绕申报审核程序化、审批过程公开化、对象管理动态化开展有效的工作，全年共审核审批城镇低保家庭城镇低保1602户2701人，占城镇人口总数的3.2%。发放低保金783万，月人均补差236元；农村低保方面，目前共有12651户20063人享受低保，占全县农业人口的4.05%，发放低保金2215万，年均补差1166元，有效落实了“生命线工程”。

大病，是城乡居民致贫的一个重要因素。为最大限度的缓解贫困群体的医疗窘境。**一是缩短了救助时限。**由原来的每年年底办理一次改为每季办理一次，及时缓解了患大病家庭的资金困难。**二是加大了救助力度。**城乡低保家庭救助比例由原来的15%提高到25%。五保对象医疗救助不设起付线，按新型农村合作医疗报销后自付金额的25%给予救助。同时，全年累计救助最高限额由原来的1万元提高到5万元。**三是实行了病中救助。**一方面，实行了医疗救助“一站式”结算服务。确定了包括基层卫生院在内的9个公立医院为定点医疗机构，服务范围为城乡低保户和五保户；另一方面，尝试对罹患白血病、尿毒症、癌症等特殊重大疾病的，除其他救助政策外，还给予1000至1万元不等的一次性特殊救助。截至目前，全县907个贫困户深得综合医疗救助的裨益，报销医疗救助资金400多万元。

在救济工作中，特别注意把各项救助政策有机衔接，发放各项救灾救济款106.5万元。“两节”期间，投入资金70多万元，对5324个困难户及敬老院、光荣院老人进行了走访慰问。救助低保家庭中升入高校的学生130人，共发放救助资金24.7万元；为全县29名孤儿发放生活补贴17.5万元；对15至18岁适龄孤儿进行教育资助，免费接受中等专业教育。

二、服从国防建设的需要，营造拥军优属工作的浓厚氛围

为4787名复员军人、残疾军人等重点优抚对象共发放抚恤定补资金2090万元；落实义务兵优待款212万元，农村义务兵每户发放优待金4830元，城镇义务兵按每年500元发放；重点实施了优抚对象医疗工作“一站式”即时结算服务，发放门诊包干药费160万元；投入资金27.2万元，为60户老复员军人危房进行了翻建或修缮；为700名特困优抚对象解决棉衣500套，被褥300套；投入资金19万元，为700多户困难优抚对象解决生活困难35万元；落实资金404万元，对62名城镇退役士兵和转业士官进行了妥善安置；为2841名60周岁以上农村籍退役士兵落实了生活补助；投资50万元对全县34户残疾军人、556户优抚对象困难户、驻县部队、光荣院老人进行了节日慰问；县光荣院建设集观赏、生态、游玩、休憩为一体，实现了绿化、亮化、美化、科学化，为老人营造了一个温馨家园。2011年，被国家民政部命名为全国行风建设示范单位，并较好保持全国文明院及省甲级院称号；军休所工作，努力激发军休干部参与家乡建设，配合全县搞好“三大攻坚”、“四大开发”的积极性。军休干部联名《致县委政府的一封公开信》，得到县委书记张国栋专门批示，并让四大班子领导传阅学习，国家和省市等多家新闻媒体曾报道该所的经验做法。

三、服从建设沿海经济强县的需要，全力抓好各项社会行政事务管理工作

民政部门承担着社会行政事务管理等多项工作，**婚姻登记工作**，共办理结婚登记1620对，离婚登记423对，补领婚姻证件525对，收养登记1例，登记合格率为100%；**民间组织管理工作**，审批社会组织71个，登记合格率达100%，年检合格率100%；**地名工作**，完成了全县第二次地名普查。新命名住宅小区9处，商业街3处；城区街路7条，更名城区街路名称5个，安装城区街路牌、住宅楼、单元、门牌5261块；**殡葬服务方面**，火化遗体4042具，火化率达到100%；**“幸福工程”建设**，投资1355.7万元，建成居家养老服务中心7个，居家养老服务站167个，总建筑面积达3.4万平方米。农村养老互助覆盖率达到29.6%。在幸福工程的支撑下，广大农村的老人们，足不出村便可安享晚年之乐。

总之，在2011年的工作中，民政局从解决人民群众最关心、最直接、最现实的利益出发，恪尽职守，奋力工作，忠实地履行了“上为政府分忧，下为百姓解愁”的民政宗旨。

卫生局

2011年，卫生局坚持科学发展、赶超跨越，围绕落实县委、县政府的重点工作任务，积极推进医药卫生体制改革，认真抓好新型农村合作医疗，不断加强医疗服务体系建设，大力实施基本公共卫生服务，努力维护群众健康权益，各项工作都取得了积极成效。

一、医药卫生体制改革工作稳步推进

一是积极研究谋划，认真组织落实。成立了卫生局深化医药卫生体制改革工作领导小组，专门组建了医改办公室。先后7次召开专题会议，学习传达上级文件精神，安排部署医改工作。在扒齿港召开现场会，向全县基层医疗机构推广试点经验。实行班子成员分包和重点工作分解，明确了具体目标和任务时限，保证了医改任务的落实。积极开展调查研究，结合全县实际研究起草了《滦南县深化农村医药卫生体制综合改革实施方案》，并制定了《基层医疗卫生机构执行国家基本药物制度实施细则》、《基层医疗卫生机构岗位设置与工作人员竞聘上岗、分流人员安置办法》、《基层医疗卫生机构绩效考核实施办法》、《滦南县医改所需资金测算》、《滦南县深化农村医药卫生体制综合改革试点方案》、《滦南县新型农村合作医疗大病补助基金实施方案》，为医改工作顺利推开打下了坚实基础。**二是积极推行药品零差率销售，基本药物制度顺利落实。**5月下旬，基层医疗卫生机构对现有库存药品进行盘点，对按照国家基本药物品种、省增补品种、非基本药物品种进行分类管理，不再购进非基本药物。6月初，全县17所卫生院和社区卫生服务中心全部实现了价格零差率。同时，积极开展基本药物网上集中采购，制定了《滦南县基层医疗机构实施国家基本药物网上集中采购办法》，建立了网上采购目录。建立了评议机制，成立了由基层医疗机构负责人和药库主任组成的网上采购药事委员会，组织了二次议价，选定6家药品配送企业签订了药品购销协议。10月份起，全县基层医疗卫生机构全部通过省网上平台采购药品。积极与财政部门协调，设立了基本药物网上采购支付管理机构，解决了基层医疗机构参加网上采购后不能及时结算货款，影响药品配送的问题，保证了基本药品制度顺利施行。**三是坚持攻坚克难，人事制度改革圆满完成。**探索建立竞争上岗、全员聘用、能上能下、能进能出的用人机制，按照省政府《基层医疗卫生机构人员分流安置办法（试行）》、省医改办《关于基层医药卫生体制综合改革中人事制度改革有关政策的补充通知》和《滦南县基层医疗卫生机构岗位设置与工作人员竞聘上岗、分流人员安置的办法》，坚持按需设岗、竞聘上岗、按岗聘用的原则，实行了院长选聘和职工聘用。首先进行岗位设置，制定全县17所卫生院和1所社区卫生服务中心的岗位设置方案。实行竞聘上岗，按照公布岗位、报名与资格审查、考试考核、公示、聘用的程序进行。在完成了扒齿港、青坨营镇两所试点卫生院的院长选聘和职工聘用的基础上，专门召开人事制度改革动员会，在全县17所卫生院全面推行了院长选聘和全员聘用。坚持攻坚克难，针对倴城镇中心卫生院人员超编、情况复杂的实际，11月初组成专门班子认真进行调查分析，按照严格政策、积极稳妥、公开透明、可操作性强的原则，研究制定了改革方案，并向全体职工公布。经过职工申报岗位、考核测评和公示，圆满完成了人事聘用，15名落聘职工平稳分流，基层卫生院人事制度改革全部完成。**四是实施绩效考核，发挥了分配制度的激励作用。**制定印发了《关于镇卫生院和村卫生室绩效考核实施方案》，坚持公平、公正、公开的考核方式和综合评价、合理量化的考核办法，以基本公共卫生服务和基本医疗服务为考核重点，将考核结果与绩效工资和相关财政补助的拨付挂钩，推进基层医疗卫生单位转变运行机制、全面履行职责。

二、新型农村合作医疗工作稳步实施

2011年，全县共有47.08万名农民参加新型农村合作医疗，农民参合率达到了97.09%，实现了连续五年增长。年度筹资总额10827.94万元，其中农民个人缴费1412.34万元，中央财政补助资金4707.8万元，地方政补助资金4707.8万元。资金分配情况为，提取风险金429.8万元，设立统筹基金10398.14万元。统筹基金中，门诊统筹基金1647.73万元，大病统筹基金为8750.41万元。年内住院补偿37278人次，补偿金额6215.30万元；门诊补偿376508人次，补偿金额302.52万元，其中冲抵家庭账户42.84万元，门诊统筹259.67万元。补偿金额1万元以上的有829人，补偿金额2万元以上的达到244人。为使基金发挥最大效益，提高群众受益水平，重点抓了三方面工作：**一是提高新农合补偿标准**。2011年度农民个人筹资从20元提高到了30元。为了让参合农民多受益，对基金使用进行了精心测算，并于年初调整了新型农村合作医疗补偿方案，将县级定点医院起付线由600元下调到500元，县级以上定点医院补偿比由45%提高到50%，门诊统筹补偿比由25%上调至30%，封顶线由每人每年30元上调至40元。2月《河北省2011年新型农村合作医疗统筹补偿方案基本框架》要求，各级财政补助标准提高到每人每年200元，每名参合农民的总筹资标准达到230元。按照政府常务会通过的《滦南县新型农村合作医疗实施细则》，7月1日起调整了新农合补偿标准，将镇级定点医院起付线由200元下调到150元，补偿比由75%提高到80%；将县级定点医院补偿比由60%提高到65%；将市定点医院补偿比由50%提高到55%；将市以上非定点医院起付线由2500元提高到3000元，补偿比由40%提高到45%；各级住院报销封顶线由5万元提高到8万元。提高门诊统筹的补偿标准，门诊统筹不设起付线，将补偿比由25%提高到30%，封顶线由30元提高到40元。新标准执行以来，参合农民平均实际补偿比提高了0.4个百分点，政策效果已初步显现。对1～6月份报销的参合农民按新标准进行了追加补偿，补偿人数1.88万人，参合农民多受益302万元。**二是筹划实施大病补助**。按照《滦南县新型农村合作医疗大病补助基金实施方案》，对参合人员在参合年度内新农合补偿后个人自付部分累计超过2万元的，按自费金额实行分段计算的方法给予补助，最高支付限额每人每年20万元。目前县财政已安排配套资金471万元，将1～10月份大病补助情况统计上报市医改办，待市级配套资金到位后开始实施。**三是强化监督管理**。加大对定点医疗机构的监管力度，管理中心人员实行了监管责任制，分工包片、责任到人。采取全网络实时监控、定期检查、患者随访等形式进行监督，有效地规范了定点医院的诊疗行为。不断完善考核机制，按照《唐山市新型农村合作医疗定点医疗机构管理办法（暂行）》，对照标准严格考核，落实奖惩制度。严格控制基金支出，实行总额预付管理，科学测算核定县内定点医院补偿指标，有效控制了统筹基金支出过快增长的势头。

三、医疗卫生服务体系进一步健全

一是优化医疗设施建设。总投资5.3亿元的新县医院项目进展顺利，医院综合楼和感染科楼主体已经完成，即将验收。争取到县精神病专科医院和胡各庄中心卫生院项目，县精神病专科医院计划新建面积5400平方米，投资1100万元（中央投资850万元，县财政配套250万元），目前已完成项目规划、环境影响报告、可行性研究报告、初步设计等，选址在新县医院附近；胡各庄镇中心卫生院项目新建面积860平方米，总投资116万元（中央投资80万元，县财政配套36万元），目前已完成地质勘查、图纸设计等工作，正在进行图纸审查。结合财政局对卫生监督所、县医院、中医院、妇幼保健院现有设备情况进行了调查，对急需设备、高精尖设备和常用设备进行了统计，共申请设备324台件，目前除中医院补助未批复外，其余三个项目已经批复补助资金378万元。积极实施中央补助卫生院设备购置项目，17家卫生院补助资金170万元，目前已有除颤起搏器、监护仪、心电图机、便携式B超等63台件设备到位并下拨到各卫生院。投资40万元，进行了局办公大楼外观改造和亮化。先后跑省卫生厅、赴市卫生局跑办项目，基本落实了新县医院项目贷款和设备购置资金，并争取到了卫生监督所建设项目和预防保健专项资金。**二是加强社区卫生服务体系建设。**社区卫生服务中心积极延伸服务网络，先后建立了仁和曙光、千禧和平社区卫生服务站，配备人员15名。县医院积极筹措资金，为两个社区卫生服务站配备了价值20万元血球仪、心电图、尿分析仪和电脑、打印机等设备，配备了价值10万元药品，投资10万元装修了房屋。**三是加强基层卫生院建设。**以医改为契机，加强卫生院规范化管理，大力推广扒齿港卫生院的经验，积极改善院内环境，健全管理制度，统一制作了医改领导组织、药品管理制度、处方制度、医德医风考核奖惩制度和健康知识宣传等标牌26种、380块，张挂在卫生院醒目位置。积极组织基层卫生院专业技术人员开展专业技术培训，提升了基层卫生院软实力。先后举办了新病历书写规范培训班、药剂人员培训班、检验人员培训班和妇产科人员培训班，采取专家视频授课和聘请专家现场授课的方式，培训基层卫生技术人员96名，提高了卫生院的服务能力。**四是狠抓村卫生室建设。**严格落实村卫生室标准，要求房屋面积由40平方米增到60平方米，诊室、治疗室、药房三室分开，并配齐相应的诊疗设备。在全县16个镇选树标杆卫生室62所，为标杆卫生室制作了《村卫生室工作职责》、《药房管理制度》等4种标牌，对其他卫生室起到了示范作用。对全县乡医进行了妇产专业培训，并组织了考核。6月初，安排各卫生院召开了乡医培训会，宣传医改政策，提出标准化建设要求。各卫生院向乡医批发药品实行零差率，并免费送货上门，规范了乡医药品采购渠道，保证了群众用药质量。

四、公共卫生服务能力进一步增强

一是认真开展基本公共卫生服务项目。以居民健康档案为基础，以儿童、孕产妇、老人、慢性病及重性精神疾病等人群为重点，在自愿的基础上，通过上门随访服务等形式，为辖区常住人口建立统一、规范的健康档案。9月底，省卫生厅调整了基本公共卫生服务项目绩效评价标准，要求城乡居民建档率达到60%以上。目前，在农村已为30.38万人建立健康档案，建档率58.1%，12月中旬按要求完成目标任务；在县城已为3.4万人建立健康档案，建档率达到76.5%。按照“健康滦南、幸福人民”行动要求，为49439名“三高”（高血压、高血糖、高血脂）人员进行体检，超额完成市下达的指标。疾控中心专门成立了宣教科和慢病防治科，采取健康讲座、设置健康教育宣传栏、发放宣传资料、播放视听资料等形式，开展健康教育和咨询活动，受教育群众达11.97万人。实施一类疫苗预防接种工作，推进接种门诊规范化建设，“单苗”接种率均达到95%以上。强化传染病防治工作，积极开展传染病防治知识宣传，共发放宣传单2万份、宣传折页400张。建立了传染病报告管理制度，全县传染病报告及时率达到100%，未发生漏报现象。对全县65岁及以上老年人进行了统计摸底，进行健康体检，目前管理人数达4.43万人。建立了35岁以上人员首诊测血压制度，为发现的高血压、糖尿病病人建立档案，开展随访，目前共管理高血压病人3.05万人，管理糖尿病人数11390人。开展了重性精神病筛查，管理重性精神病人1692人，规范管理1354人。对0～36个月儿童进行健康管理，3岁以下儿童健康检查率86.06%。对孕妇进行体检并进行孕期营养、心理健康等健康指导，系统管理率达96.25%。**二是狠抓重点传染病防控。**以健康教育为基础，以查、防、救、治为重点，全面落实艾滋病防治“四免一关怀”政策，开展艾滋病初筛检测4815人次结果均为阴性，深入娱乐场所实施了行为干预；建立了干预与VCT外展相结合、干预与100%CUP相结合的工作模式；加强抗病毒治疗工作，使艾滋病人得到了规范治疗。积极推进结核病控制策略，共接初诊病人1710人，确诊肺结核病202例，病人报告率、转诊率、追踪到位率和系统管理率均达到上级指标要求。加强肠道传染病防控，5月份起各医疗机构开设了肠道门诊。制定霍乱防治计划，设立了3个外环境监测点，检测外环境水、污水及市售水产品20份，未检出霍乱弧菌和肠出血性大肠杆菌。加强手足口病防控，成立了防控组织，开展了医疗机构手足口临床诊断知识培训和托幼机构教师手足口病防治知识培训。加强疫情监测，实行网络主动搜索，严格落实传染病预检分诊制度，实现了早发现、早隔离、早治疗。积极协调教育部门，认真落实学校晨午检制度，防止了疫情暴发流行。加大宣传力度，向村、幼儿园和小学发放了手足口病防治知识宣传画。**三是强化卫生应急工作。**服务攻坚行动，抽调医护人员和救护车辆进行了应急救治准备。统筹调度医疗资源，及时组织了氟乙酰胺中毒患者救治，并受到县委、县政府肯定。**四是加强卫生监测工作。**完成检测生活饮用水159份，常规体检3500人份，职业卫生体检中检测血常规3230人份、尿常规2838人份、肝功四项2858人份、空气中职业危害元素检查94份，血糖1200人份，检测血脂700人份。开展岗前、在岗期间、离岗后职业健康体检3662人，食品和公共场所从业人员健康检查4706人。

五、努力维护群众健康权益

一是认真落实食品安全监督职责。4月份，县委、县政府对食品监管部门职责进行了调整，卫生局承担了食品安全综合协调、组织查处食品安全重大事故的职责。认真履行食品安全综合监督组织协调职能，专门成立了食品安全协调办公室，具体负责食品安全综合协调工作。协调督导各职能部门深入实施多领域食品安全目标管理，先后开展了辣椒及其制品大检查、严厉打击地沟油、严厉打击非法添加行为等多项联合行动保障了群众的饮食卫生安全。组织开展了食品安全宣传周活动，营造了关注食品安全的浓厚氛围。**二是狠抓公共场所卫生整治。**按照县委、县政府创建全省文明县城的要求，强化小浴池（游泳馆）、小美容美发店、小旅馆和小型休闲娱乐场所（酒吧、歌厅）等公共场所的整治。成立了领导小组，将县城分成两个片区，实行班子成员分包，明确包片监督员，分解任务指标，实行定人、定责、定标准、定进度、定时限，并实行责任追究制，保证了各项任务落到实处。广泛动员，制定了整治方案和具体卫生标准，召开了动员会，邀请市卫生监督所专家对经营者进行了法律法规和卫生知识培训。组织全县116户经营者签订了卫生整治承诺书，明确整治责任，要求经营者对照标准进行整改。科学监管，严格规范公共场所卫生秩序。实行了公共场所量化分级管理，并张贴公共场所卫生信誉度等级标识。先后出动卫生执法车辆108台次、卫生执法人员329人次，下达整改意见书25份，对整改不达标的1户浴池和1户宾馆进行了行政处罚，有效规范了公共场所卫生秩序。**三是大力整治医疗服务市场。**对县城诊所进行了集中整顿，出动执法人员，对46家诊所和村卫生室进行了逐一排查，取缔无证诊所2家，没收药品13种、价值1000元，责令2家诊所停业整顿，责令7家不规范诊所限期整改。**四是强化传染病执法监督。**结合防控手足口病，深入43所中小学督导传染病防治法落实情况，下达卫生监督意见书15份。开展了消毒产品检查，深入83家医院、药店、医药批发企业和超市，抽查消毒剂8种、消毒器械5种、卫生用品3种，没收不合格消毒产品42袋。3家餐饮具集中消毒单位进行了现场监督。对部分商店经营的涉水产品进行了监督检查，共检查11个品牌的饮水机、净化器，向卫生许可批件过期和未索证的商家下达了监督意见书。对全县58所中小学自备井进行了卫生监督，针对存在的安全隐患进行了业务指导，并及时将有关情况通报了教育部门。

六、树立了争先进位的行业风气

一是创新举措，开展了系列主题活动。大力开展“三送三爱三进”活动，成立党员志愿服务队送医、送药、送健康知识，在帮助群众解决看病就医实际困难中创先争优抓党建。医疗卫生服务进村、进社区、进家庭，关爱弱势群体、关爱特困病人、献爱心送温暖。自活动开展以来，组织健康教育和义诊活动11次，免费诊治病人4300余人次，发放宣传材料3700

余份，为335名环卫工人、社区下岗职工和老党员免费检测了血压、心电图、血糖和血脂等指标，发放“爱心医疗卡”128张。社区卫生服务中心对行动不便人员，建立家庭病床，实行送医送药上门。开展了“服务好、质量好、医德好、群众满意”的“三好一满意”活动，在医院门诊大厅安排导诊、设立投诉意见箱，不断提升服务水平，持续改进医疗质量，大力弘扬高尚医德，争创人民满意医院。开展了“树名医、建名科、创名院”活动，打造滦南名医、滦南名科、滦南名院，努力实现一流的管理、一流的技术、一流的服务。**二是加强监督考核。**实行绩效考核，严格落实奖惩，对连续2年考核不合格的卫生院，免去院长职务。结合审计局对疾控中心、妇幼医院、宋道口镇卫生院进行了延伸审计，结合收费管理局对基层医疗单位的收费情况、收费票据的使用情况进行了检查。**三是实行政务公开和院务公开。**在办公楼门厅设置党务公开栏，公开了党委班子分工、党风廉政建设责任分解、党组织设置情况、领导班子议事规则和决策程序，接受社会监督。结合医改工作，各医院公开药品价格、公开新农合报销、公开免费接种项目，实现了阳光操作。制定了《院务公开考核办法》，由纪委牵头对院务公开工作进行了专项督导。

安监局

2011年，在县委、县政府的正确领导下，安监局坚持“安全第一、预防为主、综合治理”的方针，紧紧围绕年初确定的各项工作目标和任务，全面落实安全生产责任制，深化隐患排查，强化专项整治，规范教育培训，强化企业主体责任，严格执法监管，健全目标管理体系，狠抓各项工作落实，全县安全生产监管水平不断提高。县政府已连续第五年被唐山市政府考核为安全生产目标管理先进县，县安监局已经连续第五年被唐山市安委会考核为安全生产监督管理先进集体。

2011年，全县未发生重伤以上安全生产责任事故，未发生影响恶劣的事故或职业危害重大事故，工矿商贸企业未发生重伤以上安全生产事故，各类学校未发生死亡事故，安全生产形势持续稳定。

一、工作谋划更加细致，部署更加到位

年初，制定了《滦南县2011年安全生产工作要点》，明确了工作思路，确定了2011年安全生产工作重点。根据工作思路，采取召开会议、印发文件等多种形式安排部署全年各项工作。2011年共组织召开全县性的安全生产工作大会、安委会例会、联络员会议、专题会议等各类会议12次，及时传达上级要求，布置各项工作，分析安全生产形势，研究工作中遇到的问题；印发、转发安全生产相关文件74个，贯彻落实上级精神，对各阶段的工作做出安排部署；印发安全生产监管简报61期，及时通报全县安全生产监管工作动态，为做好全县安全生产工作起到了重要作用。

二、责任分解更加细化

按照市政府2011年安全生产目标管理责任书，将承担的责任目标进行了细化分解，年初县政府与19个镇（管委会、街道办）和18个负有安全监管职责的县直部门主要负责人签订了安全生产目标管理责任书；各镇（管委会、街道办）和县直有关部门又与辖区企业和监管对象签订了安全生产目标管理责任书；企业与车间、车间与班组层层签订了责任书，形成了政府逐级负责，企业全员覆盖的安全生产责任体系。

三、安全生产基础更加坚实

1. 安全生产标准化建设顺利推进。按照国家和省、市要求，安排部分重点企业开展安全生产标准化建设工作。目前，唐钢集团华西钢铁公司、唐山东方炼焦制气有限公司、唐山市仁和五金工具有限公司等试点企业已经通过三级安全生产标准化验收，河北永新纸业有限公司、唐山瑞华生物农药有限公司、唐山泰象漆业防腐有限公司、蒙牛乳业（滦南）有限公司等企业标准化工作已展开。

2. 应急演练工作成绩喜人。组织相关单位制定应急救援预案，建立应急救援组织，配备应急救援设施设备，并积极开展应急救援演练。

通过演练，检验了应急预案的可操作性，提高了从业人员的应急处置能力和应对突发事件能力。年内全县参加演练的企事业单位达138家，举行演练90余次，观摩人数28422人，动用设备240台（套），投入演练资金十万余元。特别是唐钢集团华西钢铁公司，在全市72家企业参加的钢铁、焦化企业煤防救护队伍综合演练比武大赛中，荣获总成绩第三名的好成绩，市委书记王雪峰同志亲自颁奖。

3. **把行政审批与助推项目建设相结合。**严把行政审批关，大力督导新建、改建、扩建项目认真履行“三同时”手续，使安全设施与主体工程同时设计、同时施工、同时投入生产和使用，减少安全欠账。同时，做好项目助推服务工作，跟踪重点项目，实施上门服务，主动为项目建设提供安全生产咨询，积极协助新建、改建、扩建项目建立、健全安全生产责任制和各项规章制度，使企业沿着科学化、规范化、制度化的轨道前进。年内共为49家危险化学品经营单位办理了危险化学品经营许可证取证、换证手续；为3家企业办理了安全预评价报告备案和安全设施设计专篇备案；为2家企业办理了危险化学品使用备案。

四、安全监管力度不断加大

充分发挥县安委会办公室的督导、调度、协调作用，组织全县各相关部门狠抓安全生产隐患排查治理，开展了一系列执法行动，为全县安全生产形势稳定奠定了坚实基础。

1. **持续开展专项整治。**在2010年原有的冶金、建筑施工、道路交通等专项整治方案基础上，制定了七个专项整治方案，在危险化学品和烟花爆竹、冶金、道路交通、建筑施工、人员密集场所、职业卫生及其他行业领域开展了专项整治，组织各职能部门按照各自监管职责，选派精干力量，持续深入开展专项整治。截至目前，共检查复查企业287家次，查出隐患问题478条，已整改375条。

2. **集中开展打击非法违法生产经营建设行为专项行动。**组织各部门、各单位加强领导、落实责任、明确重点、加大检查频次，增加检查人员，开展了严厉打击非法违法生产经营建设行为，共出动检查人员1751人次，检查企业305家，取缔非法生产乙炔企业3家、小炼钢小炼铁企业3家，拆除“土特种设备”3台，查处超限运输车辆12辆，查获酒后驾车11人，醉酒驾驶6人，刑事拘留12人，查扣违法车辆212辆。

3. **全面开展隐患排查治理工作。**根据季节特点有针对性的在危险化学品和烟花爆竹、冶金、道路交通、建筑施工、城市燃气、民爆器材、特种设备、人员密集场所、建材、机械、轻工、纺织、烟草、电力、农机、渔业、水利等行业（领域），开展了隐患排查治理系列活动。对排查出的隐患和问题及时下达整改通知，做到措施、责任、资金、时限和预案“五到位”，检查、整改、复查形成完整闭合。在春季安全大检查、“迎两节、保安全”安全生产大检查、“奋战四季度、全力保安全”安全生产隐患大排查专项行动等一系列隐患排查治理活动中，共检查复查企业1142家次，排查出隐患问题1581条，已整改1468条。

特别是针对2011年全县建设项目多，施工人员安全意识淡薄的问题，县安委会专门印发了《关于深入开展项目建设工地安全生产隐患排查整治工作的通知》（傣安[2011]7号），在全县项目建设工地开展了自下而上的隐患排查整治，明确了各项目建设单位、施工单位、监理单位、外协单位在隐患排查整治工作中的责任，形成了“政府相关部门监管（管理），项目建设单位负总责，施工单位、监理单位、外协单位等各负其责”的隐患排查整治体系。做到隐患排查不留死角，整治不留后患。共排查隐患和问题520条，已整改511条。

五、安全生产宣传教育更加深入

1. **企业各类人员素质全面提高。**在保证高危行业主要负责人和安全管理人员100%持证上岗的基础上，狠抓非高危行业和中小企业主要负责人、安全生产管理人员的培训，严抓特种作业人员、班组长、其他从业人员的培训，严格把关，严格考核，全面提高了企业各类人员的安全素质。共培训企业负责人、特种作业人员、安全生产管理人员、班组长、从业人员等各类人员3000余人。

2.“安全生产月”活动效果明显。以“安全责任、重在落实”为主题，采取悬挂条幅、标语及安全知识万人答题等多种形式，广泛开展了“安全生产月”宣传教育活动，取得良好效果。6月13日，组织具有监管（管理）职责的部门，采取发放宣传资料、进行现场咨询、大屏幕播放宣传片等形式，开展了大型安全生产咨询日活动。6月16日，采取聘请专家授课、组织参观安全生产警示教育展览、观看安全生产警示教育片的形式，召开了全县安全生产警示教育大会。各监管部门还分别组织重点行业领域企业，召开了警示教育系列分会，增强了群众的安全意识，有力营造了“安全责任、重在落实”的舆论氛围。

六、工作方法不断创新

在做好日常安全监管工作的同时，紧密围绕全县中心工作，把着力点放在营造和谐平稳安全环境上，大胆探索、大胆实践、大胆创新，抓住安全生产工作的重点，突破难点，创新亮点，集中精力破解安监工作难题。唐山市安全生产简报以《创新安全监管思路，加大安全监管力度》为题目印发专刊，对滦南安监工作进行了表扬。

1.积极开展安全生产隐患（问题）移交工作。县安委会印发了《关于加强安全生产隐患（问题）移交工作的通知》（倴安［2011］8号），组织协调各部门、各单位当发现超出监管（管理）权限的安全生产隐患（问题）时，及时、妥善做好隐患或问题的移交、核查和处置，理顺了安全生产隐患（问题）移交程序，实现了安全生产监管无缝隙、全覆盖。

2.组织赴先进县区学习管理经验。为填补滦南非煤矿山安全监管经验空白，做好大铁矿安全监管工作，安监局组织相关人员赴滦县学习借鉴先进管理经验，迅速提升了管理水平。为解决各镇安监站基础薄弱的问题，组织部分镇的安监站长赴丰南区丰南镇、黄各庄镇进行学习考察，通过学习先进经验，进一步解放了思想，开阔了眼界，找到了差距、学到了经验。

3.进一步加强对外协单位的安全生产管理。根据2010年出台的《关于加强对外协单位安全生产管理的意见》，进一步明确了外协单位、业主单位、监管部门的职责，规范对外协单位的安全生产管理工作。各相关部门在进入企业检查时，一方面加强对业主单位的督导，要求业主单位严格审查外协单位的相应资质，与外协单位签订专门安全生产协议，做好对外协单位施工方案审查、施工现场管理、交叉作业协调等项工作。另一方面加大对外协单位的检查力度。对外协单位从基础档案资料建立情况、人员持证上岗及教育培训情况、作业现场安全管理等方面进行全方位检查，最大程度的消除了安全隐患，有效地防范了事故的发生。

七、安全监管队伍自身建设不断加强

加强队伍建设，提高自身素质是搞好安监工作的基础。在加强安监队伍自身建设方面，突出了“三个抓”。**一是抓学习。**以建设“学习型、务实型、创新型”机关为目标，把每周五下午定为政治、业务学习日，通过采取执法案例分析、和谐执法研讨等多种形式，学习政治理论和业务知识，交流执法经验体会，不断提升全体机关党员干部的综合素质。**二是抓制度，规范干部队伍行政行为。**通过完善、实施《值班制度》、《考勤制度》、《公章使用管理制度》等多项规章制度，使机关运转更加顺畅、有序。**三是抓党风廉政建设。**全面落实党风廉政建设责任制，通过多种形式，对全局党员干部进行廉洁自律警示教育，进一步提高了全局干部职工反腐倡廉的自觉性，有力地推动了机关反腐倡廉工作。通过在机关中大力倡导“忠诚敬业，乐于奉献；自我加压，不懈进取；真诚负责，团结协作；严细求实，高效快捷；坚持程序，严守规范”五种精神，打造了一支“思想作风过硬、业务水平过硬、组织纪律严明”的安全生产监管队伍。同时，机关党建、精神文明建设、社会治安综合治理、信访稳定、优化经济发展环境等项工作也得到进一步加强。

食品药品监督管理局

2011年，局领导班子团结带领全体干部职工在县委、县政府和市局的正确领导下，坚持围绕中心、服务大局、标本兼治、纠建并举的方针，以保障公众饮食用药安全为中心，以抓好机构改革和履行新职能为突破口，深入开展食品药品安全专项整治行动，认真履行食品药品监管职责，扎实推进党风廉政建设、行风建设、效能建设和文化建设等工作，有力保障了全县群众饮食用药安全。

一、主动协调推进，顺利完成机构改革和职能调整

2011年4月份，按照县政府统一安排，完成了同县卫生系统的有关职能调整，将原承担的食品安全综合协调、组织查处食品安全重大事故的职责划给县卫生局，将县卫生局原承担的食品卫生许可，餐饮业、食堂等消费环节食品安全监督管理和保健食品、化妆品监督管理的职责划入药监局。体制改革前，局领导班子深入调研，超前思考，积极谋划，多方协调，牢牢掌握工作的主动权，保证食品药品监管工作只能加强，不被削弱。体制改革后，针对机构设置、职能调整、队伍扩大及监管保障等重大问题，坚持从实际出发，在积极学习借鉴外地成功经验的基础上，统筹制定新的工作方案，重新构建全县监管格局，快速加以推进。

二、加大食品安全监管力度，保障群众饮食安全

（一）多措并举开展食品安全综合监管。在机构改革职能调整前，抱着善始善终的工作态度，认真履行食品安全综合协调职能，不敢有丝毫懈怠，确保了食品安全综合协调工作有条不紊开展，做到了无缝隙交接。**一是高度重视，积极组织。**先后组织召开了6次不同层次的食品安全工作会议，全面传达上级食品安全工作会议精神，研究部署全县食品安全工作。**二是科学指导，规范运作。**制定下发了《滦南县2011年春节期间全县食品安全整治工作安排》、《关于开展食品安全专项整治行动督导工作的通知》等文件，加强对食品安全工作的指导。**三是加大宣传，营造氛围。**开展食品安全进社区、进农村、进学校、进机关、进企业、进家庭活动，大力营造食品安全整顿宣传教育氛围，同时认真落实食品安全有奖举报制度，公布举报电话，设立举报箱，做好群众举报投诉受理、调查处理和情况反馈工作。**四是灵通信息，加强反馈。**指导各职能部门及时反映工作动态，县食安办也定期向市食安办报送滦南每日、每周食品安全专项整治行动情况统计表及工作动态，共报送35篇工作信息，被《唐山市食品安全专项整治行动简报》采集刊登了20篇。**五是督导检查，专项治理。**组织食品安全成员单位开展食品安全专项整治行动，对所有生产经营企业、摊点、作坊等逐家进行监督检查，严厉查处和打击食品生产经营违法违规行为。

（二）认真履行餐饮服务食品安全监管职能。从2011年4月20日开始履行餐饮服务环节食品安全的监管职能，面对监管档案不健全、监管对象法律意识淡薄、执法装备不完善等诸多实际困难，没有停留在“等、靠、要”的状态，高度重视餐饮服务环节食品安全，积极克服困难，有计划、有方案、有措施地主动出击，制定了详细的年度监管计划，并按照上级文件要求不折不扣地狠抓落实，对全县餐饮服务单位进行了全面监督检查和规范治理，确保了全县餐饮服务环节的食品安全和化妆品、保健食品安全。**一是加强领导，落实责任。**成立了食品安全工作领导小组，层层签订了工作责任状，建立了分片包干、明确任务、责任到人的监管体系。**二是细化措施，明确目标。**制定了《滦南县餐饮服务食品安全整治行动实施方案》、《关于开展严厉打击食品非法添加和滥用食品添加剂专项整治行动方案》、《餐饮服务环节“瘦肉精”专项整治工作方案》、《关于加强“地沟油”整治和餐厨废弃物管理工作的通知》、《学校食堂食品安全专项整治行动工作方案》等文件，不断加强规范运作，统筹安排指导，始终保持餐饮环节食品安全监管工作的高压态势。**三是调查摸底，集中培训。**对全县餐饮服务单位进行了全面的调查摸底工作，全面掌握餐饮服务单位基本情况，理清了餐饮单位的基础数量、卫生状况、许可及上岗持证等情况。全县共有餐饮单位366家，大中型餐馆30家，小型餐馆132家，小吃店150家，饮品店4家，各类食堂50家。5月份举办两期餐饮服务业食品安全知识培训班，从业人员管理素质明显提高。**四是规范许可，严格审批。**认真做好餐饮服务许可工作，严把申请审核、现场核查、许可审批关。对符合审批条件的，及时办理《餐饮服务许可证》；对不符合审批条件的，责令其限期整改。共受理许可申报128家，办理餐饮服务许可105家，责令限期整改22家，不予许可1家。**五是突出重点，强化监管。**加大日常监管力度，保持餐饮环节食品安全整治行动高压态势。严厉查处餐饮服务单位无证经营及从业人员无健康证上岗等违法违规行为，进一步规范完善餐饮单位的基础设施、卫生条件、工艺流程，严格落实索证索票及购进台账登记、用具清洗、消毒管理等各项食品安全制度。集中开展小餐饮整治行动，针对部分小餐饮存在的食品原料采购索证索票不规范、加工及烹调流程布局不合理、基础设施不完善、餐饮具消毒制度不严格落实等问题，对37家小餐饮店下达整改监督意见书，责令限期整改。**六是派员监督，保障安全。**在五一、国庆等重要节日以及县党代会、中高考等重要活动期间，对相关餐饮单位实行派驻监督员制度，进行24小时全天候监督。有效保障了全县重大会议与活动期间的餐饮食品安全。**七是把握热点，专项整治。**集中开展了“地沟油”、“瘦肉精”、“非法添加”、“假劣酒类”、学校食堂食品安全五项专项整治行动。督导餐饮服务单位建立健全原料采购索证索票、进货查验记录等制度，严厉查处餐饮服务环节食品安全各种违法行为。督促各餐饮单位进行全面自查，发放《餐饮服务食品安全自查表》366份，张贴《严厉打击“地沟油”、“瘦肉精”、“非法添加”、“假劣酒类”违法犯罪行为的通告》及宣传画1800份。联合县教育局对全县29家镇中心校、县城中小学学校和幼儿园的主管副职、食堂管理人员就食堂食品安全知识和相关法律法规进行了集中培训，组织执法人员对学校食堂食品安全管理制度落实情况进行了全面监督检查，共下达监督意见书22份，责令整改通知书9份。**八是建章立制，规范管理。**建立完善行政许可、监督管理、宣传培训、应急处置、行政处罚等工作程序，制定工作标准和操作规范，健全餐饮服务食品安全监管执法体系，全面推行餐饮服务单位食品安全公开承诺制度；对全县餐饮服务单位实行“五统一”管理模式，即统一管理制度、统一人员培训、统一佩戴健康证证上岗、统一签订食品安全公开承诺书、统一台账标准。**九是加强引导，强化宣传。**在监督检查过程中加强法律法规和食品安全知识宣传的同时，先后举办大型宣传活动3次。充分利用食品安全宣传周宣传平台，针对餐饮服务单位、消费者、食品从业人员等不同对象，以发放宣传资料、设置街头宣传条幅、设立并公布举报电话等多种形式，广泛宣传食品安全法律法规和食品安全知识，在县城餐饮服务单位2个集中街道悬挂宣传横幅19幅，发放宣传材料2000余份。

截至年底，共出动执法人员3250人次，检查各类餐馆、小吃店、饮品店1560家次，各类食堂110家次，下达责令整改通知书82份，监督意见书96份，取缔无证经营11家，立案11起，全部结案。

（三）积极开展保健食品、化妆品监管工作。职能移交时，药监局未从卫生部门接交到任何保健食品、化妆品监管方面的档案资料，此项工作完全是“白手起家”。药监局及时承担起保健食品、化妆品监督管理职责，迅速扭转了全县保健食品、化妆品市场监管缺位的被动局面。**一是调查摸底。**对全县化妆品、保健食品生产经营企业（户）进行逐家逐户现场调查，对经营者基本信息、经营条件、经营品种数量等进行了登记，并填写《滦南县化妆品经营企业基本情况调查表》、《滦南县保健食品经营企业基本信息调查表》。经调查摸底，县内没有化妆品、保健食品生产企业，共有化妆品经营企业（户）126家，其中商场（超市）兼营26家、药店兼营8家、化妆品专营店62家、较大型美容美发店30家；共有保健食品经营企业（户）116家，其中商场（超市）兼营11家、药店兼营98家、保健食品专营店7家。**二是组织培训。**于5月份先后举办了三期培训班，对全县所有保健食品经营企业（户）、化妆品经营企业（户）经营者和从业人员进行了集中培训，就《食品安全法》、《化妆品卫生监督条例》等法律法规和有关知识进行了专题辅导，发放培训资料277份。通过培训，提高了广大经营者依法经营自觉性和接受药监部门监督管理的意识。**三是建档备案。**对调查摸底情况进行梳理汇总，分类登记，实行双轨制管理，将监管数据和基本信息分别登记台账和录入微机，建立保健食品经营企业、化妆品行业监管台账和电子档案，建立了可查询数据库。**四是加强监管。**对所有化妆品、保健食品经营企业进行了一次拉网式监督检查，虽未发现假劣及非法添加违法行为，但很多企业存在索证索票不全、进货查验制度不落实、台账管理不规范等问题。针对检查出的问题，及时提出整改意见和暂停销售等措施，责令限期整改。同时，认真落实国家、省、市局有关通知要求，对上级命令禁止销售的违法违规保健食品、化妆品按产品名称逐家逐店进行专项检查，全县市场未发现上述产品。

三、严格执法，强化日常监管，确保群众用药安全

2011年是全国药品安全专项整治行动收关之年，药监局坚持日常监管与专项整治相结合，以确保全县人民用药安全为目标，继续对全县药械生产、经营、使用单位开展药品安全专项整治，严厉打击制售假劣药械等违法行为，进一步规范了药械市场秩序，保障了群众用药安全。

截至年底，共出动执法检查人员1968人次，检查药品生产企业1家，医疗器械生产企业3家，药品批发企业2家，医疗器械经营企业7家，药品零售企业109家，卫生院以上医疗机构24家，学校医务室3家，村卫生室220家，接待群众咨询来访54人次，立案55起，结案54起，当场处罚115起。

（一）重点开展11项专项整治行动，有效保障群众用药安全。一是深入开展药品安全专项整治行动。成立了领导小组，制定了实施方案，落实了监管责任，确定了以药械生产经营企业、卫生院以上医疗机构、城镇卫生室为重点检查单位，明确了以假劣药械、进货渠道、各种记录的保管存档情况、贮藏条件等为重点检查环节，坚持把生物制品、疫苗、注射剂、广告药品等高风险品种作为重点检查品种。药品安全专项整治行动取得了明显成效。**二是基本药物质量专项检查。**结合日常监督检查以基本药物的进货渠道为突破口，加强对基本药物抽查检验，做到逐单位逐品种全方位检查，未发生药害事件。**三是含麻黄碱复方制剂、盐酸克伦特罗制剂专项检查。**围绕企业进货渠道的合法性、销售流向、是否严格执行相关制度规定、资质索要审验存档情况、批发企业销售到货跟踪情况，零售企业是否超规定量销售等进行全面检查，未发现违法购销上述药品的行为。**四是疫苗质量专项检查。**对县疾病预防控制中心和卫生院以上医疗机构的疫苗质量、储存运输等情况进行检查，检查中未发现不按规定储存及存在质量问题的疫苗。**五是侵犯知识产权专项检查。**经查未发现违法行为。**六是结合GSP认证跟踪检查开展抗菌药物专项整治工作。**以非正规渠道购进药品、超范围经营药品、未凭处方销售处方药、未按规定开具或不开具销售清单、未按规定销售含麻黄碱复方制剂等为重点检查内容，检查中对部分未凭处方销售处方药、未及时开具销售清单的企业已责令立即改正，对改正不到位及非正规渠道购进药品经营企业依法进行了处罚。**七是在医疗机构中开展医疗器械专项整治工作。**根据上级文件精神，对全县卫生院以上医疗机构使用医疗器械情况进行了检查，重点检查了在用的大型医疗器械使用情况、出厂标识、注册证书存档情况，一次性使用器械购进渠道，进货清单、注册证索要情况，是否有使用过期、淘汰的医疗器械等内容，经查未发现存在质量问题医疗器械。**八是特殊药品专项检查。**认真落实《精神药品、麻醉药品管理条例》，结合日常监督检查，对精、麻药品的经营使用行为进行管理和规范，做到每季度至少检查一次。未发现非法经营使用精、麻药品的违法行为，也未发生因非法经营使用精、麻药品引起的恶性事件。**九是重点时间段药品安全专项检查。**在五一、中高考、“中秋节”、“国庆节”及县党代会、合唱节等重点时间段，对活动地点附近和周边的药店、医疗机构就药品质量进行了检查，专门制定了实施方案及突发药品事件应急预案，确保了用药安全。**十是“两非”集中专项整治**。会同县计生局、卫生局、公安局组成联合检查组对全县计划生育药品经营、使用单位进行了专项检查，重点检查了药品批发企业是否按规定购进、经营终止妊娠药品、药品零售企业是否存在非法经营终止妊娠药品的行为、医疗机构是否具备使用终止妊娠药品的资格条件。未发现非法经营使用终止妊娠药品的行为。**十一是药械生产企业专项检查**。加强药械生产企业质量监管，严格检查生产企业原料购进、生产过程、成品出厂检验验收、相关记录等环节，通过检查未发现药械质量问题及使用非法原料等违法行为。

（二）加强药品不良反应监测机构建设，强化药械广告监管。为完善药品不良反应、医疗器械不良事件、药物滥用监测体系，提高药械安全预测预警和分析评价能力，保障公众用药用械安全有效，根据省、市局文件精神和县编委会批复，成立了“滦南县药品不良反应监测中心”，为药监局内设事业机构。全年审核上报药品不良反应190例，按时保量的完成市局下达指标任务。积极协助市局对全县乡镇卫生院的基本药物进行了抽验，抽验药品34种批，监督抽验药品24种批，协查药品1种批。

安排专门科室、明确专人定期对药品、医疗器械广告进行监控。一是对县电视台发布的广告进行监控，全年共监控电视台发布的违法药品广告9例、违法器械广告1例，对上述违法广告已依法移交工商行政管理部门；二是利用日常监督检查对药品零售企业营业殿堂内外张贴或散发的药械广告进行检查，对发现的违法张贴或散发的药品、医疗器械广告已责令企业立即下撤并销毁宣传材料，停止广告宣传。

（三）加强药械日常监管，完善长效监管机制。一是落实监管责任。将辖区内药品、医疗器械经营企业分片分区落实到具体责任人，层层签订了责任状，在全县所有药品经营企业设立了执法人员公示牌，自觉接受社会各界的监督。二是开通了药监E通中国电信短信平台，及时传递监管信息，解答企业业务咨询，监管水平明显提高。三是对全县药品经营企业负责人就《药品管理法》等知识进行了集中培训，药品从业人员素质明显提高。四是联合卫生局对全县药品从业人员进行了健康体检，按时下发了健康证。五是做好零售药店的开办初审工作，2011年以来受理新开办药品零售企业申请材料18份，其中17家经初审合格后上报市局并取得了《药品经营许可证》。六是受理药店变更申请21家，全部审核初审并上报市局办理了变更手续。七是顺利推进GSP认证和《药品许可证》换发工作。2011年有9家新开药品零售企业一次通过GSP认证检查；4家零售企业通过验收换发了新的《药品经营许可证》。

在抓好日常监管的同时，积极探索建立健全药械监管长效机制。目前，药品安全风险防控机制、药品流通实时监控机制、农村药品供应和安全保障机制、药品安全综合治理工作机制、医药诚信管理机制、培训宣教机制等得到了建立和完善，为规范长效开展药品安全监管工作打下了坚实的制度基础。

（四）强化社会宣传，积极营造良好的社会舆论氛围。组织开展了三次大型药品安全知识宣传活动，进一步普及了安全用药、合理用药基本知识，提高了人民群众的安全用药和依法维权意识。共出动宣传车辆62辆次，执法人员54人次，制作宣传展牌12块、宣传条幅3块，发放宣传资料2000多份，接受群众咨询500余人次。一是3.15消费者权益日药械、保健食品安全宣传活动。二是以“安全用药、健康生活”为主题的“药品安全月”大型宣传活动。三是药品安全进农村活动。与唐山市农村数字电影院线公司滦南站合作，安排两部电影放映宣传车，组织开展送“药品安全宣传”电影下乡活动，即在全县60个镇村在农村播放电影之前为观众播放60场次安全用药公益宣传片。主要宣传电影下乡的主题、药监局的工作职责、举报投诉电话以及专门制作的6部安全用药、健康生活的宣传片等内容，受到了广大群众的普遍欢迎。

四、优化食品药品行业发展环境，为创建省级园林城和省级文明县城做出贡献

（一）“两城”创建工作。按照“两城”

创建要求，重点就食品药品经营场所特别是药店、餐饮服务业的环境卫生和经营秩序进行了规范治理，对县城范围的24家药店、136家饭店进行了拉网式监督检查，对环境差、无证经营的8家饭店依法予以取缔，对45家存在问题和隐患的饭店下达了责令整改决定书，限期整改。通过集中整治，食品药品行业环境卫生质量明显提升。为美化机关环境，对机关办公楼和机关大院环境外观进行了科学规划设计，在经费紧张情况下，克服困难，舍得投入，开展美化绿化亮化活动。共硬化机关院内地面500平方米、栽植草坪600平方米、海棠树20棵、制作宣传展牌和条幅12块（条）、修复治理院内池塘水面120平方米，实现了机关办公楼的夜间亮化。通过加大硬件投入，把单位建成了花园式机关。

（二）项目谋划工作。认真开展谋划项目工作，积极多方联系，把谋划项目工作当做政治任务常抓不懈，全年共谋划投资5000万元以上项目5个，其中1个已经建成营业，按时完成了县委、县政府下达的谋划项目任务。

（三）征收搬迁工作。高度重视县委、县政府组织的征收搬迁工作，局领导积极深入拆迁一线全力开展助推活动，向一线攻坚队员送去价值6000余元的感冒类、消炎类等常用药品以及水果、大米等慰问品，协助攻坚队对涉及的饭店、门诊开展助推活动。先后3批4人次参与征收搬迁工作，1次被评为优秀助推单位，3人次被评为优秀攻坚队员。

五、加强队伍建设、党风廉政建设、机关文化建设和行风建设，树立良好监管形象

为适应机构改革和职能调整后监管工作需要，强化领导班子和干部队伍建设，确保队伍不散、思想不乱、工作不断，大力加强干部队伍思想作风和执法能力建设。启动开展了“纪律作风教育年”活动，深入开展“创先争优”和文明创建活动，进一步修订完善机关各项规章制度，强化机关管理。在对16名划入人员的欢迎大会上，明确了新的年度目标、工作重点及保障措施，并层层签订责任状，压实了责任，激发了工作热情。实行“周五学习日”制度，加强全体人员的学习培训，使领导班子和干部队伍的综合素质得到新的提高。健全考核机制，建立工作人员日常考核档案，切实发挥考核的激励作用。大力倡导机关文化建设，组织参加合唱节、唱红歌和书画征集活动。开展“创建文明机关”、“节约型机关”、“争当文明标兵”活动。开展了争创“节约科室、节约标兵”活动，提高节能减排的意识。大力开展学习型机关建设，从提高队伍的整体素质入手，培养和提高全局人员“张口能说”、“提笔会写”、“谋事善思”、“行事快速”的能力，把每周一学、每月一讲、每季一教、每年一考等“四个一”活动贯穿创建学习型机关全过程。

不断加强党风廉政建设和反腐败工作，认真开展了廉政教育。以学习贯彻《中国共产党党员领导干部廉洁从政若干准则》为主题，开展了“廉政宣传教育月”活动，重点进行廉洁自律教育，正反典型教育，有针对性的开展了预防职务犯罪教育，使廉政教育入脑入心，起到了警示作用，增强了执法人员拒腐防变的能力。逐级签订了党风廉政建设责任状，健全了行政审批、稽查办案、财务管理和执法检查等重点岗位和环节的全程监督机制。完善了廉政档案内容，建立了执法人员述职述廉制度，落实了行政执法责任制及廉洁从政各项规章制度的落实，有效防止了执法人员失职、渎职等不良行为的发生。

人口和计划生育局

2011年，坚持以科学发展观为指导，认真贯彻落实国家、省、市各项决策部署和中央《决定》精神，夯实基础工作，突出优质服务，强化改革创新，统筹解决人口问题，人口和计划生育工作取得明显成效。考核期内，全县共出生4623人，符合政策生育率为96.54%，人口出生率控制在8.10‰，自然增长率控制在1.52‰，一孩妇女比为58.79，出生人口性别比为107.12。2011年先后被确定为全省人口和计划生育综合改革示范县、人口和计划生育基层群众自治示范县。

一、树立统筹观念，强化领导保障，努力营造良好人口计生工作环境

县委、县政府高度重视人口计生工作，将其纳入经济社会发展总体规划，坚持基本国策不放松。主要领导身体力行，倡导领导干部“三个带头”，即带头学习理论政策，增强新形势下人口和计划生育工作的紧迫感和责任感；带头深入基层调查研究，明确人口和计划生育工作发展思路和总体规划；带头分包后进镇村，带动全县人口和计划生育工作的深入开展。严格人口和计划生育目标管理责任制，明确各单位一把手是计划生育工作的第一责任人。不断加大经费投入，考核年度，全县拨付计生经费1766.6万元，人均计划生育事业费投入达31.15元。为增强人口和计划生育工作的发展动力，为人口计生局增设执法监察办公室，流动人口管理服务办公室，为县计生协会增加编制2名，为各镇公开招聘计生办主任、工作站站长5名。按编制化管理、知识化教育、职业化培训、绩效化考评、制度化约束的原则，全县共配备村专干609名，育龄妇女小组长1237名，村专干工资纳入村“两委”干部工资系列，育龄妇女小组长工资增加到每人每年600元，全部由县财政担负。

二、夯实双基工作，实现重心下移，千方百计稳定低生育水平

近年来，人口和计划生育工作虽然取得了一定成绩，但加强基层基础水平，稳定低生育水平仍然是当前计划生育工作的一项重要任务，是做好整个人口和计划生育工作的基础和关键。

（一）加强宣传教育，着力转变群众婚育观念。一是突出环境宣传。在县城及镇政府驻地重要路口建立大型公益宣传广告34处，新建完善新型生育文化大院480个，为280个村统一购置了永久性瓷砖宣传版画3000平方米。镇、村宣传设施基本达到“六有”、“两好”，为宣传新型生育文化奠定了物质基础。**二是突出载体宣传。**以计划生育内容为主题，制作系列宣传品免费向群众发放。制作宣传关爱女孩的扑克3万份，新婚大礼包1.2万份，雨具、相册各6000份，并在婚姻登记处设立宣传咨询服务窗口，向新婚夫妇免费发放，做到了新婚家庭每户一份。**三是突出媒介宣传。**在县电视台《十分关注》栏目中开设人口宣传专栏，每季一期。利用两个月时间在全县604个村(居)，开展了“计生电影村村行”巡演活动。**四是突出特色宣传。**滦南是评剧、皮影、乐亭大鼓冀东文艺“三枝花”发祥地，充分发挥和利用县域传统文化资源优势，组织编排计划生育文艺节目下乡演出。先后深入到180个村演出各类节目1800个。

（二）提高访视普查质量，严格控制政策外生育。进一步完善了月访视、季普查制度，对村专干、育龄妇女小组长严格实行工作日志制度，定期督导检查。实行了“四分工作法”，即分片包户、分户建档、分类管理、分项规范，普查质量明显提高。落实了长效奖励制度，每例奖励群众30元，考核年度内全县当年生育妇女长效落实率达84.41%，较好地控制了政策外生育。

（三）深化群众自治，提高村级工作水平。坚持因地制宜，积极推进基层群众自治工作。**一是健全协会组织。**坚持每年组织一次协会评估认定，全县604个村（居）计生协会，有586个顺利通过认定，合格率达97.02%，并落实分类指导，硬化措施，强化对标赶超，形成比学赶超的局面。**二是健全工作制度。**按照依法建章立规矩的指导原则，用足用好“三把尺子”，确保了基层群众自治工作有法可依、有章可循、有约可守。即用足用好以法律政策为准绳的“法律尺”；以村规民约为标准的“规章尺”；以党员和村民代表会议为依据的“民意尺”。“三把尺子”的制定和实施成为基层群众自治工作的重要原则和依据，在指导基层群众自治中发挥了重要作用。**三是培树先进典型。**坚持从各村经济发展水平、管理服务能力等实际情况出发，因村制宜，鼓励探索创新适合当地特点的人口和计生基层群众自治路子。先后培树典型协会61个，培树典型示范村182个，培树典型会员3600名，大力表彰自觉计划生育、少生快富的村民，发挥他们管自己、教子女、帮亲属、带四邻的作用，带头遵纪守法和建设和睦家庭。

三、突出优质服务、坚持以人为本，全面

提升人口和计划生育工作整体水平

（一）强化硬件建设，提升服务能力。2011年投入72万元为县镇两级购置可视流产系统，并重点加强了村级生殖健康服务室建设，全县投入84万元，1000口以上的村级生殖健康服务室全部完善，改善了服务条件，提升了服务质量。

（二）创新工作思路，做好家保服务。2008年，滦南县被确定为加强中西部地区生殖健康家庭保健服务能力建设项目推广县。2011年，进一步深化服务工作，形成了以民需为导向，以“3*3”服务为载体，以统筹人口发展为目标的人口计生公共服务模式。把计划生育服务对象拓展到妇幼人群、中老年人群和青春期人群，发挥计生网络优势，加强全覆盖的宣传、咨询服务，形成了一整套适合家庭保健服务需求的模式，成为深受群众欢迎的计生品牌工程。在民心工程工作中，推进了生殖健康检查免费服务升级，积极拓展服务内容，农村妇女生殖健康检查服务率达98.36%。

（三）积极规范运作，推进国免项目。2010年4月，滦南县被国家人口计生委、财政部确定为国家免费孕前优生健康检查项目工作试点县。人口计生局对此项工作高度重视，在财力十分紧张的情况下，积极投入资金100万元，为县技术服务站添置了全自动生化分析仪、全自动化学免疫分析仪，建立完善了优生服务实验室。县站组成了专业技术服务队伍，坚持常年进村服务。全县建立了以组织管理体系和技术支持体系为支撑的综合服务体系，形成了以政府引导、技术支撑、宣传为主、群众参与、服务进村的工作机制。考核年度，全县共检测4927对夫妇，占符合条件人数的96.61%，共筛查高风险人群1359对，全部落实了跟踪指导服务，为提高出生人口素质奠定了基础。

四、坚持依法行政，发挥部门作用，开拓人口和计划生育综合治理新局面

县委、县政府制定了《关于进一步明确部门职责加强人口和计划生育综合治理的意见》，加大了计划生育综合治理力度，提升了综合治理整体工作水平。

（一）规范部门职责。中央《决定》指出，要建立党政负责、部门配合、群众参与的标本兼治工作机制，《河北省人口与计划生育条例》对政府有关部门、社会团体履行人口与计划生育职责也做出规定和要求。因此，按照中央《决定》及省《条例》要求，首先对各相关部门职责进一步进行了规范，对25个部门履行人口计划生育职责进行了界定，对49个单位工作内容提出了具体规范要求。

（二）完善规章制度。一是调研制度。人口和计划生育领导小组每季度召开一次调度工作会议，听取相关部门情况通报，分析形势和存在问题，研究制定年度工作意见，部署考核检查等工作任务。**二是信息交流制度。**各相关部门定期向人口和计划生育工作领导小组报告情况，反馈信息，承办事项。**三是联合检查制度。**各相关部门积极参与人口计生责任目标考核及流动人口管理、出生性别比升高治理等情况的检查，为党委、政府指导工作，实施奖励提供依据。

（三）解决重点问题。先后3次组织开展专项联合检查，加大对非法胎儿性别鉴定，非法人工终止妊娠行为的打击力度；4次对流动人员进行联合走访，完成信息录入5.8万人。为不断提高对流动人口的服务水平，2011年，实施了情系农民工·关爱留守儿童“真情相伴”行动，即以放映电影为主题的文化相伴、以走访慰问为主题的爱心相伴、以健康检查为主题的健康相伴、以调查座谈为主题的信任相伴、以慰问演出为主题的娱乐相伴，形成了全社会关心农民工、关爱留守儿童的良好氛围。在社会抚养费征收工作中，坚持依法行政，严格“四在县”制度，对具有经济实力、通过各种工作仍拒不缴纳社会抚养费的政策外生育户，申请法院依法强制执行，进一步净化了生育环境。

五、加大政策投入，落实奖励政策，不断实现利益导向机制建设新进展

不断完善政策体系，加大政策投入，积极实施计生惠民服务，让计划生育家庭优先分享改革发展成果，切实做好计划生育利益导向政策体系建设。

（一）严格落实奖励政策。近年来用于独生子女父母奖励、退二胎指标奖励、独生子女父母退休一次性 3000 元奖励，全县累计投入资金达 4697.3 万元。严格按国家、省、市要求，认真落实奖励扶助、特别扶助制度，全县累计发放奖扶、特扶资金 411 万元，5518 人受益。

（二）积极推行普惠优先。认真贯彻落实省、市八部门《关于在普惠政策中对计划生育家庭实行优先优惠的若干意见》，制定了具体实施方案，在普惠政策中向计划生育家庭倾斜。2011 年，对贫困独生子女和双女家庭各项补助 86.7 万元，为 24 名贫困女大学生优先办理了生源地贷款 13.86 万元；为计生贫困户发放临时救济款、医疗救助资金达 85 万元，把 1700 户计生贫困户列为低保对象；优先对农村独生子女和双女家庭实施阳光培训工程，优惠金额达 25.35 万元；为农村贫困独生子女和双女家庭优惠新农合资金 158.7 万元。发挥关爱女孩公益基金，累计救助贫困女童、女大学生 120 人，发放救助金 8.6 万元。在 2011 年实施的新农保制度中，对计划生育子女伤亡家庭、三级以上计划生育四术并发症家庭落实增加 10% 基础养老金优惠。

（三）倾心关注空巢老人。为做好老年保障工作，实施开展了“情满空巢”活动，对农村 60 周岁以上子女死亡的计划生育空巢老人，从经济扶助、医疗保健和精神慰藉等方面给予全方位关怀和帮助。主要开展了六项活动，实施“六心”服务。一是节日慰问活动，让老人欢心。在民族传统节日、重大节假日开展走访慰问活动，为空巢老人送慰问品、慰问金，每年至少一次。二是健康体检活动，让老人安心。深入到空巢计生老人家中，开展 B 超、心电图、量血压等服务，每半年一次。三是保健服务活动，让老人暖心。成立了医疗志愿者服务队，对空巢计生老人实行“一对一”亲情服务，每月入户一次，开展测量体温、脉搏、血压、心肺听诊等基本的医疗保健服务。四是情感慰藉活动，让老人开心。每半月深入到空巢计生老人家中，给老人以生活上的照料和精神上的慰藉。五是排忧解难活动，让老人舒心。及时深入到空巢计生老人家中，了解生产生活情况，解决实际困难。六是临终关怀活动，让老人放心。积极参加空巢计生老人的临终关怀活动，并做好后事料理。2011 年，先后有 66 名老人被纳入情暖空巢活动范围，送去总计约 2.9 万元的慰问金、慰问品，开展保健服务 390 人次，帮助解决实际困难 66 个。

质量技术监督局

2011 年，质量技术监督局在市局党组和县委、县政府的正确领导下，坚持以科学发展观统领全局工作，紧紧围绕“严监管，谋发展，提行风，促和谐”的工作思路，以服务地方经济发展为中心，按照年初制定的各项工作目标和工作重点，认真落实各项工作措施，全面开展工作，为促进全县质监事业的发展和加快县域经济发展作出了应有的贡献。

一、以创先争优活动开展为契机，加强质监队伍建设，全力构建和谐质监

坚持以创先争优活动开展为契机，多措并举，不断加强质监队伍建设，取得了良好效果。

1. 全面开展创先争优活动，切实加强机关作风建设。紧紧围绕市局和县委、县政府中心工作，把开展“创先争优”与部门工作有机结合起来，遵循“围绕中心抓监管，抓好监管保中心”这一原则，切实加强创先争优活动的组织领导。一是结合工作实际，把创先争优落到实处。教育广大干部、职工立足岗位、履职尽责，争创一流佳绩、以模范行动带动群众、服务群众。二是加强作风建设，提高自身素质。通过理论学习、业务培训、岗位对标等活动开展，不断加强广大干部职工的思想作风、工作作风等全方面的作风建设，努力提高全员素质。三是开展了为期一个月的机关作风专项整治活动。通过学习动员、自查自纠、整改提高三个阶段，着力解决了机关作风方面存在的突出问题，切实提高了全员素质，增强了业务能力，强化了宗旨观念和创先争优意识，提升了部门形象。

2. 以机关标准化建设为载体，努力提升机关形象建设。一是把省局提出的机关标准化建设与创先争优活动相结合，作为提高工作效率、减低工作成本、提升质监新形象的有效手段，开展了“文明股室”、“执法能手”、“技术标兵”等评选活动，把务虚的活动通过实实在在的方式展现出来，做到了人人参与。与此同时，在全局开展了全面对标活动，在队伍管理、履行职能、执法办案、工作纪律、办文办会等多方面进行了广泛对标，培树先进典型，先后有五名同志在省局组织的各项对标竞赛活动中，取得了优异成绩。其中，张树安同志在全省“产品质量监管大比武”中荣获第一名，刘佳同志在全省“立足岗位做贡献，履职尽责保安全”演讲比赛中荣获第二名，郝清海同志在全市组织的“标准化知识大比武”中荣获第一名。二是从细微处着手，从小件、小事抓起。规范机关办公秩序。更新了服务承诺、公开栏、监督台，设置岗位标牌、胸牌、示范岗；规范了各类办公职责和工作流程图；建立了“创先争优”评比专栏和档案资料室。同时，严肃各项工作纪律，强化纪律约束，规范各种行为，从而确保了各项工作良好有序开展。

二、积极履行职能，抓服务，强管理，为全县经济发展提供强有力的支持和保障

坚持监管与服务并举的原则和工作方式。各项业务工作都有较大的进展和突破，无论是工作领域、服务手段、服务方式，还是管理措施、安全监察措施都得到了进一步加强。

（一）食品安全管理取得新成效。以“抓监管、保安全”为宗旨，履职尽责，较好的完成了全年工作目标。**一是突出重点，切实加大食品监督检查工作力度。**在全面保质保量完成食品监督检验任务基础上，合理制定本级部门监督检验计划；对全县食品加工企业实行分类监管，及时开展巡查、定检和监督抽查，发现问题及时处理，切实消除食品安全隐患。按2011年度产品质量定检计划，已顺利完成了34家食品企业的抽样工作。**二是以食品生产加工企业和小作坊使用食品添加剂监督检查为重点。**从原辅材料进厂、生产过程控制、食品添加剂使用、产品出厂检验、产品销售记录等方面对食品生产加工单位进行了全面检查。重点检查非法添加和滥用食品添加剂行为，对个别使用食品添加剂企业出现生产记录不齐全，管理制度不健全、添加剂使用不规范等问题进行严厉查处。截至目前，检查食品生产加工企业87家，涉及乳制品、糕点（月饼）、食用植物油等行业。切实把住了食品质量关。**三是开展食品企业帮扶工作。**为3家换发生产许可证企业编制、修改申请书、质量手册等材料，在帮扶工作中积极帮助企业制定企业标准，同时举办市场准入宣传培训班，帮助、指导食品生产加工企业合理布置车间、设备、改造原料库、成品库及辅料库等工作。指导企业按有关规定组织生产，切实提高企业的管理能力和管理水平。**四是积极开展食品安全科普宣教。**通过举办培训班、散发宣传资料等形式广泛开展食品安全知识宣传，截至目前，共印制食品安全知识宣传材料3000余份，极大的增强了食品生产加工企业业主的食品质量安全第一责任人的意识，努力构建食品安全监管工作的和谐局面，提高了人民群众安全消费意识。

（二）特种设备安全监察工作得到进一步加强。在市局和县委、县政府的正确领导下，按照年初制定的安全监察工作要点，积极履行职能，以控制和杜绝特种设备安全事故为目标，扎实推进各项工作，圆满完成了特种设备安全监察工作的各项目标和任务。一是安全监察工作开展情况。强力做好特种设备安全状况现场检查工作。根据2011年工作要点，加大执法力度，认真开展特种设备安全状况现场检查工作，共出动执法人员594人次，检查特种设备761台，涉及使用单位103家，查出安全隐患209项，下发特种设备安全监察指令116份，已整改192项，真正做到无缝隙管理，确保重点设备的注册登记率、定期检验率达到100%。严厉查处私制滥造行为，取缔土容器3台，土锅炉1台。进一步加大培训力度，培训考核特种设备作业人员398人，复审231人。在履行监管职责的同时，积极为用人单位提供服务。如：县就业局专门为首钢培训起重机作业人员，因时间很紧，市局抽不出培训教师，局领导积极向迁安市局求援，在迁安市局的大力帮助下，68名作业人员全部考试合格，如期上岗。二是开展了电梯安全专项整治。对全县89部在用电梯使用及维保情况逐台进行检查，检查中发现海山交电和鑫源商厦的3部电梯未定期检验、未办理注册登记，对此监督局下发了安全监察指令，责令其停止运行，整改合格后方可使用，保证了全县电梯的安全运行。三是开展了起重机械使用专项整治工作。对起重机的安装使用情况逐台进行了检查，此次检查共涉及使用单位35家，检查起重机201台，对查出的54处安全隐患督促企业全部整改完毕。

（三）坚持依法行政，深入开展打假治劣，努力整顿和规范市场经济秩序。一是开展生产许可证产品专项检查。重点对刹车片、制动液、化肥、复合肥、地板、危化品包装生产企业的监督检查。截至目前，共检查企业14家，检查中，未发现违规问题。二是先后开展了食品安全专项整治、农资专项打假、钢锹和再加工纤维、纱线生产加工企业专项整治等活动，共检查农资生产企业10家（注销生产许可证1家，立案查处无标生产农机生产企业2家），开展农资打假下乡村41个，进农户79家，抽取农资样品8批次，检查合格8批次。全年共查处各类违法案件72起，立案72件，结案22件，结案率100%，极大地打击了制假售假行为，为整顿和规范市场经济秩序做出了积极贡献。

（四）加强质量管理，深入推进“质量兴县、名牌兴企”战略实施。（1）企业质量档案工作。对全县企业进一步深入开展普查，深化建档工作，全面掌握全县企业状况，为抓好动态管理做好基础性工作。96家普查建档企业的数据更新已完成，并成功地进行了数据录入导入建立健全了企业质量档案，并对31家企业质量状况进行了认真的分析，写出了分析报告。（2）开展“质量兴县、名牌兴企”活动。一是开展质量月活动。通过现场咨询、展板、利用电子显示屏滚动播放宣传标语等形式，在县中心广场开展了宣传咨询活动，现场共发放宣传资料千余份，接受群众咨询百余人次。二是认真贯彻“质量兴镇、名牌兴企”战略。与全国钢锹生产基地宋道口镇结合，在全镇范围内召开了两次专门会议，并发放《滦南县“质量兴镇、名牌兴企”实施方案》300份。截至目前，全县有8家企业申报河北省名牌产品，5家企业申报了河北省优质产品，已通过市局初审，企业申报材料已上报省局。

（五）围绕地方经济发展，强化区域性产品质量监管。针对全县再加工纤维、纱线生产现状，切实加大了对再加工纤维、纱线生产加工企业进行专项整治。主要查处来源不明的废旧纤维，生产产品的流向、生产设施是否能够达到相应条件及企业主体责任是否落实到位，对原料进厂、产品出厂的记录台账进行严格检查。共检查再加工纤维生产加工企业、小作坊75家，纱线生产企业56家，依法对发现问题的22家生产加工企业的设备、原料、产品进行封存。

（六）加强标准计量工作的管理。一是加强计量管理，确保计量传递准确。对全县范围内的计量器具进行检定，对未按规定要求检定的单位责令限期申请检定，对拒不接受检定的单位依法进行查处。完成了对全县435家企事业的3250（台）件计量器具、对2家大型集贸市场、98家加油站、17家医疗机构的强检计量器具检定情况进行监督检查，确保了强检计量器具备案率达到100%，集贸市场公平秤受检率100%、电子秤受检率100%，乡镇医疗机构计量器具受检率98%以上，眼镜制配场所计量器具受检率100%，加油站关键部位铅封确认90%，电能表、水表的首检率98%以上。通过加强监管力度，有效地提升了全县在用计量器具的检定率，为保证量值传递准确和保护消费者权益做出了应有贡献。二是加强标准化管理，为提升产品质量提供保障。2011年，为了进一步加强全县工业企业的标准化工作，提高企业产品质量和标准水平，增强企业经济效益和市场竞争能力。以组织机构代码办证工作为契机，积极开展标准化工作。共新办代码证书305家，换证257家，年审858家，变更144家，废止41家，迁出4家。审核登记企业执行标准550项，登记企业产品执行标准100%，新备案标准3项，复审标准20项，废止8项。

商务局

2011年，在县委、县政府的正确领导和上级商务部门的大力支持下，商务局坚持以科学发展观为指导，以创先争优为动力，紧紧围绕年初确定的工作目标，不断解放思想、开拓创新、强化措施，各项工作均取得了一定成效。

年内全县完成出口创汇33464万美元；全县引进市外资金16.2亿元；全县引进外资完成3811万美元；完成境外投资110.296万美元；全局谋划项目20个。均超额完成目标任务。

（一）加大项目谋划力度

牢牢把握县委、县政府确定的“三大攻坚”、“四大开发”等十项重点工作，围绕钢铁深加工、装备制造、船舶修造、汽车配件、造纸包装、食品加工、纺织服装等七大产业链，积极谋划大项目。全年共谋划项目20个，其中：台湾海陆空模型博物馆项目、中冶海水淡化项目、唐山路顺公路工程机械设备制造项目、美的集团仓储物流项目以及南通劲工焊机、发电机、电动工具生产项目等5个项目已达成初步投资意向；同时积极推进香港雅迪鞋业有限公司制鞋项目、荷兰普邦明胶有限公司食用明胶、网尚世界数字电影博览园、环保生物科技海水养殖、电子数码加工、安全门生产、环保包装箱、海洋牧场、马达装配生产、矿山破碎机生产、年产1.2亿羽肉鸡、特种钢材生产、欧式系列抽油烟机、消防器材产品生产、高档家具生产项目等15个项目。

（二）全力推进招商引资工作

1. 夯实招商基础，加大招商力度。一是对原有《滦南投资指南》进行修改，重新设计制作了中英文和日韩文两种版本；二是对原有《招商项目册》中大部分项目进行了调整，重新谋划包装了35个项目；三是对现有三资企业、在谈项目、联络客商进行了摸底调查，及时了解全县三资企业动态，为领导决策提供数据参考。建立了在谈项目库、客商联络库，为招商引资工作的开展打下了坚实基础。

2. 转变招商方式，拓宽招商渠道。一是网上招商。在县政府网站设立了招商引资专栏，对外发布项目35个。同时将滦南招商的优惠政策、优势特色对外发布，搭建起永不落幕的招商平台。二是点对点招商。结合全县钢铁产业特色以及城西工业聚集区发展方向，重点搜集了国内150多家装备制造、机械制造等耗钢企业，邮寄了推介信函。搜集整理了浙江永康市、武义县等20多家安全门生产及相关企业情况，给他们发送了有关滦南投资优势及优惠政策的电子邮件，加强与他们的联系，了解其对外投资意向，努力促成合作。三是以商招商。通过上门走访现有外来企业，宣传滦南招商引资的新优势、新规划、新政策。在鼓励其增资扩建的同时，带动更多客商来投资兴业。四是委托招商。加强了与唐山市政府日本事务所、省政府驻深圳和北京办事处、中国贸促会以及部分滦南籍在外人士的联系，除定期电话联络外，还给他们发送了邮件，委托他们宣传推介滦南，为招商引资牵线搭桥。

3. 认真组织活动，招商成果显著。一是自主举办的招商活动效果显著。3月20日至29日在北京和厦门成功举办了2次招商会，取得了丰硕成果。期间，中红一品商住地产、金代风情街等11个项目签约，合同引资总额达35.3亿元人民币。二是积极参加各类招商活动。组织参加了3·28香港投资贸易洽谈会、5·18廊坊国际经贸洽谈会、中日绿色博览会、项目招商推进月、曹洽会、深圳高交会等各种招商活动，共发放宣传推介资料1000余份，宣传了滦南的投资优势和招商重点。

4. 热情服务客商，做好接待工作。联系并接待来访客商10余次60余人，包括台商罗停庆先生、毅丰能源集团、中冶海水淡化投资有限公司、香港东方水务有限公司、粤港物流企业考察团、粤港机械企业考察团等，进一步加强了外地客商对滦南的了解，增强了他们的投资信心。

（三）外经外贸工作成效显著

1. 对外贸易取得历史性突破。年内全县出口创汇完成33464万美元。一是积极组织外贸出口企业免费加入国际电子商务平台。组织县内50家外贸出口企业申报加入国际电子商务平台，已有30余家企业加入了唐山市国际电子商务平台，为企业节省资金12万元。二是组织企业参加国内外各种展会，拓展国际市场。有2家企业分别参加了美国拉斯维加斯和德国科隆五金展；2家企业参加中国石家庄（正定）国际小商品博览会；12家企业（展位16个）参加了109届春季广交会；13家企业（展位17个）参加了110届秋季广交会。在广交会上，接待国内外采购商1000余人次，拿到出口订单800多万美元。三是引导企业用足用活外贸促进政策。为企业争取技改贷款贴息资金20万元，公共服务平台建设项目资金30万元，申请出口信用保险扶持资金15.8万元，中小企业国际市场开拓资金12万元。四是加快钢铁出口基地建设。多次陪同省、市机电部门领导深入到钢铁生产企业，指导、帮助企业在提升产品档次和提高科技含量上下功夫，整合现有资源，努力扩大出口规模，推动滦南早日跨入河北省钢铁出口基地行列。

2. 外经工作取得新业绩。大力实施“走出去”战略，鼓励和引导全县有实力的企业到国外投资办厂，带动全县商品、劳务等输出和资源、高新技术输入。中红普林塑胶有限公司已在香港投资10.296万美元成立了香港中红商贸有限公司，唐山顺腾外派劳务公司在南非乌古市投资100万美元从事农场合作项目已获得省商务厅批准。

（四）第三产业取得长足发展

1. 农产品批发市场建设取得实效。作为市委、市政府2011年为民办20件实事之一的农产品批发市场升级改造项目——姚王庄果菜批发市场升级改造和县果菜批发市场升级改造项目，已通过上级部门验收。

2. 在建三产项目进展迅速。经协调与指导，唐百和平购物广场、中红建材城、中红时代购物广场、坨里商贸一条街项目、北河星级宾馆、林海科技酒店等一批在建三产项目主体建设已竣工或即将竣工。

3. 积极谋划三产项目。配合有关部门，加快北河新区大型购物广场项目、青林线钢铁物流和农产品批发市场项目、成品油物流等项目谋划进度，推动全县第三产业发展。

（五）“万村千乡”市场工程稳步推进

2011年共建设改造农资农家店、日用品农家店78家，完成目标任务的130%，累计建成标准化农家店430家。商务局上报的惠农公司和银泰商厦2个农家店配送中心建设项目，已通过上级商务主管部门验收，争取财政支持资金10万元。

（六）落实“惠民”政策，促进农村消费

积极推动“家电下乡”、“家电以旧换新”工作。按照上级主管部门的要求，不断加大对“家电下乡”、“家电以旧换新”产品销售网点的监督、检查力度，规范其经营行为。全县“家电下乡”备案销售网点达到58家，“家电以旧换新”备案销售网点达到22家。共销售家电产品29538台，实现销售额6759.54万元。农民获得补贴资金578.94万元。

（七）加大商务综合执法力度，整顿和规范市场秩序

1. 继续实施“放心肉”工程。一是加强对生猪定点屠宰厂监管。要求各定点厂严格执行活猪进厂验收、瘦肉精抽检、肉品品质检验等管理制度，对进厂屠宰生猪全面实施12～24小时停食静养。对利民定点厂安装了监控网络，全程跟踪生产过程，确保生猪产品质量安全。2011年，对2家不实行停食静养的屠宰厂给予了停业整顿行政处罚。对外来肉进行了全面清理，共清理外来肉10家。二是全面推进牛羊鸡定点屠宰工作，已有6家牛羊鸡生产厂手续已上报市政府待批。三是严格执法，打击私屠滥宰及加工病死畜禽等违法行为。全年共检查肉类市场及肉品经营个体户1943个，查处私屠滥宰案件4起，有效维护了市场秩序。

2. 继续实施“放心酒”工程。严格落实酒类随附单制度，重点检查县城酒类批发部、酒店等有影响力的售酒单位，坚决杜绝假冒伪劣酒类商品流入市场。2011年查处假酒案5起，无证经营案件190起，无酒类随附单案件2起，有效净化了酒类市场。

3. 进一步加强煤炭市场的监管力度。完成了9家煤炭经营企业年检工作，查处煤炭违法案件13起。同时为满足群众的生产生活需要，规范煤炭市场经营秩序，促进物流企业的发展，本着“管理有序、治小放大”原则，为5家大型煤炭物流企业办理了临时煤炭经营许可证。

4. 进一步规范成品油市场。一是完成了123家成品油经营企业年检及5家加油站变更手续初审上报工作。二是及时对全县加油站网点进行了科学合理规划，按时间节点要求，完成了全县加油站“十二五”规划编制任务。三是积极协调中石油、中石化两个公司储备三夏用油，保证了全县成品油市场供应。四是对全县范围内正在营业的加油站及网点进行油品检验，同时严厉打击加油车非法加油行为。查处违法改扩建案件1起，查处非法加油车案4起，有效维护了成品油市场秩序。

5. 进一步规范生产性废旧金属回收市场和报废汽车拆解市场。一是依照《再生资源回收管理办法》，对全县21家再生资源回收企业进行备案登记；对全县16个镇所辖的废品收购网点进行了检查，查处违法案件31起。二是加强对报废汽车拆解企业的扶持和监管力度，结合公安、工商等部门，严厉打击私自拼装汽车行为，维护群众人身安全。

（八）强化信访稳控工作，维护商务系统稳定

针对所属商业、物资、恒安三个改制企业中军转干部多、离退休人员多、历史遗留问题多等难题，积极协调有关部门做好改制企业欠缴职工社会保险费工作，认真落实军转干部、离退休人员 、内退职工的各项待遇，确保职工利益。同时做好改制企业债权债务管理工作，确保国有资产安全。全年共接待来访5批14人次，受理上级交办件5件，办结率100%，没有出现进京、赴省、到市访，保持了商务系统的稳定。

环境保护局

2011年，环保局在县委、县政府的正确领导和上级主管部门的精心指导下，紧紧围绕“三大攻坚、四大开发”工作重点，认真细化2011年科学发展目标要求，深化治污减排，努力改善环境质量、保障环境安全，以开展“3115”治污对标建设为手段，明确责任、狠抓落实，较好地完成了各项工作目标任务。

一、抓住减排项目，推动治污减排

1. 减排指标完成情况

按照市委、市政府《关于2011年节能减排工作的意见》（唐发[2011]7号）要求，全县二氧化硫、氮氧化物和化学需氧量、氨氮排放量比2010年净削减1.5%。

全县全年削减化学需氧量807.77吨，氨氮93.25吨。到年底化学需氧量和氨氮排放总量能够分别控制在30925.77吨、2418.48吨以内，比2010年的31396.72吨、2455.31吨分别减少1.5%、1.5%；削减二氧化硫1604.02吨，氮氧化物686.89吨，到年底二氧化硫和氮氧化物排放总量分别控制在10950.56吨、8299.07吨以内，比2010年11117.32吨、8425.45吨分别减少1.5%、1.5%，所有减排指标均能够完成年度指标任务。

2. 减排项目建设进展情况

2011年，共实施减排项目20个，其中工业减排项目9个，农业减排项目11个。9个工业减排项目均已全面完成，分别是：唐山中红普林三融畜禽有限公司污水处理站深化厌氧处理项目、河北永新纸业有限公司污水处理厂深度治理项目、滦南县污水处理厂项目、唐山钢铁集团华西钢铁有限公司3台烧结机和唐山市荣程钢铁有限公司两台烧结机安装脱硫设施项目等5个项目已建成运行；滦南县鹏程实业有限公司2台烧结机于2011年7月已完成拆除；唐山中红普林集团塑料一分公司关停项目、唐山中红普林三融畜禽有限公司和唐山汇丰钢铁有限公司取缔燃煤锅炉项目均已完成。

11个农业减排项目，其中滦南县益农种猪养殖有限公司新建生物发酵床项目、滦南县京东种猪养殖有限公司新建厌氧处理设施减排项目和蓝海集团畜牧养殖场、果园村张国勤养猪场、立新养殖场、宋道口镇杨小东养殖场、滦南县大伟奶牛养殖场、滦南县西南街老李养殖场、正农养殖场等7个新建沼气池减排项目全部建成。明雪奶牛合作社和滦南县红日奶牛专业合作社新建沼气发电项目已建成，正在调试运行。

二、坚持多措并举，确保全面达标

全县钢铁、焦化、水泥等重点行业共7家企业纳入全面达标建设，分别是：华西钢铁、东方焦化、京滦水泥、二水、大地建材、宝和矿业和荣程钢铁，荣程钢铁因停产未开展。一年来，通过强力推动，除荣程钢铁外，其他6家企业达标建设成效显著，污染防治水平和环境管理水平显著提升，环境形象得到明显改善，均顺利通过了5月份市局组织的评估验收。其中华西钢铁和东方焦化因进步明显得到了市局的通报表彰。

三、严格项目审批，服务经济发展

在建设项目审批过程中，始终贯彻执行《环境影响评价法》，不断完善建设项目审批和管理工作，严格执行现场勘察，坚持重大项目集体研究审批的会审会制度，确保审批质量。同时，为服务县域经济，助力重点项目建设，变被动审批为主动审批。及时掌握县内集中开工项目进展情况，做到提前介入、超前服务。行政审批部门整体进驻县审批中心办公，坚持一个窗口对外，经办人主动与项目单位联系，一次性告知审批所需资料，有效避免项目单位绕弯路。全年共审批建设项目170件，其中审批环境影响报告书3件，编制环境影响报告表项目89件，填写环境影响登记表项目78件，共出具验、换照手续90件。

在做好审批工作的同时，加大建设项目监管力度，对一年来审批的67个建设项目的“三同时”执行情况进行检查，确保“三同时”落实。同时，对具备验收条件的21家工业企业进行了及时验收，对教育系统37个校舍改造、新建项目和交通系统11个公路项目进行了集中验收。

四、严格环境执法，保障群众权益

在环境执法工作中，坚持依法行政，确保现场监察稽查到位，对重点企业和减排项目污染防治设施坚持每月至少2次的监察频次。全年共查处各类环境违法企业64家，收缴罚款30.7万元，依法实施断电6家，申请法院执行2家。在查处违法企业过程中，遵循打击环境违法行为与解决突出环境问题相结合的原则，坚持行政处罚是手段，落实整改是目的，做到打击环境违法行为与解决突出环境问题相结合，行政监督与落实整改相结合。

一是严格查处污染严重、影响群众正常生产生活的违法企业。小炼钢、小炼铁、小磁选、小塑料颗粒及小机制砖企业存在无环保审批手续、无污染防治设施肆意排污等违法行为，并造成当地环境污染，影响群众正常生产、生活，群众反映强烈。为保障群众健康，针对上述企业开展了为期三个月的专项整治，共查处小钢铁24家、塑料颗粒13家、小砖厂8家，对3家群众反映强烈的小钢铁厂、3家小塑料颗粒厂移送工信局实施断电，确实解决了群众反映强烈的突出环境问题。

二是对实施处罚、限期整改企业加强督导。针对企业违法行为，帮助企业制定可行的整改方案，提出合理化建议，对利民食品等存在环境问题较多的企业派驻厂监督员，督导企业按期落实整改措施，解决企业存在的环境问题。

三是进一步严格规范排污费征收管理。规范了排污费征收档案，严格按照《排污费征收使用管理条例》规定，执行排污申报、排污核定，按核定的排污量下达《缴费通知单》，制定了《排污费征收管理制度》，向企业下发关于企业停产报告制度的通知，要求企业停产时报告，及时调整变更排污费的核定，最大限度的杜绝了收费数额确定和排污费减免的随意性，保障了排污费的足额征收，提高了征收率，圆满完成了收费任务。

四是开展了中、高考禁噪等专项监察。做到提前下发通知，做好准备，成立专门执法队伍，认真巡查，强化监管，收到了良好的监察效果。

五、消除污染隐患，维护信访稳定

在对企业进行日常监管和现场检查的同时，对发现存在的污染隐患及时下达整改通知，提出合理防范意见建议，消除污染隐患。同时，以努力减少信访案件发生为目的，尽力做到早宣传、早防范、早治理，认真解决群众敏感的环境问题。年内受理各类信访案件97件，其中县政府交办30件、市环保局交办11件，已处理87件，结案87件，无群体访、越级访案件的发生，保证了群众的环境利益，维护了社会稳定。

六、推进“3115”治污对标，推动环境治理

以助推城乡统筹发展，提高企业污染治理水平，确保环境管理效果，提升企业形象为目的，在2010年工作的基础上，持续开展了“3115”治污对标工程。即整治3个区域：建成区、宋道口铁业加工区、长凝纺纱区，规范1个行业：畜禽养殖行业；治理15家重点企业：涉及范围是塑料加工、建材、耐火材料、食品加工、饲料加工。一年来“3115”治污对标工程进度是：

县城建成区：西城工业区15家企业改燃工程现已取缔了7家企业的生产及采暖锅炉，改由热电厂集中供热供气，其他几家正处于规划设计阶段。餐饮行业已安装油烟污染净化设施42家。宋道口铁业加工企业：深入企业调研，推进废水治理工程进度，推广获得国家专利的亚硝酸盐回收技术。天然气一期开口27个，已有19家用气；天然气二期（2.5千米）完工，开口78个，已有2家用气，1家签订协议，钢锹淬火污水治理工作正在逐步落实推广。长凝纺纱区：重新核定纺纱企业65家，其中58家纺纱厂合计植树1250棵，种花草1000平方米，建花池21个，治理除尘点3个，目前全面验收1家。

畜禽养殖业：制定了细化的规模化畜禽养殖整治标准，并按照确定的规模化畜禽养殖场名单，下发了综合整治通知。一些规模较大的养殖场进行了绿化、硬化建设，改善了场内环境卫生，并有15家建设了综合治理设施。明雪奶牛养殖专业合作社、红日奶牛养殖场和兴旺奶牛养殖场大型沼气发电项目正在建设中。

治理15家重点企业：已全部完成治污任务的7家，即中红普林塑料一公司、三公司、中红普林三融、益民饲料、中鑫滤质、康华福利耐火材料厂、燕兆饲料厂；恒丰石灰、京东建材厂和盘龙建材厂等3家企业投资较大、进展较为明显；对未完成治理任务的5家企业限定治污时限、强力督导，确保完成治理任务。

七、加强环境监管，确保环境安全

为加强水源地保护和水资源管理，在完成方各庄镇集中水源保护区划分工作的基础上，重点加强境内5条河流周边企业的监管，督促中红普林三融畜禽养殖有限公司、唐山融商普林畜禽有限公司、华西北钢、利民食品厂制定了相应的治理目标，同时加强对现有已完成污水治理设施达标企业的监管频次，北河水系已基本不接纳废水，其他流域的水污染物化学需氧量排放量得到有效控制，切实改善县内水环境质量。确定了辖区内河流入境口和出境口监测断面，力争每季监测一次，从中分析河流接纳废水能力和本身自净能力，县城水环境质量有了较好的改善。

始终把环境安全作为重点工作之一，一是制定了《环境安全保障方案》和《重大环境事件和污染事故的应急预案》，梁营村滦柏干渠河床高沸物污染事件后，立即启动应急预案，连续5天昼夜进行中和处理，监管责任单位清理处理后的固体废物，避免了污染扩散，确保了群众生命财产安全。二是对全县20枚放射源和35套射线装置加强监管，重点检查放射源使用、巡察记录、屏蔽效果等情况。组织使用放射源和射线装置单位工作人员进行培训，104人取得上岗证书。

全县工业危险废物主要产生单位共5家，环保局逐家现场调查核对，严肃督促落实执行“五联单”制度，重点对唐山东方炼焦制气有限公司年产600吨粗苯车间生产和贮存、永新纸业及新越硫酸铝贮存使用浓硫酸的监管，加大了检查、巡查、督察频次，确保不发生污染事故。

八、开展环境监测，提供技术保障

本着服务于治污减排、服务于污染防治、服务于企业、服务于群众、服务于项目办理的原则积极开展了常规监测和各项服务监测业务，为做好环保工作提供科学依据。一是做好常规监测工作。完成了全年的大气常规监测，取得有效监测数据1092个，二级以上天数为330天，及时编制了空气质量月报；完成了滦柏干渠上、中、下游及北河东、北河西5个监测点的6次常规监测，取得有效数据432个，并及时呈报了市站及县领导；对渤海近海水域三个监测点位进行了13个项目监测，取得了有效监测数据156个；二是实施了重点污染源监测，按照国家污染监测技术规范对永新纸业、华西北钢、万浦热电和东方焦化等重点污染源实施了常规监测，进行了废水、COD等指标的监测分析，取得有效监测数据180多个；三是完成马城铁矿采选工程、伟基橡胶内胎项目、京东医院二期工程等项目的环评监测，为项目早日落地开工提供准确的技术支撑；四是圆满完成梁营村水污染事故与永新纸业有限公司漏酸事故的应急监测，确保事故及时有效地调处。

九、搞好宣传教育，强化信息培训

一是积极进行环保法律法规及环境保护知识宣传活动，充分利用“6·5”世界环境日，通过宣传挂图、标语、现场解答群众环保法律咨询等形式，突出“共建生态文明，共享绿色未来”这一宣传主题，发放宣传材料1500余份，宣传小册子300份，环保购物袋200个，宣传挂图120张，接待群众咨询220多人次，通过活动的开展，进一步增强全民的环保意识，宣传教育效果明显。二是在信息工作中，从加强信息制度建设入手，建立完善了信息联络员制度、宣传报道及信息奖励制度等，并且在信息员中广泛开展言传身教、以老带新活动，并适时组织信息员培训，提高了信息质量及信息采用量。一年来，省、市局网站、滦南快报等共采用50余篇。三是强化业务知识培训，组织集中业务学习和测试11次，为提高全员业务素质和依法行政水平奠定了基础。

十、加强队伍建设，努力创先争优

以精神文明建设和创先争优为载体，狠抓党风、行风建设，加强党建管理，着力提升环保队伍的软实力，为各项业务工作的开展奠定了基础。一是强化行风评议和效能建设，为县域经济发展创造良好环境。二是抓好机关党建，开展创先争优活动。以创建科学发展示范机关创建等活动为载体，组织和开展好创先争优活动，有效推进整体队伍素质，在全局营造出积极向上氛围。一年来没发生一起违纪投诉、执法复议、行政诉讼案件，得到了社会的普遍赞誉，收到了唐山中冶方舟房地产股份有限公司、唐山京东实业有限公司等企业送来的5面表彰锦旗和1面镜匾。三是实行政务公开和党务公开，确保各项行政权力公开、透明运行。一年来，坚持重大事项集体研究决定制度，成立审批、收费和处罚工作领导小组，领导小组对重要工作事项坚持召开会审会议，共同研究决定，到目前为止，全年召开会审会议23次，经会审会会审建设项目92个，验换排污许可证28个。

交通运输局

2011年是“十二五”开局之年，也是全面落实“十二五”规划目标，实现交通运输跨越发展关键的一年。交通局在县委、县政府的正确领导下，在市交通运输局的大力支持下，明确目标，攻坚克难，强化措施，赶超跨越，各项工作稳步推进，较好的完成了2011年各项工作目标。

（一）工程建设进展顺利

按照县委、县政府《关于2011年重点交通道路建设工作的实施意见》要求，组织实施了十二项重点道路建设工程，除滦海公路外，其他十一项公路建设工程全部完成。其中，城区公路建设14.999千米，省级公路大修12.06千米，县级公路改建16.114千米，乡村公路改建38.117千米。总里程81.29千米。完成投资9.8亿元。

1. 城区工程

南大街西延工程。全长2.2千米，按城市道路主干道标准设计，建筑红线40米，主线22米。于8月25日主体竣工通车。总投资5000万元。

建设路南延工程。全长1554.588米，建筑红线50米，主线28米，道路等级为城市主干道。2010年完成路基工程，于2011年5月1日主体竣工。总投资3200万元。

新南环路。全长7.875千米，设计标准公路二级。4月1日开工，11月10日全线竣工通车。

总投资8500万元。

崇法大街。全长1.49千米，城市主干道标准设计施工，控制红线40米，主线宽22米，投资6700万元。于7月15日主体竣工。

建设北路。全长1.88千米，建筑控制红线50米，主线宽28米，按城市主干道标准设计施工，设148米那颜湖桥一座。投资1.64亿元。于11月15日主体竣工。

新北环路。全长6.3千米，按一级公路标准设计，总投资2.44亿元。该工程于2010年5月开工，目前完成单幅油面1.9千米，完成投资2.14亿元。

新西环工程。全长6千米，按一级公路标准设计，总投资2.56亿元。该工程于2010年5月开工，目前完成三层水稳铺筑，完成投资2.24亿元。

2. 省道大修工程

迁曹线（唐港高速青坨营出口—滦县界）改建项目：公路等级为二级，路基宽16米，路面宽11.4米。改建段全长7千米。于2011年3月15日开工，于2011年6月底完工。完成投资950万元。

唐乐公路（西高庄—扒齿港）改建项目：公路等级为二级，路基宽12米，路面9米。改建段全长5.06千米。2011年8月3日开工，于2011年9月15日底完工。完成投资946.14万元。

3. 县级公路改建工程

西曾线（姚王庄—滦海公路）拓宽改造项目：起止桩号为k40+168—k45+197处，公路等级为二级公路，路基宽13米，路面宽12米。路线全长6千米。总投资5237万元。2011年4月6日开工，于2011年9月8日主体完工。

古柳线（唐乐线—潘代庄段）改建项目：全长4.317千米，涉及中桥一座，公路等级为二级，路基宽13米，路面12米。总投资3344万元。2011年3月15日开工，于2011年7月15日底完工。

长大线（迁曹公路以西—丰南界）改建项目：路线全长5.797千米。公路等级为三级公路，路基宽8.5米，路面宽7米。总投资1250万元。2011年3月15日进场，6月底竣工通车。

4. 乡村道路改建工程

乡村道路（北堡—丰南界、林场三条路、罗营—东染工程等5项）乡道改造项目，公路等级为四级，路基宽5米，路面4米。总里程为19.336千米，总投资690.6万元。

乡村道路（富民路（姚王庄—胡许庄）、西曾线—小圈、井离庄—生理庄、张虎头—安狼坨、张虎头—马狼坨、涂庄—绳各庄、邸庄—马台工程等7项）乡道改造项目，公路等级为四级，路基宽5米，路面4米。总里程为10.938千米，总投资625万元。

老区路（门庄—迁曹线）工程：公路等级为三级公路，路基宽7米，路面宽6.5米。路线全长7.843千米。总投资1409万元。于2011年3月15日进场，6月底竣工通车。

施工中，为保证各项目按时间节点完成，广大干部职工充分发扬"白加黑"、"五加二"的工作精神，精心组织、合理安排、科学施工。严格控制原材料进场，施工工艺和质量检测等关键环节，确保了高标准、高质量完成各项施工任务。同时，将计划细化到周、日，做到长计划短安排，严细项目工程师管理，并在路段起点、终点及主要岔路口设置施工公告，并在施工作业区分别设置"前方施工"、"车辆绕行"、"车辆慢行"等各种安全警示标志，保证了工程安全无事故。

（二）工程质量有了新提高

2011年，按照市交通部门要求，全面加强了公路、桥梁工程的质量管理工作，对工程的每道工序做到层层把关，明确责任，落实到人。同时坚持科学施工，完善各项规章制度，建立健全质量保证体系，严格工艺工序控制，和技术标准措施为工程建设提供质量目标，对促进公路工程质量安全的全面提升与交通事业的快速、健康发展起到了积极的推动作用。

（三）公路养护工作达到一个新水平

2011年以"迎国检"为契机，以提升国省干线公路的整体服务水平为目标，积极贯彻落实省、市交通运输局《关于深入开展全省公路路域环境综合整治的工作通知》和县拆违文件的要求，结合"政府主导，部门联动、各司其职、协调推进”的工作方针，迅速采取有效措施，制定以干线公路为重点的路域环境整治实施方案，努力营造“畅、洁、绿、美、安、舒”的公路通行环境。投入资金474.7万元对迁曹线进行综合治理和文化宣传工作。9月初，投资350万元对平青乐线进行了全面综合治理。同时在公路沿线补植毛白杨875棵，香花槐50棵，垂柳80棵，桧柏610棵，国槐15棵，卫矛3000株，千屈菜1200株，木槿200株；新植野花组合9500平方米。通过公路绿化的实施，改善了公路生态环境和沿线景观，让人感受到“车在画中行，人在画中游”的舒适环境。同时为创建“生态良好、整洁优美、品位高雅、特色突出、文明开放”的省级园林县城做出了积极的努力。

（四）行业管理达到新的高度

一是加强运输市场管理。一年来运管部门共出动260人次，检查客货运输企业17家，三类以上维修企业40余家，检查客运超员车辆28部，分流乘客200余人。同时加强县内驾校的管理，并依法取缔了5处黑招生点。按照市委市政府的要求，对全县6家货运源头企业进行了公示，并派人重点监督源头治超工作。同时坚持着眼长远，年初成立了客运办，狠抓黑出租和客运市场的管理，极大地震摄了黑出租等违法经营行为，净化了县城道路交通秩序。

二是路政管理效果显著。为加大对超限超载车辆的检测力度，先在平青乐线和迁曹线两条国省干线设立了固定治超检测站，配备了治超检测仪器，安装了监控设施及其他与之配套的检测设备，对超限超载车辆严格按标准实施检测和卸载，这一举措，极大的震慑了超限运输车辆，使超限运输车辆明显减少。在此基础上，还针对全县境内超限车辆大部分是过境车辆的实际，采取在重点路段24小时值守与不定期流动巡查的方式，同时，在全局范围内每月至少开展二次超限车辆“集中整治”活动，重点打击车货总重超过55吨的严重超限车辆，在整治活动中，局领导亲自上路进行查扣，并严格按照标准对超限超载车辆进行卸载并给予处罚。通过治理，县域境内超限运输车辆得到了有效控制，运输环境明显改善，公路的通行能力进一步提升，有效地推动了全县经济的发展。

（五）全面加强了干部队伍建设和廉政建设

2011年从群众关注的热点问题入手，主要做了以下几个方面的工作：**一是加强了对全局干部职工的思想政治工作。**利用各种方式对干部职工进行思想教育、党的传统教育、法制教育、道德教育等，使职工明确干工作就是为群众服务的。2011年，全局优质工作多，执法单位被投诉的少，思想教育收到了明显效果。**二是加强对执法人员的教育管理工作。**路政、运政等执法单位是广大群众关注的焦点。加强了对执法人员的思想作风整顿，对照各项规章制度，加强了监督检查工作，从杜绝公路“三乱”入手，有效遏制了吃、拿、卡、要现象的发生。**三是加强了对公路工程的监督工作。**公路工程历来也是交通局的重要工作。2011年从完善内部各项规章制度入手，加强了对工程预算、材料、资金的监督，有效杜绝了各种偷、逃、漏现象的发生。既为国家节省了必要的资金也保证了工程质量。同时，杜绝了各种腐败行为的发生。**四是坚持从领导干部做起，做廉政建设的表率。**交通局既有工程，又有执法单位，党风廉政建设非常重要。坚持开好局领导班子民主生活会，从领导干部做起，做廉政建设的表率。同时，加强对下属单位的监管力度，严格管理，明确责任。有效地保证了党风廉政建设各项制度落到实处。

（六）安全生产有序推进

交通安全生产是一项长期而艰巨的任务，为把此项工作抓好抓实，2011年成立了安全生产办公室，主抓交通系统安全生产工作。通过局属各单位密切配合，各司其职，确保实现了交通安全零事故。**一是加强旅客运输源头管理。**严把“三关一监督”，长期安排人员在客运站轮流值班，检查客运经营业户的从业资格、营运证，查堵无牌无证经营，对不符合要求的车辆，取消运营资格，不予进站排班，坚决杜绝“病车”上路。同时加大路查路检力度，将工作重点放在国省道干线上，同时向农村延伸，确保了道路运输安全。**二是加强公路养护**。公路养护牢固树立了“安全为主、预防第一”的思想，紧紧围绕“公路畅通”这一主要环节，定期对管辖范围内的路面进行巡查，对有安全隐患的路段提前采取安全防范措施，确保了公路安全畅通。**三是整顿客运市场秩序**。运用广播、横幅、板报等多种手段，广泛宣传安全常识，积极配合公安部门加大“三品”和车辆技术安全检查工作的力度。**四是积极落实道路客运和公路安全隐患大排查、大整治、大督导行动**。结合实际，紧紧围绕建设工程和道路运输两条主线开展拉网式安全生产大检查。建立了“横向到边，纵向到底”的安全生产责任体系。切实按照“一岗双责”要求，对各自分管范围进行全面检查，确保检查内容不留死角，检查项目一个不少，检查对象一个不漏。发现的安全隐患，责成专人进行督导整改。全年未发生重特大道路交通事故发生。

城乡规划局

年初以来，县城乡规划局在县委、县政府的正确领导下，以科学发展观为指导，全面贯彻落实县委十届六次全会精神和县第十一次党代会精神，以创先争优活动为动力，少说多干、奋勇争先，较好的完成了各项任务。

一、全面落实全县重点工作部署，明确任务强化责任

年初，将县委十届六次全会报告、政府工作报告、“十二五”规划以及全县重点工作印发给每一位工作人员，要求所有人必须认真学习。在此基础上，对照单位职能以及各自岗位职责，对工作目标责任进行层层分解，细化规划编制、审查、手续办理的时间节点以及责任科室和具体承办人，并制定了量化考核方案，将直接责任人办理进展情况列入年终考核内容。同时，将细化的规划编制、审查、审批时间节点提供给相关单位，以便更好的实现项目催办的无缝衔接。一年来，全体干部职工大力弘扬“少说多干、奋勇争先、务实创新、开放超越”的新滦南精神，牢固树立政治意识、大局意识，自觉贯彻落实县委、县政府决策部署，自觉在推动滦南实现科学发展、赶超跨越中找准定位，有力促进了各项工作的扎实开展。

二、牢牢把握战略机遇和政策机遇，完善城乡规划体系

一是实施总规提升工程。年初，按照省、市关于河北沿海“11县9区”规划编制工作具体要求，立足建设沿海强县，组织开展了城市总体规划修编工作，并将环曹妃甸产业带规划和“十二五”住房保障规划纳入了总体规划修编内容。经过多轮修改完善，总体规划纲要于6月21日通过专家评审，6月23日通过县规委会审查。本次规划修编立足于大的区域发展背景确定县域经济社会发展战略，通过合理利用各类资源，有效发挥各种优势（产业、区位等），实现区域竞争力和发展潜力的最大化，着力将县城打造成拥有35万人、城市建设用地总面积达40.4平方千米的区域商贸流通中心，装备制造业、食品深加工基地，文化生态旅游城市。

二是优化村镇发展格局。结合土地利用规划调整，针对个别镇的实际情况和存在的一些问题，按照大稳定小调整的原则，对原村庄迁并方案进行了部分调整。同时，通过深入调研，完成了县域7个垃圾填埋场的规划选址工作，实现了村镇体系规划与土地利用总体规划的衔接。

三、高标准规划设计，努力推动城市建设上水平

2011年是全省城镇建设三年上水平第一年，也是决定未来三年城市建设水平的奠基年、关键年。年初以来，以打造“滨海水城、经济强城、文化名城、宜居靓城”为目标，严把规划编制和审查关口，努力做到“50年不落后，100年不后悔”。

一是编制完成了既有建筑外观改造设计方案。为高水平完成既有建筑外观改造工作，多次和各既有建筑外观改造工作队进行沟通交流，并聘请了多家设计单位。为了确保按时完成改造任务，采取了多种措施，安排专人负责督促设计单位加快设计进度，同时确保设计质量。

二是引导项目单位高水准编制规划设计方

案。在项目前期，及时向各项目单位提供了建筑单体的准确坐标定位、规划条件、规划审批告知单等各项内容，避免项目单位走弯路。在规划设计方案审查中，坚持热情服务、严格标准，遇有复杂问题，多次主动约见项目业主，通过耐心细致的工作，努力把项目单位的思想统一到优化人居环境、提升城市形象、完善配套功能、创造精品工程上来。

三是严格建设项目规划审查。立足提高城市建设水平，严把设计单位资质准入关，重大建设项目要求必须委托具备甲级资质的设计单位，从源头上保障设计质量。同时对规划方案从建筑控制、空间形态等方面严格审查，把好方案（初步）审查关。严格落实规委会审查制度，将初审通过的方案提交规委会审查，并认真执行规委会的决议。一年来先后筹备14次县规委会会议和1次规委会预备会，共审查事项130项。

四是着力塑造地方特色。按照县委、县政府建设“文化名城”的发展定位和打造“文化滦南”的目标，深入挖掘地方丰厚的历史文化资源，着力塑造地方特色，传承历史文脉，在城市规划建设中更多地融入体现地方历史特色文化元素。在金代风情街、元代风情街、北河公园雕塑等项目规划设计过程中，牢牢把握历史文脉、凸显地方特色，规划方案得到了各方面的一致认可。

四、发挥部门职能，全力服务“三大攻坚、四大开发”

作为城乡规划主管部门，始终立足发挥部门职能，与各相关单位密切配合协调联动，主动开展工作，加强规划指导，切实发挥规划的引导作用，服务全县经济社会发展。

一是主动与相关部门密切配合。在嘴东工业园区总体规划和控制性详细规划编制过程中，与管委会密切结合，提出了具体的修改意见，并组织完成了专家评审。在北河新区以及城西工业聚集区开发建设过程中，在项目规划和实施阶段，主动与水务、交通、市政、热力、燃气、电力、电信以及城西工业聚集区管委会和北河新区管理处等单位就环城水系、路网建设、综合管线等做好结合，及时将各项基础资料、实施意见提供和反馈给各单位，必要时以专题会议的形式召集各单位深入交换意见。

二是加强规划指导。在项目单位编制规划设计方案过程中，牢牢把握滨海水城特点，指导设计单位按照简洁大气、浅色调、简欧风格的要素进行设计，并做好与周边环境的衔接；在村镇建设中，就各镇的小城镇开发建设的建设内容、建筑形式和项目选址等提出了具体意见，指导14个镇（倴城镇、方各庄镇除外）编制完成商贸景观示范街规划并全部通过县规委会审查；就新民居建设指导各镇设计出了符合各村实际、地方特色鲜明的新民居建设房屋平面图、户型图和立面效果图。

三是为重点项目手续办理开辟绿色通道。不断优化审批流程，完善告知程序，严格实行首办负责制和问责机制，本着特事特办、能办即办的原则，对项目单位提交的材料当场进行审核。对材料齐全的项目，当即办理规划审批手续，对发现问题的要求建设单位尽快补正后立即办理。年初以来，全体干部职工主动放弃休息日，昼夜加班为项目业主办理了各项规划手续，保证了项目建设如期进行。

四是践行规划即法、执法如山的理念。始终立足维护公共利益和社会公平正义，坚持公平、公正、公开，将严格执法与热情服务相结合，服务全县经济社会发展。在项目审批管理中，严格落实“一书三证”、放线、验线、监督检查等制度，积极推行“阳光规划”，组织了曼城、上河城、绿景中心城、中红一品等18个房地产开发项目的规划设计方案公示。

五、狠抓机关建设，打造素质过硬干部队伍

一是继续发扬“少说多干、奋勇争先”的攻坚精神。以“实现一流效率、创造一流业绩”为目标，深入开展创先争优活动，以饱满的工作热情，奋发向上、敢为人先的工作精神，埋头苦干的工作干劲，严谨扎实的工作作风，全力投入工作当中。

二是把责任感、使命感教育常态化。强化全体机关干部的危机意识和争先观念。坚持立足周边环境和全市、全省乃至全国的发展背景研究全县的城乡发展战略；立足服务全县经济社会发展全局开展工作；立足于维护社会公平正义，把提高城乡建设水平、创精品留遗产放在首位。自觉增强工作的预见性和主动性，全面提高城乡规划建设水平，为走在全市乃至全省最前列不懈努力。

三是持续开展学习型机关创建活动。以岗位需要为取向，提高实际工作能力，采取“走出去，请进来”等方式，组织工作人员到先进城市考察学习培训，邀请专家讲课和利用现代传媒学习交流等方式开拓眼界，吸纳外地先进经验。结合科学发展观学习实践活动以及“创先争优”活动，提高学习效果和机关干部的临场应变能力、表达能力，取得了显著的成效。

四是强化干部队伍管理。修订完善了财务运行、车辆管理、考勤等一系列工作制度，不断规范机关运行，完善奖惩机制，进一步调动全体干部职工的工作热情；全面实行“一线工作法”，加强反腐倡廉工作，筑牢拒腐防变的思想防线，营造干事创业的浓厚氛围；公开服务承诺，深入开展机关作风专项整治工作，推进行政权力公开透明运行和政府信息公开工作以及行政权力监控机制建设。

国土资源局

2011年是“十二五”的开局之年，也是全县实现科学发展、赶超跨越的关键一年。国土资源局在县委、县政府和市国土局的正确领导下，按照“保护资源、保障发展、维护权益、服务社会”的总体工作思路，紧紧围绕全年目标任务，以更加奋发有为的精神状态和赶超跨越的工作理念，大力转变作风，开拓创新、攻坚克难，在保护资源、保障发展上取得了新进展，在维护权益、服务社会上创出了新成效。

（一）多措并举保护资源

1. 耕地和基本农田保护扎实有效。建立共同责任机制，将耕地保有量目标及指标分解到镇，将基本农田保护面积落实到地块和农户，设立基本农田标志牌160个，逐级签订耕地、基本农田保护责任书，层层明确保护责任人，保护措施和保护责任。目前全县耕地保有量114.923万亩。基本农田保护面积93.09万亩，完成了市政府下达的指标。此外还完成全县基本农田范围的划定及数据库建设，以利于基本农田保护工作的进一步开展。

2. 土地整理项目稳步推进。以土地开发为契机，对低洼、劣质、荒废的地块合理编制土地整理规划，加大补充耕地力度。截至目前在建项目14个，总规模2953.34公顷，新增耕地199.74公顷，总投资3838.57万元；待招标项目13个，总规模2416.33公顷，新增耕地126.22公顷，获上级拨付资金2894.80万元，另有6个土地开发整理项目基本完工。

（二）倾心竭力保障发展

1. 土地保障坚强有力。完成了2011年第一、第二批次建设用地和滦海公路二期工程用地组卷工作。其中第一批次建设用地（涉及7个村、共14个地块）53.4485公顷，已取得了省政府批复，第二批次建设用地（涉及全县6个村和县国营林场）28.6747公顷，正待省政府审批。全长48.396千米的滦海公路二期工程用地（涉及全县33个村和11个国有单位）137.2850公顷，项目经省政府批准已上报国土资源部，同时积极酝酿本年度三、四批次用地，为全县项目建设提供了较大发展空间。

2. 新民居建设积极推进。完成了2011年度第一批新农居建设周转用地组卷上报工作。共涉及3个镇、31个村的3个新民居建设项目。批准周转用地共计141.6556公顷，争取到置换建设用地指标765.3104公顷，为全县的新民居建设用地提供了供地保障。2011年先后4次迎接上级对滦南新民居建设进行检查，通过国土局精心全面的准备，新民居建设得到上级领导的肯定。此外起草了《滦南县新民居建设实施办法（讨论稿）》。

3. 用地预审严格把关。按照依法依规、有保有压的原则，严把土地供应闸门、严格供地方向，强化土地利用总体规划和土地利用年度计划的指令性调控作用，加强用地预审，有效保障全县重点项目和民生用地需求。全年共完成了对22个建设项目的预审。

（三）科学配置集约利用

1. 规划工作积极开展。组织编制了《滦南县土地利用总体规划（2010～2020年）》，该规划已通过省政府审批，这为全县未来10年的发展打下良好基础。

2. 市场配置土地资源规范有序。切实加强土地资产运营，规范土地出让和划拨行为。认真落实土地招拍挂制度，出让国有建设用地使用权46宗，出让面积166.7758218公顷，收缴土地出让金125258.8779万元。

（四）惩防并举严格执法

1. 动态巡查和案件查处力度加大。坚持巡回检查制度，走预防为主，事前防范和事后查处相结合的路子，进一步完善县、乡（镇）、村三级国土资源动态巡查网络体系，实行划分辖区，分片包干，责任到人的巡回检查制度，发现一起制止一起。把违法行为制止在萌芽状态。继续保持高压态势，坚决依法查处打击各类国土资源违法行为。

2. 卫片执法检查扎实开展。2010年度土地卫片执法检查共涉及全县监测图斑370个，面积3713.5亩。经过两个多月的全力工作，125宗违法用地全部依法立案查处到位，涉及移交法院申请强制执行122宗，全部移交到位，共收缴罚款1188.9万元，没收违法建筑物118.8万平方米，移送纪检监察机关1人，已落实相应纪律处分，追究刑事责任1人，已移交公安机关并对其立案侦查。2011年9月全县卫片检查工作通过了北京督察局的全面验收。

3. "五小企业"整改到位。全县召开开展"五小企业"专项治理工作会议后，局执法监察大队对全县115家非法生产小企业的占地性质和用地手续展开调查摸底。目前所有企业已全部按照治理要求整改到位。

（五）保障海域持续利用

1. 全力维护海洋资源。开展"海盾2011"专项执法行动和"碧海2011"海洋环境专项执法行动，共出海巡航12次，陆地行政检查20多次，出动执法人100多人次，调处用海纠纷5宗，查处制止海洋违法事件3起。违法、违规用海行为得到有效遏制。同时为了提高海洋资源保障能力，编制了《滦南县海域利用保护规划》、《河北省海洋功能区划》滦南部分，申报的滦南县嘴东双龙河口海域海岸带综合整治修复工程项目也已通过专家论证，前期清淤工作已经展开。

2. 认真进行溢油巡查。自六月初发生溢油事件后，国土局及时启动应急预案，对全县海域以及海岸线进行陆岸和海域结合巡查，全方位监视、监测溢油情况。共出动执法人员500人次、车辆60车次、执法船只2艘、巡查海岸线10000千米。

（六）铁矿开发继续跟进

与河北地质二队签订了李夏庄铁矿水文工作补勘协议，并向省厅提交了《滦南县李夏庄铁矿限制开采区规划准入可行性报告》，目前该报告已通过专家论证，可作为该铁矿办理限制开采区规划准入的依据。另外还完成了《滦南县矿产资源总体规划》的委托、编制工作以及《马城铁矿重点矿区专项规划》的资料收集、抗旱机井的选址定位等工作。

（七）夯实基础科学管理

地籍管理工作累计确权登记发证660余宗、进行土地他项权利登记510余宗，出具地类鉴定100余份、无房证明150余份。

测绘工作共测量各类土地710多宗，面积13000多亩，保障了项目的顺利实施。同时积极开展测绘市场监督检查工作，对从事测绘活动的单位资质进行审查、备案登记，被评为省级测绘依法行政先进单位，市级测绘管理先进单位。

基层所规范化建设工作进一步理顺工作关系，完善内部管理制度，制定基层所考核办法，开展基层所岗位等级评定，强化职责落实；对服务型基层所建设开展调研，并形成调研材料传阅，以利于进一步完善服务型基层所建设。

档案管理工作在严格执行档案归档、借阅、保管、移交等相关制度的同时，加强档案管理的社会服务职能，共接待各类查阅档案人员7000余人次，查阅、复印、拍照各类档案32000余卷次。

财务管理工作认真执行各项财务制度，严

肃财经纪律，同时完善监督机制，实行规范化管理。

机关事务工作统筹兼顾，多措并举，积极推进节约型、效能型机关建设，加大控制力度，合理优化配置交通工具和办公用品，实现了低成本高效率办公。

政务信息工作指定专人负责信息上报工作，并专门召开会议，要求局各科室予以配合，对信息报送工作实行目标管理，保证信息来源和信息的质量，共向有关部门报送信息50余条，按时完成上级约稿30余份。

（八）信访维稳常抓不懈

坚持源头控访、综合化访、公开减访的方针，将各国土所设为信访的第一道关口，各所定期、不定期对本辖区内涉及国土资源方面的信访苗头进行排查梳理，将信访苗头及时上报局信访办和所涉及的各业务科室。相关科室在做好沟通，部门联动的情况下，积极做好政策解释工作。同时，积极推行信访举报办事公开工作，全力建构推行纪检信访举报工作办事公开制度的制度体系和运行机制，打造“阳光信访”。全年信访量为零批次，上级交办信访案件为10批次，结案率达到100%。

（九）强基固本提升效能

1. 领导和干部队伍建设得到加强。以班子建设为重点，提高干部工作能力。科学合理地调整了领导分工，充分发挥每位领导统揽全局、驾驭工作、处理问题、贯彻执行的能力，带动全局人员工作能力和工作作风显著改善。

2. 机关作风建设持久开展。认真对照机关作风大会提出的六个方面在全局范围内查找在工作中存在的不足和问题并进行整改；干部职工结合自身工作共撰写心得体会81篇，同时局内进一步开展“一站式”服务和“文明示范窗口”建设活动，完善工作流程，减少审批环节，简化办事程序，执行首问责任制、限时办结制、责任追究制，切实提高服务质量和办事效率。

3. 党风廉政建设深入开展。以学习贯彻《廉政准则》为主线，以国土资源系统“两整治、一改革”为抓手，以“三早预警”和风险岗位排查机制建设为突破口，注重国土资源惩防体系建设，加强对重要岗位、重点环节、重大项目等的民主监督和廉政考核。狠抓干部职工的廉洁教育，坚持党风廉政“一岗双责”，将党风廉政建设和反腐败工作主要任务落实到具体工作环节。把党风廉政建设和各项工作紧密结合起来，同部署、同检查、同考核，加强督查。

农牧局

2011年，农牧局认真贯彻县委、县政府工作部署，按照年初确定的工作思路和目标任务，严格依法行政，狠抓工作落实，使全县农业呈现良好发展态势。

一、经济指标完成情况

1. 粮食生产。2011年，全县粮食作物总播种面积94.5万亩，总产45.1万吨，单产、总产均超2010年。其中冬小麦收获面积25.8万亩，比上年增加2.2万亩，平均单产达387公斤，比上年亩增产8公斤，总产达到10万吨，实现了小麦产量“八连增”；玉米收获面积49.1万亩，比上年增加3.8万亩，其中春玉米面积25.1万亩，夏玉米面积24万亩，玉米平均单产达466公斤，比上年亩增产14公斤，总产达到22.9万吨；水稻面积19.6万亩，比上年略有减少，但平均单产达620公斤，比上年亩增产25公斤，总产达到12.2万吨。

2. 瓜菜生产。全县蔬菜播种总面积达47万亩，其中设施蔬菜20.5万亩，比上年增加5.5万亩，鲜菜总产达到215万吨，实现产值30亿元，蔬菜收入占农民人均纯收入的比重达到30%以上。

3. 经济作物。豆类5.1万亩，薯类1.6万亩，花生播种面积22.1万亩，单产265公斤，单产比2010年增加2公斤，总产5.9万吨。

二、重点工作及进展情况

1. 强化科技服务体系建设，全面推进农业科技进步。一是加强基层推广体系建设。进一步加强了7个基层农技推广区域综合站建设，配套完善了检测、化验等仪器设备，健全了绩效考评机制和岗位培训制度，完善了县、镇、村三级技术推广服务网络。二是加大农民科技培训力度。截至目前举办巡回技术讲座160场次，直接培训农民2.2万人次，科技赶集10次，现场技术指导200多场次，举办电视讲座35期。印发技术资料12万份，发放由单位编写的科技富民工程资料汇编8000册，发放新能源技术挂图6500份，科技光盘380套。三是积极做好新品种、新技术的试验、示范、推广工作。引进推广粮油、蔬菜等各类新品种22个。示范推广了小麦抗旱抗寒技术、水稻旱直播、测土配方施肥等先进适用技术10余项。完成土样采集、处理600个，样品分析600个，取得有机质、全氮、速效磷、速效钾等19项化验有效数据22000多个。配方施肥技术推广148.1万亩，减少不合理肥料投入3139.5吨（纯量），节本增效6949.3万元。在完成小麦、夏玉米、春玉米施肥专家系统制作基础上，又完成了水稻、花生专家系统制作，发布墒情监测信息33次。发布病虫情报15期，长期预报准确率90%以上，中短期预报准确率95%以上。

2. 突出重点抓好粮食生产，确保粮食安全。认真落实中央、省、市各项惠农政策，大力改善农业条件，把领导干部高产示范田、粮食核心区、千亩高产创建等工作摆上重要工作日程认真抓实抓好。一是召开了各镇及有关部门参加的专题会议，下发了滦南办字[2011]23号文件，落实领导干部粮食高产示范田35块（树标牌35块），面积64050亩，领导干部中县级干部3人，科级干部32人。二是组织县、镇农技干部深入到镇、村农户搞好种植面积、作物品种、发展潜力调查，摸清了粮食生产基本情况，确定在全县15个镇375个村建设占地42万亩、播种面积64万亩的粮食核心区。其中，建设以小麦、玉米一年两熟生产模式的核心区22万亩，建设以玉米、水稻一年一熟生产模式的核心区20万亩，其中春玉米核心区6万亩，水稻核心区14万亩。三是实施农业部粮油高产创建示范片四个，分别是水稻、小麦、花生和宋道口镇整建制高产创建示范片，落实面积62603亩，其中水稻11124亩，小麦31009亩，花生10470亩，夏玉米10000亩。项目区小麦单产达到501公斤，总产1554万公斤，创历史最好水平。宋道口镇整乡推进高产创建示范片建设，面积3万亩，其中小麦面积2万亩，玉米面积1万亩。通过创建，小麦单产505公斤，玉米亩产654公斤，分别比创建前提高了21%、15%，增产效果十分显著。

3. 推进设施农业生产，促进农业发展方式转变。截至目前，全县蔬菜播种总面积达47万亩，实现产值30亿元，蔬菜收入占农民人均纯收入的比重保持在30%以上。蔬菜产业已经成为全县农民增收的主要来源和农村经济的重要支柱。在各级各部门的重视支持下，全县蔬菜产业正步入健康快速发展期，特别是以日光温室为主的设施蔬菜建设发展更加迅猛。截至目前，已落实建设面积11000亩，完成市下达任务的152%；完成土地流转面积10000亩，已建日光温室面积9230亩，完成市下达任务的128%，落实面积和已建面积位居全市前列。一是加强组织领导。成立了以主管副县长为组长的滦南县设施农业建设领导小组，具体负责全县设施农业的规划、组织、督导等工作，责任到人，狠抓落实，确保了日光温室建设任务的完成。二是发挥示范带动。对程庄镇周庄村、方各庄镇三义庙村、坨里镇东新庄子、黄坨镇东、西玉坨等温室建设动手早、规模大、速度快的镇村，通过电视台、广播等媒体给予了充分的宣传报道，并通过组织菜农观摩学习等方式，辐射带动全县发展日光温室建设。三是技术支持。组织技术人员、蔬菜种植大户等到山东寿光、乐亭等地参观学习；组织精干技术力量，指导乡镇、村温室建设和蔬菜生产，对程庄、坨里等重点镇每天安排两名技术人员在建设、生产现场指导，为温室建设提供全力技术支持。四是项目倾斜。对程庄、方各庄、坨里等重点镇，在项目谋划、组织实施中，给予重点支持和倾斜。

4. 加强标准化无公害生产，提高农产品质量安全水平。一是加大无公害生产宣传力度。为保障农产品质量安全，通过电视、广播、报刊、科技赶集、办培训班等多种形式，全方位、多层次、广覆盖地向广大农民宣传无公害标准化生产的意义、生产技术规程等，提高无公害生产的社会公众认知度，提高农民无公害生产水平。二是抓好农产品综合检测站建设。在土建工程完工基础上，购置气相色谱仪、高效液相色谱仪、原子吸收分光光度计、气相分子吸收光谱仪、农药残毒快速检测仪等相关检测设备95套台，目前正在进行仪器的安装调试和技术人员的检测技术培训工作，明年可正常投入使用。三是加强农产品生产监管。对全县15个无公害蔬菜基地和主要批发市场每周抽检一次，每批次抽取样品40个。截至目前，共抽取蔬菜样品1185个，涉及蔬菜品种30多个，获得有效检测数据1185个，发放《农产品质量简报》14期，检测合格率100%。四是抓好“三品一标”认证工作。按照县政府“12356”工作思路，在全县范围内大力倡导农产品“三品一标”认证工作，引导各镇实施农业品牌化发展战略。组织各镇农办主任、种植大户到石家庄、山东等地进行培训，受训人数达到135人次，完成无公害蔬菜认定基地复审25万亩，涉及姚王庄镇、安各庄镇、宋道口镇、倴城镇等镇的15家农业生产协会及农业专业合作社。通过无公害农产品认证的产品有番茄、黄瓜、西瓜、芹菜、甘蓝、尖椒等13个品种。程庄镇、宋道口镇正在进行黄瓜、西红柿、甜瓜等绿色食品认证的申报工作。

5. 抓好新能源工作，全力助推新农村建设。一是抓好大型沼气工程建设。谋划实施了大型沼气工程3处，依托养殖场分别建设1000立方米的沼气工程，实现养殖场粪便污水的有效处理，为新民居供气、发电，沼渣沼液用于大棚施肥，形成“一场、一池、一园”的生态循环模式。二是抓好养殖场沼气工程。规划建设了20处中小型沼气工程。这些养殖场沼气工程现已基本实现养殖场内粪便污水的有效处理，实现了场内供气、照明。三是抓好低碳减排绿色新民居示范工程。扒齿港镇柱王庄村的绿色新民居示范工程已正式开工建设。工程在推广低碳减排绿色新民居建设模式基础上，实现了新能源建设和新民居建设的有机结合。四是强化户用沼气池管理。全县2010年农村户用沼气国债项目批复任务为2000户，目前已全部完成。在此基础上，还完善了县级服务总站和3个区域站，增设了软、硬件设施。五是抓好压块站整合及节能炉推广。大力推广秸秆压块技术，将三个压块站进行整合，聘请专业技术人员对设备进行技术改造。在秸秆炊事采暖节能炉的推广中，新选的6个村400户全部完成。六是抓好沼气池现状调查及回访服务。重点抽查了店子村、沙角湾村等55个村、4000余户，出料3700次，更换配件1800套，发放技术资料7260份。同时对沼气用户进行了安全及使用知识的培训，提高了户用沼气池的使用率。七是引导群众对沼渣沼液进行综合利用。宋道口镇断火庄村利用沼渣沼液建设无公害韭菜生产基地1700亩；方各庄镇推广甜瓜大棚沼气池180个；东黄坨镇大力推广沼渣沼液鱼坑养鱼，示范面积达到2000余亩。沼渣沼液的综合利用有效推动了全县无公害农产品的生产，使农民得到实惠，受到群众广泛欢迎。八是积极帮扶老区村建设。在国债项目批复数量紧张的情况下，优先批复了一批老区项目申报村。如马城镇多余屯村、胡各庄镇孟各庄村在已建池基础上，分别增加建池指标100个和50个，两个村建池户数占总户数比例分别达到71%和78%。

6. 提高农业机械化水平，实现农业节本增效。到年底，全县农机总值7.4亿元，农机总动力125万千瓦，配套农机具1.9万台（套），完成机耕93万亩（其中深松10万亩）、机播105万亩、机收51万亩、机电灌溉102万亩、机械植保43万亩。一是加强农机推广及行业管理。推广了农机深松、玉米联合收获、水稻机械化收割、花生机械化收获等技术，推广深松机、玉米联合收获机等198台。检查各类农机维修厂点77个，新办维修网点技术合格证4户，维修工职业技能鉴定人数8人。二是加强农机培训及服务组织建设。全年培训考核农机驾驶操作人员82名，复训农机作业人员382人，培植农机专业合作社1个，发展农机大户3户，全县农机经营服务总收入达3亿元。三是加强农机监理及安全生产监管。农机监理共检测拖拉机200台，新入户拖拉机58台，联合收割机19台，新办理驾驶证82人，全年无重特大农机事故发生。四是抓好农机项目工作。全年共落实中央农机购置补贴资金590万元，省级财政农机购置补贴资金33.3万元，补贴461户农民购置各类农业机械1719台（套），拉动社会资金投入1171.576万元。完成农机深松作业面积10万亩，作业补贴资金250万元。五是抓好“三夏”生产。“夏收”期间，全县共投入联合收割机443台，其中外引机具374台，完成机收面积25.3万亩，机收率达到100%；在“夏种”期间，出动各种类型农业机械8000多台，完成夏玉米播种面积19.6万亩，机播率达到100%。

7. 加大农业综合执法力度，维护农民合法权益。一是加大宣传力度，优化执法环境。在3.15期间，组织了以“放心农资下乡，维护农民权益”为主题的宣传日活动，发放宣传材料4000份。二是规范经营单位管理，加强经营人员培训，倡导诚信守法经营理念。3月6日组织召开了全县农资经营单位及农资厂商等330余人参加的农资经营培训会议，4月12日召集县内农资批发经销商进行了座谈，严格了农药、种子经营单位资格审查制度，取缔未取得经营资格审查证明文件擅自经营农资的违法行为。三是加强日常监管和专项治理。截至目前共出动车辆163车次，出动执法人员648人次，检查农资经营单位1155个次，立案35起，结案35起，当场处罚340起，罚没款42.6万元。接待群众投诉30余人次，为农民维权索赔金额1万余元，调解农资纠纷11起。

8. 扎实推进项目建设，增强农业发展后劲。2011年争取落实项目总投资5000万元以上，争取上级资金3000万元以上。截至目前已完成花生良种繁育补贴、设施蔬菜标准园创建、农作物良种补贴、测土配方施肥、农机购置补贴、粮食高产创建、产粮大县奖励等项目，争取中央投资、奖励4956万元，省级投资40万元。目前正在实施的项目，包括新增国家千亿斤粮食田间工程、市级蔬菜产业示范县、农技推广体系、领导干部示范田建设，争取中央投资850万元，省投资338万元，市投资100万元。正在组织申报的项目，包括国家油料基地县项目、旱作农业技术推广项目、中央农业技术推广项目、耕地质量监测预警服务体系项目、千亿斤粮食标准粮田建设项目、新能源沼气国债项目，争取上级资金支持2350万元。

9. 规范和促进农村土地流转，推动土地规模化经营。一是切实加快土地流转工作。截至目前，全县土地流转面积达到13.04万亩，占家庭承包经营耕地总面积的13%，比2010年提高了3.8%；通过流转实现适度规模经营面积（20亩以上）达到7.88万亩，占土地流转总面积的60.4%，签订土地流转合同23489份，占应签订土地流转合同的82.7%，建立土地规模流转示范点4个，培育特色规模经营试点镇2个，圆满完成了市下达的土地流转目标任务。二是搞好土地流转管理服务工作。印制规范的土地流转合同5万份，建立健全了土地流转管理制度和运行机制，积极指导各镇做好信息发布、流转接待咨询、流转合同签订、流转档案管理、流转纠纷调处等工作，有效地促进了土地流转工作的开展。三是培树流转典型，推进规模经营。重点引进培育了唐山悠然园林滦南苗木基地、滦南县天弘农产品专业合作社、滦南县佳禾蔬菜种植合作社、滦南县玉翠果菜种植专业合作社、滦南县绿锦生态农业专业合作社等5个规模经营主体，分别落户坨里镇赵庄村、岳庄村，程庄镇潘家戴庄村，东黄坨镇西玉坨村、东玉坨村。

10. 深入创先争优活动，全面加强机关建设。一是深入开展“创先争优”活动。积极开展“三亮三比三评”活动，以创建“党员示范岗”为活动载体，在农机、农业执法、土地流转中心等窗口单位设置“党员示范岗”标志牌，明确“示范岗”创建目的、创建目标、各项规章制度。全体党员都制定了“共产党员承诺”，全局上下形成了“立足本职岗位，带头创新争一流，带头学习强素质，带头干事谋发展，带头服务比奉献，带头自律树形象”的良好活动氛围。二是组织深入学习领导讲话。组织全体干部职工深入学习胡锦涛总书记“七一”讲话、张庆黎书记重要讲话精神和张国栋书记在县十一次党代会上所作的工作报告等重要讲话精神。在学习过程中，每名同志都能够认真做好学习笔记，学习结束，分别撰写心得体会，并张贴在学习栏中。三是扎实推进作风建设。重点组织党员干部学习相关文件精神，并联系实际工作，在全局开展了以“服务三农工作如何做”和“树新形象、创新业绩、促新发展”为主题的活动。四是做好信访工作。积极开展信访、矛盾纠纷和群体性事件隐患排查化解工作。本着“抓前、抓早、抓小”的原则，在排查过程中坚持做到求真、求细、求实。对于排查出的问题，坚持做到“三定”，即定人员、定措施、定期限，并加强督导。五是全力配合好县委、县政府“三大攻坚、四大开发”中心工作。①通过召开全体机关干部会、印发明白卡等形式，广泛宣传县委、县政府“三大攻坚、四大开发”的决策部署，要求全体机关工作人员在做好亲属、朋友工作基础上，凡涉及征收搬迁的，要发挥示范作用，带头签约。②由全体局班子成员带队、抽调精干人员组成搬迁助推工作，全力助推征收搬迁签约工作。在10月份组织的友谊路东侧征收搬迁工作中，农牧局被评为先进助推单位。③当好攻坚抽调队员的后盾，解决其实际困难，免除其后顾之忧，使其全身心的投入到“三大攻坚”行动中。机关抽调的三名中层干部多次被评为优秀攻坚队员。④做好攻坚工作队慰问工作。先后到建设路东二层楼搬迁工作队、友谊路征收搬迁工作队、征搬指挥部、园林城创建指挥部等单位进行了慰问，给工作队送去了慰问品和慰问金等。⑤积极谋划二产项目，全力助推项目攻坚。通过多方联系外来投资商，目前已谋划二产项目6个。六是高度重视人大代表、政协委员的意见和建议，对于代表、委员们的提案议案认真研究，组织力量抓好落实，得到了社会各界的一致认可。

畜牧兽医局

2011年，畜牧兽医局全面贯彻落实县委、县政府和市局的工作部署，把大力发展畜牧业作为农业结构调整的重点工作和促进农民增收的一项重大举措来抓，推动畜牧业向规模化、产业化和标准化方向发展，取得了显著成效。畜牧基础建设不断加强，重大动物疫病防控能力显著增强，全县畜牧产业正向现代畜牧业稳步推进，畜牧业已成为全县农村经济的主要产业和农民增收的重要途径。

一、畜牧业经济指标完成情况

到2011年底，全县实现牧业产值45.08亿元，同比增长17%；占农业总产值的比重达到41%以上，主导产业奶牛存栏12.89万头，生猪出栏108万头，肉鸡出栏913万只。同比分别增长7%、7%和13%。肉、蛋、奶产量分别达到11.9万吨、3.4万吨和50.5万吨，同比分别增长7%、3%和7%。

二、强力推进项目建设，夯实畜牧业发展基础

深入开展了“畜牧开放年”活动，以开放引项目，以项目带全局，推动了项目建设再上新台阶。目前，已经开工建设的项目9个，总投资8527.86万元，已经完成投资7102万元，其中争取上级财政资金1879.52万元。**滦南县现代奶业电子监控及信息服务系统建设项目。**该项目被县委、县政府列为2011年为群众办的20件实事之一，总投资1100万元，建设覆盖全县所有奶牛场的信息监控及服务网络。目前，畜牧兽医局主监控室已经建设完成，完成了100家养殖场（区）数据采集设施的安装和所有数据上传调试。该项目在全市各县区率先建成，得到了市委常委、副市长王久宗和市农牧局领导的高度肯定。**国家畜禽标准化养殖场建设项目。**完成投资855万元，其中争取中央投资310万元。项目包括1个规模化奶牛场、5个规模化猪场、2个规模化蛋鸡场建设，并达到了国家级标准化示范场创建标准。**畜禽养殖提升工程项目。**完成投资5000万元，项目对10个奶牛规模场（区）、20个生猪规模场（区）、20个肉鸡规模场（区）进行改造提升，并达到了县级标准化示范场创建标准。**乡镇兽医站扩建项目。**项目总投资80万元，全部为中央投资。用于改善基层动物防疫基础设施、设备，增强防御处置动物疫病、疫情的能力。**乡镇兽医站基础设施建设项目。**项目总投资10万元，其中中央投资6.66万元。用于姚王庄兽医站基础设施和设备的改造升级。**能繁母猪补贴项目。**项目补贴总额736.46万元，全部为中央投资。对全县能繁母猪每头补贴100元。**奶牛良种补贴项目。**项目补贴总额237万元，全部为中央投资。项目提供补贴冻精数量15.8万剂，截至10月底，已经发放冻精11.5万支，改良奶牛6.6万头。**生猪调出大县奖励资金项目。**争取到中央生猪调出大县奖励资金450万元。**基层动物防疫工作经费补贴项目。**争取到省财政补贴资金59.4万元。

三、加速畜牧业结构调整，转变畜牧业生产方式

按照“规模化、标准化、产业化”的方向，不断完善现代畜牧业体系。

（一）加快推进畜禽规模化生产。采取政策引导、典型带动等多种措施，继续突出抓了以规模场、区建设为主要内容的规模化生产。通过广泛宣传、科学规划、优质服务等措施，大力培植建设规模养殖场区。2011年全县新建奶牛规模场区5个，新建生猪规模场区27个，新建肉鸡规模场区50个。

（二）积极开展标准化示范场区创建。年初制定了《滦南县畜禽标准化示范场创建方案》、《滦南县畜禽养殖场（区）建设技术规范》和《滦南县畜禽标准化示范场验收标准》，以标准化、生态化养殖为目标，集中开展各级标准化示范场创建活动。截至目前已有10个奶牛场、20个猪场、20个肉鸡场达到了县级标准化示范场创建标准；有5个奶牛场、10个猪场达到了省级标准化示范场创建标准，有1个奶牛场、5个猪场、2个蛋鸡场达到了国家级标准化示范场创建标准。

（三）努力实施产业化经营。充分发挥县奶业协会等行业组织作用，引导龙头企业，大力推广“龙头企业+养殖基地”和“龙头企业+合作组织+养殖基地”的经营模式，建立龙头企业与养殖基地和养殖户连接紧密、互利双赢、风险共担的运营机制，保障农民稳定增收，提升产业化经营水平。截至年底，全县新建畜牧专业合作组织10个，带动农户2300多户。

（四）进一步健全完善畜禽良种繁育体系。在奶牛养殖方面，继续加大细管冻精推广力度，通过奶牛良种补贴项目重点抓好高品质细管冻精的引进与使用，全年使用冻精15.8万支，改良奶牛9.1万头。使奶牛良繁体系进一步完善，奶牛的优配率达到100%。在瘦肉型猪生产上，继续抓好新品种引进，积极帮助群众引进优质种猪，全年引进杜洛克、长白、大白、长大、大长等种猪2500多头，普及了瘦肉型猪三元杂交技术，进一步扩大了良种猪的覆盖面。

四、加强重大动物疫病防控，保持疫情稳定

（一）扎实开展基础免疫。全年累计免疫生猪150万头次，牛22万头次，禽类330万羽次，羊6万只次。按规定分别进行了猪瘟、高致病性蓝耳病、口蹄疫、禽流感和新城疫等疫病的免疫。免疫密度均达到了100%。动物标识佩带率、免疫证明持有率均为100%。各动物防疫站建立了防疫档案，且内容齐全，填写规范。

（二）开展奶牛“两病”检测工作。加强对奶牛“两病”（布病、结核病）的净化工作。结合各镇政府召集全县所有奶牛养殖场（小区）负责人进行了针对“两病”净化工作座谈。举办了“两病”检测技术培训班，各镇动物防疫均配备了检测设备和试剂，并能独立开展检测工作。共监测奶牛5600多头，对检出的阳性牛提出了建议处理意见。

（三）规模养殖场分级管理工作。按照市局部署，抽调相关科室负责人组成“规模养殖场量化评分考核验收组”，对全县的49个养殖场进行了量化评分。其中达到A级的4个，B级的4个，C级的41个。规模养殖场分级管理工作的实施，有力推动了全县规模养殖的规范化管理，对提高动物疫病防控能力，维护公共卫生安全起到了积极作用。

（四）开展重大动物疫病监测。制定了《滦南县动物疫病监测方案》。动物疫情监测工作的有序开展，掌握了动物原抗体水平，确保了免疫效果。为科学防控，防止重大动物疫情传播奠定了基础。5月份和11月份分别开展了两次集中免疫抗体监测工作，监测结果显示免疫合格率全部达到了标准。对不合格的进行了补免或重免。

五、加强畜产品质量安全监管，保证畜产

品质量安全

（一）扎实开展“瘦肉精”专项整治行动。一是制定并印发了《“瘦肉精”专项整治行动实施方案》和《进一步加强“瘦肉精”监管工作的通知》等一系列指导性文件，确保“瘦肉精”整治工作有序进行。二是加大宣传力度，营造氛围。共举办畜产品安全培训班13期，培训1000余人次；印发《关于严禁藏匿、使用“瘦肉精”告知书》3000份，书写标语400条，悬挂条幅120幅，做到了家喻户晓，人人皆知，在全社会形成打击“瘦肉精”的浓厚氛围。三是开展拉网式排查，从源头截断用药渠道。共排查养殖场（户）2875个次，抽取槽料样594个，检查饲料生产经营企业280家次，经过排查和抽测，未发现藏匿和使用“瘦肉精”行为。四是强化检疫，实行检疫与检验同步。在运输环节和屠宰环节按不低于3%的比例抽检生猪尿样，开展“瘦肉精”快速检验，并如实记录“瘦肉精”检验结果。五是加强抽检检测。2011年，在养殖、运输、屠宰等各环节共开展“瘦肉精”快速检测27000批次，未发现藏匿和使用“瘦肉精”行为，“瘦肉精”检出率为零。

（二）深化生鲜乳安全整治行动。集中开展了四次生鲜乳收购站的监督检查，检查生鲜乳收购站528家次，现场检查了生鲜乳收购站的收购、销售鲜奶、鲜奶检验、乳企驻站监管、清洗消毒、有无禁用物质和奶站各项制度执行情况。对管理不规范、记录不规范的12家奶站下达了限期整改通知书，对未建立各项记录的4家奶站予以行政处罚。检查生鲜乳运输车辆450辆次，对运输车辆携带两证一单、奶罐铅封、有无携带违禁物质情况进行了现场检查，没有发现违禁物质，运输车辆铅封完好，对生鲜乳交接单填写不规范的进行了警告。

（三）强化畜牧投入品监管。采取多种方式对全县生产、经营企业、养殖场进行安全使用宣传指导和监督检查，严厉打击经营、使用假冒、伪劣饲料、兽药等行为，净化市场秩序。全年制作发放投入品安全使用宣传牌685块，宣传手册300本，举办各类培训班7期。参训人员包括局基层质量监管员、饲料兽药生产经营企业负责人、规模养殖场负责人、个体兽医诊疗人员。监督检查饲料生产企业72个（次），饲料、兽药经营门市783个（次），养殖场2519个（次），监督抽检饲料兽药样品159批次。立案29起，查获假兽药120多个品种，货值10多万元。

（四）深入推进检疫监督。深化产地检疫，严格屠宰检疫，强化免、检结合。2011年，全县共检疫活畜禽714.28万头（只），检疫产品7.25万吨，屠宰检疫生猪38.25万头，检出病害动物0.76万头（只），病害肉品0.28吨，检出的病害动物和病害肉品全部进行了无害化处理，有效保障了全县人民的食肉安全。

（五）监督抽检，监测畜产品质量安全。按照农业部、省、市的安排部署开展了畜产品质量安全监督抽检活动，完成农业部175批次的生鲜乳抽检任务，完成省局下达的180批次的生鲜乳抽检任务，完成市局102批次生鲜乳、166批次的肉用动物尿样、30批次的猪肉的抽检任务。县级监督抽检生鲜乳1050批次。

六、提高行政效能，开展为民服务

（一）加强机关作风建设和规范化管理。加强机关作风建设，不断完善各项工作制度。全面推行完善岗位责任制、服务承诺制、限时办结制、首问责任制、窗口部门一次性告知制、超时默许制等具体制度；推行规范化管理，解决办事拖拉、服务态度差、工作标准低、创新能力弱、工作纪律松弛等问题，增强干部执行力。

（二）严格规范行政审批，不断提高行政效能。以规范化、标准化、科学化为目标，规范审批程序，落实各项制度。形成规范合理、运转高效的工作流程图及办结时限表，使各项工作都有法可依、有章可循、有据可查。全年在审批大厅服务窗口受理事项273项，接待咨询600多人次，服务满意率达100%。截至目前，已办理生鲜乳收购许可证67个，生鲜乳准运证明85个，动物防疫合格证98个。行政审批同时进行动态公开，及时将审批情况上报县效能办。由于工作得力，畜牧兽医局窗口每个月都被审批中心评为红旗窗口。

（三）扎实开展为民服务。一是积极落实各级扶持畜牧业发展的优惠政策，给养殖户发展规模养殖创造宽松环境。二是开展送技术下乡活动。全年技术人员入镇入村举办各种类型的技术培训100多场次。解决制约畜牧业发展的种、病、料等问题300多个，免费发放各类技术资料1万多份，传授实用技术30多项，提供信息500多条，受益群众5000多人，群众通过采用新技术增收6000多万元。

七、创先争优，积极投身全县重点工作

（一）提前完成单位庭院绿化工作。认真落实县省级园林城创建工作要求，召开动员大会、传达会议精神、成立领导小组、制定实施方案、筹集绿化资金、认真规划设计、迅速施工建设。从4月2日施工建设，经过连续奋战，到4月10日全部完成绿化工作任务，比规定完成时间提前1个月20天，绿化面积达到单位庭院面积的20%以上。

（二）积极助推城市改建征收搬迁。高度重视城市改建征收搬迁工作，抽调3名后备干部参加工作队，并在全局广泛动员，组成助推工作队深入一线进行助推、学习、体验和服务。对在改建征收搬迁中涉及的本单位人员，密切配合工作队做好各项工作，让他们服从大局，不拖后腿。在2011年的三次征收搬迁战役中，连续被县委评为优秀助推单位，两名同志三次被评为优秀工作队员。

水产服务中心

2011年的渔业工作，坚持以科学发展观为导向，围绕“加快转变渔业经济发展方式，调整生产结构，促进渔业增效、渔民增收”这一主线，以渔业产业化项目建设、发展现代渔业为重点，加强生产管理、提高技术服务水平，积极参与县委、县政府“三大攻坚、四大开发”中心工作，坚持“少说多干、奋勇争先”，积极开展“创先争优”活动，养殖生产达到产量和效益双提高，捕捞生产和水产品质量双安全。确保了全县渔业经济持续稳定健康发展。

一、渔业经济指标完成较好

为保障全县渔业可持续发展战略目标要求，按照年初制定的各项指标任务，积极调整渔业产业结构，应对捕捞空间缩小对渔业造成的影响，引导捕捞渔民转产转业，大力发展养殖渔业，推动渔业向规模化、标准化、集约化、产业化发展，努力实现现代渔业发展新突破。

1. 2011年全年完成水产品总产量109759吨，比2010年减少0.5%。其中海洋捕捞产量58668吨，比2010年减少0.5%。海水养殖产量27293吨，比2010年减少3%，淡水养殖产量22693吨，比2010年同期增长0.8%，淡水捕捞产量1105吨，比2010年增加1.5%。

2. 全县养殖面积12.3万亩，其中淡水养殖面积2.5万亩，比2010年增加0.8%。海水养殖总面积9.8万亩，与2010年基本持平。全县对虾养殖面积5.4万亩，贝类养殖面积4.4万亩，和2010年保持平衡；对虾产量2687吨，比2010年减少0.4%；贝类产量2.1万吨，比2010年减少3%。工厂化养殖面积22.1万平方米，与2010年持平，工厂化产量2108吨，比2010年减少3%。从上述数据看，2011年沿海工业化进程加快、海上石油开发、海洋环境逐渐恶化等原因影响导致渔业资源减少，海洋捕捞产量明显下降；海水养殖方面，虽然养殖面积未变，但由于养殖用水存在问题，产量有所下降，导致病害发生。但从总体上看，各项指标基本正常。

二、项目谋划更上新台阶

一年来，共谋划项目9个，实施项目1个，总投资47282万元。其中谋划项目投资46782万元，实施项目投资500万元。

1. 谋划的项目

（一）唐山方舟海产品深加工项目，预算总投资5200万元。建设海产品调味料加工厂一座（投资1600万元）、冷链物流配送生产线一条（投资800万元）、有机食品产业化基地3万亩（投资300万元）。该项目由唐山方舟实业有限公司投资建设，目前其中已经完成海产品加工场建设投资2500万元。目前，冷链物流配送生产线已经完成配送终端销售网点的谋划工作，滦南县嘴东、滦南县城、滦县销售网点已经完成建设。调味料生产线正在进行项目前期工作。

（二）人工渔礁资源增殖项目，总投资3028万元，建设增殖区5000亩，投放渔礁6万立方米。

（三）渔船、渔港自动管理系统项目，总投资104.5万元。建设嘴东、西河渔港监控系统两套，安装渔船自动管理系统一套，定位终端300个。

（四）海洋环境实时监测系统项目，总投资250万元，建设实时海洋水质监测基站4个，数据终端处理系统一套。

（五）唐山海都出口水产品产业化基地项目，总投资1.02亿元。主要建设内容为：建设循环水工厂化养殖车间2万立方米水体，投放网箱300个，建设鱼靡生产线一条，滩涂贝类养殖基地2.5万亩。目前，循环水工厂化养殖基地正在施工。

（六）河豚鱼产业化基地建设项目。该项目总投资1亿元，主要着眼于国家对河豚鱼食用的放开政策，推动标准化河豚鱼生产，提供安全可靠河豚鱼供应基地。建设内容为：建设河豚鱼标准化绿色养殖基地5万亩，河豚鱼育苗基地2000立方米水体，暂养车间5万立方米水体，河豚鱼加工厂一座，河豚鱼毒素提纯生产线一条。

（七）滦南县嘴东集约化养殖产业保护区建设项目。该项目总投资5000万元，主要建设内容为：以滦南县国营养虾二场及北堡村养殖场为主，建设总面积1万亩的“集约化养殖保护区”。主要内容是：改造现有50到100亩的大型散养池塘为10到15亩的小型标准化养殖塘，配备增氧设备、池底铺设防渗膜。

（八）曹妃甸采砂区深水网箱养殖项目。该项目预算投资3000万元，目前，曹妃甸在周边海域采砂形成了大面积10～20米采砂区，为深水网箱养殖提供了条件。该项目初步设想，先期在唐山海都河豚鱼网箱养殖基地附近水域扩展，计划投放网箱500个，占海2000亩。

（九）广东海大集团水产饲料厂建设项目。该项目预算投资1亿元。建设年产30万吨水产饲料厂一座。

2. 实施项目。

渔政船建设项目总投资500万元，其中农业部拨款330万元，自筹170万元。该项目已经列入2011年县政府预算，并完成了项目初步设计，船舶主要指标为总长37.7米，型宽6.2米，型深3.3米，设计吃水2.2米，主机功率350马力（双机），设计航速13节。12月份实施政府招标采购。

三、水产品质量安全工作稳步推进

（一）广泛开展技术培训。一年来，开展科技宣传咨询活动6次，发放技术明白纸2000余份，举办无公害水产养殖技术培训班及南美白对虾养殖培训班2期，培训养殖户200人次。

（二）免费开展鱼病诊治。共接待渔民咨询2500余人次，水质单项化验3000余次，诊治鱼病2500余次，为养殖户提供了方便周到的服务。

（三）积极推进无公害生产和有机食品认证。目前，全县有两个无公害水产品产地，有中国对虾、牙鲆、半滑舌鳎、漠斑牙鲆、海蜇等5个品种获得有机食品认证及无公害产品认证。

四、渔业安全生产工作稳健扎实

为配合省市“安全生产百日会战”行动，实施了“奋战六十天，安全迎国庆”安全生产执法检查特别行动，保障了渔业生产安全有序。主要工作：**一是做好宣传教育。**一年来，深入沿海镇村、渔港码头，开展广播宣传活动50多次，张贴宣传标语600余条，发放宣传材料200余份，召开船组长和渔民代表会议9次。**二是强化渔船检验。**共检验渔船1018艘，应检船只被检率达到100%，登船检验率100%。**三是配备救生设施。**一年来，共配备气胀式救生筏241个，救生圈、救生衣1250余件。**四是做好船员培训。**已经培训职务船员2期，共633人。**五是做好船东互保工作。**共完成船东互保人数3287人，投保32870份，船险169条，共计30多万元。

五、渔业执法工作取硕果

伏季休渔是渔业的重点工作，为了圆满完成伏休任务，单位上下齐心协力，在县伏休领导小组的领导下，涉渔各部门紧密配合、措施得力，圆满完成了伏休任务。一年来，共张贴标语250条，发放材料1800余份，电视宣传两次，广播30余次，提高了渔民的伏休意识。按照伏季休渔实施方案，制定了海陆联合检查、把守重点区域、海上巡查、非重点区域突击检查的工作方案，在西河口、嘴东租用两艘渔船24小时把守，中国渔政船13823号24小时海上巡查，两辆渔政执法车不间断的在各港口、渔船停泊点及道路沿线检查。伏休期间，共出动检查船90个航次，出动检查车200多辆次，检查人员1000人次，检查各类渔船700艘，查处违规渔船30多艘、检查违规收购车14辆，全年共计罚没收入50万，较2010年增加51%。有效震慑了不法渔民，促进了渔业资源可持续发展。

六、机关工作有序开展

1. 认真开展机关作风整治活动，较好的完成了县委机关作风整治工作，被县纪委评为机关作风整治良好单位。

2. 积极做好党风廉政建设、行风建设和机关党建工作。坚持每周五集中学习制度，深入学习相关政策、制度和各级领导讲话精神，保障了党风廉政建设、行风建设和机关党建工作有序开展，全年发展入党积极分子5名，发展新党员1名。

3. 切实落实老干部各项待遇，使离退休人员晚年生活顺心、舒心、开心。狠抓计划生育工作，全年局机关没有违反计生政策现象。

4. 积极做好信访工作。原下属企业有4名信访人员，虽然依相关政策已答复结案，但4名信访人员坚持己见，成为不稳定因素。通过扎实有效的稳控工作，在国庆节、市党代会和省党代会期间，均未出现越级上访现象。

5. 努力做好机关包村工作。按县委要求，分包了柏各庄镇木沟府村后进转化工作、甜井村老区村帮扶工作、胡各庄镇史北村“双百结对、共创文明”工作、扒齿港镇祁家营新农村建设工作，努力克服机关经费紧张的困难，出资2.4万元予以帮扶。同时协调相关部门完成了村址修复、街道修整、村内绿化、打井办电等实实在在的工作，受到了被包村群众的好评和县包村领导的肯定。

6. 机关档案管理规范有序，并通过了档案管理部门验收。

7. 信息反馈工作进一步加强。安排了专职信息员，加大了信息反馈工作力度。全年共向上级反馈各类信息52条，比上年提高11%，被上级机关采用信息14条，比上年提高了20%。

水务局

2011年，水务局紧紧抓住中央和省两个一号文件“关于加快水利改革发展”的契机，围绕年度工作目标，研究办法，落实措施，开拓进取，顽强拼搏，各项水务工作进展顺利，成效显著。

一、积极落实一号文件，提高加快发展能力

2011年的中央一号文件首次聚焦水利改革发展，着力解决群众最关心、最直接、最现实的水利问题，突显了党中央对水利事业的重视与关注。水利事业改革与发展迎来了千载难逢的历史机遇。作为水利主管部门，为全面贯彻落实中央一号文件精神采取了如下具体措施：

一是成立机构，加强领导。2011年中央一号文件出台后，局领导高度重视，先后召开局党组会议、全系统会议，学习一号文件精神。局党组成立了以局长为组长，各副局长为副组长的学习贯彻中央一号文件领导小组，并分解工作任务，细化工作目标。做到了有部署、有方案、有动作。

二是加强宣传，营造氛围。为掀起学习贯彻中央一号文件的高潮，引导广大干部职工学习和领会中央一号文件精神、关注水利事业改革发展，采取各种形式进行宣传造势工作。局机关制作了文件解读板报、宣传标语。通过以上措施，营造了浓厚的学习贯彻氛围。

二、积极抓好各项水务工作，加快推进水利发展

围绕全年工作任务，认真研究和积极落实推进水务发展的各项措施。

（一）加强规划基建工作。水务局具体负责北河松树拓宽段拓挖治理、北河进口枢纽、导流明渠开挖、一、二号涵闸、天鹅湖、那颜湖开挖治理等民生工程项目的建设管理工作。经过项目建设有关各方共同努力，截至目前，北河松树拓宽段治理、北河进口枢纽、导流明渠开挖工程、一、二号涵闸已按时间节点要求完工；其中北河松树拓宽段工程投资1600万元，累计动土方87.67万方，开挖长度2300米，生态袋护坡累计4016米，混凝土板累计1700米；导流明渠开挖工程投资820万元，开挖长度6121米，动土方42万方；投资820万元新建北河进口枢纽一座；投资1069万元修建一二号涵闸。完成北河新区环城水系的治理，为北河新区的建设做出重大的贡献。

（二）加快农田水利工作。2011年，全县共完成打井295眼，洗修旧井306眼；安装地下管道25.6万米，控制灌溉面积3.2万亩；有效灌溉面积达到107万亩，水利化程度达到99%；改善灌溉面积5万亩，完善排涝面积4万亩。总动土方310万方，总投资为3596万元，其中县级以上政府投资1843万元，县本级投资500万元，镇村及群众自筹1253万元。

一是2010年第二批农村饮水安全项目工程规模为：打井及配套21眼，铺设自来水输水管道26.75万米，共解决17个行政村共1.07万人的饮水安全问题。工程总投资535万元，其中中央投资321万元，省投资161万元，群众自筹53万元。

二是着力抓好农业节水灌溉工程建设，提高农业灌溉用水效率。2011年以来，滦南县发展高效节水灌溉面积3.2万亩，安装地下管道25.6万米。其中：2010现代农业项目总投资概算为1800万元，中央财政配套资金800万元、省级财政配套资金400万元、县级财政配套400万元，群众自筹200万元。该项目地点在滦南县青坨营镇、坨里镇和方各庄镇、程庄镇等四个镇，涉及22个村，发展现代农业面积3.75万亩，安装地下管道30万米。

三是着力抓好灌排设施工程改造，提高水利工程运行标准。立足于“建重于防、防重于抢，抢重于救”的基本方针，实施以主要河道治理、农田内部除涝工程整治为重点的防洪除涝工程建设。对二排干等河道、魏各庄排水沟进行了清淤：二排干后曲至东梁段清淤长度10千米，新建两座节制闸，动土方12万方；清挖横河、排干192条，长250千米。

（三）认真开展水政水资源管理。一是建档立制，实行档案化管理。为全面掌握县域取用水户和水功能区、入河排污口设置和纳污总量变化情况，进一步摸清量水设施安装和使用情况，对取水用户的基本情况，从位置、取水量、直至缴费情况实行一条龙的跟踪记录。二是安装用水计量设施。对各用水企业下达了安装用水计量设施书面通知20多份，在用水大户安装远程监控系统，在其他用水企业安装了智能水表，为实现计量用水打好基础。三是编制了《滦南县水资源综合规划报告》。建立最严格水资源管理制度，摸清家底，全面掌握全县水资源分布和开发利用以及水质情况。四是依法征收水资源费。按照公开、公正、公平的原则，坚持抓大不放小，做好2011年水资源费的收缴工作，经过全体水政水资源干部职工的努力，截至目前，收缴水资源费502万元，比2010年的396万元多收106万元。充分发挥水资源费在水资源配置中的经济调节作用，有效促进企业节水。

（四）防汛抗旱工作取得实效。一是完成北河水系引水渠、闸等的水利工程的施工工作。检查全县河道、堤防、闸涵、桥梁等水利工程情况，详细进行统计上册，对急需修复的险工险段工程进行了测量、修复设计、投资概算，并上报县政府或市局。二是汛前督促并统计各镇成立防汛领导小组、防汛抢险队伍和群众号料小组，汛期进行检查核实，切实做到准确无误。三是编写了《滦南县各河道防洪预案》、《滦南县滦河调度规程》、《滦南县防御台风预案》、《滦南县防风暴潮预案》。四是做好汛期传递汛情、雨情和灾情，上报下达，积极当好领导的参谋，督促并实施全县防汛工作。五是组织刘庄闸抢修，封堵漏洞，与司各庄镇一起对被淹的洼地进行处置，把损失降低到最少。汛后进行防汛总结和防御台风预案的研讨，重新进行了完善和编写，上报市局。六是战胜了因降雨稀少引发的大范围旱情，赢得了抗旱工作的阶段性胜利。上半年全县遭遇了旱情，面对旱情，全县各级立足主动，积极采取措施，全力抗旱保供。不等不靠，加大抗旱投入，力保农业生产用水。

（五）加强水利宣传和目标管理。一是制定了年度工作任务并加强目标管理，抓好节点控制，确保各项工作按时序要求推进；二是规范公文运作，紧急公文做到签阅、会办同步进行，缩短了公文流转时间，提高了效率。加强了政务公开和保密审查，所有能够公开的政务内容，全部在滦南政务信息中及时进行公开。

三、深入开展创先争优活动，为水利可持续发展提供了思想组织保证

1. 以党建创先为抓手，广泛开展创先争优活动，进一步更新观念，确保县委、县政府的决策部署落实到位，促进全县水利事业在新的起点上实现跨越发展。认真抓好水利系统党风廉政建设，全面落实党风廉政建设责任制，从源头上预防和治理腐败。按照“谁主管谁负责、管行业必须管行风”的原则，深入开展民主评议政风行风工作，行业风气进一步好转。进一步强化机关效能建设，高度重视“窗口”建设，着力在抓巩固、抓深化、抓提升上下功夫，保障水利事业又好又快发展。

2. 社会治安综合治理又上新水平。为了切实做好社会治安综合治理和平安建设工作，局领导班子采取有力措施，标本兼治，由于制度完善，措施得力，全年没发生一起民事、刑事案件，没发生非法游行、集体上访等事件。

3. 改进作风，优化环境。机关作风建设直接影响到党和政府与人民群众的联系，为此，在局内部，不断健全和完善各项规章制度，同时规范办公行为，做到热情接待、文明用语、办事首问负责制，通过创建文明单位等形式，不断提升机关干部的形象。在外部，着重塑好水务人的形象，采取跟踪检查及走访抽查等方法，坚决杜绝在基层吃拿卡要等不良现象的发生。为加强水务系统的自身建设奠定了基础。

林业局

2011年，林业局在县委、县政府正确领导和上级林业部门的大力支持指导下，深入贯彻落实党的十七届五中、六中全会及省、市林业工作会议精神，积极参加县委、县政府“城镇建设三年上水平”、“创建省级园林县城”行动部署，以科学发展观为指导，以创先争优活动为动力，坚持体制和机制创新，少说多干，奋勇争先，各项工作成绩突出，圆满完成了县委、县政府及上级林业部门下达的各项目标任务，为加快全县林业发展奠定了坚实的基础，为推动县域经济健康、持续、快速增长作出了积极的贡献。

截至2011年底，全县有林地面积达到29.31万亩，其中防护林19.28万亩，果树面积10.03万亩，果品产量13.08万吨，森林覆盖率达到25.6%，活立木蓄积量达到61.3万立方米，林木保存率达到95%以上，林业总产值3823万元。

一、科学谋划、迅速推进，圆满完成造林绿化任务

2011年，紧紧抓住绿色家园创建和创建省级园林县城的有利时机，大力开展植树造林活动，通过项目带动、政策拉动、科技推动，植树造林2.4万亩，育苗0.4万亩。提前超额完成全年的植树造林和绿色家园创建任务，取得了绿色家园创建春季全市考核评比中位列第三名和秋冬季全市观摩考评优秀的好成绩。

1. **绿色家园创建成效显著**。自全市绿色家园创建活动开展以来，林业局认真贯彻市、县创建绿色家园指示精神，紧紧抓住春季造林和秋冬季造林的黄金季节，坚持突出重点、选树典型、全面推进、奖优罚劣的原则，通过实施沿海防护林、通道绿化提升、农田林网建设等工程，广泛开展义务植树活动，在全县掀起了春季和秋冬季造林绿化的高潮，完成造林绿化面积2.1万亩，发动全民义务植树95万株，育苗4000亩，实现示范村绿化26个；推进村绿化100个；乡镇绿化6个；社区绿化8个；机关事业单位绿化17个；企业绿化26个。

2. 助推省级园林县城创建一次成功。2011年是创建省级园林城的关键之年，在创建活动中，林业局发挥行业优势，义不容辞的成为了创建园林城的主力军，充分发扬“白加黑、五加二”的工作作风，如期优质高效的完成了各项绿化任务，助省级园林城验收一次成功通过。林业局、林翔园林绿化公司双双被评为省级园林城创建先进单位。

一是打造城区精品绿化工程。充分发挥职能优势，以“无处不精细、无处不精品、无处不精彩”为标准，依托林翔公司，发扬“白加黑”、“五加二”的工作精神，担起了城区350多万平方米的绿化管护任务，按时间节点出色完成了县城友谊路、和谐路、兆才大街、南大街、金辉广场、仁和广场等绿化提升工程，张士坎高地微地形等10多项绿化工程；通过精心组织，精细施工，打造了“三季有花、四季常绿”的一个又一个绿化精品。共栽植乔木2248株，花灌木847株，色块1.98万平方米，宿根花卉3000平方米，草坪3.6万平方米，大大提升了城市景观质量，为创建省级园林城夯实了基础；**二是全力抓好花海工程。**为将“花海工程”抓紧、抓实，抓出成效，认真编制了以道路景观野花组合、城区景观野花组合、绿色家园创建示范村景观野花组合三大骨架为主线的《滦南县野花组合景观工程实施方案》。为确保在6月20日前完成播种任务，全体干部职工牺牲节假日，深入“花海工程”各施工地段进行全程技术指导、质量监督，提前5个工作日完成了845亩的播种任务，受到了各级领导和人民群众的一致称赞，有效改善了城区和乡村的生态环境。

二、以人为本、优化服务，促进果品产业优化升级

1. 狠抓全县果品的安全体系建设，确保果品安全。把果品的安全生产放到重中之重，采取多种措施加强安全体系建设，全县果品质量和安全性得到了明显提高。一是根据相关行业标准，结合生产实际，完善了苹果、梨、桃、葡萄四个大宗水果的无公害标准生产技术规程；二是通过技术培训、现场指导等形式进行大力推广无公害生产知识，培训、指导3200人次，发放技术资料5000余份；三是加强园区重要环节的监督管理。在示范园和规模较大的果园建立完善的生产资料投入品应用及果园管理台帐。通过果品无公害生产技术和果品安全生产知识的宣传、推广，全县果实套袋率达到了93%以上，高剧毒农药的使用全部得到有效控制。

2. 创新服务模式，带动果农增收致富。一是优化结构。按照区域化布局，进一步调整优化品种结构。先后从北京果研所、昌黎农科院等科研院所引进矮化苹果等果树优新品种12个，推广果树密植增产栽培模式，示范面积500余亩；**二是强化服务。**结合百万农民大培训活动，组建技术服务小分队，深入基层进行技术指导服务。举办培训班80余期，发放技术资料1万余份，培训果农5000人次，通过技术创新服务，困扰果品上档升级的果锈难题得到极大改善；**三是转化职能。**转变技术干部的服务职能，注册成立林翔农产品公司，变单纯技术服务为以利益为纽带，生产、技术、市场有效衔接一条龙服务，林翔农产品公司运作模式和生产的多彩花生、林翔五谷礼盒因质优、包装精美、独具滦南特色而受到县有关领导的重视和好评，并作为滦南重点农产品加以扶持。同时，建立的东庄店棚桃、庄五庄苹果、王土大樱桃、扒齿港日韩梨等16个无公害优质果品生产基地，通过服务职能转化，成功打入北京、天津等一些大中城市市场，带动果农增收致富已初见成效。重点扶持的东庄店大棚桃基地、任六庄沙地梨示范园、北圈晚熟红富士苹果示范园等先后四次被唐山电视台专题节目组进行采访报道。

三、强化管理、深化改革，有效保护林业生态资源

一是依法保护林业资源。为严厉打击各类破坏森林资源的违法犯罪行为，整合执法优势力量，成立了综合执法大队，为依法治林提供了可靠保障，取得了较好效果。2011年结合“春季行动”、“平安创建”和“亮剑行动”的开展，本着从快从严的原则，加大了对涉林违法犯罪行为的打击力度，共查处涉林案件53起，移交公安2起，案件查处率达到100%。

二是有序推进林权制度改革。滦南县林权制度改革在全市始终处于领先地位，多次得到省市相关领导的好评。为完成省市下达的林改任务，把2011年做为林改工作攻坚年，成立林改组织机构，制定有效措施，落实责任主体，明确时间节点，扎实的推进林改工作。到11月底，顺利完成了市下达的62199亩林改任务，全县新核发林权证2978本，共计达到8978本。

三是严格林木采伐管理。以服务农村发展为主线，以为民办实事为目标，制定了新的林木采伐工作实施方案，以坚持树木老化、避免损失优先，坚持政府重点工程建设需要优先、坚持农村经济建设和生产生活需要优先、坚持维护农村信访稳定优先的原则进行审批，真正做到了以民为本、阳光审批。在采伐过程中，严把审批公示、伐前检查、伐中监督、来年验收“四关”，防止滥采乱伐现象及各种矛盾纠纷的发生，既杜绝了信访隐患，又解决了林农的实际困难，受到社会各界的好评，在县民主评议质询恳谈会上林木采伐问题首次实现零质询。

四是扎实开展美国白蛾防治工作。为全力服务省级园林城创建，维护全县林业生态安全，确保绿化成果，扎实开展了美国白蛾防治工作。组织发动群众摘除美国白蛾网幕1万余片，组织各乡镇喷施低毒高效生物药剂5.5吨，防治面积达14.54万亩，其中在境内唐港高速、沿海高速、迁曹公路绿化林带、国营林场生态林带、滦河大堤绿化林带、县城城区及北河生态园林等重点绿化林带进行飞机防治47架次，防治面积3.3万亩，喷施无毒高效灭蛾生物制剂1.2吨。使虫情得到了有效控制，美国白蛾监测覆盖率达100%，美国白蛾防治率100%，其他病虫害防治率达到了85%以上，有害生物防治工作取得了显著成效。

四、抢抓机遇、立项引资，推动滦南林业健康发展

林业局始终坚持以林业项目建设带动林业发展的基本方针，内引外联，为全县林业的发展提供了有力的项目和资金支撑。

1. 实施重点项目为林业发展奠定基础。一是沿海防护林工程。该工程中央投资450万元，建设时间2011年冬～2012年春，造林面积1.5万亩；**二是退耕还林后续产业工程。**该工程建工业原料林1000亩，抚育经营11000亩，中央投资110万元，建设时间2011年10月～2012年4月；**三是实施杨树优良品种繁育工程。**该工程中央补贴投资72万元，繁育优良苗木300万株，为今后林业的发展供给优质的种苗。

2. 发展民营企业为林业发展注入活力。通过优化发展环境，提供政策扶持，全县民营林业企业稳步发展，并展现了较强的发展态势和生命力。其中以唐山仕达家俱有限公司为代表的83家木材加工企业发展稳定，唐山悠然苗木有限公司等4家苗圃基地落户滦南，王士满唐红大樱桃观光采摘园已走向市场，在程庄镇、马城镇、扒齿港镇建设的林业生态（采摘）园3家也初具雏形，呈现出良好的发展态势。

3. 积极引进可持续发展项目为林业发展提供保障。一是实施国营林场生态园建设项目，现已完成项目的设计方案，并与京东实业集团有限公司达成项目开发合作协议，园区部分采摘果园、生态林在春季已经开工建设，园区主体建筑招待中心设计已完成。二是积极与日本伊藤忠商事株式会社，毅丰（中国）能源控股集团有限公司达成生物质能源开发项目合作意向，现正对项目的原料供应和基地建设的可行性进行调研考察。三是谋划生物质能源新品种示范基地建设，已经口头争得了国家发改委、国家电网的支持合作意向。

五、发挥作用、勇担责任，为重点项目建设保驾护航

一是发挥职能作用，主动服务。为确保河北钢铁矿业有限公司大贾庄铁矿按时开工，积极联系张家口林业调查规划院为铁矿出具采选项目使用林地可行性报告，并多次赴省局为其办理征占用林地相关手续。为确保滦海公路项目审批，主动联系市局、组织干部职工连夜加班，只用72小时就完善完成了征占林地报批手续并获得省局批准，为及时拿下滦海公路的1400亩土地指标做出了应有贡献。**二是提高工作效率，敢于担当。**以合法、有序、高效为原则，把工作做得细而又细，将重点项目工程涉林采伐审批程序压缩到5日内，保障了项目按时开工的同时没有发生一起林业信访案件。先后为大贾庄铁矿10千伏线下树木、西城工业聚集区等建设项目所涉树木及相关镇新农村建设涉及树木及时办理了采伐手续。

六、整章建制，对标赶超，全面推进各项工作

一是扎实开展机关作风建设。立足全县林业工作实际，落实机关作风建设责任制和量化考核监督机制，使人民群众感受到机关作风建设带来的实际效果，使全局干部职工的精神面貌发生了明显变化，有力地推动各项工作的开展。**二是强化党建和反腐败工作。**为了保证各项任务和工作的顺利开展，局党组把党建工作做为重中之重，切实加强和改进对党员的教育、管理和监督，通过制度化、规范化的管理，有力地推进了机关党的建设上台阶、上水平，一年中全局未发生一起违规违纪行为。**三是深入开展创先争优活动。**通过教育引导、对标赶超等形式，学习史明星、孙万柱等先进人物成为一种风气，干事、创业、志争一流成为机关作风建设的主旋律，为全面完成各项工作任务营造了良好的环境基础。组织开展了"下基层、送服务"等一系列"零距离"服务活动并逐渐显现成效，"零距离"服务模式和果桑站郭建强的事迹被唐山政务网、环渤海新闻网、河北林业网等媒体广泛宣传报道，郭建强被评为全县第一季度精神文明标兵。**四是大力推行协调联动工作机制。**保持公正、促进公平、增加透明、提高效率、增进友谊成了林业局独具特色的机关工作新亮点。

气象局

气象局坚持以邓小平理论、"三个代表"重要思想和科学发展观为指导，认真贯彻落实全国、全省气象局长会议精神，紧紧围绕河北省气象局、唐山市气象局和滦南县委、县政府的中心工作，深入学习实践科学发展观，用科学发展观统领全局和统筹发展，以做好气象防灾减灾和应对气候变化、重大社会活动气象保障服务，努力推进基层台站综合改革，有效开展增雨抗旱和防雹等人工影响天气工作，狠抓党风廉政建设和反腐败工作，积极有序推进各项气象工作，取得了较好的成绩和新的突破。

一、业务工作创佳绩，上升态势凸显

紧扣时代主旋律把创先争优活动结合到业务工作当中，以竞争机制为引导，严格执行各种规章制度，坚持学习新知识、新技术，提出"外练基本功，内蕴价值观"的口号，并针对本局业务人员自身特点因人而异，思想上引导，工作方法上交流，通过制定定期学习制度，完善交接班制度，落实岗位责任负责制，严格考核制度，加大奖惩力度，极大程度上改变了观测员的惰性心里，扭转了工作拖拉的被动局面，业务质量上升态势凸显，观测质量圆满达标，2011年所申报的四个"百班"全部通过验收，4人次获河北省"质量优秀测报员"光荣称号。

二、气象服务工作博得广泛好评

牢固树立"以人为本，无微不至，无所不在"的服务理念，千方百计地做好气象服务工作。一是在"早"字上下功夫。全县春播、汛期、节假日气象服务做到了早准备、早安排、早部署。二是在"准"字上做文章。业务人员狠抓气象基础业务质量，加强与省、市气象台的沟通，千方百计提高天气气候预报预测准确率。三是在"好"字上花力气。严格执行气象服务行政首长负责制和业务值班制度，凡重大关键性、转折性、灾害性天气，局领导坚守气象服务第一线，业务人员坚持24小时值班，进一步完善了气象灾害应急预案，切实增强了气象灾害防御应急响应能力。四是在"广"字上动脑筋。充分利用手机短信、96121声讯电话、电视、广播、报纸、网站等媒介，及时向广大公众提供气象服务，不断拓宽气象信息传播途径。

全力做好决策气象服务。2011年全县天气较复杂，雨雪、寒潮、连阴雨、干旱等灾害性天气频繁发生。每次重要天气过程，都及时向县委、县政府及防汛办发送专题天气预报和服务材料，截至目前为止共发布各类专题服务材料近100期，发布大雾、雷暴、道路积冰等气象灾害预警信号50余次，受到了地方领导的一致的认可，主管领导多次在全县工作会上对气象局提出表扬，所作的服务材料受到了县委书记张国栋的亲笔批示表扬。

扎实开展气象为“三农”服务。通过手机短信、网站、电视台、电子屏等多种传媒手段及时发布了春播、汛期天气趋势专题预报；围绕关键农事季节，开展了农业气象情报、专题分析等信息服务；开展了气象科技下乡活动，加强了气象科普宣传，利用“3.23”世界气象日、“5.12”防灾减灾日、安全生产联查等活动，大力搞好防灾减灾宣传，发放气象科普和防灾减灾宣传材料千余份，深入厂矿企业讲解防雷减灾知识千人次，为学生播放防灾宣传光盘近5个小时，参观学生300人次，提高了广大民众的防灾减灾意识。

精心做好专项气象服务。2011年春耕季节降水量偏少，天气持续性干旱，为了缓解阶段性旱情，开发空中水资源，共组织人工增雨（雪）8次，发射炮弹34发，有效地补充了地下水和水库蓄水量，改善了土壤墒情，收到了良好效果。此外，县委、县政府组织的大型活动，都自始至终搞好服务，如：县里组织的项目集中开工仪式、各种大型会议及参观等，为活动的开展提供了气象保障。

三、基层台站综改工作稳步推进

滦南县是农业大县，随着现代化农业技术的普及，农民对气象服务的需求越来越多样化和精细化，针对“三农”问题进行了深入的调查研究，结合上级关于两个体系建设的指导性意见以及滦南县本地特点，做了如下相关工作：

1. 与农牧局合作建设6个农业气象综合信息服务站，现已建成3个。通过与农牧局联手实现“资源整合，优势互补，技术捆绑，效益倍增”的特点，利用农牧局场地和技术人员发挥综合服务站的综合实力，结合气象信息实现为农服务。信息服务站除承担辖区信息技术服务外，还受气象局、农牧局委托负责本辖区气象信息员培训。

2. 以县政府名义召开“全县农业气象服务体系建设工作”的专项会议，县政府主管县长、市局秦局长到会讲话，县直农口主要负责同志、各镇主管副职、农办主任等参加了会议。

3. 为了使两个体系建设工作更深入、更扎实，县政府连续出台了“关于推进农业气象信息服务站建设的实施方案”、“关于成立滦南县气象灾害防御指挥部的通知”、《滦南县气象灾害应急预案》等文件，为台站综改和滦南气象事业的发展创造了宽松的发展环境。

4. 建立了信息员队伍，并将信息员队伍纳入县应急队伍管理。

5. 进入了规委会，成立了专家联盟。

6. 在县农业生态观光园程庄镇周庄村蔬菜园区建立了小气候站。

通过以上各项措施，气象局的服务功能有了很大拓展，形象有了很大提高。

四、强化社会管理，气象依法行政呈现新气象

一是认真履行防雷减灾安全管理职能。加强防雷行政审批和防雷技术服务，提高对各类建（构）筑物的检测覆盖率，发现隐患及时下达整改通知书，限期整改；二是严格规范施放气球活动，由县政府下发了规范性文件《关于进一步规范施放气球管理工作的通知》；三是加大执法力度，及时查处不法行为。全年进行了气球执法3次；四是加强学习培训，提高了业务人员素质；五是加大气象法律法规宣传力度。在“3.23”世界气象日、全国防灾减灾日、科普宣传周、安全生产月等开展了形式多样的气象法律法规宣传活动。

五、党的建设和文明创建再上新台阶，档案工作取得新成果

按照县委、县政府工作部署，制定了《创先争优活动实施方案》，成立了领导小组和办公室，召开了创先争优活动动员大会，每个党员都联系工作实际写了公开承诺书。

党风廉政建设深入开展。一是认真贯彻落实《实施纲要》和《工作规划》。二是扎实开展了党风廉政建设宣传月活动，组织开展了知识竞赛、参观反腐倡廉教育基地、学习《廉政准则》等教育活动。三是严格执行党风廉政建设责任制。四是健全规章制度，强化监督机制。

继续执行办事公开、集体采购等。五是加强廉政文化建设，贯彻落实省、市局廉政文化建设会议精神，制作了廉政文化宣传栏和宣传板，定期更换宣传内容，取得了较好的宣传效果。

按照《河北省机关档案目标管理认定办法》和县档案局年度工作安排，滦南县气象局档案管理被列入全县第一批AAA考评认定范围。为了确保考评认定成功达标，局领导周密安排，兼职档案员昼夜奋战，加班加点，把建站以来的相关资料都进行整理归类，并录入微机。认定准备工作充分、扎实。2011年12月5日，县档案局一行5人，到滦南县气象局进行认定。首先，考评组依据认定标准对本局申报资料进行审核，同时听取了档案员贾冬梅同志的工作汇报，实地检查了资料归档分类情况。最后通过考评组综合评定，认为滦南县气象局档案管理符合国家AAA级认定标准。考评组还对滦南县气象局档案管理工作给予了很高的评价和赞扬。

人民防空办公室

2011年，人防办在县委、县政府、人武部和市人防办的正确领导和大力支持下，坚持以“科学发展，赶超跨越”指导，按着“长期准备、重点建设、平战结合”的人防建设方针，克服困难、负重奋进，各项工作有了一定的进展。

一、狠抓理论学习，加强思想作风建设

坚持不懈地学习理论业务知识，加强思想政治工作。除自学外，每周五下午集中学习。特别是2011年开展机关作风专项整治活动以来，通过学习，工作人员深刻认识到自己工作的重要性，每个人从思想上、工作上、言行上有了大的改观，已形成团结、和谐、干实事的良好氛围。学习活动中每个人都制定了自身学习计划，并结合人防工作实际进行有关研讨，收到了较好的效果，使大家的理论政策水平素质及业务能力均得到新的提高。

二、狠抓人防宣传教育，增强全民人防意识

5月12日，结合“防灾减灾日”活动，从强化全社会人防意识入手，以“七七”试鸣为契机，以宣传教育为重点，通过制作橱窗、发放指南资料等多种形式，开展了丰富多彩的人防法律、法规、政策及有关知识的宣传教育活动。当天活动把一些实用的人防法律政策条款制成宣传橱窗，在县城繁华地段展出，共计发送资料7000多份。9月1日是各学校开学的日期，积极与各学校联系，在新生中开设人防课，同时利用新生刚入学的军训时间，为全县广大师生普及人防知识。在滦南县一中为2000多名师生举办了一场“人防”知识教育宣传会。9月17日是我国第11个全民国防教育日，主题是“依法开展国防教育，增强公民国防观念”。为搞好此次宣传教育活动，与县国防教育办公室联合行动。9月15日利用滦南县倴城大集的有利时机，出动宣传车2台，工作人员走上街头，向过往群众发放宣传资料3000余份，宣传了国防、人防工作的重要意义及相关法律知识。人防进社区一直是人防办宣传教育工作的一个重点，为此，9月19日晚上与街道办事处联合举办了一台以国防教育宣传周暨人防进社区为主题的文艺晚会。历时两个多小时，通过群众喜闻乐见的文艺演出方式，向大家普及了人防知识，提高了人们的人防意识，以及在空袭和灾害条件下的自我保护和自救能力，观看演出的群众达1200多人，县电视台也进行了录像报道，收到了良好的教育效果。

由于深入开展宣传教育，进一步提升了教育层面，扩大了教育范围，受教育人数不断增加，全社会的人民防空意识也随之得到增强。

三、抓好组织指挥建设，不断提高应急能力

按着市办有关要求，按时完成人防专业队整组，本着全县组建单位的实际，重新组建了7个分队，190人的人防专业队伍。组织指挥工作按上级人防部门的要求逐步落实，完善了县级指挥机构，下设10个战勤组，进一步明确了职责及任务。与人口疏散基地接收地研究完善方案，准备实施相关建设，为提高人防应急能力夯实基础。

四、抓好通信警报建设，不断完善防空预

警能力

按市办要求和滦南通信、警报设施建设需要，投资16万元在县城安装警报器统控设备一套。对全城8台警报器实施统控，使2011年的“七．七”全城区警报试鸣收到了最佳效果。

五、加强机关“准军事化”建设，提高人防队伍素质

根据国家人防办颁布的《人民防空机关“准军事化”建设标准》和《人民防空机关“准军事化”建设纲要》，按市办“准军事化”建设要求，坚持以人为本、科学发展、内强素质、外树形象，结合人防工作的实际，强化人防制度建设，进一步规范工作人员的行为。坚决杜绝“门难进、脸难看、事难办”现象，努力做到了超前谋划，热情服务。为改善办公环境，增添了必要的办公设施，投资4000多元添置办公桌椅及办公电脑。并积极向县政府请示购置无线电台、指挥车等事宜。2011年8月在县财政持续紧张的状况下，深挖潜力，厉行节约，完成了人防专业队演练任务，把有效的资金投入到工作任务上，把“准军事化”建设提高到一个新水平。

六、抓好“易地建设费”收缴工作，促进人防法制建设

自3月份以来，按照省办、市办的要求，在县政府主要领导的高度重视和督查室的大力督导下，积极开展欠费专项追缴工作，通过走访约谈等多种形式，主动与各欠费单位领导做工作，把政策法规宣传到位，讲明当前的紧迫形势，争取他们的支持和配合，主动缴纳欠费，共追缴易地建设费934.1734万元。坚持“以建为主，以收促建”的人防工作思路，不断加大易地建设费收缴和人防工程建设的力度，全年，批建人防工程面积70102.48平方米，收费544.92378万元。超额完成市办下达的300万“易地建设费”的收缴任务。

七、认真贯彻落实上级指示精神，坚定不移推进“城镇面貌三年上水平”

2011年，全县再次掀起了城镇面貌三年大变样的行动高潮。人防办张艳辉同志两次被抽调到建设路东侧居民拆迁工作队和建设路南延两侧工作队的同时，严格按照县分包领导的工作部署精神，立足本职，全力积极配合助推攻坚。正是因为此项工作中存在着许多的难点问题，才更加体现了集体的凝聚力和战斗力。在领导的带领下，全体人员通过大量的走访和调查研究，终于找到了解决问题的突破口。围绕这一方向和当前的发展形势，给涉拆户做了大量细致的工作。经过几个夜晚的努力，涉拆户已全部自愿签订了拆迁协议，助推工作取得了阶段性的胜利。

统计局

一年来，在县委、县政府的正确领导下，以学习实践科学发展观引领统计工作，以“创先争优”、“机关作风专项整治”活动为契机，紧紧围绕“三大攻坚、四大开发”这一主题，发扬少说多干、奋勇争先的精神，积极进取，扎实工作，圆满完成了上级交办的各项工作任务。

1．强化责任，严把质量，全面客观地反映了全县经济和社会发展历程。首先，把好入口关。进一步完善了《各专业统计数据质量评估办法》，落实了统计数据质量责任制。采取基层初审、专业把关、层层审核的办法，从源头上保障了统计数据的真实可靠，做到了“核算有章法、数字有依据”。其次，重点评估。建立和完善了县镇两级以GDP为龙头的重点数据评估监控体系，采取专业会审、综合评估、相互印证等方法，从总体上把握GDP、固定资产投资、工业增加值、社会消费品零售总额、CPI、城乡居民收入等重要数据的运行趋势，做到了“龙头下面有支撑，总体运行符大势”。全面客观地反映了2010和2011年全县国民经济运行状况。在全市统计工作评比中，有10个专业荣获市先进单位。

2．围绕中心，拓展职能，着力提高统计服务水平。一是紧紧围绕经济运行中出现的热点、难点及苗头性、倾向性问题，充分利用统计信息资源丰富的特点，积极组织撰写统计分析报告，为各级党政领导提供决策依据和微观信息。年内，利用统计资料，回眸并撰写了反映

“十一五”各条战线取得成果的系列统计分析文章；围绕经济运行，撰写了《一季度工业运行状况分析》、《上半年全县国民经济运行状态及对策》；针对物价上涨过快等问题，撰写了《物价上涨对居民生活的影响》，并对生猪养殖状况进行了快速调查，撰写了《生猪价格快速上涨，生猪存栏迅速壮大》专题报告，得到了国栋书记的重要批示。全年共撰写各类统计分析报告25篇。二是强化并拓宽了统计信息服务职能。根据统计指标的变化和领导的需求，增强并充实了全县各项主要经济指标在全市的排位情况，17个镇固定资产投资完成情况及排位信息。与组织部、宣传部、政法委联合开展了组织满意度、幸福指数、安全感调查，为各级领导提供了翔实的统计信息。

3. 以国家“三上”核查、省统计巡查为契机，进一步强化了统计基层基础建设。5月份，国家统计局组织开展了规模以上工业、限额以上贸易业、资质以上建筑业“三上”企业大核查活动，10月份省统计局来唐山市进行了统计巡查工作。以此为契机，针对“三上”企业原始台账不健全、乡镇统计基础设施不完备、基层报表不齐全等突出问题，在全县各基层报表单位广泛深入开展了以加强基层基础建设为中心的巡查准备工作。县制定了迎查具体实施方案，各专业明确了基层单位基础建设达标的标准，并逐企业、逐乡镇、逐单位的检查落实，突出重点，强化督导，狠抓落实，进一步提升统计基层基础建设水平，基层统计电子台帐进一步健全，基层统计基础设施进一步完善，统计数据源头建设进一步加强。

4. 积极推进统计方法制度改革，统计数据质量进一步提高。一是“企业一套表”顺利实施。通过精心组织，强化各种技术保障措施和人员培训，顺利实现了“三个衔接”：“一套表”与各专业年报（定报）衔接、“一套表”与基层企业报表的衔接、企业网上直报与企业纸介质上报的衔接。目前，“一套表”在全县实施情况良好，网上直报率达到上级要求。二是推行并落实了GDP新的核算方法。疏通了取材渠道，落实了单位责任，减少了服务业增加值的估算成分。三是更换了城镇和农村住户调查点（户），提高了源头数据采集的代表性。四是初步建立了文化产业统计方法制度，并对2009.2010年全县文化产业增加值进行了试算。

5. 圆满地完成了第六次人口普查各阶段性工作任务。根据上级统一部署，精心组织、强力推进，圆满完成了人口普查登记的复查、快速汇总、编码培训及编码工作；高质量地完成了19.5万张普查表的光电录入工作；开展并整理了住房空置率资料，进一步完善补充了人口信息电子图，顺利通过了国家、省、市人口普查工作质量验收，得到了上级的充分肯定。

6. 积极谋划项目。谋划了年产270万件水凝胶制品生产线、滦南县国际物流产业园、电脑用及各种电机用电路板生产项目、沿海度假村项目、粉煤灰综合利用项目等5个5000万元以上项目，总投资41700万元，其中亿元以上项目一个。

7. 深入开展“创先争优”活动，机关工作作风明显改观。根据本单位实际，做到了三个结合：与贯彻落实县党代会精神相结合、与统计优质服务相结合、与机关作风专项整治活动相结合。进一步建立健全了12项机关规章制度，完善了机关工作人员岗位目标责任制及激励机制。广泛开展了“让党徽在岗位闪光”、“六比六看，争做模范共产党员”、“统计优质服务竞赛”活动，重点解决学习兴趣不浓、服务意识不强、工作作风漂浮等突出问题。增强了广大党员干部的责任感和使命感，统计服务意识和党员先锋模范带头作用明显增强。2011年，在统计工作任务繁重、人员相对不足的情况下，局党组精心组织，统筹安排；班子成员分工负责，密切配合；科队长各司其职，广大干部职工识大体、顾大局，“白加黑”、“五加二”地忘我工作，圆满地完成了各阶段的工作任务。

审计局

2011年，审计局在县委、县政府和上级审计机关的正确领导下，以邓小平理论和“三个代表”重要思想为指导，积极落实科学发展观，深入学习贯彻党的十七届五中、六中全会、县委十一次党代会精神，坚持“依法审计、服务大局、围绕中心、突出重点、求真务实”的工作方针，紧紧围绕全县“三大攻坚、四大开发”整体部署开展审计监督，不断完善工作机制，在推动全县三年上水平、维护财经秩序、促进廉政建设等方面积极发挥“免疫系统”作用，各项工作进展顺利。2011年共安排审计项目42个。年内实际安排进审项目188个，已完成和基本完成的项目184个，4个建设项目正在跟踪审计。累计查处违规资金42355万元，审减固定资产投资18742.69万元，对27个违规问题较重的单位处以罚款65万元。提出审计意见建议115条，被采纳105条；发出审计报告和其他信息材料145份，被有关部门和领导批示采纳32份。县委、县人大、县政府主要领导高度重视审计工作，22次听取审计工作汇报，由县政府行文下发审计规章和工作计划共2件。

一、围绕经济社会发展，强化五项审计监督

以加强审计监督促进国家治理重新定位审计职能，按照构建财政大格局的审计理念，以财政预算执行审计为龙头，以经济责任审计为抓手，重点关注政府投资项目审计、行政事业单位财务收支审计和政府债务审计，为促进全县经济平稳较快发展和经济发展方式转变保驾护航。

（一）财政预算执行审计

2011年的县本级预算执行和其他财政财务收支审计，以保障积极的财政政策的贯彻实施、规范预算管理行为、促进增收节支、强化税收监管、提高财政资金的绩效水平为目标，不断深化对财政部门、地税部门及预算执行单位的审计监督，职能作用得到有效发挥。共安排对县财政局、县地税局、县交通运输局等8个单位的审计，延伸审计企业6家，5月中旬已全面完成了工作任务，5月20日县人大常委会召开会议，审议并通过了审计局所作的《关于滦南县2010年度县本级财政预算执行及其他财政财务收支情况的审计工作报告》，审计工作得到县主要领导的充分肯定。

一是深化县财政本级预算执行审计。按照县人大常委会审议批准的2010年度县本级政府预算，以财政部门预算管理和财政资金的分配为重点，在分析把握预算编制的合法性、完整性、科学性的的基础上，重点关注了预算执行的严肃性、财政资金使用的绩效性和安全性，严肃查处并纠正收支管理中存在的突出问题。经审计查出应缴未缴财政收入895万元、虚列专项支出1505万元、专项资金拨付不及时7501万元、违规使用科技三项费931万元等违规问题。

二是强化县地税征管及预算执行审计。以促进地税进一步规范预算管理、降低行政开支、强化税收征管、确保税收收入持续稳定增长为目标，坚持揭示问题、规范管理、促进改革、提高绩效的审计工作思路，对县地税局2010年度预算执行及税收征管情况进行了审计，并就税收情况延伸审计了荣程钢铁、坤达建筑等6家企业。经审计发现地税局超年初预算支出1098万元、员工漏缴个人所得税28万元、虚列支出31万元、违规发放资金补助115万元等问题，经延伸审计发现存在提前收取企业所得税474万元、漏缴企业资源税48万元等问题，因此对县地税局问题进行了处理处罚。

三是细化各预算执行部门审计。重点对县交通运输局、县教育局、县国土资源局、县卫生局、县林业局、南堡镇等6个掌管资金量较多的部门进行预算执行审计，关注其预算执行的真实性、合法性、效益性，紧紧抓住资金流向，从立项安排、资金拨付、管理使用等环节，审查预算资金的实际执行结果并追踪使用效益，严肃查处和揭露虚报项目、滞拨截留、挤占挪用、损失浪费等问题，从而达到进一步规范部门预算管理、提高财政支出绩效的审计目标。经审计发现6个部门存在未及时足额收取土地出让金7039万元、滞留应当下拨的资金48万元、往来中列收列支29.8万元、固定资产入账不及时185万元、应缴未缴财政专户款94.2万元、扩大开支范围74.5万元等30多项违规问题，对此分别做出了处理处罚。

（二）政府投资审计

继续集中精力开展以政府投资为主的固定

资产投资审计，力求加大从源头治理力度，把预算控制价审计、项目竣工决算审计和重大项目跟踪审计有机结合起来，严格把好标的关、施工签证关、竣工决算关，把有限的财政资金发挥出最大的经济拉动效益，收到很好效果。截至目前共完成投资项目审计95个，对6个重大项目继续进行跟踪审计。相关单位共报审投资金额95530.78万元，审定金额81867.13万元，审减13663.65万元。

一是加强预算控制价审计，共完成69个，审减3383万元。通过对预算控制价格和清单的审计，对高估冒算、清单丢项、清单描述不完整等问题进行了纠正，使预算控制价和清单更趋完整合理，为正常招投标奠定了基础，从源头上加大了对工程领域的审计监督，收到了很好的审计效果。

二是加强竣工决算审计，已完成26个，审减7072万元。重点审计了污水处理厂续建工程、滦海公路与北环路交叉口绿化、罗城小区集中供热、友谊路雨水、电厂路绿化等领导关心、群众关注的民生项目，重点审查其上报决算的准确性、各项手续的合法性、财政资金使用的效益性。通过审计，发现建设单位手续不完备、签证不合规，施工单位高估冒算等问题，都给予了严肃处理和纠正，为县财政节约了大量资金。

三是加强跟踪审计，在对6个全县重大项目进行跟踪审计中，落实每月一进审、重大变更及时到场等一系列行之有效的措施，确保准确掌握各项目施工进展及变更签证，把各项违规问题处理在第一时间，从而避免了更大损失。共纠正不合理变更签证7项，涉及金额达310多万元，核减工程投资款3169万元。

（三）经济责任审计

为健全和完善经济责任审计制度，加强对党政主要领导干部和国有企业领导人员的管理监督，推进党风廉政建设，2011年共安排了37名党政机关主要负责同志的经济责任审计，其中任中审计6人，离任审计31人。已完成了6名领导干部任中审计。在对6个单位财务管理、内控制度、领导决策等方面进行全面审计、客观评价的基础上，发现了18个方面的突出问题，主要是暂存款列收列支2543万元、专款拨付不及时1982万元、挤占挪用专项奖金10万元、违规发放奖金补贴36万元、不合规单据入账6万元、未进行政府采购11万元、违规购车23万元等问题。对此审计局下发审计决定进行了严肃处理。为确保离任审计项目按时高质完成，研究制定了《2011年领导干部离任审计工作方案》，对审计内容和重点、审计范围和人员、审计时限等进行了规范部署，12月15日完成任务。

（四）财务收支审计

为强化对行政事业单位的审计监督，促进其认真执行“收支两条线”等政策规定，整治三乱行为、推进依法理财，安排对县水务局、县工业和信息化局、县一中等7个单位2010年度财务收支情况进行了审计。通过审计发现各单位能较好地执行收支两条线，内部控制制度有效，财务收支基本真实，但仍存在较多问题，主要表现为不合规单据入账14.4万元、未进行政府集中采购19万元、违规收费15.2万元、私设小金库5万元、扩大开支范围53.2万元、违规发放补课费63.2万元等。针对各单位存在的问题分别下发审计决定进行了处理处罚。

（五）政府债务审计

2月至3月，积极参与由国家审计署统一组织的政府债务审计工作，得到上级充分肯定。

一是抽调2名骨干同志参加对唐山市政府和唐海县政府债务审计工作，他们充分发挥审计经验丰富、精通计算机审计业务的优势，发扬滦南审计特别能战斗的工作精神，连续一个月没有休假，圆满完成了上级交办的工作。

二是安排专门力量与县财政局协同配合上级审计组完成了对全县政府债务审计工作，及时沟通县财政局等80多个单位，在协调工作、后勤保证等方面发挥了重要作用。经审计全县截至2010年度共有债务10.8亿元，债务水平适当。其中负有偿还责任的债务4.1亿元，政府负有担保责任的债务2.8亿元，其他相关债务2.7亿元，粮食与供销企业挂账1.2亿元。审计结果表明全县通过举债融资，在支持县域经济发展、提高公共服务能力、改善民生、应对金融危机等方面发挥了积极作用。

（六）专项资金审计及调查

为促进国家专项投资项目和民生项目的顺利实施和资金规范管理运作，提高资金使用效益，2011年安排了对再就业资金、企业养老保险基金、新农合资金、国土出让金和土地整治资金、环保资金等专项资金的审计，涉及资金总额达87571万元，审计中发现个别项目存在资金滞留闲置47万元、资金未实现保值增值等问题，国土出让金和土地整治资金项目审计工作得到原县长蔡洪魁同志充分肯定，并作出重要批示，要求财政、国土、审计等单位研究整改。

二、围绕县委政府工作中心，积极发挥审计服务作用

坚持监督与服务并重，寓审计监督于服务县域经济发展，不断提高围绕工作中心搞好服务的业务水平，取得了一定成绩。

一是积极谋划项目建设。按照全县“三大攻坚、四大开发”的整体部署和“千百十”项目谋划要求，积极行动加强外联，上报谋划项目5个，并与石家庄奥斯特公司、天津同新房地产开发有限公司等多家外地企业进行了全方位的沟通，力争尽快将项目引入滦南落地，为县域经济发展贡献了力量。

二是着力推进新民居建设、城中村改造等项工作，抽调多名同志参与了全县三次改造拆迁工作和农村危房改造验收等工作，组织基建人员对新民居建设预算控制价格进行详细审查，举全局之力推进拆迁工作，圆满完成了领导交办的工作任务。

三是助力农村党建和经济发展工作。安排4名同志参与了县委安排的后进村转化、老区村推进发展、双百文明村创建、驻村工作室等项农村工作，局党组高度重视并多次研究安排、入村调研、化解上访，并在财力紧张的情况下投资上万元帮助相关村完善村址建设，拉近了与群众的联系，得到县领导、相关镇负责同志和村党员干部群众的肯定。

四是配合其他部门工作。上半年抽调多名同志参与了原建筑公司财务检查、通道绿化验收、农村养殖专项资金检查、村财务上访审计等项工作，全面发挥了审计职能作用，在专项治理等工作中起到了重要作用。

三、围绕提升审计质量和效果，不断加强审计队伍建设

2011年，随着《审计法实施条例》、《党政主要领导干部和国有企业领导人员经济责任审计规定》和《国家审计准则》的颁布实施，审计队伍建设、业务培训教育、项目质量管理等工作显得尤为重要。为适应新形势下审计工作开展，重点抓好了五个方面的工作：

一是加强政治教育，提升综合素质。通过持续开展创先争优活动、改进机关作风活动等载体，通过全局与山东省荣城市审计局对标、党员个人与先进典型对标，牢固树立正确的人生观、价值观和道德观，正确行使手中的审计权力，增强认真履行责任的自觉性。全体审计干部能够做到牢记党的宗旨，立审为公，廉洁奉献，一年来未发生行政复议、行政诉讼案件，被审计单位对审计人员执法及廉政情况普遍反映良好，1名同志被县委评为优秀共产党员，10名同志被机关评为标兵。

二是加强廉政建设，推进作风转变。廉政建设是审计机关的生命线。始终把廉政建设当作机关思想政治建设的重要组成部分。通过加强正面的教育，确立信念、道德与精神层次的更高追求，在日常的学习培训中，更是将党风廉政建设做为一个固定内容，做到逢会必讲，并由局长为全体审计人员上党课，并坚持落实审前廉政谈话、廉政承诺，审中确定廉政监督员，审后加强审计回访、听取和回收被审计单位关于审计人员执法及廉政建设反馈意见等一系列措施，确保了全部审计人员严格执行审计“八不准”纪律，未发生审计人员以审谋私及其他违纪问题。

三是召开行风评议质询会，向监督员“问计”、“问谏”。于11月17日上午召开了民主评议听证质询会，向12名监督员和被审计单位代表就机关建设和队伍建设“问谏”；在谋划审计科学发展方面向各位监督员“问计”，参会人员踊跃发表意见，对过去的审计工作给

与了充分的肯定，并提出了合理化建议，必将推动全局行风建设。

工商局

2011年，滦南县工商局在市局和县委、县政府的正确领导下，紧紧围绕全县改革与发展的大局，在全系统树立“少说多干，塑红盾形象优化投资环境；创先争优，举工商之力服务经济发展”两大工作理念，不断开拓创新、积极进取，各项工作有序开展并取得了不菲成绩，受到了各级领导的肯定和表扬，也受到了广大经营者和群众的赞同，为全县“三大攻坚”、“四大开发”战略实施，打造“激情滦南、实力滦南、文化滦南、生态滦南、和谐滦南”做出了积极贡献。

一、科学谋划工作，各项预算收入指标顺利完成

在全局上下的一致努力下，2011年全局共查办各类经济违法案件797件，其中万元以上案件111件，共上缴罚没款625万元，上缴个私协会费208.7万元，上缴维管行业会费78.5万元。

二、抓住“四个重点”，服务发展工作取得可喜成绩

紧紧围绕全县“三大攻坚、四大开发”重点工作，紧跟滦南“跨越式”发展步伐，充分发挥职能作用，全方位服务地方经济发展，多项工作得到县委、县政府领导批示表扬。上半年县考核办在对全县各单位的考核排名中，工商局以绝对领先分数位居直管单位第一名。

一是抓住“项目建设”重点，千方百计促进项目落地投产。积极支持和配合全县“项目攻坚”行动，出台了《滦南县工商局服务项目建设十项措施》，开通重点项目注册登记绿色通道，对全县引进的新项目、领导关注的重点项目实施局领导包办、专人负责，并提供预约服务、延时服务、陪办服务，加快重点项目落地，全年共完成全县重点项目注册登记32户。积极做好工业企业主辅分离注册登记工作，安排专人负责，全力帮助企业完善相关手续，按时间节点要求全面完成了13家企业的主辅分离注册登记任务；全力开展助力征收搬迁工作，加强与各工作队的沟通和联系，协同各工作队做好涉迁经营户的思想工作，为涉迁经营户搞好经营地址变更服务，帮助解决经营中遇到的困难，得到了各工作队和经营者的好评。

与此同时，认真落实好支持民营经济、三产服务业发展的相关优惠政策，全年共注册各类企业245户，新登记专业合作社48户，新发展个体工商户2117户，全县内资企业总数达到1395户，农民专业合作社总数达到112户，个体工商户总数达到8728户，共免收登记费71万多元。2011年5月份，被县委、县政府评为“助推征收搬迁工作先进单位”。注册科连续12个月被县行政审批中心评为红旗窗口，共收到企业赠送锦旗5面，计13人被评为“先进个人”。

二是抓住“双城创建”重点，深入开展助力文明县城和园林县城创建工作。成立了环境治理临时机构，安排精干力量，加强对城区经营环境整治工作，对市场外溢、门店外溢、占道经营、私搭乱建、乱设广告招牌等违法经营活动进行了持续性治理。行动中，共拆除违规广告牌125块，对58家门店外溢行为进行了当场整改；与相关部门配合，认真开展“三轮车”非法营运治理。抽调精干力量，发扬“白加黑，五加二”的工作精神，实施全天候巡查，城区“三轮车”非法营运现象基本消除；加强文明城创建工作，在全县个体经营者中开展了文明诚信经营创建活动。共发放宣传单5000多份，群发活动倡议短信2000多条。在县城步行街开展“文明诚信一条街”创建活动，评出文明诚信经营户10户，悬挂文明诚信创建守则宣传牌75块。2011年3月，被唐山市精神文明建设委员会评为“文明单位与道德模范结对创建先进单位”。同时按园林城创建要求，对局机关进行了绿化改造，按标准和时限完成绿化任务，受到县委、县政府肯定。

三是抓住“商标兴县”重点，实现全县商标发展新突破。深入开展“一企一标、一镇一品”活动，积极引导企业注册商标、发展商标、保护商标、争创驰著名商标。重点培育宋道口钢锹、柏各庄大米、姚王庄蔬菜等特色产业商标，大力扶持和发展农产品商标，对司各庄镇科技服务中心的“小人果”商标、长凝镇洁民笤帚加工专业合作社的“凝友”、滦南县半亩地农产品专业合作社的“半亩绿”等26件农副产品商标进行了注册；姚王庄镇的“青河沿”、安各庄镇的“番星”两个农产品商标，被推荐申报“河北省著名商标”；“嘴东”以及“银鹰”商标被推荐申报唐山市知名商标。及时向县政府提出注册“北河水城”商标的建议，受到县委书记张国栋同志的批示表扬。“北河水城”商标的注册申请现已被国家商标局成功受理。腾飞五金工具有限公司的“根”牌商标于2011年5月被国家工商总局认定为“中国驰名商标”，从而实现了滦南“中国驰名商标”零的突破。11月29日，唐山市燕南制锹有限公司的“燕南”商标又被国家工商总局认定为“中国驰名商标”，全市共有13件“中国驰名商标”，滦南就占其中两件。目前，全县共拥有有效商标566件，其中“中国驰名商标”2件，“河北省著名商标”21件，省著名商标拥有量位居唐山市各县区之首。市政府办公厅2011年第52期《信息快报》对工商局培育商标发展工作进行了专版刊发。市委书记王雪峰、副市长于山、县委书记张国栋、副县长蔡春奎、副县长张怀良等市县领导，多次对工商局培育商标发展工作进行批示表扬。

2011年10月，应企业求援，由主管局长带队，千里迢迢赶往广州佛山市，与当地工商部门密切配合，查获一违法销售假冒滦南“军印”牌锄头的案件，依法查扣仿冒锄头240箱，计4800把。已与企业携手远赴广州、江浙一带“打假”十几次，为企业避免了数十万元的经济损失。

四是抓住“企业融资”重点，帮助企业解决融资难题。积极搭建企业融资平台，采取动产抵押和股权出资、股权出质、商标权质押等措施帮助企业融资。全年为企业办理动产抵押登记10份，帮助企业融资5.4亿元，办理股权出质登记1份，帮助企业融资3亿元。

三、增强监管意识，公平竞争的市场秩序得到有效维护

为了更好地开展“监管水平提升年”活动，把查办大案、要案、新案作为2011年执法工作重点，通过加大市场巡查力度和监管深度，严厉打击各类经济违法行为，为滦南经济的稳定和繁荣发展营造良好环境。

一是食品安全监管深入细致。制定出台了《滦南县工商行政管理局关于进一步规范食品流通许可的意见》、《滦南县工商行政管理局流通领域食品安全事故应急预案》，扎实细致地推进食品放心工程的实施，积极推行省局食品流通监管信息系统，开展好日常食品快速检测。对消费量大、投诉多的油、蔬菜、肉制品、乳制品、酒类及小食品等重点品种，农村市场、城乡结合部、城区等重点区域进行集中整治，相继开展了乳制品、食品添加剂、“地沟油”、辣椒制品、问题香精等专项整治行动。行动中，共出动执法人员6766人次，出动车辆2013台次，检查食品经营户21352户次，抽检各类食品样本120组，查处违法案件31起，完成罚没款20.16万元，没收问题食品500多公斤、查扣假冒白酒243瓶，货值3万多元。在全县食品批发行业推行食品安全监管信息系统，实现食品安全的网上监管。目前，已安装食品安全监管信息系统52户，发放食品流通许可证1266份。

继续支持和鼓励农村食品连锁超市的发展，依托县内大型商业企业，采取县城总店－乡镇直营店－农村加盟店三级连锁的经营新模式，实行统一标识、统一进货、统一配送、统一经营、统一服务、统一价格的“六统一”经营模式，实现了食品质量源头控制，食品安全连带负责，问题食品链条追诉。目前，全县已发展乡镇食品直营店9家，农村食品连锁加盟超市166家，食品连锁超市村覆盖率达到30%。

二是无照经营整治工作成效明显。两费的取消和“零成本”注册的实施，部分个体户的年检验照意识淡化，无照经营现象出现反弹。为此，共组织两次大规模的无照经营整治行动，采取重点查、交替查及抽查、互查的方式，对辖区展开全方位地毯式执法大检查，查处无照经营户187户，限期补检执照195户。

三是“红盾护农”执法行动迅速落实。为积极服务“三农”工作，先后开展了一系列“红盾护农”执法行动，共检查各类主体300多家，共抽检化肥品种28个，受理农资投诉5起，查处农资违法经营案件128件。继续支持农资连锁店的发展，全县农资连锁店总数达到350家。

四是校园周边环境专项整治行动得到好评。为确保高考期间广大考生和在校学生的身体健康和饮食安全，开展了校园周边食品安全执法行动，对校园周边无照经营食品、餐饮的店铺、流动摊点进行重点整治，共取缔校园周边无证流动食品商贩24户，得到广大群众和学生家长的好评。

五是广告监管工作得到加强。自2010年商广科成立以来，对违法广告市场加强了监管，加大了广告的监测频率和强度，改变了以往只处罚广告发布者的做法，对广告主、广告经营者也加强了监管，加大处罚力度，在全县形成了打击违法广告的高压态势，全年共查处涉及11种药品的违法广告案件3起。

六是认真做好消费者权益保护工作。共接待消费者来电、来访、咨询2300多人次，受理消费者投诉67起，结案率达到100%，为消费者挽回经济损失10万多元，多个消费维权案例被唐山劳动日报、唐山晚报刊发报道。“3.15”期间，组织各单位悬挂宣传横幅35条、制作假冒伪劣展示牌57块，设立咨询、投诉服务台45处，现场发放宣传材料5万份。

四、强化内部管理，组织建设和机关建设得到提升

1. 创先争优活动深入开展。开展“党徽在岗位闪光”活动。加强党员教育，在党员中广泛开展“党员是一面旗帜，党徽在岗位闪光”活动，要求党员亮明身份，公开承诺，佩戴党徽，带头开展工作，主动接受监督。**开展“六比六看”岗位标兵评比。**评出岗位标兵6名，并张榜公示，在全系统迅速掀起了创先争优活动高潮。10月份，工商局三人两起见义勇为典型事迹被各级报刊和简报刊发。其中职工汪洋见义勇为救助肇事车主的事迹被唐山市文明办评为10月份全市学雷锋十佳事迹。**开展对标活动，创建科学发展示范机关。**按照“学习先进、查找问题、取长补短、加快发展”的对标目的，开展了主题为“对标找差距、创优勇争先”的对标活动，全局13个科室、8个分局共21个单位分别选定了对标单位，进行对标学习。到目前，共组织各种对标活动8次，写出对标心得50多篇，形成对标报告8篇。**开展“共产党员诚信经营示范岗”活动。**七一前夕，组织全县私营个体经营者开展了“共产党员诚信经营示范岗”活动，举行了活动启动仪式，并为首次评出的8家“共产党员诚信经营示范岗”经营户进行挂牌。

创先争优工作得到县委创先争优办公室的充分肯定，于8月初被选定为标杆单位接受了市委组织部的检查。

2. 执法风险点防范工作得到加强。上半年对执法风险点防范工作进行了重点安排，按照行政许可、行政处罚和监督检查三类风险点，分别采取措施进行了集中整治和整改：**一是严格审批手续，严把准入关口。**2010年全县新上项目较多，好多项目县委、县政府都提出了明确的注册登记时限。对此，工商局组织相关科室，加班加点，对企业申报的注册资料严格依法审核，对前置审批合格资料齐全的积极登记注册，对有问题的，主动给予帮助。对确实不符合登记条件的不予登记，做到了全力服务发展与严格依法登记的相统一。在企业年检过程中，对有前置审批的企业进行重点审核，对前置手续即将过期或已经过期的，提示企业及时补办。对档案中必要手续不全的，要求企业补齐手续，否则坚决依法不予通过年检。**二是开展执法案卷大检查活动。**成立了由局长任组长的执法案卷检查领导小组，利用一周时间对机关执法单位和8个基层分局近三年来的执法案卷进行了彻底检查。对检查中发现的5个方面的问题制定了整改措施，提出了整改期限，各单位按县局要求全部进行了整改，确保了检查活动收到实效。**三是开展专项执法行动，对行业性、区域性经营行为进行重点检查。**组织开展成品油市场、打击传销、安全生产、“五小行业”、“黑网吧”等专项整治行动，县局统一组织，统一查处，统一取缔，杜绝标准不一、处罚不到位的风险发生，净化了市场发展环境。

3. 行风建设稳步推进。以“端正政风行风，优化发展环境”为主题，以“让人民和政府满意”为标准，在争取群众良好口碑上下功夫，通过整章建制、向管理服务对象述职述廉、发放征求意见函、调查问卷等形式，有的放矢地开展工作，收到了明显效果。**一是开展机关作风纪律整顿活动。**按照全县改进机关作风工作会议的要求，开展了机关作风整顿活动，对全系统落实各项规章制度情况进行了明查和暗访。重点检查出勤、值班、着装、在岗、环境卫生等情况以及执法车辆使用停放情况。活动中，干部职工撰写学习心得、笔记200多篇，县局组织对全系统明查两次，暗访三次，对30多人提出着装不规范的警告，对2个基层分局不能及时接通值班电话的情况提出批评。**二是加强与管理对象联系沟通。**组织个私企业党员代表进行座谈，征求他们对加强个私企业党组织建设的意见和建议，依托私个协短信群发系统，向广大经营户群发节日问候、征求意见类短信。开展行风质询和向管理对象述职述廉活动，征求各类意见建议50余条。开展向困难经营户捐助活动，组织私企大户向困难学生捐资助学活动。通过各项活动的开展，加强了和管理对象的沟通和联系，取得管理对象对工商工作的理解和支持。**三是加大宣传力度营造浓厚氛围。**充分利用广播、电视报刊等新闻媒体以及张贴标语、悬挂横幅等形式大力宣传工商工作，在各级简报及各大网站、报纸、电台、电视台等媒体，刊发报道工商局服务经济发展、查处违法案件、消费维权方面的稿件计160多篇，全方位向社会展示“权为民所用、情为民所系、利为民所谋”的工商执法新形象，为评议工作营造和谐、有利的浓厚氛围。**四是聘请百名行风监督员加强行风建设工作。**2011年6月份，从社会上聘请了100名行风监督员，为每名监督员发放了聘任书。行风监督员负责对全系统人员履职尽责情况进行明察暗访，批评、制止工商行政管理人员违纪违法行为，收集和反映社会各界对工商部门特别是行风建设工作的意见、建议，以此放大社会监督的作用，有效促进作风转变。

4. 党风廉政建设工作得到巩固。狠抓领导班子建设和党风廉政建设工作，贯彻落实好民主集中制原则，局里重点工作、重大事项、重要决策一律上班子会集体研究，不搞一言堂、一把手说了算。狠抓党员领导干部廉洁自律，加强反腐倡廉宣传教育，开展廉政使者活动，廉政风险防控机制不断完善，制度执行力不断提高。认真落实好政务公开、党务公开的相关要求，重大事项及时公开，主动接受监督。创新预防腐败工作机制，开展了“社会各界评工商”、“新闻媒体进工商”活动，使工商部门的群众满意度明显提升。

国家税务局

2011年，国税局在市局和县委、县政府的正确领导下，坚持以科学发展观为指导，全面贯彻落实省局、市局国税工作会议精神，紧紧围绕年初制定的工作思路和目标，以组织收入为中心，努力强化税收征管，大力支持重点项目建设，积极开展“创先争优”活动，全面加强队伍管理，为促进县域经济发展做出了贡献。

一、克服困难，严密组织税收收入

2011年，由于节能减排政策、固定资产抵扣和上网电价下降等各种因素的影响，华西钢铁、荣程钢铁、万浦热电等支柱企业大幅减收，税收形势十分严峻。

2011年，通过全局上下努力，累计完成税收收入46135万元，同比增收462万元。

具体措施如下：

（一）强化收入责任制。全局上下始终坚持以组织收入为中心，本着抓早、抓紧、抓实、抓好的思路，对组织收入工作实行项目化管理，形成“人人抓收入、个个有指标”的工作氛围，明确目标任务，层层传递压力，以旬保月、以月保季、以季保年，切实强化时间、目标和全员责任意识。

（二）加强重点税源监控。在CTAIS系统中设计了重点税源企业统计表，随时掌握税源大户收入变化情况。在日常工作过程中，有针对性的按月对部分重点纳税单位进行实地调研，及时掌握了纳税人生产经营情况的第一手资料，从而对整个辖区的税源分布状况及左右收入形势的重点税源变化情况做到了心中有数。

（三）努力提高行业税负。税收管理员经常与信息中心、征管科、计统科进行沟通，依据省市局发布的各行业税负平均值与业户的纳税情况进行比对，随时掌握业户的纳税信息，一旦发现税负低于或接近行业平均标准，提醒和督促业户进行自查或做出合理的解释，并展开纳税评估。

（四）强化税收稽查职能。以查假票、打假帐为切入点，以抓税源大户为重点，对钢铁企业、奶制品企业、大型商业零售企业进行专项检查，对疑点企业和低税负企业进行专项整治。充分利用“金税协查系统”和群众举报等线索，查处税收违法案件，做到多查、深查、快查，每检查一户，就理顺一户，每检查一个行业，就规范一个行业，以查促收。

二、多措并举，提高税收征管质量

（一）开展户籍清查工作。年初从工商、地税、技术监督局等部门索取了办证信息，与CTAIS系统中的登记信息进行了初步比对，比对出336户无国税登记信息，将比对结果下发各分局核查，共清理出漏征漏管36户，查补入库税款2.01万元，罚款0.17万元。

（二）强化纳税评估。总结推广“一级直评”的工作经验，在县、分局两级成立专门纳税评估组织，组建了专业化的评估队伍，分层次明确了工作职责，突出重点税源行业的重点评估，强化纳税评估情况考核和评估复核，提高评估分析质量。1～9月份，全局共纳税评估103户，评估无问题56户，评估有问题47户。评估有问题自查补税金额272.26万元，加收滞纳金2.7万元，调减留抵税额26.85万元；所得税检查弥补亏损额46.45万元。

（三）延伸管理，真正实现以电控税。一是明确了以电控税系统数据采集要求，严格采集质量。二是对市局下发疑点的核查工作提出了明确要求，对核查工作进行了详细的时间阶段安排。三是为堵塞税收漏洞，重新明确了按电字征税个体户的申报流程及分局资料存档和台账登记要求。明确了按电字征税的个体户（含无照办理临时登记户）每月征期内需将其电费单据原件报所属分局存档备案，纳税人凭分局税收管理员开具的《查定税额通知单》和《增值税纳税申报表》到办税服务厅办理申报缴税手续。1～9月份通过“以电控税”数据分析，共对2010年第4季度和2011年第1～2季度存在疑点的153户纳税人进行了评估核查。通过评估约谈，有10户纳税人自查补税99480.23元，加收滞纳金4220.84元，调减增值税留抵178544.19元。

（四）积极开展对标治税工作。1.企业对标。根据全市财税专项工作会议精神和县政府有关会议精神，开展了重点税源行业（企业）对标治税活动。制定了《滦南县国家税务局关于开展重点税源行业（企业）对标治税活动的实施方案》，成立了县局重点税源对标治税活动领导小组。通过确定对标范围，采集数据，对标分析，确定了44户纳税评估或税务稽查对象。截至9月30日，共完成42户评估，有问题36户，补缴增值税75.05万元，所得税138.19万元，调减增值税留抵税额19.19万元，加收滞纳金2.24万元，弥补亏损39.11万元。2.个体对标。针对市局通报内容，一是将个体录入错误信息查询下发分局修改；二是明确了个体对标治税的时间进度及工作要求；三是明确了各分局个体定额户的调整比例及时限。截至9月30日，个体双定户起征点以上户1668户，占定额户的比例由80.31%降低到73.18%；7～9月份，调高定额103户，增加税额26463元；起征点以下调整为起征点以上435户，增加税额82683元。

（五）严肃执法考核。成立了由办公室、人教科、监察室组成的检查组，针对苗头性、倾向性问题，开展经常性的工作检查，上半年共计组织税收执法检查4次，发现个别单位在税收征管工作中存在征管信息录入不及时、管理员调查核实不到位以及纳税人建账管理不到位等问题，影响了全县的税收征管质量。经县局税收执法监督委员会研究，对存在问题的单位和人员予以通报批评，并依据《河北省国家税务局税收执法过错责任追究办法》的相关规定，给予相关人员通报批评和经济惩戒。

三、提升素质，全面加强队伍建设

（一）开展纪念建党90周年系列活动提振队伍士气。一是组织机关党委所辖7个支部开展了推荐评选先进基层党支部和优秀共产党员活动，并对1个先进基层党支部和12名优秀共产党员进行了命名表彰。二是组织“党徽在岗位闪光——我身边的共产党员”主题演讲会，促进了创先争优活动的不断深入，进一步激发了党员同志的工作热情。三是组织开展基层党组织、共产党员公开承诺。县局机关党委、系统每一位共产党员都结合岗位工作实际向社会各界做出了公开承诺。

（二）开展干部交流、竞争上岗，提高队伍活力。4月份，全局符合条件的14名一般同志、15名副股级干部参与了干部竞争。从发布竞争上岗实施方案、组织民主推荐、笔试、面试到组织考察、党组决定，严格执行干部任免工作纪律，通过竞争，8名同志走上副股级领导岗位，13名副股级干部走上正股级领导岗位。同时，按照组织程序完成了2名股级干部到龄免职、3名副股级干部和4名副科级分局长的交流任职手续。干部交流和竞争上岗工作优化了干部队伍结构，调动了全体干部职工的工作热情，营造了积极向上的工作氛围。

（三）认真开展机关作风专项整治工作。下发《滦南县国税局关于开展机关作风专项整治活动的实施方案》，明确学习方法、学习步骤，明确具体工作要求，明确整顿治理所要达到的预期效果。县纪委督导检查，此项工作得到县纪委领导的高度评价。按照市局的要求，组织全员认真开展学习《廉政准则》，下发了《实施方案》，并组织全员进行测试，通过学习动员，使全体同志意识到从我做起，转变机关工作作风的必要性；让全体同志意识到从我做起，严格要求自己，焕发奋发向上工作精神的及时性。积极参加市局组织的《廉政准则》知识竞赛，并取得了较好的成绩。

（四）从提升软硬环境入手优化纳税服务。一是在全县全力推进重点工作深入开展的形势下，强化措施，加强管理，为重点项目全面落实个性化服务。与县委、县政府等相关部门定期沟通信息，了解重点项目进展及新增外来投资项目动向，了解企业投资建设过程中遇到的实际情况，及时采取相应服务措施。对重点项目的营业执照、固定资产投入、主要产品、工艺流程和销售对象等情况逐户进行登记，每月由基层分局实地采集相关信息，解答企业疑问，了解企业需求，全面落实个性化服务措施。重点项目在办理税务登记、首次纳税申报、办理增值税一般纳税人认定、首次领购发票、首次开具发票等重要环节，由专人负责、全程服务。对企业遇到的特殊情况，及时向上级和有关部门反映争取，在政策允许的范围内做到特事特办。二是完成办税服务厅的标准化规范化建设。购置办税服务终端，重新规划服务厅各功能区，印制纳税人使用的表格1000余本，结合全县实际，完善办税服务厅工作规范、应急预案、考核办法等各项制度。9月14日在市局组织的规范化验收中，国税局顺利通过验收。

地方税务局

2011年，地税局在县委、县政府和市地税局的正确领导下，紧紧围绕省、市局工作部署和全县经济社会发展战略，结合滦南实际，以搞创新为动力，以抓落实为手段，圆满完成了以组织收入为中心的各项工作任务，税费收入创历史新高，一些重点工作走在了全市前列，全系统呈现崭新气象，焕发出勃勃生机。

一、抓收入、带队伍，圆满完成全年各项工作任务

（一）把握中心，税费收入创历史新高。2011年，全系统共完成税费收入69144万元，同比增长42%，其中税收收入完成48007万元，同比增长59%；社保费完成17866万元，同比增长9%；其他规费收入完成3271万元，同比增长61%；一般预算收入完成40200万元。

在组织收入工作中，一是加强重点行业税收管理。紧紧抓住全县“三大攻坚、四大开发”的有利时机，密切关注房地产业、建筑业走势，在县委、县政府的支持和有关部门的配合下，全年完成建筑业、房地产业税收28262万元，使两行业税收占到全局总收入的60%以上，成为全县的支柱税源。二是充分认识小税种对增加一般预算收入的意义，努力提高小税种贡献率，通过加强税收征管，狠抓小税种的管理，地方小税种均实现大幅增长，其中车船税完成1690万元，房产税完成1008万元，土地使用税完成2324万元，印花税完成1090万元。三是大力开展既有企业发展现代服务业工作。把既有企业发展现代服务业确定为“一号工程”、“一把手工程”，采取“先选择试点、后全面推开，先重点企业、后一般企业”的工作思路，选派业务能力强的骨干人员组成工作组，专职、专人负责此项工作，按行业、逐企业摸底排查，确保各项目标的实现。一年来共对电力、造纸、水泥、钢铁等行业15户纳税人开展了既有企业发展现代服务业工作，增加地税收入1433万元。四是加大稽查力度，规范行业征管。对涉外企业、建筑房地产等重点企业进行了专项检查，查补入库税款1568万元，打击和震慑了违法行为。

（二）固本强基，班子队伍建设进一步加强。新的县局党组组建后，明确了“领导干部务实创新、全员爱岗敬业”的班子队伍建设导向。一是加强干部思想教育。在全员开展为期一个月的爱岗敬业大讨论活动，进一步统一了全员思想，明确了全局的奋斗目标，动员干部职工变消极为主动，便应付为进取，人人为做好地税工作献计出力，为抓好班子队伍建设打好了思想基础。二是抓好领导班子建设。在局党组内部，班子成员统一思想、明确目标，做到步调一致，言出必行，事事有人抓，件件有落实。如每周召开局长办公会，研究部署一周重点工作，下周办公会上逐项通报落实情况。在中层干部中，每月以局务会形式部署重点工作，下月汇报落实结果，对不能完成的工作，要逐项分析原因，查找根源，确定完成时限。年内，按照干部交流原则，对2名分局长、3名科长轮岗交流，通过公开选拔配备分局长1名，对19名一般干部根据各自能力和工作需要进行了岗位交流。三是积极组织培训。大力实施“人才兴税”，在参加省市局组织的业务培训的基础上，通过多种形式、多种渠道，对各岗位干部进行分类培训，如组织人员赴福建学习工会经费征收，选派业务骨干参加省局组织的税源监控学习，邀请市局人员讲授税收礼仪等。此外，还对临时人员进行专门的岗位培训，如组织纳税服务人员业务培训，邀请交警对驾驶人员开展安全教育和技能培训等，使人人都能更好地胜任本职工作。四是深入开展“为民服务创先争优”活动。为了切实提高服务效率，提升服务水平和服务质量，不断提高办税文明程度和党员职业道德素质，深入开展为民服务创先争优活动。要求广大党员干部认真投入到此项活动中，强化为民服务，扎实开展创先争优。为了紧密联系工作实际，紧密联系党员干部队伍思想现状，从领导班子做起，深入分包联系点，率先垂范，带动全员，切实让创先争优活动的内涵及意义深入人心。以“两服务两提高一加强”（即服务中心、服务群众、提高素质、提高效能、加强基层组织）为具体目标，充分发挥基层党组织战斗堡垒作用和党员的先锋模范作用，不断深化创先争优活动，提升办税服务水平。五是地税文化建设不断向深层次延伸。滦南的地税文化建设一直在全市处于领先地位，2011年继续坚持“以德治局、文化强局”的文化建设理念，巩固“办好两个展室，每年出版一本书、每月编印一期报纸、每年拍摄一部工作纪实片”的模式，大力开展一系列文体活动，大力营造文化氛围。同时，找准文化建设中的薄弱环节，加强物质文化的再提高，借助四个基层分局与县局实现集中办公的时机，投资对办公大楼进行修缮，重新布局办公环境，在楼道、墙面悬挂诗词、格言、名言警句，并配上赏心悦目的图片，将精神文化与物质文化融为一体，地税文化与廉政文化相辅相成，达到潜移默化的教育效果。优良的工作环境改善了干部职工的精神状态，提升了文化品位。

（三）防腐保廉，积极推进惩防体系建设。2011年，不断推进党风廉政和反腐败工作，建立健全惩治和预防腐败体系，为各项税收工作的顺利开展提供了有力保证。一是全面落实党风廉政建设责任制。成立党风廉政建设领导小组，把党风廉政建设和反腐败工作与税收工作同部署、同落实、同检查、同考核，层层签订党风廉政建设责任状，推动党风廉政建设责任制度全面落实。同时不断加强廉政风险防范，将税收执法风险与廉政风险相结合，按照每个部门、每个岗位、每个人员的工作职责、法定权限和工作流程进行认真梳理，查找廉政风险点，针对廉政风险点，加强预防监控，确保权力运行到哪里，风险防范措施就跟进到哪里，最大限度的减少廉政风险。二是加强反腐倡廉教育。认真组织学习胡锦涛同志在第十七届中央纪委第六次会上的重要讲话精神，《中国共产党党员领导干部廉洁从政若干准则》及《纪律处分条例》等党纪政纪条规制度，组织全体税务干部上廉政党课，股级以上干部到南堡冀东监狱进行警示教育、收看廉政教育录像《敲响警示的钟》等，以此提高全体税务干部反腐倡廉的自觉性、主动性和责任感，共同筑起拒腐防变的坚固防线。三是创新监督机制，严格责任追究。进一步深化了政务公开暨行政权力公开透明运行机制，重新复查清理税收执法权和行政管理权，对权力运行流程图进行重新规划，并将收费项目、收费标准、纳税定额、处罚情况、优惠政策等社会关注的热点问题和地税机关职权目录、权力运行程序图等内容，以电子显示屏、触摸屏、权力公开透明运行网、政务公开专栏等形式，进行全面公开，广泛接受社会监督，对税务干部在税收执法、纳税服务等方面出现的问题，广泛倾听纳税人和社会各界的意见和建议，并认真整改，对在市局执法检查周中出现问题的两名干部，严格按照省局《问责办法》的规定进行了问责，有效推动了干部队伍作风的转变，确保了干部队伍的安全稳定。2011年，推进惩治和预防腐败体系建设工作取得明显成效，一年来，全系统没有发生任何违法违纪问题。

二、搞创新、破难题，三项重点工作走在全市前列

2011年，以落实省局北戴河会议为契机，结合本局实际，不断加强“两力”建设，在重点工作领域积极探索适合该局实际的新思路，认真解决工作中的难题，取得明显成效。

（一）因地制宜实行机关与基层集中办公。为解决基层硬件条件滞后、干部职工工作、生活不便的难题，大胆创新，敢为人先，将长凝、扒齿港、胡各庄、柏各庄分局搬迁到县局实行集中办公。实行集中办公后优势立显：一是节约了税收成本。据统计，四个分局每年合计节省烤火费、水电费、网源租用费、房屋维修费、汽油费以及门卫、厨师、锅炉工工资等费用48万元。二是便于县局对基层统一管理。在制度建设、工作纪律、人员管理、廉政建设等方面将有更大的优势。三是减少了安全隐患。尤其是车辆的安全隐患、基层值班难的安全隐患，同时也在一定程度上解决了基层干部生活、工作中的诸多不便。四是有利于人力资源的重新配置。基层人员重新优化组合后，人员不足的问题迎刃而解。五是为实行税源分级分类管理、探索税源监控机制建设提供了便利的基础条件。集中办公工作，得到了市局马志华局长事前的大力支持和事后的充分肯定。

（二）大胆探索税源分级分类精细化管理。结合省、市局关于税源与征管状况监控考核办法的要求，认真分析本局征管基础，有的放矢制定促进税收征管精细化、专业化的各项措施，从不断细化岗位分工、规范考评制度、创新管理模式等方面入手，对征管数据做到事前预防、事中监管、事后检查，有效促进了全局征管质量的提高。同时大胆创新，将现有按区域设置的管理分局按新的税源管理模式重新调整，设置一个重点税源分局、一个重点行业分局、一个一般税源分局、三个综合税源分局，将全县纳税户根据规模、行业、产业结构分为重点税源、一般税源和小税源三类。根据税源结构、税源规模和地域原因，重新划分各分局的管辖范围，合理配置征管资源，做到“抓住大户，实行集约化；控制中户，实行规范化；规范小户，实行公开化”，这种“管理服务+纳税评估+税务稽查”的税源管理模式促进了税收管理的科学化、专业化、精细化，为提高税收征管质量和效率奠定了坚实的基础。借助征管体制改革，选派出业务精良的骨干组成税源监控机构，对全县重点纳税户全面推行纳税评估工作，加强征管的同时挖潜增收。目前税源监控工作开局良好，适时将正式成立机构，全面铺开。

（三）有效解决临时人员管理难题。临时人员的管理一直是地税系统的共性难题。为解决这一难题，认真学习借鉴外地管理经验，结合滦南实际，出台了对临时人员的管理办法，将现有临时人员按工作性质进行分类，一部分签约到劳务派遣单位，一部分通过保安公司、保洁公司派遣，增强了临时人员的责任感，又解决了他们的后顾之忧。在管理上，将所有人员分为纳税服务、后勤服务和驾驶员三类岗位分类管理。如出台征收服务人员绩效考核办法，车辆及驾驶人员考核管理办法等，使他们受到制度约束，不仅敬业，而且精业。在加强管理的基础上加强业务培训，培训内容包括工作纪律以及日常注意事项、征收业务流程、票证填用、税收基础知识、征管程序应用、计算机应用、廉政常识以及服务礼仪方面的知识，有效提高了临时人员的整体素质，成为税收队伍的有机补充。

物价局

2011年，物价局在县委、县政府的坚强领导下，紧紧围绕县委、县政府中心工作，以“少说多干，奋勇争先”的精神统领全局，以“科学发展，赶超跨越”为动力推动全局，以“处处争高，人人争好”为准则要求全局，以“对标赶超，创先争优”为目标鼓舞全局。一年来，全局干部、职工自觉的、主动的融入“三大攻坚、四大开发”活动中，充分发挥价格管理职能，认真落实党和政府惠及民生的各项价、费政策，积极引导和规范市场价格行为，密切关注市场价格动态，全力服务县委、县政府重点工作，靠严谨的工作作风和扎实的工作成效，为全县经济社会又好又快发展作出了一定贡献。

一、“少说多干，奋勇争先”的精神已由口头语言和书面文字跃升为大家作好本职工作的自觉行动，一年来全局各项工作扎实、富有成效的开展并取得喜人成绩

工作成效来源于精神力量的支配，来自于机关每位干部、职工精神支配下的自觉行为。一年里，局党组时刻把县委对干部“少说多干，奋勇争先”的要求，作为每位干部、职工的一种责任和精神境界去追求。以“接受任务不讲条件，完成任务拒绝理由”为工作准则，大家自觉、自律、自省，转作风，正己身，对标杆，求突破。“少说多干，奋勇争先”在物价局已确确实实由口头语言和书面文字，跃升为大家作好本职工作的自觉行动，由此带来的是机关作风的巨大改变，是工作效率的大幅提高，是群众的满意和机关形象、荣誉的提升。

1. 规范收费行为，加强市场价格监测与分析。在全县经济建设大发展、快发展的形势下，严格按照县委、县政府的要求，全面清理和规范各类收费行为，为县域经济发展努力营造良好的价、费环境。加强行政事业性收费管理，严格做好《收费许可证》的换发和审验工作，认真落实上级部门已明令取消的收费项目，真正从源头上防止乱收费问题的发生。由于准备工作充分，只用了20个工作日，便完成了2011年度全县《收费许可证》的审验工作，共审验《收费许可证》180本，审验率达100%，变更《收费许可证》20个，注销《收费许可证》3个。

进一步健全了市场商品实时价格监测制度，全年坚持对重点商品市场价格实行日监测、周报告制度。密切关注市场商品价格动态，精确做好价格走势分析。全年共发布《价格监测信息》41期，做到了监测及时、数据准确、分析客观。为政府在有关经济活动中的决策提供了科学、翔实的依据。

2. 加强涉农价格与收费监管，认真落实强农、惠农价费政策。为认真落实好党和政府惠及民生的各项价费政策，围绕“怎样为群众作好服务”这个主题，从加强对涉农价、费的监管入手，开展了一系列涉农价、费方面的专项检查。重点检查面向“三农”的各种收费和价格是否规范、合法。在春耕夏播期间，开展了农资市场价格专项检查，确保了在农资需求旺季，价格政策不走样，市场价格不离谱。为稳定全县农资价格水平，还特别加强价格政策宣传，要求农资经营者增强自律意识，自觉遵守国家价格政策、规范价格行为。

3. 开展价格服务进社区活动，规范物业收费行为。在工作中突出“为民”宗旨和“服务”理念，把价格服务直接延伸到群众中间，积极开展价格服务进社区、进商场、进医院活动。在县城各小区将涉及民生的水、电、暖等众多收费项目和收费依据制成宣传板，免费悬挂在各小区，增强价格政策的透明度。既能使收费者依法依规合理收费，也能让交费者依法依规维护自身权益，这项工作深得广大业主的赞许。此外，在社区、商场、医院等群众聚集场所设立价格监督站，聘请价格监督员，张贴“12358”价格维权提示牌。积极推进价格诚信建设，规范市场价格行为，依法查处哄抬价格、价格欺诈等不正当的价格违法行为，为提高群众价格维权意识，及时解决价格纠纷，构建和谐社会作出了贡献。

一年里，针对县城9个小区的物业管理与收费，先后三次召开调整物业服务收费标准听证会，并根据全县物业服务现状，科学制定了服务标准和收费标准，促进了物业管理行业的健康发展，建立了科学合理、质价相符的物业服务收费新机制，进一步规范了物业部门的收费行为。

二、以“科学发展，赶超跨越”为动力，工作瞄向高目标，过程实现高效率，结果保证高质量

为不断把机关各项工作推向深入，坚持以“科学发展，赶超跨越”为动力，工作瞄向高目标，过程实现高效率，结果保证高质量。面对群众关注的价、费热点、难点问题，全局干部、职工迎难而上，自我加压，对标赶超，工作上实现了一次次新突破。

1. 配合医疗体制改革，加强医药价格监管。认真落实基本药物零差率销售制度，降低药价虚高。对全县21家医院、16家诊所、62家药店全部纳入价、费监管范围，定期开展专项检查，严格规范各医院的医疗收费和各医保定点药店的药品价格行为，切实缓解“看病贵”问题。

2. 深入治理教育乱收费，严格规范教育收费行为。重点规范了幼儿园收费，减轻群众学前教育负担。加强了对义务教育阶段学校服务性收费、代收费的检查，有效防止了“一边免费，一边乱收费”现象的发生，切实缓解了“上学贵”问题。

3. 加强房地产市场价格监管，全力落实商品房销售价格备案制度和明码标价制度。为促进房地产市场平稳健康发展，规范商品房销售价格行为，建立和维护公平、公正、透明的房地产价格秩序，召开了商品房销售明码标价工作会议。会上向14家参会房地产企业发放了《唐山市商品房销售实行明码标价实施方案》，传达并解读了《唐山市商品房销售价格实行备案制度》、《禁止价格欺诈行为的规定》等有关政策，要求房地产开发经营企业自觉遵守相关法律、法规，严格规范商品房销售明码标价行为。会后，又对全县商品房销售价格备案情况和明码标价落实情况进行了专项检查。

三、以“处处争高，人人争好”为行为准则，让平凡的价格工作直接与崇高的为社会、为群众服务实现无缝对接，让每位同志的价值在履行“为人民服务”的庄严承诺中得到锤炼和升华

物价局是一个党员的集体，每名党员都是一面旗帜，每面旗帜都能自觉地在岗位上闪光。物价局承担着全县涉案物品价格鉴证；交通事故车物损失鉴证；行政执法机关扣押物、罚没物、抵税物等物品的价格鉴证、认证工作。就在这些被人们议论为平凡琐碎甚至有人称是“没有好处，只有麻烦甚至会给自己带来风险”的日常工作中，机关同志力求日常工作求突破，重点工作有创新，自身建设上水平，整体工作创一流。大家以“处处争高，事事争好”为行为准则，准确地找到了价格工作与服务社会、服务群众的衔接点。一年里，按照依法、公正、科学原则，共办理各类价格认证案件780件，认证标的总额3500多万元，所办案件没有一起引起复核裁定。同志们在每一起涉案物品签证中以党员的名义把好秤，在每一件交通事故损失报告上用过硬的素质定准星，在维护法律尊严，惩治犯罪的工作中有物价人的辛勤付出，在保障交通事故当事人的权益上能看到物价人撒下的汗水。每位同志的价值就在这平凡的日常工作中，在履行“为人民服务”的庄严承诺中不断的得到锤炼和升华。

1. 加强涉案物品价格认证工作。以依法、公正、科学为准绳，按时保质地完成了承接的涉案价格认证任务，无一错案发生。在工作中，注重与公、检、法等有关部门的密切联系与沟通，广泛征求对涉案物品价格认证工作的意见，使价格认证工作在各个方面更能适用其办案的要求。

2. 事故车辆定损工作继续稳步发展。工作中注重资源整合，从完善认证工作程序入手，全面落实《河北省涉案资产鉴证规范》，与县公安交警大队联合出台“滦南县交通事故车辆定点拆验管理办法”，严把价格鉴证委托、勘验、询价、出具报告等关口，创建科学发展示范认证，提高认证工作的科学决策能力、规划能力、管理能力。多次召开专题班子会议研究部署，切实提升车物损失价格鉴证质量，进一步提高工作效率，在全市价格认证工作优秀单位基础上，力求交通事故车物损失鉴证工作跃入全省优秀行列。

四、以“对标赶超，创先争优”为目标鼓舞全局，严肃工作纪律，狠抓作风整顿，提高办事效率，力求项目谋划、作风建设等各项工作都能取得好成绩

1. 深入贯彻落实全县重点工作会议精神，积极推进分包项目建设。按照县委、县政府的要求，对分包的列入全县“十二五”规划的两个重点项目，指派两名副局长具体负责，深入项目现场，科学谋划，积极搞好组织协调和服务工作，通过积极争取，项目跑办工作已取得阶段性成果。一是滦南县普中机动车驾驶员学校一期项目，总投资2000万元，占地50亩，建筑面积2000平方米，购置培训车辆50辆，于2011年3月份正式招生；二是滦南县天成纺纱厂项目，总投资2500万元，占地18亩，房屋建筑物8000平方米，购置专用设备40台套，于2011年6月正式投产。

重点项目谋划工作全面发力，2011年积极谋划“冀东花鸟虫鱼文化休闲广场”和“欧曼售后服务及汽车配件加工修理”等5个项目，项目前期立项、资金投入、形象进度都呈现出好快兼具的良好态势。

2. 发挥集体力量，合力推进各项攻坚行动。一是百日攻坚会战开展以来，有4名同志长期奋战在攻坚第一线，他们在攻坚一线为机关赢得荣誉的同时，也在攻坚一线尽展物价人的风采。局党组科学安排业务工作，在确保机关各项工作的正常运转的同时，全力支持攻坚行动。二是局党组始终把助推工作做为一项政治任务来抓，在官寨村和东南街的两次拆迁工作中，局党组成员带头发扬“白加黑，五加二”的工作精神，带领同志们起早贪黑，走村入户，不怕疲劳，有的同志甚至是带病坚持工作，保证了按时完成上级交给的助推任务。此外，局党组还经常组织党员利用休息日走访慰问攻坚队员，积极开展“我与攻坚队员在一起”等助推活动，并多次在资金和物资上给予拆迁工作以最大的支持。因此，物价局的助推工作也受到了县委、县政府的表彰。

由物价局牵头开展的全县“加快转变经济方式，管理通涨预期有关工作”，在验收中得到了市检查组领导的充分肯定，受到了县委、县政府领导的好评。

此外，还常年开展“一助一扶贫济困”、“后进村党组织整顿转化”、“新农村建设帮扶”、“双百结对”等项工作，既帮他们想办法、出主意，谋划致富路子，又努力从有限的经费中最大限度的拿出资金来帮扶他们。使这些在困难中最需帮助的部门和群众，切实感受到党和政府的最直接的关怀和温暖。

3. 认真开展“对标赶超”和“创先争优”活动，全力推进全局整体工作快速、健康发展，努力实现以创先争优活动促进各项工作开展，以工作成果检验创先争优活动的成效。对标赶超活动中以县交通局为标杆，创先争优活动中以迁西县物价局为目标。对标赶超，创先争优已成为全局同志的一致共识，努力在机关营造出“人人对标赶超，个个创先争优”的良好氛围，力求各项工作都能取得好成绩。

为认真落实县委第十一次党代会精神和张国栋书记在全县改进机关作风大会上的重要讲话，切实加强领导班子和党员队伍的作风建设，认真开展了机关作风专项整治活动，响亮的提出了“一般同志向科长看齐，科长向局长看齐”的口号。要求大家认真遵守机关的学习制度、会议制度和日常考勤等各项规章制度，严格自我约束，严肃工作纪律，强化群众监督。要求每位同志都要对照先进找差距，对照纪律找不足，对照规范补漏洞，瞄准标杆找位置，要有“一日无为，寝食难安”的责任感，气顺，风正，增进团结，凝聚力量，打造一支懂规矩、懂纪律、讲奉献的干部队伍，实现队伍高素质，办事高效率，工作高质量，以“对标赶超，创先争优”为工作目标鼓舞全局，把物价队伍的整体素质提高到一个新水平。

行政服务中心

2011年，在市行政服务中心的精心指导下，在县委、县政府的正确领导下，滦南县行政服务中心以打造“激情滦南、实力滦南、文化滦南、生态滦南、和谐滦南”为目标，以“创先争优”活动为载体，少说多干，奋勇争先，不断加大组织协调管理力度，扎实推进中心建设，在为群众提供优质、高效服务，促进县域经济发展等方面，发挥了积极作用，树立了良好的窗口形象。圆满完成了年初确定的工作目标。

截至年底，“中心”各窗口共办理行政审批服务事项10346件，办结率100%。通过窗口收费1241.7929万元。

一、强化整体进驻，全面发挥行政服务中心服务功能

1. 全面清理行政审批服务事项。在以往行政审批事项清理的基础上，对正在实施的本级行政许可事项、非行政许可的审批及行政监管事项进行深入的调查、摸底、核实和再清理。同时，进一步做好省市下放的100项行政审批事项的接收工作，使行政审批事项得到了彻底全面的清理和规范，夯实了工作基础。

2. 有效规范窗口流程、努力提高审批效率。重点从每一事项的审批依据、办事程序、申报材料、承诺时限、收费标准、收费依据6个方面进行规范，努力做到法律法规依据充分，办事程序简便、快捷，申报材料规范有序，承诺时限尽量缩短，收费合理，依据充分，并进一步简化办事程序，减少申报材料，压缩承诺时限，有效提高企业和群众的办事效率。

二、强化公开透明，落实政务公开事项

各窗口设置了《行政审批服务告知单》和办事流程图。通过“中心”网站、触摸屏和LED显示屏等载体公开进驻部门的审批事项、审批依据、审批条件、审批流程、承诺时限、申报材料、收费标准和联系电话等内容，做到了“八公开”，让申办人明明白白办事。

三、强化制度建设，规范“中心”工作运行机制

1. 认真落实“八项工作制度”，强化监督管理。继续实行了八项工作制度，即：挂牌上岗制、首问首办负责制、限时办结制、服务承诺制、AB岗工作制，一次性告知制、失职追究制和违纪一次查实待岗制等制度。实行绩效考核，落实指纹考勤，巡视督查，月评比等制度，细化监督管理，强化巡视督查和电话回访，激励先进，鞭策后进，“中心”继续保持了良好的服务质量、服务态度和服务形象。

2. 严格落实卫生安全制度，创建安全和谐的办公环境。一是严格落实了安全保卫制度，建立完善的消防安全保卫体系。落实值班制度，加强夜间巡逻，做到了防火防盗，消除了安全隐患，防止了重大恶性事故发生。二是落实卫生管理制度。以创建省级卫生城为契机，进一步整治环境，努力创建一个整洁舒适的办公环境。

四、强化监督管理，不断改进机关作风建设

“中心”高度注重加强机关作风建设，努力提升服务水平。县机关作风建设以后，首先，中心起草修订了《滦南县行政服务中心改进机关作风实施方案》，围绕“十个严禁”和“三个提倡”全力抓好“中心”纪律工作，同时要求各窗口对照各自工作职责写出自查自纠、整改措施和工作总结，有效改进了窗口工作作风，提高了办事效率，在纪委阶段性检查中，“中心”作风建设取得优秀的成绩。其次创办了《机关作风建设专刊》，对各“中心”及各窗口的重要活动、形象建设、作风建设、风采展示等方面进行及时报道，共印发六期，达到了激励先进，鞭策后进的目的，有力促进了机关作风建设的明显好转。

五、深入开展创先争优活动，提高办事效率

1. 明确活动主题，创新活动载体，创先争优活动有序推进。围绕“强服务、塑形象，打造滦南环境品牌”这一创先争优活动主题，确定了三个活动载体，使创先争优活动更务实、更有形、更有效。一是组织开展了“走进服务对象、咨询服务到项目”活动。组织有关职能部门直接到项目单位提供面对面的服务，指导手续办理工作，解决制约手续办理的问题80多个，深受项目业主的欢迎。二是开展了“三声、五不让、提升服务质量”主题实践活动。“三声”即：来有迎声、问有答声、走有送声，构建和谐的服务氛围。“五不让”就是不让服务对象在我这里受冷遇；不让工作和审批事项在我这里延误；不让工作差错在我这里发生；不让不良风气在我这里出现；不让机关形象在我这里受到损害。年内，各窗口收到申办人赠送的锦旗、镜匾达80多件。三是开展了“公开承诺、夺旗争星、季评优秀共产党员”活动。“中心”全体工作人员对照创争目标、岗位职责，签订承诺书，并进行公开承诺。同时中心按照个人自荐、组织推荐，全员测评的办法，每个季度评选出十名优秀共产党员，年终进行总评表彰。全体党员的创争意识明显增强，创争氛围更加浓厚。

2. 拓展内容，创新举措，创先争优活动有力推进。为使创先争优活动深入开展，组织实施了系列教育实践活动：一是开展重温入党誓词活动。二是开展“让党徽在岗位闪光”活动。全体党员按照亮身份、明职责、做表率的要求，一律佩戴党徽、挂牌上岗，形成党员带群众，党群共建的新风气。三是开展建树“创先争优”誓言活动。每位干部都要总结提炼一句能够激发热情、鼓舞干劲、高尚追求的创争誓言。四是实施“万、千、百”工程。即万张名片送客户，千条政策送基层，百项审批送服务。为全体工作人员印制了近2万张《便民联系卡》，搜集整理了与行政审批业务相关的政策法规以及各种宣传资料千余份，随时向群众发放。同时提出变被动办理为主动服务，变坐等服务为上门服务的工作理念和工作方法，把优质服务送给广大申办人。五是开展做好“五个一”，当好“五大员”活动。即践行一句誓言，当好公务员；做出一份承诺，当好服务员；送出一张卡片，当好勤务员；助推一项攻坚，当好宣传员；代理一个项目，当好代办员活动。使创先争优活动内容更充实，形式更灵活、效果更明显。六是开展“文明服务、优质服务”竞赛活动。以创造优美环境、建立优良秩序、推行优质服务、倡导优雅言行、争做文明使者为重点；以实现文明素质大提升，窗口环境大改善，服务质量大提高，社会形象大展示，各项服务上水平为目标；积极落实推进措施，改善服务态度，为群众提供最直接、最便利、最有效的服务。

3. 抓班子带队伍，提高整体素质，创先争优活动有效推进。一是加强支部建设，提高组织凝聚力。中心支部不断健全完善各项规章制度，通过创先争优活动，定期开展组织生活会，加强思想建设、组织建设和作风建设，并吸收了两名预备党员，扩大了支部力量。二是加强班子建设，提高集体战斗力。实践工作中，班子成员始终坚持率先垂范，发挥模范带头作用，带领工作人员分析问题、查找症结、制订改进措施、谋划管理办法。

六、全力助推县“三大攻坚、四大开发、十项重点工作”

1. 围绕项目攻坚，全力助推项目建设。“中心”不断创新工作思路，积极主动为项目建设服务。一是实行联合审批，提出五种运作方式即统一受理、一次告知、联合审查、统一踏勘、同步审批；并作出六项服务承诺即实行联合办理，提供快捷服务；实行政务公开，提供便捷服务；实行一次告知，提供全方位服务；实行即时办结，提供提速服务；实行一线工作法，提供超前服务；实行昼夜办理，提供全天候服务。二是不断创新审批方式，继续实施并联许可审批模式。重点抓好房地产开发项目、固定资产投资项目和企业设立的联合审批工作，下大力简化审批流程，缩短审批时限，截至目前，共召开联合审批会议28次，办理各类审批手续、许可及批复文件268件；积极推行项目代办服务工作，配备专人，设立"投资项目审批代办服务中心"，按照"一门受理、全程代办、内部运作、限时办结"的要求，实行"一站式"办公和"保姆式"服务，为项目提供全程代办服务，截至目前，共为16个项目提供了代办服务。三是创新服务方式，走访项目单位。"中心"结合各职能部门变坐等审批为主动上门服务，有针对性地深入到项目单位，掌握项目进展情况，了解项目手续进度、办理过程中存在的突出问题及各种制约因素，协调加以解决，共走访项目单位65家，通过深入走访，帮助协调解决各类问题120余件，赢得了社会各界的赞誉。

2. 谋划投资千万元以上项目。"中心"积极响应县委、县政府的号召，利用各种人脉资源，向具备投资能力或有投资意向的项目单位，宣传介绍滦南投资环境和投资优势，吸引投资商来观摩考察，经过多方努力，已谋划5000万元以上的项目三个，分别是深圳烋燃科技有限公司的CNG汽车加气标准站建设项目（投资5240万元）；滦南县海丰秸秆饲料科技有限公司的海丰秸秆饲料项目（投资5500万元）；唐山市宏远电器设备有限公司的年产50万立方XPS挤塑板生产线项目（投资6500万元）。

3. 全力助推城市改建征收搬迁工作。在2011年第一、二、三批旧城区改建征收搬迁工作中，"中心"全体管理人员与搬迁工作队密切联系，深入到城市改建征收搬迁攻坚现场做耐心细致的工作，并在财政相当紧张的情况下，安排资金做好攻坚队员的后勤保障工作，切实解决攻坚队员的后顾之忧。

4. 积极助推省级园林城创建工作。"中心"按照县委、县政府提出的创建省级园林城的总体要求，加强"中心"绿化。对"中心"南院花坛的花进行优良品种更换。并购买了12盆2米高的花，分别放在楼北两侧。在大厅内摆放了各种盆景和花篮。营造了整洁优美的办公环境。

5. 积极推动省级文明县城创建活动。"中心"按照县委、县政府关于创建省级文明县城的要求，一是认真组织开展了青年文明号创建活动。发挥青年主力军的模范带头作用，并发展了2名入党积极分子，做好后备军的储备工作。二是开展了争创优质服务窗口和优质服务明星活动，评选出了一批优质服务窗口和优质服务明星。

七、进一步加强交易市场建设，确保各项交易活动有序进行

在2010年投资30万元对"中心"三楼交易市场进行了升级改造的基础上，交易中心在实践中逐步建立和完善了各项规章制度，成为集"交易、服务、管理"为一体的现代化公共资源交易平台。并努力在交易中心管理和优化服务方面下功夫，工作受到监管部门、招投标单位、招标代理和评标专家的一致好评。年内在"阳光交易市场"成功举办了各种工程建设招投标和政府采购场126场次，交易额达36.4788亿元，与2010年相比增加了324%，为社会节约资金1.5249亿元，与2010年相比增加了253.1%。

市场建设服务局

2011年，市场建设局在县委、县政府的正确领导下，深入贯彻落实科学发展观，紧紧抓住"市场经营与管理"和"市场开发建设"两大重点，遵循市场发展思路，完善市场规划，健全流通体系，打造精品市场，服务万户千家。紧紧围绕打造"激情滦南、实力滦南、文化滦南、生态滦南、和谐滦南"这一主题，不断加大市场升级改造力度，落实责任主体、建设主体，明确和细化各职能部门在市场升级改造工作中的职责，认真做好"文明市场"创建工作，努力抓好"四个一批"项目建设，使全县市场取得了迅猛的发展，逐步走向规范化、文明化、繁荣化。

（一）市场经营方面：

1. 综合交易市场一、二层摊位出租，采取公开竞价的方式，并由公证处对竞标现场全程公证、公开、透明操作，2011年1月5日和3月20日分两次面向社会公开竞卖摊位使用权，体现了公开、公平、公正的原则。

2. 果菜批发市场自2009年7月份迁到新址后，边经营边建设，坚持热情服务，低廉收费，以繁荣发展市场为第一任务，2011年市场商户数量较2010年增加15%。市场运行平稳，购销两旺，商户与群众对完善的市场设施及服务相当满意。

3. 对近年来没有纳入管理的村办市场，逐步纳入管理，能够接收的直接管理收费，并为其办理市场登记证，已办理34个，对不具备条件的，适当收取管理费。一年来，通过全局上下的共同努力，共收取市场设施费680万元，同比增收了10%。

（二）市场管理服务方面：

1. 2011年9月，采取分段包干、责任到人、严防死守、加强日常巡查等措施，对长凝、马城、坨里、胡各庄、柏各庄等存在商品外溢的集贸市场及城区福田超市南侧、三贸市场周边，仁和小区西侧等存在商贩侵街占道的地段进行了集中整治，出动人员120人次，车辆100余台次，清理市场外溢摊位400余户。

2. 为切实做好全县省级文明县城创建工作，打好市场环境治理攻坚战，在全县范围内大力开展市场垃圾清运工作。投入9万余元，对所属集贸市场的卫生进行了彻底清扫，出动机械、车辆87台次，人工385人次，共清运垃圾3700立方，铺垫场地1210平方米，全县集贸市场环境有了彻底改观。建立了市场长效保洁机制，为每个市场安排了2名专职保洁员，配备了清扫工具与保洁车辆，定时清扫市场卫生，清运市场垃圾，确保市场卫生清洁。

3. 为改善综合交易市场二楼购物及办公环境，为市场增设了变压器、安装摄像头20余个、安装野狼人体红外报警器1套等设施，为商户与群众提供良好的购物、交易条件。

（三）市场规划、建设方面：

1. 完善果菜批发市场一期工程。滦南县果菜批发市场一期占地40亩，主要工程项目有：四座交易大棚4800平方米，路面硬化15000平方米，艺术围栏900延米，水冲公厕35平方米，排水管道750米。工程总造价447万元。目前一期工程全部完工并投入使用。2011年，在市场中共建临时建筑物13个，其中冷库5个，库房1个，副食批发7个，建设彩钢瓦菜棚32间，路面硬化2375平方米。

2. 有序推进“三贸市场改造升级项目”等实事工程。

（1）“三贸市场改造扩建项目”是县委、县政府2011年为群众所办二十件实事之一，按照县委、县政府“高起点规划、高标准建设、打造城西高端商务中心”的要求，经多次研究谋划，制定了详细的规划设计方案。该项目于2010年8月28日正式开工，总投资约4700万元，总建筑面积23860平方米（其中包含停车场、通道5000平方米），地下一层为停车场，地上二层钢结构综合交易大厅，其中一层为农贸大厅，二层为家惠超市西城店。市场运营后，临街门店为高端商务区，综合大厅为农贸市场和日用品超市，能为西城居民购物提供更好的服务和更大的便利。三贸市场工程大厅主体、商贸楼主体已分别完工，农贸大厅摊位招租已于9月25日完成，10月15日商户成功入驻。

（2）镇级市场提档工程。结合城乡统筹发展规划与各镇市场现状，按照因地制宜，科学投入，分步实施的原则编制了详细提档方案和工程预算，财政部门也拿出了具体意见。投资26万元于4月30日完成了宋道口市场的搬迁，搬迁完成后市场占地扩展到37亩并远离主干公路，既满足了经营需求又有效抑制违规占道现象的发生。对京东第一集、柏各庄市场、马城市场、乐营市场、长凝、青坨营、司各庄市场场地进行了铺垫。

（3）社区市场新建工程。按照县委、县政府的指示精神，取缔马路市场，壮大城区市场，增设社区市场。2011年8月31日，仁和小区社区市场建成并投入使用，该市场位于仁和小区西侧，建设内容包括地砖铺设、花坛及垃圾处理设施等。9 月 15 日，冀腾社区市场竣工并投入使用。“两个社区市场”的建立有效改善了小区周边购买环境，为小区及周边居民购物提供了方便。

（四）党务、政务及机关作风建设方面：

1. 充分发挥广大党员的先锋模范作用，以科学发展观为指导，严格按照创建活动要求，科学制定创建实施方案。组织开展了“六比六看”、“五个一”等活动。要求全体党员在工作中做到“三亮”，即：亮明人员身份、亮明服务标准、亮明岗位承诺；组织“三比”：比作风、比技能、比业绩；坚持“三评”，即：党员互评、领导点评、群众测评。少说多干，奋勇争先，查缺补漏、攻坚克难，为打造全县良好市场做贡献。全年共上传政务动态、计划总结、情况汇报等各类信息 35 篇。在局领导小组的带领下，立足本职、着眼实际，以强烈的责任意识，通过努力推进本职工作不断发展，切实将党务公开工作落到实处。

2. 认真贯彻落实县委改进机关作风会议精神，成立了以局长为组长，主管副局长为副组长，各科室成员为工作人员的机关作风建设专项整治领导小组。通过召开征求意见会、组织发放调查问卷、公布监督电话等形式，广泛征求群众意见建议，共印发调查问卷 500 余份。组织全体党员干部开展个人自查、科室互查活动，并撰写自查自纠情况总结，对于存在问题由机关作风建设专项整治领导小组进行梳理汇总并上报，针对存在问题逐一制定整改了措施，通过开展此项活动，机关干部精神面貌得到了改观，整体形象得到了提升。

劳动就业服务局

就业是民生之本、和谐之基。2011 年，在县委、县政府的正确领导和上级主管部门的支持和指导下，以科学发展观为统领，以改善民生为重点，以扩大就业为目标，按照构建和谐社会的总体要求，就业再就业、培训和创业工作取得了显著成效，2011 年 4 月被河北省人民政府授予“河北省发展劳务经济先进县”荣誉称号、被河北省创业帮扶工程领导小组认定为“创业帮扶工程定点服务机构”。

转移农村劳动力 16042 人；下岗失业人员实现再就业 2829 人，其中困难人员 731 人，实现城镇新增就业 6615 人，“零就业家庭”动态为零；完成技能培训 2514 人，阳光工程培训 669 人，创业培训 300 人；为 103 名自主创业人员发放小额担保贷款 507 万元，同时带动就业 260 余人次；收回到期小额担保贷款 49 份，还款金额计 239 万元，贷款回收率 100%。召开县内人力资源招聘洽谈会 55 场，“春风行动”、“民营企业招聘周”、“高校毕业生就业服务月”“助企促就业工程”等专题招聘会 7 场，提供就业岗位 19000 余个，有 11000 余人次达成就业意向。为 820 名灵活就业人员申报保险补贴 230 万元；为 545 人安置到公益性岗位人员申报岗位、养老、失业、医疗、工伤补贴 760 万元，其中：岗位补贴 470 万元。

（一）落实积极就业政策，促进就业

认真落实好社会保险补贴政策，努力开发岗位，适时做好就业困难群体、零就业家庭的困难对象的安置就业工作。一是对零就业家庭成员实施即时援助，拓宽公益性岗位范围，多渠道安置“零就业家庭”成员就业，确保自确认为“零就业家庭”之日起 30 日内为有就业需求的家庭成员提供就业岗位，帮助每个家庭至少有一个人就业，保持“零就业家庭”动态为零。二是经调查摸底，认定 282 人为就业困难人员，通过灵活就业、开发公益性岗位的形式实现就业。三是积极落实就业困难人员岗位、社保补贴，为 820 名灵活就业人员申报保险补贴 230 万元；为 545 人安置到公益性岗位人员申报岗位、养老、失业、医疗、工伤补贴 760 万元，其中：岗位补贴 470 万元。四是积极实施城乡技能就业扶助计划，促进困难群体就业。通过自愿报名、调查走访、审核、公式、批准，2011 年招收城乡技能就业扶助生 48 名。五是为 3727 人办理了《就业失业登记证》，为未就业人员提供及时、便捷、有效的服务。

（二）广辟就业渠道，促农村劳动力转移

一是牢固树立“抓劳务就是抓经济、抓劳

务就是抓发展、抓劳务就是抓项目”的工作思路，坚持“以特色创优势，以服务创品牌，以品牌创市场”的理念，充分利用“冀东侪城新人”劳务品牌影响，进一步拓宽就业渠道。在继续巩固和发展与天津、北京经济技术开发区合作的基础上，重点向曹妃甸等地拓展，与首钢京唐钢铁联合有限公司、曹妃甸上海航道局水泥预制厂、长白机械厂、天津天海高压容器有限公司、中国石油渤海钻探公司、富士康科技集团、开滦集团等大型企业达成劳务协议，提供就业岗位1万余个。二是为充分发挥人力资源市场作用，切实减轻农民负担，促进城乡劳动力转移就业，更好的服务于劳动者，方便于用工单位和求职者，召开县内人力资源招聘洽谈会55场，“春风行动”、“民营企业招聘周”、“高校毕业生就业服务月”、“助企促就业工程”等专题招聘会7场，提供就业岗位19000余个，有11000余人次达成就业意向。三是为切实转变农民就业观念，积极开展“送转移理念下乡、送用工信息下乡、送就业技能下乡”的“三下乡”服务活动，深入全县各镇发布就业信息及就业政策，出动车辆70余台次，发放各类宣传资料20000余份，并利用各镇劳动保障站、滦南人力资源网和县电视台发布就业信息及就业政策130余条。四是为进一步摸清农村劳动力底数，对各镇发放农村劳动力资源调查卡22万张，建立完善了农村劳动力台账，做到了“一人一卡，一村一册，一镇一柜”。五是为给外出务工人员提供更好的后续服务并进一步加强党组织建设，成立了滦南县驻京唐钢铁公司党支部。六是为进一步调动各镇劳动保障站的积极性，提高了他们对就业工作的热情，召开全县劳动保障工作先进集体和先进个人表彰大会，对7个先进镇，20名先进个人进行了表彰。七是为更好的解决务工人员的后顾之忧，切实维护务工人员合法权益，成立由局长为组长的应急小组，设立应急方案，及时解决各类突发性事件。

（三）加强培训，提高劳动者就业能力

一是制定了《2011年滦南县职业技能培训工作实施方案》，进一步明确了相关单位和培训基地的工作任务和职责。二是为提高培训基地的培训能力和培训质量，对县内各培训机构资质、场地、教学、就业等情况实地考核，结合年度就业培训专业需求，认定了滦南县职业教育中心、滦南县劳动就业服务局培训中心、滦南县劳动职业技能培训学校、滦南县兴达职业技能培训学校、滦南县劳服机动车驾驶员培训学校5家培训机构，并与各培训基地签订了目标责任书。三是规范技能培训工作管理。严格要求基地公开招生简章、公示受补助学员情况、公开承诺培训就业一条龙服务，统一了培训台帐和台帐填写要求、进度的报送，加强了配套教材和结业证书的发放管理；加强了网络管理，对省市阳光网和县技能培训专栏实行专人管理，专门负责转移培训台帐、进度和工作动态的上报；进一步加强了对基地培训的监管和验收。四是积极探索开展农村劳动力转移培训的新办法、新形式，采取就地转移与向外输出双管齐下的办法，使学员及时有序地实现就业。五是创新培训模式。采取按需、按季、按地、按群、按块培训模式，由农民“点菜”，培训机构“下厨”，根据农民培训意愿，结合种植和养殖生产实际，分别开设课程，千方百计满足农民的需求。六是加强实践和调研环节，整个培训不脱离生产实践，实践实习穿插于理论授课环节当中，在丰富教学内容的同时，组织学员到秦皇岛的荒佃庄镇、佳禾蔬菜种植有限公司和李营村等地考察学习皮毛动物养殖、设施蔬菜的生产，极大地调动了学员参加培训学习的主动性，积极性。

（四）加大创业帮扶力度，以创业促就业

一是营造良好的创业环境，鼓励帮扶劳动力创业。积极组织有创业和求职愿望的城乡劳动者参加免费的创业培训，建立创业项目库，开展“创业帮扶工程”座谈会，为创业者提供“创业培训、政策咨询、项目推介、创业指导、小额担保贷款、跟踪扶持”等一条龙创业服务，鼓励并帮扶城乡劳动者创业，充分发挥创业带动就业的倍增效应。全年组织包括退役士兵专场、妇女专场等创业培训班八期，培训学员300余人，“创业帮扶工程”座谈会5场，为200余人讲解了创业帮扶政策，并发放了宣传资料。

二是落实小额担保贷款政策，帮扶创业者稳定创业。积极争取市级担保基金50万元，并新增邮政储蓄银行为小额担保贷款经办银行。2011年，为103名自主创业人员发放小额担保贷款507万元，同时带动就业261人次，收回到期小额担保贷款49份，还款金额计239万元。小额担保贷款政策，有效缓解了部分自主创业人员的资金压力，充分发挥小额担保贷款在促进创业带动就业工作中的重要作用。

社会保险事业局

2011年，社会保险事业局在县委、县政府的正确领导下，深入贯彻落实科学发展观，坚持“以人为本、民生为先、统筹城乡”的发展理念，认真谋划全局工作，在突出重点、夯实基础上下功夫，取得了扩面、申报、征缴、保发放的阶段性成果，各项工作均取得了较好成绩，为构建城乡一体化社会保险体系、为建设和谐滦南发挥了积极作用。

一、基本情况

（一）新农保和城居保：2011年7月7日，滦南县被国务院领导小组办公室正式批准列入全国2011年度新农保和城镇居民社会养老保险试点县，成为河北省106个、唐山市12个全国试点县之一。2011年全县参加新农保的参保人数达351545人，参保率达到了95.8%，超过了省政府要求的90%的目标。60周岁以上人员完成了80089人，完成了任务指标的100%。完成征缴社会保险费3750万元，中央财政补贴2132万元，截至年底，发放基础养老金2693万元。新农保基金累计结余4091万元。城居保的参保人数为3252人。60周岁以上人员完成了757人，完成了任务指标的100%。征缴社会保险费49万元，中央财政补贴378万元，截至年底，发放基础养老金19万元。城居保基金累计结余408万元。

（二）企业养老保险：截至年底，全县参加基本养老保险的企业单位349家，参保人数45971人（其中，职工38681人，离退休7290人），完成省下达任务45120人的102%。新增参保人数2910人，完成扩面任务2890人的100.7%。申报核定额13500万元，完成省下达任务13081万元的103.2%。征缴养老保险费16253万元，完成省下达任务14311万元的113.6%。企业养老保险基金历年累计结余24477万元。

（三）机关事业养老保险：截至年底，全县参保的机关事业单位共227家，参保人数12794人。征缴养老保险费7713万元，财政拨款10450万元。机关事业养老保险基金结余1391万元。

（四）农村养老保险（老农保）：截至年底，老农保参保人数达58550人。为6079人支付养老金33万元。农村社会养老保险基金历年累计结余2265万元。

（五）被征地农民养老保险：截至年底，参加被征地农民养老保险的人数为2979人，为2639名被征地农民支付养老金327万元，被征地农民养老保险基金历年累计结余1378万元。

（六）失业保险：截至年底，全县参加失业保险的企事业单位335家，参保人数26247人，完成市下达任务26200人的100.2%。征缴失业保险费1612万元，完成市下达任务1300万元的124%。累计为1352名失业职工发放失业保险待遇410万元，为1073名应届高校未就业大学生发放失业补助金322万元。失业保险基金历年累计结余987万元。

（七）工伤保险：截至年底，全县参加工伤保险的企业单位358家，参保人数34713人，完成市下达任务34403人的100.9%。其中，农民工10013人；事业单位89家，参保人数为7996人。新增参保人数1510人，完成市下达任务1200人的125.8%。征收工伤保险费886万元，完成市下达任务775万元的114.3%。为524名工伤待遇人员支付伤残待遇1243万元。工伤保险基金历年累计结余140万元。

（八）医疗保险：截至年底，全县参加城镇职工基本医疗保险的单位391家，参保人数43383人。完成基本医疗保险基金收入6475万元，其中，社会统筹金收入2803万元，个人账户划入3672万元。城镇职工基本医疗基金历年累计结余4228万元。城镇居民医保参保人数达

16491人，收缴居民医保费627万元。居民医疗保险基金累计结余757万元。城镇基本医疗保险总参保人数为59874人，完成市下达任务56600人的105.8%。新增参保人数4304人，完成扩面任务1030人的417.9%。共为7931人次职工住院患者报销医疗费3349万元。共为2472人次居民住院患者报销住院医疗费用472万元。

（九）"两金"发放情况：年内共接收企业退休人员910名，机关事业退休人员305名，为7290名企业离退休人员发放养老金12344万元，为5472名机关事业单位离退休人员发放养老金17297万元。发放率保持100%。另外，2011年共登记接收困难家庭大专以上毕业生1073名，发放失业补助金322万元。累计为1352名失业人员足额发放失业保险金410万元。年内还完成了全部企业退休人员增资调待工作，补发养老金320万元。

二、主要工作措施

（一）突出重点，全力做好新农保和城居保工作。2011年9月10日，县召开新型农村和城镇居民社会养老保险工作动员大会后，社保局采取有力措施，全力推进两项保险工作。一是分工包片，明确责任。成立了由局长为组长的两项工作领导小组，由各位副局长牵头、科长参加，组成了五个共18人的巡回指导组，从9月12日开始，利用一个月的时间，每天分组包片深入到16个镇及街道办检查、指导工作；二是深入研究，解决问题。巡回小组每天下午5点召开碰头会议，研究解决工作中遇到的实际问题。为了让政策通俗易懂，深入人心，精心谋划，根据下乡发现的具体问题，协助政府办召开了五次调度会，进行了三次记者专访，编发了八期温馨提示。在各镇、街道办的共同努力下，到10月1日，圆满完成了县委、县政府下达的首批参保及发放任务。

（二）完善制度，努力扩大参保覆盖面。一是把牵扯职工群众切身利益的各项政策进行政务公开，透明运行，提高职工参保维权意识。采用业务培训、发放宣传册子、电视字幕等形式，深入宣传养老、工伤、失业、医疗保险等各项政策，让用人单位和职工群众及时了解各项政策的连续性和业务工作程序，为参保对象创造优质参保服务环境。二是运用稽核、劳动监察等手段，直接深入各单位送政策上门，及时把养老、工伤、失业、医疗等各项政策宣传到位，让单位负责人认识到为职工参加社会保险是以人为本的经营之道，是调动职工积极性，维护社会稳定的有力措施，必须依法登记参保。通过政策引导，2011年新参加企业养老保险的单位达130家2910人，新参加工伤保险的单位达47家1510人，新参加城镇职工基本医疗保险的单位达18家4021人，扩面工作取得显著成效。三是建立扩面续保通报、调度和督导制度，按省、市下达的扩面目标任务要求，定期召开联席会议，掌握扩面进展情况，督促未参保单位尽快登记入保。

（三）加大医保工作力度，不断提高医疗保障质量。1. 完善居民医保运行机制。积极协调银行、财政、教育、街道办等部门，顺利完成了居民医保申报登记、审核缴费等各项工作。加强程序运行监控管理，及时发现问题、完善更新，确保住院居民医疗费的按时核销。2. 规范职工医保工作制度。一方面加强申报登记和医保费征缴工作，对欠费情况实行账户查封管理，杜绝空账运行现象发生；另一方面及时更新药品目录，认真核实报销手续，确保病案资料齐全，尽快为患者核销医药费用。

（四）发挥惠民优势作用，千方百计关注救助弱势群体。为了更好地服务职工群众，针对一些人员因种种原因没能参保带来的后顾之忧，积极贯彻落实省级养老保险费补缴政策，切实做好自愿参加城镇职工基本养老保险的企业未参保退休人员的参保和待遇发放工作，受到了职工群众的广泛赞誉。到年底有210名人员进行了补缴，参保费用达644万元。

（五）加强社保基础工作，努力提升整体工作水平。1. 规范个人账户管理。对全县养老保险职工的缴费情况、医保职工个人账户，进行专人管理，保证其随时使用，并建立电子自动查询系统，为职工群众建立起了更加方便、快捷的服务平台。2. 强化社保稽核办法。把稽核工作列入制度化、规范化管理的基础性工作常抓不懈，详细制定了《2011年度社保稽核工作方案》，明确了稽核工作的具体要求、目标任务和工作重点，按“两年一个稽核循环轮次”要求，对养老、失业、工伤保险开展同步稽核。3. 加强基金监督管理。建立并完善社保内控监督机制，加强内部业务科室之间数据传递手续，按照“谁主管、谁签字把关”的原则，确保基金的专款专用。未出现挪用、挤占和违规使用情况。4. 加强基础设施建设。克服困难压缩其他开支，投资10万余元，对业务大厅进行了彻底改造。对各项业务实行一站式服务，对基本政策上墙公开，对各类信息通过电子显示屏幕进行发布，设有个人账户触摸屏查询系统，为广大参保者提供舒适、便捷、高效的办事环境。同时，配合县里中心工作，结合自身实际，对标赶超，开展创先争优活动，为社会保险各类服务对象提供优质服务。

地震办

2011年，地震办在县委、县政府的正确领导下，在省、市地震局的大力支持下，团结和带领全体干部职工，以“三个代表”重要思想为指导，深入贯彻落实科学发展观，以推进防震减灾“预、防、救”三大体系建设发展为主线，按阶段圆满完成了年初制定的防震减灾各项任务，防震减灾事业得到快速、健康发展。

一、加强思想建设，深化机关党建工作

进一步加强了思想建设，围绕创建“学习型机关”、“服务型机关”活动，不断强化政治理论和业务知识学习，使广大党员和干部职工的政治素质、理论水平和业务能力得到了新的提高。

1. 强化理论学习和业务培训。坚持每周五为集中学习时间，把学习作为提高干部职工素质的重要手段，班子成员带头学习，采取集中学习、个人自学、组织讨论等形式，认真组织学习党的会议、文件精神，并有针对性地对党员干部学习情况进行了检查，使广大党员干部职工正确地领会精神实质，同时，加强专业知识的培训学习，并将理论与实践相结合，不断提高工作管理水平。

2. 深化“创先争优”活动，增强党建工作生机和活力。建立了党员活动园地，每个党员同志都拟订了“创先争优”规划，党员参与面达100%；多形式开展了以“六好”为主要内容的“观念争优”、“服务争优”、“发展争优”等创建活动，充分发挥党员指导、示范、带动、辐射作用，有力地促进了机关党建工作的经常化、规范化、制度化。

二、强化服务，促进党风廉政建设和作风建设

一是设立了首问责任岗，完善了《地震办首问责任制度》；二是做好窗口服务工作，一年来共受理抗震设防审核42件，办结率100%，无一例投诉；三是认真做好群众来信来访工作；四是落实党风责任制，进一步规范了廉洁行为，狠刹“四股歪风”；五是建立自我纠错机制，认真纠正办事效率不高，服务中的生、冷、硬、简单粗暴等问题；六是建立完善监督检查制度，拓展监督检查渠道，强化党内监督，使每一位党员干部的言行都符合党章的要求，始终做到“立党为公，执政为民，率先垂范”，全心全意为人民服务。

三、全力做好地震监测预报工作

1. 依法保护地震台站观测环境，安排专职人员负责仪器维护，确保监测设施稳定运行。配合省、市地震局完成中国地震背景场探测县域内马狗庄强震台、南堡强震台的土建工作。

2. 强化地震数据质量管理，提高观测资料质量。观测设备正常运转率达到98%以上，数据可用率达到100%。

3. 密切跟踪震情，科学判定地震趋势。全年共召开月会商12次，周会商49次，紧急临时会商3次。

4. 做好地震异常落实、跟踪、判定工作。2011年9月份滦南水位快速下降，地震办工作人员在第一时间内展开调查，分析研究异常性质，编写落实报告。

四、震害防御工作取得突破

1. 群测群防工作取得明显成效，对群测群防“三网一员”人员按照行政区划重新进行了设置，设立防震减灾联络员18人，并在省地震局进行了备案。群测群防人员在平息地震谣言，消除群众恐慌情绪，稳定社会秩序方面发挥了积极作用。

2. 建设工程抗震设防要求监督管理工作进一步加强。全年共完成了全县范围内42件抗震设防要求审查工作，对每一个地块均出具了抗震设防要求。

五、防震减灾宣传成果显著

一是充分利用“5.12防灾减灾日”宣传周、“科技宣传周”、“7.28”纪念日等时机开展防震减灾科普宣传活动。活动期间共展出宣传展板30块，发放学生宣传册400分、宣传资料2500份，光盘100份。二是推进防震减灾知识“进学校、进社区、进机关、进企业、进家庭、进农村”（六进活动）的深入开展。扩大了防震减灾的宣传辐射面，收到了良好的社会效益。

移民办

2011年，在县委、县政府的正确领导下，在省、市移民部门的大力支持下，移民办紧紧围绕县委、县政府“三大攻坚、四大开发”等十项重点工作，按照年初确定的总体思路和目标，以“办实事、解难题、优服务、建机制”为载体，以“改善民生，促进社会和谐，深入实施移民工程”为主题，认真落实移民各项政策，提高移民的生产水平和生活质量，破解移民发展难题，科学处理移民信访问题，促进移民整体稳定，改进机关作风，各项工作取得了实实在在的效果。

（一）强化移民工作长效机制，确实维护移民总体稳定

2011年是全县移民稳定工作朝着良性循环发展的好时期。一是强化了属地管理。按照信访条例，进一步强化属地管理，把移民稳定工作继续列入日常工作的重点，深入基层搞调研、抓督导，使镇村两级确实承担起了做好移民工作的主体责任；二是领导高度重视。县委、县政府主要领导和分管领导经常听取移民工作的汇报，研究移民工作，尤其对移民稳定工作中的难题亲临指导，出现一个问题就过问解决一个问题，有效地促进了移民各项工作的开展；三是创新移民工作途径和机制。一年来，在移民工作途径和机制上大胆创新，实行村级信访评议，让村民代表参与解决移民信访问题，改变了以往信访、接待、稳控只是少数县、镇干部的事，与村干部村民毫不相干的观念。强化责任意识、建立信息预警、协调联动、信访代理，村干部抓信访等机制，逐步形成了广大干部群众参与信访稳控的强大合力，有效地遏制了个别移民无理访、缠访、闹访的势头；四是加大了信访问题解决力度，尤其是千方百计协调联动解决移民个性问题。凡是移民反应的问题，不论大小都认真对待，合理的做到不推不拖及时解决，不合理的做出正确解释，让其心服口服，把矛盾化解在萌芽状态。如：对6月13日6名移民进京上访反映的问题，移民办成立督导小组，深入到相关镇，逐人逐事分析研究所反映问题的症结，使问题及时解决；五是搞好服务，促进社会和谐。无论移民群体出现的共性和个性问题，一经发现，及时协调有关部门进行妥善解决处理，把矛盾解决在萌芽状态，彻底排除了信访隐患，维护了社会稳定。2011年，移民进京、赴省、到市信访量，是多年来最少的一年。

（二）以办实事为己任，着力维护移民群体的切身利益

1. 及时发放直补资金。按照国务院17号文件要求，召开各镇移民干部工作会议，部署2011年后扶资金发放人口核减工作，准确核实了新增和核减后扶人口，做到核实到人，登记到户，不重叠、不瞒登，应登就登和及时上报。核减2011年死亡人口30口。并及时发放了2011年上半年后扶直补资金227.43万元。

2. 稳步推进项目实施。按照上级要求，编制了《滦南县2011年度大中型水库移民后期扶持项目计划申请表》。本年度计划投资175万元，其中，中央结余资金111万元，省级扶持资金40万元，自然减员结余资金24万元，实施本次项目重点帮扶12个镇12个村，进行砼路面硬化改造，受益人口14150人，其中受益移民231

人，以点带面逐步加大移民安置区基础设施投资力度，为移民生产开发和改善生活环境创造有利条件。目前，已完成项目投资64万元，年内争取再投资111万元。

3. 深入调研，科学规划。总结“十一五”规划实施的经验教训，深入分析了影响移民发展生产所存在的问题和原因，并提出了今后一段时期的移民工作的总体思路，深入到移民村点进行实地调研，实事求是、科学合理的做好“十二五”期间的移民后扶规划。

（三）以解难题为重点，加强返库移民劝返和稳定工作

全县返库移民有19户63人。按照唐山市人民政府办公厅《关于深入做好潘大、桃林口水库返库移民劝返工作的通知》（唐政办字[2010]9号）、唐山市人民政府移民迁建办公室《关于加强返库移民劝返工作确保安全度汛的通知》（唐迁建[2011]23号）精神，以移民办为主导，以相关镇为核心，成立劝返工作小组，多次深入库区以解决实际问题为突破口，采取一户一策的措施，耐心细致的做劝返和稳定工作，克服由于进行新民居建设工作，停批宅基地、停建新房等不利因素，以库区移民稳定和安全为前提，逐步掌握了返库移民的基本情况，完善并细化了劝返工作方案，即适当提高帮扶标准，确保移民回迁后，都能够解决住房，进行基本的生产生活，全年返库移民未发生一起进京、赴省、到市上访案件。

（四）以创先争优活动为突破口，打造一流移民干部队伍，优化机关环境

一是抓好“争标争星”、“争做第一”活动。通过创先争优活动激发干部激情与活力，增强干部职工的责任意识、大局意识和服务意识；二是实行全员上阵，强化责任落实。坚持单位一把手负总责，责任落实到人，深入镇村一线开展工作，增强用心服务理念和坚持求真务实的工作作风，以良好的精神状态，投身到移民工作之中；三是认真开展“对标赶超走在前”活动，瞄准典型，主动发现工作中存在的问题，创造性的开展工作，工作既有前瞻性又有创造性；四是积极响应县委、县政府的号召，在发展中找准位置，从思想上认清形势，大局意识强，较完美地发挥了单位职能作用和每位同志的工作积极性和主动性。不折不扣地执行了县里的决定和工作安排，数十次去市、到省、进京进行接访和做维稳工作，真正为县域经济的发展和社会稳定做出了积极贡献；五是按照县成兆才大街外观改造的要求，上半年在前期外观改造的基础上又投资6万元，对机关办公楼北侧进行了外观改造，投资6万元对办公楼内部进行了改造装修，真正优化了机关环境。

农业综合开发办公室

2011年，在县委、县政府的正确领导、上级农业开发部门的大力支持和项目区广大干部群众的积极参与下，农业综合开发工作以项目谋划、项目申报立项、项目建设为主要手段，着力于改善农业生产条件、提高农业科技含量、推进农业产业化经营，取得了显著成效，为全县农业增效、农民增收、农村稳定做出了积极的贡献。

2011年，谋划、立项和建设的农业开发项目共有三类：

1. 土地治理项目。（1）2010年中低产田改造项目及万亩高标准农田示范工程建设。项目区在青坨营镇的中低产田改造项目总规模6000亩，总投资541万元。高标准农田建设示范工程是在本项目的基础上，通过整合资金，提高标准，扩大规模，使总规模达到10000亩，总投资达到1200万元。建设的主要内容有：新打及配套机井65眼，维修及配套机井44眼，埋设地下节水管道94千米，新上变压器13台1300KVA，埋设低压电缆17千米，修建农路19.5千米（其中修砂石路11千米），栽植农田防护林33000株，开挖疏浚沟渠16千米，修涵洞21座，平整土地、土壤改良10000亩、结构调整2650亩、管护创新工程7个。项目于2010年秋季开始施工，2011年春季，主要完成了栽植农田防护林、地下节水管道、上变压器、埋设低压电缆及机井配套设施等工程，2011年5月项目全面竣工并投入使用。**（2）2011年中**

低产田改造项目申报及实施。该项目改造中低产田面积 0.6 万亩，总投资 564 万元（其中省以上财政无偿资金 463 万元），项目建设地点在青坨营镇的小松林村、南冯狗庄村、北冯狗庄村和陈虎头村 4 个行政村，主要建设内容包括：新打机电井并配套 42 眼，维修机电井并配套 18 眼，埋设地下节水管道 36 千米，新上变压器 4 台 400KVA，埋设低压电缆 15 千米，平整土地 100 亩，修农路 9 千米，修涵 21 座，植树 17000 株。上半年该项目省办已正式批复立项，目前项目正在紧张施工中。**（3）2012 年土地治理项目申报立项。**下半年，申报了 2012 年土地治理项目一个，已获得省办批复，计划明年实施。该项目为中低产田改造项目，项目规模 3200 亩，总投资 350 万元，其中上级财政资金 310 万元，项目建设地点在扒齿港镇，主要建设内容为：新打配套机井 42 眼，埋设地下管道 19.2 千米，新上变压器 3 台，埋设低压电缆 9 千米，修路 5 千米，桥涵 7 座，植树 7000 株等。

2. 农业产业化项目。（1）项目实施工作。一是完成了《滦南县 20 万头生猪交易市场项目》建设。2010 年申报的《滦南县 20 万头生猪交易市场项目》原计划选址于鑫华畜禽养殖专业合作社院内。项目申报即将完成之际，滦南县委、县政府按照中央及省、市关于统筹城乡发展试点工作要求，将胡各庄镇确定为全县四个中心镇之一，并对镇域、镇区建设重新进行了规划，本项目原定地址与城镇规划发生了冲突，因此，县农开办向省市农开办申请了该项目地址变更，将该项目地址重新选定于滦南县粮食局胡各庄北库北，项目其他建设内容不变。之后，按照《河北省农业综合开发产业化经营项目实施计划调整变更终止程序的暂行办法》规定，重新组织履行了可行性研究、环评和土地审批、专家评估论证等立项程序。年初，项目变更资料上报省农发办，5 月，省农发办最终批复了该项目。该项目于 5 月开始施工，截至 6 月份，项目建设全面竣工。项目总投资 150 万元，新建生猪转运舍 400 平方米，污水处理及沼气转化池 40 立方米，路面硬化 2000 平方米，其他附属建筑物 150 平方米，安装 50 吨地磅 1 台套，自动装卸台 3 台套，检疫设备 1 套、信息网络设备 1 套、水电设备 1 套，购置运输车辆 5 台。二是完成了滦南县玉米收购 5800 万元流动资金贷款贴息项目申报立项工作。该项目建设单位为唐山中红普林三融畜禽有限公司，对该企业的 5800 万元贷款按 4.8% 进行财政贴息，共贴息 188 万元，全部为中央财政无偿资金。省农开办于 2011 年 6 月份下达了项目批复，目前项目进入实施管理阶段。**（2）项目申报立项工作。**下半年成功申报了 3 个农业产业化项目，目前省办批复已下达，项目资金已到位。一是《滦南县 500 头奶牛标准化寄养基地扩建项目》。主要建设内容包括新建牛舍 8 栋、4800 平方米，新建管理用房 100 平方米，料库 200 平方米，新建粪污处理池 100 立方米，修建道路 1600 平方米，新建围墙 600 延长米。购置养殖设备 4 台套。总投资 180 万元，申请财政资金 80 万元，企业自筹资金 100 万元。二是《滦南县 1200 头奶牛养殖基地改建项目》。项目新建草料库房 600 平方米，修建道路 6000 平方米，场地硬化 10800 平方米，更新挤奶设备 3 组，建青储池 3000 立方米。项目总投资 170 万元，申请上级财政补助 80 万元。三是《滦南县姚王庄青河沿果菜批发市场 10 万吨无公害蔬菜交易大厅扩建项目》。该项目路面硬化计 2200 平方米，建设长 80 米，宽 15 米，高 6 米，总面积 1200 平方米的无公害蔬菜交易大厅一座，建货栈 12 间，购置安装 100 吨地磅一台，台式电子称 40 台及配套的结算终端系统，安装 250KVA 变压器一台及其附属设施。项目总投资 170 万元，申请财政补助 80 万元。

3. 农业科技项目。引进实施的科技项目是抗旱节水生长剂碧护示范推广项目，项目投资 21 万元，在青坨营镇 3000 亩西瓜、1500 亩玉米上推广应用，西瓜亩增产 130 公斤，玉米亩增产 60 公斤，取得了良好效果。

二、主要作法

1. 转变思想，更新观念，以科学发展观为指导做好农业开发工作。坚持用科学发展观指导农业开发工作，确保了农业开发工作取得实效。在实际工作中，一是对工程设计和工程建设情况充分征询了项目区干部群众的意见，了解群众意愿，按照群众意见进行了多次设计变更，在项目建设中充分体现了以人为本的思想。二是在加强工程建设的同时，以科技推广项目为示范，推进农业产业结构调整，以林路框架建设为手段，改善农业生态环境，把项目建设与农业增效、农民增收紧密结合起来，促进农村经济社会全面协调发展。三是在完善机井等利用地下水工程的同时，重点突出节水灌溉工程，开源节流并重，促进了地下水资源的可持续利用。四是坚持项目建设与城乡发展紧密结合，与老区村帮扶紧密结合，努力为城乡统筹发展和新农村建设服务。

2. 坚持公正公开，赢得群众信任与支持。在项目建设过程中，自筹资金的筹集，群众投劳的使用，工程布局及受益分配，工程占地等等，无一不关系到千家万户，一个环节处理不好，就会使项目建设陷入被动局面。为了赢得群众的信任与支持，一是在设计中，充分考虑自筹资金的分摊和工程受益分配，得到群众认可。二是实行项目公示制度，让群众明白花什么钱，办什么事，花多少钱，办多少事。三是结合镇村干部，妥善处理好每个工程的占地事宜，得到群众理解与支持。四是对于群众提出的具体问题，甚至细微的问题，如地下管道出水口的位置，井口出水口的方向等，都要在设计和施工中给予充分考虑，尽量满足要求。通过上述工作，赢得了群众的信任与支持，没有因群众利益出现过一次纠纷，使工程建设都顺利完成。

3. 加强制度建设，强化项目管理。为了提高项目管理水平，在总结多年农业开发工作经验和教训的基础上，继续落实并进一步完善各项项目管理制度：一是工程招投标制。依据《农业综合开发招投标管理办法》及有关规定，认真组织了每项主要工程和物资采购的招投标工作，既节约了项目资金，又强化了对施工单位的约束，保证了工程质量。二是县级报帐制。对项目资金实行专帐、专户、专人“三专”管理，统一核算管理，在施工过程中和工程竣工验收后，严格审核施工进度和工程完成情况，施工单位凭发票到财政局报帐，项目资金直接拨付施工单位，减少中间环节，确保专款专用。三是工程监理制。工程质量直接关系到项目工程的效益和使用寿命，也直接关系到农业开发工作在人民群众中的形象，为确保工程质量，除县农开办技术人员坚持在施工现场监督指导外，还有专业的监理工程师进行全方位监督，双管齐下，对工程高质量完成提供了可靠保证。

4. 深入开展创先争优活动，加强干部队伍建设。紧密结合农业开发工作实际，深入开展了创先争优活动。通过创先争优活动的开展，通过助推全县“三大攻坚”、“四大开发”的实践，强化了党员干部的宗旨观念、责任意识，促进了干部作风转变，有效推动了农业开发各项工作，对农业开发工作取得实效、农业开发部门树立良好形象起到了至关重要的保证作用。

旅游办

2011年以来，在县委、县政府的坚强领导下，旅游办认真贯彻落实县委十届六次全会和十一次党代会精神，以建设“文化滦南”、“文化名城”为目标，始终坚持“少说多干、奋勇争先”的工作作风，使全县旅游工作取得了开拓性的进展，文化旅游业从无到有、实现了零的突破，尤其是北河水城入选“唐山八景”，为滦南旅游业发展注入了生机和活力，更加坚定了全县大力发展旅游业的信心和决心。

（一）出台了《关于2011年加快发展文化旅游业的实施意见》

滦南旅游资源丰富，但旅游业起步晚，基础差。为推动全县文化旅游业迅速崛起，旅游办先后到迁西、迁安、滦县等兄弟县区进行调研，学习先进的旅游业发展经验，同时对全县旅游资源开展细致的实地勘察和研究。在充分吸收县人大、政协和各界人士多方面意见的基础上，2011年初，起草了《关于2011年加快发展文化旅游业的实施意见》(以下简称《实施意见》)。《实施意见》确定了全县旅游业“以文化为根、以历史为脉、以水为魂”的总体思路，即以建设“文化滦南”、“文化名城”为目标，充分发掘历史、文化、自然资源，做好北河水城文化观光产业带、滦河故道、嘴东滨海休闲度假区三篇文章，着力复兴倴城、马城、柏各庄“三大名镇”，把滦南打造成环京津休闲旅游带的重要节点，成为环渤海经济圈和京津冀都市圈的休闲“后花园”。《实施意见》还提出了全县旅游业的发展战略和目标措施，对重点工作做出了详细的计划和安排。

（二）初步完成《滦南县旅游业发展专项规划》

委托上海同济城市规划设计研究院编制《滦南县旅游业发展专项规划》，目前该规划已经县规委会第一轮初审，正进一步修改完善，将于近期通过终审。该规划分析了滦南旅游业面临的现状和问题，明确了发展战略等重大问题，重点实施自然生态、人文历史、滨海休闲三大工程，确定了全县“一轴、三中心、十大景点”的总体布局，即以滦海公路为轴，以北河水城文化旅游观光产业带、滦河故道、嘴东新区为中心，重点打造北河水城、滦河故道生态休闲区、胡家坡郊野公园、冀东民俗园、天鹅湖、冀东抗日战争胜利纪念园、金代风情街、唐代马城县治所、古城遗址、嘴东新城等十大景点。

（三）实施了一批很好的文化旅游业重点项目

在县委、县政府及各部门的支持下，开展了广泛的招商引资活动，实施了一批很好的文化旅游业重点项目。为把重点项目落到实处，加快建设速度，召开了由项目责任单位主要领导参加的项目调度会，对旅游项目进行详细分解，责任落实到单位，落实到具体人员。为及时掌握项目进展情况，实行周报制度，各责任单位每周都要报告项目进展情况，汇总后再报县委、县政府督查室。重点项目建设情况：一是突出加快了北河水城文化旅游观光产业带建设。北河水城文化旅游观光产业带是全县旅游业的龙头项目，它以文化为根，以历史为脉，以水为魂，融城市建设、生态建设、文化建设、旅游发展为一体，彰显科学发展、融合发展、协调发展的理念。该项目总投资 100 亿元，包括 29 个子项目，已累计完成投资 10.5 亿元，其中北河公园、北河大桥、北河水系综合治理、蓝海大酒店等 4 个项目已经完工，完成投资 3.08 亿元。购置游船 3 艘，结束了北河有水无船的历史。目前尚有 12 个项目正在建设中，总投资额 14.76 亿元，已完成投资 7.42 亿元，各建设工地一派繁忙景象：北河星级酒店正在进行四层主体工程施工；蓝色港湾正在进行场地回填平整，已回填土方 1.3 万方；金代风情街正在进行基础换填及碾压，已换填土方 6 万方；生态园林山已完成 10 万方建筑垃圾堆砌；元代风情街正在进行施工规划；唐代风情街一期三层正在施工；三大广场（健民广场、悦民广场、惠民广场）、夷齐岛、三娥苑、古城广场即将完工。一座“碧水环绕、绿树掩映、古韵新风、曲美人和”的生态水城正由规划变为现实。二是加速推进嘴东滨海休闲度假区建设。嘴东海鲜美食城、温泉度假酒店开工建设，曹妃大殿完成前期土地整理，这些项目的建成必将极大的促进滦南旅游业的快速发展。

（四）积极争取资金和用地指标

资金和用地指标是制约旅游业发展的重要因素，旅游办把争取建设资金和用地指标作为重点工作来抓。跑省赴市，几经努力，争取省市旅游业发展专项资金 195 万元，其中省级 180 万元，市级 15 万元。经市旅游局筛选，全市 5 个急需用地的重点旅游项目报省争取用地指标，滦南评剧大世界（冀东文艺“三枝花”非物质文化遗产创意产业园）项目名列其中，为把用地指标落到实处，两次赴市，两次去省，向有关领导介绍项目情况，说明该项目用地的重要性和迫切性，已得到省旅游局领导的重视。

（五）认真组织北河水城参选“唐山八景”

市旅游局和《唐山晚报》从 2 月 25 日起至 6 月底联合开展“唐山八景”评选活动。根据滦南旅游景观资源现状和发展前景，把北河水城作为“唐山八景”的推荐景观，经过推荐和票选后，8 月份北河水城入选“唐山八景”。推荐阶段，进行了广泛发动，组织各镇、县直单位和社区群众积极参与推荐，对推荐稿件每天一统计，一周一通报，时刻掌握推荐进度。同时与市主办部门密切联系，让主办单位及时、深入了解全县推荐工作情况；票选阶段，提早动手，准备选票，各单位投票热情高涨。对投票进度实行动态管理，每天对上报的报纸投票情况进行统计，并时刻关注网络投票情况，始终保持了网络投票的第一位。在推荐阶段和票选阶段，推荐稿件及投票数量均居全市第一位。

（六）积极参加、举办旅游节庆活动

一是积极参加唐山首届文化旅游节。在旅游节上布置展间2间，制作宣传展板5块、展台两个，发放宣传资料1000份。在旅游节上展示、宣传了滦南的旅游发展情况及旅游商品。二是开展了“坐画舫、游北河、看变化、谈发展”主题活动。优秀拆迁队员和拆迁户代表、劳动模范、人大代表、政协委员等社会各界20个方面的代表600余人参加了活动。三是举办滦南县第三届“满唐红”大樱桃采摘节。5月31日举行开园仪式，采摘节为期一个月。市旅游局领导、唐山15家旅行社负责人以及《唐山劳动日报》、《唐山晚报》、唐山电视台等多家媒体应邀参加了开园仪式。采摘节期间接待游客近万人。

（七）完成城市雕塑群、图腾柱、蒙元史略图等文化景观项目的文字工作

城市雕塑群涉及三枝花、蓝色之梦、三娥苑、那颜偒盏等11项内容；图腾柱涉及夷齐让国、曹妃传奇、马城置县、偒城始建、薛村火种等16项铭文；蒙元文化史略图涉及蒙古建国、元朝兴衰等15项内容，现浮雕已经全部雕刻完毕，进入安装阶段，目前已安装两块。同时完成十大名儒的选定及文字工作。

供销合作社

2011年，滦南县社在县委、县政府的正确领导下，以科学发展观为指导，紧紧围绕服务“三大攻坚，四大开发”，全面落实县第十一次党代会精神，以服务“三农”为宗旨，发展农村合作经济组织，构建农村新型流通网络，加强项目建设，推进基层社组织体制改革，在统筹城乡发展中展现了新的作为，各项工作有新突破，整体工作有新进展。2011年，全系统完成商品购进10.98亿元，完成商品销售11.65亿元，实现利润1155万元，上缴税金890万元。

一、基层组织建设进一步加强

加强供销社基层组织建设是加快供销社发展的基础，2011年，大力实施开放办社，以加强基层供销社组织体制改革为中心，不断加快基层供销社建设和农民合作经济组织建设，实现了组织创新。

1. 基层供销社组织体制改革步伐加快。根据省社的相关文件精神制定了《滦南县供销合作社关于深化基层供销社组织体制改革的实施方案》，按照“政府主导、农民主体、供销社主办、市场化运作”的基本原则，创新组织体制，改进管理方式，拓宽服务内容，建设民有、民管、民享的新型基层供销社组织体系。通过改造原有基层供销社、依托社会力量重新建设等方式，利用各种资源进行合作制改造。在合作制原则下，其所办的实体和门店实行合作制、股份制、股份合作制等多种形式，打破传统基层社的建制模式，以原有基层供销社为核心，广泛吸纳各类企业、专业合作社、协会和服务实体加入，形成兼有组织功能、经营功能、服务功能的新型基层供销社。2011年，对基础较好的司各庄、长凝、胡各庄、方各庄、南堡、扒齿港等6个基层社进行了体制改革，初步形成了组织成员社会化，经营形式多元化，工作职能服务化，服务内容多样化的新型基层供销社。

2. 加强农村合作经济组织体系建设。县农合联不断整合农村合作经济组织资源，先后发展了滦南县众溢果菜种植、三义果菜种植、绿安稻谷种植、绿锦生态农业等47家农民专业合作经济组织，特别是大学生村官牵头建设的半亩地农产品专业合作社，孟各庄、小陈庄等革命老区村分别组建的孟兴草制品专业合作社、范光苗木种植专业合作社，为全县农民专业合作社建设向更深层次、更大范围拓展和延伸提供了有益的指导和借鉴。到目前，全县已注册农村合作经济组织161家，其中专业协会42家、农民专业合作社119家，3.2万户入会入社，农合组织队伍得到壮大。同时，按照2011年《全县农村合作经济组织建设工作指导意见》，县农合联大力实施农合联组织体系规范工程，对县、镇、村三级农合联组织的办公机构、办公设施、资料档案、工作人员、章程制度及外在形象等统一进行了规范和完善，并不断明确其职能和作用。

二、农村现代流通网络体系建设进一步推进

加强农村现代流通网络体系建设，是供销社发挥职能作用的根本体现，是供销社发展的核心。2011年，不断加强三个网络建设，连锁规模、经营服务水平得到进一步提高。

1. 日用消费品连锁经营网络不断壮大。银泰商厦投资5500万元的总部大楼投入使用，总营业面积达20000平方米，成为县城又一商业地标性建筑，提升了连锁企业形象，增强了服务效果。银泰超市“万村千乡市场工程”顺利推进，村级加盟店达到126家，公司投资建设了SCM网络销售平台，加强与供货商信息链接，实行网上采购，简化了商品采购流程，降低了销售成本。同时，银泰商厦不断增强服务能力，各项服务水平得到较大提升，5月份，向全国总社申报了“全国供销合作社系统文明服务单位”。

2. 惠农农资连锁经营网络建设得到进一步规范。各直营店组织农业机械，开展农机助耕、测土施肥等多项农业生产服务，同时，加强农资商品采购供应，在保障春耕和三夏、三秋生产方面发挥了积极作用。

3. 农副产品流通服务网络以“农超对接”为发力点，全力做好农产品销售服务。县农合联积极组织、引导农民专业合作组织闯市场，帮助农民增收致富，先后组织滦南县天合祥农产品、东黄坨酷薯薯业、宋道口众溢果菜、方各庄芳香甜瓜、大学生村官“半亩地农产品专业合作社”等合作社参加了唐山市首届农超对接联谊会、唐山市首届旅游文化节、农业部第七届放心农资下乡进村现场咨询活动暨CCTV—7春耕行动、第五届唐山农业生产资料展示农产品产销对接大会、第十五届中国（廊坊）农产品交易会等一系列产销对接活动，推介了滦南丰富的农产品资源，搭建了“农超对接”平台。天合祥农产品专业合作社推出的特色农产品“三米之乡”现已进入唐山市特色农产品展销中心陈列展销；在唐山市首届农超对接会议上，绍峰蔬菜专业合作社同华盛超市达成合作意向，并现场签约。

三、为农服务水平进一步提高

供销合作社开展为农服务活动是实践供销社办社宗旨的客观需要，因此从多角度、全方位拓展服务领域，创新服务方式，在打造农村综合服务平台上收到良好效果。

1. 开展信息服务。利用滦南县农村合作经济组织会刊、滦南县农村合作经济组织信息网及新农村商网等平台为农民发布各类信息3000多条，为农民生产经营提供了有益的参考和咨询。

2. 组织农民培训。先后组织鑫华畜禽养殖、明雪奶牛养殖等专业合作社理事长参加了唐山市农村金融服务体系建设、唐山市推进现代农业发展等培训会议；同时，县农合联积极指导专业合作社开展农业科技培训，推广农作物种植栽培新技术，程庄九久果菜种植专业合作社利用山东寿光“中国蔬菜视频医院”的技术平台，开办了蔬菜视频医院，实现了社员与技术专家的面对面交流，提高了广大社员的种植技术水平。全年县农合联及各农民专业合作社聘请专家共培训农民10000多人次，试验示范推广农作物新品种、新肥、新药50多种。

3. 加强典型培育。把典型培育作为一项重点工作抓好、抓实，进一步充实《滦南县农村合作经济组织典型推广手册》。选择“友辉农机专业合作社”等有代表性的专业合作社进行典型培育，指导其开展农作物收割服务，在三秋生产中发挥了积极作用。同时，积极与市县级媒体联系，向全社会介绍助农增收的先进经验，10月份，县农合联、黄坨镇政府、鑫华养殖专业合作社、绿景生态农业专业合作社共同走进唐山广播电台，做了一期题为《架起产销金桥》的直播节目，向全市介绍滦南推动农产品销售的经验做法，受到了各界一致好评。

4. 助力专业合作社项目建设。县农合联积极发挥自身优势，指导各专业合作社开展项目建设，组织实施了投资450万元的天合祥专业合作社杂粮生产基地产销对接项目；帮助胡各庄鑫华畜禽养殖专业合作社谋划了10万头生猪交易市场建设项目、农民技能培训与信息服务项目及2011年“科普惠农兴村”项目等；并协助部分专业合作社谋划了一批大项目、好项目，包括投资1亿元的滦南县鑫华畜禽养殖专业合作社改扩建及畜禽养殖综合服务项目、投资5000万元的滦南县绿安稻谷种植专业合作社4万吨稻米加工项目、投资2000万元的滦南县东明白菜种植专业合作社1万吨蔬菜深加工项目及滦南县绿锦生态农业专业合作社立体生态农业产业化项目等，为全县重点项目建设增添了活力。

四、项目建设进一步加快

积极谋划新项目，不断争取省、市供销社项目资金，协调省、市供销社同县政府签订了《战略合作框架协议》，就一系列项目达成了合作意向，总投资额达到7亿元。在此协议的基础上，谋划实施了“新合作商贸综合体”项目，拟建造集购物、写字楼、公寓、餐饮、娱乐、健身休闲、住宅为一体的现代大型城市综合体，项目选址在县土产公司及搬迁后的县汽车站院内，总占地27.3亩，共分两期建设，工程总投资3.6亿元。11月11日，与省、市供销社签署协议，由省、市、县三级供销社共同出资成立“滦南县新合作房地产开发有限公司”，负责项目的具体实施工作，目前，公司名称核准已完成，项目已进入正式实施阶段。

烟草专卖局

2011年充满机遇和挑战，认真贯彻“11158”发展思路，规范创新、攻坚克难、提升执行力，体现终端服务，滦南烟草团结奋斗，摆脱困境、走出低谷，圆满完成工作任务。

一年来，在市局党组的正确领导下，以“1116”战略目标和“135”工作法为指导，树立“狠抓基础、稳中求进”的思想，体现终端服务，构筑企业与商户的友谊桥梁，实行“明确职责、向内挖潜、向外使劲、强化教育、细化管理、推进发展”的方法，紧紧围绕省、市局工作总结会议的中心课题，发扬齐心协力、同舟共济、奋发向上的精神，牢固树立“两个至上”共同价值观，扎实抓好专卖管理、内部监管、卷烟营销、纪检监督、队伍建设和企业管理等一系列工作，持续改进职业健康安全管理和质量管理体系建设，严格“6S”管理制度，加强思想作风纪律整顿，保质保量完成年度目标任务，朝气蓬勃的滦南烟草以崭新的形象屹立潮头，实现经营与管理双项达标。

一、卷烟经营再上新台阶

全面贯彻省、市局半年工作会有关业务工作的各项指标和要求，以体现终端、优质服务为重点，强化业务知识培训，不断提高员工的服务意识，进一步提升网络运行水平和服务水平，积极面向市场抓好业务经营、网络培训、品牌培育等项工作，积极参与滦南县域市场营销调查活动，保持了滦南烟草卷烟销售稳中求进，确保目标任务圆满完成。

1. 强化经营理念，确保卷烟销量稳中有升。紧紧围绕市场抓管理，抓好管理促销售，以“培育重点品牌、调整卷烟结构、提升销售总量”的思路开展工作，实现了“工、商、批、零”完整结合，卷烟销量和经营效益在高指标的基础上再获新增，完成卷烟销售总量80759.62万支，同比增长1.72%；实现毛率6399万元。卷烟销售结构、档次更趋合理提高，最大程度地满足了消费者的需求，其中省产一、二类卷烟销量174.09万支，同比增长48.06%；通（系列）卷烟销售121.88万支，是新品牌培育的重点，钻石一、二类卷烟销售174.34万支，钻石系列普及商户成为亮点，卷烟销量取得历史性突破，滦南烟草卷烟经营再上新的台阶。

2. 坚持“135”工作法，促进服务水平继续提升。坚持把服务质量放在首要位置，切实按照“135”工作法的要求，建立新型客我关系，沟通商户、推介品牌、扩大市场，促进服务水平继续上升。一是重视客户利益，开展客户培训。客户利益的最终体现是客户经营中产生“赚钱效应”，客户的利益发展直接联系企业的卷烟销售，为使他们在卷烟市场竞争中争取主动，创造出更高的剩余价值，扎实深入地开展“品牌培育”工作，积极稳妥地引导市场消费结构的调整，全面启动钻石一、二类和通（系列）

上柜工作，实现农村上柜率50%以上，城镇经营户上柜率80%以上，邀请零售户分批集中培训，培训次数二十余次，培训面达到了50%，通过培训使广大卷烟零售户逐步掌握了许多经营技巧，促进网上订货率大幅度上升，取得了良好的市场拓展效果。二是“三公开”提升营销策略。做到“营销服务电话公开、客户经理姓名公开、客户经理手机公开”，从年初开始，制定新型的客户经理拜访计划、印制名片，向零售户进行入户走访，广大零售户为开展“三公开”活动表示非常满意，同时还制定了定期召开客户投诉咨询会制度，每季度末，分片、区邀请客户代表对服务质量提出建议，也通过“三公开”的方式，进行对号入座，让所辖区的客户经理和市场经理给予解答和办理，通过面对面的交流和沟通，增进感情、完善服务、解决问题，起到了推动作用。三是正确处理“三个关系”、搞好“三个引导”、实现“三个统一”。随着卷烟结构的调整，低档卷烟逐步取消，由于滦南县生活水平偏低，因此，卷烟销量受到直接影响。并由此影响到每位员工的切身利益，面对这一现实，动脑筋、想办法，克服困难处理好“全局利益与局部利益、长远利益与短期利益、个人收入与企业发展”的关系。省、市局的半年工作会再次敲响了终端服务的钟声，掀起推进卷烟上水平的热潮，广大职工以推介品牌为焦点，深入市场、深入一线，认真做好“引导品牌、引导市场、引导消费”的有力助手，实现了“统一思想、统一部署、统一行动”。

3. 发挥“三项互动”作用，优化网络运行机制。以网络建设“全面升级、提升推进”的需求，自滦南县成立了中转站后，局领导把滦南的具体情况与当前网络运行发展的新要求、新途径进行全面分析，实行业务口与中转站的联合互动，做到分工、分位、不分心，团结协作、互相帮助，使网络运行更体现高效化、实用合理化。一是优化配送线路，物流配送高效实用。滦南中转站的成立，肩负着滦南、乐亭、滦县、唐海四个县的送货任务，共15条线路，为了节省时间、节约费用，送货时不走冤枉路，要求客户经理与送货司机相互沟通，进行线路规划，并开通三个库房，实现“三库合一”，按着车次划分车位，送货车辆既安全又方便装货，解决了下雨天不能装车的问题，突出了物流中心送货的高效性和实用性。二是实现工、商、零互动，定期召开恳谈会。本着工、商、零携手共进的原则，以客户满意为宗旨，继续加大宣传力度，组织召开了由中烟公司代表、客户经理和零售户参加新品推介会，使钻石一、二类普及到户、落地销售。在硬件上，根据部分商户无上网条件的具体情况，与电信部门协商，召开手机订货会，手机订货既给商户带去了方便又加大了网上订货成功率，至今网上订货知晓率已达100%，网上订货率达到75%，电子结算率达到99%以上。三是企业与商户互动，展示服务窗口形象。客户经理下乡踩点，按照商店经营规模、经营状态、合法程度收集完整信息，做到及时上门测量、照相、办理相关手续，把零售户当成培育品牌的阵地，为规范经营提供充分准备，把工作服务延伸到终端，体现“135”工作法，展示窗口形象。

二、专卖管理工作成绩显著

突出专卖管理保驾护航的先导作用，采取“专卖先行、内管外打、净化市场、促进经营”的工作方法，认真抓好卷烟市场动态管理、行政许可办理为重点的专卖管理工作，从管理型向服务型的转变，充分体现终端服务、市场督导、管销并进的有效作用，进一步推进卷烟经营的合理化、有效化、专管专营化的发展，彰显了滦南烟草持续和谐发展的整体形象，“6.20”“打假破网”的典型实例，破获了国家一级网络案件，为促进卷烟销售创造了良好的市场环境，记录了滦南烟草专项打假的真实一幕。

1. 强化专卖管理，加大打击力度。坚持“内管外打、守土有责、净化一方、以管促销”的方针和策略，以打击“违法经营、净化卷烟市场”为工作核心，积极主动分析市场形势，着力抓好市场管理，确保滦南卷烟市场规范有序，采取“摸、排、守、攻”的有效方法，对非法卷烟进行全面清理。共查处各涉烟案件115起，查扣各类违规卷烟6796.3条，案值36.5万元，罚没款1.7万元，端掉5个窝点，取缔无证户

27户。向公安机关移交案件2起，被公安机关扣留3人，滦南“6.20”行动，破获了藏匿深处、隐蔽多时的不法分子，仅这次打假行动，就查扣各类违法卷烟1900条，涉及3品牌，案值6.25万元。滦南的“6.20”案的破获，是国家局一级“打假破网”案例之一，有效震慑了犯罪分置的嚣张气焰，压缩了违法经营的空间，进一步整顿和规范了卷烟市场秩序，维护了国家利益和消费者利益。

2. 夯实基础，全面强化日常监管。为了更好的净化卷烟市场，紧紧围绕市局专项打假的要求，把日常监管作为专卖管理工作的基础，一方面强化了全县范围内“城区和6个片”的城乡监管机制，坚持不懈地抓户籍化管理，注重对重点区域的布控、布防，一如既往地抓好侪城镇、城乡结合部、农村集贸市场等流动人口多、管理难度大的重点区域的日常监督，确保日常监督取得实效。另一方面针对各地的地理位置、人口数量、集贸交易能量的不同特点，对各稽查中队分片管理进行侧重分工，在开展共性日常检查的同时，注重条件的差异化管理，有针对性地开展工作，对“超市、商店、餐饮业、集贸市场”进行全面检查。一年来，共组织市场检查120次，参加检查人员500余人次，出动车辆170余台次，加大检查力度，进一步强化市场监管，卷烟市场净化率达到99%。

3. 严格自律意识，不断强化内管工作。按照、省市局内部专卖管理监督工作部署，认真贯彻省、市局工作会议精神，深化长效机制建设，重点加强内管教育、加大考核、日常监管和行政许可的规范化管理。一是加强内管教育，提高思想认识。积极组织员工学习《烟草专卖法》法律、法规，深入贯彻省、市局领导工作会上的讲话，深刻领会加强内管的现实性和重要性，统一了思想、提高了认识，增强了全体员工执法意识和自律意识，组织内管人员的业务知识培训，整体素质进一步提升，有效推动内管工作的日常化、规范化、制度化、长效化。二是加大考核力度，促进内管工作规范有序。严格按照《内部专卖管理监督实施细则》之规定，认真组织月度考核，发挥内管的有效作用，成立内管检查小组，每月抽查客户经理走访的路线、拜访商户和客户订单情况，检查客户经理拜访是否到位、尽职尽责，做到有检查内容、有客户经理签字、有领导批示，把各项检查落实到位，杜绝不规范行为的发生。三是健全内管台帐，注重痕迹化管理。认真做好各类报表和台账的管理，对发现的异常情况有记录、有调查、有结论、有处理结果，每月按时收集各部门提供的报表和数据，分类建档，做到报表清楚、数据准确、效果明显。四是严格行政许可手续，体现服务型管理。对前来办理零售许可证的商户，严格审批手续，做到“证照统一、店人统一、人证统一”各种手续齐全，并为零售户积极指导工作，一次性解决问题，讲清办证所需内容，清楚解答问题，不让客户跑冤枉路，带着感情指导工作，把“三个一”活动落到实处，搞好终端服务工作。

三、抓好思想作风纪律整顿工作

9月23日，组织召开思想作风纪律整顿大会，认真传达省、市局领导工作会议上的讲话精神，杨海冬局长做了动员报告，把省、市局领导的讲话、杨局长的动员报告、《自动自发》作为学习的主要内容，统一安排学习计划，精心组织分步落实，并制定实施方案。班子成员深入科室，参加思想作风纪律整顿活动，分阶段进行辅导学习，做到“有计划、有制度、有教材、有记录、有交流、有考勤、有心得”，坚持自学与集中相结合、交流与体会相结合、自查与考核相结合的原则，掀起思想作风纪律整顿工作的新高潮。通过开展深入持久的整顿工作，使全体干部职工丰富了知识、武装了头脑、陶冶了情操，把“五十二个不准、三十九个不得”贯穿于工作实际，促进行业精神文明建设，一种“勤奋、敬业、忠诚、自信”和“写我所做的，做我所写的”的行动，在全体职工中不断展开，举办专栏、撰写自查材料、深刻剖析自我，广大职工精神面貌和经营理念发生了深刻的变化。

四、加强“6S”管理工作

“6S”管理是企业日常工作的重要组成部分，其内容共六项，意义深刻，滦南县局把“6S”管理纳入工作管理的重要日程，以“日常化、集体化、规范化”转化为“行动化”，制定“6S”管理实施方案，组织员工学习“6S”管理的内容、意义，掌握“6S”管理的丰富内涵，提高职工的素养，加强全员“6S”管理的培训工作，组织“6S”管理知识的答题活动，着手解决不利于环境的因素，做到每月一次检查、考核，对科室的每个角落检查到位，对院内的车辆规划停车场地，做到规范整齐，对食堂进行全面改进，要求厨师持证上岗，定期检查身体，设立卫生专管区，按科室进行划分，做到管理工作到位、督导检查到位、行动落实到位。

五、各项工作管理水平明显提升

1. 加强综合质量管理体系建设，促进企业管理规范化。不断建立完善ISO9000质量管理体系文件，抓好贯标、对标工作，提高企业管理水平。培养员工良好的工作习惯，营造安全、整洁的办公环境。一是加强领导，明确目标。成立领导小组，订立实施方案，明确贯标、对标工作原则、重点、实施步骤及阶段标杆，确保贯标、对标工作目标明确，重点突出。二是强化责任，人人参与。依据贯标、对标指标，细化分类落实到相应岗位，实现全员参与，营造“人人了解、人人参与、人人身上有指标”的良好氛围。三是强化分析，注重实效。建立月度、季度考核机制，着力加强过程控制，强化指标完成情况分析，解决数据背后存在的问题，切实将工作落到实处。

2. 逐步推进企业文化建设。按照上级要求，做好企业的信息报道，1～10底上报政务信息80余篇，省级以上刊登发表5篇，结束了2010年政务信息上报倒数第一的历史，滦南的资料信息报道迈出了坚实的步伐。深入推进企业文化宣传贯彻工作，参加了市局组织的“企业品牌文化”征集活动，紧密结合经营与管理，采取多种形式，扎实推进企业文化宣传活动，注重文化宣传集中表现为：“办公室、楼厅、公共走廊、会议场所、步行楼梯”等处，设置企业文化宣传标语和口号，构建统一规范的文化环境，宣传企业文化纲领性内容，营造浓郁的企业文化氛围。五月一日，组织召开了“迎五一钻石情”诗词朗诵会，以钻石品牌为内容自编、自演的诗词朗诵，抒发了全体员工的文化激情和工作热情。十月一日，在庆祝建党九十中年的文艺汇演中，邀请了乐队和专家指导，为演出的成功，同志们加班加点进行排练，并参加了市局组织的演出比赛，向党的生日献上一份厚礼。

3. 严格执行财务制度，实行比价采购。按照市局的财务管理要求，实行报账制度，严格规范财务管理手续，本着实事求是的原则，加强各项费用的预算管理，最大限度地节能挖潜、降低成本，力争少花钱、多办事，根据费用报销流程和权限及资产购置规定，进一步完善费用报销的流程及权限范围，成立了比价采购小组，按照规定实行经办、审核、审批签字，并做好请示报告的计划和申请，使费用降到最低限度，制定比价采购方案，填写比价采购品种、方式和对比结果。在财务审计自查中，做到有计划、有说明、有审核、有审批，把费用水准控制在合理范围之内，实现了财务制度的严格管理。

4. 加强安全管理，做到常抓不懈。对于安全管理工作，坚持“安全第一，预防为主，综合治理”的方针，以“谁主管谁负责”的原则抓好落实。一是加强安全教育和培训，定期组织集中培训，以思想教育和影视宣传教育相结合的方法，通过典型案例教育职工，组织安全知识答题活动，做到警钟长鸣，不断提高安全意识和责任意识。二是加强定期安全督查。成立安全督导检查领导小组，排查事故隐患，发现问题及时整改，对安全设施、电源、线路、库房等进行全面检查，做到防患于未然。三是突出重点强化车辆管理。坚持派车单制度，坚持车辆的“三交一封”制度，定期召开驾驶员培训会，定期对驾驶员进行检查考核。四是加强消防演练。有组织、有计划、有针对性的开展防火演习，时刻绷紧安全这根弦，提高安防意识，做到安全管理常抓不懈。

六、做好工会工作，发挥群团作用

滦南县局工会分会在唐山市局工会的正确领导下，想为职工所想、急为职工所急，充分发挥工会的群团作用。3月8日，举办了三八妇女节座谈会，18名女职工全部参加，局领导亲自主持了庆祝活动，带去的是企业的温暖，提高的是妇女的地位。6月，新一届滦南烟草工会分会成立，工会成员细致分工，即刻投入到职工的各项工作之中，分别组织了建党90周年歌咏比赛，迎国庆趣味运动会等项活动。在慰问退休职工的活动中，到已退职工家中促膝谈心，问寒问暖，带去了企业不会忘记他们的深情祝愿，滦南烟草工会分会面向职工，发挥出工会群团的真正作用。

粮食局

一年来，在县委、县政府正确领导和上级主管部门的指导下，局党组一班人坚持解放思想，转变观念，立足本职，确立了调结构、壮规模、转机制、激活力、上项目、求发展的工作思路，振奋精神，真抓实干，扎实推进企业整合重组、项目建设、粮食行政执法、企业管理、行业发展等五项重点工作，各项工作取得了明显成效。粮食经营量65700吨，实现利润160万元。

一、企业管理水平进一步提升

一是创新管理迈出新步伐。大力抓好省储库的经营管理工作。实现了打破传统经营模式，改革分配制度，建立激励机制，激发企业活力。经县局党组研究并征求各方面意见，科学制定了《2011年度省级粮食储备库经营管理暂行办法》，新办法规定储备粮政策性补贴部分只保干部职工基本工资，在确保储备粮安全的前提下，企业自主经营利润70%用于企业报酬和奖励员工。通过建立激励机制，使干部职工认识到自己的利益所在，只有企业实现高利润，自己才能实现高报酬，从而充分调动了干部职工的积极性，工作热情高涨。为企业发展提供了强大的精神动力。

二是及时完成储备粮转换任务。按照（冀粮调字[2010]90号）文件要求，全县省储玉米7589吨需要轮换。任务下达后，省储库周密安排，精心组织，采取有力措施，仅用一个月时间于4月15日圆满完成了储备粮轮换任务。

三是基础性工作扎实到位。为抓住商机，把握粮源，给下步开展粮食经营活动打下基础，主要抓了两项基础性工作。第一，积极与农发行协商贷款事宜，经过努力和诚信表现，及时争取贷款1000万元，为粮食收购奠定了资金基础。第二，在充分利用司各庄收购网点仓容的基础上，先后移库柏各庄玉米5000吨，移库滦县玉米3614吨，腾出仓容8614吨，有效地解决了玉米收购仓容短缺问题，为开展粮食收购做好了充分准备。据统计，全年共收购粮食18000吨，为开展大规模粮食经营奠定了基础。

四是多种经营活动态势良好，效果明显。省储库在管理好各级储备粮20000吨，确保粮食安全，争取国家临时储备指标—玉米3000吨的基础上，为中央储备粮秦皇岛直属库代购玉米2301吨，为滦南县金鼎饮料厂代购玉米1500吨，代购小麦500吨，为唐山融商普林畜禽饲料有限公司代购小麦570吨，为中央储备粮唐山直属库代储粮食20357吨，在开展以上代购代储业务的同时，大力开展自营活动，与唐山、秦皇岛、山东、保定等多家大型粮食企业建立了长期稳定的合作关系，形成了一定的粮油购销网络，2011年收购的自营粮食全部销售，全年粮食经营量65700吨，实现利润160多万元。

五是经营方式进一步创新，网络粮油经营的能力和水平得到提高。自2010年开始运用现代科技手段开展网络粮油经营活动以来，2011年进一步巩固提高，加入吉林玉米批发市场有限公司，继续尝试电子商务期现结合的现代物流形式，开展粮油经营活动，增长了知识，锻炼了队伍，提升了参与网络粮油经营活动的能力和水平，取得了很好效益。

二、企业整合重组进入实质性阶段

为推进全县粮食行业快速发展，振兴国有粮食企业，局党组多次召开专门会议，反复学习全省国有粮食企业改革与发展会议精神和唐山市粮食局《关于加快推进全市国有粮食企业整合重组的指导意见》文件精神，统一思想，提高认识，按照省粮食局“调减总量，壮大规模，提高质量”的要求，经过对县内现有5家企业现状，区位特点的分析研究，提出了将5家整合为1家的方案，并得到了市局同意。年初，将司各庄粮站、扒齿港粮站划归省储库统一经营管理，壮大了省储库规模，从春季玉米收购情况看，规模效应立竿见影。由于倴城、司各庄、扒齿港3大玉米产区统一质量标准，统一价格收购，起到了控制和影响玉米收购市场的作用，而且辐射带动影响周边玉米市场，使玉米收购工作得以顺利进行，把握了粮源，为下步开展经营活动奠定了基础。

对于企业整合重组工作，已将四家较小的粮食企业，整合到省级粮食储备库，实现了省储库的做大做强。

三、项目建设进展顺利

结合粮食生产，流通现状和库站布局特点，区位优势，形成了依托各库站现有土地、资产优势，谋划项目，求发展的工作思路，目前滦南县胡各庄粮食物流中心项目建设进展顺利，扒齿港生物质颗粒项目、省储库罩棚、扒齿港粮站简易仓，司各庄粮站仓房维修改造工程等4个项目已经完工。

一是胡各庄粮食物流中心项目建设进展顺利。谋划完成的胡各庄粮食物流中心项目，总投资8500万元，占地68.32亩，总建筑面积45930平方米，仓房容量6万吨；其中大米车间10980平方米，综合交易大厅8310平方米，地坪2000平方米及部分附属设施。该项目集仓储、加工、销售交易于一体，年加工、销售能力达50万吨。

该项目已被省发改委列为2012年争取中央资金支持的粮食物流项目之一，前期土地清理整平工作完成后，于2011年7月1日正式开工建设，目前前期累计投资1800万元，项目建设正在顺利进行当中。

二是加快生物质颗粒燃料项目建设速度。为拓展经营渠道，扩大经营范围，通过招商引资，引进了利用花生壳加工燃料项目。该项目被县委、县政府列为2011年第二批50个重点项目集中开工项目，前期为保障项目按期开工，早建设，早见效，精心安排人员，赶在5月15日前跑办了相关手续，如期参加了县2011年50个重点项目集中开工奠基仪式。目前该项目的生产车间、成品库车间已经完工。

三是省储库罩棚建设完工验收合格。投资110万元，面积2000平方米的简易罩棚建设，已于9月底完工，并通过验收。

四是简易仓建设完工。扒齿港粮站投资70万元，容量4000吨的简易仓建设，于10月上旬完工。

五是司各庄粮站仓房维修工程完工并投入使用。按照年初预定的工作目标，投资200万元，于3月份开始对司各庄粮站仓储设施进行维修改造和升级。仓房顶部铺设防水瓦，圆仓顶部防水共计4000平方米，维修仓房墙体350平方米，墙面粉刷1080平方米，此项工程于5月中旬完工，恢复仓储能力7410吨，所修仓房2011年玉米收购已投入使用。作为省储库储粮站，为其开展粮油自主经营提供了仓储空间，为企业发展增添了后劲。

四、支持服务企业，推进行业发展

1. 扎实推进“放心粮油”店建设。按照省局《关于实施“放心粮油”工程的意见》要求，市局分配滦南10家“放心粮油”店建设任务。为确保按质按量完成“放心粮油”店建设任务，周密部署，精心组织，采取有力措施，扎实推进“放心粮油”店建设。

一是领导重视，因地制宜。高度重视放心粮油工程建设工作，及时成立了放心粮油工程建设领导小组，明确专人负责，组织落实放心粮油店建设任务，结合全县基础较差的实际，采取与现有粮油企业合作建设的方式，组织人员利用10天时间，对县内56家粮油经营企业进行了调查摸底，为确定“放心粮油”店做了充分准备。

二是精心优化选店，科学合理布局。在调查摸底的基础上，确定了30家效益好、信誉度高，门店建设条件好，卫生好，质量好的企业作为“放心粮油”店的重点发展对象。在此基础上本着合理布局的原则，好中选优最后确定了13家。为确保“放心粮油”产品做到五放心，（即：质量放心、计量放心、价格放心、供给放心、服务放心）目前已和银泰超市粮油店等10家粮店签署了“放心粮油”协议，圆满完成了市局分配的“放心粮油”店建设任务。

三是加大投资力度，规范经营，确保粮油

质量。先后投入资金1万元，制定了“放心粮油示范店”牌匾10个和放心粮油店的六项制度。对已确定的10家“放心粮油”店挂牌，制度上墙。为确保粮油质量，一方面签订了质量和服务承诺书，规范粮油进货渠道，另一方面加大监督检查力度，通过先后两次检查情况看，效果较好。

2. 强化服务，推进粮食产业化发展。一年来，通过各种渠道为粮食经营者提供粮油供求和价格信息200余条，散发传单120份，组织粮油质检骨干深入企业、农村传授讲解粮油质量检测知识和粮油保管知识150人次。为推进粮食产业化发展，借助粮食行业协会，鼓励支持会员单位申报龙头企业晋位计划，积极向上级推荐争取各级认同，截至目前，全县有银雪面粉厂等4家其他所有制粮油企业申报市级农业产业化龙头企业。

五、粮食行政执法力度加大，粮食流通秩序得到维护

一是强化粮食法规政策宣传，效果良好。一年来采取举办执法对象培训班1期，培训粮食企业法人、粮油经营单位负责人74人和编印发放粮食法律法规汇编小册子100册等七种形式宣传普及粮食法律法规，收到了良好效果。

二是加大执法力度，维护粮食流通秩序。按照省市局《2011年粮食监督检查工作重点》年初确定了全县粮食流通监督检查工作任务。通过有计划的开展日常监管和有针对性有重点的开展专项检查相结合的方式，加大了粮食行政执法力度。一年来，共出动360人次对89家粮食企业开展专项监督检查12次，综合性执法检查9次，查处涉粮案件18起，其中责令限期改正6起；警告5起；罚款处罚6起，共罚款2500元，吊销《粮食收购许可证》1起。通过各种执法活动的开展，有效地维护和规范了全县粮食流通秩序。

六、加强机关作风建设，按时完成上级赋予的各项工作任务

按照县委、县政府和市局的安排部署，认真开展创先争优活动，联系部门实际，扎实完成各项规定动作。使自身建设，精神文明建设得到进一步加强，机关作风得到明显转变，有利促进了各项工作的开展。

一是按时完成县委、县政府部署的各项工作任务。先后完成了征收搬迁签约攻坚任务，创建省级园林县城绿化任务，亮化美化任务，后进村、老区村帮扶任务，乳制品专项治理清查等任务。

二是精神文明建设进一步加强，党风廉政建设效果明显。县局党组始终把党风廉政建设作为重要工作来抓，一方面抓教育，提高政治思想素质，增强防腐拒变能力，另一方面抓制度建设，靠制度约束，防止腐败现象发生，做到未雨绸缪，防患于未然，全体领导班子成员签订了廉洁自律承诺书，做了公开承诺，自觉接受群众监督。

三是社会治安综合治理工作落到实处。层层签订社会治安综合治理责任书，实行安全保卫责任制，做好安全保卫工作。

四是安全生产工作扎实到位。坚持“一岗双责”，把安全生产列入重要考核内容，严格落实各项安全措施，真正做到万无一失。

五是信访稳定工作进一步加强。5月份按照上级要求建立了群众工作室，落实了人员，建立健全了各项制度，坚持信访领导接待日制度，落实矛盾排查制度，妥善处理企业改制各项遗留问题，落实企业军转干部和企业内退、协保职工的各项待遇。保持了内部稳定。

房地产开发公司

2011年，公司紧紧依靠县委、县政府和住建局党委的正确领导，不断加强干部职工的自身建设，努力提高政治思想觉悟，认真履行工作职责，解放思想、求真务实，开拓创新、锐意进取，少说多干、奋勇争先，较好地完成了全年目标任务。

（一）新民居建设项目

1. 八和居社区项目。自2010年全县统筹城乡发展工作开展以来，县委、县政府将八和居社区项目交给房产公司。这是全省新民居建设的示范工程，责任重大、使命光荣。公司多方寻找合作伙伴，因工程规模大，资金紧缺，急需要联系一家有实力的企业来滦南投资。公司千方百计想办法，费尽心思，禅精竭力，先后共与11家企业进行了谈判，累计谈判50多次，多次陪同各地投资商到曹妃甸嘴东工业园区、北河新区、八和居现场等处考察，同时到北京、唐山、滦县等的考察投资商的情况。为了让投资商了解滦南，了解项目，先对项目投资做了测算，随即编写了八和居项目简介，搜集了《滦南县城总体规划》、《滦南城西工业集聚区总体规划》、《滦南县情简介》、《滦南县北河新区总体规划》等资料，装订成册，并起草了《滦南县八和居社区项目框架协议》，用于联系投资商。通过不懈努力，于2011年3月16日与北京一家投资商达成合作协议。

八和居社区规划占地380亩，总投资8.39亿元，设计住宅楼77栋。2011年3月17日参加县重点项目集中开工仪式。自5月3日以来，南区40栋已经全部开工。按照施工项目部的施工安排，南区40栋分三个标段：一标段9栋（其中含廉租房1栋，经济适用房5栋），二标段15栋，三标段16栋。其中9栋楼已完成六层墙体施工，其余31栋楼分别完成到储藏室、一层、二层、三层、四层墙体以及顶板施工。完成工程实体的同时，跑办了各项前期手续。截至目前，前期手续费投入2500万元，工程实体投入8500万元。

2. 积极筹备方各庄新村项目、双柳树新民居项目。滦南县方各庄新村位于滦南县城建设路南段东侧，嘴东大街以北，本项目规划占地面积约33万平方米（504亩），拟建住宅楼55万平方米，5500多套，总投资约12亿元。

滦南县双柳树新村位于滦南县倴城镇双柳树村西侧，县城南大街以南，罗城街以北，西临滦海公路，东临锦绣路，规划占地17万平方米（260亩），拟建住宅楼30万平方米，3100多套，总投资7亿元。

（二）回迁楼改造项目

祥润花园4#楼工程是原外贸三层楼改造工程，该项目规划占地3.28亩，建筑面积12000平方米，剪力墙17+1层（西单元12+1层）。涉及45户回迁户。规划方案于2010年12月1日通过规委会审定。2011年3月17日参加县重点项目集中开工仪式。因与县邮政局协商建车库或地上停车位事宜，耽误了一段时间，曾与7月30日停工，后于10月12日复工。跑办停车位手续费尽周折，去唐山找专家组3次，去县邮政局12次，去市邮政局3次，去天津设计院3次。争取年前完成基础，计划2012年8月15日主体完工，2012年11月15日竣工。

（三）仁和商贸中心建设项目

仁和商贸中心，规划占地3.77亩，建筑面积3853平方米，框架2/3层。自2011年4月3日，开始设计规划设计方案，按要求先后设计了12个方案，先后修改8次，规划方案于2011年6月10日通过规委会审定，随即着手施工图设计、招投标等前期手续准备，现在施工图已经完成。2011年10月9日场地清理，2011年11月4日开始围挡，年前完成土方开挖、招投标。

（四）积极完成县政府交办的各项任务

在滦南县廉租房二期工程中，先后抽调三名工程技术人员帮助工作，目前，还有一名技术人员在施工现场；自2010年官寨九个村拆迁工作开始，公司按照县委、县统筹办的统一安排先后抽调七名通知进入工作组进行入户登记等工作；另外，公司两名工程技术人员在管理公司项目的同时兼任中天上河城项目的项目助理；自2010年服从县委、县政府调动，在公司技术力量非常缺乏的情况下，选派了工程科科长到北河新区管理处支持北河新区的建设；西北街平改项目中，两名工作人员一直协助工作。

（五）各科室工作有序开展

办公室在完成各项日常工作的同时，及时收集、整理、撰写、报送各种信息，并及时将各个项目的进展情况周报、月报上报给上级主管部门；财务科完成了财务决算守卫工作，办理事业年检。对各类会计档案进行分类、装订归档。主动与银行信贷部门即使保持联系，为购房户提出按揭贷款申请计划，以达到资金的正常周转。为八和居社区项目做好后勤保障工作；计划科完成了八和居围挡工程造价审核，八和居工程量清单编制，祥润花园4#楼项目的环评、工程量清单编制、项目的招标工作；管理科完成了千禧小区201栋、安平小区418栋的电费收缴及日常用电维修工作，办理了八和居社区开工前的用电手续工作，开工后工地的日常用电维修工作；销售科完成了二贸商城的销售工作并及时办理了购房户的房产证、土地使用证，完成了八和居前期售楼计划；售后服务科想民所想、急民所急，为公司所售房屋的住户解决维修工作。

（六）其他工作

1. 参与帮扶新农村建设推进统筹城乡发展活动。按上级安排，公司帮扶对象为宋道口镇葛代坨村，公司高度重视此项工作，组成了以王晓岳为组长，周建远、张科伟为组员的帮扶工作组，几次深入到葛代坨村开展工作。由于工作开展出色，县统筹城乡办公室特发文对房产公司的工作进行了肯定与表扬。

2. 组织了各项学习活动。召开几次专题会学习了《胡锦涛同志在庆祝中国共产党成立90周年大会上的讲话》、《张国栋同志在县十一次党代会上的讲话》、《张国栋同志在改进机关作风大会上的讲话》、《滦南县各级领导干部共同遵守的约法八章》、《党的十七届六中全会精神》等文件，并撰写了学习笔记、心得体会。

3. 积极参与各项公益事业活动。组织全体干部职工进行“博爱一日捐”，公司女职工向县总工会捐款救助单亲家庭孩子。

4. 全力助推征收搬迁，深入一线慰问搬迁队员。10月17日，公司到建设路南侧、友谊路东侧、张士坎三个搬迁工作队进行慰问。

5. 积极参加县里组织的各项活动。7月1日，参加“迎七一·党旗传递”活动；7月26日，彭艳秋、张科伟作为青年志愿者参加住建局党委青年志愿服务活动；9月15日，组织到友谊路与南环交口参加义务劳动；自9月2日参加了县组织的篮球比赛；9月29日参加了滦南县“爱祖国、爱家乡”第八届合唱节。

6. 解决农民工工资拖欠及上访问题。自9月12日至10月28日，公司投入了大量精力，圆满解决了7次农民工工资拖欠及上访问题。

邮政局

2011年，邮政局在省公司及市局的正确领导下，在市局各部门的大力支持和帮助下，通过全局干部职工的共同努力，不断克服各种不利于企业发展的因素，坚持在探索中求发展，在拼搏中求进取，实现了业务收入、金融业务和邮务类业务等几项重点业务健康发展的良好势头。全局干部职工思想稳定，劳动工作纪律严明，企业收支明细公开。

（一）全局发展整体情况

全年累计实现业务收入2397.8万元，完成市局计划的106%，同比增长12.1%。

金融专业 1～12月实现收入1655万元，完成年计划的93.9%，同比增长20.8%。

函件专业 1～12月实现收入182万元，完成年计划的98%，同比增长6.5%。

电子商务专业 1～12月实现收入62万元，完成年计划的77.6%，同比增长17.6%。

报刊专业 1～12月实现收入134.77万元，完成年计划的92.94%，同比增长15.64%。

集邮专业 1～12月实现收入184.19万元，完成年计划的124%，同比增长42.2%。

分销专业 1～12月实现收入75万元，完成年计划的107%。

窗口速递业务 1～12月实现收入104.73万元，完成年计划的116%。

（二）各项工作基本情况

金融专业：始终坚持发展金融业务不动摇。金融业务收入占比达到72%。2011年邮政局紧紧围绕市局年初提出的“上规模，调结构，增效益”的发展思路，狠抓储蓄余额规模，不断扩大余额市场。全局金融业务发展经历了高峰和低谷，从年初高亢的发展势头，到年中的滞后不前，历程坎坷。但全局干部职工没有被困难吓倒，通过市场经营部和金融业务部多次深入网点一线研究市场，全局在金融业务发展政策上改变了以往按季下计划的传统模式，采取了远目标短竞赛相结合的发展政策。同时在发展上提出了以服务制胜的理念，组织干部职工赴市局金融局学习借鉴经验，为金融网点服务配备了健全的服务设施，大大改善了网点服务环境，逐步提升了窗口服务水平。通过对农村市场的快速扩张，形成邮政金融在农村的明显竞争优势，带动其他金融业务的发展。注重发展低成本、高收益的业务，适度分流长期存款，走规模与效益并重之路，努力降低企业付息成本。全局按照市局工作安排，率先成功举办了理财沙龙活动，并将理财沙龙活动开到了支局和村队，开辟了保险业务发展新模式。全年共计召开理财沙龙活动8次，现场实现代理保费共计393.6万元。

报刊专业：报刊发行业务由一次性大收订向全年收订和补续订转移，并努力扩大私费订阅市场；要加快报刊零售末端传递速度，增强渠道竞争力；扩大教辅图书及其他出版物的销售规模，加大邮政进校园的服务水平和能力，在新建大型校园建设邮政代办点，加大普遍服务力度。实现校园订阅92万元，组织专职营销员开发校园封、片、卡业务和校园报刊业务，把校园订阅推向新的高潮。

零售专业：在加强基础管理工作的同时，积极开拓校园市场，深入开展精品图书展，在6月份市局组织的销售《大学新生——赢在起跑线》图书专项营销中，邮政局通过高度重视精心组织，重点营销，加强服务；寻找时机，集中营销等措施积极销售，销售突破1300本，列局全市第一位。

集邮专业：紧抓县域大事实事及时组织好邮品及纪念册。充分发挥集邮协会的作用，通过扩大队伍，促进集邮业务的发展。重视县内知名企业的形象年册市场拓展工作，提供具有滦南特色的新邮品。在市局组织“红邮颂歌”精品珍邮巡展活动中，实现收入63万元，居全市第2位。在7月份全县开展邮品展销中实现收入38万元。

分销专业：通过扎实推进分销渠道建设，累计销售化肥920吨，居全市首位。累计完成收入27万元，6月24日，全省邮政分销业务现场推进会在滦南召开，对邮政局渠道建设工作给予了充分的肯定，并在全省进行经验推广。邮政局始终把渠道建设作为支撑分销业务发展的重要平台和抢占农村市场的战略举措。积极向地方党委、政府汇报工作，主动与工商局等相关部门沟通情况，并得到了县政府领导的大力支持。为抓住机遇，加快分销渠道建设步伐，把渠道建设工作列为“一把手”工程，成立了局长为组长的渠道建设领导小组，下设项目组，专门负责全县分销渠道建设工作。全县所有农村邮政营业网点全部开办分销配送业务，并基本形成了“县局—支局（直营店）—‘三农’服务站”三级渠道架构，三级渠道各司其职，形成了上下贯通的组织体系。截至12月底，全县已累计建设各类邮政“三农”服务站226个，其中，直营店9个、仓储中心3个、加盟店30个、代办点187个，网点覆盖率为36.36%，有26个加盟店通过了唐山市商务局“万村千乡”市场工程的验收，并获得了政府资金补贴。邮政服务“三农”的根深深扎入了滦南大地。

（三）工会作用得到进一步发挥

一是关心职工生活看望职工。继续深入开展送温暖工程。“两节”期间，共走访、慰问困难职工20人，发放慰问金和慰问品共计10000元；日常工作中职工生病住院、家中发生重大事故的都在第一时间送去关心。

始终坚持“职工为本”的工作理念，时刻为职工利益着想。在资金非常紧张的情况下，把职工利益放在首位，着力为员工办实事，11月中旬组织职工参加了体检。

二是在全局范围内深入开展了“十佳”评选活动，掀起了“学习先进、争当标兵”的热潮。为促进业务发展，推出了带薪培训的激励政策。对于在各种竞技比赛中成绩突出的职工，营销能手，业绩突出的职工，局里组织到云南，山西等地培训，一方面是对职工工作的奖励，另一方面也激励职工再次取得更好的成绩。

三是进一步完善硬件设施，先后修建了职工车棚，为职工宿舍配齐了床上用品，安装修缮了太阳能。对各支局的食堂、值班室安装电风扇十几台，新添置厨房用具，解决职工中午吃饭难能等问题，使职工生产生活条件得到有效的改善。

（四）全面提高职工综合素质常抓不懈

1. 继续推行培训例会制度。在积极推行周例会的基础上，增加周培训，使每周三成为“培训日”，由各部室、各专业部主任给职工培训相关专业的知识，全面提高职工的业务水平和业务素质。

2. 以练功比赛激发职工的工作热情。积极落实练功比赛，加强业务熟练程度，争取职工持证率达到100%，并且拿出资金奖励在练功比赛中取得优异成绩的职工，在职工中形成“赶、超、跨、越”的学习气氛。同时积极参加市局组织的以庆祝建国62周年为契机，“展唐山邮政风采　筑祖国美好明天”演讲比赛，并荣获三等奖。在市局邮政支局的评比中，滦南胡各庄支局、柏各庄支局、柳赞支局被评为“模范小家”。

3. 进一步加强服务管理。向服务规范优秀的地市局学习，统一硬件设施的配备和摆放，营业人员统一着标志服，统一佩戴丝巾、头花等，统一实行微笑服务、站立服务。此项活动的开展得到了用户的一致好评，并且在2011年市局通信服务质量评比活动中获得二等奖。

4. 进一步完善“职工书屋”的建设。在落实“四有”的基础上，积极筹措资金，争取开展阅览室，在各支局开设读书天地专栏，满足职工的阅读需求。

城市管理行政执法局

2011年以来，按照县委、县政府的安排部署，以城镇建设三年上水平及省级园林城、文明城创建工作为契机，全局上下本着“用心服务项目建设、用力打造良好环境”的城管宗旨，全力提升城市管理水平，深入实施环境综合整治，加强清扫保洁工作力度，使城区面貌明显改观。2011年城管工作得到的县领导的充分肯定，先后8次得到县领导批示表扬。

（一）加大宣传工作力度

加强宣传教育，提升居民的文明素质，有利于城市管理工作的开展，城管局高度重视宣传工作，出动宣传车1辆，不定期对环境综合整治工作进行宣传，组织执法人员在金辉广场、大厦周边等人员密集区及各商门店开展宣传活动10次，共发放宣传材料16000余份，进一步提高了居民对城市管理的参与度，形成了良好的舆论氛围，有力地推进了省级园林县城、文明县城工作的开展。

（二）强化交通秩序整治

一是加大取缔非法营运三轮车工作力度。在执法人员少、日常管理任务繁重的情况下，将精干力量调整到取缔三轮车联合执法队，全力以赴做好取缔三轮车、四轮车工作。特别是在带班期间，由局主要领导带队，采取不定时、不定线、突击检查的方法，对城区主要道路进行全面巡查，同时将三轮车、四轮车取缔工作纳入市容市貌执法中队日常管理工作内容。由执法人员组成夜间行动小组，加大非法营运三轮车、四轮车的打击力度，防止了反弹现象的发生。年内，联合执法队共取缔查扣非法营运三轮车、四轮车86辆，其中汽油三轮车46辆，电动三轮车34辆，电动四轮车6辆。

二是加强重点区域非机动车的管理。安排10名专职人员，结合供销大厦、银泰商厦、世纪商厦等大型商场的保安，对店前非机动车、机动车停放做出引导和规范，达到有序管理、整齐摆放，共规范非机动车乱停乱放35962辆次。经过深入调研，制定了《关于规范非机动车管理的实施方案》，并安排2名副局长亲自筹备划线图案模型，组织实施非机动车停车位划线及自行车上架工作。截至目前，共完成划线15318.8延长米，非机动车停车位522个，机动车停车位258个，通道标15组，网状线2组。

三是加强驶入城区超重违章车辆的管理。对城区需要通行的大型车辆严格审批程序，定时、定段、定限运输。对城区采取不定时、不定段，巡回检查的方式，加大对不经审批驶入城区道路的违法违规车辆的查处力度，对违规超重、泄露、遗撒车辆进行严管重罚，确保城区道路整洁、完好。全年查处大车飘洒9276辆次。

（三）加强市容环境治理

一是创新工作模式，提升常态管理水平。在巩固原有整治成果的基础上，不断创新工作方法，采取“一日一卡”管理模式，每天早晨将局领导班子深入一线、日常督查工作中发现的问题以及上级部署的重点工作，以处理卡的形式下发到每个中队，各中队在做好日常管理的同时，对部署的工作任务进行重点落实，使城区的市容环境得到了明显提升，执法执纪水平得到了有效提高。**二是深入开展集中整治活动**。针对日常管理工作中存在的突出问题，制定工作目标，深入开集中整治行动，先后对夜间露天烧烤、城区死角死面、主次干道“五乱”、破除婚丧陋习、华瑞门前摊点等进行集中整治，对商品外溢、流动摊点、乱堆乱放等进行了规范，对夜间露天烧烤进行了取缔。同时，采取疏导的方式，结合市场建设服务局，在城区设立了4个临时市场，使流动摊点入市、使烧烤经营者入室经营，城区管理更加精细化、规范化。年内，共说服、教育各类违章人员9600余人次，取缔露天烧烤71处，清理商品外溢12111处次，流动摊点13205处次，取缔占道经营226处，清理乱堆乱放、乱拉乱挂2859处。

（四）加大清理非法小广告工作力度

一是完善措施，建立长效管理机制。选拔爱岗敬业、责任心强的协管员作为道路巡查员，配备一辆专用清洗车及专用清洗工具、专用清洗产品，每天早上7:30以前，对主干道、建筑工地围挡开展一次拉网式巡查、清理，同时增加日常巡回检查次数、延长工作时间，加强重点街面的控制力度，特别是加大建筑工地围挡非法小广告的治理，及时发现，及时清除。**二是开展巡线追击和夜间伏击守候行动**。采取蹲守、巡查的方式在办证、黑诊所、黑中介等非法小广告喷涂者夜间活动时段和重点区域进行重点盯防，抓到现行直接移交公安机关处理，从源头上对粘贴非法小广告行为进行有力的打击。通过一系列工作的开展，使非法小广告这一城市顽疾得以有效遏制，并保持了常态管理。特别是城区内的建筑工地围挡，至今依然保持着洁净整齐的画面。共清除非法小广告50420条，已将3名非法粘贴小广告人员移交公安部门处理。

（五）提升环境卫生管理水平

1. 加大建筑垃圾乱倒行为的查处力度。一是加大宣传。研究制定了《关于进一步加强城区内垃圾管理的通告》，经县政府同意，在电视上反复播放；安排执法人员对城区内的各项目业主、施工单位发放通告150余份，以提高处置单位和个人的自觉意识、环境意识。**二是强化运输监管**。对城区内的建筑垃圾实施统一运输、统一处理，对经许可从事建筑垃圾处置的车辆，指定运输路线、处置地点、时间、数量、时速运行等，不得丢弃、遗撒建筑垃圾。同时，对城区24个施工工地采取出入口硬化、交纳保证金等措施，规范车辆运输管理，杜绝运输车辆泄露、遗撒等现象的发生，保持了城区街道的干净、整洁。**三是加大日常动态巡查力度**。由主管副职带队，组织精干力量成立专项治理工作队，采取设立警示牌、蹲坑守候、重点巡查、电视曝光等相应措施，严查随意倾倒、飘洒、堆放建筑垃圾、生活垃圾的行为，对违法行为实施严管重罚，发现一起、查处一起。全年共查处乱倒建筑垃圾170起，电视台曝光22起，查处飘洒、遗漏建筑垃圾行为780余起。

2. 不断提升清扫保洁质量。随着城区管辖区域的不断扩张，清扫保洁范围的扩大，在增段不增人的情况下，不断改进工作方法，延长清扫保洁时间（清扫时间早4:30～6:00，保洁时间早6:00～晚8:00），加大监管力度，保洁人员超负荷运转，使城区清扫保洁质量稳步提升。一是严格落实保洁责任制，明确责任区域、保洁质量，垃圾日产日清，不留死角死面，以实现“保洁全天候、管理无缝隙、责任全覆盖”的环卫工作要求。二是严格落实环卫监理责任制，加强巡查工作力度，对日常保洁中出现的问题，20分钟之内不进行处理的，按照《滦南县清扫保洁考核办法》，对路段承包人进行严管重罚，使清扫保洁质量得到了提升。

3. 加强垃圾清运、处置工作。随着城市道路的翻修，生活垃圾清运车辆必须绕道行驶，增加了生活垃圾清运工作难度，于是采取延长工作时间、增加运输频次的方法，确保了城区生活垃圾日产日清日处理，杜绝了生活垃圾积存现象的发生。同时，对城区死角死面及城区原积存的建筑垃圾、强制拆除产生建筑垃圾进行了集中清理；投资20万元，对城区垃圾填埋场进行了绿化、道路硬化。全年共清理建筑垃圾13595吨，处理生活垃圾64530吨。

4. 做好环卫设施的日常维修工作。在城区增设果皮箱350个，从而有效减少垃圾乱倒现象的发生。严格加强监管，将环卫设施维护工作纳入日常考核工作之中，环卫监理每天都对环卫设施进行一次全面检查，及时发现问题，及时通知维修人员进行修复，确保环卫设施运转正常。共维修果皮箱235个，垃圾中转箱61座次。

5. 谋划2012年清扫保洁对外承包工作。随着城区拆迁改造的开展，城区面积不断扩大，清扫保洁面积随之增加，较2011年增加58.13万平方米，增加到218.84万平方米。为做好2012年的清扫保洁工作，在2011年清扫保洁对外承包的基础上，积极谋划2012年清扫保洁承包工作，已形成方案上报县政府。

（六）规范各类户外广告

1. 把好源头关，规范广告牌匾制作，切实做到先审批后制作安装。一是提前介入，加强源头管理。安排执法人员深入各商业门店，发放《关于规范新建小区商业门店广告牌匾的通知》600余份，要求各商业门店，要坚持先审批后制作的原则，需制作户外广告的商户，须经批准后，方可委托具有等级资质的广告制作商制作。同时，召开广告牌匾制作商协调会，签订制作协议，强调现行牌匾安装要求的标准，要求不见审批手续不接手制作牌匾。同时建立诚信档案，形成了齐抓共管的局面。**二是完善审批程序，提高办事效率。**由商户提出申请并提供牌匾制作效果图、营业执照正本复印件、填写设置审批表，经管理科结合执法中队到现场勘查，领导亲自把关，对安装牌匾的规格、材质、现场环境等逐一对照标准检查，提高广告牌匾的标准及档次，对申请的广告牌匾，严格按照规定时限办结。对于大型广告设置，报请县政府主管领导把关后，再进行审批。全年共审批广告牌匾235块。

2. 集中清理规范广告牌匾。由局领导亲自带队，对主干道沿街楼顶广告、门窗粘贴的宣传画、广告字、陈旧破损灯箱以及影响市容市貌、存在安全隐患的广告牌匾进行了地毯式清理整顿。对人手少、无法自拆的商户，执法人员帮助其拆除；对不符合规定、不予配合的经营户逐一下达《责令整改通知书》，对逾期不改正的“钉子户”依法进行强制拆除。使沿街两侧门头牌匾整齐划一，门窗贴字得到了有效清理，达到了“眉清目秀”的效果要求。共下达限改通知单103份，清理规范各类广告牌匾225块。

3. 积极助推既有建筑物外观改造工作。结合规划局，协助既有建筑物外观改造工作队制订了金辉广场、建设路、和平广场、和平路的广告牌匾制作标准。在此基础上，积极配合工作队，入户督促整改，对不符合要求的广告牌匾协助其拆除。共配合工作队做工作31次，出动升降车23次，下达限改通知单27份，拆除不符合规范要求的广告牌匾72块。

4. 严格城区促销庆典的审批，城区主次干道一律禁止搞促销庆典活动。其他区域在不影响交通的情况下，本着庆典活动内容健康向上的原则，对新开业的门店、商家周年庆典也只允许支彩虹门、放礼炮等简单的促销活动，其他形式的促销活动，一律禁止。共清理未经审批的促销庆典57处。

（七）加强城区规划监察

按照违法建设“属地管理”的原则，加大违法建设的查处工作力度，对违法建设始终保持高压态势，每天执法人员对管辖区域主次干道、沿街门店、门店装饰装潢进行地毯式巡查，发现违法建筑立即下达法律文书，及时进行查处、拆除。同时，为了体现和谐执法，坚持做好违法建设人员的思想工作，劝其自拆，通过不厌其烦的工作，原京东第一集、和谐路东侧营业楼东及主次干道两侧等98处违章建设进行了自行拆除；对多次做工作逾期仍不自拆的凤林园饭店、东北街刘作宝、金辉广场等9处违章建筑，依法实施了强制拆除。共下达各类法律文书196份，拆除违法建筑107处13297.6平方米，围墙325延长米。其中，强制拆除1093平方米，围墙44延长米；自行拆除11304.6平方米，围墙281延长米。在此基础上，对城区住改商经营户下发限期撤除通告175份。

（八）数字化城管中心建设

滦南作为沿海经济开放县，又处在环首都

经济圈，被省住建厅直接安排参加 2011 年河北省数字化城管系统推进会，会议要求年内拿出数字化城管工作实施方案，明年到位。按照省厅要求，结合滦南实际，初步谋划了《关于推进滦南县数字化城市管理的实施方案》，已上报县政府。

（九）城市生活垃圾处理费征收进展顺利

县城征收搬迁工作持续开展，城区各门店、商户面临搬迁，给城市生活垃圾处理费的收取工作带来了不小的困难。面对此种情况，采取多种形式，强化垃圾处理费征收。一是直接上门入户收取。收费管理人员深入各企事业单位、商场门店，耐心细致地做工作，介绍征收标准，讲解征收的意义，收费管理人员的诚心和耐心，有效地促进了征收工作的开展。二是委托相关部门收取。按照属地管理的原则，经县政府协调，将垃圾处理费的征收，委托相关部门代为收缴，并积极与代收代缴单位联系，加强调度，建立了周一、周四上报进度的周汇报制度，便于及时掌握收取进度，促进工作开展。三是动员干部职工带头交纳。生活垃圾处理费的收取工作是一项重点工作，为了确保此项工作得以顺利扎实开展，通过发放温馨提示等形式，动员广大干部职工积极踊跃交纳生活垃圾处理费。目前，全局绝大部分干部职工都已交纳。截至目前，共征收生活垃圾处理费 68.3 万元。

（十）助推征收改建搬迁工作

1. 发挥先锋模范作用，大力支持城镇建设三年上水平。在三批征收搬迁工作中，凡涉及局干部职工及家属的，主要领导都要亲临一线，靠前工作，要求广大干部职工坚持以大局为重，以全县重点工作为重，一切服务、服从于城镇建设三年上水平这个大局，绝大部分涉征职工都做到了主动签约，配合拆除，不拖后腿。对涉征面积、置换方法等方面存有疑问的家属，局领导多次深入家中了解情况，讲解征收搬迁的重大意义和相关的政策法规，耐心做其思想工作，从而做到及时签约，为全县城镇建设三年上水平工作贡献了一份力量。

2. 为工作队提供良好的工作环境。在第二次征收搬迁工作中，交警大队以南（北区）工作队入驻城管局，局领导十分关心工作队的工作及生活情况，为其提供了较为宽松的办公场地和办公设施，并积极帮助其解决工作、生活中遇到的困难，如，通过伙房为其提供伙食，解决了工作队员吃饭的问题，免除了其后顾之忧；在遇有办公用品短缺等情况时，积极帮助工作队解决，为工作队工作的正常开展提供保障。

（十一）后进村帮扶工作

按照全县后进村党组织转化工作的安排部署，城管局高度重视，抽调基层工作经验丰富的副局长及两名工作人员负责安各庄镇东一六村的帮扶工作，通过实地调查，明确了帮扶思路。一是积极联系出资 1.8 万元，购买钢渣 245 方，利用 3 天时间，帮助其进行运输平整，解决了该村道路状况差的问题；二是联系出资 0.48 万元，购买电线杆 20 根，从而解决了该村的用电问题；并且，还为该村提供办公桌椅 4 件套。帮扶工作受到了安各庄镇党委、东一六村两委及该村干部群众的一致好评，并送来“为民办事关怀备至、为民排忧深情似海”的锦旗，感谢一直以来对东一六村的帮扶。

（十二）认真做好提案、议案、信访案件的办理工作

建立健全了领导全天候带班制度、信访接待日制度、领导包案责任制。在日常工作中，对群众的来信来访认真接待、及时办理，做到矛盾不上交，件件有着落，年终无积案。同时，积极做好军转干部的稳控工作，全年无一例信访事件发生。共办理人大代表建议 1 份、政协委员提案 6 份，县委、县政府督办件 37 件，答复率 100%，满意率 100%。

（十三）做好各项临时性工作任务

在上级领导、客商来滦南检查、考察、重大项目集中开工等 80 余项重要活动中，执法人员充分发扬不怕苦、不怕累的精神，整治周边市容环境，为各项活动的开展提供良好的保障，圆满地完成了上级交办的工作任务。尤其在迎接全市大项目观摩工作中，全体干部职工积极参与，全力做好环境综合整治各项工作，以良好的市容环境迎接大项目观摩。

爱卫办

按照《滦南县城镇建设三年上水平2011年度实施方案》的具体要求和省市爱卫会2011年爱国卫生工作要点，爱卫办将爱国卫生工作和城乡环境卫生综合整治攻坚活动紧密结合，牢固树立科学发展观，精心组织、强化督导、扎实工作，在城乡广泛开展爱国卫生活动，城乡环境卫生面貌得到了较大改善。

1. 全力开展城区环境卫生综合整治活动。全县城镇建设三年上水平动员大会以后，全体人员认真学习领会县委书记张国栋的讲话精神，统一思想，提高认识，并结合爱卫办工作职责及时制定了全年爱国卫生工作要点，明确了以环境卫生集中整治、病媒生物防治、农村改厕和加强“门前三包、门内达标”督导检查四项内容为全年工作重点，明确责任，落实到人。3月下旬和9月初，先后组织城区131个单位，开展了两次环境综合整治活动，对城乡结合部、城市出入口、城区主次干道、居民小区、城中村等脏乱差部位进行彻底整治。据不完全统计，两次环境卫生整治活动中，各单位共出动铲车、翻斗159台，清除各类垃圾851多立方米，清理卫生死角220处，铲除杂草12000多平方米，有效的改善了城区卫生环境面貌。

2. 积极组织开展病媒生物防治工作，有效的防止和杜绝各类传染病的发生。针对病媒生物防治，重点开展了以下工作：一是开展了春季、冬季统一灭鼠活动。按照年初制定的环境整治的总体安排，4月底和11月底，县爱卫办向全县各单位分别发放灭鼠毒饵3吨进行了两次集中消杀，同时重点组织城管局、街道办、商务局、教育局、市场建设服务局等部门，对城区居民小区、单位庭院、公共绿地、垃圾转运站、集贸市场、垃圾填埋场，公共厕所以及食品加工、餐饮、饲养、屠宰、医院、学校等特殊行业和场所进行专项治理和消杀，使城区鼠密度控制在国家规定的标准以内，从根本上杜绝和减少鼠传疾病的发生，保障了广大人民群众的身体健康。二是积极开展夏秋季消杀工作。8月中旬，组织卫生防疫部门对城区餐饮业、医院、汽车站、学校等重点单位进行了蚊蝇蟑密度检测，并根据检测结果制定出全县夏秋季蚊蝇蟑消杀工作实施方案。按照工作方案的安排，投资三万元，购买蚊蝇蟑消杀药品4000袋，于8月下旬和11月底组织卫生、城管、商务局、街道办等单位并对城区1家屠宰场、15家餐饮单位、4家宾馆、6所学校、3所医院、6个居民小区以及50多个县直单位进行两次重点消杀。经卫生防疫部门检测，蚊蝇蟑螂密度得到了有效地控制，符合国家标准。

3. 强化督导检查，进一步落实“门前三包、门内达标”卫生责任制度。一是签订“门前三包、门内达标”责任状。为了进一步做好城区“门前三包、门内达标”工作，2月上旬，爱卫办组织力量，和城区83个单位签订了《2011年度爱国卫生“门前三包、门内达标”责任状》，对“门前三包”提出了新的要求。明确了各单位主要负责同志为“门前三包、门内达标”第一责任人，主管机关工作的副职为主要责任人，要求各单位把“门前三包、门内达标”工作当做一项重要任务，摆上重要议事日程，确保“门前三包、门内达标”工作有人抓、有人管；二是按照《滦南县爱国卫生“门前三包、门内达标”暂行办法》，制定城区沿街门店、城中村、居民小区、建筑工地、农贸市场的“门前三包、门内达标”管理细则，进一步明确了城管局、工商局、倴城镇、倴城街道办事处、住建局和市场建设服务局“门前三包、门内达标”的工作职责；三是严格考核督导。2011年，先后6次对全县83个县直单位、13家企业落实“门前三包、门内达标”卫生责任制情况进行了检查，并对不达标的13家单位进行了通报批评，并令其按照通报提出的整改要求限期整改。通过跟踪督导检查，这些单位都能按标准、按时限迅速整改，卫生环境变化显著。

4. 认真开展农村垃圾集中收集处理和农村改厕工作，不断改善镇村环境卫生面貌。按照县委、县政府关于农村垃圾集中收集处理的整体安排，县爱卫办抽调精干力量全力配合县农工委做好农村垃圾集中处理的调研、实施方案的制定和镇村环境卫生综合整治督导检查、考核评价等项工作。2011年以来，县爱卫办和县农工委积极配合，对全县各镇村进行全方位的督导检查。经过全县上下共同努力，全县的农村垃圾集中清运处理工作取得了显著成效，各镇村镇荣镇貌、村容村貌明显改观，初步形成了农村环境卫生长效管理的常态化。与此同时，还结合国家农村改厕项目，争取国家改厕项目资金275万元，在姚王庄、司各庄等8个镇20个村开展了农村改厕工作。截至目前，全县已经完成了省市下达的5500座农村改厕任务，并通过了省市爱卫会专家组的考核验收，于11月底将改厕资金已经全部拨付到改厕试点镇村。为了高质量的完成好这项工作，主要抓了以下几方面：一是深入调查研究，确定改厕项目村。为了确定好改厕示范村，县爱卫办年初利用近一个月的时间组织专门力量深入镇、村进行走访调研，优先安排村容村貌好、村两委班子团结、战斗力强，群众积极性高的镇村为改厕试点。并结合各试点村的基础状况和当地群众的生活习性，确定以三联沼气池式、三格化粪池式和双瓮式无害化卫生厕所为全县2011年农村改厕的主要类型，因村而宜，全面推广。二是搞好宣传发动，提高思想认识。为了提高广大人民群众对农村卫生厕所改造的认识，爱卫办结合电视台、疾控中心，组建了一只农村改厕宣传队伍，先后40多次深入到姚王庄等8个镇20个村，广泛宣传以改厕为主要内容的健康教育知识。期间，向各试点村发放改厕宣传资料1000多份，安排部署各试点镇村，粉刷改厕知识墙体宣传标语120余幅，制作健康教育宣传橱窗20块。还积极督导各试点镇村大力开展村容村貌整治活动，利用广播、板报、橱窗、标语等宣传媒体，积极宣传改厕与健康、防病的重要意义，深入开展讲文明、除陋习活动，广泛普及环境卫生科普知识，引导广大群众养成文明、健康的生活习惯和生活方式。三是强化改厕培训，确保工程质量。于2011年4月份组织召开改厕试点镇村领导、改厕村技术人员参加的农村改厕现场培训会。按照《河北省农村改建卫生户厕技术规范》和《滦南县农村改厕项目实施方案》的总体要求，邀请省、市改厕技术指导专家先后在全县改厕试点村进行现场培训和技术指导40场次。通过采取组织村干部、村施工技术人员集体收听收看改厕录像和现场边施工、边讲解等形式，就农村改厕工作实施过程中需要把握的施工要领和注意事项对各村施工人员进行详细的讲解和指导，让各改厕镇村领导对改厕技术和施工要求有一个全面的了解，确保了改厕的质量达到国家标准。四是加强督导，严格考核。为了把握好改厕工作的各个环节，按照全县镇村改厕工作进程的时间节点，组织力量分成两个督导组每月分三次分阶段、分区域进行督导检查，对检查中发现的问题，及时召集相关镇村领导和农村改厕技术人员召开调度会议，研究解决办法，保障了全县改厕工作的进度和质量。通过近几年开展农村改厕工作，广大干部群众对农村改厕工作有了很高的认识，广大群众参与改厕的积极性不断高涨，普遍认为改厕工作是一件利国利民的民心工程，是预防以肠道为主的各类传染病的一项基础性工作，是保护农民身心健康和小康生活中不可缺少的卫生设施。

5. 积极开展禁烟控烟工作。一是按照省市爱卫会《关于开展全国无烟医疗卫生系统创建工作的实施方案》的总体要求，在全县医疗机构组织开展了禁烟控烟活动。5月下旬，组织卫生局、疾控中心等部门，专门召开了全县医疗单位主要领导参加的禁烟控烟动员会议，对照《河北省无烟医疗卫生机构考核检查标准》，要求各医疗单位主要领导提高禁烟控烟工作的思想认识，建立健全禁烟控烟工作管理制度和奖惩制度。同时向各医疗机构发放了禁烟控烟宣传材料2200份，发放禁烟标志4500个，做到门诊、病房、走廊全覆盖。6月初，组织有关人员分成两组对全县医疗机构的控烟宣传、禁烟措施的落实、禁烟门诊的设置、单位职工吸烟状况进行督导检查，对存在问题，及时提出整改意见。二是开展无烟学校、无烟单位创建工作。按照市爱卫会公共场所禁止吸烟的通知要求，结合滦南实际，制定了《滦南县公共场所禁止吸烟实施方案》，并确定15家县直单位和10所学校为2011年无烟单位的创建目标，按照目标要求，加大了对试点单位禁烟的工作的督导检查，督促各单位建立健全控烟奖惩制度、设置禁烟标志、完善各项资料、落实各项规定。截至目前，环保局等15家县直单位和职校等10所学校禁烟控烟工作取得了阶段性成果，基本达到了无烟单位的标准。

政法工作

法 院

2011年，法院在县委的正确领导下，在县人大和市中院的监督指导下，在县政府、县政协和社会各界的支持帮助下，以科学发展观为统领，牢牢把握“为大局服务，为人民司法”工作主题，积极践行“忠诚、为民、公正、廉洁”的政法核心价值观，能动司法，勇于担当，为全县经济社会科学发展做出了积极贡献。全年受理各类案件2401件（含旧存），审结2384件，结案率为99%。已结案件中，刑事案件278件，民商事纠纷案件2086件，行政案件12件，申诉抗诉再审案件8件。执结430件，执行标的总金额1300万元。

一、发挥审判职能作用，倾力服务滦南大局

“三大攻坚”、“四大开发”关系全县未来发展。对此，在时间紧、任务重、审判力量严重不足的情况下，先后抽调业务骨干组成法律维权工作组，对在征收搬迁、项目开发过程中出现的诉讼和相关司法问题提供法律服务，提出法律建议20余次，解决涉征纠纷40余起，为各项工作顺利推进提供了强大助力。在三次征收搬迁、大铁矿开发、嘴东棚户区改造、滦海公路二期工程等多项重点工作中，坚定、有力、有效地执行县委决策，主动深入现场，倾力协调配合，勇于担当责任，积极践行着人民法院服务发展大局的庄严承诺。在嘴东棚户区改造中，院领导带领七个法庭庭长、法警大队人员共计30多人连续三天两夜坚守在嘴东，最终依照法定程序对嘴东棚户区改造一期12户采取先予执行，促使其他25户涉征户主动拆除，一举将嘴东棚户区改造一期搬迁工作全部扫尾。在大贾庄铁矿建设中，当地部分群众在矿区范围内非法栽种树木、白菜等，严重影响铁矿建设，法院迅速行动，群众工作和法律手段并用，及时排除妨碍，保证了大铁矿工程的顺利进行，实现了和谐司法与推进工作的双赢。对法院服务大局的作法和成绩，县委张国栋书记评价“县法院围绕中心、服务大局，在发挥职能作用，助推攻坚工作中成绩显著”。对社会关注、影响重大的案件，高度重视，能动司法，稳妥处理了多起群体诉讼案件。同时以人民法庭为平台，依法审结婚姻家庭、土地征收征用、土地承包、土地流转等案件2466件，促进民生问题解决，推进社会主义新农村建设。还切实做好新形势下的商事审判工作，审慎审理公司股东名册变更纠纷，加大审理重点企业和保险合同纠纷案件的力度，确保公司、企业的正常运转，审结标的20万元以上的大案118件，这些案件的对方当事人几乎全部在外省市，法院坚持精兵上案，历尽曲折，为大型企业追回货款1500余万元，保障和促进企业的健康发展。另外，在物业热力费收缴、奶款纠纷、社会治安综合治理等方面，都积极延伸着司法实践的触角，使人民法院的特殊职能作用在全县科学发展、赶超跨越的主战场上得到了充分彰显。

二、多元并行综合调控，和谐司法维护稳定

始终把维稳作为第一责任，创新维稳手段，实施综合调控，倾力建设多层次、全方位、多元化社会矛盾解决机制，促进社会安定和谐。**一是深入贯彻宽严相济刑事政策，维护社会稳定。**继续保持严打高压态势、依法惩治严重、多发等刑事犯罪。2011年共审结一审刑事公诉案件252件，判处罪犯491人。如21名被告人故意伤害、寻衅滋事一案，是涉案人数多、影响较大的刑事案件。为确保万无一失，制定了详细的预案，在押解、值庭、审理、警卫等多方面做出周密部署，确保了案件顺利的审结，震慑了犯罪，增强群众安全感。在审理刑事自诉案件中，坚持调判结合、注重调解原则，审理刑事自诉案件26件，调解或撤诉结案17件，调撤率65%。坚持“寓教于审、惩教结合”的原则，积极参与未成年人社区矫正和帮教，最大限度地预防和减少犯罪。**二是全力破解执行难题，提升司法权威。**成立清理唐山龙港乳业、双龙乳业、明乐乳业奶款小组，通过摸底、中间商申报、奶农确认，三企业共拖欠奶农奶款3900多万元，涉及本县、外县奶农4000多人。为及时将奶款发至广大奶农手中，最大限度地减轻奶农负担，执行人员发扬“白加黑”、“五加二”、“关键时刻三班倒”的精神，持续作战近四个月，共签订三方协议、四方协议624份，涉及奶农3500人，奶款数额3100多万元，600多万元已发至奶农手中。同时先后开展了“攻坚突击月”、“反规避执行”等集中执行行动，以领导包案、划区执行、责任到人、专案攻坚、专人督办等方式，一年来共执行案件430件，提升了司法公信力和权威性。**三是妥善化解行政争议，钝化“官民”矛盾。**依法调整行政法律关系，既支持和监督行政机关依法行政，又维护行政相对人的合法权益，共审结行政案件12件。行政案件在全市法院中连续五年保持无发还改判纪录。探索行政案件协调结案新机制，积极化解行政争议，协调结案率达100%。2011年以来审查行政非诉执行案件153件，110件裁定准予执行。开展“征收社会抚养费”集中执行5次，促使被执行人主动交纳社会抚养费70万元，确保了计划生育国策的落实。**四是深入推进调解工作，促进社会和谐。**工作中，始终坚持把“矛盾控制在基层、纠纷解决在萌芽”作为审判执行的第一选择，进一步发挥院长民情联络员、人民陪审员的优势作用，通过他们在诉前、诉中、诉后对法院工作的大力协助，各类案件的调解率逐月上升，比2010年同期高出11个百分点。诉前化解矛盾741件，实现调解工作在基层开展、矛盾纠纷在基层化解、调解手段底部融合、司法民意和谐互动的良好效果，努力实现社会管理创新，减轻社会管理压力。

三、牢记宗旨保障民生，为民司法彰显公正

牢牢把握司法人民性原则，不断强化司法为民实践，畅通民意，关注民生，保障民权，不断提升司法工作等值化、人性化、透明化水平。**一是抓好立案、审监工作，保障群众诉讼权益。**全年立案4078件，及时率、准确率均达100%。落实了电话立案、预约立案等便民措施，对经济确有困难的当事人实施了司法救助，办理诉讼费减、缓、免案件11件，金额6.9万元。及时采取财产保全措施，诉前保全案件10件，保全标的330万元，为执行到位率提供了坚实的保障。认真抓好审判监督工作，一年受理当事人申诉、申请再审、检察院抗诉、上级法院指令再审等案件8件，全部审结。**二是深入推进信访工作，解决群众实际困难。**严格落实涉诉信访“四个必须”、“五项制度”，坚持班子成员亲自接访、法官包案下访、信访责任倒查等方式，56件涉法涉诉案件已全部结案。不断加大源头治理力度，2011年解决信访苗头案件43件。抓好信访隐患排查，推行立、审、执全程风险评估预防制度，确保信访矛盾及时发现、及时预防、及时化解。**三是强化监督制约机制，主动接受各界监督。**在深入抓好内部监督的基础上，认真抓好外部监督，一年来班子成员走访人大代表、政协委员等30余人次，邀请代表、委员参与“法院公开日”活动，旁听庭审和参观法庭，邀请人民陪审员参与陪审案件39件，认真接受检察机关的法律监督，坚持与检察机关定期沟通，对检察机关提出的检察建议和抗诉案件积极办理、及时答复。积极争取政协及社会各界的民主监督，不断改进全院的工作。

四、苦练内功提升能力，夯实基础锻炼队伍

以锻造队伍执行力为目标，以基层基础建设为保障，全面加强队伍建设和基层基础建设。**一是以各项活动为载体，狠抓队伍能力作风建设。**深入开展“群众观点大讨论”活动、“创先争优达标年”、“发扬传统、坚定信念、执法为民”和纪念建党90周年等主题教育活动，着力在服务社会发展、提升审判质量、强化能动司法效能、提高干警司法水平等方面想措施、出实招、见实效，一年来组织干警教育培训10次；召开案件交流会、复杂案件讨论会25场，培训书记员30人次，真正使各项教育内化于心、外化于行，促进法院工作。**二是以法院管理为保障，全面提升法院工作水平。**成立审判管理专门机构，出台案件评查实施方案，定期分析案件质效，开展执法大检查活动，检查重点案件369件，检查卷宗431册，召开案件评查分析会4次，向人大代表、政协委员、律师及部分当事人发放案件调查问卷210份，起到了查漏补缺提高案件质效的作用。突出抓好档案管理升级工作，加快纸质档案电子化进程，提升档案成果转化，实现了档案的安全保管和有效利用。健全司法人事管理体系，实行人员分类管理，完善业绩考评办法，量化细化工作任务，实现对全院干警的科学综合考评。**三是以廉政建设为平台，推进司法廉洁公正。**坚持惩处与预防结合、内外监督并重，进一步加强惩防体系建设。层层签订责任状，完善廉政档案，并适时组织明察暗访，强化遵章守纪意识，先后利用典型案件进行警示教育3次，召开专题廉政教育大会5次，未发生一起干警违法违纪事件。**四是全面改善工作条件，不断增强处突能力。**在院财政相对困难的情况下，投资80万余元添置警车、改善办公环境、增配办公设备，使装备建设水平有了一定提升，干警的办案条件、办公环境得到了一些改善。通过加强法警队伍建设、强化人防技防手段、实施应急演练等，有力地提升了法院干警处置和应对突发事件的能力，保障了审判工作安全有序进行。

检察院

2011年，检察院在市院和滦南县委的正确领导下，紧紧围绕市院总体工作思路和县委工作大局，突出强化法律监督，维护公平正义的检察工作主题，全面贯彻落实十三检工作会议精神和省市院检察长工作会议精神，坚持立足实际，团结协作，少说多干，推动各项检察工作全面健康发展。在2010年被最高人民检察院荣记集体一等功的基础上，2011年又先后被高检院和省院分别授予全国先进基层检察院和河北省模范检察院荣誉称号。

一、全面履行检察职责，有效服务党和国家工作大局

一年来，全院上下积极履行检察职责，始终致力于增强大局观念，提高服务意识，自觉把检察工作置于全县改革、发展和稳定大局之中，各项检察工作取得了新进展。

一是严厉打击严重刑事犯罪，努力维护社会稳定。始终把维护社会稳定作为首要任务，依法严厉打击各类刑事犯罪，坚持重大案件提前介入，严把审查逮捕、审查、起诉质量关。截至11月25日，共受理公安机关提请批准逮捕169件308人，依法批准逮捕157件276人，受理移送审查起诉210件433人，提起公诉187件356人，做出有罪判决189件338人，批捕起诉准确率达到100%，为滦南经济发展和社会和谐稳定提供有力的司法保障。

二是坚持惩防并重，积极查办和预防职务犯罪。2011年，把工作的重点放在了法律监督与自侦案件的衔接上，坚持以查办贪污贿赂、渎职侵权案件为重点，实现职务犯罪查办与诉讼监督的有效整合，与自侦工作结合，形成互为依托、相互促进的良好态势。反贪部门共初查涉嫌贪贿案件19件，立案3件4人；反渎部门初查案件9件，立案2件4人。所办案件中，有2件是通过诉讼监督为反贪、反渎部门提供线索。同时，积极参与城镇面貌三年上水平工作，重点开展了重大建设项目预防职务犯罪专项活动，强化建设工程项目招投标和土地流转环节的监督，共发出检察建议18份，开展预防咨询50余次，进行警示教育和法制宣传12次，实现了法律效果、政治效果和社会效果的有机统一。

三是化解社会矛盾，创新社会管理。以涉农检察工作为依托，加强控告申诉检察工作，把涉检信访作为一项重要政治任务来抓。全年共受理各种来信27件，来访260人次，通过积极排查信访隐患，全部得到及时有效处理。同时，认真贯彻宽严相济刑事政策，把化解矛盾贯穿于执法办案的始终。侦查监督部门依据《轻微刑事案件不捕细则》，对5起涉及亲属纠纷、邻里纠纷、农民工的轻伤害案件做出了不予批准逮捕的决定；公诉部门成功促成了3起因土地承包、邻里纠纷造成的轻伤害案件的刑事和解，促成了3起涉及校园安全案件的双方家长就民事部分自愿签订书面调解协议，使激化的矛盾得到缓解；民行部门采取检察官亲自上门息诉的方式，融情于法，息诉9件；监所部门加强监外执行监督，使320名监外罪犯全部纳入社区矫正。

二、切实强化法律监督，务求取得明显成效

高检院和省、市领导对进一步强化法律监督工作高度重视，为此，检察院紧紧依托法律监督大格局这一保障机制，进一步优化监督格局、整合监督资源，形成强化法律监督工作的强大合力。

一是更加注重完善“大格局”机制。在2010年县人大常委会作出相关决议的基础上，2011年初中共滦南县委正式出台了《关于进一步加强法律监督工作的决定》，为优化大格局提供了坚强的政治保障。为了进一步完善大格局机制，积极探索建立检察机关与纪检监察、组织人事部门的协调配合机制，把重点放在案件线索移送和信息反馈方面，实现法律监督与人事监督、组织考察、党纪处分的有机结合和有效衔接，提高法律监督的实效性。同时，引入政协的民主监督和社会舆论监督，在强化内部监督的同时，主动争取大量的外部监督，以求得“大格局”框架下所有被监督对象地位的平衡，实现和谐司法。

二是更加注重整合内部监督资源。为了使内部监督在机制和效果方面实现制度化、标准化。于年初提请县编委增设了法律监督办公室，由该部门统一对全院各部门专业职权的行使实施监督。在业务流程上，由法律监督办公室监督办案程序和考评案件，统一管理所有案件的“进口”和“出口”，统管全院案件统计报表，掌握全院业务数据，监督各业务部门贯彻执行检委会决策事项，监督各业务部门对工作程序及法定办案期限的执行。为了更好地开展未成年人犯罪的预防和案件办理工作，已提请县编委增设未成年刑事检察科。

三是更加注重日常监督工作。为了强化领导小组的监督和督导职能，坚持把检察建议、纠正违法通知书、抗诉书等监督文书每案报送县强化法律监督领导小组全体成员，让各位领导随时掌握我院的监督动态和监督信息。在2010年工作的基础上，不断完善各项机制，并努力形成常态化。截至11月25日，共监督公安机关立案8件8人，追诉漏犯11人，追加犯罪事实9起，提抗1件1人，改变公安机关适用强制措施不当案件3件7人；通过开展民事审判监督，办理提请抗诉案件8件，市院抗诉7件，已改判4件；监所检察部门纠正监管违法行为18件；法院捕后判处缓刑案件41人，比2010年同期下降30%。对办理的犯罪嫌疑人宫某等人寻衅滋事一案，由于涉及人员多、影响大，属恶势力犯罪，通过审查发现对其中5人采取取保候审强制措施明显不当。为此，公诉部门报请检察长批准，迅速启动捕诉衔接程序，由公诉部门将嫌疑人传唤到案后，立即做出逮捕决定，通知公安机关执行逮捕，并利用法律监督另案处理人员数据库信息，依法追诉遗漏犯罪事实6起，追加漏犯4人，群众拍手称快，进一步增强了检察机关在人民群众中的威望。

三、多措并举，打造职业化团队

作为全市检察队伍职业化建设试点院，在多次组织召开党组会、中层干部理论研讨会、全院干警大会，反复学习、深刻领会省、市领导指示精神的基础上，紧密结合滦南县院实际，确立了“以忠实履行法律监督职责为主线，以检察文化建设为载体，以个性化、差别化的素质培训为抓手，以规范化、信息化管理为手段，全力打造高素质职业化检察队伍，推动滦南检察工作创新发展”的检察队伍职业化建设新思路，及时成立了检察队伍职业化建设领导小组，制定了《滦南县人民检察院关于紧紧围绕“三项重点工作”切实加强检察队伍职业化建设的实施意见》，对队伍职业化建设做到了开展工作有方案、推进活动有载体、检查验收有标准、完成时限有节点。同时，本着调研先行的原则，认真开展检察职业化建设理论研讨活动，撰写的《个人专业化、管理信息化、队伍职业化》和《强化职业意识，以表率作用促进职业化建设》等职业化建设工作的做法和体会，先后被省市院转发，得到了上级院的充分肯定。

（一）坚持把检察文化建设作为检察队伍职业化建设的动力源泉。努力使干警充分理解和认真领会检察文化的深刻内涵，紧密结合“发扬传统、坚定信念、执法为民”主题教育实践活动，制定和完善了学习考试制度、学习评比检查制度、学习成果审定制度等一系列规章制度，组织实施多项主题活动，营造先进的文化氛围，强化健康的群体意识，弘扬高尚的道德风尚，树立忠实的履职观念，坚持以党建促队建，充分发挥党员的模范带头作用，凝聚起昂扬向上、奋发有为的强大精神力量，创先争优活动的经验和成果得到了市委副书记周仲明同志的充分肯定，实现了队伍建设与业务建设的互动双赢。

（二）坚持把职业技能的培养作为检察队伍职业化建设的核心。始终倡导“工作中学习、学习中工作”的学习理念，通过理论研讨、岗位练兵、技能比武、实战检验，多种形式、多个角度开展学习培训活动，进一步夯实了干警的检察业务基础。同时，把司法考试培训工作作为检察事业可持续发展的重要战略任务来抓。自2006年以来，已有18名干警通过了全国统一司法考试，通过率达到86%，并有三名干警荣赢全市检察系统司法考试“状元”称号。始终围绕提高检察队伍职业能力，大力加强检察队伍建设，通过开展的岗位练兵，积极组织侦查实务、观摩庭、示范庭、论辩赛等岗位技能竞赛活动，全面提升队伍的执业执能力。干警刘翠红在全市公诉人论辩赛中勇夺第一名，并代表市参加全省公诉人论辩赛，获得了优秀风采奖。

（三）坚持把规范化、信息化作为检察队伍职业化建设的根本保障。始终坚持“日常工作抓实、重点工作抓精、特色工作抓亮”的思路，以规范促管理，努力提升检察队伍职业行为水平。通过对原有各项规章制度、管理机制的修订、补充和完善，编制了《滦南县人民检察院规范化管理制度汇编》。坚持从点滴小事抓起，从规范日常行为做起，认真实施精细化管理，有力地促进了机关作风和干警形象的改善。

为了积极推进法律监督信息化建设，科学构建执法办案内部监督体系，打造科学管理、全程监控的网络操作平台，紧密结合工作实际，自主研发了网络办公办案软件，经过近三个月的升级、改进和增容，现已投入试运行。一是建立“电子卷宗”，进一步强化对案件的实体监督。为案管中心购置了高速扫描仪和高拍仪，在案件受理时迅速为案件建立“电子卷宗”，实现全部案卷材料的网络共享和浏览。二是规范办案流程，促进办案效率和质量提高。对全部刑事案件统一进出口，从受理、登记、分流到审查终结进行全程监控管理，实行同步录入，实现网络管理。三是强化内部监督。通过办案流程的网络化管理，把口头提醒变为网络自动提示；把静态监督变为动态监督。检察长、纪检部门通过工作查询和工作监控随时掌握案件的办理情况，适时进行监督。四是强化对干警的绩效考核。自动记录办公办案的全过程，通过软件的工作查询和报表生成功能，每位检察官的日常工作绩效一目了然，为考核工作提供清晰和全面的评价依据。

公安局

2011年，公安局在县委、县政府和上级公安机关的正确领导下，以县委、县政府“十项重点工作”社会管理“八项工程”建设为抓手，深化“三项建设”，把夯基础、上台阶、促创新、求发展作为2011年工作重点，以深入开展“凤城亮剑”严打整治会战、2011夏季严打、“清网行动”为载体，严厉打击各类违法犯罪，提高全县群众的安全感和满意度，全面提升打击、服务和维护辖区社会政治、治安秩序稳定的能力，圆满完成了上级公安机关赋予的各项任务，较好地履行了为县域经济又快又好发展保驾护航的职责。

一、恪尽职守，全力服务县域中心工作

2011年，县委、县政府为改善民生环境，发展县域经济，提高人民幸福指数，相继做出了一系列的重大决策部署，深入开展了“三大攻坚、四大开发”、省级“文明城”、“园林城”创建活动。公安局党委立足全县发展大局，积极为党委政府分忧，先后抽调4名局党委成员，10名党员民警投入到县中心工作的具体任务中去，工作中，他们拒绝理由、勇挑重担，发扬少说多干、奋勇争先的精神，出色的完成了拆迁平改、城市外观改造、铁矿开发维稳等具体任务。在整个攻坚行动的助推工作中，县局党委超前谋划、提前部署，为全县中心工作营造了和谐、稳定的社会治安环境。**在社情舆情掌控上，**坚持网上、网下相结合，通过基层摸排、耳目贴靠、网情监控等手段的综合运用，搜集各类情报信息20余条，处理互联网有害信息400余条，为各级领导的决策提供了依据，也化解了一大批苗头隐患。**在重点项目扶持上，**坚持项目现场在哪里，警力就部署到哪里的原则，深入开展矛盾纠纷排查、治安乱点整治等专项行动，有效的净化了项目区域的社会治安环境。**在对违法犯罪的打击上，**紧密结合“凤城亮剑”严打整治会战，对各类违法犯罪活动展开了凌厉攻势，严厉打击了犯罪分子的嚣张气焰，切实维护了社会治安大局稳定，为全县三年大变样和社会和谐稳定创造了良好的社会治安环境。**在群体性事件处置上，**最大程度的追求法律效果、社会效果与政治效果的统一，坚持打击组织者，教育参与者，既维护了法律尊严，又稳定了社会秩序。**在交通环境治理上，**下大力度开展连续不断的城区交通秩序整顿专项行动，完善了各类道路交通设施，对酒驾、闯信号等严重交通违法行为进行了严厉打击，为县城居民提供了轻松、顺畅的出行环境，消除了省级“文明城”创建活动中不文明行为。**在信访维稳工作中，**通过“三到位”（坚持问题解决到位坚持责任追究到位、坚持违法查处到位）查控非正常上访人员，努力做到“八个坚决防止”（坚决防止发生严重影响政治稳定的重大事件，坚决防止发生严重影响公共安全的暴力恐怖事件和个人极端暴力事件，坚决防止发生大规模重大突发性群体事件，坚决防止发生大规模赴京非正常聚集上访事件，坚决防止发生影响恶劣的严重刑事案件，坚决防止发生特大道路交通、火灾、爆炸等安全事故，坚决防止发生危险人员和物品途经我省进入北京，坚决防止队伍发生重大违法违纪问题），坚决实现“三个零发生”（零发生进京集体访、零发生极端事件、零发生媒体炒作）的目标，有力的助推了县“三大攻坚，四大开发”活动，改善了全县的投资环境。

二、把握关键，对症下药，强力推进“八项工程”建设

把社会管理创新“八项工程”建设作为深化“三项建设”，统领各项公安工作、打牢公安业务基础的首要工作，通过“四抓四促”措施在警务理念、工作方法、“亮点”建设上谋创新、求突破、出成果。

一是抓借势，以提升规格促加大投入。年初把“八项工程”建设确定为党委“一号工程”来抓，并以党委一号文件下发。被县委、县政府列为2011年全县“十项重点工作”之一、为群众办理“二十件实事”之一，每周县政府都对“八项工程”建设进行调度，及时协调解决建设中存在问题。县政府投入1000余万元建成了150个点的城市动态治安监控系统和8个主要交通路口的电子警察抓拍系统；全县奶牛养殖小区和部分蔬菜大棚推广安装了视频监控系统，到年底视频监控覆盖到全县各乡镇和治安重点区域；由政府出面协调整合了医疗、商户、学校、内部单位等社会监控，建立了服务平台；将社保、劳动就业、就医、房产煤气、行业场所法人代表、保险等9大类21小项社会资源信息全部整合到公安局情报中心，属全市首创；为解决警力紧张的局面，政府协调劳动人事、财政等部门招录了120名协警，全部由县财政解决工资、保险，并专门招录了20名具有一定特长的退伍转业军人，安排到巡特警大队，充实了常备应急处突力量。

二是抓强势推进，以精细管理促落到实处。为将“八项工程”建设按照上级公安机关要求抓实、抓好、抓出特色，局党委在推进手段上进行了创新，将八个建设内容中重复的内容进行合并删减，细化分解为41大项任务、175个建设项目并进行了数字编码，每个项目都明确了督办领导、督办单位、督办人、责任单位、责任人及完成的时间节点。专门印制了推进手册，将“八项工程”所有文件、方案、和具体人员的责任分工、任务内容全部涵盖其中，各单位和人员根据任务索引查找到自己需要完成的任务，使内容简便更具操作性。在党委会议室张挂了社会管理创新“八项工程”推进图表，用四色旗显示每项任务的进度情况，整体进展一目了然，有效增强了各级领导的紧迫感和落实力。通过精细管理、挂图作战，确定的“八项工程”建设175个项目有168项任务已经建设完成，投入实战应用。

三是抓创新突破，以打造“亮点”促整体推进。密切结合实际，加强重点建设攻坚，以点带面，促进整体推进，在天网覆盖、立体防控、民生警务、矛盾排查化解、技防群防等方面确定每项工程中的重点建设项目，强力推进。目前，“2+1平安联动”工程、旅馆QQ群管理、平安家庭报警系统、特色警民巡逻队、重点工作对象“弟子规”管理等一批源自基层首创、体现“滦南特色”的社会管理创新“亮点”建设取得了成功经验。将“天网覆盖”触角向农村延伸，按照以点带面的原则，率先在宋道口辖区建成了高清晰度的农村视频监控系统。

四是抓实战应用，以服务支撑促成果转化。借助社会管理创新“八项工程”取得的建设成果，信息引领警务，仅“凤城亮剑”严打整治会战期间，为侦查破案、社会治安管理等公安现实工作提供有效服务支撑，提供了有价值案件线索、依据300余条。通过“天网覆盖”直接破获了供销大厦盗窃、二层楼系列盗窃、入室盗窃沿街门市、盗窃医院患者财物等案件50余起，快速处置了治安监控发现的街头持刀伤人、破坏公共设施等案件3起；通过加强“应急处突”、“立体防控”建设，快速反应、及时围堵擒获抢夺手机店等犯罪嫌疑人2名；比对社会资源发现被上网通缉后在滦南办理结婚登记逃犯4名，抓获1名网上逃犯；通过开展“实有人口知晓”工程，在清查外来人员时，打掉一个由4名内蒙古人员组成，案值百万元的盗窃原油犯罪团伙。街头“两抢”等违法犯罪同比下降61%、交通违法行为明显减少。特别是公安局首创的旅馆业QQ群管理在协查破案中发挥了作用，5月25日通过旅馆业QQ群将一名吸毒可疑人员嫌疑人照片和身份证号码向各旅馆发布，由旅馆业主反馈，成功将其抓获送至市局戒毒所执行强制戒毒。宋道口农村社会治安监控系统自10月1日开通以来，已通过调取监控录像帮助群众找回丢失在出租车上的手机，成功化解交通肇事、打架纠纷20余起，该辖区各类发案明显减少。

三、突出重点，打防并举，以严打整治为抓手全力维护社会治安秩序稳定

继续按照部、省、市部署，以“凤城亮剑”、2011夏季严打、“清网行动”等专项斗争为抓手，坚持以打促防、打防结合的方针，全力维护全县的社会治安秩序，来提升人民群众安全感、满意度。2011年，全县刑事发案1968起，破刑事案件508起。发案率同比上升13%，破案率同比上升9%；批捕276人、移送审查起诉447人，抓获网上逃犯285人，打掉恶势力团伙1个，为人民群众挽回经济损失400余万元，严厉打击了犯罪分子的嚣张气焰，切实维护了社会治安大局稳定。

（一）坚持大要案攻坚，严厉打击犯罪效果明显。在日常工作及“凤城亮剑”严打整治行动中，将故意杀人、故意伤害、寻衅滋事、涉枪涉爆、暴力袭警、妨碍公务、诈骗、涉毒、侵财等重大案件的侦破及治安乱点、危爆物品管理等重点工作作为重中之重，进行重点攻坚。**一是重拳出击，严厉打击严重暴力犯罪。**对绑架、放火、抢劫、强奸等严重暴力犯罪，重拳出击，穷追猛打，成功破获了“2011.1.7”马各庄系列放火案，破获放火案件27起；破获“2011.3.4”重大绑架案，成功解救人质；破获“2011.3.19”因上网聊天引发的强奸案4起；破获“2011.4.5”驾车持刀、持枪抢劫加油站案件2起。**二是对“两抢一盗”侵财类案件集中攻坚。**特别是在“凤城亮剑”严打整治会战中，以打团伙、打系列、打流窜为重点，强化多发性侵财犯罪的打击力度。成功打掉“2011.1.4”“2011.1.6”

两个高速公路卸货团伙，破获盗窃高速公路运输货物80余起；1月14日破获滦南县供销大厦盗窃案，破获盗窃案17起，价值17万元；5月10日打掉一个抢劫、盗窃四人团伙，破获抢劫案件2起，盗窃案件11起；5月18日打掉李焕发三人团伙，破获在秦唐两地疯狂盗窃大型运输机动车柴油案件10起，销赃案件3起；5月18日，破获在滦南、乐亭、丰润、遵化、唐山市、及秦皇岛昌黎县等地利用技术开锁入室盗窃18起；5月22日，破获15人盗、销团伙案，一举抓获团伙主要成员刘耀铮等7名犯罪嫌疑人，破获盗窃作案20余起，涉案价值5万余元。5月24日，破获一重大盗窃油田原油犯罪团伙，破获8起盗窃冀东油田原油200余吨，价值100余万元的重大盗窃案件，聂殿国等5名犯罪嫌疑人被抓获。6月26日，破获姚志超5人农村入室盗窃团伙，破获案件100余起。8月27日，成功打掉一个自2009年春天至2011年，采取驾驶面包车白天踩点、晚上盗拆的方式在滦南及滦县、迁安、昌黎境内盗拆变压器8台、保安器的4人犯罪团伙。9月28日，经缜密侦查，辗转数万里，破获了一起涉案值达205万元的合同诈骗案，为县域重点企业挽回了重大经济损失。以上案件的成功侦破，狠狠打击了侵财犯罪活动，切实解决了农村、城镇居民区、公共场所和交通沿线犯罪突出的侵财类犯罪问题。**三是大力加强追逃工作**。以“清网行动”为抓手，全面强化警种、部门追逃工作责任，不断巩固全警立足本地、本职、本岗位抓逃的工作新格局，不断掀起追逃高潮。出台了打破辖区和任务界限的追逃政策，各任务单位可根据自己的线索资源，在全县范围内跨区追逃，抓获其他单位的任务逃犯的，消减该单位一名任务数；对逃跑时间较长、没有线索、抓获难度大的逃犯，局党委与办案单位集体分析、会商，共同研究确定主攻方向，制定线索摸排措施。市局党委副书记、副局长刘晓忠亲自与该局交警大队研究对逃犯汪安强的抓捕，经过分析逃犯特点、循线追踪确定了汪安强的藏匿地点，一举将其抓获；全局民警深入摸排，广泛搜集逃犯信息，特别是针对潜逃到外地的逃犯，充分发动个人关系掌握线索，得到准确消息立即赶赴抓捕，全局出动各类抓捕组17个，分赴山东、广东、云南、内蒙古、湖南、吉林、黑龙江等地抓捕逃犯。抓获“清网行动”前上网逃犯64名，清网率达到74%。

（二）服务中心，突出维护社会政治稳定。为缓解社会发展与群众个人利益之间的矛盾，防止群众受少数别有用心的人蒙蔽指使进行越级上访、群体上访等问题的发生，坚持“局领导轮流每日接访”和“周三局长定期接访”等工作机制，将接访、移交、承办、督办和回复等环节的工作做实做细，对来访者的在职权内的合法要求全力解决。进一步畅通信访渠道，夯实基础，着力从创新工作机制、加强源头治理上下功夫，竭尽全力，穷尽所能，上半年集中开展了化解信访积案攻坚会战，4起“钉子案”、“骨头案”得以息诉罢访或导入法律程序，圆满地完成了攻坚会战任务，下半年认真开展了信访百日攻坚会战，6起省督信访攻坚案件，化解4起，2起待省厅终结，6起省市联合接访中心交办的案件化解2起，其余4起正在办理中。

（三）立足实战，提高快速反应能力。按照省市要求，吸取经验教训，大力实施“应急处突响应工程”和“立体防控工程”建设。**一是加大应急装备配备**。在县财政紧张的情况下，坚持用好每一分钱，着眼长远，购置了具有整个县级公安指挥系统所应具备的所有功能的最先进的现场指挥车，应急装备的配备率、标准达到了应急处突要求和配备标准，建立了应急装备库。**二是加强应急力量建设**。积极争取县委、县政府支持，在人事部门的组织下专门招录20名具有一定特长的退伍转业军人，安排到巡特警大队，充实常备应急处突力量，使应急常备力量达到60名。**三是提高应急处突实战能力。**通过经常性拉动演练检验专业队伍训练效果，提高各警种协调配合能力。全年共组织针对性实战拉动演练6次，每次演练对全局应急反应能力都有较大提升。特别是省厅导调组在滦南设置紧急警情的实战拉动中，反应迅速、处置到位、程序得当，得到省厅导调组的充分肯定。

四、突出安全隐患排查治理，强化安全生

产整顿攻坚行动

紧紧围绕全县经济发展这一中心，按照县安委会的统一部署，积极立足本职，加大消防和交通管理工作力度，深入开展交通、火灾事故隐患排查治理战役，本着预防为主的原则，以“压事故、保安全”为重点，狠抓各项管理措施的落实，及时有效地剔除了一大批事故隐患，为全县经济健康飞速发展创造了良好的安全生产环境。

（一）强化监督整治，剔除消防隐患。2011年共发生成型火灾事故9起，造成直接经济损失1.57万元，未发生恶性有影响的消防事故。**一是以专项整治为着力点，彻查火灾隐患。**将整治火灾隐患作为全年防火工作的重中之重，始终置于首要位置，集中开展了建筑工地外墙保温材料、暑期安保等专项整治行动。全年共监督检查有关单位622家，发现火灾隐患123份，下发责令改正通知书123份，下发处罚决定书29份，罚款10.3万元，拘留2人，临时查封2份。**二是以“防火墙”建设为切入点，提升防控能力。**积极推动县政府制定下发了《滦南县社会单位消防安全“防火墙”工程建设实施方案》，在全县部署开展了社会单位“防火墙”建设工作，首先在重点单位开展了示范点建设活动，并以点带面在重点单位予以推广。全县87个消防安全重点单位“四个能力”建设已经全部达标，极大的提升了社会整体防控火灾的水平。**三是以重大火灾隐患为突破口，净化消防环境。**充分发挥政府统揽、部门配合、消防督办的三级联动作用，采取落实责任、挂牌督办、单位承诺等措施，彻底消除了市政府挂账的双虎家私这一重大火灾隐患。**四是以消防宣传为牵引力，增强防范意识。**围绕新《消防法》宣传贯彻，不断创新宣传手段、拓展宣传渠道，借助社会整体优势，全方位、多角度的开展了大规模的社会化消防宣传活动。大队组织大型主题宣传活动9次，设置大型宣传展板8块，发放宣传资料2万余份，招募消防志愿者3000多名，举办各类消防培训班26期，培训人员4800人次，营造了浓厚的消防宣传氛围。

（二）严格监控查扣，整治交通环境。2011年共查处各类交通违法行为52700起，行政拘留553人，累计记分65362分，罚款1028.8万元，上牌6390个，办证530个，规费收入73.9万元，处理各类交通事故2730起，查扣违法车辆1014辆。一方面制定并执行了领导小组成员包面，各中队长包路段，各位民警包重点路口、岗亭、事故多发地段的责任方案。做到了和谐、平安，无一例上访投诉案件发生。深入客运公司组织企业法人及司乘人员开展交通宣传、座谈6次，播放安全宣传专题片8场次。另一方面从源头上控制车辆违章违法，对全县近九万辆机动车驾驶人进行分类指导，对客运车、公交车、单位通勤车、校车的法人及驾驶人进行了分期分批的培训，通过播放宣传片教育当事人增强“责任重于泰山”的意识。对大型货运车辆加强路面查处，并见车发放《致货运车辆驾驶人的一封信》，让当事人了解超载（重）的危害。对除以上两类以外的车辆，结合各镇派出所对辖区村庄进行调查，摸底，发放宣传材料近4万份，教育广大驾驶人提高文明驾驶新观念。对城区乱停乱放问题进行综合治理，通过实施电子监控、路面抓拍、巡逻查处等手段，使城区交通秩序日趋良好。第三是适时开展了“千警百校护卫天使行动”，选调和聘用4名女警在滦南第一实小设立“护学岗”，充分发挥女警的特殊优势和亲和力，在学生上学、放学人流、车流高峰时段，护送学生安全过马路，疏导指挥交通。

五、强化教育，综合施措，提高队伍职业化水平

始终把加强公安队伍建设作为加快推进公安事业发展的基本保障，把打造过硬“四师”队伍作为推进职业化的目标。培育了既有“全国优秀警察”王仲存、曹文明这样的老典型，也有全省“范党育式的好民警”孟令深这样的时代楷模，又涌现出了全市“十佳爱民模范”赵正义这样的新典型。

一是通过典型引路励警。每年都把选树典型作为一项重要工作，制定方案计划，在不同警种、不同岗位大量选树典型，大力宣扬典型，大力倡导“让有为的人有位，让吃苦的人吃香”，把“范党育式的好民警”孟令深从普通民警提拔到科级岗位，使广大民警学有榜样、干有目标，从身边的人学起、从本职工作干起。激发比学赶帮超的动力，形成了少说多干、奋勇争先的氛围。**二是通过走廊文化育警。**大力创建警营文化，拓展教育阵地，在公安机关大厅、走廊墙壁上悬挂励志、警示、哲理、反腐倡廉等不同类型的名言警句，使民警在通过时自觉不自觉地接受教育，提升文化品位，在工作中能够时刻想起这些名言警句，知道该干些什么，什么不该干，把主要精力用在提升业务技能，干好本职工作上。**三是通过严格规章律警。**在严格落实各项规定、纪律，强化“条令治警”的同时，完善各项考评机制，制订了一系列加强队伍管理的规章制度，出台了《协勤人员管理规定》，将民警、协警言行举止、社会交往、八小时以外管理等做了规范，使民警、协警能够自觉、自省、自律，对3名违反规定的协警人员予以辞退，多年来，全局民警队伍未发生违法违纪现象。

司法局

2011年，司法局按照省、市司法行政工作会议部署，在县委、县人大、县政府、县政协的正确领导和市司法局的积极指导下，认真贯彻落实县第十一次党代会精神，坚持“围绕中心、履职尽责、立足本职、服务大局”的工作思路，充分发挥司法行政职能作用，以深入推进“社会矛盾化解、社会管理创新、公正廉洁执法”三项重点工作为载体，以创建省级文明县城为平台，进一步围绕中心、改进作风、保障民生、服务大局，大力开展普法依法治理、人民调解、安置帮教、社区矫正、法律援助等工作，为建设“五个滦南”，促进全县经济社会全面协调发展做出了积极贡献。

一、抓宣传、促治理，总结“五五普法”经验，推进“六五”普法进程

（一）认真做好“五五”普法总结和“六五”普法的启动筹备工作。认真总结“五五”普法工作经验，特别是创新做法和亮点工作，按照重在持续、重在提高的要求，不断总结、提炼，使之在“六五”普法中进一步得到发展。按照市普法办和县“五五”普法规划要求，认真做好“五五”普法总结表彰和“六五”普法动员部署会议的筹备工作。

（二）进一步加大法律宣传力度。3月份组织机关5名党员到金辉广场参加全县志愿者服务活动，由王振山副局长带队，宣教科长、滦新法律服务所主任及其3名业务骨干参加。4月份，组织机关5名党员及业务骨干参加全县志愿者服务活动，由杜洁美副局长带队，到大戏院广场进行法制宣传活动，重点宣传知识产权法、公证法等法律法规，发放自己编写的《农民涉法100例》、普法宣传资料等2000余份，免费解答法律咨询300多人次。5月28日，到长凝镇广场举办“三下乡”活动，为全县百日攻坚行动打造浓厚的舆论氛围。在此次活动中，由5名业务骨干组成送法小分队，把法律常识和法律服务送到老百姓的家门口，共计发放普法宣传资料3000余份，免费解答法律咨询200多人次。6月11日市验收组来检查验收，对滦南“五五”普法工作表示满意。

（三）继续推进“法律八进”活动。一是充分利用社区、农家书屋、法制宣传专栏等法制教育阵地开展法制宣传教育；安排每月一法进乡村、进社区活动。在乡村和社区举办法律咨询8场次，发放宣传材料8000余份，制作专栏10余期。二是继续深入学校开展“与法同行——共建平安校园”活动，已深入3所学校开展了此项活动，受教育师生达到2000余人次。

二、抓调解、促稳定，深入推进社会矛盾化解

（一）人民调解组织实现网络化。本着“哪里有人群，哪里就有调解组织”的工作原则，全县大力实施人民调解“六进”工程，积极拓展人民调解工作领域，目前，全县共建立人民调解委员会650个，其中镇村调委会626个，企业调委会8个，学校调委会5个，事业单位调委会10个，市场调委会1个，人民调解组织纵向和横向建设率均达100%，形成了覆盖全县的矛盾纠纷调解组织网络，满足了全县居民化解各类矛盾纠纷的需求。在人员配备上积极吸纳退休干部、律师、教师等热心民调工作、社会威望较高、具备一定专业知识的人士，参加人民调解委员会，优化了调解员队伍。全县共有人民调解员2810人，每年进行一次轮训，有效提高了广大人民调解员的业务素质和调解能力。

（二）建立人民调解员奖励机制。为充分调动人民调解员的工作积极性，制定了《人民调解员案件补贴办法》，下发到全县各个调委会。该《办法》规定，对于主要事实清楚，调解程序合法且调解成功的案件，同时具备调解申请书、调解笔录及规范的人民调解协议书等调解文书，做到一案一档，即成为一宗规范化人民调解案件，根据疑难程度，分别给予调解员不同金额的案件补贴，调动了人民调解员的工作积极性。2011年，全县人民调解员共办理形成正式调解文书的调解案件966件，人民调解奖励机制的建立，进一步促进了人民调解工作的开展。

（三）充分发挥人民调解职能作用。认真落实了民间纠纷月排查、季分析、重大纠纷快报制度和责任追究制度，组织开展了日常矛盾纠纷排查治理工作，并认真做好春节、五一等重大节日期间的集中排查。主动参与调处环境污染、征地拆迁等纠纷，努力预防、控制、化解重大群体性纠纷，使大量的民间矛盾纠纷解决在基层，化解在萌芽状态。全县调解组织共调处纠纷3615件，调解成功率95.5%，制止群体上访两起，无民转刑案件发生，为预防和减少犯罪，维护社会稳定发挥了重要作用。

三、抓统一、促规范，扎实推进基层基础建设

（一）改变司法所管理模式。根据省市县文件精神，上半年，基层司法所改变了以镇管为主，司法局业务指导为辅的管理模式，实现了基层司法所直接由县司法局直接管理的模式。收编了20名基层司法助理员，实现了基层司法所人、财、物直管，更有利于司法行政工作的开展。

（二）司法所实现规范化管理。在全县司法所实行了百分制考核办法，从队伍建设、制度建设、调解组织建立、调解民间纠纷件数、调解纠纷成功率、调解协议书制作规范化程度、档案管理等方面对司法所进行百分制考核，实现了司法所建设的制度化、管理规范化，促进了基层司法所各项工作的开展。

四、抓帮扶、促转化，积极开展社区矫正、安置帮教工作

（一）社区矫正工作步入正轨。为了更好地开展工作，对基层司法所全体人员进行了社区矫正工作的重要性及社区矫正工作的法律、法规、社区矫正工作流程、考核、档案建立等知识的培训，提高了社区矫正工作队伍的整体业务素质，增强了他们的责任感和使命感，从而保证了对社区矫正人员的改造教育质量。截至目前，全县累计接收社区矫正人员45人。其中假释人员34名；管制人员1名；缓刑人员3名；监外执行人员7名，在矫正过程中实行了四级网络化管理，采取定期思想汇报，定重点教育人员，定期了解考察，定期动态考核，定期分类管理等工作方法。2011年无脱管、漏管现象，无重新犯罪现象。

（二）安置帮教工作追求实效。把安置帮教工作重心放在重点人员的管理教育和监控上，按照底数清、情况明的工作要求，各镇司法所勤走访、勤评估、勤分析，在重要节庆及重大政治活动期间开展定期排查工作，在排查的基础上，对刑释解教人员采取多种形式、分类管理，对排查出的有重新违法犯罪倾向的列为重点帮教对象，进行重点帮教。全县共接收刑释解教人员45人，无一人重新违法犯罪，有力的维护了社会和谐稳定。

五、以“三大攻坚”、“四大开发”工作为契机，精心打造法律服务平台

（一）律师积极参与“三大攻坚”、“四大开发”工作成效显著。制定了律师轮流值班制度，16名律师积极参与到服务攻坚行动及县信访局的信访接待中来，在每周四的信访接待日，积极配合县领导做好接待群众上访工作。共接待来人来访200余人次。建立法律顾问点23家，办理各类案件310件，代写法律文书

467件，解答法律咨询813人次。

（二）公证处工作密切配合“三大攻坚”、“四大开发”工作。为了配合“百日拆迁”行动，公证处同志放弃节假日休息时间，加班加点，为涉及拆迁的群众解答法律难题，到拆迁一线办理公证，保证了拆迁行动的顺利进行。全年依法办理各类公证事项785件，服务了群众，促进了滦南经济建设的有序健康发展。

（三）司法医学鉴定中心规范化运作。年初，司法医学鉴定中心不断摸索工作的新方式，创立了“双会诊日”制度，即每周二为“小会诊日”，四名法医值诊，每周四是“大会诊日”，所有鉴定人员全部值诊，相关专家随叫随到，不需要被鉴定人等待，提高了鉴定的效率，受到当事人的一致好评。

六、维护社会公平正义，法律援助工作显著。

（一）加强法律援助宣传，巩固法律援助申请网络。由主管局长带队，援助中心工作人员走访了县残联、妇联、工会、街道等部门的法律援助工作站，进一步协商法律援助案件的衔接，促进了各部门之间协调联动，巩固了已建立的法律援助申请网络。

（二）鼓励法律工作者多办理法律援助案件，并规定在完成基本援助案件（每人每年两件）的前提下，每件补助办案经费500～600元。

（三）吸纳法律援助志愿者参与法律援助活动，动员全社会的力量参与到救助弱势群体的活动中来，让这些弱势群体更能体会到政府的关爱。共接待人访1109人次，电访3650人次，办理法律援助案件85件，其中刑事指定辩护案件32件，民事案件53件，为受援人免收法律服务费用12.6万元，为受援人挽回经济损失35.7万元，所办理案件中无一例投诉发生。取得了良好的社会效益。

人民武装工作

武装部

2011年，武装部在军分区党委、机关和县委、县政府的正确领导下，全面贯彻落实科学发展观，忠实履行新的历史使命，努力提升人武部的形象，形成了大项工作没有弱项，理论学习扎实有效，训练水平稳步提高，后勤保障能力增强，安全管理制度落实，军地关系融洽和谐的良好局面。

1. 抓思想政治建设坚强有力。部党委认真落实上级一系列指示精神，统筹兼顾、突出重点、开拓创新、狠抓落实，较好完成了各项任务。在理论学习上，党委中心组理论学习坚持了学习制度，落实了内容，取得了实效，用党的创新理论指导实践的能力不断增强。为搞好“加强党性修养、锤炼思想作风”教育整顿和“五用一履行”专项清理整治活动，紧贴自身实际，制定了学习计划，建立了干部理论学习档案，每季进行一次理论学习形势分析，定期进行笔记展评，每季向基层武装部下发一次理论学习纪要，通过规范制度学、党委带头学、联系形势学、紧贴本职学，达到了学实、学深、学透、学精的目标。在政治教育上，充分利用“两刊一报”教育平台，严格督促基层武装部和民兵营连落实“四课”教育，利用军事训练民兵较为集中的时机，采取多种方式，搞实搞活学习教育，有力促进了民兵思想政治工作的深入发展。注重用先进文化占领民兵的思想阵地，结合重大节日、重要时节组织民兵举办丰富多彩的文体活动，极大地活跃了基层民兵的业余生活。9月19日，联合宣传部，组织人防办、国教办、街道办，成功举办国防教育文艺汇演，受到社会各界的好评。在新闻报道上，高度重视，把此项工作作为政治工作的一项重要内容来抓，积极宣传报道单位建设的亮点。比如，专武干部公开选拔后，积极向分区党委进行汇报。在征兵工作中，为有效激发适龄青年的参军热情，采取多种形势搞好征兵工作宣传发动。全年累计在省以上报刊刊发稿件6篇，其中解放军报一篇，华北民兵三篇，河北日报一篇，河北经济日报一篇。

2. 抓党委班子建设奋勇争先。在制度建设上，部党委始终坚持做到按原则办事、用制度规范、在职责范围内发挥作用。能按照“十六字”方针，充分发扬民主，集体作出决策。在班子团结上，大家把班子内部团结当作班子建设的生命线，真正做到了政治上同德、思想上同心、工作上同力、性格上互容、能力上互补，增强了“一班人”的凝聚力，营造了团结和谐的浓厚氛围。深刻认识到没有内部团结和良好的外部环境，单位建设就不可能搞好的道理，做到了在思想上常沟通，在工作中常补位，在生活中常关心。在廉政建设上，党委“一班人”能够执行廉洁自律的各项规定和要求，在经费开支上，坚持党委集体理财，不乱发一分钱，开源节流，把主要财力用在人武部建设上。在选人用人、生活待遇和财经纪律等方面，能够严于律己，以身作则。

3. 抓干部队伍建设不遗余力。在教育管理上，从抓学习、严管理、促实干、重激励、暖人心、常警示六个方面入手，做到“六个突出”，着力提高干部队伍的整体素质和办事能力，即：突出一个“学”字，增强干部的理论素养；突出一个“严”字，增强干部的服从意识；突出一个“干”字，增强干部的能力素质；突出一个“暖”字，增强干部的责任意识；突出一个“励”字，增强干部的进取意识；突出一个“警”字，增强干部的自律意识，取得了良好成效。在专武干部队伍建设上，着重抓了专武干部公开选拔工作，依据《唐山市公开选拔基层人民武装部部长实施办法》，积极协调地方党委及组织部门，对空缺的2名基层武装部长实行了公开选拔，起到了良好的示范效应，进一步理顺了专武干部的进出渠道，提高了专武干部队伍建设质量。此经验做法被分区转发。同时，注重通过培训、以会代训等方式提高专武干部队伍的能力素质，每半年，会同组织部对专武干部进行一次综合考评，专武干部队伍的素质得到很大提高，在唐山市组织的专武干部军政素质考核中取得了总分第三名的好成绩。在预备役军官管理上，做好预备役军官登记统计工作的任务非常复杂、繁重。为此，明确由政工科长专人负责，同时注重基础设施建设，按照“人员建档、资料入橱、制度上墙”的要求，建立了资料室，配置了微机、打印机、资料柜、文件橱、档案盒等硬件设备，制作了预备役军官数质量统计表、分布图和各项规章制度等图板，使管理工作规范细致，资料存放井然有序，管理方法灵活多样。

4. **抓军事能力建设始终如一。**在国防工程管护上，进一步加强了对国防工程维护管理和军事设施保护的力度。组织力量对全县范围内国防工程资料进行清理建档，搜集资料，标绘了国防工程分布图，做到了数量清、质量清、位置清。同时，依法加大了对国防工程维护管理、对军事设施保护的力度，加强了对《军事设施保护法》和《国防工程维护管理规定》的宣传，增强了全民保护军事设施和国防工程的自觉性。在军事训练上，积极抓好军事训练教学责任制的落实，以《省军区军事训练教学责任制实施细则》为依据，按照教学责任制分工，突出抓好教练员队伍建设，进一步完善了各种教案。5月份，人武部两名主官参加了军分区组织的基础训练比武竞赛，同时狠抓了机关干部和专武干部的军事训练，取得了良好成效。在通信保障上，对视频会议系统进行了两次维护，排除了各种隐患，针对经常断电的情况，又及时更换了不间断电源，应急指挥通信系统运行良好，技术保障人员能熟练操作各类通信设备、会排除一般性故障，始终确保网络设施运行安全。所有的电脑都安装了军事综合信息网防病毒系统，确保了网络安全。

5. **抓正规化管理严格标准。**在正规化建设上，建立了正规的办公秩序。根据上级的要求，对部领导、各科的办公室进行了规范，按照战备要求，做到各类物品能够分类放置，摆放有序。干部职工严格遵守工作制度，都能按时上、下班，值班人员认真履行职责，按时召开党委会、部务会、交班会等例行会议。在安全管理上，始终把安全管理工作作为一项严肃的政治任务，认真学习贯彻军委3号文件、军区八个方面安全基本工作规范和军区安全隐患排查电视电话会议精神，把安全工作作为“主官工程”、“政治工程”、“保底工程”来抓，通过想、议、看、查等方法，确保安全工作落实。经常想一想安全工作的重要性，想想可能出现的问题，想想别人的经验教训，想想改进的措施，切实在思想上架起“高压线”；常常议一议，做到“定期议”与“及时议”相结合，党委会上议一议，交班会上议一议，谈心交心时议一议，通过常议及时发现和解决深层次的问题，确保了上下之间、干群之间、内外之间和谐，从源头上消除各类不安全因素；定时看一看，到各科室看一看，看营院的管理秩序、卫生情况、各科室的办公秩序，到那些容易遗漏的角落，库室、伙房等平时那些容易忽视的地方，随时打开库房看一看，拉开抽屉看一看，看保安全氛围是否浓厚，着力在强化参与意识上下功夫；认真查一查，查查思想上是否有松懈，查查机制上是否有漏洞，查查措施上是否细致，查在“人、车、密、财、电”落实上是否到位，做到不漏一人、不留死角。在保密工作上，突出抓好重要涉密岗位人员的教育和管控，严格落实防范网络泄密“十条禁令”，完善了移动存储介质和计算机网络管理制度。对机关涉密岗位人员进行严格的政治审查并签订了《安全保密工作责任书》；定期组织学习《保密守则》和《涉密计算机、移动存储介质管理使用“八不准”》、严密防范网络泄密“十条禁令”等，不准在办公计算机上存储任何涉密信息；对涉密文电和移动存储载体，做到文电集中打印并登记，做到涉密文电集中阅示、随到随阅随归档，个人不得存放涉密文电和存储介质，用完即还，严禁带出办公区；对涉密文件资料登记造册，并实行专人专管制度，文件资料每日清理上交，每周进行核对，有效地杜绝了失泄密事故的发生。

6. **抓兵役工作积极作为。**在兵员征集上，在冬季征兵工作中，积极宣传发动，为调动广大适龄青年的参军热情，征兵宣传工作规模大、声势高、形式活，利用电视讲话、滚动字幕、广播、设立咨询站、出动宣传车、挂横幅、写标语、发传单等各种宣传形式层层宣传发动，大造当兵光荣的声势，进一步激发了全县适龄青年报名参军热情。圆满完成了征兵任务。在整组工作上，坚持以质量建设为着力点，优化民兵组织布局。加强了民兵应急分队建设。根据民兵组织建设的实际和平时可能担负的任务需要，在坚持普遍编组的前提下，按照重点布控、四方配置、就近组织、便于指挥的原则，重点抓了应急队伍建设。在原有县有应急连，镇有应急排的基础上，强化了村应急班建设。新组建了 166 人的民兵专业应急连，组建了防汛抗旱分队和消防灭火分队。在基层建设上，针对部分专武干部和民兵干部的能力素质不强，想抓而不会抓、愿干而不会干的问题，进一步细化了基层正规化建设标准，组织全县专武干部进行了学习，规范了基层武装部建设，确立了标准，为进一步规范基层正规化建设树立了样板。目前全县所有的基层武装部正规化建设除街道办外都基本达标，达到了三室（办公室、会议室、资料室）、一库（战备器材库）健全，各种图表资料、计划、方案和预案齐全，部分条件好的单位还实现了微机化管理。

7. **抓后勤建设循序渐进。**在后勤战备上，制定了各种战备方案，并汇制了本辖区内交通运输、油料、医疗、粮食储备分布图及地形图、交通图，各种方案、资料存放实现了专柜存放。在财经制度上，严格落实《军队基层财产管理规定》，坚持党委理财制度；制定了人武部各类财经规章制度及办法，所有经费开支都实行了主官联签，加强了对家底经费管理和固定资产管理，500 元以上物品都进行了固定资产登记。定期对财务人员进行业务培训，对进行有关财经纪律方面的教育，确保财经制度落实。在车辆管理上，严格车辆使用派遣的申请、批准、登记、带车、报告等制度，加强司机队伍管理，严格落实警示教育日制度，加强遵规守纪教育，强化法纪观念；严格干部带车，落实安全责任。同时，最大限度地减少车辆动用，严防车辆事故。在营院建设上，为进一步改善办公环境，重新粉刷了办公楼，装修了食堂，安装了电子显示屏，更换了电子门锁，建设了草坪停车场，既美化了环境，又规范了停车秩序；对办公楼局部布局进行了调整，对后院进行了美化、绿化和硬化，建立了文化长廊；为射击场安装了电子报靶系统。人武部的争先氛围、文化氛围、创新氛围进一步浓厚。

8. **抓军民融合持之以恒。**在党管武装上，县委、县政府自觉坚持党管武装工作原则，切实加强对武装工作的领导，做到真心爱武装、依法管武装、诚心帮武装、全力强武装，使全县党管武装工作实现了新的进步。县委中心组利用学习时间学习相关知识，并且利用“八一军事日”等不同时机，及时组织全县科以上干部开展国防教育，通过开展教育、组织活动统一领导干部的思想，促进各级领导广泛关注与支持武装工作，进一步增强党管武装的责任感和自觉性。3 月 21 日，在全市人武部党委第一书记党管武装工作述职电视电话会议后，县委书记张国栋同志做了重要讲话，讲话全文印发了全县各单位，张书记指出“对武装工作要高看一眼、厚爱一层”，在全县进一步营造了关心武装、热爱武装的浓厚氛围，调动了广大专武干部干好武装工作的热情。八一，人武部组织了县四大班子军事日活动，还组织了全县科以上领导干部参加的军事日活动，通过军事日活动，不但增强了领导干部的国防观念，而且还进一步密切了军地关系。县委还将党管武装工作纳入各乡镇党委的年度目标考核之中，逐项细化打分，有力地促进了基层武装工作的落实。在双拥共建上，紧紧围绕滦南县委、县政府建设“滨海水城、经济强城、文化名城、宜居靓城”的战略目标，广泛开展了军民共建和谐滦南活动，取得了显著成效，有力地促进了军政军民团结，为滦南的经济建设腾飞和社会和谐发展做出了应有的贡献。在军人维权上，协调滦南县政法委、法院、检察院、公安局、民政局、财政局等12家单位，成立了滦南县维护国防利益和军人军属合法权益工作领导小组等5个军人维权机构。还积极开展和履行维护军人合法权益职能，积极协调地方有关部门，妥善处理军人家属与地方的民事纠纷。

此外，在志书编纂等方面也取得了不错的成绩。

学校医院工作

滦南一中

一年来，学校工作以党的十七大精神和“三个代表”重要思想为指导，以办人民满意的学校为目标，全面落实科学发展观和党的教育方针，以“六个坚持”为办学指导思想，以教育局开展的“教学质量提高年”为重点，积极推进工作创新，构建科学管理模式，大面积提高教育教学质量，各项工作得到了长足发展，较好的发挥了在县域教育中的示范和引领作用。先后获河北省内保工作先进单位，唐山市高中工作先进校等市、县表彰奖励30多项。学生在各级各类竞赛中成绩突出，35人次参加中学生学科竞赛获省级复赛资格。

尤其2011年高考再创佳绩。全校1591名考生，二批本科上线1100人，在考生人数比2010年减少116人的情况下，再次突破千人大关，总上线率达69.77%，比2010年增加4.3个百分点，高考各项指标均居唐山市十县一中第一，创历史最高记录。高三、2班薛源同学以687分的优异成绩荣膺唐山市十县一中总分第一名。

一、以人为本带队伍，团队凝聚力显著增强

坚持以人为本的理念，领导率先垂范，同志们个个争先，风正气顺的良好校风已经形成。

一是加强队伍建设，多途径、全方位提高教职工整体素质。以“创先争优”活动为载体，加强教职工的作风建设，引导教育全体教职工以“学校事业的全面发展”为自己的崇高追求，勇于承担责任。树立全新的育人观——教师的人格魅力就是教学质量，就是升学率的育人理念，最大限度的促进了全体学生的全面发展。二是关心教职工的生活，教师婚丧嫁娶、家属或本人生病，领导班子必访必问。既密切了干群关系又增进了相互信任和了解，广大教师把“甘于清苦、乐于奉献”的口号变成了实际行动。三是各位校长主任强化了“打铁还需自身硬”的责任意识，深入实际，全面落实“一线工作法”，达到了“一日无为，寝食难安”的高度自觉状态。工作中率先垂范，少说多干，奋勇争先，个个成了日常工作的楷模。在助推城乡统筹发展和省级园林城创建等工作中，均以大局为重，妥善安排，科学摆布，取得了较好效果，受到领导好评。班子凝聚力的增强，使学校风正、气顺，大家甘于寂寞，乐于奉献的积极性进一步得到激发，为学校的健康发展奠定了基础。

二、以业聚力求发展，队伍结构不断优化

引导全体同志把日常工作当成一种事业对待，克服职业厌怠情绪，不断学习，锐意创新，队伍整体素质明显提高，结构得到优化。年内外出听课培训360多人次，承办市以上教研活动9次，县级高效课堂现场会1次。

一是重视青年教师培养，提高他们干好事业的能力。实施了“135工程”，分层次搞好拜师学艺、青年教师课堂教学大赛、教学新秀评比等“以老带新”系列活动，为青年教师尽快成长创造条件、搭建平台。每学期青年教师都参加高三年级的期末考试，促进大家吃透教材，提高教学水平。目前，高三年级青年教师的比例在50%以上。二是发挥教研和备课组长的职能作用，强化团队作战的意识。认真组织每周一次的教研活动，开展教学研究，落实集体备课，有效整合了团队的综合优势。年内有3个组被评为市级先进教研组，5个组为县级先进组。三是提高班主任队伍素质，培养他们科学干事业的方法。通过召开班主任工作汇报会、经验交流会、专题研讨会、聘请专家搞专题讲座、观看录像、领导为班主任上指导课等形式，为班主任工作拓展思路。目前，许多班主任都从自己教育管理的实践中提炼出具有特色的育人观点和有效方法。四是大力实施名师工程，激发他们终身干事业的热情。结合新课改组织教师学习新的教学理念，培养了一批县、市、省乃至国家级优秀教师。全校成长出全国优秀教师5名，省市骨干教师29人，滦南名师9名。同时实现了名师有名气、有待遇、有辐射。

三、以爱育爱强管理，德育工作再上档次

坚持“以爱育爱”的原则，在精细化管理、科学规范管理上下功夫，重点进行了学生文明礼仪教育、感恩教育和传统文化教育，组织系列精品文化活动。学校的德育工作档次高，成效好，被评为唐山市基础教育工作先进单位，经验在全县教育工作会上交流。

一是强化日常管理，培养良好习惯。在教育引导上，把卫生纪律等生活习惯同一个人的思想素养和整体素质的高低挂钩。实际培养中，制定行之有效的检查评比办法，狠抓落实，持之以恒，为同学们形成好的学习习惯奠定了基础。二是利用鲜活的校园文化，营造育人的良好氛围。在文化建设的统一性、计划性、增加内涵、提升档次上下工夫。完善了教学楼、宿舍楼楼道、绿地、路边、篮球场、各处墙壁等格言牌，完善的主甬路清华北大学子灯箱，达到了一草一木见精神，时时处处都育人的境界。发挥主教学楼前的电子大屏幕的作用，每周一主题体现了学校教育的动态和内容的广泛性，深受师生欢迎。利用《校园生活报》、《沁园》、《中学理科》、《校园之声广播》等媒体，开展系列教育活动，引领思想时尚，培育了学生积极向上的人文情怀。三是以重大节日的纪念和庆祝活动为契机，开展寓教于乐的活动。三月，“行动在三月——学雷锋，树新风”；四月，“快乐学习，完善你我”活动法制教育专题讲座；五月“红五月文化艺术节”；六月“收获的季节”，树榜样，强修养。七一前夕，“党在我心中”征文比赛；教师节“感恩的心”系列活动；国庆节“江山多娇”大型诗歌朗诵会。元旦前夕，组织“收获与展望”师生互动大型联欢活动。这些活动的开展，培养了同学们科学的世界观、正确的人生观和崇高的价值观。四是关心特困生成长，播撒爱心种子。年内，通过准确了解情况，及时发放国拨助学金62.5万元，学校配套资金42万元，共惠及学生1149人次。同时，积极争取社会各界的资助，确保了没有因家庭经济困难辍学的学生。五是关注心路历程，引领健康成长。心理辅导教育采取书信回答、个别谈话、深入班级辅导、开办讲座等，并以此了解学生的心理动态，掌握学生的思想脉搏，促进学校思想政治工作的深入开展。每年都解决不少学生的实际问题，使他们放下包袱，轻装上阵，成长为具有大视野、大胸怀、大志向的新型中学生。

四、以改促教抓中心，提高质量勇争第一

学校的中心工作就是教学，办人民满意学校的落脚点就是教学质量的全面提高。因此，着力创新课堂教学模式，提高课堂效率，实施科学备考，全面提高教学质量。2011年一中高考升学率、平均分等各项指标均居十县一中第一。

一是改革传统教法，创新教学模式。贯彻教为主导、学为主体、练为主线、用为主攻的总体思想。认真研讨新课改，坚持周日教研活动，组织“教师论坛”，探索并树立课堂教学创新的典型课例，逐步明确课堂教学改革的方向和思路。围绕“夯实基础与培养能力、研究考试与课改的衔接”等主题展开研讨，基本形成了具有一中特色和社会影响力的“三三三——五步导学”模式。从过来的各年级市统考看，成绩明显好于各县一中。二是改进的日常管理方法，逐步建立督导机制。进一步强化布置加不落实等于零的管理理念，狠抓日常工作的督导落实。各职能处室按照学校的统一安排定期对学校布置的任务进行专项督导，各位领导、各年级对老师们日常教学实施推门听课，同时根据工作分工，抽调部分同志对学校阶段性工作完成情况定期检查，每周一通报，确保了各项工作扎实有效的开展。三是改革应考策略，实施科学备考。各年级牢固树立三年备考思想，打总体战，看长远发展。首先高三年级围绕以下四个方面开展了工作。一是抓研究，定方向。二是抓课堂，提效率。三是抓推进，促增长。四是抓管理，保稳定。挖掘学生潜能和非智力因素，2011年保持了学校高考工作在全市的领先地位，高考全部16科次平均分均在全市十县前三名。其次，高二年级抓住新课改的契机，大胆改革课堂教学模式，创建高效课堂，取得了突破性进展，受到市县领导的好评。5月全县高效课堂构建现场会在一中召开，11月又承办了教育部国培教师培训现场会，与会专家对学校的高效课堂给予了高度评价。第三，高一年级首次招收课改实验班，探索精英教育的提升和普通学生的大面积推进中，两者关系的把握和相互促进的方法和途径，已初见成效。

五、以情感人搞服务，校园和谐文明平安

各处室、年级和教育教学辅助部门的同志们，以高度的主人翁责任感讲团结、比奉献，以饱满的热情为师生提供优质的服务。大家坚持一切有利于中心工作，一切有利于学生发展的总原则，带着感情为师生服务，实现了校园的和谐文明平安，无安全事故，无治安刑事案件的发生。

一是投资120万元改善办学条件。投资39万元，新建高标准微机室，投资43万元更新理化生实验室，投资37万元建成两个通用技术教室，投资近20万元添置消防器材，配备安全设施等。二是投资100万元改善师生生活条件。投资29万元，粉刷办公室和学生宿舍的墙壁，更换部分教学楼的窗户，添置新窗帘。投资10多万元，购置洗碗机和师生餐具，装修了教工食堂。投资21万元增添饮水设施，维修办公楼的洗手间。投资46万元，学校经营油印室，为学生印制练习篇子。并且引进银泰超市，建成两个学生用话吧，学校减少了收入，方便了师生生活。三是积极谋划长远发展。投资686万元的塑胶操场已经完成大部分施工任务。明年3月完工投入使用。

滦南二中

滦南二中在上级党政和教育主管部门的正确领导下，在社会各界的大力关心支持下，坚持“民主理校、规范办校、特色兴校”的办学原则，全面贯彻党的教育方针，积极推进素质教育，优化教育发展环境推进学校内涵发展，教育教学成绩突出，赢得了良好的社会声誉。

一、学校基本情况

滦南二中是原滦南县综合高中2005年8月实施职普分离后，在原址建立的一所全县招生和划片招生相结合的普通高中。是河北省示范性高中、河北省现代教育技术示范学校。校园环境优雅，师资力量雄厚，教学设备一流。学校占地面积9万平方米，校舍建筑面积4.17万平方米，绿化面积3500平方米。学校现有教学班71个，在校生3450人，专任教师320人，其中高级教师84名，一级教师126名；全国优秀教师1名，省优秀教师1名，省级优秀班主任3名，市优秀教师5名，市优秀班主任8名，省市县级骨干教师21名。学校硬件建设升级基本到位。400米标准跑道操场各种体育运动设施齐备；教室、宿舍、食堂宽敞明亮、设施一流；微机教室、理化生实验室、图书阅览室均已按高标准装配；实现了班班通多媒体教学，教师备课微机人手一台；安装了互联网监控系统，监考、听课、安全防范实现了网上完成；建立了校园网，设立了网上办公系统、学校资源库（试题库、资料库），引进了“高考学习网”，“全品高考网”等教学资源。为学校的可持续发展奠定了坚实的基础。

2011年，学校依靠广大教职工真抓实干，开拓创新，在各级领导和社会各界的大力扶持下，在改善办学条件、开展教育科研、实施素质教育、创建“和谐校园”等方面都取得了显著成绩。高考本二以上上线314人，上线率全市同类学校第一。刘嫣柳同学以614分的成绩，摘取全县高考文科“状元”的桂冠，这是二中史无前例的突破。二中高考的喜人成绩受到县委书记张国栋同志的批示表扬。2011年，学校先后荣获以下荣誉称号：“唐山市高中工作先进校”、“唐山市和谐学校”、“唐山市招生考试优秀考点”、“唐山市学校卫生工作先进单位”、“唐山市巾帼文明岗”、“唐山市体育项目传统校”、“唐山市教育技术装备工作先进单位”、“唐山市教师继续教育工作先进单位”

二、多方筹集资金，改善学校办学条件

为提高校园环境品位，按上级要求，投资70余万元启动并完成了校园拆墙透绿及校园的绿化美化亮化工程，完善了校园网络建设。投资近60万元安装电子白板，投资10万元，购置学生用桌凳及床铺，投资9万元装备了10间教室的学生阅览室，投资451.9万元的3700平方米音美教学楼已初步完工，2012年4月份投入使用。届时将新增20个90平方米画室，10个音乐舞蹈教室，为推动我校音美特长发展上台阶、上档次做好了充分的准备。

三、加强领导班子建设，提高学校管理水平

领导班子分工明确，人员精干。领导干部做到了“一个深入”、“两个带头”、“三个到位”，即深入工作第一线；带头吃苦奉献，带头做好本职工作；管理到位，措施到位，督查到位。成为了“政治过硬、思想领先、团结协作、勤政廉洁、开拓创新、求真务实”的领导集体。

四、打造高素质教师队伍，提升学校核心竞争力

通过具有针对性、长期性、实效性、多层面、多角度、内容丰富多彩的师德、业务教育活动，有效地提升了教师的师德修养和业务素质，使学校形成了一支有理想、讲奉献、重师德、精业务的教师群体。

首先，完善师德师风培养工程。一是让每位教师了解学校的发展，激发教师的爱岗敬业精神。二是组织学习校内外师德楷模的先进事迹，感受他们对事业的奉献、对学生的爱心，感受他们人格的崇高。三是严格按照《中小学教师职业道德规范》的要求规范教师行为，将师德纳入年终考核、评职晋级考核、选拔任用考核内容，增强教师教书育人的责任感和使命感。

其次，落实教师继续教育培训工程。一是定期组织教育理论、新课程理念、现代教育技术等的学习培训，实现教师知识更新，提高了全体教师理论素质和运用现代教育技术手段的技能。顺利通过“唐山市远程教育与现代教育技术应用创新”先进学校的验收。二是坚持走出去、请进来，不断拓展培训途经。多次组织领导班子成员和骨干教师到衡水中学、山东寿光现代中学、昌乐二中、郑州102中学、玉田林南仓中学等地参观学习，吸收借鉴先进学校的经验做法。聘请专家学者来校讲座，利用北京相阳科考集团的师资优势，多层面开展业务培训和经验交流活动，全方位开展校本教研、集体备课。使校教师队伍适应新形势、新课标、新高考。三是加强校际交流，互相学习、互相提高。四是对中青年教师开展“传帮带”实施青蓝工程，结对帮扶，提升青年教师的教学素质。一年来，已有20多名青年教师在市县优质课、示范课评比中获奖。

五、德育为首，形成健康文明的良好校风和学风

学生工作是学校的主体工作。学校坚持以德立校，下大力气，采取多种有效措施做好学生工作。目前学校学习、生活秩序稳定，形成了健康文明的良好校风和学风，得到了学生家长的认可和肯定。

1. 以制度约束规范德育工作。学校进一步建立健全了文明班集体考核量化细则、班级常规管理办法、班主任量化考核细则等一系列管理制度，强化德育工作的首要地位，将德育教育贯穿到学校的各项工作中，对全体学生进行爱国主义、集体主义教育，使德育工作走向制度化、精细化、规范化。

2. 注重班主任的培训工作。施行德育导师制，定期召开班主任培训会、经验交流，为教师们的思想、工作交流提供平台；有专题德育问题研讨，使老师们互相切磋，互相借鉴，极大提高了班主任的思想道德和专业水准，强化了责任心和事业心，整体提高了班主任队伍素质。

3. 多管齐下，形成了学校、家长、社会三结合教育体系。学校进一步完善家长会议制度，围绕学生在进步、发展过程中存在的问题，通过家访、召开座谈会等形式，加强学校和家长的沟通。发挥潘家戴庄惨案遗址、扒齿港光荣院德育基地的作用，利用清明节、母亲节、教师节等节日，积极开展活动。形成了学校、家长、社会三位一体式教育，共同促进学生德智体全面发展。

4. 努力打造书香校园，全面推进素质教育。为了提高广大学生的文化素质，引导校园文化向健康高雅的方向发展。结合重大历史事件举行了系列读书征文活动、主题升旗仪式、主题班会，举办演讲比赛、歌咏比赛和书画展。充分利用校园广播系统，宣传校园新风，弘扬昂扬向上的主旋律，开设“生日点歌台”引导学生确立正确的生日文化理念。这样，不但使同学们在潜移默化中受到了情感的熏陶和美好品质的培养，同时拓展了新的校园文化活动的体系，充分展现了广大学生的精神风貌，提高了学生的综合素养。

六、重视教学管理，创造优质教育品牌

1. 坚持教研教改，提高了教学质量。教师人人参与教育教学研究，努力形成在教学中研究，在研究中教学，研教相长的良好局面。组织开展“四个一”（每学期要有一个教学研究专题；每学期要有一篇教学研究总结或案例；每学期要撰写一篇教学论文或教育叙事研究报告；每一个完整的教学内容要进行一次教学反思）、听“五课”（推门课、优质课、示范课、交流课和汇报课）活动。加强科研攻关，积极组织完成了“数字化校园建设”的省级课题研究。目前“陶行知的‘小先生制’在高校课堂中的运用”的课题研究正在进行中。

2. 创意高效课堂，提高教学质量。借助2011年4月《中国教师报》全国教师培训基地、滦南县“全面推进高效课堂区域培训启动仪式”在学校举行的东风，掀起了全校课堂教学改革的新高潮。“我的课堂我做主，我的命运我把握”，把课堂还给学生，把知识还给学生，把能力还给学生，让每一个学生都从中受益。高效课堂特色模式也初步形成。不论是电子白板等硬件配套设施的安装与使用，还是导学案的编制，课堂流程及评价机制等校本资源的利用，已初步形成适合二中教学层次的理论与模式。

3. 加强特长生管理，艺术体育教育成绩突出。近几年，学校特长生培养已经初具规模，具备了清晰的教学思路和成熟的办学模式，与河北师大美术学院、唐山艺校联合办学，加强管理，深挖潜力，提升了专业教师的业务水平和学生的专业素质。2011年音体美特长生有60余人在各类比赛中获奖，2011年校篮球队代表县参加市中学生篮球赛。2011年高考音体美特长生专业文化双上线226人，比2010年增长24人。有13人考入天津美术学院、鲁迅美术学院、沈阳音乐学院、四川音乐学院、西安音乐学院等重点院校。音体美特长生培养的成功经验为二中的长足发展注入强大动力，极大的增强了特色兴校的决心和信心。

七、开展安全工作，本年度学校未发生重大事故

学校始终把安全工作放在首位，大力开展创建“和谐校园”活动。通过开展“和谐校园”的创建活动，形成维护广大师生人身安全和学校财产安全的长效管理机制，牢固树立安全第一的思想，完善安全制度，明确安全职责，落实安全责任，努力营造一个稳定、安全、温馨，和谐的教育环境。

滦南三中

一年来，三中在县委、县政府和教育局的领导下，以党和国家的教育方针和科学发展观为指导，紧紧围绕打造“激情滦南、实力滦南、文化滦南、生态滦南、和谐滦南”的总体目标，坚持“德育为首，素质为本，和谐发展”的办学理念，坚持“质量立校，科研兴校，管理强校”

的办学目标，巩固成果，深化改革、提高质量，拒绝理由、攻坚克难、少说多干、奋勇争先，各方面工作都取得了长足进步。

在实际工作中，坚持“提升办学水平，打造品牌学校”这一主题，坚持“以德立校、教改兴校”两条主线，坚持“深化校风建设、创建德育特色校、创建文化校园、创建平安校园、打造高效课堂、中考成绩全县领跑”六大主攻方向，教育教学效果显著。

一、创先争优活动成效显著

在广大党员干部中深入开展“创先争优”活动。在活动中，坚持以中国特色社会主义理论体系为指导，深入贯彻落实科学发展观，以创建“五个好”先进基层党组织、争当“五个模范”共产党员为载体，以“推动教育科学发展，办好人民满意教育”为目标，紧密结合学校实际，巩固和拓宽深入学习实践科学发展观和干部作风建设年活动成果。党员干部在活动中起到了模范带头作用，并带动起了身边的普通教师，教育成果显著，社会反响良好。在县里对教育系统进行的创先争优活动统一检查中，位居检查结果第一位，得到了上级领导的肯定和好评。

二、党建工作得到加强

校支部是教育系统党委下的一个基层支部，学校认真抓好党员先进性教育活动，党建工作取得了一定的成效。一是加强对党员的思想政治教育，学校党支部定期组织党员进行学习，用正确的理论来武装党员，提高教师党员的思想政治素质。二是加强支部建设，吸纳优秀教师加入党组织。对思想要求进步，工作认真负责，积极向党组织靠拢的教师，安排支委与其谈心，了解思想动态，帮助其不断进步。

三、德育教育工作效果突出

1. 推行全员德育工作制。学校德育工作的口号是“校内无闲人，人人皆为师，学校无小事，事事都育人”。学校组织全体教师听取了优秀教师报告团的事迹报告，并通过开展班主任专题汇报会、经验交流会、优秀班会评比等多种形式，培养育人意识，树立人人都是德育工作者的理念。

2. 加强法制、安全教育。通过加强法制教育，增强法律意识和法制观念，着力构建学校安全教育的主体网络，形成浓厚的宣传氛围，多形式、多渠道宣传安全常识、安全制度，增强师生、家长和全社会的安全意识。

3. 发挥家校联系作用。加强家校联系的深度和广度，让家访搭建起教师、学生、家长互动关系的平台，成为德育工作的有效抓手。通过家长会等形式，密切与家庭、社会的联系与配合，构建良好的家校网络。

4. 创建“德育示范校”。按照上级安排，三中被定为“德育示范校”创建单位，此项工作开展顺利，各项工作正在有条不紊地进行。

四、教学工作再创佳绩

1. 抓好教学常规管理。校领导坚持每天的各项教学常规检查，发现班级管理问题及时与有关主任、班主任联系。经常深入课堂听课。发现课堂教学问题，及时进行个别交流与指导，促进了班风进一步好转。

2. 深化了集体备课。实行了以集体备课为中心的教研活动日制度，做到了活动有目的，有结果，有措施，有记录，使同学科统一了教学进度，统一了例题、作业、练习，统一了质量检测。教师在集体备课的基础上，形成了独具特色、完善的教案，年级主任每月都检查一次教案，学校每学期检查教案一次。

3. 组织区域研训工作。发挥学校的龙头作用，与方各庄、英才学校、倴城镇中进行区域研训。通过安排教辅资料的编写、经验交流、阶段联考，实现了教学资源的共享，达到同步提高。

4. 考试工作组织严密、规范。考试的组织水平和工作效率不断提高，做到了考试有目的，考试结果有分析，各科均进行了试卷分析及班内学生分析，并及时与家长、学生沟通，使每位教师都能熟悉所教学生的心理状况和学业状况，为进一步搞好教学及管理工作奠定了基础。

5. 加强毕业班工作。毕业班工作是学校工作的重中之重，时间紧，任务重，学校认真分析了本届学生的现状，明确了教学思路，优化了教学方法，提高了教学实效。2011年中考，三中继续保持一中上线人数全县第一的好成绩。值得一提的是，在一中提前录取的“珍珠班”41名同学中，三中就考取了27名。优异的教学成绩，得到了社会各界一致好评。

6. 认真抓好体、卫、艺等项工作。加强对体育、音美课程的规范管理，以体育课、大课间、第二课堂活动为平台，实施“一校一品牌、一生双爱好”工程。积极组织开展中学生艺术活动。开展“唱红歌，跟党走，颂祖国”演唱活动。开展“冀东文艺三枝花”进校园活动，围绕创建评剧示范校的要求，做好普及、提高两项工作。

五、安全保卫工作扎实有效

1. 政保处将学校安全保卫、安全教育作为工作的重中之重，贯彻落实《滦南三中安全管理岗位职责》，细化分工，明确职责，保证出勤，认真坚守工作岗位，加强流动巡视，对学校各个重点区域加强管理，为学校创建平安校园提供了有力的保障。

2. 定期和不定期的进行学校安全大检查，对教学区、活动区、住宿区的各种设备、设施进行检查，发现问题及时总结，认真整改，购置配齐了三个教学楼内的消防设施，消除了安全隐患。

3. 各班成立矛盾排查小组，对各班学生存在的各种矛盾问题及时进行排查、有效疏导，减少了学生间矛盾冲突的激化。

4. 制定各项活动的应急预案，防患于未然。由政保处组织收看了安全教育专题影片；组织举行了学生安全疏散演练；聘请消防中队武警指导学校学生学习消防灭火知识；开展了防空、防灾知识竞赛等活动，学生直观生动地掌握了必要的自我保护知识。

5. 与城管局综合执法大队配合，对学校门口违规摊点等周边环境进行了综合治理。采取得力措施杜绝了上学时学生在校门口的聚集现象，消除了安全隐患。由于工作到位，安全管理制度和应急预案健全，一年来没有发生重大安全稳定事故。

六、总务工作保障有力

1. 做好“园林单位”的创建工作。学校以创建“省级园林式单位”为契机，累计投资28.8万元，增建3640平方米花园一个，带状野花组合2300平方米，新植法桐30棵，栽金丝垂柳175株，学校的绿化率由25%提高到38%，顺利通过上级的检查评估。

2. 在实施义务教育免费、财政安排的公用经费不足的情况下，努力争取省市县资金，确保了学校教育教学的可持续发展。注重改善育人环境，先后完成了宿舍改建工程、校内花园建设工程。千方百计保证学校饮食、水电、建筑物及附属的安全，没有出现安全事故。加强物资采购及供应的管理，有效地发挥了物资使用效益。

3. 按照“量入为出、统筹兼顾、保证重点、收支平衡”的原则，认真执行经费使用计划，认真执行财务制度，严格报销手续，积极推行财务公开，增强财务工作的透明度。在经费使用上，做到精打细算，少花钱，多办事。坚决按照上级规定认真做好各项收费工作，及时上缴财政。按时完成了医疗保险、养老保险、住房公积金的报表工作。完成了教职工工资的晋升及增加工资性补贴工作。

4. 严格执行政府采购制度，本着“节约办事业，为教育教学服务”的宗旨，尽最大努力，采购价格低廉、质量好的物品，做到了及时采购、及时发放，保证了教育教学的需要。

职教中心

2011年，滦南职教中心以创建“国家中等职业教育改革发展示范校”为统领，紧紧围绕“加强内涵发展、提高教育质量”这一中心，努力实现“德育工作创特色、管理工作求规范、教学工作抓改革、招生工作有突破、就业工作树品牌”的工作目标，不断强化内部管理，扎实推进教学改革，优化师资队伍建设，促进职业教育和成人教育共同发展，全面提升教育教学质量，以“三个一”（一校两区，一体两翼，“一套人马三块牌子”）为主要特色的大职业教育发展格局尤为凸显。

学校两个校区占地总面积227亩，建筑面积4.5万平方米。教职工325人，其中，全国优秀教师1名，省、市、县级优秀教师35名，专任教师252人，其中"双师型"教师84人，专任教师学历达标率99%，中、高级职称占86%；职教在籍学生5600人，112个教学班，开设19个专业。成人学历教育学员2100人。

年内，学校先后获得"河北省德育工作先进集体"、"河北省农民教育媒体资源开发与运用工作先进集体"、"河北省星级职代会"、"唐山市和谐学校"、"唐山市职业教育先进集体"、"唐山市农业广播电视教育先进单位"、"唐山市国防教育先进单位"、"滦南县先进基层党组织"、"教学质量先进校"等荣誉称号。

一、加强组织建设，提供思想保障

1. 推进"创先争优"活动。以"六个带头、六个模范"活动为抓手，即"带头教书育人，做为人师表的模范；带头遵纪守法，做服从组织的模范；带头踏实工作，做爱岗敬业的模范；带头发扬爱心，做关爱师生的模范；带头开拓创新，做教学改革的模范；带头自律自重，做廉洁从教的模范"，大力开展"创先进支部，争当服务先锋"、"创一流业绩，争当岗位标兵"、"创职教特色，争当窗口班级"为内容的创先争优活动，涌现出24名创先争优标兵，学校党总支被评为"滦南县优秀基层党组织"，党总支书记、常务副校长刘振宇同志荣获河北省优秀党务工作者称号。

2. 开展"对标赶超走在前"活动。以"国家级重点中等职业学校"、首批"国家中等职业教育改革发展示范校"丰南职教中心为对标对象，取其精华、奋力赶超，全校上下脚踏实地、负重奋进，在暑假期间，经过逐级推荐、层层遴选、实地考察、陈述答辩等环节，最后由教育部等三部门专家审核确定，在全国15000所学校中脱颖而出，成功跻身"国家中等职业教育改革发展示范校"项目建设学校的行列，获得项目建设资金支持900万元。

3. 开展工作作风专项整治活动。结合教育系统"校风建设年"活动，大力开展教职工工作作风专项整治活动，努力打造"想干事、能干事、干成事、不出事"的干部教师队伍，以新作风、新形象、新干劲扎实推进学校各项工作，为成功创建"国家改革发展示范校"提供了坚强的思想保障。

4. 启动"党外优秀人才培养"工作。加强对党外优秀人才的教育和培养，为党组织储备后备力量，培养入党积极分子28人，年内发展师生党员6人。

二、优化教师队伍，构建"学习型"校园

不断加强师德教育，从教学观念、教学基本功、"双师型"教师等方面全力打造优良的教师队伍，为学校科学发展、内涵发展以及"国家示范校"建设提供了强有力的人才支撑。

1. 强化师德建设。学校开展了以新师德"六条"为内容的教师行为规范教育以及"正师风、扬师德、强师能、铸师魂"活动，结合"工作作风专项整治活动"，重提"把爱洒向学生，把责任留给自己"的口号，让责任托起我们的事业，让爱心温暖学生的心田。

2. 切实抓好教师的继续教育。制定、完善了《教师研修制度》，用制度规范教师的培养工作。把"青蓝工程"推向深入，开展以青年教师观摩示范课、展示课、课件制作、论文评比、书法评比等为内容的青年教师素质大赛，促进青年教师尽快成长。

3. 做好省、市骨干教师和学科带头人的推选工作。本学期共组织20名教师参加国家以及省、市各级教师培训活动，利用暑假，在校内开展专业教师培训班，有力地促进了教师专业能力的提高和"双师"型教师队伍的建设。

三、坚持德育主导，提高教育实效

构建"全员育人、全过程育人、全方位育人"的德育教育体系，全面落实以"思想教育、品德教育、政治教育、法纪教育、个性心理教育以及品德能力教育"为主要内容的德育教育，创新德育手段，注重德育实效，全力铸造具有职业特色的德育品牌。

1. 创新德育管理体系，完善规章制度。一是实施“全员德育工程”，健全德育管理制度，出台了《首遇责任制度》、《事故责任追究制度》，不断细化分工，落实责任。二是精心打造德育管理队伍，通过组织培训、工作交流、参观考察等方式，提高德育管理队伍素质，年内共开展德育管理培训会22次，班主任经验交流会4次。提高班主任岗位津贴，充分调动班主任工作的积极性。

2. 创新德育工作载体，提升学生道德素养。一是充分发挥课堂主渠道的作用。二是继续发扬学校多年来活动育人的传统优势，采取切合实际的内容、丰富多彩的形式，大力实施德育系列工程。先后开展新生军训、清明祭扫、紧急撤离暨消防演练、“感恩教育”演讲、“职业生涯设计”比赛、岗前教育、业余党校、星级宿舍评比、警校共建、技能才艺展示大赛等大型活动，营造了一个安全、文明、有序的学习生活环境，形成了具有职校特色的育人氛围。特别是10月23日举办的第三届技能才艺展示大赛，学生以出色的表演、高超娴熟的技艺打动了市县领导、企业代表及各位家长，来宾们赞不绝口，充分展示了滦南职教学生良好的精神风貌。

3. 加强校园文化建设，营造育人氛围。围绕创建“省级文明城”活动，4月初，在全县率先举行了“创建文明学校，争做文明师生”活动启动仪式，号召全体师生迅速行动起来，先后开展了“小手拉大手，文明伴我行”主题教育活动，实施“三千工程”，即“三千名师生签承诺”、“三千封倡议书进家庭”、“三千个家庭树新风”；9月9日下午，组织师生志愿者60人共赴北河公园开展志愿服务活动，通过清理垃圾、清扫、擦拭北河大桥、宣讲《唐山市民文明公约》和《唐山市民公共行为规范》、文明劝导等志愿服务行动，充分发挥了志愿者示范引领作用，提高了市民的文明意识、环保意识，以自己的实际行动在全县掀起了“保护北河生态环境，共建文明和谐家园”的新高潮。

4. 加强安全法制教育，创建“平安和谐校园”。牢固树立“安全第一”的理念，完善各类安全管理制度，修订安全应急预案，排除各种安全隐患，围绕防火、防食品中毒、防校园踩踏等内容，经常性开展安全知识教育和应急演练，提高学生安全意识和防范能力，确保学校安全稳定。年内评为滦南县“学校安全卫生工作先进单位”，唐山市“和谐学校”。

四、深化教学改革，加强专业建设

年内以“加强内涵发展、提高教育质量”为中心，下大力开展教学领域的改革。在抓常规管理、完善制度建设的基础上，着力抓课改、抓教研、抓专业、抓竞赛、抓学生。

1. 抓课改。为落实“以就业为导向、以能力为本位”的教学思想，学校积极组织教学内容改革，一是以校本课程开发为突破口，年内对车工、钳工、焊工等六个专业的教材进行改造，形成了适应中职教学的“活页化”教材。二是积极探索模块式教学、分层教学的教学模式，综合部的“低起点、小目标、勤考核、学一得一”教学法，机电部的“项目教学法”，基础部的“考点发散式教学法”各具特色，形成了职业教育特有的教学模式。三是不断调整文化课与专业课的比例，文化课教学内容以“必需、够用”为原则，突出技能训练，让课堂活起来，学生动起来。四是完善学科教学质量评价体系，提高各基础学科的教学质量，为实现中等、高等职业教育衔接做好了准备。

2. 抓教研。一是加强备课组建设，抓好专业（学科）教研特别是同头备课组教研工作，实现“低耗时、高效益、轻负担、高质量”。二是抓实“听、评”课活动。成功开展了全员参与的推门课活动，推选出8名教师做校级示范课，这项达536人次参加的活动，极大促进了学校教师间的相互交流和整体素质的提高，尤其是对青年教师和新调入学校的教师起到了引路和示范作用。在评课活动中，将“问题确定”作为教研活动的首要环节，有效集中教师精力，促使教师深入剖析问题，确保问题得到圆满解决，避免了因问题过多而导致“面面俱到、面面不到”现象的发生。三是以“示范校”建设为契机，积极参加国家、省、市各级课题研究。

学校组织专门机构，责成专人负责课题研究工作，2011年学校有近100名教师参加了河北省职业教育科学研究“十二五”规划课题研究工作，成功申报国家级课题12个，省级课题19个，市级课题4个。

3. 抓专业。暑假期间，为全力打好“示范校”建设攻坚战，着力加强专业建设，确定三个重点专业，即，汽车运用与维修、机电技术、现代农艺技术。开展“三个一”活动。即每个部确定“一门精品课、一个骨干专业、一个教研课题”，共有12个专业申报国家级“精品课”，全力打造品牌专业。

4. 抓竞赛。树立“技能是立业之本”的理念，通过实训课、第二课堂、技能才艺展示、工学结合等形式，大力加强技能训练，认真组织全校技能才艺展示大赛，“以赛代训、以赛促学”，学生技能水平明显提高，“双证”（毕业证和技术等级证）取证率达100%。开展专业教师基本功大比武活动，并积极组织教师参加国家、省、市级技能大赛，三名教师荣获河北省中等职业学校信息化教学大赛三等奖。

5. 抓学生。改革学生考核评价机制，完善《滦南职教中心学生考核评价办法》，实现考核内容的实践化、达标化、等级化，增加学生的学习压力，激发学习的动力，为优良学风奠定坚实的基础。就业部积极探讨以训代考、以赛代考的方法和途径，把终结考试与过程考核有机结合起来，学生考核情况与教师实绩挂钩。

与此同时，扎实做好基础部对口升学的教学工作，并提出争创“全省高考强校”的奋斗目标。2011年对口高考，再现职校教学工作的亮点，228名学生参考，全国重点院校上线3人，本科二批以上院校上线29人，专科上线率首次达到100%，实现了职教中心成立以来，对口高考成绩在全市同类学校“六连冠”。

五、创新办学模式，实现特色发展

1. 招生工作抓改革。以2011年春季招生改革为切入点，进一步加强宣传攻势，扩大招生范围，创新招生机制，调整专业设置，增强办学引力，春秋两季招生突破1500人，在全市县级职教中心中招生人数最多、学校规模最大。

2. 就业工作抓质量。进一步健全和优化就业机制，加强学生正确的职业道德教育，帮助学生树立正确的择业观；积极做好2009级学生就业推荐工作，立足本地，依托曹妃甸，面向环渤海经济圈，广辟就业渠道，年内推荐2009级学生就业400多人，就业率达98%以上，专业对口率80%以上。仅为长城汽车有限公司天津分公司一次推荐学生就业就达221人，在保证质量的前提下实现了规模就业。

3. 办学模式抓创新。依托西校区先进的设备、场地优势，对社会、企业进行全面开放，大力推进校企合作，引企入校，先后将唐山瑞成机械设备有限公司、尚新容大电子有限公司引进学校，形成了“把企业引进学校，把课堂搬进车间”的前校后厂的办学模式，学生半工半读、工学结合，在生产中完成教学任务，取得了企业、学生、学校三方共赢的效果。另外学校与长城汽车有限公司天津分公司达成长期合作意向，学校教师可以随时入厂实践，企业技术骨干定期到学校开展技术培训，并在职校成立“长城汽车冠名班”。

4. 做大做强“送教下乡”工作。学校依托各镇成人学校，大力开展“涉农专业中专班”教学。2011年招收学员1523人，在校学员已达2683人，培训班涵盖全县15个镇，设15个教学点30个教学班，开设种植技术、养殖技术、农业机械化、农村经济管理等四个主干专业。“涉农专业”培训是职业教育服务县域经济的重要举措，它为全县培训一大批具有一定专业知识、技能，可自主创业或者再就业的新型农民，他们不离土地上中职，成为新农村建设“留得住，用得上”的技术人才以及农村改革发展的带头人和科技致富的带头人，以“涉农专业中专班”为主要形式的送教下乡工作已成为推进新农村建设，促进统筹城乡发展的“助推器”。

六、加强基础建设，提供物质保障

投资25万元，用于绿化美化及校园文化建设，9月下旬，学校一举通过“省级园林单位”验收，为全县创建“省级园林城”工作做出了贡献。

投资181万元，装备微机教室两个，电子数码钢琴教室一个，添置多媒体教学设备、网络试题库管理系统及二氧化碳气体保护焊机和氩弧焊机。为“示范校”建设提供了坚实的物质保障。

七、做大成人教育，服务经济建设

1. 成人教育招生工作呈良好态势。一方面加大招生工作力度，一方面强化成人教育内涵建设，提升办学引力，不仅充分挖掘县内生源，还有大量外县学员慕名前来。年内奥鹏远程教育招生358人，成考招生644人，成人学历教育招生人数首次突破千人大关。

2. 农民科技教育工作扎实有效。一是全面实施农民大培训工程。为贯彻落实《滦南县2010～2011年度农民大培训实施方案》，进一步提高农民科学素养和技能，促进农民创业增收，推动新农村建设快速发展，年内在全县方各庄、胡各庄、柏各庄、姚王庄、长凝等12个镇31个村举办种植及养殖技术培训班，培训达20期1600人次。仅在方各庄镇就举办培训班10期、培训达650人次，解决大棚甜瓜技术问题20多个，指导、帮助农民增建大棚60个，为将方各庄镇打造成“滦南县大棚甜瓜第一镇”做出了突出贡献。二是开展“农民读书月”活动。结合“双百结对，共创文明”和“干部下基层帮扶新农村建设推进统筹城乡发展活动”，先后在姚王庄镇李营村、扒齿港镇李平坨村建立“农民科技书屋”组织开展了多种形式的读书活动，赠送学校自编的《职业教育与成人教育报》500份，免费发放《农民科技培训报》、《农业广播电视教育报》以及其他农业科技资料420多份，录音带200盒、VCD光盘720张。切实解决了长期困扰群众的借书远、看书难的问题，丰富了广大群众的精神文化生活。三是多渠道关注农民需要。学校坚持服务“三农”的宗旨，以“关心农业、关注农村、关爱农民”为职责，在县电台的《田园风情》栏目播出6期农民科技知识专题节目，在唐山电视台新闻综合频道《新农村》作专题节目2期，在省电台“农博士在线”栏目播出农民科技知识5期，为服务社会主义新农村建设做出了应有贡献。

3. 短期技能培训工作红红火火。与县人劳社保局、财政局、卫生局合作，承办知识产权培训、会计继续教育培训、“农村医改”培训共41期、7432人次；结合宋道口、长凝、马城镇政府以及长凝纺织协会、银泰商厦有限责任公司开展劳动力转移培训10期，培训人数达720人，涉及果树生产技术、营业员、农产品经纪人以及天车工等专业。职校的社会培训深受社会各界欢迎，为县域经济的发展做出了应有贡献。

教师进修学校

2011年，滦南县教师教育工作坚持以科学发展观为统领，紧紧围绕提高培训质量、服务教育发展这一主题，按照“加强师德建设，注重能力培训，倾斜农村教师，突出骨干培养”的总体思路，以新课程、新理念、新方法和新技能培训为重点，进一步创新管理机制、优化培训模式、提升培训效益，为全面实施素质教育，促进教育事业科学发展提供人才支撑和智力保障。

一、继续教育培训工作任务及完成情况

（一）提升全员网络研修培训质量。按照上级要求，2011年度网络培训高中、初中、小学、幼儿园所有课程都利用中国教师继续教育网（简称“继教网”）进行。以中国教师继续教育网为平台，以网络课程资源为载体，以网络远程研修为主要学习方式，以下乡面授辅导为补充，以校本研修为基本实践层面，以达到有效促进教师专业化发展之目标。

为了把这项活动落实到位，进修学校举行了继续教育的总结表彰会议，并部署了相关工作。另外，进修学校加班加点，完成了全县5722名在职教师的继续教育注册、网研报名任务，并深入学习了继教网的网络知识，召开全县网研会议，对各单位管理员和辅导教师进行了严格培训。

进修学校严格组织管理，要求各单位管理员和各班辅导教师在项目管理领导小组的领导下，分别负责组织实施，对参训教师按层次、分学科进行分层管理，选聘学识水平高、教学经验足、责任心强的教师担任辅导员，对学员学习给予全方位、零距离指导，对学员的学习进度和作业完成情况给予干预提醒，进一步增强了教师主动参训意识，有效提升了教师对现代教育技术的驾驭能力和综合运用能力。

（二）骨干教师高级培养向纵深推进。为进一步发挥骨干教师的辐射带动作用，构建“骨干教师—学科带头人—教育教学专家”的成长模式，积极与东北师大联合，投资50万元，用2年时间对这支队伍进行现代型高级培养。采取学习与研讨、展示与交流、总结与提升等形式进行，即假期集中面授，平时观看东北师大教授的视频授课，在教授指导下做展示课，供大家观摩交流，课余时间发给学员教材供学员自学。并建立学员与教授的联系网，保证各类教学问题能有效沟通、及时解决，有力增强了教师创新执教能力和教育科研能力。

2011年2月12日，进修学校与东北师大合作启动了全县骨干教师高级培养第二次集中培训。进修学校聘请东北师大课程与教学论研究主任侯恕、硕士生导师王海英二位教授对全县骨干教师进行集中授课。教授深入浅出地讲解，使所有参训教师获得了前沿学科理论，学习了先进的教学方法。

7月16日，进修学校继续与东北师大合作，在成兆才大戏院启动了对全县672名骨干教师第三阶段的高级培训。进修学校聘请了东北师范大学教育科学学院博士生导师陆海东教授和硕士生导师赵宏义教授进行授课。通过教授面对面地传授，各位学员获益匪浅。

（三）农村教师素质提高培训扎实进行。为尽快解决农村教育相对薄弱，特别是农村教师队伍数量不足、素质不高等问题，实现城乡教育均衡发展，县局下发了《关于开展全县教师队伍素质提高培训的通知》。

进修学校将此项工作与省市安排的继续教育工作同步实施，以“研修网”所列学习科目为基础，采取远程教学方式进行，邀请有关专家对提高教师基本素质和技能的内容进行集中面授或视频指导。在学科课程专家引领下，通过网上备课、案例分析、问题研讨等形式的对话交流，帮助教师诊断和解决教学问题，提高教师合理设计与有效实施新课程教学的能力，提高新课程教育教学质量。

（四）强化新教师入职培训和幼儿园长培训。根据省市文件精神，为尽快适应全县基础教育的发展，2011年1月，滦南县新教师入职培训和幼儿园长培训正式启动。进修学校利用节假日及双休日对全县新入职教师（中小学教师118人，幼儿教师99人）及幼儿园园长（81人）进行集中培训。

这两项培训采用集中辅导、视频学习、自主学习相结合的方式，于6月完成培训任务。进修学校分别聘请了唐山师范学院教授付建中、省级示范园唐山公园道幼儿园长翟海霞来校授课。集中学习结束后，进修学校教师给学员分发了视频学习资料，供学员课下自主学习。

通过培训使新入职的校长知道了怎样做一位校长和怎样做一位好校长；新教师懂得了如何遵守职业道德，不断提高自己的文化知识，尽快进入角色，成为一名合格的教师，达到了拓宽视野、取长补短、引领成长、优化提高的培训目标。

（五）有序开展教育干部素质提高培训。为努力培养一支具有较高综合素养和知识理论层次，具有开拓创新精神，作风优良，懂教育、善管理的专业化干部队伍，根据教育部《中小学校长培训规定》、省市教育干部的有关要求，结合全县中小学校长工作实际，进修学校决定对中小学教育干部素质进行提高培训。

培训时间计划为两年，采取集中面授、视频学习、读书自学、研讨与经验交流方式进行，要求学员每个月上站培训，每个寒暑假进行集中培训，每半年自学一本书并撰写读书笔记，每年参观考察一次。

本次培训于7月19日在进修学校正式启动。

进修学校聘请了唐山师院彭教授进行授课，授课内容为《在学校文化建设中打造特色学校建设》。教育干部素质提高培训进一步提高了全县中小学教育干部队伍的整体素质和管理水平，全面推进素质教育现代化。

（六）滦南县中青年干部素质提高培训成效显著。根据教育部、中共中央和省市有关文件精神，结合全县实际，经过认真筹备，滦南县中小学中青年干部素质提高培训班于5月13日在进修学校开班。

全国优秀教师、省特级教师、省教育厅客座教授兼河北师大教育硕士生导师王玉华和保定学院继续教育部主任、教授王全乐进行了授课，三位校长就学校管理经验进行了发言。

培训为全县教育系统中青年干部搭建了很好的学习和交流的平台。培训既是强化学习、全面提升素养的过程，又是增才干、学管理、克服本领危机的过程。学员们通过学习新的理论，开阔了视野，转变了观念，提升了自我。

（七）加强中小学信息技术教师专项培训。为适应现代教育对网络技术的要求，不断提升信息技术教师的专业技能和教学水平，更好地为学校教育、教学服务，经过积极筹备，全县中小学信息技术教师培训班于5月17日在进修学校正式开班。

参加培训的248名教师是来自初中、小学教学一线的信息技术课教师。活动采用培训与实践相结合的方式进行，集中培训时间为8天，历时45天。本期培训班必将对于提高全县整体教学质量，提高教师的业务素质，满足人民群众的教育需求产生积极而深远的影响。

（八）圆满完成民办幼儿教师培训。为加快全县民办幼儿园教师专业化发展进程，强化民办幼儿园管理，由县进修学校、教育局成职教办公室联合举办的民办幼儿教师培训自10月29日开始，11月底结束，历时一个月。培训采取讲座、观摩、活动设计、活动组织实践、参观考察等多种形式，注重理论与实践的有机结合，提高了培训的实效性。在培训过程中，学员遵守培训作息时间，认真听讲，勤于记录，积极参与，课堂气氛十分热烈。

培训内容分专业知识和技能技巧两大类，具体内容包括：幼儿教育的园本培训、幼儿园教育与家庭教育、幼儿园安全管理与环境创设、幼儿园区域活动创设与指导、幼儿园班级管理、幼儿教师六项教学技能。

进修学校精心安排，认真组织教师备课、授课，确保培训质量，并聘请市、县幼教行业中理论知识丰富，具有多年教学经验的幼教专家及学科带头人、教学能手承担培训任务。下一阶段，进修学校将对幼儿教师进行技能技巧为主的分散培训，真正将实践技能培训落到实处。

（九）校本培训经常化，力求解决实际问题。积极发挥县进修学校和教研室的职能作用，结合创先争优活动，在各级各类学校广泛开展了校本研修和岗位练兵系列活动，举办了交流会、现场会、研讨会形式多样的培训研修活动，帮助基层学校找不足、传经验、送做法，为促进教师成长、推动学校发展搭建了广阔平台、提供了强劲动力。同时在校本培训过程中，各校还积累了许多新思路、新方法和新经验，形成骨干示范、对点培养、跟踪指导等各具特色的教师继续教育模式，有效提升了校本培训的水平和质量。

二、抓好继续教育培训同时抓好常规管理工作

强化内部管理。着重从工作态度、出勤及卫生整治三方面加以改进，继续完善实施教职工量化考核制度、上班指纹录入制度及周一卫生大扫除制度。狠抓教师队伍建设。强化教师教育教学常规工作和业务学习与各级培训，加强理论学习，不断提高教育教学业务工作水平，适应新形式的发展需要。助推城建，创先争优，积极开展创建全省文明县城工作。号召广大教职工深入开展“助力攻坚志愿服务”活动；做好文明县城创建与学校整体工作的对接融合。创建“绿色校园”工作再上新台阶。加强校园文化建设，维护好现有的各种健身器材及体育设施，做好草坪及楼前绿化带的管理，继续做好校园的硬化、美化工作。

县医院

2011年，在县委、县政府及县卫生局的正确领导下，全院干部职工团结协作，奋力拼搏，认真贯彻党的十七届六中全会精神，紧紧围绕“医德医风、医疗质量、管理效益”开展医疗服务，努力营造“病人至上、以人为本”的工作氛围，圆满完成了各项任务。院党总支部被市委组织部授予“先进基层党组织称号”；医院被县委命名为“征收搬迁第二战役助推”先进单位；被唐山市物价局授予价格信誉“AA”单位；重症监护病区被共青团唐山市委授予“青年文明号荣誉称号”；张静花等八位职工分别获得“唐山市优质护理服务示范先进个人、优秀护士、优秀护理管理工作者、护理技能比赛优秀选手、健康素养知识大赛第一名和健康知识宣讲大赛三等奖”等荣誉。

一、科学发展，超额完成各项指标

截至12月底，治疗住院患者24124人，同比增长12.36%；诊治门诊患者263194人，同比增长3.14%；开展各种手术4045例，同比增长14.39%；开展各种医技检查449989人次，同比增长12.39%；全年总收入11485.59万元，完成年计划的115%，同比增长20.02%，业务收入11260.07万元，同比增长20.68%；全院固定资产5617.5万元，同比增长15%。

二、多措并举，稳步推进各项工作

（一）加快基础设施建设，不断完善功能服务。为满足病人的需求，提高服务能力，确保业务技术的有效开展，继续加强基础设施建设，加大医疗设备的引进更新，全院保持良性发展势头。

1. 进一步完善部分功能病区服务站所建设。投资90多万元，对县医院部分功能科室、社区服务站所进行提升改造。完成妇产医院外立面改造、电厂路社区服务中心的外立面装修改造、医院数字化改造、感染科2～3层楼的简易装修及防水工程、和平、曙光两个社区服务站的装修和办公设备配置。为提高抢救质量，2011年为急诊科出资50多万，购进了两辆120救护车，车内设置标准，车载设备齐全，物品摆放顺序标准化、固定，便于医务人员工作和管理，提高了患者抢救效率。围绕“二甲”复审这个中心任务，于2011年4月成立了院感科，建立了院感管理相关制度24项，相关流程3种，强化了医务人员的医院感染防范意识，有效控制了医院感染的发生。同时，针对冬季内科患者急剧增多、住院床位紧缺问题，增设一个可容纳26张床位的综合内科病区，已投入使用。

2. 积极引进部分先进医疗诊治设备。投资823万元，添置了西门子彩超、全自动生化分析仪、关节镜、结肠镜、数字医院管理系统软件、利普刀、急救呼吸机等设备41台（套），保证了临床医技工作的需要，促进了技术的更新和质量的提高，缓解了设施落后与广大患者需求日益提高的矛盾，进一步增强了医院综合救治能力。

3. 大力加强医疗信息化建设。在就医范围内，积极开展方便式就医工作体系，实现了医疗、办公网络化管理，简化了就医程序，缩短了患者候诊、缴费、检查及取药时间，保证了医护人员为病人诊治的有效时间，提高了诊疗质量。实行医院管理系统与医疗保险网络的无缝隙对接，加强对患者入院、在院和出院信息的及时审核和监控，既维护了患者的利益，又保证了医疗保险工作公开、公平、公正。

4. 加强药物的综合治理。一是合理降低药品价格，努力控制药品费用。医院药事管理委员会根据药品销量，对部分销量靠前的品种进行自主降价，以合理控制药品价格，降低患者药品费用。二是药品采购更加规范。结合《河北省新型农村合作医疗报销品种目录》，对药品目录进行了调整，规范进药渠道，采取网上采购，严格控制新药引进品种和价格，合理控制成本，降低费用。三是加强抗菌药物的临床应用管理。成立了抗菌药物临床应用专项治理检查小组和抗菌药物管理小组，并制定了实施方案，各科室与医院签订了责任状，定期组织专家对各临床科室进行考核，结果纳入绩效考核内容，经过治理，抗菌药物临床应用更趋合理，各项考核指标逐步趋于规定标准。

（二）关心爱护人才，鼓励技术创新。

1. 多渠道改善医护人员待遇。在注重事业发展的同时，不断改善职工待遇，并推出系列措施。例如每年组织一次职工健康体检，开展为困难职工捐款献爱心活动等，解除了职工的后顾之忧。随后，又出台了新的绩效工资核算标准，改变了以往绩效工资以收入为主的核算模式，加入了住院人次、住院天数等量化指标，进一步强化了以工作量化为主的核算模式，标准更加科学，职工收入人均基本工资增长6.9%，同时，进一步严格规范了职工养老保险、医疗保险、失业保险、工伤保险和大额救助险等各项社会保险的缴费和管理，同比增长8%。这些措施极大调动了职工的积极性，打造了一支稳定的、高素质职工队伍，有力推动了医院的发展。

2. 采取多种形式培养各类专业技术人才。一是通过聘请专家授课、带教和选派技术骨干外出进修、学习以及加强医学继续教育、鼓励职工自学、函授学习等多种形式，加强医院医疗技术人才培养，促进了全院医护人员专业理论和业务水平的提高。二是组织开展中层干部管理知识培训活动。年初，安排中层管理干部去其他兄弟医院参观学习，借鉴经验，解放思想，开拓视野，并于8月在秦皇岛，对全院中层干部进行封闭性中层干部管理知识培训，进一步提高了中层干部的管理水平，提升了医院服务质量，推动医院和谐发展。三是组织开展全院病例讨论模拟教学活动。为临床医师提供了更为全面的诊疗思路，拓宽了思维，也使患者得到了更为科学合理的治疗，最大程度上保证了患者安全。病例讨论模拟教学激发了学习兴趣，有效提升病例讨论质量，激发潜能，有效营造学习氛围，有利于医院树名医、创名院活动的深入开展。四是注重低年资护士的业务培训，全年共利用业余时间组织全院大型护理查房12次，大型护理业务讲座6次，并组织了32次基础知识强化培训，使低年资护士培训率达到了100%。为检验培训效果，组织了低年资护士考核8次及高年资护士考试考核2次，合格率均达到了96%。医院还开展了护士应急抢救演练竞赛活动，提高了护士在工作中遇到的各种突发情况的应急协调、处置能力。

一年来，全院共发表学术论文45篇，完成科研课题22项，先后派出12名医疗护理骨干分别到北京、天津等上级医院学习，219人参加了省市举办的各种学术会议和短期培训等医学继续教育。有11项护理科研成果通过省级鉴定，达到国内领先水平，极大地促进了医院护理学科的发展。

3. 根据医院发展，建设重点发展科室，鼓励技术创新。先后与北京肿瘤医院、海军总院、天津妇产医院、唐山工人医院、市妇幼医院等知名医院达成了长期合作意向，同时，与协和医院合作开展肿瘤术中冰冻病理诊断技术。年内共开展了静脉窦血栓融栓治疗、大剂量阿司匹林联合氯吡格雷嚼服治疗心梗、静点654—2治疗过敏性紫癜、重度复合伤立体化抢救模式、腹腔镜手术、三叉神经痛微血管减压术、浮动肩切开复位内固定术、心包置管治疗恶性心包积液、喉癌大部切除保勺状软骨加双侧颈淋巴清扫术等21项技术创新项目，为医院可持续发展提供了新的动力。

医院坚持发挥中医药特色，大力发展中医药，拓展中医药诊疗范围，在全院的共同努力下，中药饮片销售从2010年的14万元增加大2011年的39.5万元，在中药采购中坚持质量第一，在省中药管理局组织的中药饮片抽查中获全优，市县药监局多次抽查中无伪劣假冒药品，让百姓吃上了放心药廉价药。

4. 加强手足口传染病防治。2011年手足口病在全县大范围流行，每日就诊患者达百余人，医院迅速启动应急预案，添置医疗设备，抽调医务人员，团结协作，共收治手足口病患儿750余例，无死亡病例，取得了较好的临床效果和社会效益。

（三）强化医疗安全意识，全面提高医疗质量。医院始终把医疗质量和安全放在第一位，狠抓质量管理。

1. **加强安全教育。**利用院周会、科周会及专题会等形式，同时多次组织医护人员观看典型医疗事故案例宣传片，来进行医疗质量安全教育，使质量安全意识真正深入人心，把质量安全管理落到了实处，确保了年内无医疗事故及较大差错发生，有效减少了医疗纠纷。注重护理安全管理，一年来，共组织了2次护理安全形势分析会及4次护理质量分析会，把各个环节存在的安全隐患及护理质量问题进行认真剖析，制定了切实可行的改进措施，使护理质量持续改进。医院每月都进行诊疗规范讲座，并组织了长达一个月余的新上岗医师再教育培训，进行了严格考核，此次考核是历年来培训范围最广、历时最长、最深入、成效最显著的一次。医务科在2011年连续出版《医务工作简报》9期，简报内容涉及质量安全、相关制度落实、督导检查结果等，使医院的质量安全管理工作更加规范化，增加了医务管理工作的透明度，增加了医务管理与科室沟通的渠道。

2. **严格制度管理。**进一步建立和健全了医疗护理质量管理体系，落实首诊负责制、医师查房制、院长查房制、危重病人讨论、会诊制度、死亡讨论制度以及“三查七对”等一系列规章制度。为了加强病区安全管理，把安全护理的责任落实到一人一事，制定了严格的交接班制度和巡视管理制度，及时观察、及时处理，防患未然。强化了临床科主任和护士长的管理意识，全面贯彻落实医疗卫生法律法规和医疗管理制度及医疗技术操作规程，严格落实查房、会诊、病例讨论、知情同意、医患沟通等医疗制度，保证了医疗质量的持续改进和提高。为加强护理质控工作，护理部按照质量管理方案，每月对全院护理质量进行一次综合考评，涉及病房管理、基础护理、分级护理、消毒隔离、应急管理、护理文件书写、健康教育等多个方面，考评结果及时向科室反馈，考评分数与各科室当月效益工资挂钩，并作为评优评先的重要指标。另外，医务科统一了质控本格式，印制下发到各个科室，并完成了全院的医务管理文件汇编，开创了医院管理文件汇编的先河。

为充分调动护士长的工作主动性，自8月开始，经院长办公会决定，首先在全院范围内进行了护士长绩效考核工作，并逐步在中层干部中全面推开，活动实施以来，中层干部的责任意识和进取心不断增强，工作积极性日益高涨，使医院管理工作更加规范、科学。

3. **加强病历监管。**严把科室关和终末病历质量管理关口。对运行病历采取不定期抽查、月考核等方式，要求各科主任、质控医生加强病历质量监管，把好病历出科关。同时，加强终末环节管理，安排专人对归档病历逐份进行检查，发现问题，及时返回科室整改，保证了病历质量。在加强病历质量管理的同时，引进了电子病历，现已进入初步调试安装阶段。

4. **继续推进“优质护理服务示范工程”，提供满意服务。**在2010年工作开展的基础上，又增加了3个优质护理服务示范病房，使示范病房数达到了30%。示范病房按照质量标准，改进排班模式，实习护士分层管理，实施责任制整体护理，使基础护理工作不断细化，健康教育得到加强，护理人员的服务意识不断提高，病人满意度达到98.5%以上。同时拉近了护患之间的距离，推动了护患关系健康和谐发展。

5. **加强财务制度规范化管理。**制定了滦南县医院门诊退费管理规定、住院退费管理规定等，使医院门诊退费降低了20%。建立了原始票据核对制度，规范票据管理手续，全面提升票据管理水平，降低了票据流失风险，加强了财务内部控制管理。

（四）高度重视医院文化建设，活跃职工文体生活。搞好医院文化建设，不仅可以提升医院自身品质，还可以增强医院发展潜力。2011年，医院积极组织开展各种文化活动，丰富医护人员文化生活，激励全院职工保持积极向上的工作风貌。

1. **开展“十佳医生、十佳护士”评选。**为进一步推进医德医风建设，调动全院职工积极性，本着公正、公开、公平、竞争原则，每季评选出“十佳医生”和“十佳护士”。通过开展评选活动，在全院树立起学先进、学典型、比技术、比服务的良好风气，激励和调动全院广大干部职工的积极性，更好地为患者健康服务，为医院的发展服务。同时，在医务人员中倡导奉献精神，把一切为了患者服务的理念化为自觉的行动。

2. 加大宣传推介力度。以电视、报纸等媒体及医院院报、网站、宣传橱窗为载体，大力宣传介绍医院开展的新技术、新风尚，让社会了解医院，提高医院知名度，全年出版院报12期，更新宣传橱窗24次，播报新技术累计达120多小时。另外，在医院门诊及病区设置健康教育园地，悬挂健康知识展板60多块，对医疗健康知识进行宣传，既提高患者自救防治能力，又有利于医患沟通。年内多次开展义诊活动，特别是为迎接建党90周年，开展了大型下乡巡回医疗免费义诊活动，涉及17个乡镇，24个行政村，义诊5000余人次，深受老百姓的欢迎。2011年，内三科举办了糖尿病课堂，组织在医院、深入社区进行讲座，并向全社会公布了热线咨询电话，引起了群众良好反响。此外，医务科、护理部多次组织医护人员参加院内外的各项活动，为宣传医院文化建设、传播健康知识做出了一定的贡献。

3. 丰富职工业余文化生活。坚持开展多种多样的文化活动，借以凝聚员工对医院的认同度及向心力，举办了春节联欢会、红歌会、优质护理服务情景剧表演赛等活动，陶冶了职工情操，增强了职工的集体荣誉感、凝聚力和战斗力，调动了职工全身心投入工作的积极性，起到了较好的活动效果。

（五）全力推进新医院建设项目。新医院建设项目主体工程已经完成验收，二次结构正在施工。同时在新医院院内增建6600平方米的多功能综合楼已获得县政府批复，前期各种立项手续已完成，正进行施工图设计。新医院所需医技检查设备及办公设施经过多次论证，向县政府申报了招标采购计划，已得到批复。

三、加强廉政文化建设，促进医院行风上水平

始终坚持把推进廉政文化建设作为加强反腐倡廉，提高干部职工勤政廉政意识和拒腐防变能力的一项基础性工作。大力构建廉政文化建设教育格局，营造学廉、崇廉、守廉、倡廉的氛围。年初，召开发展建设工作座谈会，邀请县领导班子、人大代表、政协委员、县直机关领导及外聘的社会监督员参加了此次会议，各位代表对医院的发展提出了全面深刻的建议和意见，根据这些意见和建议医院有针对性的加以整改，切实推进了全院各项工作的开展。1～12月，随访住院患者960人，患者满意度99.2%；随访门诊患者1280人，患者满意度98.7%。全院共收到表扬信187封，镜匾11块，锦旗52面。卫生局对行风建设、医德医风工作进行暗访，对县医院的行风工作给予肯定。

1. 领导班子以身作则。以“创建一流的领导班子，树立一流的医院形象，争创一流的工作业绩”为廉政文化建设总目标，医院专门成立了党风廉政建设领导小组，从抓领导班子勤政廉政入手，明确了职责，分解了责任和任务，落实了“一岗双责”。

2. 民主决策阳光操作。对重大决策、人事任免、重要项目安排和大额资金使用上必须经过院领导班子集体讨论决定。在资金分配使用方面坚持原则，遵守纪律，规范行为；在中层干部的任命上坚持任人唯贤、量才使用的原则；在录用人员方面，严格按照上级的有关文件和程序规定，根据医院实际需要，经集体研究讨论和确定；在医院中长期规划、重大改革措施、大型设备购置、药品物资采购和涉及员工切身利益的问题上都实行公开制度，规范操作，严格程序，增加透明度。

3. 制度约束保障落实。建立了考评机制，强化目标管理和过程管理，把廉政文化建设纳入年度党风廉政建设责任目标进行考核。建立和完善了领导班子廉洁承诺制、廉政公示制、行风评议制等，以行风建设为重点，进一步强化了院内、外监督约束机制的建设，使医院的各项工作接受患者和社会监督。同时开展了医务人员服务礼仪培训和文明服务专题讲座等活动，有效促进了医院的行风建设和文明服务水平的不断提高，受到患者和社会的好评和认可。

4. **开展廉政廉医树立活动。**进行医德医风考评，实施医院奖惩条例，抵制商业贿赂和行业不正之风，加强医务人员的医德医风教育，强化医务人员廉洁行医意识，维护白衣天使的高尚形象，争当“廉洁行医标兵”。

中医院

2011年，在县委、县政府及卫生主管部门的领导下，按照年初制定的工作计划，经过全院干部职工的协作努力，较为圆满地完成了全年工作任务。

一、提高认识，齐抓共管，从组织上、思想上保证了中医特色建设工作的全面完成

（一）精心组织，加强领导。建立了以院长为组长，副院长为副组长，医务科主任、护理部主任及各临床科主任、护士长为成员的严密的网络实施体系，从而为此项工作的顺利开展奠定了组织基础。

（二）提高认识，层层发动，全员参与。为把此项工作扎实有效地开展下去，院领导多次召开院长办公会和科主任、护士长会议，医务科、护理部也别多次召开全体医生和全体护士会议，对《2010年中医院管理年活动方案》进行学习和讨论，分析形势，进行周密的安排和部署，责任到人，奖惩到人。

（三）吃透文件精神，有的放矢地开展工作。为避免活动开展的盲目性、片面性，医务科、护理部把《2010年中医医院管理年活动方案》及《2010年中医医院管理年活动检查评估细则》全文复印发放到每个科室，使每个科室的工作人员都能做到对照细则逐一落实，及时发现工作中存在的问题和不足，并及时加以改进，从而大大提高了各临床科室医护队伍的整体素质。

二、科技强院，以科技为先导，优化科学管理路径，充分发挥中医药特色和优势，加大了专科专病建设，加速了人才培养，拓宽了服务范围

科技是兴院之本，人才是强医之路。医院始终坚持以提高中医医疗质量为核心，坚持“以中医治疗为主，能中不西，先中后西，中西结合”的办院方向，以“打造品牌，走中医特色之路，先建专科，以点促面，全面发展”为思路，努力打造自己的技术精品和拳头项目，逐步打造自己的核心竞争力，吸引病人来院就医，带动和促进了医院两个效益的迅速提高。

（一）充分发挥中医特色和中医药优势，加强专科专病建设

1. 以中医药特色为优势，打造专科精品。门诊17个科室，其中11个都是具有中医特色的专科，如肾病糖尿病专科、心血管病专科、脑血管病专科、肿瘤血液病专科、中医妇科、肛肠科、针灸理疗科等。

（1）为充分发挥中医药优势，进一步拓宽服务范围，在新病房病区划分时，单独开设了肿瘤血液病区和肾病病区。

（2）大力推广中医特色诊疗技术。针灸理疗科，扩大疼痛门诊建设，开展平衡针治疗、自然灸疗法及椎管注射治疗颈、腰椎疾病等新技术项目，临床疗效满意。目前，已形成了以肾病、肿瘤专科为龙头，心脑血管病、不孕不育、骨伤科、肛肠科、糖尿病科等为依托的专科专病防治网络，院有专科，科有特色，病有专药，人有专长的局面已形成。

不但中医诊疗水平在滦南县独树一帜，而且外科诊疗技术水平也迅速提高。其中骨外科开展的股骨头坏死自体髂骨瓣移植术、闭合复位内固定治疗大腿及小腿骨折术、动静脉造瘘术；普外科及妇科开展的腹腔镜微创手术技术；普外科开展的肝切除术、泌尿外科开展的前列腺电切术；眼科开展的白内障超声乳化技术；眼底造影、眼底激光技术；耳鼻喉科开展的鼻窦内窥镜技术均为填补全县医疗史空白项目。

2. 重视中医特色疗法的继承与发展。医院已开展了针灸、理疗、按摩、推拿、拔罐、埋线、小针刀、中医正骨、穴位贴敷、中药熏洗、中药灌肠等有效的中医特色疗法10种，同时能够为患者提供中医食疗服务和医疗饮食，深受

患者的好评。

3. 创新思维，积极在西医领域上寻找中医切入点。进一步挖掘中医药内涵，充分利用中医药治疗的特色优势，积极探索在“西医”领域融入“中医”治疗技术，拓宽业务渠道，提高疗效。

（1）加强临床手术外科与肿瘤血液病科的沟通，治疗效果更为明显，对肿瘤术后病人除给予化疗治疗外，还积极配以中草药的后续治疗。

（2）肾病专科有较强的透析技术，透析设备和标准化的透析环境打开了县城医疗市场，为了突显中医特色，2011年把重点工作放在了透析前肾病的中草药治疗，辅以西医治疗，逐步打造中医院的肾病治疗技术品牌。

（3）眼科是中医院乃至全县的品牌科室，在未来的发展中，将在手术品牌的基础上，引进眼底血管治疗机，积极推进眼底病及角膜病的中草药治疗，辅以相应的西医治疗，逐步走出一条新的眼病中医特色治疗之路。

（4）整合现有医疗资源，把针灸按摩、理疗技术，中医颈腰椎病的治疗技术与脑血管病人后期康复治疗有机的融合为一体，组建规范化、科学化、标准化的康复中心，让更多的患者感受到中医绿色疗法的魅力。

（5）肛肠术后结合中草药熏洗，缩短了康复期，进一步提高手术疗效，受到患者好评。

4. 加强中医急诊科建设：急诊科设有抢救室、治疗室、观察室等，配有救护车及心电监护除颤仪、洗胃机等急救设备，人员配备合理，能够充分发挥中医药在急诊中的作用，中医诊疗技术在急诊应用及急危重症中医药使用率达到标准要求。开通急救电话5600120，公开向社会做出救护车24小时免费救助急危重症病人的承诺，2011年被交警大队指定为“交通伤救治”定点医院，中医院急诊救治能力得到了进一步加强，院前急救水平接近了“120”的水准。医院强化中医药在急症处理中的作用，改变了中医院以往治内不治外，治缓不治急的历史。

（二）人才培养与人才引进相结合，优化人力资源配置，提高服务水平，确保医疗安全。

培养人才，引进人才，力求形成合力梯队。一是采取外出进修学习，选派中青年技术骨干到省级以上医院进修深造；二是聘请上级医院专家来院会诊、讲课，进行业务指导，实施“院内进修”，并积极开展医院“西学中培”及名老中医学术继承工作；三是积极选派临床医护人员参加各级各类学习班、培训班以提高基础理论水平；四是开展岗位练兵、技术竞赛，练就过硬的技术水平；五是组织学术讲座及科室经常性小讲座，以提高临床学术水平；六是鼓励在岗自学成才等多种形式的人才培养方式，极大地激发了医护人员的学习热情，营造了良好的学习氛围，造就和培养了一大批优秀专业技术人才。

（三）以科技激励为手段，营造浓厚的科研氛围。医院积极鼓励职工搞科研，撰写论文。全院职工积极参与并取得了丰硕的成果，科研成果项目有桃核承气合生姜泻心方治疗慢性肾功能衰竭的临床研究、活血化瘀法治疗颈椎病、鼻敏汤配合斑蝥粉治疗常年性变态反应性鼻炎的疗效研究，中医疗法对中风后偏瘫患者的临床护理研究等科研项目，论文发表若干如：《综合治疗老年骨关节炎600例分析》、《中草药辨证诊治颈椎骨质增生症》、《桃核承气汤和生姜泻心汤治疗慢性肾衰竭100例》、《参藤汤治疗颈椎病230例》、《常年性变态反应性鼻炎的中医辨治思路》、《中药通补并用治疗常年性变态反应性鼻炎》、《护理干预对中风后偏瘫患者日常生活自理能力的影响》、《中风急症78例辨证施护效果分析》、《前列腺电切术后膀胱痉挛的护理研究》等论文。

（四）大力加强中医药文化建设。中医药文化是中华民族优秀传统文化的重要组成部分，是中医药学发生发展过程中的精神财富和物质形态，是中华民族几千年来认识生命、维护健康、防治疾病的思想和方法体系，是中医药服务的内在精神和思想基础。中医院是中医药文化继承和创新、展示和传播的重要场所，为把这一民族传统文化瑰宝发扬光大，按照国家中医药管理局印发的《中医院中医药文化建设指南》和《关于加强中医医院中药文化建设指南》的要求，院委会专门召开会议，结合医院实际，对此项工作进行了周密的安排和部署，成立了医院文化建设领导小组，制定了《医院文化建设实施方案》，且在医院精神、院徽设计、办院宗旨、办院方针、发展战略、医院管理、院内宣传、诊疗规范、行为规范、教学传承等方面都得到了充分的体现，也让中医药文化思想深入人心。

三、严格内部管理，落实奖惩制度

严格执行“中医病历书写规范”和“处方书写管理办法”，加强中医病案管理，提高病历、处方书写质量。要求现病史要体现中医特色，症状、舌诊、脉诊要表述准确，中医病名诊断及证型诊断要规范，主症及兼症病机分析要准确，中成药使用要体现辨证论治，甲级病历率达到90%以上，中药处方要按规范书写，药物名称、剂量符合规范要求，不得自编名称或代号，处方合格率达到90%以上。医院对违反医院规章制度和操作规程的卫技人员进行了公开处理，同时，医院还出台了医师外出会诊暂行规定，并对处方权、报告权进行重新审定，从而使医护人员的医疗安全意识大大提高。

四、医院绩效

始终坚持“患者至上”的服务宗旨，在医疗过程中坚持把病人的满意度当作每个员工行为的标尺，积极创建“安全、便捷、高效”的百姓放心医院，坚持和发挥中医特色，全面提高中医诊疗技术水平，不断健全医院的“质量、安全、服务、费用”等管理制度，受到了良好的社会效益和经济效益。

随着社会知名度和美誉度的不断提高，医院1～12月份门诊人次达到137526人次，急诊6800人次，手术2478例，入出院9228人次，床位使用率80%，与2010年同期相比，均有大幅度提高。2011年1～12月份业务收入5500万元，同比增长42%，其中医疗收入占45%，药品收入占55%。

金融保险工作

人民银行滦南支行

2011年，滦南支行在中支党委和滦南县委、县政府的正确领导下，紧紧围绕“强管理、重创新、保安全、促发展”的工作重点，坚持以打造“服务型支行”、“和谐支行”统领工作全局，工作中科学把握、积极探索、履职尽责、开拓创新，紧密结合辖区经济金融发展的需求，突出“两条主线”，加强了内部管理与金融服务工作，进一步推动了支行各项工作上水平。

一、以创先争优为主旋律，积极打造和谐支行

1. 全力以赴保安全。一是坚持开展安全警示教育，消除安全隐患。二是加强应急预案管理，对支行5大类共计10余项应急预案重新进行修订、完善、评估，增强了应对突发事件的应急处置能力，对会计、国库集中核算系统进行了四次应急演练。三是严格落实各项会计、国库财务制度，强化账务核对，对重要岗位人员落实了岗位轮换，对五名调岗人员进行了内部审计，逐级签订了责任状。四是积极探索基层人行内控管理新模式，实行了“内审人员跟班作业”制度和部室主任离任审计制度，形成全方位防控新格局，做法被天津分行内审工作简报第9期和中支《内审工作简报》第17期刊发。五是抓好工作落实，出台了督查催办制度，做到月月有安排，人人有责任，事事有人管，层层抓落实。

2. 继续强化学习，提升干部职工综合素质。一是认真落实中心组学习制度。二是充分利用周四学习日开展了多种形式的教育活动，组织开展了“一人一技一师”活动，组织全体职工到天下父母亲情教育基地学习幸福人生讲座，做法分别被天津女工信息和石家庄中支女工动态栏目采用。三是组织相关人员系统学习了会计内控制度和操作规程，在年内中支组织开展的两次会计核算业务培训测试中，人行分别取得了团体第一名和第三名的好成绩。四是认真开展“悦读·明理·笃行”青年读书活动，阅读中外名著20余部，撰写读书心得8篇。

3. 以创先争优活动和迎庆建党90周年为契机，加强党性教育。一是组织开展为全体党员干部上党课活动。二是组织开展庆祝建党90周年系列活动，通过开展党员公开承诺等系列主题活动进一步增强党员的宗旨意识。三是关心职工生活和身心健康，每逢重大节日，都组织职工开展各种形式的座谈会，与职工谈心。四是对在全体职工中开展了“我为支行发展建功立业‘四个一’”主题竞赛活动，征集职工合理化建议34条，撰写调研报告及心得体会文章48篇，其中21篇被中支以上载体刊发。五是结合实际，组织党员开展了“如何在履行央行职责中体现共产党员先进性为主题的大讨论活动”以及“读党史、诵经典、学英模——做文明奉献的央行人”等主题实践活动，在中支组织开展的“敬业、奉献、责任”主题活动中，有4篇征文获奖，支行被评为优秀组织奖。

4. 扎实推进党风廉政建设和反腐败工作。一是坚持落实了党员领导干部民主生活会制度。二是注意完善自律和他律机制，突出抓好重点环节和重点岗位的风险管理，对员工思想行为进行了排查。排查活动共发现岗位风险点隐患6个，人员行为风险隐患3个。全部风险隐患已及时采取措施整改到位，有效地防范了案件的发生。三是从源头抓起，强化警示教育，组织收看教育片，警戒员工从中吸取教训。四是严格落实党风廉政建设责任制，逐级签订廉政目标责任书，并创新监督手段，推出了《廉政监督卡》，构建了反腐倡廉长效机制。五是积极开展“每月一案，以案说廉”活动，上报心得体会文章10篇，其中有2篇在中支获奖。

二、以创建“六好”金融生态环境县和改

善农村支付环境工作为抓手，积极打造服务型支行

1. 结合滦南实情，传导、落实稳健的货币政策。一是丰富货币政策传导形式。通过召开行长季度金融形势分析会、信贷科长联席会等形式，积极传导稳健的货币政策。二是通过“法人金融机构流动性监测系统”来实施对地方金融机构的非现场监管。三是加强农村信用社专项票据兑付后续监测考核工作，确保其依法、合规经营。

2. 认真履职，强化基础性金融服务职能。一是加强征信管理工作，认真做好贷款卡发放和年审工作。全年共发放新贷款卡67张，办理贷款卡年审200家，年审率达92%，办理个人信用报告查询460笔。二是做好金融统计标准化建设工作。将县内金盛小额贷款公司按金融统计属地管理原则纳入了支行的统计范围，完善了统计对象及标准。三是坚持依法行政，做好银行结算账户开立审批工作。全年共办理账户开立核准663户、销户核准434户、变更核准212户。四是加强人民币管理工作。全年共收缴假币867张，金额76025元，鉴定残损人民币159张，金额15450元。五是加强外汇管理工作。全年共为4家企业办理了出口收汇企业登记备案，发放核销单5846份，核销金额2.3亿美元。六是广泛开展征信知识、银行卡及反洗钱等业务宣传，增强社会公民诚信及风险意识，促进信用体系建设。

3. 加强指导和信贷调控，支持县域经济发展。一是面对滦南县“三大攻坚、四大开发”的现状及上半年县内重点项目需求资金的实际，积极向中支申请为县农村信用社调增信贷规模2000万元，确保了农村信用社在政策范围内实现当月新增贷款3942万元，及时满足了县内重点项目的资金需求，县委张国栋书记对此做了重要批示：“对县人行助推‘三大攻坚、四大开发’，千方百计提供信贷支持的做法予以高度肯定，并印发全县党政企单位予以推广”。二是积极发挥政银企合作平台的作用，有效推动县域经济金融协调发展。以“构建银企共赢平台，促进县域经济发展”为主题，组织召开了大型的政银企对接暨金融产品推介会，将征集、汇总辖内7家金融机构的贷款政策、贷款流程和创新金融产品等内容为一体的《企业融资服务指南》和唐山市13家地方性商业银行的宣传材料，向参会的70多家企业、政府各部门领导及金融机构负责人进行了分发。银企对接会后，在滦南县政府县长许晓娟同志的主持下，举行了贷款合同签约仪式，县中行、建行和邮储银行分别与三家企业签约，贷款合同金额总计2.1亿元，县工商行等三家金融机构分别与三家企业签订了贷款合作意向，总金额达2.5亿元。银企对接会后，县委书记张国栋对会议的圆满成功及取得的成果给予很高的评价和充分肯定，尤其是今后金融机构的跑办支持力度和对重点项目的对接，县委书记张国栋非常满意，在全县经济大会上讲做了“效果好于预期”的评价。三是不断加强窗口指导，力促金融机构采取多渠道营销。先后组织召开了“滦南县推进大学生村官创业富民工作会议”、“滦南县青年创业暨小额贷款项目推介会议”，在人民银行的有效指导下，县农行、信用社利用涉农政策优势主动扶持姚王庄镇、程庄镇等棚菜生产，新增贷款7800万元，中国银行积极深入宋道口镇钢锹企业主动与企业对接，有效地支持了地方经济发展。四是成功组织召开唐山沿海地区“诚信兴商和谐发展”工作推进暨研讨会，省外管局孙英处长参会并讲解相关外汇知识，面对面接受宣传人员达263人，有利地促进了银企联姻共谋发展和优化诚信兴商环境的建设，达到了“抓宣传、促联姻、助兴商”的目的。

4. 积极开展“六好”金融生态环境县创建工作。一是组织召开滦南县创建“六好”金融生态环境县建设工作协调会议，研究讨论通过了“金融安全稳定协调机制”等5个创建工作协调机制，为创建工作打下了良好基础。二是组织召开了滦南县金融生态环境建设推进工作座谈会，并坚持在季度行长联席会议和月度信贷经理联席会议上，点评“六好”创建工作中好的经验、做法，研究、分析、解决遇到的困难和问题，对以后更好地推动全县金融生态环境创建活动顺利开展起到了指导作用。三是结合滦南“十二五”产业发展规划，相继制定印发了《关于进一步做好金融服务支持钢锹产业健康发展的指导意见》等指导意见，努力实现“政策环境好”。四是对创建六好金融生态环境县工作指标进行了任务细化分解，并以政府文件的形式印发各成员单位，做到职责清晰，分工明确。工作进度和成效向上级行进行了反馈并被刊发采用。五是发挥牵头作用，大力推进社会信用体系建设，努力实现“征信体系好”。首先是组织开展最守信用贷款企业评选活动，经支行审核把关向中支推荐，有30家企业被中支评为“2010年最守信用贷款企业”，彻底扭转了以前年度每年只有六七家的历史。其次是积极推动农村信用体系建设。建立农户信用档案13.4万户，建档率达100%，“农村青年信用示范户创建工作”被省列为试点单位。第三是有效做好征信服务、宣传工作，营造良好社会信用氛围。

5. 积极推进农村支付服务环境建设工作。一是细化分解目标任务、加强协调督导。二是定期召开专题会议，及时了解各行社目标任务的完成进度。三是积极拓展平台培育示范点，把滦南县银泰商厦及八个乡镇分店作为重点，把滦南县联社作为服务主力，依托其自身在农村点多面广的优势，积极营销，努力开拓农村市场非现金支付市场。在支行的积极引导下，农村信用社先后投资20余万元，布放114台POS机，使滦南县银泰商厦成为河北省农村信用联社第一家MIS—POS特约商户，构建并实现了银泰商厦及8个分店刷卡、收单一体化、覆盖城乡的“一带八”模式，做法被中支农村支付环境专刊第70期刊发。农村支付服务环境得到充分改善，受到广大群众的普遍欢迎。

6. 加强管理，依法行政，维护辖区金融稳定。一是组织开展人民币收付业务检查，重点检查了辖区金融机构人民币现金收付、假币收缴、清点机具等重要环节。二是开展反洗钱非现场监管，对存在风险的金融机构进行了风险提示。三是组织开展了综合执法检查。通过上述措施，共发现问题6个，对存在问题的金融机构下发了限期整改通知书，有效维护了辖区金融的稳定。

三、高效履职，深化创新，促进支行整体工作上水平

1. 开展“创新金融宣传服务方式，借助贷款卡开立平台实施卡前培训”的创新尝试。主要是凭借贷款卡开立审批这一关口，向企业宣传征信知识，加强企业诚信意识教育，将人民银行金融服务工作做得更加到位。全年共对40余家企业进行了“卡前培训”和征信知识测试，组织约见谈话6次，使企业有效了解并掌握征信的意义及价值，进一步增强了企业的信用意识。做法被省中支征信管理处以“滦南支行创新‘卡前培训’模式效果好”为题予以刊发推广。

2. 率先开展“农村青年信用示范户试点工作”。为推进农村信用体系建设，切实改善农村信用环境，配合县团委，通过广泛调研、走访涉农金融机构等多渠道协商，积极谋求共识，率先开展了农村青年信用示范户创建工作。通过组织协调、召开会议部署、组织评定等方式，在全辖范围内采集农村青年信用信息档案1000户，评定出农村青年信用示范户270名，并以联合发文形式对评定出的270名示范户名单予以公布，同时向这些青年发出了《致农村青年信用示范户的一封信》。据统计，年内全县涉农金融机构为农村青年信用示范户发放小额贷款余额达8841万元，累计投放14386万元，其中示范户评定后新增贷款1400万元，使一部分农村青年成为创业明星或农村致富带头人，彰显了青年信用示范户的典型示范效应，为农村青年搭建信贷合作平台，助推农村经济发展，取得了显著成效，圆满完成了试点工作任务，此项工作得到省团委和省中支团委的一致肯定，8月10在滦南县召开了“河北省农村青年信用示范户推广工作会议”，省中支团委谢建时书记对滦南支行开展农村青年信用示范户工作给予了高度评价，经验做法先后被天津分行和石家庄中支刊发，并在人总行网站分支行动态栏目中进行了刊载推广。

3. 推行“1266”新模式，加强国库业务管理。为规范业务操作、防范风险，制定并实施《滦南县财政、税务及金融机构国库往来业务专管员管理办法》、《人民银行滦南县支行国库柜台业务处理规范》、《滦南县人民银行国库与财政、税务账务核对操作规范》及《人民银行滦南县支行国库柜台业务处理“六严禁”“六必须”》一系列业务操作规程，到12月底，共各类税款入库、退库及更正业务22万笔，金额97亿元，所有业务处理均做到了及时、安全、有序。“1266”管理新模式，分别被石家庄中

心支行、唐山中心支行以加编者按的形式予以刊发、肯定。

四、大力开展调研信息活动

在开展调研工作中，一是年初对信息调研奖励办法进行了修订，营造了全行搞调研的良好风气。二是根据经济金融运行的现状，拟定调研题目，发至各部室，对全行开展调研进行指导，增强调研工作的针对性。三是认真完成上级行课题调研25个，开展了中小企业融资调查、土地流转调查等多个专项调查。全年上报各类信息、调研80多篇，被中支以上载体采用55篇，其中总行级1篇，天津分行6篇，省行4篇，被唐山市中心支行评为金融研究工作先进单位。

农业发展银行滦南支行

在上级行及县委、县政府正确领导下，全行上下齐心协力，圆满完成了各项工作任务。

一、业务开展情况

在业务经营上，认真分析研究优势与劣势，开拓思路，不断摸索发展业务与清收不良贷款的有效方法，积极盘活资金支持地方经济发展；在班子建设上，坚持民主集中制，班子团结和谐；在队伍建设上，通过组织学习、教育、培训，增强全员政治、业务素质；在“四无”创建工作中，坚持不懈抓教育、抓检查、抓规范、抓苗头，2011年度继续保持住了“四无”的目标。

1. 贷款余额情况。截至2011年底贷款余额16797万元，其中：简易建仓贷款314万元，98年中地挂账贷款900万元，陈化粮价差亏损挂账贷款1617万元，保护价价差损失贷款884万元，其他政策性挂账贷款5531万元，98年地方政策性挂账贷款128万元，粮食企业附营业务挂账贷款711万元，农业基础设施建设中长期贷款800万元，产业化龙头企业粮油短期贷款1800万元，省级储备粮贷款2490万元，县级储备粮贷款922万元。

2. 累计发放贷款情况。2011年贷款累放5033万元，一是完成省级粮食储备粮轮换贷款发放工作，发放轮换贷款1533万元。二是发放粮食收购贷款1700万元，发放产业化龙头企业粮油短期贷款1800万元。

累计收回贷款7006万元。其中：收回粮食收购贷款1700万元，收回建仓贷款181万元，收回98年中地挂账贷款2792万元，收回省级储备粮轮换贷款1533万元，收回路网改造贷款800万元。

二、严格内部管理

（一）狠抓财务收支，控制经营成本，提高经济效益。进一步加强财务管理，严格成本费用支出，在财务开支上，认真贯彻落实财务费用开支报账制，合理安排费用支出，对于各项开支，严格坚持按程序逐级报审，集体研究讨论，群众监督，“一支笔”审批的原则，切实履行各部门各环节的监督管理职责，规范财务行为，确保上报市行的每笔开支真实、合规、合法，使全行费用开支管理逐步规范，有效地控制了经营成本，提高了经济效益。

（二）加强安全保卫工作。高度重视安保工作，做到了行长亲自抓，主管行长具体抓，并在各种会议、场合强调一些需要注意的问题，严格值班纪律，形成了一种上下一心、齐心合力，誓保国家资产安全的氛围。

加强IC卡的管理与使用，IC领用、发放、保管、上缴手续完备、资料齐全。操作员IC卡密码设置、定期更换。操作人员临时离柜、午间休息及营业终了时，退出系统，及时入柜、入库保管，严格防范意识，杜绝了事故的发生。

科学合理的设置岗位和分工，使每名员工在工作中形成各司其职、各负其责，落实岗位职责制，落实“印、押、证、机”分管分用等基本制度，强化内部监督制约机制，层层把关，每笔业务的发生都严格按照各项操作规程处理，保障了营运管理系统安全运行。

（三）加强党风廉政建设工作。坚持把党风廉政建设与各项工作相融合，以廉政促勤政，切实做到了“两手抓，两手硬”，加强民主管理，推行行务公开，认真搞好行风建设工作，结合企业文化建设规范外部环境和工作作风及服务水平，加强对领导干部的监督力度，继续推行“四廉制度”，认真落实各项内控制度，落实一岗双责，5月份通过党建分析会议对职工思想动态进行分析，排除隐患，定期进行案件排查，通过多种措施使党风廉政建设责任制落到了实处，全行上下呈现出了团结奋进的良好局面。

三、加强行风建设，完善工作机制，提高

办事效率

按照当地政府关于外观改造的要求，结合银行实际情况及企业文化的有关内容，本着节约、量力而行的原则，经过市场价格调研、测算、市分行批复后，通过财审会研究，6月15日组织有竞标资质的3家企业进行了公开竞标，最终滦南县棉麻实业总公司装饰装潢公司以16.7万元最低价格中标对银行办公楼外立面及亮化设施进行改造，外装修已接近尾声，总体效果比较理想，改变了原来办公楼陈旧形象。

四、继续开展创先争优活动，营造健康向上的良好风气

通过开展创先争优活动，形成了学先进、赶先进、争当先进的良好风气，各位党员同志都能发挥“一名党员，一面旗帜、一个表率”的先锋模范作用，部室氛围进一步和谐，团队凝聚力和战斗力进一步提升。部室各项工作成效明显。

工商银行滦南支行

滦南工行现有班子成员2人（1正1副），在册员工79人，下设2个部室，4个网点。2011年，认真贯彻落实县委、县政府的部署，围绕全行中心工作，深化服务工作内涵，积极开展服务创新，树立工行优良的服务品牌形象，增强了全行综合竞争实力，实现物质文明建设、精神文明建设双丰收。特别是近几年，领导班子始终坚持两手抓，文明建设方面获得诸多荣誉。被省市行命名为“青年文明号”、“文明服务窗口示范单位”、“先进职工之家”、“文明单位”、“先进基层党组织”、“巾帼文明示范岗”、“2008～2009年度唐山市精神文明建设先进单位”、“2010年滦南县精神文明建设先进单位”。

这些成绩的取得源于良好的工作业绩。2011年全行各项贷款新增2.98亿元；各项存款余额达到25.1亿元；全年中间业务收入1466万元，实现利润4200万元，人均利润51.85万元。各项指标再创历史新高，业务发展又上了一个新台阶。

（一）加强职工队伍建设，开展思想道德风尚和职业道德教育，提高干部职工队伍素质

1. 抓好领导班子建设，不断提高自身素质。威信是形成群众凝聚力的前提条件，领导者威信的高低取决于本身的政治素质、敬业精神、道德修养、业务才能、生活态度、为人处事等。在工行领导班子中都能时刻从这几方面去进行思想磨炼，进行自我道德修养。2011年行领导先后参加了数次党委组织的中心组学习班，每次读书班都有新的内容。通过学习，领导干部的思想观念有了很大的转变，提高了政治工作的敏锐性，能用科学发展观去指导和安排工作。在业务学习上针对近年来新兴业务品种不断更新，行领导首先带头学习业务，行级干部多次参加了省行和市分行举办的各类业务培训班，全行职工也在业余时间里通过自学以会代训和参加各类培训班等形式不断提高自身的业务素质。为保证学习效果支行每年都制定了学习配档表，经常组织考试和进行业务演习活动，检验学习效果。通过这些活动在领导班子当中形成了团结开拓、敢抓敢管、为政清廉、严于律己的良好思想道德风尚。

2. 在全体职工中开展职业道德教育活动。一是2010年以来，在全行干部职工中开展了“爱岗敬业、恪守职责、竭诚服务、团结协作”等为中心议题的职业道德教育活动。二是在员工中开展世界观、人生观、价值观思想教育。在全行广泛开展比、学、赶、帮全心全意为客户、为群众服务活动。

（二）坚持不懈，深入扎实的开展创建精神文明活动

银行形象是社会服务，服务水平和经营作风在社会上所产生的总体印象，要得到社会公认，塑造社会的整体形象必须坚持不懈的开展好创建精神文明活动。为使广大干部职工有高度精神文明的意识，有计划、有措施、有组织的开展好各种创建活动。每季度支行召开全体员工会议，领导班子对创建活动作了详细的部署，在全辖中以创建精神文明活动作为开展各项工作的突破口。对内营造一个良好的工作环境；对外塑造一个崭新的社会形象，从环境优雅、举止言谈、服务效率等方面着手，创建文明单位。

（三）保资金，抓项目，大力支持全县经济发展

2011年，国家实施更为稳健的货币政策，央行连续上调存款准备金率。此背景下，各金融机构信贷资金规模持续收紧，各种融资渠道收窄甚至锁死，滦南工行在资金投入上碰到了前所未有的困难和阻力。但是，工行领导班子敢于打破常规，牢固树立“事在人为”的工作观念，用实际行动强有力地支持了全县经济的健康发展。一是为县医院整体迁建项目先期投入资金6800万元。经过艰苦努力，终于在年内将滦南县医院整体新建工程项目资金落地。工省行以《关于同意为滦南县医院整体迁建工程建设办理17000万元项目融资的批复》（工银冀信贷审批[2011]00133号）予以批复，同意对该公司发放项目贷款17000万元。在2011年12月23日，工行已将先期6800万元投放到位。二是主动沟通促对接。积极响应政府号召，主动深入中小企业了解生产经营情况和财务状况，了解企业的发展情况和资金需求，不断加大对中小企业的支持力度，网贷通、个人经营贷款等新产品受到了广大中小企业和个人客户的欢迎。全年已累计投放中小企业贷款4550万元，个人经营贷款4646万元，个人汽车消费贷款5781万元，信贷资金投放总量达到2.17亿元。三是将信贷政策用足用好，想尽一切办法为企业提供信贷支持。唐山中红普林集团因涉及关联企业，在评级授信既复杂时间又长，手续繁琐。工行采取代理占用第三方授信的方式，已经为其办理进口国际信用证27笔，金额875.46万美元，办理进口押汇9笔。金额360.9万美元，此业务为工行在当地的首创，极大地支持了企业资金的需求及生产经营的发展。四是解难题，谋发展，实现银企共赢。在一次走访企业中发现，全县外汇出口企业多，但本县金融机构不能办理外汇结算业务的难题一直困扰着企业。全县有出口实绩的企业53家，在1～8月份出口创汇1.8亿美元，进口付汇9788万美元，外汇市场巨大。但与其不相适应的是县内无一家能够办理结售汇业务的银行，所有企业的外汇业务都要到百里外市区银行办理，财务人员劳神费力不说，也给企业增加了成本和负担。了解这种情况后，工行从服务地方经济的角度出发，在县外管局协助支持下，9月上旬，选派了2名新入行、具备英语六级资格的大学生，到上级行的国际业务部学习培训后，已经达到了可以正式操作阶段。工行外汇业务的正式开办，受到了企业的欢迎和好评。目前已有数家出口企业在工行开立了外汇帐户，以后县内出口企业的外汇业务在工行就可以办理，免得企业财务人员往返市区奔波，既节省了企业的人力和物力，又实现了银企的互利共赢。

（四）加强内部管理，强化企业文化建设，促进支行安全稳健的全面发展

一是切实加强内部管理，实现业务经营安全稳健。支行根据上级行制定的内控管理规范，结合本行实际，制定了文明服务、案件防范、劳动纪律等五个方面的规章制度，并成立了检查领导小组，对各部门、每名职工执行规章制度情况，进行严格检查，认真考核，特别是文明服务工作，全年先后对4名员工和2名中层负责人进行了罚款处理，并在全行通报批评，使支行的文明服务工作有了改善，接到了两封表扬信和7个表扬电话，对12名一线人员进行了表扬鼓励，这些都是支行精神文明建设取得良好效果的一个缩影。二是积极强化企业文化建设，丰富职工业余生活。支行在抓业务工作的同时，还注重加强企业文化建设，丰富职工的业余生活。每年春节、三八、十一等节日，都组织员工进行游艺活动，参观学习等活动，陶冶职工情操。还就如何开展企业文化建设问题进行了问卷调查，写出了观点鲜明、内容丰富的论文，在省行网讯上予以发表。同时支行还注重发扬民主，定期召开职工座谈会，采纳职工意见，集思广益，让职工参政议政。并注意关心职工生活，解决职工的后顾之忧，让职工把主要精力用在工作上。

中国银行滦南支行

2011年中国银行滦南支行在县委、县政府和市行党委的正确领导下，按照市行党委“抓具体、抓发展、保落实”的战略部署，依托县域经济发展，以业务发展为重点，以内控管理为前提，以队伍稳定为保障，以“构建和谐中行”为根本，全行员工上下一心、团结一致、共克难关，全力推进资产、负债和中间业务；全面配合县委、县政府三大攻坚、四大发展，大力支持地方经济发展及城市建设，通过全行员工共同努力，各项工作有了长足进步。

一、2011年主要指标完成情况

紧紧围绕市行工作部署，把握重点，全员出击，各项业务取得长足发展，至12月底各项存款余额101635万元，新增11473万元。其中人民币公司存款余额43727万元，比年初增长10568万元；人民币储蓄存款余额57900万元，比年初增长905万元；人民币同业存款余额21649万元，比年初增长9624万元。公司贷款余额8900万元；零售贷款余额15046万元，比年初增长1070万元，累计发放零售贷款6000万元；实现中间业务收入528万元，净收入1238万元，实现利润631万元。

二、主要工作措施

（一）全力服务县域经济

把贷款投放作为工作重点，积极跑市进省争取贷款规模，一是为中红普林集团投放贷款400万美元，贸易融资6168万元人民币，授信总量达到8900万元人民币；二是支持房产开发项目，为“金诚华苑”、“绿景嘉园”、“安平家园”、“鼎盛二期”发放住房按揭贷款3119万元；三是密切与庞大集团滦南公司的合作，千方百计为庞大集团滦南公司提供全方位一条龙服务，促进汽车消贷业务的发展，全年投放汽车消费贷款2925万元，有力支持了庞大集团滦南公司的发展；四是全力支持个人投资经营贷款，充分利用上级行的信贷政策，结合全县的具体情况，尽最大限度的支持县域内企业，在中小企业上为仕达家俱厂、玉中食品厂发放个人投资经营贷款570万元，有效支持中小企业的发展；五是为河北永新纸业提供授信支持，拟为该项目授信3亿元人民币。

（二）服务工作全面提升

1. 加强软件建设、提高服务质量。一是公开服务承诺，同时专门聘请了多名来自社会各界的义务行风评议监督员，对银行的各项服务进行监督，经常征求监督员对服务工作的意见建议并及时调整服务措施，满足客户需求，提高服务水准，全行的服务工作受到社会各界的广泛好评；二是组织学习培训，通过学习培训，提高员工业务素质、服务礼仪水平和办公效率。

2. 加强硬件建设、优化服务环境。一是对城南二级支行进行的装修改造已装修完毕投入使用，支行本部迁址已开工建设，随着城南二级支行的装修改造完毕及支行的迁址，将进一步完善服务环境，提升银行形象；二是增加窗口，压缩二线充实一线，增加窗口2个，解决了客户排队问题。

3. 深入开展“创先争优”活动。深入开展“创先争优”活动，通过活动的开展，充分发挥党员的先锋模范作用，切实提高一线窗口服务水平。同时在全行开展了“文明服务、优质服务”竞赛活动，以“展示窗口形象、服务滦南人民”为主题，为建设“激情滦南、实力滦南、文化滦南、生态滦南、和谐滦南”做贡献，全行广大干部员工投身到“文明服务、优质服务”的竞赛当中，通过个人提质、岗位创优、窗口竞赛，努力创造优美环境，建立优良秩序，推行优质服务，倡导优雅言行，真正为滦南经济又快又好发展营造良好的社会服务环境，以优质服务成效向滦南人民交了一份满意答卷。

（三）质量管理扎实推进

认真贯彻落实省行、市行工作要求，扎实有效推进管理达标。一是成立了管理达标考核领导小组，制定了管理达标监控检查制度，实行岗位管理责任制度；二是制定了详细的学习培训计划，组织员工培训，为每位员工建立学习培训档案，并对员工的学习培训效果进行综合评定纳入绩效考核；三是加强监督检查，防范各种风险，建立每日、每月、每季检查制度，对检查出的问题进行整改，做到防微杜渐，防范风险。

（四）队伍建设效果显著

1. 加强领导班子建设，提高战斗力。一是加强理论学习，提高班子素质。班子成员认真坚持每周例会制度，每周学习制度，认真学习政治理论、业务知识和管理知识，提高了班子成员的业务素质；二是加强班子团结，提高班子合力。班子成员相互沟通、相互交流、相互支持、相互理解、相互补台，做到思想合心、声音合拍、行动合力；三是加强自律，发挥带头作用。班子成员严于律己率先垂范，在学习、工作、生活等各方面起到了先锋模范作用，用班子的人格魅力影响带动员工，提高了班子威望。

2. 加强员工队伍建设，形成向心力。一是加强思想教育，提高员工道德修养。充分利用例会及学习日组织员工学习，对员工进行培训教育，加强员工思想政治教育，引导员工树立正确的世界观、人生观、价值观；二是坚持以人为本，实行人性化管理。支行领导把员工利益放在第一位，政治上关心爱护，生活上关心照顾，全体员工充分体会中行大家庭的温暖，同时倡导“以文化推动发展，用健康拥抱未来”的全新理念，全行上下形成了一种和睦相处、团结共事的良好氛围。

（五）安保工作平安无事

一是加强领导。成立了综合治理领导小组，制定了各种安全保卫工作制度和各种应急预案，做到了组织齐全、制度健全；二是加强检查。每月对安全保卫设施、计算机运行情况进行一次全面检查，发现问题及时解决，杜绝安全隐患，做到安全生产。

建行滦南支行

2011年，在分行党委的领导下，在全体员工的齐心努力下，滦南支行以“保二争一”为目标，以科学发展观为指导，上下一心，群策群力，奋勇争先，全面贯彻市行党委的各项安排部署，各项工作稳步推进，取得了一定成绩。

一、2011年基本经营数据

截至12月底，实现账面利润2050万元，较2010年同期的818万元增长1232万元，增长150%，完成全年计划任务1066万元的192%。实现中间业务收入960万元，较2010年388万元多收入572万元，完成全年任务630万元的152%。

截至12月底，一般性存款97184万元，较年初新增39969万元，新增额在四大国有银行中居第一位，超过第二位的中国银行16655万元，其中对公存款余额61597万元，较年初新增35200万元．新增额居当地同业第一位，余额居当地同业第二位。储蓄存款达到35587万元，较年初新增4770万元。

截至12月底，贷款余额38895万元，比年初新增26624万元，新增额居当地同业第二位。全年累计发放公司类贷款23000万元，发放个人类贷款计9330万元。

二、工作主要开展情况

（一）加强风险防范，确保运营安全。积极组织，周密布置，全面贯彻“按章操作，稳健运行”精神，全面组织“从我做起、扼制违规”、“学规定、知禁令、作表率”等学习教育活动，整治业务操作风险，强化员工安全操作、合规操作的风险意识，2011年以来，稽核差错率明显降低。加强信贷资产质量管理，密切关注贷款企业的业务经营情况，对发展态势不明朗的企业，积极组织清收贷款，2011年收回中小企业贷款4900万元。同时加强“三防一保工作”，以“八大突出案件”排查和“高风险融资”排查为内容，组织了全行员工行为自查、互查以及重点岗位人员和业务风险点的双排查活动，有力的提高了全行业务风险的防控能力，有效地杜绝了业务风险的发生，实现了“零案件、零事故”的双零目标。

（二）业务开展情况。

1. 个银业务开展情况。结合上级行开展的“旺季营销”、“庆新春”活动，先后制定调整了个银业务考核办法，强化业务发展与绩效奖励的挂钩，实现了各指标的全面发展，在“旺季营销”活动中全面完成市分行下达业务指标，为个银业务的进一步发展打下了良好的基础。第二季度，在科学分析的基础上，制定有效的营销策略，加强管理，同时注重于高端客户的开发与维护，各项业务齐头并进，上下一心，齐心协力，又全面完成了市分行下达的各项指标，个人银行业务出现了全面发展的良好态势，截至12月底，储蓄存款达到35587万元，实现了新增4770万元，在当地同业达到网均排名第一位。

2. 对公业务开展情况。资产业务开展情况：截至12月底，贷款全口径余额38895万元。累计发放公司贷款23000万元，个人贷款9330万元。2011年，建行抓住县域经济大发展的良好机遇，按照重点项目重点支持的原则，努力寻找上级行各项政策与全县经济发展的契合点，抢抓市场机遇，下大力气发展住房按揭贷款业务，个人贷款业务稳定增长。负债业务开展情况：一是加大营销力度，有针对性地开展工作，经过对全县市场分析，加大了对优质机构客户的营销和维护力度，确保建行机构存款的优势。

经过不懈的努力，截至2011年12月底，机构存款余额50489万元，比年初增长34348万元，新增额居当地同业第一位，系统内第二位。在发展和稳定了优质机构客户群的同时，积极发展中型客户，利用小额无贷户清理的契机大力发展小型客户，获得省分行小额无贷户标杆组管理星级奖。在第三季度客户营销服务季竞赛活动中，全行员工更是“八仙过海，各显神通”公私联动，全员营销，市分行考核的三项指标中，获客户新增优胜奖、存款新增贡献奖两项奖励。截至2011年底，对公存款余额61597万元，较年初新增35200万元．（其中农行新增2063万元，中行新增15962万元，工行降11662万元），新增额居当地同业第一位。二是积极跟进马城和大贾庄铁矿开发项目。马城铁矿位于滦南县城东北部马城镇，距县城15千米，初步探明储量为10.44亿吨，远景储量达20到40亿吨，且矿藏品位高，开采价值极高，是滦南实现跨越的希望所在。大贾庄铁矿初步探明储量为2.6亿吨，2011年完成投资20亿元，目前已经正式开工，道路建设、电力设施、竖井工程、地质勘查等工作正快速推进。经前期营销，负责大铁矿合作开发的滦南县委、县政府及河北矿业集团主管领导已与建行达成了初步合作意愿，在建行开立基本帐户，势必会对建行今后的发展注入强大的动力，带动全行存贷款及电子银行等中间业务的大发展。

3. 财务管理工作。计财工作坚持向资金要效益，认真匡算资金头寸，加大资金的调配，合理安排费用支出，勤俭办行，使建行财务工作进一步向好，全年实现账面利润2050万元。

（三）党风廉政建设工作。保持班子清廉的工作作风，必将有助于业务的健康发展。在工作中，始终把领导班子成员的廉洁自律工作纳入重要日程，将廉洁自律纳入年度工作计划，按照市分行的要求，逐级签订廉洁自律责任状，落实大事报告等廉洁从业规定。以“学、知、作”活动为载体，努力搞好廉洁自律工作，注重自身品德修养，牢固树立廉洁奉公思想。对党风廉政建设明确分工，落实责任，确保一级抓一级，一级对一级负责。全年无违规违纪事件。

（四）行风建设工作。建行已连续三年获得县政府颁布的行风建设“优胜单位”光荣称号，2011年，紧紧围绕行风建设工作，以网点二代转型工作为切入点，全面提升服务水平；增设自动存取机一台，缩短了客户等待时间，受到客户普遍好评；强化普通话的推广，普通话达标率达到100%；扎实开展“创先争优”活动，进一步提高全体党员的意识水平和理论水平，充分发挥党员“先锋模范示范岗”的作用，使党员充分发挥先锋模范和旗帜作用，起到以点带面的功效。结合市分行有关具体规定，全面落实四项服务制度，与地方有关部门加强合作，接受地方政府与群众的监督，提高了建行的社会形象。

（五）反洗钱工作的开展情况。按照上级行有关反洗钱工作的要求，建行在明确工作人员的基础上，健全组织与内控制度，认真履行对客户的尽职调查义务，按时向当地人行报备大额、可疑交易。上半年，反洗钱工作在连续几个月的市分行考评中，大额、可疑类交易、等级分类处理情况等三个方面，分别以百分之百的有效处理获得全辖第一名的好成绩。

农行滦南支行

2011年，农行滦南支行认真落实上级行安排部署，以强化业务经营管理为主线，以提升市场竞争力，强化风险控制为目标，突出抓好存款、贷款、中间业务发展。全行上下转变观念，抢抓机遇，奋勇争先，取得了一定成绩。

一、主要指标情况

截至2011年12月末，全行各项存款余额达198542万元，较年初增加12803万元。其中储蓄存款余额174247万元，较年初增加10742万元，对公存款余额24295万元，较年初增加2062万元；各项贷款余额48037万元，较年初增加28623万元，其中实体贷款余额22484万元，较年初增加19684万元，个人住房贷款余额15650万元，较年初增加8448万元，小额农户贷款余额8562万元，较年初增加881万元；实现中间业务收入794万元，拨备后利润3949万元。

2011年，农行继续做好内控管理、案件防控和安全保卫工作，没有发生经济案件、刑事案件和重大责任性事故，行风评议位次有较大提升。被省分行授予金融保卫工作先进集体称号，内控综合评价预评为一类行。

二、确定目标，明确措施，狠抓落实

（一）认真做好“春天行动”各项工作。2011年初，把“春天行动”作为一项全局性工作来抓。一是各网点对照支行《2011年“大行德广　伴您成长　金钥匙春天行动”零售业务综合营销方案》，结合本网点实际情况，将任务分解落实到具体责任人，实行全员营销，利用晨会、夕会每天沟通营销进度、重点大户资金变化情况，主管行长每周进行调度、支行每月召开分析会议，推动工作进展。二是充分利用农行网点装修改造之机，扮靓营业网点，营造节目气氛，提升网点形象和客户吸引力。三是精选客户，在春节前组织了“新春送福”活动，并于3月8日会同太平人寿保险公司联合举办了60多人参加的首届个人贵宾客户“幸福生活理财沙龙”。参加活动的38名贵宾客户对农行理财等业务品种、理财知识有了更清楚细致的了解，对农行理财业务表现出了浓厚的兴趣，当场购买期缴保险6万元；3月23日举行了有40多名贵宾客户参加的客户联谊暨理财沙龙，现场销售理财产品1800万元，尊然贷记卡一张，金卡5张。活动情况被省分行网站登载介绍。

（二）大力组织存款，扩大业务份额。2011年，县农行把存款工作作为全行的一号工程，倾全行人、财、物资源突出抓好。工作中，把对公、储蓄存款高度关联，相互支撑，坚持共同推进，全面完成。

储蓄存款工作，一是继续发挥个人理财产品在维护优质客户、提高储蓄存款竞争力方面的重要作用，重点做好月末、季末到期个人理财产品的对接和销售，增强关键时点转化为储蓄存款的能力。各网点认真总结理财产品销售的成功经验，查找不足和缺憾，重点锁定时点存款不稳定客户、重点高端客户以及购买理财产品获得收益的客户；二是实行分类营销，突出重点。乡镇网点充分利用农户贷款投入，积极跟进重要客户，城区网点重点拓展高端客户，实现存款稳步增长；三是将月、季末存款冲刺办法真正落到实处，继续落实分层营销、分层维护的举措，充分认识月季末时点数字的重要性，提前入手、深挖资源，在稳定住老客户的同时，拓展新客户，努力确保任务指标的完成。通过扎实努力，全年实现了储蓄存款增长10742万元。

对公存款，一是抓主要客户，加大了对几个重点客户的公关力度，分析与工行、信用社的差距，实行链条式营销。通过营销企业上下游客户、关联企业增加存款；二是针对对公存款竞争激烈的现状，出台了《2011年度对公存款专项奖励办法（试行）》，按照季末余额核定维护费用和维护工资，减少客户相应减少维护费用和维护工资，有效调动了员工积极性，对公存款不仅有效扭转下滑局面，而且较年初增加2062万元。

（三）千方百计做活信贷业务。2011年，农行信贷投放重点突出综合收益率高的中小企业贷款和个人贷款。一是做好法人实体客户贷款投放工作，按照早投放早收益的原则，为中红普林集团授信1亿元，投放流动资金贷款4500万元。一季度，积极做好盛财钢铁、雨润集团利民食品两个客户的评级授信工作争取投放，以小企业简式快速信贷业务为抓手，实现小企业信贷业务的持续健康发展；二是加快个贷业务发展，保持个贷业务良好的发展势头。重点是鼎盛花园二期、丽景家园东北街二期、正通国际城等楼盘住房按揭贷款的发放。工作中，坚持提前介入，积极宣传农行优势，其中按揭贷款累放9500万元，在十家县支行排名第一位，在县内同业排名第一位，县委张国栋书记批示：对农行予以表扬，希望其他银行向他们学习；三是落实上级行要求，继续把小额农户贷款业务作为政治工作、重点工作来抓，营业网点在认真抓好存款和零售板块业务的同时，积极做好“三农”工作，既抓到期贷款的催收，又抓符合条件的新农户的授信及贷款发放，全年增加小额农户贷款881万元，实现了“三无”目标。

（四）下大力气抓好电子银行和中间业务。2011年，将发展电子银行业务和中间业务作为一项战略性任务，扩优势、拓渠道、求进位，提升市场份额，提升对经营的贡献度。

1. 加快发展银行卡业务。2011年，以代发工资业务为抓手，以柜台服务为基础，加大借记卡发卡量，通过柜台及客户经理营销，借记卡增量达到6538张，贷记卡增量达424张。

2. 加快发展电子银行业务。一是利用电子银行的优惠措施，进行电话银行、手机银行、网上银行、消息服务的综合营销。二是各网点配备一台pc机作为网银体验专用机，并落实大堂经理、客户经理等人员，做好服务引导，协助客户完成注册后的首笔交易。

通过努力，营销个人网银1583户，企业网银35户，手机银行745户，电话银行349户，消息服务3071户

（五）加强风险管理和案件防控工作。 2011年，继续高度关注案件风险和安全事件的防控，认真组织开展安全大检查活动，及时消除各种风险隐患，同时广泛开展安全防范教育活动，增强全员风险防范意识。

1. 开展合规文化大讨论活动。为了推进中国农业银行合规文化深入推广根植，将合规文化理念融入员工行为，渗透到业务经营全过程，促进合规经营，为实现“3510”发展战略和打造“优秀大型上市银行”总体目标提供文化保障，按照上级行安排和要求，用五个多月时间，认真组织了合规文化建设大讨论活动，围绕“合规创造价值”、“违规就是风险、安全就是效益”等核心理念，组织学习理念释义，做到对理念不曲解，不误读。从部门管理工作的角度，思考执行合规理念的关键管理措施和方法，总结提炼组织层面的关键行为准则；从部门成员日常工作角度，思考落实合规理念的关键个人行为和要求，总结提炼出了个人层面的关键行为准则。支行各业务条线结合本业务实际，把自身在内外部检查中发现的问题进行分析，深刻查找出现问题在什么环节，为什么出现问题，怎样才能避免出现问题进行讨论，与此同时，把其他行案例作为警示教育内容，教育员工算好自由帐、亲情账、经济账，做到处理业务依法合规。

2. 认真做好会计主管“学、守、做”、领导班子“学、强、做”以及“四基”学习、制度梳理年等活动。为使活动能够取得良好效果，实行集中学习与自学相结合的方法，按照各专业划分，采取专业学习与自学同步进行。领导小组办公室多次对各专业学习提出要求，各专业、网点积极按照要求组织集中学习，员工认真自学涉及本专业的学习资料，有效地提高了学习效果。农行把“四基”学习与内部监督管理相结合，尤其是对上级行检查和本专业自律监管中发现的问题，深挖根源，查找漏洞，使模糊认识得以澄清。

3. 认真抓好案件风险防范教育。行党委坚持把案件防控工作作为保障业务又好又快发展的基础工作来抓，成立了由行长任组长、部门经理为成员的领导小组，明确了职责任务。一是继续做好《银行业金融机构从业人员职业操守指引》、《中国农业银行员工行为准则》和相关法律法规的学习教育，结合相关案例教育员工树立正确的人生观、价值观、幸福观，算好经济账、亲情帐、自由帐，决不能因小利而铤而走险，丧失工作，丧失家庭，丧失自由，做到了会议必讲风险防控，领导下基层工作必查风险防控。二是结合业务监管，积极开展各业务条线的自律监管和业务检查，坚决防范操作风险的发生。三是认真进行积分管理，严格按照省分行《违规积分管理办法》要求，严格对违规人员进行积分，对超过标准的进行下岗处理。

4. 认真落实党风廉政建设责任制，强化惩防体系建设。按照上级行“一岗双责”的要求，党委书记对党风廉政建设负总责，党委成员既分管业务，又负责分管部门、网点的党风廉政建设，依据《滦南支行党风廉政建设责任制》的职责开展工作，形成了一级抓一级的惩防体系。行级领导、中层干部每季、每半年填写《廉洁自律登记表》，详细填报收入等其他情况，接受员工监督，同时，认真开好班子民主生活会，向员工述职，征求基层员工对班子和班子成员的意见建议。党委中心组学习除认真对上级行规定的文件进行学习外，还经常学习中纪委以及上级行党委有关廉洁自律的有关规定，重温《党章》、《入党誓词》，时刻牢记党的宗旨，做到以农行的利益为重，以农行的发展为重，兢兢业业的做好工作，没有违反法律法规和农行制度的现象发生。

（六）抓好行风建设，提高滦南支行形象。 一直以来，把行风建设作为滦南支行内部管理和业务经营的重点工作来抓。一是继续大力推行规范化服务活动，以业务前台为重点，从员

工着装仪表、内外环境、服务用语到服务效率进行规范。根据客户等候时间长、急躁的实际，积极引导客户到自助区办理业务，网点负责人、大堂经理、大堂保安对客户进行业务宣传，解答客户问题，努力安抚了客户，避免了部分客户无效排队等问题。在工作中，还积极征求较大客户的意见，努力改进工作和服务，并积极与县委行风评议部门沟通情况，汇报工作，取得了较好效果，有效提高了农行的形象，在县委和纪委、监察局组织的机关作风专项整治活动中，获优秀单位称号。在十家金融保险机构中，与县信用联社同时进入优秀单位行列。在行风评议年中初评中，农行位次上移六位，保持了市委文明建设先进单位和县精神文明单位称号，被省分行命名为精神文明建设先进单位。

农村信用合作联社

2011年，滦南县联社全面贯彻落实省联社唐山办事处全市农村信用社工作总体思路，围绕存款、贷款和中间业务营销、不良贷款清收，不断推进升级达标、网点装修改造、网络建设、提塑形象、安全管理等项工作，全面做好农商行筹建工作，同时以提效率、提质量、提水平、提素质、提实力为抓手，深入抓好党建工作和企业文化建设，规范各项管理，改善员工精神面貌，实现了各项经营工作平稳较快发展，经营效益得以大幅提高。

（一）深化改革，全面落实推进改制组建农商行工作

1. 做好股权结构优化改造工作，加快组建农商行步伐。根据银监会、省联社改革工作部署和唐山办事处关于改制组建农商行工作的安排，2011年一季度县联社资格股全部转换为投资股，投资股占比达到100%，各项指标已基本达标。根据办事处要求联社作为第二批申报组建农商行的单位，在组建农商行过程中主要做好四项工作。一是单户超比例问题。曹妃甸贷款由办事处协助解决，其他正在积极清理。二是全面清理并依法合规妥善处理好各类历史遗留问题和影响清产核资、资产评估的各类不规范问题。按办事处要求对涉及财务、资产等方面的手续已进行再清理、再处置，为顺利进行清产核资和资产评估扫清了障碍。三是组织做好增资扩股工作。按办事处要求已着手组织筛选确定新增企业法人股东和新增入股额度，并清理了隐形内部职工股，转让还原为内部职工股。对现有职工家属股也做了全面清理，提高了职工股占比。四是全面测算了曹妃甸贷款转让后不采取一切措施防止不良贷款反弹，确保不良贷款持续“双降”。良贷款占比情况，提早着手，努力协调确保不良贷款持续“双降”，确保再次申报成功。

2. 健全完善法人治理结构，确保改制组建农商行后能正常高效运转。按照唐山办事处整体改制组建农商行工作安排，县联社积极协调申报筹建工作。在着手筹建工作的同时，组织相关部室结合改革工作需要，修订、制定了各项规章制度、操作规程和议事规则等，确保改制组建农商行按照现代金融企业法人治理模式稳健运行。

（二）加快发展，全面提升经营实力

1. 统筹安排，逆势推进，确保存款稳步增长。2011年县联社继续坚持“大力营销增加居民储蓄存款和对公存款，两手抓、两手都要硬；调整优化存款结构，保增长、降成本，千方百计增强资金的效益性和稳定性”的存款工作方针，发动全员搞营销抓存款，实现了存款工作稳步快速增长，截至12月末，各项存款余额517989万元，较年初增加102824万元，完成全年指标78500万元的130.99%。具体做法是：一是进一步加大存款考核力度。县联社自我加压在办事处核定存款指标的基础上力争全年存款增加8.5亿元，加大对存款营销工作的考核力度，继续实行存款日均增加和余额增加两条线考核。二是全体员工存款营销意识不断增强。经过2010年激烈的存款竞争，员工们充分认识到增存就是增效，认识到个体影响大局，主动营销意识增强。各基层信用社存款均呈现稳步较快增长趋势。三是开展存款小指标竞赛活动。县联社从绩效工资中拿出一部分参与小指标竞赛奖励，按照万元工资含量落实奖惩，对于在下个月存款小指标下降的单位要扣回已得下降部分绩效，确保了存款增长的稳定性。同时把机关全体员工也纳入活动范围，极大地调动了非营业人员的存款营销积极性。四是加强宣传，增强服务意识。县联社加大宣传力度，利用电视台、县城公交车和墙体广告等平台进行大范围宣传。特别是6月份以“党建活动月”活动为契机，扩大范围宣传，电视台跟踪录制了开展的各项活动，制作成专题片，在滦南电视台红色七月专题循环播出，极大地扩大了农信社的社会知名度。同时“党员示范岗”和党建示范点评选以及“服务竞赛”等系列活动的开展，极大地促进了员工服务水平的提高，在全体员工中树立起了一种以服务赢得客户，以优质服务留住客户的服务观念。五是以贷引存工作见实效。联社业务部结合营业部对有贷款关系的企业进行了一次摸底营销，一方面督促企业把回笼资金通过信用社账户结算，另一方面本县新的贷款客户只要原来在他行没有贷款业务，要求其必须将基本账户开在联社。截至12月末，共有312户贷款企业在县联社开户，月均资金流量达45亿元。六是上下合力，深挖潜能。联社着重加强了各辖区存款“资源”的横向比较，对有存款潜力的社按照分工包片工作要求由包片领导和部室定期跟踪调度，深挖潜能，对重点大户实行合力攻坚，促进了存款营销工作扎实有效开展。七是费用配比巩固增存成果。2011年末为进一步确保存款稳定增长，县联社落实营销存款费用配比办法，同时极大地调动全员营销存款积极性。

2. **强化贷款营销，提质量、增效益。**县联社继续按照国家产业政策、宏观调控政策和信贷政策，把好信贷投向，做到“有保，有控，有压”。截至12月末，各项贷款余额334977万元，较年初增加29985万元，完成全年指标41000万元的73.13%。

一是坚持“立足三农、面向县域、服务中小企业”的市场定位，继续广泛深入地开展“农信进万家”活动，加大支农贷款投放力度。结合县文明办确定两个村作“十星级”文明户贷款试点，对符合贷款政策、有偿还能力、有一定信誉的“十星级”农户，实施“批量营销、批量授信”，贷款采取“一次核定、随用随贷、余额控制、周转使用”的办法。二是继续支持“三农”发展生产。截至12月末，支持的“三农”涉及种植业、海水捕捞养殖业、淡水养殖、油料种植加工、养牛养猪等各行各业，累计投放支农资金205209万元，确保了“三农”合理资金需求，促进了农村经济结构调整和农民致富。三是大力营销开拓县域中小企业优良客户贷款。截至12月末，全县农村信用社累计发放贷款8.8亿元，重点支持了泽奥纺纱、京东实业集团、中红普林集团等75家优质企业。四是继续依托“重点营销企业项目库”开展营销，实行动态管理，做到有计划地储备一批前景好、收益高的项目。县联社重点加强与县发改局的联系，密切关注县内嘴东工业区、北河新区、城西工业区等园区内入驻企业情况，对优质项目进行考察，加强公关。同时对已经与信用社建立信贷关系的企业，只要符合国家产业政策、信贷政策和环保要求，信誉良好，能够到期还本付息的，原则上不减少授信，并加快了贷款调查、审批、发放速度，加速资金周转，帮助它们解决资金短缺问题，支持其更好、更快发展。对没有发生信贷关系的新客户，业务部门提前做好准备工作，主动出击，搞好贷前调查和评级授信工作，提高办事效率，做好项目储备，做到了投放一批，谋划一批，储备一批。五是继续规范运用利率定价机制。本着“风险与利率相匹配”的原则，充分结合实际情况，将账户日均存款额、贷款额度、是否参与公证、保险等作为利率优惠的重要条件，进一步提高市场竞争力。

3. **加快中间业务发展，提高中间业务收入占比。**县联社充分认识到发展中间业务的紧迫性，要求各信用社、联社各部室必须转变观念，发动全员积极开展中间业务营销。一是拓宽代理业务种类，增加代理手续费收入。一直以来，县联社依托综合业务网络系统的优势，代理业务稳步发展，代理种类不断增加。截至12月末共为37个单位，代理发放21项资金，共代理发放资金12.8亿元，72.8万余笔，实现代发手续费87万元。其中2011年与7个单位新签订了代理协议。经与滦南县电力局多次接触达成合作意向，为其代理“代扣代缴电费”和“自助缴费业务”。通过综合业务网络系统现有的“代扣”功能，实现全县近24万用电（居民、企业）户电费扣缴，目前已为3700户用电户完成首次代扣，计划于2012年底全部完成24万户电户电费扣缴工作。二是继续开办代理保险业务。风险监控部与保险公司积极联系，多次深入各社指导保险营销技巧，同时及时落实营销保险手续费，提高员工营销保险的积极性。县联社积极与上级部门联系为各基层单位办理了代理保险经营许可证，同时加强各单位代理人员的管理，及时组织临柜员工参加代理保险资格考试，确保每个网点都有一名以上具有代理资格的人员。截至12月末，全县信用社实现代理保险收入93万元。三是依托“财税库银”系统、财政非税收入业务系统，共有1700家企业个人开立结算账户，仅县收费管理局存款余额达1340万元。四是积极开拓银行承兑汇票和财务顾问业务，截至12月末，实现咨询服务收入331万元。五是依托现代化支付系统和农信银清算系统，积极营销跨行、跨地区资金支付结算业务。截至12月末，实现结算手续费收入63万元。六是加大信通卡营销力度，增加卡业务手续费。截至12月末，全县信用社发卡177700张，实现手续费36万元。

4. 加快电子银行业务发展，提升服务水平。2011年县联社加大了电子银行业务的拓展力度，提升服务水平。一是扩大信通卡发行范围。结合“农信进万家”活动，做好学子卡、惠农一卡通、小额贷款卡等特色卡种的发行，努力扩大短信服务、电话银行服务范围。其中营销学子卡398张，通过营销代理发放“新农保”，发行信通卡8万张，拓展了新的代理业务。二是加快ATM、POS机具布放。截至10月末全县共安装ATM18台，累计发展特约商户34户，布放POS机149台。全部完成银泰商厦MIS—POS收银系统调试、安装工作，银泰商厦有限责任公司及其下属分店共114台MIS—POS全部投入使用，促进了信通卡发卡量的增长，增加了中间业务收入，提升了农信社社会形象。截至12月末，累计交易笔数达66593笔，交易金额2544万元。其中银泰商厦MIS—POS系统共刷卡消费2550万元。

（三）防控风险，提高信贷资产质量和效益

1. 严格信贷管理，筑牢风险防控堤坝。2011年县联社以“三个办法一个指引”新规为指导，规范信贷管理，防控信贷风险，提高资产效益。一是组织信贷人员认真学习“三个办法一个指引”，集中组织了三次贷款新规知识考试，使信贷人员熟知贷款新规的操作要求。并要求信贷人员在日常信贷管理中与借款企业和个人搞好宣传和解释，加快了贷款新规的全面落实。二是严格执行放贷条件，加强贷款用途管理，严格按照“三个办法一个指引”要求，确保信贷资金进入实体经济，满足有效需求。树立“实贷实付”理念，建立“营销、审查、发放、管理”相分离的精细化信贷管理模式。三是继续坚持“推行抵押、质押贷款，限制保证贷款”的信贷工作原则，努力提高贷款质量和风险防控措施的有效性。针对县城改造、拆迁力度较大的现状，县联社要求各基层社对作为贷款抵押的门市楼房做好摸底调查，及早采取防范措施，对没有涉及拆迁的抵押房地产逐个照相留底防范风险。同时积极与县政府相关部门沟通联系，防止涉及拆迁已抵押房产贷款受损。四是在对非农企业和项目贷款的投放上，坚持国家产业政策、环保政策、土地政策和信贷政策，对不符合政策和贷款条件的坚决不予支持。五是密切关注国家限制行业，坚决不对当前限控行业发放贷款，做到了及时应对，切实防范信贷风险。六是控制票据业务的规模，防范票据风险。七是密切关注房地产贷款风险。八是严格控制“两高一剩”行业贷款。九是紧紧依托信贷系统上线，进一步规范了贷款档案、贷款操作细节，严格贷款流程。

2. 继续推进不良贷款双降工作，提高资产质量。县联社继续加大不良贷款清收力度，确保不良贷款余额和占比持续下降。一是继续落实不良贷款责任清收，狠抓不良贷款责任认定与追究，严格落实清收责任，对在规定限期内没有收回的责任人及时按规定处理到位。已经完成对2010年底前贷款超诉讼时效情况检查工作，通过不良贷款诉讼时效检查情况看，各单位基本能够按照有关要求及时签发催收通知书接续时效。风险资产经营管理部按月跟踪贷款迁徙情况，对出现新增不良贷款的单位通报全辖，按有关规定给予处罚，并责令尽快收回。

二是继续加大表内不良贷款的清收。截至12月末全县信用社表内不良贷款下降685万元，完成市办核定全年指标550万元的124.55%，提前完成全年任务。采取的主要措施有小户上门

勤催收、大户重点突破，并筛选有偿还能力的赖账户提取法律诉讼，涉及12个信用社，22笔不良贷款，金额253.4万，并重点对受“三鹿奶粉”事件影响的2家贷款企业，及时采取法律手段保全资产，经过几个月的法律诉讼，通过对这些企业财产的进行拍卖，贷款本息及诉讼费用、评估费用全部收回无损失。截至12月末，现金收回表内不良贷款1248万元。

三是采取打折清收等多种措施，加快已核销贷款呆账清收进度。截至12月末，清收已核销呆账贷款78万元，完成市办全年任务指标240万元的32.5%。面对核销贷款清收进展缓慢，清收处置难度大的情况，县联社采取多种奖励措施促进清收进度，在按规定提取收旧贷手续费外，再按一定比例提取绩效工资作为奖励，以此加快全县核销贷款清收步伐。另按照省联社关于核销贷款、置换贷款打折清收有关规定，经过细致调查决定在部分信用开展打折清收，以进一步提高信贷资产处置速度，确保全年核销贷款清收任务完成。

四是应用已置换呆账贷款清收“三十招”，推进已置换呆账贷款清收。截至12月末，清收置换呆账贷款70万元，完成市办全年任务指标是360万元的19.44%。县联社详细研究了省联社推出的置换呆账贷款清收“三十招”方法，并应用在实际工作中，取得了一定实效，胡各庄信用社张某十五年前5笔贷款，金额65.5万元，经有一定威望的中间人说服教育，促成该笔贷款达成归还意向。按照双方达成的协议首批还款资金40万元已到位，剩余贷款按协议逐步到位。

五是完成全年呆账核销任务。截至12月末，呆账贷款核销1554万元，完成市达任务（全年核销任务500万元）的310.8%。

六是加快了抵债资产的处置力度。截至12月末，抵债资产余额9904万元，成功处置抵债资产1笔，金额16.5万元，其他抵债资产严格按规定管理，坚持定期检查，确保抵债资产稳定安全。

七是实行配用配比加快不良贷款清收进度。

（四）强化管理，构建科学有效的全面风险管理体系

1. 全面推进规范化、精细化管理，提高经营管理水平。2011年，县联社继续开展“规范管理年”活动，在全面对标查摆管理制度上存在的漏洞和问题的同时，建立规范管理长效机制。一是继续逐单位、逐业务环节、逐业务岗位开展大查摆活动，全面梳理修改完善各项管理制度，堵塞漏洞，加大各项规章制度执行力度。二是进一步完善规范化信贷管理。从贷前调查、风险评估、贷款审批发放到贷后管理，严格按操作流程办理，划清各层级风险责任。三是实施会计达标升级。县联社根据《河北省农村信用社会计基础工作达标升级管理办法》要求，组织全县各基层网点全面自查，不断完善提高会计基础工作，现已顺利通过市办事处的验收，达到了三级标准。为进一步促使会计基础工作上档升级，会计结算部已向省联社提出申报会计达标二级单位。四是进一步强化规范财务管理。县联社制定了新的财务审批办法，规范了财务审批手续，完善规范财务审批制度和费用开支分级授权、统一管理制度，严格控制各类不合理开支，努力节支增效，推进财务管理的规范化、精细化。五是进一步强化综合业务系统、ATM、POS机具安全运营和案件风险防控管理。县联社两次下发《关于加强ATM自助设备管理的通知》文件，对在日常检查中发现的漏洞，及时予以整改，重点强调严格按照相关操作制度办理业务。

2. 充分发挥稽核监督检查职能，促进合规经营规范操作。县联社制定了《滦南县农村信用合作联社2011年度稽核监察工作意见》，围绕组建农商行任务目标确定了稽核重点。县联社稽察部采取了多种方式强化全县信用社合规经营规范操作。一是序时稽核和突击查库相互结合，交叉进行。对各营业网点的现金和重要空白凭证，根据运钞车线路，随机确定被检查单位。与运钞车同时到达被查单位后，及时对尾箱现金和凭证进行检查，提高了检查的有效性和检查效果。截至2011年12月末共突击检查现金及重要空白凭证10余次。对在序时稽核发现的问题，及时督促问题单位进行了整改，达到了消除隐患、合规操作的目的。二是按稽核工作实施方案时限要求，有计划的开展专项稽核。上半年开展了对质押贷款、对公账户、资金汇划专项检查；对自动柜员机的专项检查；

对城关信用社、侯各庄信用社、官寨信用社、安各庄信用社四位主任的强制休假内部待岗稽核专项检查。三是加强后续稽核，注重整改效果。对在业务检查中的问题，分片包社稽核员建立了《稽核检查发现问题台账》，对在每次检查中发现的问题进行了详细登记，为后续稽核检查提供了依据。对已整改的问题，销记问题台账，通过后续检查的落实，提高了稽核工作质量，巩固了稽核成果。全县共对36名问题责任人落实经济处罚4000元。四是扎实开展“合规管理和风险防控年”活动。梳理完善了各项规章制度，重塑制度流程，进一步健全了内控制度和监督体系，全县各业务部门和岗位开展了风险大排查。建立了问题台账，并逐项督导整改。组织了“合规管理和风险防范年”活动全员考试，全县380名员工全部参加了考试，平均成绩在90分以上。通过开展“合规管理和风险防控年”活动，将容易产生案件的重点部位和薄弱环节做了一摸清，对可能存在的隐患及早消除，做到两不误、两促进，以此促进依法合规经营管理。

3. 进一步加强安全保卫工作，确保安全经营。一是强化安全意识。根据办事处安排，县联社组织了第一届“平安信合杯”知识竞赛活动，以安保知识竞赛的形式，进一步强化安全教育。二是加强安防检查，狠抓安保制度落实，消除案件隐患。除常规检查外，充分利用节假日和早、中、晚时间对全辖营业网点进行突击检查和电话查岗，每月检查面都达到100%以上。通过网络电视监控对各信用社营业、夜间值班、与押运公司款箱交接等重要环节进行专项检查。截至2011年12月末共检查基层网点366余次，处罚违规人员37人，共计罚款10900元，有力地警示和教育了全辖职工，极大地提高了全体员工的安全防范意识。三是现场监督10个网点的ATM自助设备场所设施建设和姜泡储蓄所改建工程，督导施工方严格按照安防要求合理施工，确保经营安全。四是严格落实办事处“四防一保”大检查要求。特别加强早晨开业前、中午用餐、下班前后时段，偏远地区、装修造网点、ATM机具的安保工作，提高员工安全防范意识。

（五）全力做好网点装修改造和文明优质服务工作，提升农信社形象

一是2011年县联社将在2010年对各网点充分调研的基础上，按照市办事处对营业网点设施改造建设规划及滦南联社营业网点布局规划方案。截至2011年12月末，已经市办批准的改造网点14个。现已完成11个网点的装修改造。其余25个网点，根据政府规划要求及三年大变样、一步进村工作进度，计划明年实行改造。联社营业大楼的筹建工作目前已完成图纸规划及与县政府相关部门的协调审批工作，经造价咨询，向省联社申报资金，省联社已批准建楼资金6789万元。现正着手筹备招标相关事宜。二是结合“双星”评定和“服务竞赛”活动推动全县信用社文明优质服务工作迈上新台阶。县联社制定了《滦南县农村信用合作联社“双星”考核评定管理办法》和《滦南县农村信用合作联社深入开展“规范服务、提升形象、打造品牌、促进发展”服务竞赛活动的实施方案》，并多次组织检查，采取复查重罚的方法，促进优质文明服务工作真正落到实处。同时结合党建活动示范点评选活动，培树典型，带动了全县信用社文明服务水平的提高。三是举办服务礼仪培训。聘请市财经学校教授专门针对金融系统工作人员言谈举止、待人接物进行了系统生动的讲解，极大地提高了员工对文明优质服务的认识。

（六）加强员工培训，全面提高员工队伍素质

县联社着重加强了员工的教育培训工作。一是重点组织好置换员工和新招聘员工的日常业务培训，使其不仅仅停留在会办业务，要使其尽快成为业务骨干。会计结算部组织新员进行两次业务知识考试。二是开展以赛促学、以考促学活动，增加员工业务知识。保卫部组织了一次安保知识竞赛活动，会计结算部分批次组织柜员进行了点钞技术训练，并在办事处举办的业务操作比赛中获得第六名。三是号召全体员工参加银行业从业资格考试，达到劳动用工制度上“三制”要求。全年共有231名员工报名参加银行业从业资格考试。同时县联社下发通知要求全体员工加强自身学习，提高整体素质。做到保证学习时间，保证学习效果。

（七）进一步加强党建和企业文化建设

一是加强党员领导干部队伍建设。进一步

抓好各基层党支部书记思想理论、业务综合水平的提高，发挥党员领导干部的人格与素质魅力，凝聚合力，汇集战斗力，营造一种风清气正、积极向上的良好发展氛围。二是进一步加强党组织建设，落实好“三会一课”制度，加强党员动态管理。三是加强发展党员工作。2011年县联社有11名入党积极分子经过一年的培养，有6名积极分子被确定为发展对象。下步继续做好积极分子的考察培养工作，不断把政治坚定、业务扎实、实绩突出的同志吸收到党员队伍中来。四是在建党90周年之际，组织开展了“党建活动月”活动。建立党员活动室、制作了党知识展板、召开党支部会议、征文演讲、唱红歌等系列活动，带动了全体员工奋发向上、干事创业的激情，党建评先、党员示范岗、优秀示范点活动，带动全体员工工作水平和服务水平的明显提高，工作作风和行业风气进一步改善。五是加强党风廉政建设，筑牢拒腐防变思想道德防线。5月份组织召开了案件防控暨警示教育大会，共216人参加了会议。6月份县联社党委班子和全县信用社各基层党支部分别召开了一次民主生活会，开展批评与自我批评。六是企业文化建设日益规范。6月初组织部分新员工参加“幸福人生”传统文化教育，广大员工受益匪浅。在开展“党建活动月”系列活动中，演讲比赛、红歌演唱会激发出员工积极向上、团结奋进的工作热情。七是号召员工加强锻炼，提高身体素质。工会组织为全体员工购买了健身器材，为各社添置了跑步机，员工在工作之余，缓解工作的劳累。

人保财险滦南支公司

2011年，公司在滦南县委、县政府和上级公司党委、总经理室的领导下，全面贯彻落实县委、县政府的各项决策部署和人保财险唐山市分公司的指示要求，坚持以科学发展观为统领，解放思想，转变观念，紧紧围绕打造“激情滦南、实力滦南、文化滦南、生态滦南、和谐滦南”的总体目标开展保险业务，积极为全县“三大攻坚、四大开发”提供保险保障，少说多干，奋勇争先。全面完成市达业务发展计划，公司党的组织及党风廉政建设、精神文明建设、民主法制建设、维护社会稳定等工作取得预期成果，职工队伍精神振奋，风清气正，干部、职工的执行力明显提高。

一、基本情况

（一）业务发展。全司实收保费7219.29万元，较2010年同期增长23.59%，完成年度计划的100.5%。

（二）结案情况。已处理完结各类赔案5500余起，全险种结案率为87%。

（三）赔付情况。已支付各类赔款3651万元，较2010年同期上升8.1%。

（四）纳税情况。向税务部门缴纳税316.5万元，代征代缴车船使用税393.9万元。

（五）专项工作情况。根据滦南县委、县政府和唐山市分公司的工作部署，进行了党的组织及党风廉政建设、行风建设、精神文明建设、民主法制建设、“对标赶超”活动等工作，取得了预期成效。

二、主要做法

1. 积极为县域经济发展提供保险支持。按照县委、县政府提出的“打造沿海强县、构建和谐滦南”的总目标和落实“三大攻坚行动”的要求，在公司的经营管理活动中，解放思想，转变观念，抢抓机遇，把公司的业务发展有机地融入到滦南的经济社会大发展中，在为县域经济建设提供保险保障的同时，实现了公司业务的快速发展。一是整合资源，完善销售服务体系。销售能力是拓展发展空间的主要因素，是推动业务发展的基础，根据滦南县经济发展布局，规划、实施了销售服务体系建设，创建了覆盖城乡的保险服务网络，在各镇设立了保险服务联络所，壮大了销售队伍，有力地推动了业务发展，提升了服务能力。二是优化绩效考核办法，充分调动员工的积极性。薪酬分配与保费、结案率、服务质量等业务挂钩，鼓励员工竭尽所能，自挖潜力，积极展业。人员的主动性、自觉性明显提高，销售能力获得提升，销售业绩显著。三是加大支持、服务“三农”的工作力度。调整业务拓展方向，立足滦南农村经济发展特点，配合政府的政策性农业保险工作，积极扶持奶牛、母猪养殖和玉米、小麦、棉花种植等产业的发展。四是积极推进“保险示范县”和“人保乡（镇）、人保村”创建活动。

成立了专门工作机构，在开展政策性农业保险工作的基础上，加强了与政府和相关职能部门的联系，争取政府对相关工作的领导和支持。

2. 注重依法合规建设。一是组织人员对市公司颁布的内控制度结合支公司的具体情况进行细化，增强内控制度的严密性和可操作性，并在工作中严格实施。二是认真学习保监会的相关文件和行业自律公约以及财经纪律，努力增强人员的依法合规观念，在工作中自觉地落实相关要求。三是坚持自查自纠。公司设立了依法合规工作领导小组，定期对业务、财务工作进行检查，发现问题及时纠正，消除依法合规建设工作中的薄弱环节。

3. 着力提升服务水平。紧紧围绕“做人民满意的保险公司”的共同愿景，加强对服务人的培训教育，完善职场建设，多方满足人民群众对保险服务的需求。一是狠抓员工的职业道德教育，尊重客户，尊重客户利益，杜绝欺诈、误导等不正当交易行为。二是抓服务技能的提高。结合文明窗口竞赛活动的开展，规范服务行为，规范服务语言，提高操作速度，提升工作效率。三是深化行风评议活动，紧紧围绕金牌服务平台建设工程，增强服务意识，采取多种形式征询客户的意见和建议，认真处理客户投诉，改进工作作风，不断提高客户对人保公司的认可度和满意度。

4. 坚决完成县委、县政府部署的工作任务。一是加强执行力建设，在思想和行动上与县委和上级公司党委保持高度一致。通过党组织的各项活动和公司的各种会议，教育公司员工要牢固树立政治意识、大局意识和全局意识，把贯彻落实县委、县政府的决策部署放在工作的首位。县委、县政府每次召开会议后，都及时把会议精神向全体员工传达，进行学习讨论，深刻领会其精神裨，结合公司的具体情况部署落实。二是保持强劲的执行力，对县委、县政府的指示要求，不折不扣地落实到工作中。对县委、县政府交给的具体任务，保质保量按时限完成；在项目建设攻坚行动中，公司积极与企业对接，推介保险产品，为项目建设提供保险保障，促进开发行动。

5. 加强党风廉政建设工作。从巩固党的执政地位和保持党的先进性的高度，充分认识党风廉政建设的极端重要性，把反腐倡廉建设放在更加突出的位置，列入重要议事日程，以落实党风廉政建设责任为主线，切实加强对此项工作的领导。班子成员及各部门负责人认真履行“一岗双责”的要求，主要领导负总责，做到主要工作亲自布置、重大问题亲自过问、重点环节亲自协调，分管领导协助主要领导抓谋划、抓督导、抓落实，班子期货成员抓分管部门的反腐倡廉建设，形成了层层抓落实的反腐合力。班子成员和各部门负责人结合保险工作特点，把反腐倡廉建设更加深入的融入大局、融入日常工作，取得了实际成效，没有发生腐败和违纪问题。

6. 化解矛盾，维护稳定，建设文明滦南。为维护稳定大局，根据滦南县委、县政府和上级公司的工作部署，严密组织信访稳定工作，狠抓工作落实，保证了公司内外的稳定和谐。一是严格落实各种节假日和敏感时期的维护稳定工作的措施以及社会治安综合治理责任状的要求，成立了专项工作领导小组，制定了应急预案。二是深入开展矛盾的排查化解工作。领导班子成员分工包人包事，详细掌控全司人员的思想动态，将矛盾化解在基层，化解在萌芽状态。三是深入开展精神文明建设。积极开展法制教育，不放松与“法轮功”等邪教组织斗争，引导员工崇尚科学，反对迷信，遵守唐山市民文明公约，践行市民公共行为规范。在有关部门组织的扶贫济困、“共建文明和谐大家庭”等活动中，积极组织员工捐款捐物，奉献爱心，为建设文明和谐社会做出了贡献。

中国人寿滦南支公司

2011年在市公司党委、总经理室的正确领导下，公司坚持以邓小平理论、“三个代表”重要思想和省、市保险工作会议精神为指导，深入学习实践科学发展观，认真贯彻落实市公司的战略部署，紧紧围绕做强做优滦南国寿这一总体目标，坚持实施转型升级、强基固本、改革创新、人才强司和文化兴司“五大战略”，努力实行“四个确保、一个争创”。

一、主要工作成果

1. 主要业务指标较上年均有提高。全年实现总保费2.1亿元，达到历史最好水平。首年期交保费2702万元，短期险保费714万元，短期意外险447万元。寿险市场份额占全县的92%。

2. 形成了一些新的业务增长点。个险渠道通过开展保险先进村建设，建立了农村营销根据地，打开了农村统保小额人身保险的局面，涌现出23个统保村，16个保险先进村，有105名驻村业务员上岗开展业务，保险先进村实现长效保单415件，10年期保费125万元，短险保单4130件，保费21.8万元；银保期交业务保持高增长态势，占公司期交业务总收入的比重达到25%，成为促进公司期交业务发展的重要支撑点，银邮渠道全部打通，家家破零；团险渠道把目标转移到了建工险、学平险、小额贷款保险，在放弃渔船险，保费流失120万元的情况下，保费总数没有减少。

3. 保险职能作用得以充分发挥。各项给付及时准确，其中死亡给付116.9万元，医疗给付59万元，满期给付3208万元，年金给付77.4万元，赔款支付258万元。为支持县域经济的发展做出了一定贡献。

4. 业务质量明显提升。公司期交业务的续期率达到96%，退保率保持在1.19%以下，赔付率仅为44%。

5. 反腐倡廉工作得到加强。一是制定和严格了领导干部职务消费制度。二是公司一把手按照《中国共产党党员领导干部廉洁从政若干准则》向全体员工做了反腐倡廉书面承诺，自觉接受全体员工的监督。三是副职和一把手、中层干部和主管副职签订了防腐倡廉责任状。四是开展了警示教育，用各地的反面教材教育干部职工廉洁自律，公司没有发生贪腐案件。五是积极开展了反洗钱宣传工作，并对本公司的反洗钱工作进行了认真的自查自纠，为全社会反腐倡廉作出了应有的贡献。

6. 创先争优取得较好成绩。按照市公司党委的要求，以党支部为核心，在思想政治、服务水平上创先争优，在拓展市场、发展业务方面攀高比强，涌现出张铁永、马惠茹、高加强、于师昌等很多业务发展精英。

二、主要工作做法

1. 全面理解、准确把握上级精神，确定了清晰、正确的工作思路。年初，根据省、市保险工作会议精神，明确提出了2011年的工作思路："转变观念，做优做强，管控到位，固本强基"，以推动公司科学发展为主题，实现传统发展向科学发展的转变。为了把干部职工的思想统一到省、市保险工作会议精神上来，把转变思想观念作为推动一切工作的总抓手，一是深入开展了学习贯彻省、市保险工作会议精神大讨论和群众献计献策活动，广泛征求群众意见，正确审视过去，冷静思考现状，深刻查找不足，明确了发展目标，坚定了发展信心，充分调动起广大干部职工的积极性，通过强本固基、扎实工作、攻坚克难，确保全年的业务工作迈上了新的台阶；二是转变观念，实行了管理干部腾出身子抓业务，人人带队伍，全公司抓个险。通过公司上下的共同奋斗，使10年期以上业务提前两个月完成任务。

2. 努力争取当地党委、政府和相关部门的支持，为公司业务稳步健康快速发展创造条件。在政策环境方面，积极与当地党委、政府领导接触，主动汇报工作，自觉把公司的业务与本县党政中心工作结合起来，经过多方努力，促成县政府召开了主管镇长和村干部代表参加的全面推进农村小额人身保险工作会议，会议不仅落实了公司制定的《创建保险先进村推进农村人身保险工作实施方案》，还有力推动了长险业务和个险增员。全县农村小额人身保险在2010年14000人的基础上，新增7160人；在维护渠道方面，在积极主动与银邮、法人客户接触的同时，更注重了诚信经营，热情服务，努力争取合作伙伴的信任，在互信和"双赢"的基础上，使关系不断得到了巩固，使合作不断得到了加强。小额贷款人意外伤害险、建筑工程险、学平险、银邮分红险都取得长足发展，到12月6日，小额贷款人意外伤害险完成71.12万元，完成市达指标的102%，同比增长11.21%提前25天完成全年任务。

3. 公司领导班子身先士卒，团结带领广大员工和销售人员奋勇争先。在组织的各项业务活动中，公司经理室继续奉行了"一切为了一线，我就是一线"的管理理念，要求部门经理、管理干部始终和一线员工战斗在一起，哪里有困难，他们就出现在哪里，什么时候最苦最累，什么时候就能见到他们的身影。公司管理层以身作则，扎实苦干，影响和带动广大销售人员开拓创新，不怕疲劳，甘于奉献，公司上下不断掀起创先争优的新高潮。

4. 大力开展营销竞赛活动，不断掀起创先争优、攀高比强的新高潮。在每次挑战中，各部门都以铁的战斗力和铁的执行力，打破营销记录。特别是在“感谢有你　圆梦2011”开门红活动中，“开门红”任务的认领打擂催人奋进，销售精英们你争我赶，踊跃认领，高潮迭起，场面十分热烈。认领保费任务，从3年以上期保费10万元起步，最高认到20万元，全场认领总额达到1000多万元。经过一个月的英勇奋战，完成了527万元，创造了3年期保费收入新纪录，有17名精英获得了市公司颁发的小笔记本奖。

5. 狠抓制度经营，从经验管理向制度管理、文化管理迈进。为了打造一支懂管理善管理的管理干部队伍，精心培养管理干部的制度经营意识，充分发挥管理干部管理优势，采取了“全司抓个险”的措施，实行工作前移，一线指挥，领导包面，科长包片，在个险晨会上多下功夫，先后出台《管理干部考核办法》、《周例会制度》、《片晨会制度》等一系列规章制度，逐步实现了从经验管理向制度管理转变，从粗放型管理向精细化管理的转变。通过开展“让我在晨会经营中闪光”活动，使营销人员形成了天天出勤、天天开晨会、天天上班、天天上交客户资料卡、一日三访的好习惯。经过抽查，营销员平均出勤率达到49%，人均每日2.5访，累计上交客户资料57000份。

6. 狠抓作风建设，内强素质，外树形象。为了加强机关作风建设，彻底整治“庸、散、慢、懒”等不良作风，强力打造学习型、服务型、创新型、快乐型团队，一是高度重视，周密安排。在研究“开门红”的班子会上，把2011年做为“作风年”，把整治机关作风、服务作风和公司的中心工作结合起来，常抓不懈，一抓到底，并制定了《关于“作风年”活动实施方案》，进行科学部署。二是广泛发动，强化学习。为了使全体干部职工都积极参加“作风年”建设活动，并在活动中受到教育，提高认识，改进作风，公司专门召开了全体干部职工大会，进行发动和部署，号召全体干部职工认真学习省、市保险工作会议精神，以两会精神为统领，不断改进工作作风和服务作风，为公司的健康、稳定和可持续发展打下良好基础。三是自查自纠，全面整改。按照《关于“作风年”活动实施方案》的要求，各科室和全体干部职工都认真的进行了自查自纠，并联系个人实际，制定了切实可行的整改措施，写出了机关作风自查自纠总结。大张旗鼓的进行了全面整改。通过行风建设、文明服务窗口建设和依法合规经营为主题的职业道德教育一系列活动，干部职工的服务技能和服务水平都得到了进一步提升，在销售和理赔方面，坚持了服务第一，服务销售，不误导、不欺诈；坚持了上门理赔，努力缩短理赔时间，不惜赔，不乱赔。机关上下的工作作风得到了全面改善，受到了社会各界的一致好评。

企业工作

石油公司

一、经营方面

1. 成品油销售方面。滦南片区加油站纯枪零售完成汽柴油 61704.449 吨，完成市公司零售管理部下达任务 56010 吨的 110.17%，其中汽油完成 21759.849 吨，柴油完成 39944.6 吨，分别完成下达任务数的 103.84% 和 127.23%，零售量较 2010 年同期相比提高了 20.46%。从这些数字不难看出，在片区上下员工的共同努力下，在中海油、中石油、壳牌等大公司的竞争中，片区以石化品牌为保障、依托服务好、计量足、油品质量优等特点，带领全体站长员工狠抓客户开发和销售，取得的成果有目共睹，全年销量突破 7 万吨。另直批完成 3761.092 吨，完成计划任务 2950 吨的 127.49%，这是在全年市场保供压力大、限供的情况下完成的，总体情况呈上升趋势。较好的完成了上级公司下达的销售任务。

2. 非油品销售方面。滦南片区的非油品销售营业额在 1 ～ 10 月份实现了历史性的跨越。片区在认真领会上级公司会议、文件精神的同时，还充分借鉴兄弟公司的优秀做法，利用站务会和周例会对各站的非油品销售及时做到监控和分析，对销售量低，一周内不见起色的，片区领导及时对其进行谈话，共同寻找突破点和工作方向。仅用时 1 个月，片区的非油品销售就取得了较大成绩。片区累计实现非油品销售额 482.78 万元，成功实现日均营业额 3000 元以上站一座，1000 ～ 3000 元站点 4 座，较 2010 年同期对比，提高了近 203.9%，翻了 2 倍，并成功消灭了所有低效站。

3. IC 卡各项指标的完成情况。随着 IC 卡加油方式被越来越多的客户认可，片区在 IC 卡销售和管理方面也倾注了大量的心血，片区认真按照上级公司的要求，对各发卡网点的发卡数量、充值量、持卡消费比例等指标安排了专人进行日监控，通过督导到位和各站点的努力，片区目前累计实现发卡 4207 张，充值量 15786 万元，并夺得 4 月份 IC 卡沉淀资金进步红旗。

4. 润滑油销售方面。通过对各站和门市部上报的月度润滑油销售数据与2010年同期对比，1 ～ 10 月份完成长城润滑油销售 74.6066 吨，与 2010 年同期相比增幅 0.7%。

二、加油站管理方面

1. 以提高规范服务为标准，全面提高加油站管理水平。为全面贯彻落实“233”创建活动工作落实，片区在认真谋划培训计划的同时，有针对性的组织了员工培训多次，人员涉及到了片区各岗位所有操作人员，特别是针对新员工增多、服务水平和安全意识低的情况，在片区培训站对所有加油员进行了多次规范化服务强化培训活动。进一步提高了加油站员工的服务质量和服务水平，做到来有迎声、走有送声，用“和气生财、真心服务”要求员工，让员工牢记“顾客第一、诚信至上”的宗旨。此外，充分利用中石化加油站数量足、品质优、信誉佳的优势，由加油员向客户介绍宣传企业文化，培育忠诚客户。一年来充分利用省、市公司关于加油卡积分、易捷便利店商品促销等营销政策积极开展汽、柴油销售，也正是这些措施的到位，使片区加油站车辆进站率、油箱加满率、车辆回头率，客户满意率得到稳步提升，确保了片区各项指标的稳步提高。

2. 强化企业经营管理，确保数质量管理工作到位。为加强加油站成品油数质量管理，片区要求各站严格执行经营手续和操作流程，把好进、销、存、调过程中的每一个细小环节，特别是要求每接卸一车油品，对加油站站长必须在场监督项做了明确要求和规定，站长参加月度油品接卸率必须达到百分之百，包括油品色泽、水杂等必须做到逐车采样检测，以确保进站的油品必须做到点滴合格。片区认真组织了《加油站油品数质量专项检查》和《加强加油现场管理》等自查自纠活动，确保了在省、市公司的检查中取得了好的成绩。在加油机精度管理方面，片区在结合县计量监督局每季度强检的基础上，每月由片区主管经理对所有在用加油机进行一次自检，从读数到计算都全程参与，以确保数据的准确性，通过努力，片区所属加油站未出现一次因数质量投诉事件，充分体现了中石化大公司、大企业的信誉和形象。

3. **抓安全，促经营**。安全是基础，安全是效益，是危化行业的口头禅。为了将安全管理抓出成效，片区在落实好开展“我要安全”活动的基础上，对各站员工提出了“不重视安全不及格、不懂安全不够格、不抓安全不合格”的加油站“三不”衡量标准，强调在每天的岗前训导时必须由站长从人员、资金安全、设备、环境安全等方面进行岗位安全风险提示；班中严格按照加油“八步法”规范操作；班后对本班安全工作进行反思，不足之处加强改正；还针对当前时期加油站安全管理，分别在3月份和4月份组织了安全知识培训和电子灭火枪使用实战预案演练活动，特别是在6月份“安全活动月”演练周中，组织全体员工在县京东第一集举行了一次大型消防灭火实战演练活动，活动模拟了加油机、油罐、车辆突起火灾，员工们按照分工，积极开展灭火，确保了加油站设备、设施的安全，活动中还邀请了县安委会、安监局和消防大队等单位领导到场进行了指导，相关职能部门对片区的安全工作给予了较高的肯定。这些活动使员工从思想上认识到，安全连着你我他，安全管理还要靠大家，工作中要时刻牢记安全思想，杜绝“三违”现象，并提高大家对消除火灾隐患、组织扑救初起火灾、组织人员疏散逃生以及消防知识宣传教育培训等四种能力。人人树立消防安全的思想，处处关注安全消防环境，要从我做起，从身边小事做起，要汲取知识和经验教训，增强消防安全意识，提高消防灭火能力。

4. **强化资金、发票管理，降低安全风险**。加油站的资金管理主要涉及现金及银行存款管理两个方面，而正确的管理，是保障资金安全的首要砝码，片区严格规定，加油站站长为本站资金安全的第一责任人，核算员为直接责任人，每天加油站站长和核算员必须互相监督营业款的上缴是否按照业务传递手续执行。为检查加油站资金管理是否规范，交款手续是否完备，付油日报、销售日报与资金交款单及营业款上交台帐数据是否一致；每日销售资金是否及时足额上交；站点内资金是否超限额存放；加油站是否存在截留、挪用、占压销货款的现象，片区安排责任到人，每天要求由ME（助理）和财务代表及时对各站的各种报表和营业款结算单进行核对，以便及时查处问题，及时解决，切实保证资金安全。

5. **以活动的组织、开展带动片区整体工作向前迈进**。为全面促进片区整体工作向前迈进，组织各类培训十多次，涉及培训人员包括站长、记账员、计量员、带班长和加油员所有岗位，并根据各时期工作有计划的开展了下列活动，全面带动片区各项工作的向前迈进。

（1）按照上级公司关于推广使用加油站员工使用规范用语的通知和4月份“优质服务月”活动开展的各项要求，片区重点结合“233”创建活动的开展，于4月16日组织全体带班长和新员工开展了一次以规范化服务、非油品推介为主的培训活动。除就近期的重点工作和主要指示精神做传达外，还带领大家一起就“客户进站加油的标准服务用语”和“不同场景下如何推介非油品”进行了学习和探讨，以求提升加油站形象和服务质量，促进零售销量增长、增强企业核心竞争力、促使片区油品和非油品经营工作实现双丰收奠定基础。

（2）国庆长假过后，片区针对节假日站长员工精神、思想涣散，能够及早收心，也为当前各项主要工作、活动和今后工作顺利开展，圆满完成上级公司下达的各项任务，于10月8日上午在片区组织全体班子成员和站长举行了向国旗宣誓活动，誓词内容涉及了员工守则、十大禁令、八大纪律、二十五不准等内容。为下一步的工作正常开展指明方向。

（3）为促进片区加油站整体工作再向前迈

进，圆满完成全年的各项工作任务，于8月26日上午，组织片区班子成员和所有在营站站长共25人到乐亭片区东环和西环两座加油站点就加油现场管理、规范化服务、合理用工、站容站貌管理等多方面进行了观摩学习和经验交流。除聆听两座加油站站长对各自日常工作的经验介绍和站长工作的心得，还观摩了两站便利店商品摆放、现场推介、账册表单填写、加油现场管理等日常工作，通过此活动，要求站长借鉴其好的工作方法和经验运用到各站的实际工作中去，迎头赶上，将本站的经营和管理提高一个新的高度。

（4）为确保加油站在汛期安全经营，不出现任何安全和数质量事故，片区在认真领会省、市两级公司的相关会议和文件要求的同时，及时召开专项站务会，对加油站防汛工作做了认真布置和安排。成立了以片区经理为组长、全体站长为成员的领导小组，研究制订了加油站汛期管理规定，并于8月3日上午在片区官宏加油站举行了一次防汛预案实际演练活动，演练模仿了加油站突遭大雨袭击，付油区、营业室、罐区部位进水。加油站员工按照预案要求和小组分工，各负其责。在得到总指挥的下达指令后，对进水部位进行了封堵，以确保加油站的设备、设施和物资不被水淹。通过演练促使员工的心理素质得到了锻炼，增强员工的应急处置能力，确保加油站汛期安全。

（5）按照上级公司关于开展“查违章，查隐患”专项整治活动的工作部署，经研究，成立了以片区经理为组长的领导小组，负责片区各站的违章、隐患检查工作。通过对在用加油机进行检查发现了2007年生产的三盈牌加油机存在着加油枪可正常出油，但是加油机表字和管控均不显示数量的弊病，存在着严重的管理漏洞。片区也及时将此情况与市公司零售管理部和安全数质量科做了汇报，后由数质量科夏处带领厂家人员对这些加油站进行了施封和升级，因发现及时，防范到位，此情况已经制止，为片区活动的开展开了个好头，也为以后的加油站管理打下了坚实的基础。

（6）扎实开展“为民服务创先争优”活动，通过活动的宣传、组织开展落实到位，片区各站各项工作取得了实实在在的效果，员工精神面貌高涨，工作态度积极，

（7）狠抓加油站数质量管理，全年累计召开加油站数质量专项会议近十次，除对加油站油品接卸、站长参与接卸率、雨雪天及时测量水高等要求做硬性规定外，还针对上级公司组织的铅封大检查工作，对片区各站的所有再用加油站从主板、编码器到计量器等部位进行专项检查多次，日常督查中将此项工作作为督察重点，通过努力片区此项工作管理到位，未出现过一次因加油站数质量问题遭到客户投诉的事件，为片区数质量管理工作奠定了坚实的基础。

（8）为认真贯彻落实上级公司关于开展“比学赶帮超”活动的落实和开展，滦南片区迅速行动起来，在收到唐山公司活动方案的第一时间，经领导班子研究决定，及时成立了以片区经理和书记为组长，副经理为副组长的领导小组，并对照市公司活动方案要求，细化并确定了“比学赶帮超”滦南片区实施细则，并及时召开片区管理人员和所有加油站长参加的站务会，对照上级公司方案要求和片区实际向参会人员做了传达，从成立领导小组，到职能和要求都做了部署。会后，又召开了滦南片区“比学赶帮超”领导小组第一次会议，继续对细则内容进行了讨论研究，最终确定了滦南片区活动实施细则，并于当日下午下达到各站，为活动的顺利开展和落实开了个好头。在此基础上，片区全年累计召开“比学赶帮超”活动领导小组调度会20余次。对加油站进行专项检查达10次，并根据检查和月度销售量结果，对月度优胜加油站进行了评比，并颁发了流动红旗以资鼓励，还明确了点对点、以一带一的帮扶工作思路，从加油站规范服务、站容站貌、账册表单填写等对较落后站进行定项帮扶，力求全面提高滦南片区加油站整体管理水平。

电力公司

2011年，公司认真落实县委、县政府工作部署，紧紧围绕打造“激情滦南、实力滦南、文化滦南、生态滦南、和谐滦南”总体目标，

充分发扬“少说多干、奋勇争先”的攻坚精神，坚持以“创一流”工作为主线，牢牢抓住发展第一要务，全力投入“三大攻坚、四大开发”，为全县经济社会发展做出了应有贡献。

一、主要指标完成情况

2011年完成售电量14.74亿千瓦时，同比增长21.84%；完成销售收入71646.3万元，同比增长22.08%；综合线损率完成3.95%，较市达指标低0.04个百分点；供电可靠率99.7775%，电压合格率98.15%，分别较市达指标高0.0275%和0.097%。2010年农网升级工程完成率100%，标准化供电所达标率100%。跨年度实现安全生产长周期达5249天，实现了“十二五”良好开局。公司高标准通过了国家电网公司一流县级供电企业验收，并被选定为华北电网有限公司运行管理标杆单位，被唐山市安全生产委员会授予“安全生产先进单位”、被唐山供电公司授予“文明单位标兵”，荣获滦南县2011年度文明单位称号。

二、重点工作完成情况

1. 以安全生产为天，发展基础不断巩固。全面落实“四无”和“三个杜绝”管理要求，紧紧围绕“三个不发生”目标，进一步完善安全风险管控体系。在安全工作落实上着力做到“组织领导务必有力、岗位责任务必落实、执行规章务必到位、责任追究务必严格、宣传教育务必深入”，以百日安全大检查、“三查四防”和各类“违章”排查治理等活动为抓手，加强作业现场的人身安全管理，突出施工作业现场的安全管控，安全生产保持平稳态势。

2. 以电网建设为先，发展质量不断提高。随着全县“三大攻坚”、“四大开发”项目纷纷落地，供需矛盾日益凸显。公司坚持“滦南的机遇，就是电力公司的机遇，滦南的明天，就是电力公司的明天”工作思路，加快农网完善升级工程，进一步优化农网网架结构，重点解决110千伏电源点不足、重点路段线缆入地、路灯亮化、农网中存在的“卡脖子”及“低电压”综合治理等工作。嘴东、北河、李庄子3座110千伏变电站列入了网公司电网发展规划并已开展前期工作；青坨营220千伏安变电站已开工建设；已完成南大街、中大街、建设路架空线入地改造工程，共计3.7千米，总投资2548万元；已完成唐港高速连接线、南大街谷家营段、中大街、祥和路路灯建设工程，共计214基，总投资240万元；公司承担的2010年总投资950万元的农网升级工程全部完工；2011年4项（总投资2420万元）农网升级工程已完成可研及需求材料的上报，预计2012年年底完成。

3. 以法律制度为本，依法治企深入推进。依法治企工作关系到公司干部员工的政治安全，关系到公司和谐发展，因此首先要强调不碰“红线”、不过“底线”，严格按照网、市公司要求，广泛深入开展工程建设领域突出问题、“小金库”、客户受电工程“三指定”和严肃财经纪律，强化和规范财务管理等专项治理，自觉进行全方位的排查，按时间节点和标准要求全方位整改，实现了整改问题横向到边、纵向到底，不留死角，彻底清理干净。

4. 以精益管理为重，企业效益不断提升。2011年10月1日，县政府对列入关停名单的124家“五小”企业实施关停，关闭容量为31500千伏安，致使公司每月售电量减少约4100万千瓦时，对2012年用电量造成持续影响。面对节能减排等不利因素对售电量的影响，公司高度重视电量、线损、电价、电费、利润等关键指标的分析预测，狠抓增供扩销、节能降损、跑冒滴漏和电费回收四个关键环节，严格控制非生产性开支、消费性支出和小型基建支出，努力降本增效，经营效益有了大幅提升，全年完成销售收入71646.3万元，同比增长22.08%，为下步发展积蓄了强大后劲。

5. 以国网一流建设为纲，六大亮点彰显公司特色。2011年，公司作为唯一代表网、市公司创建国网一流县级供电企业，深感责任重大、使命光荣。经过公司上下共同努力，8月5日，公司成功跨入国网一流县级供电企业的行列。在考评调研总结会上国网公司农电工作部领导指出：滦南公司创一流工作在华北地区43个县级供电企业中成绩突出。一是打造了“一个中心，全面控制；一个画面，全部显示；一个体系，立足全局；一个平台，全局共享”的高集成、高兼容的智能化调控管理平台，实现了传统调度向专家调度的飞跃；二是旗舰营业厅投入使用，通过引入银行驻营业厅网点，创新了收费方式，使客户充分享受一流的服务；三是状态检修降低了变压器故障诊断和评估对现场人员专业知识的要求，为电网智能化建设打下坚实基础；四是标准化作业练兵场丰富了员工培训的手段，为队伍素质的进一步提升提供了高效平台；五是变电站微机开票系统广泛应用，相应地一年减少停电时间106.7小时，对提高供电可靠性和减少停电损失起到了积极作用；六是荣获华北电网有限公司运行管理标杆单位光荣称号。

6. 以企业文化为魂，品牌形象深入人心。深入推进“塑文化、强队伍、铸品质”供电服务提升工程，全力打造“你用电，我用心”的国家电网大众服务品牌。在网、市公司的大力支持下，公司高标准建设了旗舰营业厅，营业厅内七大功能区全面升级，打造了“哑语、英语双语服务”、“业扩报装一站式服务”、自助缴费等服务方式，以一流的服务，塑造一流的企业形象；积极支持县域经济发展，力保重点项目供电，勇当发展的先行官，真正做到了“项目建设到哪里，电力供应就覆盖到哪里，优质服务就送到哪里”。同时，坚持从大局出发，从细节着手，圆满完成全国两会、建党90周年等重大活动保电和迎峰度夏工作任务。公司被滦南县委、县政府授予保障攻坚行动先进单位、支持百日攻坚行动优秀单位和振兴滦南先进单位等称号，公司被确定为全县学习的标杆，县委书记张国栋亲自批示，要求全县各单位向滦南县电力公司学习。

7. 以创先争优为要，和谐企业建设卓有成效。一是加强党建工作。以创先争优活动为契机，将为民服务创先争优作为重点内容，通过开展创先争优“双百”活动、创建学习型党组织活动，与创国网一流供电企业、迎峰度夏、受电工程“三指定”深化治理、依法治企等重点工作相结合，不断激发党员在工作中发挥先锋模范作用，保障了职工队伍的和谐稳定，促进各项重点工作深入开展。**二是加强党风廉政建设。**坚持“标本兼治、综合治理、惩防并举、注重预防”的方针，坚持政务公开，加强社会和职工监督，狠抓行风建设，积极开展各项反腐倡廉特色活动，构建具有“三化三有”特色的惩防体系，全年未发生党员领导干部违法违纪问题。**三是加强工会标准化建设。**在标准化班组建设活动中，紧紧围绕企业中心工作，从基础管理入手，着力提高班组的凝聚力、学习力和执行力，程庄供电所等8个班组通过市公司标准化创建检查组验收，实现了安全基础牢固、生产管理规范、现场作业标准、营销服务优质、文化建设先进的建设目标。胡各庄供电所、长凝供电所分别被评为唐山供电公司文明班组标兵和先进文明班组。**四是为员工搭建成才平台。**在网公司“三华”同步电网知识竞赛中，由电力公司选派的三名员工代表市公司参加竞赛，荣获团体二等奖；在市公司举办的职工技术比武竞赛活动，任广祥、张克平分别取得电费抄核收专业的第一、第二名的好成绩，分别被市公司授予技术状元、技术明星荣誉称号，为公司赢得了荣誉。

联运公司

2011年，在集团公司的正确领导和关心支持下，分公司全面贯彻落实上级指示精神，围绕“企业强大，职工富裕”的总体目标，以构建和谐社会、建设平安企业为主要任务，紧紧围绕安全生产这一工作目标，通过不断学习和提高思想认识，努力工作，特别是在春节、五一、十一等重大节日及黄金周期间，全体干部职工团结一致，奋力拼搏，全力以赴，尽职尽责，以服务为载体、以效益为中心、以管理为根本，安全、优质、高效地完成了旅客运输工作，圆满完成全年各项目标任务，实现经济效益和社会效益的双丰收。

一、全面完成各项目标任务

1. 营收完成情况。2011年共实现营业收入297万元，比2010年同期增长41%，实现利润40万元，比2010年同期增长率达300%。售票1000万元，比2010年同期增长率达46.8%，贷款售车55部，收入7.5万元，利用银行贷款800万元。

2. 狠抓营收管理。首先从客运站入手，组建客运站班子，成立稽查队，爱心服务班组，对职工进行培训，整顿站务秩序，严肃处理违规车辆，特别是在堵塞售票中旅客流失，票款减少的环节中，始终狠抓稽查管理，全力治理票款收入流失状况，通过一系列工作，2011年客票收入较2010年增加近四百万元，且发展势头良好。

成立汽贸公司，抽调精干人员，积极走访车主业户，已售车55部。

抽调精干人员，对原通达35部客运车辆经营者进行深入的思想工作，晚上到家中，白天到停车场，效果显著，合同已全部签订完毕。

春运、五一、十一黄金周等重大节日，公司紧紧抓住“三节”重要机遇，对旅客流量、流向、流时准确预测，提早制定工作预案，层层分解指标，全面落实责任，针对人少岗多这一实际情况，所有职工主动放弃休息，根据节前短途忙，节后长途忙的特点，合理安排人员插班，延长售票时间，确保旅客走的好走的了。

积极开展对违规经营班车的整治工作，坚持出站车辆“人手一票”原则，严厉打击拉客、倒客、约客等违纪现象，为经营车主创造了良好的生产经营环境，把好门头关，杜绝营收流失。

二、全面落实安全生产责任

1. 根据各科室不同特点，制定了年度安全生产目标责任制，层层签订了安全生产责任状，加大奖惩考核力度，形成一级保一级、一级对一级负责的良性运作机制，有力地促进了生产，保证了安全。

2. 积极开展“安全生产月”、“安康杯”、“冬季安全百日赛”等活动，做到有计划，有措施，有总结，促进各项安全工作再提高，做到安全生产两不误，进一步确保全年安全无事故。

3. 积极开展安全检查工作，坚持日常检查和每月安全大检制度，及时消除各类安全隐患；春运、五一、十一黄金周等重大节日前联合运管部门对站场内班车实行拉网式安全大检查。针对检查出的问题要求现场整改，不能现场整改的派专人督促其限期整改。

4. 严格执行“三不进站、五不出站”规定，对旅客携带的行李、托运的行包做好安全检查，严防夹带禁运、限运物品。车辆进出站有专人指挥，对出站的车辆进行登记，防止超载车辆或未经安全检查的车辆出站，加强对东门、西门的管理，确保站场内无外来车辆进站。

三、全面塑造优质服务品牌

1. 始终坚持“服务永远无止境，我们永远有不足”的服务理念，深入开展“您好”、“微笑”服务和首问负责制，利用班前会，班后会，进行学习培训，提高服务水平，增强服务技能。通过提升服务理念，塑造优质服务品牌形象。

2. 为提高员工队伍综合素质，分公司员工积极参加教育培训，通过专人授课讲解，形成浓厚的学习氛围，保持良好的学习风气和工作风气。服务技能，安全操作技能和岗位业务技能有了明显提高。

四、全面考核抓内部管理

1. 公司的管理根本在于对人员的管理，科长更是起到了核心作用，带头作用，充分发挥科长的积极性、代表性、示范性，以点带面，全面落实各项管理措施。为此根据工作特点，对科长的工作进行了具体布置和分管安排，从而彻底纠正了过去那种分工不明，思想不统一，人心涣散的现象。

2. 不断加强内部管理，加大考核力度，建立健全了以《考核细则》为主的规章制度考核，并分发各职工组织学习，在工作中突出以制度来管理的特点，体现了公平性、透明性及适用性，受到了广大职工的欢迎。

中国移动滦南分公司

2011年，在市公司的正确领导下，在地方政府的大力支持下，滦南分公司坚持以省、市公司工作会议精神为指导，全力实施“提升质量，改善服务，强化创新，深化管理，加快发展”的核心策略，落实“发展年”要求，坚持以加快发展为第一要务，坚持以“客户为根、服务为本”为导向，充分发挥管理抓手作用，有效地协调公司所有资源，注重全面发展，扎实有效的开展工作。

截至12月底实现运营收入1.37亿元，完成全年计划的121.52%，累计净增12318户，同比增长103%，完成全年计划的109%。

一、以发展为第一要务，全力巩固领先地位

细分市场，保持规模高效发展。牢固树立“发展是硬道理”的理念，精耕细作，拓展增量市场。发挥区域营销中心的作用，抢占农村市场，深入到村庄、集市、百姓身边主动推介业务，发展用户，提高百姓对中国移动产品的认知度。利用市公司优惠政策开展异网中高端客户的拓展，扩大规模优势。利用预存话费赠电子券等优惠，开展签约和捆绑活动。利用市公司营销活动方案，提升集团成员的捆绑率。

1. 多方组织信息化收入。滦南是农业大县，大型企业较少，但人口众多，在集团专线、语音直连等信息化应用方面移动处于劣势，但公司充分发挥地域人口优势，在ADC、集团彩铃、校信通、社区通等业务上下功夫，大力推广此类业务，形成规模效应，以此来组织信息化收入。同时关注当地信息化产品推广工作，加大语音专线、行业应用卡、农政通等业务推广力度，提升信息化收入。

2. 培育数据增值业务强势。重点发展手机上网、短信等成熟收入型数据业务。同时按照市公司政策积极开展手机游戏、手机阅读、手机支付等产品的营销。

3. 加快WLAN手机发展。已与唐山顺成实业有限公司、唐山中红普林集团有限公司、滦南县倴城街道办事处康乐小区居民委员会、滦南县机关事务管理局、滦南县蓝海酒店签订了WLAN室内分布通信设备安装及用电协议。

4. 提升渠道掌控能力。一是在县城新建金辉小区、车站路两个自建自营厅，已经正式开始营业。同时按市公司要求，公司正在开展大规模的自建营业厅选址工作。按照市公司动态分级管理办法，激发代理商建立有组织、有思路的新营销模式，提升社会渠道支撑力度。进一步提升区域管理水平，建立健全工作流程和制度，开展月联查制度，对农村服务站做好优化工作，切实发挥其五大作用。

5. 全力做好积分兑换工作。在4月份以前是分公司的薄弱环节。针对此项工作，采取了多项措施。一是从5月份开始，专门成立了外呼小组，由各厅抽调业务、沟通能力强的员工，针对目标客户进行了统一外呼，并和网上营业厅积分兑换的优惠政策相结合，有效提升了该项指标，同时也促进了电子渠道业务的提升，取得了显著的成效。二是在营业前台大力宣传积分兑换互动，引导用户尽快兑换，自建他营营业厅也准备了较为丰富的兑换礼品。三是在有线电视等媒体播放流动字幕广告，进行广泛宣传。仅仅5月份一个月，就成功兑换客户积分659万，较4月份提升412%，超额完成了市公司下达的任务。

6. 高度重视服务工作，提升客户满意度。深入落实服务责任制。一是在做好营业人员的培训和教育的同时，重点转变思想认识，严格按照员工行为规范和服务规范工作，加强现场管理经常巡视，发现问题，当场指出，及时更正。二是高度重视客户的投诉，做好客户投诉的事前控制，提高投诉处理一次解决率和投诉客户满意率。加强客户投诉的事后处理，认真研究客户投诉内容，举一反三，改善服务短板。三是加大电子渠道的宣传力度，提高使用频率，扩大自助设备的投入和使用，提高了服务效率，改善了客户感知。

二、全力发展集团客户，捆绑工作成绩突出

目前公司共有集团客户866个，集团成员102315人；月集团收入约575万。2011年始终坚持入网即捆绑的原则，对新入网和到期集团网进行话费捆绑和新业务捆绑。公司拍照集团客户共338户，针对这些集团做了重点保有和捆绑工作，重点集团客户覆盖率达到了88.2%，拍照集团成员捆绑率76.74%，A类集团成员捆绑率达到50%，VIP客户捆绑率89%，集团双人捆绑率75%。受县区内经济大环境发展影响，信息化收入指标压力很大，主要收入来源还是ADC业务，共发展生活气象包年18728户，同时积极推广专线、M2M、校信通等集团数据产品，截至11月份累计专线收入19.98万元；校信通用户到达数22100户，校信通学校覆盖率72%；M2M用户5148户，其中社区通3463户。多方组织信息化收入，截至11月份，累计集团信息化收入242.52万，距完成全年指标还有21.7万元缺口。

三、加强网络建设维护，有力支撑市场发展

公司高度重视网络建设与维护工作，在市公司网络部门的领导下，在各级领导的大力支持下，网络建设与维护方面取得了较大的成绩。

1. 加大网络建设力度。2011年共完成16.1期基站6座、16.2期基站12座、TD4期10座，及滦南2站的搬迁工作。全部完成了17.1期及TD5期9座基站及17.2期的22个选址工作。并且已经完成了3个17.1期基站的机房铁塔建设任务。完成了滦南一中搬迁基站的塔基及机房。全部完成了PTN网传输设备安装及传输线路工程，并已经全部开通。第二传输节点机房已经完成。与其他运营商合作，共建了西城工业区、北河新区、县城中大街等城区管道20多千米。配合市场、集客部门完成了多条专线建设任务。1月份，仅用17个小时就完成了滦海酒店室内分布系统，得到了业主的表扬；与南堡油田签署了建设南堡油田四个人工岛的基站建设协议，现在1号人工岛已经开通，2、3号人工岛已经完成，准备近期开通。

2. 加强维护工作水平。为提高网络维护水平，从以下几个方面着手：一是对基站代维和线路代维进行不定期抽查，对于不符合要求的记录在案；二是定期召开代维会议，对检查中发现的问题进行及时整改，消除安全隐患，有效的保障网络安全运行；对防汛、防火防盗工作进行部署，做到防患于未然；三是针对断缆、退服现象进行专项整治。要求施工队伍精细施工，并安排维护部门克服人员不足的困难，做好工程随工，监督工程质量；加强工程管理，要求施工部门对工程质量负责，消除施工过程中留下的安全隐患。要求代维部门加大巡检力度，尤其是在滦南“三年大变样”的非常建设时期，及时掌握市政施工、道路修扩建、旧房改造等信息，做到提前防范，事前控制。

3. 网络建设方面存在的问题。一是网络覆盖不完善，目前的基站容量基本都已经达到满配置，且大部分开通了1800M，仍然不能满足高峰期通话需求，且近两年城内高层建筑增多，对信号造成了一定的阻挡。受当地政府拆迁影响建站选址比较困难。二是受到当地政府三年大变样影响，各类线路迁改、基站搬迁较多。三是与竞争对手相比，城区管道资源严重不足。客户专线占用管道资源严重。四是因当地群众担心电磁辐射，基站建设阻力较大。

四、提升精细管理水平，为发展提供支撑

1. 严格按照ISO9000质量管理体系开展工作，以萨班斯项目实施推广为基点，深化内控体系建设，规范经营管理行为，全面落实各项规定，从基础管理入手，强化岗位职责，加强企业文化宣传，重新充实和完善各项制度，并在公司党群部的帮助下上墙公开。

2. 全力做好企业风险防范工作。理顺流程，加强稽核精细化管理，防范资金风险；制定落实“小金库”专项治理长效机制；完善固定资产、低值易耗品、SIM卡及礼品实物管理。

3. 狠抓安全生产工作。深入落实全面安全管理办法，健全组织机构、规范规章制度，制定安全生产工作计划，层层签订安全生产责任状，明确责任、细化责任区、严格考核。

4. 营造和谐内外发展环境，支撑经营工作顺利开展。对外主动与地方各单位加强联系、深入沟通，取得理解和支持，同时积极承担社会责任，配合地方政府开展公益活动；对内高度重视队伍稳定工作，掌握员工思想动态，认真做好排查工作，把不稳定隐患解决在萌芽状态。特别是针对内退员工，安排中层一对一帮扶，及时化解矛盾落实解决措施。

5. 认真开展员工职位梳理工作，按照市公司《关于县公司规范定员标准、开展职位梳理工作的通知》精神，根据分公司人力资源工作现状，制定了《滦南分公司员工定员标准、职位梳理工作方案》，完善了人员配置标准，确定了梳理对象，对需梳理的9个职位22名员工进行了梳理：一是按照2009年县分公司职位竞聘结果及HRMIS系统中员工实际职位，需梳理的综合办事员、大众市场营销服务主管、集团产品支持、业务稽核员、营业班长、网络维护辅助全部回原职位工作；二是为便于工作衔接，对部分混岗的客户经理、渠道业务员、业务受理员采取易岗方式梳理；三是对于空缺的嘴东区域营销中心经理、柳赞营业厅班长，按照市公司相关文件要求，在全体员工中进行了公开竞聘，梳理结果已报市公司审批。

6. 7S现场管理工作扎实推进。按照7S现场管理工作安排，认真开展各阶段项目宣传推进工作。办公环境有效改善，工作效率不断提高。

7. 班组建设工作有声有色。认真贯彻落实省公司《河北移动班组建设指导意见》和《河北移动卓越班组建设推进计划》文件精神，加强分公司班组建设，进一步提升企业基础管理水平，促进企业持续健康较快发展。按照市公司《实施方案》要求，结合工作实际，有计划、有重点、有步骤地推进班组建设的深入、持续开展。

8. 扎实推进党建工作。一是党支部坚持以邓小平理论为指导，努力实践“三个代表”重要思想，认真学习贯彻党的十七大精神，紧紧围绕全面学习实践科学发展观，积极发挥党组织的政治核心作用和战斗堡垒作用以及共产党员的先锋模范作用，较好地完成了员工组织、协调、保障以及其他各项管理工作，为经营工作的开展提供了坚强的政治和组织保证。二是党风廉政建设工作扎实有效，党支部及全体党员自觉接受组织和群众的监督，按时召开民主生活会，坚持民主评议制度，认真听取职工群众的反映意见，积极开展批评与自我批评，每位党员干部从没有利用职权获取一己私利、私自从事经营活动等行为。三是加强“三会一课”制度落实，摆正抓党建与抓经营的关系，做到了党建生产两不误，抓好党建促生产。同时，积极发展新生力量，培养思想觉悟高、业务能力强的优秀员工参加组织生活及各项培训活动，提高他们的思想觉悟，使他们尽快向党组织靠拢。分公司支部有两名同志转为正式党员，一名同志接收为预备党员。四是认真开展纪念建党90周年系列活动，深入开展创先争优三大主题活动，认真积极为公司发展做贡献活动，积极组织“听党课、学党史”活动及唱红歌活动。

中国联通滦南县分公司

2011年是“十二五”开局之年，也是公司实施三年发展战略的启动年。公司紧紧围绕“激情滦南、实力滦南、文化滦南、生态滦南、和谐滦南”总目标，以“唐山联通三年战略发展机遇期规划纲要”为统领，以发展为龙头，以强化管理、强化服务、强化责任和强化竞争意识为手段，向管理要效益，认真谋划，强化落实，企业经营、运建、服务、改革、稳定等各方面工作取得了新的成绩。

一、把发展作为第一要务，打赢“春季行动”、“拉网行动”二大战役

坚持“全业务运作，规模化发展”，充分发挥全业务优势，以融合产品为抓手，加强考核和激励，广泛调动全体员工的积极性和主动性，全力以赴加快各项业务发展。“春季行动”取得了宽带业务发展年度预算完成率全市排名第三、3G业务发展年度预算完成率全市排名第二的可喜成绩。“拉网行动”中分公司取得了业务发展优胜单位的荣誉称号，员工发展累计积分72291分，全市排名第六位，有19位优秀员工被市公司评为拉网行动状元、标兵和能手称号。

二、强化服务管理，提升服务水平，以服务促进业务发展

为了全面提高对外营业窗口的服务质量，迅速提升营业人员综合素质，扎实落实规范化服务，彻底解决浅表性服务问题，找准服务短板，消除共性客户投诉，使营业厅服务工作在较短时间内有一个新的提高，并能持之以恒的逐步改善目前服务工作中存在的薄弱环节，制定了提升服务质量实施方案。一是强化组织管理。成立了以公司总经理为组长的领导小组和以主抓服务副总经理为组长的服务工作领导小组。二是通过定期开展业务、技能、服务标准的系统培训，快速提升营业员的业务技能和综合素质，使营业厅的综合水平能够得到提高。三是开展了营业厅服务达标活动，明确了奖罚机制，将达标结果纳入营业部的绩效考评。四是遵循“员工能上能下、工资能高能低、人员能进能出”的原则，开展了营业员星级评定活动，每半年考评一次，综合考核被评为三星、二星级营业员且无服务质量投诉的岗位工资上浮，被评定为无星级营业员的岗位工资下浮，从而激励员工不断提高自身专业技能和服务水平，提高员工的工作积极性。五是进一步规范客户投诉管理工作，对一般客户投诉、服务态度投诉、升级投诉制定了考评方案，并明确了惩罚制度，提高了客户投诉处理的质量和效率，保障客户投诉处理流程的有效运行。六是为了保持县公司标杆营业厅营业人员的高素质、高标准，树立全公司的标杆营业厅形象，对中大街营业厅和西城营业厅的营业人员实施末位轮换制。

三、加强工程建设和网络优化，深挖内部资源，全力支撑业务发展和服务工作

（一）加强工程建设和管理。一是配合滦南县城镇建设三年上水平工作，完成了涉及公司的多处交换点、线路、管道的搬迁，并且加强规划管理，优化搬迁方案，大力挖潜，尽量减少搬迁费用，同时积极争取政府的支持，在搬迁中大量采用先进的设备加快网络的更新换代。公司还积极参与政府倡导的旧城改造，在城区的规划设计中提出优选通信建设方案，力争主动，为今后的通信业务发展及网络优化打下良好的基础。结合市政建设对公司老管线进行检查，对损坏无法维修的管线随着道路的修建进行翻新、增加管孔，确保所有通信管线畅通满足业务发展需要。二是积极谋划，精心组织，圆满完成了04机退网工程建设，进一步提升了网络传输质量。04机退网工程是公司2011年的一项重点工程，总投资796万元，建设EPON点266个，涉及村庄较多，工程量大，工期紧张。为做好此项工作，公司成立了领导小组，精心组织，倒排工期，理顺了工作流程，制定了详细的割接方案及各项保障预案，并组织专题会议进行动员部署，同时县分公司与建设维护部和施工单位分别签订了责任状，每天统计工程进展情况，督促施工进度。经过两个月的紧张施工，保质保量的完成了此项工作。三是全力组织实施集团客户重点工程项目建设，畜牧局奶场监控项目和电子警察项目是2011年两个组网工程，公司提前谋划，认真研究组网方案，确保设计思路超前又符合实际，同时兼顾网络的未来发展，并且加强了与客户的沟通，积极协调解决工程施工过程中的疑难问题，确保了工期和质量。

（二）加强运行维护工作，提升网络质量。一是加强对障碍修复及时率和装拆移一日通指标的管理和考核，根据支局承包等新的维护模式对考核指标进行改进完善，确保考核的有效性。公司1～10月份障碍修复及时率及宽带一日通率均较好的完成了市公司的考核指标。二是实施基站综合整治，分等级维护。经过2009～2010年的基站建设，公司在网运行的基站数量成倍增加，为切实做好基站维护工作，对所有基站进行了电源、线路隐患排查，并在此基础上根据基站位置的重要性进行分级分类，制定不同维护方案，在日常维护中注重落实，保障基站的正常运行。三是随着04机退网工程结束后交换点数量大幅增长，实时调整管理措施，实行差异化、全覆盖的设备巡检模式，根据设备在网络中所处的重要级，进行不同程度的巡检维护，实现了维护力量与设备分化的有机匹配统一。针对区域维护不平衡的实际情况，采取分级抽检与月度联查相结合的监督检查模式，发现异常，剖析成因，现场办公，跟进处理，使机房环境得到迅速有效治理。

（三）深挖内部资源，强化服务支撑。一是对于无力满足用户需求的区域，支局自身能够解决的，领取相关材料，自我解决。二是对于力不能及部分，由县公司调动管线维护中心，进行配套性建设补缺。三是对于大型需求，按建设工程进行线路扩容。四是积极梳理内部闲置资源，把有限的资源投放到需求更迫切的地方。五是开展线路整治，提升线路质量。一方面对于因用户退网和用户动态性迁移而形成的用户线路新增冗余，实时启动线路压缩降容工作，即以小对数电缆调换闲置大对数电缆，尽量调整线路实占率，防止资源闲置；另一方面结合光进铜退工程开展了村级配线压缩调整，既降低被盗割风险，又发挥了资源效益最大化。

四、基础管理工作扎实推进，助力企业各项经营工作稳步开展

公司采取一系列措施，加强基础管理工作，理顺了内部工作流程，各工作节点环环相扣，提高了工作效率，营造了和谐、团结、协作、人人争发展的良好氛围。

（一）实施理念管理，深入宣传三年战略纲要，通过“两讲一抽测”、文件传达、公司大楼内张贴宣传标语，进一步统一思想、凝聚力量。“两讲一抽测”即会议上讲，下支局讲和下支局检查抽测。通过向职工反复宣讲省、市公司的各种经营理念、经营决策，并通过检查抽测，确保上级经营理念、经营决策快速准确扎实落地执行。

（二）实施制度化管理，按流程办事。相继出台了《成本费用管理及财务报帐流程的相关规定》、《营业受理考核办法》、《服务投诉处理办法》等多项管理办法，修订了《招待费管理办法》和《请示报告流程》，做到办事有依据、责任有节点，提高各环节办事效率，避免推诿扯皮情况发生。

（三）实施透明化管理，一方面对公司中层干部提拔、一般岗位员工调整均执行公开透明原则，将精兵强将合理调整到关键岗位，凝心聚力，共谋发展。另一方面对采购关键岗位实行双人参与，避免出现问题。再有，对公司的二次分配，尤其是支局承包二级分配采取公开透明严谨的管理原则，明确二级分配办法必须经所有员工认可，然后各支局单位才可将分配计划上报县公司批准后方可进行分配。

（四）是抓好安全生产工作，以“科学发展观”为指导，坚持“安全第一、预防为主、综合治理”的方针，牢固树立安全发展理念，着眼于管理，立足于防范，服务于生产。进一步做好通信机房防火、通信线路安全防范和车辆安全，确保了全年安全生产无事故。

（五）加强管理监督，每月组织基层检查，由以往的综合联查的模式改变为市场、运维和综合三条线分别检查，使检查更细致、更深入，更能发现和解决深层次的问题。

五、加强员工队伍建设，增强员工的凝聚力和战斗力

（一）加强员工思想建设和形势教育，针对日益严峻的竞争形势，党政工团齐抓共管，进一步加强和改进员工思想政治工作，通过细致的形势分析和教育，使员工既感到压力，又看到机遇和前景，从而变压力为动力，在工作中敢于突破、勇于创新。

（二）加强培训工作。从提升员工素质入手，拟订了年度培训计划，并积极组织参加上级公司组织的各类培训和二次培训。

（三）准确把握经营工作中心，开展全业务积分劳动竞赛，鼓励大家积极参与市分公司组织的“增值业务劳动竞赛”，有效地激发和最大限度地调动了全体员工拓展市场、发展业务的积极性，形成了你追我赶、创先争优、人人争当业务发展能手的良好氛围。郑永锋同志被授予“中国联通唐山市分公司2011年春季重点业务发展劳动竞赛状元”荣誉称号；杜艳凤、晁淑娥、张翠玲等3名同志被授予“中国联通唐山市分公司2011年春季重点业务发展劳动竞赛标兵”荣誉称号；李义、曹颖、李文宁等10名同志被授予“中国联通唐山市分公司2011年春季重点业务发展劳动竞赛能手”荣誉称号。

（四）在生活上关心职工，切实帮助职工解决实际困难，积极开展丰富多彩的文化体育活动营造学习型和健康型团队，促进企业精神文明建设。

（五）加强党建工作。按照创建“五个好”基层党组织的工作目标，坚持以邓小平理论和“三个代表”重要思想为指导，深入贯彻落实科学发展观，深入学习贯彻党的十七届五中全会精神，按照地方党委和市公司党委关于推进学习型党组织建设为重点，抓好支部建设。紧紧围绕《唐山联通三年战略机遇期发展规划纲要》，在企业的经营发展活动中，充分发挥党员先锋模范作用。开展“书记行动、党员行动”活动以来，所有党员积极参加活动中来，带动了全员积极行动，业务发展取得了可喜的成绩。党支部书记、总经理杨项生同志被市公司党委授予“优秀共产党员”和“优秀党务工作者”称号，党支部被授予“先进基层党组织”称号。

镇（街道、管委会）概况

倴城镇

2011年，倴城镇在县委、县政府的正确领导下，以邓小平理论、“三个代表”重要思想为指导，以科学发展观为统领，以贯彻实施县委打造“激情滦南、实力滦南、文化滦南、生态滦南、和谐滦南”的总体目标为主线，以“城市建设、项目建设、新民居建设、环境建设、社会稳定、社会事业发展、党的建设”为重点，充分发挥城关镇的区位优势，着力激发广大干部群众发扬“少说多干、奋勇争先”的工作精神，较好地完成了县委、县政府交办的各项任务。

一、主要经济指标完成情况

全年完成财政收入1.13亿元，比2010年增加2700万元；完成国民生产总值31.5亿元，比2010年增加10%；完成农业现价总产值57.2亿元，比2010年增加8%；完成固定资产投资4.60亿元，比2010年增加0.96亿元；完成规模以下工业总产值22亿元，比2010年增加2亿元；人均纯收入达到7546元，比2010年增长12.5%。

二、有效地保障了县委、县政府重点工作的顺利开展

——全力助推征收搬迁工作。2011年是城镇建设三年上水平的开局之年，也是全县加快推进城市化进程，建设繁荣舒适的现代化城市，全面推动环境质量、聚集能力、承载能力、居住条件、风貌特色、管理服务等方面实现新变化的关键一年。据此，紧紧围绕县委、县政府开展的三次征收搬迁战役，全力配合。充分发挥征收搬迁主战场地位，全力以赴，攻坚克难。既当助推，又当主推，涉及王庄子、东北街等五村村民858户、约553亩的征收搬迁任务均按照时间节点完成了任务。

——服务县大项目建设工作。积极稳妥地做好征地租地工作，全力支持县委、县政府的大项目建设。并肯于为全县的大项目建设保驾护航，不折不扣地执行县委、县政府各项工作决议，积极主动地配合全县的经济建设。共协调征收租用王官宅、牛东庄、东张士坎等25个村的土地2040.83亩，有力地支持了县城南环路、嘴东大街等主要道路的打通修建；配合了城西工业聚集区的基础设施和各大项目建设；促进了北河水系的治理和北河新区的开发建设；以及惠民广场、健民广场等公益事业的建设。

——“两城”创建工作。一年来，镇党委政府紧紧围绕县委、县政府“中等城市，生态滦南”的发展定位，树立“滨水生态园林城市”的创建理念，全力助创省级园林县城。以“绿”字为中心，观赏树与经济林相结合。重点把握滦海公路，城区两街（中大街、南大街）两路（和谐路、南环路）的绿化美化。调集人员，配备施工机械，全力突击，有力地促进园林县城创建工作。配合文明城创建，加大农村垃圾清运工作力度，为每个村配备垃圾桶16～20个。协调企业捐赠水泥，新建垃圾池7000多个，建垃圾中转站8个；设立卫生保洁员、卫生监督员。根据本镇实际，重新制定农村环境卫生整治补充规定，建立健全完善了长效机制。同时，镇委政府强化全民文明教育，印发“当文明市民、创文明县城”明白纸，加大宣传力度，为滦南的省级文明县城创建尽职出力。

三、城镇经济总量不断扩充

——大项目建设工作。采取对外加大宣传推介、对内抓好软硬件环境治理的方式方法，走出去、引进来，引进项目、搞好服务、抓好落实、确保落地。完成了唐山瑞程钢铁有限公司船用型钢生产、荣川汽车城建设、东坎新民居建设等几个超亿元的大项目。在加大现有项目建设落实的基础上，充分发挥地处县城的区

位优势，不断改善投资条件，加大招商引资力度，内引外联，促使更多项目入驻倴城镇，为全镇的项目增加贮备、为镇域经济发展增添后劲。

——农业生产发展工作。苇帘加工实现由单一内销转向以内销、外销并重的新局面。全年共加工苇帘4000万平方米，其中出口200多集装箱（1.4万平方米／箱）。草莓种植通过新品种、新技术的引进示范，使设施草莓种植面积扩大，效益递增。通过奶牛出村入区，实现小区化、规模化养殖，奶牛存栏量稳中有升，达到8500头。随着生猪养殖收入的提升，存栏量迅速增加，全年存栏达到24200头。珍稀毛皮动物养殖中，通过对芬兰狐、美国黑（白）貂、乌苏里纯种貉等皮质优良、售价高的优质品种的引进推广，全镇珍稀毛皮动物养殖存栏量迅猛增加，并出现了以东上坡子村为中心、辐射周边各村的珍稀毛皮动物养殖产业聚集区。

——三产服务业。充分利用地处城关，是全县政治、经济、文化、商贸物流中心的优势条件，促使城中村村民向非农产业转移，以金贸购物广场、世纪商厦为发展平台，引导农民向商贸、物流、餐饮业转移，实现就地就业，年内转移安置农村劳动力1000多人次，提高三产收入约2500万元；以城西工业聚集区和北河新区开发为契机，引导王官寨、双柳树、靳营、八户等邻近工业区的农民，重点发展劳务输出、运输业、加工业、服务业。在融入企业、支持企业发展中实现了劳动力的转移就业，增加非农收入。年内，全镇三产收入取得了实质性进展，已成为全镇农村居民收入的主要来源。

四、统筹城乡发展稳步推进

3月，启动吴官寨村一步进城的签约工作，经过一个月的努力，签约工作基本完成。5月，开始姜泡、高泡、梁泡、钟泡等4个村的一步进城工作，十几天时间，完成了调查摸底、入户测量、核产作价等工作。先前启动的谷家营一期二期、西北街一期、东北街一期、王庄子、东坎、牛东庄回迁楼已经全部封顶。张官寨等8个一步进城村的新民居建设正在进行中，明年完工交付使用。随着新民居建设的逐步进展，全镇统筹城乡发展工作进入了一个崭新的阶段，真正实现了村民向市民，农村向城市的历史性转变。

五、党的建设水平显著增强

紧紧围绕党员队伍建设、党组织班子建设、党组织书记建设三条主线抓党建，扎实推进了村干部规范化管理，积极开展“六比六看”活动，加强大学生村官管理服务工作，全面提升全镇基层党建工作的科学化水平。

——基层组织建设工作。2011年，新发展党员44名，其中农民31个，工人7个，专业技术人员3个，大学生村官3个。新发展的党员中，35岁以下的9人，高中以上文化程度的14人，妇女7人。在纳新过程中，严格按照“三公一票”制度，严把党员入口关，坚持成熟一个，发展一个，真正把德才兼备的优秀人才吸收到党内来。重点发展年富力强、领富本领强、有知识、懂技术的农村先进青年加入到党员队伍中来，提高农村基层组织的先进性、凝聚力、战斗力。

——“创先争优”活动坚持经常。在基层党组织和党员中广泛深入地开展了“创建先进基层党组织、争当优秀共产党员”活动。通过学习李志刚、学习李营模式活动，增强了全镇农村党员干部的大局意识和推进统筹城乡发展、新民居建设的使命感责任感。李庄子村党支部2011年修路、修广场、建两室、建大棚，取得了可喜的成效；东上坡子村干部党员、群众自愿出义务工兴办公益事业蔚然成风。扎实推进党员服务群众“一卡通工程”活动。全镇推行率达到100%，“党群连心服务卡”户发放率达到90%，参与党员达到70%。并打造出姜泡、李庄子和洪营等3个精品村。

——庆祝建党90周年系列活动丰富多彩。七一期间，组织开展多项活动。6月27.28日，镇党委组织机关全体党员和50个村的党支部书记重温入党誓词，并逐村开始党旗传递活动；组织机关中层以上干部，大学生村官代表、先进村、后进村党支部书记，参观了李大钊纪念馆，回顾党的历程。参观北河新区，感受滦南巨变；开展贴红联活动，全镇50个村党支部为2700多名党员张贴对联，共庆党的90华诞。

——引导大学生村官当好“七大员”。定期组织全体大学生村官座谈，详细了解具体情况以及工作中的困难不足。启动实施“半亩地”工程，在双柳树、洪营、李庄子等村开辟药菊花、优质黑豆豇豆、新型南瓜等农业示范园，提高大学生村官掌握科技知识的能力，增强服务农村、扎根基层的使命感和责任感。

——深入开展“党徽闪耀在田野”活动。为增强机关党员服务群众的理念，引导镇机关30名党员出资12万元，无偿借给李庄子、洪营等革命老区村的新建大棚户使用3年，有效解决农户建大棚的资金缺口难题，推促老区村的大棚产业迅速发展，已建草莓大棚12个（占地35亩）。

——探索党建新模式。七一前夕，到玉田县杨家套乡学习“两个联建”经验，确定张霍泡新村党支部和“八和居”党总支为联建试点，力求探索出一条城乡统筹发展中基层组织建设的新途径。

六、社会各项事业扎实提高

——支农惠农力度不断加大。2月份，镇党委、镇政府积极做好抗旱补贴款的发放，共发放补贴款22.69万元，支持全镇冬小麦抗旱保丰收。3月份，全镇共发放粮食直补款66.98万元、综合直补款404.07万元，激发了全镇农民种粮积极性，加大了发放良种补贴款101.79万元，加大良种使用率和覆盖面

——计生工作常抓不懈。落实计生政策，对历年来的政策外生育户及早立案，立案已达80%，一年来共征收社会抚养费500万元。通过镇村两级的宣传发动，使有指标育龄群众参检率达100%。广泛开展民心工程，为全镇农村妇女进行妇科疾病的检查诊治，不断提高广大妇女的健康水平。2011年，落实60周岁奖扶人员103人、7.4万元；55周岁以上退指标人员10人、1万元；特扶人员5人、6000元；3000元一次奖励人员13人、3.9万元；共计发放资金近13万元，有效推动人口政策和农村社会保障制度的结合。

——社会事业建设不断加强。2011年共发放救灾救济款24600元，救助412户困难群众；为45位大病人员发放救助金227712元；免费为1564名低保户、五保户加入农村合作医疗保险；对26户危房进行修缮；建成24个居家养老服务中心，让农村老人老有所乐。为50个村33669人办理了新农保，真正实现了农村居民老有所养。结合县就业服务中心举办“春风行动”招聘会，提供就业岗位，加快农村剩余劳动力转移。聘请县农牧局专业技术人员对革命老区村李庄子村村民进行技术培训。以镇文化站为主体，编排反映城镇面貌三年上水平、农村新变化新生活、社会好风尚的文艺节目，为创建全省文明县城助力。

长凝镇

【对标赶超，经济建设成绩显著】 2011年，全镇实现财政收入2973.59万元，其中国税完成1820.29万元，地税完成1153.3万元，完成全年计划的114.37%，同比增长38.28%。完成固定资产投资2.1亿元，同比增长83%。完成地区生产总值11.6亿元，同比增长9.87%。农民人均纯收入达到7885元，同比增长7.5%。全镇综合经济实力稳居全县第二位。

【围绕中心，大铁矿开发顺利推进】 上半年，如期完成大贾庄铁矿480亩征地、5.9千米10KV高压线架设、4千米矿区联络路铺设，确保了大贾庄铁矿开发顺利推进。下半年，协调完成2个35千伏变电站、6.7千米35KV高压线路架设工作，工程正在稳步推进，已架设钢杆33个，预计2012年3月底建成供电。目前，马城铁矿征地工作全面展开，1047亩征地测量、清点等工作已完成。对长凝镇以大局为重，全力配合铁矿开发建设的做法，先后3次获县主要领导批示表扬。

【项目带动，“轻纺强镇”建设迈向深入】 一是项目谋划建设再创佳绩。年内共谋划5000万元以上的项目30个，计划总投资24.31亿元，其中10个项目落地开工，总投资5.2亿元，守兹纺纱、茳盛奶牛养殖等5个项目投产运营，德丰纺纱、润发牧业等5个项目正在紧张施工。续建项目中，投资8.5亿元的胡各庄纺纱园区

项目和投资3.6亿元的泽澳纺纱项目厂房主体已完工，正在进行设备安装。其中，泽澳纺纱代表滦南参加市大项目观摩，获得市委书记王雪峰的高度评价。**二是纺纱企业管理进一步规范。**全镇现有纺纱厂57家，絮片厂20家，生产规模达到26.7万锭。成立了“滦南县纺纱行业协会”，制定了《协会章程》及各项管理制度。建立的纺纱企业工资集体协商制度在全省推广，省人大副主任、总工会主席马兰翠专程来长凝进行调研，并对此项制度给予高度评价。市总工会将长凝镇确定为“党工共建创先争优‘工资集体协商行动’优胜单位”。**三是推进纺纱企业二次创业。**为落实国栋书记打造“轻纺强镇”的要求，12月24日，组织纺纱企业业主90余人，召开“感受发展成果、激发创业热情”的座谈会。通过参观感受“三大攻坚、四大开发”建设成果，广大企业业主的思想认识得到了极大提高，发展企业、做大事业的愿望迅速增强。目前，正在规划设计温庄、乐营两个纺纱工业小区，助推纺纱企业做大、做强、做精、做细。力争通过整合重组，建立在省市乃至全国有影响力的纺纱企业集团，提升纺纱产业整体竞争力。

【准确定位，“四个结合”打造特色小城市】 **把城镇建设与旅游业、商贸流通业、新民居建设、工业结构调整**相结合，加快小城镇建设步伐，大力发展商贸、物流、餐饮等服务产业。制订了详细可行的小城镇总体规划、土地利用规划与产业发展规划，实现了“三规合一”。总投资1.2亿元的丽景家园小区开发，得到国栋书记的多次表扬，认为是全县小城镇建设的成功典范。目前，该小区已完工入住。规划建设的“一横一纵”两条商贸带进展顺利，其中1.6千米的长泰商贸示范一条街，已完成规划设计，对街道两侧门市商品外溢、广告牌匾进行了规范整治，下步将安装路灯、铺设人行道及沿路绿化；以平青大公路为轴、物流服务业态为基础的商贸长廊建设前期准备工作，正在有序进行。深入挖掘文化旅游资源，延庆寺、延庆塔原址复建的规划设计已初步完成，目前正在按照县委将其纳入北河旅游板块的要求，沿滦海公路重新选址。借鉴丽景家园建设成功经验，下步准备启动新一批商住小区建设，推动城建上规模、提档次。

【突出重点，现代农业建设获得突破】 大力推进“一品一园一企”建设，不断夯实现代农业基础，拉动农业发展，促进农民增收。完成了投资705万元，涉及宁庄、陈礼庄等8个村，7500亩的省级土地整理项目，新打机井84眼，铺设田间路39千米，架设高低压线25000延长米，栽植树木4万株，农业生产条件得到极大改善。目前，全镇林果种植面积达1万余亩，蔬菜种植面积1.2万亩，果菜总产量达5000万公斤。以郭庄千亩草莓种植项目为基础，辐射东六村的农业生态观光园，已完成棚室建设400亩，配套建设的投资700万元的大型沼气项目已完工，明春即可投入运行。同时，畜牧业生产得到进一步发展，据统计，全镇现有生猪养殖场200个，年出栏可达4.5万头；奶牛养殖场有10个，奶牛存栏3000多头；肉、蛋鸡养殖场有76个，肉、蛋鸡存栏量达6.4万只。

【科学发展，基层组织建设得到全面加强】 **一是村级班子建设得到加强。**45个农村支部顺利换届，有89名村干部实现连选连任，有效促进了农村两委和谐，实现了新老班子的顺利交接；“升星级、创五好、争示范”活动扎实开展，2011年全镇共有19个农村党支部达到“五个好标准”，有15名支部书记达到“一好双强”标准。七一期间，有5个基层党组织和6名共产党员分别被县委授予“先进基层党组织”和“优秀共产党员”称号。**二是发展党员工作有序推进。**针对农村发展党员实际情况，制定和落实具体的工作措施，确保了发展党员工作目标顺利实现。全年接收预备党员44人，预备党员转正38人，新增入党积极分子152人。**三是目标承诺制度得到较好的贯彻和落实。**全镇45个村级两委班子和199名农村两委干部全部做出承诺并签订了目标承诺书，同时建立了挂账督导、奖惩激励等工作机制，促进了承诺目标的落实，调动了村干部谋事、干事的积极性。**四是非公有制企业党建工作得到进一步规范。**以镇纺纱协会党总支为统领，建立了长凝、温庄、乐营三个纺纱园区党支部，促进了党建工作与企业发展的互惠共赢。

【稳步推进，社会事业发展再上台阶】 一是**社会保障面进一步拓宽**。进一步完善农村低保、新农保和新型农村合作医疗制度，大力开展弱势群体救助工程。全年，重新确定城镇低保53人，农村低保1100人；完成五保审批13人；发放各类救济款物6万多元；新农合参合率达到98.5%，新农保参保率达到97.22%，参合率、参保率均超过全县平均水平；大力实施幸福工程，完成45户困难家庭危房改造，在11个村建成高标准养老服务站。**二是计生文卫工作成绩显著**。计划生育始终保持低生育水平，2011年出生329人，自然增长率2.88‰，计划生育率96.05%，位居全县前列；办学条件不断改善，投资610万元，新建了乐营中心小学、温庄中心小学教学楼；累计投入资金120余万元，购买教学设备及改善教学环境，顺利通过了省“普三”验收。有9个村新建了文体活动广场，添置了文体设施，丰富了群众业余生活，让群众普享发展成果。**三是全面改善农村环境**。在镇区卫生精细化管理上下功夫，增设果皮箱26个、垃圾中转站2个，加强环卫力量，对广场、长泰街、兴富路等主干道实行全天候保洁，镇区面貌焕然一新。10月份以来，连续开展环境卫生专项整治活动，农村环境卫生得到极大改观，在日前，县农工委组织的验收评比中，长凝镇首次迈入优秀行列。

【创优环境，夯实经济社会发展基础】 一是**开展机关作风专项整治活动**。镇领导班子调整后，首先开展了以“转作风、严纪律、强服务、提效率”为主题的机关作风专项整治活动。着力解决作风方面的突出问题，进一步提升服务质量，提高办事效率。**二是深入开展创先争优活动**。组织开展了“村学李志刚，镇学孙万柱，企业学习王永良”活动，引导党员干部以高度的敬业精神，以事事争先、处处争好的标准完成各项目标任务。在2011年县3次征收搬迁会战中，抽调6名后备干部全程参与，并动员全镇力量积极助推，2次被评为先进助推单位。三**是严格落实行政权力监控机制**。积极推进镇级行政权力监控机制建设，实现了镇级行政权力监控“五统一”。健全村级权力运行监控机制，大力推行了村务监督管理“一卡通”模式，进一步规范了农村干部施政行为；完善了党务公开、村务公开阵地，公开工作达到了全面、及时、规范。被确定为村务公开民主管理市级示范镇。**四是群众工作机制进一步完善**。镇成立了高标准的群众工作站，45个村也相应建立群众工作室，实现了群众工作的制度化、规范化、常态化。全年共排查调处各类矛盾纠纷500多起。大力开展信访积案化解活动，建立了镇主要领导、分管领导、包村干部、村干部四级包案责任制，成功化解8起多年信访积案，县以上信访量较2010年同期下降27%。**五是社会管理进一步加强**。广泛开展普法宣传教育；从严管理社会，重点处理了一批影响和干扰企业发展和大铁矿开发建设的违法行为，营造一个良好的发展环境，年内获“五五”普法先进集体称号。

程庄镇

程庄镇坚持以邓小平理论和“三个代表”重要思想为指导，深入贯彻落实科学发展观，紧紧围绕“富裕文明、稳定和谐”的中心，以“打造特色产业基地、建设新程庄”为主体战略，以建设“碧水庄园、生态程庄”为平台，强力推进东部铁矿开发、南部生态庄园及商贸一条街建设、西部精品蔬菜种植、北部食品深加工及畜牧养殖的发展格局，少说多干、奋勇争先，为实现程庄科学发展，赶超跨越而努力奋斗。2011年全镇克服前进道路上的困难和挑战，保持了镇域经济社会平稳较快发展。全镇工农业生产总值达23.9亿元，其中工业总产值13.4亿元，同比2010年增加2.6亿元，增长24%；农业总产值10.5亿元，同比2006年增加5.4亿元，增长106%；地方固定资产投资完成3.1亿元，同比2010年增加1.57亿元，增长103%；人均纯收入7127元，同比2010年增加926元，增长14.9%。

全镇充分利用区位资源、产业优势、人文优势，全面贯彻落实县委十届六次全会精神，以积极融入曹妃甸开发、铁矿开发、北河开发三个开发为主线，围绕钢铁、畜牧、林果、蔬菜、生态旅游五个产业，以奋发向上、大有作为的精神状态，突出抓好五个方面的工作。

一是重点项目建设取得新突破。坚持依托矿产资源和地理位置优势，强力推进项目建设，实现了谋划一批、在建一批、储备一批，改变了农业大镇无工业项目的面貌。2011年谋划项目44个，计划总投资54.3亿元，完工项目3个，分别是：总投资1.6亿元的力生、中泰、富兴纺纱厂；在建项目6个，分别是：投资1.2亿元的禾生源蔬菜种植有限公司、投资1.5亿元的佳禾蔬菜种植专业合作社、投资8000万元的滦南县鑫盛食用菌培植专业合作社、投资3亿元的胡家坡生态旅游农庄、投资1亿元的汪庄生态园、投资3500万元的胡家坡园林山正在洽谈之中。

二是生态镇村建设卓见成效。始终把解放党员、群众的思想问题放在首位，坚持务求实效、突出特色的原则筑建生态镇村。**把垃圾清运和拆除违法建筑列为改进镇村面貌的重要内容。**通过在主次干道书写张贴标语、宣传横幅、出动宣传车、建垃圾填埋场、建立保洁队伍、配备保洁车辆等手段清除各类垃圾17820方，清理街道920条，刷白树木16500棵，有效治理了农村“五乱”，使人居环境得到较大改善。**把基础设施建设列为改进镇村面貌的坚实基础。**通过整合利用各种项目资金，新修和改扩建村道公路38.8千米，铺设自来水管道4.4万延长米，改善了5个村5171人的饮水状况，修缮村两室13间，共计297平方米；各类基础设施的改善，为农村社会的全面进步打下了坚实的发展基础。**把镇村规划建设列为改进镇村面貌的有效途径。**按照新农村建设统筹城乡发展的新观念，依据本镇人居产业结构的布局及今后较长一段时期经济社会发展的方向，在科学论证的基础上，把全镇规划设计为“一心、一片、七节点”的镇村格局并实现了三归统一。

三是特色农业产业不断壮大。设施蔬菜得到空前发展。设施蔬菜是传统种植业实现产业升级的“短平快”途径，是现代农业发展的必由之路。程庄镇率先引进半地下日光温室种植模式，在鼓励一家一户发展的同时，引进种植企业，开创公司加农户加基地加超市的模式，种植的黑皇后、绿宝石、紫玉等品种的西红柿、冬绿10号、德瑞特721等品种的黄瓜，直销唐山、秦皇岛、天津、沈阳等地，成果丰硕，效益倍增。2011年全镇设施蔬菜规模已达1659亩，被国家农业部、国家科委命名为“半地下日光温室全国科普种植示范基地”、“全国设施蔬菜优质高效生产技术集成与推广模式创新示范基地”。**畜牧养殖业实现由量变到质变的发展。**养殖小区达到28个，奶牛存栏量达到1.2万头并全部实现了出村入所，日产鲜奶80吨，居全县首位，年出栏生猪3万头，肉鸡30万只，实现了由养殖大镇到养殖强镇的转变。**林果栽植注入新活力。**程庄镇素有“万亩果”之称，为进一步提升林果效益，对传统林果种植进行了规划改良。一方面扩大林果种植规模，另一方面在全县率先引进试种纸皮核桃、水晶梨、大樱桃等新品种，取得良好效益，2011年全镇林果面积已达1780亩，成为沙区林果栽植大镇。**依托农业大镇优势推进北部食品深加工及畜牧养殖。**以花生深加工为平台，利用花生露、乳、花生油、花生食品等开发花生系列产品，以川林为中心辐射霍各庄、前后刘、前后庞进一步扩大奶牛存栏量；以大顾庄为中心大力推动生猪、肉鸡养殖，实现奶牛、生猪、肉鸡现代化、集约化、场区化养殖，打造畜牧养殖强镇。

四是构建生态旅游大镇。依托东西胡、汪庄、大顾庄原有水系，规划占地5000亩的水面及相关种养殖业，努力把程庄镇打造成为以设施农业、采摘观光、休闲度假、爱国主义教育、评剧发祥故里相融合的生态旅游大镇。同时用战略的眼光、超常的行动力做好文化旅游项目的开发建设，争取实现全镇第三产业历史性突破。依托以半地下日光温室为主的现代设施农业建设，发展采摘、观光、休闲农业游等项目，建设现代“农业”庄园；依托东西胡、汪庄、大顾庄等与北河水系息息相关的淡水资源及两岸天然野菜资源，打造生态园林、养老、垂钓、农业观光、湖畔度假等项目，建设“碧水”庄园；依托中宣部确立的全国爱国主义教育示范基地潘家戴庄惨案纪念馆、小贾庄古战场遗址、小贾庄莲台寺遗址，开发红色旅游项目，建设“红色”庄园。

五是社会事业蒸蒸日上。文教体卫工作全面发展。始终坚持教育先行的理念，以巩固“两基”成果为重点，狠抓教育教学质量，中小学入学率、毕业率、升学率均有新的提高；深化医疗改革，不断建立健全农村医疗体系，新农合参合率达98.7%；积极发展文化体育事业，新修文化广场150平方米，新增图书2136册，不断满足人民日益增长的物质文化需求。此外，镇统战、武装、工会、团委、妇联等工作齐头并进，为全镇各项工作目标任务的完成提供了坚强的组织保障。**民政优抚政策全面落实。**健全低保动态管理机制，坚持实事求是原则，2011年新批农村低保户123户144人；对85户困难家庭实施了临危救济；对全镇249名60周以上的农村籍退役人员进行了全面核查及信息录入，对190户贫困户进行了危房改造，通过这些工作，使弱势群体感受到了党和政府的关怀。**计生工作有序开展。**严格执行计划生育“一票否决制”，切实加强基层基础工作。做好外出流动人口管理工作，搞好育龄妇女生殖保健服务，符合政策生育率为96.5%；育龄妇女避孕率为91.84%；出生统计求实率为100%，较好的完成了上级指标。**铁矿开发强力推进。**为确保大铁矿顺利开发，程庄镇坚持一切工作服从、服务于大铁矿开发，在解放群众思想工作、土地征用、施工保障、手续办理等方面积极配合且一路绿灯，共召开群众代表大会4次，征用土地604亩，清果树9000多棵、杨树6000多棵、改变线路1400延长米，真正做到了为大铁矿开发营造宽松的环境，提供优质的服务。**社会局面和谐稳定。**始终把做好“维稳”工作放在重要位置。通过不断加强镇村两级干部依法行政培训、严格落实领导干部信访责任制和信访接待制度、狠抓各村财务管理及每月一次全镇矛盾集中排查等手段，有效解决了群众的合理诉求，信访形式趋于平稳。

宋道口镇

2011年，镇委、镇政府紧紧围绕县委确立的打造“激情滦南、实力滦南、文化滦南、生态滦南、和谐滦南”总目标和“三年再造一个新滦南”阶段性目标任务以及“三大攻坚”、“四大开发”等战略部署，不断强化“做强钢锹产业、铸就名镇辉煌”的发展理念，依托资源、区位和产业优势，强力推进“一产出特色，二产求跨越，三产求突破，新民居建设争一流”，开创了大发展、快发展的良好局面。

2011年，全镇完成地区生产总值22.42亿元，同比增长7.5%。其中：农业产值9.2亿元，工业产值27亿元，同比分别增长3%、9.5%；完成社会固定资产投资2.54亿，同比增长21.5%，占年度任务的150%；实现大口径财政收入2117万元，同比增长32.2%；人均纯收入达到7900元，同比增长12.1%。

（一）农业农村工作开创新局面

设施瓜菜发展迅速，一镇一品初具规模。以断火、速火等村设施韭菜种植为基础，大力发展设施农业。截至2011年底，全镇设施果菜种植面积达到1.05万亩。“小青河”韭菜在国内市场占据重要地位，凸显了品牌优势。

农超对接积极推进，农民收入不断增加。以绍峰蔬菜专业合作社为平台，在绿色无公害技术的基础上，打造有机韭菜。投资600余万元新建和改造温室大棚300多个，在棚内建沼气池100余个。积极引导农民群众“以沼养菜”，实现无公害生产；“小青河”牌韭菜、草莓等无公害果菜成功实现了在唐山华盛、银泰超市的直销，提高了果菜产品价格，增加了群众收入。

特色优势充分发挥，观光农业起步良好。以满唐红大樱桃基地为龙头，成功举办了三届大樱桃采摘节，北京、天津、唐山游客达万余人次，将农业种植与观光游玩有机结合，填补了滦南观光农业的空白。投资亿元的集旅游、观光、休闲、疗养为一体的滦河古道观光生态园项目，正与长凝、马城两镇积极对接。投资2亿元以产品展示、会务接待、科技研发、文化旅游、参观购物为主的园艺工具及钢锹会展中心已选址北河。沙沟子绿城苗圃基地、王庄子现代循环农业示范园等项目以开工建设，为今后观光农业的发展奠定了坚实基础。

基础设施不断加强，生产条件明显改善。“十一五”期间，全镇累计完成农业项目8个，总投资达1674万元。新增机井157眼、变压器26台、架设线路4.85万米、修复田间石渣路7.2万米、修缮桥涵16座、栽植防护林7.4万株，农业生产基础条件不断改善，为农业增效、农民增收提供了有效保障。

土地流转形势喜人，产业经营有序推进。以农业产业化经营为主导的农村土地承包经营权流转工作不断推进，全镇土地流转8939亩，占农村耕地总面积的9.6%，共涉及农户2710户，签订流转合同1281份。沙沟子村将200户农民的700余亩承包地，以每亩1000元的价格集体租赁给唐山绿城苗圃基地，130余人到基地务工，年增加农民工资性收入50余万元。以建设生态农业为目的，牛、沼、菜相结合的王庄子低碳循环生态农业综合示范项目顺利推进。

畜牧养殖稳步发展，标准化养殖稳步发展。以奶牛、肉鸡、生猪养殖为主导，积极推进养殖业向规模化、工厂化、标准化方向发展。截至2011年底，全镇已建成规模养牛场14个、挤奶厅17个，奶牛存栏达7000余头。形成了以东润奶牛养殖场为代表的集托养和巴氏奶生产为一体的大型标准养殖场。建成规模化养鸡场1个，肉鸡存栏达2.5万只，年出栏10万只，养猪场达7个，存栏量达4000头，年出栏1.2万头。

（二）工业经济实现跨越发展

重点项目建设成效显著。积极融入全县“重点项目建设攻坚”大潮，抢抓机遇、乘势而上，强力推进工业项目建设。2011年，全镇共谋划项目44个，其中：完工投产项目9个，开工在建项目5个，具备条件即可开工项目2个，投资总额达41.2亿元。

一是骨干企业二次创业成效明显。腾飞五金、仁和五金、金鑫金属、燕丰农具、吉源木业等企业依托自身优势，实现了再创业、大发展，总投资达1.7亿元，年生产能力增加3千万把（件），增加就业岗位400个，增加税收200万元，实现销售收入3亿元。

二是私营企业自营出口实现历史性跨越。以唐山金辉五金工具项目建成投产为标志，开启了企业自营出口的里程碑，“舒适”牌产品直接投放国际市场，实现了品牌直销，年可创汇300余万美元。全镇年出口总额达5000千万美元，有效提升了出口企业的知名度和产品竞争力，

三是企业节能减排取得突破性进展。投资4583.4万元的钢锹和五金制造企业改燃项目投入运行。投资6000万元的亚硝酸钠回收利用环保项目技术专利已获批复。部分企业试验示范工作取得圆满成功。以节能减排为目的的碧水蓝天工程和“五小”企业整治工作效果明显。

工业园区建设提档升级。截至2011年底，园区内工业企业发展到182家，产量增加到2亿把（件），年产值一千万元以上的企业达到11家。钢锹产量和出口量均占全国同行业的80%以上。与中国五金协会洽谈成立中国五金协会钢锹专业委员会事宜，已达成初步意向，并积极组织材料拟向五金协会申报“中国钢锹产业基地”称号。在2008年被中国特色产业协会命名为“中国钢锹之乡”的基础上，2010年，分别被省商务厅、工促局、轻工行业协会和省中小企业局命名为“河北省钢锹出口培育基地”、“河北省钢锹产品（滦南）出口集聚区”、“河北省钢锹产业名镇”等称号；被市安监局命名为“唐山市安全生产先进镇”；被原省委常委、市委书记赵勇称赞为“小钢锹、大战略，小产品、大市场”。

企业品牌建设成果丰硕。积极实施以技术创新、工艺创新、品质创优、商标创名为重点的“四创”工程，不断提高产品质量，努力提升企业信誉，创名优产品，打造名优企业。全镇国内商标注册总数达50多个，国外注册或认证11个，省级著名商标达11个。腾飞五金工具有限公司“根”牌商标及燕南制锹有限公司的“燕南”商标相继被国家工商行政管理总局认定为中国驰名商标，仁和五金工具有限公司

“军印”商标已完成组卷正积极申报。品牌战略扎实推进取得了历史性的突破，为产业发展插上了腾飞的翅膀，得到市县主要领导的充分肯定和表扬，“中国钢锹之乡，健康园艺工具”已蜚声国内外。

（三）统筹城乡发展实现新突破

以产业富民为依托，以新民居建设和农村环境综合整治为重点的统筹城乡发展工作实现了新突破。

新民居建设蓝图绘就，新民居试点顺利起步。按照“以人为本、尊重民意，结合实际、科学布局，立足优势、突出特色”的原则，扎实推进新民居建设试点工作。**一是科学编制规划。**按照“一镇九村”的规划框架，编制完成了《镇域空间布局规划》《镇区建设总体规划》和《产业布局规划》，以及镇区建设性详规和控制性详规，为新民居建设提供了科学依据。**二是确立建设模式。**结合镇域实际，全镇65个村确立了“一步进城、中心镇聚集、多村联建”三种模式，绘就了新民居建设的基本路径。**三是积极启动试点。**适时启动了葛代坨新民居建设试点工程，2011年，已完成4栋1万平方米的建房任务，其中一栋24户住宅楼已具备入住条件，为全面推进新民居建设积累了经验，探索了路子。

农村环境整治扎实推进，体制、机制不断完善。涌现了王庄子、申营、王土、沙沟子等一大批环境整治的优秀典型，全镇各村均实现主街道两面净，建立健全了长效管理运行机制。广大群众的生产生活、居住环境得到极大改善，环境整治工作效果明显。狠抓违法建筑及唐乐路、平青大公路周边环境整治，所有违法建筑全部按期拆除，全镇主要干线周边环境面貌焕然一新，受到市验收组的好评。

（四）各项社会事业快速发展

一是计划生育工作变被动为主动，跨入全县先进行列。符合政策生育率达99.4%，出生率6.68‰，自然增长率0.24‰，群众满意率达96%以上。年内，王庄子村和沙沟子村分别被授予“省级群众自治示范村”和“婚育新风进万家活动先进村”，镇计生工作被授予“市级婚育新风进万家活动先进镇”。全镇计生工作得到省市县领导充分肯定。

二是教育教学条件得到有效改善，教学质量不断提高。年内教育基础设施投资达318万元，文化教育设施得到极大改善。条件的改善有力支撑了教学质量的提高，2011年宋道口镇中考成绩名列前茅。

三是新型农村合作医疗制度进一步完善，农民参合率逐步提高。建立健全村级卫生室67个，极大改善了群众的就医条件，农民参合率达到97%。

四是民政工作不断深入，弱势群体得到有效保障。全镇城镇低保、农村低保、五保老人实现应保尽保，保障了弱势群体的基本生产生活。

五是“一事一议”财政奖补资金得到有效利用，农村公共设施明显改善。2011年，争取财政资金奖补144.7万元用于新农村建设。

六是综合治理工作成效显著，社会治安明显好转。积极采取打、防结合，有效排查、积极化解信访矛盾等多项措施，保持了全镇和谐稳定，为各项事业的发展创造了良好环境。

（五）党的建设全面加强

在镇党委的坚强领导下，着眼于建设一支少说多干、奋勇争先、敢打必胜的镇村两级干部队伍，以创先争优活动为抓手，以廉洁政务为保证，干部队伍建设全面加强。

基层组织建设进一步加强。坚持把支部班子建设作为党委的首要任务，建立健全了党建工作责任制，班子成员、包村干部人人肩上有责任，有任务。特别是狠抓难点村、后进村治理转化，使2个难点村，4个后进村提前转化进位。

创先争优活动成效显著。着眼服务发展，改善民生，保持稳定的工作大局。深入开展创先争优活动，以“树正气、讲贡献、促攻坚”、“党徽在攻坚一线闪光”、“六比六看”等主题活动为平台，充分调动了镇村两级干部投身新农村建设、产业结构调整、招商引资、项目攻坚等重点工作的积极性和主动性，创先争优活动取得明显成就。

勤政廉政建设扎实深入。以落实党风廉政建设责任制为抓手，以提升党员干部队伍执行力为主线，全面坚持标本兼治、综合治理、惩防并举、注重预防的方针，不断加强勤政廉政建设。一年来选树优秀典型48名，处理违规违纪干部4名，活动的开展极大规范了镇村两级干部的施政行为，弘扬了正气，鞭策了后进，极大地推动了工作的有效开展。

扒齿港镇

2011年，在县委、县政府的正确领导下，依照岗位目标责任要求，以“工业立镇、奶业富民、一村一品”为发展思路，团结和依靠全镇广大干部群众，扎实抓好各项工作任务的贯彻落实，有力地促进了全镇经济社会的发展和进步。

2011年，全镇实现地区生产总值14.55亿元，比上年增长23%；固定资产投资1.95亿元，比上年增长77.3%；财政收入824.6万元，比上年增长56.6%；农民人均纯收入6328元，比上年增长12%。

（一）以重点项目建设为支点，镇域经济整体水平不断攀升

紧紧围绕县委、县政府“三大攻坚、四大开发”工作重点，大力实施项目谋划建设，超额完成项目谋划任务，一年谋划项目达29个，总投资22.9亿元，其中，总投资3200万元的唐山清源水泥井管项目，总投资3000万元的唐山金恒机械制造项目，总投资4000万元的滦南开尔圣锅炉制造3个项目建成投产，总投资5000万元的华元畜牧养殖公司一期改造二期扩建项目，总投资6000万元的华宁商贸肉鸡养殖场项目已经开工建设；谋划成熟项目24个，总投资20.78亿元，其中谋划投资亿元以上项目8个，总投资10.7亿元。

（二）加强基层组织建设，为农村基层组织发展提供保障

一是强活动，促党建工作整体活力的增强。按照中央、省、市委和县委的部署和要求，全年共组织集中学习20余场（次），征求干部群众意见建议30余条，查找各种问题16个。为群众办实事136件，修改完善规章制度2项，新建2项。在农村党员夏训和双育活动开展期间，专门请来县委党校教师和科技人员前来授课，并组织农村党员看县城，让他们亲身感受滦南的发展变化。通过学习实践活动，引导全镇党员干部破除一切以“小”定位的观念，牢固树立不甘人后、奋发图强的进取意识，积极开展“对标赶超走在前”活动。按照县委确立的“远学江阴、近学迁安”的整体对标方略，确立了“远学华西、察北，近学茨榆坨”，学习其先进经验，谋大局、创大业。同时，以“忠实践行宗旨、勤政廉政为民”和创先争优活动为契机，实施党员服务群众“一卡通工程”，共发放党群连心服务卡769张。年内共受理群众诉求55件，并全部得到解决。

二是强典型，促党建示范带动作用的辐射。2011年，黄河、后榆等村被评为县先进基层党组织，毛普武、张树良等被评为“一好双强”支部书记，涂庄、毛营被评为党建示范村。通过在全镇树立部分特色鲜明的党建示范点，确保了基层党组织学有看头、做有榜样、借鉴有经验。

三是强队伍，促基层党建工作基础的巩固。坚持推行“三公一票”的程序，广泛吸收年轻有为、高中以上学历的入党。目前，共吸收入党积极分子155名，发展党员24名，平均年龄34岁，女性党员5名，本科以上学历5名。年底，村支部换届全部完成，支部成员高学历、年轻化比较明显。支部成员35岁以下9人，较2010年增加36%，45岁至36岁34人，比2010年增加28%，大专学历及以上学历22人。

（三）加强教育管理，认真履行党风廉政建设职责

一是加强党风廉政宣传教育。利用多种形式在全镇党员干部中大力宣传中央和上级党委反腐败工作的重大决策，大力宣传反腐败斗争形势，把党风廉政建设与各阶段中心工作一起布置，一起落实。

二是加强班子成员廉洁自律。年初，根据上级党委部署要求，结合实际，组织专题研究党风廉政建设工作计划，将廉政建设责任制具体任务细化分解到班子成员，并提出目标要求。

三是建章立制，从源头上预防治理腐败。坚持民主集中制原则，严格按《党政干部选拔任用条例》规定和程序任用干部；规范财务制度管理，对行政事业性收费实行“收支两条线”制度；全面实行村账镇代理制，加强了对村级组织的日常经济审计和村级财务管理；完善和规范了工程招投标制度；推行政务、村务公开制度。

（四）始终把改善农业生产条件、发展特色农业做为调整农业结构的重要抓手，农业生产发展水平迈上新台阶

始终立足改善农业生产条件，把农业产业结构调整作为农民增收致富的根本，不断发展壮大特色产业。**（1）农业生产条件不断改善。**2011年全镇共实施国家省市三级土地整理项目2个，总投资470万元，整理开发土地面积1400亩。通过上述项目的实施，共新打机井132眼，铺设输水管道4000米，架设高低压线路3000米，机耕路硬化5200米，植树2万棵，全镇农业基础设施得到了明显改善，为农业产业结构调整和农业的增产增收奠定了坚实的基础。**(2)特色产业发展取得新突破。**一是奶牛养殖水平得到进一步巩固提高。奶牛养殖实现了“出村入区”，建成奶牛养殖小区35个，其中存栏1000头以上的奶牛场13个，存栏500～1000头的奶牛场18个，存栏300头以上的奶牛场4个，全面普及了统一管理、统一挤奶、统一饲养、统一防疫、分户喂养的模式，全镇日产鲜奶180吨，全部销往蒙牛、伊利等大型奶业龙头企业。目前全镇奶牛存栏2.4万头，户均奶牛3头以上，奶牛养殖“河北第一大镇”地位得到进一步巩固。二是生猪、肉鸡养殖实现规模化发展。全镇生猪存栏2.2万头，年出栏生猪6万头。全镇一次存栏100头以上的养猪场达到40个。其中蓝海养猪场、利民种猪场、惠民种猪场一次存栏生猪达到1000头以上。全镇肉鸡存栏26.5万只，年出栏肉鸡132.5万只，其中存栏3000只以上的肉鸡养殖场达到60个。三是木材购销加工产销两旺。占地300多亩的毛营村木材交易市场，已进驻伟达、宏盛等12个木材经销大户，从业人员达1000多人，成为唐山东部有名的木材集散地。四是花生米购销实现平稳发展。全镇以西高庄、李寺、东水清庄为主的花生加工场点达到40多个，年可加工花生6000多吨，成为群众的主要致富门路。

（五）大力推进统筹城乡发展和新民居、镇村生态环境建设

（1）制定了“一镇九村”的发展规划，中心镇、中心村、基层村的规划已完成，中心镇、中心村村址已确定，中心镇基础设施建设已经投入400万元，主体功能区划分已经完成。小城镇建设重点对商住开发项目进行了规划，项目总投资1.5亿元，占地50亩。（2）农村环境整治持续有效。先后投入资金200万元用于环境清理，拆除违章建筑1200余处，农村环境面貌发生了巨大变化。（3）新农村建设稳步推进。共创建市县两级文明生态村6个，投资110多万元，修建水泥路面4.3千米，安装路灯78盏，绿化植树2万多株，建成沼气池144个，村民健身活动广场2个。绳各庄、毛营、黄河3个新民居改造示范村得到提升；特别是秋冬季完成绿色家园创建2个示范村和后榆、毛家营等6个推进村的创建任务。其中涂庄、黄河2个示范村的35条主副街道全部绿化，在全市绿色家园创建联查中，受到市主管领导充分肯定。

（六）加强精神文明和民主法制建设，各项社会事业实现同步推进

（1）精神文明建设扎实推进。群众性文化体育活动蓬勃开展，全镇建起民间评剧、歌咏、秧歌和篮球、乒乓球等文艺、体育团体60多个，半数以上的村建立起了村级文化室，涂庄、毛营、黄河等6个村组织起了文体夜市。**（2）民主法制建设进一步深入。**建立健全群众工作站（室），开展“走百村访千家”活动，完善矛盾纠纷滚动排查调处机制。一年来，共受理群众来信来访29件（次），排查化解矛盾隐患69件并全部结案，群众满意度100%，并对3名村干部进行了诫勉谈话。**（3）社会事业发展步伐加快。**人口与计划生育工作稳步推进，认真落实农村计划生育奖扶政策，严格控制政策外生育，计划生育率达 95.35%，人口出生率为 7.95‰；社会保障工作不断完善，就业和再就业工作稳步推进；42 个村级医疗卫生室全部投入使用，农村新型合作医疗工作稳步运行；低保、五保范围进一步扩大，基本做到了应保尽保。

青坨营镇

青坨营镇辖 40 个行政村，国土面积 79.9 平方千米，耕地面积 89839 亩，总户数 8209 户，总人口 28211 人。2011 年全镇完成地区生产总值 8.5 亿元，同比增长 10.39%；。工业总产值 71656 万元，同比增长 20.53%；农业总产值 79283 万元，同比增长 27.35%；实现财政收入 446 万元，同比增长 36.68%；完成社会固定资产投资 2.12 亿元，同比增长 40.39%，农民人均纯收入 7098 元，同比增长 16.5%。

【农业产业调整】　按照县委、县政府大力发展“一镇一品”特色产业建设的要求，明确了“科技领路、样板示范、以点带面、整体推进”的农业发展思路，大力发展现代特色产业，增加农民收入。一是与北京、唐山农科院合作，建成了占地 100 亩的反季节西瓜示范种植基地和万亩西甜瓜生产基地，并注册了“青坨营”牌西瓜商标，提高了产品的知名度，提高了经济效益。反季节西瓜亩产效益是普通裸地西瓜的 3 倍，起到了较好的示范作用。二是与国家农科院、唐山农科院联姻，新建了占地 1000 亩的“玉神”牌食用菌产业化种植基地，北荣各庄以种植平菇、姬菇为主，陈虎头村和前姜六庄村以种植杏鲍菇为主，后姜六庄村以种植香菇为主，各具特色。后姜六庄村的联安食用菌产业化基地前期100亩的香菇大棚已建成使用。三是进一步完善了奶牛养殖小区的建设与管理，已建成 13 个标准化奶牛养殖小区，实现了 1.5 万头奶牛出村入区。

【项目建设】　进一步加大项目建设的宣传和建设力度，大力实施“全面开放、全民招商”战略，营造“领导挂帅、全民参与，抓好项目、上大项目”的浓厚氛围，项目建设取得积极成果。2011 年全镇共谋化和实施农业项目 5 个，总投资 3.11 亿元。一是完成了投资 1300 万元涉及陈虎头、马狼坨、油盘庄等 7 个村的万亩高标准农田改造项目和计划投资 5500 万元，占地 1000 亩的唐山联安食用菌产业化基地一期建设任务，建高标准食用菌日光温室 27 个。二是谋划投资 1200 万元，占地 1 万亩涉及陈虎头、南冯狗庄、北冯狗庄、小松林等村的农业开发项目，投资 100 万元、占地 1000 亩的任六庄农业开发项目和投资 2.3 亿元占地 500 亩的冀东农副产品交易市场。

谋划和实施工业项目 14 个，总投资达 14.03 亿元。一是投资 1.4 亿元的盘龙建材有限公司 90 万吨粒化高炉矿渣粉生产线项目、投资 3500 万元的唐山德龙兴坤矿山设备制造有限公司矿山设备制作项目、投资 5500 万元双利金属精密铸件项目已建成投产。二是投资 4000 万元的唐山正兴电子衡器有限公司电子衡器制造项目，年底前建成投产。三是新谋划工业项目 10 个。包括投资 1.1 亿元的油盘庄商贸街开发项目、投资 8000 万元的滦南县盘龙建材有限公司冷冻厂项目、投资 5200 万元的唐山迅义铁路配件有限公司过滤布袋加工项目、投资 5000 万元的山西秀水炉业有限公司 LSG 系列立式蒸汽锅炉制造项目、投资 1.2 亿元的唐山诚达房地产开发有限公司富青街开发项目、投资 5300 万元的唐山汇成硅酸钠有限公司的火碱生产加工项目、投资 6000 万元的滦南县盘龙建材有限公司物流配送项目、投资 5800 万元的唐山泰像漆业防腐有限公司二期扩建项目、投资 5000 万元的甸子村千头猪场建设项目以及投资 5 亿元的唐山汇丰钢铁有限公司超精细丝钢生产项目，完成立项申请 5 个。

【新农村建设】　一是全面完成了新民居建设规划和青坨营村“富青街”商贸景观示范街的规划设计；二是创建了小代庄村、小田庄村、孟庄户村、高狗庄村、富新庄子村、崔新庄子村等 6 个文明生态村，投资 230 万元修建水泥路 10000 延长米，钢渣路 1.8 万延长米，栽植各类观赏性树木 4000 余株；王虎头、甸子、富新庄子村的“户户通”工程和小水坡村省级新民居改造提升示范村的建设正在稳步实施，完成农村改厕350户，新建沼气池100座；三是深入开展“绿色家园”创建活动，营造环村林1200亩，栽植苗木8000余株，建成青坨营、前姜六庄村和北杨庄3个绿化精品示范村，并在小水坡、青坨营、前姜六庄村、北杨庄村实施野花组合景观工程；四是进一步加大了农村环境卫生综合整治力度，完善了环卫基础设施，建立了长效管理机制，全镇85%的村实现了“三净五无”；五是整治取缔了境内小磁选等“五小”企业15家，大大改善了人居环境。

【社会事业发展概况】 一是完善社会保障体系建设，关注弱势群体，进一步扩大社会保障范围，做到了应保尽保，由于工作到位，公开、公平、公正，阳光操作，全镇没有发生一例因申报低保而引发的上访事件。二是对全镇24个村50户的农村危房进行了改造，成立了10个居家养老站。三是启动新农保和城居保工作，新农保参保人数为19158人，参保率达到99.7%。四是农村新型合作医疗工作稳步运行，参保率达到98.1%。五是开展“阳光工程”培训，共举办各类培训班7期，培训人数900余人，转移农村剩余劳动力600余人。六是协助县交通局完成了迁曹线青坨营高速出口至姜六庄段大修工程和陈虎头村至县城的老区路的建设，改善了群众的出行环境；督导完成了青坨营中心小学及前姜六庄中心小学教学楼建设任务。七是以镇群众工作站、信访服务中心为载体，及时妥善地做好群众信访工作，通过开展领导干部下访、约访、矛盾纠纷排查化解活动，消除了上访隐患，保持社会稳定。全年共受理上访案件18件，并已全部结案，信访量比2010年同期下降27%。

【党建工作】 牢固树立“统筹城乡发展，党建先行”的理念，不断创新工作方式，强化基层党建工作。一是顺利完成了镇党委换届选举工作，工作报告被县委组织部评为优秀。二是牢固树立统筹城乡发展党建先行的理念，积极开展“两个联建”试点工作，组建了青坨营村联村党总支和姜庄子村联村党总支。三是以助推“三大攻坚、四大开发”和县十项重点工程为平台，在党员干部中开展任责承诺、“三学三争”、“六比六看”等活动，自觉接受群众的监督，充分发挥了党员干部的表率作用。四是积极组织开展庆祝建党90周年纪念活动，先后组织老党员、老干部代表、人大代表、政协委员、县优秀共产党员、优秀大学生村官到西柏坡革命圣地、李大钊纪念馆、李大钊故居参观，重温入党誓词，接受爱国主义教育；举办唱红歌咏比赛、党旗传递、进县城参观游览等活动，激发了党员干部的爱国热情，增强他们为家乡建设做贡献的决心。五是积极开展党员“双育”培训工作。举办各类培训班5期，受训人数达到520余人。村干部的执政能力进一步增强，干事创业的热情空前高涨，陈虎头、青坨营、甸子等村对村文化大院进行了进一步的改造提升，农民群众业余生活环境不断改善。六是进一步强化对大学生村官日常管理，促其履行好“七大员”职责。七是狠抓农村反腐倡廉建设，认真推行“一卡通”，全面落实党风廉政建设责任制，形成了求真务实、公道正派、艰苦奋斗的工作作风，为全镇的科学发展、跨越式发展提供强有力的组织保障。2011年被县委评为基层党组织建设先进镇党委。

【计划生育工作】 围绕“稳定低生育水平，提高出生人口素质”这个中心任务，逐步完善“依法管理、村民自治、优质服务、政策推动、综合治理”工作机制，加强计生队伍建设，组织好业务培训，切实将计划生育作为“一把手”工程来抓，不断提高计划生育服务管理水平。通过开展“面对面”集中服务、优生优育知识宣传、婚育新风进万家访谈服务等一系列活动，进一步提高了全镇育龄妇女的生殖健康水平，有效地控制了政策外生育，计划生育率达到99.1%，出生率达到8.05‰。

【精神文明建设】 深入开展“讲文明、树新风”、“文明村”、“十星级文明户”等创建活动，大力倡导“感恩、博爱、开放、超越”的新唐山人文精神，不断提高农民的思想道德水平；全镇80%的村建立起了文化室，组建了秧歌队、小剧团、篮球队等民间文体组织，在垃圾清运处理突击月和拆违拆迁活动中演出15场，起到了积极的助推作用；大学生村官还利用业余时间组织群众学跳健身舞蹈，群众性文化体育活动蓬勃发展。在县组织的第八届合唱节上，青坨营镇代表队荣获了三等奖。

【党风廉政建设】 进一步贯彻落实党风廉政建设责任和责任追究制度。认真学习贯彻《两个条例》，强力纠正部门和行业不正之风，严格执纪执法，狠抓干部作风教育整顿，强化廉政教育，落实党风廉政建设责任制，规范党员干部的从政行为，始终保持自重、自省、自警、自励，防微杜渐，牢固树立拒腐防变的思想防线，进一步推行和完善办事公开制度。实行公务用车定点加油、定员驾驶、定点维修制度。把办事公开工作纳入部门和各单位的工作程序规范运作，完善公开工作硬件建设，健全各项规章制度，提高了公开工作质量。构筑监督机构，进一步强化了领导干部的廉洁自律。全镇干部纪律性进一步增强，忧患意识、公仆意识、节俭意识得到了有效的增强，工作作风、领导作风和生活作风明显转变。

安各庄镇

2011年，安各庄镇实现固定资产投资3.4亿元，完成计划的194%；人均纯收入达到7183元，同比增长12%；全年完成税收总收入1270万元，超收12.3%。其中国税完成840万元，超收14.9%；地税完成430万元，超收7.5%。

（一）扎实推进项目建设，镇域经济实力显著增强

安各庄镇始终把项目建设作为事关全镇长远发展的牵动性工程，积极主动、坚定不移地扎实推进。根据县委、县政府下达的任务，自我加压，提出了项目建设投资超亿的工作目标。尤其是在县委十届六次全会后，进一步加大了人力、物力的投入，主要领导挂帅，精心谋划，全力协调，确保项目建设有条不紊地推进。

一是昌丰金属制品厂小型拖拉机铧尖生产项目落地。该项目总投资为5000万元，其中固定资产投资4200万元，铺底流动资金800万元，年可实现销售收入7580万元，利润890万元，创税收170万元。该项目占地36.2亩，建成投产后，可根据顾客的需求每年生产不同规格型号的小型拖拉机铧尖200万件。该项目于四月份破土动工，六月份建成投产，共安置职工78人，实现税收59万元。

二是盛财钢铁公司进行二次创业成功。年内该公司引进外资10000万元，实施技改固定资产投入34000万元。因企业技改成功，产品具备了良好的竞争优势。

三是盛丰金属制品厂项目开工建设。项目位于迁曹公路西侧，占地13.79亩，土地性质为国有建设用地。计划总投资为6000万元，其中固定资产投资4800万元，铺底流动资金1200万元。以回收生产性和生活性废钢经剪切加工成洁净碎钢，为相关钢铁企业提供原材料，该项目建成投产后，可安置职工48人，年实现销售收入9880万元，利润950万元，创税收260万元。这一项目自2011年7月申报立项以来，已办理了各种相关项目开工手续，并于2011年8月正式开工，已完成了部分土建工程，2012年6月可正式投产。

（二）以新民居建设为抓手，加快城乡统筹发展步伐

安各庄镇按照“一个小城镇，两个中心村，四个基层村、一个保留村”模式，依据“一心、二轴、五区”的产业发展布局结构，来推动全镇的城乡统筹发展步伐。

一是规划新民居建设选址。把镇址村安东、安西和进镇村小薛各庄做为新民居建设的重点，规划实施新民居建设项目，用来安置这三个村2013年以前的59户缺房户。该项目选址于小薛各庄村址南侧，利用荣成酱菜厂厂区建设用地8亩，由3个村协商解决新民居建设用地方案。计划一期建设6层住宅楼2栋，住房60套，临街商业楼10套，总建筑面积8000平方米。该项目建设投资3900万元，公共基础设施投资12万元，公共服务设施投资4万元，项目总投资3916万元，前期搬迁工作、基础施工已完成。

二是积极推进商贸一条街建设。以新建、改造、提升为目标，三措并举建设新的商贸一条街。一是促使老商业街的临街平房进一步改善经营条件，全部按规划改建为二层楼。成功启动小薛各庄新民居建设后，拆除了长大线北侧的21间沿街平房，规划新建9栋二层楼商铺，工程已于6月份开工建设，计划于2012年6月完工。以此为契机，推进商贸一条街改造项目。二是对既有二层建筑外观改造以及整个商业街的美化亮化，形成牌匾统一，功能完善，特色突出，形象靓丽的商贸一条街。三是谋划东起迁曹公路沿长大公路南侧400米开发建设新的商贸一条街。项目计划占地50亩，总投资3000万元，建设二层商业楼40栋，整体推进全镇小城镇建设水平。

（三）集中力量，全力打好农村环境整治攻坚战

紧紧抓住“三清、四改、五化”关键点，探索建立农村环境卫生整治的长效机制。镇政府设立环境整治专项资金，并鼓励引导企业、社会各界力量参与环境整治。实行周督查、月通报制度，将农村环境整治作镇村干部年度工作考核内容。镇政府建立了环卫所，各村均配备了保洁员，213名保洁员中，村两委班子成员就占70%，减少了开支。全镇基本实现了“户清、村集、镇运”的垃圾处理体系，在全县第三季度的农村环境整治检查评比中排名第一。

（四）大力发展“一镇一品”，努力开创设施农业现代化新局面

立足本镇实际，充分发挥资源和劳动力优势，继续推进棚菜建设。到12月底，全镇共调整土地1355亩，改造棚室752个，新建温室大棚516个，大棚总数已达14056个，以日光温室为主的设施蔬菜种植面积已达16536亩，以荣成酱菜厂为产业龙头的订单日本萝卜、日本黄瓜种植面积已达5260亩，已得到省政府认证的无公害蔬菜生产基地面积达两万亩。坚持“品牌兴镇”发展战略，大力实施商标战略，充分发挥“番星”品牌效应，“番星”牌西红柿已被河北省命名为名优特产品，畅销华北五省、市和东北三省，“番星”品牌已被河北省工商局命名为“省著名商标”。同时，充分发挥鑫隆果菜批发中心和蔬菜专业合作社集约化作用，在实现与唐山华盛超市农超对接的基础上，广拓销路，提高了设施蔬菜生产附加值，延长了蔬菜销售期，从根本上凸显出一镇一品经济效益。

（五）以开展创先争优活动为契机，激发干部群众的工作激情

一是结合党员夏训活动深入推进创先争优活动，不断提高镇村干部执政能力。结合安各庄镇发展规划、思路、举措，充分发挥组织者、实践者、推动者的作用，教育党员干部要牢记职责和义务，弘扬艰苦奋斗、无私奉献的精神，勤奋学习，忠诚履职，扎实工作。二是深入开展创先争优活动，提升党员干部创先争优意识。通过开展“三大攻坚、四大开发”、“三学三争”、“六比六看”、“看变化、谈感受”进城参观活动、“唱红歌、迎国庆”活动、开展基层党组织党员目标承诺、村干部述职等各项活动为契机，提升党员干部创争意识。

（六）力促两个文明协调发展，全面推进各项社会事业

一是精神文明建设取得新成效。通过广播、板报、展板等多种形式，加强对广大群众的精神文明和政治文明教育；组织全镇干部群众围绕打造“激情滦南、实力滦南、文化滦南、生态滦南、和谐滦南”的总目标，“统筹城乡、五化并进、开放超越、富民强县”的总体战略；“融入曹妃甸、服务曹妃甸、打造大基地、建设新滦南”的主体战略做专题讨论，使广大干部和群众受到了教育和启发；切实加强公民道德教育，扎实推进文明单位、星级文明户创建活动，广大群众的文明意识、文明行为和社会文明程度进一步提升。

二是多措并举抓信访，信访数量明显下降。镇党委、镇政府坚持把信访工作作为头等大事，牢牢抓在手上。制定并实施了信访工作“片线”结合、信访挂牌、领导接待日等一系列制度。党委书记负总责，党政一把手深入到第一线，变群众上访为干部下访，带着感情做群众工作。镇党委每周一组织召开班子碰头会，听取包片班子成员关于信访苗头隐患及重要信访事项办理情况的汇报，对存在问题，当场拍板，拿出处理意见。组建了一支由老干部、老党员、政治可靠的移民、已息诉罢访的信访老户组成的民情信息员队伍。每月召开两次民情分析会，对重大信访隐患，民情信息员可直接向镇党委、镇政府的主管领导乃至主要领导汇报，保证信息及时、准确。2011年接待群众来信、来访件比以往明显减少，并且全部得到有效处理。

三是切实搞好党务、村务公开活动，严格村级财务管理。党务、村务公开工作阵地建设全部达标，公开内容真实客观，做到了全面、细致、及时，公开档案管理规范。村级财务管理严格，镇经管站按照镇政府制定的财务管理制度，严格的逐笔审计各村开支，对审计出问题的进行严肃清理，推动了全镇农村财务管理工作规范、透明。

四是计划生育工作再上新台阶。紧紧围绕全年人口与计划生育工作各项目标，以贴近群众需求、满足群众意愿为出发点和落脚点，开展“计划生育社会抚养费集中征缴月”活动，加大征缴力度，较好地完成了征缴任务。

司各庄镇

2011年，在县委、县政府的正确领导下，司各庄镇深入贯彻落实党的十七届五中、六中全会和县十一次党代会精神，紧紧围绕打造“激情滦南、实力滦南、文化滦南、生态滦南、和谐滦南”总体目标和“三大攻坚、四大开发”各项任务，立足司各庄实际，解放思想、抢抓机遇，少说多干、奋勇争先，有力地推动了全镇经济发展和社会进步，实现了“十二五”良好开局。

一、镇域经济保持强劲增长

经济运行态势良好，1～12月，全镇实现工农业总产值10.9亿元，其中工业产值3.4亿元，农业产值7.5亿元，分别同比增长7%和11%。完成地方固定资产投资1.71亿元；完成财税收入244.42万元，占全年任务的111.61%，其中国税95.42万元，地税149万元，分别占全年任务的100.44%和120.16%。农村居民人均纯收入6437元，比上年增长14.2%。

1. 项目建设再上新台阶。从盘活闲置资产入手，持续推进重点项目建设攻坚行动。谋划各类项目22个，总投资27.06亿元。目前，已落地7个，其中在建项目4个，完工项目3个，总投资5.17亿元。工业项目4个：腾达纺纱厂和徐庄纺纱厂总投资2亿元，金鑫高频焊管厂总投资6000万元，金鑫五金工具厂总投资1700万元。农业产业化项目1个：诚成畜禽屠宰及饲料加工项目，总投资1.4亿元，年加工饲料15万吨，日屠宰能力8万只。三产服务业项目2个：澜鑫驾驶员培训学校，占地30亩，总投资5000万元；凯隆建筑工程有限公司，总投资5000万元。

2. 产业布局得到新优化。不懈实施“北养殖、南种植、中间商贸带”的发展规划，培育壮大三大主导产业。一是壮大畜牧规模养殖。以北片为重点，积极组织实施奶牛养殖“321”工程。奶牛养殖小区总数达到了23个，奶牛存栏13976头；其他畜禽养殖方面，充分发挥京东种猪养殖有限公司和诚成肉鸡屠宰加工项目的龙头作用，生猪养殖小区达到29个，肉鸡和珍稀动物养殖小区7个，出栏生猪17万头、肉鸡240万只，珍稀动物皮毛20万只，实现产值20480万元。二是大力发展设施农业。以南片的贾林子、东项、东王庄为中心的3个果菜基地建设为重点，协调相关部门提供技术资金支持，引导群众发展设施农业。新建日光温室50个，总投资300多万元，全镇设施果菜种植面积突破了5000亩。三是提升商贸经济总量。以司各庄中心街长大线两侧为重点，积极协调工商、税务、电力等部门为群众发展商贸流通和餐饮服务提供便利条件，扩大经营范围，提升服务水平，促进了商贸服务业的良性发展，全镇商贸流通等第三产业实现产值56131万元。

二、党的建设得到全面加强

坚持围绕中心、服务大局，努力加强党的基层组织建设，党组织战斗堡垒作用和党员先锋模范作用得到了充分发挥。

1. 镇党委主角作用得到充分发挥。强化四种主体责任，唱好主角，狠抓落实，构建协调联动的党建责任体系。一是强化“集体责任”。实行每周一党建例会制度，重要决策集体研究，疑难问题“把脉会诊”。先后确定了农村干部教育管理、推进“对标赶超走在前”活动等党建项目5个，制定基层组织建设文件11份。二是强化“第一责任”。党委书记坚持带头谋划党建工作思路，带头深入基层解决共性或个性问题。一年来共争取落实资金70万元，协调解决后进村转化等疑难问题9个。三是强化“直接责任”。主管副书记和组织委员对基层组织建设定期进行督导调度，重点工作全程跟进，常规工作随时协调，确保了党建项目化管理、“半亩地”工程、党员发展等工作的进度和质量。四是强化“具体责任”。全员上阵抓党建，按好、中、差三种类型各确定了11个领导干部基层组织建设联系点，安排42名机关党员干部到62个农村和非公有制企业党组织担任党建指导员，促进了基层党建责任制的系统规范落实。

2. 党员干部队伍建设取得新进展。围绕深化创先争优和“对标赶超走在前”活动，不断加强镇村党员干部队伍建设。一是强化机关干部队伍建设。研究制定了《机关干部绩效考核暂行办法》、《机关干部廉洁自律行为规范》和配套的日常考勤、集中学习、定期述职、公务接待等10项规章制度，强化了刚性约束和自我约束，机关干部中存在的思想浮动、作风散漫等突出问题得到有效解决。同时，组织实施中层职位竞争上岗，通过自愿报名、民主推荐、竞职演讲等程序公开选拔了党政综合办主任、计生办副主任等5名中层干部，在机关营造了个个对标赶超、人人创先争优的良好氛围。二是加强农村干部教育管理。以村两委换届和党建项目化管理为契机，研究制定了《农村干部规范化管理暂行办法》，着力推进以“选拔任免、教育培训、考核奖惩、档案管理”四个规范化为主要内容的农村干部规范化管理。完成了31个农村党支部的换届选举，27名党支部书记实现连选连任；完成了415名现任、离任、后备干部的信息采集和软件录入；举办专题培训班2期，组织外出参观学习330人次，编印下发了《县十一次党代会精神辅导》和《农村干部学习读本》等3套学习培训教材，农村干部综合素质明显提高。

3. 党建科学化水平得到不断提升。坚持抓基层、打基础，全面提升党建工作科学化水平。一是农村党支部班子建设成效显著。以“三学三争”活动为主线，坚持树典型示范引领、带中间争先进位、促后进转化提高，先后选树了白坨、大陈庄、侯花园、东杨庄等4个不同类型的先进典型，通过政策、资金倾斜和先进村“传、帮、带”的办法，使东甲庄、徐庄等中间村加快了发展步伐，裴坨子、西项等后进村实现了顺利转化，“五个好”农村党支部达到38个。七一前夕，2个党建示范村和4个农村党支部受到了县委的命名表彰。二是“半亩地”工程稳步推进。在认真总结2010年实践经验的基础上，通过无偿提供花生种、多渠道宣传展示种植成果、编印《五彩花生种植技术要点》等措施，使五彩花生示范推广基地面积达到了50亩，注册了“小仁果”牌商标，零售价格达到了24元/公斤，为明年推广五彩花生种植，打造“一镇一品”奠定了良好基础。三是常规性工作进展有序。累计投入资金130多万元，新建两室26间，装修两室14间，添置展牌和办公设施50多套。新接收预备党员45名，收缴党费4.2万元。

三、镇村面貌得到明显改善

认真贯彻落实县委统筹城乡发展的总体战略部署，积极扩大和深化农村改革成果，加快改变农村面貌。

1. 加快基础设施建设步伐。加强农田水利设施建设，全年共投入资金200多万元，新打机井50眼，洗修旧井150眼，安装变压器8台，架设高低压线路8000米，硬化田间路9000米，清挖沟渠1.2万米；统筹推进新农村建设，先后投资100多万元，铺设水泥路2000米，钢渣路4500米，安装路灯40盏，栽植绿化树木6000余棵；新建沼气池272个，完成改水4120户，改厕1210户。

2. 持续推进农村环境改善。积极巩固农村垃圾集中清运成果。全镇投入资金80多万元，书写标语30条，发放宣传材料2500份，动用车辆2100台次，人工5000个，添置垃圾池（箱）186个，清理清运各类垃圾10.9万方。同时，对6个集贸市场和中心街两侧环境进行了集中治理，栽植各类花木3000株，安装路灯40盏，群众人居环境得到了较大改善。

四、社会管理水平大幅提升

牢固树立发展成果全民共享理念，把加强社会管理、促进民生改善贯穿经济社会发展全过程。

1. 各项社会事业实现协调发展。全年实现城镇新增就业167人，农村劳动力转移就业1500人；农村居民新农保、新农合参保率分别达到了96%和97%；全镇人口出生率为6.91‰，政策内生育率为95.5%，发放奖励扶助资金57.3万元，征收社会抚养费70.6万元；积极改善办学条件，提高教学质量，小学入学率、巩固率分别达到了100%，初中入学率、巩固率分别达到了99%和98%；累计发放各类优抚资金41.9万元；弱势群体排查救助体系进一步完善，帮扶救助困难群众1400人次，发放慰问款物折款10万元，解决困难群众生产生活中的实际问题450件次；完成农村危房改造161户。

2. 信访稳定工作得到切实加强。一是做好排查调处。以信访接待中心、村两委干部、民情信息员为主体，充分发挥信访网络的排查、稳控作用，实行领导干部定期下访、开门接访。受理群众信访45件次，办结45件次，办结率为100%。二是坚持严防死守。定期召开信访稳定专项会议，对矛盾隐患和信访积案逐宗、逐人研究稳控化解措施。对重点案件和重点人员实行24小时严防死守，稳控工作得到了县主要领导和信访部门的充分肯定。

3. 民主政治建设实现长足进步。进一步加强村级民主制度建设，农村“三资”管理、财务“双代管”、重大经济活动招投标制度得到较好落实，为村庄发展提供了制度保障；大力推行村务管理“一卡通”工程，规范了权力运行，密切了干群关系；规范和完善村务公开，投资7.5万元加强公开阵地建设，40个行政村更换了新的公开橱窗，公开质量和群众满意度明显提升，从源头上保证了农村和谐稳定。

柏各庄镇

一、全面统筹，促进社会经济发展

1. 激活闲置资源，推进乡镇老企业二次创业。为深入贯彻落实县委精神，柏各庄镇依托沿海经济隆起带建设，按照十二五规划的要求，用科学发展观总揽经济社会发展，集中力量推进乡镇企业二次创业。依托资源优势，对停产多年的柏二麦芽厂进行激活改造，引进江苏客商利用闲置企业场地建设大兴饲料厂，建成后将成为年产饲料1.5万吨，年创产值5000万元，利税500万元的企业。招商引资，谋划投资超10亿元，力争唐山兴业工贸集团投资40亿元的技改项目落户柏各庄，对原鼎新钢厂工艺设备采取嫁接改造、融资转产等手段，使改制企业壮规模、上水平、增实力，将其打造成柏各庄的龙头产业。

2. 紧抓沿海优势，挖掘现代服务业巨大潜力。柏各庄紧邻渤海湾，具有良好的区位优势，风情海滩、精养虾蟹，为发展滨海现代服务业提供了强有力的资源支撑。在高尚堡打造海鲜美食城，同时发掘高尚堡的滨海旅游潜力，加大资金投入，在初具规模的高尚堡餐饮服务基础上加快相关配套设施建设，逐步扩展为海鲜美食一条街，形成集旅游、娱乐、餐饮为一体的、有影响的品牌和产业集群，以旅游带餐饮，以餐饮促旅游，充分发掘现代服务业巨大的商业潜力。

3. 树立品牌意识，搭建现代农业国际化平台。按照县委“123456”农业发展思路，大力实施优势农产品区域布局规划，抓好“一镇一品”，全力推进“一产出特色”，叫响“柏各庄”大米品牌。由于特殊的退海地理环境，土质粘重，土地盐碱，土壤矿化物质含量高，加之有天然的滦河水灌溉，柏各庄产出的稻米，米质优良，颗粒匀净，做成米饭喷香适口，是冀东“三米”（大米、海米、花生米）之一，在国际市场上久负盛名。目前全镇优质水稻种植面积达到7.5万亩，年产优质柏各庄大米3.7万吨，亩效益近2000元。为了做大做强柏各庄大米品牌，让柏各庄镇的大米享誉全国，走向世界，特聘请农业专家，深入各村开办水稻种植栽培技术培训班，整合大米深加工，积极探索“公司＋基地＋农户”种植模式，抓紧培育龙头企业，积极开拓国内国外市场，促进水稻种植产、加、销一体化建设。

4. 取缔“五小”企业，打造可持续发展生态镇。“五小”企业破坏资源、污染环境、产品质量低劣、技术装备落后、不符合安全生产条件，在倡导可持续发展的大潮下，县委召开取缔“五小企业”工作会议之后，柏各庄镇迅速采取有效措施，加强清理整顿，迅速组织力量对辖区“五小企业”进行了摸底排查，将全镇辖区内的2处小碳厂全面清理完毕，同时建立长效机制，成立了“五小企业”整治专班，分片定期排查，实行环保目标责任书制度，完善部门联动机制，完善考核奖惩机制，有力遏制了“五小”企业的反弹势头。

5. 提升城镇品位，建设繁荣舒适现代宜居城。按照“经营城镇、建设城镇、管理城镇”的发展理念，加强基础设施建设，完善城镇配套功能，推进城乡统筹发展，进一步增强城镇承载力和宜居度。继续实施“硬化、绿化、净化、美化、亮化”五化建设，扎实推进“景观街、文明生态村、绿色家园”创建工程，加大环境卫生基础设施投资力度，投资20万元购置垃圾清运车一辆，拉臂箱6个，环卫三轮车45辆，为城镇垃圾的清理，创建卫生城奠定了基础。4月3日，柏各庄镇农民刘文宝、周建田被省政府授予“河北省外出务工致富能手”荣誉称号。水晶花园项目一期工程已全部完工，二期工程全面启动，银泰商业楼及东海商贸楼已经投入运营，政府大街沿线改造工程年内投入1200万元，实施亮化、美化、绿化，全面提升城镇基础设施建设水平，最终把柏各庄建成宜居精品镇。

二、创先争优，打造新型阳光政府

1. 完善制度，加强监督。根据年初岗位责任制，成立督导小组对学习贯彻情况进行专题督导，从“看、问、谈”三方面，定时进行监督检查，一看，看学习方案、读书笔记、心得体会，看工作完成速度，看公开透明程度；二问，问领导干部带头学习情况，问群众满意程度；三座谈，谈领导干部深入群众，联系实际，带头谈体会的情况，谈创先争优、改进作风意见建议。通过定期交流，并以督查简报为载体，将发现的问题全部整改到位。同时修订和完善了机关工作六项制度，包括“机关学习制度、机关考勤考核制度、接待群众来信来访制度、生活接待和配餐制度、机关车辆管理制度、中心学习和党委民主生活会制度”，为打造创新型、服务型、朴素型政府提供了制度保障。

2. 工作公开，增强效率。镇党委以强化服务、提高效能为突破口，坚持以为群众办事，让群众满意为宗旨，认真做到机关工作“四公开”，实现办事效果“四个实”，即“党员亮牌上岗公开、办理工作流程公开、服务窗口职责公开、限时办结制度公开”，以实现各项工作“贴近实际、突出实践、注重实效、利民实惠”。

3. 注重民生，提升形象。把作风建设的出发点和落脚点放在促发展、惠民生上，以“春风化雨、润物无声”的工作，收到既“雪中送炭”又“锦上添花”的工作成效。截至目前，投资50万的镇政府大街的改造工程基本完成；西城子、李一、李二三个村联合投资逾200万元的河堤路面硬化工程全面完成；柏一、柏二、柏六等几个村的老街道硬化及打通下水道工程全面完成。

三、科学发展，改进和加强党委政府工作

——加强学习，增强科学发展的本领。努力学习新知识、先进单位的新举措、发达地区的新经验。坚持理论联系实际，注重调查研究，善于运用科学发展观谋划发展，大胆创新，不断探索新思路，积累新经验，解决新问题。

——执政为民，真正把群众利益放在首位。牢固树立正确的政绩观，深怀爱民之心，恪守为民之责，善谋为民之策，多办利民之事。坚持深入基层，深入实践，倾听群众呼声，关心群众疾苦，切实做到权为民所用，情为民所系，利为民所谋。

——求真务实，努力提高机关效能。坚持实事求是，重实干、求实效，力戒浮躁，少说多做，真正把精力集中在想干事上，把本领体现在会干事上，把目标锁定在干成事上。继续加强机关效能建设，牢固树立大局意识，增强组织观念，做到令行禁止，确保政令畅通。

——勤政廉洁，始终保持良好形象。全面落实党风廉政建设责任制，深入推进教育、制度、监督并重的预防和惩治腐败体系建设，从源头上预防和治理腐败。积极推行行政权力公开透明运行，着力优化经济社会发展环境。始终牢记“两个务必”，树立“高效、为民、务实、清廉”的政府形象。

南堡镇

2011年，南堡镇按照县委、县政府谋划的工作思路，党委政府一班人以百折不挠的韧劲带领全镇党员干部解放思想，振奋精神，发扬少说多干、奋勇争先的工作作风，牢牢把握新定位，紧紧扭住目标不放松，一心一意谋思路，心无旁骛抓落实，全力推进各项重点工作。

一、实施“项目攻坚年”行动，经济实力显著增强

南堡镇紧紧围绕自身特色，狠抓水产产业化项目建设，推进水产业立镇的目标，大力调整渔业经济结构，着力夯实水产产业链条，积极发展水产食品工业园区。努力拓展船舶修造新兴产业，一批新、优、大的产业项目实现了落地，使项目建设扎实推进。

2011年，总投资9200万元的唐山海都公司的深海网箱养殖、低碳循环水工厂化养殖和鱼糜制品项目开工建设、投资3500万元的方舟海洋食品深加工项目和投资3000万元的军龙水产品深加工项目先后投产。投资5000万元的滦南县金源水产饲料生产项目加紧建设。“龙头企业+生产基地+养殖户”的水产产业化经营新格局在南堡镇初步建立。

为使水产产业链条更坚实，拓宽渔民增收路子，推进水产产业实现集群化、园区化。在嘴东工业区谋划了占地200亩的水产食品加工园，将有7家企业组团入驻。

在围绕水产业发展的同时，南堡镇强力推进船舶制造产业的发展。9月7日，全省最大的民营造船企业方舟公司为印尼建造的5000吨法佳巴哈瑞Ⅱ号多功能运输船正式下水。它不但结束了滦南县乃至唐山市不能建造正规轮船的历史，也成为我省民营造船企业造出的第一艘正规轮船。同时，投资5000万元的满意修造船厂二期扩建项目也正在紧张施工中。

项目建设的全面推进，促进了南堡镇镇域经济的发展。截至年底，全镇固定资产投入完成2.86亿元；引进县外以上资金1.8亿元，占全年任务的131.4%；大口径财政收入实现1177.78万元，完成全年任务的243.97%，在全县各镇财税收入增幅比例名列前茅。全镇经济发展实现好快结合，后劲得到显著增强。

二、实施“品牌创建”工程，“一镇一品”建设再上新台阶

南堡镇委、镇政府把“一镇一品”建设作为培育特色产业的切入点，大胆调整产业结构，转变简单粗放型养殖模式，适时引进推广虾鱼、虾蟹、虾蜇混养，底层播撒贝类“三位一体”的立体混养模式，提高了池塘和水的综合利用率。全镇“三位一体”混养面积达到85%以上，亩增效益1500元。同时镇里多次组织人员赴福建、山东、江苏等地考察，积极引进黄海一号东方虾、海参、石斑鱼、条石鲷等养殖新品种，为海水养殖业注入了新活力。

同时，南堡镇积极发挥海水养殖协会、水产品经纪人协会和渔民协会等组织作用，主动对接渔民，为渔民服务，这些组织围绕渔业经济分头工作，采取召开年会、组织培训等措施，开展各类活动，极大地促进了渔业产业化发展。

为顺应市场需求，南堡镇还实施品牌战略。2011年成功注册了“嘴东”牌系列海产品的商标，并初步完成了南堡镇海产品地理标识的认定前期工作，海都、方舟相继在唐山、滦南、唐海等市、县超市开设直销网点。“渔超对接”不但扩大了销路还得到市场的普遍认可，南堡水产品的品牌化、市场化也得到了全面提升，为打造优质水产品基地提供了强有力的保障。

三、实施“三项工程”，新农村建设全面推进

南堡镇围绕“农民增收、农村增色、农村

稳定”这一目标，谋划实施了“千人培训”、“花海南堡”、“民心工程”三项重点工程，农民收入有了新提高，人居环境有了新改善，服务群众水平有了新提升，社会更加和谐稳定，赢得了群众的广泛赞誉。

一是为全面提升农渔民转产转业技能，拓宽农渔民致富门路，南堡镇组织实施了“千名农渔民大培训活动”。截至年底，已对曹妃甸务工、海淡水特色养殖、生猪养殖、电脑技术操作等项目组织培训7次，参训人员950人（次），并和县劳动就业局联合举办了两届人力资源现场招聘会，200多人成功就业。全镇农渔民工资性收入占人均纯收入可达75%以上，涌现各类技能人才200余名。镇政府还紧紧抓住曹妃甸及嘴东的建设，鼓励和引导更多的农渔民将投资发展重点转向参与曹妃甸、嘴东的建设，通过多方牵线搭桥，目前全镇参与建设的人员及工程机械分别达到2400多人和1200台（套），综合服务运输船只近百艘，2011年仅此一项全镇农渔民人均增收超过两千元。

二是全力实施“花海南堡、清洁南堡”工程，大力推进农村环境卫生整治。启动了商贸景观街建设。投资150多万元，填土方20多万方，埋设下水管道1200延长米，安装路灯48盏，栽植白蜡树600多棵，修建高标准花坛1000多延长米，涉及到六个单位的悬空线路全部入地；全面推广“三牌公示”管理制。即将全镇800多户党员户、140多名小区负责人和18个村评选出的750卫生模范户标识牌挂牌公示，共同促进，互相监督、学习；实行周三例会制。每周三为保洁员上站日，以观看录像形式，找毛病，提问题，并聘请街道办环卫工作人员开展经验交流，组织镇村干部赴坨里、姚王庄等地参观学习；抓好建设投入。先后投入100多万元，添置、改装垃圾清运车1台，高标准拉臂箱7个，垃圾箱及垃圾池750个，小三轮车及机动翻斗车30台；强化管理。全镇53名保洁员，统一设岗，统一着装，统一配置清扫工具，实现了全天候保洁；六是全力实施“花海南堡”工程。投入60多万元，统一购置草帘、花籽、绿化土，统一规划设计，建成花卉苗圃基地和苗木繁育基地，栽植“野花组合”45亩，实现了全镇主副街道花常开、树常绿，人居环境得到改善。

三是坚持不懈抓好“民心工程”，不断创新社会管理新模式，认真带着感情做好群众工作，化解各类矛盾，确保一方平安。新民居建设取得实效。杨岭新民居一期工程建成实现入住，边庄子新村规划成型，北堡新渔村积极谋划，为明年开工建设做好全面准备。全面推行“一卡通”村务管理新模式。统一制作村务管理监督流程图展牌，在各村公开栏公布，印制的10000多份“一卡通”，分两次双重发放到户，并组织专人赴嘴东渔港，把“一卡通”送上渔船，保证了“一卡通”的入户率。同时针对“一卡通”内容举办镇村两级干部的考试，促进“一卡通”在实际工作中的准确运用；全镇18个行政村群众工作室达到“四有”标准，方便了群众办事。全镇各村为群众办理急事、难事、好事、上访事累计达70多件（次）；开通“河北农政通”网络平台。建起辐射全体镇村干部、党员、群众代表、计生专干及渔船业主等相关人员的总数达1200多人的信息库，兴办“手机党校”，传播上级声音、惠农政策、富农信息，架起了政府与群众“连心桥”；组织全体机关干部党员开展“走进村户听民声，访贫问苦解民忧”活动。听取民意，解决难题，先后投入资金20多万余元，三次修缮老九线。完成35户危房改造，发放各类救灾扶助款项达42万元。投资30多万元完成建设南堡镇“一中心、两站”敬老养老幸福工程项目。

“三项工程”的实施，加快了群众致富进程，促进了民风改善，推进了社会和谐。好人好事不断涌现，全镇干部群众为白血病患者杨丹踊跃捐款、渔民周永强、孟祥宝和党员姚兴武舍生忘死勇救遇险他人的事迹，倍受全社会的高度赞誉。2011年全镇没有发生一起重特大刑事案件，各类上访案件比上年下降25个百分点。

四、坚持深入开展“我为嘴东开发做贡献”活动，全力助推嘴东大开发

南堡镇紧紧围绕县委、县政府“三大攻坚、四大开发”的总体战略，把支持嘴东大开发建设作为全部工作的重中之重，不断深入开展“我为嘴东开发做贡献”活动，全力助推嘴东大开发。

一是协同作战，助推嘴东棚户区搬迁。搬迁期间，主要领导带领11个涉拆村的村干部吃住在嘴东，和工作队员捆绑编组，深入群众做工作，如期完成了嘴东棚户区前两期的搬迁任务。**二是全力配合，做好养殖企业搬迁工作。**嘴东工业区修建滦河大道，涉及南堡镇五家海水工厂化养殖企业和两家虾场的征用，主要领导多次深入企业，专门召开涉拆企业主座谈会，反复宣讲修建滦河大道的重大意义，在补偿资金没有到位的情况下，所涉企业主动拆除了苦心经营多年的海水工厂化养殖设施，为滦河大道施工创造了条件。**三是全员招商，为嘴东项目建设提供支撑。**在助力嘴东工业区项目顺利落地的同时，积极围绕三产服务业、基础设施建设、水产品深加工等方面谋划项目，已谋划项目29个，总投资35亿元。**四是多管齐下，营造和谐稳定社会环境。**广泛开展“创先争优”、“六比六看”、“我为嘴东开发建设做贡献”等活动，提高群众助推工业区建设积极性。投资近10万元，购置车辆、拉臂箱、垃圾箱及垃圾池等保洁设施，成立了五人保洁队，实行全天上岗保洁，保持了嘴东地区的环境整洁。

五、实施“双百十”工程，文化事业实现新发展

南堡镇始终把文化建设放在突出位置。谋划实施了以“打造100户文化大院、选树100名文化骨干、建设10座文化活动广场”为内容的“双百十”文化建设工程。全年共投入70多万元为全镇5座文化广场分别安装亮化、美化设施，添置文体活动器材等物。

积极组织各种文化活动，先后组建了杨岭评剧票友会和廒上文艺宣传队，并开展了评剧票友演唱会和文化演出下乡系列活动。

积极参加全县第八届合唱节比赛，又力夺一等奖，展示出南堡镇坚实的文化底蕴和南堡人的精神风貌。

为丰富沿海区渔民的文化生活，年内投资450万元的嘴东有线电视入户工程已开工建设。

六、突出抓好基层党建，党的建设科学化水平实现新提高

南堡镇把党建工作放在更加突出的位置。一是以深入开展创先争优活动为契机，全面推进基层组织建设，党委书记认真履行抓党建第一责任人的职责，实行周例会月调度，并亲自包难点村和“三学三争”重点村，蹲点调研，解决问题；二是成立嘴东渔港新城党总支，统一管理嘴东地区9个党支部的126名党员，嘴东党员教育管理边缘化的问题得到有效解决；三是组织镇村党员干部举行“忆党史　颂党恩”、党旗传递、重温入党誓词系列活动；四是制定出勤每周一通报、学习每周一集中、内勤每周一检查、工作每月一点评“四个一”机关细化管理措施，开展争创“五星级科室”活动，促进了机关作风整顿活动的深入开展；五是把每周二的上午作为了机关干部党员的义务劳动日，坚持进村入户和群众一道开展各项劳动，赢得了群众的广泛好评。

2011年，全镇有8名优秀党员受到各级表彰，18个行政村两委班子无一瘫痪或半瘫痪，“五星级支部”达到11个，“一好双强”支部书记达9人。

胡各庄镇

2011年，胡各庄镇认真贯彻落实县委、县政府的一系列重大决策部署，围绕“三年再造一个新滦南”的总体目标，强力实施重点项目建设、统筹城乡发展、基层组织建设、社会民生事业等项工作，开创了全镇大发展、快发展的新局面。

全镇固定资产投资1.6亿元，比上年增长188%；实现国民生产总值10.5亿元，比上年增长11%；完成农业总产值3.9亿元、工业总产值10.1亿元，分别比上年增长8%和12%；实现财政收入841万元，完成县下达任务的266.14%；实现农民人均纯收入7866元。

一、镇域经济实力不断增强，农民增收进程显著加快

镇党委、镇政府始终把振兴镇域经济、促进农民增收放在头等重要位置，思发展、谋发展，千方百计抓发展，经济建设取得重大突破。

（一）项目建设成效卓著。树立抓项目就是抓发展意识，对项目一抓到底，锲而不舍。按照“挖掘内力，借助外力，加快项目建设，增强发展活力”工作思路，思想上放心放胆，工作上放手放开，政策上放宽放活，加大项目跑办力度。充分围绕盘活闲置旧厂和兴建龙头企业上下功夫，全年共开工落地5个重点项目，总投资达2.53亿元。一是投资5000万元、占地65亩的鑫塔实业有限公司项目。该项目于3月份开工；二是投资1.3亿元、占地80亩的京冀米业工业园项目。该项目主要经营大米加工及米业物流业务，于5月份开工建设；三是投资5000万元、占地100亩的鑫华畜禽食品加工有限公司项目。该项目由鑫华畜禽养殖专业合作社注资，其中养殖培训中心已建成投入使用，生猪交易市场也竣工运营；四是投资2000万元、占地120亩的肉牛成产及屠宰加工项目；五是投资315万元、面积2900亩的高庄子等村的土地整理项目。

（二）现代农业不断升级。在稳定粮食生产的同时，注重引导农民发展高效农业。一是养殖总量大幅攀升。围绕“扩大规模，提高品质”为重点，全力提速养殖业发展。已形成年出栏肉鸡5万只以上的小区12个，出栏生猪2000头以上的小区9个。涌现年出栏2万只以上的肉鸡养殖大户66个，出栏200头以上的生猪养殖大户110个。到年底，全镇出栏肉鸡达到360万只，生猪15万头。其中，南圈村张淑艳养殖场年出栏肉鸡90多万只，成为全省第一肉鸡养殖大户。二是果菜发展形势喜人。全镇新增大棚420个，并连接成片形成棚菜种植区，棚菜面积达到5600亩。大棚桃、井丰葱、紫皮蒜等特色农产品规模迅速壮大。通过引导农民实施无公害种植，品牌农业效益突显，农产品的市场竞争力不断增强，“农富园”、“井丰”、“众鑫”等品牌声靡全国农副产品市场，其中“燕雪”牌大棚桃在市场的影响力逐步扩大，产品享誉京、津、广、沪等国内大中城市，并逐渐外销俄罗斯、泰国等地。三是农民组织化程度不断提高。加强专业合作社规范化管理，有效拓展了农民信息渠道、畅通了销售门路，全镇有3000多个农户实现了有组织生产经营，促进了农民增收。其中鑫华畜禽养殖专业合作社全年为镇内养殖户提供饲料4000万吨，帮助农户销售肉鸡170万只、生猪4万多头。四是农业生产条件得到改善。积极鼓励支持各村增加投入，加强农业基础设施建设。全镇共架设农田低压电网26000米，上变压器7台，新打机井36眼，修闸涵12座，疏浚沟渠7000余米，优化灌溉面积3000亩。

（三）商贸流通日益繁荣。进一步优化民营经济发展环境，通过完善镇区设施建设，增强聚集功能，促进了商贸流通、餐饮服务等个体经济的发展。全镇新增个体工商户112个，个体工商户总数达到1880个，商贸流通专业村达到了4个，其中胡各庄商贸一条街已具雏形，东三村的百货批发已形成规模。全镇商贸交易纯收入达到了7800万元。

（四）劳务经济助农增收。以镇劳动保障站为依托，以村劳动服务站为基础，以县就业局和信息网站为渠道，以劳务能人带动为辅助，广泛采集用工信息，并有序组织剩余劳力输出。同时，镇里还大力实施“阳光工程”，对农民进行技能和形象培训，推进劳动力转移由原来的体力型向技术型转变，提高务工队伍质量，不断开拓劳务市场的占有率，有2140名农民工走上了技术工种岗位，占全部务工人员的26%。2011年，全镇有1.1万余名剩余劳力“轻装”转移到外地或在当地就业，仅参与曹妃甸建设的本镇农民就达3300多人，年创劳务收入2.6亿元，劳务经济已成为农民收入的主渠道之一。

二、中心镇规划不断完善，统筹城乡发展路子越走越宽

本着尊重民意、着眼长远的原则，扎实推进城乡一体化建设。中心镇发展规划更完善。根据中心镇建设要求，力邀高资质的专业设计单位，对镇区建设规划进行了重新完善，对纺纱工业园区、大米物流园区和路网建设进行了高标准设计规划，其中景观大道设计方案已在县规委会上顺利通过，新规划使中心城镇建设布局更趋合理。投资50多万元对镇区主街道双慧路进行了翻修，并举行了省级小城镇建设上水平启动仪式。农村环境卫生整治出成效。持续、深入开展农村垃圾集中清运、重点区域环境整治行动，各村普遍实行以包卫生、包绿化为内容的“双包”模式，将环境整治任务分解到到户、到人。同时，坚持一手抓治理，一手抓管理的方针，建立经费保障机制和各种监督机制，完善相关管理制度，实现了环境卫生管护常态化，在全县组织的历次环境卫生联查评比中，始终位列先进。“绿美家园”创建扎实深入。着力推进以庭院绿化、街道绿化、环村绿化、主干路绿化等为重点的各项绿化工程，全镇共新栽植观赏树木29200多棵，在过境主干路和乡间主路栽植速生杨、速生柳30000棵，沈营等3个村还实施环村绿化90亩。

三、民生事业不断进步，群众幸福感逐步增强

始终坚持以“工作中维护群众利益、政绩上体现群众利益”为根本，注重抓好惠及民生的各项社会事业建设，大力实施系列民心工程，全力构建和谐社会，各项社会民生事业取得新进展。精神文明建设成果丰硕。积极开展文明共建活动，大力弘扬文明风尚，促进了家庭和美、邻里和睦、人际和谐，全镇上下讲道德、树正气形成主流。在2月份的市县道德模范评选中，西梁村郑庆兰当选唐山市第三届道德模范，东梁村王恩、郑各庄村国平、东庄店村郑秀尊三人共同当选滦南县第三届道德模范，东胡村鑫华畜禽养殖专业合作社理事长王少华当选滦南县第四届道德模范。社会状况保持稳定。深入推进“平安创建”活动，打击各类犯罪，治安案件和刑事发案率明显下降，社会风气逐渐好转。通过加强群众工作站室建设及实施“一卡通”模式，及时解决了信访苗头性问题，全年排查矛盾隐患52起，并全部得到妥善处置；消除集体访隐患3起，信访总量显著降低，保持了社会大局的稳定。社会事业全面进步。计划生育工作扎实有效，婚育新风飘进千家万户；教育教学条件得到改善，投资500万元的高庄子和肖家河两处中心小学教学楼相继建成，其中高庄子教学楼已投入使用；扶贫济困体系不断完善，五保户全部实现财政供养，839个贫困户享受到低保政策，弱势群体的生活保障显著增强；农民老有所养和病有所医问题得到解决，新农保普及率达到100%，新农合参合率达到98.7%。

四、基层组织建设不断创新，党员干部先锋作用凸显

镇党委按照“围绕发展抓党建、抓好党建促发展”的思路，强化党员干部队伍管理，大力开展创先争优活动，着力推进基层党建工作上水平，全镇党员干部的精神面貌焕然一新。**一是着力建强农村支部班子。**全面落实基层组织建设目标管理责任制，着力解决了村级“有人办事、有章理事”的环节，按照先进支部抓巩固，中间支部抓提高，后进支部抓转化的思路，推动支部升级上档，在全镇造就出了一大批“党建示范村”和多名“一好双强支部书记”。另外，以农村党支部换届为契机，在打造能干事、干成事的农村干部队伍上下功夫，按照前期工作“三到位”、工作质量“三把关”原则，扎实实施了村支部换届工作，张树丰等一批优秀农村党支部书记成功连任，王恩等一批年富力强、政治觉悟高、带富能力突出的党员被推举到支部担纲；**二是不断创新党建项目化管理模式。**大力实施党建创新，在鑫华畜禽养殖专业合作社探索实施了产业链上建立党支部的做法，这种“专业合作社+党支部”模式被上级组工部门高度认可，其经验也被很多媒体宣传报道，鑫华畜禽养殖专业合作社党支部为此荣获“优秀基层党组织”称号；**三是以“对标赶超走在前”活动推进创先争优。**全镇各基层党组织和广大党员干部瞄准先进找位置，不断强化发展意识、争先意识、责任意识、公仆意识，把履职尽责落实在主动为群众服务、为项目服务、为发展大局服务上，形成了风清气正、人心思进的工作氛围，涌现了一大批少说多干、奋勇争先的典型。其中，沈营村党支部书记张树丰被授予“河北省优秀基层党组织书记”称号。镇党委还编印了优秀共产党员事迹选《楷模》一书，为广大党员确立对标对象提供了生动素材，扎实推进了创先争优活动的深入开展。

方各庄镇

2011年，方各庄镇紧紧依靠县委、县政府的坚强领导，坚持以邓小平理论和“三个代表”重要思想为指导，全面贯彻落实科学发展观，团结带领全镇人民，以“项目争先、工业兴农、甜瓜富民”为发展思路，少说多干，奋勇争先，圆满完成了年初既定目标任务，开创了经济社会发展新局面，为全县科学发展、赶超跨越做出了应有的贡献。

一、主要经济目标完成情况

方各庄镇辖29个行政村，耕地面积5.6万亩，农业人口2.9万。截至年底，全镇实现工农业总产值16.5亿元。其中工业总产值完成12亿元，同比增长20%。农业总产值完成4.5亿元，同比增长15%。完成税收549万元，其中国税完成322万元，占全年任务的118%。地税完成227万元，占全年任务的148%。完成固定资产投资2.2亿元，同比增长200%。农民人均纯收入达到7200元，同比增长16%。

二、以重点项目建设、工业企业、民营经济为支点拉动镇域经济整体攀升

（一）谋划重点项目31个，开工7个。开工项目涉及物流运输、农副产品加工和苗木花卉基地建设三大类，总投资5亿元。其中亿元以上项目1个，5000万以上项目6个。最成功的是引进了投资2.4亿元的兆丰煤炭运输公司和投资5000万元的颐丰达运输公司。两个企业在注册当月仅20天就创税70万元。

（二）工业企业效益稳步增长。以隆鑫纸业、利安高速防护设施公司为重点的6家工业企业通过扩规模、改工艺，效益稳步增长。隆鑫纸厂通过技术改造，年生产能力达到7500吨。利安市政园林绿化有限公司扩大经营范围，承揽了市政园林绿化、京津唐部分高速公路养护工程，经济效益成倍增长。

（三）以苇草加工、五金工具加工、植物油加工和大米加工为龙头的民营经济蓬勃发展。民营个体户和企业达到500户，除了自身经济效益不断增长，还带动了运输、劳务、三产服务业的蓬勃发展。相关产业从业人员达到6000多人。苇草加工430户，年产苇帘350万片。五金工具加工企业14家，年产五金工具258万把。植物油加工企业15家，年产豆油2300吨。大米加工厂21家，年加工能力超过2000吨。

三、以大棚甜瓜为特色，农业产业呈规模化发展

（一）一镇一品特色经济“芳香”甜瓜获规模效益双丰收。大棚甜瓜种植规模由小到大迅速扩张。以麻各庄、军师庄、小陈庄、三义庙、魏各庄为中心辐射全镇，大棚发展到5000多个，面积近万亩。滦河水，沙土地这得天独厚的原产地环境，使“芳香”甜瓜以“甜如蜜”的口碑牢牢站稳了京津唐等地市场。一个甜瓜大棚仅上茬甜瓜亩收益就平均达1.5万元。

（二）畜禽养殖业形成了靠规模养殖增效的良好发展态势。畜禽养殖种类以肉鸡、生猪、狐狸、貉子、貂毛皮动物为主，全部实行小区养殖。养殖小区达到25个。肉鸡存栏55万只，出栏75万只，生猪存栏10万头，出栏2.5万头。狐狸、貉子等毛皮动物存栏11万头。

（三）多渠道筹资，完善农业产业发展配套设施。通过实施土地整理项目、一事一议等筹资渠道，筹资600万元，平整土地7000亩，打机井65眼，上变压器16台，架低压线1.5万米，修田间路2万米，修桥涵54座。农业生产条件得到明显改善。

四、全力配合县委、县政府重点工程和中心工作

抽调精干力量组成工作小组，全力助推滦海公路拓宽、新南环修建和张士坎拆迁工作。按照时间节点顺利完成了涉及6个村、征地270亩、186户的拆除搬迁工作。没有出现一起矛盾纠纷，确保了工程进度。在张士坎助拆工作中，中层以上干部一起上，仅用半月时间就提前完成了助拆任务。

五、齐抓共管保稳定

一年来坚持领导包案、干部下村工作制度，对信访隐患早发现，早解决，注意从源头解决群众诉求，避免形成矛盾隐患。同时发挥信访办、群众工作室的作用，及时协调各职能部门，齐抓共管解决存在问题。一年来接待群众信访168起，交办案件6件，基本做到了小事不出村，大事不出镇，没有出现一例进京赴省赴市上访。

六、改善民生，不断满足群众的新期待

（一）持续开展农村环境整治工作。

1. 建立了农村环境卫生长效机制。一是以制度约束习惯。制定街道卫生、村内公共设施维护管理办法。二是配齐环卫硬件设施。村村设立环卫站，配齐了保洁员和环卫保洁设施。涌现了屯里、小陈庄、东万坨、西万坨等环境治理示范村。

2. 对高庙苇帘加工小区开展环境整治。对倴胡路沿线高庙苇帘加工小区进行综合治理。拆除违规建筑17处，修建景观墙2500延长米，植绿篱、野花组合2500米，桧柏300余株。改变了苇草乱堆、车辆乱停的混乱局面，消除了火灾隐患，规范了小区标准化建设。

（二）扎实做好社会保障工作。不折不扣落实国家惠民政策。对低保户实行动态管理，全年新增低保户50户，做到应保尽保。为31户申请省危房改造扶助资金。设立7所居家养老服务站。在县第二届残疾人运动会获集体三等奖。在全县率先完成新农保工作，参保率达到98.2%。并举办全县农村养老保险首发式。

（三）积极做好人口计生工作。以优质服务为重点，扎实开展计划生育工作。全镇政策生育率平均为96%，综合节育率为94%，人口自然增长率0.79‰，保持了低生育水平。代表唐山市接受了省计生工作的检查验收。

马城镇

一年来马城镇党委政府不断加大开放力度，加快产业结构调整，加强基础设施建设，在强力推进项目攻坚的同时，将各项重点工作与创先争优活动相结合，开拓创新，扎实进取，经济和社会各项事业呈现出良好的发展势头。到2011年底，全镇完成地区生产总值6.3亿元，同比增长14%。完成大口径财政税收768万元，其中国税收入270万元，地税收入498万元，分别占任务指标的239%、117%和547%。全社会固定资产投资完成1.8亿元，占任务指标的207%。全镇人均年收入达到7876元。

一、少说多干，攻坚克难，全力推进各项重点工作

——两个铁矿开发顺利推进。涉及5个村、766亩土地、467户的大贾庄铁矿征地、青苗补偿款及时顺利发放；全长7.2千米的联络道路、变电站等场地清理平整、临建测点放线等前期准备工作均提前完成，马城境内大贾庄铁矿基础设施建设顺利实施，马城铁矿地质补勘先后129眼勘探井进场施工，提前完成补勘，为河北矿业进场施工打下了基础。镇党委政府积极开展思想疏导，破除了阻碍施工的不统一思想，使大铁矿开发各项工作顺利推进，创造了服务铁矿开发的“马城速度”和“马城品牌”。

——项目攻坚成效显著。全年共谋划24个工业项目，总投资31.52亿元，先后有7个项目参与全县集中开工，3个项目建成投产，分别是投资5200万元的冀滦商砼项目，投资3000万元鹏凯矿业技改项目，投资1500万元的天信纺纱项目。正在实施的项目有一个，即总投资8000万元的唐代风情街一期建设项目，农业产业园和钢铁物流园区项目进入注册阶段。项目攻坚工作在全县排名第二，为镇域经济快速发展奠定了坚实基础。

——新农村建设展现新局面。以“依托矿区、融入矿区、服务矿区、拓展城区”为理念，积极开展小城镇建设，确定两委联建试点两个，即马城中心村和“三台一营”联建村，两个联村党支部已经建立；唐代风情街项目北起马城村北，南到马城中学，覆盖平青大两侧，总规划面积12.5公顷，规划建设面积85000平方米。一期建设面积22000平方米，其中住宅5800平方米，门店16200平方米。一期工程主体建设已完工，11月2日滦南银泰商厦成功入驻；下大力建设商贸景观示范街，安置路灯20盏，对平青大公路马城段两侧门店进行彻底整治，并组建工作小组进行长期规范化管理；积极开展垃圾清运工作，组建专业队伍23个，添置专用工具87台套，促进农村环境卫生实质性转变；全镇村庄绿化共植树1.2万株，后进村转化工作有序开展。

——**积极参与县城征收搬迁工作**。抽调了4名队员，与机关工作脱钩，为助推攻坚一线提供保障。在全镇各单位开展“为攻坚行动献计献策”活动，组成由部分镇人大代表、政协委员、个体企业负责人构成的慰问小组，慰问一线攻坚队员，助推攻坚会战，工作成果得到了上级领导的充分肯定。

二、农业产业结构调整稳步推进

——**不断完善农田基础设施建设**。全年共架设高低压线路6200米，上80KVA变压器4台，铺设灌溉管道1700米，为进一步扩大现代农业园区规模打好基础。

——**高效农业种植面积得到提高**。以南坨子、多余屯、东坨子为中心，发展高效温室大棚。南坨子、多余屯村半地下温室大棚种植桃树、辣椒、甜瓜、黄瓜等品种，东坨子村与县中天商厦合作，流转土地120亩，开发温室大棚，种植西红柿、辣椒等蔬菜品种。全镇现有温室大棚80个，到2011年底，全镇蔬菜种植面积达到8000亩，获得了比较好的经济效益。

——**产业结构调整特色鲜明**。以打造“大铁矿的蔬菜副食品供应基地”为目标，谋划并组织实施了2个总占地350公顷，总投资680万元的土地整理项目，以及千亩果品采摘园和现代农业园区等4个产业结构调整项目，总投资2.07亿元。其中现代农业园区项目转移农村剩余劳动力220人；支持大学生村官创新管理模式，创业富民示范园达到15亩，私家菜园种植黑土豆、迷你香薯等特色蔬菜，促进“菜篮子”到“饭桌子”的对接。

——**林果业得到发展壮大**。在稳定5000亩无公害鲜桃基地建设的基础上，投资500万元建设“一镇一品”千亩果品采摘园，统一从昌黎果研所购进4万株优质桃树苗，长势良好，在滦河大堤两侧郝庄、多余屯等村形成600余亩的优质鲜桃生产基地，“滦河古道生态养生观光园”项目果品采摘区初现雏形。

——**规模养殖稳步发展**。2011年全镇有2000只以上的养鸡场22个，蛋鸡存栏45万只；100头以上的养猪场9个，生猪出栏11800头；一次存栏500头以上的养牛场1个，全镇奶牛出村入场率达到了100%。

三、大力推进第三产业发展

——**民营经济发展迅速**。以选矿、建材、铸造、纺纱等产业为主的民营企业规模不断壮大。到2011年底，全镇个体工商户达到745家，私营企业达到23家，实现利润1.5亿元。从业人员达到1800人。

——**服务业做大做强**。以马城村、贺庄村为主的重型载重车及四轮车等达到800多辆，运送沙石、石渣、山坯土及本地生产的地砖等，转移劳动力3000余人，年可创效益8000万元。运输协会和兆新蔬菜种植、惠江果品种植两个合作组织运行良好，共吸纳会员30人，积极组织各种活动，实现规模、规范运营。

四、党的建设、创先争优工作深入开展

——**基层党组织建设务实推进**。积极探索创新党委自身建设机制，推进学习型党组织建设。依托农村远程教育平台，开展外出参观、专业知识技能讲座等活动，培训干部306名；坚持开展“三日一网”活动，扎实抓好镇村干部和党员夏训，认真学习先进村干部的感人事迹。组织举办了“建党九十周年文艺演出”、“党旗传递、重温誓词”以及“永远跟党走”主题活动；顺利完成了党委政府及人大换届、村两委换届；全镇35个党支部和931名党员建立的两套台账的挂墙作战常态化，正规化；积极做好党员发展工作，年内共吸收党员25名。确定入党积极分子116名。县七一表彰会上，有4名同志被县委评为“优秀共产党员”，1名同志被评为“优秀党务工作者”，3名同志被评为“一好双强”党支部书记，1个村支部被命名为党建示范村。

——**创先争优活动深入开展**。深入开展“对标赶超走在前”活动，学习贯彻上级重要文件精神，按照“远学华西、近学杨店子”的总体思路，认真总结和学习，并多次聘请党校、城建及农业局的老师做专题辅导。在机关广泛开展“夺旗争星”、“业务大比武”活动，制定了相应的奖惩措施，确保各项工作的扎实推进；“壹基金”扶贫济困活动形成常态。累计收缴“壹基金”1.5万元，组织镇村干部为马台村患白血病青年以“特殊党费”的形式捐款8300元。

——**廉政教育常抓不懈**。党委政府充分利用座谈会、一对一谈心等形式教育村干部勤政廉政、遵纪守法、办事公正。对不作为、乱作为、作风粗暴的行为进行查处曝光，教育大家从小事做起，防微杜渐。经济上，阻塞收入不入账或部分入账、长期挪用、长期坐支、资金滞留账外等可能造成贪污的渠道，不给某些图谋私利的村干部提供可乘之机。

——**多种信息平台发挥作用**。加强镇办刊物《旗帜与先锋》、《青春风》及马城党建网的管理，《旗帜与先锋》发行到第52期，在县重要活动开展过程中每天一期专刊，《青春风》发行到第18期；指派专人负责镇内重点工作的公开、宣传、上报工作，2011年共有30余篇信息被上级刊物、新闻媒体采用，充分发挥镇办刊物、板报、马城党建网等平台的作用，对各项工作中涌现出来的先进人物、典型事迹进行宣传，做到内宣和外宣相互促进，取得了明显成效。

五、社会和谐稳定保障有力推进

探索社会管理新模式，发挥基层党组织和党员的作用，建成1个镇群众工作站、23个群众工作室，形成完善的群众工作网络，搭建与群众谈心沟通平台，两个月时间群众工作站室共接待群众184人次，调解矛盾纠纷15起，机关干部在下基层活动中，带案下访35次、主动约访52人次，累计化解信访问题66个，避免了越级上访，把矛盾解决在基层。还主动关心生活困难的群众，有效促进了社会稳定。

六、各项社会事业稳定发展

——**文明生态村上档升级**。新建多余屯和大王庄两个文明生态村，修路1.9万米，修建沼气池260个，开展农村环境卫生整治，镇村面貌得到有效改善。修建6米宽学生上学道路2000多米，为学生上学安全提供了有效保障。

——**深入开展“平安创建”活动**。深入开展“安全生产年”活动。与30多家企业、23个村庄、4家中小学、5家幼儿园、6家加油站都签订了安全生产责任状，全体机关干部深入到各个企业，排查安全隐患，制订应急预案，一年里未出现任何安全事故。

——**人口计生工作**。计划生育工作扎实开展，长效率83%，季普查率100%，为3340名育龄妇女提供了生理健康服务，为独生子女和双女户落实了奖扶，符合政策生育率达到100%，人口自增率为3.05‰，软硬件建设得到很大改善，日常信息录入圆满完成。

——**教育卫生工作**。教育工作稳步提高，素质教育成绩显著，2011年中考在全县排名第三。镇党委政府非常重视教育事业的发展，6月组织企业为兴学助教捐资5.5万元。“新农合”参合率达到98.2%，卫生院积极开展医疗体制改革，技术力量和医疗条件明显增强，配合县里开展“健康生活，幸福滦南”活动，为4000余人进行了免费体检。

——**民政和社会保障工作**。发放五保户补贴款18万元。发放优抚对象补贴款10万元，为65名残疾人办理了残疾证。“新农保”参保率达到99.01%。

——**民主政治建设工作**。镇人大组织两次人代会听取镇政府报告工作，对11个基层所站进行了认真评议，各村村民代表和党员代表认真实施民主监督、民主决策，坚持一事一议和村务公开。

全镇武装、财政、计生、民政、土管、文教、卫生、司法、残联、工会、经联社、统计等部门围绕中心工作，充分发挥职能作用，均取得了可喜成绩，为全镇发展做出了积极贡献。

东黄坨镇

2011年东黄坨镇在县委、县政府的正确领导下，紧紧围绕打造“激情滦南、实力滦南、文化滦南、生态滦南、和谐滦南”的总体目标和“三大攻坚、四大开发”等十项重点工作，少说多干，奋勇争先，经济和社会各项事业取得了长足发展，全镇完成地区生产总值46640万元，完成财税收入302万元，完成固定资产投资13000万元，实现人均纯收入7857元。

（一）认真开展项目建设，不断调整经济

结构

把项目建设作为调结构、转方式、扩总量、惠民生的突破口，大力实施项目建设，认真做好项目谋划，项目建设取得了可喜的成绩，全镇共实施项目建设 7 个：

一是由京东实业有限公司投资 1.5 亿元建设的粒化高炉复合矿渣粉项目；

二是由滦南县绿锦生态农业专业合作社投资 10000 万元兴建的东黄坨镇立体生态农业项目；

三是滦南县玉翠果菜种植专业合作社投资 5000 万元兴建的葡萄种植园区建设项目；

四是投资 3610 万元的滦南县好合木制模板项目；

五是由唐山兴达服装有限公司滦南分公司投资 800 万元建设的滦南县兴达服装分公司扩建项目；

六是滦南县双盈泡沫厂投资 500 万元的扩建项目；

七是新户村村民刘振焕投资 300 万元建设的滦南县万兴彩钢瓦生产项目。

为扎实有效地推进项目建设，采取了如下措施：

一是积极为重点项目办实事、办好事。帮助京东实业有限公司投资兴建的粒化高炉复合矿渣粉项目，由营守庄村征地，建成了从迁曹公路通向厂区的一条宽 10 米，长 300 米的道路。镇政府选派 6 名责任心、工作能力强的镇干部担任项目助理。全程为重点项目建设服务，协助投资商办理项目前期手续，帮助滦南县正捷机械制造厂、东黄坨镇立体生态农业园区、滦南县东黄坨镇玉翠葡萄种植园区、滦南县好合木制模板厂等项目办理了营业执照、备案、用地、商标注册等有关手续，受到了投资商的高度赞誉。

二是积极宣传滦南招商引资优惠政策，不断加大招商引资力度。将滦南县招商引资优惠政策编印成册，发放到在外工作的领导干部手中，并通过春节、清明节、端午节、中秋节、国庆节等节日与回家探亲、祭祖的老领导、老同志亲密接触，让他们为家乡的发展支招、献计、引资。2011 年，全镇共引进县外资金 1.2 亿元，为项目建设注入了活力。

三是借助民间资本，发展项目建设。在项目建设中，充分发挥民间资本的作用，大力发展民营、私营企业。2011 年，全镇吸纳民间资本近 6000 万元，建设项目 4 个。

（二）实施“一镇一品”战略，拓宽农民增收渠道

以甘薯生产作为实施“一镇一品”战略的主打品种，四措并举，强力推进，做大做强甘薯种植。

一是着力解决甘薯生产用地问题。为实现甘薯生产的规模化、标准化生产，积极引导农民通过互换、租赁、入股等多种形式进行土地流转，鼓励农民到外镇、邻县承包土地用于甘薯生产。2011 年全镇用于甘薯生产的土地流转面积 4500 亩，外包土地 5000 余亩，甘薯面积达 1.8 万亩。

二是发挥农民专业合作社的示范带头作用。面对一家一户传统经营，投入水平低、经济效益差的现实，组建了滦南县酷薯薯业专业合作社，积极发挥合作社的带动作用，实行统一规模经营、统一购入秧苗、统一技术指导等，形成了专业合作社十基地十农户的生产经营模式，使甘薯生产走上了规模化发展之路。

三是发挥品牌效应，发展订单生产。引导农民严格按照无公害栽培标准进行甘薯绿色生产，确保甘薯产品质量，注册了“酷薯”牌甘薯商标，提高了产品的知名度和市场竞争力，与天津、北京等地客商签订销售合同 10 份，发展甘薯订单 3000 亩，为农民增收打下了良好的基础。

四是引进名优新特甘薯品种，发展特色甘薯生产。2010 年，引进了日本紫薯王、徐薯 23. 济紫 337. 黄金薯等甘薯品种 11 个，新品种种植面积 1200 亩。

2011 年，全镇甘薯种植面积达到了 18000 亩，产量达到了 35000 吨，为农民增收近 4000 万元。

（三）发展农民专业合作组织，带领农民增收致富

把发展农民专业合作组织当做促进农民增收的重要举措之一，认真开展工作，先后注册成立了农民专业合作社3个：

一是滦南县永清谷物种植专业合作社，成立于2011年4月，注册资金200万元。

二是滦南县玉翠果菜专业合作社，成立于2011年4月，注册资金800万元。

三是滦南县绿锦生态农业专业合作社，成立于2011年5月，注册资金1100万元，注册商标“东玉坨”牌。

专业合作社的成立，促进了项目建设，加快了全镇农业产业结构的步伐。由滦南县绿锦生态农业专业合作社投资1亿元兴建的东黄坨镇立体生态农业园区项目，在全县第二批重点项目集中开工仪式上开工建设，现已完成土地租赁300亩，新建猪—沼—菜立体生态大棚30个，新建花卉基地200亩，栽植各类名优花卉10万株，安排就业50人。由滦南县玉翠果菜种植专业合作社投资5000万元兴建的葡萄园区项目被纳入2011年第三批集中开工项目，新建葡萄大棚50个，葡萄种植面积达到了200亩。新建桃棚20个，蔬菜大棚30个，安排就业120人。在专业合作社的示范带动下，通过镇村两级干部的积极引导，全镇设施农业显现出强劲的发展势头，2011年全镇新建高标准日光温室160个，高标准大棚120个，为农民增收奠定了坚实的基础。发展设施农业的经验和做法得到了原县委副书记韦远东的充分肯定并指示：“东黄坨镇发展设施农业的做法很有借鉴意义。发展设施农业是农业产业结构调整，促进农民增收的必要之举，各镇发展尚不平衡，请转发各镇学习借鉴，希望大家从中得到更多的启示。”

与此同时，为做大做强生猪养殖、淡水养殖两个特色产业，还积极引导东黄坨镇畜牧水产协会、科学技术推广协会，进一步加大对农民群众的服务力度，促进了两个产业的规模化生产。2011年，全镇生猪出栏达19.8万头，淡水养殖产量达5000吨。

（四）加快新农村建设步伐，提高人民群众的幸福指数

一是积极稳妥的推进新民居建设。对原规划进行了认真的修改，使其更加符合实际，更加具有可操作性。

二是扎实开展绿色家园创建活动。为提高农村品味，建设美好家园，按照全县绿色家园创建活动工作安排，通过宣传发动，镇干部包村，开展工作竞赛等措施，扎实推进创建活动，创建活动的总体安排是：示范村2个即梁各庄、许三组，推进村4个即东玉坨、西玉坨、新户和许二组村。经过全镇上下的共同努力，2011年全镇各村共栽植绿化树苗21150棵，其中：龙爪槐3500棵，垂柳15500棵，火炬树650棵，其他树种1500棵。创建规划得到了真正落实，较好的完成了年度创建任务。

三是认真开展了农村卫生清理工作。通过镇干部包村、村干部包街、党员包户等措施，并通过观摩、评比等方法，集中开展了环境卫生综合整治，全镇共投入资金100万元，动用各种车辆1500辆次，出动人工8500个，清运处理各类垃圾4.5万立方米，清运街道490条，墙体刷白15000延长米。书写永久性标语85条，使全镇的卫生环境得到了进一步改善。

（五）加强群众工作，共创和谐环境

做好群众工作是确保社会和谐稳定的关键所在，为此，镇党委、镇政府高度重视，采取可行措施认真开展工作：

一是健全组织。镇成立了群众工作站，各村成立了群众工作室，建立了做好群众工作的各项制度，做到了人员到位，制度上墙，为群众工作的开展打下了良好基础。

二是认真开展矛盾纠纷排查调处工作。成立了东黄坨镇矛盾纠纷综合调处中心，建立健全了东黄坨镇矛盾纠纷排查调处长效机制，2011年全镇共排查各类矛盾纠纷56起，调处56起，确保了全镇社会稳定。

三是加强信访稳控工作。认真落实镇领导信访接待制和镇领导包案制。实行“三定”包案办法，及时处理和落实上访案件和群众问题，有效地避免了矛盾的激化，采取有效措施，千方百计的化解信访积案，使“东黄坨村郑书波等人诉原村支部书记郑兆焕”这一长达七年积案得到圆满解决，郑书波等人表示息诉罢访。

此做法得到了原县委副书记韦远东的充分肯定并批示：“东黄坨镇的做法和收效充分证明，只要我们思想上位，动真的，来实的，认真做到政策、法律、程序和感情四不欠账，加上有关部门的全力支持配合，就没有化解不了的积案，请印发简报，供各镇及有关部门借鉴。”

四是强力推进“一卡通”工作。按照县纪委的要求，一卡通工作在全面推开，一卡通卡片全部及时发放在群众手中，村务活动规范程序及时上墙，一卡通的实施增加了村务工作的透明度，规范了村干部的施政行为，减少了腐败现象的发生。为社会和谐稳定起到了积极作用。

（六）大局稳定，各项事业齐发展

一是认真做好安全监管工作。以镇安全生产监督委员会为依托，认真开展安全生产工作，实行了行政一把手安全生产责任制，开展了宣传教育、定期调度、例会排查等工作，保持了安全生产的良好态势，全镇未出现一例安全生产事故，确保了人民生命财产安全。

二是加强社会事务、劳动保障管理工作。坚持以人为本理念，关注困难弱势群体，先后对80户困难户实施救济，对40名大病人员进行了救助，为符合低保条件的65人入了低保，为20名残疾人安排了就业。积极与县劳动就业局联系，开展了农民工劳动技能、安全生产、职业道德培训，全镇劳务输出人员达到了3364人，可为农民增收3000万元。

三是认真开展计划生育工作。深入开展了计划生育国策宣传教育工作，为3500名育龄妇女进行了免费体检，计划生育率、人口自然增长率分别为97.62%，4.09‰，各项指标均在县下达指标范围内。

四是做好文教卫生工作。进一步加大教育投入，全镇共投入资金80万元，用于学校、幼儿园软、硬件建设，进一步改变了办学条件，全镇中小学入学率、巩固率分别达到了100%。为提高群众的健康水平，对45岁以上人员进行免费体检，参检率达到了95%。

五是强力推进农村和城镇社会养老保险制度。按照县委、县政府的统一安排，强力推进农村和城镇社会养老保险制度，全镇9327人参加了社会养老保险，参保率达到了100%。

坨里镇

2011年，坨里镇紧紧围绕全县发展战略和工作重点，依托毗邻曹妃甸的区位优势和滦海公路、沿海高速穿境而过的交通优势，按照年初确定的八项重点工作安排部署，少说多干，奋勇争先，深入实施“棚菜富民、商贸兴镇”战略，大力推进设施蔬菜“一镇一品”建设、农村环境卫生整治、重点项目建设和统筹城乡发展等工作，全镇经济社会进入全面提速、加快发展的新阶段。全年完成固定资产投资29700万元，占计划的232%，位列全县第二名；实现工业总产值53104万元，比2010年增长12%；实现农业总产值36047万元，比2010年增长10%；无公害蔬菜认证面积达到1万亩，生猪存栏达到5.5万头。国地税收入257.13万元，占全年任务的101.2%。其中地税完成201万元，占任务的100.5%；国税完成56.13万元，占任务的104%。

一、推进“一镇一品”建设，促进蔬菜产业增规模上水平

按照蔬菜强镇、产业富民的经济发展思路，积极采取宣传发动、政策推动、服务促动、基地带动等措施，不断推动蔬菜产业上档升级。

1. 壮大棚菜生产规模，打造一产特色。一是广泛宣传发动。组织村干部、种植业大户到乐亭、姚王庄镇、程庄等先进菜区参观考察，组织现场观摩暨经验交流会，进一步开拓群众视野，激发群众建棚的积极性。**二是加大政策推动。**镇里实行每建一个面积不少于1亩的高标准温室奖励2000元的奖补政策，各村建棚数量与村干部工资挂钩，完成建棚任务村奖励村干部工资2000元，每增加1个高标准温室多奖村干部工资500元，每增加1个普通温室多奖励村干部工资100元，对完不成任务的村扣发村干部工资1000元。4月份镇党委挤出15万元专项资金兑现了高标准温室的奖励扶持。三是**搞好服务促动。**制订了《无公害棚菜技术规程要点》、《坨里镇棚菜发展奖励办法》、《棚菜先进适用品种栽培要点》等资料发放到群众手里，帮助群众全面提高生产技能和创新能力。与农业服务中心和农业科研部门搞好对接，组织专家和技术服务人员为棚菜种植户免费提供技术服务。**四是优化设施拉动。**镇党委采取专项补贴、争取项目资金、促进村集体投资、引导群众户出资、集资等形式，全镇新打机井80眼、架设高低压线路2.9万延长米、安装管灌7.5万延长米、新修田间水泥路9000延长米、田间石渣路1.1万延长米，解决一家一户办不了的问题，消除了制约群众建棚设施不足的瓶颈问题。**五是实施龙头带动。**把棚菜建设作为品牌建设的重点，着力构建棚菜种植大基地，做大做强设施蔬菜产业。已建成千棚村3个，新建日光温室995个，建成总数达到了5000个，无公害蔬菜认证面积达到1万亩。滦南县天弘农产品专业合作社作为棚菜种植龙头企业，已注册“独莫城”商标。大基地连同龙头企业一起，构成了带动群众发展设施棚菜的有力推手。

2. 加大农业项目谋划建设力度，为农业发展积蓄后劲。镇党委、镇政府加大农业项目建设力度，积极争取上级资金支持，不断改善农业生产条件。全年启动了3个农业发展项目：一是投资380万元、建设规模2700亩的小新庄等6个村土地整理项目。二是投资140万元、建设规模4200亩的四新庄等6个村现代农业项目，4月份已提前完工。三是投资251万元、建设规模8500亩的薛庄等5个村现代农业项目。

二、促进项目建设又好又快推进，增强发展后劲

镇党委牢固树立抓项目就是抓发展，抓科学发展就是抓大项目、好项目的理念，把推进重点项目作为转变发展方式、扩大经济总量、增强镇域实力的根本举措。全年谋划25个项目，开工兴建4个。一是投资3500万元占地317.8亩的唐山悠然园林滦南绿化苗木基地建设项目提前完工。该项目是全县第一批集中开工项目，4月15日完成7万株苗木的栽植计划，栽植高档树种7万余株；二是投资8000万元、建筑面积20000平方米、长500米的滦海公路西侧商业街一期工程主体完工，建成85套；三是投资500万元的天弘蔬菜专业合作社项目一期工程完工。该项目是全县第二批集中开工的项目之一，建成蔬菜大棚40个，试种了四季菜心、苋菜、柳叶空心菜、小香葱、青椒等南方特色蔬菜品种，成功打入唐山、北京超市；三是滦南县惠美干洗水洗厂项目基本完工。该项目总投资2000万元，占地6.3亩，总建筑面积3400平方米，干水洗厂房2500平方米，主营医院宾馆等干、水洗业务。

三、以新农村建设为统领，大力改善人居环境

集中开展了环境卫生整治，进一步改善了群众生产生活条件，优化了农村人居环境。在第一季度全县卫生环境综合整治检查中获得第一名，第二季度第二名，后续整治继续领先。**一是环境整治和长效机制相结合。**围绕长期实现村容整洁这一目标，以集中整治为突破口，以镇村两级为主体，以资金支持为保障，建立了农村卫生清洁长效机制。各村配备了保洁员、保洁工具。全镇新建砖混结构垃圾池41个，购买成品垃圾箱141个；发挥好14个拉臂箱作用，责成专人定期清理、消毒，每村都指定了1～2个垃圾填埋场。**二是环境整治与发展环境相结合。**以垃圾集中清运为抓手，紧紧围绕“棚菜富民，商贸兴镇”这一主题，在全镇范围内广泛开展优化环境、加快发展的宣传教育。全镇上下形成了人人自觉爱护和创建投资环境的意识，逐步实现了以环境治理促进经济发展、以经济发展加快环境治理的新局面。**三是环境整治和改善生态相结合。**以“扮靓南大门、打造生态镇”为载体，把农村环卫整治与硬化、绿化、美化相结合。镇、村两级投入40多万元，栽植龙爪槐9600余株，山核桃树5000余株，环村林绿化杨树7万株。孙庄、四新庄等10个村，主副街道全部绿化，其余9个村也至少完成了3条街道的硬化任务。该项工作得到了县委、县政府的高度肯定，4月份在全市绿化攻坚评比中得到检查组的高度评价，为省级园林城创建和绿化攻坚全市评比验收做出了贡献。此外，在坨里、贾庄、闵庄等村主街两侧、高速出口、悠然苗圃基地、镇政府等处栽植野花组合景观带，形成了一批绿化亮点。

四、大力发展社会事业，努力改善民生

围绕解决群众最关心、最直接、最现实的利益问题，加快民生改善步伐，不断提高人民群众幸福指数。

1. 规划先行，为城乡统筹发展奠定了基础。结合全镇实际，规划审批了土地利用和镇区建设两项工作，把工业和农业、城镇和农村基础设施与生态环境有机地结合起来。

2. 以统筹城乡发展为重点，基础设施建设进展顺利。一是投资350万元、建筑面积2000平方米的3层坨里镇办公楼主体已完工；二是投资360万元、建筑面积3700平方米的3层坨里镇初级中学教学楼建成并投入使用；三是投资130万元、建筑面积1600平方米的二层薛庄小学教学楼建成投入使用；四是投资56万元的坨里镇卫生院改造工程完工。

3. 教育、民政、卫生等工作卓有成效。继续深化教育教学工作，中考取得优异成绩，一中上线30人。义务教育阶段入学率、巩固率100%；农村危旧房屋改造全面完成，翻建房屋32户，修缮加固45户，100%完成任务目标；新农保参保率99.52%，新型城镇居民参保率达到81.4%。新农合仅用4天时间完成了参合人口16307人，参合率达到了99.28%。全镇的公开阵地建设全部达标，公开内容真实客观，档案管理规范，第二季度专项考核获得第一名。

4. 大力发展劳务经济，增加群众收入。充分发挥交通便捷的区位优势，以曹妃甸为主输送地大力发展劳务经济，逐步实现务工人员“走出去、留得住、收入好、有保障”的目标，全年劳务输出人数突破了6300人次，农民劳务经济收入达到1.5亿元。加强与县劳动就业服务局的合作，科学制定好劳务输出规划，有针对性地推动劳务经济健康发展。与县综合职校、兴达技校等单位加强合作，组织电工、车工、钳工、焊工、计算机等专业技能培训，提高劳务输出人员的素质。加强与曹妃甸首钢等大企业的联系沟通，多方挖掘就业岗位，及时发布就业信息，方便群众求职择业。

5. 文化建设进一步繁荣发展。支持蒋各庄、薛庄、张城和贾庄四个文艺小团体建设，召开文艺小团体骨干力量会议，帮助制定发展规划，引导其围绕县、镇中心工作排练节目进行演出。七一期间，在镇党委的组织下，四个文艺小团体精心排练了红色歌曲、戏剧等文艺节目，巡回各村展开文艺汇演，庆祝建党90周年华诞，收到了良好的效果，群众反响热烈。

五、进一步转变作风，提升政府整体形象

牢固树立正确的政绩观，发扬少说多干、奋勇争先的工作精神，关注民生，尽心尽力为群众办实事、解难事、做好事。在全镇广泛开展了机关作风专项整治活动，出台了一系列制度措施，加大了监督检查力度。要求“全体机关干部摒弃一般性工作状态，树立超常规的工作干劲和姿态，以‘白加黑，五加二’的精神，只争朝夕”。同时开展了党纪条规警示教育活动，进一步健全完善惩治和预防腐败体系，树立清正廉明的政府形象。

六、加强基层组织建设，开展创先争优活动

以镇党委换届为契机，进一步统一了党员干部思想，营造了合力攻坚的氛围，做到了换届与发展“两不误、两促进”。**一是强核心，抓好班子谋发展。**镇党委成功换届、镇人大和镇政府换届完成，通过扎实抓好党委中心学习组的学习，努力提升班子成员的综合素质，提高领导发展的能力。通过开“活”党委会，开“好”民主生活会，开“实”述廉会，扎实抓好党风廉政工作。全镇党政领导团结和谐，精神振奋，相互信任，形成了一心一意谋发展，聚精会神搞建设的氛围。**二是打造坚强的农村两委班子。**针对有些村班子不稳定、后继乏人，村集体经济脆弱、负债严重等不良情况，通过各种形式的创先争优活动教育和影响，进一步树立了村干部的团结意识、服务意识、廉洁意识和发展意识。年内对孙庄、薛各庄两个班子进行了调整，年末对19个村的支部班子成功进行了换届，村委会换届选举提名候选人的工作基本完成，两项工作均走在了全县前列，班子战斗力得到了进一步加强。**三是抓好党员队伍建设。**全年发展党员19名，进一步优化了党员结构。在全体党员中开展了目标承诺，大力开展了基层党组织和党员“创先争优”、“三学三争”及“对标赶超走在前”等活动，把它作为加强党员干部队伍建设、增强基层组织的服务功能、推动农村经济社会发展的重要途径，围绕不同时期的工作重点，确定不同的争创主题，灵活争创载体，推动了各项工作顺利开展。**四是抓好培训工作。**采取多种形式举办各类村干部培训班15次，举办了预备党员、入党积极分子和大学生村官培训班，有效提升了各类人员的能力素质。

七、创新社会管理方式，全力维护社会稳定

全镇大力推行村务管理监督“一卡通”和群众工作站、室工作，广泛宣传发动，及时下大力规范硬件和制度建设，多次组织相关人员的培训，同时加大监督检查力度。工作中，既遵循规定动作，又不断创新工作方法，如创新群众工作日志监督检查，加强对包村干部管理措施，引导村干部规范村级工作运行程序，社会管理工作取得了较好的效果。结合群众工作的开展，镇党委规范信访接待、严格落实领导包案、首问责任制等各项制度，全方位解决群众生产生活中关注的热点难点问题。创新社会管理方式后，既让村干部“学会办事、公平办事、公开办事、为民办事”，又让百姓“学会监督、容易监督、乐于监督、有效监督”；既解决了农村一些长期遗留下来的“老、大、难”问题，又减少了由于村务不透明、造成误解引发的不必要信访。信访案件呈下降趋势，信访量同比下降20%，一批信访老户的问题得到妥善处理，干群关系不断融洽。

姚王庄镇

2011年，姚王庄镇按照年初确立的“工业强镇、棚菜富民、统筹发展、整体推进”的原则，大力实施123工程，即围绕“一个目标”——打造河北蔬菜强镇，抓好“两条主线”——蔬菜产业上档升级和统筹城乡发展，实现“三个突破”——小城镇建设、项目建设和产业结构调整突破，积极探索和改进基层党的建设，加大干部作风建设，少说多干、奋勇争先，开创了全镇经济大发展、社会大稳定的良好态势。

全年完成工农业总产值70954万元，比上年增长2.26%，其中工业产值33746万元，农业产值37208万元；完成固定资产投资17550万元；实现税收224.9万元，占全年任务的122.23%，其中国税149.52万元，占全年任务的115.91%，地税75.38万元，占全年任务的137.05%；人均纯收入达到了14505元，比上年增长12%。

一、推动产业结构优化升级，“河北蔬菜强镇”建设驶入快车道

按照“一镇一品”要求，持续加大农业产业结构调整力度，不断优化产业上档升级，实现了“三提高一增加”。农民组织化程度明显提高。先后成立了绿源、金盛、生态等8个农民蔬菜专业合作社和姚王庄镇蔬菜经纪人协会、蔬菜种植业协会2个协会，为群众提供产、供、销一条龙服务，把分散生产、经营的菜农有效地组织起来；金盛蔬菜专业合作社投资3000万元在沈道口村建立了年产菜苗4亿株的大型工厂化育苗室，保证了蔬菜品质；与北京奥绿特绿色有机农业技术发展有限公司签订了长期供货协议，实现了与北京金客隆等大型超市“农超对接”。形成了“市场+专业合作社+协会+基地+农户”的现代农业产业化生产模式。产业化水平明显提高。与北京二商集团的菜蔬公司洽谈，将2万亩蔬菜生产基地作为北京二商集团的蔬菜基地，用于调控北京蔬菜市场行情、国家应急储备和重大活动供应产品；“青河沿”蔬菜商标申请河北省著名商标和申报河北省名牌产品，已通过验收，品牌效应更加明显；依托市场投资3000万元建成气调保鲜库和半地下果菜加工存储库两个项目，促进了蔬菜产业由数量型增长向质量、效益型增长转变。专业化水平明显提高。加大蔬菜的设施化和生产无公害化实施力度，全力发展高效模式，实现了品种多样化、产出高量化、供应常年化；因地制宜，引导全镇的产业结构呈现出北片以韭菜、大白菜为主，南片以高标准蔬菜温室大棚为主，板桥、南刘等村以大棚桃、大棚葡萄为主的区域化、专业化发展格局；投资450万元完善了市场信息系统和检测检验系统，形成了功能强大的信息网络和农产品检测服务网络体系；投资200万元新建10万吨精品无公害蔬菜交易大厅，棚菜产业逐步迈向了精细化发展之路。农民人均纯收入明显增加。全镇设施蔬菜种植面积已发展到2.6万亩，全部为无公害生产基地，其中高标准温室达到8000个，设施化种植面积占耕地面积的85%，菜农单棚收入由几千元增长到2万元。生猪出栏17409头，肉鸡出栏349316只，奶牛存栏量达到858头，分别比2010年增长19.9%、12.2%和13.3%，农民人均收入由2007年的4056元增长到现在的1.45万元，增长了3.6倍，在全县各镇位居第一。

二、项目建设稳步推进，实现在建、谋划、储备项目良性循环

按照“项目攻坚”目标要求，牢固树立项目立镇观念，提出全民抓项目的工作思路，建立健全了项目责任机制、督办落实机制和限时办结制，扎实推进项目建设。2011年，谋划了5000万元以上的项目26个，总投资24.69亿元。在建项目5个，总投资3.72亿元。前期开工项目2个，分别是嘴东工业区上海港务局投资1.5亿元的二期B区工程量为540万方的吹沙选地项目，已基本完成；滦南县金盛蔬菜专业合作社投资3000万元的工厂化育苗项目一期工程已完工并开始育苗，年生产高品质菜苗4亿株。第三批集中开工项目3个，分别是投资5500万元的滦南县渤海特种苗木繁育中心扩建项目、投资5700万元的滦南县华宇有限公司设施蔬菜观光采摘园一期项目和投资8000万元的滦南县李营村生态农业旅游观光采摘项目。拟申报省级重点项目1个，拟投资5亿元的滦南县环保节能电机有限公司的三相磁力高效节能电机项目。成熟项目1个，投资1亿元的武汉国储建筑设计有限公司的秸秆沼气发电项目。2011年1～10月份姚王庄镇项目建设全县排名第二。

三、坚持统筹城乡发展，新农村建设取得明显进展

按照“一镇三村、四点一带”的整体规划，坚持“规划先行、分步实施、统筹推进”，统筹推进城乡发展。高标准规划小城镇建设：聘请了河北天昊建筑设计有限公司高标准设计了小城镇建设及商贸一条街的规划编制，并报请县规委会通过。同时，编制完成了以李营为中心的各村旅游规划，形成以采摘、垂钓、农家乐为主的生态旅游，以纺织、豆腐、酿酒等小作坊为主的产业多元化，以村史发展、廉政教育为主的精神文化为一体的农业生态园，打造“冀东平原最美乡村”。扎实推进镇村面貌大变样：在抓好李营村建设提升的同时，充分放大发挥李营村的典型示范效应，通过采取政策推动、典型带动、奖惩促动等措施，在全镇掀起了新农村建设的热潮。协调县交通局，投资3000多万元对西曾线公路进行了改扩建工程，路面由原来的7米拓宽为12米，投资400多万元对富民路进行了改扩建，路面由5米拓宽至7米，均已通车，改善了群众的出行条件，极大地推动了蔬菜产业的发展。投资400万元，打井28眼，架高低压线3000米，变压器增容240KVA。安装路灯80盏，建沼气池500座，改厕600个，投资80万元打造富民路景观带，绿化美化不断上档升级。垃圾清运和农村卫生长效保洁工作继续走在全县前列，全镇各村都达到了“三净、五无”标准要求。全力打造文化强镇：年内曹杨碾等村新建文化广场6个，在此基础上，开展丰富多彩的文体活动，李营村成立女子擂鼓队、篮球队的同时，还聘请舞蹈教练教授健身集体舞，有50多名妇女参加；生理庄30多人的清风曲艺社开展了27场评剧演唱会活动，白庄村和曹杨碾村成立了近百人的秧歌队伍和前麻湾、沙窝乐亭大鼓表演都吸引了许多观众，推动了文化产业的大发展。

四、以创先争优为总揽，不断提升基层组织建设水平

在全镇基层党组织和广大党员中扎实开展“三学三争”、“六比六看”等活动的基础上，针对全镇实际，深入开展了“学李营、比变化、做贡献”创先争优活动，涌现出胡许庄、曹杨碾、白庄、李庄、沙窝等一大批先进典型，在全镇营造了比、学、赶、帮、超的浓厚氛围，形成了一心一意谋发展的强大合力。同时，镇党委积极探索，大胆实践，建立了“两个联建”、产业链上建立党组织和选派能人跨村任职三种党组织实施模式。

五、社会事业协调发展，持续推进民生改善

一是精神文明建设取得新成效。狠抓公民道德教育，扎实推进文明单位、星级文明户和基层满意站所创建活动，精神文明建设连续多年被评为市、县级先进单位。2011年，李营村被评为全国文明镇村。二是计划生育工作再上新台阶。全镇计划生育率达到97.48%，人口出生率控制在7.09‰。9月，李营村被国家计生委评为“人口与计划生育基层群众自治先进单位”，被北京军区确定为军民共建计生协试点单位。三是教育、民政、卫生、土管和村级财务管理工作长足发展。初中在校生巩固率达到100%；农村低保五保户、危房改造工作扎实开展；新农合参合率达到99%，新农保参保率达到99.5%。

六、加快创新社会管理步伐，全面构建大维稳格局

为了进一步激发社会活力，促进社会和谐，镇党委以群众工作站为平台，“创新四项制度，力求单个转变”，不断加强社会管理。片长负责制度。将全镇28个行政村划分为四个片，明确2名班子成员为片长，一名为包村干部，一包到底，常抓不懈；逢五必进制度。包村干部固定每周五进村工作一天，对所包村一周来的情况进行全面了解、分析，解决疑难问题，及时反馈信息；“民情台账”制度。包村干部将了解到的情况进行分析梳理，建立“民情台账”；挂帐销号制度。对存在的重点问题进行全程跟踪落实，确定相关领导包案，做到解决一个、销号一个。转变观念，变管理为服务，变命令为引导，使各项工作最大限度地得到群众的理解和支持；转变思路，依群治群，群防群治，将矛盾消解在萌芽状态；转变方法，科学决策，民主决策，实行“自上而下宣传、自下而上决策”，变行政意志为群众意愿。充分发挥了群众的主动性、积极性。全年共接待群众300余人次，消除矛盾隐患30余起，反馈信息300多条。全年没有发生一起县以上越级访。

倴城街道

2011年，街道党委、办事处紧紧围绕建设“激情滦南、实力滦南、文化滦南、生态滦南、和谐滦南”的总体目标，坚定不移地贯彻落实县委、县政府重点工作会议精神，突出“提升服务水平、强化组织建设、繁荣社区文化、维护社会稳定”四个重点，狠抓了七项工作，使街道社区工作呈出现了崭新局面。

一、助推三大攻坚、四大开发

一是按照建设实力滦南要求，大力推进项目建设。树立全员抓项目的思想，将项目建设纳入干部评优评先标准和居委会年终考核目标，出台了项目引进奖励政策，给班子成员定任务、压担子，要求班子成员每人至少谋划一个投资5000万元以上的项目，全面调动街道社区干部招商引资的积极性；进一步加大项目建设的宣传力度，利用《滦南社区》报、倴城街道办事处网站、社区宣传橱窗、举办文化活动等载体，大力宣传推进项目建设的重大意义，引导街居干部、居民树立“视投资者为上帝、视引荐者为功臣、视发展环境为生命”的理念，大力支持、服务项目建设，营造“亲商、安商、富商”的良好环境。积极内引外联，不断拓展招商引资渠道。共谋划重点项目28个，其中一产项目7个，二产项目15个，三产项目2个，城建项目4个，计划总投资325.3亿元。涉及到食品加工、服装加工、房地产开发、旅游等方面。

二是精心部署全员发动助力征收搬迁。利用各种宣传媒介，采取召开党员和居民代表会议、发放资料、悬挂条幅、张贴标语等方式，广泛宣传、全面动员，在街道社区形成人人支持、参与征收搬迁，为推进城市建设献计出力的良好氛围；在抽调骨干力量充实到征收搬迁工作队的同时，采取党政领导包片、居委会书记主抓、街道社区党员干部共同推进的“三位一体”的工作模式，强力助推征收搬迁，并积极引导街道社区党员干部和居民代表做征收搬迁带头人、示范户。在三批征收搬迁工作中，街道社区广大干部群众充分发扬了少说多干、奋勇争先的精神，圆满完成了县委、县政府交给的任务。

二、社区管理

深入开展了以“组织配置最优化、工作运行规范化、服务管理精细化”为主要内容的“三化两创一满意”“金牌党组织”创建活动，全面提升社区管理和服务水平。**一是狠抓管理，提升素质，固本强基。**上半年调整社区党组织书记5人，社区干部12人，一批政治上靠得住、作风上过得硬、工作上有本事的离退休干部走上社区领导岗位；制定并下发了《先进社区领导班子和优秀社区干部评选办法》、《先进站（室）和优秀个人评选办法》、《请销假制度》等文件，扎实推进机关作风建设，实现了干部队伍规范化管理，提升了机关效能；在认真学习中央、省市县委有关文件和决策部署精神的基础上，编写了《街道社区党建工作学习读本》和《县第十一次党代会报告及相关名词解读》两书，不断强化机关和社区干部的学习教育，提升素质；并先后组织社区党组织书记、居委会主任到唐山市路南区、路北区和迁安市等先进社区学习考察，组织优秀共产党员、优秀党务工作者进行环城参观；扎实开展了“对标赶超走在前”活动，使党员干部思想更加解放，视野更加开阔，学有标杆，赶有目标，工作更加勤奋。**二是拓宽服务渠道，为群众提供高效快捷服务。**开展了“党员亮身份、树形象”活动。社区620多名党员主动认领卫生监督、扶弱助残、社会治安等10个岗位，并公开承诺践诺，叫响了“我是党员我奉献”的口号，彰显出共产党员的先进性。开展了“下基层、听民意、解民忧”活动，班子成员包片、一般干部包居，“逢五逢十入社区”，利用群众工作站室、居民说事室等平台，畅通信息渠道，实现了干部联系群众的全覆盖和服务群众的网络化。在社区党员中实施了党员服务群众“一卡通”工程，印发党群连心服务卡1.6万张，居民有事一个电话，党员就会在第一时间帮忙。开展了“走千户，访千人”活动，重点对空巢老人、残疾人、优抚对象、社区矫正对象和困难家庭进行了走访。慰问困难党员51人、空巢老人34人次，为居民办实事511件，化解矛盾纠纷16起，帮扶困难群众42人，解答群众关注问题12个，群众满意度大幅提升。社区党组织开展“三化两创一满意”活动的有关信息，被唐山组工信息刊发并得到了张国栋书记的重要批示，街道社区开展创建“金牌党组织”活动纪实在《唐山劳动日报》一版刊登。

三、双城同创

一是三措并举抓净化。继续完善实施“日巡”、“周查”、“月评”，周三例会播放环卫录像以及党员卫生监督等日常环卫长效管理机制，形成层层环卫监督网；对社区小广告、垃圾倾倒点等重点部位的治理，综合整治社区环境；发挥办事处执法中队的作用，对“五乱”现象，依法进行治理，确保了社区环境整洁。**二是全力以赴抓绿化。**面对资金短缺难题，大胆尝试，积极探索街企共建、共驻共建新路子，充分调动街道社区党员、群众参与的积极性和主动性，组织开展了“公民倾情奉献，共创园林县城”爱心义捐、党员承诺践诺等活动，走出了一条“街道、社区、居民、共建单位”四位一体、和谐共建之路。5月中旬，街道办投资200多万元，圆满完成了所承担的小区绿化任务，绿化面积14万平方米，同时还完成了自行规划的70亩空闲地的绿化，为省级园林县城顺利通过验收做出了贡献。街道办绿化工作得到了张国栋书记的充分肯定和表扬。**三是丰富载体，抓创建。**先后举办了“创建文明县城，创建园林县城，共建美好社区——我参与，我奉献”演讲比赛，迎五一助推双城共创门球赛，知识竞赛，文艺晚会，文明县城全民同创、和谐家园你我共享2012年元旦晚会等系列文体活动，引导广大群众自觉投身双城同创，争做植绿护绿、维护社区环境的文明使者；开展了“文明在我行动中”、“文明在我话语中”、“文明在我微笑中”以及文明劝导系列活动，用实际行动带动广大居民“从我做起，从现在做起，除陋习，树新风”，推动文明县城创建。

四、改善民生

一是实施就业促进工程。对下岗失业人员、就业困难对象调查摸底，进一步核对信息资料，实施动态管理，确保符合条件的居民都能享受到国家的惠民政策。利用《滦南社区》报刊、街道办事处网站、社区橱窗等宣传阵地，发布劳动力供求信息，为求职者提供服务；对灵活就业人员进行岗前培训，增强他们的就业能力；联合就业服务局举办了社区保洁员培训班，对202名下岗失业人员进行了再就业培训。此外，多渠道寻找就业岗位，帮助下岗失业者实现再就业，先后帮助40名困难群众找到了工作岗位。**二是实施惠民保障工程。**为46名居民办理了新型农村社会养老保险，为850名居民办理了城镇社会养老保险，收取保费17.17万元；为6273名居民办理了医疗保险续保和新参保手续，超出2010年参保人数539人。在原有449户低保的基础上，新批低保152户、取消10户、调整12户；积极做好救济、医疗救助、慈善助学等工作，为困难群众提供及时救助。办理大病救助手续28份，救助资金48234元，为2011年新考入大学的27名困难家庭学子申请慈善救助资金44500元；做好优抚军人的日常管理工作；成立了居家养老服务站。并分别在西城胡同社区、冀腾社区、育才路社区、便民路社区成立了居家养老服务站，为老年人配置了休息室、娱乐室、阅览室、并提供午餐服务，使社区老年人老有所养、老有所依、老有所乐。**三是实施健康工程。**加强社区卫生服务站标准化、规范化建设，开展了健康服务进社区活动，推进“健康滦南、幸福人民”活动深入开展。在曙光仁和社区新建一个标准化社区门诊；街道办计生服务站工作人员两次为社区育龄妇女免费进行了生殖健康检查和咨询服务；街道办联合县医院社区卫生服务站为小区保洁员、下岗职工免费进行了体检。此外，不断完善文体设施，引导居民开展形式多样的健身运动。为康乐、罗城、冀腾等8个社区安装了健身路径，部分社区建立了棋牌室、乒乓球室、文体活动广场，为居民提供了必要的健身设施和场地。

五、文化建设

把繁荣社区文化与推进全县重点工作紧密结合，坚持推进社区文化建设提品位、上档次、出精品。先后组织了“助推双城同创、共建美好社区：我参与我奉献”演讲比赛、“颂歌献给党·庆祝建党90周年文艺晚会”、“唱响红色歌曲”、“我们的节日·端午（中秋）”、消夏文艺晚会、“讴歌滦南辉煌业绩，展望滦南灿烂前景”知识竞赛、2012年元旦晚会等系列文化活动，参加了第八届合唱节，并获得三等奖；同时组织引导西城胡同社区星光艺术团、祥和路社区演唱队、育才路社区文艺队等6个文艺团体自编自演反映滦南“三大攻坚、四大开发”丰硕成果的文艺节目30多个，为居民演出百余场次，不仅使居民的业余文化生活空前活跃，同时大力宣传了县委、县政府重大决策部署，凝聚了民心，提振了广大干部群众投身新滦南建设的精神。

六、综合治理

不断健全街道、社区两级排查网络，落实“四定三包”责任制，加大信访积案、群体性信访问题的稳控和化解力度，做到了矛盾纠纷早发现、早控制、早上报、早解决，较好地维护了街道社区和谐稳定；开展了“送法进社区”活动，采取举办法律知识讲座，观看专题片等多种方式，宣传法律和治安防范知识，各社区还创作相关小节目，以浅显易懂的形式向广大居民宣传平安创建知识，显著提高了居民的平安意识、防范意识，推进了平安创建工作；此外，加强社区义务巡逻队力量，目前街道办所辖区域内共有义务巡逻员223名，每天坚持日常巡视，随时随地宣传综治知识，维护社区治安；充分发挥人民调解、行政调解、司法调解“三位一体”的调解工作机制，及时解决群众矛盾纠纷，维护了社区稳定。

七、计划生育工作

一是不断强化软硬件建设。实行月培训制度，年内培训专干、小组长350人次，提高了计生队伍整体素质；投资10万余元，在15个社区建立了人口文化宣传教室、会员之家活动室，在4个社区设立了文化宣传一条街，建立了新型生育文化大院，实现了计生硬件设施从无到有的转变。二是不断创新和完善人口信息管理平台。走访流动人口3200人，采集各类信息6500多条，建立了流动人口信息管理平台；对辖区内常住人口的信息进行了采集核定，并录入微机，使辖区常住人口信息得到全面完善，为计生工作提档升级奠定了坚实的基础。三是开展“民心工程”，深化优质服务。为辖区3000多名育龄妇女进行了两次生殖健康免费检查，对检查患病妇女进行了跟踪随访，受到了大家的欢迎。此外，以举办文艺晚会、免费义诊等活动为载体，深入宣传新型婚育观念；以社会抚养费征收为手段，推进了依法生育。

八、信息工作

全年上报县委、县政府两办及宣传部、组织部、《新滦南》报等部门各类信息298篇，其中在唐山劳动日报刊发1篇，在唐山文明网刊载2篇，华龙网刊载1篇，在环渤海新闻网和中国新闻网刊载5篇，编印《滦南社区》报12期，对倴城街道办事处网站进行了及时更新内容和维护，发挥了宣传工作的思想教育和舆论引导作用。

城西工业区

2011年，城西工业区管委会在县委、县政府的正确领导下，坚持以科学发展观统揽工作全局，抢抓河北沿海地区开放开发战略和省级工业聚集区建设的重要历史机遇，以创先争优活动为契机，不断强化服务意识、创新意识，发扬“少说多干，奋勇争先，不为失败找理由，只为成功想办法”的攻坚精神，超前谋划，攻坚克难，扎实推进工业区基础设施建设、重点项目建设、招商引资、企业管理等重点工作，取得了明显成效，为工业区快速发展奠定了坚实基础。

2011年，城西工业区各项工作扎实推进，取得丰硕成果。省级工业聚集区获得批复，基础设施建设快速推进，项目建设迅猛发展，招商引资取得新突破，园区管理水平显著提升。全年完成固定资产投资21.4亿元，是2010年的近3倍；完成主营业务收入97亿元，同比增长55%；完成利税总额3.4亿元，同比增长42%；新增就业4500人，总计达到1.5万人。

一、省级工业聚集区获得批复

为实现工业区科学、快速、持续发展，按照河北省人民政府《关于加快工业聚集区发展的若干意见》（冀政[2010]90号）要求，委托上海同济城市规划设计研究院等具有甲级资质的规划设计单位高标准完成了工业区总体规划、控制性详细规划、产业发展规划及规划环评，经过不懈努力，工业区“三规一环评”均通过专家评审和省市有关部门审核，并顺利通过省级工业聚集区复查调研组考察验收，于5月3日被省政府正式批准为首批省级工业聚集区。（工业区被批准为省级工业聚集区后，可为工业区每年安排1000亩土地指标、1000万元贷款贴息等一系列优惠政策）

二、基础设施建设突飞猛进

一年来，城西工业区强力推进征地清场、道路、管网、绿化、电力、形象改造提升等六大基础设施建设工程，取得了突飞猛进的发展。

一是超前完成征地清场工程。2011年1月以来，管委会结合倴城镇、国土局等单位，全面完成了道路工程征地范围内王官寨、双柳树、魏营、西北街等四个村共190座坟墓的搬迁工作；协调林业局完成了园区内1608棵树木已全部采伐完毕；完成了创新路北段王官寨村4万多立方土岗的清运工作；完成了王官寨村6家种、养殖户补偿及地上附着物清场工作。同时，协调有关部门完成了园区内1400多亩土地的征地补偿及清场工作。

二是快速推进道路工程。管委会超前谋划，在2月底前完成了中大街西延、创新路、锦绣路、文明街四条道路管网工程立项、规划、环评、土地预审等前期手续。并严格按照有关规定履行了项目招投标手续，确定了项目施工单位及监理单位。该道路管网工程涉及中大街西延、创新路、锦绣路、文明街四条道路，总长度7.5千米，路面控制宽度30米，总投资13277万元，由四川亚泰公司以BT模式修建。目前，四条道路已全部竣工通车，雨水、污水、给水等地下管网工程已全部完成。

三是统筹推进综合管网工程。在道路铺设过程中，城西管委会超前谋划实施了燃气（天然气、煤气）、热力、蒸汽、通讯等综合管线配套建设工程，提前组织有关单位在九个路口预埋过路管道，并组织相关单位铺设燃气、热力、蒸汽、通讯等综合管线永久性管道。目前，燃气（天然气、煤气）、热力、蒸汽、通讯等综合管线配套建设工程已全部完工，实现了城西工业区核心区内“十通一平”，为项目建成投产提前做好准备。

四是积极开展绿化工程。按照创建省级园林城工作要求，工业区内18家企业承担创建任务。截至5月20日，企业庭院绿化工作已全面完成，累计投资250万元，栽植各类乔灌木2400多株，色块等低矮灌木和花卉10万多株，破硬还绿栽植草坪、色块等2.4万平方米。对扒齿港工业区企业沿路进行了绿化，绿化面积1万多平方米，累计完成投资80万元。同时，城西工业区四条道路绿化工作正加紧准备，已组织住建、规划、林业等有关部门对设计方案进行了结合，目前唐山园林规划设计院正在对规划设计进行修改完善，方案修善后报规委会审批。

五是圆满完成电力工程。协调电力、通讯、有线电视等相关部门，完成了王官寨、魏营、汤官寨、双柳树、谷家营等五个村32档、1600米低压线路，3条10千伏线路、汇丰钢厂专用线路、5条35千伏线路及3500米通讯线路的迁改工作。同时，超前谋划110千伏、220千伏变电站。目前，220千伏变电站正在抓紧施工施工；110千伏变电站已完成选址，正在做可研报告，待可研报告完成后，协调电力公司抓紧跑办项目立项、环评、规划、土地预审等前期手续。

六是稳步推进形象改造提升工程。为提升省级工业聚集区形象，结合中大街西延道路管网工程建设，城西管委会下大力度实施了中大街西延道路两侧建成企业临街建筑退改工作，改建围墙近2000米；为进一步提升园区品味，按照县委、县政府部署，在城西工业区中大街西延路口规划设计并组织实施了标志性主题造型工程，目前该主题造型工程已全部完工，为迎接全市第三次大项目观摩活动做好准备。

三、项目建设快速推进

城西工业区始终将项目建设作为中心工作常抓不懈，取得了显著成绩。截至目前，城西工业区共谋划实施重点项目114个，总投资383亿元。其中完工项目15个，总投资42亿元；在建项目15个，总投资47亿元；谋划成熟项目84个，总投资294亿元。

一是完工项目不断增多。截至目前，工业区有唐山耀东水泥熟料、唐山顶热太阳能设备生产、滦南利民生猪屠宰加工、唐山金利海生物柴油、企创热处理装备制造、中红普林医疗级丁腈手套、唐山成泰塑料塑钢生产线、唐山伯特利汽车制动设备制造、林海科技高压电力装备制造、唐山同创电力工业自动化集散控制系统、中红建材城、永发鸿田农机制造、万浦热电循环水改造等15个项目建成投产，总投资42亿元，年可增加销售收入18亿元，增加利税1.5亿元，增加就业4500人。

二是在建项目进展顺利。截至目前，城西工业区共实施重点项目30个，总投资89亿元，已累计完成固定资产投资22亿元。其中完工项目达到15个，总投资42亿元；在建项目15个，总投资47亿元。河北泽澳纺纱有限公司高档绿色环保纱线、唐山云阁钢结构有限公司钢结构制造、唐山汇丰钢铁有限公司冷轧薄板技改项目、河北中通陶瓷有限公司年产180万件高档卫生陶瓷建设项目、唐山坤达科技有限公司高端铝制品项目、唐山瑞程船用型钢有限公司船用型钢生产线项目、唐山耀东水泥有限公司年产120万吨水泥粉磨工艺生产线等11个项目，预计2012年年底前可竣工投产，年可增加销售收入40亿元、增加利税总额近3亿元，增加就业4500人。

三是努力争取重点项目用地指标。城西管委会结合县发改局积极申报省重点项目和沿海产业项目。2011年以来，唐山顶热太阳能设备有限公司太阳能利用设备生产线、中船重工物贸集团公司船用型钢深加工配送2个项目已列入2011年第一批省重点项目计划；汇丰钢铁超精细钢丝生产线、北京二商与中红普林合作副食品加工基地、尚新融大电子器件及节能产品生产、永新纸业年产160万吨牛皮箱板纸等

4个项目已申报2011年第二批省重点项目；已上报省沿海办急需用地产业项目15个，总投资106亿元，共申请用地2660亩。

四、招商引资工作深入推进

城西工业区不断加大招商引资力度，加快推进产业聚集，迅速扩大工业区经济总量。截至目前，城西工业区共谋划重点项目84个，总投资294亿元。其中，亿元以上重点项目63个，总投资280亿元；5亿元以上重点项目13个，总投资192亿元；10亿元以上重点项目7个，总投资155亿元。

一是积极围绕重点产业支撑项目大力招商。针对北京二商食品加工基地、中船重工船舶装备加工、生物质能源颗粒燃料等重点项目，主动与项目谋划单位联系，取得了实质性进展。

二是积极探索招商引资新模式，深入开展以商招商。有针对性地选择县内重点企业在经营活动中招商，取得了初步成果。吉林兄弟木业与仕达家俱公司合作投资3.5亿元的实木家俱、实木套装门项目、扬州长城铁路器材有限公司与唐山鼎冠润洪房地产开发有限公司合作投资3亿元的滦南铁路器材厂项目、北京世艺印刷有限公司投资3.5亿元的彩印包装项目，均已达成了合作意向。林海科技公司与国内机械工业销售排名第一位的上市公司上海电气集团有限公司，就建设大型机电装备再制造项目建立了技术服务长期合作关系。

三是全方位开展招商活动。管委会主要领导带队赴江苏、北京、天津、辽宁等地进行招商，推动谋划项目成熟落地。同时，积极与当地商会等中介组织联系，宣传推介工业区投资优势，扩大招商引资成果。

截至年底，城西工业区谋划重点项目总量达84个，总投资294亿元。超额完成年初确定“谋划项目达到80个”的目标任务。

五、园区企业管理和党建工作不断加强

一是全面提升区内企业综合实力。积极引导企业开展资格认证，申报专利及名牌产品，不断提升企业整体实力和市场竞争力。新鑫特钢公司取得了ISO9001质量体系认证，荣获河北省“重合同守信誉”称号，并通过九国船级社的工厂产品质量认证；河北永发鸿田农机制造有限公司花生摘果清选机、多功能花生覆膜旋播机、玉米种肥分施旋播机等7项自主研发成果获得国家实用新型专利。

二是引导现有企业开展二次创业。目前，工业区内有中红普林集团、汇丰钢铁、新鑫特钢、京东实业集团、顶热太阳能、阿波罗太阳能、林海科技、海通电子等8家企业实施了再创业项目，总投资30亿元。同时，为更好地指导工业区企业发展和经济运行，责成园区内48家建成企业安排专兼职统计人员，建立起了一整套全面、系统的统计信息网络，为年底顺利通过省级工业聚集区年度验收考核奠定坚实基础。同时，按照省级工业聚集区验收考核标准，组织各企业每月定期上报统计数据，为工业区发展决策提供详实、准确的数据材料。

三是积极争取省级工业聚集区资金政策支持。省政府规定“对省级工业聚集区每年安排1000亩土地指标，1000万元贷款贴息”。一方面，管委会加大了土地指标跑办力度，为入区项目搞好承接服务；另一方面，按照省发改委、省工信厅《关于做好2011年重点产业振兴和技术改造专项有关工作的通知》（冀发改产业[2011]329号）要求，结合县发改局筛选出符合条件的重点产业振兴和技术改造项目6个，帮助企业全力争取1000万元的扶持资金。目前相关材料已组卷上报省发改委。

四是工业区党建工作不断深入。工业区党委不断加强党的建设，深入开展“认责承诺”、“党徽在攻坚一线闪光”、“对标赶超走在前”等系列争创活动，把党员干部凝聚成一个攻坚克难、无私奉献的战斗集体，形成了比学赶帮超的浓厚氛围，被县委评为2011年第一季度“比攻坚看工作实效”优秀党组织、被县委、县政府评委“滦南县重点项目建设攻坚行动先进单位”。组织工业区内党组织顺利完成了第一届党代表选举工作。同时，工业区党委注重基层党组织建设和管理，指导各基层支部完善组织制度，认真开展组织活动，积极发展党员，不断增强党组织的凝聚力和战斗力，使企业党组织在生产经营中充分发挥领导作用，为县域经济发展做出突出贡献。

嘴东工业区

2011年，管委会一班人按照县委、县政府的安排部署，紧紧围绕打造“激情滦南、实力滦南、文化滦南、生态滦南、和谐滦南”总体目标，少说多干，奋勇争先，突出重点，创新机制，不断开创工作新局面，园区基础设施建设、产业聚集、港口建设等方面取得了明显进展和突破，基本构建起了工业区、生活区、港区“三区”联动建设框架。截至目前共谋划实施项目108个，总投资810.31亿元，在建及完工项目26个，总投资174.69亿元，完成固定资产投资15亿元。

一、党务工作情况

2011年，管委会党委始终坚持按照县委的安排部署，积极深入开展各项工作。一是不断完善组织机构，设置目标任务，对下设三个党支部进行了重新梳理和认证。二是积极开展党史再教育活动，同时组织号召全体机关工作人员认真学习胡锦涛“七一”重要讲话精神及县第十一次党代会精神，教育全体党员干部以高度的主人翁姿态投入到当前的大开发、大建设中去。三是积极开展“六比六看”活动，一年来，滦南恒丰制盐公司总经理金秀敏、嘴东管委会副主任陈少江工作积极热情，表现优异，连续被评为创先争优先进个人荣誉称号，恒丰公司也被评为创先争优先进单位。四是积极开展党性教育及送温暖活动，七一前夕，嘴东管委会按照县委、县政府的安排部署组织实施了“迎七一党旗传递”及“七一走访慰问老党员”等系列活动，全面提高了党员对党的崇高认识。五是积极开展对标赶超走在前活动，并制定了具体实施方案。12月16日，管委会组织机关工作人员到丰南经济开发区进行参观学习，对照丰南开发区先进的开发建设及管理模式，制定了适合嘴东经济开发区不断向前发展的具体工作措施和方向。

二、开发建设工作情况

2011年是嘴东开发区开发建设进入关键阶段的一年，一年里，管委会全体干部职工负重奋进，艰苦奋斗，圆满完成了年初预订的各项工作任务。

一是园区规划全面提升。嘴东经济开发区产业规划、总体规划、控制性详细规划编制完成并经过专家评审，已正式批准实施；嘴东经济开发区规划环评报告编制完成并经省环保厅批复；海域利用规划已编制完成；7月6日嘴东经济开发区已被省政府正式批准为省级开发区。

二是吹沙造地进展顺利。总投资6.16亿元，吹填面积1.45万亩的吹沙造地一期工程、二期工程A区、B区、C区已经完工，其中一期工程及二期工程A区、B区已完成验收，一期中3645亩、二期工程A区3665亩正在进行降水。

三是基础设施建设全面展开。2011年，共修建园区道路4条，全长12.5千米，总投资6.1亿元。其中，南环路一期工程主路已建成通车；滦河大道工程主路一层油面铺设已完成3000米；秦岭大街半幅完成毛石抛筑2300米；湘江大道毛石抛筑已基本完成，全夯完成800米，雨水管沟浇筑600米。此外，11万千伏变电站土地填方已完成，正在履行工程招投标手续；嘴东污水处理厂正在重点与国电水务、天津水务集团洽谈BOT建设协议；供水工程1万吨/日净水输送工程，已与曹妃甸供水公司签订供水协议，正在组织施工；1000万吨/年源水输送项目，市水务局已组织召开项目可研报告会审会，正在组织建设经营公司。

四是产业聚集日益加快。2011年，嘴东经济开发区按照县委、县政府的安排部署，广泛宣传招商政策，实行全员招商、以商招商、点对点招商等招商方式，不断加大项目的谋划力度，并取得了明显成效。2011年共谋划项目30个，总投资214.88亿元。唐山方舟实业修造船厂、海都食品加工厂、方舟海洋食品加工厂等项目已建成投产；方舟船厂二期正在做基础处理；河北毕氏精细化工园区2500亩吹沙造地已完工；嘴东港务公司综合物流、唐曹实业船舶修造船、东方港务修造船等3个项目吹沙造地已启动实施，嘴东港务公司综合物流项目吹沙造地一期工程已经完成。钒钛新能源综合利用项目正在积极跑办项目手续，滦南君纳船舶油料储存项目可研报告、降水已完成，土地整理也基本完成，安评已经过专家论证，正在组织环评，设计单位正在做施工设计，唐山海都冷链物流项目正在进行土地填方，唐山方舟预拌商品混凝土项目正在进行土建工程，厂区地基混凝土浇筑已完成，设备正在焊铸。

五是三产服务业发展势头良好。中冶方舟公司棚户区改造，回迁房项目占地117亩，建筑面积9.6万平方米，共建设25栋住宅楼，其中回迁房23栋，投资2亿元，正在全面施工，2011年22栋楼房桩基已完工，13栋楼房已开槽，8栋楼房基础砖墙已完工，正在建筑主体，其中4栋楼房首层封顶；海鲜美食城项目正在完善规划设计，起步区100亩正在进行土地填方；嘴东温泉度假酒店项目正在协调项目用地。

六是港口开发正式启动。曹妃甸五号、六号港池海域使用功能已调整为港口航运及城镇与工业用海，唐山港总体规划修编已经完成。曹妃甸嘴东港务有限公司已经注册。

三、沿海办工作情况

自2011年5月份成立滦南县沿海开发建设办公室以来，积极全面配合省、市沿海办的各项工作，按时完成上级布置的各项任务。全年共申报两批项目建设用地指标，批复了9个，共计539亩，其中第一批批复7个项目，用地面积为410亩，第二批批复2个，用地面积为129亩。

四、恒丰制盐公司生产运行情况

2011年，随着全县“三大攻坚、四大开发”的不断先前推进，嘴东经济开发区的开发建设工作也步入了高潮。由于开发区吹沙造地、道路工程等项目的相继开工，使恒丰公司减少了近一半的有效制盐面积，严重影响了公司的正常生产运行，在巨大的困难面前，恒丰公司全体干部职工识大体、顾大局，全力支持开发区开发建设。同时，公司在千方百计保障原盐生产的前提下，转变经营思路，积极探求新的收入增长点，构建起了以原盐生产为主、海水养殖和加工为辅的经营模式。一年来，公司全体干部职工充分发扬精卫填海的精神，同舟共济，负重奋进，历尽曲折与艰辛，用智慧和汗水，换来了收获和希望，全年生产原盐5万吨，完成产品销售收入1174万元，上缴国家税金320万元，保证了职工收入，稳定了职工就业，维持了企业正常运转，确保了一方平安，为全县经济发展和开发区建设做出了一定的贡献。

五、工作措施

一是进一步解放思想，强化责任。嘴东经济开发区作为一个省级开发区，又是全县“四大开发”重点区域之一，紧紧抓住了河北沿海地区发展规划已被国务院批准为国家战略的重大机遇，进一步解放思想，转变观念，继续充分发扬少说多干，奋勇争先的优良作风，以不甘落后、敢为人先的精神，加快嘴东经济开发区开发建设。工作中继续实行重大项目主任分包责任制，明确任务，落实责任。

二是调整产业布局，提高园区竞争力。按照“一区多园”的产业布局，对现有入区项目进行筛选、调整，提高新项目行业准入标准，严格限制高耗能、高污染项目进入园区。积极引进新能源新材料项目和战略性新兴产业项目，培育2～3个特色鲜明的产业，做大做强，创造品牌。

三是多措并举，盘活土地资源。对已确定的入区项目分类管理，加强督导。一期21个项目吹沙造地范围内具备开工条件的，督促项目尽早开工建设；对确实没有投资意向的项目，积极采取措施，制定土地管理办法，收回土地使用权，另行招商项目，尽最大可能盘活土地资源。

四是进一步改进机关作风，求真务实、埋头苦干。教育全体机关工作人员进一步牢固树立党员意识，继续开展“党徽在一线闪光”、“对标赶超走在前”活动，近学丰南沿海工业区、远学燕郊经济开发区，对标赶超，找准问题、采取措施、选树典型，切实增强创新意识和责任意识，真正树立起一种坚韧不拔的“钉子”精神，抓住不放，紧盯到底。

北河新区

2011年，北河新区管理处在县委、县政府的正确领导下，团结带领管理处一班人，发扬“白加黑”、“五加二”的工作精神，少说多干、奋勇争先，凝心聚力、攻坚克难，推动新城区建设管理实现了跨越式发展，各项工作均取得了可喜成绩。

2011年，北河新区25个建设项目共完成固定资产投资11.65亿元，8个项目顺利完工，一座“碧水环绕、绿树掩映、曲美人和、古韵新风”的现代化新城正从规划变为现实；北河水城成功入选“唐山八景”并被写入市委工作报告，一座风景秀美，环境优雅的滨海水城正在被越来越多的人所熟知。一年来，管理处多次受到县委、县政府通报表彰，先后被授予“滦南县城镇面貌三年大变样百日会战先进单位”、“滦南县重点项目建设攻坚行动先进单位”、“滦南县先进基层党组织”荣誉称号。

一、内强素质，外树形象，加强干部队伍自身建设

领导班子始终保持党性原则，内提素质、外树形象，团结带领管理处一班人，以廉洁高效、求真务实的工作作风，负重奋进，攻坚克难，形成了干事创业的良好氛围，树立了立党为公、执政为民的良好形象，为全面开展工作奠定了坚实的基础。

（一）加强班子自身建设，充分展示干事创业的良好形象

不断加强班子思想作风建设，领导班子带头执行民主集中制，既集思广益、又敢于负责，每位班子成员注重讲党性、讲大局、讲原则，政治上相互信任，工作上相互支持，生活上相互照顾，领导班子团结和谐、开拓进取、求真务实，班子成员既主动参与集体领导，又认真履行分管职责，形成了业务工作与党风廉政建设相互促进的运行机制。

一是坚持班子例会制度。班子例会每周至少召开一次，搭建起了班子成员及时沟通思想、通报情况的平台。重大问题班子成员集体研究讨论，形成解决方案，杜绝了“家长制”、“一言堂”的执政弊端，使班子异常团结，凝聚力不断增强。二是坚持理论学习制度。每周五下午组织集体学习，班子成员全体参与，对胡锦涛总书记“七一”讲话、张庆黎书记在唐山调研时的讲话及党的十七届六中全会、省八次党代会、市九次党代会、县十一次党代会等会议精神进行了全文学习，结合自身分管工作撰写了心得体会，使班子成员思想不断进步，观念不断更新，为创造性的开展工作打下了良好的基础。三是坚持纪律约束制度。通过开展机关作风专项整治活动，在自查自纠的基础上，大力加强制度建设，先后制定了《领导班子民主议事制度》、《工作纪律》、《例会制度》、《请示报告制度》、《机关学习制度》、《考勤制度》、《工作目标管理制度》等制度并狠抓落实，做到干部有行为规范、工作有制度规范、运作有程序规范，健全完善了内部监督制约机制。四是自觉接受群众监督。深入基层，深入群众，敞开胸怀，开诚布公进行批评和自我批评。充分听取群众意见，自觉接受群众监督。开展了认责承诺、廉洁自律公开承诺等活动，将各项工作任务分解量化，并在公开栏中向群众公开，接受机关干部和群众的监督。在班子成员的影响和带动下，全年管理处工作人员未发生一起不廉洁行为，受到各项目建设单位的一致好评。五是健全防腐倡廉工作机制。管理处以建设一流班子、带出一流队伍、培养一流作风、创造一流业绩为目标，带头落实和执行廉洁自律各项规定，严令禁止“吃拿卡要”。认真履行“一岗双责”党风廉政建设责任制，做到了业务工作与党风廉政建设同研究、同部署、同检查，同考核。

（二）着力加强队伍素质建设，显著提高了能力水平

北河新区管理处始终把队伍素质建设作为一项重要工作来抓，注重内强素质、外树形象，引导党员干部在工作中磨砺意志，增长才干，使干部队伍战斗力、凝聚力、竞争力不断增强，干部队伍综合素质得到了显著提高。

1.以落实责任、认责承诺为动力，增强了队伍的责任意识。年初，将项目督导、项目谋划、宣传推介等工作进行了明确分工，层层落实责任，领导班子带头开展了认责承诺活动。为确保完成工作任务，实行“月通报、季评比、半年总结”的评价机制，及时公布任务完成情况，半年总结中排名末位的工作人员，在机关全体会上作表态发言，强化了“一日无为、寝食难安”的责任意识，形成了“日事日清、事不过夜”、毅然决然的第一执行力。经过群策群力，全年共推动19个项目开工建设，项目总投资14.5亿元，为新区发展注入了新的活力；谋划新项目21个，项目总投资33.7亿元，使谋划储备项目总数达到63个，项目总投资达到112.5亿元，为新区持续开发提供了可靠的项目保障。结合“思党恩、倡廉洁、助攻坚”主题征文活动、“党在我心中”主题征文活动、党员干部学党史活动，对党员干部进行党性修养教育，增强了党员干部的责任感和使命感。

2. 以创先争优、对标赶超为动力，增强了队伍的竞争意识。开展了“六比六看”、“对标夺旗”等活动，对工作任务完成情况进行量化评价，引导工作人员强化竞争意识，在竞争中提素质、增才干，形成了只为成功想办法，不为困难找理由的良好工作作风，有力推进了各项工作的开展。开展了“对标赶超走在前”活动，管理处主要领导带头，全体工作人员共同参与，确定了对标赶超对象，明确了赶超目标，制定了赶超措施，形成了人人比学赶超、人人创先争优的良好工作氛围。

3. 以机关作风整治活动为契机，强化了队伍的工作作风。按照县委安排部署，认真组织开展了机关作风专项整治活动，全体机关干部认真查找了工作中的存在问题和不足，制定了科学可行的整改提高方案，通过集中学习、自学提高等活动，提高了干部队伍的业务理论水平。在游船接待及管护过程中，工作人员发扬“白加黑”、“五加二”的奉献精神，冒严寒、耐酷暑，昼夜值班，圆满的完成了500多次接待任务，累计接待县内外领导及外地客商5000余人次，得到了各级领导的充分肯定。通过实践锻炼，增强了干部队伍的工作能力，强化了少说多干、奋勇争先的工作作风，队伍的凝集力显著增强。

二、戮力同心，攻坚克难，推动新区实现跨越式发展

（一）大力推进项目建设，迅速提升了整体形象

2011年，北河新区管理处大规模组织开展了北河新区开发建设会战，推进新区全面开发。截至目前，共谋划实施重点项目88个，项目总投资138亿元，其中建设项目25个，投资25.5亿元，谋划储备项目63个，投资112.5亿元。

1. 强力推进基础设施类项目建设，迅速搭建新区发展框架。为迅速搭建起北河新区的发展框架，管理处领导班子明确分工，加强协调，强化督导，带领工作人员发扬“白加黑”、“五加二”的工作精神，坚持一线办公，挂图作战，有力推动基础设施项目建设进度。截至目前，北河大桥、北河水系治理、崇法大街、建设北路、兆才北街、仁河大街便道、导流明渠一号二号闸涵、水厂路给水改造等8个项目已完工，有效延展了北河新区的发展空间。

北河大桥是北河新区开发建设的先导工程，是连接新老城区的重要交通枢纽。在大桥施工过程中，管理处做了大量周到、细致的工作。为确保大桥五一通车，管理处主要领导始终坚守在施工一线，每晚组织召开调度会，解决施工中存在的问题，安排调度施工。先后破解了降水、打桩、钢筋预制等技术难题，协调解决了电力保障、物料运输等问题。在拱板浇筑、油面铺装、围堰撤除等关键时期，安排工作人员实行24小时轮岗值班，现场督导，确保了施工顺利推进。经过艰苦努力，5月1日北河大桥如期完工，共预制安装钢筋3800吨，动土方8万方。通车剪彩仪式上，市委常委、副市长王久宗等市领导出席仪式并对北河大桥给予了高度评价。

北河水系治理工程是北河新区的重要保障性工程，项目建成后将有力提升北河新区的防洪、行洪能力，有效拓展城市滨水空间。为确保项目迅速推进，管理处多次召开调度会议，解决了拆迁清表、电力及通讯搬迁、弃土点征地、电力保障等问题，为施工单位创造了良好的施工环境。项目分包责任人发扬“咬定青山不放松”的精神，采取“旁站式”工作法，及时发现问题，迅速解决问题，连续4个月一线盯办施工，确保了工程如期完工。

路网项目是搭建城市发展框架的重要基础设施，2011年，北河新区共建设新北环、建设北路、崇法大街、兆才北街、仁河大街便道等5条道路，其中4条道路已完工通车，新北环已完成基础以下全部工程。以上道路工程因作业面较长，时常因群众阻挠而停工，管理处协调倴城镇做了大量耐心细致的群众工作，圆满解决了梁泡养殖场、北大港鱼塘、跌道沟等停工事件，妥善处理了兆才北街拆迁扫尾工作，确保了道路工程进度顺利推进。为确保配套管网建设随道路建设同步施工，避免因规划不当为造成返工，管理处多次组织规划局、住建局、交通局、相关通讯公司召开协调会议，研究制定配套管网专项设计施工方案。为缩短工期，抢抓进度，协调相关单位解决了通讯线路迁改、施工降水排放等问题，督导施工单位强力推进工程进度。统筹调度，安排道路建设、管网敷设同步交叉施工。随崇法大街基础开挖，完成了水厂路给水改造工程，破解了研发中心、星级酒店降水排水难题。为确保工程质量，在那颜湖大桥箱梁、顶板浇筑过程中，昼夜现场调度，协调电力保障、混凝土供应，保证了主体结构一次成型。

2. 强力推进三产服务类项目建设，迅速展现新区滨水景观。管理处落实县委工作部署，准确把握新区功能定位，坚持“以文化为根，以历史为脉，以水为魂”的建设理念，大力推动文化旅游、水上观光、休闲购物、服务接待等三产服务类项目建设，沿北河建设了一批主题鲜明，风格独特，寓意深刻的建筑和设施，使北河新区迅速展现出了水城风貌。其中，北河公园改造项目已完工开园，共动土石方3万方，铺筑园路2.5万平方米，建设了三亭苑广场、三枝花广场、风帆广场、亲水广场等4个广场及6个观景平台，修建了3座凉亭、1条木栈道、1个游船码头，完善了厕所、垃圾箱、木座椅、灯具等景观和设施，栽植乔木2000棵、灌木15万株，铺植草坪及色块3万平方米；总建筑面积2万平方米的北河星级酒店项目已完成3层施工。金代风情街、蓝色港湾、燕南山、惠民广场、夷齐岛、三娥苑、金水街等9个项目正在有序推进，部分项目主体已基本完工。靓丽的滨水景观，在全市大项目观摩、省级园林县城验收等大型活动中，受到了专家和领导们的广泛赞誉。

3. 强力推进公建及商住项目建设，迅速提升新区承载能力。围绕完善城市功能、提升城市承载能力，大力推进了公建及商住开发项目建设。

研发中心是北河新区建设的第一栋高楼，建成后将成为滦南的地标性建筑，对提升城市品位具有重要意义。项目开工建设以来，管理处主要领导亲自挂帅参与项目管理，盯办工程质量，督导施工进度。为破解降水、打桩、开槽等技术难题，管理处多次召开会议研讨施工方案，并顺利攻破了难关。为确保工程质量，对施工队伍资质进行了审查，先后4次组织建设材料及设备考察，为高标准建设该项目提供了重要参考依据。管理处副主任史海峰同志长期一线办公，现场调度，强力推进了工程进度。

为迅速聚集新区人口，提升城市形象，增强新区的承载能力，全年北河新区共开工建设了总投资7.7亿元的商住开发项目3个，总建筑面积33万平方米。目前，天鹅庄园一期工程7栋住宅已完成主体，九号公寓2栋住宅已封顶，丽墅庄园一期工程主体已完工，明年竣工住宅面积达18万平方米，能够满足1000户家庭、3000人口的住房需求。

（二）强化环境秩序整治维护，逐渐积累了管理经验

1. 基础设施管护水平显著提高。随着北河新区开发建设不断提速，北河大桥、北河公园、北河水系治理、崇法大街等基础设施项目相继完工，设施管理压力不断显现。为更好的完善配套设施，加强公共设施日常管理维护，多次召开班子会议研究管理方案及措施，会同水务局、住建局、交通局做了大量具体工作，推动配套设施不断完善，使公共设施管理不断规范。

北河大桥建成通车后，安排专人全程督导人行道板、路沿石铺装、栏杆及灯具安装等环节，确保工程质量，将北河大桥打造成了北河新区最先竣工的样板工程。为确保大桥安全万无一失，管理处党政班子成员带头，工作人员积极参与，多次开展劝阻超限车辆违规通行，用实际行动带动和感染身边的人自觉爱护大桥。目前，北河大桥南侧已安装了交通信号灯，违章超限现象得到了有效遏制。

北河公园完工开园时，各项服务设施均不完善，管理处会同住建局多次催办，施工单位最终完善了木座椅、垃圾箱、导游图、厕所等设施。针对开园伊始游客众多，游园秩序混乱、卫生环境脏乱不堪的状况，研究制定了《北河公园综合整治实施方案》，组织党员干部及工作人员开展了文明劝导活动、义务拾捡活动，提高了市民“公园全民共享、管理人人有责”观念和意识，有效改善了游园秩序及公园卫生环境。管理处常务副主任张文林同志长期盯办公园秩序维护和公共设施管理工作，使公共秩序和卫生条件得到了明显改善。管理有序的北河公园在全市大项目观摩、省级园林县城验收等大型活动中，受到了省、市领导和专家的高度赞扬，为打造“宜居靓城”，建设“生态滦南”做出了重要的贡献。

2. 沿河生态环境得到明显改善。管理处采取有效措施，开展了多项治理活动，有效改善了北河及周边的生态环境，维护了水域生态平衡。

一是开展了污染源摸排治理活动。3月初，组织人员对北河南北两岸未经处理直接排入北河的污水进行了调查摸底；12月初，联合环保局成立联合调查组，对北河水体污染情况进行了详细调查，查明了污染源及污染原因，形成了调查报告并提出了整改建议，及时将情况上报县委、县政府，为领导决策提供了可靠依据，为开展北河水体污染源头治理工作奠定了基础。

二是开展了水质生态治理活动。根据新区总体规划，会同有关单位实施了北河水系清淤拓挖工程，对原北河松树段进行了清淤治理，拓挖河道2.3千米，形成了连通导流明渠的贯通水系。对夷齐岛周边、悦目亭周边、惠民广场南岸、旅游接待中心周边实施了清淤，有效提高了北河补水能力。合理调度京东研发中心、天鹅庄园、北河星级酒店、北河九号公寓等项目，将不间断降水直接排入北河，在解决了施工难题的同时，有效补充了水源，保证了北河的蓄水量。为打击滥捕滥捞行为，保护渔业资源，会同公安局、城管局、水产局联合发布了《关于禁止在北河水域进行钓鱼、电鱼等捕鱼活动的公告》，先后三次组织联合执法行动，加强昼夜巡查，将打击违规捕鱼行为作为常态工作来抓，累计收缴钓具500余件、渔网40余张、船只2艘，电鱼工具2套，有效的遏制了各种滥捕滥捞行为。为改善水质，恢复水体生态平衡，管理处先后投资15万元投放花白鲢、鲤鱼、草鱼18万尾，有效改善了水体富氧化趋向。为防止外来物种入侵，破坏生态环境，对集体性的放生活动进行了规范，指定放生地点并对放生物种进行严格监管。

三是开展了水域景观治理活动。为展现秀美的滨水风貌，在全力督导沿河景观建设的同时，对水域景观建设治理工作高度重视，采取有力措施，维护了北河水体景观。4月中旬，会同住建局在夷齐岛东侧、曲桥两侧栽植了荷花、睡莲等水生植物，美化了水域环境。5月中旬、8月下旬，组织了两次水草清捞活动，累计清除各类水草60余吨，有效改善了水域景观。9月中下旬，在北河公园曲桥北侧设置了拦网，投放了观赏鱼7000余尾，为北河再添靓丽景观。自7月以来，持续推进水域垃圾清捞、野花组合看护等项工作，有效改善了水域及周边卫生环境。

（三）切实做好宣传推介工作，显著提升了新区知名度

为更好的营造新区开发建设氛围，扩大影响力和知名度管理处明确分工，落实责任，着力抓好对外宣传及信息反馈工作，取得了一些成绩。工作中，副主任荣艳芝同志积极组织，科学安排，办公室广泛搜集新区开发建设信息、舆情信息、网络信息，做到每天专人采集信息、每天专人上报信息，提高信息反馈的时效性和稳定性。一是常规宣传信息实现了质与量的全面提高。全年，共组织上报各类信息270余篇，其中70篇在《新滦南》、《滦南快报》、《政务参阅》、《领导参阅》、《纪检监察简报》

等刊物及信息平台上刊发，在政府、县委信息工作排名中均名列前茅。二是创办了本单位的独立刊物。结合工作实际，创办了《北河新区开发建设工作简报》，已累计出版32期，搭建起了对外宣传的自主平台。三是网上宣传推介实现了突破。创建了“北河水城”网站集中展示北河新区各项成果及工作举措，搭建起了服务工作、发布信息、成果展示的新平台，有效加强了北河水城网上宣传推介，拓展了对外宣传、招商引资的新渠道。四是以活动促宣传成效显著。以活动为载体，加强了新区建设成果宣传推介。参与组织了北河大桥建成通车仪式、十大献礼工程观摩、“坐画舫、游北河、看变化、谈感想”主题活动等全县大型活动，充分展示了北河新区开发建设的丰硕成果。组织了北河公园文明劝导、北河水城中秋之夜文艺晚会、庞大汽贸向北河水城捐赠锦鲤仪式等活动，起到了很好的宣传推介效果。

三、强化责任，破解瓶颈，推动新区实现科学高效发展

始终对各项工作高标准、严要求，带头坚持一线工作法，一线指挥、挂图作战，在项目攻坚的关键时期，连续几天工作到凌晨。时刻保持党性原则，注重廉洁自律，克己奉公，树立了干事创业、廉洁从政的良好形象。

通过管理处一班人少说多干、奋勇争先，戮力同心，合力攻坚，项目建设取得了可喜进展，谋划和储备了一批大项目、好项目，制定了《北河新区2012年重点项目建设工作实施意见》，为明年北河新区开发建设打下了坚实的基础，工作也得到了领导和群众的一致认可。

实事工程

2011年县委、县政府为群众兴办的20件实事

1. 实施就业援助工程。完成创业培训300人，技能培训2400人，实现农村劳动力转移培训650人，实现农村劳动力转移就业1.6万人，城镇新增就业6600人，城镇登记失业率控制在3.5%。

2. 提高城乡低保标准。城镇低保标准由每人每月310元提高到363元；农村每人每年由1540元提高到1900元。

3. 提高农村医疗保障水平。新型农村合作医疗县级医疗机构住院报销起付线从600元调整到500元，县级以上定点医院补偿比例由45%提高到50%，门诊统筹补偿比例由25%提高到30%。

4. 实施全民健康工程。深化“健康滦南、幸福人民”行动，推进9项基本公共卫生服务项目。

5. 实施免费孕前优生健康检查。为计划怀孕夫妇提供优生健康检查、体格检查、临床实验室检查、风险评估、咨询指导等孕前健康检查服务。

6. 努力改善居民居住条件。年内完成2010年拆迁区域2085户、35万平方米回迁房主题工程；实施5万平方米既有建筑节能改造；完成上级下达的廉租房和经济适用房建设任务。

7. 高质量建设“八和居”小区。确保年内回迁房主体完工。

8. 中大街铁路立交桥建成通车。改善县城东部交通条件，方便群众出行。

9. 完成北河水系治理导流明渠开挖、松树段拓宽、进出口枢纽和那颜湖开发工程，推动“滨海水城”建设。

10. 加快北河公园建设。一期工程5月1日开园，二期工程9月底完工，为群众提供娱乐休闲场所。

11. 创建省级园林县城。改善生态环境，提升城市品位，确保年底通过省级验收。

12. 实施城乡环境综合整治，进一步扩大城区清扫保洁范围，深入开展农村垃圾集中清运。

13. 完善县城三贸市场，新建2个社区市场，满足群众便利消费需求。

14. 实施迁曹公路（青坨营高速出口—姜六庄）、长大线（迁曹公路—丰南界）、西曾线（姚王庄—滦海公路）、古柳线（唐港公路—潘家戴庄）等路段改造工程，提高道路通行能力。

15. 鼓励支持生态规模养殖。建设规模奶牛养殖场远程监控体系；推行测土配方施肥和施用有机肥，确保全县无公害农产品产地任定总面积达到25万亩。

16. 全力推进占地42万亩、播种面积65万亩的零食生产核心区建设，年内完成6个千亩粮链式高产创建示范方建设。

17. 实施中小学校舍安全工程。完成15所校舍、3.27万平方米建设任务。

18. 启动实施农村有线数字电视“村村通”工程。年内完成数字前端机房及县城到各镇政府所在地的主干线建设，1万户终端入户。

19. 继续开展“文化下乡”、“彩色周末”“唱红歌”等活动，进一步丰富群众精神文化生活。

20. 大力实施“天网覆盖”等八项平安创建工程，提升人民群众安全感。

倾力为民　改善民生

——县委、县政府2011年为群众办的20件实事全面完成

为全面贯彻落实科学发展观，改善人民群众生活质量，进一步提高群众幸福指数，构建和谐滦南，2011年初，县委、县政府确定为群众办20件实事。一年来，县委、县政府高度重视，切实将20件实事作为全县重点工作贯穿全年，明确责任，细化任务，强化督导。各责任单位精心组织，周密安排，全力实施，20件实事工程全面完成。

回顾2011年实事工程，主要有四个特点：**向百姓生活倾斜，体现以人为本。**实施就业援助、提高城乡低保标准、努力改善居民居住条件、“八和居”社区建设、提高农村医疗保障水平、农村有线数字电视“村村通”工程、城乡重点路段改造工程等7件实事，完善了社会保障及农村基础设施，加快统筹城乡发展，广受群众好评。**向农业发展倾斜，体现科技兴农。**实施粮食核心区建设、鼓励支持生态规模养殖及推行测土配方施肥和施用有机肥、无公害农产品产地认定等2件实事，大幅度提高了粮食产量，农民群众切实得到了实惠。**向基础设施建设倾斜，提升城市品味。**创建省级园林县城、完善县城三贸市场及新建2个社区市场，北河公园、中大街铁路立交桥建设，加快北河水系治理、八项平安创建工程、城乡环境综合整治等7件实事，完善了城市功能，改善了城区环境，加快了宜居靓城建设步伐。**向社会事业倾斜，加快协调发展。**继续开展群众精神文化活动、中小学校舍安全工程、免费孕前优生健康检查、全民健康工程等4件实事，丰富了群众生活，改善了办学条件，充分体现了执政为民的理念。

1. **实施就业援助工程。**转移农村劳动力16007人，占年度目标任务的100.04%；开展创业培训300人，占目标任务的100%；实现城镇新增就业6603人，占年度目标任务的100.05%；完成技能培训2514人，占年度目标任务的104.75%；完成农村劳动力转移阳光工程培训669人，占目标任务的101.4%；“零就业家庭”保持动态为零；城镇登记失业率保持在3.5%以下。

2. **提高城乡低保标准。**城镇低保标准由每人每月310元提高到363元；农村低保标准由每人每年1540元提高到1900元，调标资金全部发放到位。据统计，今年共发放城镇低保调标资金64万元，农村低保调标资金333万元。提标后，城镇低保月人均补差达到236元，覆盖面3.17%；农村低保月人均补差98元，覆盖面为4.04%。

3. **提高农村医疗保障水平。**①新型农村合作医疗县级医疗机构住院报销起付线从600元调整到500元，县级以上定点医院补偿比例由45%提高到50%，门诊统筹补偿比例由25%提高到30%。②调整普通住院补偿标准。将镇级定点医院起付线由200元下调到150元，补偿比由75%提高到80%；将县级定点医院补偿比由60%提高到65%；将市定点医院补偿比由50%提高到55%；将市以上非定点医院起付线由2500元提高到3000元，补偿比由40%提高到45%；各级住院报销封顶线由5万元提高到8万元。③调整门诊统筹补偿标准。门诊统筹不设起付线，将补偿比由25%提高到30%，封顶线由30元提高到40元。目前住院补偿37278人，补偿金额6215.30万元；门诊补偿376508人，补偿金额302.52万元。其中，冲抵家庭账户42.84万元、门诊统筹259.67万元。同时，正在对1～6月

份报销的参合农民按照新标准追加补偿，预计补偿人数1.88万人，参合农民多受益302万元。

4. **实施全民健康工程**。①建立居民健康档案工作。已为农村34.53万人建立健康档案，并实行动态管理，建档率达67.07%；为县城3.40万人建立健康档案，县城人口建档率达76.5%；免费为49439名“三高”人员进行体检，均超额完成市达指标。②健康教育和健康咨询工作。采取健康讲座、设置健康教育宣传栏、发放宣传资料等形式，服务群众11.97万人。③一类疫苗预防接种工作。目前一类疫苗累计平均接种率达99.55%。④传染病防治工作。加大宣传力度，发放宣传单2万份、宣传折页400张，未发生突发公共卫生事件。⑤老年人保健工作。为全县5.78万65岁及以上老年人免费体检，目前管理人数为5.38万人。⑥慢性病筛查管理工作。累计管理高血压、糖尿病等病人4.49万人。⑦重性精神病患者登记管理工作。目前管理重性精神病人1692人，规范管理1354人。⑧儿童保健工作。已为16930名0～36个月婴幼儿建立儿童保健手册，健康体检14433人，健康检查率达85.28%。⑨孕产妇保健工作。为孕产妇免费开展5次孕期保健服务、2次产后访视，目前产前检查3838人，检查率90.35%；产后访视4117人，访视率96.92%；孕妇产前健康管理4224人，管理率99.44%。

5. **实施免费孕前优生健康检查**。累计检查服务7210对夫妇，占预测目标人群5100对夫妇的141.37%，优生咨询指导服务15252人次，查出高风险人群1656人，全部落实了进一步检查、治疗和转诊服务。

6. **努力改善居民居住条件**。①涉及10个区域、46栋回迁房，已全部完成主体工程。②已完成23栋住宅楼、10万平方米节能改造，超额完成既定任务。③在“八和居”社区配建的1栋96套廉租房主体已封顶，完成市达任务（91套）；原热力公司旧址2栋廉租房已基本完工，正在进行内装修及外网配套工程施工；5栋168套经济适用房3栋已封顶，1栋完成四层墙体施工，1栋完成四层顶板施工，建设进度符合市达年度任务要求。

7. **高质量建设“八和居”小区**。计划建设住宅楼77栋，已开工40栋。其中，完成垫层、带基、砖基、地梁各40栋；地圈梁以上墙体砌筑34栋，顶板32栋；一层墙体25栋、顶板23栋；二层墙体16栋、顶板13栋；三层墙体11栋、顶板9栋；四层墙体9栋、顶板5栋；五层墙体5栋、顶板3栋；六层墙体1栋。共完成投资8500万。

8. **建设中大街铁路立交桥**。位于中大街与唐港铁路交汇处，计划投资1.2亿元，全长1.15千米，桥梁净宽23.5米。目前，工程主体已完工。

9. **加快北河水系治理**。导流明渠开挖、北河松树段拓宽治理、进口枢纽新建工程已完工；出口枢纽新建工程已完成工程招投标，那颜湖开发治理工程已完成工程设计，并与工程融资建设单位签订了合作框架协议。

10. **加快北河公园建设**。北河公园一期工程已完成，并成功入选唐山八景。北河公园二期工程，三娥苑除停车场外，其他土建工程已基本完成；惠民广场已基本完工；健民广场游泳池池底、池壁混凝土浇注已完成。

11. **创建省级园林县城**。开展了道路河渠等9大绿化攻坚会战，累计完成14条道路、10个小区、103个单位庭院的绿化改造提升，累计建成公园、游园6个、广场3个，街头绿地16处，新增绿地36.61公顷，实现了“300米见绿、500米见园”；道路绿化总面积39公顷，主次干道绿化普及率100%；单位庭院绿地总面积85公顷，建成省级园林式单位23个，市级花园式单位21个，市级绿化先进单位23个；小区绿化总面积19公顷，先后建成省级园林式小区6个，市级绿化先进小区5个，城区绿化覆盖面积达到588.14公顷，绿化覆盖率42.1%；绿地面积556.01公顷，绿地率39.8%；公园绿地面积110.16公顷，顺利通过省级园林县城评审验收，并获省政府正式批准。

12. **实施城乡环境综合整治**。①城区环境综合整治。设立4个临时市场，使流动摊点入室经营；累计说服教育各类违章人员9600人次，取缔露天烧烤71处、占道经营226处；清理商品外溢12781处、流动摊点13941处，乱堆乱放、乱拉乱挂、乱贴乱画2896处，建筑垃圾14715吨、生活垃圾69420吨；清理规范各类广告牌225块；清除非法小广告97433条；查处乱倒建筑垃圾170起，飘洒、遗漏建筑垃圾行为780余起，城区环境水平显著提高。②农村环境综合整治。累计出动7.1万人次、2.9万车次，清理村内外、河道沟渠、交通干线两侧垃圾25.82万立方米，治理农贸市场32个，拆除院外厕所200多个，栽植各种绿化苗木10万余株。

13. **完善县城三贸市场。**总投资4700万元，总建筑面积23860平方米的三贸市场升级改造项目已完成，并于10月15日组织商户入驻；仁和小区、冀腾小区社区市场已投入使用，商户已入驻。

14. **实施城乡重点路段改造。**总投资17401万元，涉及长大线（迁曹公路至丰南界）、迁曹公路（青坨营高速出口—滦县界）改建项目，西曾线（姚王庄至滦海公路）拓宽改造工程、古柳线（唐乐线至潘戴庄段）改造项目、农村公路改建等工程已全部竣工通车；边庄子桥、边庄子西桥、杨岭桥、南圈桥改造已完成。共新建道路61.677千米。

15. **鼓励支持生态规模养殖及推行测土配方施肥和施用有机肥、无公害农产品产地认定。**①生态规模养殖。畜牧兽医局主监控室已建设完成，已完成100家养殖场（区）数据采集设施安装及所有数据上传调试。②推行测土配方和施用有机肥。土壤样品晾晒粉碎及化验工作，已完成包括有机质、有效磷、速效钾、PH值、中微量元素等19项化验，取得有效数据2万个；同时，将有关调查表格、数据录入数据管理软件，及时上报农业部。③无公害农产品产地认定，全县已有25万亩农产品产地通过了无公害产地环评认定，涉及15个镇的农业生产协会及农业专业合作社，已全部完成复查换证。

16. **粮食生产核心区建设。**已建成占地42万亩、播种面积64万亩的粮食核心区，其中一年两熟生产模式核心区22万亩，春玉米核心区6万亩，水稻核心区14万亩，在宋道口、胡各庄、柏各庄、青坨营镇创建了6个千亩粮食高产示范方。在粮食核心区内，粮食产量较去年大幅度增长，夏粮平均单产410公斤，总产9020万公斤，分别比去年亩增产23公斤，总增产506万公斤；秋粮水稻平均单产620公斤，总产8680万公斤，分别比去年亩增产25公斤，总增产350万公斤；玉米平均单产466公斤，总产10951万公斤，分别比去年亩增产14公斤，总增产329万公斤，均创历史最好水平。

17. **实施中小学校舍安全工程。**总投资3677万元、3.27万平方米，涉及程庄镇前梁各庄完全小学，坨里镇九年一贯制学校、薛庄完全小学，青坨营镇中心小学、姜六庄完全小学，胡各庄镇高庄子、梁各庄完全小学，宋道口镇中心小学、侯各庄完全小学，安各庄镇邢洪林完全小学、长凝镇乐营完全小学，扒齿港镇虫林儿、门庄、杜平坨完全小学，司各庄镇徐庄完全小学等15所学校校舍建设任务已全部完成，并投入使用。

18. **农村有线数字电视“村村通”工程。**数字传输前端机房，县城至各镇政府所在地、嘴东开发区主干线网络建设任务全部完成，已接通有线电视信号；已完成1万户终端入户工作；敷挂光缆400多千米，建设数字分前端机房15个，累计完成投资1500万元。

19. **继续丰富群众精神文化生活。**文化下乡演出48场；成功举办书法美术摄影作品展、青年歌手大奖赛、冀东三枝花演唱会等庆祝建党90周年系列活动；彩色周末“中红一品之光”消夏活动于7月8日～8月20日在文体中心广场顺利开展并圆满结束；颂歌献给党群众歌咏活动暨第八届合唱节已于9月29日～9月30日成功举办。

20. **实施八项平安创建工程。**①天网覆盖、应急响应、立体防控、社会矛盾排查化解、民生服务、实有人口知晓、虚拟社会管理等7项工程已全部完成；②爆炸物品掌控工程，目前滦南没有民爆单位，拟成立专管机构，已报批上级部门。

领导批示

文 11年1月20日

专 报 件

第5期

中共唐山市委信息中心　　2011年1月20日

专报领导	王雪峰	报送单位	滦南县委办
专报提要	滦南县认真贯彻落实全市经济工作会议精神确保“十二五”发展开好局、起好步		
领导批示	势头好、劲头足，思路清晰，措施扎实。望抓出成效。 王雪峰 21/元-11		
拟办意见	呈：建国同志阅示。 报：俊武同志阅．徐民同志阅． 20/元　20/元　20/元		

注：烦请将领导批示原件或复印件退回市委信息中心。联系人：姚棠　联系电话：2802555

雪峰 第138号 11年1月21日

#0101 P.001

2011 01/24 15:35 03152802555

·供领导参阅·

要情快报

（8）

唐山市人民政府办公厅　　　　2011 年 1 月 19 日

【重点工作进展】

▲总投资 265 亿元的 6 个项目 1 月 18 日在滦南集中签约　6 个项目分别是：投资 8 亿元的中船重工物贸集团型材深加工项目、投资 70 亿元的曹妃甸太阳城新民居及旅游开发项目、投资 100 亿元的曹妃甸港区五号港池项目、投资 27 亿元的嘴东休闲度假中心及房地产综合开发项目、投资 40 亿元的钒钛新能源开发利用项目、投资 20 亿元的曹妃甸港区六号港池项目。（滦南县政府办）

▲遵化市唐山圣龙水泥有限公司新型干法水泥项目 1 月 19 日正式投产。该项目投资 6.5 亿元，其中一期熟料线投资 4.5 亿元，二期水泥粉磨和低温余热发电投资 2 亿元。日产新型干法水泥熟料 4000 吨，预计 2011 年可实现销售收入 3 亿元，上缴税金 5000 多万元，安置就业 300 人。（遵化市政府办）

唐山市人民政府收文呈批笺

收文号：报 031　　　　日期：2011. 1. 24

来文单位	滦南县委县政府	文号	滦南政字〔2011〕3号	份数	1
来文内容	关于建设北河水城文化观光产业带的报告				
市领导批示	思路很好，立意很大，重在做好，工作好。 陈国鹰 1/2				
秘书长、厅领导批示	阅后 [illegible] 1/2 同意初审意见，请国鹰、瑞华、树文同志阅示。 刘绍辉 1.24				
秘书一处初审意见	[illegible] 1/2　2-2011 [illegible] 呈绍辉同志阅示： 建议请国鹰、瑞华同志阅示，请树祥同志阅示，请树文同志阅。 拟请市文广新局会同发改部门按市领导批示研办，请办公厅文教处督办。 注：市委已有此件。 2011. 1. 24				

联系人：张兰华　　　　联系电话：2828105

送机要室 2/2　　转办 市委值班室 1/2　滦南、文广新局、发改委、文教处 14/2

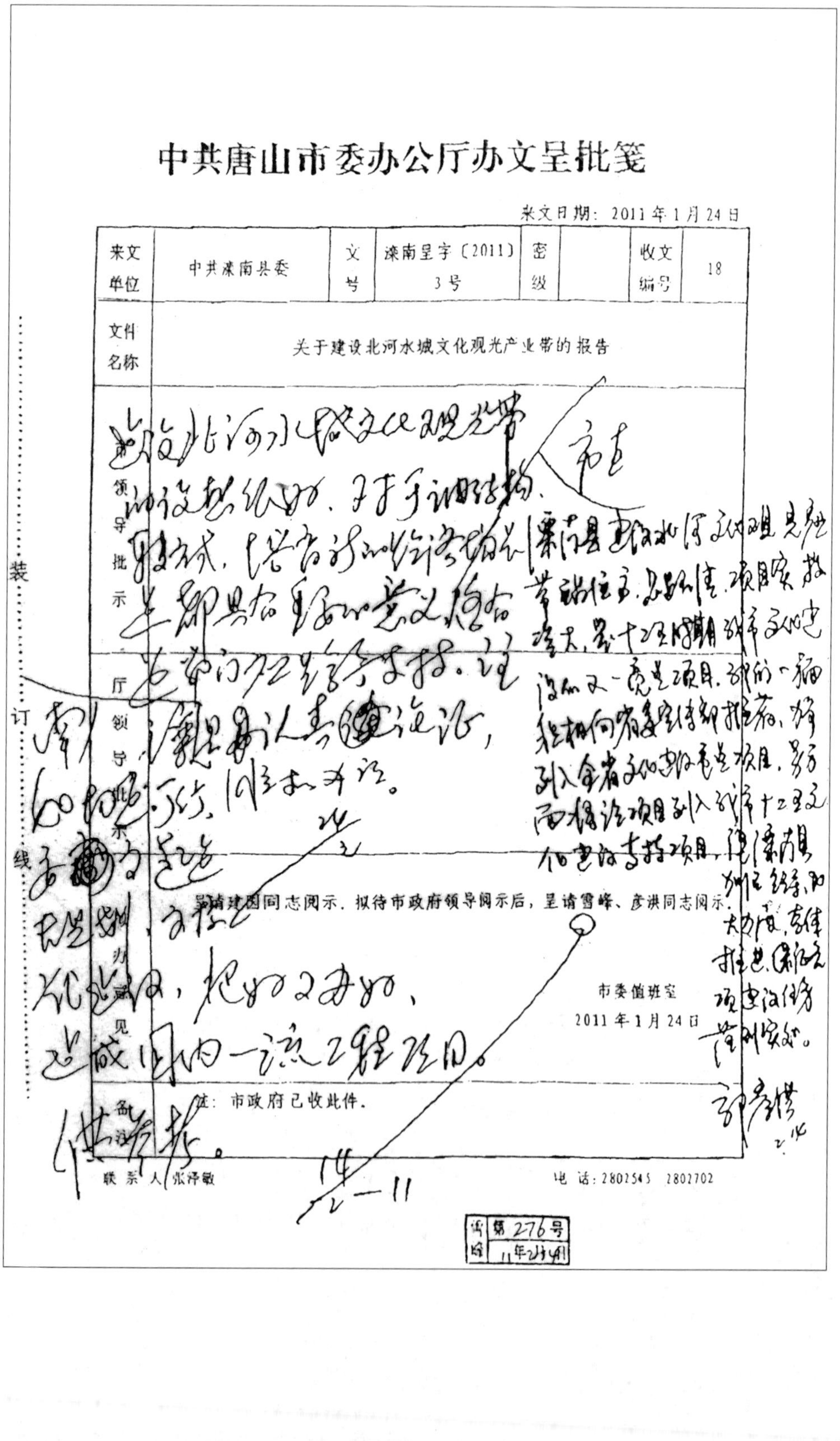

中共唐山市委办公厅办文呈批笺

来文日期：2011年1月24日

来文单位	中共滦南县委	文号	滦南呈字〔2011〕3号	密级		收文编号	18
文件名称	关于建设北河水城文化观光产业带的报告						
市领导批示							
厅领导批示							
拟办意见	请建国同志阅示，拟待市政府领导阅示后，呈请雪峰、彦洪同志阅示。 市委值班室 2011年1月24日						
备注	注：市政府已收此件。						

联系人：张泽敏　　电话：2802545　2802702

第276号

装　订　线

来文日期：2011年2月14日

来文单位	滦南县委	文号	滦南呈字〔2011〕5号	密级		收文编号	33
文件名称	关于迅速贯彻全市城镇面貌三年大变样总结表彰暨城镇建设三年上水平动员大会精神的情况报告						
市领导批示	行动迅速，思路宽阔，措施有力，见成效，望抓好落实。 15 2-11 贯彻全市动员大会精神，滦南行动迅速，重点突出，措施有力，望认真抓好落实，力求实效。						
厅领导批示	呈报 1/2						
拟办意见	呈请建国同志阅示。拟呈请雪峰、仲明同志阅示。 市委值班室 2011年2月14日						
备注	注：市政府已收此件。						

联系人：张泽敏　　电话：2802545　2802702

雪峰　第280号　11年2月15日

FROM : 1SSU2BS　FAX NO. : 03152802755　Feb. 15 2011 08:58 P 1

装订线

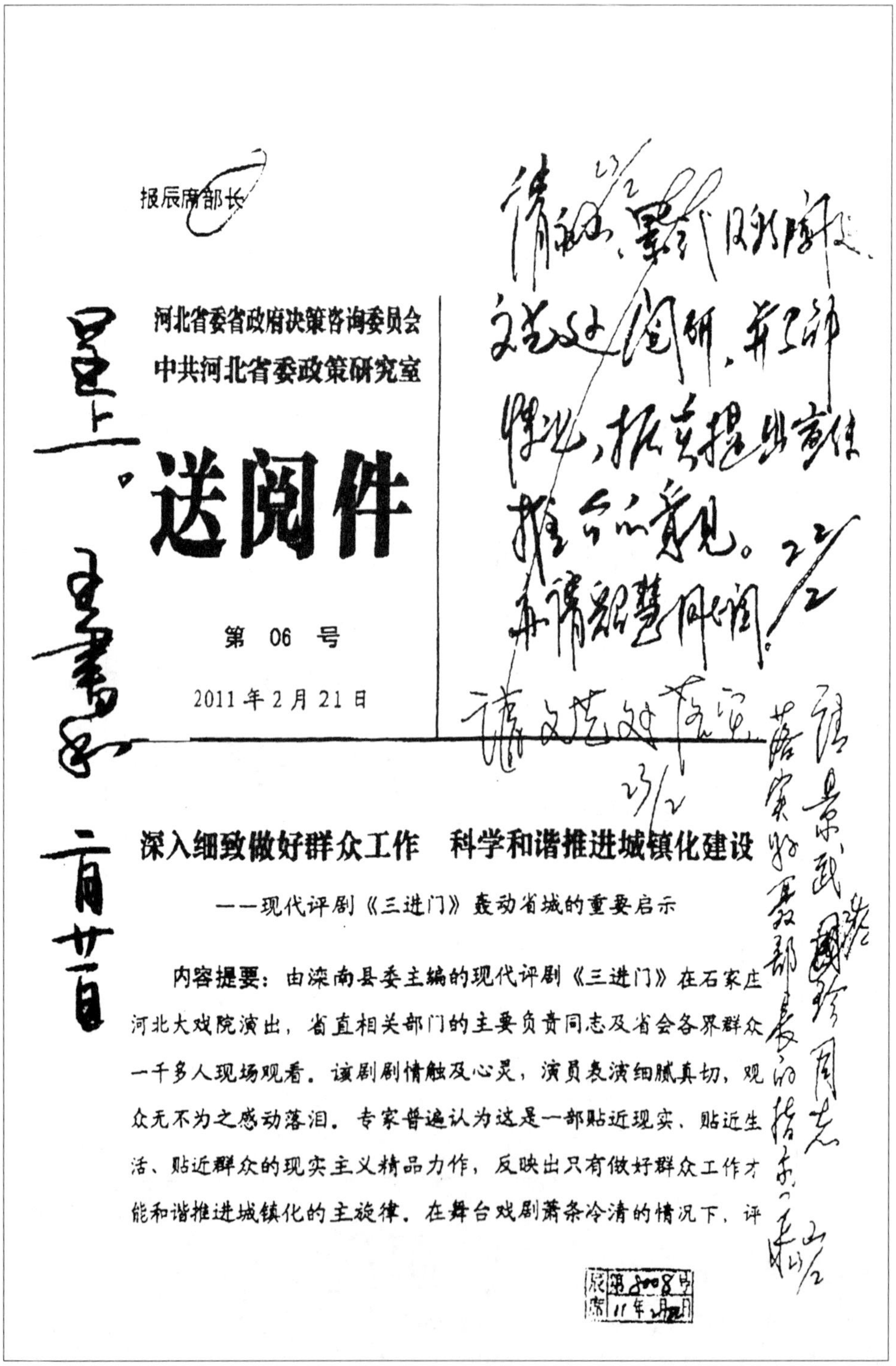

报辰甫部长

河北省委省政府决策咨询委员会

中共河北省委政策研究室

送阅件

第 06 号

2011 年 2 月 21 日

深入细致做好群众工作　科学和谐推进城镇化建设

——现代评剧《三进门》轰动省城的重要启示

内容提要：由滦南县委主编的现代评剧《三进门》在石家庄河北大戏院演出，省直相关部门的主要负责同志及省会各界群众一千多人现场观看。该剧剧情触及心灵，演员表演细腻真切，观众无不为之感动落泪。专家普遍认为这是一部贴近现实、贴近生活、贴近群众的现实主义精品力作，反映出只有做好群众工作才能和谐推进城镇化的主旋律。在舞台戏剧萧条冷清的情况下，评

专 报 件

第7期

中共唐山市委信息中心　　　　　　　　2011年2月21日

专报领导	周仲明	报送单位	滦南县委办
专报提要	持续攻坚　统筹推进 滦南县信访稳定工作再上新台阶		
领导批示	滦南县加大工作力度，力促经济发展、社会稳定双丰收。其经验做法值得借鉴，可在我市通报推广。 呈仲明书记阅		
拟办意见	呈：建国同志阅示． 报：路遥同志阅． 2.21		

注：烦请将领导批示原件或复印件退回市委信息中心。联系人：　　联系电话：2802555

中共唐山市委办公厅办文呈批笺

来文日期：2011年3月10日

来文单位	滦南县	文号	滦南呈字〔2011〕8号	密级		收文编号	59
文件名称	关于迅速贯彻落实全市项目观摩会议精神的情况报告						
市领导批示	滦南县对全市项目观摩会议精神贯彻落实已组织、动员迅速到位，措施切合实际有力，经过一段时间努力，一定会有大的成效。10/3—11						
厅领导批示	呈雪峰书记阅示。10/3　滦南县反应积极、反应迅速，措施得力，相信经过艰苦努力，一定能取得明显成效。12/3—11						
拟办意见	呈请建国同志阅示。拟呈请雪峰、仲明同志阅示。 市委值班室 2011年3月10日						
备注	市政府已收此件。						

联系人：张泽敏　　电话：2802545　2802702

装订线

情况专报

（第6期）

中共滦南县委政法委　　　　2011年3月　日

请市委传阅。

县委各常委传阅。

张国栋

中共滦南县委政法委员会贯彻落实市委政法委《关于政法机关保障“十二五”服务“转方式调结构”的实施意见》的工作意见

市委政法委：

市委办公厅转发的市委政法委《关于政法机关保障“十二五”服务“转方式调结构”的实施意见》下发后，滦南县委、县政府高度重视，县委书记张国栋同志立即做出批示：“市委政法委《关于政法机关保障“十二五”服务“转方式调结构”的实施意见》很好，针对性强，措施有力，请福安同志组织政法机关认真研读，并要求公、检、法、司结合工作实际，分别制定落实意见，落实情况及时向市政法委反馈”。按照张国栋书记的重要批示，县委常委、政法委书记宋福安立即组织召开了政法各部门班子成员会议，逐条逐句的进行了研读讨论，各部门围绕全县“十二

领导批示

同意张国栋同志批示，体现了对落实市委意见的决心和对政法机关工作的重视。

滦南县政法委对贯彻落实《实施意见》认识到位，措施具体。望在实施过程中注意总结，有所深化创新，为全市做出榜样。

办公室将此件与张批示及滦南做法印发各县(市)区和市直政法部门。

[illegible] 3/3

中共滦南县委宣传部

滦南宣呈字〔2011〕2号

中共滦南县委宣传部
关于现代评剧《三进门》进京汇报演出暨“北京·滦南项目招商”活动情况的报告

市委宣传部：

为认真落实省委领导关于加强对现代评剧《三进门》宣传推介的指示精神，深入贯彻市委、市政府关于开展项目招商推进月活动的要求，3 月 20 日，滦南县成兆才评剧团应北京市有关部门邀请，经市委宣传部、市文广新局批准，于当日下午 2：00 在北京梅兰芳大剧院汇报演出了现代评剧《三进门》，并举办了“北京·滦南项目招商”活动，取得圆满成功，现将有关情况报告如下：

现代评剧《三进门》由滦南县成兆才评剧团创作演出。该剧

中共唐山市委办公厅办文呈批笺

来文日期：2011 年 4 月 14 日

来文单位	滦南县	文号	滦南呈字〔2011〕17 号	密级		收文编号	83
文件名称	关于项目招商推进月活动情况的报告						
市领导批示							
厅领导批示							
拟办意见	呈请建国同志阅示，拟呈请仲明同志阅示，请立航同志阅。 市委值班室 2011 年 4 月 14 日						
备注	注：市政府已收此件。						

联系人：王学文　　　　电话：2802545　2802702

报胜业书记

河北省委省政府决策咨询委员会
中共河北省委政策研究室

送阅件

第 15 号

2011年4月20日

已阅。滦南县的做法很好。

4.21

滦南县把社会管理创新作为推进县域经济社会发展总抓手的调查

提要：2010年以来，滦南县在创新社会管理方面不断推出新举措，探索推进一项攻坚、建立两个机制、实施三大工程、加强四类管理，有效维护了社会的和谐稳定。2010年，滦南县全年信访总量同比下降24.8%，群众安全感满意度测评由上年的50.11%提高到80.75%，干部选拔任用群众满意度由全省第159位上升到第16位，居唐山市第1位。在社会稳定、幸福和谐的条件下，全

102349
11 4.21

唐山市人民政府收文呈批笺

收文号：报 132　　　　　　　　　　　　日期：2011.4.8

来文单位	滦南县委县政府	文号	滦南呈字〔2011〕16号	份数	2
来文内容	关于滦南县第一季度经济运行情况的报告				
市领导批示	势头很好，继续保持。 陈国鹰 21/4				
秘书长、厅领导批示	同意秘书长意见，请国鹰、学军、志纯同志阅示。 刘绍辉 4.8				
秘书一处初审意见	呈绍辉同志阅示： 建议请国鹰、学军、志纯同志阅示，请树祥同志阅示。 注：市委已有此件。 2011.4.8				

联系人：张兰华　　　　　　　　　　　　联系电话：2828105

送机要室 8/4　　转办 滦南县 22/4

中共唐山市委办公厅办文呈批笺

来文日期：2011 年 4 月 28 日

来文单位	滦南县委	文号	滦南呈字〔2011〕19 号	密级		收文编号	99
文件名称	关于省委常委、省纪委书记臧胜业同志就滦南社会管理创新做出批示的报告						
市领导批示							
厅领导批示							
拟办意见	呈请建国同志阅示，拟呈请振县同志阅示。 市委值班室 2011 年 4 月 28 日						
备注	注：市政府已收此件。						

联系人：王学文　　　　电话：2802545　2802702

FROM: TANGSHANshiwe: YANJIUSHI FAX NO. :03152802356 May. 30 2011 09:08 P2

呈阅件

[2011]第 7 号

市委市政府研究室 2011年5月23日

呈报领导	王雪峰	提供单位	市委市政府研究室
文件名称	创新农村社会管理的有益探索 ——对滦南县推行村务管理监督"一卡通"的调查		
领导批示	这个探索很有意义，要注重实效，注重改进完善，简便易行。请仲明同志批示。 王雪峰 23/V 11		
主任意见	呈送。5.23		
拟办意见	请泽民秘书长阅示。 社会处 5月23日		

这一探索值得借鉴，请群工部、农工委跟踪雪峰同志批示，围绕创新农村社会管理，推进村务公开，加强和改进群众工作，总结经验，进一步稳定予以支持，研究提出推广意见。
周仲明
26/

联系电话：2822056；2855590

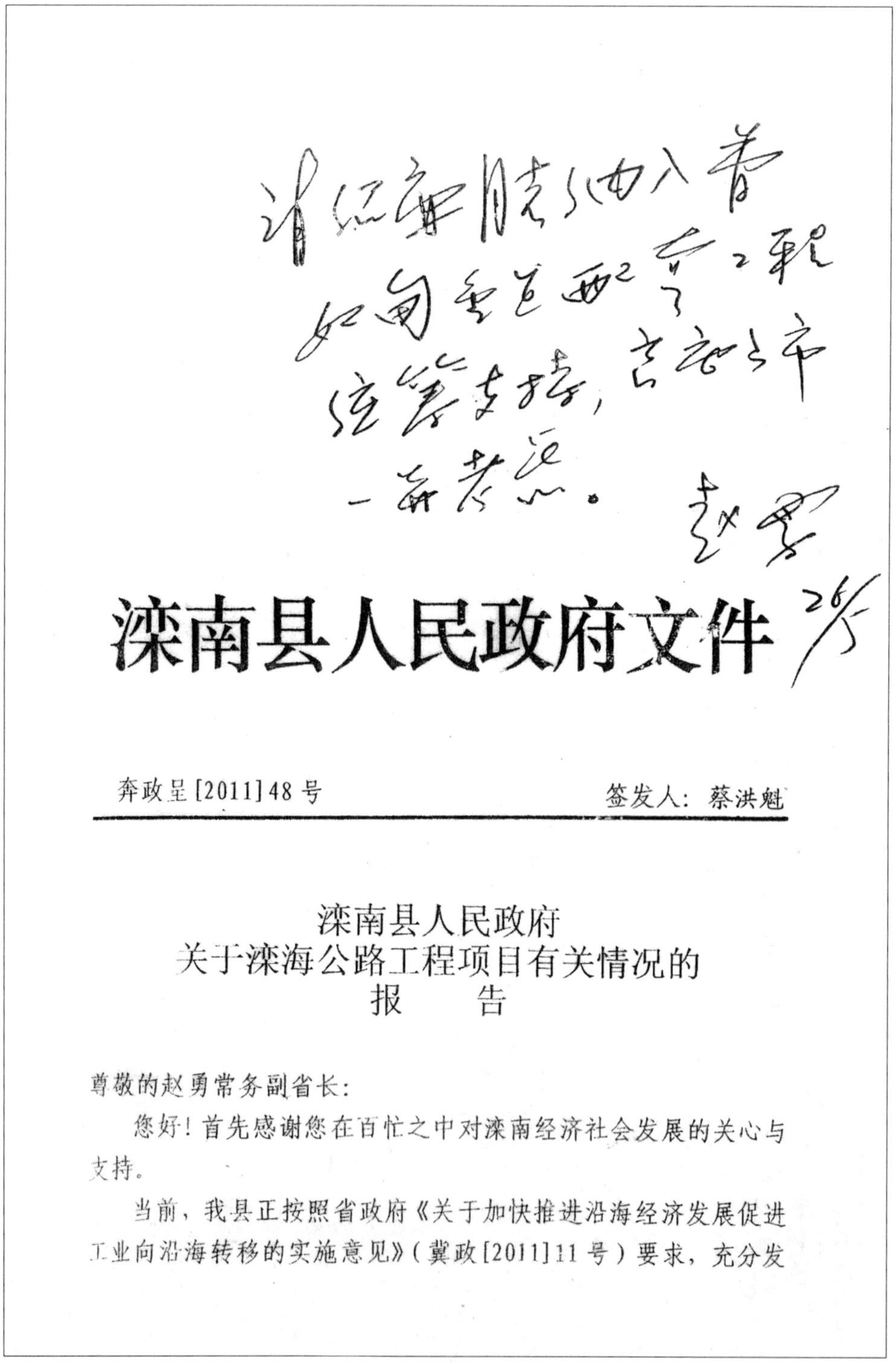

滦南县人民政府文件

奔政呈[2011]48号　　　　签发人：蔡洪魁

滦南县人民政府
关于滦海公路工程项目有关情况的
报　　告

尊敬的赵勇常务副省长：

您好！首先感谢您在百忙之中对滦南经济社会发展的关心与支持。

当前，我县正按照省政府《关于加快推进沿海经济发展促进工业向沿海转移的实施意见》（冀政[2011]11号）要求，充分发

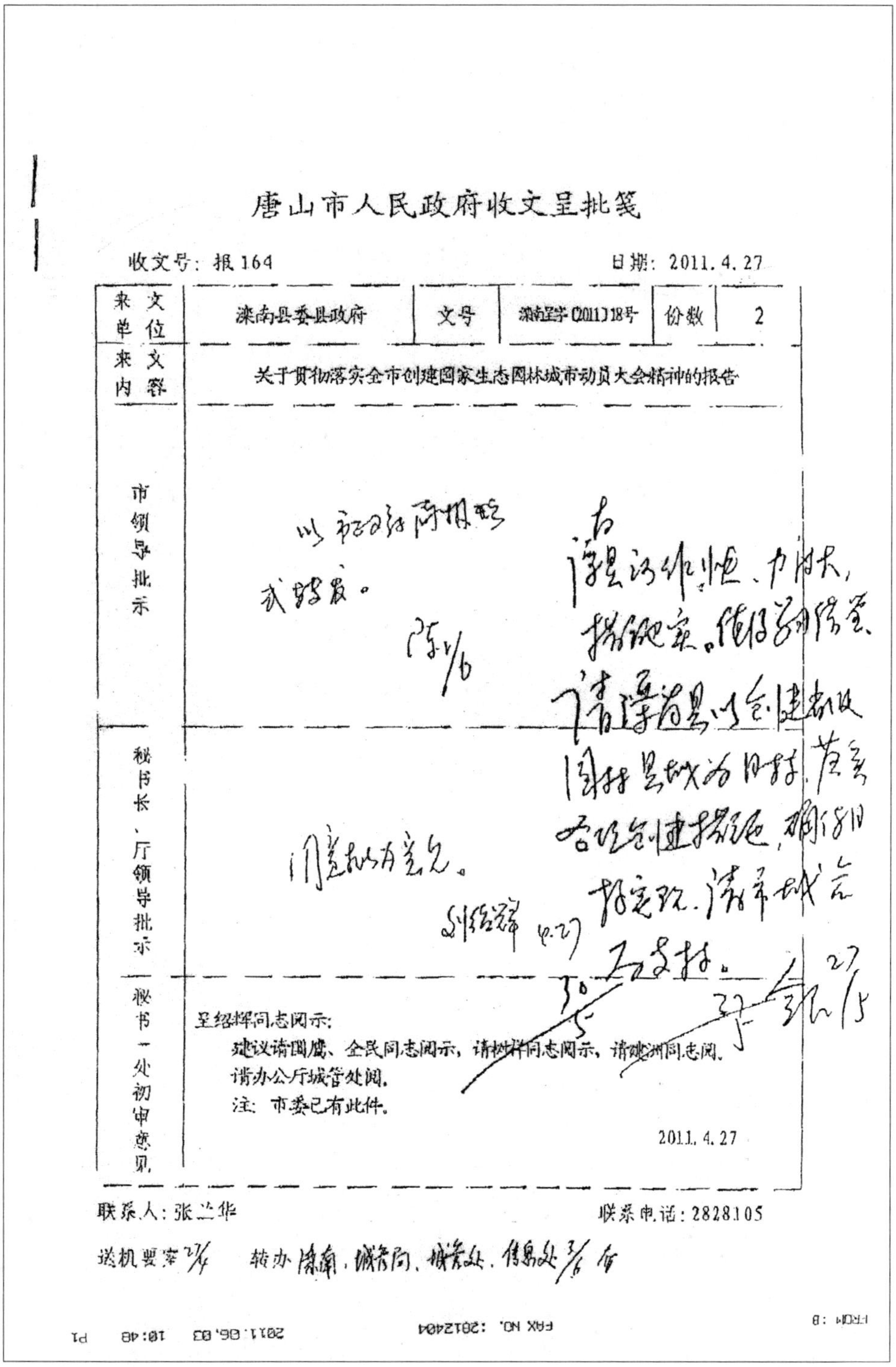

唐山市人民政府收文呈批笺

收文号：报164　　　　日期：2011.4.27

来文单位	滦南县委县政府	文号	滦南呈字〔2011〕18号	份数	2
来文内容	关于贯彻落实全市创建国家生态园林城市动员大会精神的报告				
市领导批示					
秘书长、厅领导批示	同意此方案。				
秘书一处初审意见	呈绍辉同志阅示： 建议请国鹰、金民同志阅示，请树祥同志阅示，请晓洲同志阅。 请办公厅城管处阅。 注：市委已有此件。 2011.4.27				

联系人：张兰华　　　　联系电话：2828105

送机要室 5/4　　转办 滦南、城管局、城管处、信息处 5/6

FROM：B　　FAX NO.：2012404　　2011.05.03 10:48 P1

滦南县委县政府高度重视评剧艺术的传承和发展，现代评剧"三进门"创排和全省巡演取得圆满成功，充分展示了评剧发源地评剧艺术的水准，向滦南干部群众展示了加快沿海社会发展的信心和决心，展现了全县人民的精神风貌。望再接再厉，为实现由经济大县向经济强县跨越式发展做出新的更大贡献。

5.28

中共滦南县委宣传部

滦南宣呈字［2011］3号

中共滦南县委宣传部
关于现代评剧《三进门》全省巡演活动情况的
报　　告

中共唐山市委宣传部：

按照省委、省政府领导批示精神及省住房和城乡建设厅的统一部署，由我县成兆才评剧团创作演出的现代评剧《三进门》，在市委、市政府高度关注和大力支持下，自 4 月 20 日起，在石家庄、邢台、邯郸、衡水、沧州、保定、廊坊、张家口、承德、秦皇岛、唐山 11 个设区市进行了巡回演出。5 月 15 日下午在唐山燕山影剧院进行了巡演的最后一场演出，至此，历时近一个月，行程 3000 多公里，在 11 个设区市的巡回演出圆满落下帷幕。现将巡演情况报告如下：

巡回演出活动由省住房和城乡建设厅统一组织安排，并派出机关党委调研员王英、蒋定斌，省三年上水平办公室任星、韩亮，全程负责成兆才评剧团在全省 11 个设区市巡回演出的协调组织工作。为加强

1

报胜业书记

此文总结得好！这么多知名企业能够落户滦南，最主要的是由于县委、县政府和广大干部作风的转变营造了一个优良的投资环境。滦南工作做法和经验应在全省广泛推广。 7.8

河北省委省政府决策咨询委员会
中共河北省委政策研究室

送阅件

第 27 号

2011 年 7 月 5 日

何来凤凰栖满枝

——万科、保利等国内知名企业落户滦南的思考

提要：2011 年 1 月 18 日，滦南县举行重点项目集中签约仪式，北京万科、中国保利、二十二冶、中船重工、北京嘉庆等重大项目集中签约，总投资达 265 亿元。3 月 20 日，北京二商集团投资滦南；25 日，厦门企业确定投资 14 亿多元建设 6 个项目；28 日，香港玖龙环球签约投资 7.58 亿美元扩建河北永新纸业项目。及后，江苏华西、

10779号
11768

情况反映

第47期

中共唐山市纪委办公厅　　2011年7月8日

滦南县委书记张国栋强调："一把手"要带头落实《关于县级党组织主要负责同志向市纪委全委会述职述廉的暂行办法》

7月1日，滦南县召开县四大班子领导会议，专题学习贯彻《关于县级党组织主要负责同志向市纪委全委会述职述廉的暂行办法》、王雪峰同志在市委常委会上审议《述职述廉办法》的讲话和张振县同志在市纪委八届六次全会部分县级党组织主要负责同志述职述廉报告会上的点评讲话。会上，县委书记张国栋就贯彻落实领导讲话精神和《办法》作了三方面表态：**一是全面把握精神实质**。市委、市纪委出台《述职述廉办法》，是做好新时期领导干部监督管理工作的创新之举，特别是对加强县委书记的监

国栋同志对"述职述廉机制"高度重视，作出认真表态很好。请继续抓好落实。印发。

张振县

8/7-11

·1·

AUG-01-2007 00:05 From: To: P.1

报胜业书记

河北省委省政府决策咨询委员会
中共河北省委政策研究室

送阅件

第 55 号

2011 年 11 月 9 日

转告省水利厅掌握。

11.14

滦南以项目建设为支撑推进水利事业发展

提要：为深入贯彻落实中央和省委、省政府关于水利改革发展的决策部署，滦南县充分挖掘和发挥当地水资源优势，以打造“滨海水城、华北水乡”为目标，以项目建设为支撑，大力发展民生水利，加快建设节水型社会，努力提高水利的防洪保安、水资源保障、水环境保护和服务民生能力，不断推动全县水利事业又好又快发展。该县按照“六个立足”的原则，谋划实施各类水利项目 21 个，计划总投资 39.45 亿元。

11642.
〃 〃 14

FROM : TANGSHANshiweiYANJIUSHI　　FAX NO. :03152802356　　Dec. 06 2011 09:06　P1

24125717

呈　阅　件

〔2011〕第26号

市委市政府研究室　　　　2011年11月15日

呈报领导	吴海英	提供单位	市委市政府研究室
文件名称	一个后进村由乱到治的变化与启示		
领导批示	调研深入，报告很有意义。 ①请送国良、金民同志阅示。 ②请送唐山劳动日报侯西岭总编，请他们做适当的宣传介绍。 15/11		
主任意见	张海英市长阅示。 15/11		
拟办意见	请石安主任阅示。 社会处		

联系电话：2822056；2855590
15833565556

2011 Nov 17 10:06 HP LASERJET FAX

中共唐山市委政法委员会

关于我市破获系列投放危险物质案的报告

省委政法委：

11月10日13:30，据唐山市公安局报告，我市成功破获滦南县"11·3"系列投放危险物质案，成功将犯罪嫌疑人涂春茂（男，30岁，扒齿港镇涂庄村人）抓获。基本案情如下：

11月3日上午，滦南县扒齿港镇涂庄村于丽伟（女，22岁）带儿子涂轩瑞（2岁）回滦县小马庄镇窦庄村娘家。午饭后，于丽伟与母亲齐素芝（58岁）、儿子涂轩瑞一起分食了从滦南县带来的一根来路不明的果丹皮，大约5分钟后发病，涂轩瑞经滦县人民医院抢救无效，于14点43分死亡，于丽伟、齐素芝分别于15点50分、17点27分转往唐山市255医院抢救。滦县疾病预防控制中心根据被害人呕吐物检验结果认定被害人所食用果丹皮为毒鼠强阳性。

在案件侦破过程中，又发现了一起隐案，同时先后发生了两

PAGE 01

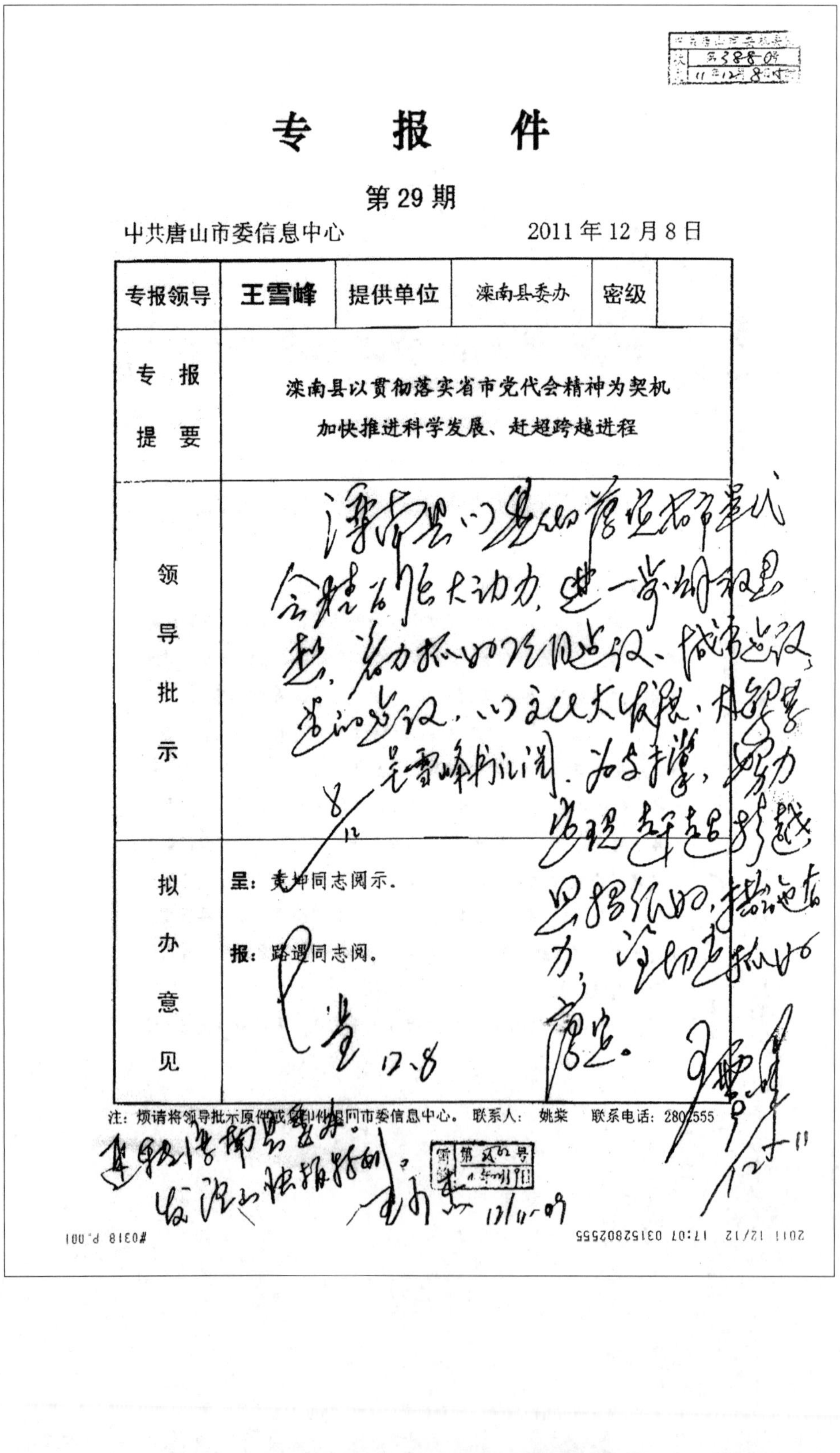

专　报　件

第29期

中共唐山市委信息中心　　　　2011年12月8日

专报领导	王雪峰	提供单位	滦南县委办	密级	
专报提要	滦南县以贯彻落实省市党代会精神为契机 加快推进科学发展、赶超跨越进程				
领导批示					
拟办意见	呈：黄坤同志阅示。 报：路遥同志阅。				

注：烦请将领导批示原件或复印件报回市委信息中心。联系人：姚棠　联系电话：2802555

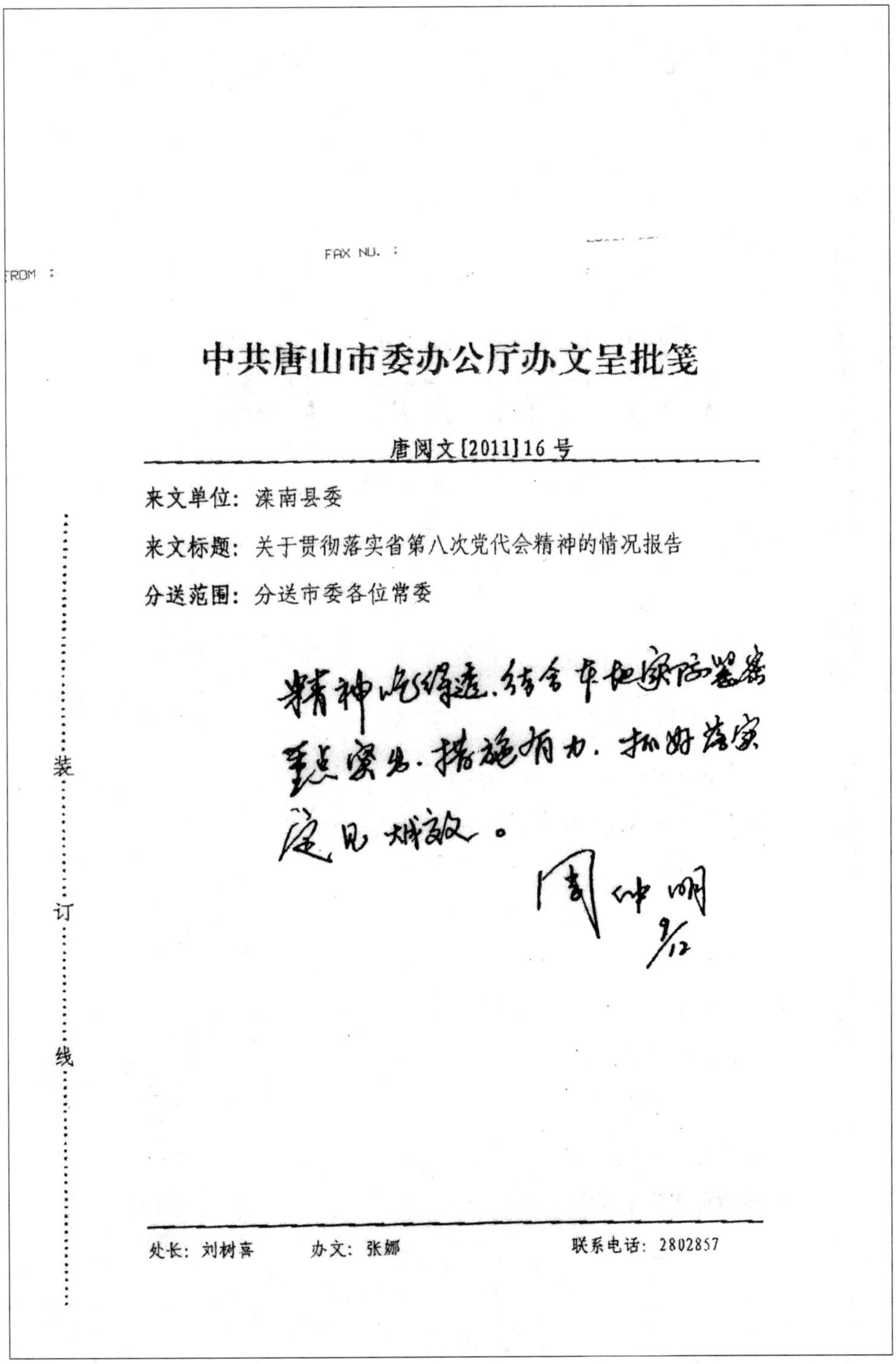

FROM :　　FAX NO. :

中共唐山市委办公厅办文呈批笺

唐阅文[2011]16 号

来文单位： 滦南县委

来文标题： 关于贯彻落实省第八次党代会精神的情况报告

分送范围： 分送市委各位常委

精神吃得透，结合本地实际思路重点突出，措施有力，抓好落实定见成效。

周仲明
9/12

装　订　线

处长：刘树喜　　办文：张娜　　联系电话：2802857

SEP-03-2007 01:14 From:　　　　To:03154125717　　　P.1

调研呈阅

第 55 期（总第 409 期）

中共河北省委政策研究室　　　　2011 年 12 月 28 日

一切为了人民就能创造奇迹

——滦南县群众满意度 4 次测评均逾 90%的调查

内容提要：把人民群众高兴不高兴、答应不答应、满意不满意，作为一切工作的出发点和落脚点，是新形势下、新起点上推动实现县域科学发展、和谐稳定的关键所在。滦南县 2010 年 4 月以来，坚持决策前干什么不干什么群众说了算，决策中始终把群众利益摆在前，实施中党员干部深入一线带领群众干，完成后干得好坏群众来评判。一年多来，组织开展了 4 次大规模的群众满意度测评活动，问卷所列

这份《调查》很有说服力！滦南县的做法充分体现了以人为本，执政为民，把发展和让人民满意统一于工作的全过程。这些做法和经验值得在全省推广。

12.30

11957号

11 12.30

滦南县高度重视群众工作，措施有力，效果很好，值得推广。

30/12-11

唐山市群众工作

简　　报

第 42 期

唐山市群众工作领导小组办公室　　　　2011 年 12 月 28 日

滦南县坚持“三进、三问、四个一”推进“万名干部下基层走千村（楼）访万家”活动深入开展

滦南县在开展“联系群众、服务群众、促进和谐、促进发展”干部下基层活动中，结合本地实际，创新方式方法，突出实际效果，以“三进、三问、四个一”为抓手，组织全县各级干部走百村，访千家，察民情，办实事，化矛盾，促发展，进一步密切了党群干群关系，继续保持了经济快速发展、信访形势持续好转的良好态势。11 月份，全县信访总量与去年同比下降 22.9%。

一、坚持“三进”，明确工作侧重。在将辖区内所有村（居）纳入本次干部下基层活动之列的基础上，由县群工办组织信访、组织、政法等部门筛选了 128 个经济发展缓慢、信访问题多发、党群干群

·1·

媒体回声

唐山劳动日报
TANGSHAN LAODONG RIBAO
2011年
1月13日
星期四 庚寅年十二月初十
中共唐山市委机关报 唐山劳动日报社出版 国内统一连续出版物号CN13-0015
第20346号 今日八版 环渤海新闻网网址：www.huanbohainews.com.cn

北河两岸气象新

——三年大变样催生滦南大转变

李志刚 张洪鹏 姜伯静

“滦南通过三年大变样，不仅仅是楼高了、路宽了、灯亮了，最重要的是干部的精神面貌变了，县领导带着干部们在真心实意为老百姓办实事、好事……”看着隆隆的摊铺机正在为新翻修的中大街铺油，退休干部老潘如是说。

的确，经过三年的努力，特别是2010年以来实施城镇面貌大变样、重点项目建设、统筹城乡发展三大攻坚行动，滦南的县城美了，农村净了，项目多了……无论是机关干部还是普通群众都在强烈地感受着滦南的巨大变化。变化不仅仅是外在的，更多的是思想观念、工作方式、工作作风的变化。这种变化促使滦南脱胎换骨、人心思进、只争朝夕。

三年大变样催生思想观念大转变，带来了创先争优、扩大开放的新局面

打造“激情滦南、实力滦南、文化滦南、生态滦南、和谐滦南”“少说多干、奋勇争先”“融入曹妃甸、服务曹妃甸、打造大基地、建设新滦南”；到2013年，财政收入、城市人口要比2009年翻一番，三年再造一个新滦南；实施城西工业聚集区、嘴东工业区、大铁矿、北河新区“四大开发”……一系列响亮的口号和明确的目标，是滦南人在发现自己落后时，向自己提出的要求。

要实现这些目标，就必须把广大党员干部和群众的思想转变到加快发展上来，激发全县党员干部的工作热情，在全县上下着力凝聚“少说多干、奋勇争先”的工作作风和精神状态。

激情需要点燃。县四大班子领导率先垂范，形成合力。在他们的时间安排表里，已经没有节假日这个概念，“白加黑，五加二”成为工作常态，每周日成为书记办公会雷打不动的时间。

“党徽在攻坚一线闪光”。县委要求在一线工作的党员干部胸佩党徽、亮明身份，自觉履行共产党员的职责，在三大攻坚行动中发挥好主角作用、带头作用、引领作用和助推作用。开展“树正气、讲贡献、促攻坚”活动。培树广大党员干部“比贡献大小、不比职务高低，比群众口碑、不比名利多少，比心灵和谐、不比物质享受”的浩然正气，引导党员干部强化责任意识和执行意识，高质量完成目标任务。

建立一线考评干部机制。为充分调动广大党员干部的工作积极性，公正、公平、公开地使用、提拔干部，这县重新修订了《滦南县促进科学发展的科级领导班子和领导干部综合考评办法》，制定了《下基层选派干部一线考评办法》，在攻坚一线锻炼干部、发现干部、培养干部、使用干部、提拔干部。开展“六比六看”活动。在党组织中比服务看大局观念，比正气看团结奋斗，比创新看科学发展，比攻坚看工作成效，比稳定看驾驭能力，比典型看示范效应；党员比信念看敬业奉献，比学习看岗位技能，比实干看工作业绩，比服务看惠民实效，比自律看遵章守纪，比形象看群众口碑。县委和基层党委都设立了“创先争优标杆榜”，各支部设立了“创先争优活动标兵榜”，一季度一评比，以此激发基层党组织和党员创先争优的积极性。

创先争优为滦南的干部作风带来了新的气象，干部在一线得到了锤炼，一大批优秀人才涌现出来。去年 11 月，57 位攻坚一线的优秀同志得到提拔重用。

宏伟的蓝图必须落实到实际行动中。市委书记王雪峰去年到滦南调研时作出“滦南要加大开放力度”的指示，为滦南指明了发展的方向。为认真贯彻落实上级领导的指示精神，加大对外开放力度，扩大招商引资，这县及时出台了《关于进一步加大招商引资的优惠政策》。同时，以更加谦虚的态度、更加开放的理念、更加大胆的气魄、更加务实的作风，主动走出滦南，接触大客商，推介新滦南。去年 9 月以来，县委书记张国栋亲自带队，先后到深圳、广州举行招商活动。在深圳和广州，滦南招商代表团分别举办了“河北滦南（深圳）招商推介会”和“河北滦南（深圳）招商推介会”，并到广州珠江新城、亚运城、锐锋建业灯光音响器材有限公司参观。推介会上，与深圳友信崧峰实业有限公司、深圳予富源（食品包装）印刷有限公司、深圳顺达数码资讯有限公司进行深入交流并分别签署了投资 2.5 亿元的冷链物流项目、投资 1.5 亿元的印刷包装项目、投资3亿元的电子产品加工项目等3个投资意向。

为使外界更深入了解滦南，扩大滦南知名度，在连续举办台湾企业进滦南和唐山民企进滦南两项招商活动后，去年 9 月中旬，这县又举行了“北京媒体进滦南”活动，邀请新华社、人民网、法制日报社等北京媒体的记者朋友到滦南参观考察，为滦南与全国无缝对接架起了一座桥梁。9 月 29 日，北京二商集团与滦南县人民政府举行战略合作框架协议签约仪式。11 月 24 日，滦南在北京唐山大厦举行“河北滦南（北京）招商推介会”，县政府分别与北京新雷能科技股份有限公司和北京市京能电源技术研究所有限公司签署了合作意向，滦南的唐山尚新融大电子产品有限公司与中国航天科工集团北京航天海鹰星航机电设备有限公司签署了战略合作协议。

三年大变样催生工作方式大转变，带来了项目的大投入、经济快发展

滦南，河北最早的沿海开放县之一，曾经有过辉煌的历史。然而，由于种种原因，近几年的发展步伐却慢了下来。面对严峻的现状，滦南该向何处去？是怨天尤人还是奋起直追？这是滦南新一届决策者必须作出的选择。

滦南地理位置得天独厚，拥有农副产品丰富、大铁矿和毗邻曹妃甸的嘴东工业园区等资源、区位优势。为把这些优势利用好，从去年 4 月份起开展了“重点项目百日攻坚行动”，随后又开展了“百日会战行动”。而项目建设，则成为两次行动的核心。

项目是县域经济发展的重要支撑。没有一批大项目、好项目做支撑，大发展、快发展、跨越式发展的目标就很难实现。滦南县依托城西工业聚集区、嘴东工业区、大铁矿、北河新区开发谋划项目，制定和出台了《关于深入推进重点项目建设攻坚行动的意见》《关于鼓励招商引资、加快项目建设的若干规定》等一系列优惠政策，强力推进重点项目建设百日攻坚。　继续实行县四大班子领导分包、项目助理代办、责任单位协助推进、投资主体具体实施的工作模式。四大班子实实在在地为项目建设搞好服务、解难题，保驾护航，形成了强大合力。县委书记张国栋、县长蔡洪魁更是身先士卒，多次到各地督导检查项目建设情况，解决项目建设中出现的问题和困难。

为在全县掀起项目建设的高潮，四大班子领导带头谋划项目，每位县级领导至少谋划1个5000万元以上的项目，在重点项目建设攻坚中当先锋、做表率；各镇至少谋划落地1个亿元以上的项目，工信局、商务局、城西工业聚集区、嘴东工业区管委会至少谋划5个亿元以上的项目。

投资6.1亿元的唐山方舟实业有限公司修造船项目列入省重点建设计划，一期已完工，二期将兴建10万吨级好望角船坞；投资15.14亿元，全长52.9千米的省级公路——滦海公路二期开工奠基；投资26亿元的滦南县大贾庄铁矿开发正式启动。总投资96亿元的万浦热电扩建、永新纸业高档箱板纸等35个项目正在谋划中……

自2010年5月份以来，滦南县先后组织了4次共80个重点项目大规模集中开工仪式。到目前，全县已谋划重点项目610个，计划总投资1893亿元。

从2010年1月至10月，滦南县共完成固定资产投资76亿元，同比增长53%，不但超过了2009年全年53亿元的投资总额，也超额完成了2010年全年69亿元的目标任务，增速排名全市第二位。

这些仅仅是一个开始，滦南经济还有更加广阔和美好的未来。

三年大变样催生工作作风大转变，带来了投资环境大改善、办事效率大提升

完善行政服务中心服务环境，为投资者兴办项目实行一站式并联审批；制定重点项目手续代办、陪办、限时办结制度；为每个重点项目配备一个有一名县级领导牵头的专门班子，跟踪服务；在重点企业设立优化发展环境联系点，实行挂牌服务。

全县各职能部门发挥优势，优化服务，提高服务质量。发展改革局在项目立项、审批等方面主动出击，对投资1000万元以上项目全部纳入重点项目库，作为项目审批、省市重点项目审批、国家专项资金及省、市补助支持资金项目的主要筛选对象，实施专人负责，动态管理。行政服务中心创新服务功能，设立“投资项目审批代办服务中心”，按照“一门受理、全程代办、内部运作、限时办结”的要求，实行“一站式”办公和“保姆式”服务。截至去年底，已为中红建材城、阿波罗热能设备制造等20多个项目提供了全程代办服务。

环境是一种生产力，环境是无形的资源，环境更是一种财富。要吸引好项目、要让大项目扎根，就必须有能对企业产生足够吸引力的软硬件和好政策。在大力跑办项目的同时，滦南县委、县政府努力打造一个适合现代企业发展的经济环境，使投资环境越来越好。

城市基础设施配套日趋齐全，交通愈加方便。正在建设中的滦海公路等重要干线为经济发展提供了交通优势。在老城区，四星级的蓝海商务酒店已经封顶正在装修之中，近日即可投入使用；在新城区，五星级的宾馆和高端的购物商场已经开工；毗邻曹妃甸国际会议中心的嘴东工业区不但有着天然的区位优势，更能为投资者提供高档、舒适、温馨的服务。

2010年，滦南县委、县政府制定和完善了招商引资政策：外资企业、外来企业投资达到规定数额，投产5年后，县政府每年进行重奖；世界500强企业、国内百强企业投资项目达到规定数额，县政府将以奖励形式返还全部实征地款；对固定资产投资额超过2000万美元、内资超过2亿元人民币的大项目，享受与外资、世界500强企业、国内百强企业同等待遇；现有外资、外来企业增资扩建或新上项目，县政府优先解决用地指标；对引进项目的单位和个人，根据项目规模按照比例给予奖励。

好消息还在继续。2010年10月，滦南成为河北沿海“11县8区1路1带”开发建设的重要地带。

面对着难得的历史机遇，目前，开放的滦南正以“少说多干，奋勇争先”的精神状态，弹奏一曲跨越发展的恢宏乐章！

（《唐山劳动日报》2011年1月13日）

唐山劳动日报
TANGSHAN LAODONG RIBAO
2011年
4月16日
星期六　辛卯年三月十四
中共唐山市委机关报　唐山劳动日报社出版　国内统一连续出版物号CN13-0015
第20419号　今日四版　环渤海新闻网网址：www.huanbohainews.com.cn

春去春回又一年

——滦南县大工地带来大变化

李志刚　张洪鹏　姜伯静　王学丽

滦水之南，渤海之畔，滦南大地，生机盎然。

从富藏大铁矿宝藏的北部马城，到毗邻曹妃甸大港的南部嘴东工业区，从全新规划的北河新区到已经被批准为省级工业聚集区的城西工业聚集区……

在滦南 1270 平方千米的大地上，到处是一派繁忙的景象：塔吊林立、机器轰鸣、车辆如梭。贯穿南北的滦海公路将“四大开发”的主战场连在一起，纵横东西的唐港公路和长大公路畅通了各个重点项目建设的工地。正在建设中的 112 个重点项目，把滦南变成了实现科学发展、赶超跨越的大工地，今非昔比的大变化荡涤着往日的陈迹。

对滦南而言，2010 年的春天格外明媚。这年 4 月，滦南焕发出新的风采，掀开了科学发展、赶超跨越的崭新篇章。

春去春回又一年，滦南大地竞芳菲。

一年中，滦南人民正强烈地感受着前所未有的变化：干部作风变了、城市环境好了、经济发展快了……

大工地就是大画卷，绘就着城市美景、拓展了发展空间

2010 年是河北省三年大变样的关键之年。

2010 年注定是滦南不平凡的一年。

滦南与周边经济强县相比，无疑在财政收入、经济总量、城乡面貌等诸多方面都存在着比较明显的差距。该如何找到科学发展的突破口，打开滦南发展的新局面，是滦南县委、县政府必须作出的抉择。

“一定要紧紧抓住城镇面貌三年大变样的大好机遇，加快改善县城面貌、提升城市形象。”4 月 16 日，刚刚到滦南上任的第二天，县委书记张国栋在县四大班子会议上就果断、科学地作出了决策。

2010 年的 4 月 23 日，是一个令滦南人民难以忘记的日子。

这一天，滦南召开了城镇面貌三年大变样百日攻坚行动动员大会。在会上，县委、县政府明确提出了把滦南建成“滨海水城、经济强城、文化名城、宜居靓城”的目标，建设“中等城市、生态滦南”。

从那时起，一场从拆违拆迁入手，按照“规、拆、建、改、管”并重的原则，大力实施旧城区改造的城镇面貌三年大变样攻坚战役打响了。

整个攻坚行动以前所未有的气势、前所未有的速度，势如破竹，快速推进。在短短18天的时间内，就完成16个涉拆区域、1881户的拆迁任务，涉拆面积35.6万平方米，腾出土地1322亩，实现了“零上访、零事故、零冲突、零钉子户”，创造了拆迁史上的“滦南效率”。省委常委、原唐山市委书记赵勇在看到滦南县三年大变样攻坚行动取得的成绩后这样批示：“滦南县决心大、行动快、成效好。”

滦南并不满足已经取得的成绩，为把三年大变样百日攻坚推向深入，又继续实施了三年大变样百日会战，共涉及县城13个区域的拆迁改造。与此同时，大力开展城乡环境综合整治，实施绿化提升工程，加大县城道路交通环境整治力度，取缔城区非法营运三轮车，开通城区公交，实施平安创建工程，推进农村垃圾集中清运处理，启动城区既有建筑外观改造。

通过“百日攻坚”和“百日会战”，共完成3729户、68.7万平方米的城市拆迁改造，腾出土地3502亩。通过拆迁，昔日的破旧平房早已荡然无存，腾出的土地已变成了沸腾的大工地，幢幢高楼拔地而起、鳞次栉比。

精彩还在继续。2011年，滦南县又瞄准了更高的目标，立足建成区面积30平方千米，人口规模30万，打造碧水环绕、绿树掩映、古韵新风、曲美人和的生态之城，实施了城镇面貌三年上水平，启动了搬迁改造、既有建筑外观改造、省级园林县城创建、北河新区开发、完善城市功能、安居工程、环境综合整治和小城镇开发“八大会战”。今年3月初启动的涉及833户的5个片区旧城区征收搬迁工作已基本完成。省级园林城创建全面展开，省级文明县城创建加快推进……

今日的大工地就是明天的新楼房、新道路、新广场、新绿地！

大工地就是大平台，承接起项目建设、奠定了发展基石

一幅《滦南重点项目建设分布图》挂在县委常委会议室里，遍布全县的小红旗展示着所有完工项目、在建项目、准备开工项目。一面面小红旗就是一个个大工地。

大工地为加快项目开发建设提供了巨大空间。

项目的集中开工就是促使项目最快落地的最佳办法。2010年，共举行了四次大规模集中开工，开工80个重点项目，总投资280亿元，一批大项目、重点民生项目在滦南落地开花。全年完成固定资产投资80亿元，同比增长50.9%。今年3月17日，又举行了2011年第一批32个重点项目集中开工，总投资70.2亿元。

为加快项目建设，确保项目顺利实施，开展了重点项目建设攻坚行动，在全县不断掀起谋项目、跑项目、上项目的高潮。四大班子领导带头谋划项目，在重点项目建设攻坚中当先锋、做表率；各镇至少谋划落地1个亿元以上的项目，工信局、商务局、城西工业聚集区、嘴东工业区管委会至少谋划5个亿元以上的项目。

项目建设实行领导分包责任制，每个重点项目都有一名县领导分包，由两名后备干部作项目助理。对重点项目实施倒排工期，挂账督办，定期调度，随时检查，真正做到项目建设有人抓、真落地、见进度。一批大造纸、大造船、大钒钛、钢铁深加工等骨干项目正在抓紧实施。

2011年，更是全力推进以“千百十”工程为重点的项目建设攻坚行动，提出确保谋划1000个重点项目，开工100个重点项目，10个项目纳入省重点。目前，已谋划储备重点项目717个，计划总投资3035亿元。

数字是最好的佐证：2009年，滦南实施亿元以上项目18个，计划总投资78.5亿元；2010年，滦南实施亿元以上项目65个，计划总投资430亿元；目前，滦南正在实施的亿元以上项目62个，计划总投资324亿元。

工业园区是承接项目发展的大平台。

在县城西部，规划面积14.18平方千米的城西工业聚集区被批准为省级工业聚集区。园区道路、管网等基础设施初见成效，一批具有高科技值、外向型、低碳节能、绿色环保的大型企业相继落户园区，总投资269.3亿元。项目建成后将形成现代轻工、装备制造、电子信息和钢铁深加工为主导的产业集群。

在南部沿海，作为滦南对接曹妃甸桥头堡的嘴东工业区，投资7000万元的双龙河大桥在2010年建成通车，实现了嘴东工业区与曹妃甸工业区的无缝连接。以融入、服务曹妃甸为中心的环曹妃甸新区产业带规划正在编制。基础设施建设、产业聚集、房地产开发、港口建设等进展迅速，初步构建起工业区、生活区、港区“三区”联动的建设框架。毕氏工业园、二十二冶装备制造、东方海运修造船厂等重点项目正开工建设。

在北河以北，依水而建的北河新区开发建设全面启动，这里将是未来滦南政治、经济的中心。北环路、建设北路、企业研发中心、星级宾馆、水系治理、北河公园改造全部开工，呈现一派热火朝天的建设场面。连接老城区和新城区的北河大桥正加快引路建设，确保五一通车。北河公园已具雏形，五一将正式开园，必将成为人们休闲的好去处。北河文化产业园、蓝色港湾、元代风情街、金代风情街、夷齐岛、评剧大世界、书画家村等一大批文化旅游项目正在积极谋划实施之中。

在北部马城，探明近期储量20亿吨、远景储量50亿吨以上的大铁矿开发建设迈出实质性步伐，与河北矿业集团合作开发的马城大贾庄铁矿开发正式启动，目前正在紧锣密鼓地建设，进度喜人，马城铁矿进入补勘阶段。

连接马城大铁矿和曹妃甸港口的滦海公路，一期已经完工，二期正加紧施工，预计今年11月底全部完工，成为滦南贯通南北的经济大动脉。

此外，回迁楼项目涉及拆迁户的切身利益，县委、县政府高度重视，把回迁楼建设做为“一号工程”，县成立回迁房建设督导组，不仅督导开工，还督导建设速度、建设质量。目前，已开工的天承锦绣小区、正通国际小区、学府东苑小区、象生新苑小区、翰林雅苑小区等所有回迁楼建设都按照时间节点要求推进。

一些基础设施建设项目已经让群众受益，长大线改造、南大街拓宽、中大街拓宽、廉租房建设、污水处理厂建设、银泰商厦改扩建等项目已经完工。

大工地就是大磁场，吸引着大企业、招来了大客商

市委书记王雪峰来滦南调研时一语中的地为滦南指明了发展的方向：“滦南要加大开放力度！”

要开放就要有好环境，好环境才能引来大企业、大客商，才能为滦南的发展注入生机和活力。

每一位踏上滦南土地的客商，都会被火热的开发场面所吸引、所感动。这宏大的建设工地就是对滦南县委、县政府营造“亲商、安商、富商”创造良好环境的最好诠释。去年以来，滦南出台了《关于进一步加大招商引资的优惠政策》，规定：外资企业、外来企业投资达到规定数额，投产5年后，县政府每年进行重奖；世界500强企业、国内百强企业投资项目达到规定数额，县政府将以奖励形式返还全部实征地款；对固定资产投资额超过2000万美元、内资超过2亿元人民币的大项目，享受与外资、世界500强企业、国内百强企业同等待遇；现有外资、外来企业增资扩建或新上项目，县政府优先解决用地指标；对引进项目的单位和个人，根据项目规模按照比例给予奖励。

不断优化发展环境，落实行政审批服务承诺，首问负责、跟踪问效、责任追究等制度，严肃查处破坏发展环境的行为，叫响“零障碍、低成本、高效率”的服务品牌，营造“亲商、安商、富商”的良好环境，使滦南真正成为投资者创业发展的宝地。

好的环境加快了项目落地，落地项目的顺利实施又激发了更多投资者的投资热情，许多知名的大企业、大客商对滦南留下了深刻印象，纷纷前来投资兴业。他们深有感触地说：“如果滦南投资环境不好，就不会有这么多火热的建设场面。眼见为实！”

同时，以更加谦虚的态度、更加开放的理念、更加大胆的气魄、更加务实的作风，主动走出滦南，接触大客商，推介新滦南。去年以来，滦南县成功组织了市县两级银企对接活动，精心谋划了台商、唐山民企、北京媒体进滦南活动，组织招商团队先后赴北京、江苏、浙江、广州、厦门等地开展专项招商活动，同时以现代评剧《三进门》赴省会、北京演出为良好契机，全面的向外界推介滦南。

一个个工地仿佛是一个个磁场。一年来，先后吸引了河北矿业集团、保利、万科、二十二冶、中船重工等一批央企、大型私企从深圳、北京、厦门、香港等地纷至沓来。

近日，又吸引了厦门国贸、福建毅丰新能源工业有限公司、厦门金溢来进出口有限公司、香港丰达集团、厦门信达光电科技有限公司来滦南投资。

滦南正以良好环境喜迎八方来客，形成了大开放大发展的新局面。

大工地就是大舞台，锤炼着干部作风、凝聚了发展合力

打造“激情滦南、实力滦南、文化滦南、生态滦南、和谐滦南”；“融入曹妃甸、服务曹妃甸、打造大基地、建设新滦南”；到2013年，地区生产总值、财政收入要比2009年翻一番，三年再造一个新滦南，一系列明确目标的提出和落实，都需要全县广大党员干部到一线去贯彻，到一线去实现，到一线去创造。

大工地，就是第一线。

工作热情的火种从县四大班子领导那里燃起，从县委书记、县长开始，县四大班子领导率先垂范，形成合力，在他们的日程安排表里，节假日这个概念早已经被删去，“白加黑，五加二”六个字成为工作常态，每周日更是成为书记办公会的铁定时间。

“党徽在攻坚一线闪光”。县委要求在一线工作的党员干部胸佩党徽、亮明身份，自觉履行共产党员的职责，在“三大攻坚、四大开发”实践中发挥好主角作用、带头作用、引领作用和助推作用。开展“树正气、讲贡献、促攻坚”等一系列活动，引导党员干部树立责任意识和执行意识，高质量完成目标任务。

建立一线考评干部机制。重新修订了《滦南县促进科学发展的科级领导班子和领导干部综合考评办法》，制定了《下基层选派干部一线考评办法》，在攻坚一线锻炼干部、发现干部、培养干部、使用干部、提拔干部。在搬迁一线成立党支部。县委和基层党委都设立了“创先争优标杆榜”，各支部设立了“创先争优活动标兵榜”，一季度一评比，以此激发基层党组织和党员岗位创先争优的积极性。

在2011年十项重点工作部署动员大会上，滦南县委、县政府开展承诺践诺活动，在县四大班子党员领导集体作出庄严承诺的同时，县直各单位、各镇（街道办）也都分别向县委、县政府主要领导递交了责任状，用庄重承诺激发党员干部的责任意识，用践诺行动推进各项工作的开展。各单位按照明确的时间节点将所承担的工作细化分解，明确主管副职，确保任务分解到人，落实到人，做到部署任务有目标、落实工作有标准、完成时限有节点。

广大党员干部在实践中得到锻炼，形成了“少说多干、奋勇争先”的滦南干部精神，成为推进滦南科学发展、赶超跨越的宝贵精神财富。一大批优秀人才涌现出来，去年11月，57名攻坚一线的同志得到提拔重用。在2010年省委组织部干部选拔任用群众满意度测评中，测评分值由2009年的79.86分提高到2010年的96.21分，全省排位由159位上升到第16位，居全市第一。

如今的滦南风清气正、政通人和，机遇前所未有，前景无限美好。一个个大工地，展示着滦南的大变化；一幅幅新画卷，谱写着科学发展、赶超跨越的宏伟新篇！

（《唐山劳动日报》2011年4月16日）

唐山劳动日报
2011年
5月9日
TANGSHAN LAODONG RIBAO
星期一　辛卯年四月初七
中共唐山市委机关报　唐山劳动日报社出版　国内统一连续出版物号CN13-0015
第20437号　今日八版　环渤海新闻网网址：www.huanbohainews.com.cn

大 桥 通 南 北

——滦南县北河南北两区建设全面提速

李志刚　张洪鹏　姜伯静

古城崛起处，虹飞百丈桥。

2011 年 5 月 1 日 10 时 58 分，在千年北河之上，滦南县委书记张国栋宣布北河大桥建成通车的话音刚落，潮水般的人们便争相涌上大桥，一睹北河风采。

这是一个滦南人民期盼已久的日子。

北河大桥的建成通车，将彻底改写滦南县城的发展布局，真正实现“一河两区”的宏伟发展蓝图。

“北河大桥建成通车了，我们建成‘滨海水城、经济强城、文化名城、宜居靓城’的目标将不再遥远！”滦南老干部协会主席张占平老人满怀喜悦地说。

北河大桥的建设，承载了滦南人民的梦想和希望；北河大桥的通车，掀开了滦南发展史上的崭新一页。

一桥飞架，北河之上有了民心桥

北河，位于滦南县县城北部，古称通津河，又称漩河，也叫运粮河。历史上，北河在南北运粮史上发挥过重要作用，最早可以上溯到东汉末期曹操东征乌桓时于此地开运河运粮送军。《滦州志》载：“于倴城西会龙堂河、吴家河，入清河，别出为古运河”“元以倴城为栖粮之所，渠帅那颜倴盏领之”“遂疏决闾芬沟为运道，引滦水会青、溯两河达倴城”。北河之水历千年而不枯，是我国北方地区县城中稀有的自然水体，水面面积 50.8 公顷，东西长约 2200 米，南北宽约 260 米。虽然历经沧桑，昔日的古运河已经随历史的尘埃而去，但北河风采依旧，宛如一颗明珠镶嵌在华北大地！

北河水体是滦南城市发展的优势，也是滦南城市发展的“脉”。滦南县委、县政府按照“中等城市、生态滦南”的城市定位，确定了以“一带、一环、两心、双轴、三区”为核心的城市发展总体格局。“一带”指北河特色景观带；“一环”指建设完整闭合的新外环路；“两心”指北河新区行政文化中心和老城区商业金融中心；“双轴”指中大街金融商业轴和建设路城市景观轴；“三区”指北河新区、老城区、西部工业聚集区三大主体功能区。2011 年，根据河北省委、省政府对沿海 11 县 9 区的城市扩容要求，按照“30 平方千米、30 万人口”的规模，在积极进行老城改造的同时，滦南计划利用 3 至 5 年的时间，开发建设一个城区面积达 10 平方千米、吸纳人口达10万人的北河新城。

按照规划，在滦南未来的城市发展中，北河和北河新区将成为滦南城市发展的主战场。

沉睡了上千年之后，北河被唤醒了！在大规模的城市建设热潮中，北河变成了主角。

作为滦南县城的灵气之源，北河是新、老城区共有的一道靓丽风景。然而要将新、老城区连接在一起，就必须建设一座跨河大桥。

北河大桥是北河新区开发建设的先导工程。大桥位于兆才大街与崇法大街之间，连接建设路与建设北路，桥长224.8米，宽33米，南北两侧引路长313.78米，设计通行能力为双向6车道，项目总投资8822.37万元，是一座13跨连拱景观大桥。

北河大桥于2009年8月开始建设，经过20个月的艰苦奋战，项目施工单位先后克服了地下水位高、水量丰盈、地质条件复杂等自然因素，破解了降水、打桩、钢筋预制等技术难题，全力推进工程进度，将一座现代化的大桥奉献给滦南人民。

北河大桥的建成通车，凝聚着领导者和建设者的心血，更是滦南58万人口的期盼。滦南县委、县政府对大桥的建设高度重视，县主要领导多次到施工一线督导检查。北河新区管理处、水务局主要负责同志始终坚守在大桥的施工一线，每晚组织召开施工班组长以上人员参加的调度会，派专人常驻项目部，现场办公，一线督导。在大桥拱板及立墙浇筑的关键时期，实行24小时不断岗制度，确保大桥浇筑一次成功。

北河大桥不是一座普通的桥，这座大桥连接着新、老两个城区，连接着滦南的过去、现在和未来，连接着群众和政府。它是一座发展桥，更是一座民心桥！

一桥飞架，北河新区建设大提速

北河大桥建设唤醒了北河，更使北河新区建设进入全面提速期！

滦南县北河新区规划面积10平方千米，规划人口10万人，城市功能以行政办公、文化教育、社会事业、商业金融、休闲宜居、三产服务为主，重点发展文化生态旅游、三产服务等产业。

未来五年，北河新区将围绕“滨海水城”，建设北河生态公园、蓝色港湾、北河水系、天鹅湖、那颜湖、胡家坡郊野公园、汪庄生态园等生态旅游项目。围绕“文化名城”，建设评剧大世界、夷齐岛、金代风情一条街、文化创意产业园、会展中心、美术馆、文化广场等项目。围绕“宜居靓城”，建设天鹅庄园、星级酒店东侧高档住宅、书画家村等绿色环保、节能、高品位的住宅小区，并与工业聚集区、统筹城乡发展形成互动，建设华西新村、马城铁矿生活区、新民居等住宅项目。力争在“十二五”期间，以县城北河为中心，打造一个北河水城文化观光产业带，加快北河水城开发，实现文化旅游业的大突破。

未来的北河新区，将是新的行政办公中心、金融服务中心、文化教育中心、休闲娱乐中心、商业旅游中心、养老宜居中心。“碧水环绕、绿树掩映、古韵新风、曲美人和”将不再是梦。

建设北河新区，整治北河水系是关键。北河水系治理工程总投资3.8亿元，整治河段10.7千米，开挖导流明渠6.2千米，项目主要建设内容包括河道拓宽、明渠开挖、桥梁闸涵、排水防洪、生态防护等工程。截至目前，松树拓宽段、水系治理工程导流明渠、节制闸已经完成。

建设北河新区，道路建设是基础。北河新区重要道路枢纽建设北路是新区的中轴，南起兆才大街，北至北环路，全长1.88千米，一级公路标准，总投资1.64亿元。崇法大街西起金江路，东至祥河路，连接滦海公路，全长1.49千米总投资0.67亿元。截至目前，两个项目已完成投资40%，崇法大街6月底前竣工通车，建设北路7月底前竣工通车。

唐山京东实业集团企业研发中心项目是滦南县的重点工程，是北河新区的地标性建筑。该项目选址于北河新区崇法大街以北，建设北路以西，项目占地112.34亩，建设主楼一栋，副楼两栋。主楼地下一层，地上17层，建筑面积79275平方米，总投资3.5亿元。预计7月15日前主楼主体封顶。副楼4月20日开槽建设，8月底前完成地下停车场，年内封顶。

北河公园改造项目是滦南县委、县政府着力打造的一项惠民工程，是滦南“一带、一环、两心、双轴、三区”城市发展框架的重要组成部分，是北河水城文化观光产业带的重要节点景观。北河公园改造占地面积1255.5亩，其中陆地面积565.5亩，水体面积690亩，工程总投资3.38亿元，共分三期工程开发建设。一期投资1200万元，建设生态停车场、三亭苑广场、风帆广场、曲桥、码头、草台阶观景平台、亲水平台、木栈道等景观及设施，并对公园进行绿化、硬化、亮化；二期工程投资2.5亿元，建设内容为惠民广场、悦民广场、健民广场、蓝色港湾、夷齐岛。惠民广场、蓝色港湾已于今年3月17日正式开工建设。三期工程计划投资7600万元，建设美术馆、规划展馆等项目及其他配套设施。

一桥飞架，北河南岸扮靓焕新颜

“建设新城区，改造老城区”是滦南城市建设的总体方针。为使老城区与北河新区协调发展，滦南县委、县政府在大力开发建设北河新区的同时，也全面推进老城区建设。

还古城于民，还北河于民。滦南县城倴城为冀东四大名镇之一，民风淳朴，历史文化底蕴深厚。《滦州志》记载：“倴城，在州（滦州，今滦县）南六十里，元将那颜倴盏屯粮处，今镇北遗址尚存。”《滦州志·阎芬沟考》中还记载：“倴城为栖粮之所，渠帅那颜倴盏领之……城久圮，遗址尚存。城名倴者，以此为据。”《滦州志》所说的“遗址”既为今天位于滦南县城北河之南的“古城”，至今保存完好。长期以来，由于外围建筑的遮挡，滦南古城的风采始终不能为世人所知，北河宽阔秀美的水面也不能尽收人们的眼底，这些滦南独特的资源没有发挥出本来的价值。

为充分利用这些资源，打造文化名城和滨海水城，发展文化旅游产业，挖掘资源潜力，转变经济发展方式，滦南县于4月份对北河以南及古城周边建筑进行拆除，拆除两侧建筑833户，腾出土地面积576.5亩，使碧绿的北河水呈现在人们面前，还河于民；千年古城终于揭开了神秘的面纱，充分展现在世人面前，还古城原貌。在保持古城原有风貌的同时，滦南对古城进行修复，以古城为中心，按照元代建筑风格谋划建设文化旅游购物项目——元代风情一条街。

加快建设路拓宽延伸。作为连接北河新区、北河大桥、老城区的建设路是滦南县城的中心轴，原有承载能力已经不能适应经济快速发展的需要。2011年，滦南县委、县政府投资3200万元新建建设南路，该路总长度1550米、双向6车道，实现了建设路向南与嘴东大街相连。对中段进行路面翻新，同时为把建设路打造成景观大道，对建设路两侧既有建筑按照欧式风格进行立面装修，提升建筑档次，实施美、亮、活工程，将原有路灯全部更换为华表灯，安装各式霓虹彩灯，把建设路装扮得更新更美。

“一桥飞架南北，天堑变通途”。北河大桥的建成通车，必将为北河新区的开发建设和老城区的全面改造插上腾飞的翅膀。

（《唐山劳动日报》2011年5月9日）

唐山劳动日报
2011年 5月17日
TANGSHAN LAODONG RIBAO
星期二 辛卯年四月十五
中共唐山市委机关报 唐山劳动日报社出版 国内统一连续出版物号CN13-0015
第20444号 今日八版 环渤海新闻网网址：www.huanbohainews.com.cn

情动燕赵一路歌

——滦南成兆才评剧团《三进门》全省巡演获圆满成功

李志刚　张洪鹏　姜伯静

古韵新曲今放颂，情动燕赵一路歌……

2011 年 5 月 15 日下午 4 点，在唐山燕山影剧院，当现代评剧《三进门》的大幕徐徐落下、如潮般掌声再次响起时，成兆才评剧团团长、《三进门》主演孙秀艳的泪水再也抑制不住，扑簌簌地流了下来。历时近一个月，转辗 2500 千米，满载全省人民的深情厚谊，今天在唐山为家乡人民倾情奉献了这部戏，为全省巡演画上了圆满的句号，她感动、她骄傲、她自豪，因为《三进门》演遍了燕赵大地，感动了燕赵大地。

巡演以来，河北各地媒体把目光都聚焦到了《三进门》上。

邯郸：4 月 21 日《三进门》在邯郸大剧院登台亮相，剧情感人至深，观众反响强烈，时时爆发出阵阵掌声。近两个小时的演出，掌声不断，许多人被深深地感动而落泪。演出结束，观众久久不肯离去，多次用热烈的掌声向谢幕的演员致敬。

衡水：4 月 24 日下午，现代评剧《三进门》在冀州市文化艺术中心激情上演，感人肺腑的剧情，演员们精彩的表演，深深地感染了现场的每一位观众，掌声不断，不少观众流下热泪。

……

掌声和着泪水，一路走来。滦南成兆才评剧团排演的现代评剧《三进门》在全省的巡演获得圆满成功！

从火热生活到艺术再现，《三进门》记录了时代的发展脚步

每一部成功的艺术作品都是一个时代的缩影，每一部杰出的艺术作品都是一段历史的留声机。《三进门》，记录了滦南历史发展的脚步，艺术展示了河北省“城镇面貌三年大变样”的侧影！

2010 年是滦南县发展历史上值得用浓墨重彩书写的一年。为贯彻省委、省政府“城镇面貌三年大变样”的决策部署，滦南县委、县政府以建设“滨海水城、经济强城、文化名城、宜居靓城”为目标，按照“规、拆、建、改、管”并重的原则，以拆迁为突破口，打响了“城镇面貌三年大变样”的攻坚战。

滦南县把创先争优活动融入到“城镇面貌三年大变样”的伟大实践当中，积极开展“树正气、讲贡献、促攻坚”“党徽在一线闪光”等主题活动，广大一线拆迁干部发扬“少说多干、奋勇争先”的精神，带着感情做拆迁户的工作，千方百计解决拆迁户遇到的困难，做到了依法拆迁、有情拆迁、和谐拆迁，真正把“三年大变样”工程变成了“惠民工程”“幸福工程”，全心全意为百姓谋福祉。2010年4月23日开始，仅用18天时间就全部完成第一阶段确定的16个区域的拆迁任务，“城镇面貌三年大变样”行动首战告捷。在不到半年的时间里，累计完成了3729户、62.2万平方米的拆迁任务，腾出土地3500亩。拆出了城市形象，拆出了发展空间，拆出了良好的社会风气，并且做到了“零上访、零事故、零冲突、零钉子户”，创造了全省“城镇面貌三年大变样”的“滦南效率”。

拆迁过程中，一桩桩火热的生活、一个个动人的故事、一段段体现着新时期干群关系的佳话，为艺术工作者提供了不竭的创作源泉。

艺术必须为人民服务，艺术必须为时代服务。作为全国文化先进县的滦南县有着深厚的文化底蕴，滦南县成兆才评剧团发挥自身优势，又一次站到了时代的前沿，选择了人们普遍关注的“拆迁”题材，挑起了为实现“三年大变样”提供强有力的舆论支持和精神动力的重任，为全省“三年大变样”、为自己的故乡打造一部纪念滦南历史的、能经得住社会评价和时间检验的作品。通过评剧这一传统的艺术形式，讴歌一线拆迁干部、颂扬善良群众、赞美在拆迁中形成的和谐干群关系。

时代需要这部艺术作品，历史需要这部艺术作品，滦南人民需要这部艺术作品！

在滦南县委、县政府主要领导的关心和支持下，滦南艺术工作者深入攻坚一线，感受火热的生活，四易其稿，写出了这部以反映冀东某县拆迁工作为主题，讲述机关干部王惠霞和拆迁户之间发生的一系列真情故事的现代评剧——《三进门》。

经过滦南县成兆才评剧团全体演职人员的辛勤排演，2010年9月18日，《三进门》在第七届中国评剧艺术节上与观众正式见面。演出获得了圆满的成功，《三进门》获得了第七届中国评剧艺术节优秀演出奖。

从汇报演出到全省巡演，《三进门》情动燕赵大地

艺术来源于生活，也必须服务于生活。

受河北省“三年大变样”办公室之邀，2010年12月7日，成兆才评剧团携《三进门》赴省会石家庄进行汇报演出。

在石家庄河北大剧院演出现场，省里的一位老干部眼含热泪，激动地说：“很多年没有看到这么出色的评剧作品了，我很感动。”一位普通观众感叹道：“原来基层的拆迁工作是这样的，我真的没有想到，里面的王惠霞把我感动得哭了。”演出成功以后，有专家指出：“现代戏不好演，拆迁戏更不好演，我们没有想到，拆迁戏还可以这样演，我们更没有想到，这出戏竟然是由一家小小的县级剧团演出的。”专家普遍认为这是继电影《唐山大地震》之后又一部贴近现实、贴近生活、贴近群众的现实主义精品力作。

今年3月20日，受北京市有关部门邀请，成兆才评剧团携《三进门》晋京演出。首次走进国家级大剧院——梅兰芳大剧院，取得了极佳的演出效果，人民日报、人民网、光明网、中国广播网等28家中央和北京媒体对《三进门》的演出给予了很高的评价。很多戏剧专家认为，《三进门》将生活与艺术的融合已经到了炉火纯青的水准。

省会汇报演出之后，省委、省政府领导对滦南现代评剧《三进门》非常重视，省委常委、宣传部长聂辰席，副省长宋恩华分别作出重要批示，要求加大对《三进门》的宣传推介力度。

4月20日至5月15日，成兆才评剧团先后赴石家庄、邢台、邯郸、衡水、沧州、保定、廊坊、张家口、承德、秦皇岛、唐山等11市巡回演出了现代评剧《三进门》。

此次巡回演出，由河北省住房和城乡建设厅统一组织安排，省住建厅和省三年上水平办公室的同志全程陪同成兆才评剧团巡回演出。从4月20日石家庄河北大剧院首场巡演开始，至5月15日唐山燕山影剧院演出结束。

在石家庄，省住建厅党组成员、纪检组长、

监察专员冯玉库对演出给予高度评价，他认为王惠霞这个人物塑造得非常好，反映了当前拆迁工作中共产党员的先锋模范作用和工作队员的忘我工作热情。在邢台，市长助理、著名诗人臧修臣对滦南县成兆才评剧团一个县级剧团能够在全省巡演给予高度评价，认为成兆才评剧团的演出，必将对邢台的征收搬迁工作起到积极的促进作用；在邯郸，市委常委、副市长冯连生表示，《三进门》有非常强的现实意义，邯郸党员干部一定要好好学习，带着感情做好拆迁工作；在衡水，冀州市委常委、常务副市长王建民表示，正当冀州市上下大力推进城镇建设三年上水平的关键时刻，滦南县成兆才评剧团送来了讲述和谐拆迁故事的评剧《三进门》，真是雪中送炭，非常及时，非常必要，一定要从中吸收宝贵的经验；在保定，市老调剧团原团长、著名老调表演艺术家张锦花说，成兆才评剧团能够演绎出这么动人的拆迁故事，说明滦南县的拆迁是得人心的，是真正的和谐拆迁；在廊坊，副市长肖双胜表示，成兆才评剧团不仅为廊坊送来了《三进门》这出戏，还送来了宝贵的和谐拆迁经验，送来了一种精神——党员干部要时刻把群众冷暖装在心中，送来了一种理念——城市建设需要改造，需要拆迁；在张家口市桥西区住建局局长说，该剧演出了拆迁干部的内心感受，包含了拆迁的酸甜苦辣；在唐山，燕山影剧院的演出使巡演活动上了圆满的句号。

广大观众对《三进门》更是交口称赞，每到一地演出结束后，总有观众久久不愿离去，与演员倾心交流，纷纷表示，一定响应省城镇面貌三年上水平的号召，为推动城镇面貌三年上水平工作顺利开展尽一份力。在邯郸，一名退休的检察院干部看完戏后流着泪说：“戏演得好，都像你们这样做工作，我们都支持拆迁”。

从继承传统到弘扬创新，《三进门》促动了滦南文化大发展大繁荣

“原来评剧诞生于滦南，原来评剧的创始人是成兆才！有机会，我一定亲眼去看看。”《三进门》在承德市演出后，一位观众略带遗憾地感慨。

《三进门》不但宣传了滦南，弘扬了滦南精神，而且还向外界推介了以评剧为代表的滦南传统文化，推动了滦南文化的大繁荣大发展。

在文化艺术方面，滦南县从来就不是涓涓小溪，而是大河奔流。

正如唐山市委书记王雪峰在滦南调研时所指出的那样：“评剧、皮影、乐亭大鼓都诞生在滦南，这是一笔巨大的无形资产，要保护好、包装好、推介好、经营好。文化的优势不容忽视。”

滦南传统文化底蕴异常深厚，不但是中国四大剧种之一评剧的发源地，还是“冀东文艺三枝花”的皮影、乐亭大鼓的发轫之地。2010年，滦南县获得由文化部颁发的“中国民间文化艺术——评剧之乡”和“中国民间文化艺术——乐亭大鼓之乡”。评剧创始人成兆才先生诞生在滦南县扒齿港镇绳庄村；“皮影大王”张绳武是滦南县倴城镇松树村人；乐亭大鼓著名表演艺术家、乐亭大鼓靳派创始人靳文然是滦南县倴城镇靳营村人，靳派乐亭大鼓第三代传人、国家级非物质文化遗产传承人何建春表演的乐亭大鼓深受广大群众喜爱，经常到全国各地演出。滦南县成兆才评剧团排演的剧目连续七届在中国评剧艺术节上获得优秀演出奖。

“要让更多的人了解滦南、了解评剧源于滦南、了解成兆才、了解冀东文艺三枝花。”滦南县委书记张国栋多次郑重强调。

贯彻落实王雪峰书记的指示，大力弘扬传统文化，让滦南传统文化有新的跨越性发展，这是滦南县委、县政府对滦南人民的庄重承诺。

随着建设“文化滦南”的提出，滦南文化事业有了长足的发展！

下大力对“三枝花”艺术进行整理、挖掘、传承。投资1200万元，修建展厅面积600平方米的中国评剧博物馆（成兆才纪念馆），整修成兆才纪念园，使评剧有史可循、有祖可祭，掀开了评剧历史新的一页，搜集展出大量珍贵的评剧资料。组织文化界人士编写《滦南“三枝花”》《中国评剧之根》《成兆才》等研究型著作。滦南县还成立了靳派乐亭大鼓艺术研究会，通过演出、授徒等形式，对乐亭大鼓的发展起到了积极保护作用。启动“三枝花”进校园活动，举办培训班，进行评剧、大鼓、皮影相关知识技能培训，教育部门编发“三枝花”艺术配套教材、自编教材和制作多媒体音像资料。目前，全县学习“三枝花”的学生有3.3万人。群众文化也异彩纷呈，每年举办评剧名家名段暨票友演唱会，歌咏比赛，消夏系列文化活动。今年还举办了“古城之春”滦南首届大鼓演唱会。

《三进门》的成功排演，更为建设“文化滦南”提供了宝贵的经验。以此为契机，滦南县大力发展以“三枝花”艺术为代表的文化旅游产业。谋划北河水城文化观光产业带，突出展示“冀东文艺三枝花”风采，特别是评剧发祥地风采，谋划实施评剧大世界和“冀东文艺三枝花”产业园。项目计划投资5亿元，园址依北河之水，占地面积98.67亩，规划建筑面积45080平方米，建设集评剧、乐亭大鼓、皮影演出、展览陈列、教育培训为一体的文化旅游产业园。蓝色港湾、元代风情街、金代风情街、夷齐岛、书画家村等一大批文化旅游项目正在加紧实施之中。

（《唐山劳动日报》2011年5月17日）

6月9日 星期四
2011年
农历辛卯年五月初八

河北經濟日報
HEBEI ECONOMIC DAILY

www.hbjjrb.com
第8015期
今日8版

河北日报报业集团主办　河北经济日报社出版　国内统一连续出版物号：CN13-0023　邮发代号：17-4

面向大海求转变

——关于滦南科学发展的调查

闫立军

曾一度沉寂的滦南，因河北沿海开发开放而变得让人刮目相看。

以“三年大变样”为蓝本的评剧《三进门》火爆全省。“演得好不如做得好”，滦南在城市建设中创造的“滦南效率”让人津津乐道；项目建设更是高歌猛进。今年3月，32个重点项目开工；5月，又有总投资81.22亿元的50个重点项目开工。投资速度，投资强度均创历史新高。

去年底，滦南成为河北省沿海“11县8区”重要组成部分，如何实现科学发展，和谐发展，今天的滦南让人期待。

县委书记张国栋说：“滦南正处于负重爬坡的阶段，经济总量小，结构调整任务重，实现快速发展，率先突破，滦南的出路在沿海，必须面向大海寻求转变。”

再创沿海崛起新优势

滦南沿海，但一段时间人们“望海生畏”。

闻名中外的曹妃甸的开发建设，占去了滦南很多海域和滩涂，本着服务、服从曹妃甸发展大局的原则，滦南作出了巨大牺牲，自身的发展却受到了影响。而同处一个海岸线的乐亭、唐海、丰南，经济迅猛发展。

“自己跟自己比进步不小，但横向比，远的不说，和毗邻县区的差距也是现实。”滦南人自嘲“被中心边缘化了”。“但我们要客观辨证地看。”张国栋说，“通过划出一些海域、一些土地，使滦南与曹妃甸融为一体，具备了借势发展的条件，后发优势明显。”记者注意到，和曹妃甸接壤的柏各庄镇、胡各庄镇、南堡镇等南部地区，已经尝到了曹妃甸开发的甜头，他们大力发展交通运输、劳务输出、三产服务，镇域经济得到了长足发展。实事上，有专家认为，独特的区位优势和政策机遇已经使滦南处于“沿海边缘的中心”。

省七届六次全会提出打造沿海经济隆起带，加快建设沿海经济强省的战略举措，滦南成为河北省沿海“11县8区”之一，将被赋予省级审批权，实行单独考核，在优惠政策上得到重点倾斜。

区位优势正在转换成发展优势。滦南地处环渤海经济圈和唐山湾“四点一带”最前沿，迁曹铁路、唐港高速、沿海高速、迁曹公路以及建设中的滦海公路穿境而过，交通便捷；距北京、天津等大中城市都在2小时车程以内。

嘴东工业区的经济价值日益显现。紧临曹妃甸工业区，拥有50平方千米的土地资源，土地资源优势无可比拟……

优势尽显，机遇难得，滦南借此鼓起了远航的风帆。

绘就科学发展新蓝图

初夏时节，记者来到滦南嘴东工业区，一派繁忙的建设场景。“这是吹沙造地一期工程，投资2.9亿元，造地7766亩，验收工作已基本完成。”工业区办室主任候志勇介绍说，“吹沙造地二期工程计划投资2.8亿元，造地面积6000亩，6月底前全部完成。”

对滦南来讲，“嘴东工业区是滦南积极融入曹妃甸的桥头堡，更是打造南部沿海新兴产业崛起带的战略支点和产业平台”。目前基础设施建设全面展开，产业聚集日益加快，据介绍，工业区已谋划了68个重点产业项目，总投资达800亿元，3个项目已完工投产，完成投资3.6亿元。

如何抢抓机遇实现沿海率先发展？滦南对未来进行了科学谋划，提出了“融入曹妃甸、服务曹妃甸、打造大基地、建设新滦南”的主体战略，坚持“集约、集中、集优”发展，推进沿海经济大开发、大开放、大发展、大跨越，努力将滦南建设成唐山湾特色工业制造基地、休闲度假旅游基地、绿色农产品生产基地。其主要目标是，实现生产总值和财政收入“三年翻一番、五年翻两番”，沿海地区经济总量达到全县的40%以上。

“嘴东对滦南就像曹妃甸于唐山”。记者了解到，目前嘴东工业区规划全面提升，在原来的基础上，整个工业区扩大到70平方千米，编制的高标准工业区产业规划、总体规划和控制性详规已通过了专家评审。常务副县长于广秋介绍说：“工业区委托北京工业大学编制的规划环评报告，已上报河北省环境保护评估中心。目前，我们正在申报省级经济开发区。”

打造滨海水城新坐标

三年大变样，滦南创造了“滦南效率”。仅用18天，完成了1881户的拆迁，面积达35.6万平方米，腾出土地1322亩，实现了“零上访、零事故、零冲突、零钉子户”的4个“零”目标。

2011年，滦南实施了城镇面貌三年上水平，启动了搬迁改造、既有建筑外观改造等“八大会战”。今年3月初启动的涉及833户的5个片区旧城区征收搬迁工作已基本完成。

张国栋认为，滦南要借“三年上水平”的东风，加快城市现代化建设进程，可更好地聚集生产要素和优势产业，使城市环境质量明显好转，城市承载能力不断提高，城市管理水平有所提升。

一个共识正在形成。在加快沿海开放开发的同时，滦南实施沿海与内地互动，以城镇建设三年上水平、项目建设、统筹城乡发展“三大攻坚行动”和大铁矿开发、嘴东工业区开发、城西工业聚集区开发、北河新区开发“四大开发”为重点，努力调整经济结构、做大经济总量，实现以沿海开放开发带动县域经济全面提速、赶超跨越。

项目建设势头迅猛。去年四批80个重点项目集中开工，总投资280亿元，一批大项目、重点民生项目在滦南落地开花。全年完成固定资产投资80亿元，同比增长50.9%。今年上半年分两批82个重点项目集中开工，总投资达150多亿元。

工业园区成为扩展城市经济空间的平台。城西工业聚集区已被批准为省级工业聚集区，一批具有高科技值、外向型、低碳节能、绿色环保的大型企业相继落户园区，总投资269.3亿元。项目建成后将形成现代轻工、装备制造、电子信息和钢铁深加工为主导的产业集群；在北部马城，探明近期储量20亿吨、远景储量50亿吨以上的大铁矿开发建设迈出实质性步伐，与河北矿业集团合作开发的马城大贾庄铁矿开发正式启动，进度喜人，马城铁矿进入补勘阶段。

在新的空间坐标体系下，一座“滨海水城、经济强城、文化名城、宜居靓城”的城市形象越来越清晰。

（《河北经济日报》2011年6月9日）

人民日报

RENMIN RIBAO

今日16版　国内统一连续出版物号　CN11-0065

2011年8月8日

人民网 网址:Http://www.people.com.cn
手机:Http://wap.people.com.cn

人民日报社出版

党徽在一线闪光

——来自河北滦南的报告

张　丰　张洪鹏

一面面党旗在一线飘扬；

一枚枚党徽在胸前闪耀。

飘扬的旗帜和闪耀的党徽构成了河北省滦南县创先争优的一道道风景；一道道风景更转化成一股股强大的力量，推动着滦南县的各项重点建设。

先后组织四次城市征收搬迁和拆违攻坚行动，腾出建设用地4463亩，全部实现“百分之百签约、百分之百拆除”，做到了“零上访、零事故、零冲突、零钉子户”。

分六批次集中开工162个重点项目，计划总投资432亿元，正在实施亿元项目80个，计划总投资386.5亿元。

一个个攻坚行动，一个个重点项目正在成为现实。一年来，滦南县广大党员干部高扬创先争优的旗帜，少说多干、奋勇争先，创造了滦南发展史上的奇迹。

创先争优需要务实的作风，奋进的精神

滦南县委着力凝聚起“少说多干、奋勇争先”的作风和精神

滦南，最早的沿海开放县，曾经有过辉煌的历史。

然而，由于种种原因，近几年的发展步伐却慢了下来。和其他县区横向比较，滦南已经在全市垫底。一是经济总量小，二是主导产业不强，三是城市建设水平低。固定资产投入和财政收入等重要经济指标，在全市都是倒数位置。

面对严峻的现状，滦南该走向何处？是停滞不前，还是奋起直追？

这是滦南新一届决策者必须做出的选择。

而此时正在全国轰轰烈烈开展的创先争优活动如浩荡的东风，让滦南的决策者进一步坚定了发展的决心和信心，创先争优的大幕在滦南大地徐徐拉开。

通过开展“问计于民，造福百姓”民情民意大调研活动和广泛的调查研究，理清了思路，确立了打造“激情滦南、实力滦南、文化滦南、生态滦南、和谐滦南”的发展目标，把滦南建设成“滨海水城、经济强城、文化名城、宜居靓城”，通过扎实努力，三年再造一个新滦南，到2013年，财政收入、城市人口要比2009年翻一番。

实现这一目标，就必须把广大党员干部的心思集中到加快发展上来，在全县上下着力凝聚“少说多干、奋勇争先”的工作作风和精神状态，形成创先争优的浓厚氛围。

四大班子领导率先垂范，形成合力。在四大

班子领导的时间安排表里，已经没有节假日这个概念，“白加黑，五加二”成为工作常态，每周日成为书记办公会的固定时间。

开展“党徽在攻坚一线闪光”活动。要求在一线工作的党员干部必须佩戴党徽、亮明身份，自觉履行共产党员的职责，在三大攻坚行动中发挥好主角作用、带头作用、引领作用和助推作用。

开展“树正气、讲贡献、促攻坚”活动。培养广大党员干部“比贡献大小、不比职务高低，比群众口碑、不比名利多少，比心灵和谐、不比物质享受”的浩然正气，引导党员干部强化责任意识和执行意识，高质量完成目标任务。

建立一线干部考评机制。为充分调动广大党员干部的工作积极性，公正、公平、公开地使用、提拔干部，滦南县重新修订了《滦南县促进科学发展的科级领导班子和领导干部综合考评办法》，制定了《下基层选派干部一线考评办法》，在攻坚一线使用干部、锻炼干部、发现干部、培养干部、提拔干部。开展“六比六看”活动。在党组织中比服务看大局观念，比正气看团结奋斗，比创新看科学发展，比攻坚看工作成效，比稳定看驾驭能力，比典型看示范效应；党员比信念看敬业奉献，比学习看岗位技能，比实干看工作业绩，比服务看惠民实效，比自律看遵章守纪，比形象看群众口碑。县委和基层党委都设立了“创先争优标杆榜”，各支部设立了“创先争优活动标兵榜”，一季度一评比，以此激发基层党组织和党员创先争优的积极性。

创先争优要围绕中心，服务中心

滦南县委把创先争优和开展的重点工作相结合，在工作中创先争优。创先争优怎样开展，才能取得真正的效果？滦南县委把创先争优和正在开展的城镇面貌三年大变样攻坚、项目建设攻坚、统筹城乡发展攻坚相结合，和加快嘴东工业区开发、城西工业区开发、北河新区开发、大铁矿开发相结合，以活动促工作，以工作带活动，在工作中创先争优。

城镇面貌三年大变样是滦南县开展的第一项攻坚行动，时间紧，任务重，难度大。为攻坚克难，滦南县从全县机关单位中抽调250多名党员干部，组成拆迁工作队，发扬“白加黑，五加二”的精神，“少说多干，奋勇争先”，仅用18天时间，就完成1881户、35.6万平方米的拆迁任务，签约率和拆除率均达到100%，并实现了“零上访、零事故、零冲突、零钉子户”。通过开展四次大规模搬迁改造攻坚行动，共计征收搬迁5244户，合计104.3万平方米。

项目是县域经济发展的重要支撑，没有一批大项目、好项目作支撑，大发展、快发展、跨越式发展的目标就很难实现。

为加快项目建设，滦南县大力实施项目建设“千百十”工程，持续开展项目攻坚，确保谋划1000个重点项目，开工100个重点项目，10个项目纳入省重点。

实行四大班子领导分包、项目助理代办、责任单位协助推进、投资主体具体实施的工作模式，四大班子从县委书记做起，实实在在地为项目建设搞好服务，保驾护航，形成了四大班子齐心协力抓项目的强大合力。

为在全县形成项目建设的高潮，四大班子领导带头谋划项目，同时把项目谋划作为考核干部的硬性指标，各镇、县直各单位都把项目谋划摆上议事日程，全县上下掀起了谋划项目的热潮，目前全县谋划项目总量达到1113个，总投资4189亿元。其中一产项目81个，总投资90亿元；二产项目709个，总投资3452亿元；三产项目323亿元，总投资647亿元。一批大造纸、大钢铁、大装备制造、大造船、大热电等战略性大项目成为滦南“十二五”期间的重点产业项目。

工业园区是现代工业发展的方向，滦南县借河北省沿海大开发的东风，抢抓先机、顺势而上、积极主动，依托沿海区域优势和本地资源优势，打造城西工业聚集区和嘴东工业区两大工业园区，实现项目向园区集中。

为了给入驻企业提供一个良好的环境，滦南县加快城西工业区道路管网基础设施建设。投资13277万元，建设了全长7.5千米的中大街西延、创新路、锦绣路、文明街四条道路及地下管网配套工程；协调有关部门着手实施了聚集区内天然气、热力、通讯等配套管线的建设；新上110千伏变电站，高压走廊迁改正在加紧谋划中。

作为曹妃甸与内陆连接的桥梁，嘴东工业区积极发挥“融入曹妃甸、服务曹妃甸、打造大基地、建设新滦南”的桥头堡作用，其园林规划、产业布局规划和区域控制性规划已通过专家评审，海域利用规划已完成编制。

嘴东工业区内的基础设施功能日趋完善，总投资2.5亿元、全长3.3千米的双龙河大桥将嘴东与曹妃甸无缝连接，投资2.73亿元、累计吹填任务1310万方的二期吹沙造地工程已接近完工，投资6.4亿元的南环路西段、滦海大道、秦岭大街、湘江大道等工程顺利推进；港口开发速度加快：投资120亿元的五号、六号港池项目顺利推进，投资2亿元的中冶方舟9.6万平方米回迁房项目已经进场施工，毕氏工业园、二十二冶装备制造等项目正在实施基础建设。

创先争优就要以改善民生为根本

滦南县委通过改善城市基础设施环境让群众获得更多实惠

城市建设是事关百姓的幸福工程，滦南县在项目建设过程中，把城市建设和民生相结合，让更多的民生项目惠及滦南百姓。

回迁楼建设事关拆迁户的切身利益，为历史负责、为人民负责、为良心负责，必须让回迁户在最短的时间内住上质量最好的回迁楼房。为了这个目的，滦南县委、县政府多次召开相关会议，要求相关单位切实做好回迁房建设工作。

在滦南县委、县政府的高度重视下，2010年8月20日，十一个片区的回迁房建设全部开工。截至2011年6月底，滦南天承锦绣、学府东苑、正通国际、象生新苑等回迁房建设进展迅速，其中翰林雅苑一期主体已经完工正在装修。滦南县城回迁户住进宽敞明亮的回迁楼已经指日可待。与此同时，计划总投资8.39亿元、总建筑面积35.8万平方米的省级新民居建设示范工程“八合居”全面开工建设，为倴城镇8个“一步进城”村实现“一步进城”奠定良好基础。

城区道路直接影响百姓的出行，在去年实施中大街路面拓宽、南大街西延等工程的基础上，今年，总投资1.2亿元、总长4734.6米的县城建设路工程也顺利竣工通车。建设路是滦南“一带、一环、两心、双轴、三区”城市发展框架中的南北向主轴线，是连接老城与未来新城的主干道。以前，县城交通拥堵曾是滦南人挥之不去的烦恼，今天，建设路可以让行人从宽阔的建设路通过北河大桥直通北河新区。

作为北河新区的标志性建筑和北河观光带的“前导性建筑”，总投资8822.37万元的北河大桥在2011年5月顺利通车。如今，站在北河大桥之上，桥下碧波荡漾，远处柳柔花美、荷清草秀，无数风景尽收眼底。

为彻底治理北河，使北河成为“环城水系”的枢纽，滦南投资3.8亿元对主河全长8.7千米、水体面积0.75平方千米的北河水系实施综合治理工程，开挖导流明渠6.2千米、拓宽旧河道2.3千米，与城区北侧胡家坡0.65平方千米水面有机结合，构成了“城在水中央、水由城中过”的环城生态水系。在倴城镇松树村村东，北河环城水系主要工程松树拓宽段百米宽的河水清澈见底，与河堤上错落有致的“野花组合”完美结合，如天工造就，昔日狭小、脏乱几乎淤死的小河沟已不复存在。

旨在提高群众精神生活的北河公园投资2亿元，中心区已经正式开放。北河南岸，一块巨石如鬼斧神工，著名书法家旭宇题写的“北河公园”四个大字让人惊叹；“赏心”、“悦目”、“欣闻”三亭古色古香，连成一片，是为“三亭苑”；绿竹长廊，千曲百折，古树掩映，是为纪念杨三姐而建的“三娥苑”；古韵新风，曲美人和，石凳竹椅，让人心旷神怡，是为弘扬三枝花传统而建的“三枝花广场”。河边巨大的美人鱼石像凝神含笑，之前节假日在本地无处可去的滦南人终于有了自己的休闲乐园。

美丽还在继续。总投资1.5亿元、面积达6.2万平方米的惠民广场正在建设，投资1.8亿元的蓝色港湾项目正在建设，投资5000万元的伯夷叔齐纪念馆正在建设，投资4000万元的古城遗址公园正在建设。元代风情街、金代风情街、评剧大世界、书画家村、健民广场、悦民广场等一批文化旅游项目即将开工……

我们有理由相信，随着创先争优深入开展，再造一个新滦南不是梦想。

（《人民日报》2011年8月8日）

唐山劳动日报
2011年
9月8日
TANGSHAN LAODONG RIBAO
星期四 辛卯年八月十一
中共唐山市委机关报 唐山劳动日报社出版 国内统一连续出版物号CN13-0015
第20541号 今日八版 环渤海新闻网网址：www.huanbohainews.com.cn

潮头搏浪扬征帆

——滦南县科学发展、赶超跨越全面提速

张洪鹏 姜伯静

2011年9月7日10时18分。

渤海之畔，滦南县嘴东经济开发区彩旗飘扬，锣鼓喧天，礼花绽放，唐山方舟修造船厂5000吨多功能运输船下水试航仪式隆重举行。

随着一声悠扬的汽笛，滦南县有史以来第一艘大型多功能运输船法佳巴哈瑞Ⅱ号缓缓驶入渤海湾之中。

滦南又一个历史性时刻诞生了。

这是滦南充分发挥沿海区位优势，大力推进发展方式转变的战略选择，是滦南船舶修造产业发展的重大成果，对滦南嘴东经济开发区建设和现代装备制造、新能源、新材料等战略新兴产业发展具有里程碑式的意义。

航船乘风破浪，云帆直济沧海，滦南正如这起锚的巨舟，在“十二五”的开局之年扬帆启航！

确立科学发展新思路，为赶超跨越指航向

时光匆匆。

回首过去，滦南经济社会取得了长足发展，特别是2010年以来，更是呈现出大发展、快发展的态势。2010年，完成地区生产总值257.9亿元，同比增长11.5%，比2005年增长90.2%；完成固定资产投资80.1亿元，同比增长50.9%，比2005年增长167%；实现全部财政收入10.5亿元，同比增长0.5%，比2005年增长61.5%。今年上半年，完成地区生产总值136亿元，完成固定资产投资58.4亿元，实现全部财政收入8.01亿元，同比分别增长13%、106.8%和40%。财政收入增速跃居全市第二位。一年多来，省市领导对滦南工作作出32次肯定性批示。

站在“十二五”的开局之年，起步之年，滦南县迎来了快速发展的大好机遇。河北省委七届六次全会提出打造沿海经济隆起带，加快建设沿海经济强省的战略举措。滦南成为河北省沿海“11县9区1路1带”重点推进计划中的重要区域，将被赋予部分省级审批权，实行单独考核，在优惠政策上予以重点倾斜；与此同时，唐山市委八届七次全会也作出了开发“两极三带”的重大决策，滦南，也是“两极三带”的重要组成部分。这为滦南发展提供了更为有利的政策机遇，搭建了更为广阔的发展平台。

未来在召唤滦南，滦南在创造历史。

滦南县委、县政府敏锐地抓住历史机遇，在

刚刚闭幕的中国共产党滦南县第十一次代表大会上，新一届滦南县委为滦南的下一个五年制定了宏伟蓝图。提出了未来的发展思路，即坚持以邓小平理论和“三个代表”重要思想为指导，全面贯彻落实科学发展观，紧紧围绕“激情滦南、实力滦南、文化滦南、生态滦南、和谐滦南”总体目标，强力实施“融入曹妃甸、服务曹妃甸、打造大基地、建设新滦南”主体战略，持续开展重点项目建设、城镇建设三年上水平、统筹城乡发展“三大攻坚”和城西工业区、嘴东经济开发区、大铁矿、北河新区“四大开发”，少说多干、奋勇争先，为滦南“十二五”末主要经济指标翻两番，实现科学发展、赶超跨越而努力奋斗。

打造激情滦南。全县上下的思想和行动高度统一于科学发展、赶超跨越的伟大事业，让少说多干、奋勇争先成为滦南干部群众的优良作风，让滦南真正成为干事的热土、创业的乐园、投资的宝地。

打造实力滦南。主要经济指标确保三年翻一番，力争五年翻两番。到“十二五”末，地区生产总值确保完成800亿元，力争完成1000亿元；财政收入确保完成42亿元，力争完成50亿元；实际利用外资达到5000万美元，出口创汇达到7.2亿美元；一、二、三产比例达到10:53:37，农业产业化率达到75%。北河水城初步建成，旧城改造全面完成，建成环渤海地区有实力、有魅力的现代化中等城市。

打造文化滦南。北河水城文化旅游观光产业带基本形成，传统文化得到挖掘、保护和弘扬，初步实现文化事业、文化产业大发展、大繁荣，形成与经济实力、文化优势相称的文化软实力，使文化成为滦南的响亮名片。

打造生态滦南。经济发展方式明显转变，万元生产总值综合能耗下降19%以上，化学需氧量、氨氮排放量、二氧化硫排放量、氮氧化合物排放量分别削减10.5%、14%、18.3%、19%以上；森林覆盖率达到29%；达到国家级卫生城、园林城的标准。

打造和谐滦南。城镇居民人均可支配收入年均增长12%以上，农民人均纯收入年均增长11%以上，社会事业全面进步，精神文明建设、政治文明建设、民主法制建设全面加强，形成社会和谐稳定、人民安居乐业的喜人局面。

“三大攻坚”破巨浪，“四大开发”写辉煌

城镇面貌三年大变样、重点项目建设、统筹城乡发展“三大攻坚”和城西工业区、嘴东经济开发区、大铁矿、北河新区“四大开发”成为滦南发展的主战场。

2010年以来，项目建设扎实推进，分七批集中开工209个重点项目，计划总投资545亿元。谋划储备重点项目1154个，计划总投资4256亿元。列入省重点项目达到12个。

提升城市品质，改善人民生活。2010年以来，滦南以打造“滨海水城、经济强城、文化名城、宜居靓城”为目标，坚持“规、拆、建、改、管”并重原则，持续开展了声势浩大的城市改造建设攻坚。

城西工业区被批准为省级工业聚集区，嘴东经济开发区被批准为省级经济开发区，大铁矿开发正式启动，北河新区大规模开发建设顺利推进。

面向未来，滦南将继续以“三大攻坚、四大开发”为主战场，全面加快发展速度。

城西工业区将不断加快优势产业聚集，迅速壮大园区规模，使之真正成为推进工业化、城市化的承载平台，五年累计完成固定资产投资200亿元以上，建成投产企业80个以上，年纳税10亿元以上。嘴东经济开发区将加大炯恒钒钛新能源、船舶制造、毕氏光伏产业园等战略性新兴产业项目建设力度，五年累计完成固定资产投资300亿元以上，建成投产企业60个以上，年纳税15亿元以上。大铁矿将着眼建设循环经济示范区，统筹推进铁矿开发和相关配套产业发展，大贾庄铁矿力争两年内投产见效，马城铁矿确保年内如期开工，五年累计完成固定资产投资120亿元以上，达产后年纳税15亿元以上。

着眼打造现代化中等城市，统筹推进旧城区改造和北河新区开发，继续谋划实施一批基础设施建设项目、商住开发项目、三产服务业项目，迅速提高城市品位，不断增强承载能力。五年内，全面完成城区危旧房改造，建成十大标志性建筑、打造十条特色街区、完善十大基础设施建设，真正实现城市的提质、扩容、升级。北河新区将积极推进市政基础设施、环城水系、高档住宅、文化旅游等项目建设。五年内，把北河新区建设成为“碧水环绕、绿树掩映、古韵新风、曲美人和”的生态水城。

着力推进城镇建设上水平、出品位，全面加快城市化进程。坚持“规拆建改管”并重原则，强力实施八大工程，按照国家园林城、卫生城标准全面提升城市品位，全面加快“滨海水城、经济强城、文化名城、宜居靓城”建设进程。五年内，完成省委、省政府提出的城镇建设三年上水平和三年出品位的建设目标，实现 6 年任务 5 年完成。

谋划新路调结构，转变方式扩总量

去年以来，坚持在转变发展方式中扩大经济总量，扎实推进“一产出特色、二产上规模、三产求突破、城建提品位”。奶牛、肉鸡、瘦肉型猪、果菜、水产五大龙型经济的优势更加突出；企创热处理装备制造、中红普林彩印包装、中红普林医疗级丁腈手套等项目建成投产，钒钛新能源电池、唐曹实业船舶修造、中通陶瓷、汇丰钢铁、二十二冶装备制造、阿波罗太阳能设备制造、泽澳纺纱等 67 个工业项目正在加紧建设，毕氏光伏产业园、东风海上风电、生物质新能源、甲醇汽油、电动汽车等项目正在积极筹备，战略性新兴产业迅速起步；北河水城文化旅游观光产业带建设扎实推进，北河水城成功入选“唐山八景”，顺利拆除北河沿岸建筑，北河公园一期正式开园，真正实现了还河于民，一座“碧水环绕、绿树掩映、古韵新风、曲美人和”的生态水城正由规划变成现实。

未来五年滦南将以结构调整为手段，推进经济发展方式转变，在发展方式转变中扩大经济总量。在大力推进钢铁、水泥、造纸等传统产业提质升级的同时，转变经济发展模式，注重引进建设战略性新兴产业项目。目前，滦南正紧紧围绕新农业、新能源、新材料、高端装备制造、海洋生物工程等方面，着力推进战略性新兴产业项目建设。同时，大力发展文化旅游产业，为滦南经济发展提供新的能量源。

在传统农业方面，全力推进一产出特色，以打造环渤海、环京津有机食品供应基地为目标，着力建设城西、嘴东两个食品工业园，扎实推进姚王庄、县城、青坨营三大农产品专业市场建设，进一步壮大奶牛、肉鸡、瘦肉型猪、果菜、水产五大龙型经济，努力实现农业生产的有机化、产业化、市场化、品牌化、特色化、外向化。积极推进蒙牛、中红普林、雨润等重点龙头企业调整品种结构、延伸产业链条，积极引进新的大型农业龙头企业，不断提高农业产业化水平；全力推进“一镇一品”，努力建成一批规模化、专业化的现代农业示范园，真正叫响一批农产品品牌；大力发展农业生态旅游，建成颐神庄园、汪庄生态园、国营林场生态园、滦河古道生态观光养生园、胡家坡原生态旅游农庄等生态农业项目。五年内，力争打造出全省乃至全国驰名的农产品品牌，建成全国知名的食品加工强县、农业旅游大县和生态农业示范县。

在现代工业方面，全力推进二产上规模，以在转变发展方式中扩大二产总量为主线，重点抓好城西工业区、嘴东经济开发区建设，谋划实施 40 个以上省级重点项目，着力打造装备制造、船舶修造、造纸包装、食品加工、纺织服装、园艺工具等七大产业链，大力发展新能源、新材料等战略性新兴产业，培育 9 个以上纳税超亿元的骨干企业，走出一条资源节约、环境友好的新型工业化之路。

在三产服务方面，加快发展现代服务业，努力实现旅游业、现代物流业、现代商贸业、文化产业、宾馆餐饮业“五大突破”。加快中红建材城、唐百和平购物广场、中红时代购物广场等商业项目建设进度，全面繁荣城区商业；以北河水城入选“唐山八景”为契机，积极谋划建设新的旅游景点，培育文化旅游、生态旅游、红色旅游、工业旅游、滨海旅游；着眼人口老龄化问题，大力发展“银发产业”，推进养老事业快速发展。五年内，力争把滦南打造成区域性商贸物流中心、文化旅游胜地、休闲养老之都。

滦南已挂起远航的风帆，向着未来起航！

（《唐山劳动日报》2011 年 9 月 8 日）

農民日報
FARMERS' DAILY 中国农业新闻网:www.farmer.com.cn
2011年11月19日 星期二 农历辛卯年二月十一 二月十七春分 第8773期(今日八版)
国内统一刊号:CN11-0055 邮发代号:1-39 新闻热线:01085831572 E-mail:zbs2250@263.net

给我半亩地 还你满园彩

——河北滦南县助推大学生村官创业富民

郝凌峰

如何让大学生村官顺利实现身份转变，尽快达到融入农村、服务农业、富裕农民的目的？河北省滦南县通过实施“半亩地”工程为大学生村官提供创业平台，使他们成功实现了由学生到村官的“华丽转身”，同时也为农民致富带来了希望。

搭建自主创业平台

从2010年4月开始，滦南县创造性地在全县大学生村官中实施了以创办“创业富民实验示范园”为载体的“半亩地工程”，就是协调各镇为每名大学生村官提供至少半亩左右的耕地，建立创业富民试验示范园，可以由大学生村官单独经营，也可以自愿结组或靠挂农户共同管理。大学生村官以自己的“半亩地”做试验田，进行新品种、新模式、新技术的试验示范，让他们在实实在在的劳动中密切与群众的联系，提高服务农村的本领，培养吃苦耐劳的品质，趟出富裕农民的新路子。

为了解决资金、技术、项目等制约大学生村官创业的短板问题，把“半亩地工程”这个创业平台搭建得更为坚实，滦南县积极协调，为大学生村官创业富民开辟“绿色通道”。

为减少大学生村官在创业中的挫折和损失，滦南县提出了“三种三不种”原则，即：什么适合本地自然条件就种什么，什么投资少周转快就种什么，什么经济效益高就种什么；经甄别没有新意和特色的不种，经筛选没有比较成熟技术支撑的不种，经预测没有市场前景和推广价值的不种。

在梦想的道路上前行

刘玉宝是滦南县马城镇南坨子村的大学生村官。就是这个年纪轻轻的小伙子，在短短一年多的时间里，让种了半辈子庄稼的乡亲们刮目相看、心悦诚服。

2010年，刘玉宝建起了全县第一个“大学生村官创业示范园”，种植黑土豆、迷你香薯、紫心猕猴桃等特色品种喜获成功，与种植传统作物相比，每亩地多收入近2500元。今年，刘玉宝的“创业示范园”独辟蹊径开发了“原生态私家菜园”，供城里人参与绿色无公害蔬菜的种植、管理、采摘、消费。

目前，已有唐山市内的38个白领和高收入家庭加盟刘玉宝的示范园，打理自己现实版的“开心农场”。

刘玉宝只是滦南县“半亩地工程”中众多投身创业富民实践的大学生村官的一个缩影。“半亩地工程”实施以来，滦南县先后有177名大学生村官建立创业富民示范园37个，占地185.5亩，试验示范新品种75个、新技术7项，推广种植五彩花生、迷你香薯等新品种1200多亩。

在大学生创业富民试验示范园建设、管理过程中，这些大学生村官通过对农业新品种、新技术、新模式的试验示范和推广，对农民转变传统种植养殖观念、促进农业产业结构调整、加快发展现代农业起到了很好的引领作用。

为农民致富增添希望

陈友林是滦南县坨里镇常旺庄村一位种了一辈子地的“老把式”，他做梦都没想到，自己会在种地上输给几个“初学乍练”的学生娃。他说：“光看着几个大学生村官在地里忙活，也没往心里去，只觉得他们干起活来还挺像那么回事儿。等到菜一收、账一算，把我们这些‘老把式’都吓了一跳，人家的小菜园里不到半分地的木耳菜纯收入就1300多块钱，真是没想到！咱输得心服口服啊……”

能生吃的“黑美人”土豆、五彩斑斓的花生、药食俱佳的薏仁米、甘甜可口的迷你香薯……大学生村官创业富民试验示范园里的新鲜品种吸引着越来越多农民的目光，示范园真正成了农业示范园、农技推广站。

坨里镇大学生村官创业富民示范园目前已接待前来学习的农民1600多人次，今年，周边260多户农民都种上了他们免费提供种子的常丰木耳菜和太空无架豆；姚王庄镇大学生村官杨建超的东亚飞蝗养殖园今年不仅吸纳了当地4名村干部加盟，而且已接待本县和周边县区1200多名农村干部群众参观学习……

为推进大学生村官“半亩地工程”向规模化、特色化、品牌化、效益化方向发展，发挥绿色、有机、无公害农产品的示范与推广作用，带领更多的农民致富，滦南县又出台了《关于深化大学生村官“半亩地工程”进一步推进大学生村官创业富民的实施意见》，成立大学生村官“半亩地”农产品展业合作社，注册大学生村官“半亩地”产品商标，扩大品牌影响力。

（《农民日报》2011年11月19日）

唐山劳动日报
TANGSHAN LAODONG RIBAO
2011年12月14日
星期三 辛卯年十一月二十
中共唐山市委机关报 唐山劳动日报社出版 国内统一连续出版物号CN13-0015
第20619号 今日八版 环渤海新闻网网址：www.huanbohainews.com.cn

一切为了人民群众

——滦南县执政为民和谐发展纪实

洪鹏 伯静 学丽 沈庆

北河大桥竣工通车，成为滦南的标志性建筑；

北河公园一期正式开园，北河水城成功入选“唐山八景”；

建设路、崇法大街等全线贯通，使滦南城区增添了道道亮丽风景；

第一批回迁楼建设按时间节点全部封顶；

年内分三批集中开工129个重点项目；

……

冬来风轻无寒意，枝叶关情总是春。

在短短的一年多时间里，每一位滦南人都见证了滦南的巨大变化，见证了各级干部知民情、解民忧、暖民心的真情行动，见证了滦南县委、县政府始终把一切为了人民群众作为最大的执政责任和追求的伟大实践。

决策前：

干什么不干什么群众说了算

滦南县曾经创造过辉煌，也有过落后的无奈。

但滦南县注定是一个令滦南人骄傲的地方，一个令外人羡慕的地方，一个有着远大发展前景的地方。

滦南县有得天独厚的优势和资源。古老的金戈铁马声中，马城区域的大铁矿，是亚洲境内探明储量单体最大的矿体；滔滔渤海潮声里，滦南是曹妃甸工业区的直接腹地，有着巨大的潜力和优势；县城北河水面宽广，潺潺河水流过数代，千年不枯，为发展旅游提供了天然资源；古曲悠悠，滦南文化底蕴深厚，评剧创始人成兆才、乐亭大鼓靳派创始人靳文然、皮影大王张绳武皆诞生于此。

滦南有着千载难逢的历史机遇。河北省委七届六次全会提出打造沿海经济隆起带，加快建设沿海经济强省的战略举措，滦南成为河北省沿海“11县9区”重点推进计划中的重要区域；与此同时，唐山市委八届七次全会也作出了开发“两极三带”的重大决策，滦南正是“两极三带”的重要组成部分。近日，河北沿海发展又被纳入国家发展战略。这为滦南发展提供了有力的政策机遇，搭建了更为广阔的发展空间。

未来在召唤着滦南，滦南需要创造崭新的历史。

滦南人未来的路应该怎样走？

2010年4月，刚刚上任不久的滦南县委书记张国栋便提出了“问计于民”的要求。“民有所呼我有所应，民有所盼我有所为。”滦南在全县范围内开展了轰轰烈烈的“问计于民，造福百姓”民情民意大调查活动，围绕重点项目建设、旧城改造、北河新区开发、社会治安综合治理、医疗卫生、科技教育、文化建设、优化发展环境、党的建设等方面的内容，发放问卷4万多份，广泛征求农民、社区居民、人大代表、政协委员、机关干部等社会各界人士的意见，了解群众意愿。

通过大调查活动，归纳整理出有价值的意见建议206条。其中群众关注度较高的是旧城改造、项目建设、北河开发、基础设施建设等方面工作，占问卷总数的91.2%以上。

滦南县委、县政府顺应人民群众的呼声和要求，确立了以城镇面貌大变样、重点项目建设、统筹城乡发展“三大攻坚”和城西工业区、嘴东经济开发区、大铁矿、北河新区“四大开发”为内容的工作重点。

正是因为县委、县政府所干的是人民群众所盼的，所以，城市搬迁改造才得到了广大群众的拥护和支持，才实现了百分之百签约、百分之百拆除“两个百分之百”，做到了零上访、零冲突、零事故、零钉子户的“四个零”，创造了滦南搬迁改造的奇迹。

项目建设实现了重大突破。截至目前，全县共谋划储备重点项目1371个，计划总投资4575亿元；12个项目被列入省重点；分七批集中开工209个重点项目，计划总投资545.1亿元。2008年实施亿元以上重点项目8个，2009年实施18个，2010年实施65个，今年以来已经实施109个。1月至11月份，固定资产投资同比增长65.1%，居唐山市前列。一年多来实施的亿元以上项目数是过去两年的7倍。

目前，“问计于民”已成为滦南县委的一种常规制度，每次重大的决策出台前，都广泛征求全县各界群众的意见。这县还相继开展了“我为滦南‘十二五’发展献一计”“对标赶超走在前”献计献策活动和“我希望政府为群众办哪些实事”民意调查活动，累计回收调查问卷133512份、电子邮件及信函1421封。经汇总整理获得有价值的意见建议606条，为县委决策提供了重要的民情依据。

问计于民，只要群众支持的，就千方百计去做；群众不赞成的，就坚决不办。年初，在谋划今年的工作计划时，和谐路的翻修已列入计划。由于城西工业区4条道路正在施工，此时再翻修和谐路，势必造成群众出行困难。群众提出了意见，最后县委采纳了群众意见，把和谐路翻修推迟到了明年，受到群众的称赞。

问计于民，掀开了滦南科学发展、赶超跨越的新篇章。

决策中：

始终把群众利益摆在前

群众利益无小事，群众利益大如天。

“一切为了人民群众”，是一句响当当的诺言，一份沉甸甸的责任。滦南县委、县政府始终把群众的利益摆在前，千方百计为民办实事，为民谋福祉。

城市拆迁改造是城市工作第一难，滦南县在征收搬迁中把群众利益摆在第一位，严格执行国家政策，合理补偿，让利于民，使群众得到了较多实惠。

为改变滦南城建的落后面貌，改善群众生活环境，提高生活质量，2010年4月以来，滦南县委、县政府顺应群众迫切要求提升城市品位意愿，抢抓城镇面貌三年大变样和城镇面貌三年上水平的历史机遇，以“中等城市、生态滦南”为定位，以“滨海水城、经济强城、文化名城、宜居靓城”为目标，以“规、拆、建、改、管”并重的原则，持续开展了5次大规模搬迁改造攻坚行动，共计征收搬迁5597户，合计114.8万平方米，腾出土地4956亩。

“加快回迁房建设”，是县委、县政府领导心头最重的牵挂。为人民负责、让百姓放心，必须让回迁户在最短的时间内住上质量最好的回迁房。为确保回迁房按时按质完成，这县成立了回迁房建设领导小组，定期调度、定期督导、倒排工期、挂图作战。要求相关单位务必做好回迁房建设工作。

在县委、县政府的高度重视下，回迁房建

设高歌猛进。截至目前，天承锦绣、正通国际城、学府东苑等第一批回迁房已全部完成工程主体。滦南县回迁户住进宽敞明亮的新楼房已指日可待。与此同时，计划总投资 8.39 亿元、总建筑面积 35.8 万平方米的省级新民居建设示范工程“八和居”全面开工建设，为倴城镇 8 个一步进城村实现“一步进城”奠定了良好基础。

在城市建设过程中，滦南县委、县政府坚持既抓立县项目又抓民生项目。在已开工的 209 个重点项目中，民生项目就达到 84 个，总投资 285 亿元。建设路拓宽、建设路南延、中大街西延拓宽、南大街西延、南大街拓宽、崇法大街、南环路等 24 条道路，完成投资 34 亿元。

北河，这一天然的资源，长期以来被闲置，为还河于民，滦南县委、县政府拆除了北河岸边的 63 户两层楼房和一所高档宾馆，让北河秀美风光展现在世人面前。通过对其综合开发利用，北河水城成了滦南“碧水环绕、绿树掩映、古韵新风、曲美人和”的城市名片，成为滦南人的休闲娱乐所在。如今，北河公园已成为人们的游乐观光地，北河水城已成功入选“唐山八景”。北河公园、天鹅湖、蓝色港湾等水上观光旅游，评剧大世界、文化创意产业园等文化旅游，胡家坡原生态旅游农庄、洋淀水库木屋村等田园旅游，元代风情街、延庆寺、唐代马城县治所等历史遗迹观光旅游，将让滦南人无需外出便尽享畅游的乐趣。

滦南县委、县政府在财力有限的情况下，着力解决群众最关心的医疗、低保、就业、入学等问题，大力实施 20 件实事工程。提高城乡低保标准，城镇低保标准由每人每月 310 元提高到 363 元，农村每人每年由 1540 元提高到 1900 元；提高农村医疗保障水平，新型农村合作医疗县级医疗机构住院报销起付线从 600 元调整到 500 元，县级以上定点医院补偿比例由 45% 提高到 50%，门诊统筹补偿比例由 25% 提高到 30%；县城三贸市场及 2 个社区市场的新建、八项平安创建工程、中小学校舍安全工程等工程已全面完成。

实施中：

党员干部带领群众干

每项利民政策的落实，最终靠的是干部的过硬素质，靠的是能打硬仗的干部队伍。

“大雁高飞头雁领”，为了不负滦南 58 万群众的重托，从县委书记、县长开始，滦南县四大班子领导率先垂范，深入一线，分包项目，形成合力。各单位按照明确的时间节点将所承担的工作细化分解，明确主管副职，确保任务分解到人，落实到人，做到部署任务有目标、落实工作有标准、完成时限有节点。“节假日”这三个字，在他们的日程表里早已经被删去；“休息”这个概念，在他们的字典里早已消失。“白加黑，五加二”是四大班子领导的工作常态，攻坚一线成为他们的第二个办公室。

为在全县上下迅速形成少说多干、奋勇争先的工作作风，这县在全县各行各业开展了形式多样的创先争优活动，让全县干部投身到一线。

开展“党徽在攻坚一线闪光”活动。县委要求在一线工作的党员干部胸佩党徽、亮明身份，自觉履行一名共产党员应尽的职责，在“三大攻坚、四大开发”建设大潮中发挥好主角作用、带头作用、引领作用和助推作用。开展“树正气、讲贡献、促攻坚”等一系列活动，引导党员干部树立责任意识、执行意识、奉献意识，高标准要求自己、要求工作，高质、高量完成目标任务。

建立一线考评干部机制。让干部从工作一线中来，到一线工作中去，经得住工作考验，禁得起群众评判。滦南县委重新修订了《滦南县促进科学发展的科级领导班子和领导干部综合考评办法》，制定了《下基层选派干部一线考评办法》，在攻坚一线锻炼干部、发现干部、培养干部、使用干部、提拔干部。在攻坚一线成立前线党支部，县委和基层党委都设立了“创先争优标杆榜”，各支部设立了“创先争优活动标兵榜”，一季度一评比，以此激发基层党组织和党员岗位创先争优的积极性。

坚持一线用人导向。注重在一线锻炼人才、发现人才、使用人才，让广大党员干部到“三大攻坚、四大开发”一线受考验、被历练、经风雨、见世面、增才干，打造了一支敢打硬仗、能打胜仗的干部队伍。实行科学的考核评价办法。创造性制定出《科学发展目标名录》，组织开展承诺践诺活动，有效地增强了各级班子履职尽责意识。

在攻坚一线，涌现了许许多多的先进典型。交通运输局局长孙万柱，为跑办滦海公路立项、资金筹措，连续数月在省市县相关部门之间奔波，使项目成功立项并纳入河北省重点项目，目前一期已经完工通车，正在建设中的二期完工后，滦南公路将成为贯穿全县南北的大动脉。电力公司经理殷启国，为突破制约县域经济发展的瓶颈，千方百计解决供电电源点严重不足的问题。建设嘴东等6座110千伏变电站及李夏庄等6座35千伏变电站，并对长凝、宁坨2座110千伏变电站以及潘家戴庄、柏各庄、姚王庄3座变电站进行增容，优化了网架结构。

像这样的典型还很多。在征收搬迁工作中，队长蒋加同在搬迁中带头拆除自己的房屋，并做通5名涉及搬迁的亲属的工作；共产党员吴伟，老父已处于肝癌晚期，他依然奋战在攻坚一线。包片领导为下岗多年的涉迁户送去3000元捐款；鼎盛花园工作队员捐款2800元现金成立了扶贫基金，资助区域内的涉迁特困户。

完成后：

效果好坏群众说了算

金杯银杯不如群众的口碑。

群众满意不满意、高兴不高兴就是检验一切工作好坏的试金石。

正是有了滦南县委、县政府真心拜群众为师，同群众商量，把为民之事办成惠民之举，办到群众心坎上的行动，群众对各项工作的满意度才节节攀升。

重点工作完成情况得到认可。在2011年10月15日至10月19日，滦南县委、县政府在全县范围内开展了1至3季度重点工作群众满意度调查活动，围绕“三大攻坚、四大开发”等十项重点工作及省级园林城、文明城创建工作等28个方面开展广泛调查，以县直各党委、各镇（街道办）党委和人大、政协、组织部、老干部局、工商局、工商联等县直部门为单位，向社会各界发放调查问卷9877份。汇总后，群众对旧城改造、回迁房建设、安居工程、城市交通等28个方面工作的满意率均达到99%以上。

群众对干部选拔任用满意率最高。一年多来，滦南县委始终把干部作风建设作为推进各项工作的保障工程来抓，努力打造群众满意的干部团队。同时，也敢于把干部选拔作用工作拿出来交群众评判。滦南干部选拔任用群众满意度测评由2009年的79.86分提高到2010年的96.21分，全省排位由159位上升到第16位。今年9月县委换届风气测评分达到100分。最近一次干部调整群众满意率达到100%。

群众的幸福感指数大幅提高。在群众幸福感大调查活动中，重点围绕当前社会环境、城乡建设、文化生活、民生事业等24个方面的内容开展了调查活动。群众满意率均达90%以上，其中对县委、县政府拆除北河沿岸的建筑，“还河于民”的做法等13个方面工作的满意率达到95%以上。

群众的安全感得到提升。在2010年全省群众安全感调查中，滦南县群众满意度为80.75%，比上年提高了29.64个百分点，是全省群众安全感提升幅度最大的县，一举甩掉了全省落后的帽子。

（《唐山劳动日报》2011年12月14日）

唐山劳动日报
TANGSHAN LAODONG RIBAO
2011年
12月26日
星期一　辛卯年十二月初二
中共唐山市委机关报　唐山劳动日报社出版　国内统一连续出版物号CN13-0015
第20629号　今日八版　环渤海新闻网网址：www.huanbohainews.com.cn

硕果压枝报春华

——滦南县2011年跨越发展扫描

姜伯静　王学丽　沈　庆

引子：数字印证着变化

这本是一个冬季，但在滦南，却充盈着秋的收获！

在12月13日至16日举行的唐山市第三次大项目观摩中，滦南县在全市14个县区中位居第四，这让滦南人振奋。

与此同时，一个个令滦南人欣喜的数据接踵而来：

2011年1至11月，固定资产投资达到103.75亿元，增速65.1%，位居全市第二；全年可完成110亿元，这是一个质的飞跃。

2011年1至11月，完成全部财政收入11.96亿元，同比增长20.9%，将圆满完成年初目标。

2011年开工重点项目129个，其中实施亿元项目109个；一年来实施的亿元项目数量是过去两年的7倍。

2011年初确定的为民所办20件实事逐一兑现。

……

市达滦南的四大类21项指标将如期或超额完成。

一个个项目落地开花，一件件实事成为现实，一项项指标顺利完成。

2011年的岁末，滦南人回眸细数着自己留下的每一个脚印。

城镇建设三年上水平、项目建设、统筹城乡发展“三大攻坚”势如破竹；城西工业区、嘴东经济开发区、大铁矿、北河新区“四大开发”如火如荼……一年多来，滦南县委、县政府在全县范围内组织开展了四次大规模的群众满意度测评，问卷所列100个方面的调查，群众满意率达90%以上。滦南工作得到省、市多位领导39次肯定性批示。

“三年再造一个新滦南，五年经济总量翻两番”的庄重承诺在实践着。

古城旧颜今不在　中等城市初长成

建设“中等城市、生态滦南”是滦南人的崭新追求。曾几何时，滦南城市形象以“南罗城，北古城，当中夹个破倴城”而让人难以直面。但是，滦南是一个勇于攻坚克难和超越自我的地方，是一个不断刷新纪录和创造奇迹的地方。

今年以来，在2010年城市征收搬迁取得斐然成绩的基础上，滦南县又抢抓机遇，顺势而为，围绕“滨海水城、经济强城、文化名城、宜居靓城”的宏伟目标，坚持“规、拆、建、改、管”并重原则，强力推进城市建设，迅速提升城镇建设水平。今年又连续组织了三次征收搬迁战役，顺利完成了交警大队南侧、建设南路东侧、友谊路东侧等12个区域的征收搬迁任务，搬迁群众2036户，拆除各类建筑41万平方米，腾出土地1365亩。从2010年4月至今，五次大规模征收搬迁攻坚行动共计征收搬迁5597户，合计114.8万平方米，腾出土地4956亩。

大搬迁腾出了大空间，大空间保障了更好地建设新家园。

塔吊林立、机器轰鸣、车辆如梭，在建筑交响曲中，滦南崛起了一处处崭新的楼房。鼎盛花园、金诚华苑、绿景嘉园等现代化小区相继建成，建筑面积达到382万平方米，城区居住环境大为改善，县城整体面貌得到根本性改观。

“一定要确保群众按时回迁！”滦南县委书记张国栋的承诺掷地有声。滦南县始终把回迁房建设作为保障民生、取信于民的“一号工程”，成立了回迁房建设督导组，保证了回迁房按时间节点推进。目前，涉及3788户、总面积67万平方米的回迁房正加快推进。其中，首批搬迁区域的46栋34.91万平方米回迁房已按时封顶。保障性住房建设顺利。其中，“八和居”96套廉租房、168套经济适用房和1428套危改回迁房正在建设；泽澳纺纱和鼎盛新世界的410套公共租赁房，已有130套完成主体；友谊路东侧、和平路两侧、建设南路东侧1303套棚户区改造已经全部开工。

为进一步改善城市面貌，塑造特色街道景观，打造“一街一品”“一区一景”城市格局，集中对兆才大街、建设路等6条主要街道和金辉广场等4个重要节点周边既有建筑实施了外观改造，完成改造任务22.5万平方米，改善了城区主干道两侧形象，提升了城市品位，真正实现了“无处不精心、无处不精细、无处不精美、无处不精致”。

加快老城改造的同时，新城的建设也如火如荼。

去年以来，北河新区共谋划实施重点项目85个，项目总投资123.5亿元，已完成固定资产投资20.88亿元。其中，投资8822万元的北河大桥是北河新区开发建设的先导工程，今年5月1日竣工通车，一桥飞架南北，连通了新老城区；北河新区路网工程陆续完工，崇法大街、建设北路等工程已经通车；投资3.8亿元的北河水系治理项目已完工，北河水系环城而过；北河星级酒店、京东研发中心等项目正有序推进，累计完成投资7.4亿元；占地1255.5亩、总投资3.38亿元的北河公园建成开园，惠民广场正式开放，北河水城观光带美景凸显；天鹅庄园一期工程已完成主体，九号公寓住宅项目即将封顶，丽墅庄园一期工程主体已基本完工。

经过一年多的建设，滦南城市面貌发生了翻天覆地的巨大变化：一幢幢高楼鳞次栉比，一条条绿化带葱郁盎然，一座座广场上游人如织。北河水城成功入选“唐山八景”，省级园林县城顺利通过验收，滦南被列为河北32个中等城市试点之一。

项目建设潮头劲　经济发展气象新

没有“源头活水”，经济发展大潮无法奔腾向前。项目建设是滦南各项经济指标顺利完成的保障，为经济社会发展提供了不竭的动力，奠定了坚实的基础。

一年来，滦南以“转方式、调结构”为主线，以“三大攻坚、四大开发”为舞台，以一产出特色、二产上规模、三产求突破为目标，强力推进项目建设“千百十”工程，建设工业园区，鼓励企业二次创业，激活现代农业，发展后劲不断增强，厚积薄发之势已初步呈现。

2011年，全县共谋划重点项目1371个，计划总投资4575亿元；分三批组织了投资264.5亿元的129个重点项目集中开工；4个项目列入河北省2011年第一批重点建设项目。

园区建设日新月异。2011年，滦南城西和嘴东两个工业区分别被省政府批准为省级工业聚集区和经济开发区。城西工业区，总投资1.4亿元、全长7.5千米的创新路、锦绣路、文明街和中大街西延等4条道路通车；水、电、讯等基础工程基本完工。投资16亿元的企创热处理二期、顶热太阳能等10个项目建成投产；总投资73亿元的泽澳纺纱、中通180万件高档卫生洁具、坤达高端铝制品、云阁彩涂钢板等20个项目正在建设。嘴东经济开发区，已经完成吹沙造地1.6万亩；总投资6.4亿元、总长12.7千米的4条主干道路顺利推进。投资4亿元的海都水产加工等5个项目建成投产；总投资160亿元的方舟修造船、二十二冶装备制造等14个项目正在建设。大铁矿建设全面展开。为服务大铁矿开发建设，投资310万元、全长7.2千米的矿区路完工通车，两个35千伏变电站正在建设；投资24亿元的大贾庄铁矿进入实质性开发，投资100亿元的马城铁矿完成了地质补勘。

大项目纷至沓来，一批重点项目成功入驻。成功引进香港玖龙、中船重工等大型上市或国有企业，新签约亿元以上项目12个，总投资400亿元。其中投资55亿元的钒钛新能源、投资30亿元的毕氏光伏产业园、投资8亿元的中船重工船舶装备制造等项目开工建设；尚新融大电子、金利海生物柴油等5个新兴产业创新项目已完成，华能风电、顶热太阳能二期等新能源项目正顺利推进。

企业“二次创业”，进一步发展壮大。在积极引进新项目的同时，滦南县委、县政府制定了企业“二次创业”的优惠政策，鼓励支持老企业技改扩能，实现壮大发展。在这一政策的支持下，中红普林、汇丰钢铁、方舟修造船、京东实业等40家企业实施“二次创业”，开工项目56个，总投资53亿元，完成投资38亿元。中红普林投资18亿元建设了丁腈手套生产线、彩印包装、中红建材城、时代购物广场、中红一品等项目，实现再次发展。汇丰钢铁实施扩产升级，投资6.5亿元的优质带钢生产线项目正在建设，将自己的产能、产品标准上升到一个新的档次。

全力推进一产出特色。将奶牛、瘦肉型猪、肉鸡、果菜和水产五大龙型产业优势与现代农业结合，着力推进现代农业发展。2011年全年谋划实施农业项目133个，总投资130亿元。投资1.1亿元的绿锦立体生态农业产业化、投资1.2亿元的禾生源生态园等52个重点农业项目开工建设，总投资达27.3亿元。蒙牛、雨润、中红普林等农业龙头企业带动能力不断增强，现代农业产业链已经成熟。

三产服务业实现大突破。以嘴东经济开发区曹妃甸五号、六号港池开发建设为契机，谋划建设5平方千米的物流产业园区，总投资21亿元的天津海盛港口物流、汇丰钢铁物流等5家企业入驻。投资100亿元、拥有29个子项目的北河水城文化观光产业带建设扎实推进。古城遗址公园、金代风情街等17个项目正在建设。全县文化旅游项目达到84个，总投资256亿元。

社会民生重投入　枝叶关情总是春

“民生连着民心，民心顺则天下和静”。滦南县委、县政府时刻把群众的安危冷暖放在心上，坚持发展成果由全民共享，努力促进社会和谐，从比较薄弱的财力中拿出“真金白银”，围绕群众最关心、最关注的问题，从社会保障、医疗卫生、城市功能、农村建设、文化教育等方面加大民生投入。认真组织实施了20件为民办实事工程，不断加大保障和改善民生力度。

建立健全广覆盖、有梯次的社会救助体系，切实解决了困难群众日常生活中的实际问题。提高城乡低保标准，城镇低保标准由每人每月310元提高到363元，农村每人每年由1540元提高到1900元；提高农村医疗保障水平，新型农村合作医疗县级医疗机构住院报销起付线从600元调整到500元，县级以上定点医院补偿比例由45%提高到50%，门诊统筹补偿比例由25%提高到30%；一年来，累计发放各项救灾救济款111万元；投入1136万元解决7396名重点优抚对象的“三难”问题；投入85万元实施困难群众危房援建、贫困残疾人扶贫培训基地建设、贫困残疾学生和贫困残疾人子女入学等援助工程。

道路等基础设施建设快速发展。全县共实施重点道路项目35个，其中那颜湖大桥工程、南环路新建、建设路南延、长大线改造等31个项目已竣工通车，完成投资10.15亿元。新修、改造县城和农村道路总里程达到98千米，形成了一个四通八达的现代化交通网络，极大改善了城乡群众出行条件，优化了城乡发展环境。投资1.05亿元，实施了建设中路改造、和谐路雨水管道、兆才北街新建等十项市政管网工程，敷设雨水、污水管道2.5万米，新增集中供热面积110万平方米、集中供气4500户，集中供热、供水普及率100%，燃气覆盖率99.5%。一座清新雅致、设施完备的“宜居靓城”日渐显现。

高度重视“三农”工作。投资1.21亿元，实施了小青龙河防洪治理等6个重点农田水利项目，其中灌区配套续建等5项工程已经完工。投资2300万元实施节水灌溉等现代农业项目，新增节水灌溉面积4.15万亩，全县农田有效灌溉面积达107万亩，水利化程度已达99%。实施“阳光工程”和就业援助工程，对4.5万农民进行了科技知识、专业技能培训，转移劳动力1.6万人，被省政府授予“河北省发展劳务经济先进县”荣誉称号。依托纺纱、钢锹等农村特色产业，引导3万农民就业，有力保持了农民工资性收入持续增长。全县新建农民专业合作社18家，各类农民合作经济组织达到124家。启动实施农村有线电视“村村通”工程，完善了全县16个镇级综合文化站硬件设施，满足了基层群众多样化的文化需求。

教育投入稳步增加。投资3677万元，新建校舍3.27万平方米，全部投入使用。投资1.28亿元的英才学校高中部工程，新建教学楼、礼堂、游泳馆、体育馆等5.75万平方米，该校成为唐山市第一所拥有标准化游泳馆、全部使用电子白板教学的民办学校；投资1410万元的职中扩建项目，列入了“2012国家中等职业教育基础能力设施改造计划”。

后记：忘不了的，是滦南干部队伍的良好作风和精神风貌

累累硕果的背后，是辛勤的汗水，是滦南人不服输的性格，是“少说多干、奋勇争先”的工作精神，是“白加黑、五加二”的工作作风。滦南县各项工作的顺利完成，离不开滦南全体干部大开放、大变革的进取意识，离不开滦南广大党员的良好作风和精神面貌。

王雪峰书记曾经提出，“滦南必须扩大改革开放”。针对滦南实际情况，滦南县委、县政府带领全县党员干部解放思想，扩大开放，以思想的大解放推进滦南的大开放、大建设、大变革。思想解放的大潮中，滦南县委、县政府顺应时代需要和百姓呼声，积极主动地改进干部作风，推动滦南经济社会的又好又快发展。“党徽在一线闪光”，让每一名共产党员在攻坚一线真正领会、诠释“共产党员”这四个字的含义；建立一线考评干部机制，公正、公开、公平选人用人；坚持一线用人导向，锤炼了钢铁般的干部队伍，让许多优秀人才脱颖而出。正是在这样的大环境下，滦南广大党员干部少说多干、奋勇争先、你超我赶，将自己火热的工作精神倾注到伟大的事业当中。

这并非偶然，这是滦南县委、县政府对滦南58万人民的一个郑重回答。曾记得，2011年年初，滦南县四大班子在2011年重点工作部署大会上庄重承诺：“在推进重点工作中，讲党性，带头做到少说多干、奋勇争先；讲宗旨，带头做到以人为本、情系民生……”实践证明，他们是这么说的也是这么做的。今天的成绩，就是对年初承诺最好的回答。

“尽洒汗水无须悔，总有秋实报春华”。一份付出，一份收获，有了这样的干部队伍，我们有理由相信，站在新起点上的滦南在未来的收获会更加丰硕！

（《唐山劳动日报》2011年12月26日）

大事记

1月

1月1日

《新滦南》创刊。《新滦南》是滦南县委机关综合内刊，以“服务大局、服务发展、服务百姓”为宗旨，是传播县委、县政府声音的主渠道、联系干部群众的主桥梁、反映百姓心声的主阵地、繁荣文化事业的新载体、提升民众文化素质的新平台。

同日

县委书记张国栋、县长蔡洪魁在《新滦南》上发表《新年献词》，代表中共滦南县委、滦南县人民政府向辛勤工作在各条战线上的广大干部群众，向关心支持滦南发展的各界朋友，致以节日的问候和美好祝愿。

同日

我县召开“十二五”期间谋划项目工作调度会。县委书记张国栋主持会议并讲话。

1月2日

县委召开十届第59次常委（扩大）会议。会议传达学习了省经济工作会议、省三年大变样总结表彰暨动员部署会议的主要精神，对“十二五”的项目建设进行了初步安排，讨论审议了县“两会”的主要文件，并就“两会”的召开以及节期慰问活动做出了安排。县委书记张国栋主持会议并讲话。

同日

县委书记张国栋在北河宾馆会见了唐山曹妃甸发展投资集团有限公司总经理刘东。双方就在程庄镇建设现代生态农业观光园及曹妃甸农副产品供应基地进行了深入洽谈。县委副书记韦远东及旅游办、程庄镇等有关单位负责同志参加会见。

1月4日

滦南县第十四届人民代表大会常务委员会举行第29次会议。县人大常委会主任杜珍，县人大常委会党组副书记、副主任冯玉志，县人大常委会党组副书记崔恩富，副主任刘继海、苗贵生及委员共15人出席了会议。县政府副县长蔡春奎、县法院副院长袁铁山、县检察院副检察长魏宏君等列席了会议。会议审议通过了县十四届人大代表资格审查委员会关于补选代表的代表资格审查情况的报告；作出了关于召开县十四届人大六次会议的决定；通过了县十四届人大六次会议有关材料。

1月4至7日

唐山市政协十届四次会议召开，县政协主席李玉鹏等12名政协委员参加会议。

1月5至8日

唐山市第十三届人民代表大会第五次会议召开，县委书记张国栋、县长蔡洪魁、县人大常委会主任杜珍等28名市人大代表参加会议。

1月6日

滦南县精神文明建设委员会发出《弘扬社会新风，文明、和谐过春节》倡议书，号召全县广大干部群众过一个文明、健康、和谐的快乐节日。

1月7日

泰国万浦集团公司总裁廖毅成一行来我县参观考察。县委书记张国栋会见廖毅成一行并陪同考察。

同日

市考核组来滦南县验收市民中心建设并对民政工作进行年终考评。

1月8日

我县在北京举行“迎新春、话发展”联谊座谈会。县委书记张国栋等县领导参加。

同日

利用2011年第一个党员活动日，我县各级党组织从“听民生、联民心、育民力、帮民事、维民权”五方面入手，组织全县广大党员志愿者积极开展送钱物、送医疗、送关爱、送欢乐等多种形式的志愿服务活动。

1月9日

华西新市村党委书记兼村委会主任、华西集团董事长兼总经理吴协恩一行来滦南，到华瑞钢铁公司检查指导工作，并考察我县城市建设情况。县委书记张国栋在北河宾馆会见了吴协恩一行。县领导蔡洪魁、韦远东、杜珍、李玉鹏、于广秋、于军、张云江及县直有关部门负责人参加会见。

1月10日

我县在石家庄举行“迎新春、话发展”联谊座谈会。在石工作的滦南籍领导曹素华、周文夫、李兰田、王离湘、张维亮等30余人应邀出席座谈会。张国栋、蔡洪魁等县四大班子领导出席座谈会。

1月11日

县委召开十届第60次常委（扩大）会议。会议传达学习了全市县乡党委换届工作会议、市“两会”和全市经济工作会议精神，并对下步重点工作进行了安排部署。县委书记张国栋主持会议并讲话。

同日

国家环保部东北督查中心减排工作核查组来滦南县，对永新纸业污水治理减排工程进行现场核查。

1月13日

市检查组对滦南县2010年度城镇绿化工作进行验收。

同日

县政协召开八届十四次常委会议。会议审议通过了召开县政协八届五次会议等有关事项。县政协主席李玉鹏主持会议并讲话。

1月15日

我县参加北京新发地农产品综合批发交易市场“七省区市保障春节期间首都市场蔬菜供应联合行动”签约仪式，与北京市商务委员会签署合作协议。

同日

滦南县人民检察院被评为省级先进基层检察院。

1月17日

县委召开十届第61次常委（扩大）会议。会议传达了省“两会”会议精神，通报了重大项目集中签约仪式工作安排，审议了2010年财政预算执行情况和2011年财政预算草案报告，审议了2010年全县国民经济和社会发展计划执行情况与2011年国民经济和社会发展计划草案报告，研究审议了县委、县政府2011年为群众兴办的20件实事。通报了相关机构设置情况和城西工业聚集区、北河新区道路名称。县委书记张国栋主持会议并讲话。

同日

唐山中红普林集团举行十周年庆典。县委书记张国栋出席并致辞。县领导蔡洪魁、韦远东、杜珍、李玉鹏、于广秋、蔡春奎、张怀良参加了庆典活动。

同日

县编委印发编字[2011]1号文件，同意建立倴城街道办事处司法所，机构规格为股级，司法专项编制2名，其中设所长或副所长1名。倴城镇司法所司法专项编制由4名减至3名。

同日

县编委印发编字[2011]2号文件，同意县委组织部在保持科室数量、股级职数不变的前提下，对部分科室进行调整。即：原干部科更名为干部一科，原青干科、干部监督管理科合并为干部二科，原组织科分设为组织一科、组织二科。

同日

县编委印发编字[2011]3号文件，同意设立“税政管理办公室”，为财政局所属股级事业机构，定编4人，其中设主任、副主任各1名，所需人员由财政局内部调剂解决。

同日

县编委印发编字[2011]4号文件，理顺县红十字会管理体制。明确滦南县红十字会由县卫生局代管，机构规格为副科级，事业编制2名，县红十字会会长由县政府领导兼任，设专职副会长1名（副科级），工作人员1名。

同日

县编委印发编字[2011]5号文件，同意建立《新滦南》编辑部，为副科级事业机构，靠挂县委宣传部，暂定事业编制 6 名。《新滦南》编辑部设主任（主编）1 名（副科级）。《新滦南》编辑部经费开支渠道为财政拨款。《新滦南》编辑部内设新闻部、副刊部，均为股级事业机构。新闻部事业编制 4 名，其中设主任 1 名，副主任 1 名。副刊由县文联主办，资源共享。副刊部事业编制 1 名，设主任或副主任 1 名。

同日

县编委印发编字 [2011]6 号文件，批准：1. 在滦南县商务局加挂滦南县招商局的牌子，招商局局长由县商务局 1 名正科级副职兼任，另设招商局副局长 1 名（副科），招商局具体业务工作由商务局招商引资办公室承担。2. 为大力推进曹妃甸嘴东工业园区的开发建设，搞好曹妃甸嘴东工业园区招商引资工作，撤销其原设招商科，建立滦南县曹妃甸嘴东工业园区招商局，为曹妃甸嘴东工业园区管理委员会所属副科级机构，事业编制 3 名，其中设局长 1 名（副科级），工作人员 2 名。曹妃甸嘴东工业园区管理委员会 14 名事业编制不变。3. 为加快城西工业聚集区开发建设步伐，加强城西工业聚集区招商引资工作，撤销其原设招商科，建立滦南县城西工业聚集区招商局，为城西工业聚集区管理委员会所属副科级机构，事业编制 3 名，其中设局长 1 名（副科级），工作人员 2 名。城西工业聚集区管理委员会 12 名事业编制不变。

1 月 18 日

我县举行重大项目集中签约仪式，分别与中船重工物贸集团、曹妃甸发展投资集团、中国保利集团、北京万科企业有限公司、北京嘉庆投资有限公司、J&A 联合企业集团、曹妃甸控股公司、中国二十二冶集团等企业签署合作协议，总投资达 265 亿元。市人大副主任范绍慧、市政协副主席于冬青和县领导张国栋、蔡洪魁、杜珍、李玉鹏、于广秋、张怀良、于军出席签约仪式。县长蔡洪魁主持签约仪式。

同日

三河天久实业科技有限公司董事长萧忠渊一行到滦南县洽谈碳纤维项目，并赴嘴东工业区考察。县委书记张国栋会见萧忠渊一行。县领导蔡洪魁、于广秋、李景云参加会见。

同日

县委书记张国栋分别慰问了特困职工尹宏超、城镇低保户高志江和农村困难户杨占英、杨正。张国栋一行还到扒齿港光荣院进行慰问。人大副主任刘继海，副县长张云江，政协副主席、总工会主席陶顺福参加慰问，相关单位负责人陪同慰问。

1 月 19 日

县委书记张国栋出席银泰商厦总部大楼竣工开业庆典仪式并为之剪彩。县长蔡洪魁代表县委、县政府在庆典仪式上致辞。县领导韦远东、杜珍、李玉鹏、张怀良出席了开业庆典仪式。

同日

县编委印发编字 [2011]7 号文件，明确《滦南县机关事业单位借调工作人员管理办法》。

1 月 20 日

县长蔡洪魁对取缔非法营运三轮车给予批示："抓得好。城管、公安、交通要协调联动，继续巩固成果，决不能逆转回去。同时注重宣传。对三个单位前段工作给予表扬，同意下步建议和安排。"

同日

中共滦南县委印发滦南字 [2011]1 号文件，确定 2011 年县委、县政府为群众兴办的 20 件实事。

1 月 21 日

唐山市人民政府、滦南县人民政府分别与北京万科企业股份有限公司签署战略合作框架协议。市领导陈学军和县委书记张国栋出席签字仪式。

同日

唐山市委书记王雪峰对滦南县认真贯彻全市经济工作会议精神确保"十二五"发展开好局、起好步做出批示：士气高、劲头足；思路清晰、措施扎实。望抓出成效。

同日

唐山市委书记王雪峰对滦南县总投资 265 亿元的 6 个项目集中签约做出批示：国栋同志：看到你们签约的项目十分高兴，望抓好后续工作，确保项目落户。

1月22日

省文化厅常务副厅长王离湘一行来滦南县考察调研。县委书记张国栋在北河宾馆贵宾厅会见了王离湘及河北凰家房地产开发公司董事长闫士杰一行。县领导蔡洪魁、于广秋、李景云及有关单位负责同志参加会见并陪同考察调研。

1月22日至23日

政协滦南县第八届委员会第五次会议在成兆才大戏院召开。县政协主席李玉鹏作《政协滦南县第八届常务委员会工作报告》，县政协副主席毕仲仓作《政协滦南县第八届委员会常务委员会关于八届四次会议以来提案工作情况报告》。会议审议通过了《政协滦南县八届五次会议政治决议》、《政协滦南县八届五次会议工作报告决议》、《政协滦南县八届五次会议提案工作报告决议》。会议期间政协委员们共商滦南科学发展、赶超跨越大计，畅所欲言，积极建言献策。县委书记张国栋在闭幕会上作重要讲话。

1月23日

县政协在北河宾馆召开统筹城乡发展座谈会。政协委员就统筹城乡发展积极建言献策。县政协副主席、总工会主席陶顺福主持会议，县领导韦远东、李玉鹏、张怀良出席座谈会。县委书记张国栋出席座谈会并讲话。

1月22日至24日

滦南县第十四届人民代表大会第六次会议在成兆才大戏院召开。会议听取和审议了县长蔡洪魁关于滦南县人民政府工作报告；审查和批准了滦南县国民经济和社会发展第十二个五年规划纲要草案（书面）；审查和批准了滦南县2010年国民经济和社会发展计划执行情况与2011年国民经济和社会发展计划草案；审查和批准了滦南县2010年财政预算执行情况和2011年财政预算草案；听取和审议了县人大常委会主任杜珍关于滦南县人大常委会工作报告；听取和审议了县法院院长马明旭关于滦南县人民法院工作报告；听取和审议了县检察院检察长魏宝成关于滦南县人民检察院工作报告；会议补选艾德来、左久林、冯俊新、刘士民、杨洪伟、贾庆龙、殷启国、高廷进为滦南县第十四届人民代表大会常务委员会委员。

1月24日

我县召开全县领导干部大会。会议对当前重点工作任务进行了安排部署。县委书记张国栋作重要讲话。

1月26日

滦南县召开创先争优活动领导点评暨党委书记履行基层党建工作职责述职会议。县委常委、人大主任、政协主席出席会议。各镇（街道）党委书记、副书记、组织委员；县直各党委书记、主管党务工作副职；县直有关部门相关同志；部分党代表、人大代表和政协委员参加了会议。县委书记张国栋对30位党委书记的汇报逐一进行有针对性的点评。

1月27日

县城乡规划委员会召开2011年第一次会议。会议审查了北河新区环城水系规划、嘴东工业园总体规划、抗日战争胜利纪念园等11个项目的规划设计方案，涵盖城市规划、小城镇建设、既有建筑外观改造等内容。县委书记、规委会主任张国栋主持会议。

同日

中共滦南县委印发滦南字[2011]2号文件，制定《滦南县推进农村产权制度改革工作实施方案》。

1月28日

我县在北河宾馆举行离退休干部迎新春茶话会。县委书记张国栋、县长蔡洪魁等四大班子领导出席茶话会。

1月30日

县委书记张国栋先后深入扒齿港镇门庄村“一助一扶贫济困”帮扶对象杨计永家、柏各庄镇娄各庄村老干部刘文峰家、柏各庄镇李沟府村解放前老党员杨素珍家进行节期慰问。同时督导检查了柏各庄镇、胡各庄镇、姚王庄镇、方各庄镇农村环境卫生整治情况。县委常委、组织部长史林友及有关部门负责同志参加慰问和督导检查。

同日

县委书记张国栋主持召开节后重点工作安排部署会议。对“十二五”重点项目规划、交通道路建设、水务建设、市政建设、城市改造、农业基础设施以及新民居建设等重点工作进行了安排部署。张国栋要求，各有关单位要一切工作往前赶，在节前做好充分准备，争取节后一上班立即投入正常工作。县领导韦远东、于广秋、张怀良，农工委、交通、规划、住建、发改、水务等有关部门负责同志参加了会议。

1月31日

县委书记张国栋、县长蔡洪魁先后慰问了永新纸业、公安局指挥中心、交警大队、城管执法大队和环卫队、广播电视台、城西工业聚集区管委会、北河新区管理处等节日期间坚守在工作岗位的干部职工。张国栋对节日期间坚守在工作岗位上的干部职工表示感谢，同时要求广大干部职工继续发扬“少说多干、奋勇争先”的工作精神，尽职尽责，圆满完成各项工作任务。有关单位负责同志陪同慰问。

同日

我县举行中式熟食加工项目签约仪式。县人大常委会主任杜珍出席签约仪式，蔡春奎代表县政府与北京瑞阁投资公司董事长张瑞阁就总投资15亿元的中式熟食加工项目签订合作意向书。项目选址于我县城西工业聚集区，计划总投资15亿元，分三期建设，首期计划投资1.5亿元，年可加工5万吨熟食产品，实现销售收入10亿元、利税2.5亿元、增加就业1000人；全部投产后，年可加工40万吨熟食产品，实现销售收入100亿元、利税20亿元、增加就业8000人。

2月

2月4日

《河北经济日报》在显著位置刊登通讯《金杯、银杯，不如老百姓的口碑——来自滦南县的报告》，对滦南县坚持把群众利益放在首位，在施政的决策前、决策中、实施中、完成后4个阶段“心里装着老百姓”的执政理念进行报道。

2月9日

我县在北河宾馆多功能厅召开2011年春节团拜会。县四大班子领导出席会议，各镇（街道）党政正职、县直单位主要负责同志参加了会议。县委书记张国栋主持会议并讲话。

同日

县委召开十届第62次常委（扩大）会议。会议先后听取了2011年十项重点工作的实施意见、围绕十大重点工作的强化措施和镇党委换届工作的有关意见。县委常委、各位副县长，人大主任、政协主席参加了会议。县委书记张国栋主持会议并讲话。

2月10日

唐山市委副书记、市长陈国鹰对滦南县建设北河水城文化观光产业带做出批示：思路很好、气魄很大，望规划好、运作好。

同日

县委书记张国栋到城西工业聚集区就2011年第一批计划开工项目准备情况进行专题调研。副县长于军，两办督查室主任，发改、工信、住建、交通、规划、电力、环保、国土等有关部门负责同志参加调研。

同日

中共滦南县委印发滦南发[2011]1号文件，出台《关于做好镇党委换届工作的安排意见》。

同日

中共滦南县委印发滦南字[2011]3号文件，安排滦南县第十一次党代表大会代表选举工作。

同日

滦南县被唐山市爱国卫生运动委员会授予“2010年度农村改厕先进县（市）区”称号。

2月11日

我县在北河宾馆多功能厅召开镇党委换届工作会议并进行换届选举业务知识培训。县委副书记韦远东主持会议，县领导张友利、史林友出席会议。各镇党委书记、副书记、组织委员和党建办主任参加会议。县委书记张国栋出席会议并讲话。

同日

我县召开四大班子领导干部会议，集中学习传达胡锦涛在保定考察指导工作时的重要讲话精神。各镇党委书记、县直各党工委书记参加了会议。县委书记张国栋主持会议并讲话。

同日

县委书记张国栋到北河新区管理处就项目建设工作进行现场办公。副县长张云江，县直有关部门负责同志参加现场办公。

同日

中共滦南县委印发滦南发 [2011]2 号文件，明确中共滦南县委 2011 年工作要点。要点包括推进“四大开发”，打造沿海经济隆起带战略高地；实施“千百十”工程，全力推进项目建设；优化三次产业结构，加快转变经济发展方式；强化开放意识，提高对外开放水平；实施八项攻坚行动，提升城镇建设水平；着力改善民生，提高人民幸福指数；全面加强党的建设，提高各级干部推进科学发展、赶超跨越的执行力等 7 大方面 30 条。

2 月 12 日

滦南县被中共唐山市委、唐山市人民政府评为唐山市城镇面貌三年大变样工作优秀奖。

同日

县委书记张国栋、副县长张云江率有关部门负责人就2011年征收搬迁改造工作进行调研。

同日

县长蔡洪魁、县住建局长王桂林被中共唐山市委、唐山市人民政府授予“唐山市城镇面貌三年大变样工作模范”荣誉称号。

2 月 13 日

县委召开十届第 63 次常委（扩大）会议。蔡洪魁就贯彻落实唐山市城镇面貌三年大变样工作总结表彰暨城镇建设三年上水平工作动员大会会议精神讲了具体意见；会议传达了市委常委、市纪委书记张振县来滦南调研时的讲话精神；审议了滦南县科级领导班子和主要负责同志 2011 年度科学发展目标责任状；审议了滦南县三大攻坚表彰名单；审议了创先争优勤政廉政党员领导干部集体承诺书；听取了发改局项目建设情况的汇报。县委书记张国栋主持会议并讲话。

同日

唐山市委常委、市纪委书记张振县到滦南实地调研新民居建设、村级民主管理、行政审批服务工作。县领导张国栋、蔡洪魁、韦远东、杜珍、李玉鹏、张友利等陪同调研。

2 月 14 日

唐山市委书记王雪峰对滦南县建设北河水城文化观光产业带做出批示：建设北河水城文化观光带的设想很好，对于调整结构转方式、培育新的经济增长点都具有重要的意义，市直各有关部门应给予支持。望滦南县认真论证，如切实可行，要高起点规划，高标准建设，把好事办好，建成国内一流工程项目。供参考。

同日

唐山市委常委、宣传部长郭彦洪对滦南县建设北河水城文化观光产业带做出批示：滦南县建设北河文化观光产业带站位高、思路清、项目实、投资大，是十二五时期我市文化建设的又一亮点项目。我们一方面积极向省委宣传部推荐，力争列入全省文化建设重点项目，另一方面将该项目列入我市十二五文化建设支持项目，望滦南县加强领导，加大力度，整体推进，保证各项建设任务落到实处。

同日

晚，县委书记张国栋督导检查了友谊路、南大街、建设路、学苑街、团结路、中大街、和谐路、兆才大街、和平路等城区主要道路两侧机关单位及部分商业门店的夜景亮化工作。县四大班子领导参加督导，有关单位负责同志、既有建筑外观改造工作队队长陪同督导。

同日

县委书记张国栋对取缔非法营运三轮车给予批示：“非法营运电动三轮车是城市管理的顽症，我县不仅顺利取缔而且保证了在春节期间没出现反弹，实为不易。对城管、公安、交通、工商等单位给予表扬，要密切关注，巩固成果，绝不反弹。”

同日

中共滦南县委印发滦南字 [2011]4 号文件，确定《关于围绕十大重点工作强化组织保障的十项措施》。

同日

中共滦南县委印发滦南发 [2011]3 号文件，出台《关于 2011 年重点项目建设工作的实施意见》。

同日

中共滦南县委印发滦南发 [2011]4 号文件，出台《关于 2011 年加快推进大铁矿开发建设的实施意见》。

同日

中共滦南县委印发滦南发［2011］5号文件，出台《关于2011年北河新区开发建设工作的实施意见》。

同日

中共滦南县委印发滦南发［2011］6号文件，出台《关于2011年推进重大基础设施建设的实施意见》。

同日

中共滦南县委印发滦南发［2011］7号文件，出台《关于2011年度农村新民居建设工作的实施意见》。

同日

中共滦南县委印发滦南发［2011］8号文件，出台《关于城西工业聚集区2011年开发建设的实施意见》。

同日

中共滦南县委印发滦南发［2011］9号文件，出台《关于嘴东工业区2011年开发建设的实施意见》。

同日

中共滦南县委印发滦南发［2011］10号文件，出台《关于2011年加快发展文化旅游业的实施意见》。

同日

中共滦南县委印发滦南发［2011］11号文件，出台《关于2011年改善民生工作的实施意见》。

同日

中共滦南县委印发滦南发［2011］12号文件，出台《关于2011年加强社会建设创新社会管理维护社会稳定的意见》。

同日

中共滦南县委印发滦南发［2011］13号文件，出台《关于加大问责问效力度推进十项重点工作的实施意见》。

2月15日

县委书记张国栋在交通局会议室主持召开了2011年城乡公路建设项目汇报会。在听取交通局2011年公路建设项目情况汇报后，就做好2011年城乡公路建设工作，张国栋强调指出：一是高标准进行规划。路网建设要立足长远发展，同时要与三年上水平、城西工业聚集区、小城镇建设、绿化和水系建设治理相衔接。二是加快手续办理。要把办手续当成服务、当成责任、当成义务，确保如期完成。三是制定交通建设实施方案。要谋划制定《2011年道路建设实施方案》，进一步明确责任单位。四是狠抓任务落实。将责任落实到有关部门、具体责任科室和责任人，确保今年实施的全部道路工程10月底前竣工通车。按照县委、县政府2011年工作安排，交通运输局年内要完成滦海公路、建设路南延、长大线西段、农村公路等共计18项的公路建设项目，总长度97.732千米，总投资15.29亿元。县领导蔡洪魁、韦远东、于广秋、张怀良、张云江及有关单位负责同志参加了汇报会。

同日

唐山市委书记王雪峰对滦南县贯彻落实全市城镇面貌三年大变样总结表彰暨城镇建设三年上水平动员大会精神做出批示：行动迅速，目标宏伟，措施得力、具体，望抓好落实。

同日

唐山市委副书记周仲明对滦南县贯彻落实全市城镇面貌三年大变样总结表彰暨城镇建设三年上水平动员大会精神做出批示：贯彻全市电视电话会精神，滦南行动迅速、重点突出、措施有力，望认真抓好落实，力争更大实效。

2月16日

中共滦南县委印发滦南发［2011］14号文件，出台《关于2011年重点交通道路建设工作的实施意见》。

2月17日

我县召开2011年重点工作部署动员大会。会议贯彻落实市委八届七次全会、全市经济工作会议精神和县委十届六次全会、县“两会”精神，对2011年十项重点工作和三大保障进行了部署。会上，各镇（街道）、各党群部门，县政府各职能部门分别向县委书记张国栋和县长蔡洪魁递交责任状，县人大常委会主任杜珍代表县级党员领导干部宣读了“创先争优、勤政廉政”集体承诺书。县委副书记韦远东主持会议，县委书记张国栋、县长蔡洪魁分别讲话。县四大班子领导出席会议，各镇（街道）、县直各单位副科以上领导干部参加了会议。

同日

县四大班子党员领导干部带头做出创先争优勤政廉政集体承诺。

2月18日

滦南县被中共河北省委、河北省人民政府评为2010年度河北省推进社会主义新农村建设先进县（市）。

同日

我县在成兆才大戏院举办“梅花迎春”全国评剧名家名段演唱会。谷文月等11名中国戏剧梅花奖得主齐聚滦南。市委常委、政法委书记许德茂，县领导张国栋、韦远东、杜珍、李玉鹏、王殿新观看演出并接见演职人员。

2月19日

县委书记张国栋在北河宾馆会见省政府驻广州办事处副主任马福岭和长江武汉航道工程局、广州颐和集团客商。两家客商表示了到滦南投资的愿望，双方就进一步合作交换了意见。县领导于广秋、蔡春奎参加了会见。

同日

中共滦南县委印发滦南发[2011]15号文件，决定表彰“三大攻坚行动”涌现的先进单位、先进个人。

同日

中共滦南县委印发滦南发[2011]16号文件，出台《关于城镇建设三年上水平2011年度实施意见》。

同日

中共滦南县委印发滦南发[2011]17号文件，出台《关于创建省级园林县城的实施意见》。

2月20日

我县召开城镇建设三年上水平暨省级园林城创建工作部署动员大会。会议认真贯彻省市城镇建设三年上水平工作部署，命名表彰了2010年度在“三大攻坚”中涌现出来的先进单位和先进个人，对城镇建设三年上水平和省级园林城创建工作进行了动员部署。市园林局长张铁民莅临会议，县四大班子领导出席会议。县长蔡洪魁主持会议，县委书记张国栋讲话。

同日

县委召开十届第64次常委会议。会议听取了镇党委换届进展情况及下步安排意见；研究了干部任免事项。县委书记张国栋主持会议并讲话。

2月21日

唐山市委常委、副市长兼农工委书记王久宗带领市直有关部门、市政府农办负责同志到我县督导检查农业重点项目开展情况以及一抗双保工作。王久宗一行先后深入到青坨营陈虎头村高标准粮田建设现场、设施蔬菜（食用菌）栽培基地、错季西瓜栽植现场、扒齿港镇蓝海船务规模猪场、程庄镇周庄村设施蔬菜建设现场、宋道口镇设施韭菜有机示范现场，实地视察了农业重点工作建设情况，考察了冬小麦生长和春播情况。县委书记张国栋、县长蔡洪魁、副县长张怀良陪同督导检查。

2月22日

河北省委常委、宣传部长聂辰席在我县上报省委政策研究室的《深入细致做好群众工作科学和谐推进城镇化建设——现代评剧〈三进门〉轰动省城的重要启示》一文上做重要批示：请永山、景武、国珍阅处，文艺处阅研，并了解情况，据实提出宣传推介的意见，亦请绍慧同志阅。

同日

唐山市委副书记周仲明对滦南县信访稳定工作做出批示：滦南县加大工作力度，力促经济发展、社会稳定双丰收，其经验做法值得借鉴。可发办公厅通报推广。

同日

早晨，县委书记张国栋督导检查了县城南大街、中大街、和谐路环境综合整治和基础设施建设情况，对各条街道的卫生保洁、垃圾整治、小广告治理等工作提出具体的意见和要求。副县长张云江和有关单位负责同志参加督导检查。

同日

县城乡规划委员会召开第二次会议。会议审查了天承锦绣北区临街商住楼、南大街西延、南环路等9个项目的规划设计方案。县委书记、规委会主任张国栋主持会议。

同日

青龙满族自治县城市拆迁建设管理考察团

一行来我县考察城市建设情况。

2 月 25 日

县政府召开十四届第 19 次常务(扩大)会议。会议研究讨论了县政府十四届三次全体（扩大）会议相关材料及会议筹备情况、《滦南县水资源费征收管理办法》、《滦南县国民经济和社会发展第十二个五年规划纲要》、《滦南县 2011 年国民经济和社会发展计划》、《关于首批实物廉租房分配方案》等议题。县长蔡洪魁主持会议并讲话。

同日

姚王庄镇李营村被河北省妇联授予河北省千万妇女“争创三新大行动，助力三年大变样”先进集体荣誉称号；徐晓芳、李昌进、姚振艳、田倩、姚爱英被授予先进个人荣誉称号；刘东获省三八红旗手荣誉称号；南堡镇被命名为河北省妇联基层组织建设示范乡（镇）；魏巧玉被评为河北省百名优秀春蕾女童；顾晓光 张艳红家庭、张志刚 吴淑华家庭、张立新 曹美荣家庭、张宝宏 李玉美家庭、毛普武 刘晓凤家庭、付玉新 吕维敏家庭、王久会 邢艳玲家庭、姚昌俊 高会英家庭、梁建国 王向青家庭、李志刚 鄂金兰家庭、曹文科 刘亚文家庭被授予“美在我家”家庭展示大赛明星家庭。

同日

中共滦南县委印发滦南发 [2011]18 号文件，出台《关于推进党的基层组织党务公开工作的实施意见》。

2 月 26 日

县政府在成兆才大戏院召开十四届第三次全体（扩大）会议。县委副书记韦远东，县人大党组副书记崔恩富，县政协副主席、总工会主席陶顺福应邀出席会议。县政府全体组成人员，政府系统副科级以上干部、各镇镇长、金融通信部门主要负责人、较大企业主要负责同志参加会议，县委办、人大办、政协办、组织部、宣传部、纪检会、妇联、团县委等相关同志列席会议。副县长安丽萍主持会议，各位副县长分别就分管工作做了详细安排部署，县长蔡洪魁作重要讲话。

2 月 27 日

县委召开十届第 65 次常委（扩大）会议。张国栋传达了全省农村工作会议精神；会议审定了 2010 年度科级领导班子和领导干部考评结果；听取了拆迁工作进展情况的汇报；听取了发改局项目建设情况的汇报；研究了 2011 年水利建设的实施意见；讨论了县纪委十届六次全体（扩大）会议上的三个文件；听取了关于召开县纪委十届六次全体（扩大）会议筹备情况的汇报；讨论了关于创建全省文明县城实施方案和关于进一步加强新形势下农村精神文明建设的意见；听取了评剧《三进门》巡回演出筹备情况的汇报；审议了关于对现代评剧《三进门》创作演出组织有功人员给予表彰的决定；听取新民居建设进展情况的汇报。县委书记张国栋主持会议并讲话。

同日

南堡镇杨岭渔业村渔民周永强用自己的渔船在曹妃甸 3 号岛附近成功解救一艘遇险渔船，船员成功获救。遇险渔船沉入大海。

2 月 28 日

县纪委召开十届六次全委（扩大）会议。会议学习贯彻十七届中央纪委六次全会、省市纪委全会和全省学习贯彻《关于实行党风廉政建设责任制的规定》电视电话会议精神，紧紧围绕“三大攻坚、四大开发”等十项重点工作，对 2011 年纪检监察工作进行了部署，确保为滦南“十二五”科学发展、赶超跨越开好局、起好步提供坚强的政治保障。县委副书记、县长蔡洪魁主持会议，县委常委、纪委书记张友利作工作报告，县委书记张国栋出席会议并讲话。

同日

县委书记张国栋现场督导检查了我县“全市大项目观摩活动”筹备工作。张国栋对观摩会场布置、路线选择、沿线环境卫生、交通秩序等有关具体工作提出了明确要求。县委常委、副县长于广秋，副县长于军，住建、城管、发改、城西工业聚集区等有关单位负责同志参加督导检查。

同日

中共滦南县委印发滦南发 [2011]19 号文件，出台《关于 2011 年党风廉政建设和反腐败工作责任分工的实施意见》。

同日

中共滦南县委印发滦南字 [2011]5 号文件，调整县委惩治和预防腐败体系建设领导小组。

同日

滦南县获唐山市绿化委员会城市绿化办公室“2010 年城镇绿化目标责任千分制考核优秀奖”。

2 月

滦南县人民检察院被中华人民共和国最高人民检察院授予“全国先进基层检察院”荣誉称号。

是月

宋道口镇被唐山市人民政府授予“唐山市和谐乡镇（街）”荣誉称号。

是月

我县采取“公办民助”、“民办公助”等形式，积极鼓励和引导社会力量投资办园，在全县 8 个镇进行了“公办民助”办园试点，为我县学前教育发展提供了新动力。

是月

滦南县公安局被唐山市公安局评为 2010 年度全市优秀公安局。

是月

我县承担的“全自动智能转炉煤气回收系统”、“基于网络技术的煤气管控系统”2 个科技项目，顺利通过市专家组鉴定，总体技术达到国内先进水平。

3 月

3 月 1 日

我县在成兆才大戏院举行旧城区改造征收搬迁会战启动仪式。会议主要是安排旧城区改造征收搬迁工作。县四大班子领导出席。县直有关部门及倴城镇、倴城街道、相关城中村负责人、城镇建设三年上水平指挥部及各攻坚工作队全体队员参加启动仪式。启动仪式由县长蔡洪魁主持，县委书记张国栋出席并讲话。

同日

我县召开离退休县级领导干部座谈会。县委书记张国栋出席座谈会并讲话。县委常委、组织部长史林友，副县长张云江出席座谈会。

3 月 2 日

县委召开十届第 66 次常委会议。县委常委就遵守换届纪律，营造风清气正换届环境举行生活会。县委书记张国栋主持会议并讲话。

同日

县委书记张国栋在滦南分会场（县财政局会议室）参加了河北省创先争优活动电视电话推进会。县领导韦远东、史林友、王殿新和各镇（街道）党委书记，县直各大党委、党工委书记及有关部门负责同志参加了会议。

同日

县委书记张国栋在县委二楼会议室会见了北京泛华综合投资融资建设集团副总经理姜印昊一行。张国栋在介绍 2010 年我县“三大攻坚”、“四大开发”取得的丰硕成果和当前旧城区改建征收搬迁工作开展的情况后着重指出，滦南有着广阔的发展空间、优越的投资环境和浓厚的招商、亲商、爱商氛围，希望双方以后多加强联系沟通，促进进一步合作。姜印昊表示，滦南良好的整体投资环境和全县干部群众满怀激情的精神状态令人印象非常深刻，滦南的发展前景无限，下步将对滦南进行更深入的考察，争取实现合作。副县长张云江参加会见。

同日

中共滦南县委印发滦南发 [2011]20 号文件，通报 2010 年度科级领导班子和领导干部考评结果。

同日

中共滦南县委印发滦南发 [2011]21 号文件，作出《关于对现代评剧〈三进门〉演出创作组织有功人员给予表彰的决定》，对孙秀艳等 23 名演出、创作、组织有功人员给予表彰。受到表彰的同志同时享受“县级劳动模范”待遇。

3 月 3 日

市委书记王雪峰率市四大班子领导、各县（市）区委书记、县（市）区长，市发改委、统计局、商务局、农牧局主要负责同志到我县进行重点项目观摩活动。王雪峰一行实地查看了中红建材城、谷家营城中村改造及唐百集团和平购物广场、新县医院、泽澳高档绿色环保纺纱等在建项目，听取了我县重点项目建设整体情况和观摩点项目情况介绍。县委书记张国栋，县长蔡洪魁，县委副书记韦远东，县人大常委会主任杜珍，县委常委、常务副县长于广秋，县委常委、副县长蔡春奎，副县长于军、张云江及有关部门负责同志陪同观摩。

同日

副省长宋恩华对我县评剧《三进门》作出批示：我看《三进门》后很受感动、至今不忘。这出戏从一个侧面生动、深刻、艺术地展现出三年大变样的多方面变化，特别是产生了良好的社会效应。应到各地演出，发挥更好的作用。请省住建厅阅研。

同日

河北省钢铁产能普查核查组来我县进行检查。

3月4日

滦南县第十四届人民代表大会常务委员会举行第30次会议。县人大常委会主任杜珍，县人大常委会党组副书记、副主任冯玉志，县人大常委会党组副书记崔恩富，副主任刘继海、苗贵生及委员共23人出席了会议。县政府副县长卢翠娟，县法院副院长杨学文，县检察院副检察长魏宏君等列席了会议。会议决定任命霍文旺同志为县民政局局长，决定免去张晓农同志的县民政局局长职务。会议还审议通过了滦南县人大常委会2011年工作要点（草案）。

同日

河北省人力资源和社会保障厅领导对我县农村劳动力转移、农村就业培训和劳务收入等工作进行督导调研。

同日

华西村考察团一行来我县参观考察，双方就相关问题进行了深入交流。

3月6日

县委召开十届第67次常委（扩大）会议。会议传达了市信访联席会议办对高新区、遵化市、滦县、开平区发生进京集体上访情况的通报；传达了全市项目观摩会议精神，并就我县贯彻全市项目观摩会议精神、做好当前工作进行了研究部署。县委书记张国栋主持会议并讲话。

3月7日

日本伊藤忠商事株式会社、毅丰（中国）能源集团公司联合考察团第二次来滦南考察。县委书记张国栋会见并陪同考察。县领导蔡洪魁、于广秋、于军及县直有关单位负责同志参加了会见。

同日

县委书记张国栋到滦海公路、水系治理进口节制闸工地，水系治理松树拓宽段、金代风情街、兆才北街工地，北河公园一期、北河大桥工地，水系治理出口节制闸，蓝色港湾、崇法大街、建设北路、星级酒店及高档住宅、研发中心等工地现场督导检查北河新区的重点项目建设情况。县领导蔡洪魁、王殿新、张云江及有关单位负责同志参加了督导检查活动。

3月8日

县委书记张国栋现场观摩指导马城铁矿补勘工作，并与河北矿业集团就矿区生活区建设、马城矿区循环经济示范园建设达成了共识。县领导蔡洪魁、于广秋及县直有关单位负责同志参加了观摩指导活动。

同日

县委书记张国栋会见了清华美院、中国城市雕塑家协会、唐山清美城市规划美院的4位城市雕塑专家，就县城重要节点的雕塑提出具体设计意见。县委常委、宣传部长、统战部长王殿新，副县长张云江及县直有关单位负责同志参加会见。

同日

全县800多名妇女干部和妇女代表开展纪念三八妇女节101周年环城竞走6华里活动。在活动仪式上，县妇联向全县广大妇女发出了“推进城镇建设三年上水平　积极投身县委、县政府十项重点工作”的倡议；全县女党员作出了“立足岗位　创先争优”的公开承诺；妇女代表围绕“我为攻坚做贡献”作了表态发言。县领导白云泽、安丽萍、赵瑞军出席活动仪式，县委副书记韦远东出席活动仪式并讲话。

3月9日

县委召开十届第68次常委会议。会议审定了2010年度文明单位名单；研究了干部任免事项。县委书记张国栋主持会议并讲话。

同日

省委农工部副部长赵金平一行，就贯彻落实全省农村工作会议精神及农村新民居建设情况来我县检查指导工作。检查团先后检查指导了柏各庄镇新民居建设、方各庄镇新庄子村“一步进城”前期准备工作、姚王庄镇李营村新农村建设、县城谷家营三村联建新民居，以及城西工业聚集区开发建设、城建等工作情况。检查团对滦南的各项工作均给予了高度评价，一致认为滦南的统筹城乡发展工作扎实有效，走在了全省前列。县领导张国栋、蔡洪魁、韦远东、杜珍、张怀良及有关部门负责同志一起陪同检查指导工作。

同日

路南区委书记刘桂东率考察团来滦南参观考察项目建设工作。县委书记张国栋、县长蔡洪魁、人大主任杜珍、副县长张云江及有关单位负责同志陪同考察。

同日

第三届唐山市道德模范事迹巡讲团来滦南。我县在县二中礼堂举行报告会，县委常委、宣传部长、统战部长王殿新出席报告会。

3月10日

我县举行滦南县“银泰杯”农民大培训知识竞赛决赛。

同日

倴城街道办事处在15个社区开展“公民倾心奉献，共创园林县城”爱心义捐活动，以此增强广大居民创建全省园林县城的责任心和使命感。共捐款9.5万元，全部用于社区内绿化。

3月11日

县委书记张国栋、县长蔡洪魁、副县长张云江等现场督导既有建筑外观改造和征收搬迁工作。

同日

我县召开新民居建设布局调整协调会。县委书记张国栋主持会议并讲话。

同日

我县对现代评剧《三进门》演出创作组织有功人员进行表彰，并举行现代评剧《三进门》慰问演出。县委书记张国栋，县长蔡洪魁，县委副书记韦远东，县委常委、宣传部长、统战部长王殿新出席。

同日

《河北省沿海地区休闲旅游度假基地总体规划》课题组来我县考察。

3月12日

唐山市委副书记周仲明对滦南县贯彻落实全市项目观摩会议精神的情况报告做出批示：滦南态度积极，反应迅速，措施得力。相信经艰苦努力，一定能取得明显收效。

同日

我县在北河宾馆多功能厅举行首批廉租住房电脑公开摇号选房仪式。县政府副县长张云江、部分人大代表、政协委员及有关单位负责人参加了公开摇号选房仪式。首批廉租住房共140套，经过摇号，符合条件的95户住房困难家庭选择了自己的廉租住房。

同日

我县开展首次维护海上生产秩序联合行动。渔政、港监船检、公安边防、渔民协会代表、沿海镇村代表等乘中国渔政13823号执法船，历时7个多小时，航行70多海里，对滦南与丰南、乐亭交界海域等海上渔事易发地区进行了全面巡航检查，对维护我县海上安全管理、构建和谐渔区起到了积极作用。

3月13日

华西新市村老书记吴仁宝和新书记吴协恩率考察团来滦南参观考察。考察团先后参观考察了北河新区企业研发中心、鹏程钢铁南厂及我县城市建设情况，还就华西北钢有限公司的发展与县领导进行了洽谈。县领导张国栋、蔡洪魁、韦远东、杜珍、于广秋、于军及县直有关单位负责同志、华西北钢主要领导陪同考察。

同日

全国人大代表、香港玖龙纸业公司董事长张茵率团来滦南县考察。考察团先后考察了城西工业聚集区、滦海公路项目及我县城市建设情况，并就玖龙纸业与永新纸业合作建设年产200万吨A级牛皮箱板纸项目，与县领导进行了深入洽谈交流。县委书记张国栋会见并陪同考察。县领导蔡洪魁、韦远东、杜珍、于广秋、蔡春奎、于军、陶顺福等参加会见并陪同考察。

同日

县城乡规划委员会召开第三次会议。会议审查了西北街商业楼、和谐路东侧蓝海船务周边既有建筑外观改造等9个项目的规划设计方案。县委书记、规委会主任张国栋主持会议。

3月14日

中共滦南县委印发滦南发[2011]22号文件，做出《关于进一步加强法律监督工作的决定》。

同日

副市长辛志纯在唐山锦江国际宾馆会见了玖龙纸业公司董事长张茵一行，就玖龙纸业与永新纸业合作相关问题提出指导性意见。县委书记张国栋参加会见。

3月15日

中共滦南县委印发滦南发[2011]23号文件，安排我县纪念中国共产党成立90周年各项活动。

同日

省水利厅调研组来滦南调研。县委书记张国栋等陪同调研。

同日

我县召开2011年度民兵组织整顿工作会议。

同日

县政协召开八届十五次常委会议。会议专题讨论并原则通过了县政协八届五次会议提案审查情况的报告。县政协副主席、总工会主席陶顺福主持会议并讲话。

同日

我县举办“3.15国际消费者权益日”纪念活动。工商、药监、物价等17个单位参加活动，现场发放宣传材料3万余份，讲解食品鉴别知识，提高了群众的识真辨假能力和安全消费意识。县领导蔡春奎、王殿新、苗贵生到活动现场巡视指导。

同日

滦南县精神文明建设委员会发出《“讲文明、树新风”文明祭祀》倡议书，号召全县广大干部群众秉承传统，告别陋习，文明祭祀。

3月15日至16日

唐山市政府教育工作督导评估验收组对我县2010年度教育工作进行评估验收。

3月16日

唐山市委书记王雪峰对滦南县贯彻落实全市项目观摩会议精神的情况报告做出批示：滦南县对全市项目观摩会议精神态度端正积极，对照先进查找差距，所定措施切合实际，有力度。经过一段努力拼搏，定会大见成效。

同日

中共滦南县委印发滦南发[2011]24号文件，命名表彰2010年度文明单位。

同日

唐山市人大常委会副主任韩金哲带领调研组，来我县对《道路交通安全法》贯彻执行情况进行调研。县人大常委会主任杜珍，县委常委、常务副县长于广秋及相关部门负责人陪同调研。

同日

滦南县总工会召开第七届十次全委（扩大）会议。各镇（街道）总工会、系统（园区）工会和直属基层工会主管副职、工会主席、专职工会干部参加了会议。党组书记、常务副主席左久林向大会做工作报告。县委副书记韦远东出席会议并讲话。

同日

县委书记张国栋在北河宾馆会见了泛华建设集团副总裁芦德春一行。张国栋介绍了滦南的基本情况、区位优势和发展潜力。芦德春介绍了泛华建设集团基本情况。县委副书记韦远东、副县长张云江分别介绍了我县新民居建设有关情况。双方就八和居新民居建设进行了深入洽谈并达成广泛共识。住建局、房产公司等有关单位负责同志陪同会见并参加了洽谈。

同日

晚，县委书记张国栋先后深入南大街西延、交警大队以南南区、交警大队以南北区、建设南路东侧、和平路两侧居民户、和平路两侧村民户、和平路两侧临兆才大街、北河宾馆及其以西等工作队，督导检查了旧城改建征收搬迁工作。张国栋在慰问攻坚队员和了解当前工作进展后指出：一是要坚定必胜的信心；二是要一把尺子量到底；三是要快速推进；四是公安要全力配合。县领导蔡洪魁、韦远东、张云江及公安、拆迁办等有关单位负责同志参加督导检查。

3月17日

滦南县第一批重点项目集中开工奠基仪式在中通180万件高档卫生陶瓷项目现场举行。共集中开工重点项目32个，总投资70.2亿元。县委书记张国栋宣布32个重点项目开工。

省沿海办领导、县四大班子全体领导出席奠基仪式。项目攻坚指挥部各工作组组长，县直单位一把手、各镇（街道）党政主要负责同志、重点项目业主、项目助理、城西管委会及倴城镇干部代表和中通陶瓷项目单位职工代表参加奠基仪式。

同日

县委召开十届第69次常委会议。会议研究了伯夷叔齐纪念馆等重点项目工作。县委书记张国栋主持会议并讲话。

同日

唐山市委常委、政法委书记许德茂对滦南县贯彻落实市委政法委《关于政法机关保障“十二五”服务“转方式调结构”的实施意见》情况专报做出批示：国栋同志的批示体现了对落实市委意见的决心和对政法维稳工作的重视。滦南县政法委对贯彻落实《实施意见》认识高、行动快，措施具体，望在实施过程中注意总结经验，不断深化创新，为全市作出榜样。办公室将国栋同志批示及滦南做法印发各县（市）和市直政法部门。

同日

我县在县委三楼会议室召开各镇党委书记会议，研究部署近期重点工作。县领导韦远东、史林友出席会议。县委书记张国栋主持会议并讲话。

同日

晚，县委书记张国栋先后深入南大街西延、交警大队以南南区、交警大队以南北区、建设路东侧、和平路两侧居民户、和平路两侧村民户、和平路两侧临兆才大街、北河宾馆及其以西等工作队，督导检查了旧城改建征收搬迁工作。张国栋慰问工作队员并了解各队工作进展后强调指出：各工作队要态度明确、坚决，措施要有力度，快速推进工作开展。要集中精力，研究对策，完全依法依规做好群众思想工作。公安、检查部门要搞好配合，维护正常的征收搬迁工作秩序。县领导蔡洪魁、韦远东、张云江及公安、拆迁办等有关单位负责同志参加督导检查。

3月18日

省委第三巡视组组长贾永信、副组长赵永芳率督查组一行，到我县督导检查镇党委换届工作情况。督查组一行先后深入到宋道口镇、长凝镇、马城镇督导检查工作，认真听取了当地党委换届工作安排、进展等情况的汇报，查阅了换届工作中的各项档案材料，并详细了解了工作中各项政策制度的具体操作执行情况。

同日

按照全市统一安排，我县四大班子领导在住建局会议室集中参加“唐山市2010年度县级干部政治理论考试”。

同日

晚，县委书记张国栋先后深入南大街西延、交警大队以南南区、交警大队以南北区、建设路东侧、和平路两侧居民户、和平路两侧村民户、和平路两侧临兆才大街、北河宾馆及其以西等工作队，督导检查了旧城改建征收搬迁工作。县领导蔡洪魁、韦远东、张云江及公安、拆迁办等有关单位负责同志参加督导检查。

3月19日

我县在滦南林海科技发展有限责任公司举行中国设备管理协会大型电机修复与再制造技术中心揭牌仪式。国家发展和改革委员会国民经济动员办公室副主任申少滨与县委书记张国栋，共同为中国设备管理协会大型电机修复与再制造技术中心揭牌。国务院办公厅行政司巡视员兼副司长王胜利和县领导蔡洪魁、韦远东、杜珍、于广秋、于军、陶顺福出席了揭牌仪式。

同日

县委书记张国栋出席城西工业聚集区道路管网基础设施建设项目开工剪彩仪式并为项目开工剪彩。此次开工的项目包括中大街西延、创新路、锦绣路、文明街四条道路及雨水、污水、给水、路灯照明等配套设施，全长7.5千米，总投资1.32亿元，由四川亚泰建设有限公司采取BT模式中标建设，工程监理单位为北京磐石建设监理有限责任公司。国务院办公厅行政司巡视员兼副司长王胜利、中办管理局主任杨尚仁、中直机关人事局主任张振华、中直机关纪委书记刘方和县领导张国栋、蔡洪魁、韦远东、杜珍、于广秋、于军、陶顺福及四川亚泰建设有限公司、城西工业聚集区主要负责同志共同为项目开工剪彩。

同日

我县召开全县农业重点工作会议，就春季重大动物疫病防控、春季麦田管理、抗旱补贴资金发放、农业产业化及产权制度改革、绿色家园创建等农业重点工作进行安排部署。

同日

中共滦南县委印发滦南发[2011]25号文件，制定《关于进一步加强新形势下农村精神文明建设工作的实施意见》。

同日

中共滦南县委印发滦南发[2011]26号文件，制定《关于深入开展创建全省文明县城工作的实施意见》。

3月20日

现代评剧《三进门》在北京梅兰芳大剧院进行汇报演出，轰动京城，人民日报、中央电视台等20多家媒体对演出盛况进行了宣传报道。

同日

我县在北京远通维景国际大酒店举行“北京·滦南现代评剧《三进门》汇报演出暨项目招商座谈会”，邀请国家部委及北京市有关部门领导，有关央企及北京市重点企业、文化及新闻界代表，滦南老乡等参加。一致认为《三进门》选题新颖、主题鲜明，思想性和艺术性达到了高度统一，是一台现实主义题材的艺术精品。县委书记张国栋等县四大班子领导出席座谈会。

同日

全县16个镇党委换届工作圆满完成，并选举产生出席县第十一次党代会代表113名。此次镇党委换届，各镇党委班子、纪委班子成员和出席县第十一次党代会的代表均以高票当选。在新一届镇党委领导班子成员中，班子成员平均年龄40.1岁，比换届前下降1.5岁；35岁以下干部23人，占15.97%，比换届前提高了6.3个百分点，大专以上文化程度137人，占95.1%，比换届前提高了3.5个百分点；共配备妇女干部22人，占15.27%，比换届前提高了4.8个百分点。换届后，每个镇党委班子都至少配备了1名35岁以下的年轻干部，至少配备了1名妇女干部。

同日

县人大常委会召开人大主席座谈会。县人大常委会副主任苗贵生主持座谈会。

同日

县树、县花征集评选活动专家初选结果公布，“县树”为栾树，“县花”为荷花。

3月21日

滦南县行政服务中心被唐山市人民政府办公厅授予“五星级”行政服务中心荣誉称号。

同日

北京二商集团菜蔬公司考察团到我县考察蔬菜生产情况，并就在我县建立蔬菜供应基地达成初步意向。

同日

县委书记张国栋到城西工业聚集区督导检查新能源、新技术项目建设情况。张国栋详细了解了顶热太阳能、金利海生物柴油、中红普林丁腈手套项目建设进展、存在问题等情况，提出了重要指导意见。副县长于军及有关部门负责同志参加督导检查。

3月22日

中共滦南县委印发滦南字[2011]6号文件，安排做好2011年度后进村党组织整顿转化工作。

同日

我县在宋道口镇召开农业气象服务体系建设现场会议。市气象局局长秦庚、副县长张怀良出席会议，并为宋道口镇农业气象服务站揭牌。

3月23日

我县在北河宾馆召开全县领导干部会议。县长蔡洪魁主持会议并传达全市文明城创建会议精神，副县长张云江介绍征收搬迁工作进展，县委常委、纪委书记张友利传达加大问责问效力度、推动十大重点工作的意见，县委副书记韦远东传达省维稳办关于敌对势力煽动非法聚集情况的通报。县委书记张国栋出席会议并讲话。

同日

中华文化促进会副会长于广华来滦南考察。

县委书记张国栋在蓝海大酒店会见了于广华一行。张国栋重点介绍了滦南文化活动的开展及文化产业发展状况。于广华介绍了中华文化促进会基本情况，并就滦南发展文化旅游产业提出了意见建议，同时对现代评剧《三进门》进行了点评。县委副书记韦远东及评剧《三进门》编创人员参加了座谈会。于广华还在县领导陪同下到城西工业聚集区参观考察了我县重点项目建设情况。

同日

县委书记张国栋率相关部门负责人到马城镇督导大铁矿开发建设，并分别到长凝镇、胡各庄镇、坨里镇就小城镇和纺纱小区建设进行调研督导。

同日

我县组织开展2011年全民义务植树活动。县委书记张国栋、县长蔡洪魁等县四大班子领导与县直单位工作人员400多人在城西工业聚集区滦海公路两侧参加了全民义务植树活动。

同日

我县召开后进村党组织整顿转化工作动员培训会，对全县后进村转化工作做了安排部署，对与会的各镇党委副书记或组织委员、列入今年整顿转化范围村的党组织书记、县直帮扶工作队队员进行了专题培训。县委常委、组织部长史林友同志出席会议并讲话。

3月24日

县城乡规划委员会召开第四次会议。会议审查了交警队周边等区域平改、既有建筑外观改造等7个项目的规划设计方案，听取了规划展馆等两个项目初步规划设计方案及金代风情街建筑设计的汇报。县委书记、规委会主任张国栋主持会议。

同日

市人大副主任范绍慧到滦南调研。县领导张国栋、韦远东、杜珍、于广秋、史林友、张云江陪同调研并参加座谈。

3月25日

中共滦南县委印发滦南字[2011]7号文件，调整全县安委会及安委会办公室组成人员。

同日

滦南县人民法院被河北省高级人民法院评为2010年度全省“审判管理工作先进单位”。

3月25日至29日

县委书记张国栋、县长蔡洪魁分别带队赴厦门、香港招商，取得丰硕成果。共签约6个项目，总投资14亿多元人民币。

3月27日

我县召开安全生产委员会（扩大）会议。县领导韦远东、张友利、宋福安、于军出席。

3月28日

我县召开“助力十项重点工作，倾力打造文学精品”文艺工作者代表座谈会。县委常委、宣传部长、统战部长王殿新出席座谈会。

3月29日

中船重工集团考察团到我县考察，并就在城西工业聚集区建设船用型钢加工基地相关事宜进行洽谈。

3月30日

县委书记张国栋到嘴东工业区现场督导检查农业产业化项目观摩点准备和园区重点项目建设情况。县领导杜珍、李玉鹏、李景云及有关单位负责同志参加督导检查。

3月31日

中共滦南县委印发滦南发[2011]27号文件，制定《关于优化发展环境的实施意见》。

同日

市政协副主席秦少清率队来我县，就农村科技队伍建设工作进行调研。

同日

我县举办首届“古城之春”乐亭大鼓名家新秀演唱会。来自全市的16名乐亭大鼓名家和新秀参加了演出。

3月

滦南县被河北省政府、河北省教育厅认定为“河北省第二批义务教育均衡发展先进县”。

是月

滦南县被唐山市人民政府妇女儿童工作委员会评为“唐山市支持妇女儿童工作先进集体”。

是月

滦南县被唐山市人民政府评为“2010年度安全生产目标管理先进集体”。

是月

胡各庄中学顺利通过省教育厅评估验收，被认定为省级示范性高中。至此，我县有省级示范性高中3所，市级示范性高中2所，全县普通高中教育发展水平跻身于全省先进行列。

是月

中共唐山市委、唐山市人民政府授予滦南县人口和计划生育局“2010年度完成人口和计划生育责任目标先进奖”荣誉称号。

是月

我县依托七个农业技术推广区域综合站建成七个农业气象信息服务网点，在全市率先建立起覆盖全县的农业气象信息服务体系，并将逐步把服务网点扩展至所有镇。该体系的建设，是我县加强农业气象服务体系和农村气象灾害防御体系建设的有力举措，将有效提升我县农业气象服务水平，实现气象信息资源与农业技术资源的有机结合，助推现代农业发展。

4月

4月1日

唐山市委常委、副市长兼农工委书记王久宗率全市农业产业化项目观摩团到我县观摩农业产业化项目建设情况。县委书记张国栋、副县长张怀良陪同观摩。

同日

县城乡规划委员会在既有建筑外观改造现场召开第五次会议。会议审查了和平路、南大街、建设路、兆才大街、和谐路、友谊路既有建筑外观改造设计方案。县委书记、规委会主任张国栋主持会议。

4月2日

中共滦南县委印发滦南字[2011]8号文件，出台《关于推广“一卡通”模式加强村务管理监督的实施意见》。

同日

唐山英才学校被评为“全国家庭教育实验学校”。

同日

我县邀请教育部德育核心专家、德育报社社长兼总编辑张国宏在唐山英才学校举行“家庭教育”专场报告会。

4月2日至3日

中国书法家协会副主席、河北省文联名誉主席、河北省书法家协会主席旭宇到我县访问考察，并为成兆才评剧团、北河公园和北河水城重要景点题名题字。县领导张国栋、韦远东、杜珍、李玉鹏、王殿新、卢翠娟陪同考察。

4月5日

县委书记张国栋率相关部门负责人现场督导回迁房、北河大桥建设和征收搬迁工作，现场查看北河水系建设，并到程庄镇调研。

4月7日至20日

县人大常委会党组副书记崔恩富、县人大常委会党组成员白云泽带领调研组，就如何进一步加快嘴东工业区开发建设进行调研。期间，调研组成员多次深入嘴东工业区调查研究，还先后到滦县、玉田学习考察。

4月7日

县委召开十届第70次常委（扩大）会议。会议讨论了关于开展向孙万柱同志学习的决定；听取了滦南县创建全省文明县城动员大会筹备情况的汇报；听取了2011年重点项目督查情况的汇报。县委书记张国栋主持会议并讲话。

同日

中共滦南县委印发滦南发[2011]28号文件，决定在全县开展向孙万柱同志学习的活动。

同日

中共滦南县委印发滦南字[2011]9号文件，组建创建省文明县城工作指挥部。

4月8日

我县召开创建全省文明县城动员大会。会议认真贯彻落实全市创建全国文明城市再动员大会精神，安排部署了滦南创建省级文明县城目标任务，要求全县上下紧急行动起来，少说多干、奋勇争先，开拓创新、攻坚克难，迅速掀起省级文明县城创建高潮。县四大班子领导出席会议。县委常委、常务副县长于广秋主持会议，县委书记张国栋作重要讲话。

同日

市委常委、市纪委书记张振县到滦南就所分包的重点项目进行工作调研。县委书记张国栋，县人大常委会主任杜珍，县委常委、纪委书记张友利，政协副主席赵瑞军及有关单位负责同志陪同调研。张振县一行实地考察了马城、大贾庄铁矿复勘现场，听取了项目负责同志的汇报，同时对我县城区建设和经济开发区重点项目建设进行了实地考察。张振县在听取县委书记张国栋的汇报后，对滦南的项目建设速度和城区未来发展规划给予肯定并就如何加快大铁矿开发建设提出明确要求。

同日

国务院发展研究中心县域经济专家委员会主任李杰一行来滦南县，就新农村建设及现代农业发展进行调研。

同日

县委书记张国栋视察环城水系并到北河新区督导检查开发建设情况。人大主任杜珍、副县长张云江及有关部门负责同志参加督导检查。

同日

中共滦南县委印发滦南发[2011]29号文件，制定《关于进一步加强和改进新时期群众工作的实施意见》。

同日

中共滦南县委印发滦南字[2011]10号文件，成立滦南县群众工作领导小组。

4月9日～10日

省住建厅专家调研组对我县省级园林县城创建工作进行调研指导。县领导张国栋、杜珍、于广秋、张云江、陶顺福会见调研组一行并陪同调研。

4月10日

在县委宣传部呈报给市委宣传部《关于现代评剧〈三进门〉进京汇报演出暨“北京·滦南项目招商”活动情况的报告》文件上，市委常委、宣传部长郭彦洪做出批示：“《三进门》演出得到广泛好评。请滦南县委、县政府大力支持，力争让更多群众看到演出”。

同日

市督导检查组对我县2011年度保障性安居工程建设情况进行督导检查。

4月11日

县委书记张国栋现场督导城市建设管理工作。县领导史林友、张云江及有关部门负责人参加督导。

同日

滦南县数字影院落成暨首映剪彩仪式在成兆才大戏院门前隆重举行。县领导王殿新、苗贵生、卢翠娟、赵瑞军出席剪彩仪式。

同日

青坨营镇、坨里镇、方各庄镇、程庄镇现代农业项目开工。该项目主要是在四镇的22个自然村安装地下管道30万米，实现37500亩农田节水灌溉。项目总投资1800万元。

4月12日

我县开展以“我为慈善一日捐，济困助医送温暖”为主题的“慈善一日捐”爱心奉献活动。县四大班子领导带头捐款。全县各级党政机关、社会团体、企事业单位、民营企业在岗人员、有稳定收入的城乡居民、中小学生纷纷参与捐献活动。

4月13日

县委书记张国栋到安各庄、青坨营镇，就农副产品交易中心和国际钢铁物流交易中心规划建设进行工作调研。同时现场视察了两镇的小城镇和“一镇一品”建设等重点工作。张国栋对两个交易中心的规划建设和两镇当前重点工作开展提出了明确的指导意见。县领导韦远东、杜珍、蔡春奎、陶顺福及规划局、发改委、土管局及市场服务局主要负责同志参加调研。

同日

县委书记张国栋在县委二楼会议室会见了四川省温州商会龙湾分会执行会长、成都瓯江家俱有限公司、四川蓝城家俱有限公司总经理孔令国一行，就计划投资4亿元在滦南建设占地100亩、建筑面积12.5万平方米的家俱城项目，进行了深入洽谈并达成合作意向。发改局、商务局、城西工业聚集区、程庄镇有关单位负责同志参加了会见。

同日

县委书记张国栋到倴城镇洪营村进行调研。张国栋在视察了该村村民活动中心、党员活动室，听取镇、村领导及帮扶单位有关工作情况汇报后，就洪营村如何做好下步工作提出明确要求：第一，村两委班子带头帮助群众寻找致富道路，争取大棚草莓早日形成规模和品牌，实现产业化发展。第二，继续推进农村环境综合整治工作。要狠抓管理，坚决防止反弹。第三，做好“一步进城”前的有关准备工作。一要提高群众就业能力，二要改变不良生活习惯，三要加强基层组织建设，四要争取成为后进村转化成功的典型。县委常委、组织部长史林友，有关部门负责同志参加调研。

同日

滦南县精神文明建设委员会向广大市民致信，号召全民行动告别不文明行为，从我做起，积极参与创建全省文明县城活动。

同日

北河新区管理处开始对北河水域实施管理。北河水域是滦南县打造滨海水城、建设生态滦南的重要平台，已列入滦南县城市建设规划，是北河公园建设的重要部分。为加强北河水域管理，保护北河水域鱼类资源，维护生态平衡，北河新区管理处、公安局、城市管理行政执法局和水产局共同下发《关于禁止在北河水域钓鱼、电鱼等捕鱼活动的公告》，并在北河沿岸醒目地段支立告示牌，禁止钓鱼、电鱼等各类捕鱼活动，开展联合执法行动，有力的维护了北河水域的管理秩序。

4月14日

唐山市委副书记周仲明对滦南县关于项目招商推进月活动情况的报告做出批示：成效明显。望全力推进，抓好落实。

4月14日至15日

滦南县中小学生田径运动会在滦南二中操场举行，县领导张国栋、蔡洪魁、韦远东、杜珍、李玉鹏、王殿新、白云泽、卢翠娟、赵瑞军出席开幕式。

4月15日

滦南县第十四届人民代表大会常务委员会举行第31次会议。县人大常委会主任杜珍，县人大常委会党组副书记、副主任冯玉志，县人大常委会党组副书记崔恩富，副主任刘继海、苗贵生及委员共24人出席了会议。县政府常务副县长于广秋，县法院院长马明旭，县检察院检察长魏宝成列席了会议。会议决定免去胡德宝同志的滦南县人民政府副县长职务。

同日

县委书记张国栋参加全省春季农业生产暨2010年粮食生产总结表彰电视电话会，并就如何贯彻落实会议精神和做好当前工作提出八点要求：一是一刻也不放松地抓好粮食生产；二是坚定不移地调整农业产业结构；三是积极稳妥地推进统筹城乡发展；四是持之以恒地抓好农村垃圾清运和环境综合治理工作；五是千方百计地增加农民收入，提高农民幸福指数；六是全力以赴地抓好项目建设；七是尽心竭力地抓好信访稳定工作；八是毫不松懈地抓好安全生产和食品安全。

同日

县委召开工作座谈会。县四大班子全体领导、老干部协会主席张占平、老促会会长田务仁参加座谈会。会议由县委副书记韦远东主持，县委书记张国栋出席会议并讲话。

同日

我县组织部分市县人大代表、政协委员视察重点项目，先后视察了北河水系综合治理、滦海公路等12个重点项目。县领导杜珍、于广秋、崔恩富、刘继海、于军、陶顺福、毕仲仓参加了视察活动。

同日

河北省人民政府印发《关于表彰2010年全省粮食生产先进单位和先进个人的决定》，滦南县被河北省政府评为“粮食生产先进县”。

同日

倴城街道党委举办“双城”同创我参与我奉献演讲比赛。

4月16日

县委书记张国栋陪同中冶公司第二十二冶集团、唐钢集团、河北矿业相关负责人到嘴东工业园区参观考察。考察人员先后深入方舟实业修造船厂、海滨大道、棚户区改造等现场详细了解了项目建设进展情况。考察中，二十二冶集团、唐钢集团、河北矿业相关负责人对嘴东工业园区资源优势、区位优势及当前的发展形势给予了充分肯定，并对未来发展寄予厚望。县领导于广秋、李景云一同参观考察。

同日

由《中国教师报》全国教师培训基地、县教育局联合主办的“滦南县全面推进高效课堂区域培训计划”在县二中报告厅正式启动。这是我县在推进新课程改革的道路上迈出的又一战略性步伐，标志着我县与《中国教师报》全国教师培训基地培训合作关系正式生效。县第二高级中学、宋道口初级中学将接受《中国教师报》全国教师培训基地为期一年的课改培训活动，进而以点带面，带动全县课堂教学改革。这对我县提高教师素质，加速课改进程，加快内涵发展，推动教育创新，实现兴教强县目标具有十分重要的意义。

4月18日

中纪委研究室副主任孙飞到滦南调研“一卡通”工作。省纪委研究室副主任李柱林和唐山市委常委、市纪委书记张振县陪同调研。孙飞一行考察了姚王庄镇李营村村务管理“一卡通”工作，视察了我县重点项目建设。在随后召开的座谈会上，孙飞一行观看了《通心靓卡》和《大工地、大变化》两个专题片，听取了县委书记张国栋做的工作汇报。孙飞对我县农村党风廉政建设和阳光拆迁两方面的工作给与充分肯定。县领导张国栋、蔡洪魁、韦远东、杜珍、张友利、于广秋、蔡春奎、赵瑞军及县纪委有关负责同志陪同调研或参加了座谈会。

4月19日

我县召开领导干部会议，传达中纪委研究室副主任孙飞和市委常委、市纪委书记张振县来滦南调研时的重要讲话精神。县四大班子领导出席会议，县委书记张国栋主持会议并作重要讲话。

同日

县城乡规划委员会召开第六次会议。会议审查了交警队周边（南、北两区）、健民广场等14个项目的规划设计方案。县委书记、规委会主任张国栋主持会议。

同日

中共滦南县委印发滦南字［2011］11号文件，成立深化医药卫生体制改革工作领导小组。

4月20日

唐山市副市长李天然来滦南就联系帮扶拟转型和停产歇业民营企业进行二次创业工作及项目建设情况进行调研，并视察了我县城镇建设三年上水平工作开展情况。李天然一行实地参观考察了方舟修造船厂，并听取了张国栋关于滦南县情及当前各项重点工作开展情况的简要汇报。李天然还简要介绍了曹妃甸中日产业园开发建设情况，并就民营企业如何实现二次创业及滦南如何扩大对外开放、引进人才作出重要指示。县领导杜珍、李玉鹏、于广秋、李景云及有关部门负责同志陪同调研并参加了座谈会。

同日

县委书记张国栋现场督导检查了嘴东新街，新南环，建设路南段，北河水系松树拓宽段、节制闸，滦海公路城区北环段、西环段等我县重点项目规划建设情况。对嘴东新街规划建设、洋埝水库涵洞施工建设等工作提出了具体指导意见，要求进一步加快规划建设进度。张国栋还沿路检查了中医院外立面改造、城区重要节点绿化、唐港公路两侧环境综合治理等情况。副县长张云江及有关部门负责同志参加了督导检查。

4月20日至5月15日

按照省委领导批示精神，成兆才评剧团在全省11个设区市巡回演出现代评剧《三进门》，获得圆满成功。该剧凭借贴近现实的主题、深入心灵的剧情和细腻真切的表演，感动了所有在场观众，赢得了各地领导、专家学者和社会各界的广泛赞誉。长城网、搜狐新闻、环渤海新闻网等30家网站，各市党报、晚报20余家报刊，以及20多家市级电台、电视台进行了深入全面的宣传报道。

4月21日

唐山市推广“一卡通”模式提高农村反腐倡廉建设科学化水平现场会在我县召开。会议主要是全面推广滦南县村务管理监督“一卡通”模式经验。县委常委、纪委书记张友利在会上介绍了我县推行“一卡通”的经验做法。省纪委信访室主任田彦华，唐山市委常委、市纪委书记张振县专程到会指导并分别作重要讲话。县委书记张国栋出席会议。

同日

省委常委、省纪委书记、省农村工作领导

小组组长臧胜业在《滦南县把经济社会管理创新作为推进县域经济社会发展总抓手的调查》上做出批示：已阅。滦南县的做法很好。

同日

唐山市委副书记、市长陈国鹰在滦南县第一季度经济运行情况的报告上做出批示：势头很好，继续保持。

4 月 22 日

县委召开十届第 71 次常委（扩大）会议。会议听取了关于 2011 年第一季度垃圾清运进展和完成情况的汇报；听取了关于 2011 年第一季度项目建设完成情况的汇报；听取了关于 2011 年第一季度各镇财税收入情况的汇报；听取了关于 2011 年重点项目第一季度完成情况的汇报；听取了关于 2011 年第一季度“三大攻坚、四大开发”进展情况的汇报；讨论了县委、县政府重点工作考核办法补充通知。县委书记张国栋主持会议并讲话。

同日

省纪委信访室主任田彦华来我县调研考察。田彦华一行先后到马城铁矿和北河新区开发建设现场、回迁房建设工地调研。县领导张国栋、杜珍、李玉鹏、张友利、张云江陪同考察调研。

同日

中共滦南县委印发滦南发 [2011]30 号文件，出台《关于 2011 年文化事业和文化产业发展的实施意见》。

同日

中共滦南县委创先争优活动领导小组滦创组发 [2011] 12 号文件，号召在全县党员干部中开展向张树云、殷启国、李俊平、王金明同志学习的活动。

同日

省保障性安居工程建设督查组对我县保障性安居工程项目落实情况进行督导检查。

4 月 22 日至 23 日

我县在县委党校举办新提职干部培训班，142 名同志参加了培训。县委常委、组织部长史林友在开班仪式上做重要讲话并对领导干部应具备的素质和能力进行专题讲解。

4 月 23 日

中共滦南县委印发滦南字 [2011]12 号文件，通报 2011 年第一季度“三大攻坚、四大开发”进展情况。

同日

中共滦南县委印发滦南字 [2011]13 号文件，通报 2011 年第一季度有时间节点要求的重点项目完成情况。

同日

中共滦南县委印发滦南字 [2011]14 号文件，通报 2011 年第一季度重点项目建设完成情况。

同日

中共滦南县委印发滦南字 [2011]15 号文件，通报 2011 年第一季度各镇财税收入完成情况。

同日

中共滦南县委印发滦南字 [2011]16 号文件，通报农村环境卫生阶段性整治工作情况。

同日

中共滦南县委印发滦南字 [2011]17 号文件，对科级领导班子和领导干部综合考评工作做出补充规定，并就科级领导班子和领导干部综合考评工作做了详细说明。

4 月 24 日

我县召开创先争优重点工作点评问责会。会议对第一季度工作完成情况进行了分类通报，对任务完成不好的单位进行了点评问责，对第二季度目标任务进行了再提示、再部署，要求全县各单位和广大党员干部迅速行动起来、采取超常措施、狠抓工作落实，确保按时间节点圆满完成第二季度任务目标。县四大班子领导出席会议，各镇（街道）党政正职、县直单位主要负责人参加了会议。县委书记张国栋主持会议并作重要讲话。

4 月 25 日

县人大常委会主任杜珍，县人大常委会党组副书记、副主任冯玉志，县人大常委会党组副书记崔恩富，副主任刘继海、苗贵生带领部分常委会组成人员，对我县项目建设进行视察，县政府主管副县长及政府职能部门负责人陪同视察。

同日

县委书记张国栋陪同唐山冀东水泥有限公

司党委书记、董事长张增光一行，就在滦南投资建设高效农业生态观光园项目进行考察。张国栋简要介绍了滦南当前各项重点工作开展及五大农业龙型经济发展建设情况。张增光一行在考察了滦南城建、青坨营万亩设施西瓜种植基地和扒齿港镇国营林场后，就在滦南建设高效农业生态观光园达成初步合作意向。县领导杜珍、李玉鹏、张怀良一同考察，有关部门负责同志陪同考察。

同日

滦南县被河北省人民政府授予“河北省发展劳务经济先进集体”荣誉称号，李继新、鲁长亮、刘文宝、马卫兵、王永军、王永亮、李志坚、周建田、丁守臣、李丽、冯利军等11人被河北省人民政府授予“河北省外出务工致富能手”荣誉称号。

同日

县编委印发编字[2011]8号文件，同意建立滦南县公安局流动人口管理办公室，为副科级机构，编制4名，其中设主任1名，副主任1名。

4月26日

县委书记张国栋到蒙牛乳业、永新纸业、华西北钢、中红普林，就抓住当前有利时机，通过技术改造，加快企业发展进行督导调研，同时协调解决企业发展中遇到的各种问题。县领导杜珍、李玉鹏、张怀良、于军及有关单位负责同志参加调研。

同日

滦南县城镇建设三年上水平重点项目—建设中路改造工程进场施工。建设路是县城南北方向的主轴线，此次改造路段北起兆才大街，南至南大街，全长957米，道路红线宽50米，计划总投资1876万元。断面设计为自行车上便道型的一块板形式，中间为28米宽机动车道，两侧各3米宽绿化带、3.5米宽非机动车道、4.5米宽人行道。工程计划9月15日竣工通车。

同日

中共滦南县委印发滦南发[2011]31号文件，出台《进一步强化和规范落实基层党建责任制的意见》。

同日

中共滦南县委印发滦南发[2011]32号文件，决定表彰2010年度人口和计划生育工作先进单位。

4月27日

我县召开人口和计划生育工作推进会议。县委常委、宣传部长、统战部长王殿新主持会议，县委副书记韦远东讲话安排“十二五”及2011年计生工作，副县长卢翠娟就落实会议精神提要求，人大副主任冯玉志、政协副主席赵瑞军出席会议。

4月27日至29日

滦南县积极组队参加了唐山市乙级门球比赛，温庄村代表队在49个参赛队中脱颖而出，夺得冠军，填补了我县在唐山市门球乙级赛中未曾夺冠的空白，彰显了滦南门球大县的风采。

4月28日

我县举行“反对盗版、尊重知识、崇尚创新、诚实守法”主题宣传活动。

同日

香港嘉里大通集团考察组来我县嘴东工业区考察。

同日

县发展改革局召开讨论会，讨论通过了《滦南电网十二五发展规划》。按照规划，“十二五”期间我县境内将建设35kV变电站6座，新增主变压器12台/165兆伏安，增容扩建35kV变电站四座，增容主变压器6台/65兆伏安，净增容41.1兆伏安；规划建设配套35kV线路12条/108千米，35千伏高压配电网建设预计投资1.012亿元。规划实施后，滦南电网将形成一个以110千伏主网架为网络，35千伏电网覆盖全县，35千伏变电站实现双电源供电的高可靠性网络，2015年滦南电网供电能力达到78万千伏安。合理的布局将对滦南地区经济的快速发展起到有力的支撑作用。

4月29日

市委常委、副市长兼农工委书记王久宗率唐山市绿色家园创建观摩团来滦南县观摩督导。观摩团现场观摩了滦海公路两侧、坨里镇悠然苗木培育基地、坨里镇重点村等处的绿化工作。在此次观摩评比中，我县位列全市第三。

同日

我县举办以“弘扬五四精神、点燃青春火炬、高举团旗跟党走”为主题的纪念五四运动92周年青春诗会。县领导韦远东、王殿新、苗贵生、卢翠娟、赵瑞军等出席此次活动。

同日

坨里镇团委被共青团唐山市委评为唐山市五四红旗团委；县人口和计划生育局团支部被共青团唐山市委评为唐山市五四红旗支部；成方镭、桑素敏被评为唐山市优秀共青团干部；成方镭、成方蕾、孟令伟被评为唐山市优秀共青团员。

4月30日

县城乡规划委员会召开第七次会议。会议审查了马城县治所、元代风情街、规划展馆、城市雕塑等6个项目的规划设计方案。县委书记、规委会主任张国栋主持会议。

同日

我县在成兆才大戏院举行庆祝五一国际劳动节文艺演出活动。县领导王殿新、冯玉志、卢翠娟、陶顺福、赵瑞军等出席此次活动。

4月

滦南县总投资129亿元的5个项目列入省2011年度第一批重点建设计划。分别是：河北钢铁集团矿业公司马城铁矿综合开发项目、河北联合大学滦南分校项目、唐山顶热太阳能设备公司太阳能利用设备项目、滦南交通建设开发公司滦海公路工程和唐山友信华运物流公司农产品冷链物流项目。

是月

北河水系治理导流明渠工程完工。该项目位于滦海公路北侧，全长6200米，总投资824万元。该项目的完工有效提高了北河新区的防洪、泄洪能力。

是月

滦南县扒齿港奶牛养殖协会获得河北省科协、省财政厅命名的2011年度河北省“科普惠农兴村计划”先进单位荣誉称号。

是月

滦南县大学生村官“半亩地工程”，被唐山市委组织部认定为2010年度全市组织工作优秀创新创优成果。

是月

中共唐山市委授予滦南县2010年度领导班子综合考评优秀单位荣誉称号。

是月

中共唐山市委授予蔡洪魁、韦远东、史林友、于广秋、蔡春奎、杜珍、李玉鹏2010年度优秀领导干部荣誉称号。

是月

滦南县绿锦生态农业专业合作社在东黄坨镇成立。由滦南县绿锦生态农业专业合作社投资1亿元的东黄坨镇立体生态农业园项目开工建设。

是月

滦南县果菜批发市场被中国市场学会商品批发市场发展委员会授予“全国诚信经营示范市场”荣誉称号。

5月

5月1日

我县举行北河大桥通车剪彩仪式。县委书记张国栋宣布北河大桥建成通车。市领导王久宗、侯志宇、范绍慧、莫连营、秦少清、于冬青及市直相关部门负责人与县四大班子主要领导为北河大桥通车剪彩。北河大桥项目总投资8822.37万元，全长540米，双向6车道，由天津市政工程设计研究院设计，江西有色工程有限公司承建。北河大桥是北河新区开发建设的先导工程，其建成通车，标志着北河新区开发进入了全面提速阶段。各镇（街道）、县直单位主要负责同志，离退休老干部代表，部分村党支部书记、村主任，城镇建设三年上水平工作队代表参加了通车仪式。

同日

建设路南延（南大街—嘴东新街）工程竣工通车。县城建设路南延工程北起现状南大街，南至嘴东新街，总长度1554.588米，总投资3780万元。道路等级为城市主干道，交通等级为特重交通。该工程于2010年8月进场施工，10月完成地下管网及路基工程；2011年5月1日主体竣工通车。该路的通车可大大缓解我县城区交通压力。

5 月 3 日

《中国纪检监察报》显著位置刊登通讯《河北省唐山市村务监督一卡顺民心》，详细介绍了唐山市滦南县村务监督一卡通的做法和经验。

同日

滦南城西工业聚集区被省政府正式批准为首批省级工业聚集区。

同日

我县召开 2011 年人大代表建议、政协委员提案承办工作会议，对县政府系统 2010 年人大代表建议、政协委员提案承办工作进行了总结，并就 2011 年相关工作提出要求。

同日

唐山市委书记王雪峰对省委常委、省纪委书记、省农村工作领导小组组长臧胜业就滦南社会管理创新做出批示的报告做出批示：继续完善，不断提高。

5 月 4 日

县残联在北河宾馆多功能厅召开第四届主席团二次会议暨政府残工委2011年度工作会议。参加会议的有各镇（街道）、县直各单位主管副职，残工委成员单位负责人及第四届主席团全体委员。县委副书记韦远东，县委常委、副县长蔡春奎出席会议并讲话。县委副书记韦远东被聘请为滦南县残疾人联合会主席团名誉主席，县委常委、副县长蔡春奎当选为滦南县残疾人联合会主席团主席。主席团副主席、县残联理事长李建新同志代表执行理事会作了 2010 年度工作报告。

同日

县委书记张国栋、人大主任杜珍、政协主席李玉鹏、副县长张云江率相关部门负责人，深入嘴东大街绿化及南侧征收搬迁、金辉广场及南大街既有建筑外观改造、祥和路绿化、建设路外观改造及 3 号地块征收搬迁、兆才大街西段征收搬迁、友谊路外观改造等工作现场、工作队进行现场办公，对下步工作的开展提出指导性意见。

同日

滦南县被唐山市人民政府评为“唐山市 2010 年普通高中工作先进单位”。

同日

滦南县被唐山市人民政府考核为“2010 年度教育工作先进县”。

同日

县编委印发编字［2011］10 号文件，同意将县一中保卫科更名为安全保卫科，为股级事业机构，事业编制 4 名，其中设科长 1 名，副科长 1 名；县二中、职教中心建立安全保卫科，为股级事业机构，事业编制 4 名，其中设科长 1 名，副科长 1 名；县三中建立安全保卫科，为股级事业机构，事业编制 3 名，其中设科长或副科长 1 名。县二中、三中、职教中心原设政保处更名为政教处，其机构规格、编制、领导职数不变。

同日

县编委印发编字［2011］11 号文件，批准各司法所为县司法局的派出机构，实行县司法局和各镇（街道办）双重管理、以县司法局管理为主的管理体制。各司法所统一称“滦南县司法局 xx 司法所”，其人、财、物由县司法局管理。各司法所机构规格、人员编制不变。

同日

县编委印发编字［2011］12 号文件，重新核定各中心卫生院、卫生院事业编制。

同日

县编委印发编字［2011］13 号文件，批准财政所与镇经营管理站合并，财政所同时挂经营管理站牌子。经营管理站工作职责不变，业务工作继续接受县农经管理中心、农牧局业务指导。财政所（经营管理站）为县财政局派驻到各镇的事业单位，统一称“滦南县财政局 XX 财政所”，同时挂“XX 镇农经管理站”牌子，实行一套人员挂两块牌子。财政所（经营管理站）由县财政局和镇政府双重管理，以县财政局管理为主。

5 月 5 日

县委书记张国栋陪同原市领导宋芳春、陈满一行到滦南进行参观考察。考察团先后参观考察了谷家营平改、北河大桥、企业研发中心、北河水系导流明渠、松树拓宽段、城西工业聚集区等我县重点项目建设现场。考察团一致认为，滦南的发展快、变化大，城市建设成效明显，各项事业蒸蒸日上，滦南一定能够实现“科学发展、赶超跨越”的奋斗目标。县领导李玉鹏、崔恩富陪同参观考察。

5月6日

县委书记张国栋到革命老区村倴城镇李庄子进行现场办公。在听取村支部书记有关村内基本情况汇报、现场查看村容村貌及产业发展情况后，就李庄子如何摆脱落后局面，张国栋提出七点要求：一是要解放思想；二是要抓准致富门路；三是要抓好基础设施建设；四是要多方帮扶；五是要丰富农民群众的文化生活；六是要迅速提升村容村貌；七是进一步加强基层党组织建设。县委常委、组织部长史林友，老干部协会主席张占平，老促会会长田务仁和有关部门负责人参加现场办公。

同日

我县在北河宾馆多功能厅召开推进大学生村官创业富民工作会议。县委常委、组织部长史林友出席会议并讲话。

同日

滦南县两个代表队参加唐山市太极拳比赛，夺得了比赛唯一设定的42式太极拳和42式太极剑竞赛套路两个团体一等奖。在个人项目比赛中，派出的12名运动员获得12金、6银、5铜的好成绩。

5月7日

县委召开十届第72次常委（扩大）会议。会议听取了关于推荐北河水城参选唐山八大景点安排部署情况的汇报和4月1日至5月1日未完成节点任务重点项目情况的汇报；讨论了滦南县农村宅基地审批办法；听取了关于2011年1～4月份财政收入完成情况及各镇完成任务排序情况的汇报；研究了2011年旧城区改建、征收、搬迁第一阶段的表彰决定；研究了省、市七一表彰名单；研究了编办关于县房屋拆迁办更名为县房屋征收办的意见，关于成立县城镇建设办公室的意见，关于成立县沿海开发建设办公室的意见，关于成立县园林绿化管理局的意见，关于成立县住房保障中心的意见，关于县民政局加挂“县民族宗教事务局”牌子的意见，滦南县乡镇机构改革方案；研究了滦南县关于公开选聘副科级干部的意见。县委书记张国栋主持会议并讲话。

同日

县委书记张国栋到县汽车检测线北侧温州家俱城规划建设现场进行实地调研。对家俱城尽快开工建设，提出指导性意见和建议。县委常委、常务副县长于广秋及有关单位负责同志参加调研。

5月8日

北河水系治理导流渠1#、2#涵闸工程开工。工程位于导流明渠与洋埝水库交汇处，工程包括进出口工程、1号涵闸工程、2号涵闸工程及机电设备及安装工程、金属结构及安装工程。项目总投资1066万元。

5月9日

中纪委信访室副主任张少龙到滦南调研“一卡通”和城市建设工作。省纪委常务副书记商黎光，市委常委、市纪委书记张振县陪同考察调研。各级领导对我县村务管理监督“一卡通”工作给予高度评价。县领导张国栋、蔡洪魁、韦远东、杜珍、李玉鹏、张友利及有关部门负责同志陪同考察调研。

同日

县编委印发编字［2011］15号文件，批准滦南县房屋拆迁办公室更名为滦南县房屋征收办公室，其主要职责、机构规格、人员编制、领导职数均不变。

同日

县编委印发编字［2011］16号文件，批准成立滦南县城镇建设办公室，为承担我县城镇建设工作的具体办事机构，与滦南县房屋征收办公室合署办公，增加事业编制2名（即：房屋征收办、城建办事业编制共计6名）。城建办主任由房屋征收办主任兼任，另设城建办副主任1名（副科）。

同日

县编委印发编字［2011］17号文件，批准成立滦南县沿海开发建设办公室，为我县推进沿海地区开发建设工作领导小组的具体办事机构，与嘴东工业园区管委会合署办公，增加事业编制2名（即：嘴东园区管委会、沿海办编制共计16名）。县沿海开发建设办公室设主任1名，由县政府办公室副主任、嘴东工业园区管委会常务副主任兼任。

同日

县编委印发编字［2011］18 号文件，批准成立滦南县园林绿化管理局，为住房和城乡规划建设局局下属副科级事业机构，事业编制 8 名，其中设局长 1 名，副局长 1 名。园林绿化管理局开支渠道与住房和城乡规划建设局一同实行收支两条线。撤销县住房和城乡规划建设局原设园林绿化所。

同日

县编委印发编字［2011］19 号文件，批准成立滦南县住房保障中心，为县住房和城乡规划建设局管理的正科级事业机构，事业编制 3 名。县住房保障中心主任由县住房和城乡规划建设局 1 名副局长兼任（不占编制），另设副主任 1 名，工作人员 2 名。县住房保障中心开支渠道与住房和城乡规划建设局同为收支两条线。县住房和城乡规划建设局房屋产权监理所不再加挂“住房保障所”的牌子。

同日

县编委印发编字［2011］20 号文件，批准在县民政局加挂“滦南县民族宗教事务局”的牌子。县民族宗教事务局局长由县民政局局长兼任，副局长由县民政局主管民族宗教工作的副局长兼任。县民族宗教事务局的具体业务工作，由县民政局民族宗教科承担。

5 月 10 日

马全红任中共滦南县委委员、常委。

同日

中共滦南县委印发滦南发［2011］33 号文件，出台《关于做好 2011 年农业农村工作的实施意见》。

同日

唐山市政协副主席卢晓霞来我县就如何做好政协工作进行调研指导。县委书记张国栋、县政协主席李玉鹏陪同调研。

同日

我县举办“党徽在岗位闪光——我身边的共产党员”演讲比赛。来在全县的 30 名选手参加比赛。县领导韦远东、史林友、王殿新、冯玉志、卢翠娟、赵瑞军出席并观看了比赛。

5 月 11 日

县委书记张国栋深入到扒齿港镇绳各庄村、八和居社区建设现场、宋道口镇葛代坨村，就新民居建设工作进行专题调研。在绳各庄村，张国栋指出，绳各庄村是评剧创始人成兆才的故乡，是非常宝贵的财富、重要的资源。发展文化产业中央、省市都非常重视和支持，因此一定要挖掘、利用好绳各庄的文化资源优势。一要高标准规划。成兆才故居、纪念馆、演出剧场是重要的文化符号，要整体考虑，与新民居建设、产业发展相结合，由县规划局做一个高标准规划。二要进一步解放思想。村干部要带头解放思想，把人均土地多的优势发挥、挖掘出来，要组织群众到李营、交六等先进村进行学习考察，充分利用好国土部、农业部联合下发的 155 号文件精神，搞好设施菜、果的种植，同时大力发展采摘、观光、休闲娱乐等相关产业，要敢试、敢闯。三要打响评剧之乡的品牌。评剧故里建设不仅体现在硬件设施上，还要根植于群众当中，让更多的群众喜爱评剧、会唱评剧，使评剧艺术能够传承下去。四是镇上要全力支持。要迅速提升村庄形象，道路硬化全部到位，绿化、亮化也要做起来，要建成真正意义上的知名旅游景点。在八和居社区，听取了有关工作情况汇报后，张国栋指出，八和居社区是我县新民居建设“一步进城”的第一个试验示范点，建好八和居社区意义重大，它关系到全县统筹城乡发展工作能否顺利推进，各部门及建设单位要积极配合、全力以赴，在保证建设质量的前提下，不断加快建设步伐。在葛代坨村，张国栋在了解了基本情况后，强调指出，葛代坨的新民居建设趟出了一条新路子，值得全县借鉴，希望宋道口镇再接再厉，力争走在全县统筹城乡发展的前列。县领导韦远东、杜珍、李玉鹏及有关部门负责同志参加了调研。

同日

县委书记张国栋、县委副书记韦远东、县人大常委会主任杜珍、县政协主席李玉鹏到绳各庄调研时，还出席了罗慧琴（新凤霞传人，中国戏剧梅花奖得主，唐山市评剧团团长）收徒仪式。

同日

县委书记张国栋陪同河北联合大学经济学

院院长刘家顺，唐山市城乡一体化发展研究中心常务副主任、教学副院长史宝娟等一行就统筹城乡发展工作到滦南进行专题调研。调研组在参观考察了中红建材城、城西工业聚集区、谷家营平改、北河大桥等我县重点项目建设情况和听取了有关工作情况的汇报后，一致认为滦南的发展速度快、变化大，掀起了社会主义新农村建设的高潮，滦南的经验做法很值得全省借鉴推广。县领导韦远东、史林友参加了座谈会。

同日

我县举行“告别不文明行为从我做起”主题系列活动启动仪式。县领导韦远东、王殿新、白云泽、卢翠娟、赵瑞军出席启动仪式。

5 月 12 日

省、市创先争优督导组到地税局参观征收分局大厅，督导组对地税局的创先争优活动给予了高度评价。县委常委、组织部部长史林友陪同参观。

同日

我县在蓝海大酒店多功能厅设分会场，收听收看唐山市委组织的史明星事迹报告会。

同日

中共滦南县委印发滦南发[2011]34号文件，出台《滦南县乡镇机构改革方案》。

同日

我县民政局、卫生局等13家单位联合开展“加强防灾减灾构建和谐社会活动”，纪念我国第三个“防灾减灾日”。本次活动有展牌宣传、现场咨询等形式，共发放宣传资料30多种、5000多份。

5 月 13 日

县城乡规划委员会召开第八次会议。会议审查了中通陶瓷年产180万件高档卫生陶瓷、物资局高频焊管厂旧址开发、西南街新民居等6个项目的规划设计方案，听取了南堡镇、扒齿港镇、安各庄镇商贸景观示范街及新民居建设实施方案和规划设计方案的汇报以及西北街二期平改项目停车场（库）调整方案的汇报。县委书记、规委会主任张国栋主持会议。

同日

县特殊教育学校举行助残日活动。

5 月 14 日

县委书记张国栋就农村新民居、商贸一条街和项目建设工作，到司各庄和南堡两镇进行工作调研。县领导韦远东、史林友、张怀良及有关镇、县直有关部门负责同志参加调研。

同日

《河北经济日报》在显著位置刊登通讯《滦南，而今迈步从头越》，对滦南干部群众齐心协力，打造“滨海水城、经济强城、文化名城、宜居靓城”的情况进行报道。

5 月 15 日

省环保厅副厅长杨智明率领省级工业聚集区复查调研组来我县，对城西工业聚集区进行复查调研。滦南城西工业聚集区顺利通过省级工业聚集区复查调研组的考察验收。

同日

滦南县全面启动“农村小学教师素质提高工程”。这是我县在加快高质量教师队伍建设、满足农村教育发展需求方面做出的又一重大举措。此次培训，以师德教育、基本功训练、新课程理念培训、“一专多能”培训为主要内容，计划利用一年半的时间对全县农村小学教师进行全员培训和提高，力争在最短时间内，打造一支适应现代教育发展的高素质教师队伍，推动全县教育事业均衡优质发展。

5 月 16 日

唐山市委常委、政法委书记许德茂就加强社会建设、创新社会管理、维护社会稳定等工作，到我县进行调研。许德茂首先深入到到北河公园、北河大桥、北河水系治理、企业研发中心、八合居社区建设现场，实地考察我县新民居及重点项目建设情况。随后在蓝海大酒店会议室观看了根据嘴东棚户区和谐拆迁工作而创作的乐亭大鼓《碧海映丹心》、反映我县“三大攻坚四大开发”的纪录片《大工地，大变化》和实施“一卡通”工程提高农村反腐倡廉建设科学化水平的纪录片《通心靓卡》。许德茂对我县一年来的发展建设、社会管理创新、群众工作给予充分肯定和高度评价，并就加强社会管理、维护社会稳定工作，实现源头治理提出明确指导意见。县领导张国栋、杜珍、李玉鹏、宋福安陪同调研。

同日

我县公开选拔科级领导干部。县委书记张国栋到面试现场蓝海大酒店1号会议室指导工作并与县领导蔡洪魁、杜珍、李玉鹏、张友利、于广秋、宋福安、王殿新、李景云、卢翠娟等县党政班子领导为面试人员进行综合评分。县委常委、组织部长史林友担任主考，对面试人员进行现场提问。

5月17日

滦南县2011年第二批重点项目集中开工奠基仪式在鼎盛新世界开发建设项目现场举行。共集中开工重点项目50个，总投资81.22亿元。其中既有“转方式、调结构”的产业项目，又有便民惠民的民生工程，还有提升城市形象的城建项目，符合科学发展的要求，符合人民群众的热切期盼。县委书记张国栋宣布50个重点项目开工，县长蔡洪魁致辞。市直相关部门负责人、县四大班子全体领导出席奠基仪式。项目攻坚指挥部各工作组组长、县直各单位一把手、各镇(街道)党政主要负责同志及重点项目业主、项目助理、职工代表参加奠基仪式。

同日

县委召开十届第73次常委会议。会议研究了干部任免事项。县委书记张国栋主持会议并讲话。

同日

中共滦南县委印发滦南字[2011]18号文件，出台《滦南县2011年政务公开暨行政权力公开透明运行工作方案》。

同日

广西壮族自治区检察院考察团来我县参观考察。县委书记张国栋会见考察团并陪同考察。

同日

中共滦南县委印发滦南发[2011]35号文件，制定《滦南县中长期人才发展规划纲要(2011～2020)》。

5月17日至19日

深圳市政协委员、深圳市军江投资管理有限公司董事长叶江山，深圳市中航沈飞科技有限公司流通事业部总经理、深圳市迈深科技有限公司执行副总裁王军，组成商务考察团到我县就投资项目有关事宜进行考察。考察团对计划投资4.5亿元、占地147亩的唐山市友信华运物流有限公司农产品冷链物流项目充满信心。县领导张国栋、蔡洪魁、于广秋和有关部门负责同志会见考察团并陪同考察。

5月18日

县委书记张国栋，县长蔡洪魁，人大主任杜珍，县委常委、人武部政委马全红，在有关单位负责同志陪同下，到宋道口镇杨顾庄村看望百岁老人杨氏，送去了美好的祝福。

5月19日

我县完成“全国科普示范县”创建验收工作，获得“2011－2015年度全国科普示范县”的命名。

同日

中共滦南县委印发滦南发[2011]36号文件，决定对2011年度征收搬迁第一战役中的优秀工作队员予以表彰。

同日

县编委印发编字[2011]14号文件，就做好各镇(街道)定职责、定内设机构、定人员编制(简称“三定”)工作作出安排。

5月20日

滦南县第十四届人民代表大会常务委员会举行第32次会议。县人大常委会主任杜珍，县人大常委会党组副书记崔恩富，副主任刘继海、苗贵生及委员共22人出席了会议。县委常委、副县长蔡春奎，县人大党组成员白云泽，县法院副院长杨学文，县检察院副检察长曹景涛等列席了会议。会议决定免去安丽萍同志的滦南县人民政府副县长职务。会议听取和审议了县检察院副检察长曹景涛代表县检察院所作的关于监所检察工作的报告。会议审议了县财政局局长董志江代表县政府提交的滦南县2010年财政决算的报告，听取和审议了县审计局长吴晓勇代表县政府所作的关于2010年度县本级财政预算执行及其他财政财务收支情况的审计工作报告，表决通过了滦南县人大常委会关于批准滦南县2010年财政决算的决定(草案)。还听取和审议了县人口和计划生育局局长毛俊安代表县政府所作的关于人口和计划生育工作情况的报告。

同日

中共滦南县委印发滦南字[2011]19号文件，制定《滦南县2011年度征收搬迁会战第二战役实施方案》，部署征收搬迁会战第二战役的工作。

5月21日

我县召开2011年度征收搬迁第一战役总结表彰暨第二战役启动大会。会议贯彻落实国务院办公厅关于立即在全国开展征地搬迁制度落实情况专项检查的紧急通知精神，对今年第一批征收搬迁工作进行总结表彰，对第二批征收搬迁工作任务进行了安排部署。县四大班子全体领导出席会议，县直各单位、各镇主要负责同志、涉及搬迁村和居委会的干部、城镇建设三年上水平指挥部全体成员、各工作队全体队员及部分离退休老同志参加会议。县长蔡洪魁主持会议，县委书记张国栋讲话。

同日

中共滦南县委印发滦南发[2011]37号文件，作出《关于表彰成兆才评剧团和现代评剧〈三进门〉全省巡回演出人员的决定》，为成兆才评剧团荣记集体一等功，颁发奖金5万元；对孙秀艳等43名参加现代评剧《三进门》全省巡回演出人员给予表彰。当晚还在成兆才大戏院举行了《三进门》汇报演出。全国人大常委、成都军区原司令员王建民，市人大副主任范绍慧，县领导张国栋、韦远东、杜珍、李玉鹏、史林友、卢翠娟观看演出并亲切接见全体演职员。

5月22日

县委书记张国栋先后深入县医院东侧、建设路东村民户、建设路东平房居民户、建设路东二层楼居民户、建设路东企业、建设路东沿街商业六个征收搬迁工作队，就我县2011年度第二批改建征收搬迁工作进行督导检查。县领导蔡洪魁、马全红、张云江及有关部门负责同志参加了督导检查。

同日

毅丰（福建）新能源工业责任公司经理童能、台湾高速模型公司总经理罗停庆来我县考察。

同日

省教育厅检查教导组到我县职教中心检查督导“送教下乡”、学籍、资助和免学费工作开展情况。

5月23日

唐山市委书记王雪峰对创新农村社会管理有益探索——对滦南县推行村务管理监督“一卡通”的调查做出批示：这个探索很有意义，要注重实效，注重改进完善，简便易行，请仲明同志批示。

同日

县委理论学习中心组集中学习。市委党校教授张丽娜为中心组成员讲授辅导了社会管理创新专题。县委书记张国栋主持学习活动并讲话。

5月24日

全国人大常委会委员、成都军区原司令员王建民一行，到滦南就城市建设、项目建设等重点工作进行视察。王建民一行视察了谷家营平改、建设路南延、北河大桥、滦海公路等我县重点工程项目建设和嘴东工业园区开发建设情况。王建民详细了解了滦南“十二五”期间发展建设的总体规划和当前我县正在进行的“三大攻坚、四大开发”等重点工作开展情况。王建民强调指出，滦南近期以来的发展变化很快，超出了想象，尤其广大党员干部“少说多干、奋勇争先”的优良作风和“白加黑、五加二”的拼搏精神让人感动，三年再造一个新滦南的阶段性目标一定能够实现，滦南必将成为唐山湾最耀眼的一颗明珠。县领导张国栋、杜珍、李玉鹏、于广秋、白云泽陪同视察。

同日

唐山市委副书记周仲明对创新农村社会管理有益探索——对滦南县推行村务管理监督“一卡通”的调查做出批示：这一探索值得借鉴，请群工办、农工委照雪峰书记批示，围绕创新农村社会管理、推行村务公开、加强和改进群众工作、促进和谐稳定予以专题研究，提出推广意见。

5月24至25日

香港玖龙纸业副总裁黄铁民一行来滦南，就永新纸业技改扩建项目相关问题进行洽谈。

5月25日

唐山市委书记王雪峰，市委常委、秘书长刘建国到滦南调研指导工作，对滦南城镇建设三年上水平工作给予了充分肯定。王雪峰说，滦南的城市建设一片热火朝天，动作很快，很好。县领导韦远东、于广秋、张云江陪同调研视察。

同日

我县组织优秀农村党支部书记、大学生村官代表、各镇组织委员56人，赴迁安市大崔庄镇石梯子沟村进行实地学习考察。考察团详细了解史明星同志的先进事迹，参观石梯子沟村的发展变化，亲身感受了史明星同志32年带领群众发展致富的奋斗历程。参观学习后，全体人员到史明星墓前拜谒，并敬献了花圈。

5月26日

省委常委、常务副省长赵勇对滦南县关于滦海公路工程项目有关情况的报告做出批示：请绍廉同志纳入曹妃甸重点配套工程统筹支持，商唐山市一并考虑。

同日

唐山市委常委、副市长兼农工委书记王久宗来我县检查畜产品安全生产情况。王久宗先后到滦南利民种猪繁育场、畜禽产品质量检验检测站、唐山三发普林饲料有限公司和滦南利民食品有限公司等地，现场了解畜禽产品质量安全生产情况。王久宗要求，畜禽产品安全关乎千家万户的生活，各级各部门一定要高度重视，严格遵守国家关于畜产品安全、卫生、质量的相关法律法规，遵守国务院农业部门制定的安全使用规范，坚决杜绝使用国家明令禁止的“瘦肉精”“三聚氰胺”等非法添加物及违禁药品。同时，要严格执行国家、行业、企业标准及各项规章制度，强化企业内部管理，建立健全质量保障体系建设，严格生产过程控制，严把产品质量关，对原料采购、生产加工过程和产品销售等各个环节实行全程监控及严格检验，真正从源头上杜绝任何危害食品安全的问题出现。加工企业要做到不合格的原料不进厂、不合格的成品不出厂，以确保全市畜禽产品质量安全，让全市人民吃上放心肉和肉制品。

5月27日

唐山市副市长曹全民对滦南县关于贯彻落实全市创建国家生态园林城市动员大会精神的报告做出批示：滦南县动作快、力度大、措施实，值得学习借鉴。请滦南县以创建省级园林县城为目标，落实各项创建措施，确保目标实现。请市城管局支持。

5月28日

唐山市常委、宣传部长郭彦洪对滦南县关于现代评剧《三进门》全省巡演活动情况的报告作出批示：滦南县县委政府高度重视评剧艺术的传承和发展。现代评剧《三进门》创排和全省巡演取得圆满成功，充分展示了评剧发源地评剧艺术的水准及滦南干部群众加快经济社会发展的信心和决心，展现了全县人民的精神风貌，望再接再厉，为实现文化大县向文化强县跨越做出新的更大贡献。

同日

中科院唐山市科学发展研究院院长、中韩可持续发展研究中心中方主任刘学谦及韩国经贸考察团来滦南县进行考察。

5月29日

县委召开十届74次常委（扩大）会议。会议听取了赴省跑办情况、征收搬迁第二战役进展情况和北河水城参评“唐山八景”情况的汇报，传达了市委书记王雪峰到滦南视察城镇建设三年上水平工作时的讲话精神和省维稳办关于做好当前稳定工作的会议纪要，研究了野花组合工程实施方案。县委书记张国栋主持会议并讲话。

5月30日

县领导张国栋、蔡洪魁、杜珍、李玉鹏、王殿新、白云泽、卢翠娟、赵瑞军到县第一幼儿园、县特殊教育学校、唐山英才学校、第一实验小学、宋道口镇杜土小学走访慰问。

同日

唐山市委常委、副市长吴海英在相关部门负责人的陪同下，来滦南就科技项目建设及全市“转型发展、科技支撑”现场交流会的落实情况进行调研。吴海英一行先后参观考察了谷家营平改、建设路南延、北河大桥及北河新区等项目建设情况，听取了我县以科技进步和创新促进经济转型快速开展的汇报。吴海英对滦南工作给与充分肯定并就开展好科技创新工作提出明确要求。县领导张国栋、蔡春奎、张怀良及有关部门负责同志陪同调研并参加了座谈会。

同日

我县在成兆才大戏院举行庆祝建党90周年暨六一国际儿童节文艺汇演活动。县领导王殿新、白云泽、卢翠娟、赵瑞军观看演出。

同日

唐山市工会推进企事业单位群众工作室建设现场观摩会在蓝海大酒店举行。市总工会群众工作室领导小组成员；全市各县（市）区总工会常务副主席和分管领导；各开发区（园区、管理区、工业区）工会和市直基层单位工会分管领导；市产业工会主席参加了会议。县领导张国栋、蔡洪魁、韦远东、杜珍、李玉鹏、苗贵生、于军、陶顺福等到会陪同。

同日

滦南县被市委考评为“2010年度优秀领导班子”，蔡洪魁、于广秋、蔡春奎被评为“2010年度优秀领导干部”。

同日

县编委印发编字[2011]21号文件，规定滦南县倴城镇主要职责、内设机构和人员编制。

同日

县编委印发编字[2011]22号文件，规定滦南县长凝镇主要职责、内设机构和人员编制。

同日

县编委印发编字[2011]23号文件，规定滦南县扒齿港镇主要职责、内设机构和人员编制。

同日

县编委印发编字[2011]24号文件，规定滦南县司各庄镇主要职责、内设机构和人员编制。

同日

县编委印发编字[2011]25号文件，规定滦南县胡各庄镇主要职责、内设机构和人员编制。

同日

县编委印发编字[2011]26号文件，规定滦南县柏各庄镇主要职责、内设机构和人员编制。

同日

县编委印发编字[2011]27号文件，规定滦南县南堡镇主要职责、内设机构和人员编制。

同日

县编委印发编字[2011]28号文件，规定滦南县宋道口镇主要职责、内设机构和人员编制。

同日

县编委印发编字[2011]29号文件，规定滦南县程庄镇主要职责、内设机构和人员编制。

同日

县编委印发编字[2011]30号文件，规定滦南县青坨营镇主要职责、内设机构和人员编制。

同日

县编委印发编字[2011]31号文件，规定滦南县安各庄镇主要职责、内设机构和人员编制。

同日

县编委印发编字[2011]32号文件，规定滦南县方各庄镇主要职责、内设机构和人员编制。

同日

县编委印发编字[2011]33号文件，规定滦南县坨里镇主要职责、内设机构和人员编制。

同日

县编委印发编字[2011]34号文件，规定滦南县姚王庄镇主要职责、内设机构和人员编制。

同日

县编委印发编字[2011]35号文件，规定滦南县马城镇主要职责、内设机构和人员编制。

同日

县编委印发编字[2011]36号文件，规定滦南县东黄坨镇主要职责、内设机构和人员编制。

同日

县编委印发编字[2011]37号文件，规定滦南县倴城街道办事处主要职责、内设机构和人员编制。

5月31日

唐山腾飞五金工具制造有限公司的“根”牌商标被国家工商总局认定为中国驰名商标。

同日

县委书记张国栋先后深入县医院东侧、建设路东村民、建设路东平房居民、建设路东二层楼居民、建设路企业和沿街商户工作队，督导检查我县第二批征收搬迁工作。每到一处，张国栋都要与工作队员亲切握手，详细询问工作进度及存在的问题。县长蔡洪魁、副县长张云江及有关部门负责同志参加督导检查。

5月

为纪念中国共产党成立90周年，配合全县

党员干部学党史活动，县委党史研究室与县委宣传部联合辑印了《党史资料摘编》。本书16开35万字，由党史研究室主任田建国负责主编，较为系统地回顾了我们党的光辉历史，简要归纳了我们党的重要理论文献及法规，客观总结了新中国主要建设成就，介绍了滦南建国前的地方党组织、滦南县组织沿革和滦南党史人物等，是可读性很强的党史教材。

是月

县科协完成“全国科普示范县”创建验收工作。滦南县获“2011－2015年度全国科普示范县”命名。

是月

滦南县玉翠果菜种植专业合作社在东黄坨镇成立。由滦南县玉翠果菜种植专业合作社投资5000万元的滦南县东黄坨镇葡萄种植示范园项目开工建设。

是月

滦南县第一中学被市政府授予“2010年度高中工作先进校”荣誉称号。

是月

宋道口镇被市委宣传部等11个部门授予“2006～2010年度唐山市计划生育婚育新风进万家先进乡（镇、街）”荣誉称号。

是月

青坨营镇冯狗庄完全小学陈付振老师研制的教具——多角度斜面研究器，获河北省青少年科技创新大赛一等奖、国家二等奖，并申请国家专利。陈付振老师荣获河北省优秀科技辅导员荣誉称号。

是月

我县完成《冀东文艺“三枝花”教程》编写工作。这是我县关于地方传统文化的第一本校本教材，对滦南历史文脉、人文精神进行了有机融入，对评剧、皮影、乐亭大鼓历史沿革、专业知识、表演技能进行了深刻诠释，对引导广大中小学生热爱家乡戏、学唱家乡戏，深入推进“冀东文艺三枝花”进校园活动，将产生深远而积极的影响。

6月

6月1日

李玉鹏任滦南县人大常委会党组书记；张友利任政协党组副书记。

同日

唐山市委常委、常务副市长陈学军到滦南考察项目建设工作。陈学军一行考察了谷家营平改、建设路南延、北河大桥、北河水系拓宽段、城西工业聚集区等我县重点项目建设情况，听取了情况汇报，给予高度评价，并就做好下步工作提出了明确要求。县领导张国栋、蔡洪魁、李玉鹏、蔡春奎、冯玉志、张云江等陪同考察并参加了座谈会。

同日

滦南县残联理事长李建新被国务院残疾人工作委员会授予“全国残疾人工作先进个人”荣誉称号。

6月2日

水利部专家稽查组在水利厅副厅长刘凯军、市水务局局长肖玉文等陪同下，到我县审核检查小青龙河河道防洪、清淤工程。

6月3日

县委召开十届第75次常委（扩大）会议。会议传达了市委换届工作会议精神；传达了全市领导班子领导干部考评及群众工作会议精神；宣读了中共唐山市委关于杜珍、李玉鹏、张友利的任免决定。县委书记张国栋主持会议并讲话。

同日

唐山市委常委、宣传部长郭彦洪来滦南就民营企业二次创业进行调研。郭彦洪一行参观考察了谷家营平改、建设路南延、北河大桥、北河水系松树拓宽段等我县重点项目建设情况，听取了我县中小民营企业二次创业整体工作开展情况和唐山中红普林集团二次创业情况汇报。郭彦洪对滦南的城市建设、重点项目建设给予充分肯定和高度评价。就如何做好下步工作，郭彦洪强调，一是进一步解放思想，认清形势，全力推进二次创业工作；二是进一步把握核心，增长后劲，提高创新能力；三是进一步提高质量，扩大影响，培育和打和造出自己的品牌；四是进一步固本强基，注重人才，建设高素质的园工队伍；五是进一步完善政策，营造氛围，优化二次创业的社会环境。县领导张国栋、蔡洪魁、杜珍、李玉鹏、蔡春奎、桑树军及有关部门负责同志陪同调研并参加了座谈会。

同日

现代评剧《三进门》在全省11设区市巡演后，副省长宋恩华在巡演情况汇报上作出批示：《三进门》的巡演组织得好，反响好。请修改后印《内部通报》。

同日

新疆生产建设兵团农二师农业产业化项目考察团来我县中红普林集团三融公司参观考察。

6月7日

我县召开医药卫生体制改革汇报会。县领导于广秋、卢翠娟及有关部门负责同志参加了座谈会。县委书记张国栋主持会议并讲话。

6月8日

县委召开十届第76次常委会议。会议传达了市县乡人大、政府和县政协换届政策，强调了换届纪律。县委书记张国栋主持会议并讲话。

同日

省供销社纪检组长权运吉带领省供销社“全国总社文明示范单位”验收小组来滦南县，就迎接全国总社文明服务示范单位评选准备工作开展情况进行考核验收。

同日

县委书记张国栋深入马城铁矿勘探项目部、大贾庄铁矿主厂区施工现场，督导检查大铁矿开发建设工作。在铁矿开发建设指挥部听取铁矿办和大贾庄铁矿项目部有关工作情况的汇报后，张国栋就如何做好下步工作提出了明确要求。县领导蔡洪魁、杜珍、李玉鹏、于广秋，河北矿业集团有关领导，县直有关部门负责同志参加督导和汇报座谈会。

6月9日

县委召开十届第77次常委（扩大）会议。会议向县四大班子领导介绍了市委换届考察组的情况；市委考察组传达了换届的政策和要求。县委书记张国栋主持会议并讲话。

同日

我县召开县级领导班子换届考核大会。县委书记张国栋主持会议。

6月10日

河北省人口计生委授予滦南县“全省首批人口和计划生育综合改革示范县（市、区）”荣誉称号。

同日

县城乡规划委员会召开第九次会议。会议审查了福海大桥、县一中、蓝海骨科医院、小城镇商贸景观示范街等19个项目的规划设计方案。县委书记、规委会主任张国栋主持会议。

6月13日

县委召开十届七次全委（扩大）会议。会议对拟提拔县级干部初步人选进行了署名投票推荐。县委书记张国栋主持会议并讲话。

6月14日

县委召开十届第78次常委会议。会议研究了换届拟提拔人选。县委书记张国栋主持会议并讲话。

同日

县委书记张国栋深入北环路、西环路、中大街西延、南大街西延、南环路、西曾线及姚王庄镇富民路等我县主要道路建设现场进行视察。每到一处，张国栋都详细询问施工进展、存在困难等情况，并就解决影响施工进度的问题提出指导性意见。县领导韦远东、于广秋、张怀良、张云江及有关单位负责同志参加视察。

同日

宋道口镇沙沟子村被省计生委授予“全省首批人口和计划生育基层群众自治村”荣誉称号。

同日

中共滦南县委印发滦南发［2011］38号文件，决定对全县首批人口和计划生育基层群众自然示范村进行表彰。

同日

我县召开严肃换届纪律工作座谈会。县委书记张国栋主持会议并讲话。

6月15日

市检察院党组书记、代检察长庞祥海，就滦南城建、法律监督等工作到我县进行调研。庞祥海一行先后参观考察了中红建材城、谷家营平改、建设路南延、北河大桥、导流明渠、北河水系松树拓宽段等我县重点城建项目建设情况，在蓝海大酒店听取了县委书记张国栋关于滦南当前经济社会发展及法律监督工作有关情况的汇报。庞祥海指出，看了滦南的城市建设很欣慰、很感动、也很受教育。在县委、县政府的坚强领导下，滦南经济繁荣、社会发展、百姓安居乐业。滦南的城镇建设三年上水平工作思路清、进展快、效果好。滦南的城市建设规划科学合理、起点高，大手笔、大气魄，取得的巨大成绩令人振奋，是唐山快速发展的一个缩影，代表了唐山的科学发展水平。滦南的法律监督工作得到最高人民检察院的肯定，是滦南县四大班子领导高度重视和大力推进的结果，希望滦南进一步探索和加强法律监督工作，继续成为全国的先进和典范。县领导蔡洪魁、杜珍、李玉鹏、张友利、宋福安陪同调研。

同日

我县在宋道口镇举行人口和计划生育基层群众自治暨诚信计生现场观摩会。副县长卢翠娟出席并讲话。

同日

县委书记张国栋松树拓宽段、节制闸、洋淀水库涵洞等北河水系重点建设区域及上游虾米洞，就环城水系建设进行调研。县委办、倴城镇、水务局领导参加调研。

6月16日

县政府召开十四届第20次常务会议。会议研究讨论了《滦南县深化医药卫生体制综合改革实施方案》和相关配套文件、《滦南县事业单位实施绩效工资的意见（暂行）》、《滦南县关于设施农业用地审批管理的实施意见》等议题，听取了滦南县社会保险事业管理局关于申报国家级新型农村和城镇居民社会养老保险试点工作的情况汇报。县长蔡洪魁主持会议并讲话。

同日

我县举办助力“三大攻坚、四大开发”慰问演出活动。县四大班子领导出席。

6月17日

南堡镇嘴东海上流动党支部和南堡边防派出所干警以及外来务工的流动党员共同组织开展“流动党员心向党”主题党日活动。流动党员与边防派出所干警一起开展思想交流，重温入党誓词，书写“向党说句心里话”，共同回顾党的九十年奋斗历程。

6月19日至21日

中央电视台《奋斗》栏目摄制组一行8人来到滦南，先后到李营村、嘴东工业区、金辉广场、和平广场、北河公园、成兆才大戏院、鼎盛花园及拆迁现场进行采访，采访的主题是：经济转型中的滦南。

6月20日

由县委宣传部、县委党史研究室和《新滦南》共同举办的以“喜迎建党90周年，建设美好新滦南”为主题的“纪念中国共产党成立90周年党史知识竞赛”活动圆满结束。活动共收到答题卡3598份，评选出优秀个人奖40名，优秀组织奖12个。

同日

北河大桥围堰（大桥东侧围堰长220米、宽40米，大桥西侧围堰长220米、宽20米）被顺利撤除，北河大桥实现了通水通航。撤除工作动用各种机械车辆4000余台次，外运土石8万余方。

6月21日

县委书记张国栋做客新华网，接受基层党建理论创新与实践采访。访谈中，张国栋详细介绍了滦南经济、文化、社会发展情况，用文化、资源、产业、区位四张名片向网友和观众推介了滦南的基本情况，并就如何加强基层组织建设介绍了经验和做法。

同日

我县举行城市总体规划纲要专家评审会议。

6月22日

县委书记张国栋做客中央电视台《书画人生》频道。节目中，张国栋介绍了自己如何与书法结缘和在书法艺术道路上的探索历程。

同日

老区路门庄—迁曹线改建工程主体竣工通车。该路全长7.843千米，路面宽6.5米，路基宽7.5米，公路等级为三级公路，总投资1409万元。

6 月 23 日

我县在文体中心广场举办庆祝建党 90 周年书法美术摄影作品暨创先争优成果展。此次共展出创先争优展牌 34 块，书法、美术、摄影作品 310 幅。县委书记张国栋等县四大班子领导出席开展仪式。

同日

县城乡规划委员会召开第十次会议。会议听取了《滦南县城市总体规划纲要（2010 ～ 2020）》专家评审情况的汇报，审查了《滦南县城市总体规划纲要（2010 ～ 2020）》落实专家评审意见修改稿，审查了滦海公路收费站规划设计方案。县委书记、规委会主任张国栋主持会议。

同日

县政协召开八届十六次常委会议。会议专题协商讨论了我县农村土地承包经营权流转情况。县政协主席李玉鹏主持会议并讲话。

同日

县政协在蓝海大酒店召开民主评议公安局工作会议。县政协主席李玉鹏主持会议。

6 月 24 日

县委召开十届第 79 次常委会议。会议听取了关于七一表彰有关事宜情况的汇报；听取了关于召开县第十一次党代表大会有关事宜情况的汇报；讨论研究了征收搬迁第二战役表彰决定。县委书记张国栋主持会议并讲话。

同日

县委宣传部、县委组织部、县委党校、县委党史研究室、教育局等部门联合举办“滦南县纪念中国共产党成立 90 周年理论研讨会”。县委常委、宣传部长、统战部长王殿新主持会议，县委常委、组织部长史林友出席研讨会并讲话。本次活动共收到征文近百篇，作者来自各层次，文章涉及各领域，研讨活动在全县产生了积极反响。

6 月 25 日

我县在县委办公楼前举行纪念建党九十周年“党旗传递・重温誓词”活动启动仪式。县四大班子党员领导干部出席启动仪式，各镇（街道）、县直党委书记和县直各单位党员身份的主要领导干部参加了活动。仪式由县委副书记、县长蔡洪魁同志主持。启动仪式上，县委常委、组织部长史林友同志带领参加活动的全体党员重温了入党誓词，县委副书记韦远东同志代表县委致辞，县委书记张国栋同志向各镇、街道党委和县直党委代表授旗。县委副书记、县长蔡洪魁宣布“党旗传递・重温誓词”活动正式启动。

同日

县人民检察院曹景涛被中央政法委授予全国优秀党员干警荣誉称号。

6 月 26 日

县委书记张国栋在嘴东经济开发区会见了中冶集团总经理沈鹤亭一行。沈鹤亭一行在嘴东工业区进行了实地考察，并就投资项目建设情况进行了初步洽谈。县长蔡洪魁及四大班子有关领导陪同会见。

6 月 27 日

县委召开十届第 80 次常委会议。会议按照市委换届考察组提议，通报有关情况。县委书记张国栋主持会议并讲话。

同日

省信访局巡视员田军，市委副秘书长、市信访局长张占忠率省、市信访检查组来我县调研。县领导张国栋、蔡洪魁、韦远东、杜珍、李玉鹏、蔡春奎、宋福安陪同调研。

同日

省老促会会长、原唐山市委书记、省人大副主任白润璋到滦南进行工作调研。白润璋一行参观考察了中红建材城、谷家营平改、建设路南延、中红普林彩印包装、北河大桥、北河水系松树拓宽段、节制闸等我县重点城市、文化产业项目建设情况；对我县老区路修建情况进行了现场调研。白润璋对滦南城市建设、经济社会发展取得的巨大成就给予充分肯定，对滦南更加美好的明天充满期待。县领导张国栋、蔡洪魁、韦远东、杜珍、李玉鹏、史林友，县老促会会长田务仁及有关部门负责同志陪同调研。

同日

县编委印发编字 [2011]38 号文件，批准设立滦南县公安局网络安全保卫大队，机构规格股级，编制 3 名，其中设大队长或副大队长 1 名。同时撤销治安管理大队原设公共信息网络安全监察中队，治安管理大队编制由12名减至9名。县公安局总编制数268名不变。

6月28日

市政府农办主任刘远平来我县，就野花组合景观工程建设及农村环境综合整治工作进行调研。

6月29日

中央工程建设领域突出问题治理工作检查组来滦南县检查工作。县委书记张国栋等陪同检查。

同日

省市沿海办领导来滦南调研。县领导张国栋、于广秋、李景云、张云江会见省市沿海办领导一行并陪同调研。

同日

中共滦南县委印发滦南发[2011]39号文件，决定命名表彰“两优一先”党建示范村（社区）、“一好双强”村党组织书记和优秀大学生村官。

同日

中共滦南县委印发滦南发[2011]40号文件，决定表彰2011年度征收搬迁第二战役先进个人和先进单位。

6月30日

我县在成兆才大戏院召开大会，庆祝中国共产党成立90周年，并对全县农村基层组织建设先进镇党委，先进基层党组织、党建示范村（社区）代表，优秀共产党员、优秀党务工作者和“一好双强”村党组织书记代表、优秀大学生村官进行表彰。受到表彰的有：农村基层组织建设先进镇党委7个，先进基层党组织118个，优秀共产党员179名，优秀党务工作者42名，“一好双强”村党组织书记60名，党建示范村（社区）28个，优秀大学生村官18名。县委副书记、县长蔡洪魁主持会议，县委书记张国栋做重要讲话。县四大班子党员领导干部和老同志代表出席会议。各镇（街道）和县直各党委书记、主管副书记、组织委员、党建办主任，县直各单位主要负责同志和主管副职，重点企业负责党务工作的同志，受表彰的先进单位和优秀个人，城镇建设三年上水平各工作组组长、各工作队队长，相关工作领域的党员代表参加了会议。

同日

县委党校在唐山市社会科学界联合会主办的“纪念中国共产党成立九十周年”征文活动中获优秀组织奖。

同日

县道长大线（迁曹公路—丰南界）改建工程竣工通车。该项目于3月15日开工建设，东起长大线与迁曹公路交叉口，西至长大线滦南与丰南交界处，全长5.797千米，途经安东、安西、铁匠庄、张横坨、郑横坨等村，总投资1376万元。

同日

京东企业研发中心项目主楼主体封顶。

同日

我县举行“共产党员诚信经营示范岗”活动启动仪式。本次活动由滦南县工商局、滦南县私营个体经济协会主办，旨在将个体私营企业创先争优活动引向深入，以实际行动向中国共产党建党90周年献礼。

6月

县委党史研究室积极参加省、市组织的理论研讨征文活动，报送纪念中国共产党成立90周年活动征文17篇，论文数量居全市第一，除大部分文章获奖外，还获市优秀组织奖。

是月

滦南县人民政府被评为全市“节能减排工作先进单位”。

是月

县建设局长王桂林被唐山市政府授予唐山市“十一五”节能减排工作先进个人荣誉称号。

是月

滦南县农村专业技术协会被中国科协、财政部命名为2011年度全国“科普惠农兴村计划”先进单位。

是月

2011年滦南县高考再传捷报，二本以上上线人数在参考人数比去年同期减少358人的情况下，增加46人，突破1600人大关，达到1642人，创历史最好成绩；滦南一中薛源同学以687分居全市十县一中理工类第一名。

是月

李营村被国家计生委命名为人口和计划生

育基层群众自治示范村。

是月

我县被河北省人口计生委、河北省计划生育协会评为“河北省人口和计划生育基层群众自治示范县”。

是月

为纪念中国共产党成立90周年，配合全县党员干部学党史，由县委组织部、县委党史研究室联合编辑的《红色历程》一书出版。本书16开35万字，由县委组织员办公室主任沈拥利负责主编，通过一个个生动的故事，一段段难忘的记忆，反映了我县地方党组织的光辉历程和全县广大人民群众不同历史时期的伟大实践活动，是我党带领全国各族人民为实现民族独立、人民解放和国家富强而不懈奋斗的缩影。

是月

南堡镇嘴东渔港新城党总支成立。

是月

唐山市政府授予赵文武、姚洪成、田俊民、李玉江、徐占新、周建芸等同志“十一五”节能减排工作先进个人称号。

是月

滦南县住建局党委荣获唐山市建党90周年先进基层党组织。

是月

上半年，我县民营经济单位发展到19351个，从业人员10.72万人，上缴税金4.85亿元，实现营业收入507.82亿元，增加值129.12亿元，综合排位全省第五。在全省136个县(市)排名中，唐山市有4个县（市）进入前十名，其他3个县(市)分别是：迁安市位列第一，迁西县位列第二，滦县位列第九。

是月

我县鑫华畜禽养殖专业合作社的“畜禽养殖基地和20万头生猪交易市场”项目顺利通过各级审核，被全国光彩事业促进会批准为2010年全国光彩事业重点项目。2010年全国光彩事业重点项目共批准22个。获批的全国光彩事业重点项目可享受贴息贷款的优惠政策。

7月

7月1日

县委召开十届第81次常委会议。会议学习了《关于县级党组织主要负责同志向市纪委全委会述职述廉的暂行办法》；传达了唐山市委书记王雪峰在市委常委会议上的讲话精神；传达了市委常委、市纪委书记张振县在市纪委八届六次会议上的点评要点。县委书记张国栋主持会议并讲话。

同日

姚王庄镇李营村被授予“全国先进基层党组织”荣誉称号，成为我县历史上首个获此殊荣的农村基层党组织。

同日

县委书记张国栋赴姚王庄镇李营村、胡许庄村走访慰问农村干部。张国栋代表县委对李营村党支部作为全国先进基层党组织受到中央表彰、胡许庄村党支部书记白福林作为优秀村党组织书记受到省委表彰，表示热烈祝贺，并与村“两委”干部和党员代表、姚王庄镇主要负责同志进行座谈。在李营村，张国栋书记就李营村今后的发展和学好李营经验、放大李营效应提出三点要求：一是继续调整农业产业结构，努力推进农业现代化；二是在新民居建设上进一步积极探索；三是发挥好示范带动作用，继续放大李营效应。在胡许庄村，张国栋书记看望了村党支部书记白福林，并送去了慰问金和慰问品。县委常委、组织部长史林友，县委常委、宣传部长、统战部长王殿新，副县长卢翠娟，县委办、组织部、宣传部相关同志陪同参加了走访慰问活动。

同日

北河公园土建绿化工程完工，正式开园。北河公园面积1255.5亩，其中陆地面积565.5亩、水体面积690亩，建有滨水广场、兆才广场、亲水走廊、游船码头等设施，实施了绿化、硬化、亮化，还对河岸进行了处理。北河公园是县委、县政府着力打造的一项惠民工程和景观工程，建设内容集中展现滦南的历史积淀、文化传承、生态景观。北河公园完工开园，使我县拥有了一座靓丽的滨水城市中心花园，为市民提供了良好的休闲娱乐场所，对提升我县城市形象、提高人民群众幸福指数，加速北河水城建设，促进我县文化产业、旅游产业大繁荣、大发展都将发挥重要的作用。

同日

滦南县人民政府印发《滦南县新型农村社会养老保险实施办法（试行）》的通知。对农村重度残疾人参保缴费的，由政府为其每年代缴100元保险费。缴费补贴由省、县两级财政按比例分担；为重残人员代缴的保险费，省财政负担40.5元，县财政负担59.5元。

同日

根据县长办公会决议（倴政会[2011]23号），县政府整体收回职教中心实训基地；县职教中心与唐山英才技校完成资产移交各项工作，实训基地由县职教中心负责全面管理和使用，原实训基地更名为职教中心西校区。

7月2日

滦南县庆祝建党90周年“三大攻坚、四大开发”成果展暨十大献礼工程观摩活动启动仪式在刚刚开园的北河公园隆重举行。县委书记张国栋、县长蔡洪魁等四大班子领导，副县级以上离退休老干部出席启动仪式。部分党员代表、人大代表、政协委员、劳动模范、“两优一先”代表、各镇（街道）党政正职和县直单位主要负责同志参加了启动仪式。

7月4日

县委书记张国栋在县委常委、政法委书记宋福安，县委办公室主任刘兆宾的陪同下到公安局慰问看望广大公安干警，并在全局中层以上领导干部大会上发表了重要讲话。张国栋要求，公安机关和广大民警要进一步树立大局意识，坚定不移地贯彻县委、县政府、市局和县政法委交给的各项任务；恪尽职守，不断开创公安工作的新局面；进一步严明纪律，要从小事做起，令行禁止；主动担当、主动作为，努力为我县的科学发展、赶超跨越做出应有贡献。

同日

省计生委副主任、计生协专职副会长尹爱东一行来宋道口镇沙沟子村、王庄子村调研人口计生基层群众自治和诚信计生工作，县领导韦远东、白云泽、卢翠娟、赵瑞军等陪同调研。

7月6日

滦南（嘴东）经济开发区成为省级开发区。省政府下达批复，正式将滦南（嘴东）经济开发区纳入省级开发区管理序列。至此，我县共有2个省级开发区（园区），分别是：城西省级工业聚集区和滦南（嘴东）省级经济开发区。

7月7日

我县被国务院新型农村和城镇居民社会养老保险试点工作领导小组正式批准纳入全国2011年度新农保和城镇居民社会养老保险试点县。此次被批准的新农保试点县（区）全省共69个，唐山市共7个。试点地区城乡居民60周岁以后都将享受到国家普惠式的养老金。

同日

唐山市委常委、副市长兼农工委书记王久宗来滦南调研。王久宗沿途考察了中红建材城、谷家营平改、北河公园、建设路、北河大桥等我县重点城建和景观建设工程项目，现场考察了县农产品质量安全检测中心。王久宗指出，滦南的发展建设特别快，北河景色非常优美。滦南北河文化观光产业带建设符合科学发展观的要求，并且已取得明显成效，“三年再造一个新滦南”指日可待。就如何做好下步食品安全检测工作，王久宗要求，一是继续扩大食品安全检测的覆盖面，二是变强制检测为自律式检测，三是积极推进农业的标准化生产。县领导张国栋、蔡洪魁、张怀良及有关部门负责同志陪同考察。

同日

县委书记张国栋就进一步做好迎接市重点项目观摩有关准备工作，先后深入北河公园三亭苑、汇丰钢铁、英才学校高中部三个观摩点进行督导检查。县领导蔡洪魁、于广秋、卢翠娟、于军、张云江一同督导检查。

7月8日

省委常委、省纪委书记、省农村工作领导小组组长臧胜业在《何来凤凰栖满枝——万科、保利等国内知名企业落户滦南的思考》上做出批示：此文总结很好！这么多的知名企业能落户滦南，最重要的是由于县委、县政府和广大干部作风的转变营造了一个优良的投资环境。滦南县的做法和经验应在全省宣传推广。

同日

唐山市委常委、纪委书记张振县对《滦南县委书记张国栋强调："一把手"要带头落实〈关于县级党组织主要负责同志向市纪委全委会述职述廉的暂行办法〉》上做出批示：国栋同志对"述职述廉办法"高度重视，作出的三点表态很好，望继续抓好落实。刊发。

同日

中共滦南县委印发滦南字[2011]20号文件，下达关于学习贯彻《胡锦涛总书记在庆祝中国共产党成立90周年大会上的讲话》的通知。

同日

县编委印发编字[2011]39号文件，批准建立滦南县城市管理行政执法局倴城镇执法中队，为股级事业机构，受县城市管理行政执法局和倴城镇双重领导，以倴城镇为主。县城市管理行政执法局倴城镇执法中队事业编制10名，其中设队长1名，副队长2名。人员来源，除县城市管理行政执法局派驻2人外，其余人员由倴城镇负责调剂。

7月9日

唐山劳动日报社、唐山晚报总编辑侯西岭一行来滦南县，就北河水城文化旅游观光产业带建设相关工作进行调研。侯西岭一行先后参观考察了谷家营平改、新县医院、建设路、北河大桥、惠民广场、导流明渠、北河公园、古城广场、松树拓宽段、节制闸等我县重点城市、文化产业项目建设情况，在蓝海大酒店听取了县委书记张国栋关于北河水城文化产业带和北河水城文化旅游项目建设情况的介绍。侯西岭表示，此次滦南之行所到之处均是热火朝天的建设场面，让人很是振奋。滦南的经济、社会、文化、民生和党的建设取得的巨大成果，令人震撼和感动，充分体现出了滦南四大班子的战斗力和凝聚力。今后一定要进一步加强对滦南的宣传报道力度，助力滦南更好、更快发展。县领导张国栋、韦远东、李玉鹏、蔡春奎、王殿新、白云泽、卢翠娟、张云江，县直有关部门负责同志陪同调研。

7月10日

县委理论学习中心组在住建局三楼会议室集中学习胡锦涛总书记"七一"重要讲话。县委书记张国栋主持学习活动并讲话。

7月11日

中共滦南县委印发滦南字[2011]21号文件，制定《滦南县安委会成员单位及职责分工调整方案》。

7月12日

河北省人口计生委主任赵新等一行三人，在市人口计生委主任许晓娟的陪同下来我县就国家免费孕前有生检查项目工作进行专题调研。

同日

崇法大街主体竣工通车。该项目东起长大线，西至金江路，全长1.49千米，预算投资6700万元。该项目的实施，将明显改善北河新区的交通条件，完善区域路网结构，促进区域经济的协调发展。

7月13日

县委书记张国栋做客中央电视台大型励志商务访谈《奋斗》栏目。访谈中，张国栋对滦南的文化建设、滦南的拆迁、滦南的规划进行了详细介绍，并就传统工业型城市如何转型问题接受了深度采访，讲述了滦南这座县级城市的奋斗故事。

7月14日

唐山市委书记王雪峰率市四大班子领导成员及各县（市）区委书记、县（市）区长；市发改委、工信局、国土局、环保局、招商局、统计局、商务局、农牧局主要负责同志80余人，在县委书记张国栋、县长蔡洪魁等四大班子领导成员及县委办、政府办等部门主要负责同志的陪同下，对北河水城文化旅游产业观光带、英才学校高中部新校区等建设项目进行观摩指导。本次观摩我县位居全市第三位。

7月15日

县级公路古柳线（唐乐线—潘家戴庄段）改建项目竣工通车。该工程3月15日开工建设，南起唐乐公路，北至潘家戴庄，全长4.317千米，途经潘家戴庄、皂户、官寨、龙湾子等村，总投资3344万元。

同日

央视戏曲频道《快乐戏园》摄制组走进滦南，

录制少儿学唱评剧节目。县委书记张国栋还就传统文化传承和发展、文化滦南建设接受了《快乐戏园》栏目专访。

7月18日

我县召开2011年上半年经济形势分析暨第二季度重点工作问责会议。会议回顾总结了上半年的重点工作开展情况，传达了省经济形势分析会议及全市大项目观摩会议精神，要求全县上下进一步弘扬少说多干、奋勇争先的优良作风，振奋精神，再鼓干劲，全面加快滦南科学发展、赶超跨越步伐。县委副书记韦远东主持会议，县委书记张国栋、县长蔡洪魁分别讲话。

同日

省人防办副主任阎会力在市人防办主任李光华陪同下来滦南督导检查工作。县领导张国栋、韦远东、杜珍、李玉鹏、张云江及有关部门负责人陪同督导检查。

7月19日

早6时30分，县委书记张国栋召集有关人员，冒雨沿南大街、和平路、兆才大街（北河公园）、北河大桥、崇法大街（惠民广场）步行检查指导城市建设管理工作。张国栋就检查中发现的环卫设施破损、各类停车位不明确、交通信号灯和标线不配套、北河公园管理不到位、市政基础设施损坏等问题提出了明确解决意见。

同日

根据我县作家朱永远、刘玉相长篇小说《曹妃甸长歌》改编，由朱永远与唐山广播电台、唐山同步传媒有限公司合作编剧的52集长篇广播连续剧《曹妃甸长歌》在唐山广播电视台举行新闻发布会，并于翌日起在唐山广播电台曹妃甸之声小说广播（AM900）播出。唐山广播电台因此实现了建台60多年无自制广播剧零的突破。

同日

我县举行大贾庄铁矿二号副井冷洞钻机开钻仪式。县领导张国栋、蔡洪魁、杜珍、李玉鹏、于军，河北矿业公司、中国华冶科工集团有关领导参加了开钻仪式。

7月20日

县委书记张国栋率县四大班子领导、各镇（街道）党委书记、县直有关单位负责人，就项目建设工作赴滦县、乐亭、丰南参观考察。

同日

县编委印发编字[2011]40号文件，同意将公安局原设法制室更名为滦南县公安局法制大队，机构规格副科级，编制7名，其中设大队长兼教导员1名，副大队长2名。

7月21日

我县召开省级园林县城创建工作汇报会。汇报会分现场督导和集中汇报两部分进行。张国栋在现场督导检查了三丰小区、凝翠园、北河公园等重点区域的绿化工作后，在县委三楼会议室听取了有关情况汇报。县领导史林友、张云江，有关单位负责同志，园林城创建指挥部各工作组、工作队参加了会议。县委书记张国栋主持会议并讲话。

同日

中共滦南县委印发滦南字[2011]22号文件，成立网上媒体反映滦南鹏程实业有限公司项目用地协调领导小组。

7月22日

河北省供销合作总社、唐山市供销合作总社与滦南县人民政府签署战略合作框架协议。省供销社理事会副主任、省新合作集团董事长夏永利，市供销社党组书记、主任李元新与县四大班子领导进行了会晤，就如何开展合作达成了一致意见，三方将在多个领域进行合作，涉及总投资金额7亿元。

同日

唐山市委常委、副市长兼农工委书记王久宗，率全市第二次农业产业化项目建设观摩团来我县现场观摩粮食局胡各庄大米物流中心项目、三农服务中心项目。县委书记张国栋等陪同观摩。

同日

粤港机械企业燕赵行考察团一行24人来我县考察。县委书记张国栋会见考察团一行，韦远东、杜珍、李玉鹏、于广秋、蔡春奎、于军及有关部门负责人参加会见并陪同考察。

同日

我县召开水利建设督导协调会。副县长张云江及有关部门负责同志参加会议。县委书记张国栋主持会议并讲话。

7 月 23 日

省委副秘书长王有河到滦南进行工作调研。王有河参观考察了城西工业聚集区、谷家营平改、新县医院、北河大桥、北河公园等我县城区重点项目建设情况。在蓝海酒店会议室观看了滦南专题宣传片《大工地、大变化》。王有河指出，几年前来过滦南，现在再到滦南来，我已经不认识这个县城了，滦南的发展变化太快了，滦南越来越像一个中等城市。滦南四大班子精诚团结、班长优秀能干，滦南的班子具有很强的战斗力和科学发展的能力，滦南人民群众的幸福指数会越来越高，滦南的明天会更加美好。县委书记张国栋、县委副书记韦远东、县人大常委会主任杜珍、县政协主席李玉鹏陪同调研。

同日

县委书记张国栋率有关部门负责人视察文明县城创建工作。县人大常委会主任杜珍，县政协主席李玉鹏，县委常委、宣传部长、统战部长王殿新，副县长卢翠娟、张云江参加视察。

7 月 24 日

县委召开十届第 82 次常委会议。会议讨论了滦南县加快水利改革发展的实施意见；审定了滦南县出席市党代会代表建议名单；讨论编办关于建立县老龄工作委员会办公室的意见，关于建立滦南县非物质文化遗产（评剧、乐亭大鼓、皮影）研究保护中心的意见，关于建立滦南县电子政务中心（县城乡一体化信息服务中心）的意见。县委书记张国栋主持会议并讲话。

同日

县编委印发编字 [2011]41 号文件，同意建立滦南县老龄工作委员会办公室，为副科级事业机构，设在县民政局，事业编制 3 名，老龄办主任由县民政局局长兼任，设专职副主任 1 名（副科级），工作人员 2 名。县民政局所属综合福利中心（县光荣院、截瘫伤员疗养院）事业编制由 108 名减至 105 名，其他不变。

同日

县编委印发编字 [2011]42 号文件，同意建立滦南县“冀东文艺三枝花”研究保护中心，为县文化广播电视新闻出版局所属副科级事业机构，事业编制 34 人，其中设主任 1 人（副科），艺术总监 1 人（副科），副主任 2 人（正股）。县“冀东文艺三枝花”研究保护中心经费开支渠道为财政差额补贴。滦南县成兆才评剧团作为县“冀东文艺三枝花”研究保护中心所属评剧演艺实体继续保留，其编制包含在县“冀东文艺三枝花”研究保护中心 34 名编制之内，人员实行互相兼职。

同日

县编委印发编字 [2011]43 号文件，同意建立滦南县电子政务中心，同时挂滦南县城乡一体化信息服务中心的牌子，为县政府办公室所属事业单位，机构规格副科级，事业编制 5 名，其中设主任 1 名，副主任 1 名。其经费开支渠道为财政全额拨款。

7 月 25 日至 27 日

县委书记张国栋率相关单位负责人到成都考察学习。

7 月 27 日

唐山市人大副主任唐凤岗带领执法检查组来滦南对贯彻执行《城乡规划法》情况进行执法检查。县人大常委会副主任冯玉志、县人大常委会党组副书记崔恩富、县政府副县长张云江陪同检查。

7 月 28 日

县领导韦远东、刘继海、张云江、陶顺福等慰问一线边防、武警官兵及军队离退休老干部。

同日

我县举行“手拉手”结对服务军休干部签约仪式。县武警中队、边防大队与军休所结对人员按名单顺序庄严签订了“手拉手”服务协议书。结对签约分联络员与军休干部结对子、军休干部之间结对子、部队官兵与军休干部结对子三种形式。县领导韦远东、刘继海、张云江、陶顺福等出席签约仪式。

7 月 29 日

我县召开鹏程违法占地工作协调会议。县委书记张国栋主持会议并讲话。

同日

县委书记张国栋深入天承锦绣、凯旋大道、外贸三层楼改造、金海公寓、金诚华苑二期、象生新苑、上河城、滦南曼城、学府东苑、翰林雅苑二期、鼎盛花园四期、绿景城市中央、正通国际城、富贵园小区等住宅小区施工现场，冒雨督导检查回迁房建设情况。县领导蔡洪魁、杜珍、李玉鹏、张云江及有关单位负责同志一同督导。

7 月 30 日

县城乡规划委员会召开第十一次会议。会议审查了嘴东温泉酒店、大型水上喷泉、燕丰复合肥厂等 10 个项目的规划设计方案。县委书记、规委会主任张国栋主持会议。

同日

北河水城第一座浮动码头建成并投入旅游观光使用。

同日

县委书记张国栋冒雨视察了牤牛河、王土倒虹吸、北河水系导流明渠、节制闸等相关水利设施建设使用情况，并就如何做好城区防汛工作提出明确要求。县领导蔡洪魁、张怀良、张云江及有关部门负责同志参加视察。

同日

县四大班子领导开展军事日活动。

7 月 31 日

县委书记张国栋以个人名义向我县部分镇村和相关人员捐赠“救心草”。县长蔡洪魁主持捐赠仪式，县委书记张国栋介绍了“救心草”的功用及栽培方法。县领导韦远东、杜珍、李玉鹏、史林友、蔡春奎、宋福安、李景云、崔恩富、张怀良，老干部协会主席张占平、老促会会长田务仁出席捐赠仪式。

7 月

检察院党支部被省委授予先进基层党组织称号；县电力公司经理殷启国被省委授予优秀共产党员称号，倴城镇党委书记张树云被授予优秀党务工作者称号；姚王庄镇胡许庄村党支部书记兼村主任白福林、胡各庄镇沈营村党支部书记兼村主任张树丰被省委授予优秀村党组织书记称号。

是月

县委党校和县委党史研究室组成联合宣讲团，配合农村党员夏训，先后深入到全县 17 个镇（街道）和 14 个县直党委进行《胡锦涛总书记在庆祝中国共产党成立 90 周年大会上的讲话》学习辅导，宣讲党史知识。

是月

唐山市政府公布唐山市第二批市级非物质文化遗产名录，我县民间文学——曹妃甸的传说和民间舞蹈——滦南秧歌被列入其中。至此，我县列入国家级省级和市级的非物质文化遗产名录已达 7 项。其中评剧列入国家级非物质文化遗产名录，皮影、乐亭大鼓列入省级非物质文化遗产名录，民间剪纸、旱船、曹妃甸的传说、秧歌列入市级非物质文化遗产名录。

是月

团县委在“团旗飘扬·青春河北——庆祝建党 90 周年河北省千万青少年红色巡礼”活动中获得省优秀组织奖。

是月

北河水系治理松树拓宽段竣工。该项目位于倴城镇松树村、徐官寨村东侧，全长 2300 米，总投资 1614 万元。该项目的完工打通了北河水域与导流明渠的连接，提高了北河新区的防洪、泄洪能力。

8 月

8 月 2 日

省财政厅长齐守印、市财政局长苏铁成一行来我县调研预算管理、医疗体制性改革工作，县领导韦远东、杜珍、李玉鹏、于广秋、蔡春奎、卢翠娟、张云江陪同调研。

8 月 3 日

市委组织部副部长毛福满率队到县地税局检查督导创先争优工作并给予充分肯定。县委常委、组织部长史林友陪同检查。

同日

中共滦南县委印发滦南字［2011］23 号文件，制定《2011 年民主评议机关（行业）作风工作方案》。

同日

中共滦南县委印发滦南发［2011］41 号文件，通报 2010 年民评议机关（行业）作风、政务公开工作考评结果。

同日

中共滦南县委印发滦南发［2011］42 号文件，

确定《2012年底前推进惩治和预防腐败体系建设工作要点》。

同日

唐山市旅游局公布“唐山八景”评选结果，滦南县“北河水城”被正式列入“唐山八景”，名列第七。

同日

“海龙号”画舫船落户北河首航成功，结束了北河有水无船的历史，标志着北河水城水上旅游观光项目正式启动。

同日

方各庄镇东杜方各庄村中学生张恩旭为搭救落水同伴而溺水，因时间太长不治身亡，年仅15岁。8月12日，燕赵都市报以《15岁少年舍身救人不幸溺亡》为题对张恩旭的事迹进行了专题报道。新浪网等多家网络媒体对张恩旭见义勇为的事迹也都进行了转载报道。是年，张恩旭被评选为滦南县2011年度道德模范。

8月4日

滦南县第十四届人民代表大会常务委员会举行第33次会议。县人大常委会主任杜珍，县人大常委会党组副书记、副主任冯玉志，县人大常委会党组副书记崔恩富，副主任刘继海、苗贵生及委员共17人出席了会议。县委常委、副县长蔡春奎，县人大党组成员白云泽，县法院院长马明旭，县检察院检察长魏宝成等列席了会议。会议听取和审议了县法院院长马明旭代表县法院所作的关于执行工作情况的报告。会议还听取和审议了县财政局局长董志江代表县政府所作的关于滦南县2011年上半年财政预算执行情况的报告、县发展改革局局长朱宝安代表县政府所作的滦南县2011年上半年国民经济和社会发展计划执行情况的报告。

同日

县委书记张国栋到河北中通陶瓷有限公司高档卫生陶瓷、河北泽澳纺纱有限公司高档绿色环保纱线、唐山坤达科技有限公司高端铝制品深加工、唐山汇丰钢铁有限公司精密冷轧带钢、工业区道路管网基础设施等项目建设工地进行现场调研张国栋与项目建设单位亲切交谈，深入了解项目建设基本情况、工程进展及建设过程中存在的主要问题，对项目建设情况给予充分肯定，同时要求项目单位进一步加快工程进度，确保早日建成投产。县领导蔡洪魁、李玉鹏、于军及有关部门负责同志参加了调研。

同日

中共滦南县委印发滦南字[2011]24号文件，成立滦南县农村“两个联建”工作领导小组。

8月5日

滦南县电力公司高标准通过了国网公司一流县级供电企业调研考评组考评验收。是年11月，国家电网公司正式下达文件，授予滦南县电力公司“国家电网公司一流县级供电企业”称号。

同日

全市农村新民居建设观摩团来我县现场观摩八和居社区项目建设情况。县委书记张国栋等陪同观摩。

同日

由唐山市委农工委等4部门共同组织开展的第二届“唐山最美乡村”评选揭晓，柏各庄镇交六村荣获“唐山最美乡村”称号。本届“唐山最美乡村”共评出10个，分别是：迁安白羊峪村、遵化十八里村、迁西下洪寨村和太阳峪村、开平区贾庵子村、乐亭县大黑坨村、滦南县交六村、路南区西越河村、玉田县小陈府村、汉沽第五生产队。

8月5日至9月10日

县人大常委会指导各镇人大主席团对派出所、法庭、工商分局、电站、土管所、卫生院、信用社等基层所站开展集中评议。

8月8日

县委书记张国栋就推进北河新区重点项目建设工作，在北河新区主持召开了现场办公会。张国栋现场考察了进口节制闸运行情况，详细了解了兆才北街、三枝花广场、北河与长凝道口疏浚段、导流明渠、那颜湖大桥、惠民广场、企业研发中心、五星级酒店等重点项目施工建设情况，就如何解决施工中存在的问题、加快项目建设进展分别提出了指导性意见。县领导蔡洪魁、杜珍、李玉鹏、张云江参加现场办公。

同日

我县召开安全工作会议。县委常委、县政

法委书记、县安委会副主任宋福安主持会议，副县长、县安委会副主任于军出席会议，县安委会主任、县长蔡洪魁就全县整体安全工作作重要讲话。

同日

《人民日报》发表特刊，登载通讯《党徽在攻坚一线闪光——来自河北省滦南县的报告》，以一个版面的篇幅，详细记述了滦南县党员干部高扬创先争优的旗帜，少说多干，奋勇争先，先后4次组织城市征收搬迁和拆违攻坚行动，实现“百分之百签约、百分之百拆除”，做到“零上访、零事故、零冲突、零钉子户”的奋斗历程。

8月9日

县委书记张国栋就加快园区基础设施建设、产业聚集和解决开发建设中的有关问题，到嘴东经济开发区进行现场办公。张国栋视察了钒钛新能源、二十二冶装备制造、海鲜美食城、棚户区改造回迁房建设以及园区路网等重点项目规划建设现场，听取了有关情况的汇报并就具体工作提出了重要指导意见。县领导杜珍、李玉鹏、李景云及有关部门负责同志参加了现场办公。

同日

县委书记张国栋在嘴东经济开发区会见了中冶澳大利亚控股有限公司副总经理周永裕一行。双方就钢铁物流园区建设项目进行了深入洽谈。县领导杜珍、李玉鹏、李景云及有关部门负责同志参加会见。

8月9日

我现在文化体育活动中心广场举办“全民健身日”系列健身项目展演活动。

8月10日

县委召开十届第83次常委会议。县委常委以坚持以人为本执政为民，密切联系群众为主题举行民主生活会。市委组织部派员参加了会议。县委书记张国栋主持会议并讲话。

同日

河北省计划生育协会授予滦南县计划生育协会“2011年度河北省计生协宣传工作先进单位”荣誉称号。

同日

县委书记张国栋在蓝海大酒店会见了中青旅集团董事、总经理卢丹一行。双方就合作建设“国家非物质文化遗产冀东文艺三枝花传承基地”（原评剧大世界）项目，进行了深入细致地洽谈。张国栋介绍了滦南发展文化旅游的优势和前景，以及当前文化观光产业规划建设情况。卢丹对滦南深厚的文化底蕴和近期城市建设取得的巨大成果表示由衷赞赏，并详细介绍了冀东文艺三枝花传承基地项目的策划设想，表达了与滦南开展广泛合作的意向。县领导蔡春奎、张云江及有关单位负责同志参加了会见。

同日

中共滦南县委印发滦南字[2011]25号文件，制定《滦南县关于开展农村“两个联建”试点工作促进统筹城乡发展的实施方案》。

8月11日

我县在天承锦绣回迁房项目现场隆重举行第一批回迁安置房集中封顶仪式。县委书记张国栋、县长蔡洪魁等县四大班子领导出席仪式，县直单位、各镇（街道）主要负责同志及回迁房建设督导组、项目助理、各相关村干部、回迁户代表、项目单位、施工单位负责人、工人代表等参加仪式。回迁房封顶仪式由县委常委、常务副县长于广秋主持。县长蔡洪魁致词，县委书记张国栋宣布回迁安置房集中封顶。

同日

县编委印发编字[2011]44号文件，同意设立三贸市场服务所，为股级事业机构，事业编制4名，其中设所长1名，副所长1名。

同日

县编委印发编字[2011]45号文件，同意建立滦南县民政事业服务中心，为民政局所属股级事业机构，同时挂县综合福利服务中心、县光荣院、县截瘫伤员疗养院（救助站）的牌子，原有人员编制、领导职数、开支渠道等不变。

同日

县编委印发编字[2011]46号文件，同意建立“滦南县药品不良反应监测中心”，为县食品药品监督管理局下属股级事业机构，事业编制5名，其中设主任1名，副主任1名。

同日

县编委印发编字[2011]47号文件，同意设立滦南县城乡居民社会养老保险管理中心，为县社会保险事业管理局下属股级事业机构，事业编制18名，其中设主任1名，副主任3名。社会保险事业管理局原设农村养老保险科撤销。社会保险事业管理局事业编制总额由56名增至68名。

8月12日

县委召开十届第84次常委（扩大）会议。会议传达了全省城镇建设三年上水平工作会议精神，学习了省市委关于严肃换届纪律的通知，通报了“唐山八景”评选和机关作风检查情况，研究了县联席会《关于进一步畅通信访渠道，维护信访秩序的实施办法》。县委书记张国栋主持会议并讲话。

同日

中共滦南县委印发滦南发[2011]43号文件，出台《关于加快水利改革发展的实施意见》。

同日

县编委印发编字[2011]48号文件，同意为审计局固定资产投资审计中心增加事业编制2名，即事业编制由6名增至8名，其中设主任1名，副主任2名。

8月13日

省十届人大常委会副主任、党组副书记赵世居到我县就城镇建设三年上水平进行工作调研。赵世居一行参观了中红建材城、城西工业聚集区、谷家营平改、建设南路、北河大桥、北河新区等开发建设情况，乘坐画舫视察了北河公园建设情况。赵世居给予滦南很高评价：一年多来，滦南的城市建设发生了翻天覆地的变化，让人惊叹。充分说明了滦南党政领导班子超强的执行力、落实力。市领导钟清杰、董宝泉、范绍慧和县领导张国栋、蔡洪魁、韦远东、杜珍、李玉鹏、于广秋及有关部门负责人陪同调研。

同日

唐山市委书记王雪峰在市委常委、市委秘书长刘建国陪同下，来滦南视察城市建设和北河水城文化观光产业带建设工作。县领导张国栋、蔡洪魁、韦远东、杜珍、李玉鹏、于广秋等陪同。

同日

县委书记张国栋就道路建设进行专题调研，并主持召开重点交通道路工作现场会议。县领导蔡洪魁、韦远东、杜珍、李玉鹏、于广秋、张怀良、张云江一同调研，有关部门负责同志陪同调研并参加会议。

同日

滦南县“坐画舫、游北河、看变化、谈发展活动”启动仪式在北河公园隆重举行。县领导蔡春奎、王殿新、苗贵生、卢翠娟、毕仲仓出席启动仪式。启动仪式结束后，各界代表分批次坐画舫，游览大美北河，感受古韵新风，畅谈滦南蜕变。

8月15日

县编委印发编字[2011]49号文件，同意北河新区管理处增加机构设置。

8月17日

市人大副主任徐景田来滦南调研。县委书记张国栋，县委副书记韦远东，县人大常委会主任杜珍，县政协主席李玉鹏，县委常委、常务副县长于广秋，副县长张怀良、张云江陪同调研。

同日

县委书记张国栋现场督导检查大铁矿开发建设工作。县领导蔡洪魁、杜珍、李玉鹏、于广秋及有关部门负责同志，河北矿业公司有关领导参加督导。

8月18日

我县召开滦南县领导干部会议。市委组织部部务委员、正县级组织员蒋长洪宣布滦南县人民政府主要领导任免决定：许晓娟担任滦南县委委员、常委、副书记，提名县长候选人。县委书记张国栋主持会议并讲话。

8月19日

我县召开专门会议，研究元代古城遗址保护利用设计方案。县委书记张国栋主持会议。

8月20日

我县在嘴东经济开发区钒钛新能源综合利用项目现场举行第三批重点项目集中开工奠基仪式。共开工重点项目47个，总投资113.1亿元。县委书记张国栋致辞并宣布重点项目集中开工。县委副书记、代县长许晓娟等县四大班子领导出席开工奠基仪式。县直各单位一把手、各镇（街道）党政主要负责同志、项目攻坚指挥部各工作组组长及重点项目业主、项目助理、职工代表参加了开工奠基仪式。

同日

我县唐山长智农工具设计制造有限公司自行开发研制的“金属制件热成型工艺及其盐浴淬火节水节能技术”项目，通过河北省科技成果转化服务中心等多部门组织的科技成果推广暨新技术推广专家组鉴定，达到国际先进水平，并申报了4项专利投入使用。目前运行可靠，实现节能、节水、环保。

同日

北河古城广场主体建成并向群众开放。古城广场为古城遗址公园标志性景观，总投资200余万元，地面主要由高档石材和绿地草坪组成，设有音乐旱喷泉等景观。

8月21日

县委召开十届第85次常委会议。会议审定了县妇联成立党组的决定；研究了干部任免事项；讨论了县编办关于组建县教育教学研究与教师培训中心的意见。县委书记张国栋主持会议并讲话。

8月21日至10月1日

我县开展冀东文艺“三枝花”调演活动。此次活动由县委宣传部、县文广新局主办，利用每周四、五、六晚上，组织50多个以镇村农民自办文艺队为主的基层群众文艺团体，在县文体活动中心进行文艺演出。

8月22日

县委召开十届第86次常委会议。会议通报了县级干部调整情况。县委书记张国栋主持会议并讲话。

同日

滦南县人民政府被评为“2010年度全市农村土地流转工作先进集体”。

同日

县编委印发编字[2011]50号文件，批准建立“滦南县教育教学研究与教师培训中心”，同时挂“滦南县中小学教师专业发展学校总校”、“滦南县教师进修学校”牌子，为县教育局管理的正科级事业单位。

8月23日

县委召开十届第87次常委会议。会议强调遵守换届纪律，坚守工作岗位，遵守廉政规定。县委书记张国栋主持会议并讲话。

同日

县委书记张国栋，县委副书记、代县长许晓娟先后深入天承锦绣、翰林雅苑二期等住宅小区，双柳树、王庄子村委会以南、嘴东大街两侧、建设路南段两侧、祥和路北延等第三批重点拆迁改造区域，建设路、和谐路、友谊路等6个既有外观改造工作队和北河公园，就回迁房建设、北河新区开发、既有建筑外观改造、第三批征收搬迁工作进行专题调研。县领导于广秋、张云江及有关部门负责同志参加了调研。

同日

县委书记张国栋在蓝海大酒店会见了北京泛华集团副总经理田博冲一行。张国栋强调指出，滦南县委、县政府高度重视“八和居”新民居建设工作，将其列为了一号工程，泛华集团对“八和居”建设也是高度关注。县委、县政府对泛华集团前段工作非常满意，希望泛华集团在保证质量和安全的前提下，进一步加快施工进度，将“八和居”打造成老百姓的“放心工程、满意工程”。县领导许晓娟、张云江及有关单位负责同志参加会见。

8月23日至24日

由北京刘秀荣评剧团出品、我县成兆才评剧团参加创作演出的现代评剧《宋庆龄与新中国》，在北京长安大戏院参加“2011年北京市舞台艺术新剧目展演”。全国政协常委、港澳台侨委员会主任、海峡两岸关系协会会长陈云林，国务院侨办主任李海峰，文化部副部长王文章，文化部艺术司司长董伟等领导观看了演出，并对该剧的创作演出给予充分肯定和高度评价。成兆才评剧团共有17人参加剧组演出，不仅学会了《宋庆龄与新中国》全剧，初步达到了汇报演出水平，还开阔了艺术视野，提高了艺术品位。

8月24日

“天鹅号”豪华公务艇在北河水系松树拓宽段顺利入水并试航成功。“天鹅号”豪华公务艇采用柴油动力，功率130马力，船体为玻璃钢材质，长11.5米，宽2.8米，标准载客量17人。

同日

县政协在滦南一中隆重举行“扶危济困、助学圆梦”捐资助学仪式，36名贫困大学生得到资助。县领导李玉鹏、卢翠娟、陶顺福、赵瑞军、毕仲仓等参加捐资助学仪式。

8月25日

县委召开十届第88次常委会议。会议研究了县级领导干部党内职务分工以及常委分工、县长分工事宜。县委书记张国栋主持会议并讲话。

同日

南大街西延工程主体竣工通车。该项目起点位于长大线与唐港高速连接线交叉处，终点与滦海公路相交，全长2.2千米，总投资5000万元。

8月26日

滦南县第十四届人民代表大会常务委员会举行第34次会议。县人大常委会主任杜珍，县人大常委会党组副书记、副主任冯玉志，县人大常委会党组副书记崔恩富，副主任刘继海、苗贵生及委员共23人出席了会议。县委常委、常务副县长蔡春奎，县人大党组成员白云泽，县检察院检察长魏宝成，县法院副院长袁铁山等同志列席了会议。会议决定接受蔡洪魁辞去滦南县人民政府县长职务；接受于广秋、于军辞去县人民政府副县长职务；决定任命许晓娟、李景云、刘高军为县人民政府副县长职务；决定许晓娟同志为滦南县人民政府代理县长。

同日

我县召开全县领导干部大会，民主推荐中共滦南县第十一届委员会委员、候补委员和纪律检查委员会委员候选人。

同日

副市长高瑞华来滦南县就深化医药卫生体制综合改革和“健康唐山、幸福人民”情况进行专题调研。县委书记张国栋等陪同调研。

同日

中共滦南县委印发滦南发[2011]44号文件，制定《关于召开滦南县第十一次党代表大会的安排意见》。

8月27日

省双拥办副主任、省民政厅副厅长张连忠来滦南检查“全国双拥模范城”创建工作。唐山军分区政委史学勃、县委书记张国栋、代县长许晓娟等陪同检查。

8月28日

县委召开十届第89次常委会议。会议研究了召开滦南县第十一次党代会的有关事项。县委书记张国栋主持会议并讲话。

8月29日

县委召开十届八次全委会议。会议宣读了唐山市委关于同意我县召开第十一次党代表大会的批复；听取了关于县第十一次党代表大会筹备工作情况的汇报；审议通过了十届县委工作报告（草案）；审议通过了县纪委工作报告（草案）；审议通过了党费收缴、使用和管理情况报告（草案）；做了十一届县委委员、候补委员、纪委委员候选人预备人选建议名单的说明；审议通过了十一届党的委员会、纪律检查委员会候选人预备人选；审议通过了大会主席团成员和秘书长建议名单；审议通过了代表资格审查委员会组成人员建议名单；审议通过了县第十一次党代表大会主要议程（草案）；审议通过了召开县第十一次党代表大会的决定（草案）；圈选了出席市第九次党代表大会代表预备人选。县委书记张国栋主持会议并讲话。

同日

中共唐山市委决定：许晓娟任滦南县委副书记；于广秋任滦南县委副书记；徐文辉任滦南县委常委、纪委书记；于军任滦南县委常委、宣传部长；谢雪生任滦南县委常委、组织部长；刘兆宾任滦南县委常委、办公室主任。提名：李玉鹏任人大主任、党组书记；张友利任政协主席、党组书记；许晓娟任县长。

同日

县委书记张国栋现场督导省级园林县城创建工作，重点检查了创建验收路段、公园和污水处理厂的绿化、环境整治情况。县领导许晓娟、刘兆宾、张怀良、张云江及有关单位负责同志参加督导检查。

8月30日

我县在蓝海大酒店多功能厅召开领导干部大会，通报2010年以来的组织工作。

同日

唐山市委常委、副市长兼农工委书记王久宗到我县柏各庄镇柏六村调研指导新农村建设“两个联建”试点工作，并就如何推进“两个联建”试点工作提出要求。县领导张国栋、于广秋、李景云、刘兆宾及有关单位负责同志陪同调研。

8月31日

省群工办常务副主任、省纪委监察厅原正厅级纪检监察专员王和平来我县就民情信息员管理、群众信访评议、村级管理“一卡通”、网络舆情监管等四项群众工作机制进行调研。县委书记张国栋等陪同检查。

8月

滦南县第一批回迁房全部完成工程主体。第一批回迁房共建回迁房46栋，总建筑面积34.91万平方米，涉及回迁户2085户。

是月

滦南县人民检察院被河北省人民检察院授予“模范检察院”荣誉称号；曹景涛被授予“模范检察官”荣誉称号。

是月

中国网、人民网、河北新闻网、河北日报、中国经济网、搜狐新闻网、环渤海新闻网、长城网等多家报纸和网络媒体，先后对方各庄镇大棚甜瓜产业进行了报道。

是月

马城镇唐代马城县治所及唐代风情街建设项目正式开工建设。该项目北起马城村北，南到马城中学，分布在平青大公路两侧，总规划面积12.5公顷，规划建设面积8.5万平方米，计划总投资4亿元。其中一期建设面积2.4万平方米。

是月

滦南县农民企业家付长智发明的《一种手动工具的手柄与手动工具连接结构》在美国申请专利获授权。唐山市长智农工具设计制造有限公司的法人代表付长智多年来注重产品创新和自主知识产权的保护，在国内已经申请专利十几项。由于其产品在美国有广泛的市场，为了防止假冒和仿造，付长智将其在美国申请了专利，专利号为：US 7，914，224 B2。这是滦南县首例获美国授权的发明专利。

是月

唐山英才学校高中部顺利完工，总投资8000万元，新建面积34628平方米，成为滦南县第一所民办高中教育学校，将对我县优化教育资源起到重要作用。

9月

9月1日至4日

中国共产党滦南县第十一次代表大会在成兆才大戏院召开。会议听取并审议通过了张国栋代表中国共产党滦南县委第十届委员会所作的《肩负新使命　开启新征程　为滦南实现科学发展赶超跨越而努力奋斗》的报告和徐文辉代表纪律检查委员会所作的《催马扬鞭　保驾护航　为实现滦南科学发展赶超跨越提供坚强政治保证》的报告。会议审议通过了党费收缴、使用和管理情况的报告。会议以邓小平理论和“三个代表”重要思想为指导，全面贯彻落实科学发展观，认真回顾总结了十次党代会以来的工作，科学谋划部署了今后五年经济社会发展的目标任务。会议严格按照程序，采取无记名差额选举的方法，选举产生了中共滦南县第十一届委员会（县委委员45名、县委候补委员8名）和纪律检查委员会（纪委委员17名），会议还选举产生了20名出席市第九次党代会代表。大会号召全县各级党员干部和广大人民群众，少说多干、奋勇争先，肩负新使命、开启新征程，为滦南实现科学发展、赶超跨越而努力奋斗！

9月1日

遵化市政府考察团一行来我县就城市建设及城市管理工作学习考察。

9月4日

中国共产党滦南县第十一届委员会召开第一次全体会议，以无记名投票方式差额选举张国栋、许晓娟（女）、于广秋、马全红、蔡春奎、徐文辉、宋福安、于军、李景云、谢雪生、刘兆宾为常务委员会委员。会议等额选举张国栋为中共滦南县第十一届委员会书记，许晓娟（女）、于广秋为副书记。会议以举手表决方式批准徐文辉当选中共滦南县纪律检查委员会书记，批准项志平、李新峰当选中共滦南县纪律检查委员会副书记。

同日

县委召开十一届第1次常委会议。会议研究了干部任免事项。县委书记张国栋主持会议并讲话。

9月5日

中共滦南县委印发滦南发[2011]45号文件，就学习贯彻张国栋同志在中共滦南县第十一次党代会上的报告发出通知。

同日

我县召开重点工作汇报会议。县委书记张国栋主持会议并讲话。

同日

县政府召开十四届第21次常务会议。会议研究了实施新农保和城镇居民社会养老保险工作有关文件。县委副书记、代县长许晓娟主持会议并讲话。

9月6日

县委书记张国栋率队赴“省沿海办”、曹妃甸新区、唐海县就有关工作进行协调。

同日

中共滦南县委印发滦南字[2011]26号文件，明确十一届县委常委工作分工。

9月7日

县委书记张国栋先后深入古城广场、惠民广场、八和居等建设工地，现场督导检查我县重点民生工程项目建设情况。张国栋在督导检查中强调，各有关单位、项目业主要进一步增强责任感和使命感，在保证工程质量和施工安全的前提下，全面加快建设进度，确保按时间节点完成各项目标任务，以实实在在的行动取信于民。县领导李玉鹏、于军、刘兆宾、张怀良及有关部门负责同志参加督导检查。

同日

县委书记张国栋现场督导检查了建设路北延、那颜桥、北环路、西环路、南大街西延、新南环等我县城区主要在建道路工程建设情况。县领导李玉鹏、于军、刘兆宾、张怀良及有关部门负责同志参加督导检查。

同日

中共滦南县委印发滦南发[2011]46号文件，决定表彰优秀教师。

同日

河北省民营造船厂造出的第一艘正规轮船在嘴东下水。市政府副市长辛志纯、市政协副主席于冬青及省沿海办常务副主任李志军、市发改委、市沿海办、市交通局等部门负责同志，应邀参加滦南县在嘴东经济开发区唐山方舟修造船厂举行的法佳巴哈瑞Ⅱ号五千吨多功能运输船下水剪彩仪式。县领导于广秋、杜珍、李玉鹏、张友利、蔡春奎、李景云、刘兆宾、刘高军出席剪彩仪式。县委副书记、代县长许晓娟主持剪彩仪式。副市长辛志纯、县委书记张国栋及船东代表派萃克先生分别发表了热情洋溢的致辞；市、县领导及来宾共同为运输船下水剪彩；市人大副主任范绍慧宣布法佳巴哈瑞Ⅱ号五千吨多功能运输船下水。

9月7至8日

国家土地督察北京局督察三室调研员兼副主任肖光强率国家土地督察北京局土地卫片执法检查验收组到我县检查工作。

9月8日

县委召开十一届第2次常委会议。会议听取了社保局关于滦南县新农保和城镇居民社会养老保险工作情况的汇报；讨论通过了中共滦南县纪委、滦南县监察局关于落实破除婚丧陋习有关规定的通知；讨论了滦南县关于推行督察员制度的实施意见；讨论了滦南县领导干部建设约谈办法（试行）；讨论了滦南县领导班子成员共同遵守的约法八章。各位县委常委就共同遵守约法八章表态发言。县委书记张国栋主持会议并讲话。

同日

县领导张国栋、许晓娟、于广秋、于军、刘兆宾、白云泽、卢翠娟、赵瑞军分别到一中、二中、三中、职教中心、一小、英才学校、柏各庄初中、宋道口初中等学校慰问教师，并在教育局与教师代表举行座谈。

同日

县政协召开八届十七次常委会议。会议传达了县十一次党代会精神，听取了县政协关于四年来捐资助学活动开展情况的通报，协商讨论并原则通过了关于县公安局2010年以来工作情况的评议报告。县政协主席李玉鹏主持会议并讲话。

9月9日

县政协、县委统战部在蓝海大酒店组织召开各界人士中秋茶话会。县委书记张国栋、代县长许晓娟到会致辞，县领导于广秋、杜珍、李玉鹏、张友利、蔡春奎、刘继海、陶顺福、张树云出席茶话会。

同日

县委书记张国栋，县委副书记、代县长许晓娟率有关部门负责人到蒙牛乳业、汇丰钢铁、坤达科技有限公司、河北中通陶瓷有限公司、河北泽澳纺纱有限公司、中红普林等企业调研。县委副书记于广秋，县委常委、常务副县长蔡春奎，县委常委、宣传部长于军，副县长刘高军参加调研。

9月10日

县委召开十一届第3次常委会议。许晓娟传达了省委办公厅《关于各级领导干部共同遵守的约法八章》的通知；于广秋传达了滦南县领导班子成员共同遵守的约法八章。会议讨论通过了县级领导包镇（街道）安排、滦南县《关于建立督察员制度推进监督检查工作实行双向问责的暂行规定》的通知。刘高军宣读关于对违规建设五小企业相关单位通报批评的决定。县委书记张国栋主持会议并讲话。

同日

中共滦南县委印发滦南字[2011]27号文件，确定《滦南县各级领导干部共同遵守的约法八章》。

同日

中共滦南县委印发滦南字[2011]28号文件，出台《滦南县关于建立党风廉政建设督察员制度的暂行规定》。

同日

我县召开新兴农村和城镇居民社会养老保险工作动员大会。会议由县委副书记、代县长许晓娟主持，县委副书记于广秋宣读了《关于成立滦南县新兴农村和城镇居民社会养老保险工作领导小组的通知》，县委常委、常务副县长蔡春奎宣读了《滦南县新兴农村社会养老保险实施办法》，各镇向县政府递交了目标责任书，覆盖城乡40多万人的城乡居民社会养老保险工作全面展开。县委书记张国栋出席会议并讲话。

9月11日

我县召开改进机关作风大会。会议总结了前8个月的各项主要工作，要求继续大力弘扬少说多干、奋勇争先的优良作风，自我揭短，加压奋进，进一步树立正气、增进团结、凝聚力量，不断巩固和发展滦南来之不易的大好局面，努力确保滦南科学发展、赶超跨越各项目标圆满完成。县委副书记、代县长许晓娟主持会议，县委书记张国栋作重要讲话。县四大班子领导出席会议。各镇（街道）、县直各单位副科级以上领导干部参加了会议。

同日

县政府组织开展中秋、国庆“两节”前重点企业安全生产和食品药品安全专项督导检查活动。县委常委、常务副县长蔡春奎、副县长刘高军和县委常委、副县长、农工委书记李景云、副县长卢翠娟分别带队督导检查。

同日

我县在北河公园码头广场隆重举行以慰问中秋佳节坚守施工一线农民工为主题的“北河水城中秋之夜”文艺晚会。共有县直单位代表、北河新区各项目业主及工人代表200余人受邀参加。

9月12日至18日

我县少儿学唱评剧专题节目在央视戏曲频道《快乐戏苑》栏目分7期播出，产生广泛社会影响。

9月13日

中共滦南县委印发滦南字[2011]29号文件，就进一步强化县级领导包镇（街道）工作发出通知。

同日

县委书记张国栋到北河新区先后督导检查了建设路北延、那颜湖桥、北环路、洋淀涵洞等建设情况，要求在保证工程质量的前提下，进一步加快工程进展。县领导刘兆宾、张怀良、张云江及相关单位负责人参加督导检查。

同日

县委书记张国栋在县委二楼会议室会见了

华能乐亭风力发电有限公司总经理刘瑞萍一行。双方围绕开发建设总投资120亿元的“华能河北滦南海上风场（600MW）”项目进行了深入洽谈。县委副书记于广秋参加会见。

9月14日

我县召开应急处置工作会议。县委书记张国栋主持会议并讲话。

9月15日

滦南县第十四届人民代表大会常务委员会举行第35次会议。县人大常委会主任杜珍，县人大常委会党组副书记、副主任冯玉志，县人大常委会党组副书记崔恩富，副主任刘继海及委员共18人出席了会议。县人大党组成员白云泽列席了会议。会议以投票表决的形式，许可了县公安局对县人大代表朱树江采取行政拘留的行政处罚，并暂停朱树江执行人大代表职务。

同日

县城乡规划委员会召开第十二次会议。会议审查了提交市规委会审查的城市总体规划汇报稿以及宋道口镇唐乐路两侧商贸景观示范街、上河城二期等9个项目的规划设计方案。县委书记、规委会主任张国栋主持会议。

同日

中共滦南县委印发滦南字[2011]30号文件，就进一步规范和加强重大事件报告工作发出通知。

同日

我县召开2011年秋冬季重大动物疫病防控工作会议，本着“政府保免疫密度，畜牧兽医部门保免疫质量”的原则，对重大动物疫病防控工作做出“八大行动”安排。

9月16日

县人大常委会主任杜珍带领部分常委会委员、县人大代表，对全县《安全生产法》贯彻执行情况进行检查。

9月17日

我县组织离退休老干部参观城市建设和嘴东经济开发区建设。县委书记张国栋等陪同参观。

同日

我县召开加强建筑市场管理工作协调会。县委书记张国栋主持会议并讲话。

同日

中共滦南县委印发滦南字[2011]31号文件，成立城西工业区建设领导小组。

同日

中共滦南县委印发滦南字[2011]32号文件，成立滦南（嘴东）经济开发区建设领导小组。

同日

中共滦南县委印发滦南字[2011]33号文件，成立大铁矿开发建设领导小组。

同日

中共滦南县委印发滦南字[2011]34号文件，成立服务重点项目建设领导小组。

同日

中共滦南县委印发滦南字[2011]35号文件，调整相关领导小组（委员会）及组成人员。

9月18日

县委书记张国栋应邀到唐山广播电视大学，为全省优秀农村基层党组织书记培训示范班授课。

9月19日

省人大教科文卫工委副主任王英志率省人大“两非”专项治理调研督导组到我县调研“两非”专项治理工作。督导组听取汇报后还到宋道口镇沙沟子村进行了实地调研。调研督导组一行对我县“两非”专项治理工作给与了充分肯定。市人大副主任侯志宇，市直有关部门负责同志，县委书记张国栋，县委副书记、代县长许晓娟，副县长卢翠娟陪同调研。

同日

我县召开建筑市场管理工作会议，安排部署我县建筑市场管理工作。县委副书记、代县长许晓娟主持会议，县委常委、常务副县长蔡春奎，副县长张云江出席会议。县委书记张国栋出席会议并讲话。

同日

县委书记张国栋到扒齿港光荣院走访慰问老同志，并以个人名义向光荣院捐赠了绿色保健菜救心草和苋菜籽。县领导马全红、李景云、谢雪生及有关单位负责同志陪同慰问并参加了捐赠仪式。

同日

县委书记张国栋就进一步加快老区村、后进村的转化工作，到所分包的倴城镇李庄子、洪营两村进行现场调研。县领导李景云、马全红、谢雪生、张树云及有关部门负责同志参加调研。

9月20日

县委书记张国栋，县委副书记、代县长许晓娟就县第十一次党代会贯彻落实、机关作风整顿、商贸一条街建设改造等情况，先后到胡各庄、宋道口两镇进行工作调研。县领导杜珍、李玉鹏、徐文辉、谢雪生及有关部门负责同志参加调研。

同日

中共滦南县委印发滦南字[2011]36号文件，就认真抓好计生工作后进村（居）转化工作发出通知。

同日

我县第23个全国“爱牙日”科普电影乡村行公益宣传活动正式启动。此次大型公益宣传活动以科普电影宣传为主，以村广播、单页发放、放映车体等形式宣传为辅，为期20天，涉及全县589个行政村和部分社区、广场，将投放数字电影放映机30余台套，免费放映口腔健康科普电影600场。

9月21日

省林业重点建设项目检查组来我县就省以上重点林业投资项目完成情况及资金使用管理情况进行督导检查。县委书记张国栋陪同检查。

同日

我县召开创先争优活动推进会议。县委常委、宣传部长于军，县委常委、组织部长谢雪生出席会议并分别讲话。

同日

我县成功举办2011年高校毕业生就业服务月暨大型人力资源招聘洽谈会。活动在县劳动就业服务局人力资源市场举行，主要以2011届及往届离校未就业高校毕业生为服务对象，共有蓝海大酒店、唐山新鑫特钢公司、曹妃甸首钢京唐钢铁公司、天津肯德基公司等45家企业入场招聘，涉及客户经理、办公室文员、物流管理、会计、市场营销等395个岗位，有790余人到场咨询，共达成就业意向174人，其中39人现场与用工单位签订了就业协议。

9月22日

我县召开改进机关作风阶段性工作点评会议。县委书记张国栋主持会议并讲话。

同日

庞大汽贸集团向北河水城捐赠锦鲤仪式在北河公园码头广场举行。县领导张国栋、许晓娟、李玉鹏、张友利、刘兆宾、张云江和庞大汽贸集团副总经理王玉生出席捐赠仪式。捐赠仪式后，北河新区管理处工作人员将200多尾锦鲤放养在北河曲桥附近，精心养护，供游人观赏。

9月23日

我县参加唐山市农业项目暨农产品北京推介会，姚王庄镇金盛蔬菜专业合作社与北京奥绿特有机农业技术发展有限公司农超对接项目成功签约。

9月24日

县委书记张国栋率相关单位负责人现场督导县城主要道路、桥涵工程及古城广场建设。

9月25日

县城乡规划委员会召开第十三次会议。会议听取了城乡规划局关于曼城规划设计方案的汇报。县委书记、规委会主任张国栋主持会议。

9月26日

唐山沿海地区“诚信兴商、和谐发展”工作推进暨研讨会议在我县召开。

9月26日至29日

中共唐山市第九次代表大会胜利召开。县委书记张国栋，县委副书记、代县长许晓娟等18位代表参加会议。会议期间，第十二代表团（滦南）围绕市委工作报告、市纪委工作报告进行了热烈讨论。唐山市委常委、副市长（挂职）吴海英代表，唐山市政协党组副书记、副主席卢晓霞代表参加了滦南代表团的讨论。

9月27日至28日

河北省园林县城专家验收组到滦南县，评审验收省级园林县城创建工作。县领导张国栋、许晓娟、于广秋、杜珍、李玉鹏、蔡春奎、冯玉志、张云江、毕仲仓陪同验收。验收组一致认为，滦南县创建工作扎实，成效显著，符合河北省园林城创建标准，同意推荐为省级园林县城。

9月28日

我县在二中阶梯教室举办一线攻坚队员学习贯彻县十一次党代会精神培训班。

9月29日至30日

“芳香杯”滦南县第八届合唱节暨县歌评选大赛在成兆才大戏院隆重举行。县委副书记、代县长许晓娟致辞，县四大班子有关领导分别为获奖队颁奖，县委书记张国栋颁发特别奖。

同日

市考评验收工作组来我县考评验收医药卫生体制综合改革工作。

9月30日

县委召开十一届第4次常委会议。县委书记张国栋传达了中国共产党唐山市第九次代表大会和全市重点工作会议精神；会议还研究部署了我县依法取缔非法“五小”企业的专项工作。县委书记张国栋主持会议并讲话。

同日

我县在成兆才大戏院召开传达贯彻市第九次党代表大会精神工作会议。会议传达了市第九次党代会精神，进一步统一了思想、凝聚了力量，要求各级领导干部开拓进取、狠抓落实，努力推进滦南科学发展、赶超跨越。县委副书记、代县长许晓娟主持会议，县委书记张国栋作重要讲话。

同日

我县在成兆才大戏院召开依法取缔非法“五小”企业专项工作部署会议。县委副书记、代县长许晓娟主持会议，县委书记张国栋作重要讲话。

9月

滦南职教中心被国家教育部正式列为“国家中等职业教育改革发展示范学校”项目建设学校。这是继2008年该校被国家教育部命名为“国家级重点中等职业学校”之后获得的又一殊荣，成为滦南县职业教育发展史上的新的里程碑。示范校项目建设周期为两年，中央财政将对该校“示范校”建设支持900万的配套发展资金。

是月

县科协组织创建省级科普示范社区活动，滦南县倴城街道办事处西城胡同社区获得“2011－2013年度”河北省科普示范社区的称号。

是月

姚王庄青河沿果菜批发市场被国家市场协会命名2010年度全国诚信经营示范市场；姚王庄镇青河沿果菜批发市场被中国农产品经纪人协会命名为2010年度优秀农产品经纪人协会。

10月

10月1日

滦南县庆祝中华人民共和国成立62周年升国旗仪式暨滦南新貌摄影展开展仪式在县文体中心广场举行。开展仪式由县委副书记、代县长许晓娟主持，县委书记张国栋致辞。县四大班子领导出席开展仪式。各镇（街道）、县直各单位主要负责人，老干部代表，攻坚队员和中小学生代表参加了开展仪式。

同日

县政府召开十四届第22次常务会议。会议研究审议了《滦南县2011年第三批征收搬迁工作实施方案》、《滦南县2011年农村危房改造方案》等议题。县委副书记、代县长许晓娟主持会议并讲话。

同日

县委书记张国栋到姚王庄镇李营村慰问调研。县领导于广秋、徐文辉、谢雪生、李景云、刘兆宾及有关部门负责人参加慰问调研。

同日

中共滦南县委印发滦南字[2011]37号文件，对2011年度县级党员领导干部联系后进村党组织进行安排调整。

同日

我县举行新农保及城居保养老保险金首发仪式。县领导张国栋、许晓娟、于广秋、杜珍、李玉鹏、张友利、刘兆宾出席首发仪式。

10月2日

我县召开加快重点城建项目建设调度会议。县委书记张国栋主持会议并讲话。

10月3日

县委召开十一届第5次常委会议。会议通报了第三批征收搬迁工作实施方案；审定了既有建筑外观改造和省级园林城创建表彰名单。县委书记张国栋主持会议并讲话。

同日

中共滦南县委印发滦南发[2011]47号文件，出台《滦南县2011年第三批征收搬迁实施方案》。

同日

中共滦南县委印发滦南发[2011]48号文件，决定表彰省级园林县城创建工作先进单位和先进个人。

同日

中共滦南县委印发滦南发[2011]49号文件，决定表彰既有建筑外观改造优秀工作队员。

同日

中共滦南县委印发滦南字[2011]38号文件，调整滦南县城镇建设三年上水平指挥部组成人员。

10月4日

我县召开政法系统维稳工作协调会。县委书记张国栋主持会议并讲话。

10月5日

我县召开城镇建设三年上水平再动员大会。会议贯彻落实市党代会精神，表彰了省级园林城创建和既有建筑外观改造先进单位、先进个人，安排部署了2011年第三批征收搬迁工作，推动城镇建设三年上水平再掀新高潮。县委常委、常务副县长蔡春奎主持会议，县委副书记、代县长许晓娟和县委书记张国栋分别讲话。

同日

中共滦南县委印发滦南发[2011]50号文件，出台《关于鼓励单户进城购房的实施意见》。

10月6日

晚，县委书记张国栋，县委副书记、代县长许晓娟先后深入张士坎工作队、友谊路东侧工作队、建设南路两侧工作队，现场督导检查2011年第三批征收搬迁工作。县领导马全红、张怀良、卢翠娟、张云江、刘高军、闫利平及有关单位负责同志参加督导检查。

10月7日至9日

县委书记张国栋率团赴江苏华西新市村、南京雨润集团考察。

10月9日

我县在文体活动中心广场举行《让世界记住滦南》首发式。首发式由县委常委、宣传部长于军主持，县委常委、组织部长谢雪生致辞，县委常委、办公室主任刘兆宾宣读了《让世界记住滦南》序。《让世界记住滦南》一书由县委书记张国栋策划并亲自作序，目的是打造一个让世界了解滦南，让滦南走向世界的宣传平台以此提高滦南的知名度和美誉度。该书以张国栋同志三次接受新华网和中央媒体访谈为主线，配以相应文字和图片，内容翔实、朴素大方、装帧漂亮，并附张国栋同志在中央媒体访谈的音像光盘，生动地再现了2010年以来滦南经济、社会、文化、党建等方面的发展历程和辉煌成果。县领导白云泽、卢翠娟、赵瑞军出席首发式。

10月10日

为纪念辛亥革命一百周年，成兆才评剧团与北京刘秀荣评剧团在全国政协礼堂联袂演出了现代评剧《宋庆龄与新中国》。中央政治局常委、全国政协主席贾庆林，全国政协副主席、中国文联主席孙家正出席观看。国务院侨办主任李海峰和文化部、北京市委宣传部、北京市文化局等领导陪同观看。演出前，贾庆林、孙家正等国家领导人接见了孙秀艳、刘秀荣等主要演员并合影留念。

同日

省直党工委书记曹素华来滦南调研。县委书记张国栋等陪同调研。

同日

晚，县委书记张国栋，县委副书记、代县长许晓娟先后深入张士坎工作队、友谊路东侧工作队、建设南路两侧工作队，现场督导检查2011年第三批征收搬迁工作。副县长张怀良、卢翠娟、张云江、刘高军、闫利平及有关单位负责同志参加督导检查。

同日

那颜湖大桥成功合拢。该大桥是我县建设北路的重要节点工程，是北河新区开发建设的第二座大桥，投资4400多万元，全长168米，桥面宽度50米，桥梁上部结构采用变截面箱梁，下部结构采用桩柱式桥墩，扶壁式桥台，钻孔灌注桩基础，自今年3月25日开始主体建设，年内可实现建设北路全线贯通。

10月11日

遵化市委副书记、代市长蔡洪魁率考察团一行61人来我县考察城市管理与拆违拆迁工作。县委书记张国栋，县委副书记、代县长许晓娟等县四大班子领导陪同考察。

同日

县委书记张国栋先后视察了那颜湖大桥和新南环路的建设工作。张国栋要求在保证工程质量和施工安全的基础上，进一步加快施工进度，将那颜湖大桥打造成精品工程，按时间节点要求全力推进新南环路建设进展。县领导于广秋、杜珍、李玉鹏、刘兆宾、张怀良一同视察。

同日

蒙牛集团奶源部经理孙国强一行来我县就万头奶牛牧场建设考察洽谈。

10月12日

省政协副主席王玉梅来我县考察工作。王玉梅考察了我县城市建设并给与充分肯定。县领导张国栋、许晓娟、李玉鹏、张友利、刘兆宾等陪同考察。

同日

县委书记张国栋，县委副书记、代县长许晓娟现场督导调度大铁矿开发建设工作。在实地查看大贾庄铁矿南回风井、滦柏干渠跨渠桥、2#副井、进风井、主井、1#副井施工现场，听取了铁矿办、河北矿业公司大贾庄铁矿项目部及施工单位有关情况的汇报后，张国栋书记对铁矿办、相关单位、矿业公司的前段工作给予了充分肯定，就进一步推进大铁矿开发建设进程提出了具体要求。县领导于广秋、杜珍、李玉鹏、张友利、蔡春奎、刘兆宾、刘高军及相关单位主要负责同志参加督导。

同日

河北省人大内务司法委员会副主任委员牛会栓，带领执法检查组来滦南县对《河北省企业职工工资集体协商条例》实施情况进行执法检查。省总工会副主席刘书为、市人大副主任韩金哲等陪同检查。县领导张国栋、许晓娟、于广秋、杜珍、刘兆宾、刘继海、刘高军、陶顺福陪同检查。

10月13日

滦南县第十四届人民代表大会常务委员会举行第36次会议。县人大常委会主任杜珍，县人大常委会党组副书记、副主任冯玉志，县人大常委会党组副书记崔恩富，副主任刘继海及委员共20人出席了会议。县委常委、副县长李景云，县人大党组成员白云泽，县法院副院长袁铁山，县检察院副检察长曹景涛等列席了会议。会议决定任命闫利平为滦南县人民政府副县长、方君和为滦南县人民政府办公室主任；决定免去成子育的滦南县人民政府办公室主任职务、赵明福的滦南县教育局局长职务。会议听取和审议了县教育系统党委书记、教育局副局长张荣辉代表县政府所作的关于《中华人民共和国民办教育促进法》《河北省民办教育条例》贯彻执行情况的报告、县统筹办主任庞小波所作的关于滦南县新民居建设工作情况的报告。会议还审议了关于滦南县2011年财政预算调整方案的报告，通过了滦南县人大常委会关于批准滦南县2011年财政预算调整方案的决定（草案）。

同日

唐山市政协副主席张艳春来滦南调研。县委书记张国栋等陪同调研。

同日

泰国万浦集团公司总裁廖毅成来滦南考察。县委书记张国栋，县委副书记、代县长许晓娟会见廖毅成一行并陪同考察。县领导于广秋、于军、刘兆宾、张云江、刘高军参加会见并陪同考察。

同日

晚，县委书记张国栋，县委副书记、代县长许晓娟先后深入张士坎、友谊路东侧和建设南路两侧征收搬迁工作队，现场督导检查今年第三批征收搬迁工作。县领导马全红、卢翠娟、张云江、刘高军一同督导检查。

同日

中共滦南县委印发滦南字[2011]39号文件，转发唐字[2011]35号文件。

同日

中共滦南县委印发滦南字[2011]40号文件，成立滦南县农村资金专业合作社试点工作领导小组。

10月14日

市委常委、副市长兼农工委书记王久宗来

滦南考察蔬菜大棚建设和小麦播种情况。县委书记张国栋等陪同考察。王久宗一行分别到程庄镇佳禾蔬菜专业合作社和麦田地进行了实地查看。王久宗指出，各地本着因地制宜、突出特色发展蔬菜生产，设施蔬菜取得了可观的经济效益。各级各部门要加强服务，认真研究土地流转、水电路配套、农企对接、农超对接等工作，充分发挥蔬菜专业合作社的作用，牢牢把握产前选育种、产中技术服务、产后销售的众多环节，让蔬菜日光温室真正实现规模化、区域化。同时，建设现代农业要坚持标准化生产，有关部门要积极制定出台“设施蔬菜园区建设示范标准”，让各地的设施蔬菜生产有章可循、有标可依，从而加快全市设施蔬菜标准化生产的步伐。另外，各级各专业合作社要注重市场的培育，积极联系企业、超市、批发市场等，全力解除农户卖难的后顾之忧。

王久宗要求，今年墒情好，有利于小麦出苗，但由于部分地区玉米收割晚，致使小麦播种期延后，所以各地要大力推广配方施肥技术、药剂拌种技术、精量播种技术、小麦晚播高产技术等新技术，并且播后要实现镇压，弥实土壤，让小麦种子更有利吸收水分，发芽出苗。

同日

县委书记张国栋，县委副书记、代县长许晓娟先后深入汇丰冷轧薄板、中通卫生陶瓷、坤达高端铝制品、泽澳绿色纺纱等城西工业区重点项目建设施工现场，调研指导工业项目建设情况。县于广秋、于军、刘兆宾、刘高军及有关部门负责同志参加了调研、座谈活动。

同日

县委书记张国栋，县委副书记、代县长许晓娟先后深入滦海路、南环路、绿景城市中央、新县医院、中大街铁路立交桥、北环路、健民广场、北河星级酒店、那颜湖大桥、企业研发中心、古城遗址公园、三娥苑、兆才北街施工建设现场，调研指导城建、道路交通项目建设工作。县领导于广秋、蔡春奎、刘兆宾、张怀良、张云江及有关部门负责同志参加了调研座谈。

10月15日

唐山市政协副主席薛渤珣来滦南调研。县委书记张国栋等陪同调研。

同日

我县西城商贸广场（三贸市场升级改造项目）隆重开业。至此，县市场建设服务局承办的县委、县政府为群众兴办的20件实事中完善三贸市场、新建两个社区市场项目已全部完成。

10月17日

我县在蓝海大酒店多功能厅召开1～3季度重点工作通报会议。会议通报了2011年以来的组织工作和各项重点工作。县委副书记、代县长许晓娟主持会议，县委书记张国栋讲话。

10月19至20日

省委副秘书长王友和带领省委、省政府落实省领导干部会议精神督导组来滦南县检查指导工作。县领导张国栋、李玉鹏、张友利、蔡春奎、刘兆宾陪同督导检查。

10月20日

省委组织部委托省统计局来我县进行组织工作满意度测评。

同日

我县召开全县学校安全工作会议，县政府与各镇和县直有关单位签订了《学校安全工作目标管理责任状》。

10月21日

县政府召开十四届第23次常务会议。会议研究审议了《关于加强建设工程领域农民工工资支付监管工作的意见》、《关于事业单位政工职称评定聘任工作的情况汇报》、《关于调整物业服务收费标准的问题》、《关于城镇职工医疗保险市级统筹的情况》以及《关于鼓励单户进城的试行意见》等议题。县委副书记、代县长许晓娟主持会议并讲话。

同日

河北省“百场儿童剧进校园”活动走进滦南。省话剧院儿童剧团的演员们到第三实验小学，为来自第一实验小学和第三实验小学的3200多名师生表演了儿童剧《三只小猪》和《丑小鸭》。

同日

唐山市政府离退休老领导来滦南参观。参观团一行10人先后参观了蒙牛乳业、西城工业聚集区、北河公园。所到之处，老领导对滦南的巨大变化赞不绝口，给与充分肯定，并祝愿滦南未来更美好。县领导张国栋、许晓娟、谢雪生、刘兆宾、冯玉志、陶顺福陪同参观。

同日

县编委印发编字［2011］51号文件，同意建立滦南县节能监察监测中心，为股级事业机构，与县发展改革局所属能源办公室（节能减排办）实行一个机构，三块牌子，增加事业编制3名（即：由原来3名增至6名），增加股级职数1名。新增人员由相关部门从财政拨款的事业编制人员中选调。对各工作部门承担的节能减排相关职责重新进行明确。发改局承担节能项目管理和节能监察监测职责。发改局、统计局共同承担节能减排数字统计和审核职责。工信局承担淘汰落后产能职责。环保局承担污染物减排工作职责。住建局承担建筑节能职责。

10月21日至23日

由我县作家肖波、谷景峰与河北省剧目生产办公室主任刘兴会共同创作的六集评剧电视连续剧《杨三姐出嫁》在中央电视台戏曲频道首次播出。

这是第一部反映杨三姐在告状之后生活状况的影视作品，以“冀东文艺三枝花”——评剧、皮影和乐亭大鼓为主要表现形式，片头演唱是乐亭大鼓，主要唱腔是评剧，情节中穿插了皮影镜头，充分展示了文化滦南的独特风采。该剧的播出，填补了我县作家在央视无播出电视剧的空白。

10月22日

县委召开十一届第6次常委（扩大）会议。会议讨论了关于鼓励单户进城购房的试行意见（讨论稿）；讨论了关于贯彻落实国家宏观调控政策，促进房地产市场健康发展的意见；听取了关于谋划2012年城建、水利、交通等基础设施项目情况的汇报；审议了关于机关作风专项整治活动开展情况的通报；听取了关于劳人局招考事件调查处理情况的汇报；研究了干部任免事项。县委书记张国栋主持会议并讲话。

同日

县人大常委会主任杜珍，县人大常委会党组副书记、副主任冯玉志，县人大常委会党组副书记崔恩富，副主任刘继海、苗贵生，党组成员白云泽带领调研组，对城镇建设三年上水平情况进行调研。

10月22日至24日

诗刊社第27届青春诗会在滦南举行。诗刊社理事长、常务副总编李小雨主持开幕式，县委书记张国栋致开幕词，中国作协书记处书记、中国作协副主席高洪波讲话。原鲁迅文学院常务副院长、著名诗人雷抒雁等国家、省、市、县作家、诗人60多人参加会议。市人大副主任范绍慧，市政协副主席、市委统战部长张艳春，县领导许晓娟、于广秋、于军、刘兆宾、白云泽、卢翠娟、赵瑞军出席开幕式。县委书记张国栋在开幕词中说，诗刊社第27届青春诗会来到充满激情和希望的滦南，不仅是诗坛的一大盛事，也是滦南人民的一大喜事。是滦南贯彻落实党的十七届六中全会精神的一次具体行动，必将激荡起滦南文化发展的激情与梦想，必将进一步推动文化滦南建设，实现新的赶超跨越。中国作协书记处书记、中国作协副主席高洪波在讲话中说，滦南这块地方充满了激情，充满了历史传奇，是个富饶的地方，前景无限美好。他还对青年诗人提出三点希望：要懂得感恩，懂得珍惜；对艺术、对人民、对生命、对自己的土地都要心存敬畏；在艺术上要做到雅俗共赏。本届青春诗会由诗刊社、唐山市文学艺术联合会、中共滦南县委、滦南县人民政府主办，文心诗社协办。

10月23日

我县在成兆才大戏院召开学习贯彻十七届六中全会精神、推进“文化滦南”建设动员大会。会议传达学习了党的十七届六中全会精神，安排部署了“文化滦南”建设的目标任务，对第三季度重点工作完成情况进行了点评，对机关作风专项整治情况进行了总结，对第三批城市征收搬迁进行了再动员，对职务变动的同志们进行了集体谈话。县委副书记、代县长许晓娟主持会议，县委书记张国栋作了重要讲话。县四大班子领导出席会议。各镇（街道）党政正职，党委副书记，人大主席，是党委委员的行政副职；县直单位主要负责同志；全体攻坚队员和本次干部调整涉及人员参加了会议。

10月24日

我县召开赴省跑办项目工作协调会议。县

委书记张国栋主持会议并讲话。

同日

滦南职教中心隆重举办“第三届技能才艺展示大赛”暨校企合作签字仪式。常务副校长刘振宇分别与长城汽车股份有限公司天津分公司副总经理何长玉、唐山尚新融大电子产品有限公司总经理李建兵、唐山瑞成机械设备有限公司副总经理任子忠、滦南林海科技发展有限责任公司总经理杨春林分别签署了“校企合作”协议书。长城汽车股份有限公司天津分公司还向该校赠送了两辆“长城牌”轿车。

同日

晚，县委书记张国栋先后深入张士坎、友谊路东侧和建设南路两侧征收搬迁工作队，现场督导检查2011年第三批征收搬迁工作。副县长张怀良、卢翠娟、张云江、刘高军、闫利平参加督导检查。

10月25日至26日

河北省政府基本普及高中阶段教育督导评估组对我县基本普及高中阶段教育情况进行了全面评估验收。滦南县被省政府评为基本普及高中阶段教育工作先进县。副县长卢翠娟陪同验收。

10月29日

县委书记张国栋先后深入城西工业区创新路、锦绣路、文明街西延，城区西环路，北环路、南环路，北河新区那颜桥等重点道路桥梁工程建设现场进行督导检查。县领导刘兆宾、张云江及有关单位负责同志参加督导检查。

同日

2011年滦南县既有居住建筑节能改造顺利完工，工程共计9.99万平方米，27栋住宅楼，分别是安平小区住宅楼（23栋）、建行住宅楼（2栋）、物资局住宅楼（2栋）。工程总投资2967万元，涉及住户总计769户。

10月30日

我县建成第一个以李营村为核心的联建村计划生育人口文化苑，即姚王庄镇人口文化示范苑。该苑位于姚王庄镇李营村中心，占地1000平方米，房屋9间，西为灯光球场及街心花园。建设内容包括：人口文化展室、人口文化大院、人口文化街、人口文化公园项目，共投入建设资金20万元。

10月31日

县委书记张国栋会见华电国际曹妃甸项目开发组一行。

10月

宋道口镇初级中学被命名为唐山市课改示范校，为唐山市10县（市）唯一。

是月

我县列入河北省中等城市名单。河北省城镇建设三年上水平工作领导小组依据各地建成区人口、建成区面积、一般财政收入及人均一般财政收入等指标，将32个县（市）列入全省中等城市名单，滦南县名列其中。唐山市共有遵化、迁安、滦县、滦南、乐亭入围。

是月

滦南县成为继迁西县之后唐山市第二家医疗救助“一站式”服务县。医疗救助“一站式”服务范围为城乡低保户和五保户，城乡低保对象年住院医疗费用自付金额达到5000元（含）～4万元的，给予15%的救助；4万元（含）～8万元的，给予20%的救助；8万（含）～12万元给予22%的救助；12万元（含）以上的给予25%的救助；五保对象医疗救助不设起付线，按新型农村合作医疗报销后自付金额的25%给予救助。每位救助对象享受医疗救助的最高限额全年累计为5万元。

是月

南堡镇开办“手机党校”，成为党员教育的新课堂。

11月

11月1日

滦南县第二届残疾人运动会在滦南县第二中学体育场隆重召开。县领导于广秋、白云泽、闫利平、赵瑞军出席了开幕式，政府副县长闫利平致开幕词，县委副书记、组委会名誉主任于广秋宣布残运会开幕，政府办副主任李玉宝主持了开幕仪式。县直各单位300余人参加了开幕式。来自全县各镇（街道）和特教学校的13支代表队、138名残疾人运动员参加了比赛。本届运动会以“平等、参与、自强、共进”和“健康滦南，幸福人民”为主题，旨在丰富残疾人的业余文化生活，推动全县残疾人体育事业发展，培养和锻炼一批残疾人体育人才，为上级残疾人运动会选拔和输送优秀人才，并以此推进社会各界进一步关注、关爱残疾人，同时也给残疾人充分展示自强不息精神提供舞台。

同日

省督导检查组来滦南县，就贯彻落实中央和省“十二五”规划情况、保障性安居工程建设情况和水利工程建设情况进行督导检查。县委书记张国栋，县委副书记、代县长许晓娟等陪同。

同日

中国青基会、美国芝麻街工作室在我县姜泡龙子心小学和倴城镇上坡子小学举行捐赠“应急准备和应对措施读物包”探访活动。县领导于广秋、卢翠娟等出席活动。

同日

晚，县委书记张国栋，县委副书记、代县长许晓娟先后深入张士坎、友谊路东侧和建设南路两侧征收搬迁工作队，现场督导检查我县第三批征收搬迁工作。县领导马全红、张怀良、卢翠娟、张云江、刘高军及有关单位负责同志参加督导。

11月2日

我县在住建局会议室召开各镇、县直单位一把手会议，安排推荐干部。县委书记张国栋主持会议并讲话。

同日

市政协党组书记郭彦洪和市委组织部领导来滦南调研。县委书记张国栋，县委副书记、代县长许晓娟，人大主任杜珍，政协主席李玉鹏，县委常委、常务副县长蔡春奎，县委常委、副县长兼农工委书记李景云等陪同调研。

11月3日

县委书记张国栋赴市参加省委主要领导来唐调研汇报座谈会议。

同日

我县在蓝海大酒店召开传达贯彻省委书记张庆黎在唐山调研时重要讲话精神会议。会议就贯彻落实好庆黎书记重要讲话精神进行了深入研究，对如何做好当前重点工作进行了安排部署。会议还传达了在丰南区召开的全省农村新民居建设观摩调度会议精神，并就抓好贯彻落实提出了具体要求。县委副书记、代县长许晓娟主持会议，县委书记张国栋主持会议并讲话。县四大班子领导出席会议。各镇（街道）党政正职、县直各系统党委书记、县直单位主要负责同志参加了会议。

同日

唐山市民主管理工作汇报观摩会在蓝海大酒店召开。全市各县（市）区总工会主管副主席、民管部部长一行36人到长凝镇纺纱行业工会联合会、滦南县供销大厦有限公司工会进行观摩学习，听取了经验介绍，观看了档案资料，对两个单位厂务公开、职代会建设、职工董事监事等各项工作上创新做法予以高度评价。

11月4日

我县召2011年银企对接会，人民银行唐山市中心支行、唐山银监分局、工商银行唐山分行等21家市县级金融机构负责人参加会议。县领导张国栋、许晓娟、于广秋、杜珍、李玉鹏、蔡春奎、于军、刘兆宾、刘高军和市政府财办主任兼金融办主任刘从庆出席会议。会议由县委副书记、代县长许晓娟主持，县委书记张国栋讲话。县直相关部门负责人、各镇（街道）党委书记和部分企业、项目单位负责人参加了本次活动。

11月5日

中国组织人事报记者到潘家戴庄村参观“大学生村官半亩地工程”建设情况。

11月6日

我县召开重点建设项目协调会议。县委书记张国栋主持会议并讲话。

11月7日

县委书记张国栋，县委副书记于广秋，人大主任杜珍，政协主席李玉鹏，副县长卢翠娟、张云江及有关部门负责人30余人先后到中红建材城、唐山英才学校高中部等全市2011年第一、二批观摩项目施工现场督导检查建设情况。

同日

中华文化促进会副会长于广华来滦南考察。县委书记张国栋会见于广华一行并陪同考察。县领导于广秋、杜珍、李玉鹏、于军会见在座并陪同考察。

11月7日至12月2日

县委副书记、代县长许晓娟赴上海中国浦东干部学院参加省委组织部组织的第四期县(市)区党政正职"提高领导科学发展和社会管理能力"培训班。

11月8日

我县召开《滦南县大事汇编（2006～2011）》资料征集工作会议。各镇（街道）、县直单位主管副职及文秘人员260余人参加了会议。副县长卢翠娟出席会议并讲话。

同日

我县举办推进文化建设、打造文化滦南"京东实业幸福相约"文艺晚会。国内著名主持人及演员朱军、黄宏、潘长江、贾玲、白凯南、潘阳、屠洪刚、沙宝亮、李丹阳等明星登台演出。县四大班子领导，任过副县级实职的离退休老领导，攻坚队员代表，各镇、县直单位党政正职及部分单位干部职工代表及京东实业有限公司职工代表出席并观看演出。

同日

北京鑫记伟业食品集团总裁林鑫一行来我县考察千亩有机水稻项目。

同日

唐山市宏利五金工具有限责任公司的"宏利"商标、唐山市燕南制锹有限公司的"燕南""星月"商标被河北省工商局确定为河北省著名商标。

11月9日

我县召开"1103"案件侦破工作通报会议。滦南"1103"专案组经缜密侦查，连续奋战，仅用51小时就将犯罪嫌疑人涂春茂（男，39岁，扒齿港镇涂庄村人）抓获，成功破获系列投放危险物质案件。

同日

唐山市副市长曹全民代表市委、市政府到我县慰问侦破"1103"案件专案组。曹全民指出，"1103"案件破得快、效果好，成功经验值得总结：一是市委市政府的高度重视、滦南县委、县政府的大力支持、市县公安机关的强力领导是案件及时侦破的根本保障。二是集中优势警力、多警种协同作战、形成强大战斗力是案件迅速侦破的关键。三是公安队伍高度的政治责任感、使命感和不分昼夜、连续作战的工作精神是案件及时侦破的强大支撑。四是广大公安干警认真细致、人防技防措施扎实是案件及时侦破的基础。曹全民表示，"1103"案件的及时侦破，充分表明市县两级公安队伍是一支可以信赖、能打胜仗的队伍。公安机关要进一步细化方案、固定证据，公检法联动，使犯罪分子尽快得到应有惩罚。希望滦南县积极推进社会管理创新，全力做好矛盾隐患排查和舆情监管工作，努力维护社会和谐稳定。县领导张国栋、杜珍、李玉鹏、宋福安、刘兆宾、卢翠娟陪同慰问。

同日

城西工业区中大街西延、创新路、锦绣路、文明街四条道路全线通车，与其相配套的给水、雨水、污水等地下管网设施也已全部竣工。

同日

中国人寿滦南支公司在扒齿港镇毛家营村举行"保险先进村"挂牌启动仪式。

11月10日

新南环路竣工通车。该项目东起东环路西至滦海公路，途经方各庄、倴城两个镇，曹营、东八户、西八户、李方各庄、高庙、东张士坎、西张士坎、洪营等8个村，与县城文化路、友谊路、和谐路相交，全长7.875千米，总投资8500万元。该路的竣工将极大缓解城区内的交通压力，改善城区交通环境，拓展了县城发展空间。

同日

县委理论学习中心组集中学习中央十七届六中全会精神。有关镇和县直单位负责人参加学习。县委书记张国栋主持学习活动并讲话。

同日

省委常委、组织部长梁滨给马城镇大学生村官回信。信中肯定了马城镇大学生村官在融入农村、服务群众方面的工作成效，并希望大学生村官们认真领会张庆黎书记的讲话精神，老老实实学、扎扎实实干、端端正正行，在推进新农村建设中创先进、争优秀、作表率。马城镇大学生村官刘玉宝曾代表滦南县大学生村官参加全省培训班。10月19日，刘玉宝等5名马城镇大学生村官联名给省委常委、组织部长梁滨写信，汇报学习省委书记张庆黎接见大学生村官时的讲话精神和梁滨部长在全省大学生村官培训班上的讲话精神的心得体会和工作情况。

同日

南堡镇姚岭渔业村共产党员姚兴武勇救外地落水妇女。凌晨1点左右，在嘴东码头打工的一名河南籍妇女不慎掉入水中。时值初冬，海水冰冷，且停船处水深达七八米深，落水妇女处境十分危险。当时正在卸货的姚兴武见状甩掉身上的棉衣，毫不犹豫地跳入水中救人。在岸上群众的帮助下，姚兴武凭借着良好的水性巧妙施救，把落水妇女救上岸并送回家中。姚兴武奋不顾身勇救落水者的义举和周围群众的热心帮助让落水者感动不已，同时，姚兴武也赢得周围群众的交口称赞。

11月11日

县城乡规划委员会召开第十四次会议。会议审查了职教中心扩建、嘴东方舟服务区等9个项目的规划设计方案。县委书记、规委会主任张国栋主持会议。

同日

《河北经济日报》显著位置刊登通讯《滦南经济开发区——面向海洋的桥头堡，科学发展的新坐标》，对滦南负重奋进，调整产业结构，实现快速发展的情况进行报道。

同日

县委书记张国栋在《滦南县总工会关于长凝纺纱行业工资协商机制调查报告》上做出批示："这个报告写得很好。请宣传部加大对外宣传，工会、两办通过信息中心等渠道上报。"

同日

教育部国培计划集中培训与远程校本研修一体化项目校本研修现场研讨会在滦南一中召开。项目负责人、首席专家、首都师范大学博士生导师王陆教授带领项目团队一行9人，来到滦南一中观摩现场课、组织研讨会启动仪式、课后反思会和校本研修座谈会。

同日

我县与省、市供销社就建设滦南县新合作商贸综合体项目签署合作协议。省、市、县三级供销社共同出资成立"滦南县新合作房地产开发有限公司"，负责对"新合作商贸综合体"项目进行全程开发运营，拟建造集购物、写字楼、公寓、餐饮、娱乐、健身休闲、住宅为一体的现代大型城市综合体，项目分两期建设，预计总投资3.6亿元。

11月12日

宋道口镇被河北省老年人体育协会评为河北省老年体育科学示范镇。

11月13日

县委召开十一届第7次常委会议。会议审定了滦南县2011年度第三批征收搬迁先进个人、先进单位推荐名单；审定了关于表彰在侦破11.03案件中做出贡献的集体和个人决定；讨论了关于在全县各级党组织和党员中深入开展"对标赶超走在前"活动的实施意见；讨论了滦南县科级干部末位淘汰实施办法（试行）；讨论了关于十月份重点工作进展情况的通报；审定了对近期新任科级干部进行廉政谈话暨加强干部作风建设的讲话提纲；研究了干部任免事项。县委书记张国栋主持会议并讲话。

11月14日

省委常委、省纪委书记、省农村工作领导小组组长臧胜业对《滦南以项目建设为支撑推进水利事业发展》做出批示：转省水利厅掌握。

同日

宋道口镇王家庄子村被国家计生委授予2011年人口和计划生育基层群众自治村（居）示范点。

同日

唐山市老区村项目建设观摩团来滦南观摩调研。市老促会会长钟清杰，副会长范全、陈敬新、杨振义、杜仲勋，在县领导于广秋、杜珍、李玉鹏和县老促会会长田务仁、老干部协会主席张占平陪同下，到程庄镇"滦南县佳禾蔬菜种植合作社"观摩调研。

同日

中共滦南县委印发滦南发[2011]51号文件，决定表彰2011年度第三批征收搬迁先进个人和先进单位。

同日

中共滦南县委印发滦南发[2011]52号文件，决定表彰在侦破"11.03"案件中做出贡献的集体和个人。

同日

中共滦南县委印发滦南发[2011]53号文件，出台《滦南县科级干部考核末位淘汰实施办法(实行)》。

11月15日

县委、县政府在成兆才大戏院召开全县“对标赶超走在前”活动动员大会。会议认真贯彻落实党的十七届六中全会精神和省委书记张庆黎同志在唐山调研时的重要讲话精神，隆重表彰了第三批城市征收搬迁先进单位、先进个人和助推单位，隆重表彰了为成功侦破“1103”案件作出贡献的集体和个人，通报了1～10月份重点工作进展情况，公布了科级领导干部末位淘汰实施办法，宣布了县委对部分科级干部的调整决定，对在全县组织开展“对标赶超走在前”活动进行了动员部署。县委副书记于广秋主持会议，县委书记张国栋作了重要讲话。

同日

唐山市市委常委、副市长吴海英对《一个后进村由乱到治的变化与启示》做出批示：调研深入，报告很有意义。①请送国良、全民同志阅示。②请送唐山劳动日报侯西岭总编，请他们做适当的宣传介绍。

同日

县委书记张国栋深入城西工业区、北河新区、新南环等有关城市道路建设的施工现场，督导检查城市道路建设工作。县领导蔡春奎、刘兆宾及有关单位负责同志参加督导。

同日

建设北路主体竣工。建设北路工程南起崇法大街，北至新北环路，全长1.88千米，预算投资1.64亿元。本项目的实施，将明显改善北河新区的道路交通条件，加快新老城区之间的联系，促进滦南县城的扩张发展。

同日

那彦湖大桥完成桥面铺装。那彦湖大桥是建设北路和新北环的连接纽带。该桥总长168.78米，宽50米，于11月15日完成桥面铺装，12月1日完成护栏安装。该桥是我县第一座预应力变截面现浇箱梁大桥，受力及承重效果较高。本项目的建设，将带动沿线区域的经济发展，促进区域内工业、商业、房地产、旅游业等相关产业的发展，满足居民日益增长的物质、文化和社会需求。

11月15日至16日

2011～2013年度“中国民间文化艺术之乡”、第三次全国文化馆评估定级命名颁牌仪式暨工作总结会议在江苏省常熟市召开。滦南县被文化部命名为“中国民间文化艺术之乡”。作为全国文化先进县，我县因两项独特的民间艺术评剧、乐亭大鼓荣获2011～2013年度“中国民间文化艺术——评剧之乡”和“中国民间文化艺术——乐亭大鼓之乡”。此次全国共命名2011～2013年度“中国民间文化艺术之乡”528个，唐山市仅有滦南和乐亭两县榜上有名。今后将每三年评选一次。

同时，文化部依据第三次全国文化馆评估定级标准，确定2028个文化馆达到三级馆以上文化馆标准，我县文化馆被评为国家二级馆。据悉，全国文化馆评估定级工作每四年进行一次，本次评估对文化馆等级必备条件和标准进行了重新修订，修订后的评估标准体现了公共文化服务体系下文化馆建设的新要求。“免费开放”和“数字化服务”列入文化馆正式评估项目，体现文化馆软硬件建设并重原则。

11月16日

省委常委、政法委书记张越对《中共唐山市委政法委员会关于我市破获系列投放危险物质案的报告》做出批示：敏感性强，破案及时，处置果断，应予表彰。请建国同志协调，依法严惩。

同日

唐山市直机关、企事业单位帮扶新农村建设观摩调度会议在我县召开。

11月17日

滦南县第十四届人民代表大会常务委员会举行第37次会议。县人大常委会主任杜珍，县人大常委会党组副书记、副主任冯玉志，县人大常委会党组副书记崔恩富，副主任刘继海、苗贵生及委员共24人出席了会议。县人大党组成员白云泽，县政府副县长张云江，县法院副院长杨学文，县检察院副检察长曹景涛等列席了会议。

会议任命：张建伟同志为县人大常委会办公室主任、李春利同志为县人大常委会财经科副科长；免去：汤瑞峰同志县人大常委会办公室主任职务；决定任命：李景云同志为县农牧局局长、王献刚同志为县人力资源和社会保障局局长、张荣辉同志为县教育局局长、李洪发同志为县司法局局长、吴贵学同志为县水务局局长、李全在同志为县商务局局长、王希会同志为县卫生局局长；决定免去：张怀良同志县农牧局局长职务、贾焕实同志县人力资源和社会保障局局长职务、鲁保民同志县司法局局长职务、李俊平同志县水务局局长职务、王希会同志县商务局局长职务、孟令泉同志县卫生局局长职务。会议听取和审议了县发改局局长朱宝安代表县政府所作的关于“四大开发”工作情况的报告、县政府办公室副主任裴占生代表县政府所作的关于县十四届人大六次会议代表建议、批评和意见办理情况的报告。会议还通过了滦南县县、镇两级人民代表大会换届选举的决定（草案）、任命了滦南县选举委员会组成人员、通过了关于县、镇两级人大换届选举工作的实施方案（草案）。

同日

中共滦南县委印发滦南字[2011]41号文件，出台《滦南县全面推进党务公开工作实施方案》。

同日

中共滦南县委印发滦南字[2011]42号文件，出台《滦南县职权公开运行实施方案》。

同日

中共滦南县委印发滦南发[2011]54号文件，批转《中共滦南县人大常委会党组关于县镇两级人大换届选举工作的意见》。

同日

我县在蓝海大酒店召开文学艺术界代表学习贯彻十七届六中全会精神座谈会。30余名文学艺术工作者参加会议。县委常委、宣传部长于军出席会议并讲话。

同日

我县举行唐山市商业银行捐助滦南一中春蕾班第三批助学款发放仪式。春蕾班的40名贫困女生得到了唐山市商业银行的资助，受助金额为3.2万元。县委副书记于广秋、副县长卢翠娟、唐山市商业银行纪委书记闫保新及县委办、政府办、教育局、县妇联、县一中等单位主要负责同志出席仪式。

11月18日

县政协召开八届十八次常委会议。会议专题协商讨论了我县交通道路建设工作。县政协主席李玉鹏主持会议并讲话。

11月18日至22日

张国栋、李志刚、孙秀艳作为省党代表，到省会石家庄参加中国共产党河北省第八次代表大会。

11月19日

《农民日报》刊登通讯《给我半亩地，还你满园彩——河北省滦南县助推大学生村官创业富民》，对滦南县通过实施“半亩地”工程为大学生村官提供创业平台，实现由学生到村官“华丽转身”的情况进行了报道。

11月20日

我县召开义务教育工作会议，全面部署教育管理体制改革工作。启动农村初级中学县局直管，设立6个财务代办站，标志着我县义务教育管理体制改革又迈出了实质性步伐。

11月23日

县委书记张国栋到倴城镇进行工作调研。县领导于广秋、杜珍、李玉鹏、徐文辉、谢雪生、刘兆宾参加调研。张国栋一行首先慰问了东张士坎村贫困户蒋春革一家，为其送去了党和政府的温暖；其次到革命老区村果园村就“对标赶超走在前”活动开展、两个联建、农业产业化、劳务输出等情况进行了调研，并就推进该村加快科学发展步伐提出指导性意见。之后，张国栋一行还视察了八和居、永田鸿发农机制造项目建设生产情况。

同日

胡各庄镇举行双惠路通车剪彩暨省级小城镇建设上水平启动仪式。县领导张友利、刘继海、张云江出席启动仪式并为双惠路正式通车剪彩。双惠路耗资52万元，位于胡各庄镇东胡村和西胡村交界处，由东胡村村民、唐山鸿超路桥工程有限公司董事长麻守会，西胡村村民、顺金选铁厂厂长郝晓慧慷慨出资启动修建。

11 月 24 日

县委书记张国栋先后到和谐路、兆才大街、古城公园、那颜桥、靳营村、嘴东大街、南环路，现场督导城乡环境卫生和交通秩序整治工作。张国栋就进一步做好相关工作提出四点明确要求：一是要开展“交通秩序整顿月”活动；二是要开展环境整治验收活动；三是要进一步规范城市养犬行为；四是要加强机关干部作风巡查。县领导杜珍、李玉鹏、蔡春奎、谢雪生、徐文辉、于军、刘兆宾、张怀良、张云江和相关部门负责同志参加调研。

同日

县委书记张国栋到宋道口镇进行工作调研。张国栋视察了该镇金辉公司、商贸一条街规划建设、腾飞五金工具有限公司二期扩建等情况，慰问了王庄子村特困户王子平一家。县领导于广秋、杜珍、李玉鹏、徐文辉、刘兆宾及有关单位负责同志参加调研。

同日

中共滦南县委印发滦南字 [2011]43 号文件，安排开展“对标赶超走在前，推进滦南科学发展、赶超跨越”献计献策活动。

11 月 24 日至 25 日

省、市检查组来我县检查验收农村改厕工作。

11 月 25 日至 12 月 25 日

我县开展以“对标赶超走在前，推进滦南科学发展、赶超跨越”为主题的献计献策活动。中共滦南县委向全县人民发出公开信，发动全县广大干部群众，围绕深入贯彻落实省八次党代会精神和省委书记张庆黎同志在唐山调研时的重要讲话和市、县党代会精神，围绕建设“激情滦南、实力滦南、文化滦南、生态滦南、和谐滦南”的总体目标，就如何实施三大攻坚四大开发、推进文化建设、保障改善民生和全面加强党的建设建言献策。

11 月 25 日

县委书记张国栋在蓝海大酒店会见了以总经理徐桦为首的中铁资源商贸公司投资考察团。双方就在嘴东经济开发区合作建设煤码头及港口支线铁路等有关事项进行了深入洽谈，并达成初步合作意向。县领导杜珍、李玉鹏、蔡春奎、刘兆宾及有关单位负责同志参加会见。

11 月 26 日

《河北经济日报》在显著位置刊登通讯《滦南，项目建设生财富》，对滦南谋划项目，实施项目，增加经济实力的情况进行报道。

同日

我县在金辉广场举办以“警民携手并肩，共建平安滦南”为主题的大型宣传活动。共设宣传展牌 36 块，发放宣传资料 6500 多份，为开展为期一个月的城区交通秩序整治专项活动吹响了号角。

11 月 27 日

省民政厅副厅长张连忠来滦南调研。县领导杜珍、李玉鹏、蔡春奎、李景云、刘兆宾陪同调研。

11 月 28 日

县委召开十一届第 8 次常委（扩大）会议。会议审议了滦南县 2012 年度水利重点项目；审议了滦南县 2012 年度交通重点项目；审议了滦南县嘴东经济开发区 2012 年度重点基础设施项目；审议了滦南县 2012 年度城建重点项目；县委书记张国栋主持会议并讲话。

同日

市委常委、副市长兼农工委书记王久宗到滦南调研。县委书记张国栋等陪同调研。

同日

兆才北街工程竣工通车。该工程总投资 950 万元，北起福海大街，南至兆才大街，全长 1190 米，红线宽 25 米，路面宽 15 米；敷设污水管道 650 米、雨水管道 1120 米。该道路竣工通车，为金代风情街的建设创造了有利条件。

11 月 28 日至 29 日

省人口计生委副主任陈秀娥率考核组来滦南，对我县 2011 年人口和计划生育目标责任完成情况进行全面考核调查。县领导张国栋、于广秋、杜珍、李玉鹏、张友利、蔡春奎、刘兆宾、白云泽、赵瑞军等陪同考核。考核按县、镇、村的顺序进行，28 日，听取了我县的工作汇报，与相关部门进行了座谈，现场查阅了相关部门的有关档案资料，深入实地进行了考查。29 日，抽查了方各庄镇和高庙村，通过现场核查和入户走访的形式，对各项工作完成情况进行全面考核评估。考核组对我县人口和计划生育工作给予了高度评价。

11月29日

我县在成兆才大戏院召开传达贯彻省第八次党代会精神动员大会。市委宣传部副部长刘育新宣讲了党的十七届六中全会精神和省八次、市九次党代会精神。县委副书记于广秋主持会议。县委书记张国栋作重要讲话，要求全县上下迅速把思想和行动统一到省党代会精神上来，进一步解放思想、坚定信心，发扬少说多干、奋勇争先的精神，加快推进滦南科学发展、赶超跨越。县四大班子领导、县级离退休党员干部代表出席会议。各镇（街道）、县直单位副科以上领导干部，宣传系统（含镇、街道）股级中层干部，重点企业厂长（经理）参加了会议。

同日

国家工商总局发布公告，滦南县唐山燕南制锹有限公司的“燕南”商标被认定为“中国驰名商标”。至此，我县已有“根”和“燕南”2件“中国驰名商标”，占全市“中国驰名商标”总量13件的15%。

11月30日

市委常委、副市长吴海英到滦南调研科技创新工作。县委书记张国栋，县委常委、常务副县长蔡春奎，副县长张怀良及有关部门负责人陪同调研。

同日

唐山市委常委、政法委书记刘建国就省委常委、政法委书记张越对《中共唐山市委政法委员会关于我市破获系列投放危险物质案的报告》给予批示做出批示：请云生同志按张越书记、剑仁书记批示落实。案件的结果和进展告我，表彰提出意见。

同日

中共滦南县委印发滦南字[2011]44号文件，调整县群众工作领导小组成员。

同日

三河市文化建设考察团来我县进行考察学习。县政协党组书记张友利陪同考察。

11月

姚王庄镇市场经纪人协会被中国农产品流通经纪人协会评为全国优秀农产品经纪人协会二等奖。

是月

我县完成淘汰落后产能任务。涉及钢铁行业1家：唐山市荣程钢铁有限公司1座315立方米高炉，3座22吨转炉，淘汰炼铁产能38万吨，淘汰炼钢产能105万吨。涉及水泥行业2家：滦南县第二水泥厂2.2×6.5米、2.2×7米、2.2×7.5米磨机3座；唐山市京滦水泥有限责任公司2.2×6.5米磨机2座，合计淘汰水泥产能50万吨。涉及造纸行业1家，河北永新纸业有限公司1条2400造纸生产线，淘汰造纸产能2万吨。

是月

我县以问卷方式评议“十大不文明行为”。为了提高市民素质，摒弃陈规陋习和不文明行为，推动创建全省文明县城工作，努力提升城市公共文明程度，县创城办在全县范围内开展了“十大不文明行为”评议活动。本次问卷评议共列40种不文明行为供选择。经过1个月的评议和对13081张问卷进行汇总，居前十位的不文明行为依次是：1. 随地吐痰；2. 说脏话、粗话；3. 不自觉排队；4. 侵占或故意损坏公物；5. 践踏草坪、攀折花木；6. 在公共场所随意抽烟；7. 乱扔垃圾、乱扔烟头；8. 随处张贴、涂鸦；9. 酗酒滋事、扰乱治安；10. 行人不走斑马线、随意横穿马路。

是月

胡各庄、马城、南堡、方各庄、程庄、扒齿港、东黄坨、青坨营、姚王庄、长凝、安各庄、司各庄、宋道口13个镇提前一个月完成全年税收任务。

是月

县科技局长冯顺富被科技部授予国家星火科技工作先进个人。

是月

我县两个市场被唐山市商务局、唐山市企业信用管理协会联合评选为“2010年度诚信经营示范市场”。此次“诚信经营示范市场”评选活动全市共3家市场入选，分别为：唐山市金匙荷花坑市场经营管理有限公司、滦南县果菜批发市场、滦南综合交易市场。

是月

我县成泰型材、顶热太阳能、合亿钢锹、腾飞钢锹、燕南钢锹、仁和钢锹荣获河北省名牌产品称号。

是月

唐山冀油瑞丰化工有限公司获批省级高新技术企业。这是2008年科技部、财政部、国家税务总局《高新技术企业认定管理办法》实施以来我县获批的第一家省级高新技术企业。唐山冀油瑞丰化工有限公司是一家专业化学产品制造企业，主要产品为化学助剂。该公司拥有多名油田化学专业人才，近年来组织了气举井清防蜡药剂和工艺的研究与应用、杂多糖苷钻井液体系的研究与应用、JRFP粘土防膨剂的研究与应用等多项针对冀东南堡油田生产的关键技术研究课题。

12月

12月1日

市政协副主席卢晓霞来我县走访驻滦南市政协委员，并参观了中红普林公司彩印包装生产线和泽澳纺纱公司建设情况。县委书记张国栋、县政协主席李玉鹏陪同。

同日

我县召开优化发展环境、维护房地产健康发展专题会议。县委书记张国栋主持会议并讲话。

同日

县人大常委会主任杜珍、副主任冯玉志、刘继海、苗贵生，党组成员白云泽，带领部分人大代表视察2011年政府为民办实事进展情况。县委常委、常务副县长蔡春奎及政府职能部门负责人陪同视察。

同日

中共滦南县委印发滦南字[2011]45号文件，制定《关于开展“对标赶超走在前”调研月活动的意见》。

同日

唐山市委常委、副市长兼农工委书记王久宗率全市农田水利基本建设和造林绿化观摩团来我县观摩扒齿港镇村庄绿化和小青龙河综合治理情况。县领导张国栋、杜珍、张友利、李景云陪同观摩。

12月2日

全国人大常委会机关团员青年一行8人来滦南县参观，县人大常委会副主任冯玉志陪同。

同日

县委书记张国栋到马城镇调研。县领导于广秋、杜珍、李玉鹏、蔡春奎、谢雪生、刘兆宾参加调研。张国栋一行首先慰问了岗子村老党员鲁旺，为老党员送去了亲切的问候和慰问金。之后，张国栋一行视察了大铁矿开发、马城镇唐代风情街建设及村务公开等工作开展情况。有关部门负责人陪同调研。

同日

我县在金辉广场举行“助企业促就业工程”启动仪式暨大型人力资源招聘洽谈会。首钢京唐钢铁联合有限公司等45家用人单位参加大会，涉及文秘、会计等2752个岗位，达成就业意向976人。县委常委、常务副县长蔡春奎出席洽谈会并致辞。

同日

县妇联举行“关爱弱势群体，共建和谐滦南”捐助仪式，拉开了暖冬的序幕。县直机关58个妇委会共捐助御寒衣物5300多件。

12月3日

我县召开盘活存量土地专题会议。县委书记张国栋主持会议并讲话。

12月4日

我县开展“12.4”全国法制宣传日活动。县委宣传部、司法局、普法办组织十几家执法单位以“弘扬法治精神，构建和谐滦南”为主题，在金辉广场进行集中法制宣传。活动不仅发放宣传资料1000多份，提供法律咨询70多人次，还通过展牌宣传、播放录音，收到了“送法到身边，送法进万家”的效果。县人大常委会副主任刘继海，县政协副主席、总工会主席陶顺福到活动现场视察指导。

12月5日

我县召开网络安全管理工作会议。县委书记张国栋出席会议并讲话。

同日

我县剧作家谷景峰做客中央人民广播电台文化娱乐广播、唐山网络电视联合举办的《文化名人坊》栏目，并接受专题采访。专访中，谷景峰与主持人吴迪，就戏剧创作、评剧艺术、编剧技巧、创作风格以及滦南评剧艺术的深厚底蕴和广阔前景等问题进行了深入地交流与探讨。

12月6日

县委书记张国栋在《市有关领导对滦南县总工会关于长凝纺纱行业工资协商机制调查报告批示》中再次做出批示："请党政班子成员阅，要将长凝镇纺纱行业性工资集体协商的经验在全县推广，以此促进产业集群发展，切实维护职工合法权益"。

12月7日

县委书记张国栋会见了中冶交通工程技术有限公司副总经理耿彦生，双方就重大基础设施建设合作达成初步意向。县领导张怀良参加会见。

同日

县委书记张国栋到长凝镇进行工作调研。县领导于广秋、杜珍、李玉鹏、徐文辉、谢雪生、刘兆宾参加调研。张国栋一行先后慰问了高庄子村贫困户韩秉轩，视察了丽景家园小区、长泰商贸街开发建设和郭庄村设施农业发展情况。就举全镇之力配合好大铁矿开发、以建设"轻纺强镇"为目标加快纺织产业集群建设、打造具有特色的小城市、大力发展现代农业和设施农业、精心组织好村两委换届工作、强力维护社会和谐稳定、进一步抓好机关作风建设营造良好发展环境等工作，张国栋提出了具体要求。

同日

县委副书记、代县长许晓娟，县委常委、常务副县长蔡春奎，副县长卢翠娟等到唐山英才学校、北河新区、畜牧兽医局、西城工业聚集区、回迁房建设工地视察并督导项目建设。县直有关部门负责人陪同视察督导。

同日

省政府普及学前三年教育评估组对我县普及学前三年教育情况进行了全面复查验收，认定滦南县高标准通过河北省普及学前三年教育复查验收。副县长卢翠娟陪同检查。

同日

我县开始以回迁房为重点，对全县在建住宅工程质量进行拉网式检查。检查组通过查阅相关技术资料，工程实体质量现场检查等形式，重点检查了混凝土强度、二次结构、钢筋及防水材料现场取样、室内外抹灰等内容，对存在问题提出整改意见并依据相关法律法规予以处罚。

12月8日

北京军区军民共建计生工作检查组到姚王庄镇李营村调研军民共建计生协工作。县委书记张国栋、代县长许晓娟陪同。

同日

河北省副省长沈小平在市委常委、副市长兼农工委书记王久宗陪同下，带领全省现代畜牧业发展大会与会人员来滦南县参观了畜牧兽医局监测中心和京东种猪养殖公司。县领导张国栋、许晓娟、于广秋、杜珍、李玉鹏、蔡春奎、李景云陪同参观。

同日

中共滦南县委印发滦南字［2011］46号文件，制定《滦南县关于做好全县村党组织和第九届村民委员会换届选举工作的实施方案》。

12月9日

唐山市委书记王雪峰对《滦南县以贯彻落实省市党代会精神为契机加快推进科学发展、赶超跨越进程》做出批示：滦南县以贯彻落实省市党代会精神为强大动力，进一步解放思想，努力抓好项目建设、城市建设、党的建设，以文化大发展、大繁荣为支撑，努力实现赶超跨越，思路很好，措施有力，望切实抓好落实。

同日

唐山市委副书记周仲明对《滦南县关于贯彻落实省第八次党代会精神的情况报告》做出批示：精神吃得透，结合本地实际紧密、重点突出、措施有力，抓好落实定见大成效。

同日

市政协离退休老领导来滦南视察。市政协老领导先后参观考察了中红建材城、汇丰钢铁、泽澳纺纱、谷家营平改、建设路南延、那颜桥、北河大桥等我县重点建设项目，在蓝海大酒店听取了滦南当前重点工作情况的汇报，观看了专题宣传片《大工地、大变化》。市政协老领导对滦南工作给予高度评价，一致表示，滦南的发展变化非常大，让人感觉很震憾、很兴奋。县领导张国栋、于广秋、杜珍、李玉鹏、张友利、刘兆宾陪同参观考察。

同日

中共滦南县委印发滦南字 [2011]47 号文件，调整滦南县爱国卫生委员会组成人员。

同日

中共滦南县委印发滦南字 [2011]48 号文件，下达《2012 年重点水利交通城建等基础设施项目任务书》。

同日

中共滦南县委印发滦南发 [2011]55 号文件，制定《关于加强县镇党政班子自身建设的意见》。

12 月 10 日

县委召开十一届第 9 次常委（扩大）会议。会议强调从领导做起，严肃纪律，整顿作风。县委书记张国栋主持会议并讲话。

同日

我县各级党组织开展以“整治环境、服务民生、维护稳定”为主题的党员志愿服务日活动。据统计，全县共有 140 多个党员志愿服务队 1800 多名党员参加了活动，提供宣传资料 6800 多份，接受群众咨询 1000 多人次，走访慰问困难党员群众 75 人，价值达 1.5 万元。通过开展接访、走访和下访活动，发现和排除涉及信访、群体性事件和安全生产等影响稳定的重点隐患 52 起。

12 月 11 日

县四大班子领导机关带头在县委门前举行“真情暖万家”捐款活动。县委书记张国栋出席捐款仪式并率先捐款。县四大班子领导同志及全体机关干部参加了捐款仪式并积极捐款。

同日

我县召开加强外宣工作调度会。县委书记张国栋主持调度会并讲话。

12 月 12 日

纳米比亚农林水利部部长穆托尔瓦一行来我县蒙牛乳业参观考察。国家农业部国际合作司亚非合作处长唐胜尧，省畜牧兽医局副局长刘肇青，唐山市委常委、副市长兼农工委书记王久宗，县领导张国栋、许晓娟、于广秋、杜珍、李玉鹏、李景云、刘兆宾及省市县相关部门负责人陪同。穆托尔瓦一行此次是受中国农业部邀请，就农业畜牧业发展对我国进行考察，考察期共 7 天，我县是此次考察的第一站。

同日

我县召开鹏程违法占地后续工作调度会议。县委书记张国栋主持调度会并讲话。

12 月 13 日

经省政府研究，省政府办公厅以《河北省人民政府办公厅关于同意衡水市等 20 个市县（市）为省级园林城市（县城）的复函》（冀政办函 [2011]55 号）文件正式批复滦南县为河北省园林县城。

同日

省检查组来我县检查验收保障性安居工程建设情况和农村危房改造工作。

12 月 13 日至 16 日

县委书记张国栋，县委副书记、代县长许晓娟参加全市重点项目观摩活动。

12 月 14 日

县编委印发编字 [2011]52 号文件，同意建立滦南县畜牧兽医综合执法大队，为股级事业机构，与县动物卫生监督所实行一个机构，挂两块牌子。县畜牧兽医综合执法大队设队长 1 名（由动物卫生监督所长兼任），副队长 1 名（由动物卫生监督副所长兼任）。不增加人员编制，由县畜牧兽医局（畜牧服务中心）从具有执法能力的持证人员中调剂解决。县畜牧兽医综合执法大队建立后，畜牧工作站、兽医医政监督管理站、兽药药政监督管理站（饲料管理办公室）、县动物卫生监督所（畜禽产品质量安全监督管理所）原承担的畜禽养殖、种畜禽、兽医医政、兽药药政、饲料和饲料添加剂、畜禽产品（生鲜乳）质量安全方面的行政执法职责划出，由县畜牧兽医综合执法大队承担。上述站（所）现承担的行政许可、行业管理、检验检测等职责不变。

12 月 15 日

唐山市委书记王雪峰、市长陈国鹰等市四大班子领导，各县（市）区委书记及市发改委、工信局、国土资源局、住房和城乡建设局、环保局、商务局等单位主要负责同志到我县进行重点项目观摩活动。王雪峰一行实地查看了泽澳高档绿色环保纱线、唐山英才学校高中部建设、北河水城文化旅游观光产业带项目。县领导张国栋、许晓娟、于广秋、杜珍、李玉鹏、张友利、马全红、蔡春奎、徐文辉、于军、李景云、刘兆宾、崔恩富、张怀良、卢翠娟、张云江、闫利平、毕仲仓及相关部门负责人陪同观摩。在本次大项目观摩中，滦南县位居全市第四位。

12 月 16 日

县委书记张国栋会见《中国戏剧》杂志社总编庚续华。

12 月 17 日

那颜湖大桥建成通车并举行 2011 年重点道路建设项目集中通车仪式。重点道路包括北河新区崇法大街、建设北路、兆才北街和仁河大街临时路等 31 个项目，总投资 10.15 亿元，总里程 98 千米。县委副书记于广秋主持仪式，副县长张怀良介绍 2011 年重点道路建设项目情况，县委副书记、代县长许晓娟致辞，县委书记张国栋宣布：滦南县 2011 年重点道路建设项目集中通车。县四大班子领导出席集中通车仪式，县直单位主要负责同志，各镇（街道）党政主要负责同志，老干部代表，部分基层人大代表、政协委员，项目单位负责人、施工单位负责人、工人代表等参加集中通车仪式。与会人员还统一乘车观摩了本次集中通车的重点道路。

12 月 18 日

中共滦南县委印发滦南字 [2011]49 号文件，批转县纪委《关于科级单位党组织主要负责同志向县纪委全委会述德述职述廉的暂行办法》。

同日

唐山市科技局邀请 7 名专家组成鉴定委员会，对滦南县农牧局完成的“冀东日光温室结构优化与蔬菜高效安全生产技术集成”成果（项目编号 010120201A—12）进行了鉴定。鉴定认为项目整体技术居国内领先水平。

12 月 19 日

县委召开十一届第 10 次常委（扩大）会议。会议通报了 11 月份重点工作完成情况；传达了全市大项目观摩会议精神并就下步工作进行研究；讨论了滦南县科级后备干部管理暂行办法；讨论了滦南县关于进一步做好其他编人员管理工作的意见；讨论了县委常委会关于加强自身建设的几点要求；讨论了滦南县关于需要县委常委会讨论和决定的重大事项；通报了城镇职工基本医疗保险市级统筹工作实施意见；通报了滦南县申报唐山市 2012 年重点建设项目；听取了滦南县“五五”普法总结表彰与“六五”普法动员大会有关情况的汇报。县委书记张国栋主持会议并讲话。

同日

我县在蓝海大酒店召开传达学习全市第三次大项目观摩会议精神动员大会。会议通报了全市第三次大项目观摩情况，传达学习了王雪峰书记、陈国鹰市长的重要讲话精神，通过分析形势，查找不足，要求以更加扎实的作风、更加昂扬的士气，少说多干，奋勇争先，进一步加快项目建设步伐，为实现科学发展、赶超跨越奠定坚实的基础。县委书记张国栋作重要讲话。

同日

北京军区联勤部原政委任佩瑜来我县参观考察。县委书记张国栋，县委副书记、代县长许晓娟等陪同考察。

12 月 21 日

市光荣院建设验收组和基层供销社建设验收组先后来我县检查光荣院建设情况和基层供销社建设工作。

同日

我县在电力公司会议室举行关爱贫困农民工子女助学金发放暨开展“幸福接力”行动启动仪式。副县长卢翠娟出席启动仪式。

12 月 21 日至 24 日

县委书记张国栋赴省会参加全省经济工作会议和河北省信访工作会议。

12 月 22 日

县领导于广秋、杜珍、李玉鹏、张友利、蔡春奎、徐文辉、李景云、于军、谢雪生、冯玉志、崔恩富、张云江、毕仲仓与各镇（街道）党委书记、有关部门负责人组成考察团，赴迁安、滦县考察学习。

同日

唐山市教育局副局长周燕来等到唐山英才学校视察指导工作。副县长卢翠娟等陪同视察。

同日

我县在金辉广场开展预防和打击非法集资集中宣传活动。副县长刘高军到现场指导宣传活动。

同日

罗慧琴等唐山演艺集团演职人员到倴城镇李庄子村开展文化演出下基层活动。

12月23日

我县举行《滦南县旅游发展专项规划》专家评审会议。《滦南县旅游发展专项规划》顺利通过中国旅游人才发展研究院、建设部政策研究中心、中国新兴产业模式发展研究院、唐山市旅游局、唐山市城乡规划局、唐山新空间创景旅游规划设计院等单位的专家评审。副县长张怀良出席专家评审会。

12月24日

唐山市重点科技攻关项目—粪尿"零排放"发酵床养猪配套技术开发与示范项目专家鉴定会议在我县举行，市科技局副局长肖树忠出席。

12月25日

成兆才评剧团与北京刘秀荣评剧团在省会石家庄河北会堂联袂演出了大型现代评剧《宋庆龄与新中国》。省领导张庆黎、臧胜业、孙瑞彬、景春华、田向利、艾文礼、马兰翠、孙士彬、王玉梅等与省会各界群众一同观看演出。演出结束后，省委书记张庆黎等省领导与全体演职人员亲切握手并合影留念。

同日

中共滦南县委印发滦南字[2011]50号文件，出台《滦南县科级后备干部管理暂行办法》。

12月26日

县委书记张国栋主持专门会议，听取城乡建设用地增减挂钩试点工作申报情况和城建工作汇报。

同日

农牧局技术站长李学文参加在北京人民大会堂召开的全国粮食生产表彰奖励大会，被授予全国粮食生产突出贡献农业科技人员荣誉称号（享受全国劳动模范待遇），并受到国务院总理温家宝、国务院副总理回良玉的亲切接见。

同日

中共滦南县委印发滦南字[2011]51号文件，调整滦南县安全生产委员会及安委会办公室组成人员。

同日

中共滦南县委印发滦南字[2011]52号文件，转发《中共滦南县委宣传部、滦南县司法局关于在全民中开展法制宣传教育的第六个五年规划（2011～2015）》。

同日

中共滦南县委印发滦南发[2011]56号文件，决定表彰全县"五五"普法依法治理先进集体和先进个人。

12月27日

我县召开专门会议，研究2012年重点工作和城乡建设用地增减挂钩试点计划申报工作。县委书记张国栋主持会议并讲话。

同日

中共滦南县委印发滦南字[2011]53号文件，制定《滦南县新型农村合作医疗实施细则》。

同日

我县举行"道德的力量"——滦南县第四届道德模范颁奖典礼。唐山市委宣传部副部长、市文明办主任郭彦徽，县委书记张国栋等县四大班子领导出席颁奖典礼并为道德模范颁奖。各镇（街道）党委书记、副书记、宣传委员，县直各单位一把手、党组书记及干部职工代表，重点企业厂长（经理），社区干部、村支部书记代表，学生代表和居民群众代表1000余人参加了颁奖典礼。

12月28日

我县在蓝海大酒店召开传达贯彻省经济工作会议精神动员大会。会议传达贯彻全省经济工作会议精神和信访工作会议精神，通报了2011年我县经济发展情况和信访稳定情况，部署了2012年的经济工作和社会稳定工作，要求全县上下以更加坚定的信心和决心，实现更好更快更大发展。县委副书记、代县长许晓娟主持会议，县委书记张国栋作重要讲话。

同日

中共滦南县委印发滦南字[2011]54号文件，下达《滦南县2012年第一批重点产业项目任务书》。

同日

全市第三次农业产业化项目建设观摩团来滦南县观摩农业产业化项目建设情况。

同日

我县隆重召开“五五”普法总结表彰暨“六五”动员大会。会议传达了全国和省市法制宣传教育工作会议精神，回顾总结了全县“五五”普法工作，对“六五”普法工作进行了安排部署。县委副书记于广秋主持会议，县委书记张国栋作重要讲话，县四大班子领导出席会议。会上，县领导向100个先进单位、33名先进工作者和121名先进个人代表颁发了奖牌和证书。

同日

我县召开会议，传达唐山市推选十八大代表会议精神。县委常委、组织部长谢雪生主持会议，县委副书记于广秋讲话。

12月29日

县委书记张国栋赴市参加中共唐山市九届委员会第二次全体（扩大）会议。

同日

县工商联副主席、唐山方舟实业有限公司总经理孟凡帝被评选为河北省2011年度十大经济风云人物。

同日

我县召开安全生产委员会全体（扩大）会议。县委副书记、代县长许晓娟主持会议并讲话。

同日

我县举行有线数字电视村村通工程暨南堡镇数字电视开通仪式。

12月30日

县委召开十一届第11次常委会议。会议研究了公安局党委、法院党组书记任免事项。县委书记张国栋主持会议并讲话。

同日

县政府召开十四届第24次常务会议。会议研究审议了《2012年新农合大病补助基金有关情况》、《滦南县政府性债务管理暂行办法》、《关于城镇土地使用税地段范围划分方案》、《拟列入2012年县委、县政府为群众办的20件实事（讨论稿）》、《关于印发2012年度农业奖励政策的通知》、《关于落实信访部门工作人员岗位津贴的意见》等议题。县委副书记、代县长许晓娟主持会议并讲话。

同日

省委常委、省纪委书记、省农村工作领导小组组长臧胜业对《一切为了人民就能创造奇迹》作出批示：这份调查很有说服力！滦南县的做法主要是体现了以人为本，执政为民，把发展和让人民满意统一于工作的全过程。这些做法和经验应在全省推广。

同日

唐山市委副书记周仲明对《滦南县坚持“三进、三问、四个一”推进“万名干部下基层走千村（楼）访万家”活动深入开展》做出批示：滦南县高度重视群众工作，措施有力、效果很好，值得推广。

同日

我县召开加强各镇其他编人员管理培训工作调度会议。县委书记张国栋主持会议并讲话。

同日

县委书记张国栋、代县长许晓娟等领导到地税局视察指导工作，对地税局在组织收入、加强班子建设、廉政建设以及创新思路开展各项重点工作的做法给予了充分肯定，同时对来年的工作提出指导性意见。

同日

县委书记张国栋、代县长许晓娟等县四大班子领导到国税局慰问国税干部，对国税局顺利完成全年税收任务表示祝贺。张国栋代表县四大班子讲话，希望国税局在新的一年里继续发扬优良传统，坚定信心，为推动滦南更好更快发展再立新功！

12月31日

滦南县在北京举行“北京·滦南‘迎新年话发展’座谈暨项目招商会”。县四大班子领导出席。总投资61.8亿元的泰国万浦集团唐山万浦热电公司2×350兆瓦热发电机组二期迁址扩建、中铁资源集团煤炭综合物流等12个项目成功签约。

同日

成兆才评剧团在北京梅兰芳大剧院演出优秀传统评剧《杨三姐告状》。国家部委、北京有关部门领导、文化新闻界代表、对滦南县经济社会发展有贡献的人员、投资方、首都观众及县领导一同观看演出。这一活动，有力地提高了滦南县的知名度、美誉度和文化影响力。

12月

滦南县第一中学被市政府授予“2011年度高中工作先进校”。

是月

“青河沿”商标被省工商局评为省著名商标。

是月

民情信息员管理、群众信访评议、村级管理“一卡通”、网络舆情监管等四项群众工作机制被省群众工作领导小组评选为全省群众工作“亮点”。

是月

滦南城西工业聚集区中大街西延、创新路、锦绣路、文明街四条道路及地下管网工程全面完工。同时，天然气、煤气、蒸汽、通讯、雨水、污水、给水、电力等综合管网工程全部完工。至此，城西工业聚集区核心区内实现了“十通一平”。截至2011年年底，城西工业聚集区入驻企业48家，谋划实施重点项目114个，建成区面积达到3.74平方千米。2011年完成固定资产投资26.5亿元，实现主营业务收入103亿元、利税总额3.4亿元，新增就业4500人。

是月

滦南县委组织部选送的《三进门》，被中组部评为全国党员教育电视片观摩交流活动文艺片最佳作品奖。

是月

滦南县人民政府被河北省打侵办授予河北省打击侵犯知识产权和假冒伪劣商品专项活动先进集体荣誉称号。

是月

西城胡同社区成立星光家政技能培训学校，为广大无业失业妇女、农村富余劳动力在家政领域实现创业就业搭建了平台。

是月

我县“农民大培训”活动拉开帷幕。县农牧局决定利用今冬至明春开展“农民大培训”活动，主要针对当前农民群众关心和实用性较强的设施蔬菜生产管理技术、农作物病虫害防治技术、农村土地承包经营权流转政策等八项内容进行培训。该活动预计明年5月底结束，计划举办农民职业技能培训一期，短期培训班2期，开展巡回讲座100场次，制作发放光盘2000余张，受训人数累计达到一万余人。

是月

扒齿港镇选送的DV作品《涂国红的幸福生活》，获唐山电视台直播50分栏目“我拍新唐山”征稿二等奖。作者黄才艺参加了全市表彰交流大会。

是月

我县启动农村党支部和第九届村民委员会换届工作。

是月

我县启动第一届全县教师岗位大练兵活动。练兵内容包括三笔字（毛笔字、粉笔字、硬笔字）、普通话或英语口语、简笔画、冀东文艺“三枝花”演唱、舞蹈、乐器演奏、体育课队列口令和广播体操镜面示范、电脑应用基础、课件制作等。

是年

滦南县人民政府被唐山市人民政府授予安全生产目标管理先进单位荣誉称号。

是年

县委党史研究室被评为唐山市党史系统先进单位。

是年

滦南县安全生产监督管理局局长蔡玺被授予全国安全生产监管监察先进个人荣誉称号。

是年

加强城乡困难群体的新型救助体系建设。我县城镇低保标准由原来每人每月310元提高到363元，农村低保标准由原来每人每年1540元提高到1900元。全年共审核审批城镇低保1602户，2701人，占城镇人口总数的3.2%，共发放低保金 783 万元。共有农村低保 12651 户，20063 人，占全县农业人口的 4.05%，共发放低保金 2215 万元，有效落实了“生命线工程”。

是年

民政部门最大限度地解决贫困群体的医疗困难。一是缩短了救助时限，由过去每年年底办理一次，改为每季办理一次。二是加大了救助力度，城乡低保家庭救助比例由原来的 15% 提高到 25%。五保对象医疗救助不设起付线，按新型农村合作医疗报销后自付金额的 25% 给予救助。同时，全年累计救助最高限额由原来 1 万元提高到 5 万元。三是实行了病中救助。一方面，实行了医疗救助“一站式”结算服务，确定了包括基层卫生院在内的 9 个公立医院为定点医疗机构，服务范围为城乡低保户和五保户；另一方面，尝试对白血病、尿毒症、癌症等特殊重大疾病，除其他救助政策外，还给予 1000 元至 10000 元不等的一次性特殊救助。全县 907 个贫困户共报销医疗救助资金 400 多万元。

是年

全县参加新农保的参保人数达 351545 人，参保率达到 95.8%，超过了省政府要求的 90% 的目标。其中 60 周岁以上人员完成了 80089 人，完成任务指标的 100%。完成征缴社会保险费 3750 万元，中央财政补贴 2132 万元。年内共发放基础养老金 2693 万元，新农保基金累计结余 4091 万元；全县参加城居保人数达到 3252 人，其中 60 周岁以上人员完成了 757 人，完成任务指标的 100%。征缴社会保险费 49 万元，中央财政补贴 378 万元。年内共发放基础养老金 19 万元，城居保基金累计结余 408 万元。

是年

滦南县第一中学在全国各学科竞赛中屡创佳绩。共有 12 人次在国家级、25 人次在省级竞赛中获奖。

是年

谷景峰、肖波创作的六集评剧连续剧《杨三姐出嫁》被评为第十届河北省精神文明建设“五个一工程”奖。

是年

我县成功为 250 名贫困白内障患者免费实施复明手术。“贫困白内障患者复明工程”是《国务院关于医药卫生体制改革近期重点实施方案（2009 ～ 2011 年）》确定的重点工作，项目实施所需经费由中央财政给予补贴，为每例手术补助费用 800 元。

是年

长凝镇柳行村林果苗木种植能手李丽被授予“全国城乡妇女岗位建功先进个人”荣誉称号；成兆才评剧团团长、“三枝花”研究保护中心主任孙秀被授予“河北省三八红旗手”荣誉称号；马城镇马城村支部副书记、妇代会主任刘爱芹被授予河北省“双学双比”女能手荣誉称号。县妇联被授予河北省城乡妇女岗位建功先进单位荣誉称号；张万巨牙科医院被授予“河北省创业明星店”荣誉称号；宋道口镇断火村果树种植基地被授予河北省“双学双比”示范基地荣誉称号；倴城镇皂户村庆合奶牛养殖合作社被授予“河北省优秀农村妇女专业经济合作组织”荣誉称号；柏各庄镇交六村、程庄镇潘家戴村、安各庄镇安东村、姚王庄镇曹杨碾村、胡各庄镇沈营村被授予河北省“巾帼示范村”荣誉称号。

是年

县广播电视台被授予唐山市三八红旗集体荣誉称号；县交通运输局总工程师鲁健荣、县检察院公诉科副科长刘翠红、胡各庄镇初级中学校长刘亚红被授予唐山市三八红旗手荣誉称号；扒齿港镇光荣院、县国税局办税厅、县医院妇产医院、银泰商厦有限责任公司被授予唐山市巾帼文明岗荣誉称号；县妇联副主席徐晓芳、县工信局王玉芹、杨青律师事务所李凤川、二中教师王淑艳、滦南县小额贷款担保中心蒋晓梅、倴城镇妇联田淑君、街道办关素梅、县一中桑素敏、姚王庄镇裴艳林、进修学校教师洪玉容、姚王庄镇李营村姚爱英、长凝镇后苏村彭增艳、滦南百莲凯养生馆王向英被授予唐山市巾帼之星荣誉称号。蓝海大酒店、供销大厦有限责任公司、惠康医药商场连锁有限公司、长河永和豆浆、缘定一生影楼被授予唐山市妇女发展服务业明星企业（店）荣誉称号；县司法局、县劳动就业服务局被授予唐山市支持妇女儿童工作先进集体荣誉称号；县委办副主任周立顺、县民政局长霍文旺、姚王庄镇党委书记张永胜被授予唐山市支持妇女儿童工作先进个人荣誉称号；倴城街道办西城胡同社区、倴城镇东上坡子村、司各庄镇后花园村、扒齿港镇涂庄村被授予唐山市妇联基层组织建设示范村（社区）荣誉称号；滦南县胡各庄镇鑫华畜禽养殖专业合作社被授予唐山市“两新”组织妇建工作先进集体荣誉称号。滦南县妇联在市妇联开展的“恒爱行动——寻找爱心父母，编织亲情毛衣，温暖孤残儿童”活动中被评为优秀组织奖；特教老师张淑英被评为“巧手妈妈”。

是年

县广播电视台外宣工作在全市名列前茅，创近10年来最好成绩。全年在市以上新闻单位播发稿件367篇，上稿数量实现了翻番；在中央台发稿2篇、省台发稿37篇，在“出精品、上大台”方面实现了突破；在唐山新闻综合频道发稿排名三年实现“三级跳”，由2009年全市14个县（市）区的第九名、2010年的第六名上升到2011年的第三名；在唐山电视台公共频道播发稿件数量名列全市14个县（市）区第二名。

是年

安各庄镇安东村村民高瑞发编著的《安各庄村史》，历经5年资料搜集、写作、编辑，于2011年出版，这是“滦南县建县以来，农民写成的第一部村史”。《安各庄村史》共分二十章，18万字，全面记录了安各庄村自1404年建村以来600多年的建制沿革、风土人情、经济发展、文化教育、主要事件、民俗礼仪等情况，以翔实的图文资料展示了新中国成立以来，特别是改革开放以来安各庄村的巨大变化，是中国农村历史变迁、繁荣发展的缩影。《唐山晚报》对此进行了报道。

是年

我县晚熟红富士苹果亩产超万斤。县林业局狠抓“精品示范园建设、优新品种引进、果品安全生产、技术指导服务”等工作，实现了“品种优良化、技术高新化、管理科学化”，果品产量、质量、经济效益大幅提升。经测算、评估，柏各庄镇庄五庄村无公害生产基地300多亩晚熟红富士苹果亩产达1.02万斤，一级果率达到65%，创我县历史最好水平。全县1万亩晚熟红富士苹果，可比去年增收3千余万元。

是年

我县粮食播种面积100.51万亩，比上年增加3.87万亩，增长4%；平均亩产458公斤，比上年增加10公斤，增长2.2%；总产量46.06万吨，比上年增加2.8万吨，增长6.5%，粮食生产又获丰收，实现连续8年增产。

是年

县气象局年内组织8次人工增雨（雪）作业，共发射火箭弹34枚，服务全县农业生产。

是年

宋道口镇分别被市委、市政府授予综合治理先进镇荣誉称号和信访工作先进单位荣誉称号。

是年

县爱卫办被省爱卫会评为“河北省改厕工作先进单位”。

是年

县医院开展胰岛素强化治疗新发Ⅱ型糖尿病、碳十四呼气试验HP阳性检测、外伤性肋骨骨折内固定术、经孔侧裂入路脑出血清除术、跟骨粉碎性骨折切开复位内固定术、早期直肠癌经肛门局部切除术、宫颈电圈切除术治疗宫颈疾病、美容缝合术，填补了我县医疗领域的空白。

是年

滦南县被河北省民政厅授予“幸福工程先进县”荣誉称号。

大事详记

征收搬迁工作简况

滦南县人民政府办公室

从2010年4月23日开始，滦南连续组织实施了百日攻坚、百日会战、征收搬迁第一战役、第二战役、第三次征收搬迁等5次大规模的拆迁、征收搬迁会战。5次大的攻坚行动，累计完成39个区域、5765户拆迁、征收搬迁任务，共拆除各类建筑114.8万平方米，腾出土地4956.61亩，实现了“两个百分之百”，即百分之百签约、百分之百拆除，“四个零”，即零上访、零冲突、零事故、零钉子户。5次行动，从动员部署到房子落架，均没有超过一个月，其中2010年4月23日至5月11日，仅用了18天时间，就完成了1883户、1332亩的拆迁攻坚任务；2010年10月5日至11月3日的拆迁会战，用了29天；2011年征收搬迁第一战役，用了一个月时间，第二战役用了28天，第三批征收搬迁也用了一个月的时间。

1. 严格落实城市总体规划，科学确定城市改造范围和改造计划。按照新的城市发展定位和建设目标，滦南重新修订了县城总体规划，通过各种途径广泛宣传，让群众充分了解新的规划目标、城市框架和主要建设内容，帮助群众树立“规划即法”理念；依据新的总体规划，结合老城区实际，确立了“打通道路、繁荣商贸、完善基础、打造景观”的旧城改造思路，制订了旧城改造计划，将重点改造项目通过列入国民经济计划、提交人代会讨论通过、调查问卷、征询座谈等方式，让群众知道城市改造要改什么、怎么改；在此基础上，认真落实县城总体规划，按计划、有步骤的实施老城区拆迁改造，相继完成了涉及7个城中村、10多处危旧小区、20余家企业、单位的拆迁改造任务，除用于改善群众居住条件外，还向南打通了建设路，开工建设了中大街铁路立交，实现了南大街、中大街拓宽；耗资1.8亿元拆除北河沿岸二层商业楼建设北河公园，利用拆出来的土地实施大面积绿化，实现了还河于民、还绿于民；通过拆迁完成了三贸市场改造，建设了中红建材城、唐百集团和平购物广场等商贸设施，完善了城市功能，改变了城市形象。群众也真正感觉到，城市拆迁改造，不是为了开发商谋取利益，也不是领导主观臆断随意确定，而是真正为了城市建设发展，为了维护群众的根本利益，自然得到大家的拥护和支持，也为征收搬迁顺利实施奠定了坚实的基础。

2. 认真执行上级政策，制定一套群众认可、切实可行的补偿安置办法。2010年，结合滦南实际，经过反复研究论证，确定了一套群众认可的补偿安置办法，并在新的《征收补偿条例》出台后，及时修订形成了《滦南县旧城改建征收补偿办法》，主要包括以下内容：一是置换标准，村民户平房按合法土地面积1:0.7的比例置换，居民户平房按土地使用证登记面积1:0.8的比例置换；二层楼不分村民居民，一层按照平房标准置换，二层以上按建筑面积的80%置换，也可以选择按所有权证记载的主体住宅楼建筑面积1:1.25的比例置换；多层住宅楼按建筑面积1:1.2的比例置换相同楼层住宅楼。二是地上建筑物补偿，主房每平方米补偿100元，其他房屋每平方米70元。三是商业房屋，一律按重置价格结合成新评估作价予以货币补偿，对于未经规划部门批准、擅自将住宅或其他房屋用于经营的，按房屋所有权证登记的用途补偿置换。四是村集体所有的房屋，土地征为国有，给予征地补偿安置费，地上建筑物及附属物按重置价格结合成新评估作价予以补偿。五是按相应标准给予搬迁补助费、临时安置补助费和停产停业损失费等相关补偿。这方面始终把握住一条底线，那就是切实维护群众的合法权益不受损害。

如果认为置换标准低，允许群众选择评估补偿，新的征收补偿条例明确规定，对被征收房屋价值的补偿，不得低于该房地产的市场价格。按照确定的置换标准，群众置换到的房产价值远远高于原有房产的市场评估值，既没有违反法律规定，也没有影响群众利益。

3. 结合拆迁、征收区域实际，拿出一份周密细致、便于操作的实施方案。每次征收搬迁行动开始前，都组织相关部门，认真分析研究，做好充分准备。一是根据县城改造计划，结合每次征收搬迁的主要任务，合理确定征收搬迁区域；二是根据搬迁区域现状，抽调足够的工作队员，认真进行分组，精心安排工作队长，明确分包县领导，一个区域一套人马；三是明确完成时限，科学制定时间安排，确定每一项工作任务的完成时限，按照时间节点督导、调度；四是落实部门责任，从宣传、助推、考核、督查等环节，明确各部门职责，分解工作任务，提出工作要求。然后，根据上述准备工作制定实施方案，以正式文件的形式印发到各工作队和各级各单位，为做好征收搬迁工作提供指导和依据。

4. 加强组织领导，建立运转高效、协调一致的指挥体系。成立了高规格的城镇建设三年上水平指挥部，书记任政委，县长任总指挥，全面负责组织推进征收搬迁工作；指挥部下设办公室，办公室常设综合协调、组织保障、纪检监察、政策保障、法律保障、舆论宣传等8个工作组，从各单位抽调业务骨干，负责落实征收搬迁各项具体工作；对每一个征收搬迁区域，都实行县四大班子领导分包制度，四大班子主要领导任总督导，常委任总指挥，每个县级领导都有分包任务，真正深入征收搬迁一线，把办公室搬到“前线指挥部”，与工作队员一起开展工作，共同分析情况、研究处理问题；实行全县各级、各单位助推搬迁工作机制，规划、国土、住建、城管等部门全程参与，城关镇、街道办直接派工作人员进驻工作队，其他各镇、各单位都有一线攻坚任务；县委、县政府督查室，定期开展督导调度，及时通报有关情况，建立了组织严密、指挥有序、保障有力的工作推进体系。

5. 抽调精干力量，打造一支敢于碰硬、能打胜仗的队伍。在征收搬迁工作中，坚持“一线锻炼干部、一线发现干部”，每次征收搬迁，都从全县抽调科级、副科级后备干部，组成精干、高效的攻坚工作队，负责各个区域的签约、动迁工作；结合“创先争优”活动，推行“让党徽在攻坚一线闪光”，要求每个工作队员都佩戴党徽，挂牌上岗，在征收搬迁一线争先进、做表率；为激发工作热情，开展了“拆迁大比武”活动，落实目标任务，设置比武擂台，在各工作队展开工作竞赛，在队员之间形成“比、学、赶、超”的浓厚氛围。几次征收搬迁行动中，累计有近千人次的后备干部参与了攻坚，有效地锻炼了干部队伍，提升了干部素质，打造出一支攻无不克、战无不胜的征收攻坚铁军。

工作体会：

一是四大班子坚强的决心、统一的意志、身先士卒的作风，是征收搬迁工作取得胜利的决定性因素。推进城市拆迁是城市规划建设工作的关键和重点，符合城市发展长远大计，符合群众利益，但因短期内聚焦各种利益诉求，处理不好容易引发各类社会问题，因此也是城市建设工作的难点。只有党委、政府下定决心，全力推进，才能使这项工作扎实进行、取得实效。始终以“打攻坚战”的形式推进城市搬迁改造，县委、县政府主要领导亲自挂帅，亲临攻坚一线，国栋书记经常带领四大班子领导，利用夜间召开工作调度会，到各工作队走访慰问、激励士气，对拆迁中的重大问题及时把关定向，确保了攻坚行动方向正确、上下协调、有序推进；县四大班子领导深入一线、靠前指挥，和分包工作队同吃、同住、同入户，一道研究解决问题，发挥了不可替代的作用；指挥部每天一调度，听取各工作队的汇报，及时掌握进度、沟通情况、把握政策。正是有了四大班子领导高度统一的思想认识和步调一致的工作节奏，才保证了征收搬迁工作的顺利进行。

二是依法依规规范运作，是征收搬迁工作顺利实施的重要基础。国务院《国有土地上房屋征收与补偿条例》实施前，认真执行拆迁条例有关规定，严把拆迁许可关，建设项目批准文件、建设用地规划许可证、国有土地使用权批准文件等五个要件缺一不可，真正做到了法律手续和工作环节不简化。新的征收补偿条例颁布后，为确保征收工作符合政策要求，严格落实有关规定，科学制定各区域征收方案，及时公示并征求意见，积极组织社会稳定风险评估，认真履行决定、公告等法律程序，大范围搬迁还要经过政府常务会、县委常委会讨论通过，对于法律手续不全、尚不成熟的改造项目，宁可暂时不启动。新的征收条例颁布时，正值县“两会”召开前夕，按照新的规定，征收项目必须列入年度国民经济计划，为确保征收搬迁工作按计划实施，连夜组织有关部门按要求完善了相关手续，切实做到了程序完善、手续完备、档案资料完整，为征收搬迁工作提供了有力保障。正因为履行了完备的法律程序，曾有涉拆户聘请外地律师到法院起诉，因为政府拆迁工作无懈可击而放弃了诉讼请求。

三是强大浓厚的舆论宣传氛围，是推进征收搬迁工作的重要保障。高度重视、充分发挥舆论导向作用，协调广电部门，全面改版电视节目，在县电视台开辟专栏，制作专题节目150期，重点时段连续滚动播出，广泛宣传人民群众改善城市环境的呼声和愿望，宣传征收搬迁先进人物、典型事迹；组织规划、国土、征收办等部门，录制专题访谈节目40余期，解读上级征收搬迁政策，宣传补偿安置标准，提高群众的政策知晓率；组织宣传部门着力加强外宣工作，在省、市主要媒体广泛宣传城市建设改造成果；依托文艺部门，制作演出文艺专场30多次，通过群众喜闻乐见的形式，大力弘扬征收搬迁工作中涌现出来的动人事迹，宣传搬迁改造成果；采取张贴宣传标语、宣传车巡回广播等方式，大范围、高密度地宣传县委、县政府的决策部署，据不完全统计，全县5次拆迁、征收行动中，累计制作宣传横幅、标语2.2万条，印发宣传资料1.8万份，出动宣传车辆350台次，发送手机短信5万多条。通过铺天盖地的宣传攻势，为征收搬迁营造了浓厚的社会舆论环境。

四是严格的标准、统一的政策，是决定征收搬迁成败的关键因素。中国传统文化造就了群众“不患寡而患不均”的潜意识，在具体工作中，必须充分认识到这一点，严格按既定的补偿办法操作，任何人不得突破，切实做到“一碗水端平”、“一把尺子量到底”、一个标准执行到底，否则，再好的初衷，再优惠的政策，也不能得到落实。对所有工作队长和全体工作队员再三强调，任何人不许优亲厚友、乱开口子、随意承诺、任意变更补偿标准，必须做到公平公正，对大多数群众负责，如果有人因为自己言行不慎，给整个工作造成被动、带来损失，严肃追究责任人的责任。同时，坚持公开透明、阳光运作，所有评估丈量结果、补偿置换数额均在征收区域张榜公示，自觉接受群众监督。在全体工作队员的积极努力和严格自律下，没有发生一起破坏征收搬迁政策的事件，真正做到了不让老实人吃亏，不让心存侥幸、晚签后拆者多得好处、多占便宜。每次拆迁、征收结束后组织的群众满意度测评中，群众满意率都在98%以上。

五是社会各界广泛发动、举全县之力集中推进，是推动征收搬迁工作的主要依托。每次征收搬迁，都坚持打“速决战”，启动之后，迅速动员全社会力量，形成社会化助推机制。县人大、县政协发出号召，引导各级人大代表、政协委员积极投身助力搬迁行动；统战部、工青妇等单位发挥自身优势，召开座谈会、恳谈会，号召各界群众支持攻坚会战；组织老干部、企业界、公检法机关成立4个“维权助推工作队”，进驻每个征收搬迁区域，为群众和工作队提供各类援助；总工会、工商联等单位组织企业界代表、省市劳动模范，到各拆迁改造区域进行参观慰问；开展“与拆迁同志在一起”活动，所有工作队员的派出单位，全体领导班子成员白天正常工作，晚上到工作队助拆；全面开展“人人为攻坚做贡献”活动，没有攻坚任务的单位，纷纷派出慰问组，组织志愿者小分队，到征收搬迁现场进行慰问，捐款捐物、问寒问暖；充分发挥基层党组织的战斗堡垒作用，在广大党员中间开展“一个党员一面旗帜”主题活动，带领大家重温入党誓词，对涉征党员户作出标记，加强在职和离退休党员干部管理，督促广大党员干部积极主动签约、动员家属和亲朋好友签约。通过广大干部群众的共同努力，形成了全社会拥护、支持征收搬迁工作的良好氛围。

六是工作队员的忘我奋斗、无私奉献，是征收搬迁迅速推进的不竭动力。所有抽调上来参与拆迁、征收的工作队员，都以支持参与城市征收搬迁为己任，发扬“白加黑、五加二”的作风，带着极强的责任心和使命感投入工作当中，舍小家、顾大家，不辞劳苦、连续作战，以“特别能吃苦、特别能战斗、特别能奉献”为荣，走进千家万户，说尽千言万语，想尽千方百计，认真做好群众工作，涌现出了一大批先进典型，有的孩子、老人生病顾不上照顾，有的因公负伤不下火线，有的动员亲戚家人带头拆迁，有的为涉拆困难群众捐款捐物、搬家助拆，充分体现了“拆迁为民、为民拆迁”，赢得了群众的理解、信任和尊重，各工作队先后收到群众表扬信、感谢信55封、锦旗24面，有力地推动了各项工作的开展。

七是有情拆迁、和谐搬迁，是完成征收搬迁目标的制胜法宝。在征收搬迁工作中，始终贯彻“以人为本”的理念，全面发挥党的优良传统，全体工作队员深入群众、深入实际，坚持人性化操作，耐心细致地讲解拆迁政策，不厌其烦地做好群众工作，在严格政策标准的前提下，坚持和谐拆迁、有情拆迁，全面开展“为群众送温暖”活动，走访老党员、老干部，逐户慰问困难群众，主动帮助特殊困难群众解决各类实际问题，取得了良好效果，赢得了群众支持。西北街改造区域涉拆户中有一癌症患者，置换面积不到30平方米，死活不肯签字搬迁，指挥部得知情况后，为其解决了廉租房，使其深受感动、当场签约；中大街铁路立交桥项目征收工作中，新立庄村群众在评估没有结束时，已完成自拆70%。都说拆迁容易引发社会矛盾，在滦南却成了密切干群关系的又一渠道，县评剧团自编自排的现代评剧《三进门》，就是文艺工作者深入征收搬迁一线感受生活之后创作出的精品力作，充分反映了全县广大工作队员心系群众、化解矛盾、和谐拆迁的生动场景，赴省进京演出获得巨大成功。

八是部门联动、综合施治，是打开征收搬迁工作局面的有效武器。县委组织部印发了《关于加强干部监督管理的意见》和《下基层选派干部一线考评办法》，全面整顿提升机关秩序和干部作风；县纪委、监察局制定了《关于确保攻坚任务完成的纪律要求及责任追究办法》，累计处理涉拆案件30余起，举办培训班9期，对26名党员、干部和公职人员进行了教育，对11人进行了诫勉谈话；信访部门认真制定预案，畅通信访渠道，及时做好矛盾纠纷隐患排查化解活动，全力做好维稳工作；法院、检察院多角度提供法律支持，设立“一线法庭”，现场解决涉拆户房产纠纷，共接待群众政策咨询340人次；公安部门强化治安防范和应急处置，严厉打击聚众滋事、盗窃破坏等违法违规行为，维护良好的社会秩序；工商、卫生、税务等部门，充分发挥职能作用，累计出动执法人员1500余人次，收缴税务登记552户，收缴发票60户，收缴卫生许可6户，依法取缔2户。通过各部门的共同努力，维护了正常的生产生活秩序，为征收搬迁工作顺利进行创造了良好环境。

九是一线选人用人、严格落实奖惩，是保持征收搬迁队伍活力的基本准则。2010年以来，县委在历次干部调整中，都贯彻了“一线选人”的用人导向，不断强化跟踪考评，采取队长推荐、队员打分、综合评价的方式，由组织部门定期对各工作队和全体工作队员进行阶段性考核，考核结果详细记录，作为攻坚结束时的评估依据；切实量化考核内容，细化考核标准，将每次政策理论考试结果也纳入评分范围；每次攻坚行动结束后，都要组织召开全县规模的总结表彰大会，对优秀工作队员、先进单位进行公开表彰；在干部选拔使用上，面向攻坚一线倾斜，切实把能力强、素质高、口碑好、成绩突出的后备干部安排到重要岗位，先后有358名同志受到表彰，167名同志得到提拔重用。

十是强化督导、力保回迁，是征收搬迁持续推进的根本保证。县委、县政府始终高度重视回迁房建设，作为头号工程全力推进，专门成立了回迁房建设督导组，建立手续办理绿色通道，全面加强工程进度和质量监管，经过近一年多的不懈努力，第一批拆供迁区域35万平方米回迁房已顺利封顶，第二批32万平方米回迁房全部开工。对于新的征收搬迁项目，严格实行回迁房建设保证金制度，确保及时足额收取，有力的推动了回迁房工程优先开工、优先建设，为涉拆群众按时回迁提供了保障，打消了群众顾虑，带动了整个征收搬迁的签约拆除工作。

回迁房建设简况

滦南县住建局

2010年4月份以来，全县回迁房建设总任务为67.39万平方米，共涉及3788户，分为两批建设。其中第一批回迁房35万平方米，涉及2085户，包括天承锦绣二三期、正通国际城、学府东苑、翰林雅苑二期、金诚华苑二期、鼎盛花园四期、象生新苑、金海公寓、富贵园和翰林雅苑一期（原百货大楼以东）等10项工程，于2010年8月底开工；第二批回迁房32.39万平方米，涉及1703户，包括中红一品、天承锦绣东区、上河城、绿景城市中央、凯旋嘉园、祥润花园4#楼和曼城等7项工程，于2011年8月底开工。至2012年6月底，第一批回迁房已有金海公寓和翰林雅苑一期项目交付使用，象生新苑、富贵园、学府东苑、鼎盛四期和翰林雅苑项目楼已完工，正在进行小区配套建设，其他3项工程正在抓紧施工；第二批回迁房除天承锦绣东区刚开工外有4项工程完成了主体工程，正在进行装修施工，其他2项工程近期可完成主体工程。

一、加快建设进度，让回迁群众“安心”

县委、县政府将回迁房建设作为事关群众切身利益、事关社会和谐稳定、事关发展大局的一项政治任务，将其作为“一号工程”，全力推进，做到了“两个到位”。

一是组织指挥到位。县委、县政府主要领导多次召开回迁房建设座谈会、协调会，面对面听取开发建设单位关于回迁房建设的相关情况，研究解决存在问题。坚持每周一调度，定期听取回迁房建设进展情况，多次深入回迁房工地现场办公，协调解决遇到的问题。

二是督导检查到位。及时成立回迁房建设督导组，直接向县委、县政府负责，严格督导项目单位倒排工期、挂图作战。督导组每天深入各施工工地检查了解情况，协调解决存在问题，按照制定的进度计划督导，每天向县委、县政府上报回迁房建设进展情况。

二、保障群众利益，让回迁群众“顺心”

推行全程服务制度，从原拆迁工作队抽调相关人员，全面负责回迁房建设项目的协调服务工作，积极协助项目单位广泛征求回迁户的意见，尤其是征求他们对回迁房建设位置、户型及分配方案的意见和建议，尽最大可能满足回迁群众的要求。

一是满足对楼层高度的要求。有些开发单位想把回迁房建至26层，通过征求意见，广大回迁户要求回迁房楼层为18层以下、层高不低于2.8米为宜，县委、县政府认真采纳，要求开发建设单位回迁房必须建18层以下，并对层高也提出了不低于2.8米的要求。

二是满足对户型的要求。逐户进行回迁面积意向调查，并按调查汇总结果对户型进行设计，对户型设计方案充分征求回迁群众的意见，反复修改完善，满足各回迁户对户型面积的不同要求。

三是满足对安置位置的要求。充分征求回迁群众对回迁房安置位置的意见，选择地理位置比较好位置建设回迁房；按照回迁户的意愿，实行就地集中安置；在回迁房分配上，逐户征求和听取群众意见，采取回迁群众普遍认可的“抓阄”的方式。

三、确保建设质量，让回迁群众“放心”

如何确保工程质量，是群众最担心、最关心的焦点问题。为把回迁房工程建成群众放心、社会满意的优质工程、精品工程，严格把好“三道关”：

一是严把规划设计关。由规划部门严格按照县城总体规划和设计规范出具规划设计批准文件，对容积率、绿地率、配套设施等提出硬性规定和要求，督导项目开发单位选择一流设计单位，将回迁房与商品房整体设计，规划设计方案报请县规委会审查通过后方可正式实施。

二是严把质量监管关。由回迁房建设督导组会同工程质量监督站督导工程建设、施工、监理单位，全面加强工程质量管理，严把工程设计、施工、验收等关键环节，从材料购进、使用到施工全过程，进行全程、全方位监督，同时聘请部分拆迁群众代表共同参与回迁房建设监督，充分保证了工程质量。

三是严把设施配套关。每个回迁房建设区域均做到了和商品房共同设计、一体配套，按照一流小区的建设标准，完善功能设施，合理设置配套公建，共享居委会办公场所、社区服务中心、物业管理、文化活动、社区卫生服务机构、休闲娱乐设施、小区绿化等服务设施，并且与主体工程同时设计、同时施工、同时交付使用，确保回迁群众享受到和商品房业主一样的居住服务和生活品质。

既有建筑外观改造工作简况

滦南县人民政府办公室

为进一步提高城市建设水平、加快新型城镇化进程，按照省、市工作部署，紧密结合滦南实际，围绕“中等城市、生态滦南”发展定位和“滨海水城、经济强城、文化名城、宜居靓城”总体目标，按照“规、拆、建、改、管”并重的原则，从 2010 年 10 月开始，全面组织实施城市建成区既有建筑外观改造，精心组织、有序推进，取得了积极明显地成效，迅速改善了城市面貌，营造了特色街道景观，提升了城市建设档次和水平。

一、立足实际，统筹兼顾，科学确定改造计划

推进城镇面貌大变样和城镇建设上水平工作过程中，滦南充分认识到城市主要街道是展示城市景观环境的重要空间，直接反映城市建设总体水平，因此把实施老城区既有建筑外观改造和街道景观环境整治，作为全面提升城市建设品位、展示独特城市风貌的重要手段，与加快拆迁改造、加速城市建设、加强城市管理统筹考虑、同步实施。

一是明确改造原则。为确保既有建筑外观改造工作顺利实施，确立了以下基本原则：规划先行原则，坚持先规划后建设、先设计后施工，按照城市总体规划编制既有建筑改造规划；依法依规原则，坚持群众自愿与强力推进相结合，严格按规定程序编制改造规划并充分征求社会意见，然后组织实施；互利双赢原则，通过政策引导，发挥群众主体作用，实现公共利益和群众自身利益的共赢；切实可行原则，确立重点改造范围，制定适当改造标准，确保符合城市建设发展客观需要和群众承受能力。

二是全面调查摸底。基于以上原则，将城区主要街道两侧、重要城市节点周边按规划予以保留和不涉及拆迁改造的既有建筑纳入外观改造范围，组织有关部门开展了全面、详细的调查摸底，共涉及兆才大街、中大街、友谊路、建设路、南大街、和平路、和谐路等 7 条城区主干道路的 11 个重点区域和金辉广场、北环岛、和平广场、仁和广场、滦中商贸城等 5 个重要城市节点，涉改群众 1436 户，涉改企事业单位 88 家。其中，需外观改造的商业门店 988 家、机关企事业单位 61 个、住宅 31 户，需清理规范的商业门店 385 家、机关企事业单位 27 个、住宅 32 户。

三是制定实施方案。为进一步起到突出重点、示范带动的作用，结合摸底情况，提出改造工作分两步走：将南大街西段、友谊路北段、和平路、建设路、兆才大街东段、和谐路等重点路段和金辉广场、北环岛、和平广场、仁和广场等重要节点周边改造列入第一批实施范围，2010 年底前完成规划设计，2011 年 10 月底前完成改造任务；将兆才大街西段、中大街、友谊路南段、南大街东段等路段和滦中商贸城节点列入第二批实施范围，2011 年底前完成规划设计，2012 年 10 月底前完成全部改造任务。

二、积极引导，全面动员，强力推进改造工作

县委、县政府高度重视既有建筑外观改造工作，采取各种有效措施，集中精力加以推进，迅速打开了工作局面，确保了规范改造工作的扎实深入开展。

1. **加强组织领导，健全工作机制。**一是专门成立了县委书记任政委、县长任总指挥、主管副县长任常务副总指挥的改造工作领导小组，每周听取工作汇报，每月组织现场督导，协调相关部门研究解决有关问题；二是进一步明确部门职责，县规划局负责完成概念性设计和示范街道、节点的施工图设计，建设局负责加强施工监管、提供技术指导和服务，城管局负责做好改造区域环境秩序的检查、维护和规划落实监管，工商、税务、安监、质监、环保、卫生等部门结合各自职能提供优质、便捷的服务，形成了部门合作、协调联动的工作格局；三是强化督导、严格奖惩，县委、县政府督查室全面加强监督检查、定期通报工作进展，将改造工作列入相关部门和个人的年度目标考核，建立起了组织严密、指挥有力的工作推进机制。

2. 出台正式文件，统一改造政策。为切实把改造工作抓实抓好、抓出成效，研究制定了《滦南县城区主要街道及重要节点既有建筑外观改造实施意见》（倴政发[2010]35号），有力的规范和指导了改造工作。一是明确了改造标准。对屋顶、墙体、建筑基座等重点改造部位提出了统一要求，规范了色彩、材质和样式，改造建筑的阳台、窗套、雨水管、空调外机位置等也要进行统一处理；规范商业门店和经营性场所的广告牌匾制作规格和设置标准，要求做到布局合理、造型美观；同步完成夜景亮化设施的改造提升，提高亮化美化水平。二是明确了改造政策。在确保建筑结构安全、符合城市规划的前提下，可适当增加层次或自行拆除重建，通过加大建筑跨度、提高层数增加建设规模，增加的建筑面积可以申请变更房屋产权登记；不具备扩建条件的，完成改造并验收合格后可按有关规定申请变更用地性质；改造过程中需缴纳的行政事业性收费和经营性收费一律免收。三是明确了审批程序。由涉改户提出书面申请，县规划局审核、受理，报县规委会审查通过后批准实施。

3. 加强宣传发动，营造浓厚氛围。坚持“人民城市人民建”的理念，发挥电台、电视台、新滦南报等媒体的作用，采取横幅、标语、宣传册等多种方式，高密度、大范围宣传推进既有建筑外观改造和街道景观环境整治对于改变城市面貌、改善人居环境的重要意义和作用，广泛宣传改造政策，集中宣传改造进展，多角度反映广大群众改变城市环境形象的呼声和愿望；积极组织总工会、团县委、县妇联、街道办、倴城镇等单位，开展形式多样、机动灵活的宣传引导活动；适时组织举办了改造成果展，展示改造效果。通过上述途径，统一了广大干部群众的思想认识，形成了“人人关心城市建设、人人支持外观改造”的浓厚氛围，为外改工作顺利推进营造了良好环境。

4. 成立专门机构，集中组织推进。在领导小组统一指挥下，抽调81名科级后备干部，组建了6个既有建筑外观改造工作队，具体负责组织开展各项工作。一是全面入户动员。各工作队按照统一部署，逐户走访涉改群众，认真解读改造政策，耐心做好发动工作，累计入户近万人次，与涉改群众保持了密切联系和及时沟通。二是多方协调服务。充分发挥工作队的桥梁纽带作用，听取群众的意见和要求并及时反馈；积极为涉改群众联系设计、施工单位，全程盯办各种手续；多方协调相关部门，为涉改群众解决各类困难和问题470余件，取得了涉改群众的信任和支持。三是全力组织实施。针对入户调查和前期工作开展情况，各工作队累计下发改造通知1000余份，全面督导各涉改单位和涉改群众按时间节点推进。已按时完成第一批规范改造任务，累计投资1.38亿元，改造既有建筑585处，其中商业门店496家、机关企事业单位58家、住宅31户，清理规范既有建筑444处，其中商业门店385家、机关企事业单位27家、住宅32户，规范改造总面积达22.5万平方米；第二批改造路段的规划、设计等前期工作全部就绪，已于3月初正式启动实施。

三、主动服务，强化监管，切实保障改造效果

为达到预期改造效果，切实提升城市环境形象，维护涉改群众利益，从设计、施工到配套设施建设，采取多种措施加强监管、优化服务，确保改造工程进度和质量。具体工作中，做到了严把6道关口：

一是严把规划设计关。由规划局组织骨干技术人员，专门负责外观改造的概念性设计和示范路段施工设计，多次奔赴北京、天津等地，优选高水平设计单位进行规划设计，同时积极协助各工作队扎实做好现场勘查、拍照测量、数据采集等工作，确保设计与实际相符。不管是总体规划还是单体设计，都按照打造精品的要求，数易其稿、优中选优，形成至少3套高质量的比选方案，提交规委会审定通过后实施，有效保证了改造档次和效果。

二是严把审批服务关。加强改造申请的审批核查，按照改造路段实际，结合县城详细规划，对每个单位、每栋建筑进行科学论证，准确界定规范、改造类别，该改造的必须改造，不需改造的进行外观清理规范；推行全程服务制度，督促各工作队主动协调相关部门，帮助涉改群众解决改造过程中的各种困难和问题，为改造施工提供方便；开通手续办理绿色通道，协调各职能部门简化手续、提高效率，确保外改工程相关手续优先办理、限时办结。

三是严把质量监管关。组织住建、规划、质检、安监等单位，全面加强各改造施工路段的巡查监管，从队伍选择、工地管理到施工组织、工期安排，进行全面监督，责任落实到人，进度安排到天，逐路段、逐户进行技术指导，定期开展质量安全检查，发现问题和隐患及时整改，先后下达停工整改通知15份，避免结构安全问题多起，在加快改造进度的同时，保证了工程质量和施工安全。

四是严把执法巡查关。外观改造实施过程中，规划、城管、倴城镇、街道办等单位密切配合，通过查验手续、核实档案、现场比对和调查走访，准确鉴别合法建筑与违法违规建筑，发现一处拆除一处，没有出现违规建筑通过外观改造变为合法的现象。与此同时，相关部门联合行动，全面加强改造施工巡查，确保按规划设计实施改造，实现了违章建筑拆除和建筑外观改造的有机结合、相互促进，推动了外改工作的依法、规范实施。

五是严把竣工验收关。所有外观改造工程施工完成后，必须及时向有关部门提交竣工验收申请，由有关部门按设计规范对整个工程进行逐项验收，达到设计要求、符合相关技术标准的，为其出具工程合格证明，作为办理房屋产权、土地权属等后续手续的依据，凡不能通过竣工验收的，一律不予办理各项手续，并责令进行整改施工。经过严格把关，完成改造的工程全部通过竣工验收，做到了资料完整、程序完备、手续完善。

六是严把设施配套关。根据既有建筑外观改造工作要求，加大市政基础设施改造提升力度，累计投入资金8500万元，先后完成了建设中路翻修、兆才大街人行道板铺设、南大街拓宽等道路工程，和谐路改造工程正在施工；结合省级园林县城创建，开展了改造路段绿化提升工程，加强了广场等重要节点的景观建设；完成了沿路果皮箱、垃圾中转站、公交站点等公共设施的维修管护，全面提高了改造路段的整体环境水平。

以水为脉　以绿为魂　以文化为根
打造特色滨水生态园林县城

滦南县人民政府办公室

滦南县位于唐山市东南部，南临渤海，是曹妃甸工业区和生态城的直接腹地，河北省沿海“11县9区”经济带的重要一环。全县辖16个镇（柳赞镇由曹妃甸新区托管除外）、1个街道办事处、589个行政村、15个居委会。县域面积1270平方千米，总人口58.3万人，其中县城建成区面积13.97平方千米，人口9.44万人。

滦南县地灵人杰，其特点可概括为“四个三”：一是评剧、皮影、乐亭大鼓“冀东文艺三枝花”发祥地，诞生了评剧创始人成兆才、乐亭大鼓著名表演艺术家靳文然、“皮影大王”张绳武等大师级艺术家，是全国文化先进县、中国评剧之乡和乐亭大鼓之乡。二是拥有马城、倴城、柏各庄“三大名镇”，唐代开元28年马城置县、遗迹尚存；倴城是京东四大名镇之一，元初名将那颜倴盏在此筑城屯粮，古城尚在；柏各庄为唐山沿海重镇，唐海县城即原柏各庄农场驻地。三是素有大米、海米、花生米“三米之乡”的美誉，稻田面积20万亩，所产“柏各庄大米”驰名中外；拥有72千米海岸线，年产各类水产品11万吨，是河北省水产工厂化养殖基地；花生米年产量近6万吨。四是具有不可比拟的三大发展优势，南有紧临曹妃甸新区的嘴东经济开发区，远期规划面积100平方千米，被批准为省级经济开发区；北有探明储量10.44亿吨、远期储量20亿吨以上的马城大铁矿，矿藏品位高、开采价值大；县城有穿城而过、千年不涸的北河，水系环绕，风景秀美，是打造滨海水城的重要依托。此外，滦南县还是全国奶业十强县、瘦肉型猪养殖基地，河北省肉鸡养殖加工基地，“中国钢锹之乡”、全国第二大PVC手套生产基地，拥有1个省级工业聚集区。

近年来，特别是2010年以来，滦南县牢牢抓住列入河北沿海“11县9区”的重大历史机遇，强力推进“三大攻坚、四大开发”等重点工作，迅速开创了大发展、快发展的崭新局面。2010年，完成地区生产总值257.9亿元，完成固定资产投资80.1亿元，实现全部财政收入10.5亿元，已经8年位居全省县域经济30强。2011年上半年，完成地区生产总值136亿元，完成固定资产投资58.4亿元，实现全部财政收入8.01亿元。

在加快推进经济社会发展的同时，滦南县紧紧围绕“中等城市、生态滦南”发展定位和“滨海水城、经济强城、文化名城、宜居靓城”总体目标，按照“滨水生态园林城市”的创建理念，以水为脉、以绿为魂、以文化为根，大力推进省级园林县城创建工作，不断加大投入力度和建设速度，连续组织实施了一大批重点绿化工程，努力“扩大绿地、增加绿量、强化基础、改善环境”，城市建成区绿化覆盖面积达到588.14公顷，绿化覆盖率42.1%；绿地面积556.01公顷，绿地率39.8%；公园绿地面积110.16公顷，人均公园绿地面积达到11.67平方米。

一、加强领导，全民动员，凝聚强大创建合力

为顺利推进创建工作，滦南思想上高度重视，行动上迅速落实，认真对照省级园林县城标准，科学制定创建方案，细化工作步骤和创建措施，精心组织，强力实施，省级园林县城创建步伐明显加快。

一是加强领导，健全机构。成立了县委书记任政委，县长任总指挥的省级园林县城创建指挥部；指挥部下设综合协调、绿化推进、宣传报道、督导检查4个工作组和道路河渠、居民小区、单位庭院、拆墙透绿4个工作队，抽调40名部门领导和业务骨干，负责具体创建工作的协调调度和各项目标任务的督导落实。为进一步强化园林绿化建设管理，成立了滦南县园林绿化管理局，专门负责绿化工作的组织实施和监督检查，为创建工作提供了管理和服务保障。

二是落实责任，强化考核。把创建省级园林县城作为城镇建设三年上水平的重要内容，制定了《滦南县创建省级园林县城实施意见》，召开了最高规格的创建动员大会，县委书记、县长每周一调度，四大班子领导分包重点绿化工程，创建指挥部日调度、周通报、月评比，每天用简报形式通报创建情况，形成了严密高效的工作推进机制；将184项创建任务落实到91个责任单位，完成情况列入部门年度考核；县委、县政府督查室对照责任分解，利用督查专报、内部通报等形式，及时反馈各单位工作进展；严格落实问责制度，第一、第二季度分别组织召开了全县科级干部参加的点评问责大会，对未按时完成任务的12家单位实施问责并公开检讨。

三是广泛宣传，营造氛围。充分发挥电台、电视台、《新滦南》报等媒体作用，开设了创建省级园林县城专题、专栏；出动宣传车280辆次，制作悬挂横幅、标语2700多条，发放宣传资料15000余份，广泛宣传创建活动的重要意义，激发起广大群众参与创建的热情；利用橱窗、板报、宣传栏等形式，在社区、学校、商场等公共场所和人员密集场所，宣传创建工作的目标任务和具体安排，扩大创建工作知晓率，在全社会形成了支持、参与省级园林县城创建的浓厚氛围。

四是全面发动，形成合力。组织广大干部群众开展县树、县花评选活动，确定荷花为县花、栾树为县树；总工会、团县委、县妇联等单位，组织开展“一人一树，绿化家园”和纪念林、纪念树栽植活动；街道办、倴城镇组织社区居民、城中村民，进行绿地、树木认管、认养；企事业单位积极投身门前绿化和庭院绿化；广大群众自觉参与植绿、爱绿行动，通过自上而下的引导动员，形成了“人人关心城市绿化、人人维护绿化成果”的良好局面。

五是拓宽渠道，加大投入。实施“政府主导、市场运作”模式，将绿化建设管护费用纳入年度财政预算，根据城市绿化建设需要及时调整资金安排并确保优先落实；出台优惠政策，鼓励民营大户、私营企业投资城市绿化；引导单位和个人出资，所有沿街企事业单位、商业门店均按“门前三包”要求完成相应区域绿化；采取银行融资、分期付款等多种形式，引进社会资本参与绿化工程建设，多渠道筹集省级园林县城创建资金，为高标准完成创建任务提供了有力支持。

二、超前规划，严格管理，科学实施城市绿化

为提高省级园林县城创建水平，在利用独特的自然条件和深厚的人文积淀方面花大力气、下真功夫，科学安排城市绿化空间形态和布局，园林绿化建设管理水平显著提高。

1. 高标准规划。按照30平方千米、30万人口、多中心分布的滨水生态园林城市的发展要求，聘请上海同济城市规划设计研究院编制完成了《滦南县城市总体规划（2010～2020）》，由南京林业大学编制完成了《滦南县城市绿地系统规划》，充分体现“水城”特色和古城“文化”特色。一是利用县城周边的北河、滦柏干渠、牤牛河、孟新干渠等河渠，构建环绕城市规划区的外环水系；二是加快北河新区水景工程建设和北河公园改造，利用新城湿地构建环新城区内环通航水系，形成外环通水、内环通航的大环城水系；三是按照“显林露水、透绿通畅”的思路，沿环城水系和环城路网建设双环景观绿带；四是以北河文化旅游产业带、北部郊野公园生态带、南部高压绿廊为主体，建设三条城市生态绿带；五是以公园游园、单位庭院、街头绿地为重点，因地制宜规划绿化用地，同时加强防护绿地、生产绿地和各类附属用地建设，形成“绿网蓝脉、生态疏堵、城乡一体、和谐共生”的独特城市绿地系统。

2. 高水平设计。聘请南京林业大学风景园林学院、北京林业大学园林学院等一流设计单位，突出自然风貌特色和历史文化底蕴，运用先进绿化理念和设计手法，高水准进行绿化设计。一是充分发挥绿化植物的多样性，乔、灌、花、草科学搭配，平面绿化与立体绿化有机结合；二是有效利用滨水空间，着力实施岸线处理，精心布设亲水平台、码头、水上曲桥等设施，营造开敞、别致的水景空间；三是着力建设绿化景观，采取雕塑、景石、景观灯、游廊等，点缀公园、广场及游园，提升园林绿化品位，充分体现生态景观效果，全力塑造精品绿化工程。

3. 高规格实施。坚持“规划即法”理念，认真落实国务院《城市绿化条例》、《河北省城市绿化管理条例》，将《滦南县城市绿地系统规划》与城市总体规划有机结合、共同实施，所有建设内容和指标要求一经确定不得擅自改变；严格执行城市绿化审批“一票否决”制度、城市绿线管理和绿色图章制度，制定出台了《滦南县城市绿线管理办法》等配套文件；进一步规范城建项目规委会审批制度，道路、小区、大型公建必须做到与配套绿化同步规划、同步审批、同步验收，有效保障了城市绿化建设的严格依法实施。

4. 高质量管理。充分发挥园林绿化管理局职能，全力加强园林绿化建设、维护的监督管理。一是积极推进园林绿地建设管理的社会化、市场化、精细化，强化绿化工程市场准入机制，提高承建单位资质限制，全部养护管理任务均实行公开招投标，由专业公司负责实施；二是认真执行临街门店绿化带、行道树“门前三包”责任制，严厉查处破坏绿地行为，实施高限处罚，杜绝了侵占、破坏绿化成果现象的发生；三是注重养护承包单位管理，定期组织业务培训和技术指导，确保绿化工程质量；四是加强古树名木管理，专门制定了《滦南县古树名木保护管理暂行办法》，实施挂牌建档、定期巡视。

三、突出重点，提升水平，开展绿化攻坚会战

对照省级园林县城创建标准，3年累计完成绿化投资5.57亿元，集中组织开展了道路河渠、单位庭院、居民小区、建制镇绿化和公园游园建设、广场改造提升、全民义务植树、生产绿地建设、拆墙透绿等9大绿化攻坚行动，取得了积极明显的成效。

一是公园绿地建设突飞猛进。实施了总面积88.3公顷的北河公园改扩建工程，其中水体面积46公顷，核心区已正式免费对社会开放；完成了凝翠园、怡康园等游园改造工程，累计建成公园、游园6个、广场3个，街头绿地16处，新增绿地36.61公顷，实现了“300米见绿、500米见园”。

二是道路绿化成效显著。先后完成和谐路、建设路、友谊路、中大街、崇法大街等城区主次干道绿化提升工程，建成南大街（银杏树）、建设南路（栾树）两条特色行道树种街道，城区道路绿化总面积达到39公顷，城区主次干道绿化普及率100%，新建主干道绿地率达到22.75%、次干道绿地率达到15%以上，其中省级园林式街道友谊路、和谐路绿化覆盖率分别达到38.21%和41.79%。

三是单位庭院绿化管理加强。积极开展园林式单位创建活动，实施并完成了全部单位庭院的绿化提升工程，绿地总面积达到85公顷，先后建成省级园林式单位14个、达标单位9个，市级花园式单位11个、达标单位10个，市级绿化先进单位20个、达标单位3个，全县省级园林式单位、市级花园式单位、市级绿化先进单位达标数量占单位总数的73.6%。

四是小区绿化水平大幅提升。扎实开展社区、企业、居民共建活动，既有小区绿化改造和新建小区绿化建设成绩显著，小区绿化总面积达到19公顷，先后建成三丰、曙光、千禧等3个省级园林式小区和都市佳苑、仁和、鼎盛等3个省级园林式达标小区，和平小区、祥润花园等5个绿化先进小区，达标小区数量占小区总数的61%。

五是生产绿地建设取得跨越式发展。为保障绿化苗木供应，为省级园林县城创建工作奠定坚实基础，采取多种措施，不断加强政策引导和技术指导，扎实推进生产绿地建设，城区绿化苗圃总面积达到43.86公顷，占建成区面积的3.14%，出圃苗木品种107种，绿化苗木自给率达到93%。

六是综合治绿扎实推进。全面开展义务植树活动，累计完成义务植树40万株，成活率和保存率均超过97%、尽责率达到92%；实施金辉广场、和平广场、仁和广场改造提升工程，完成了修缮维护、苗木增植，设置了园林小品、景石和休闲设施；全面完成城区党政机关、企事业单位“拆墙透绿”工程，主干道沿街单位拆墙透绿100%。

七是文化底蕴进一步彰显。着力突出地方文化特色，充分运用各种元素符号，谋划实施了总投资100亿元的北河水城文化旅游观光产业带项目，包括6大类、29个子项目，古城遗址公园、古城文化广场、元代风情街、金代风情街、延庆寺、延庆塔及马城县治所等文化旅游观光项目全面实施，文物古迹及风景名胜得到充分保护和利用。

四、统筹推进，完善设施，全面提升城市容貌

以旧城区改造和新城区开发为重点，“规、拆、建、改、管”并重，全面加强城市基础设施建设，城市环境和形象得到有效改善和提升，夯实了省级园林县城创建的硬件基础。

1. 大面积旧城改造顺利实施。累计完成37个区域、5153户、98万平方米拆迁任务，腾出土地4500亩；组织实施各类房地产项目33个，规划建筑总面积450万平方米，已有20万平方米竣工交付使用，48万平方米主体完工，另有235万平方米正在施工；建设廉租房1.9万平方米、经济适用房1.35万平方米、公租房2万平方米；推行既有居住建筑节能改造10万平方米、热计量改造73.4万平方米，城市环境和人居条件显著改善。

2. 市政基础设施进一步完善。实施了滦海路、北环路、建设路、崇法大街等主干道路新修改造工程，新增城区道路110万平方米，人均城市道路面积达到18.14平方米；建有5万吨水厂一座，城区供水管网总长度70千米，供水普及率100%，综合水质合格率100%；建有热电厂一座，供热能力456万平方米，集中供热普及率52%；采用冀东油田天然气为县城居民和企业供气，燃气覆盖率83.3%；建有日处理能力4万吨污水处理厂一座，城市污水处理率100%；占地面积12.8公顷、日处理垃圾200吨的垃圾填埋场运转正常，生活垃圾无害化处理率98%；万人拥有公厕4座，城市承载能力明显增强。

3. 城区净化工程持续推进。认真实行清扫保洁和环卫监理责任制，城区保洁完全推向市场，清扫保洁总面积达到150万平方米，主次干道清扫覆盖率达到100%；严格落实“门前三包”制度，机关、企事业单位达标率100%，公厕保洁率100%，市容市貌整治完成率达到97.5%，2009年被命名为省级卫生县城；开展环境整治和治污减排专项行动，城区生态环境持续改善，2010年空气质量达到和好于二级天数329天，城市宜居程度大幅提升。

4. 既有建筑外观改造效果凸显。制定实施了《城区主要街道及重要节点既有建筑外观改造实施意见》，抽调后备干部组成6个外改工作队，对兆才大街、建设路、和谐路、南大街、和平路、友谊路等6条主要街道和金辉广场、和平广场、仁和广场、北环岛4个重要节点周边的既有建筑实施外观规范改造，统一改造要求，统一规划设计，统一施工监管，改造总面积达22.5万平方米。

5. 广告牌匾统一规范。以主次干道、城市中心区、商业集中区为重点，集中开展清理规范行动，严格广告设置审批，统一牌匾制作标准，及时清除污损破旧广告，累计规范各类广告牌匾2817块，清理破损、非法广告2720处次，主次干道沿街门店均更换了高标准广告牌匾，户外广告做到了布局合理、统一规范、安全美观。

6. 交通秩序显著改善。组织开展非法营运三轮车取缔行动，清理各类非法营运三轮车2800多辆，率先在全市完成了非法营运三轮车整治目标；开通5条城区公交线路，万人拥有公交车辆达到5标台；大力实施机动车入位、非机动车上架，累计施划各类停车位3600个，城区交通环境不断改善。

7. 市场管理逐步加强。针对城区自发市场多、马路市场乱、流动摊贩管理难的实际，采取疏堵结合的方式，一方面加大城管执法力度，一方面投资8000多万元，建成综合交易市场、三贸市场、果菜批发市场等封闭式经营场所，实施了3个社区市场的规范化管理，清理、消化流动摊点1200余个，取得了良好成效。

8. 夜景亮化标准明显提高。制定实施了城区夜景亮化规划，突出路灯选型，在建设路安装中华灯240杆；加强城区路灯管护，主次干道亮灯率达到100%；实施城区夜景亮化完善提升工程，所有沿街企事业单位、商业门店均完成了轮廓亮化和照明美化，公园、广场、绿地广泛采用草坪灯、射灯等景观灯饰，提高了亮化档次和水平。

9. 数字化城管取得长足进步。组建了城市管理行政执法局，制定出台了16项规范性文件，定网格、定人员、定责任，实现了城市管理的网格化；建成了城乡一体化管理服务信息系统，招聘了专职座席人员和城市巡查员，对城区部件、事件进行实时监控，实现了城市管理的精细化；依托平安城市创建，建立了相对完善的城市动态治安监控系统和电子警察系统，并与城市管理资源实行互联共享，实现了城市管理的网络化。

五、加大投入，推出精品，塑造特色园林景观

按照建设滨海生态水城的要求，以北河新区开发为载体，以环新城水系为依托，大力推进北河水城文化旅游观光产业带建设，全面塑造人文历史和生态绿化有机结合的景观系统。一是打造滨水园林景观。投资8822万元、全长224米、横跨北河水面的北河大桥竣工通车，成为连接新老城区的重要纽带和标志性建筑；北河公园改造工程顺利实施，建有三亭苑、兆才广场、惠民广场、风帆广场、蓝色港湾等景观功能区，设有码头、曲桥、亲水平台、木栈道等设施，形成了城市中央水景生态花园；投资3.8亿元实施北河水系治理工程，整治河道8.2千米，完成高标准绿化16万平方米；充分利用河湖优势，实施了那颜湖生态湿地公园、天鹅湖创意三岛、郊野公园、生态园林山等项目。二是强化文化符号运用。在商业街区、游览景点建设中，充分运用三枝花、杨三姐告状等地域文化、历史元素，谋划实施了三枝花文化创意产业园、三枝花广场、三娥苑、夷齐岛、金代和元代风情街等项目，着力塑造城市特色。三是充分发掘历史遗存。加强元代古城遗址的保护和开发利用，建设了古城遗址公园和古城广场；利用历史遗迹和旧址，复建唐代马城县治所和唐代延庆寺、延庆塔；借助潘家戴庄惨案纪念馆，谋划冀东抗日战争胜利纪念园等红色旅游项目。目前，滦南文化观光产业带已初具规模，滨水园林城市特色初步形成。在全市组织的投票中，北河水城成功入选“唐山八景”。

重点项目建设简况

滦南县发展改革局

2010年4月份以来，县委、县政府全面组织实施重点项目建设攻坚行动，一大批重点项目开工建设，全县上下掀起了前所未有的项目建设高潮。2010年至2011年，全县共分7批集中开工209个重点项目，计划总投资545亿元，其中一产项目23个，总投资13.9亿元；二产项目77个，总投资207.9亿元；三产项目109个，总投资323.2亿元。在这209个项目中，有投资亿元以上项目94个，投资10亿元以上项目12个。

两年来，我县采取县级领导分包、项目助理配合、责任单位协同推进、投资主体具体实施的“四位一体”工作模式，四大班子领导率先垂范，职能部门协调联动，项目助理深入一线，责任单位助推攻坚，宣传、考核、督查同步推进，项目建设按时间节点快速推进，成为滦南经济发展的有力支撑。

一、2010年集中开工项目

2010年共分4批集中开工项目80个，计划总投资280.5亿元，其中二产项目32个，投资85亿元；三产项目48个，投资195.5亿元。在这80个项目中，有投资亿元以上项目49个，投资10亿元以上项目5个。

5月17日，第一批11个项目集中开工，总投资26.3亿元。其中二产项目5个，总投资13.5亿元；三产项目6个，总投资12.8亿元。

6月21日，第二批18个项目集中开工，总投资103.3亿元。其中二产项目3个，总投资3亿元；三产项目15个，总投资100.3亿元。

8月28日，第三批30个项目集中开工，总投资63.5亿元。其中二产项目10个，总投资32.7亿元；三产项目20个，总投资30.8亿元。

10月7日，第四批21个项目集中开工，总投资87.4亿元。其中二产项目14个，总投资35.8亿元；三产项目7个，总投资51.6亿元。

二、2011年集中开工项目

2011年共分3批集中开工项目129个，总投资264.5亿元，其中一产项目23个，投资13.9亿元；二产项目45个，投资122.9亿元；三产项目61个，投资127.7亿元。在这129个项目中，有投资亿元以上项目45个，投资10亿元以上项目7个。

3月17日，第一批32个项目集中开工，总投资70.2亿元。其中一产项目2个，总投资0.6亿元；二产项目8个，总投资15.7亿元；三产项目22个，总投资53.9亿元。

5月17日，第二批50个项目集中开工，总投资81.2亿元。其中一产项目7个，总投资5.3亿元；二产项目20个，总投资44.7亿元；三产项目23个，总投资31.2亿元。

8月20日，第三批47个项目集中开工，总投资113.1亿元。其中一产项目14个，总投资8亿元；二产项目17个，总投资62.5亿元；三产项目16个，总投资42.6亿元。

三、主要特点

一是项目产业结构进一步优化。自实施重点项目攻坚行动以来，我县已逐渐改变原有单纯偏重二产、轻一三产项目的发展模式，使一产、三产项目由少变多，由弱变强，三次产业项目结构更趋合理。在这209个项目中，有一产项目23个，占11%；二产项目77个，占37%；三产项目109个，占52%，项目三次产业结构进一步优化。

二是项目规模大，进展顺利。2010.2011两年集中开工项目209个，总投资545亿元，平均投资2.6亿元，有投资亿元以上项目94个，投资10亿元以上项目12个，亿元以上项目个数是前5年实施亿元以上项目总数的2倍。项目建设总体进展顺利，有效的推动了全社会固定资产投资的增长。2010年完成全社会固定资产投资80.1亿元，同比增长50.9%；2011年完成全社会固定资产投资113.2亿元，同比增长41.3%，实现了经济又好又快的跨越式发展。

三是新兴产业成为项目建设新亮点。在2010.2011年集中开工的209个项目中，有以中船重工船用材料制造为代表的船舶装备制造，以钒钛新能源材料为代表的新能源，以尚新融大军用感性器件及节能产品研发生产为代表的高新技术，以大贾庄铁矿开发为代表的采选矿，以北方鼎业为代表的资源综合利用等一批新兴产业项目，新兴产业项目建设已成为我县项目建设的新亮点，也是今后滦南新的经济增长点。

新民居建设工作简况

滦南县委农工委

滦南县现辖16个镇、589个行政村。2010年以来，县委、县政府抢抓政策机遇，以率先突破的勇气强力推进新民居建设工作，走出了一条独具滦南特色的新民居建设之路，以新民居建设工作为主要载体和抓手，大力促进城乡统筹发展。2010年，滦南被省委、省政府命名为社会主义新农村建设先进县。

一、科学确定新民居建设模式和制定发展规划

2010年以来，滦南县在充分调研、广泛征求群众意见的基础上，确立了新民居建设一步进城、中心镇聚集、中心村联建三种主要模式，鼓励人口向城镇集中，加速推进城镇化。为加快推进农村新民居建设，坚持规划先行，充分尊重群众意愿，积极投入人力、精力和财力，实施规划攻坚，按照“统筹城乡、五化并进”要求，推进人口向城镇集中、产业向园区聚集，经过充分调研论证，仅用不到两个月时间，高质量编制完成了《县域镇村空间布局规划》、《土地利用总体规划大纲》和《县域产业布局规划》，并实现了“三规合一”；完成了各镇镇级总体规划编制工作，并通过了专家评审；除现有48个城中村和镇中村外，全县589个行政村，将有92个村一步进城，112个村进入镇区，160个村合并成32个中心村，177个村撤并或保留为67个基层村。

二、制定出台一系列政策措施

县委、县政府制定出台了一系列有针对性的政策措施。一是加大政策扶持力度。制定出台了《滦南县统筹城乡发展试点工作方案》、《滦南县统筹城乡发展推进新民居建设的指导意见》和《滦南县新民居建设实施细则》，对土地置换、建设标准、费用分担、奖补方式等提出具体意见，为操作实施提供政策依据。二是加大考核督导力度。印发了《滦南县统筹城乡发展试点工作任务分解》，疏理工作任务36项，制定各项配套具体工作方案18个。并出台了《滦南县统筹城乡发展重点工作考核办法》，加大新民居建设工作的考核权重，调动了全县各级推进新民居建设的积极性和创造性。

三、省级新民居示范村用地情况

新民居建设的核心政策之一是城乡建设用地增减挂钩政策。为此，县里组成了专门班子，由国土资源局牵头，积极主动地与省市国土部门沟通联系，全力做好新民居建设用地组卷报批工作。2010年，全县共有25个村获得省批准周转用地1032.2亩，城乡挂钩建设用地4144亩，为新民居建设提供了强有力的保障和支持。同时，严格按照省市有关政策使用置换用地指标，并于4月27日顺利通过了省市国土部门组织的新民居建设用地检查验收。

四、合力攻坚，“八和居”顺利开工

2010年4月，县委、县政府组织召开了统筹城乡发展暨新民居建设攻坚行动动员大会，将新民居建设工作列为三大攻坚行动之一。

2010年10月，县委、县政府组织了规模空前的八和居新民居建设签约攻坚行动。八和居共包括倴城镇马官寨等8个村，原村址占地3819.3亩，新村址规划占地379.9亩，可节约土地3439.4亩，已获得省批复周转用地189.5亩，城乡挂钩置换用地3006亩。总投资8.39亿元、总建筑面积35.8万平方米的全省新民居建设示范工程——八和居，由北京泛华集团以BT形式开工建设。

在组织领导上，由县委副书记韦远东、副县长、农工委书记张怀良统一指挥、协调、督导、调度新民居建设签约攻坚行动。成立综合宣传协调组、政策法律支持组、组织纪检保障组三个专项工作组，具体负责宣传、政策、纪律、后勤等工作。采取县四大班子领导包村的方法，每村由一名县级领导分包，具体负责该村的督导、协调工作。

在工作推动上，抽调300多名机关干部，组成8个工作队，分包8个村，具体负责宣传发动、入户调查、核产作价、签订协议等具体工作。全县16个镇、39家县直单位组成助推工作组，入村开展签订协议工作，有力地推动了协议签订进度。县财政、国土、住建、审计、法院、搬迁办在每个工作队配备一名工作人员，负责审核补偿金额、查验建房批复、房屋确权登记、审批宅基地、认定房屋结构、审核经适房、廉租房及解决买卖房屋纠纷等工作。

在工作流程上，首先开展宣传发动，利用广播、标语、宣传车等形式，大张旗鼓的进行宣传发动，第二步是开展入户调查，并填写入户调查表，了解群众的意愿，并对宅基地、房屋进行初步了解；第三步是开展住宅登记和宅基地丈量，并填写住宅情况登记表，填写完后，公示3天，以接受群众监督；第四步是核产作价，并填写农户住宅补偿登记表，之后，对核产作价结果再公示3天，公示期间有异议的，由工作队员再次入户，重新丈量。第五步是入户签约，根据核产作价结果，签订滦南县新民居建设搬迁安置补偿协议书。第六步是领取购房结算凭证，凭建房批复和协议书，分别经倴城镇国土所和统筹办审查无误后，到倴城镇财政所领取购房结算凭证。

在个性问题上，按照尊重历史、依法依规的原则，解决了房屋确权面积、借用他人批复建房、买卖房屋、批少建多、老房子未确权发证、有批复或《土地使用证》未建房、未履行翻建手续房屋的建成年限、房屋结构、修路搬迁等问题；以经济适用房、廉租房的方式解决了8个村符合建房条件而未批宅基地的农户以及一部分鳏寡孤独和生活特别困难的人群的住房问题。国土部门对符合条件未批宅基地的农户进行了审批；建设、民政等单位出台了《八和居社区经济适用房的有关规定》和《八和居社区廉租房的有关规定》；针对宅基地使用证丢失的情况，设计了《宅基地使用证遗失申请及审查表》；针对户主不在村内的情况，设计了授权委托书；针对分家的情况，设计了签订《搬迁补偿安置协议》声明书。

农村环境综合整治简况

滦南县委农工委

滦南县把农村环境综合整治工作作为统筹城乡发展的重要内容，从2010年3月开始，全县范围内轰轰烈烈地开展了以建设文明、卫生、优美、和谐的社会主义新农村为主题的农村环境综合整治活动，取得了丰硕的成果。

县委、县政府始终坚持把以人为本、尊重群众意愿、尊重群众选择、依靠群众力量推进农村环境综合整治作为首要原则，自上而下统筹安排和协调部署，持续推进农村环境综合整治工作健康有序开展。在组织领导方面，专门成立以县委书记张国栋同志亲自担任组长，农工委、交通局、市场管理局、水务局、环保局、爱卫办等多个部门为成员单位的领导小组，并先后把农村环境综合整治工作纳入全县重点工作和为群众办的二十件实事之一；在工作实施方面，县委、县政府制定下发了《滦南县关于开展农村垃圾集中整治突击月活动的通知》、《滦南县农村环境综合整治工作考核验收办法》等一系列文件，在整治步骤、方法措施以及责任奖惩等方面形成了系统性实施意见；在机制保障方面，实行月通报、季点评问责机制，考核组定期对工作开展情况进行观摩验收，动态监督整治成效，确保了工作质量和工作进度。

活动开展以来，各级党员干部、广大群众以及社会各界都踊跃参与到农村环境综合整治活动中来，形成了全民动员、全民参与的整治热潮，脏、乱、差的卫生状况得到有效整治，净化、美化、亮化和绿化水平显著提高，农村环境综合整治工作已经步入常态化和规范化发展。

一是在农村垃圾专项整治工作取得可喜成效。据统计，截至2011年底，全县累计出动人员13.1万人次，动用翻斗车、铲车、挖掘机、清运车等4.2万车次，清理村内外杂草及各种垃圾56.3万立方米，清理河道沟渠垃圾5.8万立方米，清理交通干线两侧垃圾1.7万立方米，治理农贸市场32个，栽植各种绿化苗木15万余株。全民参与义务工模式、垃圾袋装化模式和户集、村运、镇处理模式在全县得到推广普及。

二是全县上下营造出浓厚的农村环境综合整治氛围。通过新闻广播、橱窗标语、活动简报等多种形式，强化舆论宣传造势。各部门纷纷组织开展了“改陋习、树新风”、“小手拉大手”等主题实践活动，农村环境综合整治工作内容上不断丰富，范围上不断扩大，充分做到了家喻户晓和深入人心。各级党员干部积极投身农村环境卫生整治工作第一线，用先期行动带动群众，创先争优精神在农村环境卫生整治工作中得到充分展现；村庄环境的显著转变增进了广大群众对农村环境综合整治工作的认同感，由起初的被动要求转变为自发自觉，爱护环境、讲究卫生逐渐成为一种习惯性行为。

三是环卫基础设施建设取得新进展。据统计，全县共有镇级垃圾清运车59辆，保洁员专用封闭式垃圾清运车367辆，村级垃圾清运车823辆，拉臂箱106个，垃圾池、垃圾箱等7410个，镇级简易垃圾填埋场23个，村内垃圾存放点872个。硬件设施逐步增加，覆盖面积不断扩大，有效缓解了农村垃圾收集难、清运难这一突出问题。

四是长效管理机制不断健全和完善。全县583个村将农村环境综合整治纳入村规民约，建立健全了《垃圾清运处理工作制度》、《卫生保洁管理制度》、《责任追究和奖惩制度》等相关规章和制度。各镇村专门设立了环卫办和环卫站，明确职责分工，实现了专人专职。农村环境综合整治工作同干部年度考核、村干部工资相挂钩，实行严格的考核奖惩，“卫生划片分包”、“环境卫生门前三包”等日常管理机制深入落实，保洁员队伍建设进一步规范，保障了农村环境综合整治工作的日常化和持续化。

筑巢引来凤凰栖

——滦南城西省级工业聚集区建设纪实

城西工业区管委会

这是一片丰腴的宝地。

这是一块希望的热土。

这是一个崭新的园区。

当你驱车驶入一个充盈浓郁文化音韵县城的西侧，当一条条洁净宽阔的道路纵横交织于脚下，当一个红白蓝三色融汇一起的建筑似彩练抛于空中，那么，你就来到了这个新崛起的商机无限的希望所在——滦南县城西工业区。

城西工业区，是县委、县政府按照项目向园区聚集、产业与城市融合的基本思路，依托产业基础和区位交通优势，规划建设的一个新兴工业区。2011年5月3日，城西工业区被省政府正式批准为首批省级工业聚集区。位于县城西部，东起县城和谐路、西至规划环城水系，南起南环路、北至孟新干渠北侧。规划总面积14.18平方千米，其中建成区面积3.74平方千米，已入驻企业48家。工业区坚持“高起点规划建设、高水平招商引资、高效能经营管理、高品位建设特色”的发展思路，以“高科技、外向型、低碳节能、绿色环保”为特色，努力打造成为产城融合的样板区、科学发展的示范区。

机遇总是给那些有准备之人。抢抓机遇、顺势而为，这是城西工业区全体干部职工用实际行动践行的工作宗旨。在县委、县政府的正确领导下，城西工业区抢抓沿海开放开发战略和省级工业聚集区建设的重要历史机遇，以创先争优活动为契机，扎实推进工业区基础设施建设、重点项目建设、招商引资等重点工作，取得了明显成效。

城西工业区开发建设的重中之重便是推进基础设施建设。总长度7.5千米，路面控制宽度30米，总投资13277万元的中大街西延、创新路、锦绣路、文明街四条道路管网工程，历时7个月，于2011年11月9日全线通车，与其相配套的给水、雨水、污水等地下管网设施也已全部竣工。任务之重，时间之短，效益之高，足以见证：

洒满路上的，是城西工业区全体干部职工少说多干、奋勇争先的实干精神，是他们认真策划、精密组织的扎实态度，是他们昼夜奋战、只争朝夕的无私付出。

为进一步提升工业区整体形象，按照县委、县政府部署，在城西工业区中大街西延路口规划设计了标志性主题造型。工程除底座外观外已全部完工。

一项项工程有序推进，基础设施日臻完善并靓丽呈现。工业区内低压线路搬迁已圆满完成。协调电力、通讯、有线电视等相关部门，完成了王官寨、魏营、汤官寨、双柳树、谷家营等五个村32档、1600米低压线路，3条10千伏线路、汇丰钢厂专用线路、5条35千伏线路及3500米通讯线路的迁改工作。并超前谋划110千伏、220千伏变电站。

工业区还组织相关单位铺设燃气、热力、蒸汽、通讯等综合管线永久性管道，为项目建成投产提前做好准备。通讯、天然气、煤气综合管线已全部完工，蒸汽管线工程已近尾声。

工业区基础设施齐全，水、电、路、讯、热、污水处理等基础设施完备，“三横三纵”的产业布局已经形成。

完善的设施、雄厚的基础、优越的政策，必将带来项目建设的迅猛发展，一幅宏阔蓝图正铺展开来。

2010年以来，工业区共谋划实施项目114个，总投资383亿元，谋划项目数量在全县名列前茅。形成了以现代轻工、装备制造、电子信息和钢铁精深加工为主导的产业集群，城西工业区进入加速发展的快车道。

2010年，工业区有唐山耀东水泥熟料、唐山顶热太阳能设备生产、滦南利民生猪屠宰加工、唐山金利海生物柴油、企创热处理装备制造、中红普林医疗级丁腈手套、唐山成泰塑料塑钢生产线、唐山伯特利汽车制动设备制造、林海科技高压电力装备制造、唐山同创电力工业自动化集散控制系统等10个工业项目竣工投产，累计完成投资15.2亿元，年可增加销售收入12亿元，增加利税近亿元，增加就业1500人。

2011年，城西工业区在建重点项目20个，总投资73亿元，已累计完成固定资产投资21.4亿元。其中，河北永发鸿田农机制造有限公司农业耕种机械生产线、唐山云阁钢结构有限公司钢结构制造、万浦热电循环水改造、唐山海通电子有限公司超声波冷热能表等10个项目完工实现试生产，年可实现销售收入12亿元、利税1.8亿元，增加就业3500人；河北泽澳纺纱有限公司高档绿色环保纱线、唐山汇丰钢铁有限公司冷轧薄板技改项目、河北中通陶瓷有限公司年产180万件高档卫生陶瓷建设项目、唐山坤达科技有限公司高端铝制品项目、唐山瑞程船用型钢有限公司船用型钢生产线项目、唐山耀东水泥有限公司年产120万吨水泥粉磨工艺生产线等项目，2011年底前均实现主体完工。

城西工业区在“三大攻坚、四大开发”中承担着重要任务，既是推进滦南工业化进程和招商引资的新平台，又是实现产城融合、吸纳就业的重要载体。

城西工业区始终将招商引资作为一项重要工作常抓不懈。随着工业区基础设施的不断完善，工业区项目承载力的不断增强，为招商引资工作的发展提供了更加广阔的平台。城西工业区管委会不断创新招商方式，通过走访企业、与企业家交朋友等方式，积极探索以商招商、以商引商路子，形成了政府搭台、企业唱戏的招商引资新格局。

积极围绕重点产业支撑项目大力招商。针对北京二商食品加工基地、中船重工船舶装备加工、生物质能源颗粒燃料等重点项目，主动与项目谋划单位联系，取得了实质性进展。

有针对性地选择县内重点企业在经营活动中招商，取得了初步成果。吉林兄弟门业与仕达家具公司合作投资3.5亿元的实木家俱、实木套装门项目、扬州长城铁路器材有限公司与唐山鼎冠润洪房地产开发有限公司合作投资3亿元的滦南铁路器材厂项目、北京世艺印刷有限公司投资3.5亿元的彩印包装项目，均已达成了合作意向。

全方位开展招商活动。管委会主要领导带队赴江苏、北京、天津等地进行招商，推动谋划项目成熟落地。同时，积极与当地商会等中介组织联系，宣传推介工业区投资优势，扩大招商引资成果。

开展以商招商，推进了企业二次创业；开展以商招商，做好企业的贴心人；开展以商招商，借势推介滦南投资优势。同时，以优惠政策吸引客商、以诚信服务感动客商、以良好环境留住客商。无疑，这种种做法，对全县经济社会的发展将起着至关重要的引领作用。

筑巢引来凤凰栖。积极的招商引资政策，良好的投资环境，使全县的招商引资工作得到了跨越式发展。这得益于县委、县政府的高度重视，得益于全县各级各部门的通力协作和配合，得益于狠抓招商软环境建设。

2011年，城西工业区被县委、县政府授予“滦南县重点项目建设攻坚行动先进单位”。荣誉是县委、县政府对工业区工作的肯定，更是对工业区全体干部职工的鞭策。面对新的征程，城西工业区全体干部职工，将继续以开拓创新、攻坚克难的勇气，以“只为成功想办法，不为失败找理由”的信念，以“白加黑，五加二”的干劲，努力开创一派勃勃生机的工业发展前景！相信：城西工业区必将成为滦南经济发展中一颗熠熠生辉的明珠！

科学发展赶超跨越的开路先锋

——嘴东经济开发区党委为打造滦南经济增长极扎实奋斗

滦南县委办公室

嘴东经济开发区党委成立于2010年10月，是一个年轻的党组织。两年来，正是这个充满激情、充满活力的党组织，依靠县委的坚强领导，依靠全县上下的大力支持，模范践行少说多干、奋勇争先工作作风，扭住中心、突出重点，创新机制，推动园区基础设施建设、产业聚集、港口建设取得重大突破，一个集工业区、生活区、港区为一体的现代化经济开发区正在快速崛起。

一、展示形象：打造攻坚克难的团队

嘴东经济开发区是滦南生产力布局向沿海推进的“桥头堡”，毗邻曹妃甸，距滦南县城约80千米，职工上下班需1个多小时的车程，由于开发区正处于初创阶段，工作环境及办公条件十分艰苦。在嘴东经济开发区办成一件事情，需要付出比其他地方更多的艰辛。为此，开发区党委把打造充满激情、攻坚克难的团队作为头等大事常抓不懈。两年来，党委主持制订了考勤奖惩、目标责任制、党员学习、班子成员例会等一系列制度，形成了科学规范的工作机制。在迎接全市大项目观摩以及筹办全县重点项目开工仪式等重点工作期间，开发区党委每天晚上开一次调度会，总结当天工作，查找工作漏洞，部署明天工作任务。全体职工干部一律吃住在机关，昼夜坚守攻坚一线，七天八天不回家成为家常便饭，“白加黑、五加二”成为工作常态。开发区党委高度重视发挥党员干部的先锋模范作用，班子成员率先垂范。管委会常务副主任、党委副书记侯志勇一心扑在工作上，不是进京赴省跑资金、谈项目，就是深入各工地督导施工进度，主持召开工作调度会，研究解决存在问题，提示部署下步工作，与同志们一起加班加点。管委会副主任陈少江分管基础设施建设工作，任务重、困难多、施工条件复杂，他总是每天第一个到工地督导进度，解决问题，与施工单位共同协调资金等困难。招商局局长刘长东到任后，立即熟悉情况，进入角色，对原有项目逐一进行梳理分析，拓宽招商方式，并不断加大招商引资力度，与意向投资单位交朋友，与进场建设单位处感情。他用自己的真诚和热情感动着每一个投资者。正是这一群人创优了嘴东经济开发区的投资环境。

二、创新思路：破解园区发展难题

2009年5月，投资5000万元的双龙河大桥竣工通车，嘴东经济开发区与曹妃甸工业区实现了零距离连接。如何贯彻县委“融入曹妃甸、服务曹妃甸、打造大基地、建设新滦南”的主体战略，把嘴东经济开发区这篇大文章做好？嘴东管委会一班人紧密结合开发区各项重点工作大胆解放思想，创新发展思路，破解发展难题。

超常规发展需要高起点大手笔的科学规划。2011年初，开发区党委委托北京大学规划设计院重新修订园区规划，规划面积由原来20平方千米扩展为70平方千米，勾勒出工业区、生活区、港区三区联动框架。同时，相继完成了产业规划、总体规划、控制性详细规划、港口航运规划、海域利用规划，委托北京工业大学编制的环评报告一次性通过省环保厅批复。由于规划科学，发展前景辽阔，2011年7月，嘴东开发区被正式批准为省级经济开发区。

嘴东虽有区位、土地优势，但基础配套一直是个短板。为了有效破解这个难题，近两年来，嘴东经济开发区党委以BT、BOT方式为主、其他方式为辅筹措建设资金20亿元，全面铺开园区基础设施建设。截至目前，总投资6.16亿元，吹填面积1.45万亩的吹沙造地工程全面完成，为项目土建施工奠定了坚实基础；总投资9.07亿元、全长19.19千米的园区7条主干道已有2条全线贯通，5条正在紧张铺设；此外，自来水厂一期供水管道工程已经完成，双龙河水系治理工程正在昼夜施工，污水处理厂工程已经启动，施工图将于8月底前完成。

栽下梧桐树，好引凤凰来。嘴东管委会本着三区联动的建设思路，谋划5平方千米的生活服务区，以中冶方舟棚户区改造为切入点，全面展开嘴东城镇开发和三产服务业建设。目前，投资3亿元、占地117亩、总建筑面积10万平方米的23栋回迁房已基本完工；计划投资40亿元的河北凰家海鲜美食城及地产开发项目正在实施，海鲜美食城一期预计2011年底完成主体；全长3.8千米，占地200亩的海鲜美食一条街项目，前期征收搬迁已经全面完成，勘探工作已经结束。嘴东大厦写字楼、温泉度假酒店等服务业项目正在加速推进。嘴东将成为投资的热土和休闲的乐园。

三、骄人业绩：经济增长极初步形成

嘴东管委会一班人少说多干、奋勇争先的工作作风令人感动，嘴东经济开发区日新月异的发展速度令人震撼。在管委会党员干部坚持不懈的奋斗中，一大批大项目、好项目、立县项目纷纷落户嘴东，嘴东的区位优势正在转换成发展优势，嘴东作为拉动滦南经济新的增长极的重要地位已经不容置疑。

2011年，嘴东经济开发区按照县委、县政府部署，实行全员招商、以商招商、点对点招商，全年共谋划实施产业项目30个，项目总投资214.88亿元，产业聚集日益加快。唐山方舟实业修造船厂、海都食品加工厂、方舟海洋食品加工厂等项目已建成投产。

2012年，嘴东经济开发区以县委、县政府“项目建设落实年”以及“争资金、争项目、争指标”竞赛活动为动力，在加快基础设施建设的同时，迅速提升产业项目聚集。上半年共实施重点项目建设16个，总投资182.88亿元，其中投资5000万元的唐山方舟预拌商品混凝土项目已于5月份提前投产；计划总投资47亿元的钒钛新能源综合利用项目、投资12亿元的中金嘉钰国际建材产业园项目、投资50亿元的北方鼎业再生资源开发项目、投资1.48亿元唐山成硕矿山设备生产项目、投资1.2亿元唐山临港木制品公司木制模版项目等全部进场施工。此外，投资6亿元的食品工业园、投资1.05亿元的嘴东大厦、投资0.6亿元的精制盐加工、投资0.8亿元的海鲜食品包装等19个项目也已进场进行场平，将于2011年9月份正式开工。

截至目前，嘴东经济开发区谋划重点项目的总量已达182个，计划总投资1100亿元。其中完工项目5个，总投资4.2亿元；在建项目21个，总投资228亿元；谋划储备项目156个，计划总投资867.8亿元，形成了“完工投产一批、开工建设一批、谋划储备一批”的良性发展态势。正是这些项目的谋划实施，成就了开发区快速崛。嘴东经济开发区已经成为名符其实的滦南经济增长极，而开发区党委及管委会全体同志，则名符其实地成为推动滦南科学发展赶超跨越的开路先锋。

大铁矿，大希望

——大铁矿开发两周年纪实

7月4日，骄阳似火。

再次行进在大铁矿开发区，万物葱茏，满目生机。然而，在这片激情澎湃的热土上，最令人心动的莫过于一个个高耸的钻井塔架。

此时，距离我县与河北钢铁集团矿业有限公司签订合作开发马城大贾庄铁矿项目协议，掀开铁矿开发建设历史性篇章整整两周年。

七百三十一个日夜轮回后的今天，一如当下火热的天气，大铁矿开发区的建设热潮更是一浪高过一浪，捷报频传：

大贾庄铁矿35kv变电站、滦柏干渠跨渠桥工程提前一个月完工，2#副井掘井深度提前一个月达到216米，南回风井完成注浆后进行冷冻钻孔，其余4眼竖井正在进行注浆施工；马城铁矿35kv变电站线路架设提前4个月完工，预征地和滦乐灌渠跨渠桥地质勘查工作迅速完成，实现竖井地质勘查、35kv变电站、场地圈定、联络道路等工程全面实施。

时间过半，任务过半。2011年1至6月份，大铁矿开发区完成固定资产投资5.1亿元，实现税收286.02万元，占全年任务的76.27%。

岁月流金，足迹深深。

两年来，在县委、县政府的正确领导下，铁矿开发办公室一班人用智慧和汗水，全力铺就着滦南实现科学发展、赶超跨越的希望之路。

同心同向，大铁矿开发建设迅速推进

大贾庄马城铁矿两个采选项目共计总投资123.8亿元，年采选矿石分别为500万吨、2500万吨，项目建成后，年可实现销售收入95.5亿元、利税51.9亿元，安排就业4757人。大铁矿开发对推动滦南经济社会发展的意义显而易见。

为确保大铁矿开发建设快速、高效、有序推进，打造滦南快速崛起的特色经济增长极和县域经济发展的战略支撑点，县领导张国栋、许晓娟等多次现场督导、调度铁矿开发建设情况。期间，又亲自带领铁矿办公室及相关部门负责人，赴省、市跑办大铁矿采选项目建设有关手续和大贾庄、马城铁矿35kv变电站手续事宜，时时关注铁矿开发进程。大铁矿开发建设指挥部常务总指挥、县委常委、常务副县长蔡春奎定期召开铁矿开发建设协调会，及时解决铁矿开发中遇到的各项问题，对下步工作进行安排部署。每次遇到急难险重的工作任务，他都亲临一线指挥工作。

县领导的高度重视，奠定了铁矿开发快速推进的基础，进一步增强了铁矿办公室加快铁矿开发的责任感和使命感，两年来，组织开展了实施环境优化、道路建设、电力设施、竖井工程、手续跑办、征地组卷、地质勘查、园区规划八大攻坚战，与县委、县政府同心同向，全力推动大铁矿开发建设。

两年来，一个个具有里程碑意义的日子，记录下了举全县之力推动大铁矿开发建设的气魄与豪情：

2010年8月28日，总投资26亿元的滦南县大贾庄铁矿开发正式启动；

2011年7月19日，大贾庄铁矿采选项目2#副井井建工程冷冻钻孔正式开工，标志着铁矿开发建设进入竖井工程实质性阶段；

2011年12月15日，大贾庄铁矿东北回风井施工队伍内蒙古神华建筑安装有限公司进场施工，至此，7个井建工程全面进场施工；

2011年12月21日，大贾庄铁矿采选项目2#副井开始进行掘井工程；

2012年4月1日，大贾庄铁矿采选项目土地预审意见获得国土部正式批复；

2012年5月16日，马城大贾庄铁矿石采选项目成功列入2012年河北省重点建设项目；

……

忘我工作，一项项攻坚任务圆满完成

大铁矿开发建设涉及到方方面面，各种工作千头万绪。

铁矿办公室一班人在主任裴占生、党支部书记张树文的带领下，严格执行县委、县政府安排部署，少说多干、奋勇争先，发扬“白加黑、五加二”的拼搏精神，组织相关镇、国土局、矿业公司、测绘公司、评估公司分成综合协调组、测量勘界组、清点收量组、后勤保障组，明确分工，制定时间节点，倒排工期，挂图作战。

2012年3月份，马城铁矿35kv变电站供电线路开始施工。线路全长18.3千米，涉及长凝、宋道口、方各庄三镇。由于线路长，作业面较大，涉及问题较多，铁矿办公室专门成立协调领导小组，派专人在工程一线协调施工。为加快施工进度，多次召开调度会议，组织矿业公司及施工单位优化施工方案，采取线路起点、终点同时施工和错开农忙地块施工等多种方式科学推进，比原定11月份提前4个月完成了变电站线路的架设任务。

在5月中旬开始的马城铁矿第二次预征地工作中，每天早上6点，铁矿办公室人员准时来到现场。结合涉及到的相关镇、村干部和农户，走村入户，跨渠越野，认真勘测、仔细清点，精确收量，耐心解释，一米一米推进。

由于时间紧、任务重，无论是烈日当头还是大雨倾盆，大家始终坚守在一线。期间，副主任李亮发起高烧，顾不上治疗，比平时多带上些水就出发了；一位同志背上长出的粉瘤影响了正常休息，在手术切除后第五天，未拆药线就投入到工作中；在往返近百公里的步行勘测、清点等项工作中，有两名同志磨漏了鞋底。

测量清点等工作必须要做到日事日清。白天一天的劳累产生的各种数据，大家都必须在晚上登填完毕，并进行汇总。再加上要协调解决施工中突发的各种问题，忙到深夜顾不得吃饭是常有的事。

众人一心，其力断金。

凭借全体干部扎实的工作作风，分两期开展的马城铁矿预征地工作仅仅不到一个月就顺利完成，创造了全县大项目建设的高效率、快节奏，为加快大铁矿开发建设提供了坚实保障。

主动服务，切实维护好群众利益

大铁矿开发是利国利民的好事，无疑也将成为滦南经济社会发展的巨大引擎。

在大贾庄马城铁矿开发中，铁矿办公室一班人牢固树立群众利益无小事的理念，集中学习并熟练掌握了省、市、县有关征地、青苗及地上附着物补偿的相关政策法规，实际工作中耐心向群众做好宣传解释，并严格按照规定落实到户。力求做到不漏一户、不丢一项、不失毫厘，发现问题及时协调相关单位解决。

马城镇南坨村老王家有三个大棚，全部种植了草莓。在马城铁矿预征地工作开展时，正值草莓开花时节，老王租用了三箱蜜蜂进行授粉，每箱1400元租金。工作中，考虑到老王花费租金已成事实，工作人员主动把此项也列入了补偿清单。种了大半辈子地老王高兴地说：“你们办事公平合理，虽然我家大棚没有了，要受些损失，我也心甘情愿。”

清点工作纷繁复杂，常有特殊情况发生。一次，在按照一个拥有设施蔬菜大棚的农户所报物品清点时，他忘记了棚外卷帘机。事后他找到工作人员反映情况，经过认真核对后，铁矿办公室工作人员及时协调相关单位进行了评估作价，发放了相应的补偿金额。

铁矿办公室一班人真诚的服务得到了当地百姓的大力支持，口口相传中，有力推动了各项工作的顺利推进。

关山初度路犹长。

铁矿开发办公室按照县委、县政府的部署，抢抓河北省沿海上升到国家战略、打造“钢铁强省”的重大机遇，与河北省大地建设科技有限公司签订了编制矿区经济园区规划协议，预计年内编制完成矿区总体规划、产业规划和控制性详规，一副钢铁产业循环经济示范区的美好蓝图即将绘就。

北河新区开发建设简况

北河新区管理处

一、总体概况

北河新区位于滦南县城北部，规划面积10平方千米，规划人口10万人，城市功能以行政办公、文化教育、社会事业、商业金融、休闲宜居为主，重点发展生态旅游、三产服务等产业，是实现城市提质、扩容，打造滨海特色中等城市的重要平台。

2010年以来，滦南县紧紧抓住城镇建设上水平和沿海开放开发战略机遇，围绕“中等城市、生态滦南”总体目标和“滨海水城、经济强城、文化名城、宜居靓城”发展定位，全面落实县城总体规划和北河新区控制性详细规划，坚持“以水为魂、以史为脉、以文为根”的建设理念，将北河新区开发列入四大开发重点工作，集中全力加以推进，北河新区正式进入大规模开发建设阶段，先后谋划实施总投资175亿元的重点项目95个，涉及水系治理、城市路桥、公园广场等基础设施，行政办公、住宅小区、接待服务等功能设施，已开工建设重点项目45个，其中，20个完工、25个在建，已累计完成固定资产投资25.9亿元。目前，总投资100亿元、包含6大类29个子项目的北河水城文化观光产业带初具规模，文化旅游产业全面启动。在全市组织的全民评选中，北河水城成功入选“唐山八景”，城市知名度和美誉度不断提升，一座“碧水环绕、绿树掩映、古韵新风、曲美人和”的新型城市正由规划变为现实。

二、开发建设情况

在县委、县政府的坚强领导下，在各部门的大力支持下，按照县城总体规划，结合北河新区开发建设实际，确定了“以科学规划指导开发，以统筹推进加快建设，以综合施治跟进管理”的工作思路，从无到有，迅速打开了工作局面，北河新区环境形象显著提升。

1. **打造特色生态水城。**按照建设生态、宜居城市的目标，突出滨水园林特色，投资3.8亿元实施了北河水系综合治理，对老城区北侧的北河实施拓挖整治，在新城规划区北侧开挖导流明渠，同步完成跨河桥梁、闸涵等附属工程的设计、施工，形成了全长15千米、局部可通航，兼具防洪排涝、含蓄水源功能的环新城区景观水系；积极推进新城规划区湿地保护利用工程，结合新区控制性详细规划，加紧实施那颜湖湿地开发、天鹅湖创意三岛等项目，均已完成规划设计；计划打通环新城水系与虾米洞、胡家坡大湖等天然水体的联系，对胡家坡湖面实施清淤治理，规划建设郊野公园，沿湖建设生态休闲农庄、游客接待中心等项目，其中燕南山工程主体正在施工。

2. **建设北河水城文化旅游观光产业带。**充分发挥古城文化特色，确立了以文化为根、以历史为脉、以水为魂，着力打造北河水城文化旅游观光产业带的发展战略。实施了总面积88.3公顷、水体面积46公顷的北河公园改扩建，核心区已正式开放，建有三亭苑、兆才广场、风帆广场等景观功能区，形成了城市中央水景生态花园；水上游览项目正在积极筹备，码头、曲桥、亲水平台、木栈道等设施已经建成，画舫、游艇已经购置到位；沿北河水系布设了惠民广场、悦民广场、健民广场、三娥苑等多处景点和功能设施，滨水生态休闲功能逐步完备；评剧大世界（“三枝花”非物质文化遗产创意产业园）项目即将正式实施，书画家村、博物馆谋划成熟，文化创意产业迅速起步；古城广场基本完工，元代古城遗址公园、唐代马城县治所及商业街正在建设，唐代延庆寺、延庆塔、冀东抗日战争胜利纪念园等项目已完成前期准备，历史遗迹开发保护取得积极进展；蓝色港湾、上河城购物广场、曼城等项目正在施工，金代和元代风情街项目即将开工，休闲娱乐购物设施逐步完善；蓝海大酒店建成投入使用，金水街、北河星级宾馆开工建设，旅游接待服务能力明显提高。目前，北河文化旅游观光产业带已初具规模，北河水城成功入选“唐山八景”。

3. **加紧完善基础设施。**把基础设施建设作为推动新城区开发建设的根本支撑，投资8822万元、全长224米、横跨北河水面的北河大桥竣工通车，成为连接新老城区的重要纽带和标志性建筑，为城市建设跨过北河向新城区发展奠定了良好基础；投资6000万元的那颜湖大桥建成通车，拓展了新区的发展空间；投资4.5亿元，实施了全长9.7千米的主干道路新建工程，崇法大街、建设北路已经竣工通车，新北环年内投入使用，新城区交通框架基本建立；完成了主干道路两侧的供水、雨污水管道和电力、通讯管网预埋工程，供热、供气主管道已完成了延伸铺设，新区基础设施水平不断提升。

4. **迅速提升新区功能。**严格落实北河新区功能区划，加快推进重大设施项目落地开工进度，投资3.5亿元、建筑面积7.9万平方米的企业研发中心已完成主体，北河九号公寓、天鹅庄园一期、金地紫乐府一期等住宅小区主体完工，评剧大世界、规划展馆、美术馆等项目已完成选址，新一中等项目正在积极筹备，重点功能区域基本成型。

北河水系治理工程

滦南县水务局

根据北河新城区建设需要，结合北河水系现状，确定水系治理工程总体范围为北河龙湾子桥至北河王土倒虹吸段。主要包括：一、北河松树段拓宽开挖，长凝道口至王土倒虹吸整理拓宽及北河中段整理清挖等工程，同时对北河治理段西岸的工程防护与生态防护相结合的方式做护岸防护工程。二、沿县城北外环路北侧开挖新建导流明渠一条，汇集北河上游及跌道沟上游来水于王曹铁路桥上入北河，实现北河水系上游沥水经导流明渠排泄，绕过新城区达到新城区防洪保安的目的，从而使北河中段成为城中河，减轻其防洪压力。三、按新城区规划，利用跌道沟来水，规划建设新城区内部水网。四、分别于导流明渠与北河进出口处设置节制闸；于导流明渠与跌道沟交叉处设置闸涵，在新城区水网入北河进口处设置闸涵，用于洪沥水排放控制调度。五、于新城区东南部建排水泵站，用于新城区内部排水（遇大水时启用）六、在导流明渠及北河河道上跨河（渠）交通桥保证新城区与处部的交通连接。通过以上工程的实施，可使北河行洪能力达到十年一遇标准，北河新城区防洪能力达到二十年一遇标准。

1. 导流明渠工程

导流渠按20年一遇工程标准设计，工程全长6121米，设计洪峰流量75立方米/s，土方开挖42.26万立方米，土方回填6.96万立方米，设计河底底宽20米，为了体现工程的亲水性，两侧设置2米宽亲水平台，亲水平台以下采用防泥化生态袋进行防护。右岸堤防级别为4级，左岸堤防级别为5级，地震烈度Ⅶ度。工程于2010年8月28日开工，于2011年4月27日竣工。工程总投资1080万元。

2. 北河松树段河道拓宽工程

工程按20年一遇工程标准设计，工程全长2314.6米，设计河底底宽100米，纵坡前114.6m为平坡，底高程8.0m，后2200m为1/10000，河道设计蓄水位9.0m，为了体现工程的亲水性，在9.3m处设2.0m宽的亲水通道平台，亲水平台以下采用防泥化生态袋进行防护。工程于2010年8月28日开工，于2011年4月27日竣工。总投资1954万元。

3. 进口枢纽工程

工程位于徐官寨村东北河与导流明渠交汇处，包括进口连接段、进口节制闸及北外环桥。进口连接段全长73m，上游防护段长18.4m，为梯形断面，底宽25m，边坡坡比1:3，护底顶高程11.0m；陡坡段长13.6m，为复式断面，底高程由11.0m降至7.6m，坡比为1:4，11.0m高程以下为矩形断面，护底为0.6米厚钢筋混凝土结构，边墙为悬臂式钢筋混凝土挡墙，11.0m高程以上为0.3m的浆砌石护坡，坡比为1:3；下游水平段长40m，左侧与新开导流渠相连，下游与进口节制闸相接，底高程7.6m，前10m为0.6m厚的混凝土结构，后30m为厚0.5m的浆砌石结构，边墙结构与陡坡段相同。

进口节制闸位于陡坡段下游，闸室长17.0m，为两孔，单孔净宽8.0m，闸室底板高程8.0m，闸墩顶高程14.0m闸室采用整体式钢筋混凝土结构，闸门采用钢制卧倒门，闸门宽8.0m，高5.0m。

北外环公路桥位于进口节制闸下游，桥宽32m，设计荷载等级为公路1级，为钢筋混凝土箱型结构，分两孔，单孔宽8.4m，净高5.75m，底板厚1.0m，边墙厚0.9m，中墙和顶板厚0.8m，箱涵顶部设桥面铺装、路面及栏杆，桥面高程14.75m，箱涵两侧各设5m长的桥头搭板。箱涵下游设钢筋混凝土悬臂八字墙与北河拓宽整治段相接。工程于2010年12月15日开工，于2011年10月8日竣工。总投资1070万元。

大工地　大变化

——滦南县推进“三大攻坚、四大开发”纪实

滦南县委办公室

2010年4月，古城的春天格外明媚，滦南人民永远铭记。2010年4月23日，滦南城镇面貌三年大变样攻坚的号角还在耳边回荡。

春去春回又一年，滦南大地竞芳菲。

从马城到嘴东，从北河到城西，从县城到镇村，如今的滦南，三大攻坚势如破竹，四大开发如火如荼；如今的滦南，大工地遍布城乡，一派繁忙，充满生机；如今的滦南，大变化亘古未有，涤荡陈迹，日新月异。

2010年，全县固定资产投资完成80.1亿元，同比增长50.9%；地税完成2.26亿元，同比增

长27%；2011年第一季度，完成固定资产投资14.3亿元，同比增长76.7%；实现财政收入2.3亿元，同比增长10.8%。滦南各项工作先后26次得到省市领导肯定性批示。

一个个巨变，一组组数字，让滦南的党员干部激情澎湃、奋勇争先，滦南的人民群众笑逐颜开、豪情满怀。一个“激情滦南、实力滦南、文化滦南、生态滦南、和谐滦南”正如一轮旭日喷薄而出、冉冉升起。

三大攻坚势如破竹

曾记得，滦南在财政实力、经济总量、城镇面貌等许多方面存在明显差距。滦南再也慢不得，再也输不起。任务艰巨，时不我待，只有只争朝夕、奋勇攻坚。

2010年，注定是滦南不平凡的一年。2010年4月16日，滦南迎来了一场久违的春雨。刚刚到位第二天的县委书记张国栋心炽如火，果敢睿智，雷厉风行。4月23日，召开了全县城镇面貌三年大变样百日攻坚动员大会；4月30日，召开了全县重点项目建设攻坚、统筹城乡发展攻坚动员，滦南吹响了“三大攻坚、四大开发”的号角，掀开了大发展、快发展的崭新一页。

城市建设攻坚，绘就城市美景

2010年全省城镇面貌三年大变样的关键之年，2011年是全省城市建设三年水平的起步之年。

面对难得的历史机遇，滦南以“中等城市、生态滦南”为定位，以打造“滨海水城、经济强城、文化名城、宜居靓城”为目标，坚持“规、拆、建、管、改”并重，一场场攻坚战役在滦南大地轰轰烈烈地展开。

这是一幅幅滦南县城市建设规划图。“规划即法”。滦南把规划工作提到城市建设的法律地位，充分体现“滨海水城、生态园林、古城文化、区域中心”特色，规划设计了《县城2010～2020年建设规划》，绘就了“30平方千米、30万人口”的中等城市发展蓝图。

从那时起，以拆为开局，攻坚行动以前所未有的气势、前所未有的速度，势如破竹，快速推进。在短短18天的时间内，就完成16个涉拆区域、1881户的拆迁任务，涉拆面积35.6万平方米，腾出土地1322亩，创造了拆迁史上的“滦南效率”。省委常委、原唐山市委书记赵勇在看到滦南县取得的成绩后这样批示：“滦南县决心大、行动快、成效好”。

滦南并不满足已经取得的成绩，百日会战中，又完成了涉及县城13个区域的拆迁改造。2011年3月初启动的涉及833户的5个片区旧城区征收搬迁工作已基本完成。一年间，滦南县顺利完成4562户、97.8万平方米的城市拆迁和8万平方米的拆违任务，实现了科学拆迁、依法拆迁、和谐拆迁。

天下第一难的拆迁，在滦南变成了城市建设的“奠基工程”、经济发展的“提速工程”、造福百姓的“民心工程”、锤炼干部的“素质工程”。现代评剧《三进门》这部以城市拆迁为背景创作排演的现代评剧，赴省进京演出取得巨大轰动，被省委常委、宣传部长聂辰席批示在全省巡演。一出戏剧，不仅讲述了滦南拆迁史诗般的进程，更描述了滦南发展的新思想，滦南干部的新作风和滦南人民的新生活。

“建”是大变样、上水平的核心。县委、县政府把回迁楼房建设列为“一号工程”，建立保证金制度，成立专门督导组，督办开工、督办质量、督办速度。谷家营二期、三期平改楼、东北街、西北街二期平改楼……涉及16个片区、2085户、34.91万平方米的回迁楼房全面开工，按进度节点快速推进。

为发展城市经济，滦南加大县城商贸产业投资力度，积极推进中红建材城、银泰商厦、唐山百货大楼、时代购物广场、汽车交易市场、三贸市场等一批三产服务业项目，为加快城镇化提供了强劲动力。

夯实城市发展基础是城市建设的又一核心内容。滦南立足城区提质扩容，大力完善城市基础设施，北河大桥、建设路南延、中大街拓宽、南大街拓宽等一批城市道路工程已经完成，中大街西延、新南环路、崇法大街、建设北路等工程正在加紧实施。

目前县城在建项目61个，总投资达194亿元。

城市形象的提升离不开科学的管理。滦南

全党动员、全民动手，迅速掀起省级园林城、省级文明城创建高潮。实施绿化攻坚，滦海公路、高速出口、友谊路南出口等一批绿化工程全面完成。北河公园建设快速推进，2011年五一即可开园。大力加强城区交通整治，2800多辆非法营运的三轮车被依法取缔。高标准加强市政设施建设与维护，规范建筑围挡、广告牌匾，城区“五乱”得到有效治理。扎实推进农村垃圾集中清运处理，建立了城乡环境卫生管理长效机制，城乡面貌焕然一新。

城市景观改造，是迅速提升城市形象的重要手段。滦南依据城市总体规划，把不再实施拆迁的区域保留下来，统一进行景观改造概念性设计，强力推进南大街、和平路、建设路等6条重点路段及节点的既有建筑外观改造，473处改造任务全面启动，453家规范清理任务基本完成。

精彩还在继续。一个30平方千米、30万人口，碧水环绕、绿树掩映、古韵新风、曲美人和的现代化中等城市，正在加快变成现实。

项目建设攻坚，奠定发展基石

项目是立县之本，发展之基。没有一批大项目、好项目作支撑，大发展快发展就是一句空话。从近三年看：

2008年，滦南实施亿元以上项目8个，计划总投资42亿元；

2009年，滦南实施亿元以上项目18个，计划总投资78.5亿元；

2010年，滦南实施亿元以上项目65个，计划总投资430亿元。自2010年5月17日，在不到一年的时间里，滦南县分五批集中开工了112个重点项目，计划总投资达350亿元；

数字是醒目的，数字体现出滦南县项目建设攻坚的丰硕成果，显示出滦南未来发展的强劲活力。

项目建设攻坚，就是抓开放。

市委书记王雪峰来滦南调研时一语中的地为滦南指明了发展的方向：“滦南要加大开放力度！”滦南县委、县政府视投资者为上帝、视引荐者为功臣、视环境为生命，出台了《关于进一步加大招商引资的优惠政策》；组织开展了银企对接、“唐山民企进滦南”、“台商进滦南”等招商引资活动，积极参加曹洽会、陶博会等大型经贸活动，精心组织北京、广州、深圳、厦门、香港的专项招商活动，招商月活动正在全县深入展开。一年来，河北矿业集团、保利、万科、二十二冶、中船重工、厦门国贸、福建毅丰新能源、厦门金溢来、香港丰达等一批央企、大型私企纷至沓来。

项目建设攻坚，就是促转变。在转变发展方式中扩大经济总量，是滦南发展的重大任务。滦南坚持按照国家产业政策，严把项目准入，积极发展优势产业、新兴产业。方舟船舶、利民食品、金利海生物柴油、顶热太阳能等一批好项目已经落地；投资40亿元的钒钛新能源材料，投资30亿元的东丰风电、投资300亿元的华能风电、投资30亿元的万浦热电扩建、投资120亿元的大铁矿开发等一批新项目、大项目正在紧张推进。

项目建设攻坚，就是破难题。在项目谋划建设中，滦南严格落实行政审批服务承诺，首问负责、跟踪问效、责任追究等制度；所有项目均实施领导分包制，做到每个重点项目都有一名县领导分包，两名后备干部助理，加快破解资金、土地、手续制约，确保项目落地开工。2011年，更是全力推进“千百十”工程，在全县不断掀起谋项目、跑项目、上项目的高潮。目前已谋划储备重点项目717个，计划总投资3035亿元，呈现出“竣工一批、开工一批、储备一批”的良好局面。

统筹城乡发展攻坚，实现农民梦想

滦南县牢固树立机遇意识、发展意识、责任意识，快速组织实施统筹城乡发展攻坚，推动新民居建设率先突破。

为避免建设的随意性，滦南把规划作为科学推进工作的基础保障，摸底调查、多方论证，编制完成《县域镇村空间布局规划》《县域产业布局规划》《土地利用总体规划》《镇村建设规划》，在全省率先达到“四规合一”，实现了规划一步到位和全覆盖，形成了新民居建设框架。

为确保新民居建设规范推进，滦南全面领

会省市政策、积极借鉴外地经验、充分尊重群众意愿，敢于创新、大胆实践，坚持以新民居建设推进城镇化，探索出台了新民居建设实施细则、进城农民土地流转办法、社区管理办法、农村集体经济组织建设等相关政策，以及进城农民社会保障等配套政策，闯出了一条具有滦南特色的新民居建设路子。

新民居建设，是一场前所未有的深刻变革。为真正把实事办实、好事办好，滦南把宣传攻坚作为工作的基础来抓，迅速统一思想，形成了浓厚的工作氛围。针对2011年8个一步进城村新民居建设的艰巨任务，在2010年11月开展了搬迁户签约攻坚月行动。四大班子领导分包到村、全天候驻村，工作队员发挥“白加黑、五加二”奉献精神，用政策、用精神、用干劲，影响感动每一个搬迁户，有效推进了新民居建设进程。

新民居规划到哪里，各部门支持就跟进到哪里。滦南将新民居建设纳入各单位考核内容，各职能部门广泛发挥能动性、创造性，全县形成了为新民居建设齐心协力做贡献的良好局面。

这是一份八和居的远景规划图，展现出一幅新农村建设的美好新景。计划总投资8.39亿元、总建筑面积35.8万平方米的八和居，作为省级新民居建设示范工程已经正式开工。2010年确定的30个省级示范村的新民居建设已全面启动。2011年又获批35个省级新民居建设示范村，获批数量居全市第二，各项前期工作正在加快筹备。

滦南统筹城乡发展工作已昂首走在了省市的前列，得到了赵勇、臧胜业、王久宗等多位省市领导的充分肯定。滦南被评为全省社会主义新农村建设先进县。

四大开发如火如荼

城西工业聚集区、嘴东工业区、北河新区和大铁矿“四大开发”是滦南科学发展、赶超跨越的主战场，是滦南的希望所在、潜力所在。

规划面积14.18平方千米的城西工业聚集区，被批准为省级工业区。现已有林海科技、唐山万浦热电、河北中通陶瓷有限公司等一批具有高科技值、外向型、低碳节能、绿色环保的大型企业相继落户园区，总资产投资269.3亿元。项目全部建成后，将形成现代轻工、装备制造、电子信息和钢铁精深加工为主导的产业集群，成为推进滦南新型工业化和新型城镇化的重要引擎。预计到2020年，园区固定资产投入将达到200亿元，园区入驻企业达到150家，产值达到200亿元。

嘴东工业区，近期规划占地50平方千米、远期100平方千米。作为滦南对接曹妃甸工业区的桥头堡，自开发建设以来，实施了总投资700亿元的重点项目60个，在基础设施建设、产业聚集、房地产开发、港口建设等方面进展迅速，基本构建起了工业区、生活区、港区“三区”联动的建设框架。建成通车的双龙河大桥，实现了嘴东工业区与曹妃甸工业区的零距离。一期吹沙造地7766亩，为园区内企业建设、房地产开发入驻创造了条件，与中国保利龙马资产有限公司签订建设框架协议的曹妃甸西港池，被列入河北省沿海经济发展规划。

依水而建的北河新区，作为县城提质扩容的前沿，规划面积10平方千米，10万人口。北河新区将成为滦南的新的行政办公中心、金融服务中心、文化教育中心、休闲娱乐中心、商业旅游中心、养老宜居中心。新北环路、建设北路、企业研发中心、星级宾馆全部开工。贯通北河两岸的北河大桥将于五一建成通车。北河水系治理、北河公园建设紧密锣鼓。以建设滨河生态文化新区为目标，积极谋划实施北河文化产业园、蓝色港湾、评剧大世界、元代风情街、金代风情街、书画家村等生态旅游、文化产业、商住开发等项目。不远的将来，一座“滨海水城”即将展现出滦南的独特风景。

探明近期储量20亿吨、远景储量50亿吨以上的大铁矿开发，承载着滦南人民跨越发展的希望。2010年7月4日，滦南县政府与河北钢铁集团矿业有限公司正式签署合作开发马城、大贾庄铁矿协议。大贾庄铁矿已经正式开工。2011年投资20亿元，实施道路建设、电力设施、竖井工程、地质勘查等八项攻坚战，正加速着这一资源优势向产业优势的转化，成为滦南快速崛起的战略支撑。

精神面貌焕然一新

一个崭新滦南的诞生，不仅仅是物质的，更是精神的。

打造“激情滦南、实力滦南、文化滦南、生态滦南、和谐滦南”，实施“融入曹妃甸、服务曹妃甸、打造大基地、建设新滦南”主体战略；强力推进“三大攻坚、四大开发”；到2015年，实现经济总量、财政收入比2009年翻两番……一系列宏伟的战略目标统一起全县党员干部的思想观念。少说多干、奋勇争先，凝聚起全县党员干部智慧力量。

领导带头，凝聚合力。在四大班子领导的日程安排表里，“白加黑，五加二”已成为工作常态。在2011年十项重点工作部署动员大会上，在县四大班子党员领导集体作出庄严承诺，用庄重承诺激发党员干部的责任意识，用践诺行动推进各项工作的开展。市委组织部对滦南四大班子成员考核满意率达100%。

创新机制，提高效率。滦南坚持把创新体制机制摆在重要位置，科学修订《科级领导班子和领导干部综合考评办法》、《科学发展目标名录》，健全年初目标承诺、年中督查述职、年末考核评价、激励约束四项工作机制，做到部署任务有目标、落实工作有标准、完成时限有节点。实际工作中真督实查，奖罚分明，敲响“无为也是过、有过必问责”的警钟，切实增强了各级党组织和广大党员干部的责任意识。

深入一线，攻坚克难。“到一线去！”县委、县政府大力推行“一线工作法”，深入开展“党徽在攻坚一线闪光”“树正气、讲贡献、促攻坚”等主题活动，从县委书记张国栋同志，到四大班子成员，到每一个攻坚队员，都胸佩党徽、深入一线。少说多干、奋勇争先，拒绝理由、攻坚克难，成为了滦南每位党员干部的座右铭。在2010年省委组织部干部选拔任用群众满意度测评中，测评分值由2009年的79.86分提高到2010年的96.21分，全省排位由159位上升到第16位，居全市第一。

以人为本、发动群众。滦南始终坚持群众路线，关心群众，依靠群众，上下一心，众志成城。2010年4月，以来先后开展了“问计于民，造福百姓”等4次民情民意大调查、献计献策活动，听民意、聚民智、凝民力。围绕“三大攻坚、四大开发”，多形式、多角度展开宣传攻势，高密度、大容量展示攻坚成果，营造了人人关心攻坚、支持攻坚的浓厚氛围。广大党员干部在攻坚一线，深入开展解难题、送温暖活动，赢得了群众对攻坚行动的支持和拥护。群众的满意度调查和幸福感调查均达到85%以上。

培树典型、弘扬正气。攻坚锻炼了意志、攻坚培养了人才。滦南坚持把攻坚行动与“创先争优”活动紧密结合起来，大力弘扬拼搏、务实、创新精神，培树了李志刚、孙万柱等一大批开拓创新、谋事干事、积极作为的先进典型。广大党员干部自觉瞄准先进，对标赶超，在攻坚行动中掀起学典型、干实事、促攻坚的热潮。一幕幕场景，一件件事迹，让人感动，催人奋进。

“三大攻坚、四大开发”像希望火种，燃起了滦南广大干部群众创业干事的激情；“少说多干、奋勇争先”如春风化雨，已渗透到每名党员干部群众的心房！

尾声

新的春天洋溢着激情和活力，

新的春天充满了生机和希望。

作为河北沿海“11县9区”和唐山“两极三带”重要组成部分，滦南既迎来新机遇，更面临新挑战。滦南县委、县政府正团结带领58万勤劳智慧的滦南人民，少说多干、奋勇争先，在这方充满希望的热土上，实现着科学发展，赶超跨越……

滦南的明天一定更加美好！

中国共产党滦南县第十一次代表大会胜利召开

滦南县委组织部

9月1日至4日，中国共产党滦南县第十一次代表大会在成兆才大戏院召开。应出席大会的党代表共320名，其中各级领导干部175名，占总数的54.69%；各类专业技术人员71名，占总数的22.19%；各条战线的先进模范人物

68名，占总数的21.25%；解放军、武警部队代表6名，占总数的1.88%。妇女代表78名，占总数的24.38%；少数民族代表4名，占总数的1.25%；年龄在45岁以下的代表183名，占总数的57.19%。在320名代表中，因事、因病请假17名，实际参加党委换届的代表共303名。这次县委换届，共确定县委委员候选人50名，县委候补委员候选人10名，纪委委员候选人19名，出席市第九次党代会代表候选人25名，差额比例分别为11.11%、25%、11.76%、25%。会议听取并审议通过了张国栋代表中国共产党滦南县委第十届委员会所作的《肩负新使命　开启新征程　为滦南实现科学发展赶超跨越而努力奋斗》的报告和徐文辉代表纪律检查委员会所作的《催马扬鞭　保驾护航　为实现滦南科学发展赶超跨越提供坚强政治保证》的报告。会议审议通过了党费收缴、使用和管理情况的报告。会议以邓小平理论和“三个代表”重要思想为指导，全面贯彻落实科学发展观，认真回顾总结了十次党代会以来的工作，科学谋划部署了今后五年经济社会发展的目标任务。会议严格按照程序，采取无记名差额选举的方法，选举产生了中共滦南县第十一届委员会（县委委员45名、县委候补委员8名）和纪律检查委员会（纪委委员17名），会议还选举产生了20名出席市第九次党代会代表。大会号召全县各级党员干部和广大人民群众，少说多干、奋勇争先，肩负新使命、开启新征程，为滦南实现科学发展、赶超跨越而努力奋斗！

中国共产党滦南县第十一届委员会
委员名单

（共45名，按姓氏笔划为序）

于　军　于广秋　于建强　马全红　马明旭
王玉春　王会永　王建东　王桂林　方君和
朱宝安　刘兆宾　刘高军　许晓娟（女）
孙万柱　孙建立　李玉鹏　李克军　李景云
杨义峰　杨建荣　吴立东　宋福安　张云江
张友利　张文海　张永胜　张怀良　张拥军
张国栋　张宝宏　张荣辉　张树云（女）
张健全　赵川波　姜伯民　徐文辉　高树新
曹景国　戚玉福　董志江　谢雪生　蔡春奎
霍文旺　魏宝成

中国共产党滦南县第十一届委员会
候补委员名单

（共8名，按得票多少为序，得票相同的按姓氏笔划为序）

王　娟（女）　左久林　杨洪伟　汪学国
王文成　冯俊新　侯志勇　高廷进

创新社会管理　强化源头治访
全面推行村务管理监督一卡通

滦南县纪委

滦南县创新社会管理，强化源头治访，全面推行村务管理监督“一卡通”模式，收到了较好效果。

一、推行“一卡通”的动因

“一卡通”的准确名称是：“滦南县村务管理监督一卡通”。展开这张卡，可见农村各业承包、村重大事项决策、农村居民最低生活保障初审等11项与村民生产生活息息相关的村务管理流程图，图上清晰地标明了办事程序、具体承办部门、办理时限、职责要求、相对人权利、投诉举报途径和方式等。“一卡通”由县纪委牵头研制，印发到镇村所有干部和每户村民。同时，有一整套比较完备的配套制度和运行机制，保证“一卡通”有效运行。

滦南县是农业大县，辖16个镇、589个行政村，总面积1270平方千米，总人口58万，其中农业人口50万。一段时间以来，每年受理农村信访量和查处农村干部违纪案件量均占总量70%左右。2009年，县委、县政府经过深入剖析，看到农村信访稳定问题始终居高不下的原因，在于农村重大村务管理的职权权责不清、运行不规范、村民的知情权、参与权、监督权缺乏强有力的保证。必须立足于创新农村社会管理，强化源头治访治腐，建设和谐稳定新农村，探索出一条村务管理监督的新路子，重点是规范村干部用权行为，强化村民有效监督，“一卡通”就是在这样的背景和动因下产生的。

二、定制“一卡通”的环节

本着“突出焦点、规范程序、简化形式、便于操作、易于监督”的原则，抓住“清理村级职权、查找廉政风险、制作运行流程、公开接受监督”四个环节，定制了“一卡通”。

（一）清理村级职权。紧紧围绕群众关注的“焦点”，采取“自下而上”和“自上而下”相结合的方式，认真比照法律、法规和政策，对村级行使的重大事项决策权、“三资”管理处置权等村级职权，由村镇清理、职能部门审核把关后，报县级确认备案。经过前后两轮的梳理、审核、公示，最终把村重大事项决策、农村财务管理、农村各业承包、村级工程建设项目、宅基地初审、粮食直补和农资直补发放、办理林木采伐许可、救灾救济款发放、农村居民低保初审、五保对象初审、再生育子女许可等11项群众关心、且易引发矛盾的村级职权纳入“一卡通”编制范围。

（二）编制运行流程。设计制作科学、规范、严密、顺畅的流程图，是确保村级职权高效、规范、透明运行的前提。本着“程序科学、便于操作、易于监督”的原则，依照工作节点逐项标明具体承办部门、承办岗位、办理时限、职责要求和相对人权利、投诉举报途径等，编制运行流程图。

（三）查找廉政风险。结合信访受理和案件查办情况，深入剖析一些典型案件成因，对村级职权进行梳理，明确了三方面管理监督重点。一是把农村各业承包、工程建设、财务管理、资产处置等村级主要经济活动中易发多发腐败问题的重点领域纳入公开和监控重点；二是把农村最低生活保障对象初审、救灾救济款发放、粮食直补款发放等强农惠农政策落实情况纳入公开和监控重点；三是把宅基地初审、五保对象初审、再生育子女生育许可等涉及群众切身利益的事项纳入公开和监控重点。针对容易发生问题的关键部位和薄弱环节进行分析研判，科学评估廉政风险，查找风险环节22个，逐项确定风险等级，制定和完善防范措施。

（四）发动群众监督。在各村统一设立村级民主管理职权公开专栏，对重大事项决策、工程建设管理、各业承包等流程图进行公开的基础上，不断创新公开载体，采取印制发放便携式“一卡通”等方式，深入开展“一卡通”进万家活动，广泛宣传推介工作做法和运行机制，主动接受群众监督，有效扩大了群众的知情权、监督权，提升了群众的认知度。同时，县纪检监察网站设置公开专栏，不定期在专栏发布“一卡通”运行信息，研判网络舆情，接受网上监督。

三、落实“一卡通”的保障

（一）组织保障体系。按照人、职、权、责“四有”要求，成立县、镇、村三级组织机构，明确分工，落实责任。一是调整健全县农村基层党风廉政建设联席会议，充实成员单位，建立议事制度，强化职责分工，加强协调联系，对推行“一卡通”工作负总责。二是建立以镇党委书记任组长，镇纪委书记任副组长，党建办、经济办、信访办、社会事务办、农经站等负责人为成员的镇推行村务管理监督“一卡通”领导小组，下设办公室，负责推行村务管理监督“一卡通”，协调解决工作中出现的问题，提高工作执行力。三是在村级选聘政治素质高、群众基础好、参政议政能力强的党员代表、村民代表3－5人，成立村民监督委员会，负责监控“一卡通”运行情况和加强对村干部的监督。各级办事机构做到了机构、人员、经费“三落实”，真正形成了一级抓一级，层层抓落实的工作局面。

（二）制度保障体系。一是农村民主议事制度。修定完善农村民主议事细则，认真落实村民会议、村党员和村民代表会议、重大事项“一事一议”等议事制度，对群众关注的热点问题实行票决制。二是农村经济活动竞标制度。制定《村级主要经济活动集中招投标实施意见》。成立镇经济活动招投标工作领导小组，下设镇、村两级招投标办公室。凡2万元以上30万元以下村级工程建设、2000元以上集体资产交易、1000元以上集体物资采购，必须按照农村招投标监管“六步法”在镇村招投标办公室的监督指导下公开招投标。三是农村“三资”管理制度。健全完善农村财务委托代理服务制、资产资源监管制、审计监督制等规定。村集体资金除保留备用金外，全部由镇农村财务委托代理服务中心代管；村集体资产资源严格实行“一台账、两附件”管理；县、镇两级农经部门坚持每年对农村“三资”进行审计。四是农村党务村务公开制度。创新公开载体，拓展公开内容，设立征求群众意见箱，公开县、镇举报电话，全方位加强公开阵地建设。从程序上，严格按照规定的时间、内容、要求进行公开。从内容上，凡涉及党员、群众关注的组织建设、考核奖惩、党员纳新等重要党务事项和农村各业发包、大额资金使用等村务事项，全面公开。从形式上，不断完善永久性公开和临时性公开，积极探索网上公开。五是农村干部教育培训制度。每年坚持以农村党员“夏训”、“冬训”活动为载体，开设“廉政讲堂”，加强对农村干部的岗位任职教育、党纪政纪条规教育和廉洁从政教育，不断强化农村干部依法行政意识，提高依法履职能力。六是农村民情调处制度。依托群众工作站（室），充分发挥村民监督委员会身在基层、便于联系群众的优势，做好排查矛盾隐患，搞好宣传、教育、疏导、调处工作，切实把矛盾化解在萌芽期。

（三）运行推进机制。一是日常检查机制。各镇纪工委监察分局坚持每季度开展一次巡查，实施“望、闻、问、切”监管：“望”各村“一卡通”各项制度或流程是否悬挂公开；“闻”群众对村干部的呼声反映；“问”群众对推行“一卡通”的意见建议；“切”脉工作中存在问题，制定改进措施。二是“三会”协调机制。村民监督委员会每月召开一次工作例会，分析研究“一卡通”模式执行情况，对信访隐患和苗头性问题进行排查；各镇领导小组办公室每月召开一次村民监督委员会联络员会议，沟通反馈情况；县联席会议办公室每半年召开一次由镇领导小组办公室主任和部分村民监督委员会主任参加的调度会议，总结通报“一卡通”运行情况，研究分析存在问题，提出解决办法，安排部署工作任务。三是“两单”督办机制。即，村民监督委员会针对监督过程中发现问题，填写《廉政风险提示记录单》报镇“一卡通”办公室，镇“一卡通”办公室视情况填写《问题督办单》，责成相关部门调查处理，通报处理结果。四是“一议”考核机制。每年结合农村干部“勤廉双述”考核，开展“百姓评议村官”活动，就贯彻执行“一卡通”情况进行民主质询和民主测评，评议结果作为农村干部年终奖惩依据。

四、运行“一卡通”的成效

通过近两年时间的不断创新、完善、提高，“一卡通”作用不断显现，发挥了“一卡多能”的功效。

（一）“一卡通”成了村民的参政卡，实现了村务管理监督权的回归。过去，村务管理往往由村“两委”班子研究决定，有的甚至由村支部书记或村主任擅自表态、拍板，导致工作不能反映民意，缺少群众基础，有时甚至出现决策失误，造成不必要的矛盾或损失。推行“一卡通”，村务决策实施，由村党员代表和村民代表会议或村民会议研究决定，村干部负责组织实施，进而实现了“还政于民”，扩大了群众的参与权、知情权、决策权、管理权和监督权，增强了村民参政议政意识和监督意识，群众真正成为了村务活动的主要角色。自2010年，全县实施了大规模的城市搬迁改造、农村新民居建设等和群众切身利益息息相关的重点工作，涉及群众5640户。坚持把尊重民意、体现民意作为工作的出发点和落脚点，严格执行“一卡通”各项规定，广泛征求群众意见建议，科学制定政策依据，规范决策、操作程序，公示公开各项结果，赢得了广大群众的支持，实现了“零上访”。

（二）“一卡通”成了村务的操作卡，确保了村级职权运行的规范化。有些村干部特别是一些新任职村干部，由于资历浅、经验不足，不懂得如何行使职权，管理村务，在处理村务当中随意性很大，有时往往凭威信、凭感觉办事，易造成矛盾纠纷，甚至激化问题。推行“一卡通”，村务管理有了章法，村干部掌握了办事方法和程序，减少了违规施政行为的发生。广大村民参与村务管理和维护自身权益也要照卡行事，规则明确而统一，也就提高了效率，减少了不必要的误解。

（三）“一卡通”成了干部的自律卡，强化了农村干部清正廉洁的自觉性。有些农村干部在处理村务上，由于受家族观念和家族利益影响，不能一碗水端平，存在优亲厚友，假公济私现象。反映农村干部在群众建房、各业发包、工程建设等过程中以权谋私、甚至索要好处的信访案件时有发生。推行“一卡通”，农村干部有了自己的“廉政准则”，进一步增强了农村干部“有权必有责、用权受监督、违规必处罚”的廉洁从政意识，时刻警醒着农村干部不能因违规出“丑”、坏名声、甚至丢“官”。如，扒齿港镇西杨庄村原支部书记，未经村两委、村党员和村民代表商议，私自将本村40亩农田租赁给一个亲戚建养殖厂，引发群众不满，后经集体讨论，取消协议，拆除建筑，恢复地貌。这名支部书记也因此失信于民，在后来的村党支部换届中落选。

（四）“一卡通”成了群众的监督卡，提高了村民对干部监督的有效性。通过“晒权”，广大群众不但明白了涉及自身的相关事项如何办理，避免了走弯路，而且依据廉政风险点提示也学会了如何监督村务和村干部，维护自身权益。如，胡各庄镇桑园村路旁林木将成材，2010年在未办理审批手续的情况下，就想采伐卖掉，群众认为不符合流程规定，提出意见，镇有关部门及时制止，有效避免了一起违规施政行为，既保护了我们的村干部，又维护了群众利益。

（五）“一卡通”成了干群的连心卡，凝聚了干部群众治村理事的合力。“一卡通”既让村干部“学会办事、公平办事、公开办事、为民办事”，又让百姓“学会监督、容易监督、乐于监督、有效监督”；既解决了农村一些长期遗留下来的“老、大、难”问题，又减少了由于村务不透明、造成误解引发的不必要信访。2011年，县纪委实际直接受理涉农信访比上年同期下降41%，无市以上集体访。

滦南将坚持用群众工作统揽信访工作，按照“制度+科技”，进一步深化“一卡通”做法，不断提高农村反腐倡廉建设科学化水平，为县域经济又好又快发展创造和谐稳定的社会环境。

文化发展：有特色就有起色

——滦南县成兆才评剧团
一年三次登上国家级舞台的启示

提要：文化是民族的血脉，是人民的精神家园。党的十七届六中全会首次将“文化命题”作为中央全会的主要议题，提出文化强国发展战略，省委八届二次全会也对全省文化建设进行了战略性部署。作为全国文化先进县，中国民间艺术评剧之乡和乐亭大鼓之乡，滦南县文化建设凭借政策东风快速迈入了新高度。其主要标志之一，是县成兆才评剧团一年三次登上国家级大舞台。分析个中缘由，总结经验启示，将对全省县域文化产业发展起到一定的推动作用。

2011年3月20日，滦南县成兆才评剧团《三进门》走进北京梅兰芳大剧院，中央电视台、人民日报、新华社、中央人民广播电台、北京电视台等28家媒体进行了深度采访和报道；10月10日，作为全国政协纪念辛亥革命100周年的重要活动，剧团与北京刘秀荣评剧团在全国政协礼堂联袂演出现代评剧《宋庆龄与新中国》获得圆满成功，贾庆林、孙家正等党和国家领导人出席观看并接见了主要演职人员；12月31日，再次登上北京梅兰芳大剧院舞台演出评剧经典剧目《杨三姐告状》。作为一家县级剧团，成兆才评剧团如何在一年内三次登上国家级舞台演出精品剧目，并均获巨大成功，他们依托传统地域文化、准确把握时代主题、精心打磨精品剧目的做法无疑会带给我们诸多启示。

地域文化是精品生产的肥沃土壤。滦南是全国文化先进县，是冀东文艺三枝花——“评剧、皮影、乐亭大鼓”的发祥地。成兆才评剧团的成功，得益于县委、县政府始终保持高度的文化自觉和文化自信，依托厚重的传统文化底蕴，推动文化大发展大繁荣的成功实践。

滦南县委、县政府充分发挥文化资源优势，以走在全省乃至全国前面的巨大勇气和坚定信心，确立了打造“文化滦南”、建设“文化名城”的奋斗目标，大力实施以推出一批精品力作、建设一批文化产业项目、建设一批文化基础设施、培育一批过硬文化团队、组织一批文化节庆活动、培养一批高水平文化人才、打造一批文化历史名镇名村、组建一批有影响力的文化组织等为主要内容的“八个一”工程，努力推进文化大发展、大繁荣。

评剧作为冀东文艺“三枝花”之一，是滦南民间优秀传统文化的重要组成部分，县委、县政府历来高度重视，倾注了大量关注和精力。**一是对评剧等传统艺术进行保护传承。**成立冀东文艺“三枝花”研究保护中心，建立起较为完备的县级非物质文化遗产名录体系。经过积极申报，评剧入选首批国家级非物质文化遗产名录和河北省非物质文化遗产名录。组织编写《滦南“三枝花”》《中国评剧之根》《成兆才》等研究型著作，搜集整理了大量珍贵的评剧资料。建成中国评剧博物馆（成兆才纪念馆），整修成兆才纪念园，使评剧有史可循、有祖可祭，掀开了评剧历史新的一页。**二是加强评剧等传统艺术人才的培养与引进。**先后面向全国艺术院校和艺术院团为成兆才评剧团招收艺术人才 17 名，鼓励演职员通过学习进修提高业务水平和文化水平，支持年轻演员担当重任，目前剧团已有国家级演员 5 名。同时，为培养传统艺术的后备人才，在全县中小学开展了冀东文艺“三枝花”进校园活动，对广大中小学生进行评剧等相关知识技能培训。目前，全县学习“三枝花”的学生有 3.3 万人，涌现出逸夫小学等一批传统文化教育典型学校。2011 年 7 月，中央电视台戏曲频道曾专门来到滦南录制少儿学唱评剧节目。**三是积极开展群众性传统艺术活动。**成立了戏剧票友协会，每年通过举办评剧名家名段暨票友演唱会、票友擂台赛、票友联谊会以及参加全国、省市各类比赛等形式，营造了群众传唱评剧等传统艺术的浓厚氛围。连续举办三届冀东文艺“三枝花”调演暨民间文化艺术节，已经成为广大群众的传统文化大餐。2011 年 2 月 16 日，在成兆才先生的家乡绳各庄村又成立了“成兆才家乡评剧团”，聘请新凤霞大弟子谷文月为艺术顾问，新派传人罗慧琴和成兆才曾孙成贵民为名誉团长，进一步提升了民间评剧艺术的品位。

正是滦南这方肥沃的地域文化土壤，使成兆才评剧团当仁不让地站在了全县文化改革发展的前沿，他们紧贴时代脉搏，创作文艺精品，繁荣群众生活，助推科学发展，一年内得到县委、县政府两次通报表彰。

艺术源于生活，具有强烈的时代特征。近两年来，滦南县大发展、快发展的崭新局面，为成兆才评剧团创作精品提供了丰富、翔实的素材，他们在选材视角和开掘深浅上做到了与时代脉搏合拍，与人民心声同调。

贴近现实、贴近生活、贴近群众，是一切从事现实主义题材创作的必由之路。成兆才评剧团始终坚持紧跟时代步伐，从最普遍、最平常的素材之中，提炼出百姓可听、可看、可感的情节和表现，尽表百姓事，感悟人间情，弘扬真善美，贬斥假恶丑，保证了作品具有持久旺盛的生命力。

现代评剧《三进门》就是一部具有强烈时代气息的戏曲作品。2010 年 4 月份以来，滦南县委、县政府紧紧抓住全省城镇面貌三年大变样和城镇建设三年上水平的重大契机，组织开展了大规模的城市征收搬迁攻坚行动，仅用 18 天时间就全部完成第一阶段确定的 1881 户、35.6 万平方米的拆迁任务。先后开展的五次大规模城市征收搬迁，累计完成 5765 户、114.8 万平方米拆迁任务，全部实现了“零上访、零事故、零冲突、零钉子户”，创造了拆违拆迁的“滦南奇迹”。以此为背景，成兆才评剧团创作排演了现代评剧《三进门》，真实地再现了城市拆迁改造中干部服务群众的真情故事，艺术地回答了如何在拆迁中做好群众工作，实现科学拆迁、依法拆迁、有情拆迁、和谐拆迁等深层次问题。该剧荣获第七届中国评剧艺术节优秀演出奖，先后赴省晋京演出并在全省巡演，深受广大干部群众欢迎。

纵观近年来成兆才评剧团创作的《冤家·亲家》、《大棚缘》、《哑女》、《柳树湾的村官》、《曹妃甸传奇》、《凤凰坨》等作品，无不紧贴时代背景，讴歌改革开放以来的丰硕成果。如，2000 年排演的评剧《冤家·亲家》，对当时农村中普遍存在的“小富即安”思想给予合理鞭挞，艺术地指出共同富裕是最根本的致富之路。2007 年，针对曹妃甸如火如荼开发建设场景，创作排演了《曹妃甸传奇》，解答了社会上普遍对曹妃甸岛名称由来的好奇心。该剧赴法国巴黎参加第三届中国传统戏曲节，荣获最佳创新奖、最佳优秀青年演员奖两项国际大奖。

目前，成兆才评剧团正在深入挖掘该县司各庄镇洼里村高淑珍“爱心小院”十四年来收教残疾孩子的感人事迹，剧本初稿已经完成，演员开始深入生活，努力打造一台彰显时代风采、颂扬高尚道德的现代评剧，助推精神文明建设深入开展。

"十年磨一戏"。一部优秀剧目的诞生，需要精心创作、精心打磨，更需要一支充满激情、甘于奉献的创作表演团队。成兆才评剧团演职人员坚持"戏比天大"，努力创作无愧于历史、无愧于时代、无愧于人民的优秀作品。

有了好的题材，不等于有好的作品。只有把好的作品打造成艺术精品，才能经得起历史检验，才能长久流传。成兆才评剧团演职人员牢记"戏比天大"，秉承"十年磨一戏"的执着，每一部作品都始终坚持精雕细刻、精心打磨，努力使排演剧目成为长演不衰的精品保留剧目。

以《三进门》为例，在剧本创作前后，先后组织过5次大型研讨会、10余次小型讨论会，剧名曾选用过《槐树庄》《今日明天》《城市进行曲》《城市变奏曲》《城市的呼唤》《三进大杂院》等名称，最后确定为《三进门》。在获得第七届中国评剧艺术节优秀演出奖后，剧团没有将其束之高阁，而是自我加压，反复修改，瞄准传世精品的目标不断进行打磨。在全省巡演前，县委书记张国栋亲自主持主创人员参加的研讨会，就服装、道具、唱词、念白、舞美以及部分故事情节等方面提出具体修改意见，确保使该剧"成为长演不衰的精品保留剧目，成为传世精品剧目"。据统计，《三进门》剧本易稿十二次，服装改变三次，表演上的改变更是不计其数。在排演过程中，广大演职人员克服时间紧、任务重的现实困难，发扬"白加黑、五加二、重点工作三班倒"的工作精神，全身心地投入到排演过程中。团长兼主演孙秀艳的母亲去世，她只回家待了三天就赶回排练现场；副团长王玉萍的父母煤气中毒，父亲当时去世，她一边在医院照顾母亲一边排演。短短一个半月时间，成兆才评剧团就完成了彩排工作，并一举获得第七届中国评剧艺术节优秀演出奖。在全省巡演过程中，除有唱词的演员外，所有男职员都担任了"临时搬运工"，历时近一个月，转碾2500千米，圆满完成了全省巡演，用实际行动践行了"少说多干、奋勇争先、务实创新、开放超越"的新滦南精神。

不仅《三进门》如此，即使在晋京演出看家剧目《杨三姐告状》时，他们也敢于突破"经典表演"方式，在舞美、服装、唱腔甚至演员角色安排上都做了调整与修改，为首都观众献上了一台"没想到演的这么好"（媒体和观众语）的传统艺术大餐。正因为如此，成兆才评剧团参加了第一至七届中国评剧艺术节，成为全国唯一一家连续七次参加并获优秀演出奖的县级评剧团。

联合课题组，组长：王书利，

副组长：胡冬原、刘兆宾，

执　笔：张力郡、张宗顺、王立群、刘宝刚

滦南农民皮影团唱响法国凯旋归

卢常青

伴着虎年的钟声，一封来自塞纳河畔的信件，跨越8600余千米，寄到了滦南县人民政府。

这是一封特殊的感谢信。说其特殊，一是内容特殊，信中写到"我巴黎中国文化中心春节期间举办的'欢乐春节——走进中心过大年'活动，已成为法国了解中国民俗文化、民间艺术的知名品牌。贵县农民皮影团七名艺人在卢常青先生的带领下，万里迢迢，不顾疲劳，连续为法国公众进行皮影表演。他们精湛的皮影艺术表演深受法国公众的欢迎和称赞。同时也得到了法国学者和专家的高度评价。"二是署名特殊，信上署名处签着"法国巴黎中国文化中心"的公章，并且还有该中心主任李少平的亲笔签名，彰显着庄重与真挚。

信中提到的滦南县农民皮影团，是一个真正活跃在民间的皮影艺术团，演职员全部都是农民。除农忙季节耕田种菜，每年都能演出一二百场，原汁原味地延续着这门古老艺术的独特魅力和生命力。2011年2月2日至13日受法国巴黎中国文化中心邀请，经文化部批准和派遣，赴法国进行皮影表演和示范活动。

巴黎的天，晴则灿烂，阴则清婉，这晴与阴，平衡着巴黎的阴阳。尽管2011年冬季，巴黎连降大雪，但环绕巴黎的塞纳河仍奔流不息。塞纳河是巴黎的呼吸道，它吞吐的都是艺术，都是文化。沿着塞纳河驱车前往巴黎中国文化中心，沿途风光旖旎，在塞纳河两岸的任何一米，都圈点出法国的历史和巴黎的现在，自然、人文、建筑，全都不声不响地传达着巴黎的神韵。就在这寸土寸金的河岸一侧，2002年，我国置办下拿破仑五世后裔名下的房产，把它命名为“巴黎中国文化中心”，使其成为中国人在法国除了大使馆之外的另一个家。巴黎中国文化中心是中国政府派驻境外的文化机构，其宗旨是在海外拓广和传播中国文化，增强人民之间相互了解，促进和深化中国与驻在国的文化交流与合作。

2月6日傍晚，巴黎中国文化中心装扮一新，鲜艳的唐装映衬着一张张笑脸，红彤彤的灯笼映照着金灿灿的“福”字，欢声笑语洋溢着一派节日的气氛。这是该中心组织的“走进中心过大年”活动，吸引了喜爱中国文化的300余名法国友人，前来观看中国河北省滦南县农民皮影团带来的经典剧目《刘瑞莲救驾》和《火焰山》。剧场内座无虚席。演出前，文化中心主任李少平邀请法国著名汉学家、皮影戏专家班巴诺致辞。班巴诺说“中国河北省滦南县是文化的沃土，文化对外交流成绩斐然。2004年1月我在葡萄牙里斯本看过滦南县农民皮影团精彩表演；2007年11月滦南县成兆才评剧团来参加第三届巴黎中国戏曲节还获了大奖；这次滦南县农民皮影团重返欧洲，为我们奉献经典剧目。”接着他简要介绍了中国皮影溯源和滦州驴皮影的雕刻艺术和即将演出的《火焰山》的剧情。未成曲调先有情。演出在欢快的掌声中开始。剧终掌声经久不息。演出结束后班巴诺、法国木偶专家让·吕克、法国著名电影导演阿兰·马扎、法国著名汉学家纪可梅、联合国教科文官员齐艳芬及法国市长协会秘书长登台接见了演员。纪可梅女士称赞表演非常精彩。她说通过看葛优主演的电影《活着》对中国皮影有了兴趣，今天现场看了皮影戏表演，被博大精深的中国皮影艺术所折服。她打算2011年夏天同电影导演阿兰·马扎一起到中国，追随滦南农民皮影团到农村去演出，拍摄一部中国滦州皮影纪录片。

在巴黎演出三场之后，巴黎文化中心安排皮影团艺人们参观游览巴黎名胜古迹。卢浮宫、埃菲尔铁塔、巴黎圣母院、凯旋门、协和广场、凡尔赛宫等等都身临其境。风雅、华贵、浪漫、艳丽的国际大都市给人留下了抹不掉的记忆。2月7日，皮影团艺人们驱车来到巴黎300千米外的普瓦图—夏朗德大区。晚上在普瓦捷为正在此地开会的来自欧洲80多所大学校长们表演了《火焰山》，“一口叙述千古事，双手对舞百万兵”。跃马擒敌、腾云驾雾、上天入地、神出鬼没、大劈砍头等武场操纵技巧精彩至极；唱至高潮声泪俱下，情真意切。这些学富五车的大学校长们在台下看的如醉如痴、目瞪口呆，俨如一群小学生。看完演出报以热烈掌声，不同语言汇成一句话：“很棒！很棒！”

作为对外文化交流的使者，滦南皮影团演员们不顾疲劳，又连续为普瓦提埃大学、孔子学院的师生们进行了三场演出。掌声、笑声此起彼伏。孔子学院陈院长激动地说：你们的演出不仅为法国观众展示了中国滦州皮影艺术的魅力，而且寓教于乐，把中国优秀民族艺术民间文化送进法国课堂，影响广泛，意义深远。很值得向其他孔子学院推荐。

经过文艺复兴洗礼的法国有海纳百川的胸襟和兼收并蓄、“捕捞型”的文化性格，造就了缤纷绚丽的国际艺术大都会。有容乃大。鲜艳的唐装与黑灰色服饰对比相衬，古老皮影与4D电影相得益彰，传统文化与现代艺术和谐共存，使得巴黎更加色彩斑斓、气象万千。艺术无国界，皮影跨时空。正呈急剧衰退之势的中国皮影，有幸被列入国家非物质文化遗产保护名录。凯旋归来的滦南皮影艺人，更加感到保护传承的任务光荣而艰巨。

县域特色文化享誉全国

杨立欣　鲁建明

滦南县是全国文化先进县，文化底蕴深厚，有着丰厚的传统文化资源，诞生了评剧创始人成兆才、“皮影大王”张绳武、乐亭大鼓著名表演艺术家靳文然等许多历史文化名人，评剧、滦州皮影、乐亭大鼓均发轫于滦南，评剧、皮影、乐亭大鼓被誉为冀东文艺“三枝花”。2011年11月，我县再次蝉联中国民间文化艺术——“评剧之乡和乐亭大鼓之乡”。

多年来，我们深入挖掘传统文化底蕴，创作、打磨以冀东文艺“三枝花”为主的文艺精品，并参加国内外重大文艺赛事，加强对外文化交流，扩大了县域文化对外影响力。

评剧唱响省会、首都及河北各地。2010年是滦南发展历史上值得用浓墨重彩书写的一年。为贯彻省委、省政府“城镇面貌三年大变样”的决策部署，县委、县政府以建设“滨海水城、经济强城、文化名城、宜居靓城”为目标，按照“规、拆、建、改、管”并重的原则，以拆迁为突破口，打响了“城镇面貌三年大变样”的攻坚战。在县委、县政府主要领导的关心和支持下，一部以“三年大变样、推进城镇化”为题材，反映拆迁工作的现代评剧《三进门》孕育而生。

经过成兆才评剧团全体演职人员的辛勤排演，2010年9月18日，《三进门》在第七届中国评剧艺术节上与观众正式见面。演出获得了圆满的成功，《三进门》获得了第七届中国评剧艺术节优秀演出奖。2010年12月7日，受河北省“三年大变样”办公室之邀，成兆才评剧团携《三进门》赴省会石家庄进行汇报演出。在石家庄河北大剧院演出现场，省里的一位老干部眼含热泪，激动地说：“很多年没有看到这么出色的评剧作品了，我很感动。”一位普通观众感叹道：“原来基层的拆迁工作是这样的，我真的没有想到，里面的王惠霞把我感动得哭了。”演出成功以后，有专家指出：“现代戏不好演，拆迁戏更不好演，我们没有想到，拆迁戏还可以这样演，我们更没有想到，这出戏竟然是由一家小小的县级剧团演出的。”专家普遍认为这是继电影《唐山大地震》之后又一部贴近现实、贴近生活、贴近群众的现实主义精品力作。

2011年3月20日，受北京市有关部门邀请，成兆才评剧团携《三进门》晋京演出。首次走进国家级大剧院——梅兰芳大剧院，取得了极佳的演出效果，人民日报、人民网、光明网、中国广播网等28家中央和北京媒体对《三进门》的演出给予了很高的评价。很多戏剧专家认为，《三进门》将生活与艺术的融合已经到了炉火纯青的水准。

省会汇报演出之后，省委、省政府领导对滦南现代评剧《三进门》非常重视，省委常委、宣传部长聂辰席，副省长宋恩华分别作出重要批示，要求加大对《三进门》的宣传推介力度。2011年4月20日至5月15日，由河北省住房和城乡建设厅统一组织安排，省住建厅和省三年上水平办公室的同志全程陪同成兆才评剧团先后赴石家庄、邢台、邯郸、衡水、沧州、保定、廊坊、张家口、承德、秦皇岛、唐山等11市巡回演出了现代评剧《三进门》。长城网、环渤海新闻网等30家网站及国家、省、市20多家新闻媒体对该剧的演出盛况进行了报道。市委常委、宣传部长郭彦洪，市政府副市长高瑞华及县委书记张国栋先后对该剧作出重要批示。县委、县政府分别于2010年12月16日及2011年3月1日两次进行表彰。《三进门》不但宣传了滦南，弘扬了滦南精神，而且还向外界推介了以评剧为代表的滦南传统文化，推动了滦南文化的大繁荣大发展。

成兆才评剧团积极加强与国内知名院团合作，与北京刘秀荣评剧团排演了以该团演员为班底的现代评剧《宋庆龄与新中国》，在全国政协礼堂进行纪念辛亥革命一百周年专题演出，获得圆满成功。中央政治局常委、全国政协主席贾庆林，全国政协副主席、中国文联主席孙家正，国务院侨办主任李海峰和文化部、北京市等单位领导观看，演出后给予很好的评价，接见了该团主要演员并合影留念。2011年12月25日晚，成兆才评剧团与北京刘秀荣评剧团在省会人民会堂演出了该剧目，省领导张庆黎、臧胜业、孙瑞彬、景春华、田向利、艾文礼、马兰翠、孙士彬、王玉梅等观看了演出并给予了充分肯定。该剧的成功演出充分展示了评剧故乡的艺术水准，极大地提高了滦南知名度、美誉度和对外影响力。2011年12月31日，在北京梅兰芳大剧院，成兆才评剧团演出《杨三姐告状》。国家部委、北京有关部门领导、文化新闻界代表、对滦南经济社会发展有贡献的人员、投资方、首都观众及县领导一同观看演出，有力地提高了滦南县的知名度、美誉度和文化影响力。

乐亭大鼓文艺精品对外演出不断拓展。两

年中，乐亭大鼓《赞歌唱给曹妃甸》、《盲人摸象》、《夫妻争赛》、《一卡通》、《唱唱我们的好检察》等多部曲目参加省、市重大文艺演出，均受到各级领导及观众的一致好评。特别是2011年8月份，县文化馆根据南堡渔民杨晓东海上救险的英雄事迹创作编排的乐亭大鼓《舍身救险》参加了市文明办和市文联组织的“道德模范故事汇”基层巡演活动，为传播善行义举、赞颂高尚情操、增强公民道德意识、深入开展公民道德建设起到了积极的推动作用。

社会文化活动交流成绩显著。2011年，评剧演员韩立姣荣获了“霸州杯”第六届中国戏曲红梅大赛河北省选拔赛专业表演组红梅金奖；乐亭大鼓演员魏晓英参加河北省纪念建党90周年献礼话剧《寻找李大钊》的排演。2011年8月，县评剧票友协会代表我市参加河北省群众文化调演，演出了小评剧《舍不得你走》，获得“河北省群众文化调演金奖”，2011年12月30日，在天津代表河北省参加“中国·天津五省市优秀民营剧团交流演出”获得“全国五省市民营剧团最佳表演奖”，《今晚报》盛赞滦南的演出“场面火爆”。

道路建设简况

滦南县交通运输局

滦南县交通运输局站在服务县域经济发展，推动社会进步的高度，全力构筑滦南大交通格局，千方百计争项目、争资金，精心组织，精心施工，少说多干，奋勇争先，实现了滦南交通事业的快速发展。

资金是制约道路建设的关键因素。滦海公路是滦南县交通系统有史以来最大的基础设施项目，2010年5月开工后，由于国家压缩信贷规模，导致市县交通项目融资极为困难，滦海公路工地全部停工。在关键时刻，滦南县交通运输局千方百计寻找新的投资商，成功引进资金1亿元，同时，又得到上级交通部门和一些企业的资金支持，把工地全部开了起来。他们高度关注国家、省市产业政策和投资倾向，他们不放过任何一个争取资金的机会。为了成功申请到中央支持地方道路建设的专项资金，县交通运输局领导多次往返交通部和交通厅，使这一项目最终申报成功，争取国家专项补助资金1.664亿元，再加上县乡道路，累计争取上级资金2亿多元，保证了滦海公路和县乡道路建设顺利实施。

为加快公路项目建设，交通局坚持领导亲临一线负责制，实行“一个项目、一名领导、一套人员、一套方案、一抓到底”，要求每一名领导干部都要亲历亲为，保证各项工作扎实推进，确保全年工作任务全面完成；出台了《创精品工程》实施方案，下发到各部门和局属单位。各部门紧紧围绕重点项目建设，全面深化规范服务型机关建设和行政效能建设，切实转变思想，形成了“心往一处想，劲往一处使”的良好局面。在工程建设中，实行了施工合同制，每道工序做到层层把关，明确责任，落实到人。组织了精干的专业施工队伍施工，并定期组织联查，确保了工程质量。加强资金使用管理和工程管理。为避免“项目上去了、干部倒下来”，交通局严控资金使用，不该花的钱，一分不乱花，狠抓工程建设中的廉政建设，不该做的事，一件不许做。并且实行了工程廉政合同制，规定了三个不允许：不允许只重经济效益忽视社会效益，不允许转包工程，不允许工程建设中偷工减料，从而既保证了交通局领导班子的认真履职，又努力保证了干部清廉。

两年来，共完成道路建设总里程287.4千米，完成投资19亿元，构建起了以高速公路和省道为骨干、县道为筋节、乡道为脉络、连接周边各县和辐射各镇村的交通网络。

附　录

一、2010～2012年滦南县受省市委表彰创先争优活动先进县（市）区委和创先争优先进基层党组织、优秀共产党员、优秀党务工作者名单

1. 全省创先争优先进基层党组织（1个）

滦南县宋道口镇党委

2. 全省创先争优优秀共产党员（2名）

李志刚　滦南县姚王庄镇李营村党支部书记

贾庆龙　滦南县委组织部常务副部长

3. 全市创先争优活动先进县（市）区委（1个）

中共滦南县委

4. 全市创先争优先进基层党组织（12个）

中共滦南县姚王庄镇委员会

中共滦南县倴城镇委员会

中共滦南县人民检察院支部委员会

中共滦南县胡各庄镇鑫华畜禽养殖专业合作社支部委员会

中共滦南县第一中学总支部委员会

中共滦南县倴城街道委员会

中共滦南县柏各庄镇贝口村支部委员会

中共滦南县林业局总支部委员会

中共滦南县司各庄镇侯花园村支部委员会

中共滦南县地方税务局总支部委员会

中共唐山方舟实业有限公司支部委员会

中共滦南县发展改革局支部委员会

5. 全市创先争优优秀共产党员（12名）

孙秀艳（女）　滦南县“冀东文艺三枝花”研究保护中心主任、成兆才评剧团团长

李恩福　滦南县安各庄镇人民政府农村经济发展办公室主任

孟令深　滦南县公安局程庄派出所所长

吴　伟　滦南县医院副院长、副主任医师、泌尿外科主任

杨绍福　滦南县倴城镇李庄子村第一书记

刘玉宝　滦南县马城镇南坨子村党支部副书记兼村委会副主任

潘秀荣（女）　滦南县光荣院院长

汪学国　滦南县住房和城乡规划建设局局长

王文成　滦南县城西工业区党工委副书记、管委会党委副书记、管委会常务副主任、滦南县政府办公室副主任

侯志勇　滦南县政府办公室副主任兼嘴东管委会常务副主任

张新刚　河北永新纸业有限公司热电厂总值长

高俊江　滦南县政府办公室副主任、房屋征收办公室主任

6. 全市创先争优优秀党务工作者（6名）

王建东　滦南县马城镇党委书记

赵川波　滦南县胡各庄镇党委书记

李克军　滦南县委办公室常务副主任

宋彦彬　滦南县委党校副校长

王仕明　滦南县长凝镇王营村党支部书记

顾景山　唐山京东实业集团有限公司总经理、党支部书记

二、滦南县 2010 年度农村基层组织建设先进镇党委、先进基层党组织、优秀共产党员、优秀党务工作者、“一好双强”村党组织书记、党建示范村（社区）、优秀大学生村官名单

1. 农村基层组织建设先进镇党委（7 个）
倴城镇党委
柏各庄镇党委
宋道口镇党委
青坨营镇党委
方各庄镇党委
马城镇党委
程庄镇党委
2. 先进基层党组织（118 个）
倴城镇双柳树村党支部
倴城镇吴官寨村党支部
倴城镇高泡村党支部
倴城镇西北街村党支部
倴城镇东上坡子村党支部
地税局第二税务分局党支部
长凝镇西孙庄村党支部
长凝镇西暖泉村党支部
长凝镇长凝村党支部
长凝镇晏各庄村党支部
长凝镇后麻地村党支部
扒齿港镇杜平坨村党支部
扒齿港镇黄河村党支部
扒齿港镇后榆子林村党支部
扒齿港镇柱王庄村党支部
扒齿港地税分局党支部
司各庄镇靳庄村党支部
司各庄镇西王庄村党支部
司各庄镇西曾村党支部
司各庄镇东杨庄村党支部
司各庄供电所党支部
胡各庄镇沈营村党支部
胡各庄镇邢各庄村党支部
胡各庄镇史北村党支部
胡各庄镇东庄店村党支部
滦南县鑫华畜禽养殖专业合作社党支部
柏各庄镇交六村党支部
柏各庄镇荣各庄村党支部
柏各庄镇小庄村党支部
柏各庄镇唔牛淀村党支部
柏各庄地税分局党支部
南堡镇曹岭农业村党支部
南堡镇廒上农业村党支部
南堡镇姚岭渔业村党支部
南堡派出所党支部
嘴东渔港新城流动党支部
宋道口镇西小营村党支部
宋道口镇史桥村党支部
宋道口镇葛代坨村党支部
宋道口镇北套村党支部
宋道口镇李土村党支部
唐山市燕南制锹有限公司党支部
程庄镇程庄村党支部
程庄镇段庄村党支部
程庄镇川林村党支部
程庄镇西霍村党支部
程庄供电所党支部
青坨营镇姜庄子村党支部
青坨营镇北杨庄村党支部
青坨营镇韩庄子村党支部
青坨营镇王虎头村党支部
青坨营镇老干部党支部
安各庄镇西姚村党支部
安各庄镇邢二村党支部
安各庄镇大柳树村党支部
安各庄镇邢三村党支部
安各庄镇中心学校党支部
方各庄镇三义庙村党支部
方各庄镇高庙村党支部
方各庄镇西万坨村党支部
方各庄镇马方各庄村党支部

方各庄国土资源所党支部
坨里镇四新庄村党支部
坨里镇岳庄村党支部
坨里镇薛庄村党支部
坨里镇中心学校党支部
姚王庄镇胡许庄村党支部
姚王庄镇崔楼村党支部
姚王庄镇白庄村党支部
姚王庄青河沿果菜批发市场党总支
马城镇南小王庄村党支部
马城镇东营村党支部
马城镇大王庄村党支部
铁矿开发建设指挥部党支部
东黄坨镇东玉坨村党支部
东黄坨镇郝各庄村党支部
东黄坨镇许二组村党支部
唐山市兴达服装有限公司党支部
街道办事处党委
爱民路社区党总支
检察院党支部
人口和计划生育局党支部
地税局党总支
国税局党委
市场建设服务局党支部
财政局党支部
工商局党支部
环保局党支部
发展改革局党支部
行政服务中心党支部
北河新区管理处党支部
工业和信息化局机关党支部
河北永新纸业有限公司党委
西城区供电所党支部
邮政局党支部
教育系统党委
县第一中学党总支
职教中心党总支
县供销合作社党委
公安局党委
公安局巡特警大队党支部
卫生局机关党支部
县医院党总支
水产服务中心党总支
林业局党总支
国营林场党支部
水务局党总支
商务局机关党支部
恒安工贸中心党支部
交通运输局党委
交通运输局公路材料供应站党支部
交通运输局运输管理站党支部
劳动就业服务局党总支
社会保险事业管理局党支部
房地产开发公司党支部
文化广播电视新闻出版局党委
滦南县恒丰制盐有限公司党支部
唐山中红普林集团有限公司党委

3. 优秀共产党员（179 名）

李绍凯　倴城镇副镇长
牛金敬（女）　倴城镇党建办主任
刘勇智　倴城镇东南街村党支部书记
赵凤刚　倴城镇周东庄村党支部书记兼村委会主任
杜铁胜　倴城镇王庄子村党支部书记兼村委会主任
李振忠　倴城镇李庄子村党支部书记
牛玉仓　倴城镇牛东庄村党员
顾景山　第二水泥厂党支部书记
方君和　长凝镇党委书记
陈宝来　长凝镇东染各庄村村委会主任
李　民　长凝镇前苏各庄村党支部书记
孟祥成　长凝镇大孟庄村党支部书记
段志业　恒业纺纱厂党员
赵怀敏　长凝镇中心学校主任
李宝江　扒齿港镇副镇长
高玉英（女）　扒齿港镇党委宣传委员
郭宝成　扒齿港镇纪委副书记
张起明　扒齿港镇宁坨村党支部书记兼村委会主任
赵振寰　扒齿港派出所民警
史维利　扒齿港镇高中校长
侯建伍　司各庄镇侯花园村党支部书记兼村委会主任
王振云　司各庄镇司各庄北村党支部书记

兼村委会主任
姚昌亮　司各庄镇司各庄东村党支部书记
杜晨光　司各庄镇库司庄村党支部书记
张建华　司各庄镇后张各庄村党员
刘艳波（女）　胡各庄镇副镇长
李立新　胡各庄镇党委宣传委员
吕福凯　胡各庄镇南圈村党支部书记
王　恩　胡各庄镇东梁各庄村党员
李岐川　水务局灌区管理站站长
刘殿雨　柏各庄镇小富各庄村党支部书记
冯会久　柏各庄镇娄各庄村党支部书记
张福增　柏各庄镇陈各庄村党支部书记
史凤红　柏各庄镇甜井村党支部书记
杜建礼　柏各庄镇庄五庄村党员
孟祥林　南堡镇曹岭渔业村党支部书记
李宝国　南堡镇港东村党支部书记
季良银　南堡镇北堡村党支部委员
桑树军　南堡镇南边庄子渔业村党员
刘志远　宋道口镇党委副书记
刘晓波　宋道口镇庞清水村党支部第一书记
李金良　宋道口镇速火庄村党支部书记
吴学义　宋道口镇龙落湾村党员
李兴斌　侯各庄初级中学副校长
李连山　宋道口镇卫生院院长
张文芝（女）　程庄镇党委组织委员
潘世鹏　程庄镇大顾庄一村党支部第一书记
周彩霞（女）　程庄镇后店村党支部书记
高文科　程庄镇周庄村党员
张岐强　青坨营镇党政办主任
刘春伟　青坨营镇前姜六村村委会主任
于江富　青坨营镇马狗村党支部书记
张绍玉　青坨营镇小田庄村党员
师　捷　青坨营派出所所长
马敬华（女）　安各庄镇副镇长
李恩福　安各庄镇农业技术员
徐明华　安各庄镇党建办主任
邢建双　安各庄镇邢三村党支部书记
张健美（女）　安各庄镇康各庄村党员
闫晓宇（女）　方各庄镇副镇长
冯素娟（女）　方各庄镇社会事务办主任
邸冬梅（女）　方各庄镇司法所所长
张志川　方各庄镇魏各庄村党员
田金梅（女）　方各庄镇文化站站长
张文海　坨里镇党委书记
靳兴涛　坨里镇党委副书记
周丽辉（女）　坨里镇党建办干部
赵兴军　坨里镇蒋各庄村党支部书记
薛东河　坨里镇薛庄村党员
张永胜　姚王庄镇党委书记
刘凤敏　姚王庄镇人大副主席
姚洪省　姚王庄镇姚王庄村党支部书记
才学信　姚王庄镇李庄村党支部书记
曹胜利　姚王庄镇姚王庄村党员
郭宏亮　马城镇党委武装部长
张玉芹（女）　马城镇纪委副书记
李志喜　马城镇计生办工作人员
刘连庆　马城镇马城村党员
刘素艳（女）　东黄坨镇党委副书记、镇长
杜兴兰　东黄坨镇党委组织委员
李添增　东黄坨镇农业技术员
常卫斌　东黄坨镇梁各庄村党员
姚志清　东黄坨供电营业站站长
姚连新　街道办事处副主任
孙续清（女）　街道办事处综合办主任
王素川（女）　街道办事处城建办主任兼执法中队队长
吴淑敏（女）　西城胡同社区党支部书记
石淑媛（女）　康乐小区党支部书记
刘茂生　爱民路社区党员
杨久恒　西城胡同社区党员
张建伟　县委办副主任兼县委研究室主任
刘丙生　县委办副主任兼督查室主任
张小磊　政府办副主任
裴占生　政府办副主任
董志江　财政局党组副书记、局长
朱宝安　发展改革局党组书记、局长
杨锦荣　县委组织部副部长兼县考评办主任
汪学国　县纪委副书记兼北河新区管理处主任
李建新　县残联理事长
毛俊安　人口和计划生育局党组书记、局长
袁铁山　县人民法院党组副书记、副院长
蔡　玺　安全生产监督管理局党组书记、局长
张健全　市场建设服务局局长
张永明　国土资源局局长

曹景涛　县人民检察院党组副书记、副检察长
高树新　县委宣传部副部长兼广播电视台台长
刘振广　县直机关党委副书记
汤丽君（女）　国税局人事教育科科长
朱长宏　国土资源局测管办负责人
李世久　民政局办公室主任
刘立海　城市管理行政执法局执法大队队长
常柏文　城市管理行政执法局环卫队队长
王宝林　信访局副局长
岑秀君（女）　人大文卫科副科长
张永亮　政协办公室干部
常建永　农工委副书记
郭丽萍（女）　县法院民二庭庭长
王建华　县残联副理事长
杨益刚　审计局科员
孙东民　物价局副局长
王自环　机关事务管理局财务科科长
刘国胜　安全生产监督管理局办公室主任
张建福　粮食局监督检查科科长
桑艳茹（女）　食品药品监督管理局副局长
于焕臣　发改局副主任科员
刘岳江　县直第一纪工委副书记
鲁福增　发展改革局副局长、重点项目办公室主任
贾祥用　发展改革局重点项目办公室副主任
庞小波　农工委副书记兼统筹城乡发展办公室主任
高庆军　农工委副主任科员
李　亮　安全生产监督管理局副局长
赵明福　教育系统党委副书记、教育局局长
韩国安　第一实验小学党支部书记、校长
王威重　县第二中学教务主任
张中山　英才学校党支部书记、校长
王淑静（女）　第一幼儿园教师
吴　伟　县医院副院长
张来春　妇幼保健院院长
王春波　疾病预防控制中心副主任医师
王会芳（女）　县医院护理部主任
陈文轩　公安局副局长
常乃刚　公安局副局长
赵正义　公安局刑事侦查大队民警
崔海成　公安局指挥中心民警
高洪利　公安局治安大队民警
张宝强　县供销合作社副主任
王胜利　县供销合作社副主任
靳小娜（女）　银泰商厦信息中心电算会计
孙万柱　交通运输局党委书记、局长
晁仲仟　交通运输局规划科科长
段　续　交通运输局地方道路管理站站长
靳文义　住房和城乡规划建设局副局长、党委副书记兼房产开发公司董事长、总经理
王海林　住房和城乡规划建设局党委委员、副局长兼城乡规划局局长
顾炳国　住房和城乡规划建设局园林绿化所副所长
王伟丰　城市供水中心经理
王树元　人力资源和社会保障局副局长、党委委员兼劳动就业服务局局长
华　春　人力资源和社会保障局机关党支部书记
宋春涛　文化广播电视新闻出版局副局长、党委委员兼广播电视台副台长
冯　宏　文化广播电视新闻出版局副局长、党委委员兼广播电视台副台长
孙秀艳（女）　成兆才评剧团团长
李俊平　水务局党组书记、局长
王会刚　林业局党组书记、局长
张建明　林业局副局长
张东存　水产服务中心渔政站工人
张　伟　畜牧兽医局副局长
姚建祥　农牧局办公室主任
殷启国　县电力公司经理
周彦礼　工业和信息化局副股级干部
李学勇　科技局科技科科长
杨文新　中国联通滦南县分公司综合部副经理
张新刚　河北永新纸业有限公司热电厂总值长
张双喜　唐山钢铁集团华西钢铁有限公司总工程师
任占祥　商务局副局长
刘宝国　物资经销中心总经理
陈少江　嘴东工业园区管委会基建科科长
张天和　昌升盐场场长兼党支部委员
董　昱　城西工业聚集区管委会副主任

周宝斌　城西工业聚集区管委会招商科副科长
曹少锋　中红普林塑料三公司党员

4. 优秀党务工作者（42 名）

张克亮　倴城镇党委组织委员
刘春昭　长凝镇党委副书记
杨春志　扒齿港镇后营村党支部书记
周志军　司各庄镇党委副书记
蒋佳同　胡各庄镇党委副书记
杨文峰　柏各庄镇党委副书记
周月明（女）　南堡镇纪委书记
靳仁良　宋道口镇党委组织委员
邸广华　程庄镇党委副书记
张晓明　青坨营镇党委副书记
刘素敏（女）　安各庄镇党委组织委员
刘学恩　方各庄镇党委副书记
贾秀芝（女）　姚王庄镇党委副书记
王利民　坨里镇党委组织委员
荣艳芝（女）　马城镇党委副书记
桑宪翠　东黄坨镇党委副书记
陈宝凤（女）　街道办党委副书记
李克军　县委办公室机关党支部书记、常务副主任
王献刚　县委办公室副主任、信访局机关党支部书记、局长
周立军　工商局党组书记、局长
刘会川　行政审批服务中心常务副主任
李晓茹（女）　宣传部机关党支部副书记、文明办主任
姜晓光　县纪委干部管理室主任
孟祥进　政府办党支部书记、副主任
宋彦彬　县委党校副校长
冯俊新　县第一中学党总支书记、校长
王会永　工信系统党委副书记、工业和信息化局局长
曹景国　县供销合作社党委书记、主任
卢常青　文化广播电视新闻出版局党委书记、局长
何建南　唐山钢铁集团华西钢铁有限公司党总支书记、董事长
陈继仕　唐山仕达家俱有限责任公司党支部书记、董事长
张瑞霞（女）　县供销合作社党委组织委员
刘宝静（女）　公安局政工监督室主任
崔剑钧　卫生局党政办公室主任
王志明　农牧局党委办公室主任
张俊昌　商务局办公室主任
李海芹（女）　交通运输局人事监察科科长
邸丹丹（女）　人力资源和社会保障局党委办公室主任
戚雅萍（女）　住房和城乡建设规划局党委委员、副局长
薛东玲（女）　文化广播电视新闻出版局办公室主任
李树本　嘴东工业园区管委会党委副书记、副主任
侯维峰　城西工业聚集区管委会党委委员、副主任

5. “一好双强”村党组织书记（60 个）

陈文武　倴城镇东北街村党支部书记
牛金冬　倴城镇牛东庄村党支部书记
蒋作勇　倴城镇东张士坎村党支部书记
汤晓民　倴城镇汤官寨村党支部书记
郭长虹　长凝镇郭庄村党支部书记
王贵富　长凝镇薛各庄营村党支部书记
王树军　长凝镇乐营村党支部书记
高　凌　长凝镇西城子村党支部书记
毛普武　扒齿港镇毛家营村党支部书记
杨文成　扒齿港镇扒齿港村党支部书记
戚广作　扒齿港镇虫儿林村党支部书记
张树良　扒齿港镇涂庄村党支部书记
杨贵平　司各庄镇白坨村党支部书记
陈志伍　司各庄镇大陈庄村党支部书记
贾清友　司各庄镇老贾庄村党支部书记
赵建明　司各庄镇赵祁庄村党支部书记
麻顺来　胡各庄镇东胡村党支部书记
李凤民　胡各庄镇侯各庄村党支部书记
史　友　胡各庄镇大富各庄村党支部书记
李福臣　胡各庄镇刘庄村党支部书记
刘振海　柏各庄镇张仙庄村党支部书记
王绍勋　柏各庄镇西城子村党支部书记
王景秋　柏各庄镇柏六村村党支部书记
刘敬会　柏各庄镇柏二村党支部书记
姚其来　南堡镇杨岭农业村党支部书记
马巨彬　南堡镇马庄子渔业村党支部书记

周作双　南堡镇杨岭渔业村党支部书记
王满城　宋道口镇王土村党支部书记
刘忠臣　宋道口镇断火村党支部书记
王振财　宋道口镇王庄子村党支部书记
杜永来　宋道口镇杜土村党支部书记
陆林祥　宋道口镇新庄子村党支部书记
高廷龙　程庄镇周庄村党支部书记
钟　安　程庄镇前庞各庄村党支部书记
周增智　程庄镇潘家戴庄村党支部书记
徐荣虎　程庄镇徐庄村党支部书记
冯旭明　青坨营镇北冯村党支部书记
孙继忠　青坨营镇佟狼坨村党支部书记
王春友　青坨营镇小水坡村党支部书记
李广伟　青坨营镇甸子村党支部书记
张立新　安各庄镇小薛各庄村党支部书记
王晓辉　安各庄镇南铁村党支部第一书记
王炳芝　安各庄镇大柳树村党支部书记兼村委会主任
郑永录　安各庄镇郑北村党支部书记
李怀春　方各庄镇屯里村党支部书记
陈志广　方各庄镇小陈庄村党支部书记
袁天柱　方各庄镇麻各庄村党支部书记
杜学刚　方各庄镇宋各庄村党支部书记
冯存彬　坨里镇坨里村党支部书记
宋立民　坨里镇贾庄村党支部书记
马绍文　坨里镇前独莫城村党支部书记
曹桂波　姚王庄镇曹杨碾庄村党支部书记
李建坤　姚王庄镇沙窝村党支部书记
曹立新　姚王庄镇郑庄村党支部书记
王兆新　马城镇南坨子村党支部书记
邸成宝　马城镇马城村党支部书记
董　江　马城镇多余屯村党支部书记
赵庆海　东黄坨镇西玉坨村党支部书记
刘广春　东黄坨镇新户村党支部书记
赵瑞芳　东黄坨镇营守庄村党支部书记

6. 党建示范村（社区）（28个）

侪城镇张官寨村
侪城镇姜泡村
长凝镇小高庄子村
长凝镇柳行村
扒齿港镇涂庄村
扒齿港镇毛家营村
司各庄镇白坨村
司各庄镇大陈庄村
胡各庄镇郑各庄村
胡各庄镇西新户村
柏各庄镇小双坨村
柏各庄镇刘崔各庄村
南堡镇廒上渔业村
宋道口镇沙沟子村
宋道口镇王家庄子村
程庄镇西胡家坡村
程庄镇大道上村
青坨营镇前姜六庄村
青坨营镇青坨营村
安各庄镇安各庄西村
安各庄镇安各庄东村
方各庄镇军师庄村
方各庄镇前曲店村
坨里镇闵庄村
姚王庄镇李营村
马城镇南坨子村
东黄坨镇梁各庄村
西城胡同社区

7. 优秀大学生村官（18名）

王　冉　侪城镇新立庄村村委会委员
张爱娜（女）　侪城镇汤官寨村党支部副书记
王洁静（女）　长凝镇梁营村村委会主任助理
岳文园（女）　扒齿港镇毛家营村党支部书记助理
熊　岩　司各庄镇大陈庄村党支部书记助理
高　伟　胡各庄镇戚庄村村委会主任助理
王　海　柏各庄镇张仙庄村党支部副书记
李志鹏　南堡镇姚岭渔业村村委会主任助理
李晓强　宋道口镇任东村党支部副书记
袁志强　程庄镇前刘庄村党支部副书记
王天辉　青坨营镇马狗庄村村委会委员
马晓亮　安各庄镇大柳树村党支部副书记
张林佳　方各庄镇李方各庄村党支部副书记
杨建超　姚王庄镇沙窝村党支部副书记
周海军　坨里镇常旺庄村党支部副书记
刘玉宝　马城镇南坨子村村委会主任助理
郑丽颖（女）　马城镇马城村村委会主任助理
金　鑫　东黄坨镇许三村村委会主任助理

三、滦南县 2010 年度文明单位名单

1. 文明镇（8 个）

倴城镇

南堡镇

宋道口镇

马城镇

柏各庄镇

姚王庄镇

长凝镇

青坨营镇

2. 文明单位（124）个

党委系统（9）个

县委办（含机要局、防范办）

组织部

纪委（监察局）

宣传部（含文明办）

农工委（含农经中心）

信访局

统战部

机关事务管理局

广播电视台

人大、政协（2）个

人大办公室

政协办公室

政府系统（20）个

政府办（含地方志办、住房公积金管理部、行政服务中心）

交通运输局

财政局（含收费管理局、农开办）

教育局

工业和信息化局

住房和城乡规划建设局（含规划局、拆迁办、房产公司）

人口和计划生育局（含计生协会秘书处）

水务局（含移民办）

文广新局

商务局（含物资公司、商业公司）

发展改革局

民政局

农牧局

卫生局

县　社

人事劳动和社会保障局（含社保局、人才交流中心、劳动就业服务局）

市场建设服务局

环保局

统计局

城市管理行政执法局

政法系统（4）个

政法委（含综治办）

检察院（含反贪局）

法院

公安局

卫生系统（1）个

县医院

群团组织（3）个

残联

科协

妇联

垂直管理单位（6）个

国税局

地税局

工商局

国土资源局

气象局

邮政局

企业单位（16）个

滦南县电力公司

中国人民银行滦南县支行

中国工商银行滦南县支行

中国农业银行滦南县支行

中国银行滦南县支行

中国联合网络通信有限公司滦南分公司

信用联社

中国人民财产保险股份有限公司滦南支公司

唐山中红普林食品有限责任公司

唐山仕达家俱有限责任公司

唐山钢铁集团华西钢铁有限公司

唐山京东实业集团有限公司

唐山方舟实业有限公司

唐山汇丰钢铁有限公司

河北永新纸业有限公司

滦南永佳纺织厂

股级单位（63）个

滦南县妇幼保健医院　宋道口镇中心卫生院　胡各庄镇中心卫生院　柏各庄镇中心卫生院　司各庄镇财政所　宋道口财政所　程庄财政所　司各庄国土资源所　方各庄国土资源所　程庄国土资源所　长凝国土资源所　法院行政审判庭　法院立案一庭　法院柏各庄法庭　扒齿港光荣院　滦南县殡仪馆　军队离退休干部休养所　胡各庄敬老院　新华书店　滦南县供热中心　城管局环卫队　公安局巡警大队　城关派出所　宋道口派出所　交通局公路路政执法大队　交通局公路管理站　交通局公路工程质量监督站　交通局运输管理站　交通局地方道路管理站　供销合作社盐业公司　供销大厦　银泰商厦　惠农农资超市有限责任公司　粮食储备库　工商局宋道道口分局　工商局柏各庄分局　国税局办税服务厅　国税局扒齿港税务分局　国税局城区税务分局　国税局胡各庄税务分局　国税局长凝税务分局　国税局柏各庄税务分局　地税局胡各庄税务分局　地税局长凝税务分局　地税局扒齿港税务分局　地税局第一税务分局　地税局第二税务分局　地税局柏各庄税务分局　电力公司程庄供电所　电力公司西城区供电所　电力公司胡各庄供电所　电力公司城关供电所　电力公司杨岭供电所　电力公司司各庄供电所　农行长凝分理处　农行柏各庄分理处　农行扒齿港分理处　农行胡各庄分理处　中国联合网络通信有限公司滦南分公司长凝营销中心　中国联合网络通信有限公司滦南分公司司各庄营销中心　中国联合网络通信有限公司滦南分公司胡各庄营销中心　中国联合网络通信有限公司滦南分公司柏各庄营销中心　中国联合网络通信有限公司滦南分公司青坨营营销中心

3. 文明社区（3）个

西城胡同社区　冀腾小区　爱民路社区

4. 文明村（119）个

倴城镇（7个）

果园村　新立庄村　李寺村　东北街村　毛庄子村　张官寨村　姜泡村

程庄镇（10个）

前店子村　程庄村　小道子村　周庄村　后店子村　前庞各庄村　潘家戴庄村　大道上村　西霍各庄村　柏庄村

扒齿港镇（5个）

后榆子林村　崔庄村　后营村　宁坨村　壮里庄村

青坨营镇（7个）

前姜六村　姜庄子村　北杨庄村　北冯狗庄村　韩庄子村　小田庄村　王虎头村

宋道口镇（14个）

任各庄村　杨顾庄村　葛代坨村　断火庄村　代岭村　新庄子村　北侯村　速火庄村　南连村　西小营村　南店村　北套村　西泽坨村　大二里东村

长凝镇（8个）

郭庄村　彭庄村　柳行村　王各庄村　晏各庄村　大孟庄村　高庄子村　西孙庄村

方各庄镇（6个）

小陈庄村　屯里村　高庙村　东万坨村　杨各庄村　新庄子村

柏各庄镇（10个）

交六村　刘崔各庄村　李沟府村　柏各庄村　周各庄村　唁牛淀村　柏四村　西城子村　柏六村　贝口村

南堡镇（6个）

杨岭渔业村　杨岭农业村　廒上渔业村　姚岭渔业村　马庄子渔业村　曹岭农业村

司各庄镇（11个）

杜各庄村　井北村　东增庄村　靳庄村　东王庄村　司东村　裴坨子村　白坨村　侯花园村　东夏庄村　兰北村

胡各庄镇（7个）

邢各庄村　西三间房村　东庄店村　刘庄村　东梁各庄村　西新户村　史北村

安各庄镇（8个）

大柳树村　小薛各庄村　安各庄西村　邢二村　北铁匠村　西一六村　霍庄村　裴洪林村

东黄坨镇（4个）

营守庄子村　崔二庄村　西黄坨村　许二村

坨里镇（6个）

闵庄村　小新庄村　贾庄村　薛庄村　赵庄村　前独莫城村

姚王庄镇（7个）

李营村　胡许庄村　崔楼村　白庄村　姚王庄村　曹杨碾村　沙窝村

马城镇（3个）

南王庄子村　湛店子村　岗子村

5. 文明学校（50所）

滦南县第一中学　滦南县第二高级中学　滦南县第三初级中学　滦南县职业教育中心　滦南县胡各庄中学　滦南县扒齿港中学　滦南县第一实验小学　滦南县特殊教育学校　滦南县第一幼儿园　滦南县第三幼儿院　唐山英才学校　滦南县逸夫小学　滦南县倴城镇初级中学　倴城镇张士坎完全小学　倴城镇八户完全小学　扒齿港镇中心小学　扒齿港镇杜平坨完全小学　扒齿港镇虫林完全小学　宋道口镇初级中学　宋道口镇中心小学　宋道口镇杜土完全小学　青坨营镇新庄子完全小学　青坨营镇邓家庄完全小学　程庄镇大马庄完全小学　程庄镇初级中学　程庄镇川林完全小学　柏各庄镇中心小学　柏各庄镇喑牛淀完全小学　柏各庄镇西城子完全小学　长凝镇初级中学　长凝镇中心小学　马城镇初级中学　马城镇中心小学　东黄坨镇滦河希望小学　东黄坨镇玉和完全小学　南堡镇南边庄子思健希望小学　南堡镇杨岭完全小学　胡各庄镇初级中学　胡各庄镇南圈完全小学　坨里镇初级中学　坨里镇蒋薛完全小学　姚王庄镇初级中学　姚王庄镇白李营村完全小学　方各庄镇初级中学　方各庄镇中心小学　司各庄镇周各庄初级中学　司各庄镇周各庄完全小学　司各庄镇中心小学　安各庄镇初级中学　安各庄镇安各庄中心小学

四、滦南县第四届道德模范及道德模范提名奖名单

1. 助人为乐道德模范（2名）

刘茂生　街道办爱民路社区居民

杨小成　扒齿港镇李庄户村村民

2. 见义勇为道德模范（2名）

张晓东　姚王庄镇郑庄村村民

张恩旭　方各庄镇东杜方各庄村人，生前就读于方各庄镇初级中学

3. 诚实守信道德模范（2名）

赵宝波　柏各庄镇荣各庄村人，现任柏各庄镇粮牛大米加工厂厂长

王少华　胡各庄镇东胡村人，现任鑫华畜禽养殖专业合作社理事长、党支部书记

4. 敬业奉献道德模范（2名）

白福林　姚王庄镇胡许庄村党支部书记

赵正义　县公安局刑事技术勘验工程师

5. 孝老爱亲道德模范（2名）

王生全　扒齿港镇后营村村民

张桂凤　倴城镇王官寨村村民

助人为乐提名奖（1名）

韩凤良　唐山市仁和五金工具有限责任公司总经理

见义勇为提名奖（1名）

张思远　县二中高一年级学生

敬业奉献道德模范提名奖（1名）

刘俊栋　胡各庄敬老院副院长

五、2010～2011年度滦南县市级劳动模范、振兴唐山先进单位及工人先锋号名单

劳动模范：（17人）

张云江　滦南县人民政府副县长

殷启国　滦南县电力公司经理

孙万柱　滦南县交通运输局局长、党委书记

安瑞歧　滦南县地方税务局局长

杨春林　滦南林海科技发展有限责任公司电气工程师

孙会民　唐山谊丰建材有限公司制成车间主任

张天和　滦南县昌升盐场助理经济师

刘轶男（女）　滦南县倴城镇张士坎完全小学教师

张玉金　唐山汇丰钢铁有限公司二车间主任

曹国庆（女）　滦南县银泰商厦有限责任公司女装部经理

张小林　滦南县林立纺纱厂细纱车间主任

刘文刚　滦南县柏各庄镇柏六村农民

刘华军　滦南县南堡镇南堡一村农民

李景春　滦南县倴城镇李庄子村农民

张相国　唐山市相国房地产开发有限公司董事长

张树丰　滦南县胡各庄镇沈营村党支部书记

王振财　滦南县宋道口镇王家庄子村党支部书记、村主任

振兴唐山先进单位：（3个）

滦南县城西工业区管理委员会

滦南县住房和城乡规划建设局

滦南县姚王庄镇胡许庄村

工人先锋号：（2个）

滦南县医院心内科

唐山腾飞五金工具制造有限公司成型班组

六、2010～2011年度振兴滦南先进单位、劳动模范、先进生产（工作）者名单

1. 振兴滦南先进单位（30个）

滦南县人民检察院

滦南县交通运输局

滦南县教育局

滦南县农牧局

滦南县人口和计划生育局

滦南县倴城镇人民政府

滦南县宋道口镇人民政府

滦南县长凝镇人民政府

滦南县第一中学

滦南县长凝镇中心卫生院

唐山万浦热电有限公司

河北钢铁集团华西钢铁有限公司

河北泽澳纺纱有限公司

唐山汇丰钢铁有限公司

滦南县银泰商厦有限责任公司

唐山盛财钢铁有限公司

唐山中红普林集团有限公司

唐山众鑫饲料有限公司

滦南县林立纺纱厂

唐山冀油瑞丰化工有限公司

滦南县姚王庄镇崔楼村

滦南县南堡镇廒上渔业村

滦南县青坨营镇青坨营村

滦南县司各庄镇侯花园村

滦南县程庄镇潘家戴庄村

滦南县扒齿港镇唐官营村

滦南县坨里镇贾庄村

滦南县方各庄镇新庄子村
滦南县马城镇东营村
滦南县东黄坨镇梁各庄村

2. 劳动模范（100名）

县直系统：（8名）

杨会军　滦南县人民法院民事审判第二庭副庭长
刘志军　滦南县国家税务局城区分局分局长
江顺志　滦南县财政局预算科科长
刘立海　滦南县城市管理行政执法局经济民警
吴国锋　滦南县地方税务局胡各庄分局局长
刘会川　滦南县行政服务中心常务副主任
赵文武　滦南县环境保护局局长
刘金梅（女）　滦南县市场建设服务局财务科科长

教育系统：（11名）

闫学芝（女）　滦南县第一中学教师
李凤清　滦南县第二中学副校长
王玉媛（女）　滦南县柏各庄镇喑牛淀小学校长
张春宝　滦南县扒齿港镇初级中学教师
刘芳芳（女）　滦南县宋道口镇中心校教师
王艳蕊（女）　滦南县第二幼儿园教师
孙月霞（女）　滦南县倴城初级中学教师
顾瑞莲（女）　滦南县扒齿港镇杜平坨幼儿园园长
贾兆哲　滦南县司各庄镇中心学校教师
柴素芳（女）　滦南县胡各庄中学教师
刘建凯　唐山英才学校董事长

卫生系统：（5名）

许惠云（女）　滦南县卫生局医政科科长
张来春　滦南县医院副院长兼妇幼保健院院长
吴　伟　滦南县医院副院长
陈艳辉　滦南县扒齿港镇中心卫生院院长
孙绍海　滦南县中医院医生

县社系统：（4名）

宋敬明（女）唐山京东医院医务科长
陈会平（女）滦南县供销大厦有限责任公司家惠超市总店店长
杨建全　滦南县银泰商厦有限责任公司副总经理
曹国栋　滦南县供销合作社盐业公司执法秘书

工信系统：（2名）

邓文华（女）　唐山市远大玻璃有限公司工会主席
赵立强　唐山仕达家俱有限责任公司设计员

交通系统：（2名）

孙万柱　滦南县交通运输局党委书记、局长
段　续　滦南县交通运输局地方道路管理站站长

农牧系统：（4名）

吴玉坤　滦南县水务局水利物质公司经理
裴祥旺　滦南县农牧局蔬菜站站长
李志敏　滦南县水产服务中心发展规划站站长
贾东雅　滦南县畜牧兽医局工人

建设系统：（1名）

李海峰　滦南县住房和城乡规划建设局工程质量监督站站长

粮食系统：（1名）

于凯德　滦南县粮食局财审科科长

商务系统：（1名）

张　圣　滦南县商务局市场运行调节科科长

人　行：（1名）

王明霞（女）　中国人民银行滦南县支行综合业务部负责人

工商行政管理局：（1名）

吴兴德　滦南县工商局柏各庄分局局长

农　行：（1名）

金先军　中国农业银行股份有限公司滦南县支行扒齿港分理处柜员

公安局：（2名）

杨久辉　滦南县公安局直保科副科长
任宏伟　滦南县公安局刑事侦查大队民警

信用联社：（1名）

李二庚　滦南县农村信用合作联社业务客户经理

文广电新局：（1名）

周会艳（女）　滦南县文化广播电视新闻出版局副大队长

人资社保局：（1名）

徐海东　滦南县人力资源和社会保障局劳动监察大队大队长

建　行：（1名）

王金明　中国建设银行股份有限公司滦南县支行行长

邮政局：（1名）

张建军　滦南县邮政局市场经营部副主任

京东实业：（1名）

张凤刚　唐山京东实业集团有限公司工会副主席

荣程钢铁：（1名）

王存山　唐山市荣程钢铁有限公司机动处长

万浦热电：（1名）

马国相　唐山万浦热电有限公司总经理助理

电力公司：（2名）

戚俊江　滦南县电力公司副经理

任广祥　滦南县电力公司营销部营销事务主管

中红普林公司：（1名）

师秀峰　唐山中红普林塑胶有限公司塑胶三分公司品管部经理

蒙牛乳业：（1名）

王　斌　蒙牛乳业（滦南）有限责任公司总经理

华西钢铁：（1名）

张立彪　河北钢铁集团华西钢铁有限公司炼钢厂厂长

姚王庄镇：（1名）

张春伯　滦南县姚王庄镇党委副书记、镇长

南堡镇：（2名）

田晓轩（女）　滦南县南堡镇党委副书记

田　真　滦南县南堡镇党建办副股级干部

安各庄镇：（2名）

王玉春　滦南县安各庄镇党委书记

王晓辉　滦南县安各庄镇农业技术服务中心副主任

青坨营镇：（3名）

柴国成　滦南县青坨营镇青坨营村党支部书记

李绍毅　唐山德隆兴坤矿山机械设备制造有限公司总经理

马建柱　滦南县青坨营镇人民政府经济发展办公室科员

东黄坨镇：（1名）

周志军　滦南县东黄坨镇党委副书记、镇长

倴城街道：（1名）

徐晓蕊（女）　滦南县倴城街道城建办主任

司各庄镇：（3名）

孙建明　滦南县司各庄镇党委副书记、镇长

杨晨祥　滦南县司各庄镇人大秘书

杨作光　滦南县司各庄镇经济发展办公室科员

柏各庄镇：（3名）

徐兆雨　滦南县柏各庄镇武装部长

邢希猛　滦南县柏各庄镇发展经济办主任

杜向成　滦南县柏各庄镇庄五庄村党支部书记

胡各庄镇：（2名）

刘素艳（女）　滦南县胡各庄镇党委副书记、镇长

王翠花（女）　滦南县胡各庄镇劳动保障事务站站长

程庄镇：（3名）

杨绍强　滦南县程庄镇党委副书记、镇长

王艳彬（女）　滦南县程庄镇政府工会干部

付国胜　唐山谊丰建材有限公司机修车间班长

倴城镇：（3名）

张晓振　滦南县倴城镇党委副书记、镇长

汤晓民　滦南县倴城镇汤官寨村党支部书记

张同民　滦南县第二水泥厂办公室主任

长凝镇：（3名）

刘丙生　滦南县长凝镇党委副书记、镇长

贾海民　滦南县长凝镇政府正股级干部

王永良　滦南县长凝镇永佳纺纱厂厂长

扒齿港镇：（3名）

岳天鹏　滦南县扒齿港镇党委副书记、镇长

范业军　唐山海源实业有限公司总经理

杨文成　滦南县扒齿港镇扒齿港村、新立屯村联合党支部书记

坨里镇：（1名）

赵民武　唐山市金垒建筑工程有限公司总经理

宋道口镇：（3名）

贾贵灵　滦南县宋道口镇党委副书记、镇长

温海亮　滦南县宋道口镇计划生育工作站站长

李忠海　滦南县宋道口镇社会事务科科员

方各庄镇：（3名）

杨树栋　滦南县方各庄镇党委副书记、镇长
高振利　滦南县方各庄镇新农村办公室主任
李怀春　滦南县方各庄镇屯里村党支部书记

马城镇：（1名）

王建东　滦南县马城镇党委书记

嘴东经济开发区：（2名）

侯志勇　河北滦南（嘴东）经济开发区管理委员会常务副主任
金秀敏　滦南恒丰制盐有限公司总经理兼党支部书记

城西工业区：（3名）

王文成　滦南县城西工业区管理委员会常务副主任
侯维峰　滦南县城西工业区管理委员会规划建设科科长
刘东宽　唐山新鑫特钢有限公司总经理

3. 先进生产（工作）者（100名）

县直系统：（13名）

孟祥进　滦南县人民政府办公室常务副主任
张宗顺　滦南县委办公室副主任
宋志海　滦南县人大会常务委员会办公室正股级科员
石贵强　滦南县政协办公室副股级干部
赵艳君（女）　滦南县国土资源局工人
李中民　滦南县委组织部组织员办公室副主任
赵　娟（女）　滦南县纪律检查委员会正股级干部
李丽娜（女）　滦南县委农工委办公室主任
孙亚东　滦南县审计局法制办主任
张洪鹏　滦南县委外宣局副局长
谷孝川　滦南县安全生产监督管理局工人
陶秀梅（女）　滦南县总工会办公室出纳员
靳春辉　滦南县民政局光荣院副院长

教育系统：（16名）

胡小环　滦南县一中副校长
杨建军　滦南县职教中心政教处主任
高娟娟（女）　滦南县柏各庄镇张仙庄小学校长
闻丽荣（女）　滦南县第二实验小学教师
赵代弟（女）　滦南县周各庄初级中学教师
陈　明　滦南县长凝中学教师
聂军香（女）　滦南县长凝初级中学教师
朱小芸（女）　滦南县扒齿港镇米官营完全小学教师
戚君霞（女）　滦南县扒齿港中学教师
李　丽（女）　滦南县方各庄镇中心小学教师
温金香（女）　滦南县川林初级中学教师
姚艳娜（女）　滦南县倴城镇八户完全小学教师
王建春　滦南三中教务处副主任
赵丽霞（女）　滦南县第一实验小学教师
王　伟　滦南县教育局办公室主任
殷学福　滦南县教育局规划办主任

卫生系统：（4名）

王春波　滦南县疾病预防控制中心主任
王小江　滦南县卫生局卫生监督所所长
王顺山　滦南县司各庄镇中心卫生院院长
张景波　滦南县医院医务科主任

县社系统：（4名）

王胜利　滦南县供销合作社副主任
王艳丽（女）　唐山京东医院眼科主任
郭福生　滦南县银泰商厦有限责任公司财务部经理
王淑君（女）　唐山惠康医药商场连锁有限公司经理

交通系统：（2名）

岑志军　滦南县交通运输局法制办公室主任
鲁建荣（女）　滦南县交通运输局总工程师

农牧系统：（2名）

王志刚　滦南县林业局林政资源管理站站长
李歧川　滦南县水务局灌区管理站站长

工信系统：（1名）

刘宝卫　滦南县工业和信息化局副局长

商务系统：（1名）

徐兆海　滦南县商务局系统工会主席

建设系统：（1名）

宋明宝　滦南县住房和城乡规划建设局工会主席

粮食系统：（1名）

曹艳忠　滦南县粮食局省级储备库主任

文广电新局：（1名）

艾景春　滦南县文物管理所馆员

人资社保局：（1名）

石浩桢（女）　滦南县马城镇劳动保障站劳动保障协助员

中　行：（1名）

黄秋月（女）　中国银行股份有限公司滦南支行综合柜员

工商银行：（1名）

李月梅（女）　中国工商银行滦南支行综合柜员

农发行：（1名）

商志海　中国农业发展银行滦南县支行行长

公安局：（1名）

张福华　滦南县公安交通警察大队副大队长

信用联社：（1名）

张秀安　滦南县农村信用合作联社长凝社主任

工商局：（1名）

刘作海　滦南县工商行政管理局人事科科长

人　行：（1名）

张耀辉　中国人民银行滦南县支行综合办公室主任

农　行：（1名）

鲁振清　中国农业银行股份有限公司滦南县支行长凝分理处主任

网通公司：（1名）

杜从江　中国联合网络通信有限公司滦南县分公司运建部主任

移动公司：（1名）

潘秀雯　中国移动通信集团河北有限公司滦南分公司市场部主任

邮政局：（1名）

刘晓军　滦南县邮政局副局长

建　行：（1名）

刘振军　中国建设银行股份有限公司滦南支行专柜主任

电力公司：（1名）

陈卫民　滦南县电力公司标准化建设办公室主任

中红普林公司：（1名）

张卫林　唐山中红普林塑胶有限公司生产部经理

蒙牛乳业：（1名）

杜艳春　蒙牛乳业（滦南）有限责任公司工会主席

京东实业：（1名）

徐　存　唐山京东实业集团有限公司车间主任

倴城街道：（2名）

马淑新（女）　滦南县倴城街道社会事务办主任

刘淑娟（女）　滦南县倴城街道信息办主任

姚王庄镇：（1名）

曹瑞金　滦南县姚王庄镇农业经济服务中心主任

南堡镇：（2名）

申文科　滦南县南堡镇社会事务办主任

姚兴锐　唐山海都水产食品有限公司总经理

安各庄镇：（2名）

贾玉芬（女）　滦南县安各庄镇党政综合办公室主任

高文刚　唐山盛财钢铁有限公司厂长

青坨营镇：（2名）

董　昱　滦南县青坨营镇党委副书记、镇长

张桂莲（女）　滦南县青坨营镇妇联主任

马城镇：（1名）

董　江　滦南县马城镇多余屯村党支部书记

司各庄镇：（2名）

石娜佳　滦南县司各庄镇党委组织委员

李振远　滦南县司各庄镇劳动保障站站长

柏各庄镇：（2名）

孟祥喜　滦南县柏各庄镇城建办主任

张俊梅（女）　滦南县柏各庄镇党建办主任

胡各庄镇：（2名）

顾学智　滦南县胡各庄镇党委副书记

郝　兰（女）　滦南县胡各庄镇党政办主任

程庄镇：（1名）

赵玉环（女）　滦南县程庄镇团委副书记

倴城镇：（2名）

桑振龙　滦南县倴城镇党政综合办主任

刘文革　滦南县倴城镇霍泡村党支部书记

长凝镇：（3名）

刘春昭　滦南县长凝镇人大主席
王贵富　滦南县长凝镇薛各庄营村党支部书记
鲁长亮　滦南县长凝镇长亮纺纱厂总经理
扒齿港镇：（1名）
闫金三　滦南县公安局扒齿港派出所指导员
坨里镇：（1名）
张宏伟　滦南县坨里镇政府计划生育办公室科员
宋道口镇：（3名）
王宝仓　滦南县宋道口镇人大主席
齐伟强　滦南县宋道口镇城乡统筹办公室主任
刘卫华（女）　滦南县宋道口镇招标办科员
方各庄镇：（2名）
田金梅（女）　滦南县方各庄镇党政综合办主任
陈志广　滦南县方各庄镇小陈庄村党支部书记
东黄坨镇：（1名）
王　虹（女）　滦南县东黄坨镇计划生育服务站站长
北河新区：（1名）
成志龙　滦南县北河新区管理处资源开发科科长
城西工业区：（6名）
姚国军　滦南县城西工业区管理委员会综合办公室主任
周宝斌　滦南县城西工业区管理委员会招商科副科长
赵树义　唐山顶热太阳能设备有限公司董事长
叶颖君　河北永新纸业有限公司工人
宋玉佳　唐山德比盛家具有限公司工人
靳万河　滦南林海科技发展有限公司工会主席

七、2011年滦南十大新闻

一、中国共产党滦南县第十一次代表大会胜利召开

9月1日下午，中国共产党滦南县第十一次代表大会隆重开幕。张国栋代表中国共产党滦南县第十届委员会向大会作了《肩负新使命　开启新征程　为滦南实现科学发展赶超跨越而努力奋斗》的报告。会议提出，今后五年，紧紧围绕“激情滦南、实力滦南、文化滦南、生态滦南、和谐滦南”总体目标，强力实施“融入曹妃甸、服务曹妃甸、打造大基地、建设新滦南”主体战略，持续开展重点项目建设、城镇建设三年上水平、统筹城乡发展“三大攻坚”和城西工业区、嘴东经济开发区、大铁矿、北河新区“四大开发”，少说多干、奋勇争先，为滦南“十二五”主要经济指标确保“三年翻一番，力争五年翻两番”，实现科学发展、赶超跨越而努力奋斗。

二、我县先后组织三批重点项目集中开工

3月17日以来，我县先后组织三批重点项目集中开工，这三批项目共129个，总投资264.5亿元，在全市第三次重点项目观摩活动中名列第四。方舟修造船厂与天津德赛海洋工程技术有限公司为印尼法佳巴哈瑞公司建造的5000吨级的多用途运输船——法佳巴哈瑞Ⅱ号，于9月7日在嘴东省级经济开发区唐山方舟修造船厂隆重举行下水剪彩仪式。它结束了滦南县乃至唐山市不能建造正规轮船的历史，该船是我省民营造船厂制造的第一艘正规轮船。

三、我县举行北河大桥、重点道路建设项目集中通车仪式

5月1日，我县举行北河大桥通车仪式，该桥长224.8米，宽33米，纵坡2%，南北引路长313.78米，设计通行能力为双向6车道，项目总投资8822万元。北河大桥的建成通车，标志着北河新区开发进入了全面提速时期，对加快北河新区开发建设，完善城市功能、提升城市品位，具有十分重要的意义。12 月 17 日，我县在建设路那颜湖桥上举行重点道路建设项目集中通车仪式。一年来，我县共实施重点道路项目 35 个，其中 31 个项目已竣工通车，完成投资 10.15 亿元，总里程达到 98 千米。

四、现代评剧《三进门》全省巡演感动河北

按照省领导批示精神，我县组织成兆才评剧团携现代评剧《三进门》，于 4 月 20 日至 5 月 14 日在石家庄、邢台、邯郸、衡水、沧州、保定、廊坊、张家口、承德、秦皇岛、唐山 11 个设区市巡演。巡回演出获得圆满成功，反响强烈，轰动燕赵大地。

五、县委书记张国栋三次做客中央媒体

2011 年，县委书记张国栋先后做客新华网、中央电视台《书画人生》频道和中央电视台大型励志商务访谈《奋斗》栏目。访谈中，张国栋详细介绍了滦南的经济、文化、社会发展情况，用文化、资源、产业、区位四张名片向网友和观众推介了滦南的基本情况，并就滦南传统工业型城市如何转型问题进行了深度访谈，讲述了滦南这座县级城市的奋斗故事。

六、我县两个开发区（园区）成为省级开发区

5 月 3 日，城西工业区被省政府正式批准为首批省级工业聚集区。7 月 6 日，嘴东开发区被纳入省级开发区管理序列，成为继城西工业区之后我县第二个获批的省级开发区。

七、我县举行第一批回迁安置房集中封顶仪式

8 月 11 日，我县在天承锦绣回迁房项目现场隆重举行第一批回迁安置房集中封顶仪式。此次封顶仪式中，天承锦绣、金海公寓、金诚华苑二期、翰林雅苑二期、学府东苑、鼎盛花园四期、正通国际城、富贵园八个回迁房项目集中封顶。

八、北河水城成功入选“唐山八景”

2 月 25 日至 6 月底，由唐山市旅游局和《唐山晚报》联合开展的“唐山八景”评选活动中，我县北河水城位列 20 个候选景点第 7 位，成功入选“唐山八景”。北河水城入选“唐山八景”，有力提高了滦南的知名度、美誉度，对于我县加快推进省级园林县城创建、打造北河水城文化观光产业带、提高人民群众幸福指数，具有重要而深远的历史意义。

九、我县被文化部命名为“中国民间文化艺术之乡”

在文化部召开的 2011 ～ 2013 年度“中国民间文化艺术之乡”命名颁牌仪式上，我县被命名为“中国民间文化艺术之乡。”作为全国文化先进县，我县两项独特的民间艺术评剧、乐亭大鼓位列在了此次“中国民间文化艺术之乡”名单之中。

十、我县被省政府批准命名为河北省园林县城

9 月 27 日，河北省园林专家组对我县创建省级园林县城工作进行评审验收，专家组成员对我县的创建工作给予肯定。经河北省住房和城乡建设厅研究，认为我县创建省级园林城资料齐全，各项指标已基本达到了《河北省园林城市、县城、城镇》的标准，被省政府批准命名为河北省园林县城。我县创建省级园林县城指挥部开展县树县花征集评选活动，选定“栾树”为县树，“荷花”为县花。

北京金华夏文化发展有限公司
《城市指南》系列丛书编辑部 承 制